Estruturas de Dados & Algoritmos em
Java™

G655e   Goodrich, Michael T.
         Estruturas de dados e algoritmos em Java / Michael T.
     Goodrich, Roberto Tamassia ; tradução: Bernardo
     Copstein. – 5. ed. – Porto Alegre : Bookman, 2013.
         xxii, 713 p. : il. ; 25 cm.

         ISBN 978-85-8260-018-4

         1. Ciência da computação. 2. Linguagem de programação
     de computador – Java. I. Tamassia, Roberto. II. Título.

                                        CDU 004.43JAVA

Catalogação na publicação: Ana Paula M. Magnus – CRB 10/2052

MICHAEL T. GOODRICH
Departamento de Ciência da Computação
University of California, Irvine

ROBERTO TAMASSIA
Departamento de Ciência da Computação
Brown University

Estruturas de Dados & Algoritmos em Java™

5ª edição

Tradução
Bernardo Copstein
Doutor em Ciência da Computação pela UFRGS
Professor da Faculdade de Informática da PUCRS

bookman

2013

Obra originalmente publicada sob o título
Data Structures and Algorithms in Java, 5th Edition
ISBN 9780470383261/0470383267

Copyright © 2010, John Wiley & Sons,Inc.
All Rights Reserved. This translation published under license with the original publisher John Wiley & Sons,Inc.

Gerente editorial: *Arysinha Jacques Affonso*

Colaboraram nesta edição:

Editora: *Maria Eduarda Fett Tabajara*

Capa: *VS Digital (arte sobre capa original)*

Imagem de capa: *Desenho aborígine encontrado numa fazenda próxima de Alice Springs, na Austrália;* ©*www.inmagine.com*

Leitura final: *Renata Ramisch*

Editoração: *Techbooks*

Agradecimentos ao uso da marca registrada: *Java é marca registrada da Sun Microsystems, Inc. UNIX® é marca registrada nos Estados Unidos e outros países, licenciada pela X/Open Company, Ltd. PowerPoint® é marca registrada da Microsoft Corporation. Todos os outros nomes de produtos mencionados aqui são marcas registradas de seus respectivos proprietários.*

Reservados todos os direitos de publicação, em língua portuguesa, à
BOOKMAN EDITORA LTDA., uma empresa do GRUPO A EDUCAÇÃO S.A.
Av. Jerônimo de Ornelas, 670 – Santana
90040-340 – Porto Alegre – RS
Fone: (51) 3027-7000   Fax: (51) 3027-7070

É proibida a duplicação ou reprodução deste volume, no todo ou em parte, sob quaisquer formas ou por quaisquer meios (eletrônico, mecânico, gravação, fotocópia, distribuição na Web e outros), sem permissão expressa da Editora.

Unidade São Paulo
Av. Embaixador Macedo Soares, 10.735 – Pavilhão 5 – Cond. Espace Center
Vila Anastácio – 05095-035 – São Paulo – SP
Fone: (11) 3665-1100   Fax: (11) 3667-1333

SAC 0800 703-3444 – www.grupoa.com.br

IMPRESSO NO BRASIL
PRINTED IN BRAZIL

Para Karen, Paul, Anna e Jack
— *Michael T. Goodrich*

Para Isabel
— *Roberto Tamassia*

Prefácio

A quinta edição foi concebida de modo a oferecer uma introdução a estruturas de dados e algoritmos, incluindo projeto, análise e implementação. De acordo com os currículos baseados no **Currículo de Ciência da Computação IEEE/ACM de 2001**, este livro é apropriado para os cursos CS102 (versões I/O/B), CS103 (versões I/O/B), CS111 (versão A) e CS112 (versões A/I/O/F/H). Seu uso em tais cursos será discutido em mais detalhes a seguir neste prefácio.

As principais alterações nesta quinta edição são as seguintes:

- Mais exemplos e uma discussão aprofundada sobre estrutura de dados e análise de algoritmos.
- Maior integração com o Framework de Coleções de Java.
- Discussão aprofundada sobre técnicas de projeto algorítmicas, como programação dinâmica e o método guloso.
- Material atualizado sobre métodos aperfeiçoados de Java I/O.
- Nova discussão sobre a diferença entre atribuir a variável nome a um arranjo e clonar um arranjo.
- Discussão aprofundada sobre a interface Deque e a classe LinkedList em Java.
- Maior cobertura dos objetos de entrada do Framework de Coleções de Java.
- Integração total de todos os trechos de código APIs para usar os tipos genéricos.
- Novas discussões sobre a interface NavigatableMap e suas implementações no Framework de Coleções de Java com o uso de skip lists.
- Nova discussão sobre a classe TreeMap de Java.
- Descrições dos métodos de classificação disponíveis na Biblioteca Java.
- Exercícios expandidos e revisados, mantendo a abordagem de dividi-los em exercícios de reforço, de criatividade e exercícios de projetos.

Este livro está relacionado com as seguintes obras:

- M.T. Goodrich, R. Tamassia, and D.M. Mount, *Data Structures and Algorithms in C++*, John Wiley & Sons, Inc. Esse livro tem uma estrutura similar, em geral, a esta obra, mas a linguagem abordada é C++ (com algumas pequenas diferenças em relação à pedagogia, necessárias em razão da diferença de abordagem).
- M.T. Goodrich and R. Tamassia, *Algorithm Design: Foundations, Analysis, and Internet Examples*, John Wiley & Sons, Inc. Esse é um livro-texto para um curso mais avançado de estruturas de dados e algoritmos, como CS210 (versões T/W/C/S) no currículo IEEE/ACM 2001.

Uso como livro-texto

O projeto e a análise de estruturas de dados eficientes foram há muito reconhecidos como matérias fundamentais dentro da computação, já que o estudo de estruturas de dados é uma parte essencial de todas as disciplinas dos cursos de Ciência e Engenharia da Computação. Normalmente, os cursos introdutórios são apresentados como uma sequência de duas ou três disciplinas. Estruturas de dados básicas são introduzidas rapidamente na primeira disciplina de programação ou de introdução à ciência da computação e a isso se segue, nas disciplinas posteriores, uma apresentação mais aprofundada às estruturas de dados. Além disso, essa sequência de disciplinas geralmente precede um estudo mais aprofundado do conteúdo em questão. Acreditamos que a importância dada ao projeto e à análise das estruturas de dados é totalmente justificada, visto a relevância de estruturas de dados eficientes na maioria dos sistemas de software, incluindo a Web, sistemas operacionais, bancos de dados, compiladores, sistemas de simulação científica.

Visto que o paradigma orientado a objetos passou a ser o preferido para construir softwares robustos e reutilizáveis, tentamos manter uma perspectiva orientada a objetos ao longo do texto. Uma das principais ideias da abordagem orientada a objetos é que os dados devem ser apresentados encapsulados nos métodos que os acessam e modificam. Ou seja, em vez de simplesmente considerar os dados como uma coleção de bytes e endereços, se pensaria em dados como instâncias de um ***tipo abstrato de dados*** (***TAD***), que inclui um repertório de métodos para realizar operações em dados desse tipo. Da mesma forma, soluções orientadas a objetos em geral são organizadas utilizando ***padrões de projeto*** comuns, o que facilita a reutilização de softwares e aumenta sua robustez. Portanto, apresentamos cada estrutura de dados usando TADs e suas respectivas implementações, e introduzimos importantes padrões de projeto de forma a organizar essas implementações em classes, métodos e objetos.

Para cada TAD apresentado neste livro, oferecemos uma interface Java correspondente. Além disso, são discutidas as estruturas de dados concretas que implementam os TADs e, em geral, fornecemos as classes Java concretas que implementam essas interfaces. Também fornecemos as implementações de Java de algoritmos básicos, como ordenação e busca em grafos. Além das técnicas para utilizar estruturas de dados para implementar TADs, também fornecemos exemplos de aplicações de estruturas de dados, como busca de tags HTML e um sistema simples para álbuns de fotografias. Devido à limitação de espaço, porém, algumas vezes apresentamos apenas trechos dos códigos de algumas dessas implementações (material adicional disponível no site do Grupo A). O código Java relacionado às implementações das estruturas de dados deste livro está organizado em um único pacote Java, net.datastructures, que constitui uma biblioteca coesa de estruturas de dados e algoritmos em Java especialmente projetada para fins pedagógicos e que complementa o Framework de Coleções de Java. A biblioteca net.datastructures não é necessária, porém, para que se tenha um aproveitamento pleno deste livro.

Recursos online (em inglês)

Este livro é acompanhado por um amplo conjunto de recursos online. Acesse o site do Grupo A

www.grupoa.com.br

busque pela página do livro e faça seu cadastro para acessá-lo. Incentivamos os estudantes a utilizar esse site em conjunto com o livro nos exercícios e na compreensão do conteúdo. Os professores também podem utilizar o material disponível para o planejamento, a organização e apresentação de suas disciplinas.

Para o aluno

PDFs das apresentações em PowerPoint® (quatro slides por página) e todos os códigos-fonte do livro.

Para o professor

Na exclusiva Área do Professor, estão disponíveis os seguintes auxílios pedagógicos:

- Soluções para mais de duzentos dos exercícios do livro
- Código-fonte de Java suplementar
- Apresentações de slides em PowerPoint® e em PDF

Os slides são editáveis, de modo a permitir sua livre utilização na sala de aula.

Um recurso para ensinar estruturas de dados e algoritmos

Este livro contém muitos códigos e fragmentos de pseudocódigo de Java, além de centenas de exercícios, que estão divididos em aproximadamente 40% de exercícios de reforço, 40% de exercícios de criatividade e 20% de projetos de programação.

Este livro pode ser usado para o curso de CS2, como descrito no Currículo de Ciência da Computação ACM de 1978, ou nos cursos CS102 (versões I/O/B), CS103 (versões I/O/B), CS111 (versão A) e/ou CS112 (versões A/I/O/F/H), conforme descrito no Currículo de Ciência da Computação IEEE/ACM de 2001, com unidades pedagógicas de acordo com a Tabela 0.1.

Unidade pedagógica	Material relevante
PL1. Panorama das linguagens de programação	Capítulos 1 e 2
PL2. Máquinas virtuais	Seções 14.1.1, 14.1.2 e 14.1.3
PL3. Introdução a tradução de linguagens	Seção 1.9
PL4. Declarações e tipos	Seções 1.1, 2.4 e 2.5
PL5. Mecanismos de abstração	Seções 2.4, 5.1, 5.2, 5.3, 6.1.1, 6.2, 6.3, 6.4, 7.1, 7.3.1, 8.1, 9.1, 9.5, 11.4 e 13.1
PL6. Programação orientada a objetos	Capítulos 1 e 2 e Seções 6.2.2, 6.3, 7.3.7, 8.1.2 e 13.3.1
PF1. Construções fundamentais em programação	Capítulos 1 e 2
PF2. Algoritmos e resolução de problemas	Seções 1.9 e 4.2
PF3. Estruturas de dados fundamentais	Seções 3.1, 5.1-3.2, 5.3, 6.1-6.4, 7.1, 7.3, 8.1, 8.3, 9.1-9.4, 10.1 e 13.1
PF4. Recursão	Seção 3.5
SE1. Projeto de software	Capítulo 2 e Seções 6.2.2, 6.3, 7.3.7, 8.1.2 e 13.3.1
SE2. Uso de APIs	Seções 2.4, 5.1, 5.2, 5.3, 6.1.1, 6.2, 6.3, 6.4, 7.1, 7.3.1, 8.1, 9.1, 9.5, 11.4 e 13.1
AL1. Análise de algoritmos básicos	Capítulo 4
AL2. Estratégias algorítmicas	Seções 11.1.1, 11.5.1, 12.2, 12.3.1 e 12.4.2
AL3. Computação de algoritmos fundamentais	Seções 8.1.4, 8.2.2, 8.3.5, 9.2 e 9.3.1 e Capítulos 11, 12 e 13
DS1. Funções, relações e conjuntos	Seções 4.1, 8.1 e 11.4
DS3. Técnicas de prova	Seções 4.3, 7.1.4, 7.3.3, 8.3, 10.2, 10.3, 10.4, 10.5, 11.2.1, 11.3.1, 11.4.3, 13.1, 13.3.1, 13.4 e 13.5
DS4. Fundamentos de contagem	Seções 2.2.3 e 11.1.5
DS5. Grafos e árvores	Capítulos 7, 8, 10 e 13
DS6. Probabilidade discreta	Seções 9.2.2, 9.4.2, 11.2.1 e 11.5 e Apêndice A

Tabela 0.1 Material para as unidades no Currículo de Ciência da Computação IEEE/ACM de 2001.

Lista dos conteúdos

Os capítulos deste livro estão organizados de modo pedagógico, começando com os conceitos básicos de programação em Java e projeto orientado a objetos. Discutimos inicialmente as estruturas concretas, como arranjos e listas encadeadas, como uma base sólida para a construção de outras estruturas de dados. Depois apresentamos técnicas básicas como recursão e análise de algoritmos e, na parte principal do livro, estruturas de dados e algoritmos fundamentais, finalizando com uma discussão sobre gerenciamento de memória (ou seja, os apoios arquitetônicos das estruturas de dados). Os capítulos deste livro estão organizados da seguinte forma:

1. Cartilha de Java
2. Projeto Orientado a Objetos
3. Índices, Nodos e Recursão
4. Ferramentas de Análise
5. Pilhas e Filas
6. Listas e Iteradores
7. Árvores
8. Heaps e Filas de Prioridade
9. Tabelas de Hash, Mapas e Skip Lists
10. Árvores de Pesquisa
11. Ordenação, Conjuntos e Seleção
12. Strings e Programação Dinâmica
13. Algoritmos Grafos
14. Memória
A. Fatos Matemáticos Úteis

Pré-requisitos

A leitura deste livro pressupõe que o leitor já tenha certo nível de conhecimento. Presumimos, por exemplo, que o leitor esteja ao menos um pouco familiarizado com uma linguagem de programação de alto nível, como C, C++, Python ou Java, e que compreenda as principais construções dessa linguagem de alto nível, incluindo:

- Variáveis e expressões
- Métodos (também conhecidos como funções ou procedimentos)
- Estruturas de decisão (como if-statements e switch-statements)
- Estruturas de iteração (como for-loops e while-loops)

Para aqueles leitores que estão familiarizados com esses conceitos, mas não com a forma como são expressos em Java, fornecemos uma Cartilha de Java no Capítulo 1. Tenha em mente que este livro é focado em estruturas de dados, não em Java; portanto, não tratamos extensivamente dessa linguagem. No entanto, não presumimos que o leitor conheça, necessariamente, os conceitos de projeto orientado a objetos ou de estruturas encadeadas (p.ex. listas encadeadas), por isso tais tópicos são cobertos nos capítulos principais deste livro.

Com relação a conhecimento matemático, supomos que o leitor esteja familiarizado com os temas abordados no ensino médio. Ainda assim, no Capítulo 4, discutimos as sete funções mais importantes para análise de algoritmos. Na verdade, as seções que vão além dessas sete funções são opcionais e são indicadas por uma estrela (★). Um resumo de outros fatos matemáticos úteis, como probabilidade elementar, é apresentado no Apêndice A.

Os autores

Os professores Goodrich e Tamassia são conhecidos pesquisadores de algoritmos e estruturas de dados, tendo publicado muitos artigos na área, com aplicações na Internet, visualização de informação, segurança computacional e computação geométrica. Ambos atuaram como pesquisadores em muitos projetos conjuntos patrocinados pela National Science Foundation, pelo Army Research Office, pelo Office of Naval Research e pela Defense Advanced Research Projects Agency. Eles também atuam na área de pesquisa em tecnologia educativa.

Michael Goodrich é PhD em Ciência da Computação pela Purdue University (1987). Atualmente é professor no departamento de Ciência da Computação da University of California, Irvine. Anteriormente, trabalhou como professor na John Hopkins University. É editor de vários jornais de teoria de ciência da computação, geometria computacional e algoritmos de gráficos. Também é um ACM Distinguished Scientist, um membro da American Association for the Advancement of Science (AAAS), um Fulbright Scholar e um membro do IEEE. Michael Goodrich recebeu o IEEE Computer Society Technical Achievement Award, o ACM Recognition of Service Award e o Pond Award for Excellence in Undergraduate Teaching.

Roberto Tamassia é PhD em Engenharia Elétrica e de Computadores pela University of Illinois, em Urbana-Champaign (1988). É professor de ciência da computação e presidente do Departamento de Ciência da Computação na Brown University. Também é diretor do Brown's Center de Computação Geométrica. Suas pesquisas incluem segurança da informação, criptografia, análise, projeto e implementação de algoritmos, criação de grafos e geometria computacional. Ele é membro do IEEE e recebeu o Technical Achievement Award da IEEE Computer Society por seu pioneirismo na área de criação de grafos. Roberto Tamassia também é editor de vários jornais sobre algoritmos geométricos e grafos. Anteriormente, trabalhou no conselho editorial do *IEEE Transactions on Computers*.

Além de suas pesquisas, os autores têm grande experiência no ensino. O Dr. Goodrich, por exemplo, já ensinou disciplinas de estruturas de dados e algoritmos, incluindo Estruturas de Dados para primeiro e segundo anos e Introdução a Algoritmos como uma disciplina de nível avançado, e recebeu muitos prêmios de ensino como professor. Seu estilo de ensino consiste em envolver os alunos em aulas animadas e interativas, aflorando *insights* sobre estruturas de dados e técnicas algorítmicas. Dr. Tamassia já ensina Estruturas de Dados e Algoritmos em um nível introdutório desde 1988. Algo que distingue seu estilo de ensino é o uso de apresentações hipermídia interativas integradas com a Web.

Agradecimentos

Inúmeras pessoas contribuíram para este livro.

Agradecemos a todos os nossos pesquisadores colaboradores e professores assistentes, que nos deram feedback nas versões iniciais do trabalho e nos ajudaram a desenvolver exercícios, software e sistemas de animação de algoritmos. Particularmente, gostaríamos de agradecer a Jeff Achter, Vesselin Arnaudov, James Baker, Ryan Baker, Benjamin Boer, Mike Boilen, Devin Borland, Lubomir Bourdev, Stina Bridgeman, Bryan Cantrill, Yi-Jen Chiang, Robert Cohen, David Ellis, David Emory, Jody Fanto, Ben Finkel, Peter Fröhlich, Ashim Garg, Natasha Gelfand, Mark Handy, Michael Horn, Greg Howard, Benoît Hudson, Jovanna Ignatowicz, Seth Padowitz, Babis Papamanthou, James Piechota, Dan Polivy, Seth Proctor, Susannah Raub, Haru Sakai, Andy Schwerin, Michael Shapiro, Mike Shim, Michael Shin, Galina Shubina, Amy Simpson, Christian Straub, Ye Sun, Nikos Triandopoulos, Luca Vismara, Danfeng Yao, Jason Ye e Eric Zamore. Lubomir Bourdev, Mike Demmer, Mark Handy, Michael Horn e Scott Speigler desenvolveram um tutorial básico de Java que possibilitou o Capítulo 1, Cartilha de Java. Agradecemos especialmente a Eric Zamore, que nos auxiliou no desenvolvimento de exemplos de código Java presentes no livro e com o projeto, a implementação e os teste iniciais da biblioteca net.datastructures de estruturas de dados e algoritmos em Java. Também agradecemos a Vesselin Arnaudov e Mike Shim por testar nossa versão atual de net.datastructures, e a Jeffrey Bosboom por exemplos de código Java e atualizações suplementares. Comentários de estudantes e professores que utilizaram as edições anteriores deste livro também auxiliaram a modelar esta quinta edição.

Muitos colegas e amigos nos ajudaram a melhorar e desenvolver o texto com seus comentários. Agradecemos particularmente a Karen Goodrich, Art Moorshead, David Mount, Scott Smith e Ioanis Tollis por suas observações perspicazes. Além disso, agradecemos muito a David Mount por suas contribuições à Seção 3.5 e a várias figuras.

Também nos consideramos em dívida com muitos dos leitores e críticos por seus abundantes comentários, emails e críticas construtivas, que foram muito úteis na escrita desta edição. Agradecemos especialmente aos seguintes críticos: Divy Agarwal, University of California, Santa Barbara; Terry Andres, University of Manitoba; Bobby Blumofe, University of Texas, Austin; Michael Clancy, University of California, Berkeley; Larry Davis, University of Maryland; Scott Drysdale, Dartmouth College; Arup Guha, University of Central Florida; Chris Ingram, University of Waterloo; Stan Kwasny, Washington University; Calvin Lin, University of Texas at Austin; John Mark Mercer, McGill University; Laurent Michel, University of Connecticut; Leonard Myers, California Polytechnic State University, San Luis Obispo; David Naumann, Stevens Institute of Technology; Robert Pastel, Michigan Technological

University; Bina Ramamurthy, SUNY Buffalo; Ken Slonneger, University of Iowa; C.V. Ravishankar, University of Michigan; Val Tannen, University of Pennsylvania; Paul Van Arragon, Messiah College; e Christopher Wilson, University of Oregon.

Agradecemos a nosso editor, Beth Golub, por seu apoio sempre entusiasmado a este projeto. O time da Wiley foi ótimo. Agradecemos muito a Mike Berlin, Lilian Brady, Regina Brooks, Paul Crockett, Richard DeLorenzo, Simon Durkin, Micheline Frederick, Lisa Gee, Katherine Hepburn, Rachael Leblond, Andre Legaspi, Madelyn Lesure, Frank Lyman, Hope Miller, Bridget Morrisey, Chris Ruel, Ken Santor, Lauren Sapira, Dan Sayre, Diana Smith, Bruce Spatz, Dawn Stanley, Jeri Warner, and Bill Zobrist.

Os sistemas de computação e o excelente suporte técnico dos departamentos de ciência da computação da Brown University e da University of California, Irvine, nos permitiram ter um ambiente de trabalho confiável. Esse manuscrito foi produzido primeiramente com pacote de impressão LATEX.

Por fim, gostaríamos de agradecer carinhosamente a Isabel Cruz, Karen Goodrich, Giuseppe Di Battista, Franco Preparata, Ioanis Tollis e a nossos pais, por nos darem conselhos, nos incentivarem e apoiarem durante os vários estágios da preparação deste livro. Também os agradecemos por nos lembrarem de que existem outras coisas na vida além de escrever livros.

Michael T. Goodrich
Roberto Tamassia

Sumário

1	**Cartilha de Java**			**1**
	1.1	Iniciando: classes, tipos e objetos		2
		1.1.1	Tipos básicos	5
		1.1.2	Objetos	7
		1.1.3	Tipos enumerados	14
	1.2	Métodos		15
	1.3	Expressões		20
		1.3.1	Literais	20
		1.3.2	Operadores	21
		1.3.3	Conversores e autoboxing/unboxing em expressões	25
	1.4	Controle de fluxo		27
		1.4.1	Os comandos if e switch	27
		1.4.2	Laços	29
		1.4.3	Expressões explícitas de controle de fluxo	31
	1.5	Arranjos		33
		1.5.1	Declarando arranjos	35
		1.5.2	Arranjos são objetos	36
	1.6	Entrada e saída simples		38
	1.7	Um programa de exemplo		42
	1.8	Classes aninhadas e pacotes		45
	1.9	Escrevendo um programa em Java		47
		1.9.1	Projeto	47
		1.9.2	Pseudocódigo	48
		1.9.3	Codificação	49
		1.9.4	Teste e depuração	53
	1.10	Exercícios		55
2	**Projeto Orientado a Objetos**			**59**
	2.1	Objetivos, princípios e padrões		60
		2.1.1	Objetivos do projeto orientado a objetos	60
		2.1.2	Princípios de projeto orientado a objetos	61
		2.1.3	Padrões de projeto	64

2.2	**Herança e polimorfismo**		**65**
	2.2.1	Herança	65
	2.2.2	Polimorfismo	66
	2.2.3	Usando herança em Java	67
2.3	**Exceções**		**77**
	2.3.1	Lançando exceções	77
	2.3.2	Capturando exceções	79
2.4	**Interfaces e classes abstratas**		**81**
	2.4.1	Implementando interfaces	81
	2.4.2	Herança múltipla e interfaces	83
	2.4.3	Classes abstratas e tipagem forte	84
2.5	**Conversão e genéricos**		**85**
	2.5.1	Conversão	86
	2.5.2	Genéricos	90
2.6	**Exercícios**		**92**

3 Índices, Nodos e Recursão 99

3.1	**Usando arranjos**		**100**
	3.1.1	Armazenando os registros de um jogo em um arranjo	100
	3.1.2	Ordenando um arranjo	107
	3.1.3	Métodos de java.util para arranjos e números aleatórios	110
	3.1.4	Criptografia simples com arranjos de caracteres	113
	3.1.5	Arranjos bidimensionais e jogos de posição	116
3.2	**Listas simplesmente encadeadas**		**121**
	3.2.1	Inserção em uma lista simplesmente encadeada	123
	3.2.2	Removendo um elemento em uma lista simplesmente encadeada	125
3.3	**Listas duplamente encadeadas**		**126**
	3.3.1	Inserção no meio de uma lista duplamente encadeada	129
	3.3.2	Remoção do meio de uma lista duplamente encadeada	130
	3.3.3	Implementação de uma lista duplamente encadeada	131
3.4	**Listas encadeadas circulares e ordenação de listas encadeadas**		**133**
	3.4.1	Listas encadeadas circulares e a brincadeira do "Pato, Pato, Ganso"	134
	3.4.2	Ordenando uma lista encadeada	138
3.5	**Recursão**		**140**
	3.5.1	Recursão linear	145
	3.5.2	Recursão binária	150
	3.5.3	Recursão múltipla	152
3.6	**Exercícios**		**154**

4	**Ferramentas de Análise**		**161**
	4.1	As sete funções usadas neste livro.	162
		4.1.1 A função constante	162
		4.1.2 A função logaritmo.	162
		4.1.3 A função linear.	163
		4.1.4 A função *n*-log-*n*	164
		4.1.5 A função quadrática.	164
		4.1.6 A função cúbica e outras polinomiais	166
		4.1.7 A função exponencial	167
		4.1.8 Comparando taxas de crescimento.	169
	4.2	Análise de algoritmos.	170
		4.2.1 Estudos experimentais	171
		4.2.2 Operações primitivas.	172
		4.2.3 Notação assintótica.	174
		4.2.4 Análise assintótica.	178
		4.2.5 Usando a notação O	180
		4.2.6 Um algoritmo recursivo para calcular potência	183
		4.2.7 Exemplos extras de análise de algoritmos	184
	4.3	Técnicas simples de justificativa.	189
		4.3.1 Por meio de exemplos.	189
		4.3.2 O ataque "contra"	189
		4.3.3 Indução e invariantes em laços	190
	4.4	Exercícios	192
5	**Pilhas e Filas.**		**201**
	5.1	Pilhas	202
		5.1.1 O tipo abstrato de dados pilha	203
		5.1.2 Uma implementação de uma pilha baseada em arranjos	205
		5.1.3 Implementando uma pilha usando uma lista encadeada genérica	211
		5.1.4 Invertendo um arranjo usando uma pilha	213
		5.1.5 Verificando parênteses e tags HTML.	214
	5.2	Filas	218
		5.2.1 O tipo abstrato de dados fila.	218
		5.2.2 Uma implementação simples baseada em arranjos	221
		5.2.3 Implementando uma fila usando uma lista encadeada genérica	223
		5.2.4 Escalonadores round-robin	224
	5.3	Filas com dois finais.	226
		5.3.1 O tipo abstrato de dados deque	227
		5.3.2 Implementando um deque.	227

		5.3.3	Deques no framework de coleções de Java	230
	5.4	Exercícios		231

6 Listas e Iteradores 237

	6.1	Listas arranjo		238
		6.1.1	O tipo abstrato de dados lista arranjo	238
		6.1.2	O padrão adaptador	239
		6.1.3	Uma implementação simples usando arranjo	240
		6.1.4	A interface simples e a classe java.util.ArrayList	242
		6.1.5	Implementando uma lista arranjo usando arranjos extensíveis.	243
	6.2	Listas de nodos.		247
		6.2.1	Operações baseadas em nodos	247
		6.2.2	Posições	247
		6.2.3	O tipo abstrato de dados lista de nodos	248
		6.2.4	Implementação usando lista duplamente encadeada.	252
	6.3	Iteradores		257
		6.3.1	Os tipos abstratos de dados iterador e iterável.	257
		6.3.2	O laço de Java para-cada	259
		6.3.3	Implementando iteradores.	260
		6.3.4	Iteradores de lista em Java	262
	6.4	Os TADs de lista e o framework de coleções.		263
		6.4.1	Listas no framework de coleções de Java.	263
		6.4.2	Sequências	267
	6.5	Estudo de caso: a heurística mover-para-frente		269
		6.5.1	Usando uma lista ordenada e uma classe aninhada	270
		6.5.2	Usando uma lista com a heurística mover-para-frente	272
		6.5.3	Possíveis usos de uma lista de favoritos.	274
	6.6	Exercícios		276

7 Árvores 283

	7.1	Árvores genéricas.		284
		7.1.1	Definição de árvore e propriedades.	284
		7.1.2	O tipo abstrato de dados árvore	287
		7.1.3	Implementando uma árvore.	288
	7.2	Algoritmos de caminhamento em árvores		290
		7.2.1	Altura e profundidade	291
		7.2.2	Caminhamento prefixado	293
		7.2.3	Caminhamento pós-fixado	296
	7.3	Árvores binárias		299
		7.3.1	O TAD árvore binária	301

	7.3.2	Uma interface de árvore binária em Java	302
	7.3.3	Propriedades de árvores binárias	302
	7.3.4	Estruturas encadeadas para árvores binárias	304
	7.3.5	Uma estrutura baseada em lista arranjo para árvores binárias	313
	7.3.6	Caminhamentos sobre árvores binárias	315
	7.3.7	O padrão do método modelo	322
7.4	Exercícios		326

8 Heaps e Filas de Prioridade ... 337

8.1	O tipo abstrato de dados fila de prioridade		338
	8.1.1	Chaves, prioridades e relações de ordem total	338
	8.1.2	Entradas e comparadores	339
	8.1.3	O TAD fila de prioridade	341
	8.1.4	Ordenando com uma fila de prioridade	342
8.2	Implementando uma fila de prioridade com listas		343
	8.2.1	Implementação de uma fila de prioridade em Java usando uma lista	345
	8.2.2	Selection sort e insertion sort	347
8.3	Heaps		349
	8.3.1	A estrutura de dados heap	350
	8.3.2	Árvores binárias completas e suas representações	352
	8.3.3	Implementando uma fila de prioridade com um heap	357
	8.3.4	Implementação em Java	362
	8.3.5	Heapsort	365
	8.3.6	Construção bottom-up do heap ★	367
8.4	Filas de prioridade adaptáveis		370
	8.4.1	Usando a classe java.util.PriorityQueue	371
	8.4.2	Entradas conscientes de localização	372
	8.4.3	Implementando uma fila de prioridade adaptável	374
8.5	Exercícios		376

9 Tabelas de Hash, Mapas e Skip Lists ... 385

9.1	Mapas		386
	9.1.1	O TAD mapa	387
	9.1.2	Uma implementação simples de mapa	388
9.2	Tabelas de hash		389
	9.2.1	Arranjo de buckets	390
	9.2.2	Funções de hash	390
	9.2.3	Códigos de hash	391
	9.2.4	Funções de compressão	395

	9.2.5	Esquema para tratamento de colisões	396
	9.2.6	Uma implementação Java para tabelas de hash	400
	9.2.7	Fatores de carga e rehashing	404
	9.2.8	Aplicação: contador de frequência de palavras	405
9.3	**Mapas ordenados**		**406**
	9.3.1	Tabelas de pesquisa ordenada e pesquisa binária	407
	9.3.2	Duas aplicações de mapas ordenados	411
9.4	**Skip list**		**414**
	9.4.1	Operações de pesquisa e atualização em uma skip list	416
	9.4.2	Uma análise probabilística das skip lists ★	420
9.5	**Dicionários**		**423**
	9.5.1	O TAD Dicionário	423
	9.5.2	Implementações com entradas preocupadas com a localização	424
	9.5.3	Implementação usando o pacote java.util	425
9.6	**Exercícios**		**429**

10 Árvores de Pesquisa 435

10.1	**Árvores binárias de pesquisa**		**436**
	10.1.1	Pesquisa	436
	10.1.2	Operações de atualização	438
	10.1.3	Implementação Java	443
10.2	**Árvores AVL**		**446**
	10.2.1	Operações de atualização	449
	10.2.2	Implementação Java	454
10.3	**Árvores espalhadas**		**457**
	10.3.1	Espalhamento	458
	10.3.2	Quando espalhar	459
	10.3.3	Análise amortizada do espalhamento ★	462
10.4	**Árvores (2,4)**		**468**
	10.4.1	Árvore genérica de pesquisa	468
	10.4.2	Operações de atualização em árvores (2,4)	473
10.5	**Árvores vermelho-pretas**		**479**
	10.5.1	Operações de atualização	481
	10.5.2	Implementação Java	493
10.6	**Exercícios**		**496**

11 Ordenação, Conjuntos e Seleção 505

11.1	**Merge-sort**		**506**
	11.1.1	Divisão e conquista	506
	11.1.2	Junção de arranjos e listas	511

		11.1.3	O tempo de execução do merge-sort	512

- 11.1.3 O tempo de execução do merge-sort 512
- 11.1.4 Implementações Java do merge-sort 514
- 11.1.5 O merge-sort e suas relações de recorrência ★ 517

11.2 Quick-sort **518**
- 11.2.1 Quick-sort randômico 525
- 11.2.2 Implementações e otimizações de Java 527

11.3 Estudando ordenação através da visão algorítmica **530**
- 11.3.1 Um limite inferior para ordenação 531
- 11.3.2 Ordenação em tempo linear: Bucket-sort e radix-sort 532
- 11.3.3 Comparando algoritmos de ordenação 535

11.4 Conjuntos e as estruturas union/find **537**
- 11.4.1 O TAD conjunto 537
- 11.4.2 Conjuntos de fusão e o padrão do método modelo 538
- 11.4.3 Partições com operações de union-find 542

11.5 Seleção **546**
- 11.5.1 Poda e busca 546
- 11.5.2 Quick-select randômico 547
- 11.5.3 Analisando o quick-select randômico 548

11.6 Exercícios **549**

12 Strings e Programação Dinâmica 557

12.1 Operações com strings **558**
- 12.1.1 A classe Java String 559
- 12.1.2 A classe Java StringBuffer 560

12.2 Programação dinâmica **560**
- 12.2.1 Produto em cadeia de matrizes 561
- 12.2.2 O DNA e alinhamento de sequências de texto 563

12.3 Algoritmos para procura de padrões **567**
- 12.3.1 Força bruta 567
- 12.3.2 O algoritmo Boyer-Moore 569
- 12.3.3 O algoritmo de Knuth-Morris-Pratt 573

12.4 Compressão de textos e o método guloso **578**
- 12.4.1 O algoritmo de codificação de Huffman 579
- 12.4.2 O método guloso 580

12.5 Tries **581**
- 12.5.1 Tries padrão 581
- 12.5.2 Tries comprimidos 584
- 12.5.3 Tries de sufixos 586
- 12.5.4 Mecanismos de busca 588

12.6 Exercícios **589**

13 Algoritmos Grafos **597**
    13.1 Grafos **598**
        13.1.1   O TAD grafo 602
    13.2 Estruturas de dados para grafos **603**
        13.2.1   A lista de arestas 603
        13.2.2   A lista de adjacências 606
        13.2.3   A estrutura da matriz de adjacência 608
    13.3 Caminhamento em grafos **610**
        13.3.1   Pesquisa em profundidade 610
        13.3.2   Implementando a pesquisa em profundidade 614
        13.3.3   Caminhamento em largura 622
    13.4 Grafos dirigidos **626**
        13.4.1   Caminhamento em um dígrafo 627
        13.4.2   Fechamento transitivo 630
        13.4.3   Grafos acíclicos dirigidos 633
    13.5 Caminhos mínimos **635**
        13.5.1   Grafos ponderados 637
        13.5.2   O algoritmo de Dijkstra 638
        13.5.3   Uma implementação alternativa do algoritmo de Dijkstra ... 644
    13.6 Árvores de cobertura mínima **647**
        13.6.1   Algoritmo de Kruskal 649
        13.6.2   O algoritmo Prim-Jarník 653
    13.7 Exercícios **656**

14 Memória **667**
    14.1 Gerenciamento de memória **668**
        14.1.1   Pilhas na máquina virtual de Java 668
        14.1.2   Alocando espaço na memória heap 671
        14.1.3   Coleta de lixo 673
    14.2 Memória externa e caching **675**
        14.2.1   A hierarquia de memória 675
        14.2.2   Estratégias de cache 677
    14.3 Pesquisa externa e árvores B **681**
        14.3.1   Árvores (a,b) 682
        14.3.2   Árvores B 684
    14.4 Ordenando memória externa **685**
        14.4.1   Merge genérico 686
    14.5 Exercícios **687**

A   Fatos Matemáticos Úteis **691**
Bibliografia **699**
Índice **705**

Capítulo

1
Cartilha de Java

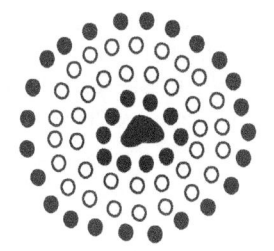

Sumário

1.1	Iniciando: classes, tipos e objetos		2
	1.1.1	Tipos básicos	5
	1.1.2	Objetos	7
	1.1.3	Tipos enumerados	14
1.2	**Métodos**		15
1.3	**Expressões**		20
	1.3.1	Literais	20
	1.3.2	Operadores	21
	1.3.3	Conversores e autoboxing/unboxing em expressões	25
1.4	**Controle de fluxo**		27
	1.4.1	Os comandos if e switch	27
	1.4.2	Laços	29
	1.4.3	Expressões explícitas de controle de fluxo	31
1.5	**Arranjos**		33
	1.5.1	Declarando arranjos	35
	1.5.2	Arranjos são objetos	36
1.6	**Entrada e saída simples**		38
1.7	**Um programa de exemplo**		42
1.8	**Classes aninhadas e pacotes**		45
1.9	**Escrevendo um programa em Java**		47
	1.9.1	Projeto	47
	1.9.2	Pseudocódigo	48
	1.9.3	Codificação	49
	1.9.4	Teste e depuração	53
1.10	**Exercícios**		55

1.1 Iniciando: classes, tipos e objetos

Construir estruturas de dados e algoritmos requer a comunicação de instruções detalhadas para um computador. Uma excelente maneira de fazer isso é usar uma linguagem de programação de alto nível como Java. Este capítulo apresenta uma visão geral da linguagem Java, assumindo que o leitor esteja familiarizado com alguma linguagem de programação de alto nível. Este livro, entretanto, não fornece uma descrição completa da linguagem Java. Existem aspectos importantes da linguagem que não são relevantes para o projeto de estruturas de dados e que não são incluídos aqui. Inicia-se com um programa que imprime "Hello Universe!" na tela, e que é mostrado e dissecado na Figura 1.1.

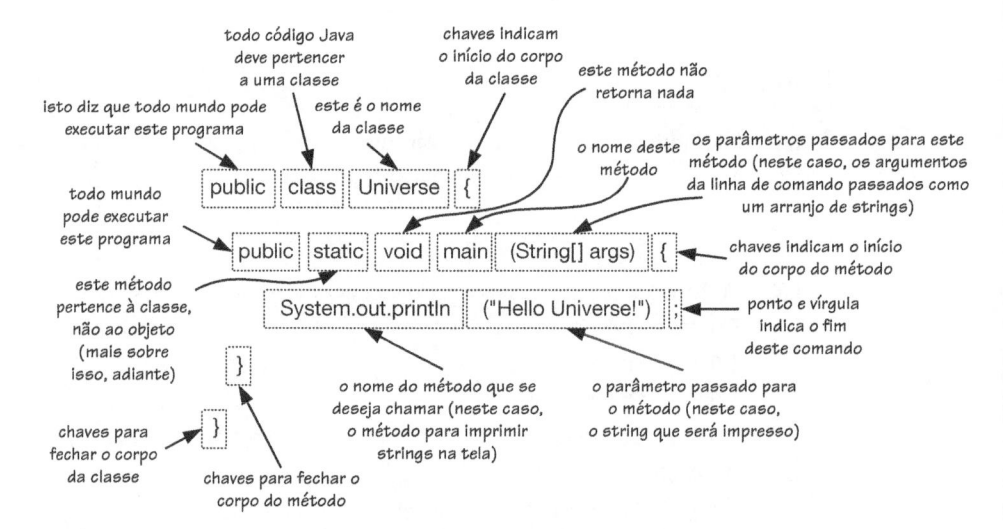

Figura 1.1 O programa "Hello Universe!".

Os principais "atores" em um programa Java são os *objetos*. Os objetos armazenam dados e fornecem os métodos para acessar e modificar esses dados. Todo objeto é instância de uma *classe* que define o *tipo* do objeto, bem como os tipos de operações que executa. Os *membros* críticos de uma classe Java são os seguintes (classes também podem conter definições de classes aninhadas, mas essa é uma discussão para mais tarde):

- Dados de objetos Java são armazenados em *variáveis de instância* (também chamadas de *campos*). Por essa razão, se um objeto de uma classe deve armazenar dados, então sua classe deve especificar variáveis de instância para esse fim. As variáveis de instância podem ser de tipos básicos (tais como inteiros, números de ponto flutuante ou booleanos) ou podem se referir a objetos de outras classes.
- As operações que podem atuar sobre os dados e que expressam as "mensagens" às quais os objetos respondem são chamadas de *métodos*, e estes consis-

tem em construtores, subprogramas e funções. Eles definem o comportamento dos objetos daquela classe.

Como as classes são declaradas

Resumindo, um *objeto* é uma combinação específica de dados e dos métodos capazes de processar e comunicar esses dados. As classes definem os *tipos* dos objetos; por isso, objetos também são chamados de instâncias da classe que os define e usam o nome da classe como seu tipo.

Um exemplo de definição de uma classe Java é apresentado no Trecho de Código 1.1.

```
public class Counter {
    protected int count; // uma simples variável de instância inteira
    /** O construtor default para um objeto Counter */
    Counter( ) { count = 0; }
    /** Um método de acesso para recuperar o valor corrente do contador */
    public int getCount( ) { return count; }
    /** Um método modificador para incrementar o contador */
    public void incrementCount( ) { count++; }
    /** Um método modificador para decrementar o contador */
    public void decrementCount( ) { count--; }
}
```

Trecho de Código 1.1 A classe Counter para um contador simples, que pode ser acessado, incrementado e decrementado.

Nesse exemplo, observa-se que a definição da classe está delimitada por chaves, isto é, começa por um "{" e termina com um "}". Em Java, qualquer conjunto de comandos entre chaves "{" e "}" define um *bloco* de programa.

Assim como a classe Universe, a classe Counter é pública, o que significa que qualquer outra classe pode criar e usar um objeto Counter. O Counter tem uma variável de instância – um inteiro chamado de count. Essa variável é inicializada com zero no método construtor, Counter, que é chamado quando se deseja criar um novo objeto Counter (esse método sempre tem o mesmo nome que a classe a qual pertence). Essa classe também tem um método de acesso, getCount, que retorna o valor corrente do contador. Finalmente, essa classe tem dois métodos de atualização – o método incrementCount, que incrementa o contador, e o método decrementCount, que decrementa o contador. Na verdade, esta é uma classe extremamente maçante, mas pelo menos mostra a sintaxe e a estrutura de uma classe Java. Mostra também que uma classe Java não precisa ter um método chamado de main (mas tal classe não consegue fazer nada sozinha).

O nome da classe, método ou variável em Java é chamado de *identificador* e pode ser qualquer string de caracteres, desde que inicie por uma letra e seja composto por letras, números e caracteres sublinhados (onde "letra" e "número" podem ser de qualquer língua escrita definida no conjunto de caracteres Unicode). As exceções a essa regra geral para identificadores Java estão na Tabela 1.1.

Palavras reservadas			
abstract	else	interface	switch
boolean	extends	long	synchronized
break	false	native	this
byte	final	new	throw
case	finally	null	throws
catch	float	package	transient
char	for	private	true
class	goto	protected	try
const	if	public	void
continue	implements	return	volatile
default	import	short	while
do	instanceof	static	
double	int	super	

Tabela 1.1 Lista de palavras reservadas Java. Essas palavras não podem ser usadas como nomes de variáveis ou de métodos em Java.

Modificadores de classes

Os modificadores de classes são palavras reservadas opcionais que precedem a palavra reservada **class**. Até agora, foram vistos exemplos que usavam a palavra reservada **public**. Em geral, os diferentes modificadores de classes e seu significado são os seguintes:

- O modificador de classe **abstract** descreve uma classe que possui métodos abstratos. Métodos abstratos são declarados com a palavra reservada **abstract** e são vazios (isto é, não possuem um bloco de comandos definindo o código do método). Se uma classe tem apenas métodos abstratos e nenhuma variável de instância, é mais adequado considerá-la uma interface (ver Seção 2.4), de forma que uma classe **abstract** é normalmente uma mistura de métodos abstratos e métodos verdadeiros. (Discutem-se classes abstratas e seus usos na Seção 2.4.)
- O modificador de classe **final** descreve uma classe que não pode ter subclasses. (Discute-se esse conceito no próximo capítulo.)
- O modificador de classe **public** descreve uma classe que pode ser instanciada ou estendida por qualquer coisa definida no mesmo pacote ou por qualquer coisa que importe a classe. (Isso é mais bem detalhado na Seção 1.8.) Todas as classes públicas são declaradas em arquivo próprio exclusivo nomeado *classname*.java, onde "*classname*" é o nome da classe.
- Se o modificador de classe **public** não é usado, então a classe é considerada *amigável*. Isso significa que pode ser usada e instanciada por qualquer classe do mesmo *pacote*. Esse é o modificador de classe default.

1.1.1 Tipos básicos

Os tipos dos objetos são determinados pela classe de origem. Em nome da eficiência e da simplicidade, Java ainda oferece os seguintes *tipos básicos* (também chamados de *tipos primitivos*), que não são objetos:

boolean	valor booleano: true ou false
char	caracter Unicode de 16 bits
byte	inteiro com sinal em complemento de dois de 8 bits
short	inteiro com sinal em complemento de dois de 16 bits
int	inteiro com sinal em complemento de dois de 32 bits
long	inteiro com sinal em complemento de dois de 64 bits
loat	número de ponto flutuante de 32 bits (IEEE 754-1985)
double	número de ponto flutuante de 64 bits (IEEE 754-1985)

Uma variável declarada como tendo um desses tipos simplesmente armazena um valor desse tipo, em vez de uma referência para um objeto. Constantes inteiras, tais como 14 ou 195, são do tipo **int**, a menos que seguidas de imediato por um "L"ou "l", sendo, neste caso, do tipo **long**. Constantes de ponto flutuante, como 3.1415 ou 2.158e5, são do tipo **double**, a menos que seguidas de imediato por um "F" ou um "f", sendo, neste caso, do tipo **float**. O Trecho de Código 1.2 apresenta uma classe simples que define algumas variáveis locais de tipos básicos no método main.

```java
public class Base {
  public static void main (String[ ] args) {
    boolean flag = true;
    char ch = 'A';
    byte b = 12;
    short s = 24;
    int i = 257;
    long l = 890L;              // Observar o uso do "L" aqui
    float f = 3.1415F;          // Observar o uso do "F" aqui
    double d = 2.1828;
    System.out.println ("flag = " + flag); // o "+" indica concatenação de strings
    System.out.println ("ch = " + ch);
    System.out.println ("b = " + b);
    System.out.println ("s = " + s);
    System.out.println ("i = " + i);
    System.out.println ("l = " + l);
    System.out.println ("f = " + f);
    System.out.println ("d = " + d);
  }
}
```

Trecho de Código 1.2 A classe Base mostrando o uso dos tipos básicos.

Comentários

Observe o uso de comentários neste e nos outros exemplos. Os comentários são anotações para uso de humanos e não são processados pelo compilador Java. Java permite dois tipos de comentários – comentários de bloco e comentários de linha – usados para definir o texto a ser ignorado pelo compilador. Em Java, usa-se um /* para começar um bloco de comentário e um */ para fechá-lo. Deve-se destacar os comentários iniciados por /**, pois tais comentários têm um formato especial, que permite que um programa chamado de Javadoc os leia e automaticamente gere documentação para programas Java. A sintaxe e interpretação dos comentários Javadoc será discutida na Seção 1.9.3

Além de comentários de bloco, Java usa o // para começar comentários de linha e ignorar tudo mais naquela linha. Por exemplo:

```
/*
 * Este é um bloco de comentário
 */
// Este é um comentário de linha
```

Saída da classe Base

A saída resultante da execução da classe Base (método main) é mostrada na Figura 1.2.

```
flag = true
ch = A
b = 12
s = 24
i = 257
l = 890
f = 3.1415
d = 2.1828
```

Figura 1.2 Saída da classe Base.

Mesmo não se referindo a objetos, variáveis dos tipos básicos são úteis no contexto de objetos, porque são usadas para definir variáveis de instâncias (ou campos) dentro de um objeto. Por exemplo, a classe Counter (Trecho de Código 1.1) possui uma única variável de instância do tipo **int**. Outra característica adicional de Java é o fato de que variáveis de instância sempre recebem um valor inicial quando o objeto que as contém é criado (seja zero, falso ou um caracter nulo, dependendo do tipo).

1.1.2 Objetos

Em Java, um objeto novo é criado a partir de uma classe usando-se o operador **new**. O operador **new** cria um novo objeto a partir de uma classe especificada e retorna uma *referência* para este objeto. Para criar um objeto de um tipo específico, deve-se seguir o uso do operador **new** por uma chamada a um construtor daquele tipo de objeto. Pode-se usar qualquer construtor que faça parte da definição da classe, incluindo o construtor default (que não recebe argumentos entre os parênteses). Na Figura 1.3, apresentam-se vários exemplos de uso do operador **new** que criam novos objetos e atribuem uma referência para estes a uma variável.

```
public class Example {
    public static void main(String[] args) {
        Counter c;
        Counter d = new Counter();
        c = new Counter();
        d = c;
    }
}
```

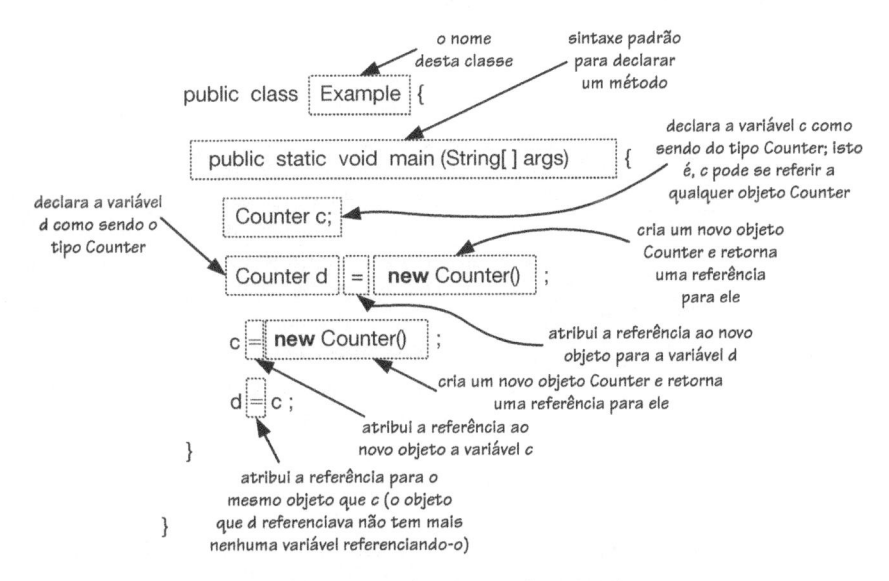

- o nome desta classe
- sintaxe padrão para declarar um método
- declara a variável c como sendo do tipo Counter; isto é, c pode se referir a qualquer objeto Counter
- declara a variável d como sendo o tipo Counter
- cria um novo objeto Counter e retorna uma referência para ele
- atribui a referência ao novo objeto para a variável d
- cria um novo objeto Counter e retorna uma referência para ele
- atribui a referência ao novo objeto a variável c
- atribui a referência para o mesmo objeto que c (o objeto que d referenciava não tem mais nenhuma variável referenciando-o)

Figura 1.3 Exemplos de uso do operador **new**.

A chamada do operador **new** sobre um tipo de classe faz com que ocorram três eventos:

- Um novo objeto é dinamicamente alocado na memória, e todas as variáveis de instância são inicializadas com seus valores padrão. Os valores padrão são **null** para variáveis objeto e 0 para todos os tipos base, exceto as variáveis **boolean** (que são **false** por default).
- O construtor para o novo objeto é chamado com os parâmetros especificados. O construtor atribui valores significativos para as variáveis de instância e executa as computações adicionais que devam ser feitas para criar este objeto.
- Depois de o construtor retornar, o operador **new** retorna uma referência (isto é, um endereço de memória) para o novo objeto recém-criado. Se a expressão está na forma de uma atribuição, então este endereço é armazenado na variável objeto, e a variável objeto passa a *referir* o objeto recém-criado.

Objetos numéricos

Às vezes, quer-se armazenar números como objetos, mas os tipos básicos não são objetos, como já se observou. Para contornar esse problema, Java define uma classe especial para cada tipo básico numérico. Essas classes são chamadas de *classes numéricas*. Na Tabela 1.2, estão os tipos básicos numéricos e as classes numéricas correspondentes, juntamente com exemplos de como se criam e se acessam os objetos numéricos. Desde o Java SE 5 a operação de criação é executada automaticamente sempre que se passa um número básico para um método que esteja esperando o objeto correspondente. Da mesma forma, o método de acesso correspondente é executado automaticamente sempre que se deseja atribuir o valor do objeto Número correspondente a um tipo numérico básico.

Tipo base	Nome da classe	Exemplo de criação	Exemplo de acesso
byte	Byte	n = new Byte((byte)34);	n.byteValue( )
short	Short	n = new Short((short)100);	n.shortValue( )
int	Integer	n = new Integer(1045);	n.intValue( )
long	Long	n = new Long(10849L);	n.longValue( )
float	Float	n = new Float(3.934F);	n.floatValue( )
double	Double	n = new Double(3.934);	n.doubleValue( )

Tabela 1.2 Classes numéricas de Java. Para cada classe é fornecido o tipo básico correspondente e expressões exemplificadoras de criação e acesso a esses objetos. Em cada linha, admite-se que a variável n é declarada com o nome de classe correspondente.

Objetos string

Uma string é uma sequência de caracteres que provêm de algum *alfabeto* (conjunto de todos os *caracteres* possíveis). Cada caracter c que compõe uma string s pode ser referenciado por seu índice na string, a qual é igual ao número de caracteres que vem antes de c em s (dessa forma, o primeiro caractere tem índice 0). Em Java, o alfabeto usado para definir strings é o conjunto internacional de caracteres Unicode, um padrão de codificação de caracteres de 16 bits que cobre as línguas escritas mais usadas. Outras linguagens de programação tendem a usar o conjunto de caracteres ASCII, que é menor (corresponde a um subconjunto do alfabeto Unicode baseado em um padrão de codificação de 7 bits). Além disso, Java define uma classe especial embutida de objetos chamados de objetos String.

Por exemplo, uma string P pode ser

```
"hogs and dogs"
```

que tem comprimento 13 e pode ter vindo da página Web de alguém. Nesse caso, o caractere de índice 2 é 'g' e o caractere de índice 5 é 'a'. Por outro lado, P poderia ser a string `"CGTAATAGTTAATCCG"`, que tem comprimento 16 e pode ser proveniente de uma aplicação científica de sequenciamento de DNA, onde o alfabeto é $\{G, C, A, T\}$.

Concatenação

O processamento de strings implica em lidar com strings. A operação básica para combinar strings chama-se *concatenação*, a qual toma uma string P e uma string Q e as combina em uma nova string denotada $P + Q$, que consiste em todos os caracteres de P seguidos por todos os caracteres de Q. Em Java, o operador "+" age exatamente dessa maneira quando aplicado sobre duas strings. Sendo assim, em Java é válido (e muito útil) escrever uma declaração de atribuição do tipo:

```
String s = "kilo" + "meters";
```

Essa declaração define uma variável s que referencia objetos da classe String e lhe atribui a string "kilometers". (Mais adiante, neste capítulo, serão discutidos mais detalhadamente comandos de atribuição e expressões como a apresentada.) Pressupõe-se ainda que todo objeto Java tem um método predefinido chamado de toString( ) que retorna a string associada ao objeto. Esta descrição da classe String deve ser suficiente para a maioria dos usos. Analisaremos a classe String e sua "parente", a classe StringBuffer, na Seção 12.1.

Referências para objetos

Como mencionado acima, a criação de um objeto novo envolve o uso do operador **new** para alocar espaço em memória para o objeto e usar o construtor do objeto para inicializar esse espaço. A localização ou *endereço* deste espaço normalmente é atribuída para uma variável *referência*. Consequentemente, uma variável referência pode ser entendida como sendo um "ponteiro" para um objeto. Isso é como se a variável fosse o suporte de um controle remoto que pudesse ser usado para controlar o objeto recém-criado (o dispositivo). Ou seja, a variável tem uma maneira de apontar para o objeto e solicitar que ele faça coisas ou acessar seus dados. Esse conceito pode ser visto na Figura 1.4.

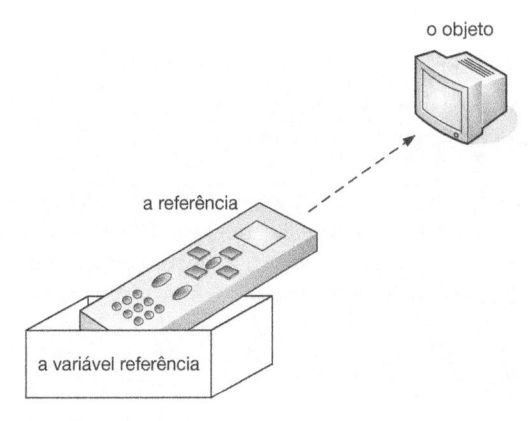

Figura 1.4 Demonstrando o relacionamento entre objetos e variáveis referência. Quando se atribui uma referência para um objeto (isto é, um endereço de memória) para uma variável referência, é como se fosse armazenado um controle remoto do objeto naquela variável.

O operador ponto

Toda a variável referência para objeto deve referir-se a algum objeto, a menos que seja **null**, caso em que não aponta para nada. Seguindo com a analogia do controle remoto, uma referência **null** é um suporte de controle remoto vazio. Inicialmente, a menos que se faça a variável referência apontar para alguma coisa por meio de uma atribuição, ela é **null**.

Pode haver, na verdade, várias referências para um mesmo objeto, e cada referência para um objeto específico pode ser usada para chamar métodos daquele objeto. Essa situação é equivalente a existirem vários controles remotos capazes de atuar sobre o mesmo dispositivo. Qualquer um dos controles pode ser usado para fazer alterações no dispositivo (como alterar o canal da televisão). Observe que, se um controle remoto é usado para alterar o dispositivo, então o (único) objeto apontado por todos os controles se altera. Da mesma forma, se uma variável referência for usada para alterar o estado do objeto, então seu estado muda para todas as suas referências. Esse comportamento vem do fato de que são muitas referências, mas todas apontando para o mesmo objeto.

Um dos principais usos de uma variável referência é acessar os membros da classe à qual pertence o objeto, a instância da classe. Ou seja, uma variável referência é útil para acessar os métodos e as variáveis de instância associadas com um objeto. Esse acesso é feito pelo operador ponto ("."). Chama-se um método associado com um objeto usando o nome da variável referência seguido do operador ponto, e então o nome do método e seus parâmetros.

Isso ativa o método com o nome especificado associado ao objeto referenciado pela variável referência. De maneira opcional, podem ser passados vários parâmetros. Se existirem vários métodos com o mesmo nome definido para este objeto, então a máquina de execução do Java irá usar aquele cujo número de parâmetros e tipos melhor combinam. O nome de um método combinado com a quantidade e o tipo de seus parâmetros chama-se *assinatura* do método, uma vez que todas essas partes são usadas para determinar o método correto para executar uma certa chamada de método. Considerem-se os seguintes exemplos:

    oven.cookDinner( );
    oven.cookDinner(food);
    oven.cookDinner(food, seasoning);

Cada uma dessas chamadas se refere, na verdade, a métodos diferentes, definidos com o mesmo nome na classe a qual pertencem. Observa-se, entretanto, que a assinatura de um método em Java não inclui o tipo de retorno do método, de maneira que Java não permite que dois métodos com a mesma assinatura retornem tipos diferentes.

Variáveis de instância

Classes Java podem definir *variáveis de instância*, também chamadas de *campos*. Essas variáveis representam os dados associados com os objetos de uma classe. As variáveis de instância devem ter um *tipo*, que pode tanto ser um *tipo básico* (como **int, float, double**) ou um *tipo referência* (como na analogia do controle remoto), isto é, uma classe, como String; uma interface (ver Seção 2.4) ou um arranjo (ver Seção 1.5). Uma instância de variável de um tipo básico armazena um valor do tipo básico, enquanto variáveis de instância, declaradas usando-se um nome de classe, armazenam uma *referência* para um objeto daquela classe.

Continuando com a analogia entre variáveis referência e controles remotos, variáveis de instância são como parâmetros do dispositivo que podem tanto ser lidos, como alterados usando-se o controle remoto (tais como os controles de volume e canal do controle remoto de uma televisão). Dada uma variável referência v, que aponta para um objeto o, pode-se acessar qualquer uma das variáveis de instância de o que as regras de acesso permitirem. Por exemplo, variáveis de instância **públicas** podem ser acessadas por qualquer pessoa. Usando o operador ponto, pode-se *obter* o valor de qualquer variável de instância, i, usando-se $v.i$ em uma expressão aritmética. Da mesma forma, pode-se *alterar* o valor de qualquer variável de instância i, escrevendo $v.i$ no lado esquerdo do operador de atribuição ("="). (Ver Figura 1.5.) Por exemplo, se gnome se refere a um objeto Gnome que tem as variáveis de instância públicas name e age, então os seguintes comandos são possíveis:

gnome.name = "Professor Smythe";
gnome.age = 132;

Entretanto, uma referência para objeto não tem de ser apenas uma variável referência; pode ser qualquer expressão que retorna uma referência para objeto.

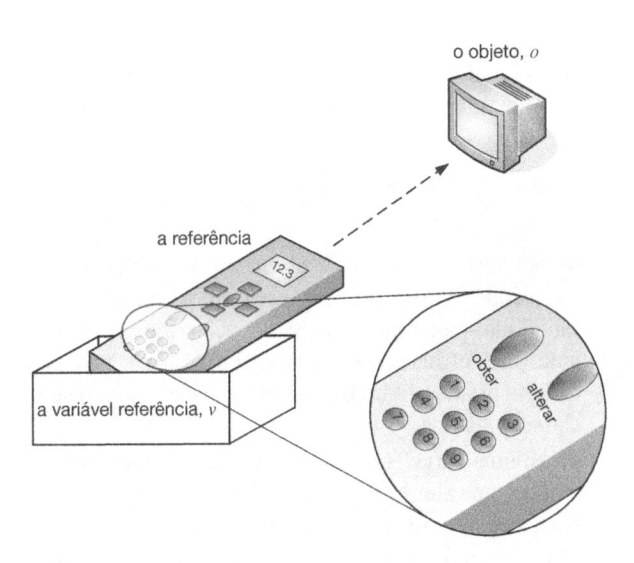

Figura 1.5 Demonstrando a maneira como uma referência para objeto pode ser usada para obter ou alterar variáveis de instância em um objeto (assumindo que se tem acesso a essas variáveis).

Modificadores de variáveis

Em alguns casos, o acesso direto a uma variável de instância de um objeto pode não estar habilitado. Por exemplo, uma variável de instância declarada como **privada** em alguma classe só pode ser acessada pelos métodos definidos dentro da classe. Tais variáveis de instância são parecidas com parâmetros de dispositivo que não podem ser acessados diretamente pelo controle remoto. Por exemplo, alguns dispositivos têm parâmetros internos que só podem ser lidos ou alterados por técnicos da fábrica (e o usuário não está autorizado a alterá-los sem violar a garantia do dispositivo).

Quando se declara uma variável de instância, pode-se, opcionalmente, definir um modificador de variável, seguido pelo tipo e identificador daquela variável. Além disso, também é opcional atribuir um valor inicial para a variável (usando o operador de atribuição "="). As regras para o nome da variável são as mesmas de qualquer outro identificador Java. O tipo da variável pode ser tanto um tipo básico, indicando que a variável armazena valores daquele tipo, ou um nome de classe, indicando que a variável é uma *referência* para um objeto desta classe. Por fim, o valor inicial opcional que se pode atribuir a uma variável de instância deve combinar com o tipo da variável. Como exemplo, definiu-se a classe Gnome, que contém várias definições de variáveis de instância, apresentada no Trecho de Código 1.3.

O *escopo* (ou visibilidade) de uma variável de instância pode ser controlado pelo uso dos seguintes ***modificadores de variáveis***:

- **public:** qualquer um pode acessar variáveis de instância públicas.
- **protected:** apenas métodos do mesmo pacote ou subclasse podem acessar variáveis de instância protegidas.
- **private:** apenas métodos da mesma classe (excluindo métodos de uma subclasse) podem acessar variáveis de instâncias privadas.
- Se nenhum dos modificadores acima for usado, então a variável de instância é considerada amigável. Variáveis de instância amigáveis podem ser acessadas por qualquer classe no mesmo pacote. Os pacotes são discutidos detalhadamente na Seção 1.8.

Além dos modificadores de escopo de variável, existem também os seguintes modificadores de uso:

- **static:** a palavra reservada **static** é usada para declarar uma variável que é associada com a classe, não com instâncias individuais daquela classe. Variáveis static são usadas para armazenar informações globais sobre uma classe (por exemplo, uma variável static pode ser usada para armazenar a quantidade total de objetos Gnome criados). Variáveis static existem mesmo se nenhuma instância de sua classe for criada.
- **final:** uma variável de instância final é um tipo de variável para o qual se *deve* atribuir um valor inicial, e para a qual, a partir de então, não é possível atribuir um novo valor. Se for de um tipo básico, então é uma constante (como a constante MAX_HEIGHT na classe Gnome). Se uma variável objeto é **final**, então irá sempre se referir ao mesmo objeto (mesmo se o objeto alterar seu estado interno).

```java
public class Gnome {
  // Variáveis de instância:
  public String name;
  public int age;
  public Gnome gnomeBuddy;
  private boolean magical = false;
  protected double height = 2.6;
  public static final int MAX_HEIGHT = 3; // altura máxima
  // Construtores:
  Gnome(String nm, int ag, Gnome bud, double hgt) { // totalmente parametrizado
    name = nm;
    age = ag;
    gnomeBuddy = bud;
    height = hgt;
  }
  Gnome( ) { // Construtor default
    name = "Rumple";
    age = 204;
    gnomeBuddy = null;
    height = 2.1;
  }
  // Métodos:
  public static void makeKing (Gnome h) {
    h.name = "King" + h.getRealName( );
    h.magical = true; // Apenas a classe Gnome pode referenciar este campo.
  }
  public void makeMeKing ( ) {
    name = "King" + getRealName( );
    magical = true;
  }
  public boolean isMagical( ) { return magical; }
  public void setHeight(int newHeight) { height = newHeight; }
  public String getName( ) { return "I won't tell!"; }
  public String getRealName( ) { return name; }
  public void renameGnome(String s) { name = s; }
}
```

Trecho de código 1.3 A classe Gnome.

Observa-se o uso das variáveis de instância no exemplo da classe Gnome. As variáveis age, magical e height são de tipos básicos, a variável name é uma referência para uma instância da classe predefinida String, e a variável gnomeBuddy é uma referência para um objeto da classe que está sendo definida. A declaração da variável de instância MAX_HEIGHT está tirando proveito desses dois modificadores para definir uma "variável" que tem um valor constante fixo. Na verdade, valores constantes associados a uma classe sempre devem ser declarados **static** e **final**.

1.1.3 Tipos enumerados

Desde a versão SE 5, Java suporta tipos enumerados chamados de *enums*. Esses tipos são permitidos apenas para que se possa obter valores provenientes de conjuntos específicos de nomes. Eles são declarados dentro de uma classe como segue:

modificador **enum** *nome* {*nome_valor$_0$, nome_valor$_1$, ..., nome_valor$_{n-1}$*}

onde o *modificador* pode ser vazio, **public**, **protected** ou **private**. O nome desta enumeração, *nome*, pode ser qualquer identificador Java. Cada um dos identificadores de valor, *nome_valor$_i$*, é o nome de um possível valor que variáveis desse tipo podem assumir. Cada um desses nomes de valor pode ser qualquer identificador Java legal, mas, por convenção, normalmente eles começam por letra maiúscula. Por exemplo, a seguinte definição de tipo enumerado pode ser útil em um programa que deve lidar com datas:

public enum Day { MON, TUE, WED, THU, FRI, SAT, SUN };

Uma vez definido, um tipo enumerado pode ser usado na definição de outras variáveis da mesma forma que um nome de classe. Entretanto, como o Java conhece todos os nomes dos valores possíveis para um tipo enumerado, se um tipo enumerado for usado em uma expressão string, o Java irá usar o nome do valor automaticamente. Tipos enumerados também possuem alguns métodos predefinidos, incluindo o método valueOf, que retorna o valor enumerado que é igual a uma determinada string. Um exemplo de uso de tipo enumerado pode ser visto no Trecho de Código 1.4.

```java
public class DayTripper {
    public enum Day { MON, TUE, WED, THU, FRI, SAT, SUN };
    public static void main(String[ ] args) {
        Day d = Day.MON;
        System.out.println("Initially d is " + d);
        d = Day.WED;
        System.out.println("Then it is " + d);
        Day t = Day.valueOf("WED");
        System.out.println("I say d and t are the same: " + (d == t));
    }
}
```

A saída deste programa é:

```
Initially d is MON
Then it is WED
I say d and t are the same: true
```

Trecho de Código 1.4 Um exemplo de uso de tipo enumerado.

1.2 Métodos

Os métodos em Java são conceitualmente similares a procedimentos e funções em outras linguagens de alto nível. Normalmente correspondem a "trechos" de código que podem ser chamados em um objeto específico (de alguma classe). Os métodos podem admitir parâmetros como argumentos, e seu comportamento depende do objeto ao qual pertencem e dos valores passados por qualquer parâmetro. Todo método em Java é especificado no corpo de uma classe. A definição de um método compreende duas partes: a *assinatura*, que define o nome e os parâmetros do método, e o *corpo*, que define o que o método realmente faz.

Um método permite ao programador enviar uma mensagem para um objeto. A assinatura do método especifica como uma mensagem deve parecer, e o corpo do método especifica o que o objeto irá fazer quando receber tal mensagem.

Declarando métodos

A sintaxe da definição de um método é como segue:

modificadores tipo nome(tipo$_0$ parâmetro$_0$, ..., tipo$_{n-1}$ parâmetro$_{n-1}$) {
    // corpo do método . . .
}

Cada uma das partes dessa declaração é importante e será descrita em detalhes nesta seção. A seção de *modificadores* usa os mesmos tipos de modificadores de escopo que podem ser usados para variáveis, como **public**, **protected** e **static**, com significados parecidos. A seção *tipo* define o tipo de retorno do método. O *nome* é o nome do método, e pode ser qualquer identificador Java válido. A lista de parâmetros e seus tipos declara as variáveis locais que correspondem aos valores que são passados como argumentos para o método. Cada declaração de tipo, *tipo$_i$*, pode ser qualquer nome tipo Java e cada *parâmetro$_i$* pode ser qualquer identificador Java. Esta lista de identificadores e seus tipos pode ser vazia, o que significa que não existem valores para serem passados para esse método quando for acionado. As variáveis parâmetro, assim como as variáveis de instância da classe, podem ser usadas dentro do corpo do método. Da mesma forma, os outros métodos dessa classe podem ser chamados de dentro do corpo de um método.

Quando um método de uma classe é acionado, é chamado para uma instância específica da classe, e pode alterar o estado daquele objeto (exceto o método **static**, que é associado com a classe propriamente dita). Por exemplo, invocando-se o método que segue em um gnome particular, altera-se seu nome.

    public void renameGnome (String s) {
        name = s; // Alterando a variável de instância nome desse gnome.
    }

Modificadores de métodos

Como as variáveis de instância, modificadores de métodos também podem restringir o escopo de um método:

- **public:** qualquer um pode chamar métodos públicos.
- **protected:** apenas métodos do mesmo pacote ou subclasse podem chamar um método protegido.
- **private:** apenas métodos da mesma classe (excluindo os métodos de subclasses) podem chamar um método privado.
- Se nenhum dos modificadores citados for usado, então o método é considerado amigável. Métodos amigáveis só podem ser chamados por objetos de classes do mesmo pacote.

Os modificadores de método acima podem ser precedidos por modificadores adicionais:

- **abstract:** um método declarado como **abstract** não terá código. A lista de parâmetros desse método é seguida por um ponto e vírgula, sem o corpo do método. Por exemplo:

    public abstract void setHeight (**double** newHeight);

    Métodos abstratos só podem ocorrer em classes abstratas. A utilidade desta construção será analisada na Seção 2.4.

- **final:** este é um método que não pode ser sobrescrito por uma subclasse.
- **static:** este é um método associado com a classe propriamente dita e não com uma instância em particular. Métodos static também podem ser usados para alterar o estado de variáveis static associadas com a classe (desde que estas variáveis não tenham sido declaradas como sendo **final**).

Tipos de retorno

Uma definição de método deve especificar o tipo do valor que o método irá retornar. Se o método não retorna um valor, então a palavra reservada **void** deve ser usada. Se o tipo de retorno é **void**, o método é chamado de *procedimento*; caso contrário, é chamado de *função*. Para retornar um valor em Java, um método deve usar a palavra reservada **return** (e o tipo retornado deve combinar com o tipo de retorno do método). Na sequência, um exemplo de método (interno à classe Gnome) que é uma função:

    public boolean isMagical ( ) {
        return magical;
    }

Assim que um **return** é executado em uma função Java, a execução do método termina.

Funções Java podem retornar apenas um valor. Para retornar múltiplos valores em Java, deve-se combiná-los em um ***objeto composto*** cujas variáveis de instância incluam todos os valores desejados e, então, retornar uma referência para este objeto composto. Além disso, pode-se alterar o estado interno de um objeto que é passado para um método como outra forma de "retornar" vários resultados.

Parâmetros

Os parâmetros de um método são definidos entre parênteses, após o nome do método, separados por vírgulas. Um parâmetro consiste em duas partes: seu tipo e o seu nome. Se um método não tem parâmetros, então apenas um par de parênteses vazio é usado.

Todos os parâmetros em Java são passados ***por valor***, ou seja, sempre que se passa um parâmetro para um método, uma cópia do parâmetro é feita para uso no contexto do corpo do método. Ao se passar uma variável **int** para um método, o valor daquela variável é copiado. O método pode alterar a cópia, mas não o original. Quando se passa uma referência do objeto como parâmetro para um método, então essa referência é copiada da mesma forma. É preciso lembrar que podem existir muitas variáveis diferentes referenciando o mesmo objeto. A alteração da referência recebida dentro de um método não irá alterar a referência que foi passada para ele. Por exemplo, ao passar uma referência g da classe Gnome para um método que chama este parâmetro de h, então o método pode alterar a referência h de maneira que ela aponte para outro objeto, porém g continuará a referenciar o mesmo objeto anterior. O método, contudo, pode usar a referência h para mudar o estado interno do objeto, alterando assim o estado do objeto apontado por g (desde que g e h referenciem o mesmo objeto).

Construtores

Um ***construtor*** é um tipo especial de método que é usado para inicializar objetos novos quando de sua criação. Java tem uma maneira especial de declarar um construtor e uma forma especial de invocá-lo. Primeiro será analisada a sintaxe de declaração de um construtor:

*modificadores nome(tipo$_0$ parâmetro$_0$, ..., tipo$_{n-1}$ parâmetro$_{n-1}$) {
    // corpo do construtor . . .
}*

Vê-se que a sintaxe é igual à de qualquer outro método, mas existem algumas diferenças essenciais. O nome do construtor, *nome*, deve ser o mesmo nome da classe que constrói. Se a classe se chama Fish, então o construtor deve se chamar Fish da mesma forma. Além disso, um construtor não possui parâmetro de retorno – seu tipo de retorno é de forma implícita, o mesmo que seu nome (que é também o nome da classe). Os modificadores de construtor, indicados acima como *modificadores*, seguem as mesmas regras que os métodos normais, exceto pelo fato de que construtores **abstract**, **static** ou **final** não são permitidos.

Por exemplo:

```
public Fish (int w, String n) {
  weight = w;
  name = n;
}
```

Definição e invocação de um construtor

O corpo de um construtor é igual ao corpo de um método normal, com duas pequenas exceções. A primeira diferença diz respeito ao conceito conhecido como cadeia de construtores, tópico discutido na Seção 2.2.3 e que não é importante agora.

A segunda diferença entre o corpo de um construtor e o corpo de um método comum é que o comando **return** não é permitido no corpo de um construtor. A finalidade deste corpo é ser usado para a inicialização dos dados associados com os objetos da classe correspondente, de forma que eles fiquem em um estado inicial estável quando criados.

Métodos construtores são ativados de uma única forma: ***devem*** ser chamados pelo operador **new**. Assim, a partir da ativação, uma nova instância da classe é automaticamente criada, e seu construtor é então chamado para inicializar as variáveis de instância e executar outros procedimentos de configuração. Por exemplo, considere-se a seguinte ativação de construtor (que corresponde também a uma declaração da variável myFish):

```
Fish myFish = new Fish (7, "Wally");
```

Uma classe pode ter vários construtores, mas cada um deve ter uma ***assinatura*** diferente, ou seja, eles devem ser distinguíveis pelo tipo e número de parâmetros que recebem.

O método main

Certas classes Java têm como objetivo a utilização por outras classes, e outras têm como finalidade definir programas executáveis[†]. Classes que definem programas executáveis devem conter outro tipo especial de método para uma classe – o método main. Quando se deseja executar um programa executável Java, referencia-se o nome da classe que define este programa, por exemplo, disparando o seguinte comando (em um shell Windows, Linux ou UNIX):

java Aquarium

Nesse caso, o sistema de execução de Java procura por uma versão compilada da classe Aquarium, e então ativa o método especial main dessa classe. Esse método deve ser declarado como segue:

[†] N. de T.: Utiliza-se a expressão "programa executável" (*stand-alone program*) neste contexto para indicar um programa que é executado sem a necessidade de um navegador, não se referindo a um arquivo binário executável.

```
public static void main(String[ ] args) {
    // corpo do método main . . .
}
```

Os argumentos passados para o método main pelo parâmetro args são os argumentos de linha de comando fornecidos quando o programa é chamado. A variável args é um arranjo de objetos String; ou seja, uma coleção de strings indexadas, com a primeira string sendo args[0], a segunda args[1] e assim por diante. (Mais será discutido sobre arranjos na Seção 1.5.)

Chamando um programa Java a partir da linha de comando

Programas Java podem ser chamados a partir da linha de comando usando o comando Java seguido do nome da classe Java que contém o método main que se deseja executar, mais qualquer argumento opcional. Por exemplo, o programa Aquarium poderia ter sido definido para receber um parâmetro opcional que especificasse o número de peixes no aquário. O programa poderia ser ativado digitando-se o seguinte em uma janela shell:

```
java Aquarium 45
```

para especificar que se quer um aquário com 45 peixes dentro dele. Nesse caso, args[0] se refere à string "45". Uma característica interessante do método main é que ele permite a cada classe definir um programa executável, e um dos usos deste método é testar os outros métodos da classe. Dessa forma, o uso completo do método main é uma ferramenta eficaz para a depuração de coleções de classes Java.

Blocos de comandos e variáveis locais

O corpo de um método é um **bloco de comandos**, ou seja, uma sequência de declarações e comandos executáveis definidos entre chaves "{" e "}". O corpo de um método e outros blocos de comandos podem conter também blocos de comandos aninhados. Além de comandos que executam uma ação, como ativar um método de algum objeto, os blocos de comandos podem conter declarações de *variáveis locais*. Essas variáveis são declaradas no corpo do comando, em geral no início (mas entre as chaves "{" e "}"). As variáveis locais são similares a variáveis de instância, mas existem apenas enquanto o bloco de comandos está sendo executado. Tão logo o fluxo de controle saia do bloco, todas as variáveis locais internas deste não podem mais ser referenciadas. Uma variável local pode ser tanto um *tipo base* (como **int, float, double**) como uma *referência* para uma instância de alguma classe. Comandos e declarações simples em Java sempre encerram com ponto e vírgula, ou seja um ";".

Existem duas formas de declarar variáveis locais:

tipo nome;
tipo nome = valor_inicial;

A primeira declaração simplesmente define que o identificador, *nome*, é de um tipo específico.

A segunda declaração define o identificador, seu tipo e também inicializa a variável com um valor específico. Seguem alguns exemplos de inicialização de variáveis locais:

```
{
    double r;
    Point p1 = new Point (3, 4);
    Point p2 = new Point (8, 2);
    int i = 512;
    double e = 2.71828;
}
```

1.3 Expressões

Variáveis e constantes são usadas em *expressões* para definir novos valores e para modificar variáveis. Nesta seção, discute-se com mais detalhes como as expressões Java funcionam. Elas envolvem o uso de *literais*, *variáveis* e *operadores*. Como as variáveis já foram examinadas, serão focados rapidamente os literais e analisados os operadores com mais detalhe.

1.3.1 Literais

Um *literal* é qualquer valor "constante" que pode ser usado em uma atribuição ou outro tipo de expressão. Java admite os seguintes tipos de literais:

- A referência para objeto **null** (este é o único literal que é um objeto e pode ser qualquer tipo de referência)
- Booleano: **true** e **false**.
- Inteiro: o default para um inteiro como 176 ou -52 é ser do tipo **int**, que corresponde a um inteiro de 32 bits. Um literal representando um inteiro longo deve terminar por um "L" ou "l", por exemplo, 176L ou -52l, e corresponde a um inteiro de 64 bits.
- Ponto flutuante: o default para números de ponto flutuante, como 3.1415 e 135.23, é ser do tipo **double**. Para especificar um literal **float**, ele deve terminar por um "F"ou um "f". Literais de ponto flutuante em notação exponencial também são aceitos, por exemplo, 3.14E2 ou 0.19e10; a base assumida é 10.
- Caracteres: assume-se que constantes de caracteres em Java pertencem ao alfabeto Unicode. Normalmente, um caractere é definido como um símbolo individual entre aspas simples. Por exemplo, 'a' e '?' são constantes caracteres. Além desses, Java define as seguintes constantes especiais de caracteres:

'\n'	(nova linha)	'\t'	(tabulação)
'\b'	(retorna um espaço)	'\r'	(retorno)
'\f'	(alimenta formulário)	'\\'	(barra invertida)
'\''	(aspas simples)	'\"'	(aspas duplas)

- String literal: uma string é uma sequência de caracteres entre aspas duplas, como

```
"dogs cannot climb trees"
```

1.3.2 Operadores

As expressões em Java implicam em concatenar literais e variáveis usando operadores. Os operadores de Java serão analisados nesta seção.

O operador de atribuição

O operador padrão de atribuição em Java é "=". É usado na atribuição de valores para variáveis de instância ou variáveis locais. Sua sintaxe é:

variável = *expressão*

onde *variável* se refere a uma variável que pode ser referenciada no bloco de comandos que contém esta expressão. O valor de uma operação de atribuição é o valor da expressão que é atribuída. Sendo assim, se i e j são declaradas do tipo **int**, é correto ter um comando de atribuição como o seguinte:

i = j = 25; // funciona porque o operador '=' é avaliado da direita para a esquerda

Operadores aritméticos

Os operadores que seguem são os operadores binários aritméticos de Java:

+ adição
− subtração
* multiplicação
/ divisão
% operador módulo

O operador módulo também é conhecido como o operador de "resto", na medida em que fornece o resto de uma divisão de números inteiros. Com frequência, usamos "mod" para indicar o operador de módulo, e o definimos formalmente como:

$$n \bmod m = r$$

de maneira que

$$n = mq + r,$$

para um inteiro q e $0 \leq r < n$.

Java também fornece o operador unário menos (−), que pode ser colocado na frente de qualquer expressão aritmética para inverter seu sinal. É possível utilizar parênteses em qualquer expressão para definir a ordem de avaliação. Java utiliza ainda uma regra de precedência de operadores bastante intuitiva para determinar a ordem de avaliação quando não são usados parênteses. Ao contrário de C++, Java não permite a sobrecarga de operadores.

Operadores de incremento e decremento

Da mesma forma que C e C++, Java oferece operadores de incremento e decremento. De forma mais específica, oferece os operadores incremento de um (++) e decremento de um (−−). Se tais operadores são usados na frente de um nome de variável, então 1 é somado ou subtraído à variável, e seu valor é empregado na expressão. Se for utilizado depois do nome da variável, então primeiro o valor é usado, e depois a variável é incrementada ou decrementada de 1. Assim, por exemplo, o trecho de código

```
int i = 8;
int j = i++;
int k = ++i;
int m = i--;
int n = 9 + i++;
```

atribui 8 para *j*, 10 para *k*, 10 para *m*, 18 para *n* e deixa *i* com o valor 10.

Operadores lógicos

Java oferece operadores padrão para comparações entre números:

<	menor que
<=	menor que ou igual a
==	igual a
!=	diferente de
>=	maior que ou igual a
>	maior que

Os operadores == e != também podem ser usados como referências para objetos. O tipo resultante de uma comparação é **boolean**.

Os operadores que trabalham com valores **boolean** são os seguintes:

!	negação (prefixado)
&&	e condicional
||	ou condicional

Os operadores booleanos && e || não avaliarão o segundo operando em suas expressões (para a direita) se isso não for necessário para determinar o valor da expressão. Esse recurso é útil, por exemplo, para construir expressões booleanas em que primeiro é testado se uma determinada condição se aplica (como uma referência não ser **null**) e, então, testa-se uma condição que geraria uma condição de erro, se o primeiro teste falhasse.

Operadores sobre bits

Java fornece também os seguintes operadores sobre bits para inteiros e booleanos:

~	complemento sobre bits (operador prefixado unário)
&	e sobre bits
|	ou sobre bits
^	ou exclusivo sobre bits
<<	deslocamento de bits para a esquerda, preenchendo com zeros
>>	deslocamento de bits para a direita, preenchendo com bits de sinal
>>>	deslocamento de bits para a direita, preenchendo com zeros

Operadores operacionais de atribuição

Além do operador de atribuição padrão (=), Java também oferece um conjunto de outros operadores de atribuição que têm efeitos colaterais operacionais. Esses outros tipos de operadores são da forma:

variável op = expressão

onde *op* é um operador binário. Essa expressão é equivalente a

variável = variável op expressão

excetuando-se que, se *variável* contém uma expressão (por exemplo, um índice de arranjo), a expressão é avaliada apenas uma vez. Assim, o trecho de código

```
a[5] = 10;
i = 5;
a[i++] += 2;
```

deixa a[5] com o valor 12 e i com o valor 6.

Concatenação de strings

As strings podem ser compostas usando o operador de **concatenação** (+), de forma que o código

```
String rug = "carpet";
String dog = "spot";
String mess = rug + dog;
String answer = mess + "will cost me" + 5 + " hours!";
```

terá o efeito de fazer answer apontar para a string

```
"carpetspot will cost me 5 hours!"
```

Esse exemplo também mostra como Java converte constantes que não são string em strings, quando estas estão envolvidas em uma operação de concatenação de strings.

Precedência de operadores

Os operadores em Java têm uma dada preferência, ou precedência, que determina a ordem na qual as operações são executadas quando a ausência de parênteses ocasiona ambiguidades na avaliação. Por exemplo, é necessário que exista uma forma de decidir se a expressão "5+2*3" tem valor 21 ou 11 (em Java, o valor é 11).

A Tabela 1.3 apresenta a precedência dos operadores em Java (que, coincidentemente, é a mesma de C).

	Precedência de operadores	
	Tipo	Símbolos
1	operadores pós-fixados	*exp* + + *exp* − −
	operadores pré-fixados	+ +*exp* − − *exp* +*exp* −*exp* ~*exp* !*exp*
	cast (coerção)	(*type*) *exp*
2	mult./div.	* / %
3	soma/subt.	+ −
4	deslocamento	<< >> >>>
5	comparação	< <= > >= **instanceof**
6	igualdade	== !=
7	"e" bit a bit	&
8	"xor" bit a bit	^
9	"ou" bit a bit	|
10	"e"	&&
11	"ou"	||
12	condicional	*expressão_booleana*? *valor_se_true* : *valor_se_false*
13	atribuição	= += −= *= /= %= >>= <<= >>>=&= ^= |=

Tabela 1.3 As regras de precedência de Java. Os operadores em Java são avaliados de acordo com a ordem acima se não forem utilizados parênteses para determinar a ordem de avaliação. Os operadores na mesma linha são avaliados da esquerda para a direita (exceto atribuições e operações pré-fixadas, que são avaliadas da direita para a esquerda), sujeitos à regra de avaliação condicional para as operações booleanas **e** e **ou**. As operações são listadas da precedência mais alta para a mais baixa (usamos *exp* para indicar uma expressão atômica ou entre parênteses). Sem parênteses, os operadores de maior precedência são executados depois de operadores de menor precedência.

Discutiu-se até agora quase todos os operadores listados na Tabela 1.3. Uma exceção importante é o operador condicional, o que implica avaliar uma expressão booleana e então tomar o valor apropriado, dependendo de a expressão booleana ser verdadeira ou falsa. (O uso do operador **instanceof** será analisado no próximo capítulo.)

1.3.3 Conversores e autoboxing/unboxing em expressões

A conversão é uma operação que nos permite alterar o tipo de uma variável. Em essência, pode-se *converter* uma variável de um tipo em uma variável equivalente de outro tipo. Os conversores podem ser úteis para fazer certas operações numéricas e de entrada e saída. A sintaxe para converter uma variável para um tipo desejado é a seguinte:

(*tipo*) *exp*

onde *tipo* é o tipo que se deseja que a expressão *exp* assuma. Existem dois tipos fundamentais de conversores que podem ser aplicados em Java. Pode-se tanto converter tipos de base numérica como tipos relacionados com objetos. Agora será discutida a conversão de tipos numéricos e strings, e a conversão de objetos será analisada na Seção 2.5.1. Por exemplo, pode ser útil converter um **int** em um **double** de maneira a executar operações como uma divisão.

Conversores usuais

Quando se converte um **double** em um **int**, pode-se perder a precisão. Isso significa que o valor double resultante será arredondado para baixo. Mas pode-se converter um **int** em um **double** sem essa preocupação. Por exemplo, considere o seguinte:

```
double d1 = 3.2;
double d2 = 3.9999;
int i1 = (int)d1;         // i1 tem valor 3
int i2 = (int)d2;         // i2 tem valor 3
double d3 = (double)i2;   // d3 tem valor 3.0
```

Convertendo operadores

Alguns operadores binários, como o de divisão, terão resultados diferentes dependendo dos tipos de variáveis envolvidas. Devemos ter cuidado para garantir que tais operações executem seus cálculos em valores do tipo desejado. Quando usada com inteiros, por exemplo, a divisão não mantém a parte fracionária. No caso de uso com double, a divisão conserva esta parte, como ilustra o exemplo a seguir:

```
int i1 = 3;
int i2 = 6;
dresult = (double)i1 / (double)i2;   // dresult tem valor 0.5
dresult = i1 / i2;                    // dresult tem valor 0.0
```

Observe que a divisão normal para números reais foi executada quando i1 e i2 foram convertidos em double. Quando i1 e i2 não foram convertidos, o operador "/" executou uma divisão inteira e o resultado de i1 / i2 foi o **int** 0. Java executou uma *conversão implícita* para atribuir um valor **int** ao resultado **double**. A conversão implícita será estudada a seguir.

Conversores implícitos e autoboxing/unboxing

Existem casos em que o Java irá executar uma *conversão implícita*, de acordo com o tipo da variável atribuída, desde que não haja perda de precisão. Por exemplo:

```
int iresult, i = 3;
double dresult, d = 3.2;
dresult = i / d;            // dresult tem valor 0.9375. i foi convertido para double
iresult = i / d;            // perda de precisão -> isso é um erro de compilação;
iresult = (int) i / d;      // iresult é 0, uma vez que a parte fracionária será perdida.
```

Considerando que Java não executará conversões implícitas onde houver perda de precisão, a conversão explícita da última linha do exemplo é necessária.

A partir do Java SE 5, existe um novo tipo de conversão implícita entre objetos numéricos, como Integer e Float, e seus tipos básicos relacionados, como **int** e **float**. Sempre que um objeto numérico for esperado como parâmetro para um método, o tipo básico correspondente pode ser informado. Nesse caso, o Java irá proceder uma conversão implícita chamada de *autoboxing*, que irá converter o tipo base para o objeto numérico correspondente. Da mesma forma, sempre que um tipo base for esperado em uma expressão envolvendo um objeto numérico, o objeto numérico será convertido no tipo base correspondente em uma operação chamada de *unboxing*.

Existem, entretanto, alguns cuidados a serem tomados no uso de autoboxing e unboxing. O primeiro é que, se uma referência numérica for **null**, então qualquer tentativa de unboxing irá gerar um erro de **NullPointerException**. Em segundo, o operador "==" é usado tanto para testar a igualdade de dois valores numéricos como também se duas referências para objetos apontam para o mesmo objeto. Assim, quando se testa a igualdade, deve-se evitar a conversão implícita fornecida por autoboxing/unboxing. Por fim, a conversão implícita de qualquer tipo toma tempo, então devemos minimizar nossa confiança nela se performance for um requisito.

A propósito, existe uma situação em Java em que apenas a conversão implícita é permitida: na concatenação de strings. Sempre que uma string é concatenada com qualquer objeto ou tipo base, o objeto ou tipo base é automaticamente convertido em uma string. Entretanto, a conversão explícita de um objeto ou tipo base para uma string não é permitida. Portanto, as seguintes atribuições são incorretas:

```
String s = (String) 4.5;                    // Isso está errado!
String t = "Value = " + (String) 13;        // Isso está errado!
String u = 22;                              // Isso está errado!
```

Para executar conversões para string, deve-se, em vez disso, usar o método toString apropriado ou executar uma conversão implícita via operação de concatenação. Assim, os seguintes comandos estão corretos:

```
String s = "" + 4.5;                        // correto, porém mau estilo de programação
String t = "Value = " + 13;                 // correto
String u = Integer.toString(22);            // correto
```

1.4 Controle de fluxo

O controle de fluxo em Java é similar ao oferecido em outras linguagens de alto nível. Nesta seção, revisa-se a estrutura básica e a sintaxe do controle de fluxo em Java, incluindo retorno de métodos, comando **if**(**condicional**), comandos **switch** (de **seleção múltipla**), laços e formas restritas de "desvios" (os comandos **break** e **continue**).

1.4.1 Os comandos if e switch

Em Java, comandos condicionais funcionam da mesma forma que em outras linguagens. Eles fornecem a maneira de tomar uma decisão e então executar um ou mais blocos de comandos diferentes baseados no resultado da decisão.

O comando if

A sintaxe básica do comando **if** é a que segue:

> **if** *(expr_booleana)*
>   *comando_se_verdade*
> **else**
>   *comando_se_falso*

onde *expr_booleana* é uma expressão booleana e *comando_se_verdade* e *comando_se_falso* podem ser um comando simples ou um bloco de comandos entre chaves ("{" e "}"). Observa-se que, diferentemente de outras linguagens de programação, os valores testados por um comando **if** devem ser uma expressão booleana. Particularmente, não são uma expressão inteira. Por outro lado, como em outras linguagens similares, a cláusula **else** (e seus comandos associados) são opcionais. Existe também uma forma de agrupar um conjunto de testes booleanos como segue:

> **if** *(primeira_expressão_booleana)*
>   *comando_se_verdade*
> **else if** *(segunda_expressão_booleana)*
>   *segundo_comando_se_verdade*
> **else**
>   *comando_se_falso*

Se a primeira expressão booleana for falsa, então a segunda expressão booleana será testada e assim por diante. Um comando **if** pode ter qualquer quantidade de cláusulas **else**. Por segurança, quando se define um comando **if** complicado, usam-se chaves para agrupar o corpo do comando.

Por exemplo, a estrutura a seguir está correta:

```
if (snowLevel < 2) {
  goToClass( );
  comeHome( );
```

```
  }
  else if (snowLevel < 5) {
    goSledding( );
    haveSnowballFight( );
  }
  else
    stayAtHome( );
```

Comando switch

Java oferece o comando **switch** para controle de fluxo multivalorado, o que é especialmente útil com tipos enumerados. O exemplo a seguir é indicativo (baseado na variável d do tipo Day da Seção 1.1.3).

```
switch (d) {
  case MON:
    System.out.println("This is tough.");
    break;
  case TUE:
    System.out.println("This is getting better.");
    break;
  case WED:
    System.out.println("Half way there.");
    break;
  case THU:
    System.out.println("I can see the light.");
    break;
  case FRI:
    System.out.println("Now we are talking.");
    break;
  default:
    System.out.println("Day off!");
    break;
}
```

O comando **switch** avalia uma expressão inteira ou enumeração e faz com que o fluxo de controle desvie para o ponto marcado com o valor dessa expressão. Se não existir um ponto com tal marca, então o fluxo é desviado para o ponto marcado com "**default**". Entretanto, este é o único desvio explícito que o comando **switch** executa, e, a seguir, o controle "cai" através das cláusulas case se o código dessas cláusulas não for terminado por uma instrução **break** (que faz o fluxo de controle desviar para a próxima linha depois do comando **switch**).

1.4.2 Laços

Outro mecanismo de controle de fluxo importante em uma linguagem de programação é o laço. Java possui três tipos de laços.

Laços while

O tipo mais simples de laço em Java é o laço **while**. Este tipo de laço testa se uma certa condição é satisfeita e executa o corpo do laço enquanto essa condição for **true**. A sintaxe para testar uma condição antes de o corpo do laço ser executado é a seguinte:

> **while** (*expressão_booleana*)
>   *corpo_do_laço*

No início de cada iteração, o laço testa a expressão booleana, *boolean_exp*, e então, se esta resultar **true**, executa o corpo do laço, *loop_statement*. O corpo do laço pode ser um bloco de comandos.

Considere-se, por exemplo, um gnomo tentando regar todas as cenouras de seu canteiro de cenouras, o que faz até seu regador ficar vazio. Se o regador estiver vazio logo no início, escreve-se o código para executar esta tarefa como segue:

```
public void waterCarrots( ) {
    Carrot current = garden.findNextCarrot ( );

    while (!waterCan.isEmpty ( )) {
        water (current, waterCan);
        current = garden.findNextCarrot ( );
    }
}
```

Lembre-se de que "!" em Java é o operador "not".

Laços for

Outro tipo de laço é o laço **for**. Na sua forma mais simples, os laços **for** oferecem uma repetição codificada baseada em um índice inteiro. Em Java, entretanto, pode-se fazer muito mais. A funcionalidade de um laço **for** é significativamente mais flexível. Sua estrutura se divide em quatro seções: inicialização, condição, incremento e corpo.

Definindo um laço for

Esta é a sintaxe de um laço **for** em Java

> **for** (*inicialização; condição; incremento*)
>   *corpo_do_laço*

onde cada uma das seções de *inicialização*, *condição* e *incremento* podem estar vazias.

Na seção *inicialização*, pode-se declarar uma variável índice que será válida apenas no escopo do laço **for**. Por exemplo, quando se deseja um laço indexado por um contador, e não há necessidade desse contador fora do contexto do laço **for**, então declara-se algo como o que segue:

> **for** (**int** counter = 0; *condição*; *incremento*)
>   *corpo_do_laço*

que declara uma variável counter cujo escopo é limitado apenas ao corpo do laço.

Na seção *condição*, especifica-se a condição de repetição (enquanto) do laço. Esta deve ser uma expressão booleana. O corpo do laço **for** será executado toda vez que a *condição* resultar **true**, quando avaliada no início de uma iteração potencial. Assim que a *condição* resultar **false**, então o corpo do laço não será executado e, em seu lugar, o programa executa o próximo comando depois do laço **for**.

Na seção de *incremento*, declara-se o comando de incremento do laço. O comando de incremento pode ser qualquer comando válido, o que permite uma flexibilidade significativa para a programação. Assim, a sintaxe do laço **for** é equivalente ao que segue:

> *inicialização*;
> **while** (*condição*) {
>   *comandos_do_laço*
>   *incremento*;
> }

exceto pelo fato de que um laço **while** não pode ter uma condição booleana vazia, enquanto um laço **for** pode. O exemplo a seguir apresenta um exemplo simples de laço **for** em Java:

```
publi void eatApples (Apples apples) {
    numApples = apples.getNumApples ( );
    for (int × = 0; × < numApples; ×++) {
        eatApple (apples.getApple (×));
        spitOutCore ( );
    }
}
```

Nesse exemplo, a variável de laço X foi declarada como **int** X = 0. Antes de cada iteração, o laço testa a condição "X < numApples" e executa o corpo do laço apenas se isso for verdadeiro. Por último, ao final de cada iteração, o laço usa a expressão X++ para incrementar a variável X do laço antes de testar a condição novamente.

Desde a versão SE 5, Java inclui o laço for-each, que será discutido na Seção 6.3.2.

Laços do-while

Java tem ainda outro tipo de laço além do laço **for** e do laço **while** padrão – o laço **do-while**. Enquanto os primeiros testam a condição antes de executar a primeira iteração com o corpo do laço, o laço **do-while** testa a condição após o corpo do laço. A sintaxe de um laço **do-while** é mostrada a seguir:

do
 corpo_do_laço
while (*boolean_exp*)

Mais uma vez, o *corpo_do_laço* pode ser um comando ou um bloco de comandos, e a condição, *boolean_exp*, será uma expressão booleana. Em um laço **do-while**, repete-se o corpo do laço enquanto a expressão resultar verdadeira a cada avaliação.

Suponha-se, por exemplo, que se deseja solicitar uma entrada ao usuário e posteriormente fazer algo útil com essa entrada. (Entradas e saídas em Java serão examinadas com mais detalhes na Seção 1.6.) Uma condição possível para sair do laço, neste caso, é quando o usuário entra uma string vazia. Entretanto, mesmo nesse caso, pode-se querer manter a entrada e informar ao usuário que ela saiu. O exemplo a seguir ilustra o caso:

```
public void getUserInput( ) {
    String input;
    do {
        input = getInputString( );
        handleInput(input);
    } while (input.length( )>0);
}
```

Observe-se a condição de saída do exemplo. Mais especificamente, ela está escrita para ser consistente com a regra de Java que diz que laços **do-while** se encerram quando a condição *não* é verdadeira (ao contrário da construção repeat-until usada em outras linguagens).

1.4.3 Expressões explícitas de controle de fluxo

Java também oferece comandos que permitem alterações explícitas no fluxo de controle de um programa.

Retornando de um método

Se um método Java é declarado com o tipo de retorno **void**, então o fluxo de controle retorna quando encontra a última linha de código do método ou quando encontra um comando **return** sem argumentos. Entretanto, se um método é declarado com um tipo de retorno, ele é uma função e deverá terminar retornando o valor da função como um argumento do comando **return**. O exemplo seguinte (correto) ilustra o retorno de uma função:

```
// Verifica um aniversário específico
public boolean checkBDay (int date) {
  if (date == Birthday.MIKES_BDAY){
    return true;
  }
  return false;
}
```

Conclui-se que o comando **return** *deve* ser o último comando executado em uma função, já que o resto do código nunca será alcançado.

Existe uma diferença significativa entre um comando ser a última linha de código a ser *executada* em um método ou ser a última linha de código do método propriamente dita. No exemplo anterior, a linha **return true;** claramente não é a última linha do código escrito para a função, mas pode ser a última linha executada (se a condição envolvendo date for **true**). Esse comando interrompe de forma explícita o fluxo de controle do método. Existem dois outros comandos explícitos de controle de fluxo que são usados em conjunto com laços e com o comando switch.

O comando break

O uso típico do comando **break** tem a seguinte sintaxe simples:

> **break**;

É usado para "sair" do bloco internamente mais aninhado dos comandos **switch**, **for**, **while** ou **do-while**. Quando executado, um comando **break** faz com que o fluxo de controle seja desviado para a próxima linha depois do laço ou **switch** que contém o **break**.

O comando **break** também pode ser usado de forma rotulada para desviar para o laço ou comando **switch** de aninhamento mais externo. Nesse caso, ele tem a sintaxe:

> **break** *label*;

onde *label* é um identificador em Java usado para rotular um laço ou um comando **switch**. Este tipo de rótulo só pode aparecer no início da declaração de um laço; não existem outras formas de comandos "go to" em Java.

O uso de um rótulo com comando **break** é ilustrado no seguinte exemplo:

```
public static boolean hasZeroEntry (int[ ][ ] a) {
    boolean foundFlag = false;

    zeroSearch:
        for (int i=0; i<a.length; i++) {
            for (int j=0; j<a[i].length; j++) {
                if (a[i][j] == 0) {
                    foundFlag = true;
                    break zeroSearch;
                }
            }
        }
    return foundFlag;
}
```

O exemplo acima usa arranjos que serão abordados na Seção 3.1

O comando continue

O outro comando que altera explicitamente o fluxo de controle em um programa Java é o comando **continue**, que tem a seguinte sintaxe:

   continue *label*;

onde *label* é um identificador em Java usado para rotular o laço. Como já foi mencionado anteriormente, não existem comandos "go to" explícitos em Java. Da mesma forma, o comando **continue** só pode ser usado dentro de laços (**for, while** e **do-while**). O comando **continue** faz com que a execução pule os passos restantes do laço na iteração atual (mas continue o laço se a condição for satisfeita).

1.5 Arranjos

Uma tarefa comum em programação é a manutenção de um conjunto numerado de objetos relacionados. Por exemplo, deseja-se que um jogo de video game mantenha a relação das dez melhores pontuações. Em vez de se usar dez variáveis diferentes para essa tarefa, prefere-se usar um único nome para o conjunto e usar índices numéricos para referenciar as pontuações mais altas dentro do conjunto. Da mesma forma, deseja-se que um sistema de informações médicas mantenha a relação de pacientes associados aos leitos de um certo hospital. Novamente, não é necessário inserir 200 variáveis no programa apenas porque o hospital tem 200 leitos.

Nesses casos, minimiza-se o esforço de programação pelo uso de *arranjos*, que são coleções numeradas de variáveis do mesmo tipo. Cada variável ou *célula* em um arranjo tem um *índice*, que referencia o valor armazenado na célula de forma única. As células de um arranjo *a* são numeradas 0, 1, 2 e assim por diante. A Figura 1.6 apresenta o desenho de um arranjo contendo as melhores pontuações do video game.

Melhores pontuações	940	880	830	790	750	660	650	590	510	440
	0	1	2	3	4	5	6	7	8	9

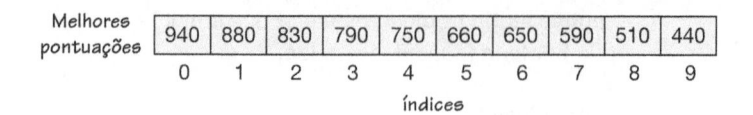

índices

Figura 1.6 Desenho de um arranjo com as dez (**int**) melhores pontuações de um video game.

Essa forma de organização é extremamente útil, na medida em que permite computações interessantes. Por exemplo, o método a seguir soma todos os valores armazenados em um arranjo de inteiros:

```
/** Soma todos os valores de um arranjo de inteiros */
public static int sum(in [ ] a) {
int total = 0;
for (int i=0; i < a.length; i++) // observe-se o uso da variável length
   total += a[i];
return total;
}
```

Esse exemplo tira vantagem de um recurso interessante de Java que permite determinar a quantidade de células mantidas por um arranjo, ou seja, seu *tamanho*. Em Java, um arranjo *a* é um tipo especial de objeto, e o tamanho de *a* está armazenado na variável de instância length. Isto é, jamais será necessário ter de adivinhar o tamanho de um arranjo em Java, visto que o tamanho de um arranjo pode ser acessado como segue:

   nome_do_arranjo.length

onde *nome_do_arranjo* é o nome do arranjo. Assim, as células de um arranjo *a* são numeradas 0, 1, 2, e assim por diante até *a*.length – 1.

Elementos e capacidade de um arranjo

Cada objeto armazenado em um arranjo é chamado de ***elemento*** do arranjo. O elemento número 0 é *a*[0], o elemento número 1 é *a*[1], o elemento número 2 é *a*[2], e assim por diante. Uma vez que o comprimento de um arranjo determina o número máximo de coisas que podem ser armazenadas no arranjo, também pode-se referir ao comprimento de um arranjo como sendo sua ***capacidade***. O trecho de código que segue apresenta outro exemplo simples de uso de arranjos, que conta o número de vezes que um certo número aparece em um arranjo.

```
/** Conta o número de vezes que um inteiro aparece em um arranjo */
public static int findCount(int[ ] a, int k) {
  int count = 0;
```

```
    for (int i=0; i < a.length; i++) {
        if (a[i] == k)      // deve-se verificar se o elemento corrente é igua a k
            count++;
    }
    return count;
}
```

Erros de limites

É um erro perigoso tentar indexar um arranjo *a* usando um número fora do intervalo de 0 a *a*.length − 1. Tal referência é dita estar *fora de faixa*. Referências fora de faixa têm sido frequentemente exploradas por hackers usando um método chamado de ***ataque de overflow de buffer***†, comprometendo a segurança de sistemas de computação escritos em outras linguagens em vez de Java. Por questões de segurança, os índices de arranjo são sempre verificados em Java para constatar se não estão fora de faixa. Se um índice de arranjo está fora de faixa, o ambiente de execução de Java sinaliza uma condição de erro. O nome desta condição é ArrayIndexOutOfBoundsException. Esta verificação auxilia para que Java evite uma série de problemas (incluindo problemas de ataque de overflow de buffer) com os quais outras linguagens têm de lutar.

Pode-se evitar erros de índice fora de faixa tendo certeza de que as indexações sempre serão feitas dentro de um arranjo *a*, usando valores inteiros entre 0 e *a*.length. Uma forma simples de fazer isso é usando com cuidado o recurso das operações booleanas de Java já apresentado. Por exemplo, um comando como o que segue nunca irá gerar um erro de índice fora de faixa:

```
    if ((i >= 0) && (i < a.length) && (a[i] > 2) )
        x = a[i];
```

pois a comparação "a[i] > 2" só será executada se as duas primeiras comparações forem bem-sucedidas.

1.5.1 Declarando arranjos

Uma forma de declarar e inicializar um arranjo é a seguinte:

tipo_do_elemento[] *nome_do_arranjo* = { *val_inic_0, val_inic_1, ..., val_inic_N-1*};

O *tipo_do_elemento* pode ser qualquer tipo base de Java ou um nome de classe e *nome_do_arranjo* pode ser qualquer identificador Java válido. Os valores de inicialização devem ser do mesmo tipo que o arranjo. Por exemplo, considere a seguinte declaração de um arranjo que é inicializado para conter os primeiros dez números primos:

---

† N. de T.: Em inglês, *buffer overflow attack*.

```
int[ ] primes = {2, 3, 5, 7, 11, 13, 17, 19, 23, 29};
```

Além de declarar um arranjo e inicializar todos os seus valores na declaração, pode-se declarar um arranjo sem inicializá-lo. A forma desta declaração é a que segue:

tipo_do_elemento[] *nome_do_arranjo*;

Um arranjo criado desta forma é inicializado com zeros se o tipo do arranjo for um tipo numérico. Arranjos de objetos são inicializados com referências **null**. Uma vez criado um arranjo desta forma, pode-se criar o conjunto de células mais tarde usando a sintaxe a seguir:

new *tipo_do_elemento*[*comprimento*]

onde *comprimento* é um inteiro positivo que denota o comprimento do arranjo criado. Normalmente, esta expressão aparece em comandos de atribuição com o nome do arranjo do lado esquerdo do operador de atribuição. Então, por exemplo, o seguinte comando define uma variável arranjo chamada de *a* e, mais tarde, atribuem-se a ela um arranjo de dez células, cada uma do tipo **double**, que então é inicializado:

```
double[ ] a;
// ... vários passos ...
a = new double[10];
for (int k=0; k < a.length; k++) {
   a[k] = 1.0;
}
```

As células do novo arranjo "a" são indexadas usando o conjunto inteiro {0,1,2, ..., 9} (lembre-se de que os arranjos em Java sempre iniciam a indexação em 0), e, da mesma forma que qualquer arranjo Java, todas as células desse arranjo são do mesmo tipo – **double**.

1.5.2 Arranjos são objetos

Arranjos em Java são tipos especiais de objetos. Na verdade, essa é a razão pela qual pode-se usar o operador **new** para criar uma nova instância de arranjo. Um arranjo pode ser usado da mesma forma que qualquer outro objeto de Java, mas existe uma sintaxe especial (usando colchetes, "[" e "]") para se referenciar a seus membros. Um arranjo Java pode fazer tudo que um objeto genérico pode fazer. Como se trata de um objeto, o nome de um arranjo em Java é, na verdade, uma referência para o lugar na memória onde o arranjo está armazenado. Assim, não existe nada de tão especial em se usar o operador ponto e a variável de instância length, para se referir ao comprimento de um arranjo como no exemplo "a.length". O nome a, nesse caso, é apenas uma referência ou ponteiro para o arranjo subjacente.

O fato de que arranjos em Java são objetos tem uma implicação importante quando se usa nomes de arranjos em expressões de atribuição. Quando se escreve algo como

```
b = a;
```

em um programa Java, na verdade isso significa que agora tanto b como a se referem ao mesmo arranjo. Então, ao se escrever algo como

```
b[3] = 5;
```

está se alterando a[3] para 5. Este ponto crucial é demonstrado na Figura 1.7.

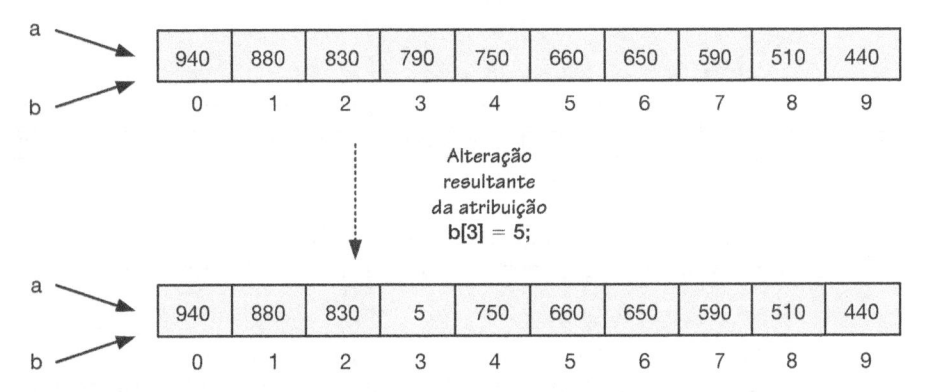

a	940	880	830	790	750	660	650	590	510	440
b	0	1	2	3	4	5	6	7	8	9

Alteração resultante da atribuição b[3] = 5;

a	940	880	830	5	750	660	650	590	510	440
b	0	1	2	3	4	5	6	7	8	9

Figura 1.7 Desenho da atribuição de um arranjo de objetos. Apresenta-se o resultado da atribuição de "b[3] = 5;" depois de previamente ter executado "b = a;".

Clonando um arranjo

Se, por outro lado, for necessário criar uma cópia exata do arranjo a e atribuir esse arranjo para a variável arranjo b, pode-se escrever:

```
b = a.clone( );
```

que copia todas as células em um novo arranjo e o atribui a b, de maneira que este aponta para o novo arranjo. Na verdade, o método clone é um método predefinido de todo objeto Java, e cria uma cópia exata de um objeto. Nesse caso, se for escrito

```
b[3] = 5;
```

o novo arranjo (copiado) terá o valor 5 atribuído para a célula de índice 3, mas a[3] irá permanecer inalterado. Demonstra-se esta situação na Figura 1.8.

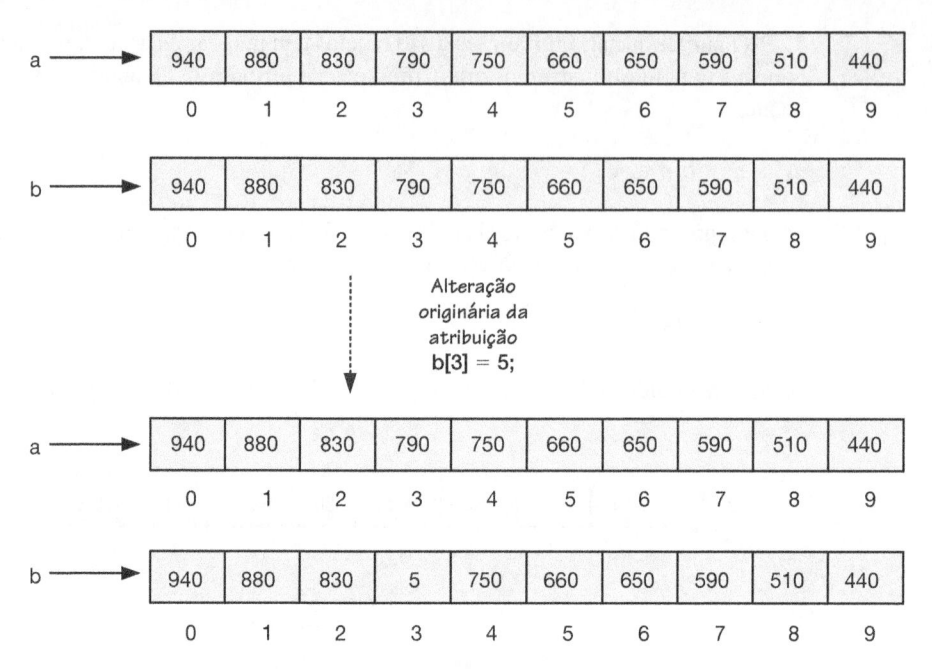

```
a ──▶ | 940 | 880 | 830 | 790 | 750 | 660 | 650 | 590 | 510 | 440 |
        0     1     2     3     4     5     6     7     8     9

b ──▶ | 940 | 880 | 830 | 790 | 750 | 660 | 650 | 590 | 510 | 440 |
        0     1     2     3     4     5     6     7     8     9
```

Alteração originária da atribuição b[3] = 5;

```
a ──▶ | 940 | 880 | 830 | 790 | 750 | 660 | 650 | 590 | 510 | 440 |
        0     1     2     3     4     5     6     7     8     9

b ──▶ | 940 | 880 | 830 |  5  | 750 | 660 | 650 | 590 | 510 | 440 |
        0     1     2     3     4     5     6     7     8     9
```

Figura 1.8 Demonstração da clonagem de um arranjo de objetos. Demonstra-se o resultado da atribuição "b[3] = 5;" após a atribuição "b = a.clone( );".

Detalhando, pode-se afirmar que as células de um arranjo são copiadas quando ele é clonado. Se as células são de um tipo base, como **int**, os valores são copiados. Mas se as células são referências para objetos, então essas referências são copiadas. Isso significa que existem duas maneiras de referenciar tais objetos. As consequências deste fato são exploradas no Exercício R-1.3.

1.6 Entrada e saída simples

Java oferece um conjunto rico de classes e métodos para executar entrada e saída num programa. Existem classes para executar projetos de interfaces gráficas com o usuário, incluindo diálogos e menus suspensos, assim como métodos para a exibição e a entrada de texto e números. Java também oferece métodos para lidar com objetos gráficos, imagens, sons, páginas Web e eventos de mouse (como cliques, deslocamentos do mouse e arrasto). Além disso, muitos desses métodos de entrada e saída podem ser usados tanto em programas executáveis como em applets. Infelizmente, detalhar como cada um desses métodos funciona para construir interfaces gráficas sofisticadas com o usuário está além do escopo deste livro. Entretanto, em nome de uma maior abrangência, descreve-se nesta seção como se pode fazer entrada e saída simples em Java.

Em Java, a entrada e saída simples é feita pela janela console de Java. Dependendo do ambiente Java que se está empregando, essa janela pode ser a janela especial usada para exibição e entrada de texto, ou é a janela que se utiliza para passar comandos para nosso sistema operacional (tais janelas costumam ser chamadas de janelas de console, janelas DOS ou janelas de terminal).

Métodos de saída

Java oferece um objeto static embutido chamado de System.out, que envia a saída para o dispositivo de saída padrão. Alguns sistemas operacionais permitem aos usuários redirecionar a saída padrão para arquivos ou até mesmo como entrada para outros programas, embora a saída padrão seja a janela de console de Java. O objeto System.out é uma instância da classe java.io.PrintStream. Essa classe define métodos para um fluxo buferizado de saída, o que significa que os caracteres são colocados em uma localização temporária, chamada de *buffer*, que é esvaziada quando a janela de console estiver pronta para imprimir os caracteres.

Mais especificamente, a classe java.io.PrintStream fornece os seguintes métodos para executar saídas simples (usamos *tipo_base* para indicar qualquer um dos possíveis tipos básicos):

print(Object *o*): imprime o objeto *o* usando seu método toString;

print(String *s*): imprime a string *s*;

print(*tipo_base b*): imprime o valor de *b* conforme seu tipo básico;

println(String *s*): imprime a string *s*, seguida pelo caractere de nova linha.

Um exemplo de saída

Considere, por exemplo, o seguinte trecho de código:

```
System.out.print("Java values: ");
System.out.print(3.1415);
System.out.print(',');
System.out.print(15);
System.out.println(" (double,char,int).");
```

Quando executado, esse trecho de código produz a seguinte saída na janela console de Java:

```
Java values: 3.1415,15 (double,char,int).
```

Entrada simples usando a classe java.util.Scanner

Assim como existe um objeto especial para enviar a saída para a janela de console de Java, existe também um objeto especial, chamado de System.in, para executar a entrada de dados a partir da janela de console de Java. Tecnicamente, a entrada vem, na verdade, do "dispositivo de entrada padrão", o qual, por default, é o teclado do computador ecoando os caracteres na janela de console de Java. O objeto System.in é um objeto associado com o dispositivo de entrada padrão. Uma maneira simples de ler a entrada usando este objeto é utilizá-lo para criar um objeto Scanner, por meio da expressão:

new Scanner(System.in)

A classe Scanner inclui uma série de métodos convenientes para ler do fluxo de entrada. Por exemplo, o programa que segue usa um objeto Scanner para processar a entrada:

```
import java.io.*;
import java.util.Scanner;
public class InputExample {
  public static void main(String args[ ]) throws IOException {
    Scanner s = new Scanner(System.in);
    System.out.print("Enter your age in years: ");
    double age = s.nextDouble( );
    System.out.print("Enter your maximum heart rate: ");
    doublerate = s.nextDouble( );
    double fb = (rate − age) * 0,65;
    System.out.println("Your target fat burning heart rate is" + fb + ".");
  }
}
```

Quando executado, esse programa gera o seguinte no console de Java:

```
Enter your age in years:21
Enter your maximum heart rate:220
Your target fat burning heart rate is 129,35.
```

Métodos de java.util.Scanner

A classe Scanner lê o fluxo de entrada e o divide em *tokens*, que são strings de caracteres contíguos separados por *delimitadores*, que correspondem a caracteres separadores. O delimitador padrão é o espaço em branco, ou seja, tokens são separados por strings de espaços, tabulações ou nova linha, por default. Tokens tanto podem ser lidos imediatamente como strings ou um objeto Scanner pode converter um token para um tipo base, se o token estiver sintaticamente correto. Para tanto, a classe Scanner inclui os seguintes métodos para lidar com tokens:

hasNext( ): retorna **true** se, e somente se, existe mais um token na string de entrada.

next( ): retorna o próximo token do fluxo de entrada; gera um erro se não existem mais tokens.

hasNext*Type*(): retorna **true** se, e somente se, existe mais um token no fluxo de entrada e se pode ser interpretado como sendo do tipo base correspondente, *Tipo*, onde *Tipo* pode ser Boolean, Byte, Double, Float, Int, Long ou Short.

next*Type*( ): retorna o próximo token do fluxo de entrada, retornando-o com o tipo base correspondente a *Tipo*; gera um erro se não existem mais tokens ou se o próximo token não pode ser interpretado como sendo do tipo base correspondente a *Tipo*.

Além disso, objetos Scanner podem processar a entrada linha por linha, ignorando os delimitadores, e ainda procurar por padrões em linhas. Os métodos para processar a entrada dessa forma incluem os seguintes:

hasNextLine( ): retorna **true** se e somente se o fluxo de entrada tem outra linha de texto.

nextLine( ): avança a entrada até o final da linha corrente e retorna toda a entrada que foi deixada para trás.

findInLine(String s): procura encontrar um string que combine com o padrão (expressão regular) s na linha corrente. Se o padrão for encontrado, ele é retornado e o scanner avança para o primeiro caractere depois do padrão. Se o padrão não for encontrado, o scanner retorna **null** e não avança.

Esses métodos podem ser usados com os anteriores, como no exemplo que segue:

```
Scanner input = new Scanner(System.in);
System.out.print("Please enter an integer: ");
while (!input.hasNextInt( )) {
  input.nextLine( );
  System.out.print("That's not an integer; please enter an integer: ");
}
int i = input.nextInt( );
```

Entrada e saída por console

Eventualmente se deseja ter certeza de que entrada e saída estão ocorrendo apenas no console Java e evitar que entrada e saída ocorram por qualquer outro meio. Apesar do padrão do fluxo de entrada de System.in ser o console Java, esta entrada pode ser redirecionada para vir de um arquivo ou outro programa. Da mesma forma, mesmo que o fluxo de saída padrão para System.out seja o console Java, esta saída pode ser redirecionada para um arquivo ou outros programas.

Felizmente, desde o Java SE 6, Java fornece um mecanismo para executar entrada e saída exclusivamente via console Java. Esse mecanismo funciona pelo método **System.console()**, que retorna um objeto do tipo **Console**. Se o programa que chama este método está associado com o console Java, então esse objeto representa esse console. Entretanto, se o programa que chama esse método não está associado com o console Java, então o System.console() retorna **null**.

O fluxo de entrada associado com o objeto Console, *c*, é retornado pelo método *c*.reader(), e seu fluxo de saída é retornado pelo método *c*.writer(). Estes objetos podem ser usados da mesma forma que se usa System.in e System.out, respectivamente, exceto pelo fato de que o fluxo de saída que é retornado por *c*.writer() não é enviado para o console até encontrar um método println ou printif ou ser explicitamente enviado usando-se o método *c*.flush(). Assim, para se obter o mesmo comportamento de entrada e saída como o do exemplo simples anterior, mas agora restrito ao fato de que se estará interagindo apenas com o console Java, será necessário criar um programa como o que segue:

```java
import java.io.*;
import java.util.Scanner;
public class InputExample2 {
    public static void main(String args[ ]) throws IOException {
        Console c = System.console();
        if (c == null) return; // sem console
        Scanner s = new Scanner(c.reader());
        PrintWriter pr = c.writer();
        pr.print("Enter your age in years: ");
        c.flush();
        double age = s.nextDouble();
        pr.print("Enter your maximum heart rate: ");
        c.flush();
        double rate = s.nextDouble();
        double fb = (rate - age) * 0.65;
        pr.println("Your target fat burning heart rate is " + fb + ".");
    }
}
```

1.7 Um programa de exemplo

Nesta seção, será descrito um exemplo simples de programa Java que ilustra muitas das construções definidas anteriormente. O exemplo consiste em duas classes: CreditCard, que define objetos que representam cartões de crédito; e Test, que testa as funcionalidades da classe CreditCard. Os objetos que representam cartões de crédito, definidos pela classe CreditCard, são versões simplificadas dos cartões de crédito tradicionais. Eles têm um número de identificação, informações de identificação do proprietário e do banco que os emitiram e informações sobre o saldo corrente e o limite de crédito. Não debitam juros ou pagamentos atrasados, mas restringem pagamentos que possam fazer com que o saldo vá além do limite de gastos.

A classe CreditCard

A classe CreditCard é apresentada no Trecho de Código 1.5. Ela define cinco variáveis de instância, todas exclusivas, e possui um construtor simples que inicializa essas variáveis.

Ela também define cinco ***métodos de acesso*** que permitem acessar o valor corrente dessas variáveis de instância. Evidentemente, as variáveis de instância poderiam ter sido definidas como públicas, o que faria com que os métodos de acesso fossem duvidosos. A desvantagem dessa abordagem direta, porém, é que permite ao usuário modificar as variáveis de instância do objeto diretamente, enquanto, em muitos casos como este, é preferível restringir a alteração de variáveis de instância a métodos especiais chamados de ***métodos de atualização***. No Trecho de Código 1.5, inclui-se dois métodos de atualização, chargeIt e makePayment.

Além disso, é conveniente incluir ***métodos de ação***, que com frequência definem as ações específicas do comportamento do objeto. Para demonstrar isso, define-se um método de ação, o printCard, como um método estático, que também está incluído no Trecho de Código 1.5.

A classe test

A classe CreditCard é testada na classe Test. Observa-se aqui o uso de um arranjo de objetos CreditCard, wallet, e como se usam iterações para fazer débitos e pagamentos. Apresenta-se o código completo da classe Test no Trecho de Código 1.6. Para simplificar, a classe Test não produz nenhum gráfico elaborado, simplesmente envia a saída para o console de Java. Apresenta-se esta saída no Trecho de Código 1.7. Observa-se a diferença na maneira como se utilizam os métodos não estáticos chargeIt e makePayment e o método estático printCard.

```java
public class CreditCard {
    // Variáveis de instância:
    private String number;
    private String name;
    private String bank;
    private double balance;
    private int limit;
    // Construtor:
    CreditCard(String no, String nm, String bk, double bal, int lim) {
        number = no;
        name = nm;
        bank = bk;
        balance = bal;
        limit = lim;
    }
    // Métodos de acesso:
    public String getNumber( ) { return number; }
    public String getName( ) { return name; }
    public String getBank( ) { return bank; }
    public double getBalance( ) { return balance; }
    public int getLimit( ) { return limit; }
    // Métodos de ação:
    public boolean chargeIt(double price) { // Debita
        if (price + balance > (double) limit)
```

```
        return false; // Não há dinheiro suficiente para debitar
      balance += price;
      return true; // Neste caso, o débito foi efetivado
    }
    public void makePayment(double payment) { // Faz um pagamento
      balance -= payment;
    }
    public static void printCard(CreditCard c) { // Imprime informações sobre o cartão
      System.out.println("Number = " + c.getNumber( ));
      System.out.println("Name = " + c.getName( ));
      System.out.println("Bank = " + c.getBank( ));
      System.out.println("Balance = " + c.getBalance( )); // Conversão implícita
      System.out.println("Limit = " + c.getLimit( )); // Conversão implícita
    }
  }
}
```

Trecho de Código 1.5 A classe CreditCard.


```
public class Test {
  public static void main(String[ ] args) {
    CreditCard wallet[ ] = new CreditCard[10];
    wallet[0] = new CreditCard("5391 0375 9387 5309",
                 "John Bowman", "California Savings", 0.0, 2500);
    wallet[1] = new CreditCard("3485 0399 3395 1954",
                 "John Bowman", "California Federal", 0.0, 3500);
    wallet[2] = new CreditCard("6011 4902 3294 2994",
                 "John Bowman", "California Finance", 0.0, 5000);
    for (int i=1; i<=16; i++) {
      wallet[0].chargeIt((double)i);
      wallet[1].chargeIt(2.0*i); // Conversão implícita
      wallet[2].chargeIt((double)3*i); // Conversão explícita
    }
    for (int i=0; i<3; i++) {
      CreditCard.printCard(wallet[i]);
      while (wallet[i].getBalance( ) > 100.0) {
        wallet[i].makePayment(100.0);
        System.out.println("New balance = " + wallet[i].getBalance( ));
      }
    }
  }
}
```

Trecho de Código 1.6 A classe Test.

```
Number = 5391 0375 9387 5309
Name = John Bowman
Bank = California Savings
Balance = 136.0
Limit = 2500
New balance = 36.0
Number = 3485 0399 3395 1954
Name = John Bowman
Bank = California Federal
Balance = 272.0
Limit = 3500
New balance = 172.0
New balance = 72.0
Number = 6011 4902 3294 2994
Name = John Bowman
Bank = California Finance
Balance = 408.0
Limit = 5000
New balance = 308.0
New balance = 208.0
New balance = 108.0
New balance = 8.0
```

Trecho de Código 1.7   Saída da classe Test.

1.8 Classes aninhadas e pacotes

A linguagem Java usa uma abordagem prática e genérica para organizar as classes de um programa. Toda a classe pública definida em Java deve ser fornecida em um arquivo separado. O nome do arquivo é o nome da classe com uma terminação *.java*. Dessa forma, a classe **public class** SmartBoard é definida em um arquivo chamado de *SmartBoard.java*. Nesta seção, são apresentadas duas maneiras interessantes como Java permite que várias classes sejam organizadas.

Classes aninhadas

Java permite que definições de classes sejam feitas dentro, isto é, *aninhadas* dentro das definições de outras classes. Este é um tipo de construção útil que será explorada diversas vezes neste livro na implementação de estruturas de dados. O uso principal de classes aninhadas é para definir uma classe fortemente conectada com outra. Por exemplo, a classe de um editor de textos pode definir uma classe cursor relacionada. Definindo a classe cursor como classe aninhada dentro da definição da classe editor, mantém-se a definição destas duas classes altamente relacionadas juntas no mesmo arquivo. Além disso, permite que ambas acessem os métodos não públicos uma da outra. Um aspecto técnico relacionado a classes aninhadas é que classes aninhadas podem ser declaradas como **static**. Essa declaração implica que a classe aninhada está associada com a classe mais externa, mas não com uma instância da classe mais externa, isto é, um objeto específico.

Pacotes

Um conjunto de classes relacionadas, todas pertencentes ao mesmo subdiretório, pode ser um **package** (pacote) Java. Cada arquivo em um pacote se inicia com a linha:

>   **package** *nome_do_pacote*;

O subdiretório que contém o pacote deve ter o mesmo nome que o pacote. É possível, também, definir um pacote em um único arquivo que contenha diversas definições de classe, mas quando for compilado, todas as classes o serão em arquivos separados no mesmo subdiretório.

Em Java, pode-se usar classes que estão definidas em outros pacotes prefixando os nomes das classes com pontos (isto é, usando o caractere ".") que corresponde à estrutura de diretório dos outros pacotes.

>   **public boolean** Temperature(TA.Measures.Thermometer thermometer,
>   **int** temperature) {
>   // ...
>   }

A função Temperature recebe a classe Thermometer como parâmetro. Thermometer é definida no pacote TA, em um subpacote chamado de Measures. Os pontos em TA.Measures.Thermometer têm correspondência direta com a estrutura de diretório do pacote TA.

Toda a digitação necessária para fazer referência a uma classe fora do pacote corrente pode se tornar cansativa. Em Java, é possível usar a palavra reservada **import** para incluir classes externas ou pacotes inteiros no arquivo corrente. Para importar uma classe individual de um pacote específico, digita-se no início do arquivo o seguinte:

>   **import** *nome_do_pacote.nome_da_classe*;

Por exemplo, pode-se digitar

>   **package** Project;
>   **import** TA.Measures.Thermometer;
>   **import** TA.Measures.Scale;

no início do pacote Project para indicar que se está importando as classes TA.Measures.Thermometer e TA.Measures.Scale. O ambiente de execução de Java irá procurar essas classes para verificar os identificadores com as classes, métodos e variáveis de instância que se usa no programa.

Também se pode importar um pacote inteiro utilizando a seguinte sintaxe:

>   **import** ⟨packageName⟩.*;

Por exemplo:

```
package student;
import TA.Measures.*;
public boolean Temperature(Thermometer thermometer, int temperature) {
    // ...
}
```

Nos casos em que dois pacotes têm classes com o mesmo nome, *deve-se* referenciar especificamente o pacote que contém a classe. Por exemplo, supondo que ambos os pacotes Gnomes e Cooking tenham uma classe chamada de Mushroom. Se for determinado um comando **import** para cada pacote, deve-se especificar que classe se quer designar:

```
Gnomes.Mushroom shroom = new Gnomes.Mushroom ("purple");
Cooking.Mushroom topping = new Cooking.Mushroom ( );
```

Se não for especificado o pacote (ou seja, no exemplo anterior apenas foi empregada uma variável do tipo Mushroom), o compilador irá sinalizar um erro de "classe ambígua".

Resumindo a estrutura de um programa Java, pode-se ter variáveis de instância e métodos dentro de uma classe, além de classes dentro de um pacote.

1.9 Escrevendo um programa em Java

O processo de escrever um programa em Java envolve três etapas fundamentais:

1. Projeto
2. Codificação
3. Teste e depuração

Cada uma será resumida nesta seção.

1.9.1 Projeto

A etapa de projeto é talvez o passo mais importante no processo de escrever um programa. É na fase de projeto que se decide como dividir as tarefas do programa em classes, como essas classes irão interagir com os dados que irão armazenar e que ações cada uma irá executar. Um dos maiores desafios com o qual os programadores iniciantes se deparam em Java é determinar que classes definir para executar as tarefas do seu programa. Ainda que seja difícil obter prescrições genéricas, existem algumas regras práticas que podem ser aplicadas quando se está procurando definir as classes:

- *Responsabilidades*: dividir o trabalho entre diferentes *atores*, cada um com responsabilidades diferentes. Procurar descrever as responsabilidades usando verbos de ação. Os atores irão formar as classes do programa.

- **Independência**: definir, se possível, o trabalho de cada classe de forma independente das outras classes. Subdividir as responsabilidades entre as classes de maneira que cada uma tenha autonomia sobre algum aspecto do programa. Fornecer os dados (como variáveis de instância) para as classes que têm competência sobre as ações que requerem acesso a esses dados.
- **Comportamento**: as consequências de cada ação executada por uma classe terão de ser bem compreendidas pelas classes que interagem com ela. Portanto, é preciso definir o comportamento de cada uma com cuidado e precisão. Esses comportamentos irão definir os métodos que a classe executa. O conjunto de comportamentos de uma classe é algumas vezes chamado de ***protocolo***, porque espera-se que os comportamentos de uma classe sejam agrupados como uma unidade coesa.

A definição das classes juntamente com seus métodos e variáveis de instância determina o projeto de um programa Java. Um bom programador, com o tempo, vai desenvolver naturalmente grande habilidade em executar essas tarefas à medida que a experiência lhe ensinar a observar padrões nos requisitos de um programa que se parecem com padrões já vistos.

1.9.2 Pseudocódigo

Frequentemente, programadores são solicitados a descrever algoritmos de uma maneira que seja compreensível para olhos humanos, em vez de escrever um código real. Tais descrições são chamadas de *pseudocódigo*. Pseudocódigo não é um programa de computador, mas é mais estruturado que a prosa normal. Pseudocódigo é uma mistura de língua natural com estruturas de programação de alto nível que descrevem as ideias principais que estão por trás da implementação de uma estrutura de dados ou algoritmo. Não existe, portanto, uma definição precisa de uma linguagem de *pseudocódigo*, em razão de sua dependência da língua natural. Ao mesmo tempo, para auxiliar na clareza, o pseudocódigo mistura língua natural com construções de padrão de linguagens de programação. As construções que foram escolhidas são consistentes com as modernas linguagens de alto nível, como C, C++ e Java.

Essas construções incluem:

- **Expressões**: usam-se símbolos matemáticos padrão para expressões numéricas e booleanas. Usa-se a seta para esquerda (←) como operador de atribuição em comandos de atribuição (equivalente ao operador = de Java) e o sinal de igual (=) para o relacional de igualdade em expressões booleanas (equivalente ao relacional "==" em Java).
- **Declarações de métodos**: **Algoritmo** nome(*param*1, *param*2, ...) declara um nome de método novo e seus parâmetros.
- **Estruturas de decisão**: **se** condição, **então** ações caso verdade [**se não**, ações caso falso]. Usa-se indentação para indicar quais ações devem ser incluídas nas ações caso verdade e nas ações caso falso.
- **Laços enquanto**: **enquanto** condição, **faça** ações. Usa-se indentação para indicar quais ações devem ser incluídas no laço.

- *Laços repete*: **repete** ações **até** condição. Usa-se indentação para indicar que ações devem ser incluídas no laço.
- *Laços for*: **para** definição de variável de incremento, **faça** ações. Usa-se indentação para indicar que ações devem ser incluídas no laço.
- *Indexação de arranjos*: $A[i]$ representa a i-ésima célula do arranjo A. As células de um arranjo A com n células são indexadas de $A[0]$ até $A[n-1]$ (de forma consistente com Java).
- *Chamadas de métodos*: objeto.método(argumentos) (objeto é opcional se for subentendido).
- *Retorno de métodos*: **retorna** valor. Esta operação retorna o valor especificado para o método que chamou o método corrente.
- *Comentários*: { os comentários vão aqui }. Os comentários são colocados entre chaves.

Quando se escreve pseudocódigo, deve-se ter em mente que se está escrevendo para um leitor humano, não para um computador. Assim, o esforço deve ser no sentido de comunicar ideias de alto nível, e não detalhes de implementação. Ao mesmo tempo, não se deve omitir passos importantes. Como em muitas outras formas de comunicação humana, encontrar o balanceamento correto é uma habilidade importante, que é refinada pela prática.

1.9.3 Codificação

Como mencionado anteriormente, um dos passos-chave na codificação de um programa orientado a objetos é codificar a partir de descrições de classes e seus respectivos dados e métodos. Para acelerar o desenvolvimento dessa habilidade, serão estudados, em diferentes momentos ao longo deste texto, vários **padrões de projeto** para os projetos de programas orientados a objeto (ver Seção 2.1.3). Esses padrões fornecem moldes para a definição de classes e interações entre essas classes.

Muitos programadores não fazem seus projetos iniciais em um computador, e sim usando *cartões CRC*. Classe-responsabilidade-colaborador, ou CRC, são simples cartões indexados que subdividem as tarefas especificadas para um programa. A ideia principal por trás desta ferramenta é que cada cartão representa um componente, o qual, no final, se transformará em uma classe de nosso programa. Escreve-se o nome do componente no alto do cartão. No lado esquerdo deste, anotam-se as responsabilidades desse componente. No lado direito, listam-se os colaboradores desse componente, isto é, os outros componentes com os quais o primeiro terá de interagir de maneira a cumprir suas finalidades. O processo de projeto é iterativo por meio de um ciclo ação/ator, onde primeiro se identifica uma ação (ou seja, uma responsabilidade) e, então, se determina o ator (ou seja, um componente) mais adequado para executar tal ação. O processo de projeto está completo quando se tiver associado atores para todas as ações.

A propósito, ao utilizar cartões indexados para executar nosso projeto, assume-se que cada componente terá um pequeno conjunto de responsabilidades e colaboradores. Esta premissa não é acidental, uma vez que auxilia a manter os programas gerenciáveis.

Uma alternativa ao uso dos cartões CRC é o uso de diagramas UML (Linguagem de Modelagem Unificada†) para expressar a organização de um programa e pseudocódigo para expressar algoritmos. Diagramas UML são uma notação visual padrão para expressar projetos orientados a objetos. Existem muitas ferramentas auxiliadas por computador capazes de construir diagramas UML. A descrição de algoritmos em pseudocódigo, por outro lado, é uma técnica que será utilizada ao longo deste livro.

Tendo decidido sobre as classes de nosso programa, juntamente com suas responsabilidades, pode-se começar a codificação. Cria-se o código propriamente dito das classes do programa usando tanto um editor de textos independente (por exemplo emacs, WordPad ou vi) como um editor embutido em um *ambiente integrado de desenvolvimento* (IDE‡), como o Eclipse ou o Borland JBuilder.

Após completar a codificação de uma classe (ou pacote), compila-se o arquivo para código executável usando um compilador. Quando não se está usando um IDE, então compila-se o programa chamando um programa tal como `javac` sobre o arquivo. Estando em uso um IDE, então compila-se o programa clicando o botão apropriado. Felizmente, se o programa não tiver erros de sintaxe, então o processo de compilação irá criar arquivos com a extensão ".`class`".

Se o programa contiver erros de sintaxe, estes serão identificados, e será necessário voltar ao editor de textos para consertar as linhas de código com problema. Eliminados todos os erros de sintaxe e criado o código compilado correspondente, pode-se executar o programa tanto chamando um comando, tal como "`java`" (fora de um IDE), ou clicando o botão de execução apropriado (dentro de um IDE). Quando um programa Java estiver executando dessa forma, o ambiente de execução localiza os diretórios contendo as classes criadas e quaisquer outras referenciadas a partir destas, usando uma variável especial de ambiente do sistema operacional. Essa variável é chamada de "CLASSPATH", e a ordem dos diretórios a serem pesquisados é fornecida como uma lista de diretórios, separados por vírgulas em Unix/Linux, ou por ponto e vírgulas em DOS/Windows. Um exemplo de atribuição para a variável CLASSPATH no sistema operacional DOS/Windows pode ser o seguinte:

`SET CLASSPATH=.;C:\java;C:\Program Files\Java\`

Um exemplo de atribuição para CLASSPATH no sistema operacional Unix/Linux pode ser:

`setenv CLASSPATH ".:/usr/local/java/lib:/usr/netscape/classes"`

Em ambos os casos, o ponto (".") se refere ao diretório atual a partir do qual o ambiente de execução foi chamado.

---

† N. de T.: *Unified Modeling Language.*
‡ N. de T.: A abreviatura, já consagrada, corresponde à expressão em inglês *integrated development environment.*

Javadoc

Para incentivar o bom uso de comentários em bloco e a produção automática de documentação, o ambiente de programação Java vem com um programa para a geração de documentação chamado de *javadoc*. Esse programa examina uma coleção de arquivos fontes Java que tenham sido comentados usando-se certas palavras reservadas, chamadas de *tags*, e produz uma série de documentos HTML que descrevem as classes, métodos, variáveis e constantes contidas nestes arquivos. Por razões de espaço, não se usa o estilo de comentários do javadocs em todos os programas exemplificadores contidos neste livro, mas foi incluído um exemplo de javadoc no Trecho de Código 1.8.

Cada comentário javadoc é um comentário em bloco que se inicia com "/**", termina com "*/" e tem cada linha entre estas duas iniciada por um único asterisco, "*" que é ignorado. Pressupõe-se que o bloco de comentário deve começar com uma frase descritiva seguida por uma linha em branco, e posteriormente por linhas especiais que começam por tags javadoc. Um comentário em bloco que venha imediatamente antes de uma definição de classe, uma declaração de variável ou uma definição de método é processado pelo javadoc em um comentário que se refere à classe, à variável ou ao método.

```java
/**
 * Esta classe define um ponto (x,y) não alterável no plano
 *
 * @author Michael Goodrich
 */
public class XYPoint {
  private double x,y;      // variáveis de instância privada para as coordenadas
  /**
   * Constrói um ponto (x,y) em uma localização específica
   *
   * @param xCoor A abscissa do ponto
   * @param yCoor A ordenada do ponto
   */
  public XYPoint(double xCoor, double yCoor) {
    x = xCoor;
    y = yCoor;
  }
  /**
   * Retorna o valor da abscissa
   *
   * @return abscissa
   */
  public double getX( ) { return x; }
  /**
   * Retorna o valor da ordenada
```

```
   *
   * @return ordenada
   */
  public double getY( ) { return x; }
}
```

Trecho de Código 1.8 Um exemplo de definição de classe usando o estilo javadoc de comentário. Observa-se que essa classe inclui apenas duas variáveis de instância, um construtor e dois métodos de acesso.

As tags javadoc mais importantes são as seguintes:

- `@author` *texto*: identifica os autores (um por linha) de uma classe;
- `@exception` *descrição do nome de uma exceção*: identifica uma condição de erro sinalizada por este método (ver Seção 2.3);
- `@param` *descrição de um nome de parâmetro*: identifica um parâmetro aceito por este método;
- `@return` *descrição*: descreve o tipo de retorno de um método e seu intervalo de valores.

Existem outras tags como essas; o leitor interessado deve consultar a documentação online do javadoc para um estudo mais aprofundado.

Clareza e estilo

É possível fazer programas fáceis de ler e entender. Bons programadores devem, portanto, ser cuidadosos com seu estilo de programação, desenvolvendo-o de forma a comunicar os aspectos importantes do projeto de um programa tanto para os usuários como para os computadores.

Alguns dos princípios mais importantes sobre bons estilos de programação são os seguintes:

- *Usar nomes significativos para identificadores*. Deve-se escolher nomes que possam ser lidos em voz alta, que reflitam a ação, a responsabilidade ou os dados que o identificador está nomeando. A tradição na maioria dos círculos de Java é usar maiúsculas na primeira letra de cada palavra que compõe um identificador, excetuando-se a primeira palavra de identificadores de variáveis ou métodos. Então, segundo essa tradição, "Date", "Vector", "DeviceManage" identificam classes e "isFull( )", "insertItem( )", "studentName" e "studentHeight" referem-se, respectivamente, a métodos e a variáveis.
- *Usar constantes ou tipos enumerados em vez de valores*. A clareza, a robustez e a manutenção serão melhoradas se forem incluídos uma série de valores constantes em uma definição de classe. Estes poderão então ser usados nesta e em outras classes para fazer referência a valores especiais desta classe. A tradição Java é usar apenas maiúsculas em tais constantes, como mostrado a seguir:

```
public class Student {
  public static final int MIN_CREDITS = 12; // créditos mínimos por período
  public static final int MAX_CREDITS = 24; // créditos máximos por período
  public static final int FRESHMAN = 1; // código de calouro
  public static final int SOPHOMORE = 2; // código de aluno do primeiro ano
  public static final int JUNIOR = 3; // código para júnior
  public static final int SENIOR = 4; // código para sênior
  // definições de variáveis de instância, construtores e métodos seguem aqui...
}
```

- *Indentar os blocos de comandos.* Os programadores normalmente indentam cada bloco de comandos com quatro espaços; neste livro, entretanto, são usados normalmente dois espaços, para evitar que o código extravase as margens do livro.
- *Organizar as classes conforme a seguinte ordem*:
    1. constantes
    2. variáveis de instância
    3. construtores
    4. métodos

  Alguns programadores Java preferem colocar as declarações de variáveis de instância por último. Aqui, opta-se por colocá-las antes, de forma que se possa ler cada classe sequencialmente, compreendendo os dados com que cada método está lidando.

- *Usar comentários para acrescentar significado ao programa e explicar construções ambíguas ou confusas.* Comentários de linha são úteis para explicações rápidas e não precisam ser frases completas. Comentários em bloco são úteis para explicar os propósitos de um método ou as seções de código complicadas.

1.9.4 Teste e depuração

Teste é o processo de verificar a correção de um programa; depuração é o processo de seguir a execução de um programa para descobrir seus erros. Teste e depuração são, em geral, as atividades que mais consomem tempo durante o desenvolvimento de um programa.

Teste

Um plano de testes cuidadoso é parte essencial da escrita de um programa. Apesar de a verificação da correção de um programa para todas as entradas possíveis ser normalmente impraticável, pode-se privilegiar a execução do programa a partir de subconjuntos representativos das entradas. Na pior das hipóteses, deve-se ter certeza de que cada método do programa tenha sido testado pelo menos uma vez (cobertura de método). Melhor ainda, cada linha de código do programa deve ser executada pelo menos uma vez (cobertura de comandos).

Em geral, as entradas dos programas falham em *casos especiais*. Tais casos precisam ser cuidadosamente identificados e testados. Por exemplo, quando se testa um método que ordena um arranjo de inteiros, deve-se considerar as seguintes entradas:

- se o arranjo tiver tamanho zero (nenhum elemento);
- se o arranjo tiver um elemento;
- se todos os elementos do arranjo forem iguais;
- se o arranjo já estiver ordenado;
- se o arranjo estiver ordenado na ordem inversa.

Além das entradas especiais para o programa, deve-se também analisar condições especiais para as estruturas usadas pelo programa. Por exemplo, usando-se um arranjo para armazenar dados, é preciso ter certeza de que os casos-limite, tais como a inserção/remoção no início ou no fim do arranjo que armazena os dados, estão sendo convenientemente tratados.

Se é essencial usar conjuntos de testes definidos manualmente, também é fundamental executar o programa a partir de grandes conjuntos de dados gerados randomicamente. A classe Random do pacote java.util oferece vários métodos para a geração de números randômicos.

Existe uma hierarquia entre as classes e métodos de um programa, induzida pelas relações de "ativador-ativado". Isto é, um método *A* está acima de um método *B* na hierarquia, se *A* chamar *B*. Existem duas estratégias de teste principais, **top-down** e **bottom-up**, que diferem na ordem em que os métodos são testados.

O teste bottom-up é executado a partir de métodos de mais baixo nível até os de mais alto nível. Ou seja, métodos de mais baixo nível que não ativam outros métodos são testados primeiro, seguidos pelos métodos que chamam apenas um método de baixo nível, e assim por diante. Essa estratégia garante que os erros encontrados em um método nunca são causados por um método de nível mais baixo aninhado nele.

O teste top-down é executado do topo para a base da hierarquia de métodos. Normalmente é usado em conjunto com **terminadores**, uma técnica de rotina de inicialização que substitui métodos de mais baixo nível por um **tampão**†, um substituto para o método que simula a saída do método original. Por exemplo, se o método *A* chama o método *B* para pegar a primeira linha de um arquivo, quando se testa *A* pode-se substituir *B* por um tampão que retorna uma string fixa.

---

† N. de T.: Em inglês, *stub*.

Depuração

A técnica mais simples de depuração consiste em usar *comandos de impressão* (usando o método System.out.println(*string*)) para rastrear os valores das variáveis durante a execução do programa. Um problema desta abordagem é que os comandos de impressão às vezes precisam ser removidos ou comentados antes de o programa poder ser executado.

Uma melhor abordagem é executar o programa com um *depurador*, que é um ambiente especializado para controlar e monitorar a execução de um programa. A funcionalidade básica oferecida por um depurador é a inserção de *pontos de parada*[†] no código. Quando um programa é executado com um depurador, ele interrompe a cada ponto de parada. Enquanto o programa está parado, o valor corrente das variáveis pode ser verificado. Além de pontos de parada fixos, depuradores mais avançados permitem a especificação de *pontos de parada condicionais*, que são disparados apenas se uma determinada condição for satisfeita.

As ferramentas padrão de Java incluem um depurador básico chamado de jdb, controlado por linhas de comando. Os IDEs para programação em Java oferecem ambientes de depuração avançados com interface gráfica com o usuário.

1.10 Exercícios

Para obter os códigos-fonte dos exercícios, visite www.grupoa.com.br.

Reforço

R-1.1 O que deve ser alterado na classe CreditCard de maneira a garantir que todos os resultados sejam enviados exclusivamente para o console Java?

R-1.2 Escreva a descrição em pseudocódigo de um método que encontre o menor e o maior número em um arranjo de inteiros e compare-o com um método Java que faça a mesma coisa.

R-1.3 Suponha que seja criado um arranjo *A* de objetos GameEntry, que possui um campo inteiro scores, e que *A* seja clonado e o resultado seja armazenado em um arranjo *B*. Se o valor de *A*[4].score for imediatamente alterado para 550, qual o valor do campo score do objeto GameEntry referenciado por *B*[4]?

R-1.4 Modifique a classe CreditCard do Trecho de Código 1.5 de maneira a debitar juros em cada pagamento.

R-1.5 Modifique a classe CreditCard do Trecho de Código 1.5 de maneira a debitar uma taxa por atraso para qualquer pagamento feito após a data de vencimento.

[†] N. de T.: Em inglês, *breakpoints*.

R-1.6 Modifique a classe CreditCard do Trecho de Código 1.5 para incluir *métodos modificadores* que permitam ao usuário modificar variáveis internas da classe CreditCard de forma controlada.

R-1.7 Modifique a declaração do primeiro laço **for** da classe Test do Trecho de Código 1.6 de maneira que os débitos possam, mais cedo ou mais tarde, fazer com que um dos três cartões ultrapasse seu limite de crédito. Qual é esse cartão?

R-1.8 Escreva uma pequena função em Java, inputAllBaseTypes que recebe diferentes valores de cada um dos tipos base na entrada padrão e o imprime de volta no dispositivo de saída padrão.

R-1.9 Escreva uma classe Java, Flower, que tenha três variáveis de instância dos tipos **String, int** e **float** representando, respectivamente, o nome da flor, seu número de pétalas e o preço. A classe pode incluir um construtor que inicialize cada variável adequadamente, além de métodos para alterar o valor de cada tipo e recuperar o valor de cada tipo.

R-1.10 Escreva uma pequena função em Java, isMultiple, que recebe dois valores **long**, n e m, e retorna **true** se e somente se n é múltiplo de m, isto é, $n = mi$ para algum inteiro i.

R-1.11 Escreva uma pequena função Java isEven, que recebe um **int** i e retorna **true** se e somente se i é par. Entretanto, esta função não pode usar operadores de multiplicação, módulo ou divisão.

R-1.12 Escreva uma pequena função em Java que receba um inteiro n e retorne a soma de todos os inteiros menores que n.

R-1.13 Escreva uma pequena função em Java que receba um inteiro n e retorne a soma de todos os inteiros pares menores que n.

Criatividade

C-1.1 Escreva uma descrição em pseudocódigo de um método que inverte um arranjo de n inteiros, de maneira que os números sejam listados na ordem inversa da que estavam anteriormente, e compare este método com um método Java que faça a mesma coisa.

C-1.2 Escreva uma pequena função Java que recebe um arranjo de valores **int** e determina se existe um par de números no arranjo cujo produto seja par.

C-1.3 Escreva um método Java que recebe um arranjo de valores **int** e determina se todos os números são diferentes entre si (isto é, se são valores distintos).

C-1.4 Escreva um método em Java que receba um arranjo contendo o conjunto de todos os inteiros no intervalo de 1 a 52 e embaralhe-os de forma aleatória. O método deve exibir as possíveis sequências com igual probabilidade.

C-1.5 Escreva um pequeno programa em Java que exiba todas as strings possíveis de serem formadas usando os caracteres 'c', 'a', 'r', 'b', 'o' e 'n' apenas uma vez.

C-1.6 Escreva um pequeno programa em Java que receba linhas de entrada pelo dispositivo de entrada padrão, e escreva-as no dispositivo de saída padrão na ordem contrária. Isto é, cada linha é exibida na ordem correta, mas a ordem das linhas é invertida.

C-1.7 Escreva um pequeno programa em Java que receba dois arranjos a e b de tamanho n que armazenam valores **int**, e retorne o produto escalar de a por b. Isto é, retorna um arranjo c de tamanho n em que $c[i] = a[i] \cdot b[i]$, para $i = 0, ..., n - 1$.

Projetos

P-1.1 Escreva um programa Java que simule uma calculadora simples, usando o console Java como único dispositivo de entrada e saída. Para tanto, cada entrada para a calculadora, seja um número, como 12.34 ou 1034, ou um operador – como + ou =, pode ser digitada em linhas separadas. Depois de cada entrada, deve-se exibir no console Java o que seria apresentado na calculadora.

P-1.2 Uma punição comum para alunos de escola é escrever a mesma frase várias vezes. Escreva um programa executável em Java que escreva a mesma frase uma centena de vezes: "Eu não mandarei mais spam para meus amigos". Seu programa deve numerar as frases e "acidentalmente" fazer oito erros aleatórios diferentes de digitação.

P-1.3 (Para aqueles que conhecem os métodos de interface gráfica com o usuário em Java.) Defina uma classe GraphicalTest que teste a funcionalidade da classe CreditCard do Trecho de Código 1.5, usando campos de entrada de texto e botões.

P-1.4 O *paradoxo do aniversário* diz que a probabilidade de duas pessoas em uma sala terem a mesma data de aniversário é maior que 50% desde que n, o número de pessoas na sala, seja maior que 23. Essa propriedade não é realmente um paradoxo, mas muitas pessoas se surpreendem. Projete um programa em Java que possa testar esse paradoxo por uma série de experimentos sobre aniversários gerados aleatoriamente, testando o paradoxo para $n = 5, 10, 15, 20, ..., 100$.

Observações sobre o capítulo

Para mais informações sobre a linguagem de programação Java, indicamos ao leitor alguns dos melhores livros de Java, incluindo os livros de Arnold, Gosling e Holmes [7], Flanagan [32] e Horstmann [49] e Horstmann e Cornell [50, 51], assim como a página de Java da Sun (http://www.java.sun.com).

Capítulo 2
Projeto Orientado a Objetos

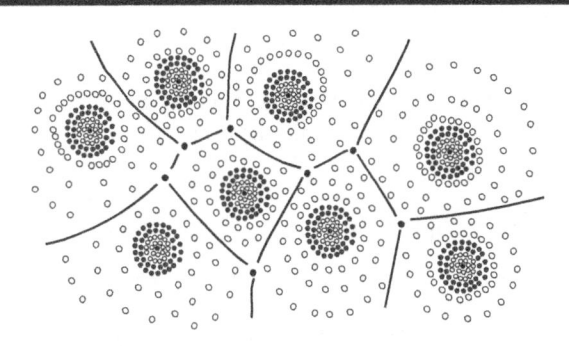

Sumário

2.1	**Objetivos, princípios e padrões**...............................		**60**
	2.1.1	Objetivos do projeto orientado a objetos	60
	2.1.2	Princípios de projeto orientado a objetos	61
	2.1.3	Padrões de projeto	64
2.2	**Herança e polimorfismo**.......................................		**65**
	2.2.1	Herança..	65
	2.2.2	Polimorfismo	66
	2.2.3	Usando herança em Java	67
2.3	**Exceções**...		**77**
	2.3.1	Lançando exceções.....................................	77
	2.3.2	Capturando exceções	79
2.4	**Interfaces e classes abstratas**................................		**81**
	2.4.1	Implementando interfaces...............................	81
	2.4.2	Herança múltipla e interfaces	83
	2.4.3	Classes abstratas e tipagem forte.......................	84
2.5	**Conversão e genéricos**		**85**
	2.5.1	Conversão	86
	2.5.2	Genéricos...	90
2.6	**Exercícios**		**92**

2.1 Objetivos, princípios e padrões

Como o próprio nome indica, os "atores" principais do paradigma de projetos orientados a objetos são chamados de *objetos*. Um objeto se origina de uma *classe*, que é uma especificação tanto dos *campos* de dados, também chamados de *variáveis de instância*, que um objeto contém, como dos *métodos* (operações) que pode executar. Cada classe apresenta para o mundo exterior uma visão concisa e consistente dos objetos que são instâncias dessa classe, sem detalhes desnecessários ou acesso às estruturas internas dos objetos. Essa abordagem de computação visa a atingir diversos objetivos e a incorporar vários princípios de projeto que serão discutidos neste capítulo.

2.1.1 Objetivos do projeto orientado a objetos

Implementações de software devem buscar *robustez*, *adaptabilidade* e *reusabilidade* (ver Figura 2.1).

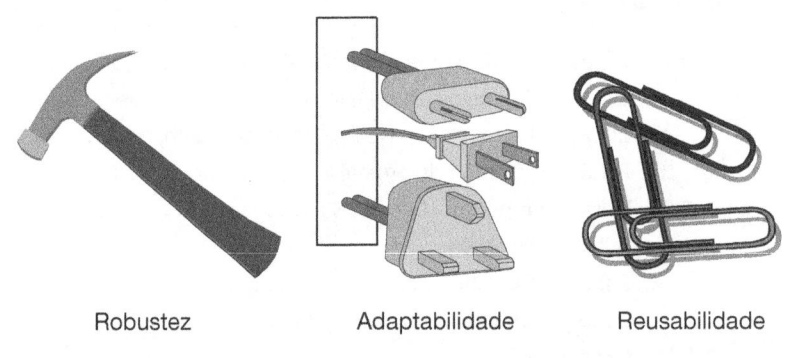

Figura 2.1 Objetivos de um projeto orientado a objetos.

Robustez

Todo bom programador quer produzir software que seja correto, o que significa um programa que produz as saídas certas para todas as entradas previstas pela aplicação do programa. Além disso, é desejável que um software seja *robusto*, ou seja, capaz de lidar com entradas inesperadas que não estão explicitamente definidas em sua aplicação. Por exemplo, se um programa está esperando por um inteiro positivo (isto é, representando o preço de um item), mas recebe um inteiro negativo, deve ser capaz de se recuperar com elegância desse erro. No caso de *aplicações de missão crítica*, nas quais um erro de software pode causar ferimentos ou a perda da vida, a utilização de um software que não é robusto pode ser mortal. A importância disso foi enfatizada na década de 1980, em acidentes envolvendo o Therac-25, uma máquina de terapia com radiação que aplicou superdoses em seis pacientes entre 1985 e 1987, alguns dos quais morreram de complicações resultantes das doses excessivas de radiação. Em todos os seis acidentes, detectou-se que a causa era proveniente de um erro de software.

Adaptabilidade

Os projetos modernos de software, tais como editores de texto, navegadores para Web e aplicativos de pesquisa na Internet, são normalmente programas grandes que devem durar muitos anos. O software, portanto, deve ser capaz de evoluir ao longo do tempo em resposta a alterações nas condições de seu ambiente. Sendo assim, a ***adaptabilidade*** (também chamada de ***capacidade de evolução***) é outro objetivo importante a ser atingido em qualidade de software. Outro conceito relacionado é ***portabilidade***, que é a habilidade que um software tem de ser executado, com alterações mínimas, em diferentes plataformas de hardware ou sistemas operacionais. Uma das vantagens de se escrever programas em Java é a portabilidade oferecida naturalmente pela linguagem.

Reusabilidade

Da mesma forma que se busca a capacidade de adaptação, é desejável que um software possa ser reutilizável, ou seja, que seu código possa ser usado como componente de diferentes sistemas em várias aplicações. Desenvolver um software de qualidade pode ser um empreendimento caro, podendo seu custo ser diluído caso seja projetado de forma a ser reutilizável em aplicações futuras. Essa reutilização deve ser feita com cuidado, entretanto, uma vez que a maior fonte de erros do Therac-25 originou-se da reutilização inadequada do código do Therac-20 (que não foi projetado para a plataforma de software usada com o Therac-25).

2.1.2 Princípios de projeto orientado a objetos

Os principais princípios da abordagem orientada a objetos que visam a facilitar os objetivos anteriormente descritos são os seguintes (ver Figura 2.2):

Abstração   Encapsulamento   Modularidade

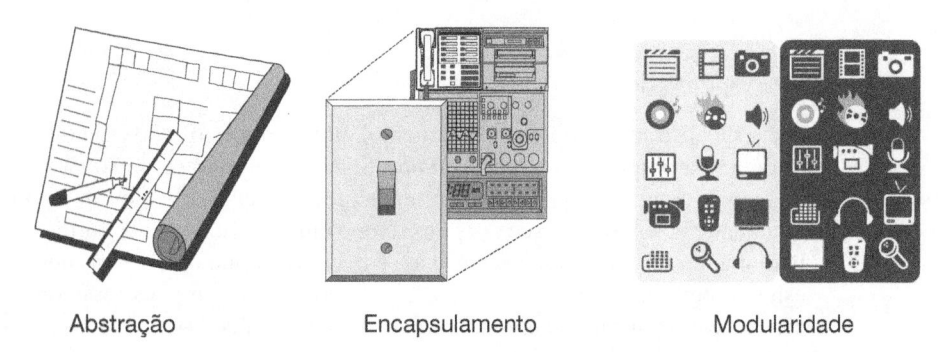

Figura 2.2 Princípios de projeto orientado a objetos.

- abstração
- encapsulamento
- modularidade

Abstração

A noção de *abstração* significa decompor um sistema complicado em suas partes fundamentais e descrevê-las em uma linguagem simples e precisa. A descrição das partes de um sistema implica atribuir-lhes um nome e descrever suas funcionalidades. Aplicar este paradigma ao projeto de estruturas de dados nos leva a *tipos abstratos de dados* (TADs). Um TAD é um modelo matemático de estruturas de dados que especifica o tipo dos dados armazenados, as operações definidas sobre esses dados e os tipos dos parâmetros dessas operações. Um TAD define *o que* cada operação faz, mas não *como* o faz. Em Java, um TAD pode ser expresso por uma *interface*, que é uma simples lista de declarações de métodos, em que cada método tem o corpo vazio. (Veremos mais sobre interfaces em Java na Seção 2.4.)

Um TAD é materializado por uma estrutura de dados concreta que, em Java, é modelada por uma *classe*. Uma classe define os dados que serão armazenados e as operações suportadas pelos objetos que são instância dessa classe. Além disso, ao contrário das interfaces, as classes especificam *como* as operações são executadas. Diz-se que uma classe em Java *implementa uma interface* quando seus métodos incluem todos os métodos declarados na interface, fornecendo um corpo para eles. Entretanto, uma classe pode ter mais métodos que aqueles definidos pela interface.

Encapsulamento

Outro princípio importante em projeto orientado a objetos é o conceito de *encapsulamento*, que estabelece que os diferentes componentes de um sistema de software não devem revelar detalhes de suas respectivas implementações. Uma das maiores vantagens do encapsulamento é que ele oferece ao programador liberdade na implementação dos detalhes do sistema. A única restrição ao programador é manter a interface abstrata percebida pelos de fora.

Modularidade

Além da abstração e do encapsulamento, outro princípio fundamental de projeto orientado a objetos é a *modularidade*. Sistemas modernos de software normalmente são compostos por vários componentes diferentes que devem interagir corretamente, fazendo com que o sistema como um todo funcione de forma adequada. Para manter essas interações corretas, é necessário que os diversos componentes estejam bem organizados. Na abordagem orientada a objetos, essa organização centra-se no conceito de *modularidade*. A modularidade se refere a uma estrutura de organização na qual os diferentes componentes de um sistema de software são divididos em unidades funcionais separadas.

Organização hierárquica

A estrutura imposta pela modularidade ajuda a tornar o software reutilizável. Se os módulos do software forem escritos de uma forma abstrata para resolver problemas genéricos, então os módulos podem ser reutilizados quando instâncias do mesmo problema geral surgirem em outros contextos.

Por exemplo, a estrutura de definição de uma parede é a mesma de casa para casa, sendo normalmente definida em termos de pilares espaçados por uma distância específica, etc. O arquiteto organizado pode, assim, reutilizar suas definições de parede de uma casa para outra. Ao reutilizar tais definições, algumas partes podem exigir adaptações, por exemplo, uma parede em um edifício comercial pode ser similar à de uma casa, mas o sistema elétrico e o material dos pilares podem ser diferentes.

Uma forma natural de organizar vários componentes estruturais de um pacote de software é de forma **hierárquica**, que agrupa definições abstratas similares juntas nível a nível, partindo do mais específico para o mais genérico, à medida que se percorre a hierarquia. Um uso normal de tais hierarquias ocorre em um gráfico organizacional, no qual cada arco para cima pode ser lido como "é um", como em "um rancho é uma casa é um prédio". Esse tipo de hierarquia também é útil no projeto de software quando agrupa funcionalidades comuns no nível mais geral e vê comportamentos especializados como uma extensão do comportamento geral.

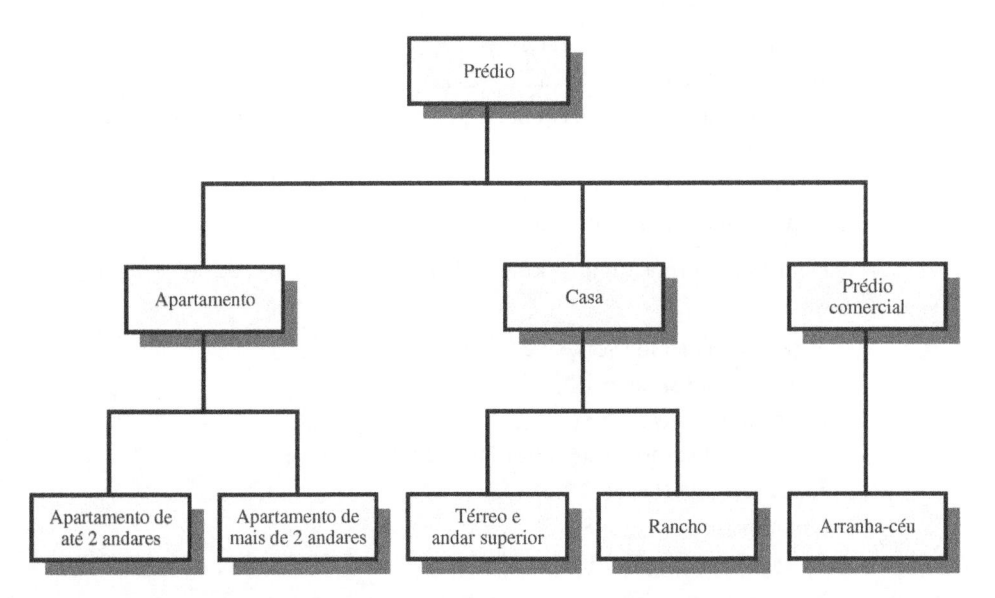

Figura 2.3 Exemplo de uma hierarquia "é um" compreendendo prédios arquitetônicos.

2.1.3 Padrões de projeto

Uma das maiores vantagens do paradigma de projeto orientado a objetos é que ele facilita o desenvolvimento de software reutilizável, robusto e adaptável. Projetar código orientado a objetos de qualidade exige mais do que simplesmente entender as metodologias de projeto orientado a objetos. Requer o uso efetivo das técnicas de projeto orientado a objetos.

Cientistas da computação e profissionais da área desenvolveram uma variedade de conceitos organizacionais e metodologias para projetar softwares orientados a objetos de qualidade que sejam concisos, corretos e reutilizáveis. Um conceito especialmente relevante no contexto deste livro é o conceito de **padrão de projeto**, que descreve uma solução para um determinado problema de projeto de software "típico". Um padrão oferece um esquema genérico de uma solução que pode ser aplicada em muitas situações diferentes. Ele descreve os elementos principais da solução de uma forma abstrata que pode ser especializada para o problema específico que se apresenta. Consiste em um nome que identifica o padrão, um contexto que descreve os cenários para os quais se aplica, um esquema que descreve como é aplicado e um resultado que descreve e analisa o que o padrão produz.

Diversos padrões de projeto serão mostrados neste livro, e será indicado como podem ser aplicados com consistência no projeto de implementações de qualidade de estruturas de dados e algoritmos. Esses padrões se organizam em dois grupos: padrões para resolver problemas de projeto de algoritmos e padrões para resolver problemas de engenharia de software. Alguns dos padrões para projeto de algoritmos que serão apresentados incluem:

- recursão (Seção 3.5);
- amortização (Seção 6.1.4);
- divisão e conquista (Seção 11.1.1);
- poda e busca, também conhecido como diminuição e conquista (Seção11.5.1);
- força bruta (Seção 12.3.1);
- o método guloso (Seção 12.4.2);
- programação dinâmica (Seção 12. 2).

Da mesma forma, alguns dos padrões para engenharia de software apresentados são:

- posicionamento (Seção 6.2.2);
- adaptador (Seção 6.1.2)
- iteradores (Seção 6.3);
- método do esquema (Seções 7.3.7, 11.4 e 13.3.2);
- composição (Seção 8.1.2);
- comparador (Seção 8.1.2);
- decorador (Seção 13.3.1).

Em vez de explicar, inicialmente, cada um desses conceitos, eles serão introduzidos ao longo do texto, como se verá na sequência. Para cada padrão, seja para engenharia de algoritmo, seja para engenharia de software, será explicado seu uso genérico ele será ilustrado com pelo menos um exemplo concreto.

2.2 Herança e polimorfismo

Para tirar proveito de relacionamentos hierárquicos comuns em projetos de software, a abordagem de projeto orientado a objetos oferece maneiras de reutilizar código.

2.2.1 Herança

O paradigma de orientação a objetos oferece uma estrutura hierárquica e modular para reutilização de código por meio de uma técnica conhecida como *herança*. Essa técnica permite projetar classes genéricas que podem ser especializadas em classes mais particulares, em que as classes especializadas reutilizam o código das mais genéricas. A classe genérica, também conhecida por ***classe base*** ou ***superclasse***, define variáveis de instância "genéricas" e métodos que se aplicam em uma variada gama de situações. A classe que *especializa*, *estende* ou *herda de* uma superclasse não precisa fornecer uma nova implementação para os métodos genéricos, uma vez que os herda. Deve apenas definir aqueles métodos que são especializados para esta ***subclasse*** em particular.

Exemplo 2.1 *Considere a classe S que define objetos com o campo x, e três métodos a( ), b( ) e c( ). Supõe-se que a classe T que estende S seja definida incluindo um campo adicional, y, e dois métodos, d( ) e e( ). A classe T* **herdará** *a variável de instância x e os métodos a( ), b( ) e c( ) de S. Os relacionamentos entre as classes S e T são apresentatdos no* **diagrama de classes com herança** *da Figura 2.4. Cada caixa nesse diagrama indica uma classe, com seu nome, campos (ou variáveis de instância) e métodos incluídos como sub-retângulos.*

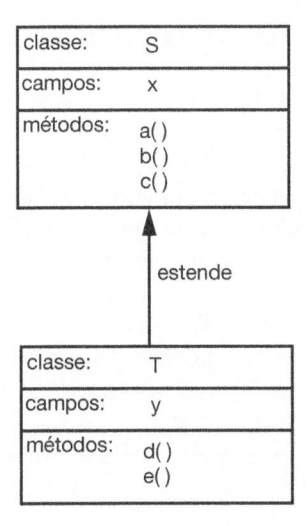

classe:	S
campos:	x
métodos:	a( ) b( ) c( )

↑ estende

classe:	T
campos:	y
métodos:	d( ) e( )

Figura 2.4 Um diagrama de classe com herança. Cada caixa indica uma classe, com seu nome, campos e métodos, e uma seta entre as caixas denota um relacionamento de herança.

Criação de objetos e referências

Quando um objeto *o* é criado, aloca-se memória para seus campos, e esses mesmos campos são inicializados para valores iniciais específicos. Normalmente, associa-se o novo objeto *o* com uma variável que serve de "ligação" com o objeto *o*, e diz-se que é a mesma *referência o*. Quando se deseja acessar o objeto *o* (para acessar seus campos ou ativar seus métodos), pode-se tanto solicitar a execução de um dos métodos de *o* (definidos na classe à qual *o* pertence) ou procurar um dos campos de *o*. Na verdade, a principal maneira pela qual um objeto *p* interage com outro objeto *o* é o envio de uma mensagem de *p* para *o* que invoque um dos métodos de *o*, por exemplo, para fazer *o* imprimir uma descrição de si mesmo, para que *o* converta a si mesmo em uma string ou para que retorne o valor de um de seus campos de dados. Uma forma secundária pela qual *p* pode interargir com *o* é por meio do acesso direto de *p* a um dos campos de *o*, mas isso só é possível se *o* tiver dado permissão para objetos do tipo de *p* fazê-lo. Por exemplo, uma instância da classe Integer de Java armazena um inteiro em uma variável de instância e fornece várias operações para acessar esse dado, incluindo métodos para convertê-lo em outros tipos numéricos ou em uma string de dígitos e também para converter uma string de dígitos em um número. Ela não permite, entretanto, o acesso direto à variável de instância, uma vez que tais detalhes estão escondidos.

Ativação dinâmica

Quando um programa deseja ativar um método a( ) de algum objeto *o*, ele envia uma mensagem para *o*, o que normalmente é feito usando-se a sintaxe do operador ponto (Seção 1.3.2) da seguinte forma: "*o*.a( )". Na versão compilada desse programa, o código correspondente a essa ativação ordena ao ambiente de execução que examine a classe T de *o* para verificar se a classe T suporta o método a( ), e, em caso positivo, executa-o. Mais especificamente, o ambiente de execução examina a classe T para verificar se ela define o método a( ). Se isso ocorre, então esse método é executado. Se T não define o método a( ), então o ambiente de execução examina S, a superclasse de T. Se S define a( ), então esse método é executado. Por outro lado, se S não define a( ), então o ambiente de execução repete a busca na superclasse de S. Essa busca continua subindo a hierarquia de classes até que se encontre o método a( ), que é então executado, ou que se encontre a classe de nível mais alto (por exemplo, a classe Object em Java) sem o método a( ), o que gera um erro de execução. O algoritmo que processa a mensagem *o*.a( ) para encontrar o método a ser disparado é chamado de algoritmo de *ativação dinâmica* (ou de *ligação dinâmica*), o qual oferece um mecanismo eficiente para localizar software reutilizado. Ele também permite o uso de outra técnica poderosa de programação orientada a objetos: o *polimorfismo*.

2.2.2 Polimorfismo

Literalmente, "polimorfismo" significa "muitas formas". No contexto de projeto orientado a objetos, entretanto, refere-se à habilidade de uma variável de objeto de assumir formas diferentes. Linguagens orientadas a objetos, como Java, referenciam objetos usando variáveis referência. Uma variável referência o deve especificar que tipo de objeto é capaz de referenciar em termos de uma classe S. Isso implica, entretanto, que o também pode se referir a qualquer objeto pertencente à classe T derivada de S. Agora será analisado o que acontece se S define um método a( ) e T também define um método a( ). O algoritmo de ativação dinâmica de métodos sempre inicia sua busca pela classe mais restritiva à qual se aplica. Quando o se refere a um objeto da classe T e o.a( ) é invocado, então é ativada a versão de T do método a( ), em lugar da versão de S. Nesse caso, diz-se que T *sobrescreve* o método a( ) de S. Por outro lado, se o se refere a um objeto da classe S (que, ao contrário, não é um objeto da classe T), quando o.a( ) for ativado, será executada a versão de S de a( ). Um polimorfismo como esse é útil porque aquele que chama o.a( ) não precisa saber quando o se refere a uma instância de T ou S para poder executar a versão correta de a( ). Dessa forma, a variável de objeto o pode ser *polimórfica*, ou assumir muitas formas, dependendo da classe específica dos objetos aos quais está se referindo. Esse tipo de funcionalidade permite a uma classe especializada T estender uma classe S, herdar os métodos padrão de S e redefinir outros métodos de S, de maneira que sejam incluídos como propriedades específicas dos objetos T.

Algumas linguagens orientadas a objetos, como Java, também oferecem uma técnica relacionada a polimorfismo chamada de *sobrecarga* de métodos. A sobrecarga ocorre quando uma única classe T tem vários métodos com o mesmo nome, desde que cada um tenha uma *assinatura* diferente. A assinatura de um método é uma combinação entre seu nome, o tipo e a quantidade de argumentos que são passados para ele. Dessa forma, mesmo que vários métodos de uma classe tenham o mesmo nome, eles são distinguíveis pelo compilador pelo fato de terem diferentes assinaturas, ou seja, na verdade são desiguais. Em linguagens que possibilitam a sobrecarga de métodos, o ambiente de execução determina qual método ativar para uma determinada chamada de método que percorre a hierarquia de classes em busca do primeiro método cuja assinatura combine com a do método que está sendo invocado. Por exemplo, imagine uma classe T que define o método a( ), derivada da classe U que define o método a(x,y). Se um objeto o da classe T recebe a mensagem "o.a(x,y)", então a versão de U do método a é ativada (com os dois parâmetros, x e y). Assim, o verdadeiro polimorfismo aplica-se apenas a métodos que têm a mesma assinatura, mas estão definidos em classes diferentes.

A herança, o polimorfismo e a sobrecarga de métodos suportam o desenvolvimento de software reutilizável. Podem ser estabelecidas classes que herdam as variáveis e os métodos de instância genéricos e que, a seguir, definem novas variáveis e métodos de instância mais específicos que lidam com os aspectos particulares dos objetos da nova classe.

2.2.3 Usando herança em Java

Existem duas formas básicas de se usar herança de classes em Java: *extensão* e *especialização*.

Especialização

Quando usamos a especialização, estamos refinando uma classe genérica em subclasses específicas. Tais subclasses normalmente possuem uma relação do tipo "é um" com sua superclasse. Essas subclasses herdam todos os métodos da superclasse. Para cada método herdado, caso funcione corretamente independente do fato de estar sendo usado pela especialização, nenhum esforço adicional é necessário. Se, por outro lado, um método genérico da superclasse não funcionar corretamente na subclasse, então é necessário sobrecarregar o método para obter a funcionalidade correta da subclasse. Por exemplo, pode-se ter uma classe genérica Dog que possui o método drink e o método sniff. Ao especializar a classe Bloodhound, provavelmente não será necessário especializar o método drink, na medida em que todos os cachorros bebem da mesma forma. Contudo, provavelmente será necessário sobrecarregar o método sniff, na medida em que um cão de caça tem um faro muito mais sensível que um cão "genérico". Dessa forma, a classe Bloodhound especializa os métodos da superclasse Dog.

Extensão

Ao usar a extensão, por outro lado, utiliza-se herança para reutilizar o código escrito para os métodos da superclasse, mas será necessário adicionar novos métodos que não estão presentes na superclasse, de maneira a estender sua funcionalidade. Por exemplo, reconsiderando a classe Dog, pode-se querer criar a subclasse BorderCollie que herda todos os métodos genéricos da classe Dog, mas adiciona um método novo, herd, uma vez que cães pastores têm um instinto para o pastoreio que não está presente nos cães genéricos. Adicionando o novo método, está-se estendendo a funcionalidade do cão genérico.

Em Java, cada classe pode estender apenas uma única classe. Mesmo que uma classe não faça uso explícito da cláusula **extends**, ainda assim é derivada de exatamente uma classe, nesse caso a classe java.lang.Object. Em virtude dessa propriedade, diz-se que Java possibilita apenas *herança simples* entre classes.

Tipos de sobrecarga de método

Dentro da declaração de uma classe nova, Java usa dois tipos de sobrecarga de método, o *refinamento* e a *substituição*. Na sobrecarga por substituição, o novo método substitui completamente o método da superclasse que está sendo sobrecarregado (como no caso do método sniff da classe Bloodhound mencionada anteriormente). Em Java, todos os métodos normais de uma classe utilizam esse tipo de comportamento na sobrecarga.

Na sobrecarga por refinamento, entretanto, um método não substitui o método de sua superclasse, mas, ao contrário, adiciona código ao de sua superclasse. Em Java, todos os construtores utilizam sobrecarga por refinamento, um esquema chamado de *encadeamento de construtores*. Isto é, um construtor inicia sua execução chamando o construtor de sua superclasse. Essa chamada pode ser feita de forma explícita ou implícita. Para chamar o construtor de uma superclasse, explicitamente, usa-se a palavra reservada **super**, para fazer referência à superclasse. (Por exemplo, super( ) chama o construtor da superclasse que não tem parâmetros.) Se nenhuma chamada explícita é feita no corpo do construtor, entretanto, o compilador insere automaticamente, na primeira linha do construtor, uma chamada para o método super( ). (Existe uma exceção a esta regra geral que será discutida na próxima seção.) Em resumo, em Java os construtores usam sobrecarga por refinamento, enquanto os métodos normais usam a substituição.

A palavra reservada this

Algumas vezes, em uma classe Java, é conveniente referenciar a instância corrente da classe. Java oferece uma palavra reservada, chamada de **this**, para tal referência. A referência **this** é útil, por exemplo, quando se deseja passar o objeto corrente como parâmetro de algum método. Outra aplicação é referenciar um campo do objeto corrente cujo nome está em conflito com o nome de uma variável definida no bloco corrente, como no programa apresentado no Trecho de Código 2.1

```java
public class ThisTester {
    public int dog = 2;              // variável de instância
    public void clobber( ) {
        int dog = 5;                 // um cachorro diferente!
        System.out.println("The dog local variable = " + dog);
        System.out.println("The dog field = " + this.dog);
    }
    public static void main(String args[ ]) {
        ThisTester t = new ThisTester( );
        t.clobber();
    }
}
```

Trecho de Código 2.1 Programa exemplo que ilustra o uso da referência **this** para resolver a ambiguidade entre um campo do objeto corrente e a variável local com mesmo nome.

Quando esse programa é executado, imprime o seguinte:

```
The dog local variable = 5
The dog field = 2
```

Um exemplo de herança em Java

Para tornar as noções de herança e polimorfismo mais concretas, serão analisados alguns exemplos simples em Java.

Particularmente, serão utilizados alguns exemplos de classes que percorrem e imprimem progressões numéricas. Uma progressão numérica é uma sequência de números em que o valor de cada um depende de um ou mais valores anteriores. Por exemplo, uma *progressão aritmética* determina o próximo número por meio de adições, e uma *progressão geométrica*, por multiplicações. Em qualquer caso, uma progressão exige uma forma determinativa do valor inicial, bem como uma maneira de identificar o valor corrente.

Inicia-se definindo a classe, Progression, apresentada no Trecho de Código 2.2, que estabelece os campos e métodos "genéricos" de uma progressão numérica. Em particular, dois campos inteiros longos são definidos:

- first: o primeiro valor da progressão;
- cur: o valor atual da progressão;

bem como os três métodos a seguir:

firstValue( ): Retorna a progressão ao primeiro valor e retorna esse valor.
nextValue( ): Avança a progressão para o próximo valor e retorna esse valor.
printProgression(*n*): Retorna a progressão para o início e imprime os primeiros *n* valores da progressão.

Diz-se que o método printProgression não tem saída no sentido de que não retorna nenhum valor, enquanto os métodos firstValue e nextValue retornam ambos inteiros longos. Ou seja, firstValue e nextValue são funções, enquanto printProgression é um procedimento.

A classe Progression também inclui o método Progression( ), que é um método **construtor**. Lembre-se de que os métodos construtores inicializam as variáveis de instância no momento da criação do objeto. A classe Progression visa a ser uma superclasse genérica, a partir da qual classes especializadas são derivadas, de maneira que o código do construtor será incluído nos construtores de cada uma que estende a classe Progression.

```java
/**
 * Uma classe de progressão numérica.
 */
public class Progression {
  /** Primeiro valor da progressão. */
  protected long first;
  /** Valor atual da progressão. */
  protected long cur;
  /** Construtor default. */
  Progression() {
    cur = first = 0;
  }
  /** Reinicializa a progressão com o valor inicial.
   *
   * @return valor inicial
   */
```

```
protected long firstValue( ) {
  cur = first;
  return cur;
}
/** Avança a progressão para o próximo valor.
 *
 * @return próximo valor da progressão
 */
protected long nextValue( ) {
  return ++cur; // próximo valor default
}
/** Imprime os primeiros valores n da progressão
 *
 * @param número n de valores a serem impressos
 */
public void printProgression(int n) {
  System.out.print(firstValue( ));
  for (int i = 2; i <= n; i++)
    System.out.print(" " + nextValue( ));
  System.out.println( ); // termina a linha
  }
}
```

Trecho de Código 2.2   Classe genérica de progressão numérica.

Uma classe de progressão aritmética

Será analisada, na sequência, a classe ArithProgression, apresentada no Trecho de Código 2.3. Essa classe define uma progressão em que cada valor é determinado pela adição de um incremento fixo, inc, ao valor anterior. Ou seja, ArithProgression define uma progressão aritmética. ArithProgression herda os campos first e cur, bem como os métodos firstValue( ) e printProgression( ) da classe Progression. Adiciona um novo campo, inc, para armazenar o incremento, e dois construtores para inicializá-lo. Finalmente, sobrescreve o método nextValue( ) para adequá-lo à forma pela qual será obtido o próximo termo de uma progressão aritmética.

O polimorfismo está presente nesse caso. Quando uma referência para Progression aponta para um objeto da classe ArithProgression, então os métodos firstValue( ) e nextValue( ) de ArithProgression serão usados. Este polimorfismo também é real na versão herdada de printProgression(n), pois as chamadas dos métodos firstValue( ) e nextValue( ) são implícitas para o objeto corrente (chamado de this em Java), que nesse caso corresponderá à classe ArithProgression.

Exemplo de construtores e da palavra reservada **this**

Na definição da classe ArithProgression, foram adicionados dois métodos construtores: um método default, sem parâmetros, e uma versão parametrizada que recebe um inteiro para ser usado como incremento da progressão. O construtor default, na verdade, chama o método parametrizado usando a palavra reservada **this** e passando 1 como valor do parâmetro a ser usado como incremento. Esses dois construtores ilustram a sobrecarga de métodos na qual um nome de método pode ter várias versões dentro de uma mesma classe, uma vez que, na verdade, um método é especificado pelo seu nome, pela classe do objeto que o ativa e pelos tipos dos parâmetros que são passados para ele – sua assinatura. Nesse caso, a sobrecarga é dos métodos construtores (um construtor default e um construtor parametrizado).

A chamada **this**(1) ao construtor parametrizado, como primeiro comando do construtor default, configura uma exceção à regra geral de ativação em cascata de construtores, discutida na Seção 2.2.3. Na verdade, quando o primeiro comando de um construtor C' chama outro construtor C'' da mesma classe usando a referência **this**, o construtor da superclasse não é automaticamente acionado por C'. Observa-se que o construtor da superclasse pode ser, eventualmente, acionado ao longo da cadeia, tanto de forma implícita como explícita. No caso particular da classe ArithProgression, o construtor default da superclasse (Progression) é ativado implicitamente como primeiro comando do construtor paramétrico de ArithProgression.

Construtores serão discutidos em mais detalhes na Seção 1.2.

```
/**
* Progressão aritmética.
*/
class ArithProgression extends Progression
  /** Incremento. */
  protected long inc;
  // Herda as variáveis first e cur.
  /** Construtor default inicializa com incremento de 1. */
  ArithProgression( ) {
    this(1);
  }
  /** Construtor paramétrico fornece o incremento. */
  ArithProgression(long increment) {
    inc = increment;
  }
  /** Avança a progressão acrescentando o incremento ao valor atual.
   *
   * @return próximo valor da progressão
   */
  protected long nextValue( ) {
    cur += inc;
    return cur;
  }
  // Herda os métodos firstValue() e printProgression(int).
}
```

Trecho de Código 2.3 Classe de progressão aritmética que herda da progressão genérica apresentada no Trecho de Código 2.2.

Uma classe de progressão geométrica

Será definida em seguida a classe GeomProgression, apresentada no Trecho de Código 2.4, que permite tanto navegar através de uma progressão geométrica como imprimi-la, sendo esta determinada pela multiplicação do valor prévio por uma base, *base*. Uma progressão geométrica é como uma progressão genérica, exceto pela forma como se determina o próximo valor. Dessa forma, GeomProgression é declarada como subclasse da classe Progression. Da mesma forma que ArithProgression, a classe GeomProgression herda os campos first e cur, bem como os métodos firstValue e printProgression da classe Progression.

```
/**
 * Progressão geométrica
 */
class GeomProgression extends Progression {
  /** Base */
  protected long base;
  // Herda as variáveis first e cur.
  /** Construtor default inicializa o valor base com 2. */
  GeomProgression( ) {
    this(2);
  }
  /** Construtor paramétrico fornece o valor base.
   *
   * @param base é o valor base da progressão.
   */
  GeomProgression(long b) {
    base = b;
    first = 1;
    cur = first;
  }
  /** Avança a progressão multiplicando a base pelo valor corrente.
   *
   * @return próximo valor da progressão
   */
  protected long nextValue( ) {
    cur *= base;
    return cur;
  }
  // Herda os métodos firstValue() e printProgression(int).
}
```

Trecho de Código 2.4   Classe de progressão geométrica.

Uma classe de progressão Fibonacci

Como último exemplo, será definida a classe FibonacciProgression, que representa um outro tipo de progressão, a *progressão Fibonacci*, na qual o próximo valor é definido pela soma dos valores atuais com os anteriores. A classe FibonacciProgression será apresentada no Trecho de Código 2.5. Observe o uso do construtor parametrizado na classe FibonacciProgression, oferecendo uma forma diferente de iniciar a progressão.

```java
/**
 * Progressão Fibonacci
 */
class FibonacciProgression extends Progression {
  /** Valor anterior. */
  long prev;
  // Herda as variáveis first e cur.
  /** Construtor default inicializa os dois primeiros valores como sendo 0 e 1. */
  FibonacciProgression( ) {
    this(0, 1);
  }
  /** Construtor paramétrico fornece o primeiro e o segundo valores.
   *
   * @param value1 é o primeiro valor.
   * @param value2 é o segundo valor.
   */
  FibonacciProgression(long value1, long value2) {
      first = value1;
      prev = value2 − value1; // valor fictício que antecede o primeiro
  }
  /** Avança a progressão somando o valor anterior no valor atual.
   *
   * @return próximo valor da progressão
   */
  protected long nextValue( ) {
    long temp = prev;
    prev = cur;
    cur += temp;
    return cur;
  }
  // Herda os métodos firstValue( ) e printProgression(int).
}
```

Trecho de Código 2.5 Classe para a progressão Fibonacci.

Para visualizar a maneira como as três diferentes progressões são derivadas da classe genérica Progression, apresenta-se o diagrama de herança correspondente na Figura 2.5.

```
classe: Progression
campos: long first
        long cur
métodos:
    Progression( )
    long firstValue( )
    long nextValue( )
    void printProgression(int)
```

estende   estende   estende

```
classe: ArithProgression
campos: long inc
métodos:
    ArithProgression( )
    ArithProgression(long)
    long nextValue( )
```

```
classe: GeomProgression
campos: long base
métodos:
    GeomProgression( )
    GeomProgression(long)
    long nextValue( )
```

```
classe: FibonacciProgression
campos: long prev
métodos:
    FibonacciProgression( )
    FibonacciProgression(long,long)
    long nextValue( )
```

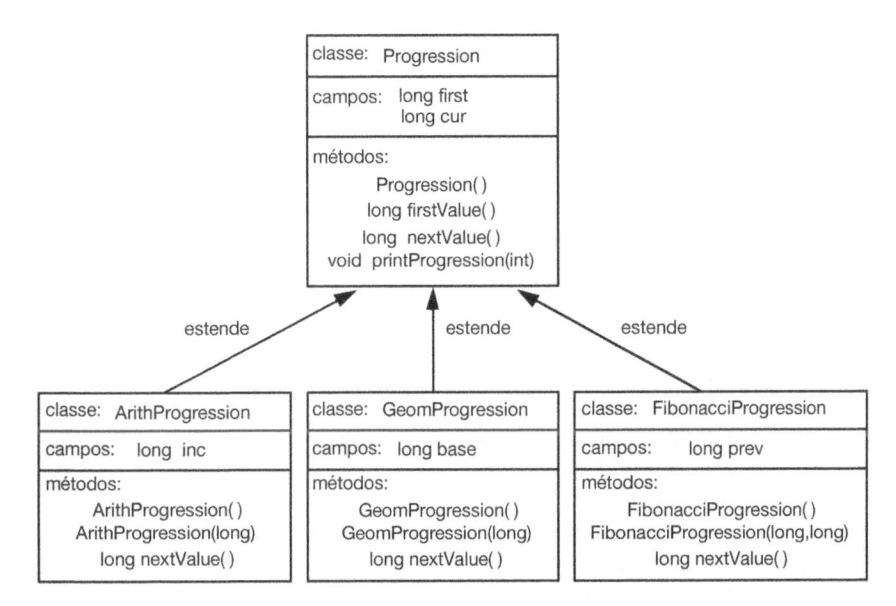

Figura 2.5 Diagrama de herança da classe Progression e suas subclasses.

Para completar o exemplo, define-se a classe TestProgression, indicada no Trecho de Código 2.6, que executa um teste simples com cada uma das três classes. Nessa classe, a variável prog é polimórfica durante a execução do método main, uma vez que referencia, alternadamente, objetos das classes ArithProgression, GeomProgression e FibonacciProgression. Quando o método main da classe TestProgression é ativado pelo sistema de execução de Java, a saída resultante é a apresentada no Trecho de Código 2.7.

O exemplo desta seção é propositadamente pequeno, mas faz uma demonstração simples do uso de herança em Java. A classe Progression, suas subclasses e o programa de teste, entretanto, têm uma série de defeitos que não são percebidos à primeira vista. Um dos problemas é que as progressões geométrica e Fibonacci crescem rapidamente, e não existe previsão de tratamento para o estouro inevitável dos inteiros longos envolvidos. Por exemplo, uma vez que $3^{40} > 2^{63}$, uma progressão geométrica de base $b = 3$ irá estourar a capacidade de um inteiro longo após 40 iterações. Da mesma forma, o 94º número da série de Fibonacci é maior que 2^{63}, logo, a progressão Fibonacci irá explodir a capacidade de um inteiro longo após 94 iterações. Outro problema é que não se admitem valores iniciais arbitrários para uma progressão Fibonacci. Por exemplo, pode-se considerar uma progressão de Fibonacci iniciada em 0 e −1? Lidar com os erros de entrada ou com as condições de erro que ocorrem durante a execução de um programa Java requer algum mecanismo para tratá-los. Este tópico será discutido a seguir.

```java
/** Programa teste para as classes de progressão */
class TestProgression {
  public static void main(String[ ] args) {
    Progression prog;
    // testa ArithProgression
    System.out.println("Arithmetic progression with default increment:");
    prog = new ArithProgression( );
    prog.printProgression(10);
    System.out.println("Arithmetic progression with increment 5:");
    prog = new ArithProgression(5);
    prog.printProgression(10);
    // testa GeomProgression
    System.out.println("Geometric progression with default base:");
    prog = new GeomProgression( );
    prog.printProgression(10);
    System.out.println("Geometric progression with base 3:");
    prog = new GeomProgression(3);
    prog.printProgression(10);
    // testa FibonacciProgression
    System.out.println("Fibonacci progression with default start values:");
    prog = new FibonacciProgression( );
    prog.printProgression(10);
    System.out.println("Fibonacci progression with start values 4 and 6:");
    prog = new FibonacciProgression(4,6);
    prog.printProgression(10);
  }
}
```

Trecho de Código 2.6 Programa para testar as classes de progressão.

Arithmetic progression with default increment:
0 1 2 3 4 5 6 7 8 9
Arithmetic progression with increment 5:
0 5 10 15 20 25 30 35 40 45
Geometric progression with default base:
1 2 4 8 16 32 64 128 256 512
Geometric progression with base 3:
1 3 9 27 81 243 729 2187 6561 19683
Fibonacci progression with default start values:

0 1 1 2 3 5 8 13 21 34
Fibonacci progression with start values 4 and 6:
4 6 10 16 26 42 68 110 178 288

Trecho de Código 2.7 Saída do programa TestProgression apresentado no Trecho de Código 2.6.

2.3 Exceções

As exceções são eventos inesperados que ocorrem durante a execução de um programa. Uma exceção pode ser o resultado de uma condição de erro ou de uma simples entrada inesperada. De qualquer forma, em linguagens orientadas a objetos como Java, as exceções são vistas como objetos.

2.3.1 Lançando exceções

Em Java, exceções são *lançadas* por trechos de código que detectam algum tipo de condição inesperada. Elas podem também ser lançadas pelo ambiente de execução de Java se este encontra uma situação imprevista como, por exemplo, execução além da memória de um objeto. Uma exceção lançada é *capturada* por trechos de código capazes de tratar a exceção de alguma forma, ou então o programa é encerrado de maneira inesperada. (O tema captura de exceções será abordado mais adiante.)

As exceções se originam quando um pedaço de código Java encontra algum tipo de problema durante a execução e *lança* um objeto de exceção identificado com um nome descritivo. Por exemplo, eliminando o décimo elemento de uma sequência de apenas cinco elementos, o código irá lançar uma BoundaryViolationException. Esta ação poderia ser executada, por exemplo, pelo seguinte trecho de código:

```
if (insertIndex >= A.length) {
    throw new
        BoundaryViolationException("No element at index " + insertIndex);
}
```

Em geral, é conveniente instanciar o objeto de exceção no momento em que a exceção está para ser lançada. Dessa forma, um comando de **lançamento** típico é escrito assim:

throw new *exception_type(param$_0$, param$_1$, ...param$_{n-1}$)*

onde *exception_type* é o tipo da exceção e os *"param"* formam a lista dos parâmetros do construtor desta exceção.

As exceções também são lançadas pelo ambiente de execução de Java. Por exemplo, o equivalente ao caso anterior é ArrayIndexOutOfBoundsException. Se existe um vetor de seis elementos e solicita-se o nono elemento, esta exceção será lançada pelo ambiente de execução de Java.

A cláusula throws

Quando um método é declarado, é adequado especificar os tipos de exceção que ele pode lançar. Essa convenção tem tanto um propósito funcional como de cortesia, porque permite que o usuário saiba o que esperar. Além disso, possibilita que o compilador Java saiba para quais exceções deve estar preparado. O exemplo seguinte apresenta este tipo de definição de método:

```
public void goShopping( ) throws ShoppingListTooSmallException,
                                 OutOfMoneyException {
    // corpo do método
}
```

Especificando-se todas as exceções que podem ser disparadas por um método, preparam-se os outros para lidar com todos os casos excepcionais que podem resultar do seu uso. Outro benefício da declaração de exceções é que não é necessário capturar essas exceções neste método. Algumas vezes isso é apropriado, principalmente quando outro código é o responsável pelas circunstâncias que podem levar à exceção.

O exemplo seguinte ilustra uma exceção que é "passada adiante":

```
public void getReadyForClass( ) throws ShoppingListTooSmallException,
                                       OutOfMoneyException {
    goShopping( );            // Eu não tenho que testar ou capturar exceções
                              // que a função goShopping( ) pode lançar porque
                              // getReadyForClass( ) passa as mesmas adiante.
    makeCookiesForTA( );
}
```

Uma função pode declarar que é capaz de lançar quantas exceções quiser. Entretanto, tal lista pode ser simplificada se todas as exceções que podem ser lançadas forem subclasses da mesma. Nesse caso, deve-se declarar apenas que o método lança a superclasse adequada.

Tipos de lançamentos

Java define as classes Exception e Error como subclasses de Throwable, o que implica que todos esses objetos podem ser lançados e capturados. Além disso, define a classe RunTimeException como subclasse de Exception. A classe Error é usada para condições anormais que ocorram no ambiente de execução, como executar sem memória suficiente. Os erros podem ser capturados, mas provavelmente não o serão, porque, em geral, sinalizam problemas que não podem ser tratados de forma refinada. Uma mensagem de erro ou a interrupção súbita da execução pode ser a melhor saída que se pode esperar nesses casos. A classe Exception é a raiz da hierarquia de exceções. As exceções especializadas (por exemplo, BoundaryViolationException) devem ser definidas por herança de Exception ou de RunTimeException. Observa-se que as exceções que não forem subclasses de RunTimeException devem ser declaradas na cláusula **throws** de qualquer método que possa lançá-las.

2.3.2 Capturando exceções

Quando uma exceção é lançada, ela deve ser *capturada*, ou o programa se encerrará. Uma exceção que ocorra em qualquer método pode ser passada pelo método que o ativou ou pode ser capturada por ele. Quando uma exceção é capturada, ela pode ser analisada e tratada. A forma geral de se lidar com exceções é *"tentar"*[†] executar um trecho de código que tenha a possibilidade de lançar uma exceção. Se a exceção for lançada, então ela será *capturada*[††], fazendo com que o fluxo de controle desvie para um bloco **catch** que contém o código que trata a exceção.

A sintaxe genérica para um *bloco try-catch* em Java é a seguinte:

> **try**
>   *bloco_principal_de_comandos*
> **catch**(*tipo_da_exceção$_1$ variável$_1$*)
>   *bloco_de_comandos$_1$*
> **catch**(*tipo_da_exceção$_2$ variável$_2$*)
>   *bloco_de_comandos$_2$*
> ...
> **finally**
>   *bloco_de_comandos$_n$*

onde deve existir pelo menos uma cláusula **catch**, mas a cláusula **finally** é opcional. Cada *tipo_da_exceção* é do tipo de alguma exceção, e cada *variável* é um nome de variável válido em Java.

O ambiente Java inicia executando um bloco **try-catch** como este, pela execução do conjunto de instruções *bloco_principal_de_comandos*. Se essa execução não gerar exceções, então o fluxo de controle continua no primeiro comando após a última linha do bloco **try-catch**, a menos que este inclua o bloco opcional **finally**. O bloco **finally**, quando existe, é executado indiferentemente se as exceções forem lançadas ou capturadas. Então, nesse caso, se nenhuma exceção é lançada, a execução segue pelo bloco **try-catch**, pula o bloco **finally** e continua com o primeiro comando depois da última linha do bloco **try-catch**.

Se, por outro lado, o bloco_principal_de_comandos gera uma exceção, então a execução do bloco **try-catch** termina neste ponto e desvia para o bloco **catch** mais próximo cujo *tipo_da_exceção* combinar com a exceção lançada. A *variável* deste comando **catch** referencia o objeto da exceção propriamente dito, que pode ser usado no bloco do comando **catch** acionado. Uma vez encerrada a execução do bloco

---

[†] N. de T.: Analogia com o comando try de Java.
[††] N. de T.: Analogia com o comando catch de Java.

catch, o controle é passado para o bloco opcional **finally**, se ele existir, ou imediatamente para o primeiro comando após a última linha do bloco **try-catch**, se não existir bloco **finally**. Caso contrário, se não houver nenhum bloco **catch** capaz de tratar a exceção, então o controle será passado para o bloco opcional **finally**, se existir, e então a exceção é repassada para o método chamador.

A seguir, será examinado o exemplo do trecho de código:

```
int index = Integer.MAX VALUE;      // 2,14 Bilhões
try                                 // Esse código deve ter problemas...
{
   String toBuy = shoppingList[index];
}
catch (ArrayIndexOutOfBoundsException aioobx)
{
   System.out.println("The index "+index+" is outside the array.");
}
```

Se este código não capturar a exceção lançada, o fluxo de controle irá sair imediatamente do método e retornar para o código que o ativou. Neste ponto, o ambiente de execução de Java procurará novamente um catch. Se não existir bloco catch no código que chama esse método, o fluxo de controle irá pular para o código que o ativa e assim por diante. No caso de nenhum bloco de código capturar a exceção, o ambiente de execução de Java (a origem do fluxo de execução do programa) irá capturá-la. Nesse momento, uma mensagem de erro e o conteúdo da pilha são impressos na tela e o programa é encerrado.

O exemplo que segue é de uma mensagem de erro real:

java.lang.NullPointerException: Returned a **null** locator
at java.awt.Component.handleEvent(Component.java:900)
at java.awt.Component.postEvent(Component.java:838)
at java.awt.Component.postEvent(Component.java:845)
at sun.awt.motif.MButtonPeer.action(MButtonPeer.java:39)
at java.lang.Thread.run(Thread.java)

Uma vez capturada a exceção, existem várias possibilidades de escolha para o programador. Uma delas é imprimir uma mensagem de erro e terminar o programa. Existem casos interessantes em que a melhor maneira de tratar uma exceção é ignorá-la (isto pode ser feito com um bloco **catch** vazio).

Ignorar uma exceção é normal, por exemplo, quando o programador não está preocupado com o fato de ocorrerem exceções ou não. Outra forma legítima de tratar uma exceção é criar e lançar outra, possivelmente alguma que expresse a situação excepcional com maior precisão. O exemplo a seguir apresenta essa situação:

```
catch (ArrayIndexOutOfBoundsException aioobx) {
    throw new ShoppingListTooSmallException(
          "Product index is not in the shopping list");
}
```

A melhor maneira de tratar uma exceção (embora nem sempre seja possível), porém, é encontrar o problema, consertá-lo e continuar a execução.

2.4 Interfaces e classes abstratas

Para que dois objetos possam interagir, eles precisam "conhecer" as várias mensagens que cada um pode aceitar, ou seja, os métodos que cada objeto suporta. Para garantir esse "conhecimento", o paradigma de projeto orientado a objetos solicita que as classes especifiquem a *interface de programação da aplicação* (API†), ou simplesmente *interface*, que seus objetos apresentam para os outros objetos. Na abordagem de **TADs** (ver a Seção 2.1.2) usada para estruturas de dados neste livro, uma interface que define um TAD é especificada como uma definição de tipo e uma coleção de métodos para esse tipo, com os parâmetros de cada método sendo dos tipos determinados. Essa especificação, por sua vez, é garantida pelo compilador ou pelo ambiente de execução que requer que os tipos dos parâmetros realmente passados para os métodos confiram exatamente com o tipo indicado na interface. Esse requisito é conhecido como *tipagem forte*. Ter de definir interfaces e lidar com tipagem forte é uma sobrecarga para o programador, mas a tarefa é recompensada porque certifica o princípio do encapsulamento, e normalmente detecta erros de programação que de outra forma passariam desapercebidos.

2.4.1 Implementando interfaces

O principal elemento estrutural de Java que garante uma API é a *interface*. Uma interface é uma coleção de declarações de métodos sem dados e sem corpo. Isso quer dizer que os métodos de uma interface são sempre vazios (ou seja, são simples assinaturas de métodos). Quando uma classe implementa uma interface, ela deve programar todos os métodos declarados nela. Dessa forma, a interface impõe que a classe que a implementa tenha métodos com assinaturas específicas.

Suponha, por exemplo, que se deseja criar um inventário de antiguidades, classificando-as como objetos de vários tipos e de várias características. Pode-se, por exemplo, identificar alguns dos objetos como vendíveis e, nesse caso, podemos implementar a interface Sellable apresentada no Trecho de Código 2.8.

Pode-se então definir uma classe concreta, Photograph, apresentada no Trecho de Código 2.9, que implementa a interface Sellable, indicando que se está disposto a vender qualquer um dos objetos Photograph: esta classe define um objeto que implementa cada um dos métodos da interface Sellable, como requerido. Além disso, adiciona um método, isColor, específico de objetos Photograph.

---

† N. de T.: Do inglês *application programming interface*.

Outro tipo de objeto da coleção pode ser algo que se possa transportar. Para tais objetos, define-se a interface apresentada no Trecho de Código 2.10.

```java
/** Interfaces para objetos que podem ser vendidos. */
public interface Sellable {
  /** descrição do objeto */
  public String description( );
  /** lista de preços em centavos */
  public int listPrice( );
  /** preço mais baixo em centavos que se pode aceitar */
  public int lowestPrice( );
}
```

Trecho de Código 2.8   Interface Sellable.

```java
/** Classe de fotografias que podem ser vendidas. */
public class Photograph implements Sellable
    private String descript;       // descrição desta foto
    private int price;             // preço estabelecido
    private boolean color;         // true se a foto for a cores
    public Photograph(String desc, int p, boolean c) { // construtor
      descript = desc;
      price = p;
      color = c;
    }
    public String description( ) { return descript; }
    public int listPrice( ) { return price; }
    public int lowestPrice( ) { return price/2; }
    public boolean isColor( ) return color; }
}
```

Trecho de Código 2.9   Classe Photograph implementando a interface Sellable.

```java
/** Interface para objetos que podem ser transportados. */
public interface Transportable {
  /** peso em gramas */
  public int weight( );
  /** se o objeto é ou não é perigoso */
  public boolean isHazardous( );
}
```

Trecho de Código 2.10   Interface Transportable.

Pode-se definir então a classe BoxedItem, apresentada no Trecho de Código 2.11, para quaisquer antiguidades que possam ser vendidas, empacotadas e transportadas. Dessa forma, a classe BoxedItem implementa os métodos da interface Sellable e da interface Transportable, além de acrescentar métodos especializados para determinar o valor do seguro para o transporte de um pacote e para determinar as dimensões desse pacote.

```java
/** Classe de objetos que podem ser vendidos, empacotados e despachados. */
public class BoxedItem implements Sellable, Transportable {
  private String descript;      // descrição do item
  private int price;            // preço de tabela em centavos
  private int weight;           // peso em gramas
  private boolean haz;          // true se o objeto for perigoso
  private int height=0;         // altura da caixa em centímetros
  private int width=0;          // largura da caixa em centímetros
  private int depth=0;          // profundidade da caixa em centímetros
  /** Construtor */
  public BoxedItem(String desc, int p, int w, boolean h) {
    descript = desc;
    price = p;
    weight = w;
    haz = h;
  }
  public String description( ) { return descript; }
  public int listPrice( ) { return price; }
  public int lowestPrice( ) { return price/2; }
  public int weight( ) { return weight; }
  public boolean isHazardous( ) { return haz; }
  public int insuredValue( ) { return price*2; }
  public void setBox(int h, int w, int d) {
    height = h;
    width = w;
    depth = d;
  }
}
```

Trecho de Código 2.11 Classe BoxedItem.

A classe BoxedItem também apresenta outro recurso de classes e interfaces em Java – uma classe pode implementar várias interfaces – o que nos permite grande flexibilidade para definir classes que se adaptam a múltiplas APIs. Enquanto uma classe Java só pode estender uma única classe, elas podem implementar muitas interfaces.

2.4.2 Herança múltipla e interfaces

A habilidade de estender de mais de uma classe é conhecida como **herança múltipla**. Em Java, a herança múltipla é permitida para interfaces, mas não para classes. A razão dessa regra é que métodos de interfaces não têm corpos, enquanto métodos de classes sim. Dessa forma, se Java permitisse a herança múltipla para classes, poderia haver confusão caso uma classe tentasse estender duas classes que contivessem métodos com a mesma assinatura. Essa confusão, entretanto, não existe para interfaces porque os métodos são vazios. Então, como não há confusão possível e existem situações em que a herança múltipla de interfaces é útil, Java as permite.

Um uso para a herança múltipla de interfaces é uma aproximação da técnica de herança múltipla conhecida como *mistura*. Ao contrário de Java, algumas linguagens orientadas a objetos tais como C++ e Smalltalk permitem a herança múltipla de classes concretas, e não apenas de interfaces. Em tais linguagens, é comum a criação das chamadas classes *mistura*, que não são projetadas para serem instanciadas, mas apenas para proporcionar funcionalidades adicionais a classes existentes. Entretanto, tal tipo de herança não é permitida em Java, então os programadores podem se aproximar dela por meio de interfaces. Pode-se usar a herança múltipla de interfaces como um mecanismo para "misturar" os métodos de duas ou mais interfaces não relacionadas para definir uma outra que combina suas funcionalidades, talvez agregando mais alguns métodos próprios. Analisando novamente o exemplo das antiguidades, pode-se definir uma interface para descrever itens seguráveis, como segue:

```
public interface InsurableItem extends Transportable, Sellable {
    /** Retorna o valor segurado em centavos. */
    public int insuredValue( );
}
```

Essa interface mistura os métodos da interface Transportable com os da interface Sellable, e adiciona um método extra, insuredValue. Tal interface permite definir a classe BoxedItem de outra forma:

```
public class BoxedItem2 implements InsurableItem {
    // ...o resto do código fica exatamente como antes
}
```

Nesse caso, observa-se que o método insuredValue não é opcional, o que acontecia na declaração de BoxedItem fornecida anteriormente.

Entre as interfaces de Java que se aproximam do conceito da mistura, destacam-se java.lang.Cloneable, que acrescenta a capacidade de cópia a uma classe, java.lang.Comparable, a qual agrega a capacidade de comparação a uma classe (impondo uma ordem natural a suas instâncias), e java.util.Observer, que adiciona o recurso de atualização a classes que desejam ser notificadas quando certos objetos "observáveis" têm seu estado alterado.

2.4.3 Classes abstratas e tipagem forte

Uma classe abstrata é aquela que contém uma declaração de método vazia (isto é, uma declaração de método sem implementação) e definições concretas de métodos e variáveis de instância. Por isso, uma classe abstrata situa-se entre uma interface e uma classe concreta. Da mesma forma que uma interface, uma classe abstrata não pode ser instanciada, ou seja, nenhum objeto pode ser criado a partir de uma classe abstrata. Uma subclasse de uma classe abstrata deve fornecer a implementação dos métodos abstratos de sua superclasse ou será também considerada abstrata. Assim como uma classe concreta, porém, uma classe abstrata A pode estender outra classe abstrata e, tanto classes concretas como abstratas podem mais tarde estender A. Por fim, pode-se definir outra classe que não é abstrata e estender (subclasses) uma superclasse abstrata, e esta nova classe deve fornecer o código de todos os métodos abstratos. Sendo assim, classes abstratas usam a chamada herança de especificação, mas também permitem especialização e extensão (ver Seção 2.2.3).

A classe java.lang.Number

De fato, já foi visto um exemplo de classe abstrata. As chamadas classes numéricas de Java (apresentadas na Tabela 1.2) especializam uma classe abstrata chamada de java.lang.Number. Cada classe numérica concreta, como java.lang.Integer e java.lang.Double, estendem a classe java.lang.Number e implementam os detalhes dos métodos abstratos da superclasse. Em especial, os métodos intValue, floatValue, doubleValue e longValue são todos abstratos na classe java.lang.Number. Cada classe numérica concreta deve especificar os detalhes desses métodos.

Tipagem forte

Uma variável de objeto pode ser vista como sendo de vários tipos. O tipo primário de um objeto o é a classe C especificada no momento em que o é instanciado. Além disso, o é do tipo de cada superclasse S de C, e do tipo I de cada interface I implementada por C.

Entretanto, uma variável pode ser declarada como sendo de apenas um tipo (uma classe ou uma interface), o que determina como a variável será usada e como certos métodos irão agir sobre ela. Da mesma forma, um método tem um único tipo de retorno. Em geral, uma expressão tem um tipo único.

Reforçando o fato de que todas as variáveis são tipadas e de que as operações declaram os tipos esperados, Java usa a técnica da **tipagem forte** para auxiliar na prevenção de erros. Mas com exigências rígidas para tipos, há necessidade de trocar ou converter um tipo em outro. Estas conversões devem ser especificadas por um operador de **conversão**. Já se discutiu (Seção 1.3.3) como as conversões funcionam para os tipos base. Na sequência, será discutido como elas funcionam para variáveis referência.

2.5 Conversão e genéricos

Nesta seção, discute-se a conversão entre variáveis referência, bem como a técnica conhecida como genéricos, que permite que seja evitado o uso de conversão explícita em muitos casos.

2.5.1 Conversão

A discussão começa pelos métodos de conversão de tipo para objetos.

Conversões ampliadas

Uma **conversão ampliada** ocorre quando um tipo T é convertido para um tipo "ampliado" U. Os casos a seguir são exemplos de conversões ampliadas:

- T e U são classes e U é uma superclasse de T.
- T e U são interfaces e U é uma superinterface de T.
- T é uma classe que implementa uma interface U.

Conversões ampliadas são feitas automaticamente para armazenar o resultado de uma expressão em uma variável sem a necessidade de conversão explícita. Assim, pode-se atribuir diretamente o resultado de uma expressão do tipo T em uma variável v do tipo U quando a conversão de T para U for uma conversão ampliada. O exemplo do trecho de código que segue mostra que uma expressão do tipo Integer (um objeto Integer recém-criado) pode ser atribuído a uma variável do tipo Number.

```
Integer i = new Integer(3);
Number n = i;        // conversão ampliada de Integer para Number
```

A correção de uma conversão ampliada pode ser verificada pelo compilador, e sua validade não precisa ser testada pelo ambiente de execução de Java durante a execução.

Conversões reduzidas

Uma **conversão reduzida** ocorre quando um tipo T é convertido em um tipo "reduzido" S. Os casos a seguir são exemplos de conversões reduzidas:

- T e S são classes e S é uma subclasse de T.
- T e S são interfaces e S é uma subinterface de T.
- T é uma interface implementada pela classe S.

Normalmente, uma conversão reduzida de referências requer uma conversão explícita. Além disso, a correção de uma conversão reduzida pode não ser verificável pelo compilador. Assim, sua validade deve ser testada pelo ambiente de execução de Java durante a execução do programa.

O exemplo do trecho de código que segue mostra como usar um conversor para executar uma conversão reduzida do tipo Number para o tipo Integer.

```
Number n = new Integer(2); // conversão ampliada de Integer para Number
Integer i = (Integer) n;   // conversão reduzida de Number para Integer
```

No primeiro comando, um objeto novo da classe Integer é criado e atribuído a uma variável do tipo Number. Logo, uma conversão ampliada ocorre nessa atribuição, e nenhum conversor é necessário. No segundo comando, atribui-se n à variável i do tipo Integer usando um conversor. Esta atribuição é possível porque n se refere a um objeto do tipo Integer. Entretanto, como a variável n é do tipo Number, ocorre uma conversão reduzida e um conversor é necessário

Exceções de conversão

Em Java, é possível converter uma referência *o* do tipo *T* em um tipo *S*, desde que o objeto referenciado por *o* seja na verdade do tipo *S*. Se, por outro lado, o objeto *o* não for do tipo *S*, então tentar converter *o* para o tipo *S* irá causar uma exceção chamada de ClassCastException. Esta regra é apresentada no trecho de código que segue:

```
Number n;
Integer i;
n = new Integer(3);
i = (Integer) n;        // Isso é legal
n = new Double(3.1415);
i = (Integer) n;        // Isso é ilegal
```

Para evitar problemas como esse e evitar ter de poluir o código com blocos **try-catch** toda vez que se usa conversões, Java fornece uma maneira de se ter certeza que uma conversão de objeto será correta. A saber, é fornecido o operador **instanceof**, que permite testar se uma variável refere-se a um objeto de uma certa classe (ou implementa uma determinada interface). A sintaxe para usar este operador é *referência_para_objeto* **instanceof** *tipo_referenciado*, onde *referência_para_objeto* é uma expressão que retorna uma referência para objeto e *tipo_referenciado* é o nome de uma classe, interface ou enumeração (Seção 1.1.3). Se *referência_para_objeto* é também uma instância para *tipo_referenciado*, então a expressão anterior retorna **true**. Caso contrário, ela retorna **false**. Assim, pode-se evitar que uma ClassCastException seja lançada modificando o trecho de código como segue:

```
Number n;
Integer i;
n = new Integer(3);
if (n instanceof Integer)
    i = (Integer) n;        // Isso é legal
n = new Double(3.1415);
if (n instanceof Integer)
    i = (Integer) n;        // Isso não será tentado
```

Conversões com interfaces

Interfaces permitem forçar que objetos implementem certos métodos, mas usar variáveis interface com objetos concretos por vezes implica no uso de conversores. Suponha, por exemplo, que se deseja declarar a interface Person apresentada no Trecho de Código 2.12. Observe que o método equalTo da interface Person recebe um parâmetro do tipo Person. Logo, pode-se passar um objeto de qualquer classe que implemente a interface Person para este método.

```
public interface Person {
  public boolean equalTo (Person other); // Esta é a mesma pessoa?
  public String getName( ); // Retorna o nome desta pessoa
  public int getAge( ); // Retorna a idade desta pessoa
}
```

Trecho de Código 2.12   Interface Person.

No Trecho de Código 2.13 é apresentada uma classe, Student, que implementa Person. O método equalTo assume que o argumento (declarado do tipo Person) é também do tipo Student, e executa uma conversão reduzida do tipo Person (uma interface) para o tipo Student (uma classe). Esta conversão é permitida nesse caso porque é uma conversão reduzida da classe T para uma interface U, onde o objeto obtido de T é tal que T estende S (ou $T = S$) e S implementa U.

```
public class Student implements Person {
  String id;
  String name;
  int age;
  public Student (String i, String n, int a) { // construtor simples
    id = i;
    name = n;
    age = a;
  }
  protected int studyHours( ) { return age/2; } // apenas um "chute"
  public String getID ( ) { return id; } // ID do estudante
  public String getName( ) { return name; } // da interface Person
  public int getAge( ) { return age; } // da interface Person
  public boolean equalTo (Person other) { // da interface Person
    Student otherStudent = (Student) other; // converte Person para Student
    return (id.equals (otherStudent.getID( ))); // compara os IDs
  }
  public String toString( ) { // para impressão
    return "Student(ID: " + id +
      ", Name: " + name +
      ", Age: " + age + ")";
  }
}
```

Trecho de Código 2.13   Classe Student que implementa a interface Person.

Em função da premissa assumida na implementação do método equalTo, é necessário ter certeza de que uma aplicação que use objetos da classe Student não irá tentar comparar objetos Student com outros tipos de objetos, pois, neste caso, a conversão no método equalTo irá falhar. Por exemplo, se a aplicação gerencia um diretório de objetos Student e não usa outros tipos de objetos Person, então a premissa será satisfeita.

A capacidade de executar conversões reduzidas de tipos interface para classes permite que se escrevam estruturas de dados genéricas que façam apenas suposições mínimas sobre os elementos que elas armazenam. No Trecho de Código 2.14, esboça-se como construir um diretório de pares de objetos que implementam a interface Person. O método remove pesquisa o conteúdo do diretório e remove o par de pessoas especificado, se este existir, e, da mesma forma que o método findOther, usa o método equalTo para fazê-lo.

```
public class PersonPairDirectory {
    // as variáveis de instância vão aqui
    public PersonPairDirectory( ) { /* o construtor default vai aqui */ }
    public void insert (Person person, Person other) { /* o código de inserção vai aqui */ }
    public Person findOther (Person person) { return null; } // substituto para find
    public void remove (Person person, Person other) { /* o código de remoção vai aqui */ }
}
```

Trecho de Código 2.14   Classe PersonPairDirectory.

Supondo que se preencha um diretório, myDirectory, com pares de objetos Student que representam colegas de quarto, para encontrar o companheiro de um certo estudante, smart_one, pode-se tentar fazer o seguinte (o que está *errado*):

Student cute_one = myDirectory.findOther(smart_one);   // errado !

O comando anterior provoca um erro de compilação do tipo "*explicit cast required*"†. O problema é que se está tentando fazer uma conversão reduzida sem um conversor explícito. A saber, o valor retornado pelo método findOther é do tipo Person, enquanto a variável cute_one, que está sendo atribuída, é de um tipo "menor" Student, uma classe que implementa a interface Person. Logo, usa-se um conversor para converter o tipo Person para o tipo Student, como segue:

Student cute one = (Student) myDirectory.findOther(smart one);

A conversão do tipo Person retornado pelo método findOther para o tipo Student funciona sempre que houver certeza de que a camada para myDirectory.findOther fornece um objeto Student. Em geral, interfaces são ferramentas valiosas para o projeto de estruturas genéricas, pois podem ser especializadas por outros programadores por meio do uso de conversores.

---

† N. de T.: Requer conversor explícito.

2.5.2 Genéricos

A partir da versão 5.0, Java inclui um *framework genérico* que permite o uso de tipos abstratos de dados de uma forma que evita muitas conversões explícitas. Um *tipo genérico* é um tipo que não é definido em tempo de compilação, mas que é especificado em tempo de execução. O framework genérico permite que se defina uma classe em termos de um conjunto de *parâmetros de tipo* que podem ser usados, por exemplo, para abstrair os tipos de algumas variáveis internas da classe. Os sinais de maior e menor são usados para delimitar a lista de parâmetros de tipo. Ainda que qualquer identificador válido possa ser usado como parâmetro, letras maiúsculas individuais são usadas por convenção. Dada uma classe que foi definida com esses parâmetros, instancia-se um objeto dessa classe usando-se *tipos reais* para indicar os tipos concretos a serem usados.

No Trecho de Código 2.15 é apresentada a classe Pair, que armazena pares valor-chave, onde os tipos da chave e dos valores são especificados pelos parâmetros K e V, respectivamente. O método main cria duas instâncias desta classe, uma para o par String-Integer (para armazenar uma dimensão e seu valor, por exemplo) e outra para o par Student-Double (para armazenar a nota de um estudante, por exemplo).

```
public class Pair<K, V> {
  K key;
  V value;
  public void set(K k, V v) {
    key = k;
    value = v;
  }
  public K getKey( ) { return key; }
  public V getValue( ) { return value; }
  public String toString( ) {
    return " [ " + getKey( ) + ", " + getValue( ) + " ] ";
  }
  public static void main (String[ ] args) {
    Pair<String,Integer> pair1 = new Pair<String,Integer>( );
    pair1.set(new String("height"), new Integer(36));
    System.out.println(pair1);
    Pair<Student,Double> pair2 = new Pair<Student,Double>( );
    pair2.set(new Student("A5976","Sue",19), new Double(9.5));
    System.out.println(pair2);
  }
}
```

Trecho de Código 2.15 Exemplo usando a classe Student do Trecho de Código 2.13.

A saída resultante da execução deste método é apresentada a seguir:

[height, 36]
[Student(ID: A5976, Name: Sue, Age: 19), 9.5]

No exemplo anterior, o tipo real do parâmetro podia ser qualquer tipo. Para restringir o tipo do parâmetro real, pode-se usar a cláusula **extends**, como mostrado na sequência, onde a classe PersonPairDirectoryGeneric é definida em termos do parâmetro de tipo genérico P, parcialmente especificado, declarando-se que ele estende a classe Person.

public class PersonPairDirectoryGeneric<P **extends** Person> {
    // . . . as variáveis de instância vão aqui . . .
    public PersonPairDirectoryGeneric( ) { /* o construtor default vai aqui */ }
    public void insert (P person, P other) { /* o código de inserção vai aqui */ }
    public P findOther (P person) { **return** null; } // substituta para find
    public void remove (P person, P other) /* o código de remoção vai aqui */ }
}

Esta classe pode ser comparada com a classe PersonPairDirectory no Trecho de Código 2.14. Dada a classe anterior, pode-se declarar uma variável referindo uma instância de PersonPairDirectoryGeneric, que armazene pares de objetos do tipo Student:

PersonPairDirectoryGeneric<Student> myStudentDirectory;

Para esta instância, o método findOther retorna um valor do tipo Student. Logo, o comando a seguir, que não usa conversores, está correto:

Student cute_one = myStudentDirectory.findOther(smart_one);

O framework genérico permite a definição de versões genéricas de métodos. Neste caso, pode-se incluir a definição genérica entre os modificadores dos métodos. Por exemplo, na sequência, apresenta-se a definição de um método que compara as chaves de quaisquer dois objetos Pair, desde que suas chaves implementem a interface Comparable.

public static <K **extends** Comparable,V,L,W> **int**
    comparePairs(Pair<K,V> p, Pair<L,W> q) {
return p.getKey( ).compareTo(q.getKey( )); // a chave de p implementa compareTo
}

Existe um problema importante relacionado aos tipos genéricos, pois os elementos armazenados em um arranjo não podem ser um variável de tipo ou um tipo parametrizado. Java permite que um arranjo seja definido com um tipo parametrizado, mas não permite que um tipo parametrizado seja usado para criar um arranjo novo. Felizmente, permite-se que um arranjo definido com um tipo parametrizado seja inicializado com um arranjo não paramétrico recém-criado. Mesmo assim, esse último mecanismo faz com que o compilador de Java gere um aviso, porque não é 100% seguro em relação aos tipos. Esta questão é demonstrada a seguir:

```
public static void main(String[ ] args) {
    Pair<String,Integer>[ ] a = new Pair[10]; // correto, mas gera um aviso
    Pair<String,Integer>[ ] b = new Pair<String,Integer>[10]; // errado!!
    a[0] = new Pair<String,Integer>( ); // correto
    a[0].set("Dog",10);                 // este comando e o próximo estão corretos
    System.out.println("First pair is "+a[0].getKey()+", "+a[0].getValue());
}
```

2.6 Exercícios

Para obter os códigos-fonte dos exercícios, visite www.grupoa.com.br.

Reforço

R-2.1 Quais são as desvantagens potenciais em termos de eficiência em se ter árvores de herança muito profundas, isto é, um grande conjunto de classes A, B e C e assim por diante, sendo que B estende A, C estende B, D estende C, etc.?

R-2.2 Quais são algumas das desvantagens potenciais em se ter árvores de herança rasas, isto é, um grande conjunto de classes A, B, C e assim por diante, sendo que todas essas classes estendem uma única classe Z?

R-2.3 Duas interfaces podem estender uma a outra? Por quê?

R-2.4 Forneça três exemplos de aplicações críticas de software.

R-2.5 Forneça um exemplo de aplicação de software em que a capacidade de adaptação pode significar a diferença entre um período longo de vendas e a falência.

R-2.6 Descreva um componente de um editor de textos com interface GUI (que não seja o menu "editar") e os métodos que ele encapsula.

R-2.7 Desenhe o diagrama de herança para os seguintes conjuntos de classes:
- A classe Goat estende Object, acrescentando uma variável de instância tail e os métodos milk( ) e jump( ).
- A classe Pig estende Object, acrescentando uma variável de instância nose e os métodos eat( ) e wallow( ).
- A classe Horse estende a classe Object, acrescentando as variáveis de instância height e color e os métodos run( ) e jump( ).
- A classe Racer estende a classe Horse, acrescentando o método race( ).
- A classe Equestrian estende Horse, acrescentando a variável de instância weigth e os métodos trot( ) e isTrained( ).

R-2.8 Escreva um pequeno trecho de código Java que use as classes de progressão da Seção 2.2.3 para encontrar o oitavo valor de uma série de Fibonacci que inicia com 2 e 2 como sendo seus dois valores iniciais.

R-2.9 Se forem escolhidos inc = 128, quantas chamadas ao método nextValue da classe ArithProgression, da Seção 2.2.3, podem ser feitas antes de ser provocado um overflow de inteiro longo?

R-2.10 Considere uma variável de instância *p* declarada do tipo Progression, usando as classes da Seção 2.2.3. Suponha que na realidade *p* faça referência a uma instância da classe GeometricProgression, que foi criada usando o construtor default. Convertendo *p* para o tipo Progression e ativando *p*.firstValue( ), qual será o valor retornado? Por quê?

R-2.11 Analise a herança de classes do Exercício R-2.7 e faça *d* ser uma variável objeto do tipo Horse. Se *d* se refere a um objeto real do tipo Equestrian, ela pode ser convertida para a classe Racer? Por que sim ou por que não?

R-2.12 Analise o seguinte trecho de código extraído de um pacote:

```java
public class Maryland extends State {
  Maryland( ) { /* construtor nulo */ }
  public void printMe( ) { System.out.println("Read it."); }
  public static void main(String[ ] args) {
    Region mid = new State( );
    State md = new Maryland( );
    Object obj = new Place( );
    Place usa = new Region( );
    md.printMe( );
    mid.printMe( );
    ((Place) obj).printMe( );
    obj = md;
    ((Maryland) obj).printMe( );
    obj = usa;
    ((Place) obj).printMe( );
    usa = md;
    ((Place) usa).printMe( );
  }
}
class State extends Region {
  State( ) { /* construtor nulo */ }
  public void printMe( ) { System.out.println("Ship it."); }
}
class Region extends Place {
```

```
    Region( ) { /* construtor nulo */ }
    public void printMe( ) { System.out.println("Box it."); }
}
class Place extends Object {
    Place( ) { /* construtor nulo */ }
    public void printMe( ) { System.out.println("Buy it."); }
}
```

O que é exibido após a ativação do método main( ) da classe Maryland?

R-2.13 Escreva um exemplo de trecho de código em Java que execute uma referência para arranjo que possivelmente esteja fora de faixa e, se isso ocorrer, que o programa capture a exceção e imprima a seguinte mensagem de erro:

"Don't try buffer overflow attacks in Java!"

R-2.14 Escreva um pequeno método Java que conte o número de vogais em uma string.

R-2.15 Escreva um pequeno método Java que remove toda a pontuação de um string *s* armazenando uma frase. Por exemplo, esta operação deve transformar a string "Let's try, Mike" em "Lets try Mike".

R-2.16 Escreva um pequeno programa que recebe como entrada três inteiros, *a*, *b* e *c*, a partir do console Java e determina se eles podem ser usados em uma fórmula aritmética correta (na ordem em que foram fornecidos), como em "$a + b = c$", "$a = b - c$" ou "$a*b = c$".

R-2.17 Escreva um pequeno programa que cria uma classe Pair, que armazena dois objetos declarados como tipos genéricos. Faça um exemplo de uso desse programa criando e imprimindo pares de objetos Pair que contenham cinco tipos diferentes de pares, como <Integer,String> e <Float,Long>.

R-2.18 Parâmetros genéricos não são incluídos na assinatura da declaração de um método, de maneira que não se pode ter métodos diferentes na mesma classe que tenha diferentes parâmetros genéricos, mas os mesmos nomes e tipos e quantidade de parâmetros. Como se pode alterar a assinatura dos métodos em conflito de maneira a contornar esse problema?

Criatividade

C-2.1 Apresente um exemplo de programa Java que exibe seu próprio código--fonte quando é executado. Tal programa é chamado de ***quine***.

C-2.2 Suponha que você faça parte da equipe de projeto de um novo leitor de livros digitais. Quais são as principais classes e métodos que o software do seu leitor irá necessitar? Inclua um diagrama de herança para este código, mas não é necessário escrever o código. Esta arquitetura de software deve incluir pelo menos as formas do cliente comprar novos livros, verificar a lista de livros comprados e ler os livros adquiridos.

C-2.3 A maioria dos compiladores Java modernos possui otimizadores que podem detectar casos simples quando é logicamente impossível que um comando seja executado. Em tais casos, o compilador chama a atenção do programador para o código sem utilidade. Escreva um pequeno método Java que contém código para o qual é possível provar que nunca será executado, mas que seu compilador Java não consegue detectar este fato.

C-2.4 Explique por que o algoritmo de ativação dinâmica de Java que define o método que será ativado para uma determinada mensagem o.a( ) nunca irá entrar em laço infinito.

C-2.5 Escreva uma classe em Java que estende a classe Progression, criando uma progressão em que cada valor é o módulo da diferença entre os dois valores anteriores. Deve-se incluir um construtor que inicie com 2 e 200 como sendo os dois valores iniciais e um construtor parametrizado, que inicie com um par de valores informados como iniciais.

C-2.6 Escreva uma classe em Java que estende a classe Progression, criando uma progressão em que cada valor é a raiz quadrada do valor anterior. (Observe que não é mais possível representar os valores como inteiros.) Você deve incluir um construtor default que inicie com 65.536 como primeiro valor, e um construtor parametrizado que inicie com um valor informado (**double**) como primeiro valor.

C-2.7 Reescreva todas as classes da hierarquia da classe Progression de forma que todos os valores sejam da classe BigInteger, de maneira a evitar overflows.

C-2.8 Escreva um programa que consiste em três classes, A, B e C, tais que B estende A e C estende B. Cada classe deve definir uma variável de instância chamada de "x" (isto é, cada uma tem sua própria variável chamada de x). Descreva uma forma que permita a um método de C acessar e alterar a versão da variável x de A sem alterar as versões de B ou C.

C-2.9 Escreva um conjunto de classes Java que possam simular uma aplicação Internet onde um usuário, Alice, periodicamente cria pacotes que deseja enviar para Bob. Um processo da Internet está sempre verificando se Alice tem algum pacote para enviar e, se tiver, despacha-o para o computador de Bob, e Bob está periodicamente verificando se o seu computador tem um pacote de Alice, e, se tiver, lê esse pacote e o deleta.

C-2.10 Escreva um programa Java que recebe como entrada um polinômio em notação algébrica padrão e exibe a primeira derivada deste polinômio.

Projetos

P-2.1 Escreva um programa Java que simula um ecossistema contendo dois tipos de criaturas, **ursos** e **peixes**. O ecossistema consiste em um rio, modelado usando-se um arranjo relativamente grande. Cada posição do arranjo deve conter um objeto da classe Animal, que pode ser um objeto Urso, um objeto

Peixe ou **nulo**. Em cada instante de tempo, peixes e ursos tentam se mover, aleatoriamente, para as células adjacentes ou permanecem onde estão. Se dois animais do mesmo tipo tentam se mover para o mesmo lugar, eles permanecem onde estão, mas criam uma nova instância do animal em questão, que é posicionada aleatoriamente em uma célula vazia do arranjo (uma célula **nula**). Mas se um peixe e um urso colidem, então o peixe morre (isto é, desaparece). Use criação de objetos real, usando o operador **new**, para modelar a criação de novos objetos, e forneça uma visualização do arranjo a cada instante de tempo.

P-2.2 Escreva um simulador como no exercício anterior, mas acrescente um campo booleano gênero e um campo float força em cada objeto Animal. Agora se dois animais do mesmo tipo tentam colidir, então eles criam uma nova instância daquele tipo de animal apenas se forem de gêneros diferentes. Caso contrário, se dois animais do mesmo gênero tentarem colidir, então apenas aquele com mais força irá sobreviver.

P-2.3 Escreva um programa Java que simula um sistema que suporta as funções de um leitor de livros digitais. Você deve incluir os métodos para que os usuários do seu sistema comprem novos livros, vejam a lista de livros adquiridos e possam ler os livros adquiridos. Seu sistema deve usar livros reais, que tenham copyrights expirados e que estejam disponíveis na Internet para incrementar o conjunto de livros disponíveis para compra e leitura.

P-2.4 Escreva um programa Java que use uma interface Polígono que tenha os métodos abstratos área() e perímetro(). Implemente classes para Triângulo, Quadrado, Pentágono, Hexágono e Octógono, que implementam esta interface com o significado óbvio para os métodos área() e perímetro().Também desenvolva classes, para Triângulo Isóceles, Triângulo Equilátero, Retângulo e Quadrado, que têm relações de herança apropriadas. Finalmente escreva uma interface com o usuário simples que permita ao usuário criar polígonos de vários tipos, entrar suas dimensões geométricas e então exibir sua área e perímetro. Como um esforço extra, permita aos usuários entrar os polígonos especificando as coordenadas dos seus vértices e ser capazes de testar se dois destes polígonos são similares.

P-2.5 Escreva um programa Java que recebe um documento e exibe um gráfico de barras com as frequências de cada letra do alfabeto que aparece no documento.

P-2.6 Complete o código da classe `PersonPairDirectory` do Trecho de Código 2.14, assumindo que pares de pessoas são armazenadas em um arranjo com capacidade 1.000. O diretório deve manter o registro de quantas pessoas estão registradas no momento.

P-2.7 Escreva um programa Java que recebe um inteiro positivo maior que 2 como entrada e exibe o número de vezes que alguém pode, repetidamente, dividir este número por 2 antes de obter um resultado menor que 2.

P-2.8 Escreva um programa Java que "faça troco". O programa deve receber dois números como entrada, o valor pago e o valor devido. Ele deve então retornar a quantidade de cada tipo de nota e moeda que deve ser devolvido como troco, devido à diferença entre o que foi pago e o que foi cobrado. Os valores das notas e moedas podem ser os do sistema monetário de qualquer governo. Tente projetar o programa de maneira que ele retorne a menor quantidade de notas e moedas possível.

P-2.9 Escreva um programa Java que recebe uma lista de palavras separadas por espaços em branco e exibe quantas vezes cada palavra aparece na lista. Não é necessário se preocupar com eficiência neste momento, uma vez que este tópico será abordado mais tarde neste livro.

Observações sobre o capítulo

Para uma revisão abrangente dos desenvolvimentos recentes da ciência e da engenharia da computação, sugere-se *The Computer Science and Engineering Handbook* [92]. Para mais informações sobre o incidente com o Terac-25, ver o artigo de Leveson e Turner [66].

Para o leitor preocupado com estudos avançados em programação orientada a objetos, indicam-se os livros de Booch [15], Budd18] e Liskov e Guttag[69]. Liskov e Guttag [69] também oferecem uma análise interessante sobre tipos abstratos de dados, da mesma forma que o artigo científico de Cardelli e Wegner [20], assim como o capítulo do livro de Demurjian[27] em *The Computer Science and Engineering Handbook* [92]. Padrões de projeto são descritos no livro de Gamma *et al.* [36]. A notação dos diagramas de herança de classe que foi utilizada é derivada do livro de Gamma *et al.*

Capítulo

3
Índices, Nodos e Recursão

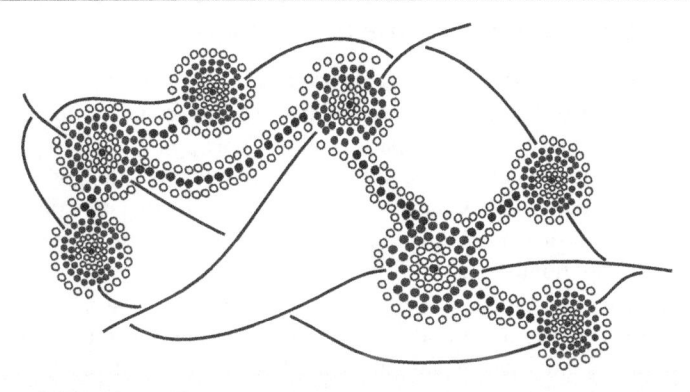

Sumário

3.1	**Usando arranjos**	**100**	
	3.1.1	Armazenando os registros de um jogo em um arranjo	100
	3.1.2	Ordenando um arranjo................................	107
	3.1.3	Métodos de java.util para arranjos e números aleatórios	110
	3.1.4	Criptografia simples com arranjos de caracteres	113
	3.1.5	Arranjos bidimensionais e jogos de posição	116
3.2	**Listas simplesmente encadeadas............................**	**121**	
	3.2.1	Inserção em uma lista simplesmente encadeada	123
	3.2.2	Removendo um elemento em uma lista simplesmente encadeada	125
3.3	**Listas duplamente encadeadas.............................**	**126**	
	3.3.1	Inserção no meio de uma lista duplamente encadeada	129
	3.3.2	Remoção do meio de uma lista duplamente encadeada	130
	3.3.3	Implementação de uma lista duplamente encadeada.......	131
3.4	**Listas encadeadas circulares e ordenação de listas encadeadas..**	**133**	
	3.4.1	Listas encadeadas circulares e a brincadeira do "Pato, Pato, Ganso".................................	134
	3.4.2	Ordenando uma lista encadeada.....................	138
3.5	**Recursão ....**	**140**	
	3.5.1	Recursão linear	145
	3.5.2	Recursão binária	150
	3.5.3	Recursão múltipla	152
3.6	**Exercícios ....**	**154**	

3.1 Usando arranjos

Nesta seção, serão exploradas algumas aplicações de arranjos – a estrutura de dados concreta introduzida na Seção 1.5 que acessa suas entradas usando índices inteiros.

3.1.1 Armazenando os registros de um jogo em um arranjo

A primeira aplicação a ser estudada armazena registros em um arranjo – em especial os registros dos maiores escores de um video game. Armazenar registros em um arranjo é um uso comum para arranjos, e se poderia ter escolhido armazenar os prontuários de pacientes de um hospital ou os nomes dos jogadores de um time de futebol. Em vez disso, optou-se por armazenar os registros dos maiores escores por ser uma aplicação simples, mas que apresenta alguns conceitos de estruturas de dados importantes.

Inicialmente começa-se perguntando o que se deseja armazenar em um registro de escore. Obviamente, um dos componentes é um inteiro representando o escore propriamente dito, que se pode chamar de score. Seria interessante incluir também o nome da pessoa que obteve o escore, e que será chamado simplesmente de name. Pode-se continuar acrescentando campos para representar a data da obtenção do escore ou estatísticas do jogo que levaram a tal escore. Entretanto, esse exemplo será mantido simples dispondo apenas de dois campos: score e name. No Trecho de Código 3.1, apresenta-se uma classe Java que representa um registro do jogo.

```java
public class GameEntry {
  protected String name;      // nome da pessoa que obteve o escore
  protected int score;        // valor do escore
  /** Construtor que cria um registro do jogo */
  public GameEntry(String n, int s) {
    name = n;
    score = s;
  }
  /** Recupera o campo nome */
  public String getName( ) { return name; }
  /** Recupera o campo escore */
  public int getScore( ) { return score; }
  /** Retorna uma string com a representação deste registro */
  public String toString( ) {
    return " ( " + name + ", " + score + " ) ";
  }
}
```

Trecho de Código 3.1 Código Java da classe GameEntry. Observa-se que foram incluídos métodos para retornar o nome e o escore de um objeto registro, bem como um método que retorna uma representação string dele.

Uma classe para os maiores escores

Suponha que se deseja armazenar os maiores escores em um arranjo chamado de entries. A quantidade de escores que se deseja armazenar pode ser 10, 20 ou 50, de maneira que será usado um nome simbólico maxEntries, que irá representar a quantidade de escores que se deseja armazenar. Naturalmente, deve-se atribuir um valor para esta variável, mas usando a variável ao longo do código, esta alteração é fácil de ser feita posteriormente, se for o caso. Define-se então o arranjo, entries, para ser um arranjo com comprimento maxEntries. Inicialmente, este arranjo armazena apenas entradas **null**, mas à medida que os usuários jogam o video game, preenchem-se as entradas do arranjo com referências para novos objetos da classe GameEntry. Desta forma, é necessário definir métodos para atualizar as referências para GameEntry no arranjo entries.

A maneira de manter as entradas do arranjo organizadas é simples: armazena-se o conjunto de objetos GameEntry ordenados pelo valor dos escores, do maior para o menor. Se o número de objetos GameEntry é menor que maxEntries, então deixa-se que as últimas posições do arranjo armazenem referências **null**. Esta abordagem previne que existam células vazias ou "buracos" na série contínua de células do arranjo entries que armazena os registros do jogo indexados de 0 em diante. A Figura 3.1 ilustra uma instância desta estrutura de dados, e o código Java correspondente é fornecido no Trecho de Código 3.2. No Exercício C-3.3, explora-se como o acréscimo de registros pode ser simplificado para o caso quando não é necessário preservar a ordem relativa.

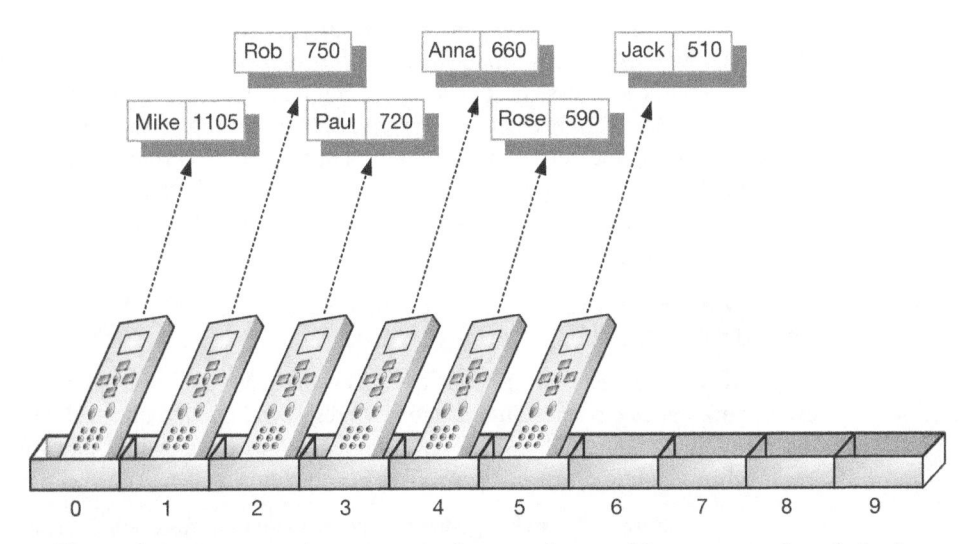

Figura 3.1 Esquema de um arranjo de comprimento 10, armazenando referências para seis objetos GameEntry nas células indexadas de 0 a 5 e com as restantes sendo referências **null**.

```
/** Classe que armazena os maiores escores em um arranjo em ordem não decrescente */
public class Scores {
  public static final int maxEntries = 10;   // quantidade de escores que serão armazenados
  protected int numEntries;                  // número real de registros
  protected GameEntry[ ] entries;            // arranjo de registros (nomes & escores)
  /** Construtor default */
  public Scores( ) {
    entries = new GameEntry[maxEntries];
    numEntries = 0;
  }
  /** Retorna uma representação string da lista de escores */
  public String toString( ) {
    String s = " [ ";
    for (int i = 0; i < numEntries; i++) {
      if (i > 0) s += ", ";                  // separa os registros por vírgulas
      s += entries[i];
    }
    return s + " ] ";
  }
  // . . . os métodos para atualizar o conjunto de escores vão aqui . . .
}
```

Trecho de Código 3.2   Classe para manter um conjunto de objetos GameEntry.

Nota-se que foi incluído um método, toString( ), que produz uma representação string dos maiores escores armazenados no arranjo entries. Esse método é muito útil para depuração. Nesse caso, a string será uma lista, separada por vírgulas, dos objetos GameEntry armazenados no arranjo entries. Essa lista é produzida por um laço **for** simples, que acrescenta uma vírgula antes de cada registro que antecede ao primeiro. Com tal representação string, pode-se imprimir o estado do arranjo entries durante a depuração, de maneira a testar como estão as coisas antes e depois das atualizações.

Inserção

Uma das atualizações mais comuns que se deseja fazer com o arranjo entries dos escores mais altos é o acréscimo de um novo registro. Supondo que se deseja inserir um novo objeto GameEntry, *e*. Nesse caso, levaremos em consideração como será executada a seguinte operação de atualização sobre uma instância da classe Scores:

> add(*e*): insere o registro *e* na coleção de maiores escores. Se a coleção está cheia, então *e* é acrescentado apenas se o seu escore é maior que o menor escore armazenado no conjunto e, nesse caso, *e* substitui a entrada com menor escore.

O maior desafio para implementar esta operação é descobrir onde *e* deve entrar no arranjo entries, e abrir espaço para *e*.

Visualizando a inserção de um registro

Para visualizar o processo de inserção, imagina-se que o arranjo entries armazena controles remotos que representam referências para objetos GameEntry que não são nulos, listados da esquerda para direita, do maior para o menor escore.

Dado o novo registro, *e*, é necessário determinar a que posição ele pertence. Inicia-se essa pesquisa pelo final do arranjo entries. Se a última referência do arranjo não é **null**, e seu escore é maior que o escore de *e*, então pode-se parar por aí. Nesse caso, *e* não é um dos maiores escores – ele não deve pertencer ao arranjo de maiores escores. Caso contrário, sabe-se que *e* deve pertencer ao arranjo, e também sabe-se que o último registro armazenado no arranjo não deve mais pertencer ao mesmo. Na sequência, move-se para a penúltima referência do arranjo. Se essa referência é **null**, ou aponta para um objeto GameEntry cujo escore é menor que o referenciado por *e*, essa referência deve ser movida uma célula para a direita. Além disso, se a referência foi movida, então é necessário repetir essa comparação com a próxima célula, desde que ainda não tenha sido encontrado o ínicio do arranjo. Continua-se comparando e deslocando as referências para os registros até atingir o início do arranjo ou até comparar o escore de *e* com um escore maior. Nesse caso, identificou-se a posição à qual *e* pertence (ver Figura 3.2).

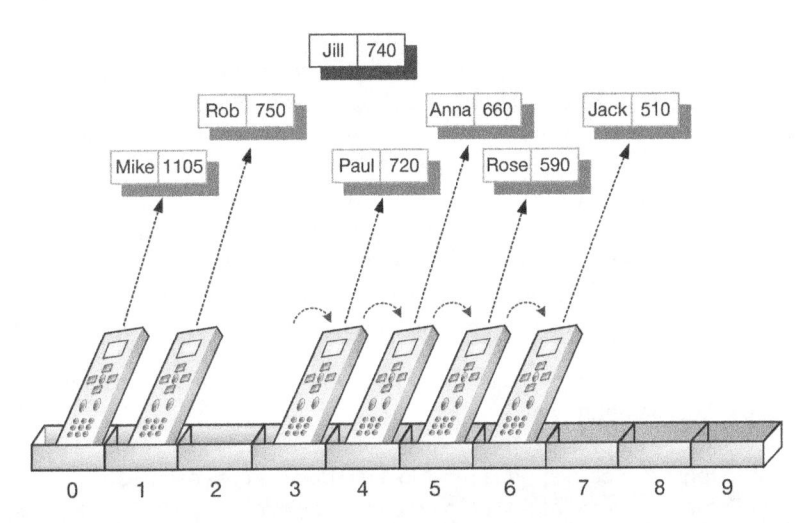

Figura 3.2 Preparando para acrescentar um novo objeto GameEntry no arranjo entries. De maneira a abrir espaço para nova referência, deve-se deslocar as referências dos registros com escores menores que o do novo uma célula para a direita.

Uma vez que foi identificado o lugar do arranjo entries ao qual o objeto *e* pertence, armazena-se a referência *e* nessa posição. Assim, entendendo as referências para objetos como controles remotos, acrescentou-se um controle remoto especialmente projetado para *e* nessa posição do arranjo entries (ver Figura 3.3).

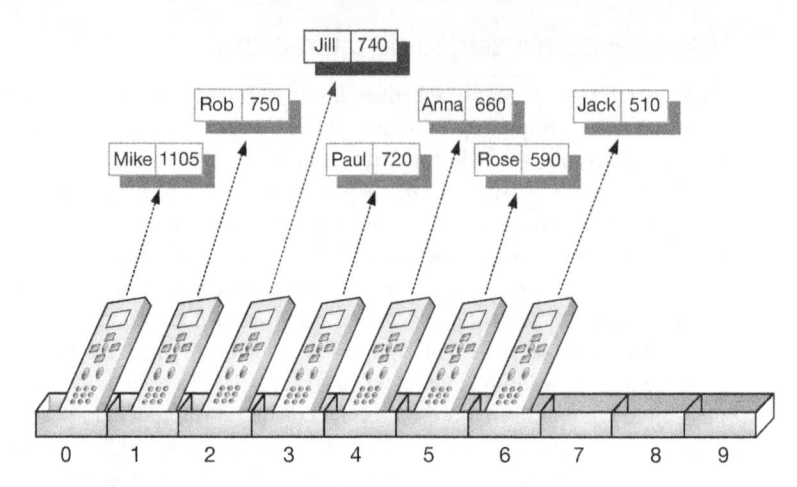

Figura 3.3 Acrescentando uma referência para um novo objeto GameEntry ao arranjo entries. A referência foi inserida no índice 2, uma vez que todas as referências para objetos GameEntry com escores menores que o do registro novo foram deslocadas para a direita.

Os detalhes do algoritmo para acrescentar um registro novo *e* no arranjo entries são similares a esta descrição informal, e são fornecidos em Java no Trecho de Código 3.3. Observa-se o uso de um laço para mover as referências. O número de vezes que se executa esse laço depende do número de referências que é necessário mover para abrir espaço para o registro novo. Se existem 0, 1 ou mesmo poucas referências para mover, esse método add será muito rápido. No entanto, se existirem várias para mover, então esse método pode se tornar um tanto lento. Observa-se também que, se o arranjo está cheio e se executa um add sobre ele, ou será removida a referência para o último registro do arranjo, ou a inserção do novo registro, *e*, irá falhar.

```
/** Tenta inserir um novo escore na coleção (se ele for grande o suficiente) */
public void add(GameEntry e) {
  int newScore = e.getScore( );
  // o novo registro e corresponde mesmo a um dos maiores escores?
  if (numEntries == maxEntries) { // o arranjo está cheio
    if (newScore <= entries[numEntries-1].getScore( ))
      return; // nesse caso, a nova entrada, e, não é um dos maiores escores
  }
  else // o arranjo não está cheio
    numEntries++;
  // localiza o lugar onde o novo registro e (com escore grande) deve ficar
  int i = numEntries-1;
  for ( ; (i >= 1) && (newScore > entries[i-1].getScore( )); i--)
    entries[i] = entries[i - 1];       // move a entrada i uma posição para direita
  entries[i] = e;                       // acrescenta o novo escore as entradas
}
```

Trecho de Código 3.3 Código Java para inserção de um objeto GameEntry.

Remoção de objetos

Suponha que um *expert* use o video game e coloque seu nome na lista de melhores escores. Nesse caso, será necessário dispor de um método que permita remover um registro dessa lista. Por essa razão, será analisado como remover uma referência para um objeto GameEntry do arranjo entries. Isto é, será analisado como se pode implementar a operação que segue:

remove(i): remove e retorna o registro e de índice i do arranjo entries. Se o índice i estiver fora dos limites do arranjo, então este método lança uma exceção; caso contrário, as entradas do arranjo são atualizadas de maneira a remover o objeto sob o índice i, e todos os objetos anteriormente armazenados em índices mais altos que i são "movidos" de maneira a preencher a posição liberada pelo objeto removido.

Essa implementação de remove usa um algoritmo semelhante ao de inserção de objetos, porém ao contrário. Novamente, pode-se entender o arranjo entries como um arranjo de controles remotos que apontam para objetos GameEntry. Para remover a referência para o objeto no índice i, começa-se pelo índice i e move-se todas as referências armazenadas em índices mais altos que i uma célula para a esquerda. (Ver a Figura 3.4.)

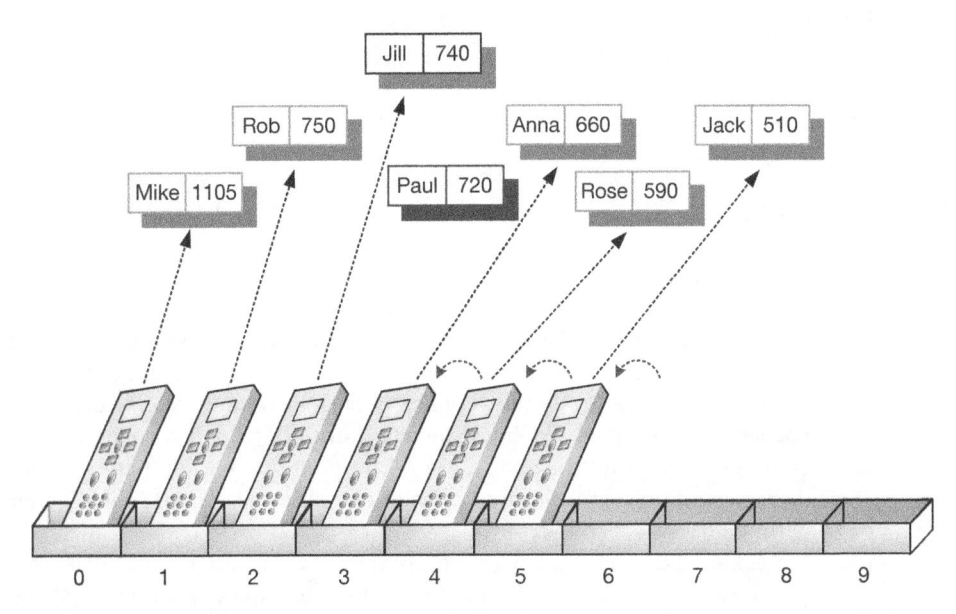

Figura 3.4 Esquema da remoção do índice 3 em um arranjo que armazena referências para objetos GameEntry.

Alguns detalhes sutis sobre remoção de registros

Os detalhes da execução de uma operação de remoção possuem alguns aspectos sutis. O primeiro é que para remover e retornar o registro (identificado como *e*), localizado sob o índice *i* no arranjo, deve-se primeiramente salvar *e* em uma variável temporária. Usa-se essa variável para retornar *e* quando a remoção estiver completa. O segundo aspecto sutil é que, movendo as referências maiores que *i* uma célula para a esquerda, não se vai até o fim do arranjo – para-se na penúltima referência. Para-se antes do fim porque a última referência não tem nenhuma referência a sua direita (consequentemente, não existe referência a ser movida para a última posição do arranjo entries). No lugar da última referência, é suficiente simplesmente se atribuir nulo para ela. Conclui-se retornando a referência para o registro removido (que não possui mais nenhuma referência apontando para este no arranjo entries). Ver o Trecho de Código 3.4.

```java
/** Remove e retorna o escore armazenado no índice i */
public GameEntry remove(int i) throws IndexOutOfBoundsException {
  if ((i < 0) || (i >= numEntries))
    throw new IndexOutOfBoundsException("Invalid index: " + i);
  GameEntry temp = entries[i];           // armazena temporariamente o objeto a ser
                                         //   removido
  for (int j = i; j < numEntries - 1; j++) // conta a partir de i
    entries[j] = entries[j+1];           // move uma célula para esquerda
  entries[numEntries -1 ] = null;        // anula o último escore
  numEntries--;
  return temp;                           // retorna o objeto removido
}
```

Trecho de Código 3.4 Código Java para a execução da operação de remoção.

Esses métodos de adição e remoção de objetos em um arranjo de maiores escores são simples. Entretanto, eles formam a base das técnicas que são usadas de forma repetida para construir estruturas de dados mais sofisticadas. Naturalmente, essas outras estruturas são mais genéricas que a estrutura de arranjo descrita, e normalmente oferecerão muito mais operações do que o que se pode fazer com apenas add e remove. Porém, estudar a estrutura de dados concreta do arranjo, como está sendo feito agora, é um ótimo ponto de partida para se entender as demais estruturas, uma vez que todas as estruturas de dados são implementadas a partir de dados concretos.

Na verdade, mais adiante neste livro, será estudada uma das classes de coleções de Java, ArrayList, que é mais geral que a estrutura de arranjo analisada aqui. A classe ArrayList tem métodos para fazer uma série de coisas que se deseja fazer com um arranjo, além de eliminar os problemas que ocorrem quando se acrescenta um objeto em um arranjo cheio. O ArrayList elimina este erro copiando automaticamente os objetos em um arranjo maior. Entretanto, em vez de discutir esse processo aqui, será visto mais sobre como isso é feito quando a classe ArrayList for analisada em detalhes.

3.1.2 Ordenando um arranjo

Na seção anterior, trabalhou-se intensivamente para mostrar como acrescentar ou remover objetos em um determinado índice i de um arranjo, mantendo a ordenação dos objetos. Nesta seção, será estudada uma maneira de iniciar com um arranjo contendo objetos que estão fora de ordem, e então colocá-los em ordem. Isso é conhecido como o problema da *ordenação*.

Um algoritmo de inserção ordenada simples

Serão estudados diversos algoritmos de ordenação neste livro, a maioria no Capítulo 11. Para introduzir o assunto, entretanto, nesta seção será descrito um algoritmo de ordenação simples chamado de *inserção ordenada*. Nesse caso, descreve-se uma versão específica do algoritmo em que a entrada é um arranjo de elementos comparáveis. Categorias mais gerais de algoritmos de ordenação serão consideradas posteriormente neste livro.

O algoritmo de ordenação simples funciona como segue. Inicia-se com o primeiro caractere do arranjo. Um caractere por si só já está ordenado. Então, considera-se o próximo caractere. Se for menor que o primeiro, então invertem-se as posições de ambos. Na sequência, considera-se o terceiro caractere do arranjo. Desloca-se este para a esquerda até que esteja na posição correta em relação aos dois primeiros. Considera-se então o quarto caractere e desloca-se esse caractere para a esquerda até que esteja na posição correta em relação aos outros três. Continua-se procedendo desta forma com o quinto, o sexto e assim por diante, até que todo o arranjo esteja ordenado. Combinando essa descrição informal com construções de programação, pode-se expressar o algoritmo de inserção ordenada como apresentado no Trecho de Código 3.5.

Algoritmo InsertionSort(A):
    Entrada: um arranjo A com n elementos comparáveis
    Saída: o arranjo A com elementos reorganizados em ordem não decrescente
    para $i \leftarrow 1$ até $n - 1$ **faça**
        Inserir $A[i]$ na localização correta entre $A[0], A[1], ..., A[i-1]$.

Trecho de Código 3.5 Descrição de alto nível do algoritmo de inserção ordenada.

Essa é uma boa descrição de alto nível do algoritmo de inserção ordenada. Ela demonstra também por que o algoritmo é chamado de "inserção ordenada": porque cada interação do laço principal insere o próximo elemento na parte ordenada do arranjo que vem antes dele. Antes que se possa codificar essa descrição, entretanto, é necessário trabalhar melhor os detalhes da operação de inserção.

Aprofundando um pouco mais esses detalhes, esta descrição será reescrita usando dois laços aninhados. O laço mais externo considera um elemento do arranjo de cada vez, e o laço mais interno desloca o elemento para a localização adequada no subarranjo (ordenado) de caracteres, que está a sua esquerda.

Refinando os detalhes da inserção ordenada

Refinando os detalhes, então, descreve-se o algoritmo como apresentado no Trecho de Código 3.6.

Algoritmo InsertionSort(A):
    Entrada: um arranjo A com n elementos comparáveis
    Saída: o arranjo A com elementos reorganizados em ordem não decrescente
    para $i \leftarrow 1$ até $n - 1$ **faça**
        {Inserir $A[i]$ na localização correta dentre $A[0], A[1], ..., A[i - 1]$. }
        $cur \leftarrow A[i]$
        $j \leftarrow i - 1$
        enquanto $j \geq 0$ e $a[j] > cur$ **faça**
            $A[j+1] \leftarrow A[j]$
            $j \leftarrow j - 1$
        $A[j + 1] \leftarrow cur$ {cur agora está na posição correta}

Trecho de Código 3.6 Descrição de nível intermediário do algoritmo de inserção ordenada.

Essa descrição está muito mais próxima do código real, uma vez que explica melhor como inserir o elemento $A[i]$ no subarranjo que o antecede. Ele ainda usa uma descrição informal da movimentação dos elementos se eles estiverem fora de ordem, mas isso não é uma coisa muito difícil de resolver.

Descrição Java da inserção ordenada

Agora, pode-se apresentar o código Java para esta versão simples do algoritmo de inserção ordenada. Apresenta-se esta descrição no Trecho de Código 3.7, para o caso especial em que A é o arranjo de caracteres a.

```
/** Inserção ordenada de um arranjo de caracteres em ordem não decrescente */
public static void insertionSort(char[ ] a) {
    int n = a.length;
    for (int i = 1; i < n; i++) {          // índice do segundo caracter em a
        char cur = a[i];                    // o caracter corrente a ser inserido
        int j = i - 1;                      // inicia comparando a célula à esquerda de i
        while ((j >= 0) && (a[j] > cur))    // enquanto a[j] está fora de ordem em relação a cur
            a[j + 1] = a[j --];             // move a[j] para a direita e decrementa j
        a[j + 1]=cur;                       // este é o local correto de cur
    }
}
```

Trecho de Código 3.7 Código Java para executar a inserção ordenada sobre um arranjo de caracteres.

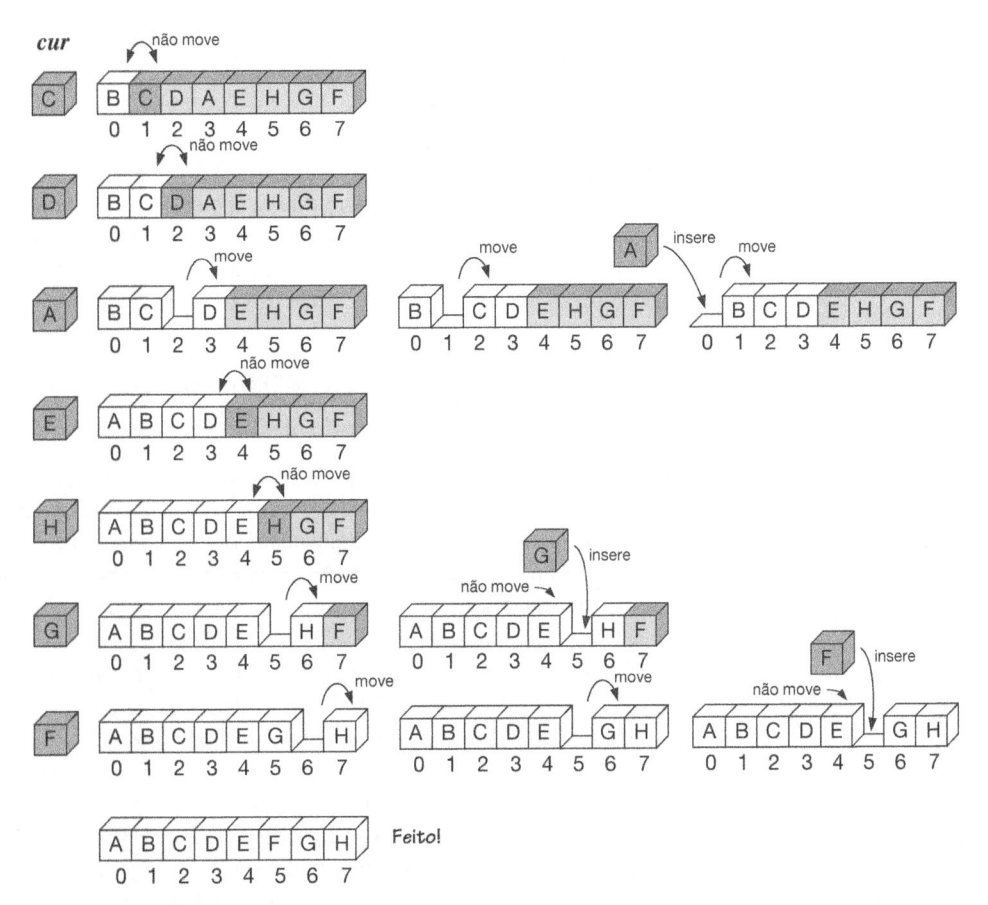

Figura 3.5 Execução do algoritmo de inserção ordenada sobre um arranjo de oito caracteres. Apresenta-se a parte completa (ordenada) do arranjo em branco, e o próximo elemento a ser inserido na parte ordenada sombreado mais escuro. Destaca-se, também, o caractere na esquerda, uma vez que ele é armazenado na variável *cur*. Cada linha corresponde a uma iteração do laço mais externo, e cada cópia do arranjo em uma mesma linha corresponde a uma iteração do laço mais interno. Cada comparação é indicada com um arco. Além disso, indica-se quando o resultado de uma comparação resulta em movimentação ou não.

Algo interessante ocorre com esse algoritmo se o arranjo já está previamente ordenado. Nesse caso, o laço interno faz apenas uma comparação, verifica que não é necessária nenhuma troca e retorna para o laço mais externo. Isto é, executa-se apenas uma iteração do laço mais interno para cada iteração do laço mais externo. Assim, nesse caso, executa-se o número mínimo de comparações. Naturalmente, tem-se muito mais trabalho quando o arranjo está completamente desordenado. Na verdade, a maior carga de trabalho irá ocorrer se o arranjo estiver em ordem decrescente.

3.1.3 Métodos de java.util para arranjos e números aleatórios

Como arranjos são extremamente importantes, Java fornece uma grande quantidade de métodos predefinidos que executam tarefas comuns sobre arranjos. Estes métodos apresentam-se como métodos estáticos da classe java.util.Arrays. Isto é, eles estão associados à classe java.util.Arrays propriamente dita, e não com uma instância particular da classe. A descrição de alguns destes métodos, entretanto, terá de esperar até mais adiante neste livro (quando são discutidos os conceitos nos quais se baseiam estes métodos). Apesar disso, são apresentados alguns dos métodos de java.util.Arrays.

Alguns dos métodos mais simples de java.util.Arrays

São listados a seguir alguns dos métodos mais simples da classe java.util.Arrays.

equals(A, B): retorna true se e somente se os arranjos A e B são iguais. Dois arranjos são considerados iguais se eles têm o mesmo número de elementos, e todo par correspondente de elementos nos dois arranjos é igual. Isto é, A e B tem os mesmos elementos na mesma ordem.

fill(A, x): armazena o elemento x em todas as células de A, desde que o tipo do arranjo A seja definido de maneira a permitir o armazenamento do valor de x.

copyOf(A, n): retorna um arranjo de tamanho n tal que os primeiros k elementos desse arranjo são copiados de A, onde $k = \min\{n, A.\text{length}\}$. Se $n > A.\text{length}$, então os últimos $n - A.\text{length}$ elementos desse arranjo serão preenchidos com valores padrão, por exemplo, 0 para um arranjo de **int** e **null** para um arranjo de objetos.

copyOfRange(A, s, t): retorna um arranjo de tamanho $t - s$ tal que os elementos desse arranjo são copiados na ordem de $A[s]$ para $A[t-1]$, onde $s < t$, preenchendo da mesma forma que copyOf( ) se $t > A.\text{length}$.

sort(A): ordena o arranjo A usando a ordenação natural de seus elementos que devem ser comparáveis. Este método usa o algoritmo quick-sort discutido na Seção 11.2.

toString(A): retorna uma representação string do arranjo A, que corresponde a uma lista dos elementos de A separados por vírgula, ordenados como aparecem em A, começando por um [e terminando por]. A representação string de um elemento $A[i]$ é obtida usando-se String.valueOf($A[i]$), que retorna o string "null" para um objeto **nulo** e em qualquer outro caso chama $A[i]$.toString().

Por exemplo, a string a seguir será retornada pelo método toString ativado sobre o arranjo de inteiros $A = [4, 5, 2, 3, 5, 7, 10]$:

[4, 5, 2, 3, 5, 7, 10]

Geração de números pseudoaleatórios

Outro recurso característico de Java, que sempre é útil quando se testam programas que lidam com arranjos, é a capacidade de gerar números pseudoaleatórios, isto é, números que são estatisticamente randômicos (mas não necessariamente randômicos de fato). Em especial, Java tem uma classe predefinida, java.util.Random, cujas instâncias são **geradores de números pseudoaleatórios**, isto é, objetos que calculam uma sequência de números que são estatisticamente aleatórios. Entretanto, estas sequências não são na verdade aleatórias, porque é possível prever o próximo número da sequência desde que fornecida a lista de números já gerados. Um gerador de números pseudoaleatórios popular gera o próximo número, next, a partir do número corrente, cur, de acordo com a fórmula (em sintaxe Java):

next = (a * cur + b) % n;

onde a, b e n são inteiros. Parte do que está descrito aqui é de fato o método usado por java.util.Random com $n = 2^{48}$. Pode-se verificar por prova que tal sequência é estatisticamente uniforme, o que normalmente é bom o suficiente para a maioria das aplicações que requerem números pseudoaleatórios tais como jogos. Para aplicações como as que envolvem segurança de computadores, nas quais são necessárias sequências não previsíveis, este tipo de fórmula não pode ser usado. Em vez disso, o ideal é coletar amostras de uma fonte que seja realmente aleatória, tal como estática de rádio vinda do espaço sideral.

Uma vez que o próximo número de uma sequência de um gerador pseudoaleatório é determinada a partir do(s) número(s) anterior(es), tal gerador sempre irá necessitar de um ponto de partida, que é chamado de *semente*. A sequência de números gerados a partir de uma semente será sempre a mesma. A semente para uma instância da classe java.util.Random pode ser difinida no seu construtor ou com o método setSeed().

Um truque comum para se obter uma sequência diferente toda vez que um programa é executado é usar sempre uma semente diferente. Por exemplo, pode-se usar uma entrada temporal de um usuário ou definir a semente para o número corrente de milissegundos desde 1º de janeiro de 1970 (fornecido pelo método System.currente.TimeMilis).

Os métodos da classe java.util.Random incluem os seguintes:

nextBoolean(): retorna o próximo valor pseudoaleatório **boolean**.
nextFloat(): retorna o próximo valor pseudoaleatório **float** entre 0,0 e 1,0.
nextInt(): retorna o próximo valor pseudoaleatório **int**.
nextInt(*n*): retorna o próximo valor pseudoaleatório **int** no intervalo [0,*n*).
setSeed(s): define o **long** *s* como a semente deste gerador de números pseudoaleatórios.

Um exemplo ilustrativo

No Trecho de Código 3.8, é fornecido um programa ilustrativo curto (mas completo).

```
import java.util.Arrays;
import java.util.Random;
/** Programa que apresenta alguns usos para arranjos */
public class ArrayTest {
  public static void main(String[ ] args) {
    int num[ ] = new int[10];
    Random rand = new Random( ); // um gerador de números pseudoaleatórios
    rand.setSeed(System.currentTimeMillis( )); // usa o tempo corrente como semente
    // preenche o arranjo com números pseudoaleatórios entre 0 e 99, inclusive
    for (int i = 0; i < num.length; i++)
       num[i] = rand.nextInt(100); // o próximo número pseudoaleatório
    int[ ] old = (int[ ]) num.clone( );  // clona o arranjo num
    System.out.println("arrays equal before sort: " + Arrays.equals(old,num));
    Arrays.sort(num); // ordena o arranjo num (old não é modificado)
    System.out.println("arrays equal after sort: " + Arrays.equals(old,num));
    System.out.println("old = " + Arrays.toString(old));
    System.out.println("num = " + Arrays.toString(num));
  }
}
```

Trecho de Código 3.8 Programa teste ArrayTest que usa vários dos métodos de java.util.Arrays.

Na sequência, apresenta-se um exemplo de saída desse programa:

> arrays equal before sort: true
> arrays equal after sort: false
> old = [41,38,48,12,28,46,33,19,10,58]
> num = [10,12,19,28,33,38,41,46,48,58]

Em outra execução, obteve-se o seguinte resultado:

> arrays equal before sort: true
> arrays equal after sort: false
> old = [87,49,70,2,59,37,63,37,95,1]
> num = [1,2,37,37,49,59,63,70,87,95]

Usando um gerador de números pseudoaleatórios para determinar os valores, obtêm-se diferentes entradas para o programa toda vez que o mesmo é executado. Esta característica é que torna útil, na verdade, o uso de números pseudoaleatórios para o teste de código, em especial quando se lida com arranjos. Mesmo assim, não podemos usar o teste randômico como um substituto para a análise do código, pois podemos deixar passar casos especiais importantes nas execuções. Observe, por exemplo, que existe uma pequena chance dos arranjos old e num permanecerem iguais após a ordenação de num, que é o caso em que num já está ordenado. A chance disso ocorrer é menor que uma em quatro milhões, então é altamente improvável de ocorrer mesmo durante algumas milhares de execuções; mesmo assim, é preciso prever que é possível.

3.1.4 Criptografia simples com arranjos de caracteres

Uma das aplicações primárias de arranjos é a representação de strings de caracteres. Isto é, objetos strings são normalmente armazenados internamente como um arranjo de caracteres. Mesmo que strings possam ser representadas de alguma outra forma, existe uma relação natural entre strings e arranjos de caracteres – ambos usam índices para referenciar os caracteres. Em função desse relacionamento, Java torna simples a criação de strings a partir de arranjos de caracteres e vice-versa. Mais especificamente, para criar um objeto da classe String a partir de um arranjo de caracteres A, simplesmente usa-se a expressão,

new String(A)

Isto é, um dos construtores da classe String recebe um arranjo de caracteres como argumento e retorna uma string com os mesmos caracteres e na mesma ordem que o arranjo. Por exemplo, a string que será criada a partir do arranjo A = [a, c, a, t] é acat. Da mesma forma, dada uma string S, pode-se criar uma representação sob a forma de arranjo de caracteres para S usando a expressão,

S.toCharArray( )

Isto é, a classe String tem um método toCharArray que retorna um arranjo (do tipo **char**[ ]) com os mesmos caracteres que S. Por exemplo, se toCharArray for ativado sobre a string adog, será obtido o arranjo B = [a, d, o, g].

A Cifra de César

Uma área na qual é útil ter a capacidade de alternar entre uma string e um arranjo de caracteres e fazer a operação inversa é em *criptografia*, a ciência das mensagens secretas e suas aplicações. Este campo estuda formas de executar *criptografia*, que recebe uma mensagem, chamada de *texto limpo*, e converte-a em uma mensagem misturada, chamada de *texto cifrado*. Da mesma forma, a criptografia também estuda maneiras de fazer a *decriptografia*, que recebe um texto cifrado e retorna o texto limpo original.

Discutivelmente, o esquema de criptografia mais antigo é a Cifra de César, que recebeu esse nome em homenagem a Julio César, que usou esse esquema para proteger importantes mensagens militares (todas as mensagens de César eram escritas em Latim, naturalmente, o que as tornava incompreensíveis para a maioria das pessoas). A Cifra de César é uma maneira simples de confundir uma mensagem escrita em uma linguagem que forma palavras a partir de um alfabeto.

A Cifra de César implica em substituir cada letra de uma mensagem pela letra que está a três letras de distância no alfabeto da língua. Assim, em uma mensagem em inglês, substitui-se cada A por um D, cada B por um E, cada C por um F, e assim por diante. Continua-se com esta abordagem até o W, que é substituído pelo Z. Então, faz-se o padrão de substituição *girar*, substituindo-se o X por A, o Y por B e o Z por C.

Usando caracteres como índices de arranjo

Se as letras forem numeradas como se fossem os índices de um arranjo, então A corresponde a 0, B a 1, C a 2, e assim por diante, e então se pode escrever a Cifra de César como uma fórmula simples:

Substitua cada letra i pela letra $(i + 3)$ mod 26,

onde mod é o operador **módulo**, que retorna o resto de uma divisão inteira. Este operador é denotado % em Java, e é exatamente o operador necessário para facilitar o "giro" ao redor do fim do alfabeto. Para 26 mod 26, a resposta é 0, 27 mod 26 resulta 1 e 28 mod 26 resulta 2. O algoritmo de decriptografia para a Cifra de César é exatamente o contrário: substitui-se cada letra por uma três posições antes com o "giro" para A, B e C.

Pode-se capturar esta regra de substituição usando arranjos para encriptar e desencriptar. Uma vez que todo caractere em Java é, na verdade, armazenado como um número – seu valor Unicode – pode-se usar letras como índices de um arranjo. Para um caractere c maiúsculo, por exemplo, pode-se usar c como índice de arranjo pegando o valor Unicode de c e subtraindo A. Naturalmente, isso funciona apenas para letras maiúsculas, de maneira que será necessário que as mensagens secretas sejam maiúsculas. Pode-se então usar um arranjo encrypt, que representa a regra de criptografia, de maneira que encrypt[i] contém a letra que substitui a letra número i (que corresponde a c – A para um caractere maiúsculo c em Unicode). Este uso é demonstrado na Figura 3.6. Da mesma forma, um arranjo, decrypt, pode representar a regra de descriptografia, de maneira que decrypt[i] contém a letra que substitui a letra número i.

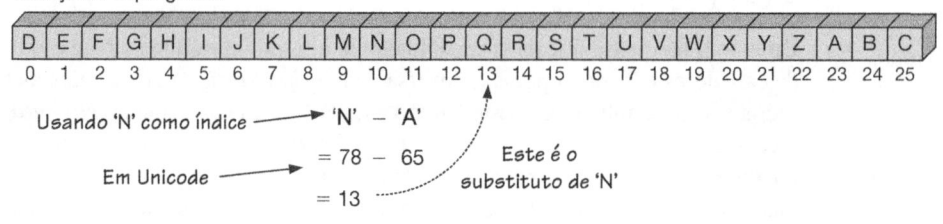

Figura 3.6 Demonstração do uso de caracteres maiúsculos como índices de arranjos. Nesse caso, para executar a regra de substituição do mecanismo de criptografia da Cifra de César.

No Trecho de Código 3.9, é fornecida uma classe Java simples, mas completa, para executar a Cifra de César, que usa a abordagem apresentada e também faz uso das conversões entre strings e arranjos de caracteres. Quando se executa este programa (para executar um teste simples), o resultado é a seguinte saída:

```
Encryption order = DEFGHIJKLMNOPQRSTUVWXYZABC
Decryption order = XYZABCDEFGHIJKLMNOPQRSTUVW
WKH HDJOH LV LQ SODB; PHHW DW MRH'V.
THE EAGLE IS IN PLAY; MEET AT JOE'S.
```

/** Classe para criptografar e descriptografar usando a Cifra de César. */
public class Caesar {
  public static final int ALPHASIZE = 26; //Alfabeto em inglês (somente letras maiúsculas)
  public static final char[ ] alpha = {'A', 'B', 'C', 'D', 'E', 'F', 'G', 'H', 'I',
    'J', 'K', 'L', 'M', 'N', 'O', 'P', 'Q', 'R', 'S', 'T', 'U', 'V', 'W', 'X', 'Y', 'Z' };
  protected char[ ] encrypt = **new char**[ALPHASIZE]; // Arranjo de criptografar
  protected char[ ] decrypt = **new char**[ALPHASIZE]; // Arranjo de descriptografar
  /** Construtor que inicializa os arranjos de criptografar e descriptografar */
  public Caesar( ) {
    for (int i=0; i<ALPHASIZE; i++)
      encrypt[i] = alpha[(i + 3) % ALPHASIZE]; // gira o alfabeto 3 posições
    for (int i=0; i<ALPHASIZE; i++)
      decrypt[encrypt[i] − 'A'] = alpha[i]; // descriptografar é o contrário da criptografia
  }
  /** Método de criptografia */
  public String encrypt(String secret) {
    char[ ] mess = secret.toCharArray();   // o arranjo com a mensagem
    for (int i=0; i<mess.length; i++)   // laço de criptografia
      if (Character.isUpperCase(mess[i]))   // tem-se uma letra para trocar
        mess[i] = encrypt[mess[i] − 'A'];   // usa a letra como índice
    return new String(mess);
  }
  /** Método de descriptografar */
  public String decrypt(String secret) {
    char[ ] mess = secret.toCharArray( );   // o arranjo com a mensagem
    for (int i=0; i<mess.length; i++)   // laço de descriptografar
      if (Character.isUpperCase(mess[i]))   // tem-se uma letra para trocar
        mess[i] = decrypt[mess[i] − 'A'];   // usa a letra como índice
    return new String(mess);
  }
  /** Um método main simples para testar a Cifra de César */
  public static void main(String[ ] args) {
    Caesar cipher = **new** Caesar( ); // Cria um objeto com a Cifra de César
    System.out.println("Encryption order = " + **new** String(cipher.encrypt));
    System.out.println("Decryption order = " + **new** String(cipher.decrypt));
    String secret = "THE EAGLE IS IN PLAY; MEET AT JOE'S.";
    secret = cipher.encrypt(secret);
    System.out.println(secret);   // o texto cifrado
    secret = cipher.decrypt(secret);
    System.out.println(secret);   // deve ser texto limpo novamente
  }
}

Trecho de Código 3.9 Uma classe Java simples, mas completa, para a Cifra de César.

3.1.5 Arranjos bidimensionais e jogos de posição

Muitos jogos de computador, sejam eles de estratégia, de simulação ou de conflito, usam um tabuleiro bidimensional. Programas que lidam com tais *jogos de posição* necessitam uma maneira de representar objetos em um espaço bidimensional. Uma forma natural de fazer isso é usando um **arranjo de duas dimensões**, em que se usam dois índices, por exemplo, *i* e *j*, para referenciar as células do arranjo. O primeiro índice normalmente se refere a um número de linha, e o segundo a um número de coluna. Dado tal arranjo, pode-se manter tabuleiros bidimensionais, bem como executar outros tipos de cálculos envolvendo os dados armazenados nas linhas e colunas.

Arranjos em Java são unidimensionais; usa-se um único índice para acessar cada célula do arranjo. Apesar disso, existe uma maneira de definir arranjos de duas dimensões em Java – pode-se criar um arranjo de duas dimensões como um arranjo de arranjos. Isto é, pode-se definir um arranjo bidimensional como sendo um arranjo em que cada uma de suas células é outro arranjo. Tal arranjo bidimensional é por vezes chamado de **matriz**. Em Java, declara-se um arranjo bidimensional como segue:

int[ ][ ] Y = **new int**[8][10];

Este comando cria um "arranjo de arranjo" de duas dimensões, Y, que é 8 × 10, tendo 8 linhas e 10 colunas. Isto é, Y é um arranjo de comprimento 8 em que cada elemento de Y é um arranjo de comprimento 10, de inteiros. (Ver a Figura 3.7.) O que segue são usos válidos para o arranjo Y e as variáveis **int**, i e j:

Y[i][i + 1] = Y[i][i] + 3;
i = Y.length;   // i é 8
j = Y[4].lenght;   // j é 10

Arranjos bidimensionais têm várias aplicações em análise numérica. Em vez de entrar em detalhes sobre tais aplicações, entretanto, explora-se uma aplicação de arranjos de duas dimensões para implementar um jogo posicional simples.

	0	1	2	3	4	5	6	7	8	9
0	22	18	709	5	33	10	4	56	82	440
1	45	32	830	120	750	660	13	77	20	105
2	4	880	45	66	61	28	650	7	510	67
3	940	12	36	3	20	100	306	590	0	500
4	50	65	42	49	88	25	70	126	83	288
5	398	233	5	83	59	232	49	8	365	90
6	33	58	632	87	94	5	59	204	120	829
7	62	394	3	4	102	140	183	390	16	26

Figura 3.7 Demonstração de um arranjo bidimensional Y que tem 8 linhas e 10 colunas. O valor Y[3][5] é 100 e o valor Y[6][2] é 632.

Jogo da Velha

Como todas as crianças em idade escolar sabem, o *jogo da velha*† é um jogo que se joga em um tabuleiro de 3 por 3 posições. Dois jogadores – X e O – se alternam colocando suas respectivas marcas nas células deste tabuleiro, iniciando pelo jogador X. Se um dos jogadores for bem-sucedido em obter três de suas marcas em uma linha, coluna ou diagonal, então será o vencedor.

Esse realmente não é um jogo posicional muito sofisticado e não é muito divertido de jogar, pois um bom jogador sempre pode forçar o empate. A graça do jogo da velha está no fato de que é um exemplo simples para demonstrar como arranjos de duas dimensões podem ser usados em jogos de posição. Programas para jogos posicionais mais complicados, tais como damas, xadrez ou os populares jogos de simulação, são todos baseados na mesma abordagem apresentada aqui para o jogo da velha. (Ver o Exercício P-7.12.)

A ideia básica é usar um arranjo bidimensional, board, para manter o tabuleiro do jogo. As células deste arranjo armazenam valores que indicam se a célula está vazia ou armazena um X ou O. Isto é, board é uma matriz 3×3, cujas células da linha do meio consistem nas células board[1][0], board[1][1], board[1][2]. Nesse caso, definiu-se que as células do arranjo board seriam inteiros, com um 0 indicando uma célula vazia, um 1 indicando um X e um –1 indicando O. Essa codificação permite uma maneira simples de testar se uma dada configuração de tabuleiro é vencedora para X ou O apenas testando se os valores de uma linha, coluna ou diagonal somam 3 ou –3. Demonstra-se esta abordagem na Figura 3.8.

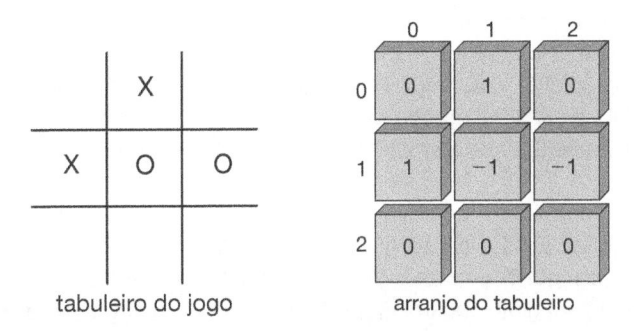

Figura 3.8 Demonstração do tabuleiro de jogo da velha e do arranjo de inteiros bidimensional que o representa.

Apresenta-se uma classe Java completa para manter um tabuleiro de jogo da velha para dois jogadores nos Trechos de Código 3.10 e 3.11. Apresenta-se um exemplo de saída na Figura 3.9. Observa-se que este código serve apenas para manter o tabuleiro do jogo e registrar os movimentos; ele não executa nenhuma estratégia nem permite que se jogue contra o computador. Os detalhes desse programa estão além do escopo deste capítulo, mas pode ser um bom projeto de curso (veja o exercício P-7.12).

---

† N. de T.: Em inglês, *Tic Tac Toe*.

/** Simulação do jogo da velha (não tem estratégia) */
```java
public class TicTacToe {
  protected static final int X = 1, O = −1;        // jogadores
  protected static final int EMPTY = 0;             // célula vazia
  protected int board[ ][ ] = new int[3][3];        // tabuleiro
  protected int player;                             // jogador corrente
  /** Construtor */
  public TicTacToe( ) { clearBoard(); }
  /** Limpa o tabuleiro */
  public void clearBoard( ) {
    for (int i = 0; i < 3; i++)
      for (int j = 0; j < 3; j++)
        board[i][j] = EMPTY;                        // toda célula deve estar vazia
    player = X;                                     // o primeiro jogador é 'X'
  }
  /** Coloca um X ou O na posição i,j */
  public void putMark(int i, int j) throws IllegalArgumentException {
    if ((i < 0) || (i > 2) || (j < 0) || (j > 2))
      throw new IllegalArgumentException("Invalid board position");
    if (board[i][j] != EMPTY)
      throw new IllegalArgumentException("Board position occupied");
    board[i][j] = player;          // insere a marca do jogador corrente
    player = − player;             // troca os jogadores (usa o fato de que O = −X)
  }
  /** Verifica se a configuração do tabuleiro é vencedora para algum jogador */
  public boolean isWin(int mark) {
    return ((board[0][0] + board[0][1] + board[0][2] == mark*3) // linha 0
         || (board[1][0] + board[1][1] + board[1][2] == mark*3) // linha 1
         || (board[2][0] + board[2][1] + board[2][2] == mark*3) // linha 2
         || (board[0][0] + board[1][0] + board[2][0] == mark*3) // coluna 0
         || (board[0][1] + board[1][1] + board[2][1] == mark*3) // coluna 1
         || (board[0][2] + board[1][2] + board[2][2] == mark*3) // coluna 2
         || (board[0][0] + board[1][1] + board[2][2] == mark*3) // diagonal
         || (board[2][0] + board[1][1] + board[0][2] == mark*3)); // diagonal
  }
  /** Retorna o jogador vencedor ou indica um empate */
  public int winner( ) {
    if (isWin(X))
      return(X);
    else if (isWin(O))
      return(O);
    else
      return(0);
  }
}
```

Trecho de Código 3.10 Uma classe Java simples e completa para jogar jogo da velha entre dois jogadores. (Continua no Trecho de Código 3.11.)

```
/** Retorna uma string de caracteres que representa o tabuleiro corrente */
public String toString( ) {
  String s = "";
  for (int i=0; i<3; i++) {
    for (int j=0; j<3; j++) {
      switch (board[i][j]) {
        case X: s += "X"; break;
        case O: s += "O"; break;
        case EMPTY: s += " "; break;
      }
      if (j < 2) s += "|";                // limite da coluna
    }
    if (i < 2) s += "\n-----\n";          // limite da linha
  }
  return s;
}
/** Testa a execução de um jogo simples
public static void main(String[ ] args) {
  TicTacToe game = new TicTacToe( );
  /* Jogada de X */                       /* Jogada de O */
  game.putMark(1,1);                      game.putMark(0,2);
  game.putMark(2,2);                      game.putMark(0,0);
  game.putMark(0,1);                      game.putMark(2,1);
  game.putMark(1,2);                      game.putMark(1,0);
  game.putMark(2,0);
  System.out.println(game.toString( ));
  int winningPlayer = game.winner( );
  if (winningPlayer != 0)
    System.out.println(winningPlayer + " wins");
  else
    System.out.println("Tie");
  }
}
```

Trecho de Código 3.11 Uma classe Java simples e completa para jogar o jogo da velha entre dois jogadores. (Continuação do Trecho de Código 3.10.)

```
O|X|O
-----
O|X|X
-----
X|O|X
Tie
```

Figura 3.9 Exemplo de saída do jogo da velha.

Aprofundando

O fato de que arranjos bidimensionais em Java são, na verdade, arranjos de uma dimensão aninhados em um arranjo comum de uma dimensão leva a uma questão interessante sobre como pensar a respeito de objetos compostos. Em especial, traz a questão sobre onde um *objeto composto*, que é um objeto – como um arranjo bidimensional – composto por outros objetos, começa e termina.

Como mencionado na Seção 1.5, uma referência para arranjo em Java aponta para um arranjo de *objetos*. Assim, se dispomos de um arranjo bidimensional A, e outro arranjo bidimensional B, que tem as mesmas entradas de A, provavelmente pensaremos que A é igual a B. Mas os arranjos de uma dimensão que compõem as linhas de A e B são armazenados em posições de memória diferentes, mesmo que tenham o mesmo conteúdo interno. Portanto, uma chamada para java.util.Arrays.equals(A,B) irá retornar **falso** neste caso. A razão para esse comportamento é que o método equals( ) verifica a *igualdade rasa*, isto é, testa somente se os elementos de A e B são iguais uns aos outros usando uma noção simples de igualdade. Essa regra *simples de igualdade* diz que duas variáveis de tipo básico são iguais se elas têm o mesmo valor, e duas referências para objeto são iguais se ambas se referem ao mesmo objeto. Felizmente, se desejamos um teste de *igualdade profunda* para arranjos de objetos, como arranjos bidimensionais, a classe java.util.Arrays fornece o seguinte método.

  deepEquals(A,B): retorna se a A e B são **profundamente iguais**. A e B são profundamente iguais se eles têm o mesmo número de elementos, e os dois elementos $A[i]$ e $B[i]$ em cada par de elementos correspondentes são iguais pelo senso comum, são arranjos do mesmo tipo primitivo, de maneira que Arrays.equals($A[i],B[i]$) retornará **true**, ou são arranjos de referências para objetos tais que $A[i]$ e $B[i]$ são profundamente iguais.

Em acréscimo à igualdade profunda, também se deseja um método profundo para converter arranjos de duas dimensões ou um arranjo de referências para objetos em uma string. Este método é fornecido pela classe java.util.Array:

  deepToString(A): retorna uma string representando o conteúdo de A. Para converter o elemento $A[i]$ para string, se $A[i]$ é uma referência para um arranjo, Arrays.deepToString($A[i]$) é chamado, caso contrário o método padrão String.valueOf($A[i]$) é usado.

Seria possível também dispor de um método correspondente deepCopyOf para fazer cópias idênticas de arranjos bidimensionais, mas até a publicação deste livro, esse método não existia na classe java.utils.Arrays. Assim, se quisermos criar uma cópia idêntica, mas diferente, de um arranjo bidimensional, A, precisamos chamar A[i].clone( ) ou java.util.Arrays.copyOf(A[i],A[i].*length*) para cada linha A[i], uma de cada vez.

3.2 Listas simplesmente encadeadas

Na seção anterior, foi apresentada a estrutura de dados em arranjo, e foram discutidas algumas de suas aplicações. Arranjos são interessantes e simples para armazenar coisas em uma certa ordem, mas têm problemas. Eles não são muito adaptáveis, por um lado, porque é preciso prever o tamanho N do arranjo, e por outro, porque se deve usar índices para acessar seu conteúdo.

Existem, entretanto, outras maneiras de armazenar uma sequência de elementos que não têm esse problema. Nesta seção, será explorada uma importante alternativa de implementação conhecida como lista simplesmente encadeada.

Uma *lista encadeada*, em sua forma mais simples, é uma coleção de *nodos* que juntos formam uma ordem linear. A ordem é determinada como no jogo de criança "siga o chefe", no qual cada nodo é um objeto que armazena uma referência para um elemento e uma referência, chamada de next, para outro nodo (ver a Figura 3.10).

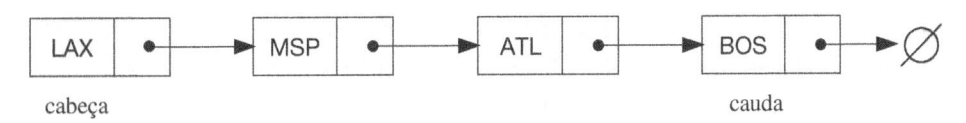

```
[LAX|•]──▶[MSP|•]──▶[ATL|•]──▶[BOS|•]──▶∅
 cabeça                          cauda
```

Figura 3.10 Exemplo de uma lista simplesmente encadeada cujos elementos são strings indicando códigos de aeroportos. Os ponteiros next de cada nodo são representados como setas. O objeto **null** é denotado como ∅.

Pode parecer estranho que um nodo tenha uma referência para outro nodo, mas este esquema funciona facilmente. A referência next dentro de um nodo pode ser vista como uma *ligação* ou um *ponteiro* para outro nodo. Da mesma forma, a movimentação de um nodo para outro seguindo a referência next é conhecida como *salto pela ligação* ou *salto pelo ponteiro*. O primeiro e o último nodos de uma lista encadeada são normalmente chamados de *cabeça* (*head*) e *cauda* (*tail*) da lista, respectivamente. Assim, pode-se saltar pelas ligações da lista iniciando na cabeça e terminando na cauda. Identifica-se a cauda por ser o nodo que possui uma referência next nula, o que indica o fim da lista. Uma lista encadeada definida dessa forma é conhecida como uma *lista simplesmente encadeada*.

Da mesma forma que um arranjo, uma lista simplesmente encadeada mantém seus elementos em uma certa ordem. Esta ordem é determinada pela cadeia de ligações next que parte de um nodo para seu sucessor na lista. Ao contrário de um arranjo, uma lista encadeada não tem um tamanho fixo predeterminado e usa um espaço proporcional à quantidade de seus elementos. Além disso, os nodos de uma lista encadeada não são indexados. Assim, apenas examinando um nodo individual, não é possível dizer se ele é o segundo, o quinto ou o vigésimo da lista.

Implementando uma lista simplesmente encadeada

Para implementar uma lista simplesmente encadeada, define-se uma classe Node, como mostrado no Trecho de Código 3.12, a qual especifica o tipo dos objetos que serão armazenados nos nodos da lista. Aqui, assume-se que os elementos são strings. No Capítulo 5, descreve-se como definir nodos que podem armazenar tipos arbitrários de elementos. Definida a classe Node, pode-se definir a classe SLinkedList, apresentada no Trecho de Código 3.13, definindo a lista encadeada real. Essa classe mantém a referência para o nodo cabeça e uma variável que conta o número total de nodos.

```
/** Nodo de uma lista simplesmente encadeada de strings */
public class Node {
  private String element;        // assumimos que os elementos são strings
  private Node next;
  /** Cria um nodo com um dado elemento e o próximo nodo */
  public Node(String s, Node n) {
    element = s;
    next = n;
  }
  /** Retorna o elemento deste nodo */
  public String getElement( ) { return element; }
  /** Retorna o próximo elemento deste nodo */
  public Node getNext( ) { return next; }
  // Métodos modificadores:
  /** Define o elemento deste nodo */
  public void setElement(String newElem) { element = newElem; }
  /** Define o próximo elemento deste nodo */
  public void setNext(Node newNext) { next = newNext; }
}
```

Trecho de Código 3.12 Implementação de um nodo de uma lista simplesmente encadeada.

```
/** Lista simplesmente encadeada */
public class SLinkedList {
  protected Node head;           // nodo cabeça da lista
  protected long size;           // número de nodos da lista
  /** Construtor default que cria uma lista vazia */
  public SLinkedList( ) {
    head = null;
    size = 0;
  }
  // . . . os métodos de pesquisa e atualização vão aqui . . .
}
```

Trecho de Código 3.13 Implementação parcial da classe de uma lista simplesmente encadeada.

3.2.1 Inserção em uma lista simplesmente encadeada

Quando se usa uma lista simplesmente encadeada, pode-se facilmente inserir um elemento na cabeça da lista, como pode ser visto na Figura 3.11 e no Trecho de Código 3.14. A ideia principal é que se cria um nodo novo, define-se sua ligação next para referir o mesmo objeto que head e, então, define-se head para apontar para o novo nodo.

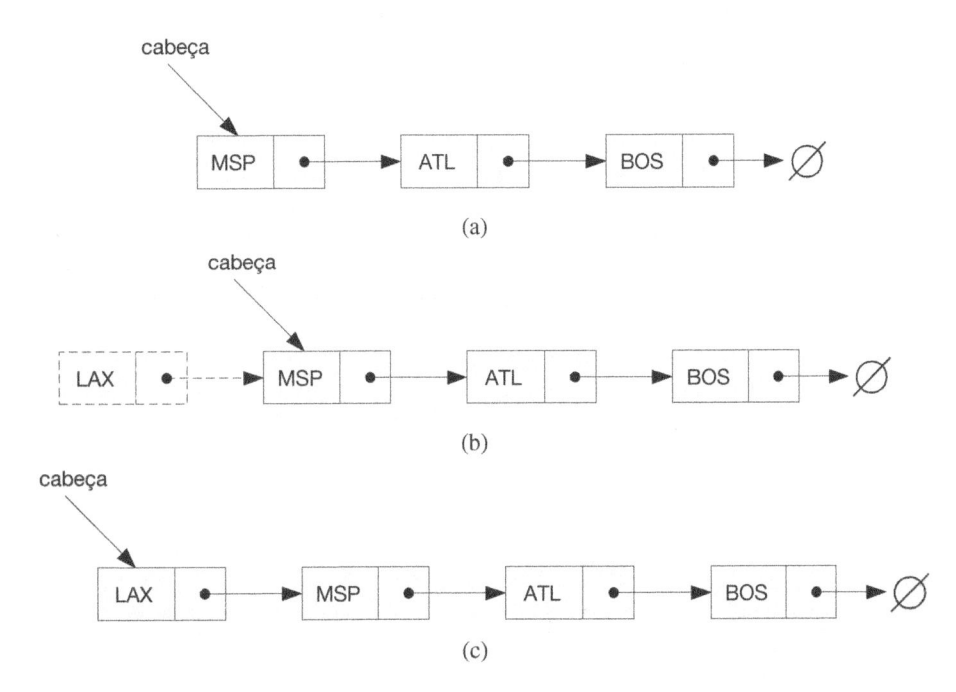

Figura 3.11 Inserção de um elemento na cabeça de uma lista simplesmente encadeada: (a) antes da inserção; (b) criação do novo nodo; (c) depois da inserção.

Algoritmo addFirst(v):
    v.setNext(head)   { faz v apontar para o nodo cabeça antigo }
    head $\leftarrow v$ { faz a variável head apontar para o nodo novo }
    size $\leftarrow$ size $+ 1$ { incrementa o nodo contador }

Trecho de Código 3.14 Inserção de um nodo novo v no início de uma lista simplesmente encadeada. Observa-se que este método funciona mesmo que a lista esteja vazia. Observa-se também que se definiu o ponteiro next do novo nodo v *antes* de fazer a variável head apontar para v.

Inserindo um elemento na cauda de uma lista simplesmente encadeada

Pode-se inserir um elemento na cauda de uma lista simplesmente encadeada com facilidade desde que se mantenha uma referência para o nodo cauda, como mostrado na Figura 3.12. Nesse caso, cria-se um nodo novo, atribui-se **null** para sua referência next, faz-se com que a referência next do nodo cauda aponte para este novo objeto, e com que a referência para a cauda propriamente dita, tail, aponte para o nodo novo. Os detalhes aparecem no Trecho de Código 3.15.

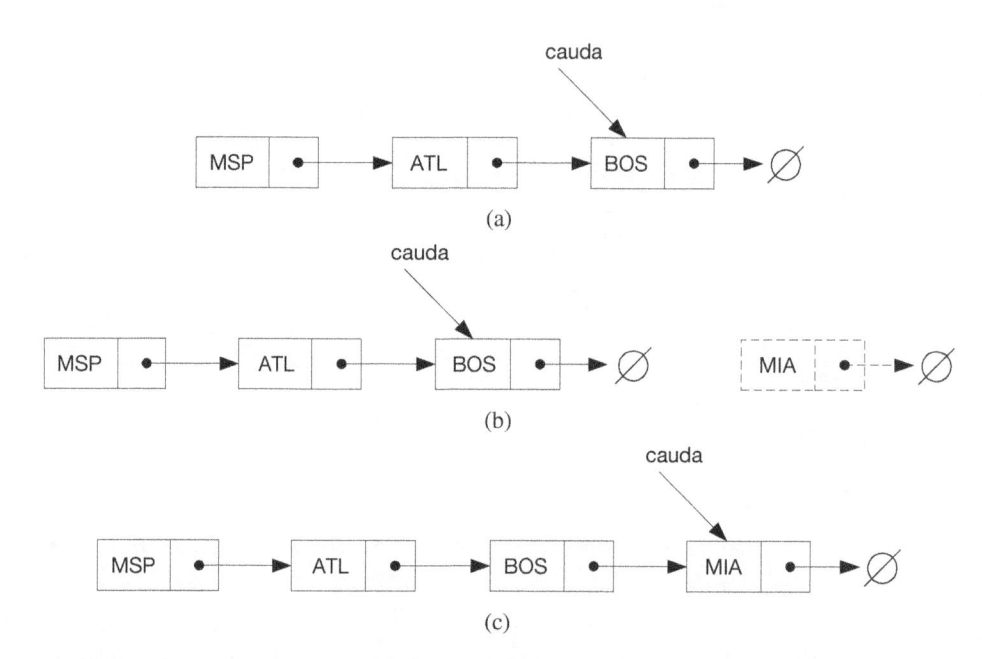

Figura 3.12 Inserção na cauda de uma lista simplesmente encadeada: (a) antes da inserção; (b) criação do nodo novo; (c) depois da inserção. Observe que se define o valor da referência next de tail em (b), antes de fazer a variável tail apontar para o nodo novo em (c).

Algoritmo addLast(v):
    v.setNext(**null**)   {faz com que o nodo novo, v, aponte para null}
    tail.setNext(v)   {faz com que o nodo cauda antigo aponte para o nodo novo}
    tail ← v {faz a variável tail apontar para o nodo novo}
    size ← size + 1   {incrementa o contador de nodos}

Trecho de Código 3.15 Inserção de um nodo novo no final de uma lista simplesmente encadeada. Este método também funciona se a lista está vazia. Observe que o valor do ponteiro next do nodo cauda antigo é alterado antes de se fazer a variável tail apontar para o nodo novo.

3.2.2 Removendo um elemento em uma lista simplesmente encadeada

A operação inversa da inserção de um novo elemento na cabeça de uma lista encadeada é a remoção de um elemento da cabeça da lista. Esta operação é demonstrada na Figura 3.13 e detalhada no Trecho de Código 3.16.

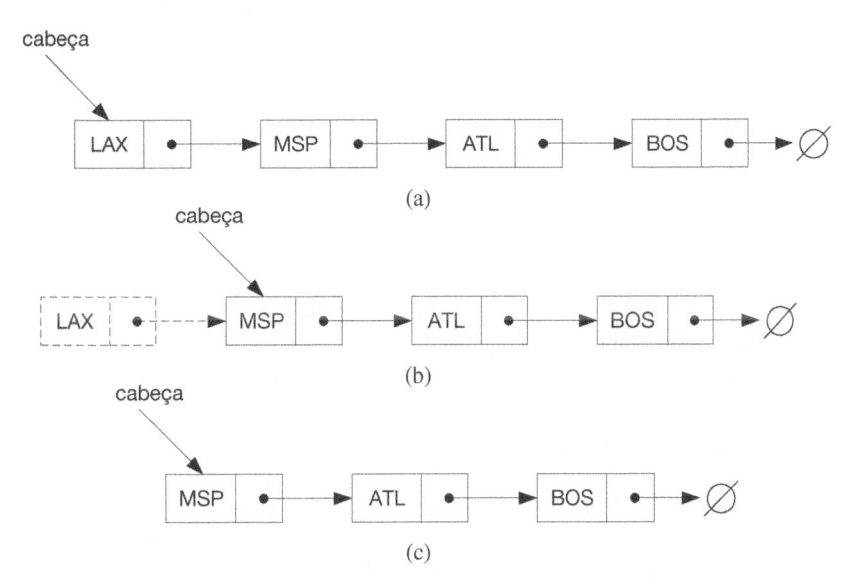

Figura 3.13 Remoção de um elemento da cabeça de uma lista simplesmente encadeada: (a) antes da remoção; (b) "desconectando" o antigo nodo novo; (c) após a remoção.

Algoritmo removeFirst( ):
   se head = **null então**
      Indica um erro: a lista está vazia.
   $t \leftarrow$ head
   head $\leftarrow$ head.getNext( )   {faz head apontar para o próximo nodo (ou null)}
   t.setNext(**null**)   {atribui null para o ponteiro next do nodo removido}
   size $\leftarrow$ size $-$ 1   {decrementa o contador de nodos}

Trecho de código 3.16 Removendo um nodo no início de uma lista simplesmente encadeada.

      Infelizmente, não é possível deletar o nodo da cauda da lista com a mesma facilidade. Mesmo se houver uma referência diretamente para o último nodo da lista, é necessário acessar o nodo *antes* do último para conseguir removê-lo. Mas não se pode atingir o nodo antes da cauda seguindo as conexões a partir da cauda. A única maneira de acessar este nodo é iniciar a partir da cabeça da lista pesquisando ao longo dela. Mas a sequência de saltos pelas ligações pode consumir um tempo considerável.

3.3 Listas duplamente encadeadas

Como visto na última seção, remover um elemento da cauda de uma lista simplesmente encadeada não é fácil. Na verdade, consome muito tempo remover qualquer nodo, exceto a cabeça em uma lista simplesmente encadeada, uma vez que não existe uma forma rápida de acessar o nodo na frente daquele que se quer remover. Na verdade, existem várias aplicações nas quais é necessário acessar rapidamente o nodo predecessor. Para tais aplicações, é interessante ter uma maneira de se mover em ambas as direções em uma lista encadeada.

Existe um tipo de lista encadeada que permite o deslocamento em ambas as direções – para frente e para trás – em uma lista encadeada. É uma lista *duplamente encadeada*. Tais listas permitem uma grande variedade de operações rápidas de atualização, incluindo inserções e remoções em ambas extremidades e no meio. Um nodo em uma lista duplamente encadeada armazena duas referências – uma ligação next, que aponta para o próximo nodo da lista, e uma ligação prev, que aponta para o nodo anterior.

O Trecho de Código 3.17 apresenta uma implementação Java de um nodo de uma lista duplamente encadeada na qual se assume que os elementos são strings. No Capítulo 5, discute-se como definir nodos para tipos arbitrários de elementos.

```
/** Nodo de uma lista duplamente encadeada de strings */
public class DNode {
    protected String element; // String armazenada pelo nodo
    protected DNode next, prev; // Ponteiros para o nodo seguinte e o anterior
    /** Construtor que cria um nodo com os campos fornecidos */
    public DNode(String e, DNode p, DNode n) {
        element = e;
        prev = p;
        next = n;
    }
    /** Retorna o elemento deste nodo */
    public String getElement( ) { return element; }
    /** Retorna o nodo anterior a este */
    public DNode getPrev() { return prev; }
    /** Retorna o nodo seguinte a este */
    public DNode getNext( ) { return next; }
    /** Atribui o elemento deste nodo */
    public void setElement(String newElem) { element = newElem; }
    /** Atribui o nodo anterior deste nodo */
    public void setPrev(DNode newPrev) { prev = newPrev; }
    /** Atribui o nodo seguinte a este nodo *
    public void setNext(DNode newNext) next = newNext; }
}
```

Trecho de Código 3.17 Classe Java DNode representando um nodo de uma lista duplamente encadeada que armazena uma string.

Sentinelas da cabeça e da cauda

Para simplificar a programação, é conveniente acrescentar nodos especiais em ambas as extremidades de uma lista duplamente encadeada: um nodo *cabeçalho* (*header*) antes da cabeça da lista e um nodo *final* (*trailer*) após a cauda da lista. Estes nodos "falsos" ou *sentinelas* não armazenam nenhum elemento. O cabeçalho tem uma referência next válida e uma referência prev nula, enquanto o final tem uma referência prev válida e uma referência next nula. Uma lista duplamente encadeada com estas sentinelas é apresentada na Figura 3.14. Observa-se que o objeto lista encadeada terá simplesmente de armazenar referências para essas duas sentinelas e um contador size para manter o número de elementos na lista (sem contar os sentinelas).

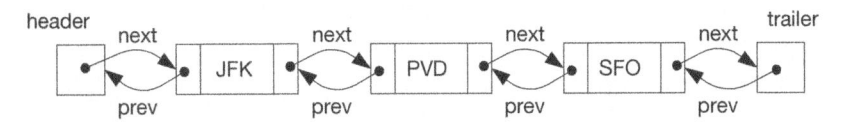

Figura 3.14 Uma lista duplamente encadeada com sentinelas, header e trailer, marcando as extremidades da lista. Uma lista vazia terá estas sentinelas apontando uma para outra. Não se desenha o ponteiro prev nulo do header, nem o ponteiro next nulo do final.

Inserir ou remover elementos em qualquer extremidade de uma lista duplamente encadeada é fácil. Na verdade, a ligação prev elimina a necessidade de percorrer a lista para obter o nodo que antecede a cauda. A Figura 3.15 mostra a remoção na cauda de uma lista duplamente encadeada e os detalhes desta operação no Trecho de Código 3.18.

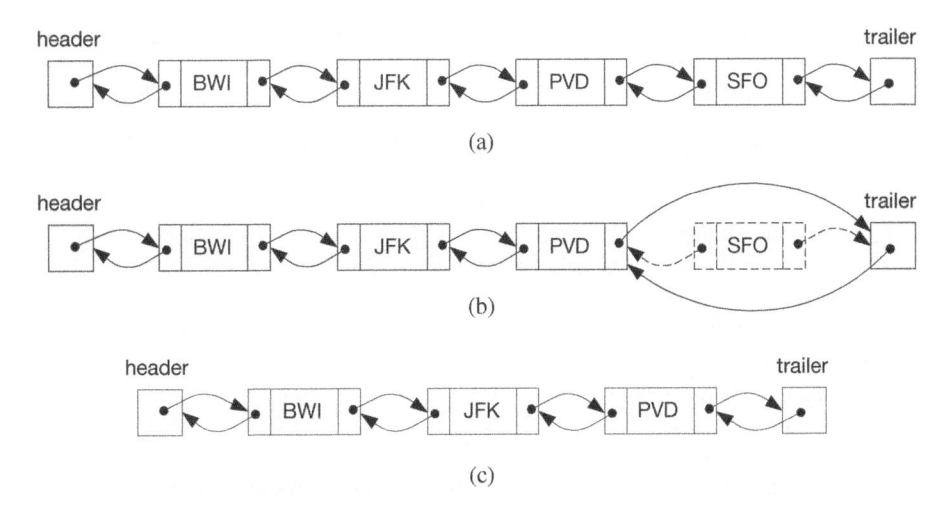

Figura 3.15 Remoção de um nodo na extremidade de uma lista duplamente encadeada com sentinelas para o cabeçalho e o final: (a) antes de deletar a cauda; (b) deletando a cauda; (c) após a remoção.

Algoritmo removeLast( ):
   se size = 0 **então**
      Indica um erro: a lista está vazia
   $v \leftarrow$ trailer.getPrev( )   {último nodo}
   $u \leftarrow v$.getPrev( )   {nodo antes do último nodo}
   trailer.setPrev(u)
   u.setNext(trailer)
   v.setPrev(**null**)
   v.setNext(**null**)
   size = size − 1

Trecho de código 3.18   Remoção do último nodo de uma lista duplamente encadeada. A variável size mantém a quantidade de elementos na lista. Observa-se que este método também funciona se a lista tiver tamanho 1.

      Com a mesma facilidade, pode-se inserir um novo elemento no início de uma lista simplesmente encadeada, como pode ser visto na Figura 3.16 e no Trecho de Código 3.19.

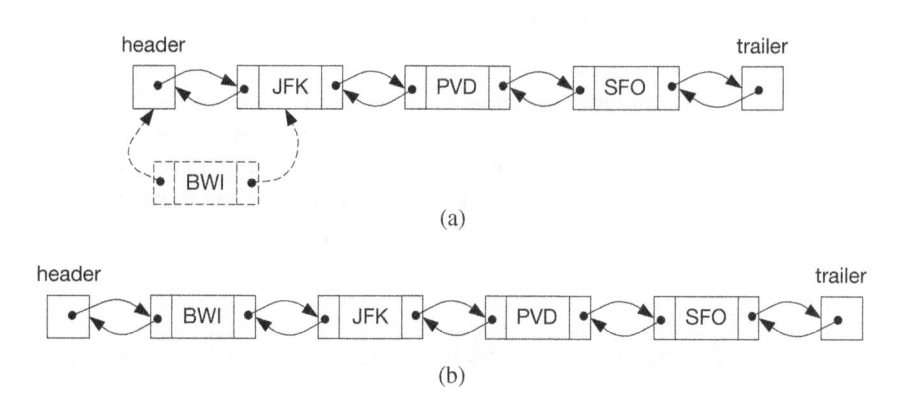

Figura 3.16   Acrescentando um elemento no início: (a) durante; (b) depois.

Algoritmo addFirst(v):
   $w \leftarrow$ header.getNext( ) {primeiro nodo}
   v.setNext(w)
   v.setPrev(header)
   w.setPrev(v)
   header.setNext(v)
   size = size + 1

Trecho de Código 3.19   Inserção de um nodo novo v no início de uma lista duplamente encadeada. A variável size mantém a quantidade de elementos na lista. Observa-se que esse método também trabalha sobre uma lista vazia.

3.3.1 Inserção no meio de uma lista duplamente encadeada

Listas duplamente encadeadas são úteis para mais do que inserir e remover elementos no início e no fim da lista. Elas também são convenientes para manter uma lista de elementos e permitir inserções no meio da lista. Dado um nodo v de uma lista duplamente encadeada (que até pode ser o nodo cabeça, mas não a cauda), pode-se facilmente inserir um novo nodo z imediatamente após v. Mais especificamente, considere w como o nodo que segue v. Executam-se os seguintes passos:

1. faça a ligação prev de z se referir a v
2. faça a ligação next de z se referir a w
3. faça a ligação prev de w se referir a z
4. faça a ligação next de v se referir a z

Este método é apresentado em detalhes no Trecho de Código 3.20 e é demonstrado na Figura 3.17. Lembrando do uso das sentinelas cabeçalho e final, observe que este algoritmo funciona mesmo que v seja o nodo cauda (o nodo que antecede o final).

Algoritmo addAfter(v,z):
   $w \leftarrow v$.getNext( )   {nodo que segue v}
   z.setPrev(v)   {conecta z a seu predecessor, v}
   z.setNext(w)   {conecta z a seu sucessor, w}
   w.setPrev(z)   {conecta w a seu novo predecessor, z}
   v.setNext(z)   {conecta v a seu novo sucessor, z}
   size $\leftarrow$ size + 1

Trecho de Código 3.20 Inserção de um novo nodo z depois de um nodo v em uma lista duplamente encadeada.

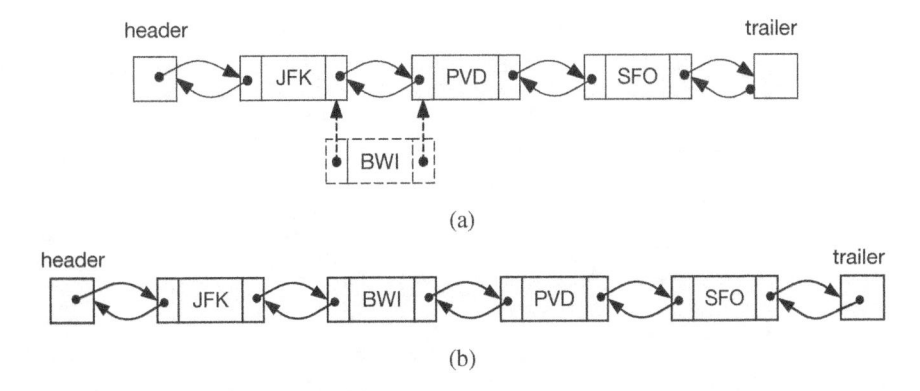

Figura 3.17 Acrescentando um nodo novo depois do nodo que armazena BWI (a) criando um nodo novo com o elemento JFK e conectando-o; (b) depois da inserção.

3.3.2 Remoção do meio de uma lista duplamente encadeada

Da mesma forma, é fácil remover um nodo v do meio de uma lista duplamente encadeada. Acessam-se os nodos u e w em ambos os lados de v usando os métodos getPrev e getNext de v (estes nodos devem existir, uma vez que se estão usando sentinelas). Para remover o nodo v, basta fazer u e w apontarem um para o outro em vez de apontarem para v. Esta operação é conhecida como **desconexão** de v. Atribui-se nulo para os ponteiros next e prev de v de maneira a não manter referências antigas para a lista. O algoritmo é apresentado no Trecho de Código 3.21 e ilustrado na Figura 3.18.

Algoritmo 3.18: remove(v):
    $u \leftarrow v$.getPrev ( )   {nodo antes de v}
    $w \leftarrow v$.getNext ( )   {nodo depois de v}
    w.setPrev(u)   {desconectando v}
    u.setNext(w)
    v.setPrev(**null**)   {anulando os campos de v}
    v.setNext(**null**)
    size $\leftarrow$ size $-$ 1   {decrementando o contador de nodos}

Trecho de Código 3.21 Remoção do nodo v de uma lista duplamente encadeada. Este método funciona mesmo que v seja o primeiro, o último ou um nodo não sentinela.

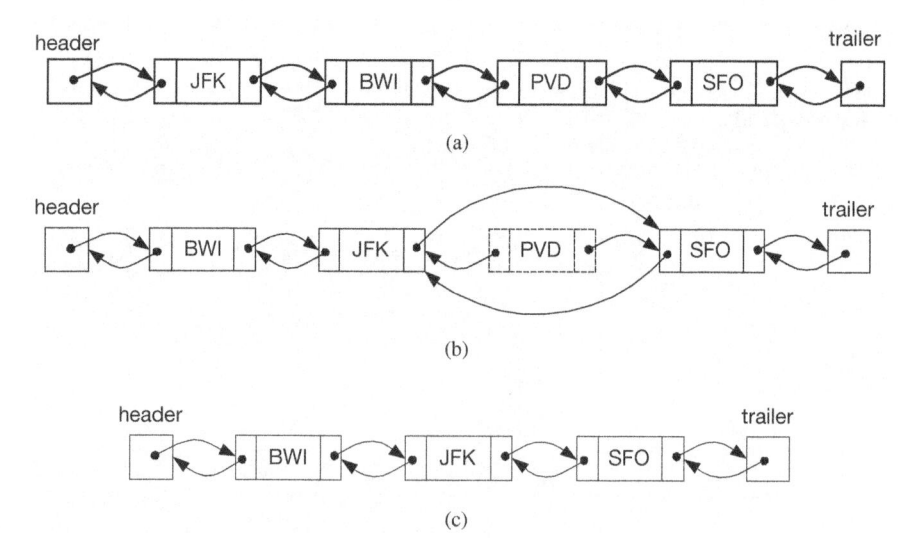

Figura 3.18 Removendo o nodo que armazena PDV: (a) antes da remoção; (b) desconectando o nodo antigo; (c) depois da remoção (coleta de lixo).

3.3.3 Implementação de uma lista duplamente encadeada

Nos Trechos de Código 3.22-3.24, apresenta-se a implementação de uma lista duplamente encadeada com nodos que armazenam strings.

```java
/** Lista duplamente encadeada com nodos do tipo DNode que armazenam strings */
public class DList {
    protected int size;                        // quantidade de elementos
    protected DNode header, trailer;           // sentinelas
    /** Construtor que cria uma lista vazia */
    public DList( ) {
        size = 0;
        header = new DNode(null, null, null); // cria o cabeçalho
        trailer = new DNode(null, header, null); // cria o final
        header.setNext(trailer);        // faz o cabeçalho e o final apontarem um para o outro
    }
    /** Retorna o número de elementos na lista */
    public int size( ) { return size; }
    /** Informa se a lista está vazia */
    public boolean isEmpty( ) { return (size == 0); }
    /** Retorna o primeiro nodo da lista */
    public DNode getFirst( ) throws IllegalStateException {
        if (isEmpty()) throw new IllegalStateException("List is empty");
        return header.getNext( );
    }
    /** Retorna o último nodo da lista */
    public DNode getLast( ) throws IllegalStateException {
        if (isEmpty( )) throw new IllegalStateException("List is empty");
        return trailer.getPrev( );
    }
    /** Retorna o nodo que antecede um dado nodo v. Gera erro se v é o cabeçalho */
    public DNode getPrev(DNode v) throws IllegalArgumentException {
        if (v == header) throw new IllegalArgumentException
            ("Cannot move back past the header of the list");
        return v.getPrev( );
    }
    /** Retorna o nodo que segue um dado nodo v. Gera erro se v é o final */
    public DNode getNext(DNode v) throws IllegalArgumentException {
        if (v == trailer) throw new IllegalArgumentException
            ("Cannot move forward past the trailer of the list");
        return v.getNext();
    }
}
```

Trecho de Código 3.22 Classe Java DList que implementa uma lista duplamente encadeada cujos nodos são objetos da classe DNode (ver Trecho de Código 3.17) que armazenam strings. (Continua no Trecho de Código 3.23.)

```java
/** Insere um dado nodo z antes de um dado nodo v. Gera um erro se v é o cabeçalho */
public void addBefore(DNode v, DNode z) throws IllegalArgumentException {
    DNode u = getPrev(v);   // Deve lançar uma IllegalArgumentException
    z.setPrev(u);
    z.setNext(v);
    v.setPrev(z);
    u.setNext(z);
    size++;
}
/** Insere um dado nodo z depois de uma dado nodo v. Gera um erro se v é o final */
public void addAfter(DNode v, DNode z) {
    DNode w = getNext(v);   // Deve lançar uma IllegalArgumentException
    z.setPrev(v);
    z.setNext(w);
    w.setPrev(z);
    v.setNext(z);
    size++;
}
/** Insere o nodo fornecido no início da lista */
public void addFirst(DNode v) {
    addAfter(header, v);
}
/** Insere o nodo fornecido no fim da lista */
public void addLast(DNode v) {
    addBefore(trailer, v);
}
/** Remove um dado nodo v da lista. Gera um erro se v é o cabeçalho ou o final */
public void remove(DNode v) {
    DNode u = getPrev(v);          // Deve lançar uma IllegalArgumentException
    DNode w = getNext(v);          // Deve lançar uma IllegalArgumentException
    // Desconecta o nodo da lista
    w.setPrev(u);
    u.setNext(w);
    v.setPrev(null);
    v.setNext(null);
    size --;
}
```

Trecho de Código 3.23   Classe Java DList que implementa uma lista duplamente encadeada. (Continua no Trecho de Código 3.24.)

```java
    /** Indica se o nodo indicado possui um antecessor */
    public boolean hasPrev(DNode v) { return v != header; }
    /** Indica se o nodo indicado possui um sucessor */
    public boolean hasNext(DNode v) { return v != trailer; }
    /** Retorna uma representação string da lista */
```

```
public String toString( ) {
  String s = " [ ";
  DNode v = header.getNext();
  while (v != trailer) {
    s += v.getElement( );
    v = v.getNext( );
    if (v != trailer)
      s += ",";
  }
  s += " ] ";
  return s;
}
}
```

Trecho de Código 3.24 Classe de uma lista duplamente encadeada. (Continuação do Trecho de Código 3.23.)

Podem-se fazer as seguintes observações acerca da classe DList.

- Objetos da classe DNode, que armazenam elementos string, são usados para todos os nodos da lista, incluindo os sentinelas cabeçalho e final.
- A classe DList pode ser usada apenas para uma lista duplamente encadeada de strings. Para construir uma lista encadeada para outros tipos de objetos, é necessário usar uma declaração genérica que será discutida no Capítulo 5.
- Os métodos getFirst e getLast fornecem acesso direto ao primeiro e último nodos da lista.
- Os métodos getPrev e getNext permitem percorrer a lista.
- Os métodos getPrev e getNext detectam os limites da lista.
- Os métodos addFirst e addLast acrescentam nodos no início e no fim da lista.
- Os métodos addBefore e addAfter acrescentam um nodo novo antes ou depois de um nodo existente.
- A existência de um único método de remoção, remove, não chega a ser uma restrição, uma vez que é possível remover do início ou do fim de uma lista encadeada *L* executando *L*.remove(*L*.getFirst( )) ou *L*.remove(*L*.getLast( )), respectivamente.
- O método toString que converte a lista inteira em uma string é útil para propósitos de depuração e teste.

3.4 Listas encadeadas circulares e ordenação de listas encadeadas

Nesta seção, serão estudadas algumas aplicações e extensões de listas encadeadas.

3.4.1 Listas encadeadas circulares e a brincadeira do "Pato, Pato, Ganso"

A brincadeira de criança "*Pato, Pato, Ganso*"† existe em muitas culturas. As crianças de Minnesota praticam uma versão chamada de "Duck, Duck, Grey Duck", mas não perguntem o porquê. Em Indiana, esse jogo é chamado de "The Mosh Pot". As crianças da República Checa e de Gana jogam versões cantadas do jogo, conhecidas, respectivamente, como "Pesek" e "Antoakyire". Uma variação das listas encadeadas, chamada de lista encadeada circular, é usada em várias aplicações que envolvem jogos de roda como "Pato, Pato, Ganso". Esse tipo de lista e as aplicações dos jogos de roda serão analisados a seguir.

Uma *lista encadeada circular* tem o mesmo tipo de nodos que uma lista encadeada simples. Isto é, cada nodo em uma lista encadeada circular tem um ponteiro para o próximo nodo e uma referência para um elemento. Entretanto, não existe cabeça ou cauda em uma lista circular. Em vez do último nodo de uma lista circular apontar para **null**, ele aponta para o primeiro nodo. Assim, não existe nodo inicial ou final. Se forem percorridos os nodos de uma lista circular a partir de qualquer nodo seguindo os ponteiros **next**, serão percorridos todos os nodos.

Mesmo que uma lista circular não tenha início ou fim, sempre será necessário que algum nodo seja marcado de forma especial, sendo chamado de *cursor*. O nodo cursor serve como ponto de partida sempre que for necessário percorrer a lista circular. E se for possível lembrar do ponto de partida, então é possível saber quando se completou a volta – o caminhamento sobre uma lista encadeada circular está completo quando se retorna ao nodo marcado como cursor quando se começou.

É possível definir alguns métodos de atualização simples para uma lista encadeada circular:

add(v): Insere um nodo novo, v, imediatamente após o cursor; se a lista está vazia, então v torna-se o cursor e seu ponteiro next aponta para si mesmo.

remove( ): remove e retorna o nodo v que se encontra imediatamente após o cursor (não o cursor propriamente dito, a menos que ele seja o único nodo); se a lista ficar vazia, o cursor é definido como **null**.

advance( ): avança o cursor para o próximo nodo da lista.

No Trecho de Código 3.25, apresenta-se uma implementação Java para a lista encadeada circular que usa a classe Nodo do Trecho de Código 3.12 e inclui um método toString para produzir uma representação da lista.

```
/** Lista encadeada circular com nodos do tipo Node que armazenam strings */
public class CircleList {
    protected Node cursor;           // o cursor corrente
    protected int size;              // a quantidade de nodos da lista
```

---

† N. de T.: Em inglês, "*Duck, Duck, Goose*".

```java
/** Construtor que cria uma lista vazia */
public CircleList( ) { cursor = null; size = 0; }
/** Retorna o tamanho corrente */
public int size( ) { return size; }
/** Retorna o cursor */
public Node getCursor( ) { return cursor; }
/** Move o cursor adiante */
public void advance( ) { cursor = cursor.getNext( ); }
/** Acrescenta um nodo depois do cursor */
public void add(Node newNode) {
  if (cursor == null) {              // a lista está vazia
    newNode.setNext(newNode);
    cursor = newNode;
  }
  else {
    newNode.setNext(cursor.getNext( ));
    cursor.setNext(newNode);
  }
  size++;
}
/** Remove o nodo que segue o cursor */
public Node remove( ) {
  Node oldNode = cursor.getNext( ); // o nodo sendo removido
  if (oldNode == cursor)
    cursor = null; // a lista se torna vazia
  else {
    cursor.setNext(oldNode.getNext( ));     // desconecta o nodo antigo
    oldNode.setNext(null);
  }
  size --;
  return oldNode;
}
/** Retorna uma representação string da lista, iniciando pelo cursor */
public String toString( ) {
  if (cursor == null) return " [ ] ";
  String s = " [ . . . " + cursor.getElement( );
  Node oldCursor = cursor;
  for (advance( ); oldCursor != cursor; advance( ))
    s += ",  " + cursor.getElement( );
  return s + " . . . ] ";
  }
}
```

Trecho de Código 3.25 Uma lista encadeada circular com nodos simples.

Algumas observações sobre a classe CircleList

Existem algumas observações que podem ser feitas a respeito da classe CircleList. É um programa simples que pode fornecer enorme funcionalidade para simular jogos de roda tais como "Pato, Pato, Ganso", como será visto. Deve-se observar, entretanto, que não é um programa robusto. Em especial, se a lista circular está vazia, então chamar advance ou remove sobre a lista irá gerar uma exceção. (Qual?) O Exercício R-3.8 lida com este comportamento gerador de exceção e com maneiras de lidar melhor com esta condição de lista vazia.

Pato, Pato, Ganso

No jogo de "Pato, Pato, Ganso", um grupo de crianças senta em círculo. Uma delas é eleita para ser o "pegador" e caminhar por fora do círculo. O pegador bate na cabeça de cada criança dizendo "pato" até que identifica uma delas como sendo "ganso". Neste ponto, gera-se uma confusão com o "ganso" e o pegador correndo ao redor do círculo. Quem retornar ao lugar do "ganso" primeiro, permanece no círculo. O perdedor da corrida será o pegador na próxima rodada. O jogo continua assim até que as crianças se aborreçam ou um adulto diga que é hora do lanche; nesse momento o jogo acabou. (Ver a Figura 3.19.)

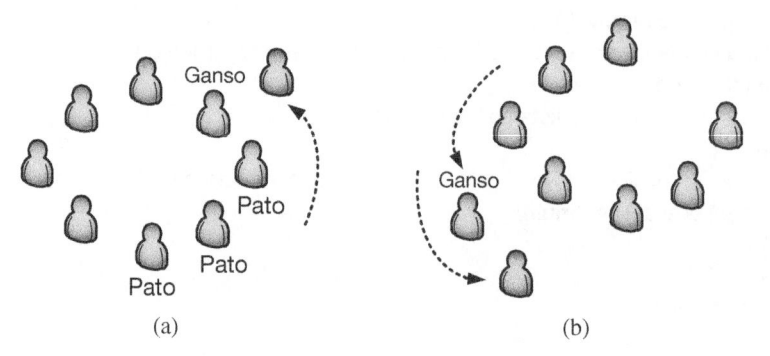

Figura 3.19 O jogo "Pato, Pato, Ganso": (a) selecionando o "ganso"; (b) corrida para o lugar do "ganso" entre o "ganso" e o pegador.

A simulação desse jogo é uma aplicação ideal para listas encadeadas circulares. As crianças podem representar os nodos da lista. O pegador pode ser identificado como a pessoa sentada após o cursor, e pode ser removida da lista para simular a marcha ao redor. Avança-se o cursor para cada "pato" que o pegador identifica, o que pode ser simulado com uma decisão aleatória. Uma vez que um "ganso" é identificado, pode-se remover este nodo da lista, fazer um sorteio aleatório para decidir quem irá ganhar a corrida e inserir o vencedor de volta na lista. Então, avança-se o cursor e insere-se o pegador de volta, repetindo o processo (ou encerra-se, se essa foi a última rodada).

Usando uma lista encadeada circular para simular o Pato, Pato, Ganso

O Trecho de Código 3.26 apresenta o código Java que simula o jogo do Pato, Pato, Ganso.

```java
/** Simulação do Pato, Pato, Ganso usando uma lista encadeada circular */
public static void main(String[ ] args) {
  CircleList C = new CircleList( );
  int N = 3;     // quantidade de iterações do jogo
  Node it;       // jogador que é o "pegador"
  Node goose;    // ganso
  Random rand = new Random( );
  rand.setSeed(System.currentTimeMillis()); // usa o tempo corrente como semente
  // Os jogadores
  String[ ] names = {"Bob","Jen","Pam","Tom","Ron","Vic","Sue","Joe"};
  for (int i = 0; i< names.length; i++) {
    C.add(new Node(names[i], null));
    C.advance( );
  }
  for (int i = 0; i < N; i++) {              // joga Pato, Pato, Ganso N vezes
    System.out.println("Playing Duck, Duck, Goose for " + C.toString( ));
    it = C.remove( );
    System.out.println(it.getElement( ) + " is it.");
    while (rand.nextBoolean( ) || rand.nextBoolean( )) { // anda ao redor do círculo
      C.advance( ); // avança com probabilidade de ¾
      System.out.println(C.getCursor( ).getElement( ) + " is a duck.");
    }
    goose = C.remove( );
    System.out.println(goose.getElement( ) + " is the goose!");
    if (rand.nextBoolean( )) {
      System.out.println("The goose won!");
      C.add(goose);      // coloca o ganso de volta no seu lugar antigo
      C.advance( );      // agora o cursor é o ganso
      C.add(it);         // o pegador será o mesmo na próxima rodada
    }
    else {
      System.out.println("The goose lost!");
      C.add(it);         // coloca o pegador no lugar do ganso
      C.advance( );      // agora o cursor está no pegador
      C.add(goose);      // o ganso será o pegador na próxima rodada
    }
  }
  System.out.println("Final circle is " + C.toString( ));
}
```

Trecho de Código 3.26 Método principal de uma programa que usa uma lista encadeada circular para simular o jogo de criança Pato, Pato, Ganso.

Um exemplo de saída

A Figura 3.20 mostra um exemplo de saída resultante de uma execução do programa do Pato, Pato, Ganso.

> Playing Duck, Duck, Goose for [...Joe, Bob, Jen, Pam, Tom, Ron, Vic, Sue...]
> Bob is it.
> Jen is a duck.
> Pam is a duck.
> Tom is a duck.
> Ron is the goose!
> The goose won!
> Playing Duck, Duck, Goose for [...Ron, Bob, Vic, Sue, Joe, Jen, Pam, Tom...]
> Bob is it.
> Vic is the goose!
> The goose won!
> Playing Duck, Duck, Goose for [...Vic, Bob, Sue, Joe, Jen, Pam, Tom, Ron...]
> Bob is it.
> Sue is a duck.
> Joe is a duck.
> Jen is a duck.
> Pam is a duck.
> Tom is a duck.
> Ron is a duck.
> Vic is a duck.
> Sue is the goose!
> The goose lost!
> Final circle is [...Bob, Sue, Joe, Jen, Pam, Tom, Ron, Vic...]

Figura 3.20 Exemplo de saída do programa Pato, Pato, Ganso.

Observa-se que cada iteração nessa execução particular do programa produz um resultado diferente, em virtude das configurações iniciais diferentes e do uso de escolhas aleatórias para identificar os patos e gansos. Da mesma forma, se o "pato" ou o "ganso" ganha a corrida também varia, dependendo de escolhas aleatórias. Essa execução mostra uma situação em que a próxima criança após o pegador é imediatamente identificada como "ganso", bem como uma outra em que o pegador caminha ao redor de todo o grupo de crianças antes de identificar o "ganso". Tais situações demonstram a utilidade de uma lista encadeada circular na simulação de jogos de roda tais como o Pato, Pato, Ganso.

3.4.2 Ordenando uma lista encadeada

No Trecho de Código 3.27, é apresentado o algoritmo *inserção ordenada* (Seção 3.1.2) para uma lista duplamente encadeada. Uma implementação Java é apresentada no Trecho de Código 3.28.

Algoritmo InsertionSort(*L*):
    Entrada: uma lista duplamente encadeada *L* com elementos comparáveis
    Saída: a lista *L* com os elementos reorganizados em ordem não decrescente
    se *L*.size( ) $<=$ 1 **então**
        return
    end $\leftarrow$ *L*.getFirst( )
    enquanto *end* não for o último nodo de *L* **faça**
        pivot $\leftarrow$ *end*.getNext( );
        Remove o *pivot* de *L*
        ins $\leftarrow$ *end*
        enquanto *ins* não for o cabeçalho e o elemento *ins* for maior que o *pivot* **faça**
            ins $\leftarrow$ *ins*.getPrev( )
        Acrescenta o *pivot* após *ins* em *L*
        se *ins* = *end* **então** {recém adicionou-se o *pivot* após *end*, nesse caso}
            end $\leftarrow$ *end*.getNext( )

Trecho de Código 3.27 Descrição em pseudocódigo de alto nível do algoritmo de inserção ordenada sobre uma lista duplamente encadeada.

```
/** Inserção ordenada sobre uma lista duplamente encadeada da classe DList */
public static void sort(DList L) {
    if (L.size( ) <= 1) return;      // L já está ordenado neste caso
    DNode pivot;        // nodo pivô
    DNode ins;          // ponto de inserção
    DNode end = L.getFirst( );       // fim da execução
    while (end != L.getLast( )) {
        pivot = end.getNext( );       // obtém o próximo nodo pivô
        L.remove(pivot);              // remove-o
        ins = end;                    // inicia a pesquisa pelo fim da ordenação
        while (L.hasPrev(ins) &&
                ins.getElement( ).compareTo(pivot.getElement( )) > 0)
            ins = ins.getPrev( );  // move para a esquerda
        L.addAfter(ins,pivot);        // coloca o pivô de volta após o ponto de inserção
        if (ins == end)               // acrescenta o pivô no final, nesse caso
            end = end.getNext( );     // incrementa o indicador de fim
    }
}
```

Trecho de Código 3.28 Implementação Java do algoritmo de inserção ordenada sobre uma lista duplamente encadeada representada pela classe DList (ver os Trechos de Código 3.22-3.24).

3.5 Recursão

Já foi visto que repetições podem ser obtidas escrevendo-se laços, como laços **for** ou laços **while**. Outra forma de se obter repetição é por meio da *recursão*, que ocorre quando uma função chama a si mesma. Já foram vistos exemplos de métodos que chamam outros métodos, de maneira que não deve ser surpresa que a maioria das linguagens de programação modernas, incluindo Java, permite que um método chame a si mesmo. Na verdade, não foi comentado, mas os métodos deepEquals( ) e deepToString( ), descritos na Seção 3.1.5 são definidos recursivamente. Nesta seção, será visto por que essa capacidade oferece uma alternativa elegante e poderosa para executar tarefas repetitivas.

A função fatorial

Para demonstrar recursão, começa-se com um exemplo simples que computa o valor da *função fatorial*. O fatorial de um inteiro positivo n, denotado $n!$, é definido como sendo o produto dos inteiros de 1 até n. Se $n = 0$, então $n!$ é definido como 1 por convenção. De uma maneira mais formal, para qualquer inteiro $n \geq 0$,

$$n! = \begin{cases} 1 & \text{se } n = 0 \\ n \cdot (n-1) \cdot (n-2) \cdots 3 \cdot 2 \cdot 1 & \text{se } n \geq 1 \end{cases}$$

Por exemplo, $5! = 5 \cdot 4 \cdot 3 \cdot 2 \cdot 1 = 120$. Para fazer a ligação com métodos mais clara, será usada a notação factorial(n) para denotar $n!$.

A função fatorial pode ser definida de uma forma que sugere uma formulação recursiva. Para entender, observa-se que

$$\text{factorial}(5) = 5 \cdot (4 \cdot 3 \cdot 2 \cdot 1) = 5 \cdot \text{factorial}(4).$$

Assim, pode-se definir factorial(5) em termos de factorial(4). Normalmente, para um inteiro positivo n, pode-se definir factorial(n) como sendo $n \cdot$factorial($n-1$). Isso leva à seguinte *definição recursiva*.

$$\text{factorial }(n) = \begin{cases} 1 & \text{se } n = 0 \\ n \cdot \text{factorial}(n-1) & \text{se } n \geq 1 \end{cases}$$

Esta definição é típica de muitas definições recursivas. Primeiro, ela contém um ou mais *casos base*, que são definidos de forma não recursiva em termos de quantidades fixas. Nesse caso, $n = 0$ é o caso base. Ela também contém um ou mais *casos recursivos*, que são definidos apelando para a definição da sua função. Observa-se que essa definição não é circular porque toda vez que a função é chamada, seu argumento é diminuído de um.

Implementação recursiva da função fatorial

Considere-se a implementação Java da função fatorial apresentada no Trecho de Código 3.29 sob o nome de recursiveFactorial( ). Observa-se que nenhum laço é necessário neste caso. As repetidas invocações recursivas da função substituem o laço.

```
public static int recursiveFactorial(int n) {        // função fatorial recursiva
    if (n == 0) return 1;                            // caso base
    else return n * recursiveFactorial(n−1);         // caso recursivo
}
```

Trecho de Código 3.29   Implementação recursiva da função fatorial.

Pode-se ilustrar a execução da definição recursiva de uma função por meio de um *rastreamento recursivo*. Cada entrada do rastreamento corresponde a uma chamada recursiva. Cada nova chamada recursiva é indicada por uma seta apontando a nova função ativada. Quando a função retorna, uma seta indicando esse retorno é desenhada, e o valor de retorno é indicado nela. A Figura 3.21 apresenta um exemplo de rastreamento.

Qual é a vantagem do uso da recursão? Embora a implementação recursiva da função fatorial seja mais simples que a versão iterativa, nesse caso não existe nenhuma razão determinante para se preferir a versão recursiva sobre a iterativa. Para alguns problemas, entretanto, a implementação recursiva pode ser consideravelmente mais simples e mais fácil de entender do que a versão iterativa. Segue um exemplo.

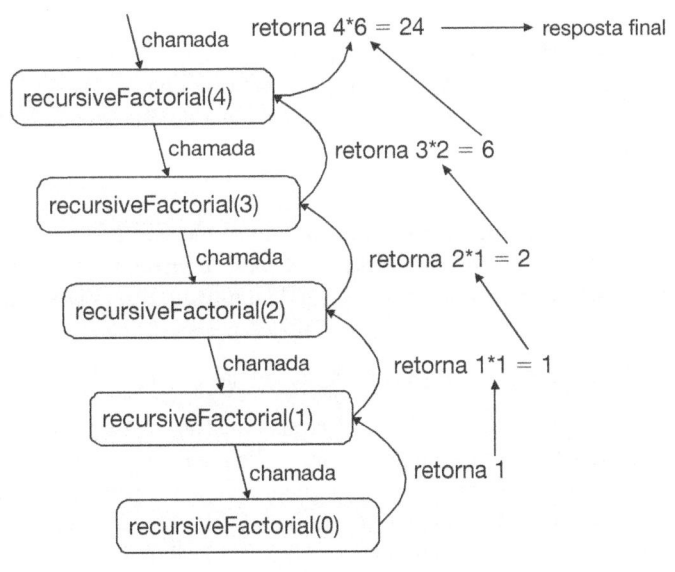

Figura 3.21   Rastreamento recursivo para a chamada recursiveFactorial(4).

Desenhando uma régua inglesa

Como um exemplo mais complexo de recursão, pode-se desenhar as marcas de uma régua inglesa típica. A régua é dividida em intervalos, e cada intervalo consiste em um conjunto de *marcas* dispostas a intervalos de ½ polegada, ¼ de polegada e assim por diante. À medida que o intervalo é reduzido à metade, o comprimento da marca é reduzido em uma unidade. (Ver Figura 3.22.)

```
    ---- 0              ----- 0             --- 0
      -                    -                  -
      --                   --                 --
      -                    -                  -
      ---                  ---                --- 1
      -                    -                  -
      --                   --                 --
      -                    -                  -
    ---- 1              ----                --- 2
      -                    -                  -
      --                   --                 --
      -                    -                  -
      ---                  ---                --- 3
      -                    -
      --                   --
      -                    -
    ---- 2              ----- 1

     (a)                  (b)                (c)
```

Figura 3.22 Três exemplos de saída da função de desenho da régua: (a) régua de 2 polegadas com a maior marca de comprimento 4; (b) régua de 1 polegada com a maior marca de comprimento 5; (c) régua de 3 polegadas com a maior marca de comprimento 3.

Cada múltiplo de polegada tem um rótulo numérico. O maior comprimento de marca é chamado de *comprimento de marca principal*. Entretanto, não existe preocupação com as distâncias reais, sendo impressa apenas uma marca por linha.

Abordagem recursiva para o desenho da régua

A abordagem para o desenho da régua consiste em três funções. A função principal, drawRuler( ) desenha a regra inteira. Seus argumentos são o número total de polegadas da régua, nInches, e o comprimento de marca principal, majorLength. A função utilitária, drawOneTick( ), desenha uma única marca de um certo comprimento. Ela também pode receber um rótulo inteiro opcional que é impresso se não for negativo.

O trabalho mais interessante é feito pela função recursiva, drawTicks( ), que desenha a sequência de marcas de um intervalo. Seu único argumento é o tamanho da marca associada com a marca central do intervalo. Considere-se a régua com marca principal de tamanho 5, apresentada na Figura 3.22(b). Ignorando as linhas que contêm 0 e 1, procura-se desenhar a sequência de marcas que ocorrem entre essas duas. A marca central (½ polegada) tem tamanho 4. Nota-se que os dois padrões de marcas, acima e abaixo da marca central, são idênticos, e que cada um tem uma marca central de tamanho 3. Normalmente, um intervalo com uma marca central de tamanho $L \geq 1$ é composto da seguinte forma:

- Um intervalo com uma marca central de comprimento $L - 1$.
- Uma única marca de tamanho L.
- Um intervalo com uma marca central de tamanho $L - 1$.

A cada chamada recursiva, o comprimento diminui de um. Quando o comprimento chega a zero, simplesmente retorna-se. Como resultado, esse processo recursivo sempre terminará. Isso sugere um processo recursivo no qual o primeiro e o último passo são executados chamando-se drawTicks($L-1$) recursivamente. O passo do meio é executado chamando a função drawOneTick(L). Essa formulação recursiva é apresentada no Trecho de Código 3.30. Como no exemplo do fatorial, o código tem um caso base (quando $L = 0$). Nesta instância, são feitas duas chamadas recursivas para a função.

```
                                // desenha uma marca sem rótulo
public static void drawOneTick(int tickLength) { drawOneTick(tickLength, -1); }
                                // desenha uma marca
public static void drawOneTick(int tickLength, int tickLabel) {
   for (int i = 0; i < tickLength; i++)
     System.out.print(" - ");
   if (tickLabel >= 0) System.out.print(" " + tickLabel);
   System.out.print("\n");
}
public static void drawTicks(int tickLength) {    // desenha marcas de certo comprimento
   if (tickLength > 0) {               // para quando o comprimento chega a 0
     drawTicks(tickLength-1);          // desenha recursivamente as marcas da esquerda
     drawOneTick(tickLength);          // desenha a marca central
     drawTicks(tickLength-1);          // desenha recursivamente as marcas da direita
   }
}
public static void drawRuler(int nInches, int majorLength) { // desenha a régua
   drawOneTick(majorLength, 0);        // desenha a marca 0 e seu rótulo
   for (int i = 1; i <= nInches; i++) {
     drawTicks(majorLength-1);         // desenha as marcas para esta polegada
     drawOneTick(majorLength, i);      // desenha a marca i e seu rótulo
   }
}
```

Trecho de Código 3.30 Uma implementação recursiva de uma função que desenha uma régua.

Ilustrando o desenho da régua usando rastreamento recursivo

A execução recursiva da função recursiva drawTicks, definida anteriormente, pode ser visualizada usando-se rastreamento recursivo.

Entretanto, o rastreamento para drawTicks é mais complexo que no caso do exemplo do fatorial, porque cada instância faz duas chamadas recursivas. Para ilustrar esse fato, apresenta-se o rastreamento recursivo de uma forma que lembra o esboço de um documento. (Ver Figura 3.23.)

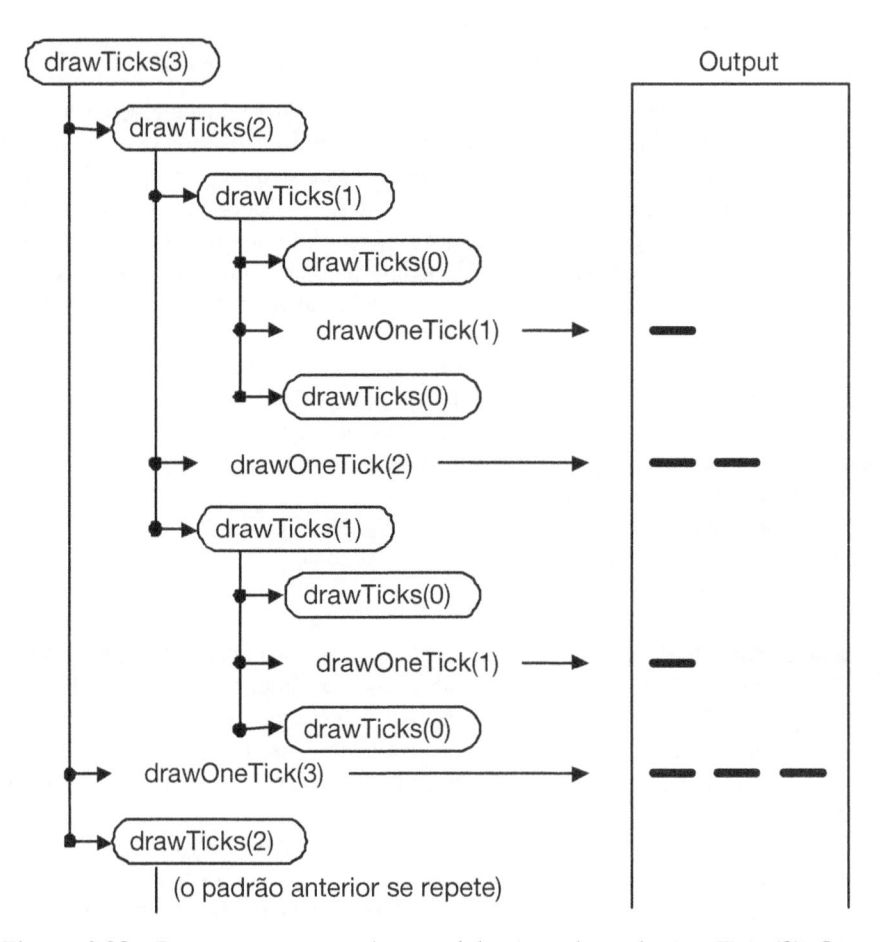

Figura 3.23 Rastreamento recursivo parcial para a chamada drawTicks(3). O segundo padrão de chamadas para drawTicks(2) não é mostrado, mas é idêntico ao primeiro.

Ao longo deste livro, serão vistos vários outros exemplos de como a recursão pode ser usada no projeto de estruturas de dados e algoritmos.

Outras demonstrações de recursão

Como discutido anteriormente, *recursão* é um conceito que define um método que chama a si mesmo. Quando isso ocorre, denomina-se *chamada recursiva*. Também se considera como recursivo um método M, se ele chama outro método que chama M de volta.

O maior benefício da abordagem recursiva no projeto de algoritmos é que nos permite tirar vantagem da estrutura repetitiva presente em muitos problemas. Fazendo a descrição dos algoritmos explorarem essa estrutura repetitiva de uma forma recursiva, pode-se evitar a análise de casos complexos e o uso de laços aninhados. Essa abordagem pode levar a descrições de algoritmos mais legíveis e ainda manter a eficiência.

Além disso, o uso da recursão é útil para definir objetos que tenham uma estrutura repetitiva similar, como nos exemplos que seguem.

Exemplo 3.1 *Sistemas operacionais modernos definem os diretórios do sistema de arquivos (também conhecidos como "pastas") de uma forma recursiva. Na verdade, um sistema de arquivos consiste em um diretório de mais alto nível, e o conteúdo deste diretório compreende arquivos e outros diretórios, que podem, por sua vez, conter arquivos e diretórios, e assim por diante. Os diretórios base de um sistema de arquivos contêm apenas arquivos, mas usando esta definição recursiva, o sistema operacional permite que os diretórios sejam aninhados em qualquer profundidade (enquanto houver espaço na memória).*

Exemplo 3.2 *Grande parte da sintaxe das linguagens de programação modernas é definida de forma recursiva. Por exemplo, pode-se definir uma lista de argumentos em Java usando a seguinte notação:*

    lista de argumentos:

        argumento

        lista de argumentos, argumento

Em outras palavras, uma lista de argumentos consiste tanto em (i) um argumento ou (ii) uma lista de argumentos, seguida de uma vírgula e um argumento. Isto é, uma lista de argumentos é uma lista com os elementos separados por vírgula. Da mesma forma, expressões aritméticas podem ser definidas recursivamente em termos de primitivas (tais como variáveis e constantes) e expressões aritméticas.

Exemplo 3.3 *Existem vários exemplos de recursão na arte e na natureza. Um dos exemplos mais clássicos de recursão usado na arte são as bonecas russas Matryoshka. Cada boneca é feita de madeira sólida ou oca, contendo outra boneca Matryoshka dentro de si.*

3.5.1 Recursão linear

A forma mais simples de recursão é a *recursão linear*, na qual um método é definido de maneira a fazer, no máximo, uma chamada recursiva toda vez que é ativado. Esse tipo de recursão é útil quando se analisam os problemas de algoritmo em termos do primeiro ou do último elemento mais um conjunto restante que tem a mesma estrutura do conjunto original.

Somando os elementos de um arranjo de maneira recursiva

Supondo, por exemplo, um dado arranjo A cujos n inteiros se deseja somar. Pode-se resolver este problema usando recursão linear, observando-se que a soma de todos os n inteiros em A é igual a $A[0]$, se $n = 1$, ou a soma dos primeiros $n - 1$ inteiros de A mais o último elemento de A. Particularmente, pode-se resolver este problema de somatório usando o algoritmo recursivo descrito no Trecho de Código 3.31.

Algoritmo LinearSum(A, n):
  Entrada: um arranjo inteiro A e um inteiro $n \geq 1$, tal que A tenha pelo menos n elementos.
  Saída: o somatório dos primeiros n elementos de A.
  se $n = 1$ **então**
    retorna $A[0]$
  senão
    retorna LinearSum($A, n-1$) + $A[n-1]$

Trecho de Código 3.31 Somando os elementos de um arranjo usando recursão linear.

Esse exemplo demonstra uma propriedade importante que todo o método recursivo deve respeitar – o método termina. Garante-se essa propriedade escrevendo uma sentença não recursiva para o caso $n = 1$. Além disso, sempre se executa a chamada recursiva sobre um valor menor para o parâmetro ($n - 1$) do que o fornecido (n), de maneira que em algum ponto (na "base" da recursão), será executada a parte não recursiva da computação (retornando $A[0]$). Normalmente, um algoritmo que usa recursão linear tem a seguinte forma típica:

- **Testes para os casos base:** inicia-se testando o conjunto de casos base (pode ser apenas um). Estes casos base devem ser definidos de maneira que toda possível cadeia de recursão eventualmente atinja um deles, e o tratamento deles não pode usar recursão.
- **Recursão:** após os testes dos casos base, executa-se a chamada recursiva. Este passo recursivo deve envolver o teste que decide qual das diferentes possibilidades de chamada recursiva fazer, mas deve escolher apenas uma dessas chamadas por vez que executar esse passo. Além disso, deve-se definir cada chamada recursiva possível de maneira que leve em direção a um caso base.

Analisando algoritmos recursivos usando rastreamento recursivo

Pode-se analisar um algoritmo recursivo usando uma ferramenta visual conhecida como ***rastreamento recursivo***. Usou-se rastreamento recursivo, por exemplo, para analisar e visualizar a função fatorial recursiva da Seção 3.5, da mesma maneira que é usado com os algoritmos de ordenação recursivos das Seções 11.1 e 11.2.

Para desenhar um rastreamento recursivo, cria-se uma caixa para cada instância de método e rotula-se este com seus parâmetros. Então, visualiza-se as chamadas recursivas desenhando uma seta que parte da caixa correspondente ao método chamador em direção a caixa correspondente ao método chamado. Por exemplo, demonstra-se o rastreamento recursivo do algoritmo LinearSum do Trecho de Código 3.31 na Figura 3.24. Rotula-se cada caixa neste rastreamento com os parâmetros usados para fazer a chamada. Toda vez que se faz uma chamada recursiva, desenha-se uma linha para a caixa que a representa. Também é possível usar este diagrama para visualizar os sucessivos passos do algoritmo, uma vez que ele avança da chamada de n para a chamada de $n-1$, para a chamada de $n-2$, e assim por diante, até chegar à chamada de 1. Quando a chamada final termina, ele retorna o valor de volta para a chamada de 2, que por sua vez adiciona o valor e retorna a soma parcial para a chamada de 3, e assim por diante, até que a chamada de $n-1$ retorne sua soma parcial para a chamada de n.

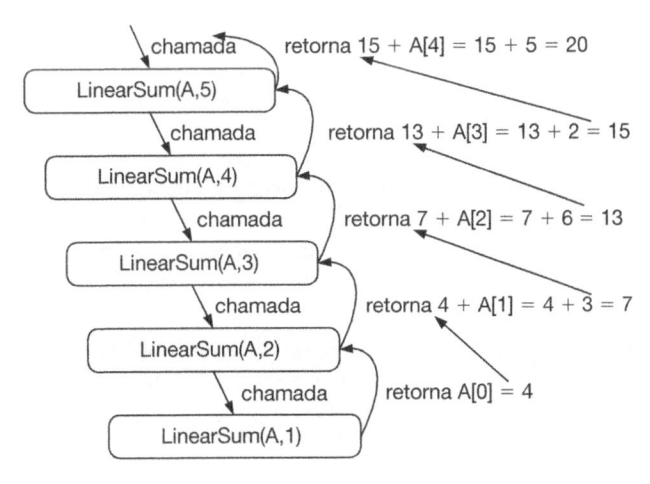

```
  chamada       retorna 15 + A[4] = 15 + 5 = 20
 LinearSum(A,5)
     chamada    retorna 13 + A[3] = 13 + 2 = 15
  LinearSum(A,4)
       chamada  retorna 7 + A[2] = 7 + 6 = 13
   LinearSum(A,3)
         chamada retorna 4 + A[1] = 4 + 3 = 7
    LinearSum(A,2)
           chamada retorna A[0] = 4
     LinearSum(A,1)
```

Figura 3.24 Rastreamento recursivo para uma execução de LinearSum(A, n) com parâmetros de entrada $A = \{4,3,6,2,5\}$ e $n = 5$.

A partir da Figura 3.24, deve ficar claro que para um arranjo de entrada de tamanho n, o algoritmo LinearSum faz n chamadas. Consequentemente, ele irá consumir uma quantidade de tempo que é aproximadamente proporcional a n, uma vez que o tempo gasto com a parte não recursiva de cada chamada é constante. Além disso, pode-se perceber que a quantidade de memória usada pelo algoritmo (além do arranjo A), também é proporcional a n, uma vez que se necessita de uma quantidade constante de memória para cada uma das n caixas do rastreamento no momento em que se faz a chamada recursiva final (para $n = 1$).

Invertendo um arranjo por recursão

Na sequência, será analisado o problema de inverter os n elementos de um arranjo, A, de maneira que o primeiro elemento se torne o último, o segundo se torne o penúltimo, e assim por diante. Pode-se resolver esse problema usando recursão linear, na medida em que se observa que o inverso de um arranjo pode ser obtido trocando-se o primeiro e o último elemento, e então invertendo recursivamente os elementos restantes. Os detalhes deste algoritmo são descritos no Trecho de Código 3.32, usando a convenção de que, na primeira vez em que este algoritmo é chamado, usa-se a chamada ReverseArray(A, 0, $n-1$).

Algoritmo ReverseArray(A, i, j):
   Entrada: um arranjo A e índices inteiros não negativos i e j
   Saída: os elementos de A invertidos começando no índice i e terminando em j
   se $i < j$ **então**
     Inverter $A[i]$ e $A[j]$
     ReverseArray($A, i+1, j-1$)
   retorna

Trecho de Código 3.32   Invertendo os elementos de um arranjo usando recursão linear.

Observa-se que neste algoritmo na verdade existem dois casos base, a saber, quando $i = j$ e quando $i > j$. Em qualquer um desses casos, simplesmente encerra-se o algoritmo, uma vez que uma sequência com zero elementos ou uma sequência com um elemento são trivialmente iguais a seu inverso. Além disso, observa-se que no passo recursivo garante-se o progresso em direção a um desses dois casos base. Se n é ímpar, o caso $i = j$ será atingido inevitavelmente, e se n for par, certamente será atingido o caso $i > j$. Esse argumento implica que o algoritmo recursivo do Trecho de Código 3.32 com certeza termina.

Definindo problemas de maneira a facilitar a recursão

Para projetar um algoritmo recursivo para um dado problema, é útil pensar em diferentes maneiras de subdividi-lo, definindo subproblemas que tenham a mesma estrutura geral que o original. Este processo significa que algumas vezes é necessário redefinir o problema original para facilitar a obtenção de subproblemas similares. Por exemplo, no algoritmo ReverseArray, foram acrescentados os parâmetros i e j de maneira que a chamada recursiva para inverter a parte interna do arranjo A tivesse a mesma estrutura (e mesma sintaxe) que a chamada para inverter todo o arranjo A. Em função disso, em vez de chamar inicialmente ReverseArray(A), chama-se ReverseArray(A, 0, $n-1$). Normalmente, se existe dificuldade para encontrar a estrutura repetitiva necessária para projetar um algoritmo recursivo, pode ser útil trabalhar o problema sobre alguns exemplos concretos de maneira a entender como os subproblemas podem ser definidos.

Recursão final

Em diversas situações, a recursão é uma ferramenta útil para projetar algoritmos que têm definições curtas e elegantes. Mas essa utilidade tem um custo. Quando se usa um algoritmo recursivo para resolver um problema, gasta-se uma certa quantidade de memória para manter o estado de cada chamada recursiva ativa. Quando a memória do computador está escassa, em alguns casos é interessante ser capaz de derivar um algoritmo não recursivo a partir de um recursivo.

Pode-se usar uma estrutura de dados do tipo pilha, discutida na Seção 5.1, para converter um algoritmo recursivo em um algoritmo não recursivo, mas existem algumas situações em que esta conversão pode ser feita de maneira mais simples e eficiente. Em particular, pode-se converter facilmente algoritmos que usem **recursão final**. Um algoritmo usa recursão final† se ele usa recursão linear, e o algoritmo faz uma chamada recursiva como sua última operação. Por exemplo, o Trecho de Código 3.32 usa recursão final para inverter os elementos do arranjo.

Entretanto, não é suficiente que o último comando da definição do método inclua uma chamada recursiva. Para que um método use recursão final, a chamada recursiva deve ser realmente a última coisa que o método faz (caso contrário, seria um caso base, é claro). Por exemplo, o algoritmo do Trecho de Código 3.31 não usa recursão final, mesmo que seu último comando inclua uma chamada recursiva. Esta chamada recursiva não é, na verdade, a última coisa que o método faz. Após receber o valor retornado da chamada recursiva, ele adiciona esse valor em $A[n-1]$ e retorna essa soma. Isto é, a última coisa que esse algoritmo faz é uma soma, não uma chamada recursiva.

Quando um algoritmo usa recursão final, pode-se convertê-lo em um algoritmo não recursivo iterando através das chamadas recursivas em vez de chamá-las explicitamente. Demonstra-se esse tipo de conversão revisitando o problema de inverter os elementos de um arranjo. No Trecho de Código 3.33, apresenta-se um algoritmo não recursivo que executa esta tarefa iterando sobre as chamadas recursivas do algoritmo do Trecho de Código 3.32. Inicialmente, chama-se esse algoritmo usando IterativeReverseArray(A, 0, $n-1$).

Algoritmo IterativeReverseArray(A, i, j):
    Entrada: um arranjo A e índices inteiros não negativos i e j
    Saída: os elementos de A invertidos, começando no índice i e terminando no índice j
    enquanto $i < j$ **faça**
        Inverta $A[i]$ e $A[j]$
        $i \leftarrow i + 1$
        $j \leftarrow j - 1$
    retorna

Trecho de Código 3.33 Invertendo os elementos de um arranjo usando iteração.

---

† N. de T.: No original, *Tail Recursion*.

3.5.2 Recursão binária

Quando um algoritmo faz duas chamadas recursivas, diz-se que usa **recursão binária**. Estas chamadas podem, por exemplo, ser usadas para resolver duas metades do mesmo problema, como foi feito na Seção 3.5 para desenhar a régua inglesa. Como outra aplicação de recursão binária, será revisitado o problema de somar os n elementos de um arranjo de inteiros A. Nesse caso, serão somados os elementos de A da seguinte forma: (*i*) somando recursivamente os elementos da primeira metade de A; (*ii*) somando recursivamente os elementos da segunda metade de A; e (*iii*) somando esses dois valores juntos. Os detalhes do algoritmo são fornecidos no Trecho de Código 3.34, que deve ser chamado usando BinarySum(A, 0, n).

Algoritmo BinarySum(A, i, n):
   Entrada: um arranjo A e os inteiros i e n
   Saída: a soma dos n inteiros de A iniciando pelo índice i
   se $n = 1$ **então**
     retorna $A[i]$
   retorna BinarySum($A, i, \lceil n/2 \rceil$) + Binarysum($A, i + \lceil n/2 \rceil, \lfloor n/2 \rfloor$)

Trecho de Código 3.34 Somando os elementos de um arranjo usando recursão binária.

Para analisar o algoritmo BinarySum, será considerado, por simplicidade, o caso em que n é potência de 2. O caso geral para n arbitrário é considerado no Exercício R-4.5. A Figura 3.25 apresenta o rastreamento recursivo de uma execução do método BinarySum(0,8). Rotula-se cada caixa com os valores dos parâmetros i e n, que representam o índice inicial e o comprimento da sequência de elementos a serem somados, respectivamente. Observa-se que as setas do rastreamento partem de uma caixa rotulada (i, n) para outra rotulada $(i, n/2)$ ou $(i+n/2, n/2)$. Isto é, o valor do parâmetro n é dividido a cada chamada recursiva. Assim, a profundidade da recursão, isto é, o número máximo de instâncias de métodos que estão ativas ao mesmo tempo, é $1 + \log_2 n$. Assim, o algoritmo BinarySum usa uma quantidade de espaço adicional aproximadamente proporcional a este valor. Isso é um grande aperfeiçoamento em relação ao espaço necessário pelo método LinearSum do Trecho de Código 3.31. Entretanto, o tempo de execução do algoritmo BinarySum é também proporcional a n, uma vez que cada caixa é visitada em um tempo constante quando se avança pelo algoritmo e existem $2n - 1$ caixas.

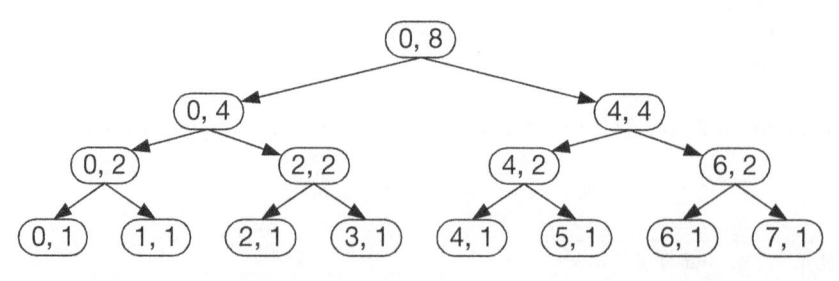

Figura 3.25 Rastreamento recursivo para a execução de BinarySum(0,8).

Calculando números Fibonacci por meio de recursão binária

Considera-se o problema de calcular o k-ésimo número Fibonacci. Na Seção 2.2.3, viu-se que os números Fibonacci são recursivamente definidos como segue:

$$F_0 = 0$$
$$F_1 = 1$$
$$F_i = F_{i-1} + F_{i-2} \quad \text{para } i > 1.$$

Aplicando-se diretamente esta definição, o algoritmo BinaryFib, apresentado no Trecho de Código 3.35, calcula a sequência de números Fibonacci usando recursão binária.

Algoritmo BinaryFib(k):
  Entrada: inteiro não negativo k
  Saída: o k-ésimo número Fibonacci F_k
  se $k \leq 1$ **então**
    retorna k
  senão
    retorna BinaryFib($k - 1$) + BinaryFib($k - 2$)

Trecho de Código 3.35 Cálculo do k-ésimo número de Fibonacci usando recursão binária.

Infelizmente, apesar da definição de Fibonnaci se parecer com uma recursão binária, usar esta técnica é ineficiente nesse caso. Na verdade, dessa forma é usada uma quantidade exponencial de chamadas para calcular o k-ésimo número Fibonacci. Mais especificamente, faça n_k denotar o número de chamadas acionadas na execução de BinaryFib(k). Então, tem-se os seguintes valores para n_k.

$$
\begin{aligned}
n_0 &= 1 \\
n_1 &= 1 \\
n_2 &= n_1 + n_0 + 1 = 1 + 1 + 1 = 3 \\
n_3 &= n_2 + n_1 + 1 = 3 + 1 + 1 = 5 \\
n_4 &= n_3 + n_2 + 1 = 5 + 3 + 1 = 9 \\
n_5 &= n_4 + n_3 + 1 = 9 + 5 + 1 = 15 \\
n_6 &= n_5 + n_4 + 1 = 15 + 9 + 1 = 25 \\
n_7 &= n_6 + n_5 + 1 = 25 + 15 + 1 = 41 \\
n_8 &= n_7 + n_6 + 1 = 41 + 25 + 1 = 67.
\end{aligned}
$$

Acompanhando o padrão, percebe-se que o número de chamadas mais que dobra para cada dois índices consecutivos. Isto é, n_4 é mais de duas vezes n_2, n_5 é mais de duas vezes n_3, n_6 é mais de duas vezes n_4 e assim por diante. Assim $n_k > 2^{k/2}$, o que significa que BinaryFib faz um número de chamadas que é exponencial em relação a k. Em outras palavras, o uso de recursão binária para calcular números Fibonacci é muito ineficiente.

Computando Fibonacci usando recursão linear

O maior problema da abordagem baseada em recursão binária é que o cálculo de números Fibonacci, na verdade, é um problema linearmente recursivo. Ele não é um bom candidato para o uso de recursão binária. Ficamos tentados a usar recursão binária em função da maneira como o k-ésimo número Fibonacci, F_k, depende dos dois valores anteriores, F_{k-1} e F_{k-2}. Mas podemos computar F_k de maneira muito mais eficiente usando recursão linear.

Entretanto, para se usar recursão linear, é necessário redefinir ligeiramente o problema. Uma maneira de obter esta conversão é definir uma função recursiva que calcule um par de números Fibonacci consecutivos (F_k, F_{k-1}) usando como convenção que $F_{-1} = 0$. Então é possível usar o algoritmo linearmente recursivo apresentado no Trecho de Código 3.36.

Algoritmo LinearFibonacci(k):
   Entrada: um inteiro não negativo k
   Saída: um par de números Fibonacci (F_k, F_{k-1})
   se $k \leq 1$ **então**
     retorna $(k, 0)$
   senão
     $(i, j) \leftarrow$ LinearFibonacci($k - 1$)
   retorna $(i+j, i)$

Trecho de Código 3.36 Calculando o k-ésimo número de Fibonacci usando recursão linear.

O algoritmo apresentado no Trecho de Código 3.36 mostra que usar regressão linear para calcular números Fibonacci é muito mais eficiente do que usar recursão binária. Uma vez que cada chamada recursiva para LinearFibonacci decrementa o argumento k de 1, a chamada LinearFibonacci(k) resulta em uma série de $k - 1$ chamadas adicionais. Isto é, calcular o k-ésimo número por meio de recursão linear requer k chamadas de métodos. Esta performance é significativamente mais rápida que o tempo exponencial exigido pelo algoritmo baseado em recursão binária, apresentado no Trecho de Código 3.35. Por essa razão, quando se usa recursão binária, deve-se primeiro tentar particionar completamente o problema em dois (como foi feito com a soma dos elementos do arranjo) ou é preciso estar convencido de que sucessivas chamadas recursivas são realmente necessárias.

Normalmente se pode eliminar chamadas recursivas que se sobrepõem usando mais memória para manter os valores anteriores. Na verdade, esta abordagem é a parte central de uma técnica chamada de *programação dinâmica*, que está relacionada à recursão e é discutida na Seção 12.2.

3.5.3 Recursão múltipla

Generalizando a partir da recursão binária, usa-se *recursão múltipla* quando um método pode fazer várias chamadas recursivas em um número potencialmente maior que dois. Uma das aplicações mais comuns deste tipo de recursão é quando se deseja enumerar várias configurações visando resolver um quebra-cabeça combinatório. Os exemplos que seguem são instâncias de *quebra-cabeças de soma*:

$$pot + pan = bib$$
$$dog + cat = pig$$
$$boy + girl = baby$$

Para resolver esse tipo de quebra-cabeça, é necessário atribuir um dígito único (isto é, 0,1, ..., 9) para cada letra da equação, de maneira a torná-la verdadeira. Normalmente, resolvem-se quebra-cabeças com base nas observações "humanas" que se fazem de um quebra-cabeça, em particular para eliminar configurações (isto é, possíveis atribuições parciais de dígitos para letras), até que restem apenas configurações válidas para trabalhar, testando-se a correção de cada uma.

Se o número de configurações possíveis não for muito grande, entretanto, pode-se usar um computador para simplesmente enumerar todas as possibilidades e testar cada uma delas sem empregar observações "humanas". Além disso, tal algoritmo pode usar recursão múltipla para trabalhar com as configurações de uma forma sistemática. Apresenta-se o pseudocódigo para este algoritmo no Trecho de Código 3.37. Para manter a descrição suficientemente genérica para ser usada com outros quebra-cabeças, o algoritmo enumera e testa todas as sequências de comprimento k sem repetições de elementos de um dado conjunto U. Constroem-se as sequências de k elementos pelos seguintes passos:

1. Geram-se recursivamente as sequências de $k - 1$ elementos.
2. Acrescenta-se a cada sequência um elemento que ela ainda não contenha.

Por meio da execução do algoritmo, usa-se o conjunto U para manter os elementos que não estão contidos na sequência corrente, de maneira que um elemento e ainda não foi usado se e somente se e estiver em U.

Outra forma de analisar o algoritmo do Trecho de Código 3.37 é que ele enumera todos os tamanhos possíveis para os subconjuntos ordenados de U de tamanho k, e testa cada subconjunto como sendo uma possível solução para o quebra-cabeça.

Para quebra-cabeças de soma, $U = \{0, 1, 2, 3, 4, 5, 6, 7, 8, 9\}$ e cada posição na sequência corresponde a uma dada letra. Por exemplo, a primeira posição pode ser o lugar de um b, a segunda de um o, a terceira de um y e assim por diante.

Algoritmo PuzzleSolve(k, S, U):
   Entrada: um inteiro k, uma sequência S e um conjunto U.
   Saída: uma enumeração de todas as extensões de S de tamanho k que usam elementos de
     U sem repetições.
   para cada e em U **faça**
     Remova e de U {e agora está sendo usado}
     Acrescente e no final de S
     se $k = 1$ **então**
       Teste se S é uma configuração que resolve o quebra-cabeça
       se S resolve o quebra-cabeça **então**
         retorna "Solução encontrada: " S

senão
PuzzleSolve($k - 1, S, U$)
Coloque e de volta em U {e agora não está sendo usado}
Remova e do final de S

Trecho de Código 3.37 Resolvendo um quebra-cabeça combinatório pela enumeração e teste de todas as configurações possíveis.

A Figura 3.26 apresenta o rastreamento recursivo de uma chamada para PuzzleSolve(3, S, U), onde S está vazio e $U = \{a, b, c\}$. Durante a execução, todas as permutações dos três caracteres são geradas e testadas. Observa-se que a chamada inicial faz três chamadas recursivas, cada uma das quais, por sua vez, faz mais duas. Se PuzzleSolve(3, S, U) for executado sobre um conjunto U consistindo em quatro elementos, a chamada inicial teria feito quatro chamadas recursivas, cada uma das quais teria um rastreamento parecido com o da Figura 3.26.

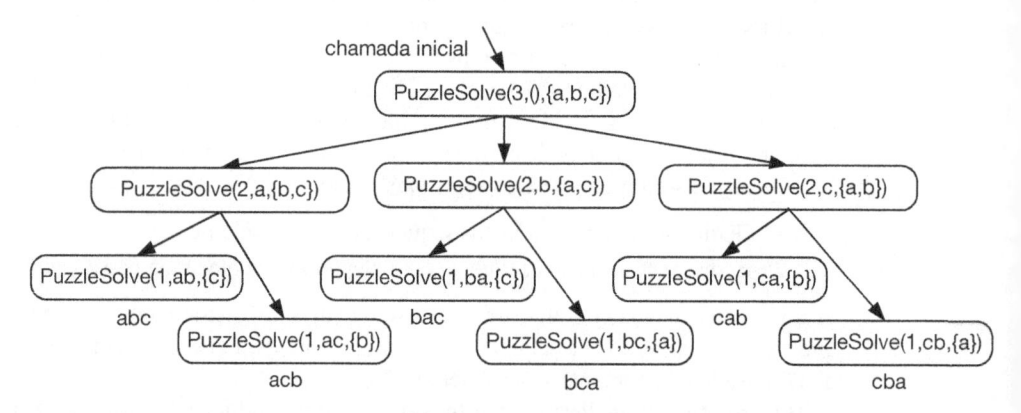

Figura 3.26 Rastreamento recursivo para uma execução de PuzzleSolve(3, S, U), onde S está vazio e $U = \{a, b, c\}$. Esta execução gera e testa todas as permutações de a, b e c. As permutações geradas são vistas logo abaixo das respectivas caixas.

3.6 Exercícios

Para obter os códigos-fonte dos exercícios, visite www.grupoa.com.br.

Reforço

R-3.1 Qual é a diferença entre o teste de igualdade profunda entre dois arranjos Java, A e B, se eles são dois arranjos de uma dimensão do tipo **int**? O que aconteceria se os arranjos fossem bidimensionais do tipo **int**?

R-3.2 Forneça três exemplos distintos de comandos Java simples que copiam o conteúdo de um arranjo a de entradas **int** em outro arranjo, b, de entradas **int**.

R-3.3 Os métodos add e remove dos Trechos de Código 3.3 e 3.4 não mantêm o número, n, de entradas não nulas do arranjo, a. Em vez disso, as células não usadas apontam para um objeto **null**. Mostre como alterar estes métodos de maneira que eles mantenham o tamanho atual de a em uma variável de instância n.

R-3.4 Forneça os próximos cinco números pseudoaleatórios usando o gerador descrito neste capítulo, com a=12, b=5 e n=100, usando como semente 92.

R-3.5 Descreva uma forma de usar recursão para acrescentar todos os elementos de a em um arranjo $n \times n$ (bidimensional) de inteiros.

R-3.6 Explique como modificar o programa da Cifra de César (Trecho de Código 3.9) de maneira que ele execute codificação e decodificação ROT13, que usa 13 como valor de deslocamento do alfabeto. Como você pode simplificar o código de maneira que o corpo do método de decodificação tenha apenas uma linha?

R-3.7 Explique as alterações que devem ser feitas no programa do Trecho de Código 3.9, de maneira que ele possa executar a Cifra de César para mensagens que são escritas em línguas baseadas em alfabetos diferentes do inglês, tais como grego, russo ou hebraico.

R-3.8 Qual a exceção que é lançada quando advance ou remove do Trecho de Código 3.25 são chamados sobre uma lista vazia? Explique como modificar esses métodos de maneira a fornecer um nome de exceção mais instrutivo para esta condição.

R-3.9 Apresente uma definição recursiva para uma lista simplesmente encadeada.

R-3.10 Descreva um método para inserir um elemento no início de uma lista simplesmente encadeada. Assuma que a lista *não* usa um nodo sentinela e, em vez disso, usa a variável head para referenciar o primeiro nodo da lista.

R-3.11 Forneça um algoritmo para encontrar o penúltimo nodo em uma lista simplesmente encadeada em que o último elemento é indicado por uma referência next nula.

R-3.12 Descreva um método não recursivo para encontrar, avançando pelos encadeamentos, o nodo do meio de uma lista duplamente encadeada com sentinelas de início e fim. (Observe: esse método deve usar apenas navegação pelos encadeamentos; não deve usar um contador.) Qual é o tempo de execução desse método?

R-3.13 Descreva um algoritmo recursivo para encontrar o maior elemento em um arranjo A de n elementos. Qual é o tempo de execução e a memória utilizada?

R-3.14 Desenhe o rastreamento recursivo da execução do método ReverseArray(A, 0, 4) (Trecho de Código 3.32) sobre o arranjo $A = \{4, 3, 6, 2, 5\}$.

R-3.15 Desenhe o rastreamento recursivo para a execução do método PuzzleSolve(3, S, U) (Trecho de Código 3.37), onde S está vazio e U = {a, b, c, d}.

R-3.16 Escreva um pequeno método Java que repetidamente seleciona e remove de forma aleatória uma entrada de um arranjo até que ele não armazene mais entradas.

R-3.17 Escreva um pequeno método Java para contar o número de nodos em uma lista encadeada circular.

Criatividade

C-3.1 Forneça exemplos de valores para a e b do gerador de números pseudoaleatórios apresentado neste capítulo de maneira que o resultado não seja aparentemente muito randômico para n = 1.000.

C-3.2 Suponha um arranjo, A, contendo 100 inteiros que são armazenados em A usando-se o método r.nextInt(10), onde r é um objeto do tipo java.util.Random. Faça x denotar o produto dos inteiros de A. Existe um único número igual a x com probabilidade de pelo menos 0,99. Qual é esse número e qual é a fórmula para descrever a probabilidade de x ser igual a ele?

C-3.3 Forneça o código Java dos métodos add(e) e remove(i) para entradas de jogos em um arranjo a, como nos Trechos de Código 3.3 e 3.4, exceto que agora as entradas não são mantidas em ordem. Assuma que ainda é necessário manter n entradas armazenadas nos índices de 0 a $n-1$. Tente implementar os métodos add e remove sem usar laços, de forma que o número de passos que eles executem não dependa de n.

C-3.4 Faça A ser um arranjo de tamanho $n \geq 2$ contendo inteiros de 1 a $n-1$, inclusive, com exatamente um repetido. Descreva um algoritmo rápido para encontrar o inteiro de A que está repetido.

C-3.5 Seja B um arranjo de tamanho $n \geq 6$ contendo inteiros de 1 a $n-5$, inclusive, com exatamente cinco repetidos. Descreva um bom algoritmo para encontrar os cinco inteiros de B que estão repetidos.

C-3.6 Suponha que você está projetando um jogo para vários jogadores que tem $n \geq 1.000$ jogadores, numerados de 1 a n, interagindo em uma floresta encantada. O vencedor deste jogo é o primeiro jogador que puder encontrar todos os demais pelo menos uma vez (empates são permitidos). Assumindo que existe um método meet(i, j) que é chamado cada vez que o jogador i encontra o jogador j (com $i \neq j$), descreva uma maneira de manter os pares de jogadores que se encontram e quem é o vencedor.

C-3.7 Apresente um algoritmo recursivo para calcular o produto de dois inteiros positivos, m e n, usando apenas adição e subtração.

C-3.8 Descreva um algoritmo recursivo rápido para inverter uma lista simplesmente encadeada L, de maneira que a ordem dos nodos seja o oposto do que era antes. Se a lista só tem uma posição, então não há nada a ser feito; a lista já está invertida. Em qualquer outro caso, remova.

C-3.9 Descreva um bom algoritmo para concatenar duas listas simplesmente encadeadas, L e M, com sentinelas cabeça, em uma única lista L' que contém todos os nodos de L seguidos por todos os nodos de M.

C-3.10 Forneça um algoritmo rápido para concatenar duas listas duplamente encadeadas L e M, com nodos sentinela cabeça e final, em uma única lista L'.

C-3.11 Descreva em detalhes como trocar dois nodos x e y de uma lista simplesmente encadeada L fornecidas apenas referências para x e y. Repita este exercício para o caso em que L é uma lista duplamente encadeada. Qual algoritmo consome mais tempo?

C-3.12 Descreva em detalhes um algoritmo para inverter uma lista simplesmente encadeada L usando apenas uma quantidade constante de espaço adicional e sem usar recursão.

C-3.13 No quebra-cabeça das **Torres de Hanoi**, existe uma plataforma com três pinos, a, b e c fincados nela. No pino a temos uma pilha de discos, um maior que o outro, de maneira que o menor está no topo e o maior na base. O desafio é mover todos os discos do pino a para o pino c, movendo um disco de cada vez, de maneira que nunca seja colocado um disco maior sobre um disco menor. Veja a Figura 3.27 como exemplo do caso de $n = 4$. Descreva um algoritmo recursivo para resolver o quebra-cabeça das Torres de Hanoi para qualquer valor de n. (Dica: considere primeiro o subproblema de mover todos menos o n-ésimo disco do pino a para outro pino usando o terceiro como "armazenamento temporário".)

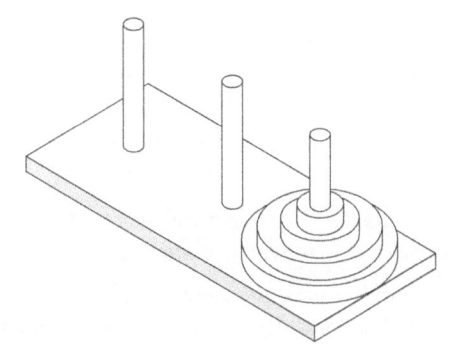

Figura 3.27 Desenho do quebra-cabeça das Torres de Hanoi.

C-3.14 Descreva um método recursivo para converter uma string de dígitos no inteiro que ela representa. Por exemplo, `"13531"` representa o inteiro 13.531.

C-3.15 Descreva um algoritmo recursivo que conte o número de nodos em uma lista simplesmente encadeada.

C-3.16 Escreva um programa Java recursivo que resultará em todos os suconjuntos de um conjunto de n elementos (sem repetir nenhum subconjunto).

C-3.17 Escreva um pequeno programa Java recursivo que encontre o menor e o maior valor de um arranjo de valores **int** sem usar nenhum laço.

C-3.18 Descreva um algoritmo recursivo que irá verificar se um arranjo A de inteiros contém um inteiro $A[i]$ que é a soma de dois inteiros que aparecem antes em A, isto é, tais que $A[i] = A[j]+A[k]$ para $j, k < i$.

C-3.19 Escreva um pequeno método Java recursivo que irá reorganizar um arranjo de valores **int** de maneira que todos os valores pares apareçam antes de todos os valores ímpares.

C-3.20 Escreva um pequeno método Java recursivo que pega um caractere string s e exibe seu inverso. Assim, por exemplo, o inverso de `"pots&pans"` será `"snap&stop"`.

C-3.21 Escreva um pequeno método Java recursivo que determina se uma string s é um palíndromo, isto é, se é igual ao seu inverso. Por exemplo `"racecar"` e `"gohangasalamiimalasagnahog"` são palíndromos.

C-3.22 Use recursão para escrever um método Java para determinar se uma string s tem mais vogais que consoantes.

C-3.23 Suponha que são fornecidas duas listas circulares, L e M, isto é, duas listas de nodos de forma que cada nodo possui uma referência next não nula. Descreva um algoritmo rápido para dizer se L e M são na verdade a mesma lista de nodos, mas com diferentes (cursores) pontos de partida.

C-3.24 Dada uma lista circular encadeada L contendo um número par de nodos, descreva como dividir L em duas listas encadeadas circulares com a metade do tamanho.

C-3.25 Forneça detalhes para a implementação do método deepCopyOf em Java para fazer cópias idênticas de dois arranjos bidimensionais.

Projetos

P-3.1 Escreva um método Java que receba dois arranjos inteiros tridimensionais e some-os componente a componente.

P-3.2 Escreva um programa Java para uma classe matriz que possa adicionar e multiplicar arranjos bidimensionais de inteiros quaisquer.

P-3.3 Execute o projeto anterior, mas use tipos genéricos de maneira que as matrizes envolvidas possam conter tipos arbitrários de números.

P-3.4 Escreva uma classe que mantém os dez maiores escores para uma aplicação de jogo, implementando os métodos add e remove da Seção 3.11, mas usando uma lista simplesmente encadeada em vez de um arranjo.

P-3.5 Execute o projeto anterior, mas use uma lista duplamente encadeada. Além disso, sua implementação de remove(i) deve fazer o menor número de deslocamentos sobre as conexões para obter a entrada sob o índice i.

P-3.6 Execute o projeto anterior, mas use uma lista encadeada que seja tanto circular como duplamente encadeada.

P-3.7 Escreva um programa para resover os quebra-cabeças de soma pela enumeração e teste de todas as soluções possíveis. Usando seu programa, resolva os três quebra-cabeças fornecidos na Seção 3.5.3.

P-3.8 Escreva um programa que criptografe e decriptografe usando uma cifra de substituição arbitrária. Nesse caso, o arranjo de criptografia é uma mistura aleatória de letras do alfabeto. Seu programa deve gerar o arranjo aleatório de criptografia, seu arranjo correspondente de decodificação e use estes para codificar e decodificar uma mensagem.

P-3.9 Escreva um programa que possa executar a Cifra de César para mensagens em inglês que incluam tanto caracteres minúsculos como maiúsculos.

P-3.10 Escreva um programa que possa resolver instâncias do problema da Torre de Hanoi (do Exercício C-3.13).

Observações sobre o capítulo

As estruturas de dados fundamentais de arranjos e listas encadeadas, bem como recursão, discutidas neste capítulo pertencem ao folclore da Ciência da Computação. Elas foram descritas pela primeira vez na literatura de Ciência da Computação por Knuth no seu livro sobre *Fundamentos de Algoritmos* [62].

Capítulo 4

Ferramentas de Análise

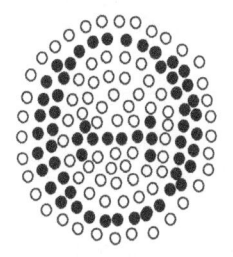

Sumário

4.1	**As sete funções usadas neste livro.**	**162**
4.1.1	A função constante	162
4.1.2	A função logaritmo	162
4.1.3	A função linear	163
4.1.4	A função n-log-n	164
4.1.5	A função quadrática	164
4.1.6	A função cúbica e outras polinomiais	166
4.1.7	A função exponencial	167
4.1.8	Comparando taxas de crescimento	169
4.2	**Análise de algoritmos**	**170**
4.2.1	Estudos experimentais	171
4.2.2	Operações primitivas	172
4.2.3	Notação assintótica	174
4.2.4	Análise assintótica	178
4.2.5	Usando a notação O	*180*
4.2.6	Um algoritmo recursivo para calcular potência	183
4.2.7	Exemplos extras de análise de algoritmos	184
4.3	**Técnicas simples de justificativa.**	**189**
4.3.1	Por meio de exemplos	189
4.3.2	O ataque "contra"	189
4.3.3	Indução e invariantes em laços	190
4.4	**Exercícios**	**192**

4.1 As sete funções usadas neste livro

Esta seção discute brevemente as sete funções mais importantes usadas em análise de algoritmos. São usadas apenas sete funções simples para a maioria das análises feitas neste livro. As seções que usam alguma outra função serão marcadas com uma estrela (⋆), indicando que são opcionais. O Apêndice A contém uma lista de outros fatos matemáticos úteis que se aplicam ao contexto de análise de algoritmos e estruturas de dados.

4.1.1 A função constante

A função mais simples que se pode imaginar é a *função constante*. Esta é a função,

$$f(n) = c,$$

para alguma constante fixa c, tal que $c = 5$, $c = 27$ ou $c = 2^{10}$. Isto é, para qualquer argumento n, a função constante $f(n)$ atribui um valor c. Em outras palavras, não importa qual é o valor de n; $f(n)$ será sempre igual ao valor da constante c.

Uma vez que se está mais interessado em funções inteiras, a função constante mais fundamental é $g(n) = 1$, e esta é a típica função constante que será usada neste livro. Observa-se que qualquer outra função constante, $f(n) = c$, pode ser escrita como uma constante c que multiplica $g(n)$. Isto é, $f(n) = cg(n)$ nesse caso.

Por sua simplicidade, a função constante é útil na análise de algoritmos porque caracteriza o número de passos necessários para executar uma operação básica em um computador, como adicionar dois valores, atribuir um valor para alguma variável ou comparar dois valores.

4.1.2 A função logaritmo

Um dos aspectos mais interessantes e talvez mais surpreendentes da análise de estruturas de dados e algoritmos é a onipresença da *função logaritmo*, $f(n) = \log_b n$ para alguma constante $b > 1$. Esta função é definida como segue:

$$x = \log_b n \quad \text{se e somente se} \quad b^x = n.$$

Por definição, $\log_b 1 = 0$. O valor b é conhecido como a ***base*** do logaritmo.

Calcular a função logaritmo exata para qualquer inteiro n envolve o uso de cálculo, mas pode-se usar uma aproximação que é boa o suficiente para o que se propõe, sem cálculo. Pode-se calcular facilmente o menor inteiro maior ou igual a $\log_a n$, pois esse número é igual ao número de vezes que se pode dividir n por a até que se obtenha um número menor ou igual a 1. Por exemplo, a avaliação de $\log_3 27$ é 3, uma vez que 27/3/3/3 = 1. Da mesma forma, a avaliação de $\log_4 64$ é 3, uma vez que 64/4/4/4 = 1, e a aproximação para $\log_2 12$ é 4, uma vez que 12/2/2/2/2 = 0,75 ≤ 1. A aproximação de base 2 surge na análise de algoritmos porque uma operação comum a muitos algoritmos é dividir repetidamente uma entrada pela metade.

Na verdade, uma vez que computadores armazenam inteiros em binário, a base mais comum para a função logaritmo em Ciência da Computação é 2. De fato, essa base é tão comum que tipicamente não é indicada se for 2. Então, será considerado

$$\log n = \log_2 n.$$

Observa-se que a maioria das calculadoras portáteis tem um botão marcado LOG, mas que normalmente é usado para calcular o logaritmo de base 10, e não de base 2.

Existem algumas regras importantes sobre logaritmos, parecidas com as regras de expoente.

Proposição 4.1 (Regras de logaritmo) *Dados números reais $a > 0$, $b > 1$, $c > 0$ e $d > 1$, tem-se que:*

1. $\log_b ac = \log_b a + \log_b c$
2. $\log_b a/c = \log_b a - \log_b c$
3. $\log_b a^c = c \log_b a$
4. $\log_b a = (\log_d a)/\log_d b$
5. $b^{\log_d a} = a^{\log_d b}$

Também, como uma abreviatura notacional, será usado $\log^c n$ para denotar a função $(\log n)^c$. Em vez de mostrar como se pode derivar cada uma das identidades acima, que derivam todas da definição de logaritmos e expoentes, elas serão demonstradas com alguns exemplos.

Exemplo 4.2 *São demonstradas algumas aplicações interessantes das regras de logaritmos da Proposição 4.1 (usando a convenção usual de que a base do logaritmo é 2, se omitida).*

- $\log(2n) = \log 2 + \log n + 1 + \log n$, *pela regra 1*
- $\log(n/2) = \log n - \log 2 = \log n - 1$, *pela regra 2*
- $\log n^3 = 3 \log n$, *pela regra 3*
- $\log_2 n = n \log 2 = n \cdot 1 = n$, *pela regra 3*
- $\log_4 n = (\log n)/\log 4 = (\log n)/2$, *pela regra 4*
- $2^{\log n} = n^{\log 2} = n^1 = n$, *pela regra 5*

De uma forma prática, observa-se que a regra 4 fornece uma maneira de calcular o logaritmo de base 2 em uma calculadora que tenha o botão de logaritmo da base 10, LOG, pois

$$\log_2 n = \text{LOG } n/\text{LOG } 2$$

4.1.3 A função linear

Outra função simples, mas importante, é a *função linear*,

$$f(n) = n.$$

Isto é, dado um valor de entrada n, a função linear f atribui o valor n para si mesma. Esta função aparece na análise de algoritmos sempre que se tem de executar uma operação básica sobre cada um de n elementos. Por exemplo, comparar um número x com cada elemento de um arranjo de tamanho n requer n comparações. A função linear também representa o melhor tempo de execução que se pode desejar obter para qualquer algoritmo que processa uma coleção de n objetos que não estão na memória do computador, uma vez que a própria leitura dos n objetos requer n operações.

4.1.4 A função *n*-log-*n*

A próxima função a ser discutida nesta seção é a *função n-log-n*,

$$f(n) = n \log n,$$

ou seja, a função que atribui para uma entrada n o valor de n multiplicado pelo logaritmo de base 2 de n. Esta função cresce um pouco mais rápido que a função linear e muito mais devagar que a função quadrática. Assim, como será mostrado em várias ocasiões, desejando-se melhorar o tempo de execução da solução de um problema de quadrático para *n*-log-*n*, teremos um algoritmo que executa muito mais rápido no geral.

4.1.5 A função quadrática

Outra função que aparece com frequência na análise de algoritmos é a *função quadrática*,

$$f(n) = n^2.$$

Isto é, dado um valor de entrada n, a função f atribui o produto de n por si mesmo (em outras palavras, "n ao quadrado").

A principal razão de a função quadrática aparecer na análise de algoritmos é que existem vários algoritmos que possuem laços aninhados, em que o laço mais interno executa uma quantidade linear de operações e o laço mais externo é executado um número linear de vezes. Assim, nesses casos, o algoritmo executa $n \cdot n = n^2$ operações.

Laços aninhados e a função quadrática

A função quadrática também pode surgir no contexto de laços aninhados em que a primeira iteração do laço usa uma operação, a segunda usa duas, a terceira usa três e assim por diante. Isto é, o número de operações é

$$1 + 2 + 3 + \cdots + (n-2) + (n-1) + n.$$

Em outras palavras, esse será o total de operações executadas pelo laço mais interno se o número de operações dentro do laço crescer uma unidade a cada iteração do laço mais externo. Essa quantidade também está relacionada a uma história interessante.

Em 1787, um professor alemão de colégio decidiu manter seus pupilos de nove e dez anos ocupados adicionando os inteiros de 1 a 100. Mas quase imediatamente, uma das crianças manifestou ter encontrado a resposta! O professor ficou cismado, porque o aluno tinha apenas a resposta em sua lousa. Mas estava correta — 5050 — e o estudante, Carl Gauss, cresceu e se tornou um dos maiores matemáticos de seu tempo. Suspeita-se que o jovem Gauss usou a seguinte identidade.

Proposição 4.3 *Para qualquer inteiro ≥ 1, tem-se que:*

$$1 + 2 + 3 + \ldots + (n-2) + (n-1) + n = \frac{n(n+1)}{2}.$$

São fornecidas duas justificativas "visuais" para a Proposição 4.3 na Figura 4.1.

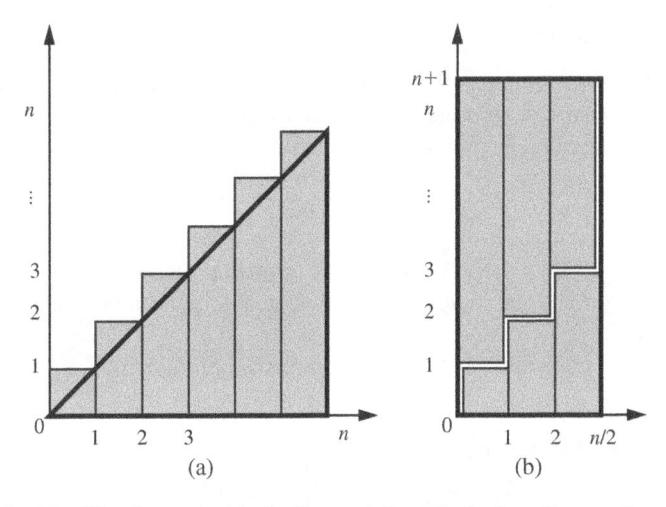

Figura 4.1 Justificativas visuais da Proposição 4.3. Ambas ilustrações visualizam a identidade em termos do total de área coberto por n retângulos unitários com alturas 1, 2, ..., n. Em (a) os retângulos são mostrados de maneira a cobrir um grande triângulo com área $n^2/2$ (base n e altura n) mais n pequenos triângulos de área ½ cada (base 1 e altura 1). Em (b), que se aplica apenas quando n é ímpar, os retângulos são mostrados cobrindo um grande retângulo de base $n/2$ e altura $n + 1$.

A lição aprendida a partir da Proposição 4.3 é que se executa um algoritmo com laços aninhados de maneira que as operações do laço mais interno crescem uma de cada vez, então a quantidade total de operações é quadrática em relação ao número de vezes, n, que o laço mais externo é executado. Mais especificamente, o número de operações é $n^2/2 + n/2$. Nesse caso, o que é um pouco mais do que o fator constante (1/2) vezes a função quadrática n^2. Em outras palavras, tal algoritmo é ligeiramente melhor que um algoritmo que usa n operações toda vez que o laço interno é executado. Esta observação inicialmente aparenta não ser intuitiva, mas é sempre verdade, como mostra a Figura 4.1.

4.1.6 A função cúbica e outras polinomiais

Continuando a discussão sobre funções que são potência de sua entrada, considera-se a *função cúbica*,

$$f(n) = n^3,$$

que atribui para um valor de entrada n o produto de n por ele mesmo três vezes. Esta função aparece com menos frequência no contexto da análise de algoritmos do que as funções constante, linear ou quadrática previamente mencionadas, mas aparece de vez em quando.

Polinomiais

De maneira interessante, as funções listadas até agora podem ser vistas todas como sendo parte de uma classe maior de funções, os ***polinômios***.

Uma função polinomial é uma função da forma,

$$f(n) = a_0 + a_1 n + a_2 n^2 + a_3 n^3 + \cdots + a_d n^d,$$

onde $a_0, a_1, \ldots, a_d$ são constantes chamadas de ***coeficientes*** do polinômio e $a_d \neq 0$. O inteiro d, que indica a maior potência do polinômio, é chamado de ***grau*** do polinômio.

Por exemplo, as funções a seguir são polinomiais:

- $f(n) = 2 + 5n + n^2$
- $f(n) = 1 + n^3$
- $f(n) = 1$
- $f(n) = n$
- $f(n) = n^2$

Por essa razão, pode-se argumentar que este livro apresenta apenas quatro funções importantes usadas na análise de algoritmos, mas, teimosamente, insistiremos que são sete, uma vez que as funções constante, linear e quadrática são muito importantes para serem agrupadas com as demais polinomiais. Tempos de execução que são polinomiais com um grau d em geral são melhores que tempos de execução polinomiais com um grau mais alto.

Somatórios

Uma notação que aparece com frequência em análise de estruturas de dados e algoritmos é o **somatório**, que é definido como segue:

$$\sum_{i=a}^{b} f(i) = f(a) + f(a+1) + f(a+2) + \cdots + f(b),$$

onde a e b são inteiros e $a \le b$. Somatórios surgem na análise de estruturas de dados e algoritmos porque os tempos de execução dos laços correspondem naturalmente a somatórios. Usando a notação de somatório, pode-se reescrever a fórmula da Proposição 4.3 como

$$\sum_{i=1}^{n} i = \frac{n(n+1)}{2}$$

Da mesma forma, pode-se escrever uma polinomial $f(n)$ de grau d com coeficientes $a_0, \ldots, a_d$ como

$$f(n) = \sum_{i=0}^{d} a_i n^i.$$

Assim, a notação de somatório fornece um atalho para expressar somas de termos crescentes que têm uma estrutura regular.

4.1.7 A função exponencial

Outra função usada na análise de algoritmos é a *função exponencial*,

$$f(n) = b^n,$$

onde b é uma constante positiva, chamada de **base**, e o argumento n é o **expoente**. Isto é, a função $f(n)$ atribui ao argumento de entrada n o valor obtido pela multiplicação da base b por si mesma n vezes. Na análise de algoritmos, a base mais comum para a função exponencial é $b = 2$. Por exemplo, se existe um laço que começa executando uma operação e dobra o número de operações executadas a cada iteração, então o número de operações executadas pela n-ésima iteração é 2^n. Além disso, uma palavra inteira contendo n bits pode representar todos os inteiros não negativos menores que 2^n. Assim, a função exponencial de base 2 é muito comum. A função exponencial também será chamada de *função expoente*.

Entretanto, algumas vezes ocorrem outros expoentes além de n; consequentemente, é útil conhecer algumas regras práticas para se trabalhar com expoentes. Em especial, as seguintes **Regras de Expoentes** são muito úteis.

Proposição 4.4 (Regras de Expoente): *Dados os inteiros positivos a, b, c, tem-se que*

1. $(b^a)^c = b^{ac}$
2. $b^a b^c = b^{a+c}$
3. $b^a / b^c = b^{a-c}$

Por exemplo, tem-se o seguinte:

- $256 = 16^2 = (2^4)^2 = 2^{4 \cdot 2} = 2^8 = 256$ (Regra de Expoente 1)
- $243 = 3^5 = 3^{2+3} = 3^2 3^3 = 9 \cdot 27 = 243$ (Regra de Expoente 2)
- $16 = 1024/64 = 2^{10}/2^6 = 2^{10-6} = 2^4 = 16$ (Regra de Expoente 3)

Pode-se estender a função exponencial a expoentes que são frações ou números reais e para expoentes negativos como segue. Dado um inteiro positivo k, define-se $b^{1/k}$ como sendo a k-ésima raiz de b, isto é, o número r tal que $r^k = b$. Por exemplo, $25^{1/2} = 5$, uma vez que $5^2 = 25$. Da mesma forma, $27^{1/3} = 3$ e $16^{1/4} = 2$. Esta abordagem permite definir qualquer potência cujo expoente possa ser expresso como uma fração, pois $b^{a/c} = (b^a)^{1/c}$, pela Regra de Expoente 1. Por exemplo, $9^{3/2} = (9^3)^{1/2} = 729^{1/2} = 27$. Assim, b^{ac} é na verdade a c-ésima raiz da integral exponencial b^a.

Pode-se também estender a função exponencial para definir b^x para qualquer número real x, calculando uma série de números da forma $b^{a/c}$ para frações a/c que se aproximam cada vez mais de x. Qualquer número real x pode ser aproximado arbitrariamente por uma fração a/c; consequentemente, pode-se usar a fração a/c como expoente de b para ficar muito próximo de b^x. Assim, por exemplo, o número 2^π está bem definido. Finalmente, dado um expoente negativo d, define-se $b^d = 1/b^{1-d}$, o que corresponde à aplicação da Regra de Expoente 3 com $a = 0$ e $c = -d$.

Somas geométricas

Suponha que existe um laço no qual cada iteração usa um fator multiplicativo maior que o anterior. Este laço pode ser analisado usando a seguinte proposição.

Proposição 4.5 *Para qualquer inteiro $n \geq 0$ e qualquer número real tal que $a > 0$ e $a \neq 1$, considera-se o somatório*

$$\sum_{i=0}^{n} a^i = 1 + a + a^2 + \cdots + a^n$$

(lembrando que $a^0 = 1$ se $a > 0$). Esse somatório é igual a

$$\frac{a^{n+1} - 1}{a - 1}.$$

Somatório, como o mostrado na Proposição 4.5, é chamado de somatório **geométrico**, porque cada termo é geometricamente maior que o anterior se $a > 1$. Por exemplo, todo mundo que trabalha em computação deve saber que

$$1 + 2 + 4 + 8 + \cdots + 2^{n-1} = 2^n - 1,$$

porque este é o maior inteiro que pode ser representado em notação binária usando n bits.

4.1.8 Comparando taxas de crescimento

Resumindo, a Tabela 4.1 mostra cada uma das sete funções mais comuns usadas em análise de algoritmos, descritas anteriormente, pela ordem.

constante	logaritmo	linear	n-log-n	quadrática	cúbica	exponencial
1	$\log n$	n	$n \log n$	n^2	n^3	a^n

Tabela 4.1 Classes de funções. Assume-se que $a > 1$ é uma constante.

Idealmente, gostaríamos que as operações de estruturas de dados executassem em tempos de execução proporcionais às funções constante ou logarítmica, e seria desejável que os algoritmos executassem em tempo linear ou n-log-n. Algoritmos com tempos de execução quadráticos ou cúbicos são pouco práticos, mas algoritmos com tempos de execução exponenciais são impraticáveis a não ser para pequenas entradas. O gráfico das sete funções pode ser visto na Figura 4.2.

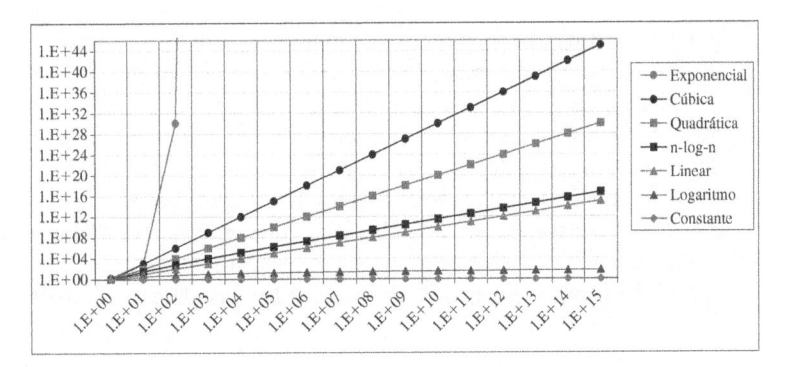

Figura 4.2 Taxas de crescimento para as sete funções fundamentais usadas em análise de algoritmos. Usa-se a base $a = 2$ para a função exponencial. As funções são traçadas em um quadro di-log para comparar as taxas de crescimento principalmente pelas inclinações. Mesmo assim, para mostrar todos os seus valores no gráfico, a função exponencial cresce muito rapidamente. Também se usa notação científica para os números, onde $a\mathrm{E}+b$ denota $a10^b$.

As funções de arredondamento para cima e arredondamento para baixo

Um comentário adicional em relação às funções vistas é necessário. O valor de um logaritmo tipicamente não é um inteiro, enquanto o tempo de execução de um algoritmo é normalmente expresso em termos de quantidades inteiras, tais como a quantidade de operações executadas. Assim, a análise de um algoritmo pode algumas vezes envolver o uso das funções *arredondamento para cima* e *arredondamento para baixo*, que são definidas, respectivamente, como segue:

- $\lfloor x \rfloor$ = o maior inteiro menor ou igual a x.
- $\lceil x \rceil$ = o menor inteiro maior ou igual a x.

4.2 Análise de algoritmos

Em uma história clássica, o famoso matemático Arquimedes foi chamado para determinar se uma coroa de ouro solicitada pelo rei era de ouro puro e não com prata, como um informante estava apregoando. Arquimedes descobriu uma maneira de fazer essa análise enquanto entrava em uma banheira (grega). Ele notou que a água que espirrava para fora da banheira era proporcional a ele que estava entrando. Percebendo as implicações deste fato, ele imediatamente saiu da banheira e correu nu pela cidade gritando: "Eureka, eureka!", pois tinha descoberto uma ferramenta de análise (deslocamento), que combinada com uma simples escala, podia determinar se a coroa do rei era boa ou não. Isto é, Arquimedes podia mergulhar a coroa e uma massa com o mesmo peso de ouro em uma bacia com água e verificar se ambos deslocavam a mesma quantidade. Esta descoberta foi uma infelicidade para o ourives, entretanto, porque quando Arquimedes fez sua análise, a coroa deslocou mais água que a massa de ouro com o mesmo peso, indicando que a coroa não era, de fato, de ouro puro.

Neste livro, o interesse está no projeto de "bons" algoritmos e estruturas de dados. De uma forma simples, uma **estrutura de dados** é uma forma sistemática de organizar e acessar dados, e um **algoritmo** é um procedimento passo a passo para executar alguma tarefa em tempo finito. Estes conceitos são fundamentais para computação, mas para ser capaz de classificar uma estrutura de dados ou algoritmo como sendo "bom", são necessárias formas de analisá-los.

A ferramenta principal de análise que será usada neste livro envolve a caracterização dos tempos de execução dos algoritmos e das operações sobre as estruturas de dados, sendo que o espaço utilizado também é importante. Tempo de execução é uma medida natural de "qualidade", uma vez que o tempo é um recurso precioso – soluções computacionais devem executar o mais rápido possível.

Normalmente, o tempo de execução de um algoritmo ou método de estrutura de dados cresce com o tamanho da entrada, embora possa variar para diferentes entradas do mesmo tamanho. Além disso, o tempo de execução pode ser afetado pelo ambiente de hardware (reflexo do processador, velocidade do clock, memória, disco, etc.) e de software (reflexo do sistema operacional, linguagem de programação, compilador, interpretador etc.) no qual o algoritmo é implementado, compilado e executado. Se todos os demais fatores forem iguais, o tempo de execução do mesmo algoritmo sobre o mesmo conjunto de entradas será menor se o computador tiver um processador mais rápido ou se a implementação foi feita em um programa compilado em código nativo da máquina, em vez de uma execução interpretada em uma máquina virtual. Todavia, apesar das possibilidades de variação que se originam em diferentes fatores de ambiente, deseja-se focar no relacionamento entre o tempo de execução de um algoritmo e o tamanho da entrada.

Deseja-se caracterizar o tempo de execução de um algoritmo como função do tamanho da entrada. Mas qual é a maneira adequada de medir isso?

4.2.1 Estudos experimentais

Se um algoritmo foi implementado, pode-se estudar seu tempo de execução executando-o sobre diferentes conjuntos de entradas e armazenando o tempo real gasto em cada execução. Felizmente, tais medidas podem ser feitas de forma bastante precisa, usando chamadas do sistema incluídas na linguagem ou no sistema operacional (por exemplo, usando o método System.currentTimeMilis( ) ou chamando o ambiente de execução com o perfil habilitado). Esse teste atribui um tempo de execução para um tamanho de entrada específico, mas estamos interessados em determinar a dependência geral do tempo de execução sobre o tamanho da entrada. Para determinar esta dependência, devem ser executados vários experimentos sobre diferentes conjuntos de entrada, com diferentes tamanhos. Então, é possível visualizar os resultados destes experimentos plotando a performance de cada execução do algoritmo como um ponto com coordenada x igual ao tamanho da entrada, n, e com a coordenada y igual ao tempo de execução, t. (Ver a Figura 4.3.) A partir dessa visualização e dos dados que a suportam, pode-se fazer uma análise estatística que procura ajustar a melhor função para o tamanho dos dados experimentais. Para ser mais clara, esta análise requer que se escolham boas amostras e testes suficientes para que possam ser capazes de fazer afirmações estatísticas razoáveis sobre o tempo de execução do algoritmo.

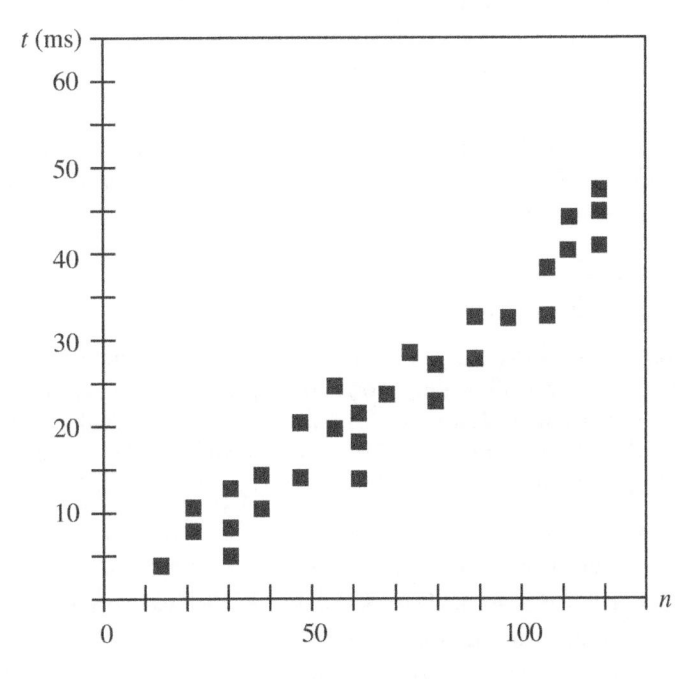

Figura 4.3 Resultados de um estudo experimental sobre o tempo de execução de um algoritmo. Um ponto de coordenadas (n, t) indica que sobre uma entrada de tamanho n, o tempo de execução do algoritmo é t milissegundos (ms).

Apesar dos estudos experimentais sobre os tempos de execução serem úteis, eles têm três grandes limitações:

- Experimentos só podem ser feitos sobre um conjunto limitado de entradas de teste; consequentemente, são deixados de fora os tempos de execução das entradas não incluídas nos experimentos (e essas entradas podem ser importantes).
- É difícil comparar os tempos de execução de dois algoritmos, a menos que os experimentos sejam executados nos mesmos ambientes de hardware e software.
- É necessário implementar e executar o algoritmo de maneira a estudar seu tempo de execução experimentalmente.

Este último requisito é óbvio, mas provavelmente é o aspecto que mais consome tempo na execução de uma análise experimental de um algoritmo. As outras limitações também impõem barreiras sérias, é claro. Assim, idealmente deve-se dispor de uma ferramenta de análise que permita evitar a execução de experimentos.

No restante deste capítulo, desenvolve-se uma maneira geral de analisar os tempos de execução de algoritmos que:

- considera todas as entradas possíveis;
- permite que se avalie a eficiência relativa de quaisquer dois algoritmos de forma independente dos ambientes de hardware e software;
- pode ser executada estudando-se descrições de alto nível de algoritmos sem ter de implementá-lo ou executar experimentos.

Esta metodologia visa associar, com cada algoritmo, uma função $f(n)$ que caracteriza o tempo de execução do algoritmo como uma função do tamanho da entrada n. Funções típicas que serão encontradas incluem as sete funções mencionadas anteriormente neste capítulo.

4.2.2 Operações primitivas

Como já foi visto, a análise experimental é importante, mas tem suas limitações. Desejando-se analisar um algoritmo em particular sem realizar experimentos para medir seu tempo de execução, pode-se fazer uma análise diretamente sobre o pseudocódigo de alto nível. Define-se um conjunto de *operações primitivas* como as que seguem:

- atribuição de valores a variáveis;
- chamadas de métodos;
- operações aritméticas (por exemplo, adição de dois números);
- comparação de dois números;
- acesso a um arranjo;
- seguimento de uma referência para um objeto;
- retorno de um método.

Contando operações primitivas

Mais especificamente, uma operação primitiva corresponde a uma instrução de baixo nível com um tempo de execução constante. Em vez de tentar determinar o tempo de execução específico de cada operação primitiva, simplesmente *conta-se* quantas operações primitivas são executadas e usa-se este número *t* como uma estimativa do tempo de execução do algoritmo.

Essa contagem de operações está relacionada com o tempo de execução em um computador específico, pois cada operação corresponde a uma instrução realizada em tempo constante, e existe um número fixo de operações primitivas. Nesta abordagem, assume-se implicitamente que os tempos de execução de operações primitivas diferentes serão similares. Assim, o número *t* de operações primitivas que um algoritmo realiza será proporcional ao tempo de execução daquele algoritmo.

Um algoritmo pode executar mais rapidamente sobre algumas entradas do que sobre outras do mesmo tamanho. Assim, deseja-se expressar o tempo de execução de um algoritmo como uma função do tamanho da entrada obtido pela média de todas as possíveis entradas do mesmo tamanho. Infelizmente, esse tipo de análise do *caso médio* costuma ser desafiadora. Ela requer a determinação da distribuição de probabilidade do conjunto de entrada, o que normalmente não é tarefa simples. A Figura 4.4 mostra de maneira esquemática como, dependendo da distribuição de entrada, o tempo de execução de um algoritmo pode estar em qualquer ponto entre o tempo para o pior caso e o tempo para o melhor caso. Por exemplo, o que acontece se as entradas forem apenas dos tipos "A" e "D"?

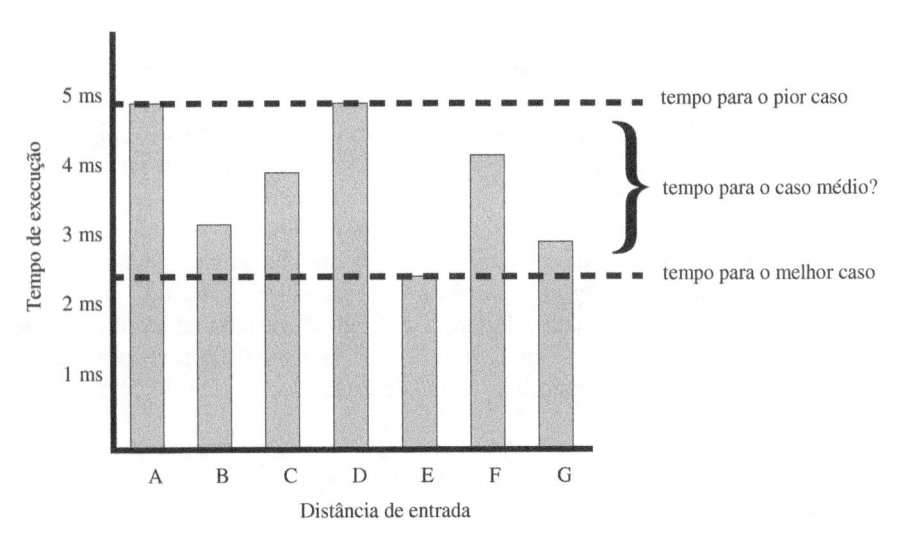

Figura 4.4 Diferença entre os tempos para o melhor e o pior caso. Cada barra representa o tempo de execução de um algoritmo sobre uma entrada diferente.

Focando no pior caso

A análise do caso médio normalmente requer que se calcule os tempos de execução esperados com base em uma distribuição de entrada, o que, em geral, envolve teoria de probabilidade sofisticada. Em função disso, no restante deste livro, a menos que seja especificado o contrário, os tempos de execução serão caracterizados em termos do *pior caso*, como função do tamanho da entrada, n, do algoritmo.

A análise do pior caso é muito mais fácil do que a análise do caso médio, pois requer apenas a habilidade de identificar a entrada do pior caso, o que normalmente é simples. Além disso, tipicamente, essa abordagem conduz a algoritmos melhores. O padrão é que para um algoritmo executar bem no pior caso, é necessário que ele execute melhor para as demais entradas. Isto é, projetar para o pior caso conduz a algoritmos com mais "músculos", assim como um especialista em trilhas, que sempre pratica subindo um plano inclinado.

4.2.3 Notação assintótica

Em geral, cada passo em uma descrição em pseudocódigo ou implementação em linguagem de alto nível corresponde a um pequeno número de operações primitivas (exceto para chamadas de métodos, naturalmente). Assim, podemos realizar uma análise simplificada de um algoritmo escrito em pseudocódigo que estima o número de operações primitivas executadas, exceto por um fator constante, contando os passos do pseudocódigo (mas é preciso ter cuidado, uma vez que uma linha de pseudocódigo pode denotar vários passos em alguns casos).

Na análise de algoritmos, é importante concentrar-se na taxa de crescimento do tempo de execução como uma função do tamanho da entrada n, obtendo-se um quadro geral do comportamento. Frequentemente, basta saber que o tempo de execução de um algoritmo como arrayMax, apresentado no Trecho de Código 4.1, *cresce proporcionalmente* a n, com o verdadeiro tempo de execução sendo n vezes um fator constante que depende de um computador específico.

Estrutura de dados e algoritmos serão analisados usando-se uma notação matemática para funções que desconsidera fatores constantes. Dessa forma, o tempo de execução de um algoritmo será caracterizado usando funções que mapeiam o tamanho da entrada, n, para valores que correspondem a um fator principal que determina a taxa de crescimento em termos de n. Esta abordagem permite focar a atenção nos aspectos gerais da função de tempo de execução.

Algoritmo arrayMax(A, n):
   Entrada: um arranjo A que armazena $n \geq= 1$ inteiros
   Saída: o maior elemento de A
   currMax $\leftarrow A[0]$
   para i $\leftarrow$ 1 **até** $n-1$ **faça**
     se *currMax* $< A[i]$ **então**
       currMax $\leftarrow A[i]$
   retorna *currMax*

Trecho de código 4.1   Algoritmo arrayMax.

Notação O

Sejam $f(n)$ e $g(n)$ funções mapeando inteiros não negativos em números reais. Diz-se que $f(n)$ é $O(g(n))$ se existe uma constante real $c > 0$ e uma constante inteira $n_0 \geq 1$ tais que

$$f(n) \leq cg(n) \quad \text{para todo inteiro } n \geq n_0.$$

Esta definição é geralmente chamada de notação O, pois geralmente se diz "$f(n)$ é O de $g(n)$". Outra opção é dizer que "$f(n)$ é **da ordem** de $g(n)$". (Essa definição é ilustrada na Figura 4.5.)

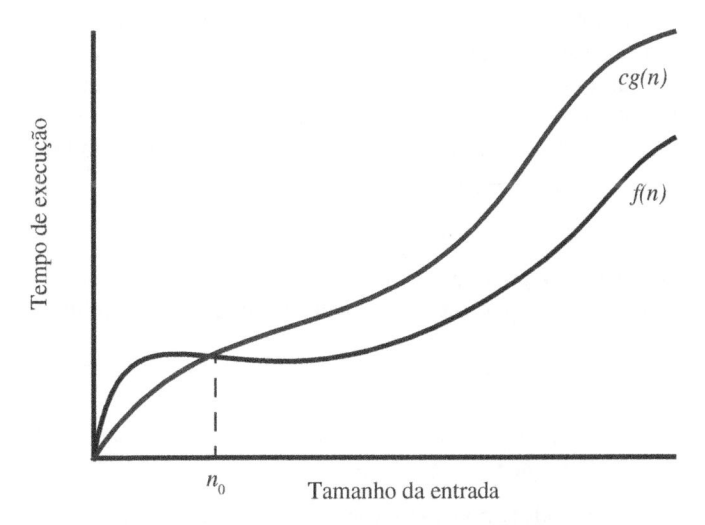

Figura 4.5 Ilustrando a notação O. A função $f(n)$ é $O(g(n))$, pois $f(n) \leq c \cdot g(n)$ quando $n \geq n_0$.

Exemplo 4.6 *A função $8n - 2$ é $O(n)$.*

Justificativa Pela definição da notação O, é necessário encontrar uma constante $c > 0$ e uma constante inteira $n_0 \geq 1$ tais que $8n - 2 \leq cn$ para todo inteiro $n \geq n_0$. É fácil perceber que uma escolha poderia ser $c = 8$ e $n_0 = 1$. De fato, esta é uma das infinitas escolhas possíveis, porque qualquer número real maior ou igual a 8 será uma escolha possível para c e qualquer inteiro maior ou igual a 1 é uma escolha possível para n_0. ■

A notação O permite dizer que uma função de $f(n)$ é "menor que ou igual a" outra função $g(n)$ até um fator constante e de uma maneira **assintótica** à medida que n cresce para o infinito. Esta habilidade vem do fato de que a definição usa "$\leq$" para comparar $f(n)$ com $g(n)$ vezes uma constante, c, para o caso assintótico quando $n \geq n_0$.

Caracterizando tempos de execução usando a notação O

A notação O é usada largamente para caracterizar o tempo de execução e limites espaciais em função de um parâmetro n que varia de problema para problema, mas é geralmente definido como uma medida escolhida do seu tamanho. Por exemplo, se for necessário encontrar o maior elemento em um arranjo de inteiros, como no algoritmo arrayMax, deve-se fazer n representar o número de elementos no arranjo. Usando a notação O, pode-se escrever a seguinte afirmação matematicamente precisa sobre o tempo de execução do algoritmo arrayMax em *qualquer* computador.

Proposição 4.7 *O algoritmo* arrayMax *para determinar o maior elemento de um arranjo de n inteiros executa em tempo O(n).*

Justificativa O número de operações primitivas executadas pelo algoritmo arrayMax em cada iteração é constante. Consequentemente, como cada operação primitiva executa em um tempo constante, pode-se dizer que o tempo de execução do algoritmo arrayMax para uma entrada de tamanho n é no máximo uma constante, vezes n, isto é, pode-se concluir que o tempo de execução do algoritmo arrayMax é $O(n)$. ■

Algumas propriedades da notação

A notação O permite que se ignorem os fatores constantes e os termos de menor ordem, mantendo o foco nos principais componentes da função que afetam seu crescimento.

Exemplo 4.8 $5n^4 + 3n^3 + 2n^2 + 4n + 1$ é $O(n^4)$.

Justificativa Observe que $5n^4 + 3n^3 + 2n^2 + 4n + 1 \leq (5 + 3 + 2 + 4 + 1)\,n^4 = cn^4$, para $c = 15$, quando $n \geq n_0 = 1$. ■

Na verdade, pode-se caracterizar a taxa de crescimento de qualquer função polinomial.

Proposição 4.9 *Se* $f(n)$ *é um polinômio de grau d, isto é,*

$$f(n) = a_0 + a_1 n + \cdots + a_d n^d,$$

e $a_d > 0$, *então* $f(n)$ *é* $O(n^d)$.

Justificativa Nota-se que, para $n \geq 1$, tem-se que $1 \leq n \leq n^2 \leq \ldots \leq n^d$; consequentemente,

$$a_0 + a_1 n + a_2 n^2 + \cdots + a_d n^d \leq (a_0 + a_1 + a_2 + \cdots + a_d)n^d.$$

Em função disso, pode-se mostrar que $f(n)$ é $O(n^d)$ pela definição $c = a_0 + a_1 + \cdots + a_d$ e $n_0 = 1$. ■

Assim, o termo de mais alto grau em um polinômio é o termo que determina a taxa de crescimento assintótico do polinômio. Propriedades adicionais da notação O são consideradas nos exercícios. Entretanto, serão analisados mais alguns exemplos, focando em combinações das sete funções fundamentais usadas em projeto de algoritmos.

Exemplo 4.10 $5n^2 + 3n \log n + 2n + 5$ é $O(n^2)$.

Justificativa $5n^2 + 3n \log n + 2n + 5 \leq (5 + 3 + 2 + 5)n^2 = cn^2$, para $c = 15$, quando $n \geq n_0 = 2$ (observa-se que $n \log n$ é zero para $n = 1$). ∎

Exemplo 4.11 $20n^3 + 10n \log n + 5$ é $O(n^3)$.

Justificativa $20n^3 + 10n \log n + 5 \leq 35n^3$, para $n \geq 1$. ∎

Exemplo 4.12 $3 \log n + 2$ é $O(\log n)$.

Justificativa $3 \log n + 2 \leq 5 \log n$ para $n \geq 2$. Observa-se que $\log n$ é zero para $n = 1$. Por isso usa-se $n \geq n_0 = 2$ neste caso. ∎

Exemplo 4.13 2^{n+2} é $O(2^n)$.

Justificativa $2^{n+2} = 2^n 2^2 = 4 \cdot 2^n$; consequentemente, pode-se usar $c = 4$ e $n_0 = 1$ neste caso. ∎

Exemplo 4.14 $2n + 100 \log n$ é $O(n)$.

Justificativa $2n + 100 \log n \leq 102n$, para $n \geq n_0 = 2$; consequentemente, pode-se usar $c = 102$ neste caso. ∎

Caracterizando funções em termos mais simples

Em geral, deve-se usar a notação O para caracterizar uma função tão detalhadamente quanto possível. Mesmo sendo verdade que a função $f(n) = 4n^3 + 3n^2$ é $O(n^5)$ ou mesmo $O(n^4)$, é mais preciso dizer que $f(n)$ é $O(n^3)$. Considere, por analogia, um cenário em que um viajante com fome dirige por uma estrada do interior e passa por um fazendeiro que está voltando para casa do mercado. Quando o viajante pergunta quanto ele ainda tem de dirigir até achar comida, pode ser correto o fazendeiro responder: "Com certeza são menos de doze horas". No entanto, é muito mais preciso (e útil) para ele dizer: "Você encontra um mercado dirigindo mais alguns minutos por esta estrada". Da mesma forma, na notação O, deve-se fazer um esforço para, na medida do possível, dizer toda a verdade.

Também é considerado de mau gosto incluir fatores constantes de termos de menor ordem na notação O. Por exemplo, não é elegante dizer que a função $2n^2$ é $O(4n^2 + 6n \log n)$, ainda que isso esteja perfeitamente correto. Deve-se fazer um esforço, porém, para descrever a função O em ***termos simples***.

As sete funções listadas na Seção 4.1 são as funções mais comumente usadas em conjunto com a notação O para caracterizar os tempos de execução e consumo de memória dos algoritmos. Na verdade, comumente usam-se os nomes destas funções para referenciar o tempo de execução dos algoritmos que elas caracterizam. Assim, por exemplo, pode-se dizer que um algoritmo que executa no pior caso em tempo $4n^2 + n \log n$ como um algoritmo de ***tempo quadrático***, uma vez que ela executa em tempo $O(n^2)$. Da mesma forma, um algoritmo executando em um tempo máximo $5n + 20 \log n + 4$ será dito um algoritmo de ***tempo linear***.

Notação omega

Assim como a notação O fornece uma maneira assintótica de dizer que uma função é "menor que ou igual a" outra função, a notação a seguir fornece uma maneira assintótica de dizer que uma função cresce a uma taxa que é "maior ou igual" à de outra função.

Sejam $f(n)$ e $g(n)$ funções mapeando números inteiros em números reais. Diz-se que $f(n)$ é $\Omega(g(n))$ (pronuncia-se "$f(n)$ é omega de $g(n)$") se $g(n)$ é $O(f(n))$; ou seja, se existe uma constante $c > 0$ e uma constante inteira $n_0 \geq 1$ tais que

$$f(n) \geq cg(n) \quad \text{para } n \geq n_0.$$

Esta definição nos permite dizer que uma função é assintoticamente maior que ou igual a outra, exceto por um fator constante.

Exemplo 4.15 $3n \log n + 2n$ é $\Omega(n \log n)$.

Justificativa $3n \log n + 2 \geq 3n \log n$ para $n \geq 2$. ■

Notação theta

Além disso, existe uma notação que permite dizer que duas funções crescem à mesma taxa, até fatores constantes. Diz-se que $f(n)$ é $\Theta(g(n))$ (pronuncia-se "$f(n)$ é theta de $g(n)$") se $f(n)$ é $O(g(n))$ e $f(n)$ é $\Omega(g(n))$; ou seja, existem constantes reais $c' > 0$ e $c'' > 0$ e uma constante inteira $n_0 \geq 1$ tais que

$$c'g(n) \leq f(n) \leq c''g(n), \quad \text{para } n \geq n_0.$$

Exemplo 4.16 $3n \log n \leq 4n + 5 \log n$ é $\Theta(n \log n)$.

Justificativa $3n \log n \leq 3n \log n + 4n + 5 \log n \leq (3+4+5)n \log n$ para $n \geq 2$. ■

4.2.4 Análise assintótica

Suponha que dois algoritmos podem resolver o mesmo problema: um algoritmo A que tem um tempo de execução $O(n)$ e um algoritmo B com tempo de execução $O(n^2)$. Qual deles é melhor? Sabe-se que n é $O(n^2)$, e isso implica que o algoritmo A é **assintoticamente melhor** do que o algoritmo B, embora para algum dado valor (pequeno) de n seja possível que B tenha um tempo de execução menor do que A.

Pode-se usar a notação O para ordenar classes de funções por seu crescimento assintótico. As sete funções estão ordenadas por sua taxa de crescimento na sequência que segue, isto é, se uma função $f(n)$ precede uma função $g(n)$ na sequência, então $f(n)$ é $O(g(n))$:

$$1 \quad \log n \quad n \log n \quad n^2 \quad n^3 \quad 2^n.$$

A Tabela 4.2 apresenta as taxas de crescimento de algumas funções importantes.

n	$\log n$	n	$n \log n$	n^2	n^3	2^n
8	3	8	24	64	512	256
16	4	16	64	256	4.096	65.536
32	5	32	160	1.024	32.768	4.294.967.296
64	6	64	384	4.096	262.144	$1,84 \times 10^{19}$
128	7	128	896	16.384	2.097.152	$3,40 \times 10^{38}$
256	8	256	2.048	65.536	16.777.216	$1,15 \times 10^{77}$
512	9	512	4.608	262.144	134.217.728	$1,34 \times 10^{154}$

Tabela 4.2 Valores selecionados de funções fundamentais para análise de algoritmos

Pode-se demonstrar a importância da notação assintótica na Tabela 4.3. Essa tabela explora o maior tamanho permitido para os dados de entrada que são processados por um algoritmo em 1 segundo, 1 minuto e 1 hora. Ela mostra a importância do bom projeto de um algoritmo, pois um algoritmo assintoticamente demorado é facilmente batido para problemas grandes por um algoritmo com tempo assintoticamente mais rápido, mesmo que o fator constante do algoritmo assintoticamente mais rápido seja pior.

Tempo de execução(s)	Tamanho máximo de problemas(n)		
	1 segundo	1 minuto	1 hora
$400n$	2.500	150.000	9.000.000
$2n^2$	707	5.477	42.426
2^n	19	25	31

Tabela 4.3 Tamanho máximo de problemas que podem ser resolvidos em um segundo, um minuto e uma hora para vários tempos de execução medidos em microssegundos.

A importância do bom projeto de algoritmos, entretanto, vai além do que pode ser resolvido eficientemente em um dado computador. Como mostrado na Tabela 4.4, mesmo se o hardware for drasticamente acelerado, ainda assim não se pode superar o problema representado por um algoritmo assintoticamente lento. A tabela mostra o novo tamanho máximo de problema que pode ser resolvido em um computador 256 vezes mais rápido do que o anterior.

Tempo de execução	Novo tamanho máximo de problema
$400n$	$256m$
$2n^2$	$16m$
2^n	$m + 8$

Tabela 4.4 Aumento no tamanho máximo do problema que pode ser resolvido em um dado tempo usando-se um computador 256 vezes mais rápido que o anterior. Cada entrada é dada em função de m, o tamanho máximo do problema dado anteriormente.

4.2.5 Usando a notação O

Após estudar a notação O para analisar algoritmos, serão discutidos brevemente alguns tópicos relacionados a seu uso. Considera-se pouco elegante dizer "$f(n) \le O(g(n))$", já que a notação O por si mesma transmite a ideia de "menor ou igual". Da mesma forma, embora comum, não é correto escrever "$f(n) = O(g(n))$" (com a relação de "=" mantendo seu sentido usual), já que não faz sentido a declaração "$O(g(n)) = f(n)$". Além disso, é errado dizer "$f(n) \ge O(g(n))$" ou "$f(n) > O(g(n))$", pois $g(n)$ na notação O expressa um limite superior para $f(n)$. O mais apropriado é dizer

"$f(n)$ é $O(g(n))$".

Para o leitor com maior pendor para a matemática, também é correto dizer,

"$f(n) \in O(g(n))$,"

pois a notação O denota, tecnicamente, um conjunto de funções. Neste livro, as sentenças usando notação O serão apresentadas da forma "$f(n)$ é $O(g(n))$". Mesmo sob esta interpretação, existe considerável liberdade para se usar operações aritméticas com a notação O, e com essa liberdade exige-se uma certa dose de responsabilidade.

Palavras de cautela

Algumas palavras de cautela sobre a notação assintótica podem ser apresentadas neste ponto. Primeiro, observa-se que o uso da notação O e suas parentes pode ser um pouco confuso se os fatores constantes que elas "escondem" for muito alto. Por exemplo, enquanto é verdade que a função $10^{100}n$ é $O(n)$, se este for o tempo de execução de um algoritmo sendo comparado a um outro cujo tempo de execução é $10n \log n$, será preferido o algoritmo com tempo de execução $O(n \log n)$, mesmo que o primeiro algoritmo seja linear, e, portanto, assintoticamente mais rápido. Essa preferência se justifica pelo fator constante, 10^{100}, que é chamado de "um *googol*", e que muitos astrônomos acreditam ser o limite para o número de átomos no universo observável. Assim, é improvável que exista algum problema do mundo real com este tamanho de entrada. Mesmo assim, usando a notação O, deve-se estar consciente dos fatores constantes e dos termos de mais baixa ordem que estão "escondidos".

A observação anterior conduz à discussão do que seja um algoritmo "rápido". De forma geral, qualquer algoritmo rodando em tempo $O(n \log n)$ (e com um fator constante razoável) pode ser considerado eficiente. Mesmo um método com tempo $O(n^2)$ pode ser suficientemente rápido em alguns contextos, ou seja, quando n é pequeno. Por outro lado, um algoritmo rodando em tempo $O(2^n)$ não pode nunca ser considerado eficiente.

Tempos de execução exponenciais

Existe uma história famosa sobre o inventor do jogo de xadrez. Ele pediu que seu rei lhe pagasse um grão de arroz pela primeira casa do tabuleiro, dois pela segunda, quatro pela terceira, oito pela quarta e assim por diante. É um bom exercício de programação escrever um pequeno programa que calcule o número de grãos de arroz que o rei teria de pagar. De fato, qualquer programa em Java escrito para calcular este número usando uma variável inteira causaria um erro de overflow (embora provavelmente a máquina virtual não reclamasse). Para representar esse número exatamente como um inteiro, é preciso usar a classe BigInteger.

Na medida em que é preciso diferenciar algoritmos eficientes e ineficientes, é natural fazer esta distinção entre os algoritmos que rodam em tempo polinomial e aqueles que requerem tempo exponencial. Ou seja, faz-se a distinção entre algoritmos que rodam em tempo $O(n^c)$ para alguma constante $c > 1$ e aqueles cujo tempo de execução é $O(b^n)$ para alguma constante $b > 1$. Assim como outras noções discutidas nesta seção, esta também deve ser acolhida com certa cautela, pois um algoritmo rodando em tempo $O(n^{100})$ provavelmente não deveria ser considerado muito eficiente. Mesmo assim, a distinção entre algoritmos de tempo polinomial e algoritmos de tempo exponencial é considerada uma medida robusta de tratabilidade.

Resumindo, as notações O, Ω e Θ fornecem uma linguagem conveniente para a análise de estruturas de dados e algoritmos. Como mencionado anteriormente, estas noções são convenientes porque permitem a concentração nos aspectos gerais, em vez dos detalhes.

Dois exemplos de análise assintótica de algoritmos

Encerra-se esta seção analisando dois algoritmos que resolvem o mesmo problema, mas têm tempos de execução bastante diferentes. O problema em questão é fazer o cálculo das **médias prefixadas** de uma sequência de números. Ou seja, dispondo de um arranjo X armazenando n números, deseja-se compor um arranjo A tal que $A[i]$ seja a média dos elementos $X[0], \ldots, X[i]$ para $i = 0, \ldots, n = 1$. Ou seja,

$$A[i] = \frac{\sum_{j=0}^{i} X[j]}{i+1}.$$

As médias prefixadas têm várias aplicações em economia e estatística. Por exemplo, dados os retornos anuais de um fundo de investimento, pode-se avaliar o retorno médio anual do fundo no último ano e nos últimos três, cinco ou dez anos. Da mesma forma, dados os logs de uso diário da Web, um gerenciador de sites pode querer rastrear a tendência da média de uso em diferentes períodos de tempo.

Um algoritmo de tempo quadrático

O primeiro algoritmo para o problema das médias prefixadas, chamado de prefixAverages1, é mostrado no Trecho de Código 4.2. Ele calcula cada elemento de A separadamente, de acordo com a definição.

Algoritmo prefixAverages1(X):
    Entrada: um arranjo X com n elementos

Saída: um arranjo A com *n* elementos tal que A[i] é a média de X[0], ..., X[i]
Seja A um arranjo de *n* números.
para i ← 0 **até** n − 1 **faça**
  a ← 0
  para j ← 0 **até** i **faça**
    a ← a + X[j]
  A[i] ← a/(i + 1)
retorna arranjo A

Trecho de Código 4.2 Algoritmo prefixAverages1.

Esta é a análise do algoritmo prefixAverages1.

- Inicializar o arranjo A no início e retorná-lo ao final são ações que podem ser feitas com um número constante de operações primitivas por elemento de A, e custa tempo $O(n)$.
- Existem dois laços **para** aninhados, controlados pelos contadores *i* e *j*. O corpo do laço externo (controlado por *i*) é executado *n* vezes para valores $i = 0$, ..., $n = 1$. Assim, os comandos $a = 0$ e $A[i] = a/(i + 1)$ são executados *n* vezes cada. Isso implica que esses dois comandos, mais o incremento e teste do contador *i*, contribuem com um número de operações primitivas proporcional a *n*, ou seja, $O(n)$.
- O corpo do laço interno controlado por *j*, é executado $i + 1$ vez, dependendo do contador *i* do laço externo. Assim, o comando $a = a + X[j]$ no laço interno é executado $1+2+3+ \ldots + n$ vezes. Pela Proposição 4.3, sabe-se que $1+2+3+ \ldots + n = n(n + 1)/2$, o que implica que o comando do laço interno contribui com tempo $O(n^2)$. Um argumento similar pode ser feito para as operações primitivas associadas ao incremento e teste de *j*, que também custam tempo $O(n^2)$.

O tempo de execução de prefixAverages1 é dado pela soma dos três termos. O primeiro e segundo termos são $O(n)$ e o terceiro é $O(n^2)$. Aplicando a Proposição 4.9, tem-se que o tempo de execução de prefixAverages1 é $O(n^2)$.

Um algoritmo de tempo linear

Para calcular médias prefixadas mais eficientemente, pode-se observar que duas médias consecutivas $A[i − 1]$ e $A[i]$ são similares:

$$A[i − 1] = (X[0] + X[1] + \cdots + X[i − 1])/i$$
$$A[i] = (X[0] + X[1] + \cdots + X[i − 1] + X[i])/(i + 1).$$

Denotando com S_i a **soma prefixada** $X[0] + X[1] + \ldots + X[i]$, as médias prefixadas podem ser calculadas como sendo $A[i] = S_i/(i + 1)$. É fácil manter o controle da soma prefixada corrente enquanto se faz a varredura do arranjo X em um laço. Está-se em condição de apresentar o algoritmo prefixAverages2 no Trecho de Código 4.3.

Algoritmo prefixAverages2(X):
   Entrada: um arranjo X com n elementos
   Saída: um arranjo A com n elementos tal que A[i] é a média de X[0], ..., X[i]
   Seja A um arranjo de n números.
   $s \leftarrow 0$
   para $i \leftarrow 0$ **até** $n - 1$ **faça**
       $s \leftarrow s + X[i]$
       $A[i] \leftarrow s/(i + 1)$
   retorna arranjo A

Trecho de Código 4.3   Algoritmo prefixAverages2.

Segue a análise do tempo de execução do algoritmo prefixAverages2:

- Inicializar o arranjo A no início e fim pode ser feito com um número constante de operações primitivas por elemento e leva tempo $O(n)$.
- Inicializar a variável s no início, leva tempo $O(1)$.
- Há um simples laço **para** que é controlado pelo contador i. O corpo do laço é executado n vezes para $i = 0, \ldots, n = 1$. Assim, os comandos $s = s + X[i]$ e $A[i] = s/(i + 1)$ são executados n vezes, cada. Isso implica que estes dois comandos, mais o incremento e teste do contador i, contribuem para um número de operações primitivas proporcionais a n, isto é, $O(n)$ vezes.

O tempo de execução do algoritmo prefixAverages2 é dado pela soma dos três termos. O primeiro e o terceiro termo são $O(n)$, e o segundo termo é $O(1)$. Aplicando a Proposição 4.19, tem-se que o tempo de execução de prefixAverages2 é $O(n)$, muito melhor do que o tempo quadrático de prefixAverages1.

4.2.6   Um algoritmo recursivo para calcular potência

Como um exemplo mais interessante de análise de algoritmos, será considerado o problema de aumentar um número x para um inteiro arbitrário não negativo, n. Isto é, deseja-se calcular a *função potência* $p(x,n)$, definida como $p(x,n) = x^n$. Esta função tem uma definição recursiva, baseada em recursão linear:

$$p(x,n) = \begin{cases} 1 & \text{se } n = 0 \\ x \cdot p(x, n-1) & \text{caso contrário} \end{cases}$$

Essa definição leva a um algoritmo recursivo que usa $O(n)$ chamadas de métodos para calcular $p(x,n)$. Entretanto, pode-se calcular a função potência de forma muito mais rápida, usando a seguinte definição alternativa, também baseada em recursão linear, que emprega a seguinte técnica:

$$p(x,n) = \begin{cases} 1 & \text{se } n = 0 \\ x \cdot p(x,(n-1)/2)^2 & \text{se } n \text{ é ímpar} \\ p(x,n/2)^2 & \text{se } n \text{ é par} \end{cases}$$

Para demonstrar como essa definição funciona, consideram-se os seguintes exemplos:

$$\begin{array}{rcl} 2^4 & = & 2^{(4/2)2} = (2^{4/2})^2 = (2^2)^2 = 4^2 = 16 \\ 2^5 & = & 2^{1+(4/2)2} = 2(2^{4/2})^2 = 2(2^2)^2 = 2(4^2) = 32 \\ 2^6 & = & 2^{(6/2)2} = (2^{6/2})^2 = (2^3)^2 = 8^2 = 64 \\ 2^7 & = & 2^{1+(6/2)2} = 2(2^{6/2})^2 = 2(2^3)^2 = 2(8^2) = 128. \end{array}$$

Esta definição sugere o algoritmo do Trecho de Código 4.4.

Algoritmo Power(x, n):
  Entrada: um número x e um inteiro $n \geq 0$
  Saída: o valor de x^n
  se $n = 0$ **então**
    retorna 1
  se n é ímpar **então**
    $y \leftarrow$ Power(x, $(n-1)/2$);
    retorna $x \cdot y \cdot y$
  senão
    $y \leftarrow$ Power(x, $n/2$)
    retorna $y \cdot y$

Trecho de Código 4.4 Calculando a função potência usando recursão linear.

Para analisar o tempo de execução do algoritmo, observa-se que cada chamada recursiva do método Power(x,n) divide o expoente, n, por dois. Consequentemente, existem $O(\log n)$ chamadas recursivas, e não $O(n)$. Isto é, usando recursão linear e a técnica do quadrado, reduz-se o tempo de cálculo da função potência de $O(n)$ para $O(\log n)$, o que é uma melhoria significativa

4.2.7 Exemplos extras de análise de algoritmos

Agora que se dispõe da notação O para fazer análise de algoritmos, vamos apresentar mais alguns exemplos de algoritmos simples que podem ter seus tempos de execução caracterizados por meio desta notação. Além disso, como dito anteriormente, na sequência será apresentado como cada uma das sete funções vistas neste capítulo pode ser usada para caracterizar o tempo de execução dos algoritmos de exemplo.

Um método de tempo constante

Para ilustrar um algoritmo de tempo constante, considere o método Java que segue, que retorna a *capacidade* de um arranjo, isto é, a quantidade de células no arranjo que são capazes de armazenar elementos:

```
public static int capacity(int[ ] arr) {
   return arr.length;   // a capacidade do arranjo é seu comprimento
}
```

Este é um algoritmo muito simples, porque a capacidade de um arranjo é igual a seu comprimento, e existe uma maneira direta de Java retornar o comprimento de um arranjo. Além disso, este valor é armazenado como uma variável de instância do arranjo de objeto, de maneira que ele consome um tempo de busca constante para retornar este valor. Assim o método capacity executa em tempo $O(1)$; isto é, o tempo de execução deste método é independente do valor de n ou do tamanho do arranjo.

Revisitando o método para encontrar o máximo de um arranjo

Para o próximo exemplo será reconsiderado um problema simples estudado anteriormente – encontrar o maior valor em um arranjo de inteiros – o que pode ser feito em Java como segue:

```
public static int findMax(int[ ] arr) {
   int max = arr[0]; // comece com o primeiro inteiro de arr
   for (int i=1; i < arr.length; i++)
      if (max < arr[i])
         max = arr[i]; // atualize o máximo corrente
   return max; // o máximo corrente é agora o máximo global
}
```

Esse método, equivalente à implementação Java do método arrayMax da Seção 4.2.3, compara cada um dos n elementos do arranjo de entrada com o máximo corrente, e toda vez que encontra um elemento maior que o máximo corrente, atualiza o máximo corrente para ser este valor. Assim, ele gasta um tempo constante para cada n elementos do arranjo; sendo assim, como na versão em pseudocódigo do algoritmo arrayMax, o tempo de execução deste algoritmo é $O(n)$.

Mais análises do algoritmo de máximo de um arranjo

Uma questão interessante em relação ao algoritmo que encontra o máximo de um arranjo é perguntar quantas vezes atualizamos o valor corrente máximo. Observe que este comando é executado somente se for encontrado um valor no arranjo que seja maior que o máximo corrente. No pior caso, esta condição pode ser verdadeira sempre que fizermos o teste. Por exemplo, esta situação pode ocorrer se o arranjo de entrada for fornecido ordenado. Assim, no pior caso, o comando max = arr[i] é executado $n-1$ vezes, consequentemente, $O(n)$ vezes.

Mas o que acontece se o arranjo de entrada for fornecido em ordem aleatória, com qualquer ordem com a mesma probabilidade; qual seria a expectativa em relação ao número de vezes que se atualiza o valor máximo neste caso? Para responder essa questão, observa-se que se atualiza o valor máximo na i-ésima iteração somente se o i-ésimo elemento é maior que todos os demais elementos que o precedem. Mas se o arranjo é fornecido em ordem aleatória, a probabilidade de que o i-ésimo elemento seja maior que todos os que o precedem é $1/i$; assim, a expectativa em relação ao número de vezes que se atualiza o valor máximo neste caso é $H_n = \sum_{i=1}^{n} 1/i$, que é conhecido como *número harmônico*.Verifica-se assim (veja Proposição A.16) que H_n é $O(\log n)$. Consequentemente, a expectativa em relação ao número de vezes que o valor máximo é atualizado quando o algoritmo para determinar o máximo de um arranjo é executado de forma aleatória é $O(\log n)$.

Disjunção dos três conjuntos

Suponha três conjuntos A, B e C armazenados em três arranjos inteiros diferentes a, b e c, respectivamente. O *problema da disjunção dos três conjuntos* é determinar se os três conjuntos são disjuntos, isto é, se não existe nenhum elemento x tal que $x \in A$, $x \in B$, $x \in C$. Um método Java simples para determinar tal propriedade é apresentado a seguir:

```
public static boolean areDisjoint(int[ ] a, int[ ] b, int[ ] c) {
  for (int i=0; i < a.length; i++)
    for (int j=0; j < b.length; j++)
      for (int k=0; k < c.length; k++)
        if ((a[i] == b[j]) && (b[j] == c[k])) return false;
  return true; // Não existe um elemento comum a a, b e c
}
```

Este algoritmo simples itera sobre cada possibilidade de tripla de índices i, j e k para verificar se os respectivos elementos indexados em a, b, e c são iguais. Assim, se cada um destes arranjos tem tamanho n, então o pior caso para o tempo de execução deste método é $O(n^3)$. Além disso, o pior caso é obtido quando os três conjuntos são disjuntos, uma vez que nesse caso percorremos todas as n^3 triplas de índices válidos i, j e k. Tal tempo de execução normalmente não será considerado muito eficiente, mas, felizmente, existe uma forma melhor de resolver este problema, que exploramos no Exercício C-4.3.

Recursão descontrolada

Os próximos algoritmos que serão estudados resolvem o *problema do elemento único*, no qual para um dado intervalo $i, i+1, ..., j$ de índices de um arranjo A, deseja-se determinar se os elementos deste arranjo $A[i], A[i+1], ..., A[j]$ são todos únicos, isto é, não existem elementos repetidos neste grupo de entradas do arranjo. O primeiro algoritmo apresentado para resolver o problema do elemento único é recursivo. Mas ele usa recursão de uma forma muito ineficiente, como apresentado na implementação Java que segue.

```
// As entradas do arranjo são todas únicas do início ao fim?
public static boolean isUnique(int[ ] arr, int start, int end) {
    if (start >= end) return true; // O intervalo é muito pequeno para repetições
    // Verifica se a primeira parte do arranjo é recursivamente única
    if (!isUnique(arr, start, end−1)) return false;
    // Verifica se a segunda parte do arranjo é recursivamente única
    if (!isUnique(arr, start+1, end)) return false;
    return (arr[start] != arr[end]); // Verifica se o primeiro e o último são diferentes
}
```

Para analisar esse algoritmo recursivo, determina-se primeiro quanto tempo é gasto fora das chamadas recursivas em cada invocação do método. Observe, em particular, que não existem laços – apenas comparações, operações aritméticas, referências para posições do arranjo e retorno de método. Assim, a parte não recursiva de cada invocação do método executa em tempo constante que é $O(1)$; então, para determinar o pior caso para o tempo de execução deste método é necessário apenas determinar o pior caso para o número de chamadas feitas para o método isUnique.

Seja n o número de entradas em consideração, isto é, faça

$$n = \text{end} - \text{start} + 1.$$

Se $n = 1$, então o tempo de execução de isUnique é $O(1)$, uma vez que não ocorrem chamadas recursivas neste caso. Para caracterizar o tempo de execução para o caso geral, é importante observar que a fim de resolver um problema de tamanho n, o método isUnique faz duas chamadas recursivas para problemas de tamanho $n - 1$. Assim, no pior caso, uma chamada para um arranjo de tamanho n faz duas chamadas para intervalos de tamanho $n - 1$ que, por sua vez, fazem duas chamadas para intervalos de tamanho $n - 2$, que fazem duas chamadas para intervalos de tamanho $n - 3$ e assim por diante. Logo, no pior caso, o número total de chamadas é dado pela soma geométrica

$$1+2+4+\cdots+2^{n-1}$$

que é igual a $2^n - 1$ pela Proposição 4.5. Assim, o tempo de execução para o pior caso do método isUnique é $O(2^n)$. Este é um método incrivelmente ineficiente para resolver o problema do elemento único. Sua ineficiência não vem do fato de se usar recursão – e sim do fato de que usa se recursão de uma maneira pobre, que é algo que se referencia no Exercício C-4.2.

Um método iterativo para resolver o problema do elemento único

Pode-se fazer muito melhor que este método de tempo exponencial usando o seguinte algoritmo iterativo:

```
public static boolean isUniqueLoop(int[ ] arr, int start, int end) {
    if (start >= end) return true; // O intervalo é muito pequeno para repetições
    for (int i=start; i < end; i++)
```

```
    for (int j=i+1; j <= end; j++)
      if (arr[i] == arr[j]) return false;
  return true;
}
```

Esse método resolve o problema do elemento único iterando através de todos os pares distintos de índices *i* e *j* e verificando se qualquer um destes indexa um par de elementos que são iguais entre si. Ele faz isso usando dois laços de **for** aninhados, de maneira que a primeira iteração do laço mais externo causa $n-1$ iterações do laço mais interno, a segunda iteração do laço mais externo causa $n-2$ iterações do laço mais interno, a terceira iteração do laço mais externo causa $n-3$ iterações do laço mais interno e assim por diante. Dessa forma, o pior caso para o tempo de execução deste método é proporcional a:

$$1+2+3+ \cdots + (n-1),$$

que é $O(n^2)$, como já foi visto antes neste capítulo (Proposição 4.3).

Usando ordenação como uma ferramenta de solução de problemas

Um algoritmo ainda melhor para o problema do elemento único é baseado no uso de ordenação como uma ferramenta de solução de problemas. Nesse caso, ordenando o arranjo de elementos, garante-se que todos os elementos duplicados irão ser colocados próximos entre si. Assim, para determinar se existem duplicados no arranjo, tudo o que se precisa fazer é executar um único passo sobre o arranjo ordenado, procurando por duplicações consecutivas. Uma implementação Java deste algoritmo segue:

```
public static boolean isUniqueSort(int[ ] arr, int start, int end) {
  if (start >= end) return true; // o intervalo é muito pequeno para repetições
  int[ ] buf = arr.clone( ); // duplique arr de maneira que a ordenação não o altere
  Arrays.sort(buf); // ordene a cópia de arr colocando os duplicados juntos
  for (int i=start; i < end; i++)
    if (buf[i] == buf[i+1]) return false;
  return true;
}
```

O método Array.Sort usa o algoritmo quick-sort, que executa em tempo $O(n\log n)$ (Seção 11.2). Assim todo o algoritmo isUniqueSort executa em tempo $O(n \log n)$ porque todos os outros passos executam em tempo $O(n)$. A propósito, pode-se resolver o problema do elemento único em um tempo ainda mais rápido que o($n \log n$), pelo menos em termos de tempo de execução do caso médio, usando-se uma estrutura de dados tipo tabela hash, que será explorada na Seção 9.2.

4.3 Técnicas simples de justificativa

Algumas vezes, deseja-se fazer afirmações sobre um algoritmo, como mostrar que ele é correto ou executa mais rápido. Para fazer tais afirmações de forma rigorosa, deve--se usar uma argumentação matemática, justificando ou *provando* nossas afirmações. Felizmente, existem várias maneiras simples de fazer isso.

4.3.1 Por meio de exemplos

Algumas afirmações têm uma forma genérica: "Existe um elemento x no conjunto S que tem a propriedade P". Para justificar tal afirmação, precisa-se apenas encontrar um x em S que tenha a propriedade P. Outras afirmações são da forma: "Todo elemento x no conjunto S tem a propriedade P". Para indicar que esta afirmação é falsa, é necessário apenas mostrar um x do conjunto S que não tenha a propriedade P. Tal instância é chamada de *contraexemplo*.

Exemplo 4.17 *Um certo professor Amongus afirma que todo número da forma $2^i - 1$ é primo, se i for maior do que 1. O professor está errado.*

Justificativa Para provar que o professor está errado, precisa-se achar um contraexemplo. Felizmente não é necessário procurar muito, pois $2^4 - 1 = 15 = 3 \cdot 5$. ∎

4.3.2 O ataque "contra"

Outro conjunto de técnicas envolve o uso de negações. Os dois métodos básicos são o uso de *contrapositivos* e da *contradição*. O uso do contrapositivo é como olhar em um espelho negativo: para justificar a afirmação "se p é verdade, então q é verdade", estabelece-se a verdade da afirmação "se q não é verdade, então p não é verdade". Logicamente, essas duas afirmações são equivalentes, mas a segunda, que é a *contrapositiva* da primeira, pode ser mais fácil de demonstrar.

Exemplo 4.18 *Sejam a e b inteiros. Se ab é par, então a é par ou b é par.*

Justificativa Para justificar essa afirmação, considere seu contrapositivo "se a é impar e b é impar, então ab é impar". Assim, suponha $a = 2i + 1$ e $b = 2j + 1$ para inteiros i e j. Então $ab = 4ij + 2i + 2j + 1 = 2(2ij + i + j)$; Portanto, ab é impar. ∎

Além de mostrar o uso da técnica de justificativa contrapositiva, o exemplo anterior também contém uma aplicação da **Lei de DeMorgan**. Essa lei ajuda a lidar com negações, pois ela afirma que a negação de "p ou q" assume a forma "não p e não q". Da mesma forma, estabelece que a negação de uma sentença da forma "p e q" é "não p ou não q".

Contradição

Outra técnica de justificativa por negação envolve o uso da *contradição*, que frequentemente também envolve o uso da Lei de DeMorgan. Aplicando a técnica, fica estabelecido que uma afirmação q é verdadeira supondo primeiro que ela é falsa e mostrando que esta suposição leva a uma contradição (como $2 \neq 2$ ou $1 > 3$). Chegando a uma contradição, mostra-se que, se q for falsa, existirá uma situação inconsistente e, portanto, q deve ser verdadeira. Naturalmente, para chegar a essa conclusão, deve-se ter certeza da existência de uma situação consistente ainda antes de supor que q é falsa.

Exemplo 4.19 *Sejam a e b inteiros. Se ab é ímpar, então a é ímpar e b é ímpar.*

Justificativa Supõe-se que ab é ímpar. Deseja-se mostrar que a é ímpar e que b é ímpar. Assim, vamos tentar obter uma contradição assumindo o oposto, ou seja, que a é par ou b é par. De fato, pode-se assumir que a é par (uma vez que o caso de b é simétrico). Então $a = 2i$ para algum inteiro i. Portanto $ab = (2i)b = 2(ib)$, ou seja, ab é par. Mas isso é uma contradição; ab não pode ser simultaneamente ímpar e par. Consequentemente, a é ímpar e b é ímpar. ∎

4.3.3 Indução e invariantes em laços

A maior parte das afirmações que foram feitas sobre o tempo de execução ou consumo de memória de um algoritmo dizem respeito a um parâmetro inteiro n (em geral, representando uma noção intuitiva do "tamanho" do problema). Além disso, a maior parte dessas afirmações equivalem a dizer que determinada afirmação $q(n)$ é verdadeira "para todo $n \geq 1$". Como isso, equivale a fazer uma afirmação sobre um conjunto infinito de números: não se pode justificá-la de forma exaustiva de forma direta.

Indução

Entretanto, frequentemente é possível justificar afirmações como as acima apresentadas como verdadeiras, se for feito uso da técnica da **indução**. Esta técnica se resume em mostrar que para qualquer $n \geq 1$ existe uma sequência finita de implicações que inicia com um fato verdadeiro e leva à confirmação de que $q(n)$ é verdadeiro. Especificamente, começa-se uma justificativa por indução mostrando que $q(n)$ é verdadeiro para $n = 1$ (e possivelmente outros valores $n = 2, 3, \ldots, k$ para alguma constante k). A seguir, justifica-se que o "passo" indutivo é verdadeiro para $n > k$, ou seja, mostra-se que "se $q(i)$ é verdadeiro para $i < n$, então $q(n)$ é verdadeiro". A combinação dessas duas partes completa a justificativa por indução.

Proposição 4.20 *Considere a função Fibonacci, $F(n)$ onde se define $F(1) = 1$, $F(2) = 2$, e $F(n) = F(n - 1) + F(n - 2)$ para $n > 2$. (ver Seção 2.2.3) Afirma-se que $F(n) < 2^n$.*

Justificativa Mostra-se que essa afirmação é correta por indução.
Caso base: $(n \leq 2)$. $F(1) = 1 < 2 = 2^1$ e $F(2) = 2 < 4 = 2^2$.
Passo da indução: $(n > 2)$. Supondo que a afirmação é verdadeira para $n' < n$. Considere-se $F(n)$. Já que $n > 2$, então $F(n) = F(n - 1) + F(n - 2)$. Além disso, já que $n - 1 < n$ e $n - 2 < n$, pode-se aplicar a suposição da indução (às vezes chamada de "hipótese de indução") para implicar que $F(n) < 2^{n-1} + 2^{n-2}$, uma vez que

$$2^{n-1} + 2^{n-2} < 2^{n-1} + 2^{n-2} = 2 \cdot 2^{n-1} = 2^n.$$

∎

Outro argumento indutivo será mostrado, desta vez para um fato já visto antes.

Proposição 4.21 *(que equivale à Proposição 4.3)*

$$\sum_{i=1}^{n} i = \frac{n(n+1)}{2}.$$

Justificativa A justificativa será feita por indução.
Caso base: $n = 1$. É trivial, pois $1 = n(n + 1)/2$, se $n = 1$.
Passo da indução: $n \geq 2$. Supõe-se que a afirmação é verdadeira para $n' < n$, e considera-se n.

$$\sum_{i=1}^{n} i = n + \sum_{i=1}^{n-1} i.$$

Pela hipótese de indução, tem-se

$$\sum_{i=1}^{n} i = n + \frac{(n-1)n}{2},$$

que pode ser simplificada para

$$n + \frac{(n-1)n}{2} = \frac{2n + n^2 - n}{2} = \frac{n^2 + n}{2} = \frac{n(n+1)}{2}$$

∎

Justificar algo verdadeiro para *todo* $n \geq 1$ às vezes pode ser uma sobrecarga. É necessário lembrar, no entanto, que a técnica de indução é bastante concreta: ela mostra que, para qualquer n em particular, existe uma sequência de implicações que se inicia com um fato verdadeiro e leva a uma verdade sobre n. Resumindo, o argumento indutivo é uma fórmula para construir uma sequência de justificativas diretas.

Invariantes de laços

A última técnica de justificativa que será discutida nesta seção é o **laço invariante**. Para provar que uma afirmação S sobre um laço é correta, defina S como uma sequência de afirmações menores $S_0, S_1, \ldots, S_k$, onde:

1. a afirmação **inicial** S_0 seja verdadeira antes que o laço se inicie;
2. se S_{i-1} é verdadeira antes da iteração i, então é possível mostrar que S_i será verdadeira depois que a iteração i terminar;

3. a afirmação final S_k implica que a afirmação S que se deseja provar é verdadeira.

Será apresentado um exemplo simples de uso do argumento do laço invariante para justificar a correção do algoritmo. Em particular, será usado um invariante de laço para justificar a correção do algoritmo arrayFind, apresentado no Trecho de Código 4.5, que encontra um elemento x em um arranjo A.

Algoritmo arrayFind(x,A):
  Entrada: um elemento x e um arranjo A com n elementos.
  Saída: o índice i tal que $x = A[i]$, ou -1 se nenhum elemento de A é igual a x.
  $i \leftarrow 0$
  enquanto $i < n$ **faça**
    se $x = A[i]$ **então**
      retorna i
    senão
      $i \leftarrow i + 1$
  retorna -1

Trecho de Código 4.5 Algoritmo arrayFind para encontrar um determinado elemento em um arranjo.

Para mostrar que o algoritmo arrayFind está correto, define-se uma série de afirmações S_i que demonstrarão a correção do algoritmo. Especificamente, afirma-se que o seguinte fato é verdadeiro no início da iteração i do laço **enquanto**:

S_i: x não é igual a nenhum dos primeiros elementos i de A.

Essa afirmação é verdadeira no início da primeira iteração do laço, já que não há elementos entre o primeiro 0 de A (diz-se que este tipo de afirmação trivial é vazia). Na iteração i, compara-se o elemento x com o elemento $A[i]$ e retorna-se o índice i se eles forem iguais, o que é claramente correto e completa o algoritmo neste caso. Se os elementos x e $A[i]$ não são iguais, então se encontrou mais um elemento diferente de x e incrementa-se o índice i. Assim, a afirmação S_i será verdadeira para este novo valor de i; consequentemente, será verdadeira no início da próxima iteração. Se o laço while termina sem nunca retornar um índice em A, então provavelmente tem-se $i = n$. Ou seja, S_n é verdadeiro – não há elementos em A que sejam iguais a x. Portanto, o algoritmo está correto ao retornar o valor -1, indicando que x não está em A.

4.4 Exercícios

Para obter os códigos-fonte dos exercícios, visite www.grupoa.com.br.

Reforço

R-4.1 Existe uma cidade bem conhecida (que ficará anônima aqui) cujos habitantes têm a reputação de gostarem de uma refeição somente se essa refeição for a melhor que já experimentaram na vida. Caso contrário, eles a odeiam. Assumindo que a qualidade das refeições está distribuída de maneira uniforme ao longo da vida da pessoa, qual o número esperado de habitantes dessa cidade que estão felizes com suas refeições?

R-4.2 Forneça uma descrição em pseudocódigo de um algoritmo de tempo $O(n)$ para calcular a função potência $p(x,n)$. Desenhe também o reastreamento recursivo deste algoritmo para o cálculo de $p(2,5)$.

R-4.3 Forneça uma descrição em Java do algoritmo Power para calcular a função potência $p(x,n)$. (Trecho de Código 4.4.)

R-4.4 Desenhe o rastreamento recursivo do algoritmo Power, (Trecho de Código 4.4), que calcula a função potência $p(x,n)$) para $p(2,9)$.

R-4.5 Analise o tempo de execução do algoritmo BinarySum (Trecho de Código 3.34) usando valores arbitrários para o parâmetro n.

R-4.6 Desenhe o gráfico das funções $8n$, $4n \log n$, $2n^2$, n^3 e 2^n usando uma escala logarítmica para os eixos x e y, isto é, se o valor da função $f(n)$ é y, desenhe esse ponto com a coordenada x em log x em log n e a coordenada y em log y.

R-4.7 O número de operações executadas pelos algoritmos A e B é $8n \log n$ e $2n^2$, respectivamente. Determine n_0 tal que A seja melhor que B para $n \geq n_0$.

R-4.8 O número de operações executadas pelos algoritmos A e B é $40n^2$ e $2n^3$, respectivamente. Determine n_0 de maneira que A seja melhor que B para $n \geq n_0$.

R-4.9 Apresente um exemplo de função cujo desenho seja o mesmo tanto em uma escala logarítmica como em uma escala padrão.

R-4.10 Explique por que o desenho da função n^c é uma linha reta com inclinação c em uma escala logarítmica.

R-4.11 Qual é a soma de todos os números pares de 0 a $2n$, para qualquer inteiro positivo?

R-4.12 Mostre que as duas afirmações a seguir são equivalentes:

(a) O tempo de execução do algoritmo A é $O(f(n))$.
(b) No pior caso, o tempo de execução do algoritmo A é $O(f(n))$.

R-4.13 Ordene as funções a seguir por sua taxa assintótica de crescimento.

$$4n \log n + 2n \quad 2^{10} \quad 2^{\log n}$$
$$3n + 100 \log n \quad 4n \quad 2^n$$
$$n^2 + 10n \quad n^3 \quad n \log n$$

R-4.14 Mostre que se $d(n)$ é $O(f(n))$, então $ad(n)$ é $O(f(n))$, então $ad(n)$ é $O(f(n))$, para qualquer constante $a > 0$.

R-4.15 Mostre que se $d(n)$ é $O(f(n))$ e $e(n)$ é $O(g(n))$, então o produto $d(n)e(n)$ é $O(f(n)g(n))$.

R-4.16 Forneça uma caracterização O em termos de n do tempo de execução do método Ex1 apresentado no Trecho de Código 4.6

R-4.17 Forneça uma caracterização O em termos de n do tempo de execução do método Ex2 apresentado no Trecho de Código 4.6.

R-4.18 Forneça uma caracterização O em termos de n do tempo de execução do método Ex3 apresentado no Trecho de Código 4.6.

R-4.19 Forneça uma caracterização O em termos de n do tempo de execução do método Ex4 apresentado no Trecho de Código 4.6.

R-4.20 Forneça uma caracterização O em termos de n do tempo de execução do método Ex5 apresentado no Trecho de Código 4.6.

R-4.21 Bill dispõe de um algoritmo, find2D, para encontrar um elemento x em um arranjo A $n \times n$. O algoritmo find2D itera sobre s linhas de A e chama o algoritmo arrayFind, do Trecho de Código 4.5, para cada linha, até que x seja encontrado ou todas as linhas de A tenham sido pesquisadas. Qual é o tempo para o pior caso de find2D em termos de n? Qual é o tempo para o pior caso de find2D em termos de N, onde N é o tamanho total de A? É correto dizer que find2D é um algoritmo de tempo linear? Por que sim ou por que não?

R-4.22 Para cada função $f(n)$ e tempo t da tabela a seguir, determine o maior tamanho de n para um problema P que pode ser resolvido em tempo t se o algoritmo para resolver P consome $f(n)$ microssegundos (uma das entradas já foi feita).

	1 segundo	1 hora	1 mês	1 século
$\log n$	$\approx 10^{300000}$			
n				
$n \log n$				
n^2				
2^n				

R-4.23 Mostre que se $d(n)$ é $O(f(n))$ e $e(n)$ é $O(g(n))$, então $d(n) + e(n)$ é $O(f(n) + g(n))$.

Algoritmo Ex1(A):
    Entrada: um arranjo A que armazena $n \geq 1$ elementos
    Saída: a soma dos elementos de A
    $s \leftarrow A[0]$
    para $i \leftarrow 1$ **até** $n - 1$ **faça**
        $s \leftarrow s + A[i]$
    retorna s

Algoritmo Ex2(A):
    Entrada: um arranjo A que armazena $n \geq 1$ elementos
    Saída: a soma dos elementos das células ímpares de A
    $s \leftarrow A[0]$
    para $i \leftarrow 2$ **até** $n - 1$ **em** incrementos de 2 **faça**
        $s \leftarrow s + A[i]$
    retorna s

Algoritmo Ex3(A):
    Entrada: um arranjo A que armazena $n \geq 1$ elementos
    Saída: a soma dos da soma dos prefixos de A
    $s \leftarrow 0$
    para $i \leftarrow 0$ **até** $n - 1$ **faça**
        $s \leftarrow s + A[0]$
        para $j \leftarrow 1$ **até** i **faça**
            $s \leftarrow s + A[j]$
    retorna s

Algoritmo Ex4(A):
    Entrada: um arranjo A que armazena $n \geq 1$ elementos
    Saída: a soma da soma dos prefixos de A
    $s \leftarrow A[0]$
    $t \leftarrow s$
    para $i \leftarrow 1$ **até** $n - 1$ **faça**
        $s \leftarrow s + A[i]$
        $t \leftarrow t + s$
    retorna t

Algoritmo Ex5(A, B):
    Entrada: arranjos A e B cada um armazenando $n \geq 1$ elementos
    Saída: a quantidade de elementos de B iguais à soma da soma dos prefixos de A
    $c \leftarrow 0$
    para $i \leftarrow 0$ **até** $n - 1$ **faça**
        $s \leftarrow 0$
        para $j \leftarrow 0$ **até** $n - 1$ **faça**
            $s \leftarrow s + A[0]$
            para $k \leftarrow 1$ **até** j **faça**
                $s \leftarrow s + A[k]$
        se $B[i] = s$ **então**
            $c \leftarrow c + 1$
    retorna c

Trecho de Código 4.6   Alguns algoritmos.

R-4.24 Mostre que se $d(n)$ é $O(f(n))$ e $e(n)$ é $O(g(n))$, então $d(n) - e(n)$ **não é necessariamente** $O(f(n) - g(n))$.

R-4.25 Mostre que se $d(n)$ é $O(f(n))$ e $f(n)$ é $O(g(n))$, então $d(n)$ é $O(g(n))$.

R-4.26 Mostre que $O(\max\{f(n), g(n)\}) = O(f(n) + g(n))$.

R-4.27 Mostre que $f(n)$ é $O(g(n))$ se e somente se $g(n)$ é $\Omega(f(n))$.

R-4.28 Mostre que se $p(n)$ é polinomial em relação a n, então $\log p(n)$ é $O(\log n)$.

R-4.29 Mostre que $(n + 1)^5$ é $O(n^5)$.

R-4.30 Mostre que 2^{n-1} é $O(2^n)$.

R-4.31 Mostre que n é $O(n \log n)$.

R-4.32 Mostre que n^2 é $\Omega(n \log n)$.

R-4.33 Mostre que $n \log n$ é $\Omega(n)$.

R-4.34 Mostre que $\lceil f(n) \rceil$ é $O(f(n))$, se $f(n)$ é uma função positiva não decrescente que é sempre maior que 1.

R-4.35 O algoritmo A executa uma computação em tempo $O(\log n)$ para cada entrada de um arranjo de n elementos. Qual o pior caso em relação ao tempo de execução de A?

R-4.36 Dado um arranjo X de n elementos, o algoritmo B escolhe $\log n$ elementos de x, aleatoriamente, e executa um cálculo em tempo $O(n)$ para cada um. Qual o pior caso em relação ao tempo de execução de B?

R-4.37 Dado um arranjo X de n elementos inteiros, o algoritmo C executa uma computação em tempo $O(n)$ para cada número par de X e uma computação em tempo $O(\log n)$ para cada elemento ímpar de X. Qual o melhor caso e o pior caso em relação ao tempo de execução de C?

R-4.38 Dado um arranjo X de n elementos, o algoritmo D chama o algoritmo E para cada elemento $X[i]$. O algoritmo E executa em tempo $O(i)$ quando é chamado sobre um elemento $X[i]$. Qual o pior caso em relação ao tempo de execução do algoritmo D?

R-4.39 Al e Bob estão discutindo sobre seus algoritmos. Al afirma que seu método de tempo $O(n \log n)$ é *sempre* mais rápido que o método de Bob de tempo $O(n^2)$. Para decidir a questão, eles executaram um conjunto de experimentos. Para o espanto de Al, eles encontraram que se $n < 100$, o algoritmo $O(n^2)$ executa mais rápido, e somente quando $n \geq 100$ é que o algoritmo $O(n \log n)$ é um pouco melhor. Explique como isso é possível.

Criatividade

C-4.1 Descreva um algoritmo recursivo para calcular a parte inteira do logaritmo de base 2 de n usando apenas somas e divisões inteiras.

C-4.2 Descreva um método recursivo eficiente para resolver o problema do elemento único, cuja execução em tempo é no máximo $O(n^2)$ no pior caso sem usar ordenação.

C-4.3 Assumindo que é possível ordenar n valores em tempo $O(n \log n)$, mostre que é possível resolver o problema dos três conjuntos disjuntos em tempo $O(n \log n)$.

C-4.4 Descreva um algoritmo eficiente para encontrar os 10 maiores elementos em um arranjo de tamanho n. Qual o tempo de execução de seu algoritmo?

C-4.5 Suponha que seja fornecido um arranjo A de n elementos contendo inteiros distintos que são listados em ordem crescente. Dado um número k, descreva um algoritmo recursivo para encontrar dois inteiros em A cuja soma seja k, se tal par existir. Qual o tempo de execução do seu algoritmo?

C-4.6 Dado um arranjo A de n elementos inteiros não ordenado e um inteiro k, descreva um algoritmo recursivo para reorganizar os elementos de A de maneira que os elementos menores ou iguais a k antecedam qualquer elemento maior que k. Qual é o tempo de execução do seu algoritmo?

C-4.7 Segurança de comunicação é extremamente importante em redes de computadores, e uma forma pela qual muitos protocolos de comunicação obtêm segurança é pela criptografia de mensagens. Os esquemas típicos de *criptografia* para uma transmissão segura de dados em tais redes são baseados no fato de que não se conhecem algoritmos eficientes para fatorar grandes inteiros. Desta forma, podendo-se reporesentar uma mensagem secreta por um grande número primo p, pode-se transmitir pela rede o número $r = p.q$, onde $q > p$ é outro grande número primo que age como uma chave de criptografia. Um bisbilhoteiro que obtenha o número r transmitido pela rede terá de fatorar r de maneira a descobrir a mensagem secreta p.

Usar fatoração para descobrir uma mensagem é muito difícil sem conhecer a chave de criptografia q. Para entender por que, considere o seguinte algoritmo ingênuo de fatoração:

    para $p = 2, ..., r-1$ **faça**
        se p divide r **então**
            retorna "A mensagem secreta é p!"

    a. Suponha que o bisbilhoteiro use o algoritmo acima e tenha um computador que possa efetuar uma divisão entre dois inteiros de mais de 100 bits cada em um microssegundo (1 milhonésimo de segundo). Forneça uma estimativa do tempo que irá levar no pior caso para decifrar a mensagem secreta p se a mensagem secreta r tiver 100 bits.
    b. Qual a complexidade em relação a tempo para o pior caso do algorimo anterior? Uma vez que a entrada do algoritmo é apenas um grande número r, assuma que o tamanho da entrada n é o número de bytes necessários para armazenar r, isto é, $n = \lfloor (\log_2 r)/8 \rfloor + 1$, e cada divisão consome tempo $O(n)$.

C-4.8 Apresente um exemplo de função positiva $f(n)$ tal que $f(n)$ não seja $O(n)$ nem $\Omega(n)$.

C-4.9 Mostre que $\sum_{i=1}^{n} i^2$ é $O(n^3)$.

C-4.10 Mostre que $\sum_{i=1}^{n} i/2^i < 2$. (Dica: tente limitar esta soma, termo a termo, usando uma progressão geométrica).

C-4.11 Mostre que é $\log_b f(n)$ é $\Theta(\log f(n))$ se $b > 1$ é uma constante.

C-4.12 Descreva um método para encontrar tanto o mínimo como o máximo entre n números usando menos que $3n/2$ comparações. (Dica: primeiro crie um grupo de candidatos a mínimo e um grupo de candidatos a máximo.)

C-4.13 Bob construiu um site Web e forneceu a URL apenas para os seus n amigos, que ele numerou de 1 a n. Ele disse ao amigo número i que ele pode visitar o site no máximo i vezes. Agora Bob tem um contador, C, que mantém o total de visitas ao site (mas não as identidades dos visitantes). Qual é o valor mínimo de C tal que Bob possa ficar sabendo que um de seus amigos está visitando o site mais do que o número permitido de vezes?

C-4.14 Al diz que pode provar que todas as ovelhas de um mesmo rebanho são da mesma cor:

Caso base: Um ovelha. Obviamente ela é da mesma cor que ela mesma.

Passo de indução: Um rebanho de n ovelhas. Separe uma ovelha a. As restantes $n-1$ são da mesma cor por indução. Agora coloque a de volta e retire uma ovelha diferente, b. Por indução as $n-1$ ovelhas (agora com a) são da mesma cor. Consequentemente, todas as ovelhas do rebanho são da mesma cor. Qual o problema com a "prova" de Al?

C-4.15 Considere a seguinte "justificativa" para o fato da função Fibonacci, $F(n)$, (veja a Proposição 4.20) ser $O(n)$:

Caso Base ($n \leq 2$): $F(1) = 1$ e $F(2) = 2$;

Passe de indução ($n > 2$): Assume-se a afirmação como verdadeira para $n < n$. Considere n. $F(n) = F(n-1) + F(n-2)$. Por indução, $F(n-1)$ é $O(n'-1)$ e $F(n-2)$ é $O(n-2)$. Então $F(n)$ é $O((n-1) + (n-2))$, pela identidade apresentada no Exercício R-4.22. Consequentemente, $F(n)$ é $O(n)$. O que está errado nesta justificativa?

C-4.16 Seja $p(x)$ uma polinomial de grau n, isto é, $\sum_{i=0}^{n} a_i x^i$.

(a) Descreva um método simples de tempo $O(n^2)$ para calcular $p(x)$.

(b) Agora considere reescrever $p(x)$ como

$$p(x) = a_0 + x(a_1 + x(a_2 + x(a_3 + \cdots + x(a_{n-1} + xa_n)\cdots))),$$

o que é conhecido como **método de Horner**. Usando a notação O, caracterize a quantidade de operações aritméticas que este método executa.

C-4.17 Considere a função Fibonacci, $F(n)$ (veja Proposição 4.20). Mostre por indução que $F(n)$ é $\Omega((3/2)^n)$.

C-4.18 Dado um conjunto $A = \{a_1, a_2, \ldots, a_n\}$ de n inteiros, descreva em pseudocódigo um método eficiente para calcular cada uma das somas parciais $s_k = \sum_{i=1}^{k} a_i$ para $k = 1, 2, \ldots, n$. Qual o tempo de execução deste método?

C-4.19 Desenhe uma justificativa visual para a Proposição 4.3 análoga à da Figura 4.1(b) para o caso onde n é ímpar.

C-4.20 Um arranjo A contém $n - 1$ inteiros únicos no intervalo $[0, n - 1]$, isto é, existe um número neste arranjo que não está em A. Projete um algoritmo de tempo $O(n)$ para encontrar este número. Pode-se usar somente $O(1)$ espaço adicional além do arranjo A propriamente dito.

C-4.21 Seja S um conjunto de n linhas no plano tal que não existem duas paralelas e não existe um trio que se encontre no mesmo ponto. Mostre, por indução, que as linhas de S determinam $\Theta(n^2)$ pontos de intersecção.

C-4.22 Mostre que o somatório $\sum_{i=1}^{n} \lceil \log_2 i \rceil$ é $O(n \log n)$.

C-4.13 Um rei malvado tem n garrafas de vinho e um espião envenenou apenas uma delas. Infelizmente ele não sabe qual. O veneno é extremamente mortal: apenas uma gota diluída em um bilhão ainda mata. Mesmo assim, leva um mês para o veneno fazer efeito. Desenhe um esquema para determinar exatamente qual das garrafas de vinho foi envenenada, em apenas um mês, usando apenas $O(\log n)$ testadores.

C-4.24 Um arranjo A contém n inteiros retirados do intervalo $[0,4n]$, com repetições permitidas. Descreva um algoritmo eficiente para determinar o valor inteiro k que ocorre com mais frequência. Qual o tempo de execução de seu algoritmo?

C-4.25 Descreva em pseudocódigo um método para multiplicar uma matriz A $n \times m$ e uma matriz B $m \times p$. Lembre que o produto $C = AB$ é definido como $C[i][j] = \sum_{k=1}^{m} A[i][k] \cdot B[k][j]$. Qual o tempo de execução de seu método?

C-4.26 Suponha que cada linha de um arranjo A, $n \times n$, consiste em zeros e uns tais que, em qualquer linha de A, todos os uns antecedem todos os zeros. Também suponha que o número de uns na linha i é pelo menos o número na linha $i + 1$, para $i = 0,1, \ldots, n - 2$. Assumindo que A está na memória, descreva um método que execute em tempo $O(n)$ (não $O(n^2)$) para contar o número de uns em A.

C-4.27 Descreva um método recursivo para calcular o n-ésimo **número harmônico**, $H_n = \sum_{i=1}^{n} 1/i$.

Projetos

P-4.1 Implemente prefixAverages1 e prefixAverages2, da Seção 4.2.5, e execute uma análise experimental dos seus tempos de execução. Visualize seus tempos de execução como uma função do tamanho da entrada usando um gráfico di-log.

P-4.2 Execute uma análise experimental cuidadosa que compare os tempos relativos de execução dos métodos apresentados no Trecho de Código 4.6.

P-4.3 Execute uma análise experimental para testar a hipótese de que o método da biblioteca Java, java.util.Arrays.sort executa em um tempo médio $O(n \log n)$.

P-4.4 Execute uma análise experimental para determinar o maior valor de n para cada um dos três algoritmos fornecidos no capítulo para resolver o problema do elemento único de maneira que o algoritmo execute em um minuto ou menos.

Observações sobre o capítulo

A notação O tem gerado vários comentários sobre seu uso [17, 45, 61]. Knuth [62,61] a define usando a notação $f(n) = O(g(n))$, mas diz que essa igualdade funciona apenas em um sentido. Foi escolhida uma visão mais tradicional de igualdade e considerou-se a notação O como um conjunto, seguindo Brassard [17]. O leitor interessado em estudar análise do caso médio pode procurar o capítulo do livro de Vitter e Flajolet [97]. A história de Arquimedes é encontrada em [77]. Para algumas ferramentas matemáticas adicionais, consulte o Apêndice A.

Capítulo 5

Pilhas e Filas

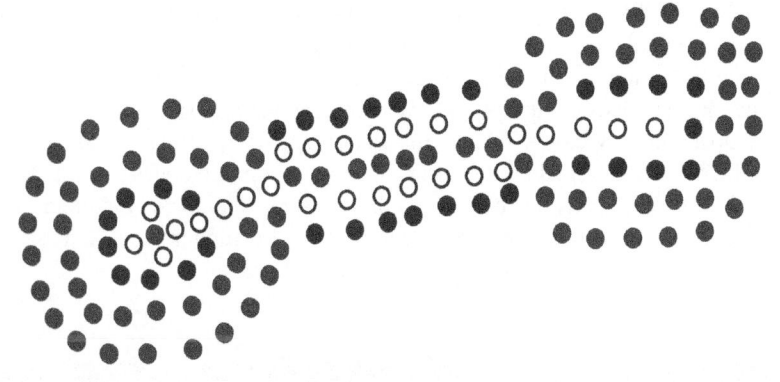

Sumário

5.1 Pilhas **202**
    5.1.1   O tipo abstrato de dados pilha 203
    5.1.2   Uma implementação de uma pilha baseada em arranjos 205
    5.1.3   Implementando uma pilha usando uma lista
            encadeada genérica 211
    5.1.4   Invertendo um arranjo usando uma pilha 213
    5.1.5   Verificando parênteses e tags HTML................... 214

5.2 Filas **218**
    5.2.1   O tipo abstrato de dados fila 218
    5.2.2   Uma implementação simples baseada em arranjos 221
    5.2.3   Implementando uma fila usando uma lista
            encadeada genérica 223
    5.2.4   Escalonadores round-robin 224

5.3 Filas com dois finais **226**
    5.3.1   O tipo abstrato de dados deque 227
    5.3.2   Implementando um deque............................ 227
    5.3.3   Deques no framework de coleções de Java 230

5.4 Exercícios **231**

5.1 Pilhas

Uma *pilha* é uma coleção de objetos que são inseridos e retirados de acordo com o princípio de que *o último que entra é o primeiro que sai* (*LIFO*†). É possível inserir objetos em uma pilha a qualquer momento, mas somente o objeto inserido mais recentemente (ou seja, o último que "entrou") pode ser removido a qualquer momento. O nome "pilha" deriva-se da metáfora de uma pilha de pratos em uma cantina. Neste caso, as operações fundamentais envolvem a colocação e retirada de pratos da pilha. Quando um novo prato se faz necessário, retira-se o prato do topo da pilha (*pop*) e quando se acrescenta um prato, este é colocado sobre os já empilhados (*push*), passando a ser o novo topo. Talvez uma metáfora mais divertida pudesse ser uma máquina PEZ® fornecedora de doces: estas máquinas guardam doces empilhados sobre uma mola, que oferece o doce no topo da pilha quando a tampa da máquina é erguida (ver Figura 5.1). As pilhas são uma estrutura de dados fundamental: elas são usadas em muitas aplicações, incluindo as seguintes.

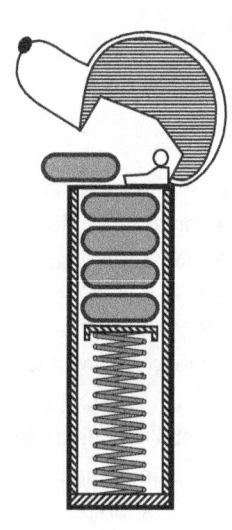

Figura 5.1 Esquema de um dispensador PEZ®; uma implementação física do TAD pilha. (PEZ® é uma marca registrada da PEZ Candy Inc.)

Exemplo 5.1 *Navegadores para a Internet armazenam os endereços mais recentemente visitados em uma pilha. Toda vez que o navegador visita um novo site, o endereço do site é armazenado na pilha de endereços. O navegador permite que o usuário retorne a sites previamente visitados ("pop") usando o botão "back".*

Exemplo 5.2 *Editores de texto geralmente oferecem um mecanismo de reversão de operações ("undo") que cancela operações recentes e reverte um documento a esta-*

---

† N. de R.T.: Em inglês, *last-in first-out*.

dos anteriores. A operação de reversão é implementada mantendo-se as alterações no texto em uma pilha.

5.1.1 O tipo abstrato de dados pilha

Pilhas são as mais simples de todas as estruturas de dados, apesar de estarem entre as mais importantes, na medida em que são usadas em uma gama de aplicações diferentes que incluem estruturas de dados muito mais sofisticadas. Formalmente, uma pilha S é um tipo abstrato de dados (TAD) que suporta os dois métodos que seguem:

    push(e): Insere o objeto e no topo da pilha.

    pop( ): Remove o elemento no topo da pilha e o retorna; ocorre um erro se a pilha estiver vazia.

Adicionalmente, podem-se definir os seguintes métodos:

    size( ): Retorna o número de elementos na pilha.

    isEmpty( ): Retorna um booleano indicando se a pilha está vazia.

    top( ): Retorna o elemento no topo da pilha, sem retirá-lo; ocorre um erro se a pilha estiver vazia.

Exemplo 5.3 *A tabela a seguir mostra uma série de operações de pilha e seus efeitos sobre uma pilha S de inteiros, inicialmente vazia.*

Operação	Saída	Conteúdo da pilha
push(5)	–	(5)
push(3)	–	(5,3)
pop( )	3	(5)
push(7)	–	(5,7)
pop( )	7	(5)
top( )	5	(5)
pop( )	5	( )
pop( )	"error"	( )
isEmpty( )	true	( )
push(9)	–	(9)
push(7)	–	(9,7)
push(3)	–	(9,7,3)
push(5)	–	(9,7,3,5)
size( )	4	(9,7,3,5)
pop( )	5	(9,7,3)
push(8)	–	(9,7,3,8)
pop( )	8	(9,7,3)
pop( )	3	(9,7,3)

Uma interface para pilhas em Java

Por sua importância, a estrutura de dados pilha é uma classe "embutida" no pacote java.util de Java. A classe java.util.Stack é uma estrutura de dados que armazena objetos Java genéricos e inclui, entre outros, os métodos push( ), pop( ), peek( ) (equivalente a top( )), size( ) e empty( ) (equivalente a isEmpty( )). Os métodos pop( ) e peek( ) lançam a exceção EmptyStackException se a pilha estiver vazia quando eles forem chamados. Embora seja conveniente usar a classe java.util.Stack, é instrutivo aprender como projetar e implementar uma pilha desde o início.

Implementar um tipo abstrato de dados em Java envolve dois passos. O primeiro passo é a definição de uma *Application Programming Interface* (API), ou simplesmente *interface*, que descreve os nomes dos métodos que o TAD suporta e como eles são declarados e usados.

Além disso, devem-se definir exceções para qualquer condição de erro que possa ocorrer. Por exemplo, a condição de erro que ocorre quando se chama os métodos pop( ) ou top( ) sobre uma pilha vazia é sinalizada pelo lançamento de uma exceção do tipo EmptyStackException, que é definida no Trecho de Código 5.1.

```
/**
 * Exceção de tempo de execução lançada quando alguém tenta executar uma operação top
 * ou pop sobre uma pilha vazia.
 */
public class EmptyStackException extends RuntimeException {
  public EmptyStackException(String err) {
    super(err);
  }
}
```

Trecho de Código 5.1 Exceção lançada pelos métodos pop( ) e top( ) da interface Stack quando ativados sobre uma pilha vazia.

Uma interface Java completa para o TAD pilha é fornecida no Trecho de Código 5.2. Observa-se que esta interface é bastante geral, pois ela especifica que elementos de quaisquer classes (e suas derivadas) podem ser colocados na pilha. Esta generalidade é obtida usando o conceito de *genéricos* (Seção 2.5.2).

Para que um TAD seja útil, é necessário providenciar uma classe concreta que implemente os métodos da interface associada com aquele TAD. Uma implementação simples para a interface Stack é apresentada na próxima subseção.

```
/**
 * Interface para uma pilha: uma coleção de objetos
 * que são inseridos e removidos de acordo com o princípio de o último que entra é o
 * primeiro que sai. Esta interface inclui os principais métodos de Java.util.Stack
 *
 * @author Roberto Tamassia
 * @author Michael Goodrich
```

```java
 * @see EmptyStackException
 */
public interface Stack<E> {
  /**
   * Retorna o número de elementos na pilha.
   * @return número de elementos na pilha.
   */
  public int size( );
  /**
   * Indica quando a pilha está vazia.
   * @return true se a pilha é vazia, false em caso contrário.
   */
  public boolean isEmpty( );
  /**
   * Inspeciona o elemento no topo da pilha.
   * @return o elemento do topo da pilha.
   * @exception EmptyStackException se a pilha estiver vazia.
   */
  public E top( )
    throws EmptyStackException;
  /**
   * Insere um elemento no topo da pilha.
   * @param elemento a ser inserido.
   */
  public void push (E element);
  /**
   * Remove o elemento do topo da pilha.
   * @return elemento a ser removido.
   * @exception EmptyStackException se a pilha estiver vazia.
   */
  public E pop( )
    throws EmptyStackException;
}
```

Trecho de Código 5.2 Interface Stack documentada com comentários em estilo Javadoc. (Ver Seção 1.9.3.) Observe também o uso do tipo genérico parametrizado, E, o que implica que a pilha pode conter elementos de qualquer classe.

5.1.2 Uma implementação de uma pilha baseada em arranjos

Pode-se implementar uma pilha armazenando-se seus elementos em um arranjo. Mais especificamente, a pilha desta implementação consiste em um arranjo S de N elementos mais uma variável inteira t que fornece o índice do elemento topo no arranjo S. (Ver Figura 5.2.)

Figura 5.2 Implementação de uma pilha por meio de um arranjo S. O elemento do topo de S está armazenado na célula S[t].

Lembrando que os índices para um arranjo começam no valor 0 em Java, inicializa-se t com -1 e usa-se esse valor para identificar quando a pilha está vazia. Da mesma forma, pode-se usar essa variável para determinar a quantidade de elementos ($t + 1$). Introduz-se um novo tipo de exceção chamada de FullStackException, que sinalizará uma condição de erro ao se tentar inserir um novo elemento em um arranjo cheio. A exceção FullStackException é específica para essa implementação e não está definida no TAD pilha. Os detalhes dessa implementação de pilha baseada em arranjo são fornecidos no Trecho de Código 5.3.

Algoritmo size( ):
   retorna $t + 1$
Algoritmo isEmpty( ):
   retorna ($t < 0$)
Algoritmo top( ):
   se isEmpty( ) **então**
     lançar uma EmptyStackException
   retorna $S[t]$
Algoritmo push(e):
   se size( ) = N **então**
     lançar uma FullStackException
   $t \leftarrow t + 1$
   $S[t] \leftarrow e$
Algoritmo pop( ):
   se isEmpty( ) **então**
     lançar uma EmptyStackException
   $e \leftarrow S[t]$
   $S[t] \leftarrow$ **null**
   $t \leftarrow t - 1$
   retorna e

Trecho de Código 5.3 Implementação de uma pilha por meio de um arranjo de tamanho fixo, N.

Analisando a implementação da pilha baseada em arranjo

A correção dos métodos da implementação baseada em arranjo resulta imediatamente da definição dos próprios métodos. Ainda assim, há um ponto interessante na implementação do método *pop*.

Observa-se que se poderia evitar atribuir **null** para $S[t]$ e isso ainda resultaria um método correto. Existe um acordo de se evitar esta atribuição quando se pensa em implementar esse algoritmo em Java. Esse acordo envolve o sistema de *coleta de lixo* de Java, que procura na memória por objetos que não estão mais sendo referenciados por objetos ativos, e libera o espaço para uso futuro. (Para mais detalhes, ver a Seção 14.1.3.) Seja $e = S[t]$ o objeto no topo da pilha antes que o método *pop* seja chamado. Fazendo com que $S[t]$ seja nulo, indica-se que a pilha não precisa mais guardar uma referência ao objeto e. Assim, se não existem outras referências ativas para o objeto e, então o espaço de memória ocupado por e será liberado pelo coletor de lixo.

A Tabela 5.1 apresenta os tempos de execução dos métodos de uma implementação de pilha usando arranjo. Na implementação usando arranjo, cada um dos métodos executa uma quantidade constante de comandos que envolvem operações aritméticas, comparações e atribuições. Além disso, pop também chama isEmpty, que também executa em um tempo constante. Logo, nesta implementação do TAD pilha, cada método executa em tempo constante, isto é, executa em tempo $O(1)$.

Método	Tempo
size	$O(1)$
isEmpty	$O(1)$
top	$O(1)$
push	$O(1)$
pop	$O(1)$

Tabela 5.1 O desempenho de uma pilha implementada com arranjo. O uso de espaço é $O(N)$, onde N é o número máximo de elementos que a pilha pode conter, determinado quando a pilha é instanciada. Observa-se que o espaço é independente do número $n \leq N$ de elementos que estão realmente na pilha.

Uma implementação concreta em Java da especificação em pseudocódigo do Trecho de Código 5.3 com a classe ArrayStack, implementando a interface Stack, é mostrada nos Trechos de Código 5.4 e 5.5. Infelizmente, por questões de espaço, omitiu-se grande parte dos comentários javadoc deste e da maioria dos demais trechos de código Java apresentados no restante deste livro. Observa-se que foi usado um nome simbólico, CAPACITY, para especificar a capacidade do arranjo. Isso permite que a capacidade do arranjo seja especificada em um local do código e tenha seu valor disponível em todo código.

```
/**
 * Implementação da interface Stack usando um arranjo de tamanho fixo.
 * Uma exceção é lançada ao tentar realizar uma operação de push quando o
 * tamanho da pilha é igual ao tamanho do arranjo. Esta classe inclui os principais
 * métodos da classe Java predefinida java.util.Stack.
```

```
*/
public class ArrayStack<E> implements Stack<E> {
  protected int capacity;                    // capacidade real do arranjo da pilha
  public static final int CAPACITY = 1000;   // capacidade default do arranjo
  protected E S[ ];                          // arranjo genérico usado para implementar a pilha
  protected int top = -1;                    // índice para o topo da pilha
  public ArrayStack( ) {
    this(CAPACITY);                          // capacidade default
  }
  public ArrayStack(int cap) {
    capacity = cap;
    S = (E[ ]) new Object[capacity];         // o compilador deve gerar um aviso, mas está ok
  }
  public int size( ) {
    return (top + 1);
  }
  public boolean isEmpty( ) {
    return (top < 0);
  }
  public void push(E element) throws FullStackException {
    if (size( ) == capacity)
      throw new FullStackException("Stack is full.");
    S[++top] = element;
  }
  public E top( ) throws EmptyStackException {
    if (isEmpty( ))
      throw new EmptyStackException("Stack is empty.");
    return S[top];
  }
  public E pop( ) throws EmptyStackException {
    E element;
    if (isEmpty( ))
      throw new EmptyStackException("Stack is empty.");
    element = S[top];
    S[top--] = null;                         // desreferência S[top] para o sistema de coleta de lixo
    return element;
  }
```

Trecho de Código 5.4 Uma implementação em Java para a interface Stack. (Continua no Trecho de Código 5.5.)

```
  public String toString( ) {
    String s;
    s = "[";
    if (size( ) > 0) s+= S[0];
    if (size( ) > 1)
```

```java
      for (int i = 1; i <= size()-1; i++) {
        s += ", " + S[i];
      }
    return s + "]";
  }
//  Imprime informação de estado sobre uma operação recente da pilha
    public void status(String op, Object element) {
      System.out.print("------> " + op);        // imprime esta operação
      System.out.println(", returns " + element);        // o que foi retornado
      System.out.print("result: size = " + size() + ", isEmpty = " + isEmpty());
      System.out.println(", stack: " + this);           // conteúdo da pilha
    }
/**
 * Testa o programa executando uma série de operações sobre pilhas,
 * imprimindo as operações executadas, os elementos retornados e o conteúdo da pilha
 * após cada operação
 */
    public static void main(String[] args) {
      Object o;
      ArrayStack<Integer> A = new ArrayStack<Integer>();
      A.status("new ArrayStack<Integer> A", null);
      A.push(7);
      A.status("A.push(7)", null);
      o = A.pop();
      A.status("A.pop()", o);
      A.push(9);
      A.status("A.push(9)", null);
      o = A.pop();
      A.status("A.pop()", o);
      ArrayStack<String> B = new ArrayStack<String>();
      B.status("new ArrayStack<String> B", null);
      B.push("Bob");
      B.status("B.push(\"Bob\")", null);
      B.push("Alice");
      B.status("B.push(\"Alice\")", null);
      o = B.pop();
      B.status("B.pop()", o);
      B.push("Eve");
      B.status("B.push(\"Eve\")", null);
    }
}
```

Trecho de Código 5.5 Pilha baseada em arranjo. (Continuação do Trecho de Código 5.4.)

Exemplo de saída

A seguir, a saída do programa ArrayStack já visto é apresentada. Observa-se que, por meio do uso de tipos genéricos, é possível criar um ArrayStack A que armazena inteiros e outro ArrayStack B que armazena strings.

```
------> new ArrayStack<Integer> A, returns null
result: size = 0, isEmpty = true, stack: []
------> A.push(7), returns null
result: size = 1, isEmpty = false, stack: [7]
------> A.pop(), returns 7
result: size = 0, isEmpty = true, stack: []
------> A.push(9), returns null
result: size = 1, isEmpty = false, stack: [9]
------> A.pop(), returns 9
result: size = 0, isEmpty = true, stack: []
------> new ArrayStack<String> B, returns null
result: size = 0, isEmpty = true, stack: []
------> B.push("Bob"), returns null
result: size = 1, isEmpty = false, stack: [Bob]
------> B.push("Alice"), returns null
result: size = 2, isEmpty = false, stack: [Bob, Alice]
------> B.pop(), returns Alice
result: size = 1, isEmpty = false, stack: [Bob]
------> B.push("Eve"), returns null
result: size = 2, isEmpty = false, stack: [Bob, Eve]
```

Um problema com a implementação da pilha baseada em arranjo

A implementação de uma pilha com arranjos é simples e eficiente. Mesmo assim, essa implementação tem um aspecto negativo – ela deve assumir um limite superior fixo, CAPACITY, para o tamanho máximo da pilha. No Trecho de Código 5.4, escolheu-se o valor 1.000 de forma mais ou menos arbitrária. Uma aplicação real pode precisar de muito menos espaço e, nesse caso, ocorreria desperdício de memória. Por outro lado, uma aplicação pode precisar de mais espaço e, nesse caso, a implementação da pilha poderia gerar uma exceção tão logo o programa cliente tente armazenar o objeto 1.001 na pilha. Por isso, mesmo com esta simplicidade e eficiência, a implementação de pilha baseada em arranjos não é necessariamente a ideal.

Felizmente, existem outras implementações, discutidas a seguir, que não sofrem limitações de tamanho e usam memória proporcional ao número de elementos armazenados na pilha. Nos casos em que se tem uma boa estimativa do número de elementos que serão colocados na pilha, entretanto, a implementação baseada em arranjos é difícil de superar. As pilhas são uma função vital de muitas aplicações, e por isso é muito útil dispor de uma implementação veloz do TAD pilha como a implementação baseada em arranjos.

5.1.3 Implementando uma pilha usando uma lista encadeada genérica

Nesta seção, serão exploradas as listas simplesmente encadeadas para implementar o TAD pilha. No projeto de tal implementação, será necessário decidir se o topo da pilha estará localizado na cabeça ou na cauda da lista. Entretanto, a melhor escolha é óbvia, uma vez que se pode inserir e remover elementos em tempo constante apenas na cabeça. Assim, é mais eficiente ter o topo da pilha localizado na cabeça da lista. Além disso, de maneira a executar a operação size em um tempo constante, será mantido o número corrente de elementos em uma variável de instância.

Em vez de se usar uma lista encadeada que armazena apenas um tipo de objeto, como mostrado na Seção 3.2, optou-se neste caso por implementar uma pilha genérica usando uma lista encadeada *genérica*. Assim, é necessário usar um tipo genérico de nodo para implementar essa lista encadeada. Apresenta-se tal classe Node no Trecho de Código 5.6.

```
public class Node<E> {
  // Variáveis de instância
  private E element;
  private Node<E> next;
  /** Cria um nodo com referências nulas para os seus elementos e o próximo nodo */
  public Node( ) {
    this(null, null);
  }
  /** Cria um nodo com um dado elemento e o próximo nodo */
  public Node(E e, Node<E> n) {
    element = e;
    next = n;
  }
  // Métodos de acesso:
  public E getElement( ) {
    return element;
  }
  public Node<E> getNext( ) {
    return next ;
  }
  // Métodos modificadores:
  public void setElement(E newElem) {
    element = newElem;
  }
  public void setNext(Node<E> newNext) {
    next = newNext;
  }
}
```

Trecho de Código 5.6 Classe Node, que implementa um nodo genérico para uma lista simplesmente encadeada.

A classe genérica NodeStack

Uma implementação Java de uma pilha, usando uma lista simplesmente encadeada genérica, é fornecida no Trecho de Código 5.7. Todos os métodos da interface Stack são executados em tempo constante. Além de ser eficiente em relação ao tempo, esta implementação de lista encadeada tem uma necessidade de memória que é $O(n)$, em que n é o número de elementos na pilha. Assim, esta implementação não requer que uma nova exceção seja criada para lidar com o problema de estouro do tamanho. Usa-se uma variável de instância, top, para referenciar a cabeça da lista (que irá apontar para o objeto **null** se a lista estiver vazia). Quando se insere um novo elemento e na pilha, simplesmente cria-se um novo nodo v para e, referencia-se e a partir de v, e insere-se v na cabeça da lista. Da mesma forma, quando se retira um elemento da pilha, simplesmente remove-se o nodo da cabeça da lista e retorna-se seu elemento. Assim, executam-se todas as inserções e remoções de elementos na cabeça da lista.

```java
public class NodeStack<E> implements Stack<E> {
    protected Node<E> top;                  //referência para o nodo cabeça
    protected int size;                     //quantidade de elementos na pilha
    public NodeStack( ) {    //constrói uma pilha vazia
      top = null;
      size = 0;
    }
    public int size( ) { return size; }
    public boolean isEmpty( ) {
      if (top == null) return true;
      return false;
    }
    public void push(E elem) {
      Node<E> v = new Node<E>(elem, top);   //cria e encadeia um nodo novo
      top = v;
      size++;
    }
    public E top( ) throws EmptyStackException {
      if (isEmpty( )) throw new EmptyStackException("Stack is empty.");
      return top.getElement( );
    }
    public E pop( ) throws EmptyStackException {
      if (isEmpty( )) throw new EmptyStackException("Stack is empty.");
      E temp = top.getElement( );
      top = top.getNext( );   //desencadeia o nodo topo
      size--;
      return temp;
    }
}
```

Trecho de Código 5.7   Classe NodeStack que implementa a interface Stack usando uma lista simplesmente encadeada cujos nodos são objetos da classe Node, do Trecho de Código 5.6.

5.1.4 Invertendo um arranjo usando uma pilha

Pode-se usar uma pilha para inverter os elementos de um arranjo por meio da geração de um algoritmo não recursivo para o problema da inversão de um arranjo introduzido na Seção 3.5.1. A ideia básica consiste em inserir todos os elementos do arranjo em ordem na pilha e então preencher o arranjo de volta retirando os elementos da pilha. O Trecho de Código 5.8 fornece uma implementação Java deste algoritmo. Por acaso, este método demonstra também como se podem usar tipos genéricos em uma aplicação simples que usa uma pilha genérica. Em especial, quando os elementos são retirados da pilha neste exemplo, eles são automaticamente retornados como elementos do tipo E; por consequência, eles podem ser imediatamente retornados para o arranjo de entrada. Apresenta-se um exemplo de uso deste método no Trecho de Código 5.9.

```
/** Um método genérico não recursivo para inverter um arranjo */
public static <E> void reverse(E[ ] a) {
  Stack<E> S = new ArrayStack<E>(a.length);
  for (int i=0; i < a.length; i++)
    S.push(a[i]);
  for (int i=0; i < a.length; i++)
    a[i] = S.pop( );
}
```

Trecho de Código 5.8 Um método genérico que inverte os elementos do arranjo de tipo E usando uma pilha declarada por meio da interface Stack<E>.

```
/** Rotina de teste para a inversão de arranjo */
public static void main(String args[ ]) {
  Integer[ ] a = {4, 8, 15, 16, 23, 42};       // o autoboxing permite isso
  { }String[ ] s = {"Jack", "Kate", "Hurley", "Jin", "Boone"};
  System.out.println("a = " + Arrays.toString(a));
  System.out.println("s = " + Arrays.toString(s));
  System.out.println("Reversing. . .");
  reverse(a);
  reverse(s);
  System.out.println("a = " + Arrays.toString(a));
  System.out.println("s = " + Arrays.toString(s));
}
```

A saída do método é a seguinte:

```
a = [4, 8, 15, 16, 23, 42]
s = [Jack, Kate, Hurley, Jin, Michael]
Reversing...
a = [42, 23, 16, 15, 8, 4]
s = [Michael, Jin, Hurley, Kate, Jack]
```

Trecho de Código 5.9 Teste do método de inversão usando dois arranjos.

5.1.5 Verificando parênteses e tags HTML

Nesta subseção, são exploradas duas aplicações relacionadas com pilhas, sendo que a primeira lida com verificação de parênteses e o agrupamento de símbolos em expressões aritméticas.

As expressões aritméticas podem conter vários pares de símbolos agrupados, tais como

- Parênteses: "(" e ")"
- Chaves: "{" e "}"
- Colchetes: "[" e "]"
- Símbolos de truncamento: "⌊" e "⌋"
- Símbolos de arredondamento por excesso: "⌈" e "⌉"

e para cada símbolo de abertura deve corresponder um símbolo de fechamento. Por exemplo, um abre colchetes "[", deve corresponder a um fecha colchetes "]", como na expressão que segue:

$$[(5 + x) - (y + z)].$$

Os exemplos a seguir ilustram esse conceito:

- Correto: ( )(( )){([( )])}
- Correto: ((( )(( )){([( )])}))
- Incorreto:)(( )){([( )])}
- Incorreto: ({[ ])}
- Incorreto: (.

Deixamos a definição mais precisa da verificação de agrupamento de símbolos para o Exercício R-5.7.

Um algoritmo para verificação de parênteses

Um problema importante no processamento de expressões aritméticas é ter certeza de que os grupos de símbolos estão casados corretamente. Pode-se usar uma pilha S para executar a verificação de grupos de símbolos em expressões aritméticas com uma varredura simples da esquerda para direita. O algoritmo testa se os símbolos de abertura e fechamento casam e se são do mesmo tipo.

Suponha uma sequência $X = x_0 x_1 x_2 \ldots x_{n-1}$, onde cada x_i é um **token** que pode ser um conjunto de símbolos, um nome de variável, um operador aritmético ou um número. A ideia básica por trás da verificação de que os símbolos em S casam corretamente é processar os tokens de X em ordem. Toda vez que se encontra um símbolo de abertura, insere-se o símbolo em S, e toda vez que se encontra um símbolo de fechamento, retira-se o símbolo do topo da pilha S (assumindo-se que a pilha não está vazia) e verifica-se se os dois são do mesmo tipo. Se a pilha estiver vazia após ter sido processada toda a sequência, então os símbolos em X casam. Assumindo que as operações push e pop são implementadas para executar em tempo constante, este algoritmo executa em tempo $O(n)$ que é linear. O Trecho de Código 5.10 apresenta a descrição em pseudocódigo desse algoritmo.

Algoritmo ParenMatch(X,n):
   Entrada: um arranjo X de n tokens, cada um dos quais é um grupo de símbolos, uma variável, um operador aritmético ou um número.
   Saída: **true** se e somente se todos os grupos de símbolos de X casam corretamente.
   Seja S uma pilha vazia
   para $i \leftarrow 0$ até $n-1$ **faça**
     se $X[i]$ é um símbolo de abertura **então**
       S.push($X[i]$);
     senão se $X[i]$ é um símbolo de fechamento **então**
       se S.isEmpty( ) **então**
         retorna false   {nada para casar}
       se S.pop( ) não casa com o tipo de $X[i]$ **então**
         retorna false   {tipo errado}
   se S.isEmpty( ) **então**
     retorna true   {todos os símbolos casam}
   senão
     retorna false   {alguns símbolos não casam}

Trecho de Código 5.10 Algoritmo para verificar o agrupamento de símbolos em expressões aritméticas.

Verificando tags em um documento HTML

Outra aplicação na qual a verificação de agrupamento é importante é na validação de documentos HTML. HTML é um formato padrão para hiperdocumentos na Internet. Em um documento HTML, porções de texto são delimitadas por *tags HTML*. Uma tag de abertura simples tem a forma "<nome>" e a tag de fechamento correspondente tem a forma "</nome>". As tags HTML mais usadas incluem

- body: o corpo do documento
- h1: seção de cabeçalho
- center: texto centralizado
- p: parágrafo
- ol: lista numerada (ordenada)
- li: item de lista

No caso ideal, todas as tags de um documento HTML devem casar, embora alguns navegadores tolerem algumas tags que não casam.

A Figura 5.3 apresenta um exemplo de documento HTML e uma possibilidade de execução para ele.

```
<body>
<center>
<h1> TheLittleBoat </h1>
</center>
<p> The storm tossed the little
boat like a cheap sneaker in an
old washing machine. The three
drunken fishermen were used to
such treatment, of course, but
not the tree salesman, who even as
a stowaway now felt that he
had overpaid for the voyage.</p>
<ol>
<li>Will the salesman die?</li>
<li>What color is the boat?</li>
<li>And what about Naomi?</li>
</ol>
</body>
```
(a)

The Little Boat

The storm tossed the little boat like a cheap sneaker in an old washing machine. The three drunken fishermen were used to such treatment, of course, but not the tree salesman, who even as a stowaway now felt that he had overpaid for the voyage.

1. Will the salesman die?
2. What color is the boat?
3. And what about Naomi?

(b)

Figura 5.3   Demonstrando tags HTML. (a) um documento HTML; (b) sua execução.

Felizmente, mais ou menos o mesmo algoritmo do Trecho de Código 5.10 pode ser usado para verificar as tags de um documento HTML. Nos Trechos de Código 5.11 e 5.12, é fornecido o programa Java que verifica tags em um documento HTML lido a partir da entrada padrão. Por simplicidade, assume-se que todas são simples tags, de abertura ou fechamento, definidas anteriormente e que nenhuma tag está malformada.

```
import java.io.*;
import java.util.Scanner;
import net.datastructures.*;
/** Verificação simplificada de tags em um arquivo HTML */
public class HTML {
  /** Retira o primeiro e o último caracter de uma <tag> string */
  public static String stripEnds(String t) {
    if (t.length( ) <= 2) return null;  // esta é uma tag degenerada
    return t.substring(1,t.length( ) −1);
  }
  /** Testa se uma tag string retirada é vazia ou é uma tag de abertura verdadeira */
  public static boolean isOpeningTag(String tag) {
    return (tag.length( ) == 0) || (tag.charAt(0) != '/ ');
  }
```

Trecho de Código 5.11   Um programa Java completo para verificar as tags de um documento HTML. (Continua no Trecho de Código 5.12.)

```java
/** Testa se a tag1 casa com a tag2 de fechamento (o primeiro caractere é um '/') */
public static boolean areMatchingTags(String tag1, String tag2) {
    return tag1.equals(tag2.substring(1)); // compara com o nome após '/'
}
/** Testa se toda tag de abertura tem uma tag de fechamento */
public static boolean isHTMLMatched(String[] tag) {
    Stack<String> S = new NodeStack<String>( ); // Pilha para verificar tags
    for (int i = 0; (i < tag.length) && (tag[i] != null); i++) {
        if (isOpeningTag(tag[i]))
            S.push(tag[i]); // tag de abertura; coloca-o de volta na pilha.
        else {
            if (S.isEmpty( ))
                return false;              // nada para casar
            if (!areMatchingTags(S.pop( ), tag[i]))
                return false;              // casamento errado
        }
    }
    if (S.isEmpty( )) return true; // tudo casa
    return false; // algumas tags não casam
}
public final static int CAPACITY = 1000; // Tamanho do arranjo de tags
/* Transforma um documento HTML em um arranjo de tags HTML */
public static String[] parseHTML(Scanner s) {
    String[] tag = new String[CAPACITY];   // o arranjo de tags (inicialmente todas nulas)
    int count = 0;                          // contador de tags
    String token;                           // token retornado pelo scanner s
    while (s.hasNextLine( )) {
        while ((token = s.findInLine("<[^>]*>")) != null) // encontra a próxima tag
            tag[count++] = stripEnds(token); // retira o fim desta tag
        s.nextLine( ); // vai para a próxima linha
    }
    return tag; //o arranjo de tags (retiradas)
}
public static void main(String[] args) throws IOException { // testador
    if (isHTMLMatched(parseHTML(new Scanner(System.in))))
        System.out.println("The input file is a matched HTML document.");
    else
        System.out.println("The input file is not a matched HTML document.");
}
}
```

Trecho de Código 5.12 Programa Java para testar o casamento de tags em um documento HTML. (Continuação do Trecho de Código 5.11.) O método isHTMLMatched usa uma pilha para armazenar os nomes das tags de abertura, vistas anteriormente, de maneira semelhante ao que foi usado no Trecho de Código 5.10. O método parseHTML usa um Scanner s para extrair as tags do documento HTML usando o padrão "<[^>]*>", que denota uma string que começa por '<' seguida por zero ou mais caracteres que não são '>', seguidos por um '>'.

5.2 Filas

Outra estrutura de dados fundamental é a *fila*. Ela é uma "prima" próxima da pilha, pois uma fila é uma coleção de objetos que são inseridos e removidos de acordo com o princípio de que "*o primeiro que entra é o primeiro que sai*" (*FIFO*†). Isto é, os elementos podem ser inseridos a qualquer momento, mas somente o elemento que está na fila há mais tempo pode ser retirado em um dado momento.

Geralmente, diz-se que os elementos entram na fila *por trás* e saem da fila *pela frente*. A metáfora para esta terminologia é uma fila de pessoas esperando para andar em um brinquedo de parque de diversões. As pessoas esperando para andar juntam-se à fila por trás e conseguem andar quando estão na frente.

5.2.1 O tipo abstrato de dados fila

Formalmente, o tipo abstrato de dados fila define uma coleção que mantém objetos em uma sequência, na qual o acesso aos elementos e sua remoção são restritos ao primeiro elemento da sequência, que é chamado de *início* da fila, e a inserção de elementos é restrita ao fim da sequência, que é chamada de *fim* da fila. Essa restrição garante a regra de que se inserem e se deletam itens em uma fila de acordo com o princípio de que o primeiro que entra é o primeiro que sai (FIFO).

O tipo abstrato de dados *fila* suporta os dois métodos fundamentais que seguem:

- enqueue(*e*): Insere o elemento *e* no fim da fila.
- dequeue( ): Retira e retorna o objeto da frente da fila. Ocorre um erro se a fila estiver vazia.

Adicionalmente, de forma semelhante ao tipo abstrato de dados Stack TAD, o TAD fila inclui os seguintes métodos auxiliares:

- size( ): Retorna o número de objetos na fila.
- isEmpty( ): Retorna um booleano indicando se a fila está vazia.
- front( ): Retorna, mas não remove, o objeto na frente da fila. Ocorre um erro se a fila estiver vazia.

Exemplo 5.4 *A tabela a seguir mostra uma série de operações e seus efeitos sobre uma fila Q, inicialmente vazia, de objetos inteiros. Para simplificar, serão usados inteiros em vez de objetos inteiros como argumentos das operações.*

---

† N. de T.: Em inglês, *first-in first-out*.

Operação	Saída	frente ← Q ← fim
enqueue(5)	–	(5)
enqueue(3)	–	(5,3)
dequeue( )	5	(3)
enqueue(7)	–	(3,7)
dequeue( )	3	(7)
front( )	7	(7)
dequeue( )	7	( )
isEmpty( )	true	( )
enqueue(9)	–	(9)
size( )	1	(9)

Existem várias possibilidades de aplicações para filas. Lojas, teatros, centrais de reserva e outros serviços similares normalmente processam as requisições dos clientes de acordo com o princípio FIFO. Uma fila pode, consequentemente, ser a escolha lógica para a estrutura de dados que trata as chamadas para uma central de reservas da bilheteria de um cinema.

A interface java.util.Queue de Java

Java fornece um tipo de interface de fila, java.util.Queue, que tem funcionalidades similares ao TAD fila tradicional fornecido anteriormente, mas a documentação da interface java.util.Queue não confirma que ele suporta apenas o princípio FIFO. Quando suportam o princípio FIFO, os métodos da interface java.util.Queue têm equivalência com o TAD fila apresentado na Tabela 5.2.

TAD Fila	Interface java.util.Queue
size( )	size( )
isEmpty( )	isEmpty( )
enqueue(e)	add(e) ou offer(e)
dequeue( )	remove( ) ou poll( )
front( )	peek( ) ou element( )

Tabela 5.2 Métodos do TAD fila e métodos correspondentes da interface java.util.Queue quando suportam o princípio FIFO.

Classes concretas de Java que implementam a interface java.util.Queue para suportar o princípio FIFO incluem as seguintes:

- java.util.concurrent.ArrayBlockingQueue
- java.util.concurrent.ConcurrentLinkedQueue
- java.util.concurrent.LinkedBlockingQueue

Uma interface para uma fila FIFO em Java

A interface Java para o TAD fila é fornecida no Trecho de Código 5.13. Essa interface genérica especifica que objetos de classes arbitrárias podem ser inseridos na fila e usam um identificador genérico, E, para se referir ao tipo arbitrário. Assim, não existe a necessidade de se usar coerção explícita quando da retirada de elementos.

```
public interface Queue<E> {
/**
 * Retorna o número de elementos na fila.
 * @return número de elementos na fila.
 */
public int size( );
/**
 * Retorna se a fila está vazia.
 * @return true se a fila estiver vazia, false em caso contrário.
 */
public boolean isEmpty( );
/**
 * Inspeciona o elemento à frente da fila.
 * @return o elemento à frente da fila.
 * @exception EmptyQueueException se a fila estiver vazia.
 */
public E front( ) throws EmptyQueueException;
/**
 * Insere elemento no final da fila.
 * @param element, o novo elemento a ser inserido.
 */
public void enqueue (E element);
/**
 * Remove o elemento à frente da fila.
 * @return elemento removido.
 * @exception EmptyQueueException se a fila estiver vazia.
 */
public E dequeue( ) throws EmptyQueueException;
}
```

Trecho de Código 5.13 Interface Queue documentada com comentários em estilo Javadoc, que implementa a fila TAD, com um protocolo padrão FIFO para inserções e remoções.

Observa-se que os métodos size e isEmpty têm o mesmo significado que seus equivalentes no TAD pilha. Esses dois métodos, bem como o método front, são conhecidos como métodos de *acesso*, pois retornam um valor e não alteram o conteúdo da estrutura de dados.

5.2.2 Uma implementação simples baseada em arranjos

Nesta subseção, será apresentado como implementar uma fila usando um arranjo Q de tamanho fixo para armazenar seus elementos. Já que a regra principal com o tipo abstrato de dados fila é que os elementos são inseridos e deletados de acordo com o princípio FIFO, deve-se decidir como manter o controle da frente e do fim da fila.

Uma possibilidade seria adaptar a abordagem usada para a implementação da pilha, fazendo com que $Q[0]$ seja a frente da fila e deixando a fila crescer a partir daí. Entretanto, esta não é uma solução eficiente, porque exige que se movam todos os elementos uma posição para a frente a cada vez que se efetuar uma operação dequeue. Uma implementação assim requereria tempo $O(n)$ para executar o método dequeue, onde n é o número corrente de objetos na fila. Para evitar mover objetos uma vez que eles tenham sido colocados em Q, definem-se duas variáveis f e r que possuem os seguintes significados:

- f é um índice de uma célula de Q que guarda o primeiro elemento da fila (que é o próximo candidato à remoção no caso de uma operação dequeue), a não ser que a fila esteja vazia (e neste caso $f = r$).
- r é um índice para a próxima posição livre em Q.

Inicialmente, atribui-se $f = r = 0$, indicando que a fila está vazia. Quando se remove um elemento da frente da fila, incrementa-se f para indicar a próxima célula. Da mesma forma, quando se acrescenta um elemento, ele é armazenado em $Q[r]$, e incrementa-se r para indicar a próxima célula livre em Q. Esse esquema permite implementar os métodos front, enqueue e dequeue em tempo constante, isto é, $O(1)$. Entretanto, ainda existe um problema com esta abordagem.

Considere-se, por exemplo, o que acontece se um mesmo elemento for inserido e retirado N vezes. Nesse caso, tem-se $f = r = N$. Ao se tentar inserir o elemento apenas mais uma vez, irá ocorrer um erro de índice fora de faixa, mesmo que, nesse caso, haja bastante espaço na fila. Para evitar esse problema e poder utilizar todo o arranjo Q, faz-se com que os índices f e r "façam a volta" ao final de Q. Isto é, entende-se Q como um "arranjo circular" que vai de $Q[0]$ a $Q[N-1]$ e recomeça em $Q[0]$ outra vez. (Ver Figura 5.4.)

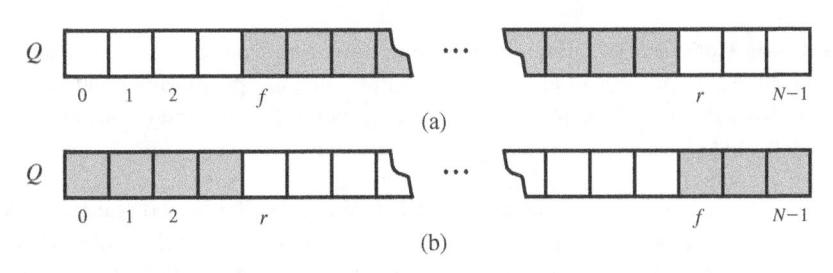

Figura 5.4 Usando o arranjo Q de forma circular: (a) a configuração "normal" com $f \leq r$; (b) a configuração "reversa" com $r < f$.

Usando o módulo operador para implementar um arranjo circular

Implementar esta visão circular de Q é bastante fácil. Toda vez que se incrementa f ou r, simplesmente calcula-se este incremento como "$(f + 1)$ mod N" ou "$(r + 1)$ mod N", respectivamente.

Deve-se lembrar que o operador "mod" é o operador **módulo**, que é calculado avaliando-se o resto de uma divisão inteira. Por exemplo, 14 dividido por 4 é 3, com resto 2, de forma que 14 mod 4 = 2. Mais especificamente, dados os inteiros x e y tal que $x \geq 0$ e $y > 0$, tem-se que x mod $y = x - \lfloor x/y \rfloor y$. Isto é, se $r = x$ mod y, então há um inteiro não negativo q, de tal modo que $x = qy + r$. Java usa "%" para denotar o operador módulo. Usando este operador, pode-se ver Q como um arranjo circular e implementar cada método de uma fila em um tempo constante (ou seja, tempo $O(1)$). Apresenta-se como usar esta abordagem para implementar uma fila no Trecho de Código 5.14.

Algoritmo size( ):
   retorna $(N - f + r)$ mod N
Algoritmo isEmpty( ):
   retorna $(f = r)$
Algoritmo front( ):
   se isEmpty( ) **então**
     lançar uma EmptyQueueException
   retorna $Q[f]$
Algoritmo dequeue( ):
   se isEmpty( ) **então**
     lançar uma EmptyQueueException
   $temp \leftarrow Q[f]$
   $Q[f] \leftarrow$ **null**
   $f \leftarrow (f + 1)$ mod N
   retorna $temp$
Algoritmo enqueue(e):
   se size( ) $= N - 1$ **então**
     lançar uma FullQueueException
   $Q[r] \leftarrow e$
   $r \leftarrow (r + 1)$ mod N

Trecho de Código 5.14 Implementação de uma fila usando um arranjo circular. A implementação usa o operador módulo para "reverter" índices após o final do arranjo, e inclui duas variáveis de instância, f e r, que indexam a frente da fila e a primeira posição vazia após o fim da fila, respectivamente.

A implementação apresentada tem um detalhe importante que pode passar despercebido a princípio. Considere-se o que ocorre se forem enfileirados N objetos em Q sem que nenhum seja retirado da fila. Resultaria $f = r$, que é a mesma condição que acontece quando a fila está vazia. Assim, não é possível determinar a diferença entre uma fila cheia e uma vazia. Felizmente, esse não é um grande problema e existem várias maneiras de resolvê-lo.

A solução que será descrita consiste em exigir que Q nunca contenha mais que $N - 1$ objetos. Essa regra simples para tratar de uma fila cheia contorna o último problema desta implementação e leva ao pseudocódigo mostrado no Trecho de Código 5.14. Observa-se que foi introduzida uma exceção chamada de FullQueueException, que é específica desta implementação para sinalizar que não se pode mais inserir elementos na fila. Também observa-se a forma usada para calcular o tamanho da fila por meio da expressão $(N - f + r) \bmod N$, que fornece o resultado correto tanto na configuração "normal" (quando $f \leq r$) como na configuração "reversa" (quando $r < f$). A implementação em Java de uma fila usando arranjos é similar à implementação de uma pilha, e é deixada como exercício (P-5.10).

A Tabela 5.3 mostra os tempos de execução dos métodos em uma implementação de fila feita com um arranjo. Assim como a implementação de pilha baseada em arranjo apresentada, cada um dos métodos da fila realiza um número constante de instruções consistindo em operações aritméticas, comparações e atribuições. Assim, cada método nesta implementação é executado em tempo $O(1)$.

Método	Tempo
size	$O(1)$
isEmpty	$O(1)$
front	$O(1)$
enqueue	$O(1)$
dequeue	$O(1)$

Tabela 5.3 Desempenho de uma fila implementada por meio de arranjo. O espaço utilizado é $O(N)$, onde N é o tamanho do arranjo, determinado quando a fila é criada. Observa-se que o uso de espaço é independente do número $n < N$ de elementos que estão na fila.

Da mesma forma que a implementação de pilha baseada em arranjo, a única desvantagem real da implementação de fila baseada em arranjo é que se define artificialmente a capacidade da fila em um valor fixo. Em uma aplicação real, pode-se precisar de mais ou menos capacidade na fila, mas se a estimativa do número de elementos que deverão estar na fila em um dado momento é boa, então a implementação baseada em arranjo é bastante eficiente.

5.2.3 Implementando uma fila usando uma lista encadeada genérica

Pode-se implementar de forma eficiente o TAD fila usando uma lista simplesmente encadeada. Por razões de eficiência, definiu-se que a frente da fila seja o início da lista, e que o final da fila seja o final da lista. Dessa forma remove-se da frente da fila e insere-se no final. (Por que seria ruim inserir no início e remover no final?) Observa-se que é necessário manter referências para os nodos do início e do final da lista. Em vez de descrever todos os detalhes da implementação, será mostrada uma implementação Java para os métodos fundamentais para filas no Trecho de Código 5.15.

```
public void enqueue(E elem) {
  Node<E> node = new Node<E>( );
  node.setElement(elem);
  node.setNext(null);      // nodo será o novo nodo do final
  if (size == 0)
    head = node; // caso especial de uma lista previamente vazia
  else
    tail.setNext(node);    // adiciona nodo no final da lista
  tail = node; // atualiza referência ao nodo do final
  size++;
}
...
public E dequeue( ) throws EmptyQueueException {
  if (size == 0)
    throw new EmptyQueueException("Queue is empty.");
  E tmp = head.getElement( );
  head = head.getNext( );
  size--;
  if (size == 0)
    tail = null;// a fila está vazia agora
  return tmp;
}
```

Trecho de Código 5.15 Métodos enqueue e dequeue na implementação do TAD fila usando uma lista simplesmente encadeada, usando nodos da classe Node do Trecho de Código 5.6.

Cada um dos métodos da implementação com lista simplesmente encadeada do TAD fila é executado em tempo $O(1)$. Não é necessário especificar um tamanho máximo para a fila, como se fez na implementação baseada em arranjos, mas este benefício tem o preço de usar mais espaço de memória por elemento. Os métodos usados na implementação com lista encadeada são mais complicados do que se gostaria, pois se deve ter cuidado em lidar com casos especiais em que a fila está vazia antes de um enqueue, ou quando a fila fica vazia depois de um dequeue.

5.2.4 Escalonadores round-robin

Um uso popular da estrutura de dados fila é implementar um escalonador ***round-robin***, no qual se itera por meio de uma coleção de elementos de forma circular e "atende-se" cada elemento executando uma certa ação sobre ele. Tal escalonador é usado, por exemplo, para fazer uma alocação justa de um recurso que tem de ser compartilhado por uma coleção de clientes. Por exemplo, pode-se usar um escalonador round-robin para alocar uma fatia do tempo da CPU para várias aplicações que estão executando concorrentemente em um computador.

Pode-se implementar um escalonador round-robin usando uma fila, Q, executando de forma repetitiva os seguintes passos (ver Figura 5.5):

1. $e \leftarrow Q$.dequeue( );
2. Atende o elemento e
3. Q.enqueue(e)

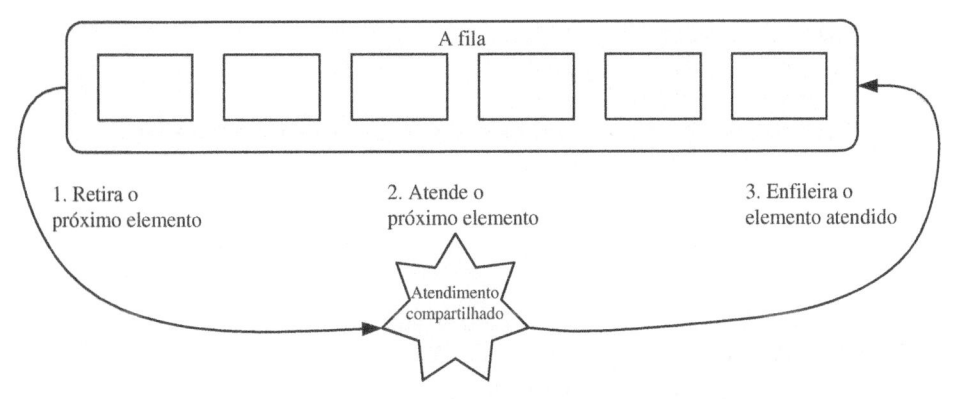

Figura 5.5 Os três passos iterativos quando se usa uma fila para implementar um escalonador round-robin.

O problema de Josephus

No jogo infantil "batata quente", um grupo de n crianças senta em círculo e passa um objeto, chamado de "batata", ao redor do círculo. A batata começa com uma das crianças do círculo, e as outras crianças continuam passando a batata até que um líder toque um sino, momento no qual a criança que estiver com a batata deve sair do jogo, após deixar a batata com a próxima criança do círculo. Após a criança selecionada sair, as demais fecham a roda. Este processo continua até que a criança remanescente é declarada a vencedora. Se o líder sempre usa a estratégia de tocar o sino após a batata ter sido passada k vezes, para algum valor fixo k, então a determinação do vencedor para uma dada lista de crianças é conhecida como o ***problema de Josephus***.

Resolvendo o problema de Josephus usando uma fila

Pode-se resolver o problema de Josephus para uma coleção de n elementos usando uma fila, associando a batata com o elemento na frente da fila, e armazenando os elementos na fila de acordo com sua disposição ao redor do círculo. Assim, passar a batata é equivalente a retirar um elemento da fila e enfileirá-lo novamente. Após esse processo ter sido executado k vezes, remove-se o elemento do início, retirando-o da fila e descartando-o. Um programa Java completo para resolver o problema de Josephus usando esta abordagem é apresentado no Trecho de Código 5.16, que descreve uma solução que executa em tempo $O(nk)$ (esse problema pode ser resolvido mais rapidamente usando técnicas que estão além do escopo deste livro).

```java
import net.datastructures.*;
public class Josephus {
  /** Solução para o problema de Josephus usando uma fila */
  public static <E> E Josephus(Queue<E> Q, int k) {
    if (Q.isEmpty( )) return null;
    while (Q.size( ) > 1) {
      System.out.println(" Queue: " + Q + " k = " + k);
      for (int i=0; i < k; i++)
        Q.enqueue(Q.dequeue( ));   // move o elemento do início para o fim
      E e = Q.dequeue( );  // remove o elemento da frente da coleção
      System.out.println(" " + e + " is out");
    }
    return Q.dequeue( );   // o vencedor
  }
  /** Cria uma fila a partir de um arranjo de objetos */
  public static <E> Queue<E> buildQueue(E a[ ]) {
    Queue<E> Q = new NodeQueue<E>( );
    for (int i=0; i<a.length; i++)
      Q.enqueue(a[i]);
    return Q;
  }
  /** Método de teste */
  public static void main(String[ ] args) {
    String[ ] a1 = {"Alice","Bob","Cindy","Doug","Ed","Fred"};
    String[ ] a2 = {"Gene","Hope","Irene","Jack","Kim","Lance"};
    String[ ] a3 = {"Mike","Roberto"};
    System.out.println("First winner is " + Josephus(buildQueue(a1), 3));
    System.out.println("Second winner is " + Josephus(buildQueue(a2), 10));
    System.out.println("Third winner is " + Josephus(buildQueue(a3), 7));
  }
}
```

Trecho de Código 5.16 Um programa Java completo para resolver o problema de Josephus usando uma fila. A classe NodeQueue é apresentada no Trecho de Código 5.15.

5.3 Filas com dois finais

Considere-se agora uma estrutura de dados similar a uma fila que suporta inserção e remoção tanto em seu final, quanto em seu início. Essa extensão das filas é chamada de *fila com dois finais* ou *deque*.

5.3.1 O tipo abstrato de dados deque

O tipo abstrato de dados deque é mais rico do que os tipos TAD pilha e fila. Os métodos fundamentais para o TAD deque são os que seguem:

addFirst(*e*): Insere um novo elemento *e* no começo do deque.
addLast(*e*): Insere um novo elemento *e* no final do deque.
removeFirst( ): Remove e retorna o primeiro elemento do deque; ocorre um erro se o deque estiver vazio.
removeLast( ): Remove e retorna o último elemento do deque; ocorre um erro se o deque estiver vazio.

Adicionalmente, o TAD deque pode incluir os seguintes métodos auxiliares:

getfirst( ): Retorna o primeiro elemento do deque; ocorre um erro se o deque estiver vazio.
getlast( ): Retorna o último elemento do deque; ocorre um erro se o deque estiver vazio.
size( ): Retorna o número de elementos do deque.
isEmpty( ): Determina se o deque está vazio.

Exemplo 5.5 *A tabela a seguir mostra uma série de operações e seus efeitos em um deque D, inicialmente vazio, de objetos inteiros. Para simplificar, usam-se inteiros em vez de objetos inteiros como argumentos das operações.*

Operação	*Saída*	*D*
addFirst(3)	–	(3)
addFirst(5)	–	(5,3)
removeFirst( )	5	(3)
addLast(7)	–	(3,7)
removeFirst( )	3	(3)
removeLast( )	7	( )
removeFirst( )	"error"	( )
isEmpty( )	true	( )

5.3.2 Implementando um deque

Já que o deque requer inserção e remoção em ambos os extremos da lista, usar uma lista simplesmente encadeada para implementar um deque seria ineficiente. Pode-se usar uma lista duplamente encadeada, entretanto, para implementar um deque de forma eficiente. Como foi analisado na Seção 3.3, inserir ou remover elementos nos dois extremos de uma lista encadeada pode ser feito de forma direta em tempo $O(1)$, se forem usados nodos sentinela para a cabeça e a cauda, o que é uma implementação adequada.

Para inserir um novo elemento *e*, deve-se ter acesso ao nodo *p* anterior ao local onde *e* deve ser colocado e ao nodo *q* posterior ao local onde *e* deve ser colocado. Para inserir um novo elemento entre *p* e *q* (que podem ser sentinelas), cria-se um novo nodo *t*, acertam-se as conexões next e prev de *t* para que apontem para *q* e *p*, respectivamente, depois faz-se com que o next de *p* aponte para *t* e o prev de *q* aponte para *t*.

Da mesma forma, para remover um elemento localizado no nodo *t*, podem-se acessar os nodos *p* e *q* em cada lado de *t* (e estes nodos devem existir, desde que se estejam usando sentinelas).

Para remover o nodo *t* entre *p* e *q*, simplesmente faz-se com que *p* e *q* apontem um para o outro, em vez de apontar para *t*. Não é necessário alterar as informações em *t*, pois agora *t* será detectado pelo algoritmo de coleta de lixo, pois ninguém está apontando para *t*.

Performance e detalhes de implementação de uma lista encadeada

Método	Tempo
size, isEmpty	$O(1)$
getFirst, getLast	$O(1)$
addFirst, addLast	$O(1)$
removeFirst, removeLast	$O(1)$

Tabela 5.4 Performance de um deque implementado usando uma lista duplamente encadeada.

Desse modo, uma lista duplamente encadeada pode ser usada para implementar cada método do TAD deque, em tempo constante. Os detalhes de uma implementação Java eficiente do TAD deque ficam como exercício (P-5.3).

Contudo, apresenta-se a interface Deque no Trecho de Código 5.17, e a implementação desta interface no Trecho de Código 5.18.

```
/**
/* Interface para um deque: uma coleção de objetos que são inseridos e removidos em
 * ambas as extremidades; um subconjunto dos métodos de Java.util.LinkedList.
 *
 * @author Roberto Tamassia
 * @author Michael Goodrich
 */
public interface Deque<E>
   /**
    * Retorna o número de elementos no deque
```

```java
*/
public int size( );
/**
 * Retorna se o deque está vazio.
 */
public boolean isEmpty( );
/**
 * Retorna o primeiro elemento; uma exceção é lançada se o deque está vazio.
 */
public E getFirst( ) throws EmptyDequeException;
/**
 * Retorna o último elemento; uma exceção é lançada se o deque está vazio.
 */
public E getLast( ) throws EmptyDequeException;
/**
 * Insere um elemento para ser o primeiro do deque.
 */
public void addFirst (E element);
/**
 * Insere um elemento para ser o último do deque.
 */
public void addLast (E element);
/**
 * Remove o primeiro elemento; uma exceção é lançada se o deque está vazio.
 */
public E removeFirst( ) throws EmptyDequeException;
/**
 * Remove o último elemento; uma exceção é lançada se o deque está vazio.
 */
public E removeLast( ) throws EmptyDequeException;
}
```

Trecho de Código 5.17 Interface Deque documentada com comentários em estilo Javadoc (Seção 1.9.3). Nota-se também o uso do parâmetro de tipo genérico, E, o que implica que o deque pode armazenar elementos de qualquer classe.

```java
public class NodeDeque<E> implements Deque<E> {
    protected DLNode<E> header, trailer;    // sentinelas
    protected int size;                      // número de elementos
    public NodeDeque( ) {                    // inicializa um deque vazio
        header = new DLNode<E>( );
        trailer = new DLNode<E>( );
        header.setNext(trailer);             // faz a cabeça apontar para a cauda
        trailer.setPrev(header);             // faz a cauda apontar para a cabeça
        size = 0;
    }
```

```java
    public int size( ) {
      return size;
    }
    public boolean isEmpty( ) {
      if (size == 0)
        return true;
      return false;
    }
    public E getFirst( ) throws EmptyDequeException {
      if (isEmpty( ))
        throw new EmptyDequeException("Deque is empty.");
      return header.getNext( ).getElement( );
    }
    public void addFirst(E o) {
      DLNode<E> second = header.getNext( );
      DLNode<E> first = new DLNode<E>(o, header, second);
      second.setPrev(first);
      header.setNext(first);
      size++;
    }
    public E removeLast( ) throws EmptyDequeException {
      if (isEmpty( ))
        throw new EmptyDequeException("Deque is empty.");
      DLNode<E> last = trailer.getPrev( );
      E o = last.getElement( );
      DLNode<E> secondtolast = last.getPrev( );
      trailer.setPrev(secondtolast);
      secondtolast.setNext(trailer);
      size--;
      return o;
    }
}
```

Trecho de Código 5.18 Classe NodeDeque implementando a interface Deque, não sendo mostrados nem a classe DLNode, que corresponde a um nodo genérico de lista duplamente encadeada, nem os métodos getLast e addLast ou removeFirst.

5.3.3 Deques no framework de coleções de Java

Coincidentemente, todos os métodos do TAD deque descritos anteriormente fazem parte da interface java.util.Deque. No caso dos métodos de atualização, que acrescentam ou removem elementos das extremidades do deque, os métodos correspondentes na interface java.util.Deque estão definidos de maneira a lançar uma exceção quando usados de maneira inadequada. Assim, o método addFirst*(e)* lança uma exceção ao se tentar adicionar um elemento em um deque que está implementado de tal forma que se encontra cheio e incapaz de aceitar elementos adicionais, e isso também é verdade para o método addLast(*e*). Igualmente, o método removeFirst() lança uma exceção quando se tenta remover um elemento de um deque vazio, e isso também é verdade para o método removeLast().

Além dos métodos de atualização descritos, que falham nas situações problema, a interface java.util.Deque possui também métodos que têm um comportamento mais simpático nas situações problema. Em particular, estes métodos são úteis em aplicações tais como cenários de produtor-consumidor que usam "buffers" de tamanho fixo, nos quais é normal tentar inserir itens em um deque cheio ou tentar remover elementos de um deque vazio. Estes métodos são os seguintes:

offerFirst(*e*): Insere *e* na cabeça do deque a menos que ele esteja cheio, caso em que o método retorna **false**; se o método é bem-sucedido, ele retorna **true**.

offerLast(*e*): Insere *e* na cauda do deque a menos que ele esteja cheio, caso em que o método retorna **false**; se o método for bem-sucedido, ele retorna **true**.

pollFirst(): Remove e retorna o primeiro elemento do deque. Se o deque estiver vazio, este método retorna **null**.

pollLast(): Remove e retorna o último elemento do deque; se o deque estiver vazio, este método retorna **null**.

peekFisrt(): Retorna, mas não remove, o primeiro elemento do deque; se o deque estiver vazio, este método retorna **null**.

peekLast(): Retorna, mas não remove, o último elemento do deque; se o deque estiver vazio, este método retorna **null**.

Existem várias classes concretas de Java que implementam a interface java.util.Deque. Estas incluem as seguintes:

- java.util.Array.Deque
- java.util.concurrent.LinkedBlockingDeque
- java.util.LinkedList

Dessa forma, se for necessário usar um deque e não for necessário implementar um desde o início, pode-se usar a classe predefinida java.util.LinkedList.

5.4 Exercícios

Para obter os códigos-fonte dos exercícios, visite www.grupoa.com.br.

Reforço

R-5.1 Descreva como implementar uma pilha de capacidade limitada, usando os métodos de um deque de capacidade limitada para implementar os métodos do TAD pilha de forma que ela não lance exceções quando se tenta um push numa pilha cheia ou um pop numa pilha vazia.

R-5.2 Descreva como implementar uma fila de capacidade limitada usando os métodos de um deque de capacidade limitada para implementar os métodos do TAD fila de maneira que ela não lance exceções quando se tentar enfileirar em uma fila cheia ou desenfileirar de uma fila vazia.

R-5.3 Suponha que uma lista inicialmente vazia S tenha executado um total de 25 operações push, 12 operações top e 10 operações pop, 3 das quais geraram StackEmptyExceptions, que foram capturadas e ignoradas. Qual é o tamanho corrente de S?

R-5.4 Se implementarmos a pilha S do problema anterior usando um arranjo, como descrito neste capítulo, então qual será o valor corrente da variável de instância top?

R-5.5 Descreva a saída resultante da seguinte série de operações de pilha: push(5), push(3), pop( ),push(2), push(8), pop( ), pop( ), push(9), push(1), pop( ), push(7), push(6), pop( ), pop( ), push(4), pop( ), pop( ).

R-5.6 Apresente um método recursivo para remover todos os elementos de uma pilha.

R-5.7 Apresente uma definição precisa e completa do conceito de verificação de grupos de símbolos em uma expressão aritmética.

R-5.8 Descreva a saída resultante da seguinte sequência de operações sobre uma fila: enqueue(5), enqueue(3), dequeue( ), enqueue(2), enqueue(8), dequeue( ), dequeue( ), enqueue(9), enqueue(1), dequeue( ), enqueue(7), enqueue(6), dequeue( ), dequeue( ), enqueue(4), dequeue( ), dequeue( ).

R-5.9 Suponha que uma fila Q inicialmente vazia tenha executado um total de 32 operações enqueue, 10 operações front e 15 operações dequeue, 5 das quais geraram exceções EmptyQueueException, que foram tratadas e ignoradas. Qual o tamanho atual de Q?

R-5.10 Se a fila do problema anterior foi implementada com um arranjo de capacidade $N = 30$, como descrito neste capítulo, e nunca gerou uma FullQueueException, quais podem ser os valores atuais de f e r?

R-5.11 Descreva a saída para a seguinte sequência de operações sobre o TAD deque: addFirst(3), addLast(8), addLast(9), addFirst(5), removeFirst( ), removeLast( ), first( ), addLast(7), removeFirst( ), last( ), removeLast( ).

R-5.12 Suponha que você tem um deque D contendo os números (1,2,3,4,5,6,7,8), nesta ordem. Suponha, além disso, que você tem uma fila inicialmente vazia Q. Forneça uma descrição em pseudocódigo de um método que usa apenas D e Q (e nenhuma outra variável ou objeto) e resulta D armazenando os elementos (1,2,3,4,5,6,7,8) nessa ordem.

R-5.13 Repita o problema anterior usando o deque D e uma pilha inicialmente vazia S.

Criatividade

C-5.1 Explique como implementar todos os métodos do TAD deque usando duas pilhas.

C-5.2 Suponha que você tem uma pilha S contendo n elementos e uma fila Q que está inicialmente vazia. Descreva como você pode usar Q para percorrer S para ver se ela contém um certo elemento x, com a restrição adicional que seu algoritmo deve retornar os elementos de volta para S em sua ordem original. Você não pode usar um arranjo ou uma lista encadeada – apenas S e Q e um número fixo de variáveis de referência.

C-5.3 Apresente uma descrição em pseudocódigo de uma implementação baseada em arranjo de um TAD lista encadeada. Qual é o tempo de execução de cada operação?

C-5.4 Suponha que Alice selecionou três inteiros diferentes e os colocou em uma pilha S em qualquer ordem. Escreva um pequeno trecho de pseudocódigo (sem laços ou recursão) que use apenas uma comparação e apenas uma variável x, garantindo com probabilidade de 2/3 que ao final desse código a variável x irá armazenar o maior dos três inteiros de Alice. Argumente por que seu método está correto.

C-5.5 Descreva como implementar o TAD pilha usando duas filas. Qual é o tempo de execução dos métodos push e pop neste caso?

C-5.6 Suponha que se dispõe de um arranjo bidimensional A, $n \times n$, que se deseja usar para armazenar números inteiros, mas não se pretende despender um esforço $O(n^2)$ para inicializá-lo com zeros (da forma que Java faz), porque sabe-se de antemão que serão usadas no máximo n células neste algoritmo que executa em tempo $O(n)$ (sem contar o tempo de inicialização). Mostre como usar uma pilha S baseada em um arranjo que armazena triplas (i, j, k) para permitir o uso do arranjo A sem inicializá-lo e ainda implementar o algoritmo em tempo $O(n)$, mesmo que os valores iniciais das células de A sejam um lixo completo.

C-5.7 Descreva um algoritmo não recursivo para enumerar todas as permutações de números $\{1, 2,..., n\}$.

C-5.8 *Notação pós-fixada* é uma forma não ambígua de escrever expressões aritméticas sem usar parênteses. É definida de maneira que se "$(exp_1)\mathbf{op}(exp_2)$" é uma expressão normal completamente entre parênteses, cujo operador é **op**, então sua versão pós-fixada é "*pexp$_1$ pexp$_2$* **op**", onde *pexp$_1$* é a versão pós-fixada de *exp$_1$*, e *pexp$_2$* é a versão pós-fixada de *exp$_2$*. A versão pós-fixada de um único número ou variável é o próprio número ou variável. Então, por exemplo, a versão pós-fixada de "$((5+2)*(8-3))/4$" é "5 2 + 8 3 − * 4 /". Descreva uma maneira não recursiva de avaliar uma expressão em notação pós-fixada.

C-5.9 Suponha que você tem duas pilhas não vazias S e T e um deque D. Descreva como usar D de maneira que S armazene todos os elementos de T abaixo de seus elementos originais, mantendo os dois conjuntos de elementos em sua ordem original.

C-5.10 Alice tem três pilhas baseadas em arranjo A, B e C, tais que A tem capacidade 100, B tem capacidade 5 e C tem capacidade 3. Inicialmente, A está cheio e B e C estão vazios. Infelizmente, as pessoas que programaram a classe para estas pilhas fizeram os métodos push e pop privados. O único método que Alice pode usar é um método estático, transfer(S,T), que transfere (aplicando iterativamente os métodos push e pop) os elementos da pilha S para a pilha T até que S fique vazio ou T esteja cheio. Então, por exemplo, começando na configuração inicial e executando transfer(A,C), resulta em A armazenando 97 elementos e C armazenando 3. Descreva uma sequência de operações de transferência que comece da configuração inicial e resulte em B armazenando 4 elementos no final.

C-5.11 Alice tem duas filas, S e T, que podem armazenar inteiros. Bob fornece para Alice 50 inteiros ímpares e 50 inteiros pares e insiste que ela armazene todos os 100 inteiros em S e T. Eles então iniciam um jogo em que Bob seleciona S ou T aleatoriamente e aplica o escalonador round-robin, descrito neste capítulo, sobre a fila escolhida um número aleatório de vezes. Se o número que sair da fila ao final do jogo for ímpar, Bob ganha. Caso contrário, Alice ganha. Como Alice pode distribuir os inteiros pelas filas de maneira a otimizar suas chances de vitória? Qual sua chance de vitória?

C-5.12 Suponha que Bob tem quatro vacas e que ele quer levá-las pela ponte. Mas ele possui apenas um cambão, que une apenas duas vacas lado a lado. O cambão é muito pesado para que ele possa carregá-lo pela ponte, mas ele pode amarrar (e soltar) as vacas nele rapidamente. De suas quatro vacas, Mazie pode atravessar a ponte em 2 minutos, Dayse pode atravessar em 4 minutos, Crazy leva 10 minutos e Lazy pode fazê-lo em 20 minutos. Naturalmente, quando duas vacas estão presas ao cambão, elas devem andar na velocidade da vaca mais lenta. Descreva como Bob pode atravessar suas vacas pela ponte em 34 minutos.

C-5.13 Mostre como usar uma pilha S e uma fila Q para gerar todos os possíveis subconjuntos de um conjunto T de n elementos recursivamente.

Projetos

P-5.1 Forneça uma implementação do TAD deque usando um arranjo de maneira que cada método de atualização execute em tempo $O(n)$.

P-5.2 Projete um TAD para uma pilha dupla de duas cores que consiste em duas pilhas – uma "vermelha" e outra "azul" – e tem suas versões coloridas das operações normais de um TAD pilha. Por exemplo, este TAD pode admitir tanto uma operação push azul como vermelha. Apresente uma implementação eficiente deste TAD usando um único arranjo cuja capacidade é definida em um valor N, que se assume ser maior que os tamanhos das pilhas vermelha e azul combinadas.

P-5.3 Implemente o TAD deque usando uma lista duplamente encadeada.

P-5.4 Implemente uma versão de capacidade limitada de um TAD deque, como apresentado na Seção 5.3.3, usando um arranjo tratado de forma circular.

P-5.5 Implemente as interfaces Stack e Queue com uma única classe que estende a classe NodeQueue (Trecho de Código 5.18).

P-5.6 Quando um lote de ações de uma companhia é vendido, o *capital obtido* (ou às vezes perdido) é a diferença entre o preço de venda e o preço pago originalmente pelas ações. Esta regra é fácil de entender para uma única ação, mas se vendemos vários lotes de ações comprados ao longo de um período de tempo, então é necessário identificar as ações que estão sendo vendidas. Um princípio padrão em contabilidade para a identificação de lotes de ações vendidas, neste caso, é o uso de um protocolo FIFO – as ações vendidas são aquelas que foram armazenadas mais tempo (na verdade este é o princípio padrão adotado em vários pacotes de software de finanças pessoais). Por exemplo, suponha que se deseja comprar 100 ações a R$ 20,00 cada, no dia 1; 20 ações a R$ 24,00, no dia 2; 200 ações a R$ 36,00, no dia 3; e então vender 150 ações no dia 4, a R$ 30,00 cada. Então, aplicando o princípio FIFO, significa que das 150 ações vendidas, 100 foram compradas no dia 1, 20 no dia 2 e 30 no dia 3. O capital obtido neste caso foi $100 \cdot 10 + 20 \cdot 6 + 30 \cdot (-6)$, ou R$ 940,00. Escreva um programa que recebe como entrada uma sequência de transações do tipo "compre x ação(ões) por R$ y cada" ou "venda x ação(ões) por R$ y cada", assumindo que as transações ocorrem em dias consecutivos e que os valores de x e y são inteiros. Dada a sequência de entrada, a saída pode ser o capital total ganho (ou perdido) para a sequência completa, usando um protocolo FIFO para identificar as ações.

P-5.7 Implemente o TAD pilha usando uma lista duplamente encadeada.

P-5.8 Implemente o TAD pilha usando a classe ArrayList de Java (sem usar a classe predefinida de Java, Stack).

P-5.9 Implemente um programa que possa receber uma expressão em notação pós-fixada (ver Exercício C-5.8) e exibir seu valor.

P-5.10 Implemente o TAD fila usando um arranjo.

P-5.11 Implemente todo o TAD fila usando uma lista simplesmente encadeada.

Observações sobre o capítulo

A abordagem de definir primeiro as estruturas de dados em termos de seus TADs e depois de suas implementações concretas foi introduzida pela primeira vez pelos livros clássicos de Aho, Hopcroft e Ullman [4,5], que, não por acaso, são os primeiros trabalhos em que se vê um problema similar ao do Exercício C-5.6. Os Exercícios C-5.10, C-5.11 e C-5.12 são similares às questões da entrevista ditas originárias de uma companhia de software bem conhecida. Para aprofundar seus estudos de tipos abstratos de dados, veja Liskov e Guttag [69], Cardelli e Wegner [20] ou Demurjian [27].

Capítulo 6

Listas e Iteradores

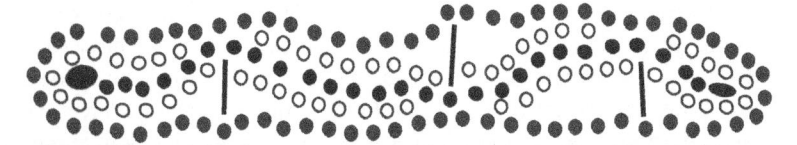

Sumário

- **6.1 Listas arranjo** 238
  - 6.1.1 O tipo abstrato de dados lista arranjo 238
  - 6.1.2 O padrão adaptador 239
  - 6.1.3 Uma implementação simples usando arranjo 240
  - 6.1.4 A interface simples e a classe java.util.ArrayList . 242
  - 6.1.5 Implementando uma lista arranjo usando arranjos extensíveis 243
- **6.2 Listas de nodos** 247
  - 6.2.1 Operações baseadas em nodos 247
  - 6.2.2 Posições 247
  - 6.2.3 O tipo abstrato de dados lista de nodos 248
  - 6.2.4 Implementação usando lista duplamente encadeada 252
- **6.3 Iteradores** 257
  - 6.3.1 Os tipos abstratos de dados iterador e iterável 257
  - 6.3.2 O laço de Java para-cada 259
  - 6.3.3 Implementando iteradores 260
  - 6.3.4 Iteradores de lista em Java 262
- **6.4 Os TADs de lista e o framework de coleções** 263
  - 6.4.1 Listas no framework de coleções de Java 263
  - 6.4.2 Sequências 267
- **6.5 Estudo de caso: a heurística mover-para-frente** 269
  - 6.5.1 Usando uma lista ordenada e uma classe aninhada 270
  - 6.5.2 Usando uma lista com a heurística mover-para-frente 272
  - 6.5.3 Possíveis usos de uma lista de favoritos 274
- **6.6 Exercícios** 276

6.1 Listas arranjo

Suponha que se dispõe de uma coleção S de N elementos armazenados em uma certa ordem linear, de maneira que é possível se referir aos elementos de S como primeiro, segundo, terceiro e assim por diante. Tal coleção é conhecida genericamente como uma *lista* ou *sequência*. É possível fazer uma referência individual a cada elemento e de S usando um inteiro no intervalo $[0, n-1]$ que é igual ao número de elementos de S que precede e em S. O *índice* de um elemento e em S é o número de elementos que estão antes de e em S. Consequentemente, o primeiro elemento de S tem índice 0, e o último tem índice $n-1$. Além disso, se um elemento de S tem índice i, o elemento anterior (se existir) tem índice $i-1$, e o elemento seguinte (se existir) tem índice $i+1$. O conceito de índice está relacionado ao conceito de *colocação* de um elemento em uma lista, que normalmente é definido como sendo um a mais do que seu índice; assim, o primeiro elemento está na primeira colocação, o segundo está na segunda colocação, e assim por diante.

Uma sequência que suporte acesso a todos os seus elementos por meio de seus índices é chamada de *lista arranjo* (ou *vetor*, usando um termo mais antigo). Uma vez que a definição de índice é mais consistente com a maneira como os arranjos são indexados em Java e outras linguagens de programação (como C e C++), o lugar onde um elemento é armazenado em uma lista será referido como "índice", e não "colocação" (apesar de ser usada a letra r para denotar esse índice se a letra i estiver sendo usada como contador de um laço de **for**).

Esse conceito de índice é uma notação simples, porém poderosa, uma vez que pode ser usada para especificar onde inserir um novo elemento em uma lista ou onde remover um elemento antigo.

6.1.1 O tipo abstrato de dados lista arranjo

Como um TAD, uma *lista arranjo* tem os seguintes métodos (além dos métodos padrão size( ) e isEmpty( )):

get(i): retorna o elemento de S com índice i; uma condição de erro ocorre se $i < 0$ ou $i >$ size( ) $- 1$.

set(i, e): substitui por e e retorna o elemento de índice i; uma condição de erro ocorre se $i < 0$ ou $i >$ size( ) $- 1$.

add(i, e): insere um elemento novo e em S para que tenha o índice i; uma condição de erro ocorre se $i < 0$ ou $i >$ size( ).

remove(i): remove de S o elemento de índice i; uma condição de erro ocorre se $i < 0$ ou $i >$ size( ) $- 1$.

Não se afirma que um arranjo deva ser usado para implementar uma lista arranjo e que, nesse caso, o elemento de índice 0 deva ser armazenado no índice 0 do arranjo, embora essa possa ser uma possibilidade (muito natural). A definição de índice oferece uma forma de referir o "lugar" onde o elemento está armazenado em uma sequência, sem preocupações com a implementação exata desta sequência. O índice de um elemento pode se alterar sempre que a sequência é atualizada, como ilustrado no exemplo a seguir.

Exemplo 6.1 *Apresentam-se a seguir algumas operações sobre uma lista arranjo S inicialmente vazia.*

Operação	Saída	S
add(0, 7)	–	(7)
add(0, 4)	–	(4, 7)
get(1)	7	(4, 7)
add(2, 2)	–	(4, 7, 2)
get(3)	"error"	(4, 7, 2)
remove(1)	7	(4, 2)
add(1, 5)	–	(4, 5, 2)
add(1, 3)	–	(4, 3, 5, 2)
add(4, 9)	–	(4, 3, 5, 2, 9)
get(2)	5	(4, 3, 5, 2, 9)
set(3, 8)	2	(4, 3, 5, 2, 8, 9)

6.1.2 O padrão adaptador

Com frequência, escrevem-se classes que oferecem funcionalidades similares a outras classes. O padrão *adaptador* se aplica a qualquer contexto em que se deseja modificar uma classe existente de maneira que seus métodos combinem com os de uma classe ou interface relacionada, mas diferente. Uma forma geral de aplicar o padrão adaptador é definir uma classe nova de maneira que ela contenha uma instância da classe velha como um campo escondido e implemente cada método da nova classe usando os métodos desta variável de instância escondida. O resultado da aplicação do padrão adaptador é que se cria uma nova classe que executa praticamente as mesmas funções da classe anterior, mas de uma forma mais conveniente.

Em relação à discussão sobre o TAD lista arranjo, percebe-se que este TAD é suficiente para definir uma classe adaptadora para o TAD deque, como pode ser visto na Tabela 6.1 (ver também o Exercício C-6.9).

Método de deque	*Implementação com métodos de lista arranjo*
size( ), isEmpty( )	size( ), isEmpty( )
getFirst( )	get(0)
getLast( )	get(size( ) – 1)
addFirst(*e*)	add(0, *e*)
addLast(*e*)	add(size( ), *e*)
removeFirst( )	remove(0)
removeLast( )	remove(size( ) – 1)

Tabela 6.1 Implementação de um deque como uma lista arranjo.

6.1.3 Uma implementação simples usando arranjo

Uma escolha óbvia para implementar o TAD lista arranjo é usar um arranjo A, onde $A[i]$ armazena (uma referência para) o elemento de índice i. Escolhe-se o tamanho N do arranjo A grande o suficiente e mantém-se a quantidade de elementos em uma variável de instância $n < N$.

Os detalhes de implementação dos métodos do TAD lista arranjo são simples. Para implementar a operação get(i), por exemplo, apenas retorna-se $A[i]$. A implementação dos métodos add(i,e) e remove(i) é fornecida no Trecho de Código 6.1. Uma parte importante desta implementação (e que demanda tempo) envolve o deslocamento de elementos para cima ou para baixo, para manter contíguas as células ocupadas do arranjo. Essas operações de deslocamento são necessárias para manter a regra de sempre armazenar o elemento de índice i no índice i do arranjo A. (Ver a Figura 6.1 e também o Exercício R-6.15.)

Algoritmo add(i,e):
  para $j = n - 1, n - 2, \ldots, i$ **faça**
    $A[j + 1] \leftarrow A[j]$ {abre espaço para o novo elemento}
  $A[i] \leftarrow e$
  $n \leftarrow n + 1$
Algoritmo remove(i):
  $e \leftarrow A[i]$ {e é uma variável temporária}
  para $j = i, i + 1, \ldots, n - 2$ **faça**
    $A[j] \leftarrow A[j + 1]$ {substitui pelo elemento removido}
  $n \leftarrow n - 1$
  retorna e

Trecho de Código 6.1 Métodos add(i, e) e remove(i) da implementação de um TAD lista arranjo. Denota-se por n a variável de instância que armazena a quantidade de elementos na lista arranjo.

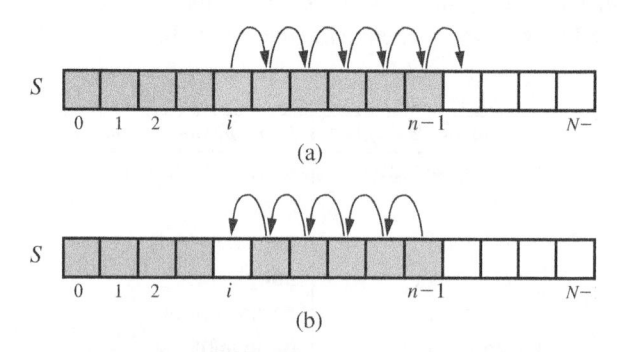

Figura 6.1 Implementação baseada em um arranjo de uma lista arranjo S, armazenando n elementos: (a) deslocamento para cima para inserir no índice i; (b) deslocamento para baixo para remover do índice i.

Performance da implementação simples baseada em arranjo

A Tabela 6.2 indica os tempos de execução para o pior caso dos métodos de uma lista arranjo de *n* elementos, implementada usando um arranjo. Os métodos isEmpty, size, get e set claramente executam em um tempo $O(1)$, mas os métodos de inserção e remoção podem consumir muito mais tempo. Especialmente, o método add(i, e), executa em tempo $O(n)$. Na verdade, o pior caso para esta operação ocorre quando $i = 0$, uma vez que todos os *n* elementos terão de ser deslocados para frente. Argumento similar se aplica ao método remove(i), que executa em tempo $O(n)$ porque é necessário mover $n - 1$ elementos uma posição para trás, no pior caso ($i = 0$). De fato, assumindo que todos os índices têm igual probabilidade de serem passados por parâmetro, para estas operações o tempo de execução médio é $O(n)$, pois é necessário deslocar $n/2$ elementos, em média.

Método	Tempo
size( )	$O(1)$
isEmpty( )	$O(1)$
get(i)	$O(1)$
set(i,e)	$O(1)$
add(i,e)	$O(n)$
remove(i)	$O(n)$

Tabela 6.2 Performance de uma lista arranjo de *n* elementos, implementada usando um arranjo. O espaço usado é $O(N)$, onde *N* é o tamanho do arranjo.

Analisando com mais cuidado add(i,e) e remove(i), percebe-se que executam em um tempo $O(n - i + 1)$, pois apenas os elementos da posição *i* e superior deverão ser deslocados. Logo, a inserção ou remoção de um item no fim de uma lista arranjo usando os métodos add(i,e) e remove($i - 1$), respectivamente, consome tempo $O(1)$. Além disso, essa observação tem uma consequência interessante na adaptação do TAD lista arranjo para o TAD deque, apresentado na Seção 6.1.1. Se o TAD lista arranjo, nesse caso, é implementado sobre um arranjo como descrito antes, então os métodos addLast e removeLast do deque executam cada um em tempo $O(1)$. Entretanto, os métodos addFirst e removeFirst do deque executam cada um em tempo $O(n)$.

Na verdade, com um pequeno esforço, pode-se criar uma implementação baseada em arranjo para o TAD lista arranjo que resulte em tempo $O(1)$ para inserções e remoções na colocação 0, bem como nas inserções e remoções no fim da lista arranjo. Obter isso implica abandonar a regra que determina que um elemento de índice *i* deve ser armazenado no índice *i* do arranjo, e usar uma abordagem baseada em um arranjo circular semelhante à usada na Seção 5.2 para implementar uma fila. Os detalhes dessa implementação são deixados como exercício (C-6.10).

6.1.4 A interface simples e a classe java.util.ArrayList

Para preparar a construção de uma implementação Java do TAD lista arranjo, apresenta-se, no Trecho de Código 6.2, uma interface Java, IndexList, que captura os principais métodos do TAD lista arranjo. Nesse caso, usa-se uma IndexOutOfBoundsException para sinalizar um argumento de índice inválido.

```
public interface IndexList<E> {
  /** Retorna a quantidade de elementos desta lista. */
  public int size( );
  /** Retorna se a lista está vazia. */
  public boolean isEmpty( );
  /** Insere um elemento e de maneira que ele ocupe o índice i, deslocando todos os
      elementos depois deste. */
  public void add(int i, E e)
    throws IndexOutOfBoundsException;
  /** Retorna o elemento no índice i, sem removê-lo. */
  public E get(int i)
    throws IndexOutOfBoundsException;
  /** Remove e retorna o elemento no índice i, deslocando os elementos após este. */
  public E remove(int i)
    throws IndexOutOfBoundsException;
  /** Substitui o elemento no índice i por e, retornando o elemento anterior em i. */
  public E set(int i, E e)
    throws IndexOutOfBoundsException;
}
```

Trecho de Código 6.2 A interface IndexList para o TAD lista arranjo.

A classe java.util.ArrayList

Java oferece uma classe, java.util.ArrayList, que implementa todos os métodos fornecidos anteriormente para o TAD lista arranjo. Isto é, inclui todos os métodos apresentados no Trecho de Código 6.2 da interface IndexList. Além disso, a classe Java.util.ArrayList tem recursos além dos do TAD lista arranjo simplificado. Por exemplo, essa classe também inclui um método clear, que remove todos os elementos da lista arranjo, e um método toArray( ), que retorna um arranjo contendo todos os elementos da lista arranjo na mesma ordem. Adicionalmente, a classe java.util.ArrayList dispõe de métodos para pesquisa na lista, incluindo o método indexOf(*e*), que retorna o índice da primeira ocorrência do elemento igual a *e* na lista arranjo e o método lastIndexOf(*e*), que retorna o índice da última ocorrência do elemento igual a *e* na lista arranjo. Os dois métodos retornam o índice inválido −1 se um elemento igual a *e* não for encontrado.

6.1.5 Implementando uma lista arranjo usando arranjos extensíveis

Além de implementar os métodos da interface IndexList (e alguns outros métodos úteis), a classe java.util.ArrayList fornece um recurso interessante que sobrepõe a fraqueza da implementação simples baseada em arranjo.

Especificamente, o ponto mais fraco da implementação simples usando um arranjo do TAD lista arranjo, fornecida na Seção 6.1.3, é que esta exige a especificação antecipada de uma capacidade fixa, N, para o número total de elementos que podem ser armazenados na lista arranjo. Se o número real de elementos n da lista arranjo for muito menor que N, então a implementação irá desperdiçar espaço. Pior ainda, se n for maior que N, então a implementação irá falhar.

Em vez disso, a classe java.util.ArrayList usa uma técnica interessante de arranjo extensível, de maneira que não é necessário se preocupar com estouros do arranjo quando se usa esta classe.

Da mesma forma que a classe java.util.ArrayList, será providenciada uma forma de aumentar o arranjo A que armazena os elementos da lista arranjo S. É claro que em Java (e outras linguagens de programação) não se pode realmente aumentar o arranjo A; sua capacidade é fixa para um determinado valor N, como já foi visto. Em vez disso, quando ocorre uma situação de *overflow*, ou seja, quando $n = N$ e o método add é ativado, executam-se os seguintes passos:

1. Alocar um novo arranjo B com capacidade $2N$
2. Fazer $B[i] \leftarrow A[i]$ para $i = 0, \ldots, N-1$
3. Fazer $A \leftarrow B$, ou seja, usar B como sendo o arranjo que suporta S
4. Inserir o novo elemento em A

Esta estratégia de substituição de um vetor é conhecida como ***arranjo extensível***, na medida em que pode ser vista como a ampliação do arranjo base para abrir mais espaço para novos elementos (ver Figura 6.2). Em síntese, o arranjo é realocado em um espaço maior quando supera o tamanho comportado pelo espaço anterior.

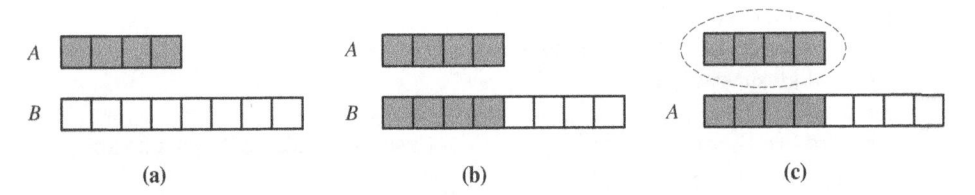

Figura 6.2 Representação dos três passos para "fazer crescer" um arranjo extensível: (a) criar um novo arranjo B; (b) copiar os elementos de A para B; (c) atribuir o novo arranjo para a referência A. Não é mostrado que o arranjo antigo será eliminado pelo sistema de coleta de lixo.

Implementando a interface IndexList usando um arranjo extensível

Partes da implementação em Java do TAD lista arranjo usando um arranjo extensível são apresentadas no Trecho de Código 6.3. Essa classe oferece apenas a capacidade de expansão do vetor. O Exercício C-6.2 explora uma implementação que também pode encolher.

```
/** Implementação de uma lista encadeada usando um arranjo cujo tamanho é duplicado
 * quando o tamanho da lista indexada excede a capacidade do arranjo.
 */
public class ArrayIndexList<E> implements IndexList<E> {
  private E[ ] A;                    // arranjo que armazena os elementos da lista indexada
  private int capacity = 16;         // tamanho inicial do arranjo A
  private int size = 0;              // número de elementos armazenados na lista indexada
  /** Cria a lista indexada com capacidade inicial 16. */
  public ArrayIndexList( ) {
    A = (E[ ]) new Object[capacity]; // o compilador vai avisar, mas está ok
  }
  /** Insere um elemento no índice especificado. */
  public void add(int r, E e)
    throws IndexOutOfBoundsException {
    checkIndex(r, size( ) + 1);
    if (size == capacity) {          // um overflow
      capacity *= 2;
      E[ ] B = (E[ ]) new Object[capacity];
      for (int i=0; i<size; i++)
        B[i] = A[i];
      A = B;
    }
    for (int i=size−1; i>=r; i−−)    // desloca um elemento para cima
      A[i+1] = A[i];
    A[r] = e;
    size++;
  }
  /** Remove o elemento armazenado no índice especificado. */
  public E remove(int r)
    throws IndexOutOfBoundsException {
    checkIndex(r, size( ));
    E temp = A[r];
    for (int i=r; i<size−1; i++)     // desloca um elemento para baixo
      A[i] = A[i+1];
    size−−;
    return temp;
  }
```

Trecho de Código 6.3 Partes da classe ArrayIndexList que implementa o TAD lista arranjo usando um arranjo extensível. O método checkIndex(r,n) (não apresentado) verifica se um índice r pertence ao intervalo [0, $n-1$].

Análise amortizada de um arranjo extensível

A estratégia de substituição de arranjos pode parecer lenta, a princípio, pois a execução de uma única substituição, necessária em certas operações de inserção, levará tempo $O(n)$. Observa-se, porém, que, após uma substituição, o novo arranjo permite a inserção de outros n elementos novos antes que o arranjo tenha de ser substituído outra vez. Esse simples fato permite mostrar que o tempo de uma série de operações executadas sobre um vetor inicialmente vazio é realmente bastante eficiente. Usando uma notação abreviada, a operação de inserir um elemento no final de um vetor será chamada de *push* (ver Figura 6.3).

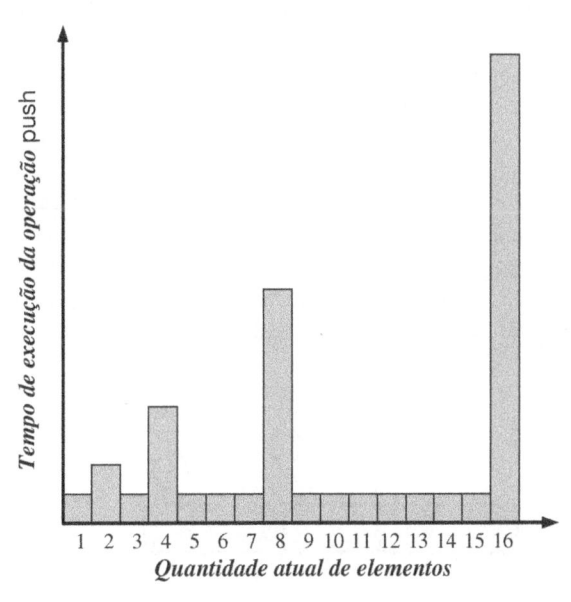

Figura 6.3 Tempos de execução de uma série de operações push sobre um java.util. ArrayList de tamanho inicial 1.

Utilizando um padrão de projeto chamado de ***amortização***, pode-se mostrar que executar uma sequência de operações push em um vetor implementado sobre um arranjo extensível é realmente muito eficiente. Para fazer uma ***análise amortizada***, será usada uma técnica de conta corrente na qual um computador será visto como uma máquina que necessita a inserção de moedas para funcionar, e que requer o pagamento de um ***ciberdólar*** para cada período determinado de uso. Quando uma operação é executada, é necessário ter ciberdólares suficientes na "conta" para pagar o tempo de execução da operação. Então, o total de ciberdólares gastos para qualquer cálculo será proporcional ao tempo gasto naquele cálculo. A vantagem desse método de análise é que é possível supervalorizar certas operações de maneira a poupar ciberdólares para pagar outras.

Proposição 6.2 *Seja S uma lista arranjo implementada sobre um arranjo extensível de tamanho 1. O tempo total para executar uma série n de operações push sobre S, iniciando com S vazio é O(n).*

Justificativa Assume-se que um ciberdólar é suficiente para pagar a execução de cada operação push sobre S, desconsiderando o tempo para fazer o arranjo crescer. Supõe-se também que aumentar o arranjo de um tamanho k para $2k$ requer k ciberdólares para o tempo gasto copiando os elementos. Pode-se cobrar a cada operação push três ciberdólares. Desta forma, está-se sobretaxando cada operação push que não causa overflow, em dois ciberdólares. Considere-se que os dois ciberdólares de lucro obtidos nas inserções que não aumentam o arranjo são "armazenados" junto ao elemento inserido. Um overflow ocorre quando o vetor S tem 2^i elementos, para um inteiro $i \geq 0$, e o tamanho do arranjo usado para representá-lo tem tamanho 2^i. Então, dobrar o tamanho do arranjo requer 2^i ciberdólares. Felizmente, esses ciberdólares podem ser encontrados nos elementos armazenados nas células 2^{i-1} a $2^i - 1$ (ver a Figura 6.4). Observa-se que o overflow anterior ocorreu quando o número de elementos ficou maior que 2^{i-1} pela primeira vez e os ciberdólares armazenados nas células 2^{i-1} a $2^i - 1$ não foram gastos. Desta forma, dispõe-se de um esquema de amortização no qual são cobrados 3 ciberdólares a cada operação, e todo o tempo de cálculo é pago. Ou seja, paga-se pela execução de n operações push usando $3n$ ciberdólares. Em outras palavras, o tempo de execução amortizado de cada operação é $O(1)$; assim, o tempo total de execução de n operações push é $O(n)$. ∎

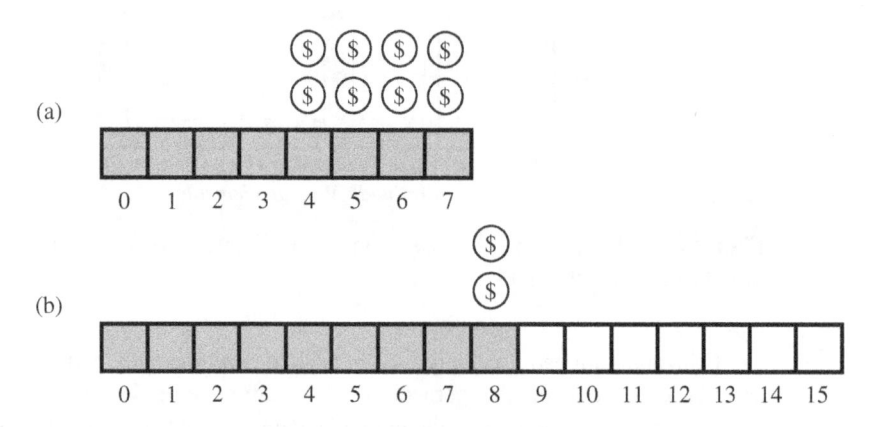

Figura 6.4 Representação de uma série de operações push sobre uma lista arranjo: (a) um arranjo de tamanho 8 cheio, com dois ciberdólares "armazenados" nos índices de 4 a 7; (b) uma operação push causa um overflow e duplica a capacidade. A cópia dos oito elementos antigos para o novo arranjo é paga pelos ciberdólares armazenados; a inserção de novos elementos é paga por um dos ciberdólares cobrados pela operação push; os dois ciberdólares de lucro são armazenados na célula 8.

6.2 Listas de nodos

Usar um índice não é a única maneira de se referir ao lugar onde um elemento aparece em uma sequência. Se existe uma sequência S implementada sobre uma lista (simples ou duplamente) encadeada, então é mais natural e eficiente usar um nodo em vez de um índice como forma de identificar onde acessar ou atualizar essa lista. Nesta seção, define-se o TAD lista de nodos, que abstrai a estrutura de dados concreta em uma lista encadeada (Seções 3.2 e 3.3) usando um TAD com posições relativas que abstrai o conceito de "lugar" em uma lista de nodos.

6.2.1 Operações baseadas em nodos

Seja S uma lista (simplesmente ou duplamente) encadeada. Gostaríamos de definir métodos para S que recebessem nodos da lista como parâmetros e que resultassem como tipo de retorno. Tais métodos poderiam ser significativamente mais rápidos em relação a métodos baseados em índices para localizar um elemento em uma lista encadeada, pois para localizar um elemento em uma lista encadeada é necessário pesquisar através dela de forma incremental a partir do início ou fim, contando os elementos à medida que se avança.

Como exemplo, pode-se definir um método hipotético remove(v), que remove o elemento de S armazenado no nodo v da lista. Usar o nodo como parâmetro permite remover o elemento em tempo $O(1)$ simplesmente indo direto ao lugar onde o nodo está armazenado e, então, desconectando-o da lista por meio de uma atualização dos campos *next* e *prev* de seus vizinhos. Da mesma forma, pode-se inserir, em tempo $O(1)$, um elemento novo e em S com uma operação tal como addAfter(v,e), que especifica o nodo v depois do qual o novo elemento deve ser inserido. Nesse caso, apenas se encadeia o nodo novo.

Definir os métodos de um TAD lista acrescentando operações baseadas em nodos reforça a questão relativa a quanta informação sobre a implementação da lista pode ser exposta. Certamente é desejável ser capaz de usar tanto uma lista simples, como duplamente encadeada, sem revelar estes detalhes para o usuário. Por outro lado, não seria desejável que o usuário modificasse a estrutura interna da lista. Tais modificações seriam possíveis, entretanto, se fosse passada para o usuário uma referência para um nodo da lista, de forma que ele tivesse acesso à estrutura interna do nodo (como os campos *next* ou *prev*).

Para abstrair e unificar diferentes formas de armazenar elementos nas possíveis implementações de uma lista, introduz-se o conceito de ***posição***, formalizando a noção intuitiva de "lugar" de um elemento em relação aos outros na lista.

6.2.2 Posições

Para expandir de forma segura o conjunto de operações sobre listas, abstrai-se a noção de "posição", o que permite aproveitar a eficiência de implementações baseadas em listas simples ou duplamente encadeadas, sem violar os princípios de projeto orientado a objetos. Neste esquema, vê-se uma lista como um repositório de elementos armazenados em posições que são mantidas organizadas em uma ordem linear. Uma posição também é um tipo abstrato de dados que suporta o seguinte método simples:

    element( ): Retorna o elemento armazenado nesta posição.

Uma posição é sempre definida de forma *relativa*, isto é, em relação aos vizinhos. Em uma lista, uma posição p estará sempre "depois" de uma posição q e "antes" de uma posição s (a menos que p seja a primeira ou a última posição). Uma posição p, associada com um elemento e em uma lista S, não se altera mesmo se o índice de e se modificar em S, a menos que e seja explicitamente removido (destruindo a posição p). Por outro lado, a posição p não se modifica, mesmo quando se substitui ou se permuta o elemento e armazenado em p por outro. Esses fatos permitem definir um conjunto rico de métodos de lista baseados em posições que as recebem dos objetos como parâmetro e fornecem objetos de posição como valores de retorno.

6.2.3 O tipo abstrato de dados lista de nodos

Usando o conceito de posição para encapsular a ideia de "nodo" em uma lista, pode-se definir outro tipo de TAD sequência chamado de TAD *lista de nodos*. Este TAD suporta os seguintes métodos para uma lista S:

    first( ): Retorna a posição do primeiro elemento de S; ocorre um erro se S está vazio.

    last( ): Retorna a posição do último elemento de S; ocorre um erro se S está vazio.

    prev(p): Retorna a posição do elemento de S que precede o que se encontra na posição p; ocorre um erro se p for a primeira posição.

    next(p): Retorna a posição do elemento de S que segue o que se encontra na posição p; ocorre um erro se p for a última posição.

Os métodos acima permitem fazer referência a posições relativas de uma lista, começando no início ou no fim e deslocando-se por incremento para cima ou para baixo. As posições podem ser intuitivamente entendidas como sendo os nodos da lista, porém, observa-se que não existem referências específicas a objetos nodo. Além disso, se for fornecida uma posição como argumento para um método da lista, então ela deverá representar uma posição válida da lista.

Métodos de atualização de uma lista de nodos

Além dos métodos listados e dos genéricos size e isEmpty, o TAD lista inclui os seguintes métodos de atualização que recebem um objeto posição como parâmetro e/ou fornecem objetos posição como valores de retorno.

set(*p,e*): Substitui o elemento que se encontra na posição *p* por *e*, retornando o elemento que se encontrava antes na posição *p*.
addFirst(*e*): Insere o novo elemento *e* em *S* como primeiro elemento.
addLast(*e*): Insere o novo elemento *e* em *S* como último elemento.
addBefore(*e*): Insere um novo elemento *e* em *S* antes da posição *p*.
addAfter(*e*): Insere um novo elemento *e* em *S* depois da posição *p*.
remove(*p*): Remove e retorna o elemento na posição *p* de *S*, invalidando esta posição de *S*.

O TAD lista de nodos permite que se entenda uma coleção ordenada de objetos em função de seus lugares, sem se preocupar com a maneira exata pela qual esses locais são representados (ver Figura 6.5).

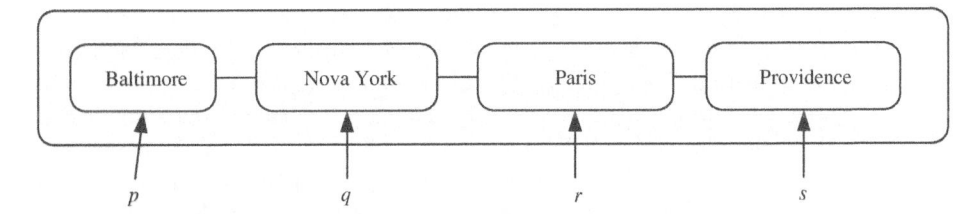

Figura 6.5 Uma lista de nodos. As posições na ordem atual são *p*, *q*, *r* e *s*.

Em um primeiro momento, parece haver redundância no repertório de operações do TAD lista de nodos, uma vez que se pode executar a operação addFirst(*e*), usando addBefore(first(),*e*) e a operação addLast(*e*), usando addAfter(getLast( ),*e*). Mas essas substituições só podem ser feitas para uma lista não vazia.

Observa-se que uma condição de erro ocorre se uma posição passada por parâmetro para uma das operações da lista for inválida. As razões que podem levar uma posição a ser inválida incluem:

- *p* = **null**
- *p* foi previamente eliminado da lista
- *p* é uma posição de uma lista diferente
- *p* é a primeira posição da lista e chama-se prev(*p*)
- *p* é a última posição da lista e chama-se next(*p*)

As operações de um TAD lista de nodos são demonstradas no exemplo que segue.

Exemplo 6.3 *Apresenta-se na sequência uma série de operações sobre uma lista S inicialmente vazia. Usam-se as variáveis p_1, p_2, e assim por diante, para denotar as diferentes posições, e identifica-se o objeto atualmente armazenado em tal posição entre parênteses.*

Operação	Saída	S
addFirst(8)	–	(8)
first( )	$p_1(8)$	(8)
addAfter(p_1,5)	–	(8,5)
next(p_1)	$p_2(5)$	(8,5)
addBefore(p_2,3)	–	(8,3,5)
prev(p_2)	$p_3(3)$	(8,3,5)
addFirst(9)	–	(9,8,3,5)
last( )	$p_2(5)$	(9,8,3,5)
remove(first( ))	9	(8,3,5)
set(p_3,7)	3	(8,7,5)
addAfter(first( ),2)	–	(8,2,7,5)

O TAD lista de nodos, com sua ideia de posição embutida, é útil em um grande número de configurações. Por exemplo, um programa que modele várias pessoas jogando cartas pode representar a mão de cada jogador como uma lista de nodos. Uma vez que a maioria das pessoas gosta de manter as cartas do mesmo naipe juntas, inserir e remover as cartas da mão de uma pessoa pode ser implementado usando os métodos do TAD lista de nodos, com as posições sendo determinadas pela ordem natural dos naipes. De forma semelhante, um simples editor de texto embute a noção de inserção e remoção baseadas em posição, uma vez que normalmente os editores executam suas operações relativas a um *cursor*, que representa a posição atual na lista dos caracteres do texto que está sendo editado.

Uma interface Java representando o TAD posição é apresentada no Trecho de Código 6.4.

```
public interface Position<E> {
   /** Retorna o elemento armazenado nesta posição. */
   E element( );
}
```

Trecho de Código 6.4 Interface Java do TAD posição.

Uma interface para o TAD lista de nodos, chamada de PositionList, é fornecida no Trecho de Código 6.5. Essa interface usa as seguintes exceções para indicar condições de erro.

BoundaryViolationException: lançada se for feita uma tentativa de acessar um elemento cuja posição está fora do intervalo de posições da lista (por exemplo, chamando-se o método next sobre a última posição da sequência).

InvalidPositionException: lançada se a posição fornecida como argumento não é válida (por exemplo, se é uma referência nula ou não tem lista associada).

```
public interface PositionList<E>{
   /** Retorna o número de elementos desta lista. */
   public int size( );
   /** Retorna quando a lista está vazia. */
```

public boolean isEmpty( );
/** Retorna o primeiro nodo da lista. */
public Position<E> first( );
/** Retorna o último nodo da lista. */
public Position<E> last( );
/** Retorna o nodo que segue um dado nodo da lista. */
public Position<E> next(Position<E> p)
  throws InvalidPositionException, BoundaryViolationException;
/** Retorna o nodo que antecede um dado nodo da lista. */
public Position<E> prev(Position<E> p)
  throws InvalidPositionException, BoundaryViolationException;
/** Insere um elemento no início da lista, retornando uma posição nova. */
public void addFirst(E e);
/** Insere um elemento na última posição, retornando uma posição nova. */
public void addLast(E e);
/** Insere um elemento após um dado elemento da lista. */
public void addAfter(Position<E> p, E e)
  throws InvalidPositionException;
/** Insere um elemento antes de um dado elemento da lista. */
public void addBefore(Position<E> p, E e)
  throws InvalidPositionException;
/** Remove um nodo da lista, retornando o elemento lá armazenado. */
public E remove(Position<E> p) **throws** InvalidPositionException;
/** Substitui o elemento armazenado em um determinado nodo, retornando o elemento que estava lá armazenado. */
public E set(Position<E> p, E e) **throws** InvalidPositionException;
}

Trecho de Código 6.5   Interface de Java para o TAD lista de nodos

Outro adaptador de deque

Com respeito à discussão relativa ao TAD lista de nodos, observa-se que esse TAD é suficiente para definir uma classe adaptadora para o TAD deque, como se pode ver na Tabela 6.3.

Método do deque	*Implementação com métodos da lista nodo*
size( ), isEmpty( )	size( ), isEmpty( )
getFirst( )	first( ).element( )
getLast( )	last( ).element( )
addFirst(*e*)	addFirst(*e*)
addLast(*e*)	addLast(*e*)
removeFirst( )	remove(first( ))
removeLast( )	remove(last( ))

Tabela 6.3   Implementação de um deque usando uma lista nodo.

6.2.4 Implementação usando lista duplamente encadeada

Supondo que se deseja implementar um TAD lista, baseado em uma lista duplamente encadeada (Seção 3.3), pode-se simplesmente fazer com que os nodos da lista implementem o TAD posição. Isto é, cada nodo implementa a interface Position e, por consequência, um método chamado de element( ), que retorna o elemento armazenado no nodo. Assim, os próprios nodos atuam como posições. Eles são vistos internamente pela lista encadeada como nodos, mas do ponto de vista externo são vistos apenas como posições. Do ponto de vista interno, cada nodo *v* tem as variáveis de instância prev e next, que se referem, respectivamente, aos nodos antecessor e sucessor de *v* (que podem, de fato, ser os nodos sentinela inicial ou final, que marcam o início e o fim da lista). Em vez de usar as variáveis prev e next diretamente, definem-se os métodos getPrev, setPrev, getNext e setNext para o nodo, de maneira a acessar e modificar estas variáveis.

No Trecho de Código 6.6, apresenta-se a classe Java DNode para os nodos de uma lista duplamente encadeada que implementa o TAD posição. Essa classe é similar à classe DNode, apresentada no Trecho de Código 3.17, exceto porque agora os nodos armazenam um elemento genérico em vez de uma string. Observa-se que as variáveis de instância prev e next desta classe são referências privadas para outros objetos DNode.

```java
public class DNode<E> implements Position<E> {
    private DNode<E> prev, next;         // Referência para os nodos anterior e posterior
    private E element;                    // Elemento armazenado nesta posição
    /** Construtor */
    public DNode(DNode<E> newPrev, DNode<E> newNext, E elem) {
        prev = newPrev;
        next = newNext;
        element = elem;
    }
    // Método da interface Position
    public E element( ) throws InvalidPositionException {
        if ((prev == null) && (next == null))
            throw new InvalidPositionException("Position is not in a list!");
        return element;
    }
    // Métodos de acesso
    public DNode<E> getNext( ) { return next; }
    public DNode<E> getPrev( ) { return prev; }
    // Métodos de atualização
    public void setNext(DNode<E> newNext) { next = newNext; }
    public void setPrev(DNode<E> newPrev) { prev = newPrev; }
    public void setElement(E newElement) { element = newElement; }
}
```

Trecho de Código 6.6 Classe DNode representando um nodo de uma lista duplamente encadeada que implementa a interface Position (TAD).

Dada uma posição *p* em *S*, pode-se "desempacotar" *p* para revelar o nodo *v*. Isso é possível **convertendo** a posição para um nodo. Uma vez que se tem um nodo *v*, pode-se, por exemplo, implementar o método prev(*p*), usando *v*.getPrev( ) (a menos que o nodo retornado por *v*.getPrev( ) seja o nodo inicial, caso em que se sinaliza um erro). Consequentemente, posições em uma lista duplamente encadeada podem ser suportadas em um estilo orientado a objetos sem necessidade de tempo ou espaço adicional.

Considera-se, a seguir, como se pode implementar o método addAfter(*p,e*) para inserir um elemento *e* depois da posição *p*. Da mesma forma que discutido na Seção 3.3.1, cria-se um novo nodo *v* para abrigar o elemento *e*, liga-se *v* no seu lugar da lista, e então atualizam-se as referências next e prev de *v* com seus novos vizinhos. Esse método é apresentado no Trecho de Código 6.7 e ilustrado (novamente) na Figura 6.6. Lembrando o uso das sentinelas (Seção 3.3), observa-se que este algoritmo funciona mesmo se *p* for a última posição real.

Algoritmo addAfter(*p,e*):
    Cria um nodo novo *v*
    v.setElement(*e*)
    v.setPrev(*p*)   {conecta *v* com seu antecessor}
    v.setNext(*p*.getNext( ))   {conecta *v* com seu sucessor}
    (*p*.getNext( )).setPrev(*v*)   {conecta o antigo sucessor de *v* com *p*}
    p.setNext(*v*)   {conecta *p* com seu novo sucessor, *v*}

Trecho de Código 6.7 Inserção de um elemento *e* após uma posição *p* em uma lista encadeada.

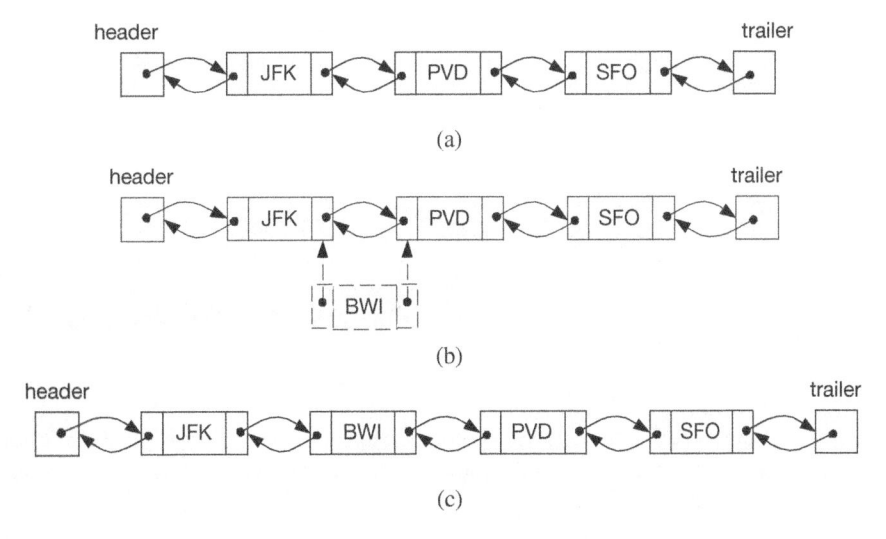

Figura 6.6 Acrescentando um novo nodo após a posição "JFK": (a) antes da inserção; (b) criação do novo nodo *v* com o elemento "BWI" e concatenação do mesmo; (c) após a inserção.

Os algoritmos para os métodos addBefore, addFirst e addLast são similares aos do método addAfter. O detalhamento fica para o Exercício R-6.8.

A seguir, considera-se o método remove(p), que remove o elemento e armazenado na posição p. Da mesma forma apresentada na Seção 3.3.2, para executar essa operação, conectam-se os dois vizinhos de p de maneira que eles se referenciem entre si como novos vizinhos – desconectando p. Observa-se que depois que p é desconectado, nenhum nodo estará apontando para ele, logo o sistema de coleta de lixo pode recuperar o espaço de p. Este algoritmo é apresentado no Trecho de Código 6.8 e representado na Figura 6.7. Lembrando o uso de sentinelas, salienta-se que este algoritmo trabalha mesmo que p seja a primeira, a última ou a única posição real da lista.

Algoritmo remove(p):
   $t \leftarrow p$.element   {uma variável temporária para abrigar o valor de retorno}
   (p.getPrev()).setNext(p.getNext())   {desconectando p}
   (p.getNext()).setPrev(p.getPrev())
   p.setPrev(**null**)   {invalidando a posição p}
   p.setNext(**null**)
   return t

Trecho de Código 6.8   Removendo um elemento e armazenado na posição p de uma lista encadeada.

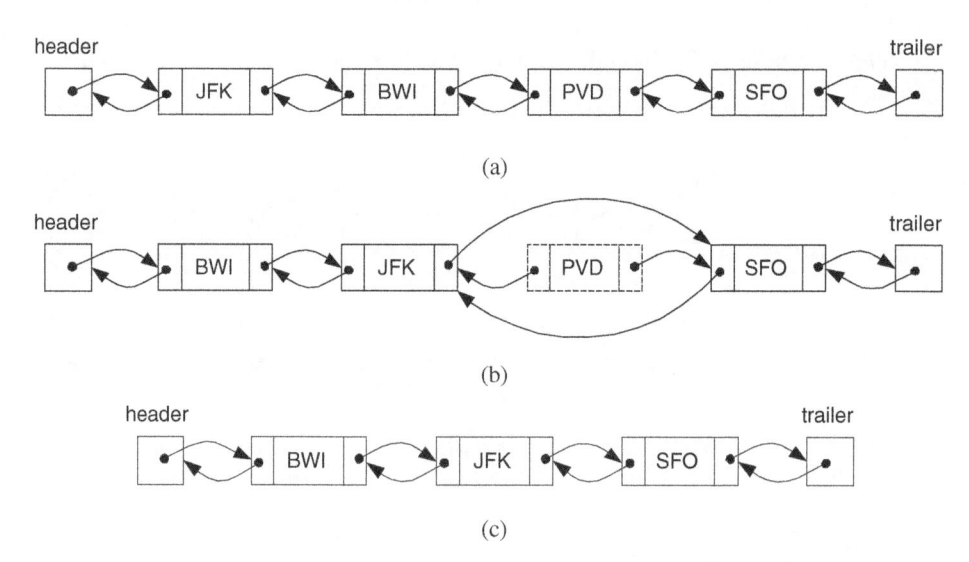

Figura 6.7   Removendo o objeto armazenado na posição "PVD": (a) antes da remoção; (b) desconectando o nodo velho; (c) depois da remoção (e da coleta de lixo).

Concluindo, usando uma lista duplamente encadeada, podem ser executados todos os métodos do TAD lista em tempo $O(1)$. Logo, uma lista duplamente encadeada é uma implementação eficiente do TAD lista.

Implementação de uma lista de nodos em Java

Partes do código da classe Java NodePositionList, que implementa o TAD lista de nodos usando uma lista duplamente encadeada, são apresentadas nos Trechos de Código 6.9-6.11. O Trecho de Código 6.9 apresenta as variáveis de instância de NodePositionList, seu construtor, e o método checkPosition, que executa algumas verificações de segurança e "desempacota" uma posição, convertendo-a novamente em um objeto DNode. O Trecho de Código 6.10 apresenta métodos de acesso e atualização adicionais. O Trecho de Código 6.11 apresenta métodos de atualização adicionais.

```java
public class NodePositionList<E> implements PositionList<E> {
    protected int numElts;                // Número de elementos na lista
    protected DNode<E> header, trailer;   // Sentinelas especiais
    /** Construtor que cria uma lista vazia; tempo O(1) */
    public NodePositionList( ) {
        numElts = 0;
        header = new DNode<E>(null, null, null);    // cria a cabeça
        trailer = new DNode<E>(header, null, null); // cria a cauda
        header.setNext(trailer);    // faz a cabeça e a cauda apontarem uma para a outra
    }
    /** Verifica se a posição é válida para esta lista e a converte para
     * DNode se for válida; tempo O(1) */
    protected DNode<E> checkPosition(Position<E> p)
        throws InvalidPositionException {
        if (p == null)
            throw new InvalidPositionException
                ("Null position passed to NodeList");
        if (p == header)
            throw new InvalidPositionException
                ("The header node is not a valid position");
        if (p == trailer)
            throw new InvalidPositionException
                ("The trailer node is not a valid position");
        try {
            DNode<E> temp = (DNode<E>) p;
            if ((temp.getPrev( ) == null) || (temp.getNext( ) == null))
                throw new InvalidPositionException
                    ("Position does not belong to a valid NodeList");
            return temp;
        } catch (ClassCastException e) {
            throw new InvalidPositionException
                ("Position is of wrong type for this list");
        }
    }
}
```

Trecho de Código 6.9 Partes da implementação da classe NodePositionList que implementam o TAD lista de nodos usando uma lista duplamente encadeada. (Continua nos Trechos de Código 6.10 e 6.11.)

```java
/** Retorna a quantidade de elementos na lista; tempo O(1) */
public int size( ) { return numElts; }
/** Retorna quando a lista esta vazia; tempo O(1) */
public boolean isEmpty( ) { return (numElts == 0); }
/** Retorna a primeira posição da lista; tempo O(1) */
public Position<E> first( )
    throws EmptyListException {
  if (isEmpty( ))
    throw new EmptyListException("List is empty");
  return header.getNext( );
}
/** Retorna a posição que antecede a fornecida; tempo O(1) */
public Position<E> prev(Position<E> p)
    throws InvalidPositionException, BoundaryViolationException {
  DNode<E> v = checkPosition(p);
  DNode<E> prev = v.getPrev( );
  if (prev == header)
    throw new BoundaryViolationException
      ("Cannot advance past the beginning of the list");
  return prev;
}
/** Insere o elemento antes da posição fornecida, retornando
 * a nova posição; tempo O(1) */
public void addBefore(Position<E> p, E element)
    throws InvalidPositionException {
  DNode<E> v = checkPosition(p);
  numElts++;
  DNode<E> newNode = new DNode<E>(v.getPrev( ), v, element);
  v.getPrev( ).setNext(newNode);
  v.setPrev(newNode);
}
```

Trecho de Código 6.10 Partes da implementação da classe NodePositionList que implementam o TAD lista de nodos usando uma lista duplamente encadeada. (Continuação do Trecho de Código 6.9. Continua no Trecho de Código 6.11.)

```java
/** Insere o elemento dado no início da lista, retornando
 * a nova posição; tempo O(1) */
public void addFirst(E element) {
  numElts++;
  DNode<E> newNode = new DNode<E>(header, header.getNext( ), element);
  header.getNext( ).setPrev(newNode);
  header.setNext(newNode);
}
/**Remove da lista a posição fornecida; tempo O(1) */
public E remove(Position<E> p)
    throws InvalidPositionException {
```

```
    DNode<E> v = checkPosition(p);
    numElts−−;
    DNode<E> vPrev = v.getPrev( );
    DNode<E> vNext = v.getNext( );
    vPrev.setNext(vNext);
    vNext.setPrev(vPrev);
    E vElem = v.element( );
    // Desconecta a posição da lista e marca-a como inválida
    v.setNext(null);
    v.setPrev(null);
    return vElem;
  }
  /** Substitui o elemento da posição fornecida por um novo
   * e retorna o elemento velho; tempo O(1) */
  public E set(Position<E> p, E element)
      throws InvalidPositionException {
    DNode<E> v = checkPosition(p);
    E oldElt = v.element();
    v.setElement(element);
    return oldElt;
  }
```

Trecho de Código 6.11 Partes da classe NodePositionList que implementam o TAD lista de nodos usando uma lista duplamente encadeada. (Continuação dos Trechos de Código 6.9 e 6.10.) Observa-se que o mecanismo usado para tornar inválida uma posição no método remove é consistente com aquele utilizado nas verificações da função de conveniência checkPosition.

6.3 Iteradores

Uma operação típica sobre um vetor, uma lista ou uma sequência é percorrer seus elementos em ordem, um de cada vez, para, por exemplo, procurar um elemento específico.

6.3.1 Os tipos abstratos de dados iterador e iterável

Um *iterador* é um padrão de projeto de software que abstrai o processo de busca sobre uma coleção de elementos, um de cada vez. Um iterador consiste em uma sequência S, um elemento corrente de S e uma forma de avançar para o próximo elemento de S, tornando-o o elemento corrente. Logo, um iterador estende o conceito do TAD posição, introduzido na Seção 6.2. De fato, uma posição pode ser entendida como um iterador que não é capaz de se deslocar. Um iterador encapsula os conceitos de "lugar" e "próximo" em uma coleção de objetos.

Define-se o TAD *iterador* como suportando os dois métodos que seguem:

hasNext ( ): Testa a existência de elementos remanescentes no iterador.
next ( ): Retorna o próximo elemento do iterador.

Observa-se que o TAD iterador usa a noção de elemento corrente quando percorre uma sequência. O primeiro elemento de um iterador é fornecido pela primeira chamada ao método next, supondo, é claro, que o iterador contenha pelo menos um elemento.

Um iterador oferece um esquema unificado para acessar todos os elementos de uma coleção de objetos de uma forma independente da organização interna da coleção. Um iterador para uma lista arranjo, lista ou sequência deve retornar os elementos de acordo com sua ordenação linear.

Iteradores simples em Java

Java fornece um iterador por meio de sua interface java.util.Iterator. Observa-se que a classe java.util.Scanner (Seção 1.6) implementa esta interface. Esta interface suporta um método adicional (opcional) para remover da coleção elementos previamente retornados. Essa funcionalidade (remoção de elementos por meio de um iterador) é bastante controversa do ponto de vista de orientação a objetos; logo, não é de surpreender que sua implementação por classes seja opcional. Java também oferece a interface java.util.Enumeration, historicamente mais antiga que a interface iterator, e que usa os nomes hasMoreElements( ) e nextElement( ).

O tipo abstrato de dados iterável

Com o objetivo de fornecer um mecanismo genérico unificado para percorrer uma estrutura de dados, os TADs que armazenam coleções de objetos devem suportar o seguinte método:

iterator( ): Retorna um iterador para os elementos da coleção.

Esse método é oferecido pela interface java.util.ArrayList. Na verdade, ele é tão importante que existe uma interface inteira, java.lang.Iterable, que contém apenas esse método. Ele torna simples especificar computações que necessitem percorrer os elementos de uma lista. Para garantir que a lista suporte os métodos anteriores, por exemplo, pode-se adicionar esse método à interface PositionList, como mostrado no Trecho de Código 6.12. Nesse caso, pode-se querer também declarar que PositionList estende Iterable. Consequentemente, assume-se que as listas arranjo e as listas de nodos suportam o método iterator( ).

```
public interface PositionList<E> extends Iterable<E> {
// ...todos os outros métodos do TAD lista . . .
/** Retorna um iterador sobre todos os elementos da lista. */
public Iterator<E> iterator( );
}
```

Trecho de Código 6.12 Acrescentando o método iterator na interface PositionList.

Fornecida tal definição para PositionList, pode-se usar o iterador retornado pelo método iterator( ) para criar uma representação string da lista de nodos, como mostrado no Trecho de Código 6.13.

```
/** Retorna a representação textual de uma lista de nodos */
public static <E> String toString(PositionList<E> l) {
  Iterator<E> it = l.iterator( );
  String s = " [ ";
  while (it.hasNext( )) {
    s += it.next( );            // coerção implícita do próximo elemento para uma string
    if (it.hasNext( ))
      s += ", ";
  }
  s += " ] ";
  return s;
}
```

Trecho de Código 6.13 Exemplo de iterador Java usado para converter uma lista de nodos em uma string.

6.3.2 O laço de Java para-cada

Uma vez que executar um laço sobre os elementos retornados por um iterador é uma construção muito comum, Java fornece uma notação simplificada para tais laços, chamada de *laço para-cada*. A sintaxe de tal laço é a que segue:

>   **for** (*Tipo nome : expressão*)
>   *comandos_do_laço*

onde *expressão* corresponde a uma coleção que implementa a interface java.lang.iterable, *Tipo* é o tipo do objeto retornado pelo iterador dessa classe e *nome* é o nome de uma variável que irá receber os valores dos elementos deste iterador nos *comandos do laço*. Essa notação é apenas uma simplificação do que segue:

>   **for** (Iterator<*Tipo*> it = *expressão*.iterator( ); it.hasNext( );) {
>   *Type name* = it.next( );
>   *comandos_do_laço*
>   }

Por exemplo, se existe uma lista, values, de objetos Integer, e values implementa java.lang.Iterable, então se podem somar todos os inteiros de values da seguinte forma:

```
List<Integer> values;
// . . . comandos que criam uma nova lista de valores e a preenchem com Integers . . .
int sum = 0;
```

```
for (Integer i : values)
    sum += i;   // unboxing permite isso
```

Pode-se ler o laço acima como "para cada inteiro *i* em values, execute o corpo do laço" (nesse caso, somar *i* em sum).

Além da forma de laço descrita, Java também permite que laços para-cada sejam definidos quando a *expressão* é um arranjo do tipo *Tipo*, o qual, nesse caso, pode ser tanto um tipo base como um objeto. Por exemplo, podem-se totalizar os inteiros de um arranjo, *v*, que armazena os primeiros dez inteiros positivos como segue:

```
int[ ] v = {1, 2, 3, 4, 5, 6, 7, 8, 9, 10};
int total = 0;
for (int i : v)
    total += i;
```

6.3.3 Implementando iteradores

Uma maneira de implementar um iterador para uma coleção de elementos é criar uma "foto" da coleção e iterar sobre ela. Essa abordagem irá envolver o armazenamento da coleção em uma estrutura de dados separada que suporte acesso sequencial a seus elementos. Por exemplo, podem ser inseridos todos os elementos de uma coleção em uma pilha, caso em que o método hasNext( ) irá corresponder a !isEmpty( ), e next irá corresponder a dequeue( ). Usando essa abordagem, o método iterator( ) irá consumir um tempo $O(n)$ para uma coleção de tamanho n. Uma vez que o custo da cópia é relativamente alto, prefere-se, na maioria dos casos, fazer os iteradores operarem sobre a própria coleção, e não sobre uma cópia.

Quando se implementa esta abordagem direta, é necessário apenas manter o ponto da coleção para onde o cursor do iterador aponta. Logo, criar um iterador novo, nesse caso, envolve apenas a criação de um objeto iterador que represente um cursor posicionado antes do primeiro elemento da coleção. Da mesma forma, executar o método next( ) envolve o retorno do próximo elemento, se existir, e a movimentação do cursor para que deixe para trás a posição deste elemento. Assim, nesta abordagem, a criação de um iterador consome tempo $O(1)$, da mesma forma que cada um dos métodos do iterador. Apresenta-se uma classe que implementa tal iterador no Trecho de Código 6.14 e no Trecho de Código 6.15, e como esse iterador pode ser usado para implementar o método iterator( ) da classe NodePositionList.

```
public class ElementIterator<E> implements Iterator<E> {
    protected PositionList<E> list;      // a lista subjacente
    protected Position<E> cursor;        // a próxima posição
    /** Cria o elemento iterador sobre a lista fornecida. */
    public ElementIterator(PositionList<E> L) {
        list = L;
        cursor = (list.isEmpty( ))? null : list.first( );
    }
```

```
public boolean hasNext( ) { return (cursor != null); }
public E next( ) throws NoSuchElementException {
  if (cursor == null)
    throw new NoSuchElementException("No next element");
  E toReturn = cursor.element( );
  cursor = (cursor == list.last( ))? null : list.next(cursor);
  return toReturn;
  }
}
```

Trecho de Código 6.14   Classe de um elemento iterador para PositionList.

```
/** Retorna um iterador sobre todos os elementos da lista. */
public Iterator<E> iterator( ) { return new ElementIterator<E>(this); }
```

Trecho de Código 6.15   O método iterator( ) da classe NodePositionList.

Iteradores de posição

Para os TADs que suportam a noção de posição, como os TADs lista e sequência, pode-se fornecer o seguinte método:

>   positions( ):   retorna um objeto Iterable (como uma lista arranjo ou uma lista de nodos) contendo as posições da coleção como elementos.

Um iterador retornado por esse método permite que se percorram as posições de uma lista. Para garantir que uma lista de nodos suporte esse método, deve-se acrescentar a ela a interface PositionList, como demonstrado no Trecho de Código 6.16. Então, será possível, por exemplo, acrescentar a implementação desse método a NodePositionList, como mostrado no Trecho de Código 6.17. Esse método usa a própria classe NodePositionList para criar uma lista que contém as posições da lista original como seus elementos. Retornando essa lista de posições como um objeto Iterable, permite que se chame iterator( ) sobre este objeto para obter um iterador sobre as posições da lista original.

```
public interface PositionList<E> extends Iterable<E> {
// ...todos os outros métodos do TAD lista
/** Retorna uma coleção iterável de todos os nodos da lista. */
 public Iterable<Position<E>> positions( );
}
```

Trecho de Código 6.16   Acrescentando o método iterador na interface PostionList.

```
/** Retorna uma coleção iterável de todos os nodos da lista. */
public Iterable<Position<E>> positions( ) {        // cria uma lista de posições
  PositionList<Position<E>> P = new NodePositionList<Position<E>>( );
  if (!isEmpty( )) {
    Position<E> p = first( );
    while (true) {
```

```
        P.addLast(p);      // acrescenta a posição p como último elemento da lista P
        if (p == last( ))
          break;
        p = next(p);
      }
    }
    return P;  // retorna P como objeto iterável
  }
```

Trecho de Código 6.17   O método positions( ) da classe NodePositionList.

O método iterador( ) retornado por esse e outros objetos Iterable define um tipo restrito de iterador que permite apenas uma passagem sobre os elementos. Entretanto, iteradores mais poderosos também podem ser definidos, permitindo o deslocamento para frente e para trás sobre uma certa ordem de elementos.

6.3.4 Iteradores de lista em Java

A classe java.util.LinkedList não expõe o conceito de posição para os usuários de sua API. Em vez disso, a forma preferida de acessar e atualizar um objeto LinkedList em Java, sem usar índices, é usando um ListIterator, que é gerado pela lista encadeada pelo método listIterator( ). Tal iterador permite que se percorra a lista para frente e para trás, bem como métodos de atualização. A posição corrente é entendida como sendo antes do primeiro elemento, entre dois elementos ou depois do último elemento. Isto é, ela usa um *cursor* de lista, parecido com a maneira como um cursor de tela é visto, localizado entre dois caracteres da tela. Mais especificamente, a interface java.util.ListIterator inclui os seguintes métodos:

add(e): acrescenta o elemento e na posição corrente do iterador

hasNext( ): True se e somente se existe um elemento após a posição corrente do iterador

hasPrevious( ): True se e somente se existe um elemento antes da posição corrente do iterador

previous( ): retorna o elemento e que antecede a posição corrente e faz com que a posição corrente seja a que antecede e

next( ): retorna o elemento e que sucede a posição corrente e faz com que a posição corrente seja a que sucede e

nextIndex( ): retorna o índice do próximo elemento

previousIndex( ): retorna o índice do elemento anterior

set(e): substitui o elemento retornado pela última operação next ou previous por e

remove( ): remove o elemento retornado pela última operação next ou previous

É um risco usar vários iteradores sobre a mesma lista enquanto se modifica seu conteúdo. Se inserções, deleções ou substituições são requeridas em vários "lugares" de uma lista, é mais seguro usar posições para especificar estas localizações. Mas a classe java.util.LinkedList não expõe seus objetos posição para o usuário. Assim, para evitar o risco de modificar uma lista que tenha criado vários iteradores (por meio de chamadas para seu método iterator( )), os objetos java.util.Iterator têm um recurso de "falha rápida", que imediatamente invalida um iterador se a coleção subjacente for modificada de forma inesperada. Por exemplo, se um objeto java.util.LinkedList L retornou cinco iteradores diferentes, e um deles modifica L, então os outros quatro se tornam imediatamente inválidos. Isto é, Java permite que vários iteradores de lista estejam percorrendo uma lista encadeada L ao mesmo tempo, mas se um deles modifica L (usando os métodos add, set ou remove), então todos os demais iteradores sobre L se tornam inválidos. Da mesma forma, se L é modificado por um de seus próprios métodos de atualização, então todos os iteradores existentes para L imediatamente se tornam inválidos.

6.4 Os TADs de lista e o framework de coleções

Nesta seção, discutem-se TADs de listas genéricos, que combinam os métodos dos TADs deque, lista arranjo e ou lista de nodos. Antes de descrever tais TADs, apresenta-se o contexto no qual estão inseridos.

6.4.1 Listas no framework de coleções de Java

Java fornece um pacote de interfaces e classes de estruturas de dados que, em conjunto, definem o *framework de coleções de Java*. Esse pacote, java.util, inclui versões de várias das estruturas de dados discutidas neste livro, algumas das quais já foram apresentadas e outras que serão discutidas no restante do livro. A interface raiz do framework de coleções de Java é a interface Collection. Esta é uma interface genérica para qualquer estrutura de dados que contém uma coleção de elementos, tais como uma lista. Ela estende a interface java.lang.Iterable; desta forma ela inclui o método iterator( ), que retorna um iterador de elementos sobre sua coleção. É uma superinterface para outras interfaces do framework de coleções de Java que podem armazenar elementos, incluindo as interfaces Java Deque, List, e Queue que foram discutidas anteriormente. Além disso, existe uma subinterface que define outro tipo de coleção, Set, que será discutida na Seção 11.4 e que possui várias interfaces importantes relacionadas, incluindo as interfaces Iterator e ListIterator discutidas previamente, bem como a interface Map apresentada na Seção 9.1.

O framework de coleções de Java também inclui classes concretas baseadas em listas que implementam várias combinações das interfaces baseadas em listas. Estas incluem as seguintes classes de java.util.

ArrayBlockingQueue: implementação da interface Queue usando arranjo com capacidade limitada.

ArrayDeque: uma implementação da interface Deque que usa um arranjo que pode crescer ou encolher conforme a necessidade.

ArrayList: implementação da interface List que usa um arranjo que pode crescer ou encolher conforme a necessidade.
ConcurrentLinkedQueue: implementação da interface Queue usando uma lista encadeada que é segura para threads.
LinkedBlockingDeque: implementação da interface Deque usando lista encadeada com capacidade limitada.
LinkedBlockingQueue: implementação da interface Queue usando lista encadeada com capacidade limitada.
LinkedList: implementação da interface List usando lista encadeada.
Stack: implementação do TAD pilha.

Coleções são iteráveis

Cada uma das classes anteriores baseadas em listas do framework de coleções de Java implementa a interface java.lang.Iterable; dessa forma, elas incluem o método iterator( ) e pode ser usadas em um laço for-each. Além disso, qualquer classe que implemente a interface java.util.List, assim como as classes ArrayList e LinkedList, também incluem um método listIterator( ). Como se observou anteriormente, tais interfaces são úteis para iterarem pelos elementos de uma coleção ou lista.

Algoritmos baseados em lista do framework de coleções de Java

Além das classes baseadas em listas que são fornecidas no framework de coleções de Java, existe uma variedade de algoritmos simples que também são fornecidos. Esses algoritmos são implementados como métodos estáticos na classe java.util.Collections e incluem os seguintes métodos:

disjoint(C,D): retorna um valor booleano indicando quando as coleções C e D são disjuntas.
fill(L,e): substitui cada um dos elementos da lista L pelo mesmo elemento e.
frequency(C,e): retorna a quantidade de elementos da coleção C que são iguais a e.
max(c): retorna o maior elemento da coleção C, baseado na ordem natural dos seus elementos.
min(c): retorna o menor elemento da coleção C, baseado na ordem natural dos seus elementos.
repalceAll(L,e,f): substitui todos os elementos de L iguais a e pelo mesmo elemento f.
reverse(L): inverte a ordem dos elementos da lista L.
rotate(L,d): rotaciona os elementos da lista L pela distância d (que pode ser negativa) de maneira circular.
shuffle(L): permuta a ordem dos elementos da lista L de forma pseudoaleatória.
sort(L): ordena a lista L, usando a ordem natural dos elementos da lista L.

Convertendo listas em arranjos

Listas são um belo conceito e podem ser aplicadas em diferentes contextos, mas existem algumas instâncias nas quais pode ser útil tratar uma lista como um arranjo. Felizmente, a interface java.util.Collection inclui os seguintes métodos auxiliares para gerar um arranjo com os mesmo elementos que a coleção fornecida:

> toArray( ): retorna um arranjo de elementos do tipo Object contendo todos os elementos da coleção.
>
> toArray(*A*): retorna um arranjo de elementos do mesmo tipo que *A* contendo todos os elementos desta coleção.

Se a coleção é uma lista, então o arranjo retornado deve ter seus elementos armazenados na mesma ordem da lista original. Assim, se temos um métodos útil baseado em arranjo que desejamos usar sobre uma lista ou outro tipo de coleção, então podemos fazê-lo simplesmente usando o método toArray( ) de Collection para produzir uma representação arranjo da coleção. Por exemplo, se for o caso de imprimir uma lista de arranjos, arrList, executar o que segue não irá funcionar:

> System.out.println("`arrList=`" + arrList.toString( )); // ERRADO!

Em vez disso, deve-se fazer algo assim:

> System.out.println("`arrList=`" + Arrays.deepToString(arrList.toArray( )));

Convertendo arranjos em listas

De forma similar, frequentemente é útil converter um arranjo na sua forma equivalente de lista. Felizmente, a classe java.util.Arrays inclui o seguinte método:

> asList(*A*): retorna uma representação sob a forma de lista do arranjo *A* com o mesmo tipo dos elementos de *A*.

A lista retornada por esse método usa o arranjo *A* como sua representação interna para a lista. Dessa forma, garante-se que essa é uma lista baseada em arranjo, e alterações efetuadas sobre a lista terão reflexo imediato em *A*. Em função desses tipos de efeitos colaterais, o uso do método asList deve ser sempre feito com precauções, de maneira a evitar consequências indesejadas. Usado com cuidado, no entanto, esse método frequentemente economiza muito trabalho. Por exemplo, o trecho de código a seguir pode ser usado para embaralhar aleatoriamente um arranjo de inteiros, arr:

> Integer[ ] arr = {1, 2, 3, 4, 5, 6, 7, 8}; // permitido por autoboxing
> List<Integer> listArr= Arrays.asList(arr);
> Collections.shuffle(listArr); // isto tem o efeito colateral de embaralhar arr

A interface java.util.List e suas implementações

Java fornece funcionalidades semelhantes aos TAD lista arranjo e lista de nodos na interface java.util.List, que é implementada com um arranjo em java.util.ArrayList e com uma lista encadeada em java.util.LinkedList. Existem alguns conflitos entre estas duas implementações, que são explorados em maiores detalhes na próxima seção. Além disso, Java usa iteradores para obter uma funcionalidade parecida com o que o TAD lista deriva de Positions. A Tabela 6.4 apresenta a correspondência entre o TAD list (baseado em arranjo e nodos) e as interfaces java.util.List e ListIterator, com observações sobre suas implementações nas classes de java.util, ArrayList e LinkedList.

Método do TAD Lista	Método de java.util.List	Método de ListIterator	Observações
size( )	size( )		Tempo $O(1)$
isEmpty( )	isEmpty( )		Tempo $O(1)$
get(i)	get(i)		A é $O(1)$, L é $O(\min\{i, n - i\})$
first( )	listIterator( )		O primeiro elemento é o next
last( )	listIterator(size( ))		O último elemento é o previous
prev(p)		previous( )	Tempo $O(1)$
next(p)		next( )	Tempo $O(1)$
set(p, e)		set(e)	Tempo $O(1)$
set(i, e)	set(i, e)		A é $O(1)$, L é $O(\min\{i, n - i\})$
add(i, e)	add(i, e)		Tempo $O(n)$
remove(i)	remove(i)		A é $O(1)$, L é $O(\min\{i, n - i\})$
addFirst(e)	add(0, e)		A é $O(n)$, L é $O(1)$
addFirst(e)	addFirst(e)		Existe apenas em L, $O(1)$
addLast(e)	add(e)		Tempo $O(1)$
addLast(e)	addLast(e)		Existe apenas em L, $O(1)$
addAfter(p, e)		add(e)	Inserção no cursor: A é $O(n)$, L é $O(1)$
addBefore(p, e)		add(e)	Inserção no cursor: A é $O(n)$, L é $O(1)$
remove(p)		remove( )	Remoção no cursor: A é $O(n)$, L é $O(1)$

Tabela 6.4 Correspondências entre os métodos na lista arranjo e na lista de nodos do TAD e nas interfaces java.util List e ListIterator. Usam-se as abreviações A e L para java.util.ArrayList e java.util.LinkedList (ou seus tempos de execução).

6.4.2 Sequências

Uma *sequência* é um TAD que suporta todos os métodos do TAD deque (Seção 5.3), do TAD lista arranjo (Seção 6.1) e do TAD lista nodo (Seção 6.2). Ou seja, fornece acesso explícito aos elementos da lista, tanto por seus índices como por suas posições. Além disso, por ter essa dupla capacidade, também foram incluídos dois métodos de "transição" que relacionam colocações e posições:

> atIndex(i): Retorna a posição do elemento de índice i; uma condição de erro ocorre se $i < 0$ ou $i >$ size( ) $- 1$.
>
> indexOf(p): Retorna o índice do elemento na posição p.

Herança múltipla no TAD sequência

A definição do TAD sequência, incluindo todos os métodos de três TADs diferentes, é um exemplo de *herança múltipla* (Seção 2.4.2). Ou seja, o TAD sequência herda métodos de três "super" tipos abstratos de dados. Em outras palavras, seus métodos incluem a união dos métodos de seus TADs "super". Veja o Trecho de Código 6.18 para uma especificação Java do TAD sequência como uma interface Java.

```
/**
 * Interface para uma sequência, uma estrutura de dados que suporta
 * todas as operações de um deque, lista indexada e lista de posições.
 */
public interface Sequence<E>
    extends Deque<E>, IndexList<E>, PositionList<E> {
    /** Retorna a posição contendo o elemento em um dado índice. */
    public Position<E> atIndex(int r) throws BoundaryViolationException;
    /** Retorna o índice do elemento armazenado em uma determinada posição. */
    public int indexOf(Position<E> p) throws InvalidPositionException;
}
```

Trecho de Código 6.18 A interface Sequence definida usando-se herança múltipla. Inclui todos os métodos das interfaces Deque, IndexList e PositionList (definidas para qualquer tipo genérico E), e tem dois métodos adicionais.

Essencialmente, a sequência TAD combina a funcionalidade das interfaces de java.util.List e java.util.ListIterator.

Implementando uma sequência como uma lista encadeada

Suponha a implementação de uma sequência como uma lista duplamente encadeada, que, como a documentação de java.util.LinkedList deixa claro, é a implementação dessa classe. Com essa implementação, todos os métodos de atualização baseados em posição executam em tempo $O(1)$ (da mesma forma que os métodos de atualização do iterador da lista em java.util.LinkedList). Da mesma maneira, todos os métodos do TAD deque também executam em tempo $O(1)$, já que eles apenas envolvem a atualização ou a consulta da lista em seus extremos. Mas os métodos do TAD lista arranjo (que também estão incluidos na classe java.util.LinkedList) não são adequados para uma implementação de sequência com uma lista duplamente encadeada.

Problemas de eficiência com uma sequência baseada em lista duplamente encadeada

Uma vez que uma lista duplamente encadeada não permite acesso indexado a seus elementos , executar a operação get(i), para retornar o elemento de índice i, requer um "chute" de uma das extremidades a partir da qual se avança para cima ou para baixo até localizar o nodo que armazena o elemento de índice i. Uma otimização sutil é iniciar a busca pelo final da lista mais próximo, obtendo assim um tempo de execução que será:

$$O(\min(i+1, n-i))$$

onde n é a quantidade de elementos na lista. O pior caso para este tipo de pesquisa ocorre quando

$$r = \lfloor n/2 \rfloor.$$

Assim, o tempo de execução ainda é $O(n)$.

As operações de atualização baseadas em índices add(i,e) e remove(i) também devem executar um "chute" para localizar o nodo que armazena o elemento de índice i, e então inserir ou eliminar o nodo. Os tempos de execução destas implementações de add(i,e) e remove(i) são, da mesma forma:

$$O(\min (i+1, n-i+1)),$$

que é $O(n)$. Uma vantagem dessa abordagem é que,

$$\text{Se } i=0 \text{ ou } i=n-1,$$

como no caso da adaptação do TAD lista arranjo para o TAD deque apresentado na Seção 6.1.1, então add e remove executam em tempo $O(1)$. Assim, em geral, usar métodos de lista arranjo com uma sequência implementada com uma lista encadeada é ineficiente.

Implementando uma sequência com um arranjo

Suponha, então, que se pretende implementar uma sequência S, armazenando cada elemento e de S em uma célula A[i] de um arranjo A. Pode-se definir um objeto posição p para abrigar um índice i, e uma referência para o arranjo A, como variáveis de instância neste caso. Pode-se, então, implementar o método element(p) simplesmente retornando A[i]. O maior problema com esta abordagem, entretanto, é que as células de A não têm como referenciar suas posições correspondentes. Portanto, após uma operação addFirst, não existe maneira de informar as posições existentes em S de que suas colocações foram acrescidas de 1 (lembre-se de que as posições de uma sequência são sempre definidas em relação a seus vizinhos, não em relação a sua colocação). Assim, ao se implementar uma sequência genérica usando um arranjo, precisa-se adotar uma estratégia diferente.

Considere-se uma solução alternativa na qual, em vez de armazenar os elementos de S no arranjo A, armazena-se um novo tipo de objeto posição em cada uma das células de A, e guardam-se os elementos nessas posições. O novo objeto posição p abriga o índice i e o elemento e associado com p.

Com essa estrutura de dados, apresentada na Figura 6.8, percorre-se facilmente o arranjo para atualizar a variável i de cada posição, cuja colocação foi alterada em função de inserções ou remoções.

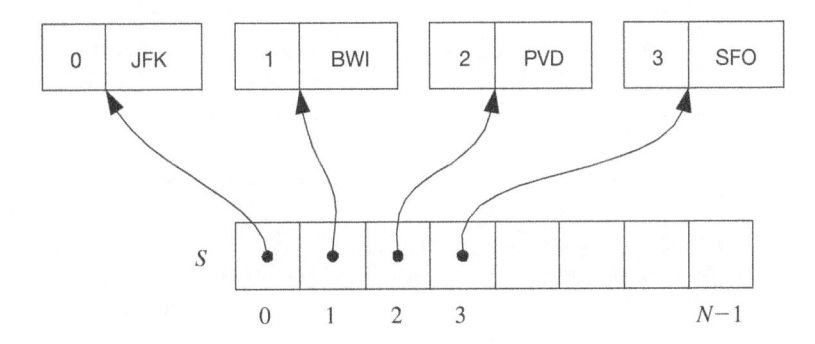

Figura 6.8 Implementação do TAD sequência baseada em um arranjo.

Questões de eficiência com uma sequência baseada em arranjo

Nesta implementação de sequência, os métodos addFirst, addBefore, addAfter e remove consomem um tempo $O(n)$ porque é preciso deslocar a posição dos objetos para abrir espaço para as novas posições ou para preencher os vazios criados pela remoção de uma posição antiga (da mesma forma que os métodos insert ou remove baseados em índices). Todos os outros métodos baseados em posições consomem tempo $O(1)$.

6.5 Estudo de caso: a heurística mover-para-frente

Suponha que se deseja manter uma coleção de elementos, ao mesmo tempo em que se mantém o número de vezes que cada elemento é acessado. Manter esse tipo de contagem permite saber quais elementos estão entre os "dez mais" populares, por exemplo. Exemplos de tais cenários incluem um navegador Web que mantém os endereços Web mais populares (ou URLs) que um usuário visita, ou um programa de álbum de fotos que mantém uma lista das imagens mais populares para um usuário. Além disso, uma lista de favoritos pode ser usada em uma interface gráfica (GUI) para manter os botões mais usados em um menu pull-down e então apresentar menus pull-down condensados, contendo as opções mais populares.

Em função disso, nesta seção será analisada a implementação do TAD *lista de favoritos*, que suporta os métodos size( ) e isEmpty( ), bem como os que seguem:

access(*e*): acessa o elemento *e*, incrementando seu contador de acesso e acrescenta-o na lista de favoritos se ainda não estiver presente.

remove(*e*): remove o elemento *e* da lista de favoritos desde que ele já esteja lá.

top(*k*): retorna uma coleção iterável com os *k* elementos mais acessados.

6.5.1 Usando uma lista ordenada e uma classe aninhada

A primeira implementação da lista de favoritos que será considerada (nos Trechos de Código 6.19 – 6.20) é construir uma classe, FavoritList, que armazena as referências para os objetos acessados em uma lista encadeada, ordenada pelo número de acessos. Essa classe usa um recurso de Java que permite definir uma classe aninhada relacionada dentro da definição da classe mais externa. Essa ***classe aninhada*** deve ser declarada **static**, para indicar que sua definição está relacionada à classe mais externa e não a uma instância específica desta classe. O uso de classes aninhadas permite definir classes de "auxílio" ou "suporte" que podem ser protegidas de uso externo.

Nesse caso, a classe aninhada Entry armazena para cada elemento *e* da lista um par (*c*,*v*), onde *c* é o contador de acessos e *v* é uma referência de ***valor*** para o próprio elemento *e*. Toda vez que um elemento é acessado, ele é localizado na lista (inserindo-o, se não for encontrado) e seu contador de acessos é incrementado. A remoção implica na localização do elemento e sua remoção da lista encadeada. Retornar os *k* elementos mais acessados implica apenas copiar as entradas de valor em uma lista de resultados de acordo com sua ordem na lista encadeada interna.

```
/** Lista de elementos favoritos com seus contadores de acesso. */
public class FavoriteList<E> {
  protected PositionList<Entry<E>> fList;// Lista de entradas
  /** Construtor; tempo O(1) */
  public FavoriteList( ) { fList = new NodePositionList<Entry<E>>( ); }
  /** Retorna a quantidade de elementos na lista; tempo O(1) */
  public int size( ) { return fList.size( ); }
  /** Indica quando a lista está vazia; tempo O(1) */
  public boolean isEmpty( ) { return fList.isEmpty( ); }
  /** Remove o elemento indicado desde que ele esteja na lista; tempo O(n) */
  public void remove(E obj) {
    Position<Entry<E>> p = find(obj);      // procura por obj
    if (p != null)
      fList.remove(p);                     // remove a entrada
  }
  /** Incrementa o contador de acesso de um dado elemento e insere-o se ainda não
```

```
      * estiver presente; tempo O(n) */
    public void access(E obj) {
      Position<Entry<E>> p = find(obj);     // encontra a posição de obj
      if (p != null)
        p.element( ).incrementCount( );     // incrementa contador de acesso
      else {
        fList.addLast(new Entry<E>(obj));   // acrescenta uma nova entrada no fim
        p = fList.last();
      }
      moveUp(p);            // move a entrada para sua posição final
    }
    /** Encontra a posição de um dado elemento ou retorna null; tempo O(n) */
    protected Position<Entry<E>> find(E obj) {
      for (Position<Entry<E>> p: fList.positions( ))
        if (value(p).equals(obj))
          return p;         // encontrado na posição p
      return null;          // não encontrado
    }
    /** Move a entrada para cima para sua posição correta na lista; tempo O(n) */
    protected void moveUp(Position<Entry<E>> cur) {
      Entry<E> e = cur.element( );
      int c = count(cur);
      while (cur != fList.first( )) {
        Position<Entry<E>> prev = fList.prev(cur);   // posição anterior
        if (c <= count(prev)) break;                 // a entrada está na posição correta
        fList.set(cur, prev.element( ));             // move para baixo a entrada anterior
        cur = prev;
      }
      fList.set(cur, e);           // armazena a entrada em sua posição final
    }
```

Trecho de Código 6.19 Classe FavoriteList. (Continua no Trecho de Código 6.20.)

```
    /** Retorna os k elementos mais acessados, dado k; tempo O(k) */
    public Iterable<E> top(int k) {
      if (k < 0 || k > size( ))
        throw new IllegalArgumentException("Invalid argument");
      PositionList<E> T = new NodePositionList<E>( );      // lista dos top-k
      int i = 0;   // contador de entradas inseridas na lista
      for (Entry<E> e: fList) {
        if (i++ >= k)
          break;                     // todas as k entradas foram inseridas
        T.addLast(e.value( ));       // acrescenta uma entrada na lista
      }
      return T;
    }
```

```
/** Representação string da lista de favoritos */
public String toString( ) { return fList.toString( ); }
/** Método auxiliar que obtém o valor de uma entrada em uma dada posição. */
protected E value(Position<Entry<E>> p) { return ( p.element( )).value( ); }
/** Método auxiliar que obtém o contador de uma entrada em uma dada posição. */
protected int count(Position<Entry<E>> p) { return ( p.element( )).count( ); }
/** Classe aninhada que armazena os elementos e seus contadores de acesso. */
protected static class Entry<E> {
    private E value;            // elemento
    private int count;          // contador de acessos
    /** Construtor */
    Entry(E v) { count = 1; value = v; }
    /** Retorna o elemento */
    public E value( ) { return value; }
    /** Retorna o contador de acessos */
    public int count( ) { return count; }
    /** Incrementa o contador de acessos */
    public int incrementCount( ) { return ++count; }
    /** Representação string da entrada na forma [contador,valor] */
    public String toString( ) { return " [ " + count + "," + value + " ] "; }
}
} // Fim da classe FavoriteList
```

Trecho de Código 6.20 Classe FavoriteList, incluindo a classe aninhada Entry, para representar os elementos e seus contadores de acesso. (Continuação do Trecho de Código 6.19.)

6.5.2 Usando uma lista com a heurística mover-para-frente

A implementação anterior da lista de favoritos executava o método access(e) em um tempo proporcional ao índice de e na lista de favoritos. Isto é, se e é o k-ésimo elemento mais popular da lista, então acessá-lo consome tempo $O(k)$. Em sequências de acesso da vida real, incluindo aqueles gerados pelas visitas que os usuários fazem a uma página da Web, é comum que, uma vez que um elemento foi acessado, este seja acessado novamente em breve. Diz-se que tais cenários têm *referência de localização*.

Uma *heurística*, ou regra, que tira vantagem da referência de localização que está presente em uma sequência de acessos é a **heurística mover-para-frente**. Para aplicar esta heurística, toda vez que um elemento é acessado, ele é movido para frente da lista. O que se espera, naturalmente, é que este elemento seja acessado novamente em breve. Considere, por exemplo, o cenário no qual existem n elementos e a seguinte série de n^2 acessos:

- elemento 1 é acessado n vezes
- elemento 2 é acessado n vezes
- ...
- elemento n é acessado n vezes

Se os elementos forem armazenados ordenados pelos seus contadores de acesso, inserindo cada elemento a primeira vez que ele é acessado, então

- Cada acesso ao elemento 1 executa em tempo $O(1)$
- Cada acesso ao elemento 2 executa em tempo $O(2)$
- ...
- Cada acesso ao elemento n executa em tempo $O(n)$

Logo, o tempo total para executar a série de acessos é proporcional a

$$n + 2n + 3n + \cdots + n \cdot n = n(1 + 2 + 3 + \cdots + n) = n \cdot \frac{n(n+1)}{2},$$

que é $O(n^3)$.

Por outro lado, se for usada a heurística mover-para-frente, inserindo cada elemento a primeira vez que é acessado, então

- Cada acesso ao elemento 1 executa em tempo $O(1)$
- Cada acesso ao elemento 2 executa em tempo $O(1)$
- ...
- Cada acesso ao elemento n executa em tempo $O(1)$

Assim, o tempo para executar todos os acessos neste caso é $O(n^2)$. A implementação mover-para-frente, portanto, tem um tempo de acesso mais rápido para este cenário. Entretanto, esse benefício tem um custo.

Implementando a heurística mover-para-frente em Java

No Trecho de Código 6.21, apresenta-se a implementação de uma lista de favoritos usando a heurística mover-para-frente. Implementa-se a abordagem mover-para-frente, nesse caso, definindo-se uma classe nova, FavoriteListMTF, que estende a classe FavoriteList e sobrecarrega as definições dos métodos moveUp e top. Nesse caso, o método moveUp simplesmente remove o elemento acessado da sua posição atual na lista encadeada e então o insere de volta no início da lista. O método top, por outro lado, é mais complicado.

Problemas com a heurística mover-para-frente

Agora que a lista de favoritos não está mais sendo mantida ordenada pelo valor dos contadores de acesso, quando se buscam os k elementos mais acessados, é necessário procurar por eles. Nesse caso, pode-se implementar o método top(k) como segue:

1. Copiam-se as entradas da lista de favoritos em outra lista, C, e cria-se uma lista vazia, T.
2. Percorrem-se a lista C k vezes. Em cada varredura, procura-se pela entrada de C com o maior contador de acesso, remove-se esta entrada de C e insere-se-a no fim de T.
3. Retorna-se a lista T.

Essa implementação do método top consome tempo $O(kn)$. Logo, quando k é uma constante, o método top executa em tempo $O(n)$. Isso ocorre, por exemplo, quando se deseja obter a lista dos "dez maiores". Entretanto, se k é proporcional a n, então top executa em tempo $O(n^2)$. Isso ocorre, por exemplo, quando se deseja a lista dos "25% maiores".

Como a abordagem mover-para-frente é apenas uma heurística, ou regra, existem sequências de acesso nas quais o uso dessa abordagem é mais lento do que a manutenção simples da lista de favoritos ordenada pelos contadores de acesso. Além disso, ela reduz a velocidade potencial dos acessos que possuem referência de localização, implicando em uma demora maior na geração do relatório dos melhores elementos.

6.5.3 Possíveis usos de uma lista de favoritos

No Trecho de Código 6.22, é apresentado um exemplo de aplicação da lista de favoritos para resolver o problema de manter as URLs mais populares a partir de uma sequência simulada de acessos a páginas da Web. Esse programa acessa um conjunto de URLs em ordem decrescente, e então exibe uma janela que mostra a página da Web mais popular acessada na simulação.

```java
public class FavoriteListMTF<E> extends FavoriteList<E> {
  /** Construtor default */
  public FavoriteListMTF( ) { }
  /** Move uma entrada para a primeira posição; tempo O(1) */
  protected void moveUp(Position<Entry<E>> pos) {
    fList.addFirst(fList.remove(pos));
  }
  /** Retorna os k elementos mais acessados, para um dado k; tempo O(kn) */
  public Iterable<E> top(int k) {
    if (k < 0 || k > size( ))
      throw new IllegalArgumentException("Invalid argument");
    PositionList<E> T = new NodePositionList<E>( );        // lista top-k
    if (!isEmpty( )) {
      // copia as entrada para uma lista temporária C
      PositionList<Entry<E>> C = new NodePositionList<Entry<E>>( );
      for (Entry<E>> e: fList)
        C.addLast(e);
      // encontra os k primeiros elementos, um de cada vez
      for (int i = 0; i < k; i++) {
        Position<Entry<E>> maxPos = null;       // posição do elemento superior
        int maxCount = -1;                      // contador de acessos do elemento
                                                //   superior
        for (Position<Entry<E>> p: C.positions( )) {
          // examina todas as entradas de C
          int c = count(p);
```

```
        if (c > maxCount) {                    // encontrada a entrada com maior contador de
                                                  acessos
           maxCount = c;
           maxPos = p;
        }
      }
      T.addLast(value(maxPos));                // insere a maior entrada na lista T
      C.remove(maxPos);                        // remove a maior entrada da lista C
    }
  }
  return T;
 }
}
```

Trecho de Código 6.21 Implementação da classe FavoriteListMTF usando a heurística mover--para-frente. Essa classe estende FavoriteList (Trechos de Código 6.19-6.20) e sobrecarrega os métodos moveUp e top.

```
import java.io.*;
import javax.swing.*;
import java.awt.*;
import java.net.*;
import java.util.Random;
/** Programa exemplo para as classes FavoriteList e FavoriteListMTF */
public class FavoriteTester {
  public static void main(String[ ] args) {
    String[ ] urlArray = {"http://wiley.com", "http://datastructures.net",
              "http://algorithmdesign.net", "http://www.brown.edu",
              "http://uci.edu" };
    FavoriteList<String> L1 = new FavoriteList<String>( );
    FavoriteListMTF<String> L2 = new FavoriteListMTF<String>( );
    int n = 20;      // quantidade de operações de acesso
    // Cenário simulado: acessar n vezes uma URL aleatória
    Random rand = new Random( );
    for (int k = 0; k < n; k++) {
      System.out.prinln("------------------------------------");
      int i = rand.nextInt(urlArray.length);   // índice randômico
      String url = urlArray[i];                // URL randômica
      System.out.println("Accessing: " + url);
      L1.access(url);
      System.out.println("L1 = " + L1);
      L2.access(url);
      System.out.println("L2 = " + L2);
    }
    int t = L1.size( )/2;
    System.out.prinln("------------------------------------");
```

```
        System.out.println("Top " + t + " in L1 = " + L1.top(t));
        System.out.println("Top " + t + " in L2 = " + L2.top(t));
      // Exibe uma janela de navegador mostrando a URL mais popular de L1
      try {
        String popular = L1.top(1).iterator( ).next( );    // URL mais popular de L1
        JEditorPane jep = new JEditorPane(popular);
        jep.setEditable(false);
        JFrame frame = new JFrame(popular);
        frame.getContentPane( ).add(new JScrollPane(jep), BorderLayout.CENTER);
        frame.setSize(640, 480);
        frame.setVisible(true);
      } catch (IOException e) {          // ignora as exceções de E/S
      }
    }
  }
}
```

Trecho de Código 6.22 Demonstração do uso das classes FavoriteList e FavoriteListMTF para contar os acessos a páginas da Web. Essa simulação acessa randomicamente várias páginas URL e então exibe a página mais popular.

6.6 Exercícios

Para obter os códigos-fonte dos exercícios, visite www.grupoa.com.br.

Reforço

R-6.1 Apresente um trecho de código Java para inverter um arranjo usando uma lista.

R-6.2 Apresente um trecho de código Java para embaralhar randomicamente um arranjo usando uma lista.

R-6.3 Apresente um trecho de código Java para rotacionar de forma circular um arranjo de uma distância d.

R-6.4 Desenhe a representação de uma lista arranjo inicialmente vazia A depois de executar a seguinte sequência de operações: add(0,4), add(0,3), add(0,2), add(2,1), add(1,5), add(1,6), add(3,7), add(0,8).

R-6.5 Apresente uma justificativa para os tempos de execução, apresentados na Tabela 6.2, para os métodos da lista arranjo implementada usando um arranjo (não extensível).

R-6.6 Forneça uma classe adaptadora que suporte a interface Stack usando os métodos do TAD lista arranjo.

R-6.7 Reescreva a justificativa da Proposição 6.2, partindo do princípio de que o custo de aumentar o arranjo de um tamanho k para $2k$ é $3k$ ciberdólares. Quanto se deve cobrar a cada operação de inserção para fazer o esquema de amortização funcionar?

R-6.8 Forneça descrições em pseudocódigo de algoritmos para os métodos addBefore(p,e), addFirst(e) e addLast(e) para o TAD lista de nodos, supondo que a lista é implementada usando uma lista duplamente encadeada.

R-6.9 Desenhe figuras demonstrando cada um dos passos principais dos algoritmos desenvolvidos no exercício anterior.

R-6.10 Forneça os detalhes de uma implementação baseada em arranjo de um TAD lista de nodos, incluindo como executar os métodos addBefore e addAfter.

R-6.11 Forneça trechos de código em Java para os métodos da interface PositionList, do Trecho de Código 6.5, que não estejam incluídos nos Trechos de Código 6.9-6.11.

R-6.12 Descreva um método não recursivo para inverter uma lista de nodos representada usando uma lista duplamente encadeada, e que faça uma única passada pela lista.

R-6.13 Dado o conjunto de elementos $\{a,b,c,d,e,f\}$ armazenado em uma lista, mostre o estado final da lista assumindo que se usa a heurística mover-para-frente e acessam-se os elementos conforme a seguinte sequência (a,b,c,d,e,f,a,c,f,b,d,e).

R-6.14 Suponha que estejam sendo mantidos contadores de acesso em uma lista L de n elementos. Suponha também que foram feitos um total de kn acessos aos elementos de L, para algum inteiro $k \geq 1$. Qual o número mínimo e máximo de elementos que foram acessados menos de k vezes?

R-6.15 Escreva o pseudocódigo que descreve como implementar todas as operações do TAD lista arranjo usando um arranjo de maneira circular. Qual o tempo de execução para cada um desses métodos?

R-6.16 Usando os métodos da interface Sequence, descreva um método recursivo para determinar se uma sequência S de n objetos inteiros contém um dado inteiro k. O método não pode conter laços. Quanto espaço adicional o método irá precisar além do espaço usado por S?

R-6.17 Descreva brevemente um novo método de sequência, makeFirst(p), que move o elemento na posição p de uma sequência S para a primeira posição de S, mantendo a ordem relativa dos demais elementos inalterada. Isto é, makeFirst(p) executa um mover-para-frente. O método deve executar em tempo $O(1)$ considerando que S seja implementado usando uma lista duplamente encadeada.

R-6.18 Descreva como usar uma lista arranjo e um campo **int** para implementar um iterador. Inclua trechos de pseudocódigo que descrevam os métodos hasNext( ) e next( ).

R-6.19 Descreva como criar um iterador para uma lista de nodos que retorne todos os elementos da lista.

R-6.20 Suponha que se mantenha uma coleção C de elementos, tais que, cada vez que se acrescenta um novo elemento na coleção, copia-se o conteúdo de C em uma nova lista arranjo com exatamente o mesmo tamanho. Qual o tempo de execução para se adicionarem n elementos a coleção C inicialmente vazia neste caso?

R-6.21 Descreva a implementação dos métodos addLast e addBefore usando apenas os métodos do conjunto {isEmpty, checkPosition, first, last, prev, next, addAfter, addFirst}.

R-6.22 Seja L uma lista de n itens ordenados em ordem decrescente de contagem de acesso. Descreva uma série de acessos $O(n^2)$ que irão inverter L.

R-6.23 Seja L uma lista de n itens mantidos de acordo com a heurística mover-para-frente. Descreva uma série de acessos $O(n)$ que irão inverter L.

R-6.24 Apresente um pequeno trecho de código Java para ordenar uma lista por meio de sua conversão em um arranjo e uso do método java.util.ArraySort.

Criatividade

C-6.1 Forneça o pseudocódigo para os métodos de uma nova classe, Shrinking-ArrayList, que estenda a classe ArrayIndexList apresentada no Trecho de Código 6.3, adicionando o método shrinkToFit( ), que substitui o arranjo base corrente por um cuja capacidade seja exatamente igual ao número de elementos atuais da lista arranjo.

C-6.2 Descreva as alterações necessárias na implementação de um arranjo extensível apresentado no Trecho de Código 6.3, de maneira a comprimir pela metade o tamanho N do arranjo sempre que o número de elementos do vetor cair abaixo de $N/4$.

C-6.3 Mostre que, usando o arranjo extensível que cresce e encolhe, como foi descrito nos exercícios anteriores, a seguinte sequência de $2n$ operações consome tempo $O(n)$: (i) n operações push sobre uma lista arranjo com capacidade inicial $N = 1$; (ii) n operações pop (remoção do último elemento).

C-6.4 Descreva um método para executar um **embaralhamento de cartas** sobre um arranjo de $2n$ elementos, convertendo-o em duas listas. Um embaralhamento de cartas é uma permutação na qual uma lista L é dividida em duas listas, L_1 e L_2, onde L_1 corresponde à primeira metade de L e L_2 corresponde à segunda metade de L, e estas duas listas são combinadas em uma pegando-se o primeiro elemento de L_1, então o primeiro elemento de L_2, seguido do segundo elemento de L_1, seguido do segundo elemento de L_2, e assim por diante.

C-6.5 Mostre como melhorar a implementação do método add do Trecho de Código 6.3, de maneira que, em caso de overflow, os elementos sejam copiados para seu lugar definitivo no novo arranjo, isto é, nenhum deslocamento é feito neste caso.

C-6.6 Considere a implementação de um TAD lista arranjo que usa um arranjo extensível, mas que, em vez de copiar os elementos para um novo arranjo com o dobro do tamanho (isto é, de N para $2N$) quando sua capacidade é alcançada, copia os elementos para um arranjo com $\lceil N/4 \rceil$ células adicionais, aumentando sua capacidade de N para $N + \lceil N/4 \rceil$. Mostre que a execução de uma sequência de n operações push (isto é, inserções no final) ainda executa em tempo $O(n)$ neste caso.

C-6.7 A implementação de NodePositionList apresentada nos Trechos de Código 6.9-6.11 não faz verificações de erro para testar se uma dada posição p é realmente membro dessa lista em particular. Por exemplo, se p é uma posição da lista S, e chamamos T.addAfter(p,e) em uma lista T diferente, na realidade adicionamos o elemento em S logo após p. Descreva como alterar a implementação de NodePositionList de uma forma eficiente que impeça esses maus usos.

C-6.8 Suponha que se deseja estender o tipo abstrato de dados sequência com os métodos indexOfElement(e) e positionOfElement(e), que retornam, respectivamente, o índice e a posição do elemento e (primeira ocorrência) na sequência. Mostre como implementar esses métodos descrevendo-os em termos de outros métodos da interface Sequence.

C-6.9 Forneça uma adaptação do TAD lista arranjo para o TAD deque que seja diferente da fornecida na Tabela 6.1.

C-6.10 Descreva a estrutura e o pseudocódigo para uma implementação baseada em arranjo de um TAD lista arranjo que obtém tempo $O(1)$ para inserções e remoções no índice 0, bem como inserções e remoções no fim da lista arranjo. A implementação deve prever, também, um tempo constante para o método get.

C-6.11 Descreva uma forma eficiente de colocar uma lista arranjo representando um conjunto de n cartas, em uma ordem aleatória. Pode ser usada a função randomInteger(n), que retorna um número aleatório entre 0 e $n - 1$, inclusive. O método deve garantir que todas as possíveis ordenações tenham igual probabilidade. Qual é o tempo de execução do método?

C-6.12 Descreva um método para manter uma lista de favoritos L tal que todo elemento de L seja acessado pelo menos uma vez nos últimos n acessos, onde n é o tamanho de L.

C-6.13 Suponha que exista uma lista L de n elementos mantida pela heurística mover-para-frente. Descreva uma sequência de n^2 acessos que é garantida para consumir tempo $\Omega(n^3)$ para executar sobre L.

C-6.14 Projete um TAD lista de nodos circular que abstrai uma lista encadeada circular da mesma forma que o TAD lista de nodos abstrai uma lista duplamente encadeada.

C-6.15 Descreva como implementar um iterador para uma lista encadeada circular. Uma vez que hasNext sempre irá retornar **true** neste caso, descreva como implementar hasNewNext( ), que irá retornar **true** se e somente se o próximo nodo da lista ainda não tiver sido retornado pelo iterador.

C-6.16 Descreva um esquema para criar iteradores de lista que *falham rapidamente*, isto é, tornam-se inválidos tão logo a lista subjacente seja alterada.

C-6.17 Um arranjo é *esparso* se a maioria de suas entradas é **null**. Uma lista L pode ser usada para implementar tal arranjo, A, de forma eficiente. Em especial, para cada célula não nula $A[i]$ pode-se armazenar uma entrada (i,e) em L, onde e é o elemento armazenado em $A[i]$. Esta abordagem nos permite representar A consumindo espaço $O(m)$, onde m é a quantidade de entradas não nulas de A. Descreva e analise formas eficientes de executar os métodos do TAD lista arranjo em tal representação.

C-6.18 Existe um algoritmo simples mas ineficiente, chamado de *ordenação da bolha*, para ordenar uma sequência S de n elementos comparáveis. Este algoritmo percorre a sequência $n-1$ vezes e, em cada varredura, compara o elemento corrente com o próximo, e troca os dois se eles estiverem fora de ordem. Apresente uma descrição em pseudocódigo para a ordenação da bolha que seja tão eficiente quanto possível assumindo que S é implementado usando-se uma lista duplamente encadeada. Qual o tempo de execução deste algoritmo?

C-6.19 Responda o Exercício 6.18 assumindo que S é implementado usando uma lista arranjo.

C-6.20 Uma operação útil sobre bancos de dados é a *junção natural*. Se entendermos um banco de dados como uma lista de pares ordenados de objetos, então a junção natural dos bancos de dados A e B é a lista de todas as triplas ordenadas (x, y, z), tal que o par (x, y) se encontra em A e o par (y, z), em B. Descreva e analise um algoritmo eficiente para computar a junção natural de uma lista A de n pares e uma lista B de m pares.

C-6.21 Quando Bob deseja enviar uma mensagem M para Alice via Internet, ele quebra M em *pacotes de dados*, numera os pacotes consecutivamente e injeta-os na rede. Quando os pacotes chegam ao computador de Alice, eles podem estar fora de ordem, de maneira que Alice precisa remontar a sequência em ordem antes de se certificar de ter recebido toda a mensagem. Descreva um esquema eficiente para Alice fazer isso. Qual o tempo de execução deste algoritmo?

C-6.22 Forneça uma lista L com n inteiros positivos, cada um representado usando $k = \lceil \log n \rceil + 1$ bits, descreva um método de tempo $O(n)$ para encontrar um inteiro de k bits que não esteja em L.

C-6.23 Argumente por que qualquer solução para o problema anterior deve executar em tempo $\Omega(n)$.

C-6.24 Apresente uma lista *L* com *n* inteiros arbitrários, projete um método de tempo $O(n)$ para encontrar um inteiro que não possa ser formado pela soma de dois inteiros que estão em *L*.

C-6.25 Isabel tem uma forma interessante de totalizar a soma dos valores de um arranjo *A* de *n* inteiros, onde *n* é uma potência de dois. Ela criou um arranjo *B* com a metade do tamanho de *A* e fez $B[i] = A[2i] + A[2i + 1]$, para $i = 0, 1, \ldots, (n/2) - 1$. Se *B* tem tamanho 1, então ela retorna $B[0]$. Em qualquer outro caso, ela substitui *A* por *B* e repete o processo. Qual o tempo de execução de seu algoritmo?

Projetos

P-6.1 Implemente uma classe adaptadora que permita executar todos os métodos relevantes baseados em lista da classe java.util.Collections sobre um arranjo.

P-6.2 Implemente um TAD lista arranjo como um arranjo extensível usado de maneira circular, de forma que inserções e remoções no início e no fim do arranjo sejam executadas em tempo constante.

P-6.3 Implemente o TAD lista arranjo usando uma lista duplamente encadeada. Mostre experimentalmente que esta implementação é pior do que a abordagem baseada em arranjo.

P-6.4 Escreva um editor de textos simples que armazena e exibe uma string de caracteres usando o TAD lista juntamente com um objeto cursor que destaca a posição de um dos caracteres da string. O editor deve suportar as seguintes operações:

- left: move o cursor um caractere para a esquerda (ou não faz nada se estiver no início do texto).
- right: move o cursor um caractere para a direita (ou não faz nada se estiver no fim do texto).
- cut: apaga o caractere à direita do cursor (ou não faz nada se estiver no fim do texto).
- paste (*c*): insere o caractere *c* após o cursor.

P-6.5 Implemente uma *lista de favoritos com fases*. Uma fase consiste em *N* acessos na lista para um dado parâmetro *N*. Durante uma fase, a lista deve manter seus elementos ordenados em ordem decrescente dos contadores de acesso. Ao final da fase, ela deve limpar os contadores de acesso e iniciar a próxima fase. Teste a eficiência desta implementação.

P-6.6 Escreva uma classe adaptadora completa que implemente o TAD sequência usando um objeto java.util.ArrayList.

P-6.7 Implemente a lista de favoritos usando uma lista arranjo.

Observações sobre o capítulo

A concepção de entender estruturas de dados como coleções (e outros princípios de projeto orientado a objetos) pode ser encontrada nos livros de projeto orientado a objetos de Booch [15], Budd[18], Golberg e Robson [38] e Liskov e Guttag[69]. Listas e iteradores são conceitos impregnados no framework de coleções de Java. Nosso TAD lista é derivado da abstração "posição", introduzida por Aho, Hopcroft e Ullman [5] e o TAD lista de Wood [100]. Implementações de listas usando arranjos e listas encadeadas são discutidas por Knuth [62].

Capítulo 7

Árvores

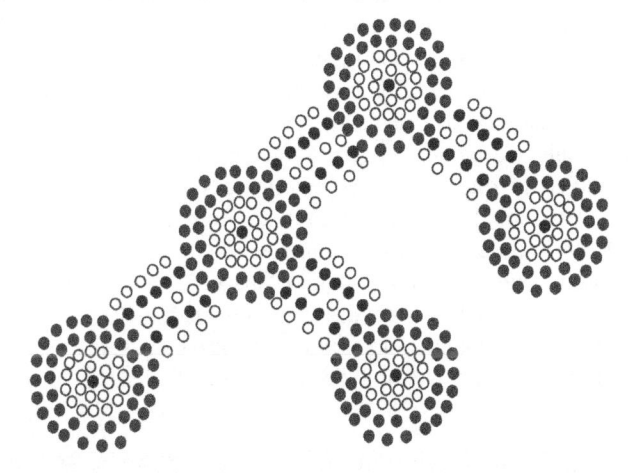

Sumário

7.1	**Árvores genéricas**...	**284**	
	7.1.1	Definição de árvore e propriedades.....................	284
	7.1.2	O tipo abstrato de dados árvore	287
	7.1.3	Implementando uma árvore............................	288
7.2	**Algoritmos de caminhamento em árvores**.....................	**290**	
	7.2.1	Altura e profundidade	291
	7.2.2	Caminhamento prefixado	293
	7.2.3	Caminhamento pós-fixado	296
7.3	**Árvores binárias**	**299**	
	7.3.1	O TAD árvore binária	301
	7.3.2	Uma interface de árvore binária em Java	302
	7.3.3	Propriedades de árvores binárias	302
	7.3.4	Estruturas encadeadas para árvores binárias	304
	7.3.5	Uma estrutura baseada em lista arranjo para árvores binárias	313
	7.3.6	Caminhamentos sobre árvores binárias	315
	7.3.7	O padrão do método modelo	322
7.4	**Exercícios**	**326**	

7.1 Árvores genéricas

Peritos em produtividade dizem que as mudanças se originam em pensamentos "não lineares". Neste capítulo, uma das estruturas de dados não lineares mais importantes da computação será estudada: as *árvores*. Estruturas do tipo árvore são, na verdade, uma ruptura em organização de dados, pois permitem a implementação de uma gama de algoritmos muito mais rapidamente do que usando estruturas de dados lineares, como listas. Árvores também oferecem uma forma natural de organizar os dados e, consequentemente, tornaram-se estruturas ubíquas em sistemas de arquivos, interfaces gráficas com o usuário, bancos de dados, sites da Web e outros sistemas computacionais.

Não é muito claro o que os peritos querem afirmar com pensamento "não linear", mas quando se diz que árvores são não lineares, a referência é feita a um relacionamento organizacional que é mais rico do que simplesmente "antes" e "depois" entre objetos de uma sequência. Os relacionamentos em uma árvore são **hierárquicos**, com alguns objetos estando "acima" e outros "abaixo". Na verdade, a principal terminologia das estruturas de árvore vem das árvores genealógicas, e os termos "pai", "filho", "ancestral" e "descendente" são os mais usados para descrever os relacionamentos. A Figura 7.1 apresenta um exemplo de árvore genealógica.

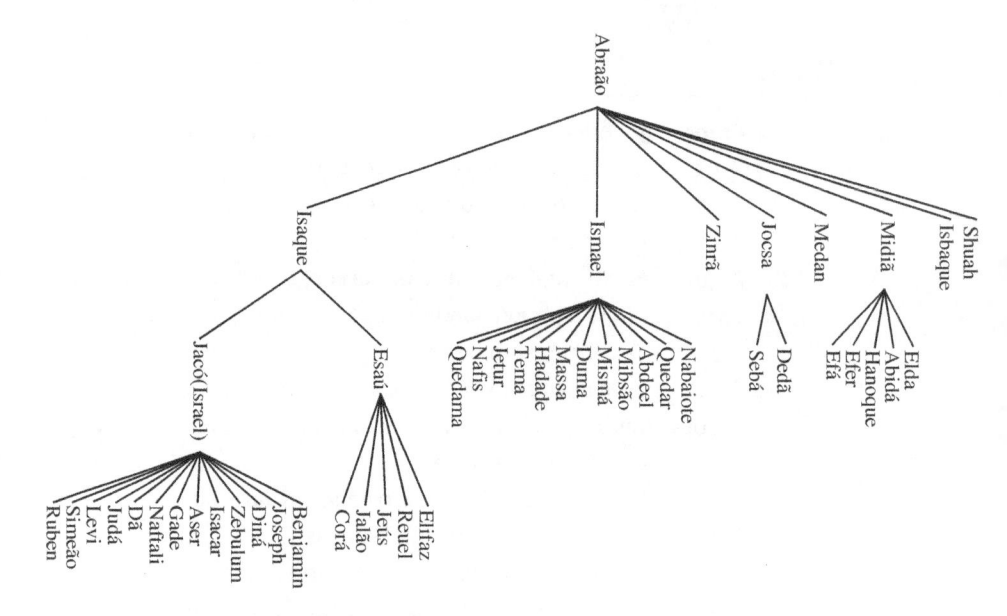

Figura 7.1 Uma árvore genealógica que apresenta os descendentes de Abraão, como descrito no Gênesis.

7.1.1 Definição de árvore e propriedades

Uma *árvore* é um tipo abstrato de dados que armazena elementos de maneira hierárquica. Com exceção do elemento do topo, cada elemento da árvore tem um elemento *pai* e zero ou mais elementos *filhos*. Uma árvore é normalmente desenhada colocando-se os elementos dentro de elipses ou retângulos e conectando pais e filhos com linhas retas. (Ver Figura 7.2.) Normalmente, o elemento topo é chamado de *raiz* da árvore, mas é desenhado como sendo o elemento mais alto, com todos os demais conectados abaixo (exatamente ao contrário de uma árvore real).

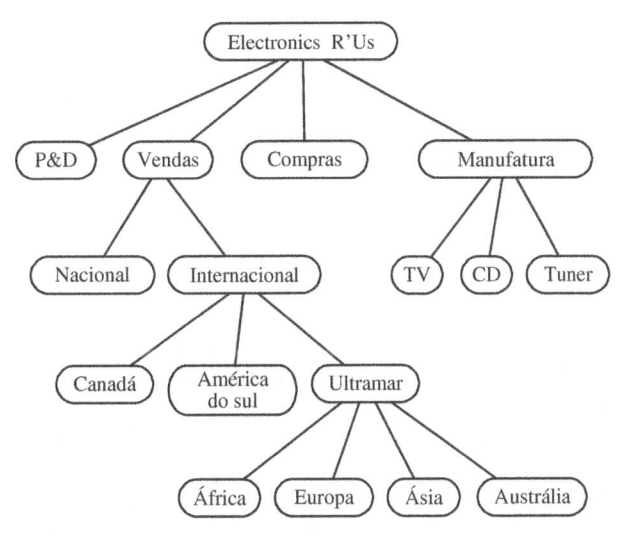

Figura 7.2 Uma árvore com 17 nodos representando a estrutura organizacional de uma corporação fictícia. A raiz armazena *Electronics R' Us*. Os filhos da raiz armazenam *P&D*, *Vendas*, *Compras* e *Manufatura*. Os nodos internos armazenam *Vendas*, *Internacional*, *Ultramar*, *Electronics R'Us* e *Manufatura*.

Definição formal de árvore

Formalmente, define-se uma *árvore* T como um conjunto de *nodos* que armazenam elementos em relacionamentos *pai-filho* com as seguintes propriedades:

- Se T não é vazia, ela tem um nodo especial chamado de *raiz* de T, que não tem pai.
- Cada nodo v de T diferente da raiz tem um único nodo *pai*, w; todo nodo com pai w é *filho* de w.

Observa-se que, por esta definição, uma árvore pode ser vazia, o que significa que ela não tem nodos. Esta convenção permite que se defina uma árvore recursivamente, de maneira que uma árvore T ou está vazia ou consiste em um nodo r, chamado de raiz de T, e um conjunto (possivelmente vazio) de árvores cujas raízes são filhas de r.

Outros relacionamentos entre nodos

Dois nodos que são filhos do mesmo pai são *irmãos*. Um nodo v é *externo* se v não tem filhos. Um nodo v é *interno* se tem um ou mais filhos. Nodos externos também são conhecidos como *folhas*.

Exemplo 7.1 *Na maioria dos sistemas operacionais, os arquivos são organizados hierarquicamente em diretórios aninhados (também chamados de pastas) que são apresentados ao usuário sob a forma de uma árvore (ver a Figura 7.3). Mais especificamente, os nodos internos de uma árvore são associados a diretórios, e os nodos externos são associados a arquivos normais. Nos sistemas operacionais UNIX e Linux, a raiz da árvore é apropriadamente chamada de "diretório raiz" e é representada pelo símbolo "/".*

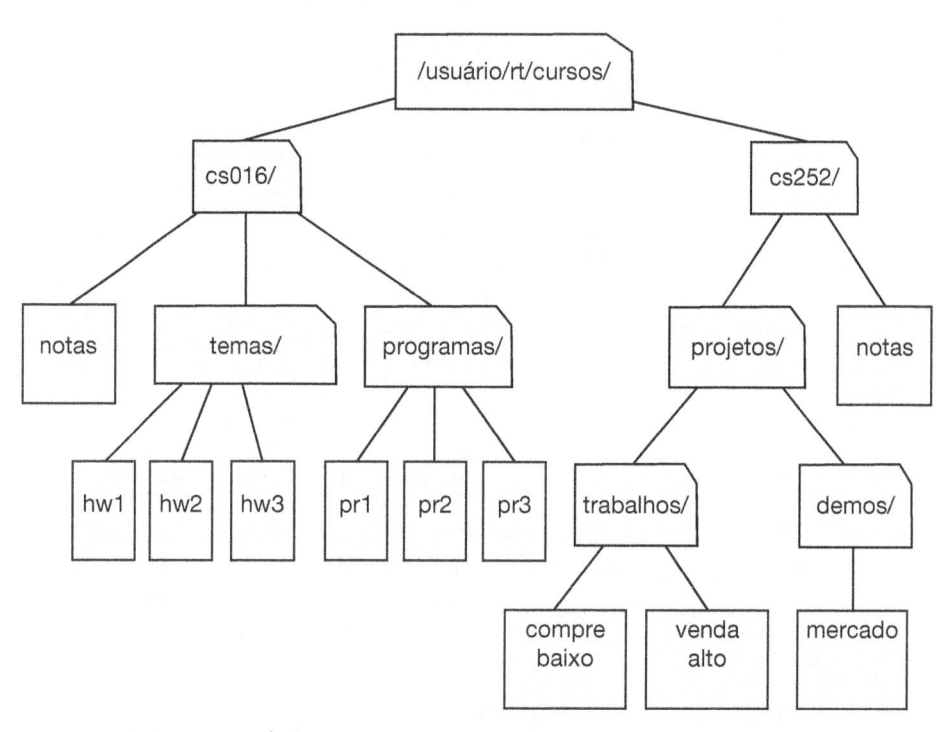

Figura 7.3 Árvore representando parte de um sistema de arquivos.

Um nodo u é **ancestral** de um nodo v, se $u = v$, ou u é ancestral do pai de v. Da mesma forma, diz-se que um nodo v é **descendente** de um nodo u se u é ancestral de v. Por exemplo, na Figura 7.3, cs252/ é ancestral de trabalhos/, e pr3 é descendente de cs016. A **subárvore** de *T* **enraizada** no nodo v é a árvore que consiste em todos os descendentes de v em *T* (incluindo o próprio v). Na Figura 7.3, a subárvore enraizada em cs016/ consiste nos nodos cs016/, notas, temas/, programas/, hw1, hw2, hw3, pr1, pr2 e pr3.

Arestas e caminhos em árvores

Uma aresta de uma árvore *T* é um par de nodos (u,v) tal que u é pai de v ou vice-versa. Um **caminho** de *T* é uma sequência de nodos tais que quaisquer dois nodos consecutivos da sequência formam uma aresta. Por exemplo, a árvore da Figura 7.3 contém o caminho (cs252/, projetos/, demos/, mercado).

Exemplo 7.2 *O relacionamento de herança entre classes em programas Java forma uma árvore. A raiz,* java.lang.Object, *é o ancestral de todas as outras classes. Cada classe C é descendente desta raiz e é a raiz de uma subárvore de classes que estendem C. Logo, existe um caminho de C para a raiz,* java.lang.Object, *nesta árvore de herança.*

Árvores ordenadas

Uma árvore é **ordenada** se existe uma ordem linear definida para os filhos de cada nodo, ou seja, se é possível identificar os filhos de um nodo como sendo primeiro, segundo, terceiro e assim por diante. Tal ordenação normalmente é desenhada organizando-se os irmãos da esquerda para a direita, de acordo com a relação entre eles. Árvores ordenadas normalmente indicam o relacionamento de ordem linear existente entre os irmãos, listando-os na ordem correta.

Exemplo 7.3 *Os componentes de um documento estruturado, tal como um livro, são organizados hierarquicamente como uma árvore cujos nodos internos são partes, capítulos e seções, e os nodos externos são os parágrafos, tabelas, figuras e assim por diante (ver Figura 7.4). A raiz da árvore corresponde ao livro propriamente dito. Pode-se pensar ainda em expandir a árvore de maneira a mostrar parágrafos como conjuntos de frases, frases como conjuntos de palavras e palavras como conjuntos de letras. Esta árvore é um exemplo de uma árvore ordenada, porque existe uma ordem bem definida entre os filhos de cada nodo.*

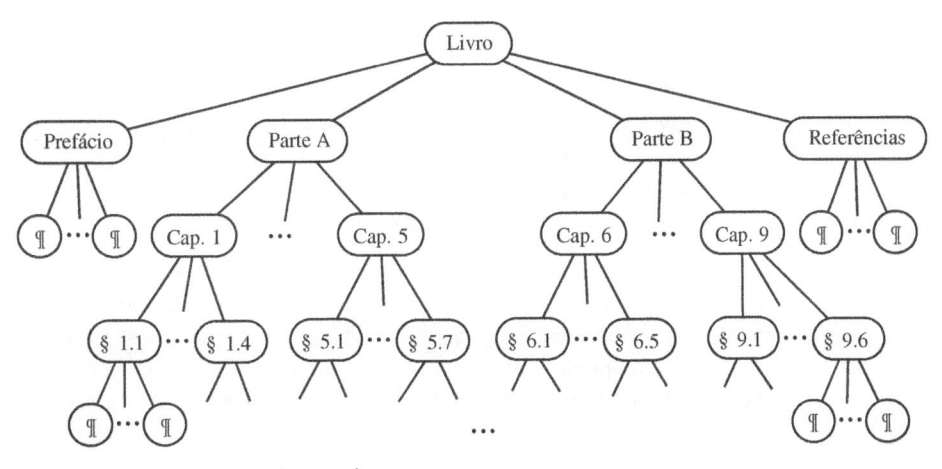

Figura 7.4 Árvore ordenada associada a um livro.

7.1.2 O tipo abstrato de dados árvore

O TAD árvore armazena elementos em posições como as de uma lista, que são definidas em relação às posições de seus vizinhos. As **posições** de uma árvore são seus **nodos**, e o posicionamento pela vizinhança satisfaz as relações pai-filho, que definem uma árvore válida. Assim, os termos "posição" e "nodo" são usados com o mesmo sentido no caso de árvores. Como as posições de uma lista, um objeto posição para uma árvore suporta o método:

    element( ): Retorna o objeto nesta posição.

O poder real de um nodo posição em uma árvore, entretanto, vem dos **métodos de acesso** do TAD árvore que retornam e aceitam posições, como os que seguem:

    root( ): Retorna a raiz da árvore; um erro ocorre se a árvore está vazia.
    parent(v): Retorna o nodo pai de v; ocorre um erro se v for a raiz.
    children(v): Retorna uma coleção iterável contendo os filhos do nodo v.

Se uma árvore T é ordenada, então a coleção iterável children(v) permite o acesso aos filhos de v na ordem. Se v é um nodo externo, então children(v) está vazio. Além do método de acesso fundamental acima, também são incluídos os seguintes **métodos de consulta**:

    isInternal(v): Testa se um nodo v é interno.
    isExternal(v): Testa se um nodo v é externo.
    isRoot(v): Testa se um nodo v é a raiz.

Esses métodos tornam a programação com árvores mais fácil e mais legível, uma vez que é possível usá-los nas condições de comandos **if** e de laços **while**, em vez de condições pouco intuitivas.

Existe também um conjunto de **métodos genéricos** que uma árvore deveria suportar, que não estão necessariamente relacionados com sua estrutura, incluindo os seguintes:

    size( ): Retorna o número de nodos na árvore.
    isEmpty( ): Testa se a árvore tem ou não tem algum nodo.
    iterator( ): Retorna um iterador de todos os elementos armazenados nos nodos da árvore.
    positions( ): Retorna uma coleção iterável com todos os nodos da árvore.
    replace(v,e): Retorna o elemento armazenado em v e o substitui por e.

Qualquer método que recebe uma posição por parâmetro deve gerar uma condição de erro se a posição for inválida. Não se definiu nenhum método especializado de atualização para árvores. Em vez disso, prefere-se descrever diferentes métodos de atualização juntamente com aplicações específicas para árvores nos capítulos que seguem. De fato, é possível imaginar diversos tipos de operações de atualização, além das fornecidas neste livro.

7.1.3 Implementando uma árvore

A interface Java apresentada no Trecho de Código 7.1 representa o TAD árvore. Condições de erro são tratadas como segue: cada método que pode receber uma posição como argumento pode lançar uma InvalidPositionException para indicar que a posição é inválida. O método parent lança uma BoundaryViolationException se for chamado sobre uma raiz. O método root lança uma EmptyTreeException se for chamado numa árvore vazia.

```java
/**
 * Interface para uma árvore onde os nodos podem ter uma quantidade arbitrária de filhos.
 */
public interface Tree<E> {
   /** Retorna a quantidade de nodos da árvore. */
   public int size( );
   /** Retorna se a árvore está vazia. */
   public boolean isEmpty( );
   /** Retorna um iterador sobre os elementos armazenados na árvore. */
   public Iterator<E> iterator( );
   /** Retorna uma coleção iterável dos nodos. */
   public Iterable<Position<E>> positions( );
   /** Substitui o elemento armazenado em um dado nodo. */
   public E replace(Position<E> v, E e)
      throws InvalidPositionException;
   /** Retorna a raiz da árvore. */
   public Position<E> root( ) throws EmptyTreeException;
   /** Retorna o pai de um dado nodo. */
   public Position<E> parent(Position<E> v)
      throws InvalidPositionException, BoundaryViolationException;
   /** Retorna uma coleção iterável dos filhos de um dado nodo. */
   public Iterable<Position<E>> children(Position<E> v)
      throws InvalidPositionException;
   /** Retorna se um dado nodo é interno. */
   public boolean isInternal(Position<E> v)
      throws InvalidPositionException;
   /** Retorna se um dado nodo é externo. */
   public boolean isExternal(Position<E> v)
      throws InvalidPositionException;
   /** Retorna se um dado nodo é a raiz da árvore. */
   public boolean isRoot(Position<E> v)
      throws InvalidPositionException;
}
```

Trecho de Código 7.1 Interface Java Tree representando o TAD árvore. Métodos adicionais de atualização podem ser acrescentados dependendo da aplicação. Entretanto, não se incluem tais métodos na interface.

Uma estrutura encadeada para árvores genéricas

Uma forma natural de se implementar uma árvore T é usar uma **estrutura encadeada** em que se representa cada nodo v de T usando um objeto posição (ver Figura 7.5a) com os campos que seguem: uma referência para o elemento armazenado em v, uma conexão com o pai de v e algum tipo de coleção (por exemplo, uma lista ou arranjo) para armazenar as conexões com os filhos de v. Se v é a raiz de T, então o campo parent de v é nulo. Também se armazena uma referência para a raiz de T e o número de nodos de T em variáveis internas. Esta estrutura é apresentada de forma esquemática na Figura 7.5b.

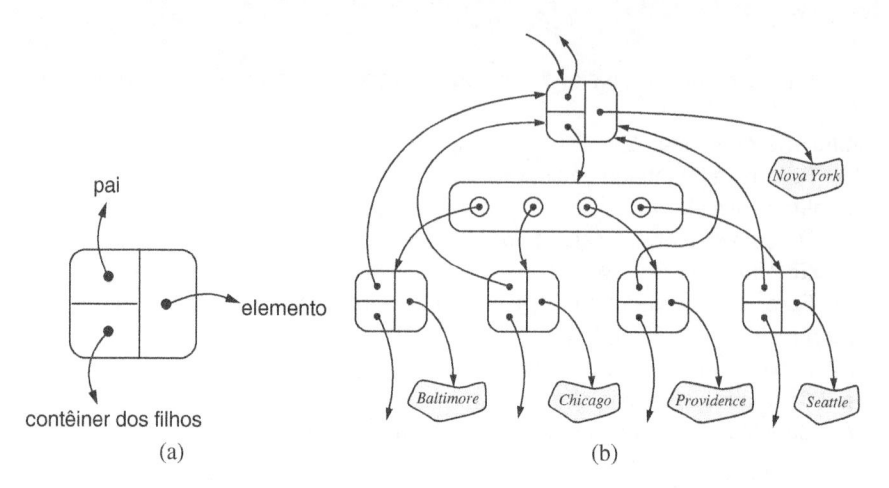

Figura 7.5 Estrutura encadeada de uma árvore genérica: (a) o objeto posição associado com um nodo; (b) a porção da estrutura de dados associada com o nodo e seus filhos.

A Tabela 7.1 resume a performance de implementação de uma árvore genérica usando uma estrutura encadeada. A análise é deixada como exercício (C-7.27), mas se observa que, usando uma coleção para armazenar cada um dos nodos de v, pode-se implementar children(v) simplesmente retornando uma referência para esta coleção.

Operação	Tempo
size, isEmpty	$O(1)$
iterator, positions	$O(n)$
replace	$O(1)$
root, parent	$O(1)$
children(v)	$O(c_v)$
isInternal, isExternal, isRoot	$O(1)$

Tabela 7.1 Tempos de execução dos métodos de uma árvore genérica com n-nodos, implementada usando-se uma estrutura encadeada. Usa-se c_v para denotar o número de filhos do nodo v. O espaço ocupado é $O(n)$.

7.2 Algoritmos de caminhamento em árvores

Nesta seção, serão apresentados algoritmos para executar computações de caminhamento sobre uma árvore, acessando-a pelos métodos do TAD árvore.

7.2.1 Altura e profundidade

Seja *v* um nodo de uma árvore *T*. A ***profundidade*** de *v* é o número de ancestrais de *v* excluindo o próprio *v*. Por exemplo, na árvore da Figura 7.2, o nodo que armazena *Internacional* tem profundidade 2. Observa-se que esta definição implica que a profundidade da raiz de *T* é 0.

A profundidade de um nodo *v* também pode ser definida recursivamente como segue:

- Se *v* é a raiz, então a profundidade de *v* é 0.
- Em qualquer outro caso, a profundidade de *v* é um mais a profundidade do pai de *v*.

Baseado nessa definição, no Trecho de Código 7.2 é apresentado um algoritmo recursivo simples, depth, para calcular a profundidade de um nodo *v* de *T*. Este método chama a si próprio recursivamente sobre o pai de *v* e acrescenta um ao valor retornado. Uma implementação Java simples deste algoritmo é apresentada no Trecho de Código 7.3.

Algoritmo depth(*T*,*v*):
 se *v* é a raiz de *T* **então**
  retorna 0
 senão
  retorna 1 + depth(*T*,*w*), onde *w* são os pais de *v* em *T*

Trecho de Código 7.2 Algoritmo para computar a profundidade de um nodo *v* em uma árvore *T*.

```
public static <E> int depth(Tree<E> T, Position<E> v){
  if (T.isRoot(v))
    return 0;
  else
    return 1 + depth(T, T.parent(v));
}
```

Trecho de Código 7.3 Método depth escrito em Java.

O tempo de execução do algoritmo depth(*T*,*v*) é $O(d_v)$, onde d_v denota a profundidade do nodo *v* na árvore *T*, porque o algoritmo executa um passo recursivo de tempo constante para cada ancestral de *v*. Logo, o algoritmo depth(*T*,*v*) executa em $O(n)$, no pior caso, em que *n* é o número total de nodos de *T*, uma vez que um nodo de *T* pode ter profundidade $n - 1$, no pior caso. Apesar deste tempo de execução ser uma função do tamanho da entrada, é mais exato caracterizar o tempo de execução em termos do parâmetro d_v, uma vez que este parâmetro pode ser bem menor que *n*.

Altura

A ***altura*** de um nodo *v* em árvore *T* também é definida recursivamente:

- Se *v* é um nodo externo, então a altura de *v* é 0.

- Em qualquer outro caso, a altura de *v* é um mais a altura máxima dos filhos de *v*.

A ***altura*** de uma árvore não vazia *T* é a altura da raiz de *T*. Por exemplo, a árvore da Figura 7.2 tem altura 4. Além disso, a altura também pode ser entendida como segue.

Proposição 7.4 *A altura de uma árvore não vazia T é igual à profundidade máxima dos nodos externos de T.*

A justificativa desse fato é deixada para o exercício R-7.7. Apresenta-se o algoritmo, height1, mostrado no Trecho de Código 7.4 e implementado em Java no Trecho de Código 7.5, para cálculo da altura de uma árvore não vazia *T* baseado na proposição anterior e no algoritmo depth do Trecho de Código 7.2.

Algoritmo height1(*T*):
  $h \leftarrow 0$
  para cada vértice *v* em *T* **faça**
    se *v* é um nodo externo de *T* **então**
      $h \leftarrow \text{Max}(h, \text{depth}(T,v))$
  retorna *h*

Trecho de Código 7.4 Algoritmo height1 para computar a altura de uma árvore não vazia *T*. Observa-se que este algoritmo chama o algoritmo depth (Trecho de Código 7.2).

```
public static <E> int height1 (Tree<E> T) {
  int h = 0;
  for (Position<E> v : T.positions( )) {
    if (T.isExternal(v))
      h = Math.max(h, depth(T, v));
  }
  return h;
}
```

Trecho de Código 7.5 Método height1 escrito em Java. Observa-se o uso do método Max da classe java.lang.Math.

Infelizmente, o algoritmo height1 não é muito eficiente. Uma vez que height1 chama o algoritmo depth(*v*) sobre cada nodo externo *v* de *T*, o tempo de execução de height1 é dado por $O(n + \Sigma_v(1 + d_v))$, onde *n* é o número de nodos de *T*, d_v é a profundidade do nodo *v* e *E* é o conjunto de nodos externos de *T*. No pior caso, o somatório $\Sigma_v(1 + d_v)$ é proporcional a n^2. (Ver Exercício C-78.) Logo, o algoritmo height1 executa em tempo $O(n^2)$.

O algoritmo height2, apresentado no Trecho de Código 7.6 e implementado em Java no Trecho de Código 7.7, computa a altura de uma árvore *T* de uma maneira mais eficiente, usando a definição recursiva de altura.

Algoritmo height2(*T,v*):
  se *v* é um nodo externo *T* **então**
    retorna 0
  senão

$h \leftarrow 0$
para cada filho w de v em T **faça**
  $h \leftarrow \max(h, \text{height2}(T,w))$
retorna $1 + h$

Trecho de Código 7.6 Algoritmo height2 para computar a altura da subárvore de T enraizada no nodo v.

```
public static <E> int height2 (Tree<E> T, Position<E> v) {
  if (T.isExternal(v)) return 0;
  int h = 0;
  for (Position<E> w : T.children(v))
    h = Math.max(h, height2(T, w));
  return 1 + h;
}
```

Trecho de Código 7.7 Método height2 escrito em Java.

O algoritmo height2 é mais eficiente que height1 (do Trecho de Código 7.4). O algoritmo é recursivo e, se for chamado inicialmente sobre T, será eventualmente chamado sobre cada um dos nodos de T. Logo, pode-se determinar o tempo de execução deste método somando, sobre todos os nodos, o tempo gasto em cada nodo (na parte não recursiva). Processar cada nodo em children(v) consome tempo $O(c_v)$, onde c_v denota o número de filhos do nodo v. Assim, o laço **while** tem c_v iterações, e cada iteração do laço consome tempo $O(1)$ mais o tempo das chamadas recursivas sobre os filhos de v. Logo, o algoritmo height2 consome tempo $O(1 + c_v)$ em cada nodo v, e seu tempo de execução é $O(\Sigma_v(1 + c_v))$. Para completar a análise, será usada a propriedade que segue.

Proposição 7.5 *Seja T uma árvore com n nodos e faça c_v denotar o número de filhos de um nodo v de T. Então o somatório dos vértices de T, $\Sigma_v c_v = n - 1$.*

Justificativa Cada nodo de T, com exceção da raiz, é filho de outro nodo, logo contribui com uma unidade na soma anterior. ∎

Pela Proposição 7.5, o tempo de execução do algoritmo height2, quando chamado sobre a raiz de T, é $O(n)$, onde n é o número de nodos de T.

7.2.2 Caminhamento prefixado

O *caminhamento* de uma árvore T é uma forma sistemática de acessar ou "visitar" todos os nodos de T. Nesta seção, apresenta-se um esquema básico de caminhamento para árvores chamado de caminhamento prefixado. Na seção seguinte, será estudado outro esquema de caminhamento denominado caminhamento pós-fixado.

Em um *caminhamento prefixado* de uma árvore T, a raiz de T é visitada primeiro e, então, as subárvores, cujas raízes são seus filhos, são percorridas recursivamente. Se a árvore está ordenada, então as subárvores são percorridas de acordo com a ordem dos filhos. A ação específica associada com a "visita" de um nodo v depende da aplicação do caminhamento, e pode envolver qualquer coisa, desde incremento de um contador até um cálculo complexo para *v*. O pseudocódigo para o caminhamento prefixado de uma subárvore cuja raiz é o nodo *v* é apresentado no Trecho de Código 7.8. Inicialmente, ativa-se esta rotina chamando preorder(*T,T*.root( )).

Algoritmo preorder(*T,v*):
    executa a ação associada à "visita" do nodo *v*
    para cada filho *w* de *v* em *T* **faça**
        preorder(*T,w*) {recursivamente percorre a subárvore enraizada em *w*}

Trecho de Código 7.8 Algoritmo preorder para executar um caminhamento prefixado sobre a subárvore *T* enraizada no nodo *v*.

    O algoritmo de caminhamento prefixado é útil para produzir uma ordenação linear dos nodos de uma árvore, na qual os pais devem aparecer antes dos filhos na ordenação. Tais ordenações têm diferentes aplicações; uma dessas aplicações será explorada no próximo exemplo.

Exemplo 7.6 *O caminhamento prefixado de uma árvore associada a um documento, como no Exemplo 7.3, examina o documento inteiro, sequencialmente, do início ao fim. Se os nodos externos são removidos antes do caminhamento, então o índice do documento é percorrido (ver a Figura 7.6).*

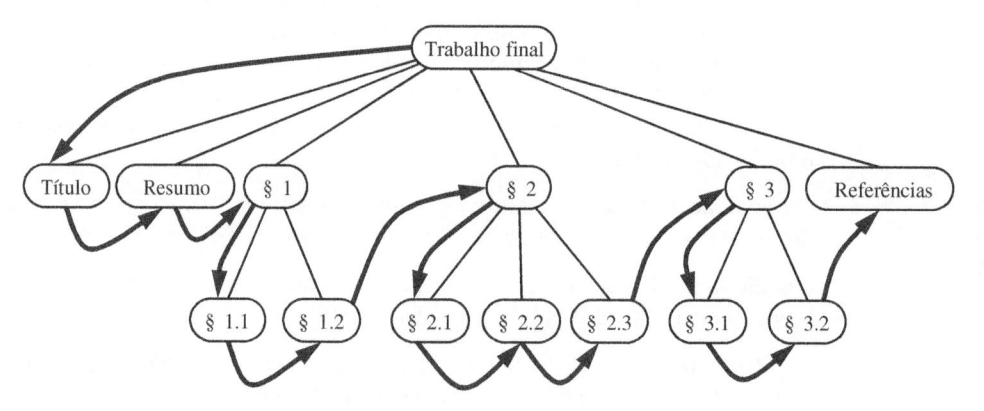

Figura 7.6 Caminhamento prefixado sobre uma árvore ordenada em que os filhos de cada nodo estão ordenados da esquerda para a direita.

    O caminhamento prefixado é uma forma eficiente de se percorrer todos os nodos de uma árvore. Para justificar essa afirmação, considere-se o tempo de execução do caminhamento prefixado de uma árvore *T* com *n* nodos, considerando que a "visita" aos nodos consome tempo $O(1)$. A análise do algoritmo de caminhamento prefixado é semelhante à do algoritmo height2 (Trecho de Código 7.7), fornecido na Seção 7.2.1. Para cada nodo *v*, a parte não recursiva do algoritmo de caminhamento prefixado requer tempo $O(1 + c_v)$, onde c_v é o número de filhos de *v*. Dessa forma, pela Proposição 7.5, o tempo total de execução do caminhamento prefixado de *T* é $O(n)$.

O algoritmo toStringPreorder(*T,v*), implementado em Java no Trecho de Código 7.9, executa uma impressão prefixada da subárvore de um nodo *v* de *T*, isto é, executa o caminhamento prefixado da subárvore com raiz em *v* e imprime o elemento armazenado quando o nodo é visitado. Deve-se lembrar que, para uma árvore ordenada *T*, o método *T*.children(*v*) retorna uma coleção iterável que acessa os filhos de *v* em ordem.

```
public static <E> String toStringPreorder(Tree<E> T, Position<E> v) {
    String s = v.element( ).toString( );     // principal ação de "visita"
    for (Position<E> w : T.children(v))
        s += ", " + toStringPreorder(T, w);
    return s;
}
```

Trecho de Código 7.9 Método toStringPreorder(*T,v*) que executa uma impressão prefixada dos elementos na subárvore do nodo *v* de *T*.

Existe uma aplicação interessante do algoritmo de caminhamento prefixado que produz uma representação string de uma árvore inteira. Assume-se novamente que, para cada elemento *e* armazenado na árvore *T*, a chamada *e*.toString( ) retorna a string associada com *e*. A *representação string usando parênteses P(T)* de uma árvore *T* é recursivamente definida como segue. Se *T* consiste em um único nodo *v*, então

$$P(T) = v.\text{element}(\ ).\text{toString}(\ ).$$

Se não,

$$P(T) = v.\text{element}(\ ).\text{toString}(\ ) + "(" + P(T_1) + "," + \cdots + "," + P(T_k) + ")",$$

onde *v* é a raiz de *T* e $T_1, T_2, \ldots, T_k$ são as subárvores com raiz nos filhos de *v*, os quais são fornecidos em ordem se *T* for uma árvore ordenada.

Observa-se que a definição de *P(T)* é recursiva. Além disso, está-se usando "+" para denotar concatenação de strings. A representação usando parênteses da árvore da Figura 7.2 é apresentada na Figura 7.7.

> *Electronics R'Us (R&D*
> *Vendas (Nacional*
> *Internacional (Canadá América do Sul*
> *Ultramar (África Europa Ásia Austrália)))*
> *Compras*
> *Manufatura (TV CD Tuner))*

Figura 7.7 Representação usando parênteses da árvore da Figura 7.2. A indentação, as quebras de linha e os espaços foram adicionados por clareza.

Observa-se que, tecnicamente falando, existem alguns cálculos que ocorrem antes e depois das chamadas recursivas nos filhos do nodo no algoritmo anterior. Considera-se, entretanto, esse algoritmo como sendo de caminhamento prefixado, uma vez que a ação principal de impressão do conteúdo do nodo ocorre antes das chamadas recursivas.

O método Java parentheticRepresentation, apresentado no Trecho de Código 7.10, é uma variação do método toStringPreorder (Trecho de Código 7.9). Ele implementa a definição fornecida anteriormente para gerar uma representação string usando parênteses de uma árvore T. Da mesma forma que o método toStringPreorder, o método parentheticRepresentation faz uso do método toString definido para todo objeto Java. Na verdade, podemos entender esse método como um tipo de método toString( ) para objetos árvore.

```
public static <E> String parentheticRepresentation(Tree<E> T, Position<E> v) {
    String s = v.element( ).toString( );                    // ação principal de visita
    if (T.isInternal(v)) {
        Boolean firstTime = true;
        for (Position<E> w : T.children(v))
            if (firstTime) {
                s += " ( " + parentheticRepresentation(T, w);    // primeiro filho
                firstTime = false;
            }
            else s += ", " + parentheticRepresentation(T, w);    // filhos seguintes
        s += " )";                                                // fecha parênteses
    }
    return s;
}
```

Trecho de Código 7.10 Algoritmo parentheticRepresentation. Observe o uso do operador "+" para concatenar duas strings.

O Exercício R-7.10 explora uma modificação no Trecho de Código 7.10 para exibir uma árvore de forma mais próxima à usada na Figura 7.7.

7.2.3 Caminhamento pós-fixado

Outro tipo importante de caminhamento em árvores é o *caminhamento pós-fixado*. Esse algoritmo pode ser entendido como o oposto do caminhamento prefixado, porque primeiro percorre recursivamente as subárvores enraizadas nos filhos da raiz, e depois visita a raiz. É similar ao caminhamento prefixado, entretanto, pois usando-o para resolver um determinado problema, especializa-se a ação associada com a "visitação" de um nodo *v*. Ainda, da mesma forma que o caminhamento prefixado, se a árvore for ordenada, as chamadas recursivas nos filhos de um nodo *v* são feitas de acordo com sua ordem específica. O pseudocódigo para o caminhamento pós-fixado é apresentado no Trecho de Código 7.11.

Algoritmo postorder(*T*,*v*):
  para cada filho *w* de *v* em *T* **faça**
    postorder(*T*,*w*)   {recursivamente percorre a subárvore enraizada em *w*}
  executa a "ação de visita" para o nodo *v*

Trecho de Código 7.11 Algoritmo postorder que executa um caminhamento pós-fixado sobre a subárvore da árvore *T* enraizada no nodo *v*.

O nome do caminhamento pós-fixado vem do fato de que o caminhamento visitará o nodo *v* depois de ter visitado todos os outros nodos da subárvore com raiz em *v* (ver a Figura 7.8).

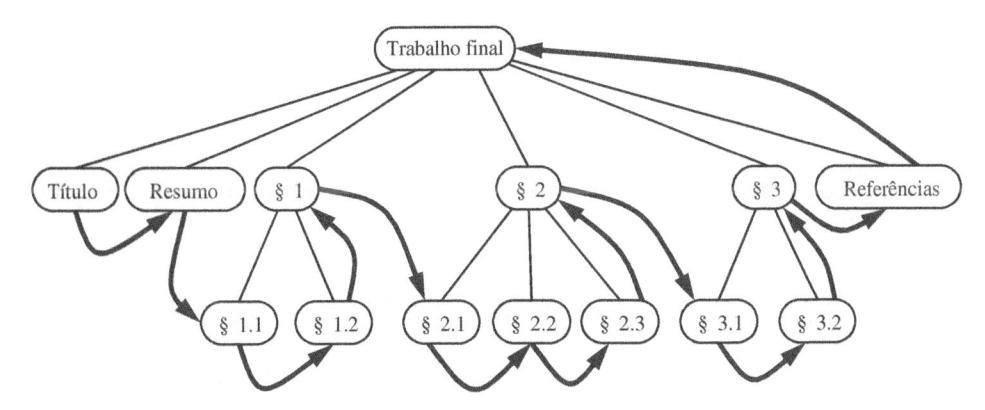

Figura 7.8 Caminhamento pós-fixado sobre a árvore ordenada da Figura 7.6.

A análise do tempo de execução de um caminhamento pós-fixado é análoga ao do caminhamento prefixado (ver a Seção 7.2.2). O tempo total gasto nas porções não recursivas do algoritmo é proporcional ao tempo gasto na visitação dos filhos de cada nodo da árvore. Dessa forma, um caminhamento pós-fixado de uma árvore *T* com *n* nodos leva tempo $O(n)$, partindo do princípio de que a visita a cada nodo leva tempo $O(1)$. Ou seja, o caminhamento pós-fixado executa em tempo linear.

Como exemplo de caminhamento pós-fixado, apresenta-se o método Java toStringPostorder no Trecho de Código 7.12, que executa o caminhamento pós-fixado de uma árvore *T*. Esse método imprime o elemento armazenado no nodo quando ele é visitado.

```
public static <E> String toStringPostorder(Tree<E> T, Position<E> v) {
  String s = " ";
  for (Position<E> w : T.children(v))
    s += toStringPostorder(T, w) + " ";
  s += v.element( );                  // ação principal de visitação
  return s;
}
```

Trecho de Código 7.12 Método toStringPostorder(*T*,*v*) que executa uma impressão pós-fixada dos elementos da subárvore do nodo *v* de *T*. O método chama toString implicitamente para cada elemento quando estes estão envolvidos em operações de concatenação.

O método de caminhamento pós-fixado é útil para resolver problemas em que se deseja calcular alguma propriedade para cada nodo v de uma árvore, mas o cálculo dessa propriedade para v implica que se tenha calculado anteriormente a mesma propriedade para seus filhos. Um exemplo de tal aplicação é ilustrado a seguir.

Exemplo 7.7 *Considere-se a árvore T de um sistema de arquivos, cujos nodos externos representam arquivos e os nodos internos representam diretórios (Exemplo 7.1). Supondo-se que se deseja calcular o espaço em disco usado por um diretório, o que é recursivamente definido pela soma do:*

- tamanho do diretório propriamente dito;
- tamanhos dos arquivos armazenados no diretório;
- espaço usado pelos diretórios filhos.

(Ver Figura 7.9.) Esse cálculo pode ser feito com um caminhamento pós-fixado sobre a árvore T. Depois que as subárvores de um nodo interno v forem percorridas, calcula-se o espaço usado por v, somando o tamanho do diretório v propriamente dito e o tamanho dos arquivos armazenados no próprio diretório v com o espaço usado por cada filho interno de v, que é calculado pelo caminhamento pós-fixado recursivo dos filhos de v.

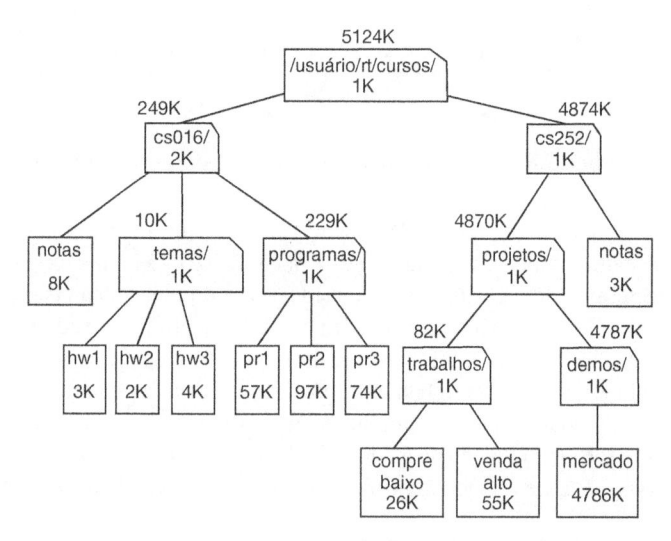

Figura 7.9 A árvore da Figura 7.3 representando um sistema de arquivos, mostrando o nome e o tamanho dos arquivos/diretórios associados a cada nodo e o espaço em disco usado para os diretórios associados a cada nodo interno.

Um método recursivo em Java para calcular o espaço em disco

Motivado pelo Exemplo 7.7, o algoritmo diskSpace, apresentado no Trecho de Código 7.13, executa um caminhamento pós-fixado de uma árvore de um sistema de arquivos *T*, imprimindo o nome e o espaço em disco usado pelo diretório associado com cada nodo interno de *T*. Quando chamado a partir da raiz de *T*, diskSpace executa em tempo $O(n)$, onde n é o número de nodos de *T*, desde que os métodos auxiliares name e size executem em tempo $O(1)$.

```
public static <E> int diskSpace (Tree<E> T, Position<E> v) {
    int s = size(v);                    // inicia com o tamanho do próprio nodo
    for (Position<E> w : T.children(v))
        // acrescenta o espaço ocupado pelos filhos de v calculado recursivamente
        s += diskSpace(T, w);
    if (T.isInternal(v)) {
        // imprime o nome e o espaço ocupado em disco
        System.out.print(name(v) + ": " + s);
    }
    return s;
}
```

Trecho de Código 7.13 O método diskSpace imprime o nome e o espaço em disco ocupado pelo diretório associado com cada nodo interno de uma árvore de um sistema de arquivos. Este método aciona os métodos auxiliares name e size, que são implementados de maneira a retornar o nome e o tamanho de um arquivo/diretório associado com um nodo.

Outros tipos de caminhamentos

Apesar de caminhamentos prefixados e pós-fixados serem as formas mais comuns de se percorrer os nodos de uma árvore, é possível imaginar outros caminhamentos. Por exemplo, pode-se percorrer uma árvore de forma a visitar todos os nodos de profundidade d antes de visitar os nodos de profundidade $d+1$. Numerar os nodos de uma árvore *T* em sequência, à medida que são visitados nesse caminhamento, resulta na chamada **numeração dos níveis** dos nodos de *T* (ver Seção 7.3.5).

7.3 Árvores binárias

Uma *árvore binária* é uma árvore ordenada com as seguintes propriedades:

1. Todos os nodos têm no máximo dois filhos.
2. Cada nodo filho é rotulado como sendo um *filho da direita* ou um *filho da esquerda*.
3. O filho da esquerda precede o filho da direita na ordenação dos filhos de um nodo.

A subárvore enraizada no filho da direita ou no filho da esquerda de um nodo interno v é chamada de *subárvore direita* ou *subárvore esquerda* de v, respectivamente. Uma árvore binária é *própria* se cada nodo tem zero ou dois filhos. Algumas pessoas também se referem a estas árvores como árvores binárias *cheias*. Logo, em uma árvore binária própria, todo nodo interno tem exatamente dois filhos. Uma árvore binária que não é própria é *imprópria*.

Exemplo 7.8 *Uma importante classe de árvores binárias se aplica no contexto em que se pretende representar um conjunto de diferentes resultados a partir das respostas a uma série de questões do tipo sim ou não. Cada nodo interno é associado com uma questão. Começando pela raiz, avança-se pelo filho da direita ou pelo filho da esquerda do nodo corrente, dependendo se a resposta para a questão for "sim" ou "não". Em cada decisão, segue-se uma aresta de um pai para um filho, definindo um caminho sobre a árvore da raiz até um nodo externo. Tais árvores binárias são conhecidas como* **árvores de decisão**, *porque cada nodo externo v deste tipo de árvore representa uma decisão dependente das respostas que foram dadas às questões associadas com os ancestrais de v. A Figura 7.10 apresenta uma árvore de decisão que fornece recomendações para um provável investidor.*

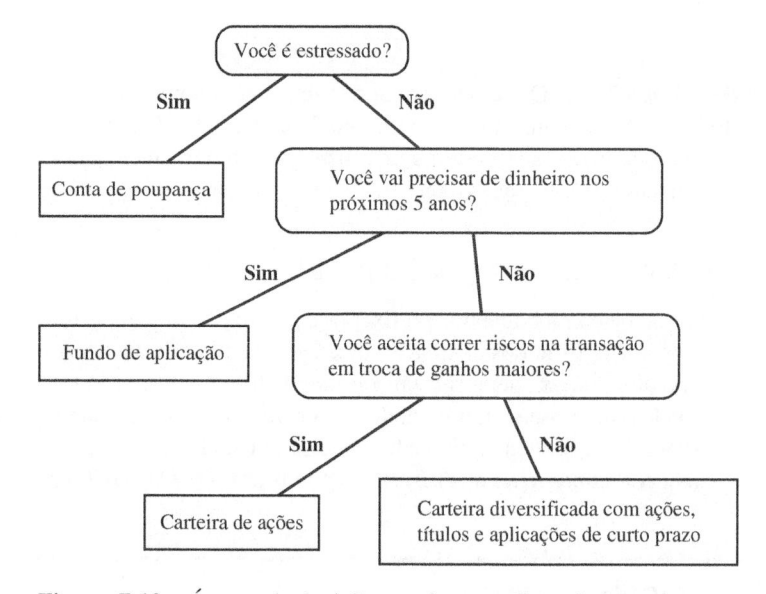

Figura 7.10 Árvore de decisão que fornece dicas de investimento.

Exemplo 7.9 *Uma expressão aritmética pode ser representada por uma árvore binária cujos nodos externos são associados com variáveis ou constantes e cujos nodos internos são associados com um dos operadores +, −, × e / (ver Figura 7.11). Cada nodo deste tipo de árvore tem um valor associado.*

- *Se o nodo é externo, seu valor é o de sua variável ou constante.*
- *Se o nodo é interno, então seu valor é definido aplicando-se sua operação sobre o valor de seus filhos.*

Uma árvore de expressão aritmética é uma árvore binária própria, pois cada operador +, −, × e / tem exatamente dois operandos. Naturalmente, se forem permitidos operadores unários, como negação (−), como em "−x", então se pode ter uma árvore imprópria.

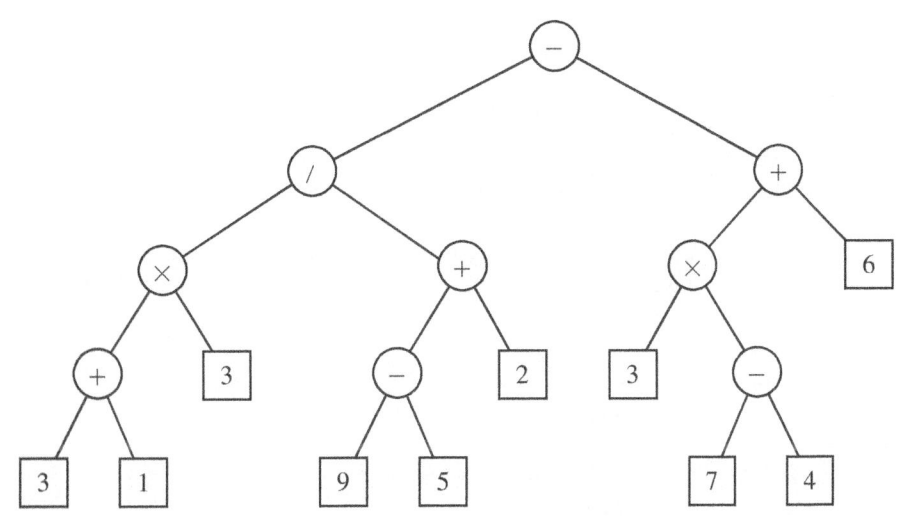

Figura 7.11 Uma árvore binária representando uma expressão aritmética. Esta árvore representa a expressão $((((3 + 1) \times 3) / ((9 − 5) + 2)) − ((3 \times (7 − 4)) + 6))$. O valor associado com o nodo interno rotulado com "/" é 2.

Definição recursiva de árvore binária

Consequentemente, também se pode definir uma árvore binária de maneira recursiva, de maneira que uma árvore binária ou é vazia ou consiste em:

- Um nodo r chamado de raiz de T e que armazena um elemento.
- Uma árvore binária chamada de subárvore esquerda de T.
- Uma árvore binária chamada de subárvore direita de T.

Na sequência, serão discutidos alguns tópicos específicos de árvores binárias.

7.3.1 O TAD árvore binária

Como tipo abstrato de dados, uma árvore binária é uma especialização da árvore que suporta quatro métodos de acesso adicionais:

left(v): Retorna o filho da esquerda de v; ocorre uma condição de erro se v não tiver filho da esquerda.
right(v): Retorna o filho da direita de v; ocorre uma condição de erro se v não tiver filho da direita.
hasLeft(v): Testa se v tem um filho da esquerda.
hasRigth(v): Testa se v tem um filho da direita.

Nesse caso, como na Seção 7.1.2 para o TAD árvore, não são definidos métodos especializados para a atualização de árvores binárias. Em vez disso, consideram-se alguns métodos de atualização quando se descrevem implementações e aplicações específicas de árvores binárias.

7.3.2 Uma interface de árvore binária em Java

Modela-se uma árvore binária como um tipo abstrato de dados que estende o TAD árvore e acrescenta três métodos especializados para árvores binárias. No Trecho de Código 7.14, apresenta-se uma interface Java simples definida usando-se esta abordagem. A propósito, uma vez que árvores binárias são árvores ordenadas, a coleção iterável retornada pelo método children(v) (herdado da interface Tree) armazena o filho da esquerda de v antes do filho da direita.

```
/**
 * Uma interface para árvores binárias onde cada nodo tem zero, um ou dois filhos.
 */
public interface BinaryTree<E> extends Tree<E> {
  /** Retorna o filho da esquerda do nodo. */
  public Position<E> left(Position<E> v)
    throws InvalidPositionException, BoundaryViolationException;
  /** Retorna o filho da direita do nodo. */
  public Position<E> right(Position<E> v)
    throws InvalidPositionException, BoundaryViolationException;
  /** Retorna se o nodo tem filho da esquerda. */
  public boolean hasLeft(Position<E> v) throws InvalidPositionException;
  /** Retorna se o nodo tem filho da direita. */
  public boolean hasRight(Position<E> v) throws InvalidPositionException;
}
```

Trecho de Código 7.14 Interface Java BinaryTree para o TAD árvore binária. A interface BinaryTree estende a interface Tree (Trecho de Código 7.1).

7.3.3 Propriedades de árvores binárias

As árvores binárias têm várias propriedades interessantes quanto às relações entre sua altura e seu número de nodos. Denota-se o conjunto de nodos de mesma profundidade d de uma árvore T como sendo o **nível** d de T. Em uma árvore binária, o nível 0 tem no máximo um nodo (a raiz), o nível 1 tem no máximo 2 (os filhos da raiz), o nível 2 tem no máximo 4, e assim por diante (ver a Figura 7.12). Generalizando, pode-se dizer que o nível d tem no máximo 2^d nodos

Pode-se observar que o número máximo de nodos nos níveis de uma árvore binária cresce de forma exponencial à medida que se desce na árvore. A partir desta observação, podem-se derivar as seguintes propriedades relacionando a altura de uma árvore binária T com o número de nodos. Uma explicação detalhada dessas propriedades fica como exercício (R-7.16).

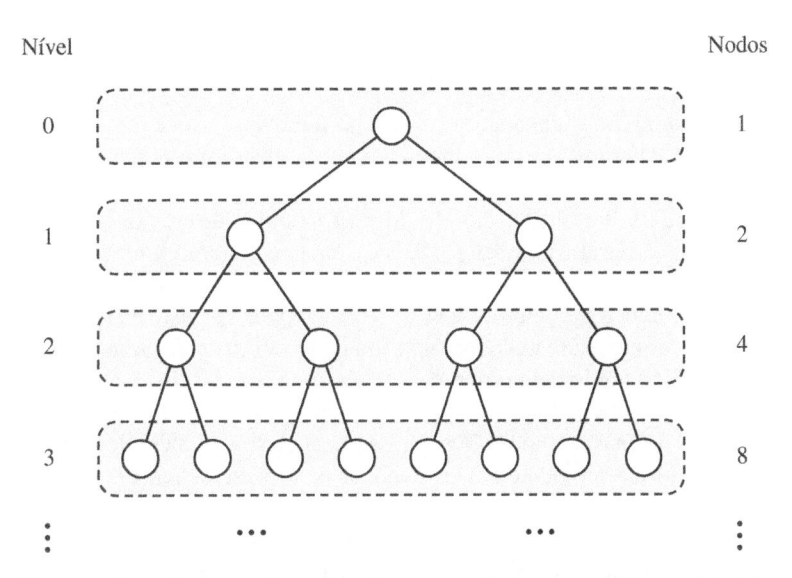

Figura 7.12 Número máximo de nodos nos níveis de uma árvore binária.

Proposição 7.10 *Seja T uma árvore binária não vazia que faça n, n_E, n_I e h denotarem o número de nodos, o número de nodos externos, o número de nodos internos e a altura de T, respectivamente. Então T tem as seguintes propriedades:*

1. $h + 1 \leq n \leq 2^{h+1} - 1$
2. $1 \leq n_E \leq 2^h$
3. $h \leq n_I \leq 2^h - 1$
4. $\log(n + 1) - 1 \leq h \leq n - 1$.

Além disso, se *T* é própria, aplicam-se as seguintes propriedades:

1. $2h + 1 \leq n \leq 2^{h+1} - 1$
2. $h + 1 \leq n_E \leq 2^h$
3. $h \leq n_I \leq 2^h - 1$
4. $\log(n + 1) - 1 \leq h \leq (n - 1)/2$.

Relacionando nodos internos com nodos externos em uma árvore binária própria

Além das propriedades de árvore binária apresentadas, existem também as seguintes relações entre o número de nodos internos e o número de nodos externos em uma árvore binária própria.

Proposição 7.11 *Em uma árvore binária própria T, com n_E nodos externos e n_I nodos internos, têm-se que $n_E = n_I + 1$.*

Justificativa Justifica-se essa proposição pela remoção dos nodos de *T* e divisão destes em dois "montes": o monte de nodos internos e o monte de nodos externos, até que *T* fique vazia. As pilhas estão inicialmente vazias. No final, o monte de nodos externos terá um nodo a mais que o monte de nodos internos. Consideram-se dois casos:

Caso 1: Se *T* tem apenas um nodo *v*, remove-se *v*, que é colocado no monte de nodos externos. Assim, o monte de nodos externos terá um nodo e o monte de nodos internos estará vazio.

Caso 2: Por outro lado, (*T* tem mais de um nodo) remove-se de *T* um nodo externo (arbitrário) *w* e seu pai *v*, que é um nodo interno. Coloca-se *w* no monte de nodos externos e *v* no monte de nodos internos. Se *v* tem um pai *u*, então se reconecta *u* com o primeiro irmão *z* de *w*, como pode ser visto na Figura 7.13. Esta operação remove um nodo interno e um nodo externo e mantém a árvore como sendo uma árvore binária própria.

Repetindo essa operação, mais cedo ou mais tarde restará uma árvore com apenas um nodo. Observa-se que o mesmo número de nodos internos e externos foi removido e colocado em seus respectivos montes pela sequência de operações que resultou nesta árvore final. Agora, remove-se o nodo da árvore final e coloca-se-o no monte de nodos externos. Assim, o monte de nodos externos terá um nodo a mais que o monte de nodos internos. ■

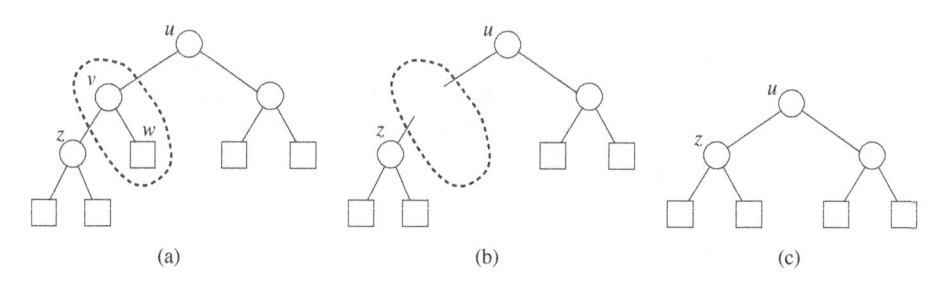

Figura 7.13 Operação que remove um nodo externo e seu pai, usada na justificativa da Proposição 7.11.

Observa-se que a relação anterior não se aplica, normalmente, para árvores binárias impróprias e árvores não binárias, apesar de que existem outras propriedades interessantes que se aplicam, como será investigado no Exercício C-7.9.

7.3.4 Estruturas encadeadas para árvores binárias

Da mesma forma que para uma árvore genérica, a forma mais natural de implementar uma árvore binária *T* é usar uma **estrutura encadeada**, em que se pode representar cada nodo *v* de *T* usando um objeto posição (ver Figura 7.14a) com campos fornecendo referências para os elementos armazenados em *v* e os objetos posição associados com os filhos e pais de *v*. Se *v* é a raiz de *T*, então o campo parent de *v* é nulo. Se *v* não tem o filho da esquerda, então o campo left de *v* é nulo. Se *v* não tem filho da direita, então o campo rigth de *v* é nulo. Armazena-se, também, a quantidade de nodos de *T* em uma variável chamada de size. Apresenta-se uma representação da estrutura encadeada de uma árvore binária na Figura 7.14b.

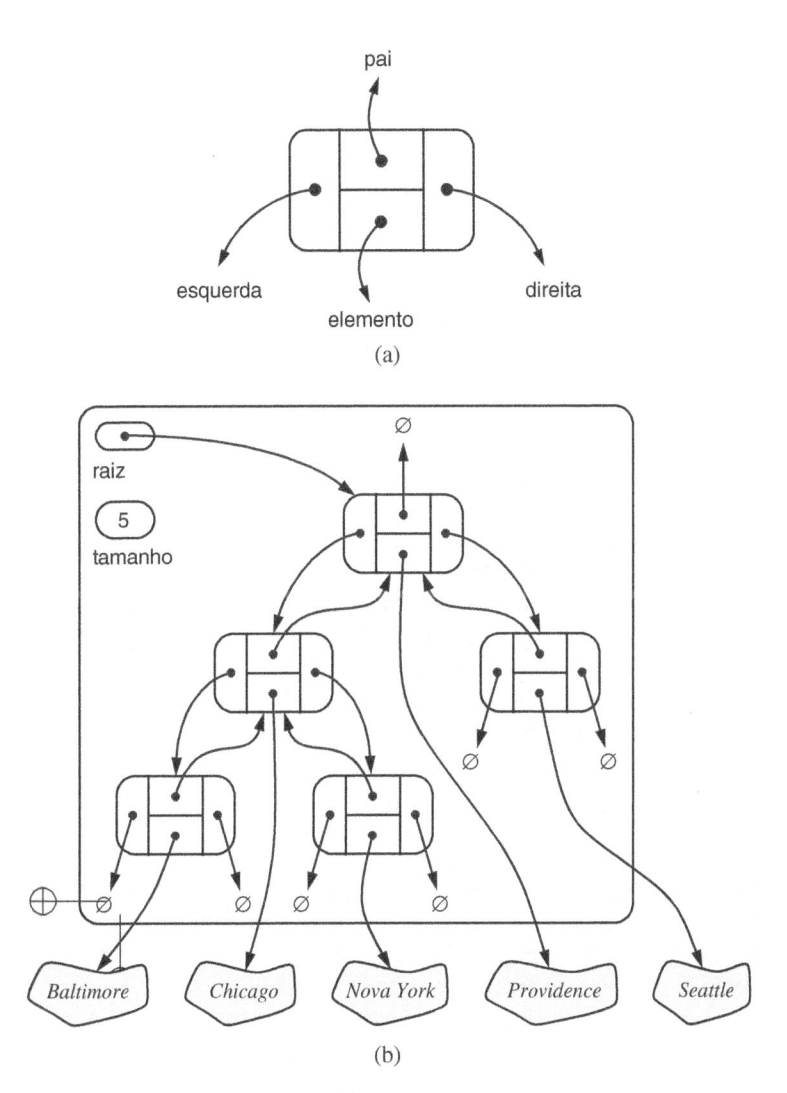

Figura 7.14 Um nodo(a) e uma estrutura encadeada (b) para representar uma árvore binária.

Implementação Java de um nodo de árvore binária

Usa-se a interface Java BTPosition (não mostrada) para representar um nodo de árvore binária. Essa interface estende Position, logo herda o método element, e possui métodos adicionais para definir o elemento armazenado no nodo (setElement) e para definir e retornar o filho da esquerda (setLeft e getLeft), da direita (setRight e getRight) e o pai (setParent e getParent) do nodo. A classe BTNode (Trecho de Código 7.15) implementa a interface BTPosition por meio de um objeto que tem os campos element, left, right e parent, que, para um nodo v, referenciam o elemento de v, o filho da esquerda de v, o filho da direita de v e o pai de v, respectivamente.

```java
/**
 * Classe que implementa um nodo de árvore binária armazenando referências para um
 * elemento, o nodo pai, o nodo da direita e o nodo da esquerda.
 */
public class BTNode<E> implements BTPosition<E> {
    private E element;                          // elemento armazenado neste nodo
    private BTPosition<E> left, right, parent;  // nodos adjacentes
    /** Construtor principal */
    public BTNode(E element, BTPosition<E> parent,
                  BTPosition<E> left, BTPosition<E> right) {
        setElement(element);
        setParent(parent);
        setLeft(left);
        setRight(right);
    }
    /** Retorna o elemento armazenado nesta posição */
    public E element( ) { return element; }
    /** Define o elemento armazenado nesta posição */
    public void setElement(E o) { element=o; }
    /** Retorna o filho da esquerda desta posição */
    public BTPosition<E> getLeft( ) { return left; }
    /** Define o filho da esquerda desta posição */
    public void setLeft(BTPosition<E> v) { left=v; }
    /** Retorna o filho da direita desta posição */
    public BTPosition<E> getRight( ) { return right; }
    /** Define o filho da direita desta posição */
    public void setRight(BTPosition<E> v) { right=v; }
    /** Retorna o pai desta posição */
    public BTPosition<E> getParent( ) { return parent; }
    /** Define o pai desta posição */
    public void setParent(BTPosition<E> v) { parent=v; }
}
```

Trecho de Código 7.15 Classe auxiliar BTNode usada na implementação de nodos de árvores binárias.

Implementação Java de uma estrutura encadeada para árvore binária

Nos Trechos de Código 7.16 – 7.18, são apresentadas partes da classe LinkedBinaryTree, que implementa a interface BinaryTree (Trecho de Código 7.14) usando uma estrutura de dados encadeada. Essa classe armazena o tamanho da árvore e uma referência para o objeto BTNode associado com a raiz da árvore em variáveis internas. Além dos métodos da interface BinaryTree, LinkedBinaryTree tem vários outros métodos, incluindo o método de acesso sibling(v) que retorna o irmão de um nodo v além dos seguintes métodos de atualização:

addRoot(*e*): cria e retorna um nodo novo, *r*, que armazena o elemento *e* e torna *r* a raiz da árvore; um erro ocorre se a árvore não está vazia.

insertLeft(*v,e*): cria e retorna um nodo novo, *w*, que armazena o elemento *e*, acrescenta *w* como o filho da esquerda de *v* e retorna *w*; um erro ocorre se *v* já tem um filho da esquerda.

insertRight(*v,e*): cria e retorna um nodo novo, *z*, que armazena o elemento *e*, acrescenta *z* como o filho da direita de *v* e retorna *z*; um erro ocorre se *v* já tem um filho da direita.

remove(*v*): remove o nodo *v*, substituindo-o por seu filho, se houver algum, e retorna o elemento armazenado em *v*; um erro ocorre se *v* tem dois filhos.

attach(*v*,T_1,T_2): conecta T_1,T_2, respectivamente, como as subárvores da esquerda e da direita no nodo externo *v*; uma condição de erro se verifica se *v* não é externo.

A classe LinkedBinaryTree tem um construtor sem argumentos que retorna uma árvore binária vazia. A partir desta árvore vazia, pode-se construir qualquer árvore binária criando-se o primeiro nodo com o método addRoot e aplicando repetidamente os métodos insertLeft e insertRight, além do método attach. Da mesma forma, pode-se desmantelar qualquer árvore binária *T* usando a operação remove, resultando em uma árvore binária vazia.

Quando uma posição *v* é passada como argumento para um dos métodos da classe LinkedBinaryTree, sua validade é verificada chamando-se um método auxiliar, checkPosition(*v*). Uma lista de nodos visitados em um caminhamento prefixado é construída usando-se o método recursivo preorderPositions. Condições de erro são indicadas lançando-se as exceções InvalidPositionException, BoundaryViolationException, EmptyTreeException e NonEmptyTreeException.

```
/**
 * Implementação da interface BinaryTree usando uma estrutura encadeada.
 */
public class LinkedBinaryTree<E> implements BinaryTree<E> {
  protected BTPosition<E> root;       // referência para a raiz
  protected int size;                 // número de nodos
  /** Cria uma árvore binária vazia. */
  public LinkedBinaryTree( ) {
    root = null;   // inicia com uma árvore vazia
    size = 0;
  }
  /** Retorna o número de nodos da árvore. */
  public int size( ) {
    return size;
  }
  /** Retorna se um nodo é interno. */
  public boolean isInternal(Position<E> v) throws InvalidPositionException {
    checkPosition(v);                 // método auxiliar
    return (hasLeft(v) || hasRight(v));
```

```java
}
/** Retorna se um nodo é a raiz. */
public boolean isRoot(Position<E> v) throws InvalidPositionException {
  checkPosition(v);
  return (v == root( ));
}
/** Retorna se um nodo tem o filho da esquerda. */
public boolean hasLeft(Position<E> v) throws InvalidPositionException {
  BTPosition<E> vv = checkPosition(v);
  return (vv.getLeft( ) != null);
}
/** Retorna a raiz da árvore. */
public Position<E> root( ) throws EmptyTreeException {
  if (root == null)
    throw new EmptyTreeException("The tree is empty");
  return root;
}
/** Retorna o filho da esquerda de um nodo. */
public Position<E> left(Position<E> v)
  throws InvalidPositionException, BoundaryViolationException {
  BTPosition<E> vv = checkPosition(v);
  Position<E> leftPos = vv.getLeft( );
  if (leftPos == null)
    throw new BoundaryViolationException("No left child");
  return leftPos;
}
```

Trecho de Código 7.16 Parte da classe LinkedBinaryTree que implementa a interface BinaryTree. (Continua no Trecho de Código 7.17.)

```java
/** Retorna o pai de um nodo. */
public Position<E> parent(Position<E> v)
  throws InvalidPositionException, BoundaryViolationException {
  BTPosition<E> vv = checkPosition(v);
  Position<E> parentPos = vv.getParent( );
  if (parentPos == null)
    throw new BoundaryViolationException("No parent");
  return parentPos;
}
/** Retorna uma coleção iterável contendo os filhos de um nodo. */
public Iterable<Position<E>> children(Position<E> v)
  throws InvalidPositionException {
  PositionList<Position<E>> children = new NodePositionList<Position<E>>( );
  if (hasLeft(v))
    children.addLast(left(v));
```

```
    if (hasRight(v))
      children.addLast(right(v));
    return children;
  }
  /** Retorna uma coleção iterável contendo os nodos da árvore. */
  public Iterable<Position<E>> positions( ) {
    PositionList<Position<E>> positions = new NodePositionList<Position<E>>( );
    if(size != 0)
      preorderPositions(root( ), positions); // atribui as posições usando caminhamento prefixado
    return positions;
  }
/** Retorna um iterador sobre os elementos armazenados nos nodos */
public Iterator<E> iterator( ) {
    Iterable<Position<E>> positions = positions( );
    PositionList<E> elements = new NodePositionList<E>( );
    for (Position<E> pos: positions)
    elements.addLast(pos.element( ));
    return elements.iterator( );       // Um iterador sobre os elementos
  }
  /** Substitui o elemento armazenado no nodo. */
  public E replace(Position<E> v, E o)
    throws InvalidPositionException {
    BTPosition<E> vv = checkPosition(v);
    E temp = v.element( );
    vv.setElement(o);
    return temp;
  }
```

Trecho de Código 7.17 Parte da classe LinkedBinaryTree que implementa a interface BinaryTree. (Continua no Trecho de Código 7.18.)

```
  // Método de acesso adicional
  /** Retorna o irmão de um nodo */
  public Position<E> sibling(Position<E> v)
    throws InvalidPositionException, BoundaryViolationException {
      BTPosition<E> vv = checkPosition(v);
      BTPosition<E> parentPos = vv.getParent();
      if (parentPos != null) {
        BTPosition<E> sibPos;
        BTPosition<E> leftPos = parentPos.getLeft( );
        if (leftPos == vv)
          sibPos = parentPos.getRight( );
        else
          sibPos = parentPos.getLeft();
        if (sibPos != null)
```

```
      return sibPos;
   }
   throw new BoundaryViolationException("No sibling");
}
// Métodos de acesso adicionais
/** Insere a raiz em uma árvore vazia */
public Position<E> addRoot(E e) throws NonEmptyTreeException {
  if(!isEmpty( ))
    throw new NonEmptyTreeException("Tree already has a root");
  size = 1;
  root = createNode(e,null,null,null);
  return root;
}
/** Insere o filho da esquerda em um nodo. */
public Position<E> insertLeft(Position<E> v, E e)
  throws InvalidPositionException {
  BTPosition<E> vv = checkPosition(v);
  Position<E> leftPos = vv.getLeft( );
  if (leftPos != null)
    throw new InvalidPositionException("Node already has a left child");
  BTPosition<E> ww = createNode(e, vv, null, null);
  vv.setLeft(ww);
  size++;
  return ww;
}
```

Trecho de Código 7.18 Parte da classe LinkedBinaryTree que implementa a interface BinaryTree. (Continua no Trecho de Código 7.19.)

```
/** Remove um nodo com zero ou um filho. */
public E remove(Position<E> v)
  throws InvalidPositionException {
  BTPosition<E> vv = checkPosition(v);
  BTPosition<E> leftPos = vv.getLeft( );
  BTPosition<E> rightPos = vv.getRight( );
  if (leftPos != null && rightPos != null)
    throw new InvalidPositionException("Cannot remove node with two children");
  BTPosition<E> ww;   // o único filho de v, se houver
  if (leftPos != null)
    ww = leftPos;
  else if (rightPos != null)
    ww = rightPos;
  else                   // v é folha
    ww = null;
  if (vv == root) {      // v é a raiz
    if (ww != null)
```

```
      ww.setParent(null);
    root = ww;
  }
  else {                          // v não é a raiz
    BTPosition<E> uu = vv.getParent( );
    if (vv == uu.getLeft( ))
      uu.setLeft(ww);
    else
      uu.setRight(ww);
    if(ww != null)
      ww.setParent(uu);
  }
  size--;
  return v.element( );
}
```

Trecho de Código 7.19 Parte da classe LinkedBinaryTree que implementa a interface BinaryTree. (Continua no Trecho de Código 7.20.)

```
/** Conecta duas árvores para serem subárvores de um nodo externo. */
public void attach(Position<E> v, BinaryTree<E> T1, BinaryTree<E> T2)
    throws InvalidPositionException {
  BTPosition<E> vv = checkPosition(v);
  if (isInternal(v))
    throw new InvalidPositionException("Cannot attach from internal node");
  if (!T1.isEmpty( )) {
    BTPosition<E> r1 = checkPosition(T1.root( ));
    vv.setLeft(r1);
    r1.setParent(vv);              // T1 deve ser invalidada
  }
  if (!T2.isEmpty( )) {
    BTPosition<E> r2 = checkPosition(T2.root( ));
    vv.setRight(r2);
    r2.setParent(vv);              // T2 deve ser invalidada
  }
  size = newSize;
}
/** Se v é um nodo de árvore binária, converte para BTPosition, caso contrário lança
    exceção */
protected BTPosition<E> checkPosition(Position<E> v)
    throws InvalidPositionException {
  if (v == null || !(v instanceof BTPosition))
    throw new InvalidPositionException("The position is invalid");
  return (BTPosition<E>) v;
}
/** Cria um novo nodo de árvore binária */
```

```
protected BTPosition<E> createNode(E element, BTPosition<E> parent,
                    BTPosition<E> left, BTPosition<E> right) {
  return new BTNode<E>(element,parent,left,right); }
/** Cria uma lista que armazena os nodos da subárvore de um nodo ordenados de acordo
 * com o caminhamento prefixado da subárvore. */
protected void preorderPositions(Position<E> v, PositionList<Position<E>> pos)
    throws InvalidPositionException {
  pos.addLast(v);
  if (hasLeft(v))
    preorderPositions(left(v), pos);       // recursão sobre o filho da esquerda
  if (hasRight(v))
    preorderPositions(right(v), pos);      // recursão sobre o filho da direita
}
```

Trecho de Código 7.20 Parte da classe LinkedBinaryTree que implementa a interface BinaryTree. (Continuação do Trecho de Código 7.19.)

Performance da implementação de LinkedBinaryTree

Serão analisados agora os tempos de execução dos métodos da classe LinkedBinaryTree, que usa uma representação via lista encadeada:

- Os métodos size( ) e isEmpty( ) usam uma variável de instância para armazenar o número de nodos de T, e cada um consome tempo $O(1)$.
- Os métodos de acesso root, left, right, sibiling e parent consomem tempo $O(1)$.
- O método replace(v,e) consome tempo $O(1)$.
- Os métodos iterator( ) e positions( ) são implementados usando-se caminhamento prefixado sobre a árvore (usando o método auxiliar preorderPositions). Os nodos visitados por este caminhamento são armazenados em uma lista de posições implementada usando-se a classe NodePositionList (Seção 6.2.4) e o iterador resultante é criado com o método iterator( ) da classe NodePositionList. Os métodos iterator( ) e positions( ) consomem tempo $O(n)$ e os métodos hasNext( ) e next( ) do iterador retornado executam em tempo $O(1)$.
- O método children usa uma abordagem similar para construir e retornar uma coleção iterável, mas executa em tempo $O(1)$, uma vez que existem no máximo dois filhos por nodo em uma árvore binária.
- Os métodos de atualização insertLeft, insertRight, attach e remove todos executam em tempo $O(1)$, na medida em que envolvem manipulações de tempo constante de um número constante de nodos.

Considerando o espaço requerido por esta estrutura de dados para uma árvore de n nodos, observa-se que existe um objeto BTNode (Trecho de Código 7.15) para cada nodo da árvore T. Logo, o espaço total necessário é $O(n)$. A Tabela 7.2 resume a performance da implementação usando estrutura encadeada de uma árvore binária.

Operação	Tempo
size, isEmpty	$O(1)$
iterator, positions	$O(n)$
replace	$O(1)$
root, parent, children, left, right, sibling	$O(1)$
hasLeft, hasRight, isInternal, isExternal, isRoot	$O(1)$
insertLeft, insertRight, attach, remove	$O(1)$

Tabela 7.2 Tempos de execução para os métodos de uma árvore binária com n nodos implementada usando uma estrutura encadeada. Os métodos hasNext( ) e next( ) dos iteradores retornados por iterator( ), positions( ).iterator( ) e children(v).iterator( ) executam em tempo $O(1)$. O espaço consumido é $O(n)$.

7.3.5 Uma estrutura baseada em lista arranjo para árvores binárias

Uma alternativa para representar uma árvore binária T é baseada em uma forma de numerar os nodos de T. Para cada nodo v de T, faça $p(v)$ ser um inteiro definido como segue.

- Se v é a raiz de T, então $p(v) = 1$.
- Se v é o filho da esquerda do nodo u, então $p(v) = 2p(u)$.
- Se v é o filho da direita do nodo u, então $p(v) = 2p(u) + 1$.

A função de numeração p é conhecida como **numeradora por nível** dos nodos de uma árvore binária T, na medida em que numera os nodos de cada nível de T em ordem crescente, da esquerda para a direita, embora possa pular alguns números (ver a Figura 7.15).

A função numeradora por nível p sugere uma representação para uma árvore binária T por meio de um vetor S, em que cada nodo v de T é associado com um elemento de S em um índice $p(v)$. Como mencionado no capítulo anterior, implementa-se o vetor S usando-se um arranjo extensível (veja a Seção 6.1.4). Tal implementação é simples e eficiente, pois permite executar os métodos root, parent, left, right, hasLeft, hasRight, isInternal, isExternal e isRoot com facilidade, usando apenas operações aritméticas simples sobre os números $p(v)$ associados com cada nodo v envolvido na operação. Os detalhes de tal implementação ficam como um exercício simples (R-7.27). Mostra-se um exemplo de representação de lista arranjo de uma árvore binária na Figura 7.16.

Faz-se n ser o número de nodos de T e p_M ser o valor máximo de $p(v)$ considerando todos os nodos de T. O vetor S tem tamanho $N = p_M + 1$, uma vez que o elemento de S na colocação 0 não está associado com nenhum nodo de T. Além disso, o vetor S terá, normalmente, uma certa quantidade de elementos vazios que não se referem a nenhum dos nodos existentes de T. Na verdade, no pior caso, $N = 2^n$, cuja justificativa fica como exercício (R-7.24). Na Seção 8.3, estuda-se uma classe de árvores binárias, chamadas de heaps, para as quais $N = n + 1$. Assim, em vez do pior caso de consumo, existirão aplicações em que a representação por vetor de uma árvore binária será eficiente em termos de espaço. Porém, considerando árvores binárias genéricas, o custo exponencial do pior caso de necessidade de espaço desta representação será exorbitante.

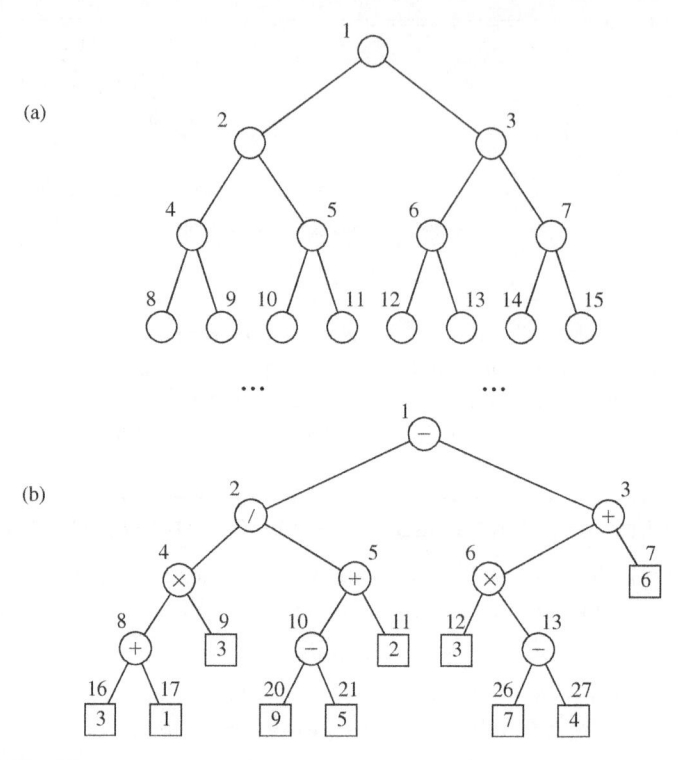

Figura 7.15 Numeração por níveis de uma árvore binária: (a) esquema geral; (b) um exemplo.

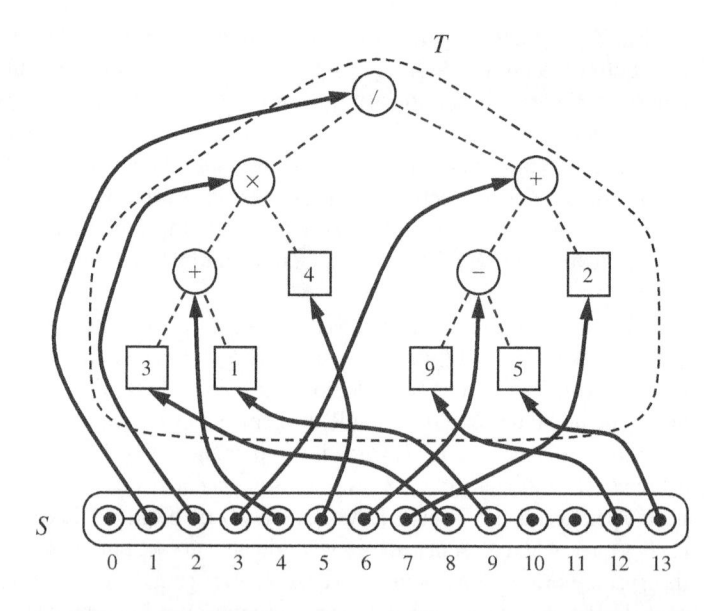

Figura 7.16 Representação de uma árvore binária T usando uma lista arranjo S.

A Tabela 7.3 resume os tempos de execução dos métodos de uma árvore binária implementada usando uma lista arranjo. Não são incluídos nesta tabela os métodos de atualização de uma árvore binária.

Operação	Tempo
size, isEmpty	$O(1)$
iterator, positions	$O(n)$
replace	$O(1)$
root, parent, children, left, right	$O(1)$
hasLeft, hasRight, isInternal, isExternal, isRoot	$O(1)$

Tabela 7.3 Tempos de execução dos métodos de uma árvore binária T implementada usando uma lista arranjo S. Denota-se número de nodos de T com n, e N denota o tamanho de S. O consumo de espaço é $O(N)$ e corresponde a $O(2^n)$, no pior caso.

7.3.6 Caminhamentos sobre árvores binárias

Da mesma forma que com árvores genéricas, os cálculos executados sobre árvores binárias com frequência envolvem o caminhamento sobre árvores.

Construindo a árvore de uma expressão

Considere-se o problema de construir a árvore correspondente a uma expressão a partir de uma expressão aritmética totalmente entre parênteses de tamanho n. (Lembre-se do Exemplo 7.9 e do Trecho de Código 7.24.) No Trecho de Código 7.21, apresenta-se o algoritmo buildExpression, que cria este tipo de árvore, assumindo que todas as operações aritméticas são binárias e que as variáveis não estão entre parênteses. Logo, toda subexpressão entre parênteses contém um operador no meio. O algoritmo usa uma pilha S enquanto percorre a expressão de entrada E procurando por variáveis, operadores e "fecha parênteses".

- Quando se encontra uma variável ou operador x, cria-se uma árvore binária de um nodo T cuja raiz armazena x, e insere-se T na pilha.
- Quando se encontra um "fecha parênteses", ")", retiram-se as três árvores do topo da pilha S que representam a subexpressão ($E_1 \circ E_2$). Conectam-se, então, as árvores de E_1 e E_2 na árvore de $\circ$, e insere-se o resultado novamente na pilha S.

Repete-se esse procedimento até que a expressão E tenha sido processada, quando o elemento do topo da pilha seja a árvore da expressão E. O tempo total de execução é $O(n)$.

Algoritmo buildExpression(E):
    Entrada: uma expressão aritmética totalmente parentetisada $E = e_0, e_1, \ldots, e_{n-1}$, com cada e_i sendo uma variável, operador ou símbolo de parênteses
    Saída: uma árvore binária T que representa a expressão aritmética E
    $S \leftarrow$ uma pilha nova vazia

para $i \leftarrow 0$ até $n-1$ **faça**
  se e_i é uma variável ou um operador **então**
    $T \leftarrow$ uma nova árvore binária vazia
    T.addRoot(e_i)
    S.push(T)
  senão se $e_i =$ '(' **então**
    Continua o laço
  senão $\{e_i =$ ')'$\}$
    $T_2 \leftarrow S$.pop( )   {a árvore representando E_2}
    $T \leftarrow S$.pop( )   {a árvore representando ○}
    $T_1 \leftarrow S$.pop( )   {a árvore representando E_1}
    T.attach(T.root( ),T_1, T_2)
    S.push(T)
retorna S.pop( )

Trecho de Código 7.21   Algoritmo buidExpression.

Caminhamento prefixado de uma árvore binária

Uma vez que qualquer árvore binária pode ser vista como uma árvore genérica, o caminhamento prefixado para árvores genéricas (Trecho de Código 7.8) pode ser aplicado a qualquer árvore binária. Pode-se simplificar, entretanto, o algoritmo no caso de caminhamento sobre árvores binárias, como se mostrou no Trecho de Código 7.22.

Algoritmo binaryPreorder(T,v):
  executa a ação prevista para o nodo v
  se v tem um filho da esquerda u em T **então**
    binaryPreorder(T,u)   {recursivamente percorre a subárvore esquerda}
  se v tem um filho da direita w em T **então**
    binaryPreorder(T,w)   {recursivamente percorre a subárvore direita}

Trecho de Código 7.22   Algoritmo binaryPreorder que executa caminhamento prefixado em uma subárvore de uma árvore binária T com raiz no nodo v.

Como no caso de árvores genéricas, existem muitas aplicações para o caminhamento prefixado sobre árvores binárias.

Caminhamento pós-fixado sobre árvores binárias

De forma análoga, o caminhamento pós-fixado para árvores genéricas (Trecho de Código 7.11) pode ser especializado para árvores binárias como mostrado no Trecho de Código 7.23.

Algoritmo binaryPostorder(T,v):
  se v tem um filho da esquerda u em T **então**
    binaryPostorder(T,u)   {recursivamente percorre a subárvore esquerda}
  se v tem um filho da direita w em T **então**

binaryPostorder(*T,w*) {recursivamente percorre a subárvore direita}
executa a ação prevista para o nodo *v*

Trecho de Código 7.23 Algoritmo binaryPostorder que executa um caminhamento pós-fixado sobre uma subárvore de uma árvore binária *T* com raiz no nodo *v*.

Avaliação de uma árvore de expressão

O caminhamento pós-fixado de uma árvore binária pode ser usado para resolver o problema de avaliação de expressões. Nesse problema, dada a árvore de uma expressão aritmética, ou seja, uma árvore binária na qual para cada nodo externo existe um valor associado e para cada nodo interno se associa um operador aritmético (ver Exemplo 7.9), deseja-se calcular o valor da expressão aritmética representada pela árvore.

O algoritmo evaluateExpression, indicado no Trecho de Código 7.24, avalia a expressão associada com a subárvore com raiz no nodo *v* de uma árvore *T*, que representa uma expressão aritmética, executando um caminhamento pós-fixado *T* que se inicia em *v*. Nesse caso, a ação "de visita" sobre cada nodo consiste na execução de uma operação aritmética simples. Observa-se que se explora o fato de que uma árvore de expressão aritmética é uma árvore binária própria.

Algoritmo evaluateExpression(*T,v*):
  se *v* é um nodo interno de *T* **então**
    seja ○ o operador armazenado em *v*
    x ← evaluateExpression(*T,T*.left(*v*))
    y ← evaluateExpression(*T,T*.right(*v*))
    retorna *x* ○ *y*
  senão
    retorna o valor armazenado em *v*

Trecho de Código 7.24 Algoritmo evaluateExpression para calcular a expressão representada pela subárvore de uma árvore *T* que representa uma expressão aritmética, enraizada no nodo *v*.

A aplicação de caminhamento pós-fixado na avaliação de expressões aritméticas resulta em um algoritmo que executa em tempo $O(n)$ para avaliar uma expressão aritmética representada por uma árvore binária de *n* nodos. Na verdade, da mesma forma que o caminhamento pós-fixado genérico, o caminhamento pós-fixado para árvores binárias pode ser aplicado para outros problemas "bottom-up" (como, por exemplo, o problema de cálculo do tamanho apresentado no Exemplo 7.7).

Caminhamento interfixado para árvores binárias

Um método de caminhamento adicional para uma árvore binária é o caminhamento *interfixado*†. Nesse método, visita-se o nodo entre os caminhamentos recursivos das subárvores direita e esquerda. O caminhamento interfixado da subárvore com raiz no nodo *v* da árvore binária *T* é fornecido no Trecho de Código 7.25.

---

† N. de T.: Em inglês, *in-order*. Em português também é conhecido como caminhamento "em ordem" ou "infixado".

Algoritmo inorder(*T,v*):
  se *v* tem um filho da esquerda *u* em *T* **então**
    inorder(*T,u*)   {percorre recursivamente a subárvore esquerda}
  execute a ação "de visita" sobre o nodo *v*
  se *v* tem um filho da direita *w* em *T* **então**
    inorder(*T,w*)   {percorre recursivamente a subárvore direita}

Trecho de Código 7.25 Algoritmo inorder para executar o caminhamento interfixado da subárvore com raiz no nodo *v* da árvore binária *T*.

     O caminhamento interfixado sobre uma árvore binária *T* pode ser informalmente considerado como a visita aos nodos de *T* "da esquerda para a direita". De fato, para cada nodo *v*, o caminhamento interfixado visita *v* após todos os nodos da subárvore esquerda de *v* e antes de visitar todos os nodos da subárvore direita de *v* (ver Figura 7.17).

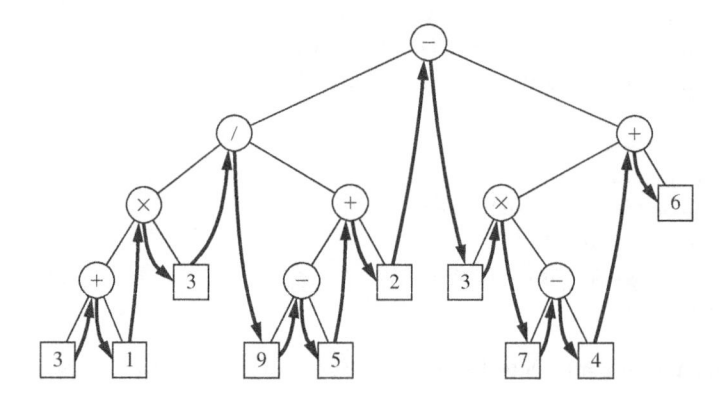

Figura 7.17 Caminhamento interfixado sobre uma árvore binária.

Árvores binárias de pesquisa

Seja *S* um conjunto cujos elementos têm uma relação de ordem. Por exemplo, *S* pode ser um conjunto de inteiros. Uma ***árvore binária de pesquisa*** para *S* é uma árvore binária própria *T* tal que

- cada nodo interno *v* de *T* armazena um elemento de *S* denotado $x(v)$;
- para cada nodo interno *v* de *T*, os elementos armazenados na subárvore esquerda de *v* são menores ou iguais a $x(v)$, e os elementos armazenados na subárvore direita de *v* sejam maiores ou iguais a $x(v)$;
- os nodos externos de *T* não armazenam elementos.

Um caminhamento interfixado sobre uma árvore binária de pesquisa *T* visita os elementos em uma sequência não decrescente (ver Figura 7.18).

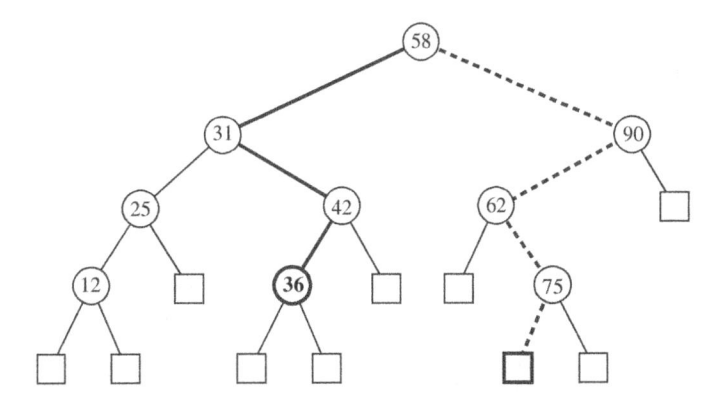

Figura 7.18 Uma árvore binária de pesquisa que armazena inteiros. O caminho indicado pela linha mais espessa corresponde ao caminhamento quando se busca (com sucesso) por 36. O caminho pontilhado corresponde ao caminhamento quando se busca (sem sucesso) por 70.

Pode-se usar uma árvore binária de pesquisa T do conjunto S para determinar se um certo valor y se encontra em S percorrendo para baixo a árvore T começando pela raiz (ver Figura 7.18). Em cada nodo interno v, compara-se o valor pesquisado y com o elemento $x(v)$ armazenado em v. Se $y \leq x(v)$, então a pesquisa continua na subárvore da esquerda de v. Se $y = x(v)$, então a pesquisa terminou com sucesso. Se $y \geq x(v)$, então a pesquisa continua na subárvore direita. Finalmente, se foi encontrado um nodo externo, então a pesquisa terminou sem sucesso. Em outras palavras, uma árvore de pesquisa binária pode ser entendida como uma árvore binária de decisão (deve-se relembrar do Exemplo 7.8), onde a questão formulada em cada nodo interno diz respeito ao fato do elemento armazenado naquele nodo ser menor, igual ou maior que o elemento pesquisado. Na verdade, é exatamente esta correspondência com uma árvore de decisão binária que motiva a restrição de que árvores de pesquisa binária devem ser próprias (com nodos externos "de armazenamento").

Observa-se que o tempo de execução de pesquisa em uma árvore binária de pesquisa T é proporcional à altura de T. Lembrando que a Proposição 7.10 diz que a altura da árvore com n nodos pode ser tão pequena quanto $\log(n+1)$ ou tão grande quanto $(n-1)/2$. Assim, as árvores de pesquisa binária são mais eficientes quando têm altura pequena. Ilustra-se um exemplo de operação de pesquisa em uma árvore binária de pesquisa na Figura 7.18, e estas árvores serão estudadas com mais detalhes na Seção 10.1.

Usando o caminhamento interfixado para desenhar uma árvore

O caminhamento interfixado pode também ser aplicado ao problema de computar o desenho de uma árvore binária. Pode-se desenhar uma árvore binária T com um algoritmo que atribui coordenadas x e y a um nodo v de T, usando as duas regras seguintes (ver a Figura 7.19):

- $x(v)$ é igual ao número de nodos visitados antes de v no caminhamento interfixado sobre T;
- $y(v)$ é igual à profundidade de v em T.

Nesta aplicação, assume-se uma convenção comum em computação gráfica, que diz que as coordenadas *x* crescem da esquerda para a direita e as coordenadas *y* crescem de cima para baixo. Portanto, a origem localiza-se no canto superior esquerdo da tela do computador.

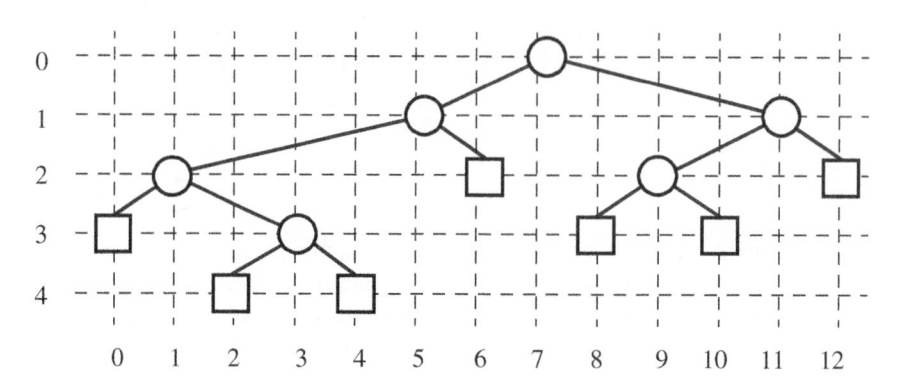

Figura 7.19 Algoritmo de desenho interfixado para uma árvore binária.

Caminhamento de Euler sobre uma árvore binária

Os algoritmos de caminhamento em árvores discutidos até agora são formas de iteradores. Cada caminhamento visita os nodos de uma árvore em uma ordem determinada e assegura que cada nodo seja visitado apenas uma vez. É possível unificar os algoritmos de caminhamento fornecidos anteriormente em uma única estrutura; porém, será necessário relaxar o requisito que exige que cada nodo seja visitado exatamente uma vez. O método de caminhamento resultante é chamado de **caminhamento de Euler** e será estudado em seguida. A vantagem deste caminhamento é que ele permite representar uma variedade de tipos de algoritmos com facilidade.

O caminhamento de Euler sobre uma árvore binária *T* pode ser informalmente definido como um "passeio" ao redor de *T*, no qual se inicia pela raiz em direção ao filho da esquerda, e se considera as arestas de *T* como sendo "paredes" que se devem sempre manter à esquerda (ver a Figura 7.20). Cada nodo *v* de *T* é visitado três vezes pelo caminhamento de Euler:

- "pela esquerda" (antes do caminhamento sobre a subárvore esquerda de *v*);
- "por baixo" (entre o caminhamento sobre as duas subárvores de *v*);
- "pela direita" (depois do caminhamento sobre a subárvore direita de *v*).

Se *v* é externo, então estas três "visitas", na verdade, ocorrem ao mesmo tempo. Descreve-se o caminhamento de Euler sobre a subárvore enraizada em *v* no Trecho de Código 7.26.

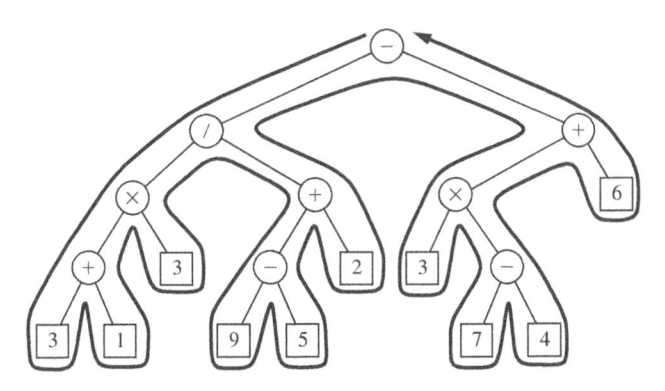

Figura 7.20 Caminhamento de Euler sobre uma árvore binária.

Algoritmo eulerTour(*T*,*v*):
    executar a ação prevista para o nodo *v* quando encontrado pela esquerda
    se *v* tem um filho da esquerda *u* em *T* **então**
        eulerTour(*T*,*u*)   {percorre recursivamente a subárvore esquerda de *v*}
    executa a ação de visita sobre *v* vindo de baixo
    se *v* tem um filho da direita *w* em *T* **então**
        eulerTour(*T*,*w*)   {percorre recursivamente a subárvore direita de *v*}
    executa a ação prevista para o nodo *v* pela direita

Trecho de Código 7.26 Caminhamento de Euler de uma árvore binária *T* com raiz no nodo *v*.

Os tempos de execução do caminhamento de Euler são fáceis de analisar, assumindo que a visita a cada nodo consome tempo $O(1)$. Uma vez que se consome um tempo constante em cada nodo da árvore durante o percurso, o tempo total de execução é $O(n)$.

O caminhamento prefixado sobre uma árvore binária é equivalente ao caminhamento de Euler na medida em que a ação associada a cada nodo ocorre apenas quando o nodo é encontrado pela esquerda. Da mesma forma, os caminhamentos interfixados e pós-fixados de uma árvore binária são equivalentes ao caminhamento de Euler na medida em que as ações associadas aos nodos ocorrem quando os nodos são encontrados por baixo ou pela direita, respectivamente. O caminhamento de Euler estende os caminhamentos prefixado, interfixado e pós-fixado, mas também pode executar outros tipos. Por exemplo, suponha que se deseja calcular o número de descendentes de cada nodo *v* em uma árvore binária com *n* nodos. Inicia-se o caminhamento de Euler inicializando o contador em 0, e então se incrementa o contador toda vez que se visita um nodo pela esquerda. Para determinar o número de descendentes de um nodo *v*, calcula-se a diferença entre o valor do contador quando *v* é visitado pela esquerda e quando é visitado pela direita e soma-se 1. Essa regra simples fornece o número de descendentes de *v*, porque cada nodo na subárvore com raiz em *v* é contado entre a visita a *v* pela direita e a visita a *v* pela esquerda. Dessa forma, tem-se um método que consome tempo $O(n)$ para calcular o número de descendentes de cada nodo.

Outra aplicação do caminhamento de Euler é a impressão de uma expressão aritmética organizada entre parênteses a partir de sua árvore (Exemplo 7.9). O algoritmo printExpression, apresentado no Trecho de Código 7.27, atinge este objetivo executando as seguintes ações durante o caminhamento de Euler:

- ação "pela esquerda": se o nodo é interno, imprimir "(";
- ação "por baixo": imprimir o valor ou operador armazenado no nodo;
- ação "pela direita": se o nodo é interno, imprimir ")".

Algoritmo printExpression(T,v):
  se T.isInternal(v) **então**
    imprimir "("
  se T.hasLeft(v) **então**
    printExpression(T,T.left(v))
  se T.isInternal(v) **então**
    imprimir o operador armazenado em v
  senão
    imprimir o valor armazenado em v
  se T.hasRight(v) **então**
    printExpression(T,T.right(v))
  se T.isInternal(v) **então**
    imprimir ")"

Trecho de Código 7.27 Um algoritmo para imprimir a expressão aritmética associada com a subárvore com raiz no nodo v da árvore T de uma expressão aritmética.

7.3.7 O padrão do método modelo

Os métodos de caminhamento em árvores descritos até aqui são, na verdade, exemplos de um padrão de software orientado a objetos, o *padrão do método modelo*. O padrão do método modelo descreve um mecanismo de computação genérico que pode ser especializado para uma aplicação particular pela redefinição de certos passos. Seguindo o padrão do método modelo, pode-se projetar um algoritmo que implementa o caminhamento genérico de Euler sobre uma árvore binária. Este algoritmo, chamado de templateEulerTour, é apresentado no Trecho de Código 7.28.

Algoritmo templateEulerTour(T,v):
  $r \leftarrow$ um objeto novo do tipo TourResult
  visitLeft(T,v,r)
  se T.hasLeft(v) **então**
    r.left $\leftarrow$ templateEulerTour(T,T.left(v))
  visitBelow(T,v,r)
  se T.hasRight(v) **então**
    r.right $\leftarrow$ templateEulerTour(T,T.right(v))
  visitRight(T,v,r)
  retorna r.out

Trecho de Código 7.28 Caminhamento de Euler sobre uma subárvore com raiz em um nodo v de uma árvore binária T, segundo o padrão do método modelo.

Quando chamado sobre um nodo *v*, o método templateEulerTour aciona diferentes métodos auxiliares, em diferentes fases do caminhamento. Na verdade, ele

- cria uma variável local *r* do tipo TourResult, que é usada para armazenar os resultados intermediários da computação e tem os campos left, right e out;
- chama o método auxiliar visitLeft(T,v,r), que executa os cálculos associados com o encontro do nodo pela esquerda;
- se *v* tem um filho da esquerda, chama a si mesmo recursivamente sobre o filho da esquerda de *v* e armazena o valor retornado em *r*.left;
- chama o método auxiliar visitBelow(T,v,r), que executa os cálculos associados com o encontro do nodo por baixo;
- se *v* tem um filho da direita, chama a si mesmo recursivamente sobre o filho da direita de *v* e armazena o valor retornado em *r*.right;
- chama o método auxiliar visitRight(T,v,r), que executa os cálculos associados com o encontro do nodo pela direita;
- retorna *r*.out.

O método templateEulerTour pode ser visto como um ***modelo*** ou "esqueleto" do caminhamento de Euler. (Ver o Trecho de Código 7.28.)

Implementação Java

A classe Java EulerTour, apresentada no Trecho de Código 7.29, implementa o caminhamento de Euler usando o padrão do método modelo. O caminhamento recursivo é executado pelo método eulerTour. Os métodos auxiliares chamados por eulerTour são vazios. Isto é, eles têm um corpo vazio ou apenas retornam null. A classe EulerTour é abstrata e não pode ser instanciada. Ela contém um método abstrato chamado de execute, que precisa ser especificado em uma subclasse concreta de EulerTour. A classe TourResult com os campos left, right e out não é apresentada.

```
/**
 * Modelo para os algoritmos de caminhamento sobre uma árvore binária usando
 * caminhamento de Euler. As subclasses desta classe irão refinar alguns dos métodos desta
 * classe para criar um caminhamento específico.
 */
public abstract class EulerTour<E, R> {
  protected BinaryTree<E> tree;
  /** Execução do caminhamento. Este método abstrato deve ser especificado em uma
   * subclasse concreta. */
  public abstract R execute(BinaryTree<E> T);
  /** Inicialização do caminhamento */
  protected void init(BinaryTree<E> T) { tree = T; }
  /** Método modelo */
  protected R eulerTour(Position<E> v) {
    TourResult<R> r = new TourResult<R>( );
    visitLeft(v, r);
    if (tree.hasLeft(v))
```

```
        r.left = eulerTour(tree.left(v));            // caminhamento recursivo
    visitBelow(v, r);
    if (tree.hasRight(v))
        r.right = eulerTour(tree.right(v));          // caminhamento recursivo
    visitRight(v, r);
    return r.out;
}
// Métodos auxiliares que podem ser redefinidos nas subclasses
/** Método chamado na visita pela esquerda */
protected void visitLeft(Position<E> v, TourResult<R> r) { }
/** Método chamado na visita por baixo */
protected void visitBelow(Position<E> v, TourResult<R> r) { }
/** Método chamado na visita pela direita */
protected void visitRight(Position<E> v, TourResult<R> r) { }
}
```

Trecho de Código 7.29 Classe EulerTour, que define um caminhamento genérico sobre uma árvore binária. Esta classe implementa o padrão de método modelo e deve ser especializada de maneira a obter um resultado interessante.

A classe EulerTour propriamente dita não faz nenhuma computação útil. Entretanto, pode-se estendê-la sobrecarregando os métodos auxiliares para que executem tarefas úteis. Demonstra-se este conceito usando árvores de expressões aritméticas (ver o Exemplo 7.9). Assume-se que uma árvore de expressão aritmética tem objetos do tipo ExpressionTerm em cada nodo. A classe ExpressionTerm tem as subclasses ExpressionValue (para variáveis) e ExpressionOperator (para operadores). Por sua vez, a classe ExpressionOperator tem subclasses para os operadores aritméticos, tais como AdditionOperator e MultiplicationOperator. O método value de ExpressionTerm é sobrecarregado por suas subclasses. Para uma variável, ele retorna o valor da variável. Para um operador, ele retorna o resultado da aplicação do operador sobre seus operandos. Os operandos de um operador são definidos pelo método setOperands de ExpressionOperator. No Trecho de Código 7.30, apresentam-se as classes ExpressionTerm, ExpressionVariable, ExpressionOperator e AdditionOperator.

```
/** Classe que representa um termo (operador ou variável) de uma expressão aritmética. */
public class ExpressionTerm {
    public Integer getValue( ) { return 0; }
    public String toString( ) { return new String(" "); }
}
/** Classe que representa uma variável de uma expressão aritmética. */
public class ExpressionVariable extends ExpressionTerm {
    protected Integer var;
    public ExpressionVariable(Integer x) { var = x; }
    public void setVariable(Integer x) { var = x; }
    public Integer getValue( ) { return var; }
    public String toString( ) { return var.toString( ); }
```

}
/** Classe que representa um operador de uma expressão aritmética. */
public class ExpressionOperator extends ExpressionTerm {
  protected Integer firstOperand, secondOperand;
  public void setOperands(Integer x, Integer y) {
    firstOperand = x;
    secondOperand = y;
  }
}
/** Classe que representa o operador de soma de uma expressão aritmética. */
public class AdditionOperator extends ExpressionOperator {
  public Integer getValue( ) {
    return (firstOperand + secondOperand);   //unboxing e então autoboxing
  }
  public String toString( ) { return new String(" + "); }
}

Trecho de Código 7.30   Classes para uma variável, operador genérico e operador de adição de uma expressão aritmética.

Nos Trechos de Código 7.31 e 7.32, são apresentadas as classes EvaluateExpressionTour e PrintExpressionTour, que especializam EulerTour avaliando e imprimindo a expressão aritmética armazenada em uma árvore binária, respectivamente. A classe EvaluateExpressionTour sobrecarrega o método visitRight(T,v,r) com as seguintes computações:

- se v é um nodo externo, atribua para r.out o mesmo valor de variável armazenado em v;
- senão (v é um nodo interno) combine r.left e r.right com o operador armazenado em v faça r.out ser igual ao resultado da operação.

A classe printExpressionTour sobrecarrega os métodos visitLeft, visitBelow e visitRight seguindo a abordagem da versão em pseudocódigo apresentada no Trecho de Código 7.27.

/** Calcula o valor de uma árvore de expressão aritmética. */
public class EvaluateExpressionTour extends EulerTour<ExpressionTerm, Integer> {
  public Integer execute(BinaryTree<ExpressionTerm> T) {
    init(T);   // chama o método da superclasse
    return eulerTour(tree.root( ));   // retorna o valor da expressão
  }
  protected void visitRight(Position<ExpressionTerm> v, TourResult<Integer> r) {
    ExpressionTerm term = v.element();
    if (tree.isInternal(v)) {
      ExpressionOperator op = (ExpressionOperator) term;
      op.setOperands(r.left, r.right);
    }

```
      r.out = term.getValue( );
   }
}
```

Trecho de Código 7.31 Classe EvaluateExpressionTour que especializa EulerTour para avaliar a expressão associada com uma árvore de expressão aritmética.

```
/** Imprime a expressão armazenada em uma árvore de expressão aritmética. */
public class PrintExpressionTour extends EulerTour<ExpressionTerm, String> {
   public String execute(BinaryTree<ExpressionTerm> T) {
      init(T);
      System.out.print("Expression: ");
      eulerTour(T.root( ));
      System.out.println( );
      return null;                        // não retorna nada
   }
   protected void visitLeft(Position<ExpressionTerm> v, TourResult<String> r) {
      if (tree.isInternal(v)) System.out.print("("); }
   protected void visitBelow(Position<ExpressionTerm> v, TourResult<String> r) {
      System.out.print(v.element( )); }
   protected void visitRight(Position<ExpressionTerm> v, TourResult<String> r) {
      if (tree.isInternal(v)) System.out.print(")"); }
}
```

Trecho de Código 7.32 Classe PrintExpressionTour que especializa EulerTour para imprimir a expressão associada com uma árvore de expressão aritmética.

7.4 Exercícios

Para obter os códigos-fonte dos exercícios, visite www.grupoa.com.br.

Reforço

R-7.1 Descreva um algoritmo para contar a quantidade de nodos esquerdos externos de uma árvore binária usando o TAD árvore binária.

R-7.2 As questões a seguir são relativas à árvore da Figura 7.3.

    a. Qual nodo é a raiz?

    b. Quais são os nodos internos?

    c. Quantos descendentes tem o nodo cs016/?

    d. Quantos ancestrais tem o nodo cs016/?

    e. Quais são os irmãos do nodo temas/?

    f. Que nodos pertencem à subárvore com raiz no nodo projetos/?

g. Qual é a profundidade do nodo trabalhos/?

h. Qual a altura da árvore?

R-7.3 Encontre o valor da expressão aritmética associada com cada subárvore da árvore binária da Figura 7.11.

R-7.4 Seja T uma árvore binária com n nodos que pode ser imprópria. Descreva como representar T como uma árvore binária **própria** T' com $O(n)$ nodos.

R-7.5 Quais são os números mínimo e máximo de nodos internos e externos em uma árvore binária imprópria com n nodos?

R-7.6 Mostre uma árvore que resulta no pior caso para o tempo de execução do algoritmo depth.

R-7.7 Apresente uma justificativa para a Proposição 7.4.

R-7.8 Qual é o tempo de execução do algoritmo height2(T,v) (Trecho de Código 7.6) quando ativado sobre um nodo v que não a raiz de T?

R-7.9 Seja T a árvore da Figura 7.3 e referindo-se aos Trechos de Código 7.9 e 7.10,

a. forneça a saída do algoritmo toStringPostorder(T,T.root( ));

b. forneça a saída do algoritmo parentheticRepresentation(T,T.root( )).

R-7.10 Descreva as modificações no método parentheticRepresentation, apresentado no Trecho de Código 7.10, de maneira que este use o método length( ) dos objetos String para exibir a representação entre parênteses de uma árvore, com a adição de quebras de linha e de espaços para exibir a árvore em uma janela de texto com 80 caracteres de largura.

R-7.11 Desenhe uma árvore que represente uma expressão com quatro nodos externos armazenando os números 1, 5, 6 e 7 (com cada número armazenado em um nodo externo, ainda que não necessariamente nesta ordem) e três nodos internos – cada um armazenando uma operação do conjunto { +, −, ×, /} de operadores aritméticos, de maneira que o valor da raiz seja 21. Os operadores podem retornar e agir sobre frações, e um operador pode ser usado mais de uma vez.

R-7.12 Seja T uma árvore ordenada com mais de um nodo. É possível que o caminhamento prefixado de T visite os nodos na mesma ordem que o caminhamento pós-fixado de T? Em caso afirmativo, forneça um exemplo; caso contrário, argumente por que isso não pode ocorrer. Da mesma forma, é possível que o caminhamento prefixado de T visite os nodos na ordem inversa do caminhamento pós-fixado? Em caso afirmativo, forneça um exemplo; caso contrário, argumente por que isso não pode ocorrer.

R-7.13 Responda a questão anterior para o caso de T ser uma árvore binária própria com mais de um nodo.

R-7.14 Qual é o tempo de execução de parentheticRepresentartion(T,T.root( )) (Trecho de Código 7.10) para uma árvore com n nodos?

R-7.15 Desenhe uma (única) árvore binária tal que:

- cada nodo interno de *T* armazene um único caracter;
- o caminhamento *prefixado* de *T* produza EXAMFUN;
- o caminhamento *interfixado* de *T* produza MAFXUEN.

R-7.16 Responda as seguintes questões de maneira a justificar a Proposição 7.10.

a. Qual é o número mínimo de nodos externos de uma árvore binária própria com altura *h*? Justifique sua resposta.

b. Qual é o número máximo de nodos externos de uma árvore binária própria com altura *h*? Justifique sua resposta.

c. Seja *T* uma árvore binária com altura *h* e *n* nodos, mostre que

$$\log(n + 1) - 1 \leq h \leq (n - 1)/2.$$

d. Para quais valores de *n* e *h* acima, os limites superior e inferior de *h* podem ser atendidos com equilíbrio?

R-7.17 Descreva uma generalização do caminhamento de Euler para árvores de maneira que cada nodo interno tenha três filhos. Descreva como você pode usar este caminhamento para computar a largura de cada nodo desta árvore.

R-7.18 Compute a saída do algoritmo toStringPostorder(*T*,*T*.root( )), a partir do Trecho de Código 7.12 sobre a árvore *T* da Figura 7.3.

R-7.19 Desenhe a execução do algoritmo diskSpace(*T*,*T*.root( )) (Trecho de Código 7.13) sobre a árvore *T* da Figura 7.9.

R-7.20 Seja *T* a árvore binária da Figura 7.11

a. Apresente a saída de toStringPostorder(*T*,*T*.root( )) (Trecho de Código 7.9).

b. Apresente a saída de parentheticRepresentation(*T*,*T*.root( )) (Trecho de Código 7.10).

R-7.21 Seja *T* a árvore binária da Figura 7.11.

a. Apresente a saída do algoritmo toStringPostorder(*T*,*T*.root( )) (Trecho de Código 7.12).

b. Apresente a saída do algoritmo printExpression(*T*,*T*.root( )) (Trecho de Código 7.27).

R-7.22 Descreva um algoritmo em pseudocódigo para computar a quantidade de descendentes de cada nodo de uma árvore binária. O algoritmo deve ser baseado no caminhamento de Euler.

R-7.23 Seja *T* uma árvore binária (possivelmente imprópria) com *n* nodos e que denote por *D* a soma das profundidades de todos os nodos externos de *T*. Mostre que se *T* tem o número mínimo de nodos externos possíveis, então *D* é $O(n)$; e que se *T* tem número máximo de nodos externos possível, então *D* é $O(n \log n)$.

R-7.24 Seja *T* uma árvore binária com *n* nodos e seja *p* a numeração dos níveis de *T*, como visto na Seção 7.3.5,

a. mostre que, para todo nodo *v* de *T*, $p(v) \leq 2^n - 1$;

b. mostre um exemplo de árvore binária com sete nodos que atinjam o limite superior acima no valor máximo de $p(v)$ para algum nodo v.

R-7.25 Mostre como usar o caminhamento de Euler para computar a numeração dos níveis definida na Seção 7.3.5 de cada nodo de uma árvore binária T.

R-7.26 Desenhe uma árvore binária que represente a seguinte expressão aritmética: "$(((5 + 2) * (2 - 1)) / ((2 + 9) + (7 - 2) - 1)) * 8)$".

R-7.27 Seja T uma árvore binária com n nodos que é implementada sobre uma lista arranjo, S, e seja p a numeração dos níveis de T como mostrado na Seção 7.3.5, apresente descrições em pseudocódigo para os métodos root, parent, left, right, hasLeft, hasRight, isInternal, isExternal e isRoot.

Criatividade

C-7.1 Mostre que existem mais de 2^n árvores binárias potencialmente impróprias diferentes com n nodos internos, onde duas árvores são consideradas diferentes se elas podem ser desenhadas com aparências diferentes.

C-7.2 Descreva um algoritmo eficiente para converter um string de parênteses totalmente balanceado em uma árvore equivalente. A árvore associada com tal string é definida recursivamente. O par mais externo de parênteses é associado com a raiz e cada substring dentro deste par, definida pelo substring entre dois parênteses balanceados, associada com uma subárvore desta raiz.

C-7.3 Para cada nodo v de uma árvore T, pre(v) é a colocação de v em um caminhamento prefixado sobre T; post(v) é a colocação de v em um caminhamento pós-fixado sobre T; depth(v) é a profundidade de v; e desc(v) é o número de descendentes de v sem contar o próprio v. Derive a fórmula que define post(v) em termos de desc(v), depth(v) e prev(v) para cada nodo v de T.

C-7.4 Seja T uma árvore cujos nodos armazenam strings. Forneça um algoritmo eficiente que calcule e imprima, para todo o nodo v de T, a string armazenada em v e a altura da subárvore com raiz em v.

C-7.5 Projete algoritmos para as seguintes operações de uma árvore binária T:
- preorderNext(v): retorna o nodo visitado depois do nodo v em um caminhamento prefixado sobre T.
- inorderNext(v): retorna o nodo visitado depois do nodo v em um caminhamento interfixado sobre T.
- postorderNext(v): retorna o nodo visitado depois do nodo v em um caminhamento pós-fixado sobre T.

Quais são os tempos de execução para o pior caso dos seus algoritmos?

C-7.6 Apresente um algoritmo $O(n)$ para calcular a profundidade de todos os nodos de uma árvore T, onde n é o número de nodos de T.

C-7.7 A representação indentada entre parênteses de uma árvore T é uma variação da representação entre parênteses de T (ver a Figura 7.7), que usa indentação e quebras de linha como demonstrado na Figura 7.21. Apresente um algoritmo que imprime esta representação de uma árvore.

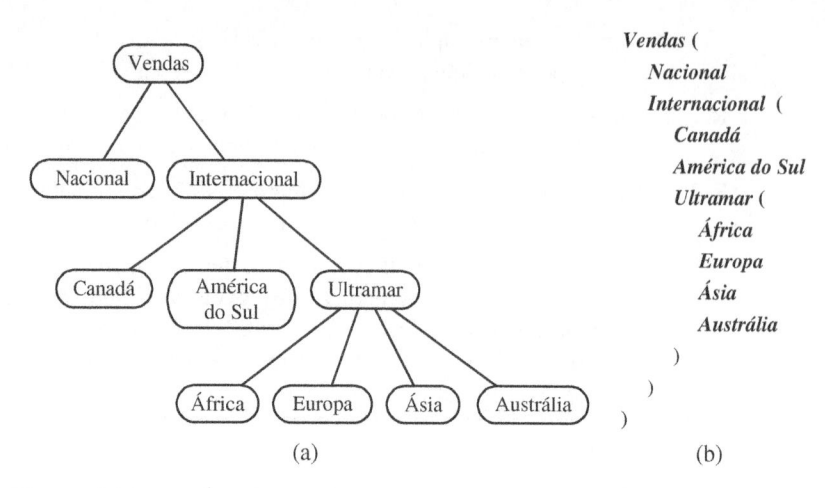

```
        Vendas                           Vendas (
       /      \                           Nacional
      /        \                          Internacional (
  Nacional   Internacional                  Canadá
             /    |    \                    América do Sul
                                            Ultramar (
  Canadá  América  Ultramar                   África
          do Sul   / | \ \                    Europa
                                              Ásia
          África Europa Ásia Austrália        Austrália
                                            )
              (a)                          )
                                         )
                                              (b)
```

Figura 7.21 (a) Árvore T; (b) representação indentada entre parênteses de T.

C-7.8 Seja T uma árvore binária (possivelmente imprópria) com n nodos, e seja D a soma das profundidades de todos os nodos externos de T. Descreva uma configuração para T onde D seja $\Omega(n^2)$. Essa árvore deve corresponder ao pior caso para o tempo de execução assintótico do algoritmo height1 (Trecho de Código 7.5).

C-7.9 Para uma árvore T, considere que n_I denota a quantidade de nodos internos e n_E denota a quantidade de nodos externos. Mostre que, se todo nodo interno de T tem exatamente três filhos, então $n_E = 2n_I + 1$.

C-7.10 Descreva como clonar uma árvore binária própria usando o método attach em vez dos métodos insertLeft e insertRight.

C-7.11 O *fator de balanceamento* de um nodo interno v de uma árvore binária própria é a diferença entre as alturas das subárvores direita e esquerda de v. Mostre como especializar o caminhamento de Euler da Seção 7.3.7 para imprimir os fatores de balanceamento de todos os nodos de uma árvore binária própria.

C-7.12 Duas árvores ordenadas T' e T'' são ditas *isomórficas* se uma das seguintes condições se aplicar:

- tanto T' como T'' são vazias;
- tanto T' como T'' consistem em apenas um nodo;
- tanto T' como T'' têm o mesmo número $k \geq 1$ de subárvores, e a i-ésima subárvore de T' é isomórfica à i-ésima subárvore de T'' para $i = 1, \ldots, k$.

Projete um algoritmo que testa quando duas árvores ordenadas são isomórficas. Qual o tempo de execução de seu algoritmo?

C-7.13 Estenda o conceito do caminhamento de Euler para uma árvore ordenada que não seja necessariamente binária.

C-7.14 Pode-se definir a *representação de uma árvore binária* T' de uma árvore genérica T como segue (Figura 7.22):

- Para cada nodo *u* de *T*, existe um nodo *u'* de *T'* associado com *u*.
- Se *u* é um nodo externo de *T*, e não existe um irmão que o segue, então os filhos de *u'* em *T'* são nodos externos.
- Se *u* é um nodo interno de *T*, e *v* é o primeiro filho de *u* em *T*, então *v'* é o filho da esquerda de *u'* em *T'*.
- Se o nodo *v* tem um irmão *w* que o segue, então *w'* é o filho da direita de *v'* em *T'*.

Fornecida tal representação *T'* de uma árvore ordenada genérica *T*, responda cada uma das questões que seguem:

a. O caminhamento prefixado sobre *T'* é equivalente ao caminhamento prefixado sobre *T*?

b. O caminhamento pós-fixado sobre *T'* é equivalente ao caminhamento pós-fixado sobre *T*?

c. O caminhamento interfixado de *T'* é equivalente a algum dos caminhamentos padrão sobre *T*? Em caso positivo, qual deles?

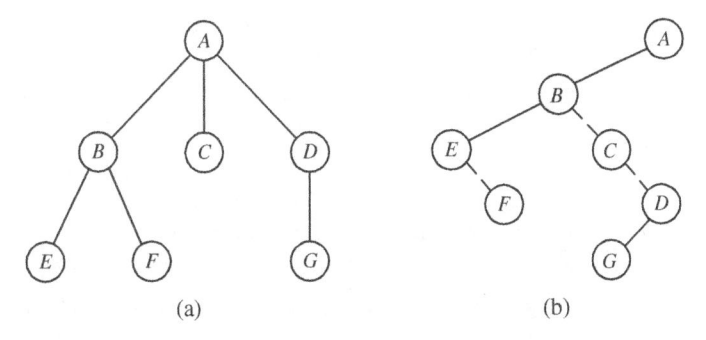

Figura 7.22 Representação de uma árvore binária: (a) árvore *T*; (b) árvore binária *T'* correspondente a *T*. As arestas tracejadas conectam nodos de *T'* que correspondem a irmãos em *T*.

C-7.15 Como foi mencionado no Exercício 5.8, a **notação pós-fixada** é uma forma não ambígua de escrever expressões aritméticas sem usar parênteses. Se for definido que "(exp_1)**op**(exp_2)" é uma expressão entre parênteses normal (interfixada) com operador **op**, então o pós-fixado equivalente é "$pexp_1$ $pexp_2$ **op**", onde $pexp_1$ é a versão pós-fixada de exp_1, e $pexp_2$ é a versão pós-fixada de exp_2. A versão pós-fixada de um único número ou variável é o próprio número ou variável. Assim, por exemplo, a versão pós-fixada da expressão interfixada "((5 + 2) ∗ (8 − 3)) /4" é "5 2 + 8 3 − ∗ 4 /". Forneça um algoritmo eficiente para converter uma expressão interfixada em sua equivalente em notação pós-fixada. (Dica: primeiro converta a expressão interfixada em sua árvore binária equivalente, usando o algoritmo do Trecho de Código 7.21.)

C-7.16 Sendo dada uma árvore binária própria T, defina o **reflexo** de T como sendo uma árvore binária T' tal que cada nodo v de T esteja também em T', mas de maneira que o filho da esquerda de v em T seja o filho da direita de v em T' e o filho da direita de v em T seja o filho da esquerda de v em T'. Mostre que um caminhamento prefixado sobre uma árvore binária T é o mesmo que o caminhamento pós-fixado sobre o reflexo de T, mas na ordem inversa.

C-7.17 O algoritmo preorderDraw desenha uma árvore binária T atribuindo coordenadas x e y para cada nodo v, de maneira que $x(v)$ é igual ao número de nodos que precede v no caminhamento prefixado de T, e $y(v)$ é igual à profundidade de v em T. O algoritmo postOrderDraw é similar a preorderDraw, mas atribui as coordenadas x usando um caminhamento pós-fixado.

    a. Mostre que o desenho de T produzido pelo algoritmo preorderDraw não apresenta arestas que se cruzem.

    b. Redesenhe a árvore binária da Figura 7.19, usando o algoritmo preorderDraw.

    c. Mostre que o desenho de T produzido pelo algoritmo postorderDraw não apresenta arestas que se cruzem.

    d. Redesenhe a árvore binária da Figura 7.19, usando o algoritmo postorderDraw.

C-7.18 Projete um algoritmo para desenhar árvores genéricas que generaliza a abordagem do caminhamento interfixado para o desenho de árvores binárias.

C-7.19 Considere que a ação a ser aplicada durante o caminhamento de Euler seja denotada pelo par (v,a), onde v é o nodo visitado e a é da **esquerda**, **abaixo** ou da **direita**. Projete e analise um algoritmo que execute a operação tourNext(v,a) que retorna a ação (w,b) que segue (v,a).

C-7.20 Considere uma variação da estrutura de dados encadeada para árvores binárias na qual cada objeto nodo tem referências para os objetos nodo filhos, mas não para o objeto nodo pai. Descreva a implementação dos métodos de uma árvore binária com esta estrutura e analise a complexidade temporal destes métodos.

C-7.21 Projete uma implementação alternativa para a estrutura de dados encadeada para árvores binárias usando uma classe para os nodos que seja especializada em subclasses para nodo interno, nodo externo e raiz.

C-7.22 Usando uma estrutura de dados encadeada para árvores binárias, explore um projeto alternativo para implementar os iteradores retornados pelos métodos iterator( ), positions( ).iterator( ) e children(v).iterator( ) de maneira que cada um desses métodos execute em tempo $O(1)$. É possível obter implementações de tempo constante para os métodos de iteração hasNext( ) e next( ) dos iteradores retornados?

C-7.23 Seja T uma árvore com n nodos. Defina o **ancestral comum mais baixo** (ACB) entre dois nodos v e w como o nodo mais baixo de T que tem ambos, v e w como descendentes (neste caso permitimos que um nodo seja descendente de si mesmo). Dados dois nodos v e w, descreva um algoritmo eficiente para encontrar o ACB de v e w. Qual é o tempo de execução do algoritmo?

C-7.24 Seja T uma árvore com n nodos e para cada nodo v de T denotamos d_v a profundidade de v em T. A *distância* entre dois nodos v e w em T é $d_v + d_w - 2d_u$, onde u é o ACB u de v e w (como definido no exercício anterior). O *diâmetro* de T é a distância máxima entre dois nodos em T. Descreva um algoritmo eficiente para encontrar o diâmetro de T. Qual é o tempo de execução de seu algoritmo?

C-7.25 Suponha que cada nodo v de uma árvore binária T seja rotulado com seu valor $p(v)$ em um dos níveis numerados de T. Projete um método rápido para determinar $p(u)$ para o ancestral comum mais baixo (ACB), u, entre dois nodos v e w de T, dados $p(v)$ e $p(w)$. Não é necessário determinar u, apenas calcular o número que identifica seu nível.

C-7.26 Justifique os limites da Tabela 7.3 com uma análise detalhada dos tempos de execução dos métodos de uma árvore binária T, implementada sobre uma lista arranjo S, onde S é definida sobre um arranjo.

C-7.27 Justifique a Tabela 7.1 resumindo o tempo de execução dos métodos de uma árvore representada com uma estrutura encadeada apresentando, para cada método, uma descrição de sua implementação e uma análise do tempo de execução.

C-7.28 Descreva um método não recursivo para avaliar uma árvore binária que representa uma expressão aritmética.

C-7.29 Seja T uma árvore binária com n nodos, defina um *nodo romano* como sendo um nodo v de T, de maneira que o número de descendentes na subárvore esquerda de v diferencie-se do número de descendentes da subárvore direita de v por no máximo 5. Descreva um método com tempo de execução linear para encontrar cada nodo v de T, tal que v não seja um nodo romano, mas que todos os seus descendentes o sejam.

C-7.30 Descreva um método não recursivo para executar o caminhamento de Euler sobre uma árvore binária que execute em tempo linear e não use uma pilha.

C-7.31 Descreva em pseudocódigo um método não recursivo para executar o caminhamento interfixado sobre uma árvore binária em tempo linear.

C-7.32 Seja T uma árvore binária com n nodos (T pode ser implementada usando uma lista arranjo ou uma estrutura encadeada). Forneça um método de tempo linear que use métodos da interface BinaryTree para percorrer os nodos de T por meio do incremento dos valores da função de numeração por nível p apresentada na Seção 7.3.5. Esse caminhamento é conhecido como *caminhamento por nível*.

C-7.33 O *tamanho do caminho* de uma árvore T é a soma das profundidades de todos os nodos de T. Descreva um método com tempo de execução linear para calcular o tamanho do caminho de uma árvore T (que não é necessariamente binária).

C-7.34 Defina o *tamanho do caminho interno*, $I(T)$, de uma árvore T como sendo a soma das profundidades de todos os nodos internos de T. Da mesma forma, defina o *tamanho do caminho externo*, $E(T)$, de uma árvore T como sendo a soma das profundidades de todos os nodos externos de T. Mostre que se T é uma árvore binária com n nodos internos, então $E(T) = I(T) + n - 1$.

Projetos

P-7.1 Escreva um programa que recebe como entrada uma árvore enraizada T e um nodo v de T e converte T em outra árvore com o mesmo conjunto de nodos adjacentes, mas agora enraizada em v.

P-7.2 Implemente o TAD árvore binária usando uma lista arranjo.

P-7.3 Implemente o TAD árvore binária usando uma lista encadeada.

P-7.4 Escreva um programa capaz de desenhar uma árvore binária.

P-7.5 Uma *planta baixa fatiada* é a decomposição de um retângulo com lados horizontais e verticais usando *cortes* horizontais e verticais. (Veja a Figura 7.23a.) Uma planta baixa fatiada pode ser representada por uma árvore binária chamada de *árvore de fatias*, cujos nodos internos representam os cortes e os nodos externos representam os retângulos básicos em que o chão é dividido pelos cortes. (Veja a Figura 7.23b.) O *problema da compactação* é definido como segue. Pressuponha que para cada retângulo básico de uma planta baixa fatiada atribui-se uma largura mínima w e uma altura mínima h. O problema da compactação é encontrar a menor largura e altura para cada retângulo da planta baixa que seja compatível com as dimensões mínimas de cada retângulo básico. Em outras palavras, este problema requer a atribuição de valores h(v) e w(v) para cada nodo v da árvore de fatias de maneira que:

$$w(v) = \begin{cases} w & \text{se } v \text{ for um nodo externo cujo retângulo base tem a largura mínima } w \\ \max(w(w), w(z)) & \text{se } v \text{ for um nodo interno associado com um corte horizontal com o filho da esquerda } w \text{ e da direita } z \\ w(w) + w(z) & \text{se } v \text{ for um nodo interno associado com um corte vertical com o filho da esquerda } w \text{ e da direita } z \end{cases}$$

$$h(v) = \begin{cases} h & \text{se } v \text{ for um nodo externo cujo retângulo base tem a altura mínima } h \\ h(w) + h(z) & \text{se } v \text{ for um nodo interno associado com um corte horizontal com o filho da esquerda } w \text{ e da direita } z \\ \max(h(w), h(z)) & \text{se } v \text{ for um nodo interno associado com um corte vertical com o filho da esquerda } w \text{ e da direita } z \end{cases}$$

Projete uma estrutura de dados para plantas baixas fatiadas que suporte as operações:

- criar uma planta baixa composta de retângulos básicos individuais;
- decompor um retângulo básico por meio de um corte horizontal;
- decompor um retângulo básico por meio de um corte vertical;
- atribuir uma altura e largura mínima a um retângulo básico;
- desenhar a árvore de fatias associada à planta baixa;
- compactar e desenhar a planta baixa.

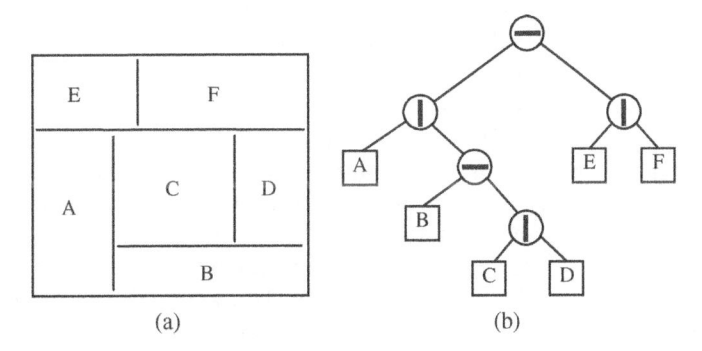

Figura 7.23 (a) Planta baixa fatiada; (b) árvore de fatias associada com a planta baixa.

P-7.6 Escreva um programa que receba como entrada uma expressão aritmética toda entre parênteses e a converta em uma árvore binária que representa uma expressão. Seu programa deve exibir a árvore de alguma forma e também imprimir o valor associado com a raiz. Como desafio adicional, permita que se armazene nas folhas variáveis da forma x_1, x_2, x_3 e, assim por diante que são inicializadas com 0 e que podem ser atualizadas interativamente por meio do programa, atualizando de forma coerente o valor impresso que corresponde ao valor da raiz da árvore que representa a expressão.

P-7.7 Escreva um programa capaz de desenhar uma árvore genérica.

P-7.8 Escreva um programa que permita tanto entrar como exibir a árvore genealógica de alguém.

P-7.9 Implemente o TAD árvore usando a representação por árvores binárias descrita no Exercício C-7.14. Você pode reusar a implementação de LinkedBinaryTree para árvores binárias.

P-7.10 Escreva um programa que visualiza o caminhamento de Euler sobre uma árvore binária própria, incluindo os movimentos nodo a nodo e as ações associadas com as visitas pela esquerda, por baixo e pela direita. Demonstre seu programa fazendo-o computar e mostrar os rótulos prefixados, interfixados e pós-fixados, bem como contadores de ancestrais e contadores de descendentes para cada nodo da árvore (não necessariamente todos ao mesmo tempo).

P-7.11 A codificação de expressões aritmética apresentada nos Trechos de Código 7.29-7.32 funciona apenas para expressões inteiras com operador de soma. Escreva um programa Java que possa calcular expressões arbitrárias com qualquer tipo numérico de objeto.

P-7.12 Escreva um programa que efetivamente possa jogar o jogo da velha (ver Seção 3.1.5). Para tanto, será necessário criar uma *árvore de jogadas* T, que é uma árvore na qual cada nodo representa uma *configuração de jogada*, o que, nesse caso, corresponde a uma representação do tabuleiro do jogo da velha. O nodo raiz corresponde à configuração inicial. Para cada nodo interno v de T, os filhos de v correspondem aos estados do jogo possíveis de serem alcançados a partir do estado inicial em uma única jogada do jogador da vez, A (o primeiro jogador) ou B (o segundo jogador). Nodos de profundidade par correspondem a jogadas de A e nodos de profundidade ímpar correspondem a jogadas de B. Nodos externos podem tanto ser estados finais do jogo quanto estar localizados em uma profundidade que não se deseja explorar. Para cada nodo externo atribui-se um valor que indica quão bom este estado é para o jogador A. Em jogos mais complexos, como o xadrez, é necessário adotar uma função heurística para atribuir este valor, mas para jogos simples, como jogo da velha, pode-se construir toda a árvore de jogadas e atribuir valor para os nodos com $+1$, 0, -1, indicando se o jogador A tem a ganhar ou a perder com esta configuração. Um bom algoritmo de seleção de jogadas é o *minimax*. Neste algoritmo, atribui-se um valor para cada nodo interno v de T, de maneira que se v representa a vez de A, calcula-se o valor de v como o valor máximo dos filhos de v (que corresponde à melhor jogada para A a partir de v). Se um nodo interno v representa a vez de B, então calcula-se o valor de v como o menor valor dos filhos de v (o que corresponde à melhor jogada para B a partir de v).

Observações sobre o capítulo

Discussões sobre os caminhamentos clássicos, prefixado, interfixado e pós-fixado podem ser encontradas no livro do Knut, Fundamental Algorithms [62]. O caminhamento de Euler é originário da comunidade de processamento paralelo e foi introduzido por Tarjan e Vishkin [89] e discutido por JáJá [53] e por Karp e Ramachandran [57]. O algoritmo de desenho de uma árvore é genericamente considerado como parte do "folclore" dos algoritmos de desenho de grafos. Para o leitor interessado no desenho de grafos, indica-se o livro de Di Battista, Eades, Tamassia e Tolis [28] e a revisão de Tamassia e Liotta [88]. O quebra-cabeça do Exercício R-7.11 foi apresentado por Micha Sharir.

Capítulo 8

Heaps e Filas de Prioridade

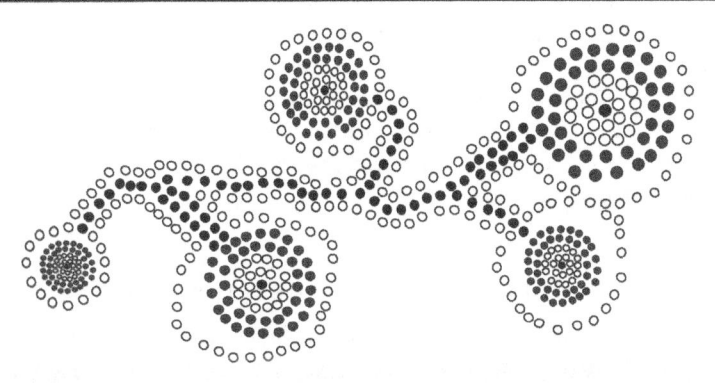

Sumário

8.1	**O tipo abstrato de dados fila de prioridade**	**338**
	8.1.1 Chaves, prioridades e relações de ordem total	338
	8.1.2 Entradas e comparadores	339
	8.1.3 O TAD fila de prioridade	341
	8.1.4 Ordenando com uma fila de prioridade	342
8.2	**Implementando uma fila de prioridade com listas**	**343**
	8.2.1 Implementação de uma fila de prioridade em Java usando uma lista	345
	8.2.2 Selection-sort e insertion-sort	347
8.3	**Heaps**	**349**
	8.3.1 A estrutura de dados heap	350
	8.3.2 Árvores binárias completas e suas representações	352
	8.3.3 Implementando uma fila de prioridade com um heap	357
	8.3.4 Implementação em Java	362
	8.3.5 Heap-sort	365
	8.3.6 Construção bottom-up do heap ★	367
8.4	**Filas de prioridade adaptáveis**	**370**
	8.4.1 Usando a classe java.util.PriorityQueue	371
	8.4.2 Entradas conscientes de localização	372
	8.4.3 Implementando uma fila de prioridade adaptável	374
8.5	**Exercícios**	**376**

8.1 O tipo abstrato de dados fila de prioridade

Uma *fila de prioridade* é um tipo abstrato de dados para armazenar uma coleção de elementos priorizados que suporta a inserção de elementos arbitrários, mas suporta a remoção de elementos em ordem de prioridade, ou seja, o elemento com prioridade mais alta pode ser removido a qualquer momento. Esse TAD é fundamentalmente diferente das estruturas de dados posicionais discutidas nos capítulos anteriores, como pilhas, filas, deques, sequências e mesmo árvores. Essas estruturas de dados armazenam elementos em posições específicas, que são frequentemente posições em uma estrutura linear de elementos, determinada pela sequência efetuada de inserções e remoções. O TAD fila de prioridade armazena elementos de acordo com suas prioridades, e não tem noção de "posição".

8.1.1 Chaves, prioridades e relações de ordem total

As aplicações comumente requerem a comparação e classificação de objetos de acordo com parâmetros ou propriedades, chamadas de "chaves", que são associadas a cada objeto em uma coleção. Formalmente, uma *chave* é definida como um objeto associado a um elemento como seu atributo específico, e que pode ser usada para identificar ou ponderar esse elemento. É importante observar que a chave é associada a um elemento, tipicamente por um usuário ou aplicação, e por isso pode representar uma propriedade que um objeto não possui originalmente.

No entanto, a chave que uma aplicação associa a um objeto não é necessariamente única, e uma aplicação pode alterar a chave de um elemento se for necessário. Por exemplo, podemos comparar companhias por seus lucros ou pelo número de funcionários. Portanto, qualquer um desses parâmetros pode ser usado como chave para uma companhia, dependendo da informação que se deseja buscar. De forma similar, pode-se comparar restaurantes pela qualificação dada por um gastrônomo ou pelo preço médio da refeição. Para obter maior generalidade, portanto, pode-se permitir que uma chave seja do tipo mais adequado a uma aplicação.

Como no exemplo sobre o aeroporto, a chave usada para comparações é frequentemente mais do que um simples valor numérico como preço, tamanho, peso ou velocidade. Ou seja, uma chave pode ser uma propriedade mais complexa, que não pode ser quantificada com um simples número. Por exemplo, a prioridade de passageiros em espera é geralmente determinada levando-se em conta vários fatores diferentes, como condição de viajante frequente, tarifa paga e hora de chegada. Em algumas aplicações, a chave para um objeto é parte do próprio objeto (por exemplo, pode ser o preço de um livro ou o peso de um automóvel). Em outras aplicações, a chave não faz parte do objeto, mas é associada a ele pela aplicação (por exemplo, o grau de retorno de uma ação dada por um analista de finanças, ou a prioridade dada a um passageiro pelo atendente de embarque).

Comparando chaves com ordens totais

Uma fila de prioridade precisa de uma regra de comparação que nunca se contradiga. Para que uma regra de comparação (denotada $\leq$) seja robusta, ela deve definir uma relação de *ordem total*, o que significa dizer que a regra de comparação é definida para cada par de chaves e deve satisfazer as seguintes propriedades:

- **Propriedade reflexiva**: $k \leq k$.
- **Propriedade antissimétrica**: se $k_1 \leq k_2$ e $k_2 \leq k_1$, então $k_1 = k_2$.
- **Propriedade transitiva**: se $k_1 \leq k_2$ e $k_2 \leq k_3$, então $k_1 \leq k_3$.

Qualquer regra de comparação $\leq$ que satisfaça essas três propriedades nunca levará a uma contradição nas comparações. De fato, uma regra assim define uma relação de ordem linear sobre um conjunto de chaves; assim, se uma coleção (finita) de elementos tem uma ordem total definida para si, então a noção de uma **menor** chave k_{min} é bem definida, como uma chave para a qual $k_{min} \leq k$ para qualquer outra chave k na coleção.

Uma *fila de prioridade* é um contêiner de elementos, cada um tendo uma chave associada atribuída no instante em que o elemento é inserido. Um par chave-valor inserido em uma fila com prioridade é chamado de uma **entrada** da fila com prioridade. O nome "fila de prioridade" vem do fato de que as chaves fornecem a "prioridade" usada para escolher elementos a serem removidos. Os dois métodos fundamentais de uma fila de prioridade P são:

- insert(k,e): insere o elemento e com chave k em P;
- removeMin( ): retorna e remove de P o elemento com a menor chave, ou seja, um elemento cuja chave é menor ou igual à chave de qualquer outro elemento em P.

Às vezes, as pessoas se referem ao método removeMin como o método "extractMin", para enfatizar que este método simultaneamente remove e retorna o elemento com a menor chave em P. Há muitas aplicações em que as operações de insert e removeMin desempenham um papel importante. Uma aplicação assim é analisada no exemplo que se segue.

Exemplo 8.1 *Suponha que um voo está totalmente reservado uma hora antes da decolagem. Por causa da possibilidade de cancelamentos, a companhia aérea mantém uma fila de prioridade de passageiros em espera por um assento. A prioridade de cada passageiro é determinada pela companhia levando em conta a tarifa paga, a condição (ou não) de cliente frequente do passageiro e desde quando o passageiro está à espera do lugar. Uma referência para o passageiro em espera é inserida na fila de prioridade com uma operação de* insert. *Pouco antes da saída do voo, se houver lugares disponíveis (por exemplo, devido a ausências ou cancelamentos) a companhia remove da fila de prioridade o passageiro em espera com maior prioridade usando uma operação* removeMin, *e dá um lugar a ele. O processo é repetido até que todos os lugares livres tenham sido tomados ou que a fila de prioridade esteja vazia.*

8.1.2 Entradas e comparadores

Existem dois tópicos importantes indeterminados até este ponto:

- Como manter o rastro de associações entre chaves e valores?
- Como comparar chaves e determinar a menor chave?

Responder essas questões envolve o uso de dois interessantes padrões de projeto.

A definição da fila de prioridade cria implicitamente o uso de dois tipos especiais de objetos que respondem as questões anteriores, *entrada* (*entry*) e *comparador* (*comparator*), os quais serão discutidos nesta subseção.

Entradas

Uma entrada é uma associação entre uma chave k e um valor x, isto é, uma *entrada* é simplesmente o par chave-valor. Usam-se entradas na fila de prioridade Q para se ter noção de como Q associa chaves com seus respectivos valores.

Uma entrada é realmente um exemplo mais abrangente de um padrão de projeto orientado a objetos, o *padrão composição*, o qual define um simples objeto que é composto de outros objetos. Usa-se este padrão na fila de prioridade quando definem-se as entradas que estão sendo armazenadas na lista de prioridade como sendo pares consistindo de uma chave k e um valor x. Um par é a composição mais simples, para combinar dois objetos em um simples objeto (o par). Para implementar este conceito, define-se uma classe que armazena dois objetos na primeira e na segunda variável de instância, respectivamente, e fornece métodos para acessar e alterar estas variáveis.

O Trecho de Código 8.1, mostra uma implementação de entradas no padrão composição, armazenando pares chave-valor em uma fila de prioridade. Implementa-se esta composição como uma interface chamada de Entry (o pacote java.util inclui uma interface Entry similar). Outros tipos de composições incluem triplos, os quais armazenam três objetos; quádruplos, os quais armazenam quatro objetos, e assim por diante.

```
/** Interface para entrada do par chave-valor. **/
public interface Entry<K,V> {
  /** Retorna uma chave armazenada nesta entrada. */
  public K getKey( );
  /** Retorna o valor armazenado nesta entrada. */
  public V getValue( );
}
```

Trecho de Código 8.1 Interface Java para uma entrada que armazena o par chave-valor em uma fila de prioridade.

Comparadores

Outro importante tópico no TAD fila de prioridade que é preciso definir é como especificar a relação a ser usada para comparar chaves. Uma possibilidade é implementar uma fila de prioridade diferente para cada tipo de chave que se deseja usar e para cada forma possível de comparar tais chaves. O problema desta abordagem é que ela não é genérica, e requer que sejam criados muitos códigos similares.

Uma estratégia alternativa seria exigir que as chaves pudessem comparar a si mesmas. Essa solução permite a criação de uma classe de fila de prioridade genérica que armazena instâncias de uma classe de chaves que possui uma *ordenação natural* bem estabelecida, isto é, uma forma natural de comparar estas chaves de maneira que elas definem uma ordem total. Este tipo de ordenação é obtido em Java, por exemplo, por objetos que implementam a interface java.lang.Comparable. Essa solução é uma melhoria em relação a uma abordagem específica, uma vez que permite que uma única classe de fila de prioridade possa tratar muitos tipos diferentes de chaves. Mas existem contextos nos quais essa solução exige demais das chaves, tal como quando existem pelo menos duas formas naturais de compará-las, como no exemplo que segue.

Exemplo 8.2: *Existem pelo menos duas formas de comparar as strings* "4" *e* "12". *Usando* **ordenação lexicográfica**, *que é uma extensão da ordenação alfabética para Unicode, tem-se* "4" > "12". *Entretanto, se essas strings forem interpretadas como inteiros, então* "4" < "12".

Assim, para obter a forma mais genérica e reutilizável de fila de prioridade, não se deve esperar que as chaves forneçam seu próprio mecanismo de comparação. Em vez disso, usam-se objetos *comparadores* especiais, que são externos às chaves e fornecem as regras de comparação. Um comparador é um objeto que compara duas chaves. Pressupõe-se que uma fila de prioridade P recebe um comparador quando é construída, e pode-se imaginar que uma fila de prioridade receba outro comparador se o antigo ficar "desatualizado". Quando P precisa comparar duas chaves, ela usa o comparador para fazer as comparações. Assim, um programador pode escrever uma implementação genérica para uma fila de prioridade que funcione corretamente em uma variedade de contextos. Formalmente, o TAD comparador fornece o seguinte método:

compare(a, b): Retorna um valor inteiro i onde $i < 0$ se $a < b$, $i = 0$ se $a = b$ e $i > 0$ se $a > b$; um erro ocorre se a e b não podem ser comparados.

A interface padrão Java java.util.Comparator corresponde ao TAD comparador descrito acima, o qual oferece uma forma geral, dinâmica e reutilizável de comparar objetos. Isto também inclui um método equals( ) para comparar um comparador com outros comparadores.

8.1.3 O TAD fila de prioridade

Tendo descrito os padrões composição e comparador, será definido agora o TAD fila de prioridade, que suporta os seguintes métodos para a fila de prioridade P:

size( ): retorna o número de entradas em P;

isEmpty( ): testa se P está vazia;

min( ): retorna (mas não remove) uma entrada de P com a menor chave; uma condição de erro ocorre se P estiver vazia;

insert(k, x): insere em P a chave k com o valor x e retorna a entrada armazenada; uma condição de erro ocorre se k é inválido (isto é, k não pode ser comparado com outras chaves);

removeMin( ): remove de P e retorna uma entrada com a menor chave; uma condição de erro ocorre se P estiver vazia.

Como mencionado acima, os métodos primários do TAD fila de prioridade são as operações de insert e removeMin. Os outros métodos são a operação de consulta min e operações gerais de coleções size e isEmpty. É permitido que uma fila de prioridade tenha múltiplas entradas com a mesma chave.

Exemplo 8.3 *A tabela que segue apresenta uma série de operações e seus efeitos sobre uma fila com prioridades P inicialmente vazia. Denota-se com e_i a entrada retornada pelo método* insert. *A coluna "Fila de prioridade" é de certa forma enganosa, uma vez que apresenta as entradas ordenadas pela chave. Isso é mais do que o que é exigido de uma fila de prioridade.*

Operação	Saída	Fila de prioridade
insert(5, A)	$e_1[= (5, A)]$	{(5, A)}
insert(9, C)	$e_2[= (9, C)]$	{(5, A), (9, C)}
insert(3, B)	$e_3[= (3, B)]$	{(3, B), (5, A), (9, C)}
insert(7, D)	$e_4[= (7, D)]$	{(3, B), (5, A), (7, D), (9, C)}
min( )	e_3	{(3, B), (5, A), (7, D), (9, C)}
removeMin( )	e_3	{(5, A), (7, D), (9, C)}
size( )	3	{(5, A), (7, D), (9, C)}
removeMin( )	e_1	{(7, D), (9, C)}
removeMin( )	e_4	{(9, C)}
removeMin( )	e_2	{ }

8.1.4 Ordenando com uma fila de prioridade

Outra aplicação importante de uma fila de prioridade é a ordenação, na qual se tem uma coleção S de n elementos que podem ser comparados com uma relação de ordem total e devem ser rearranjados em ordem crescente (ou em ordem não decrescente, se houver empates). O algoritmo para ordenar S com uma fila de prioridade Q, chamado de PriorityQueueSort, é bastante simples e consiste nas duas fases a seguir:

1. Na primeira fase, os elementos de S são colocados em uma fila de prioridade P inicialmente vazia por meio de uma série de operações insert, uma para cada elemento.
2. Na segunda fase, os elementos de P são retirados em ordem não decrescente por meio de n operações removeMin, colocando-os novamente em S em ordem.

O pseudocódigo desse algoritmo é mostrado no Trecho de Código 8.2, pressupondo que S é uma sequência (um pseudocódigo para um tipo de coleção diferente, como uma lista ou arranjo, seria semelhante). O algoritmo funciona corretamente para qualquer fila de prioridade P, não interessando como P é implementada. Entretanto, o tempo de execução do algoritmo é determinado pelos tempos de execução das operações insert e removeMin, que dependem de como P é implementada. Assim, PriorityQueueSort deve ser considerada mais um "esquema" de ordenação do que um algoritmo, porque ele não especifica como P deve ser implementada. O esquema PriorityQueueSort é o paradigma de vários algoritmos populares de ordenação, incluindo selection-sort, insertion-sort e heap-sort, que serão discutidos neste capítulo.

Algoritmo PriorityQueueSort(S,P):
  Entrada: uma sequência S armazenando n elementos para os quais uma relação de ordem total está definida e uma fila de prioridade P que compara chaves usando a mesma relação de ordem total.
  Saída: a sequência S ordenada pela relação de ordem total.
  enquanto !S.isEmpty() **faça**
    $e \leftarrow S$.removeFirst()
    P.insert(e,Ø)   {um valor nulo é utilizado}
  enquanto !P.isEmpty() **faça**
    $e \leftarrow P$.removeMin().getKey()
    S.addLast(e)   {o menor elemento de P é adicionado no final de S}

Trecho de Código 8.2   Algoritmo PriorityQueueSort. Observe que os elementos da sequência de entrada S servem como chaves da fila de prioridade P.

8.2 Implementando uma fila de prioridade com listas

Nesta seção, será apresentado como implementar uma fila de prioridade por meio do armazenamento de entradas em uma lista S. (Ver Capítulo 6.2.) Duas alternativas são fornecidas, dependendo se as chaves em S forem mantidas ordenadas ou não. Quando é analisada a execução dos métodos da fila de prioridades implementados com uma lista, assume-se que a comparação das duas chaves ocorrem em um tempo $O(1)$.

Implementação com uma lista não ordenada

Como na nossa primeira implementação de fila de prioridade P, considera-se o armazenamento das entradas de P em uma lista S, onde S é implementada com uma lista duplamente encadeada. Dessa forma, os elementos de S são pares (k, x), onde k é uma chave e x é um valor.

Uma forma simples de implementar o método insert(k, x) em P é criar um novo objeto $e = (k, x)$ e adicioná-lo no final da lista S, executando o método addLast(e) de S. Esta implementação do método insert tem tempo $O(1)$.

Esta escolha implica que S não será ordenada, pois a inserção sempre no final de S não leva em conta a ordem das chaves. Como consequência, para realizar a operação min ou removeMin em P, deve-se inspecionar todos os elementos a lista S para encontrar o elemento (k, x) de S com o menor valor de k. Assim os métodos min e removeMin levam tempo $O(n)$ onde n é o número de elementos em P no tempo em que o método é executado. Adicionalmente, esses métodos são executados em tempo proporcional a n, mesmo no melhor caso, pois cada um deles requer que toda a lista seja pesquisada para se encontrar o menor elemento. Ou seja, usando a notação apresentada na Seção 4.2.3, pode-se dizer que esses métodos são executados em tempo $\Theta(n)$. Enfim, implementam-se os métodos size e isEmpty que simplesmente retornam a saída das execuções dos métodos correspondentes da lista S.

Dessa forma, usando uma lista não ordenada para implementar uma fila de prioridade, obtém-se inserção em tempo constante, mas pesquisa e remoção exigem tempo linear.

Implementação com uma lista ordenada

Uma implementação alternativa para uma fila de prioridade P também usa uma lista S, mas desta vez os elementos são armazenados em ordem de chave. Especificamente, a fila de prioridade P é representada usando a lista S de entradas ordenadas de forma crescente pela chave, o que significa que o primeiro elemento de S é o elemento com a menor chave.

Pode-se implementar o método min, neste caso, simplesmente acessando o primeiro elemento da lista usando o método first de S. Da mesma forma, implementa-se o método removeMin de P como sendo S.remove(S.first( )). Assumindo que S seja implementada como uma lista duplamente encadeada, os métodos min e removeMin de P têm tempo $O(1)$. Dessa forma, uma lista ordenada permite uma simples e rápida implementação dos métodos de acesso e remoção de uma fila de prioridades.

Este benefício tem um custo, no entanto, pois agora o método insert de P requer que a lista S seja vasculhada para determinar a posição apropriada para inserir o novo elemento. Assim, implementar o método insert de P agora exige tempo $O(n)$ onde n é o número de elementos em P no momento em que o método é executado. Em suma, quando uma lista ordenada é usada para implementar uma fila de prioridade, a inserção é executada em tempo linear, enquanto a busca e a remoção de mínimos podem ser feitas em tempo constante.

A Tabela 8.1 compara os tempos de execução dos métodos de uma fila de prioridade implementada com listas ordenadas e não ordenadas, respectivamente. Observa-se um problema interessante quando se usa uma lista para implementar o TAD lista de prioridade. Uma lista não ordenada permite inserções rápidas, mas consultas e remoções lentas, enquanto uma lista ordenada permite consultas e remoções rápidas e inserções lentas.

Método	Lista não ordenada	Lista ordenada
size, isEmpty	$O(1)$	$O(1)$
insert	$O(1)$	$O(n)$
min, removeMin	$O(n)$	$O(1)$

Tabela 8.1 Piores casos na execução dos métodos de uma fila de prioridade de tamanho n, implementada com uma lista não ordenada e lista ordenada, respectivamente. Assume-se que a lista é implementada com uma lista duplamente encadeada. O espaço requerido é $O(n)$.

8.2.1 Implementação de uma fila de prioridade em Java usando uma lista

Veremos como implementar uma fila de prioridade em Java usando uma lista ordenada. Inicia-se com uma interface Java, chamada de PriorityQueue, para o TAD fila de prioridade, que é apresentada no Trecho de Código 8.3.

```
/** Interface para o TAD fila de prioridade */
public interface PriorityQueue<K,V> {
  /** Retorna a quantidade de itens na fila de prioridade */
  public int size( );
  /** Retorna se a fila de prioridade está vazia */
  public boolean isEmpty( );
  /** Retorna mas não remove uma entrada com chave mínima */
  public Entry<K,V> min( ) throws EmptyPriorityQueueException;
  /** Insere um par chave-valor e retorna a entrada criada */
  public Entry<K,V> insert(K key, V value) throws InvalidKeyException;
  /** Remove e retorna uma entrada com chave mínima */
  public Entry<K,V> removeMin( ) throws EmptyPriorityQueueException;
}
```

Trecho de Código 8.3   Uma interface Java para o TAD fila de prioridade.

Implementação Java com uma lista ordenada

Os Trechos de Código 8.5 e 8.6 mostram a implementação em Java da fila de prioridade baseada em uma lista ordenada de nodos. Essa implementação usa uma classe DefaultComparator que realiza uma comparação usando a ordenação natural, como indicado no Trecho de Código 8.4. Essa implementação também usa uma classe aninhada chamada de MyEntry, que implementa a interface Entry (ver Seção 6.5.1). Não é mostrado o método auxiliar checkKey(k), o qual lança uma exceção chamada de InvalidKeyException se a chave k não puder ser comparada com o comparador da fila de prioridade.

```
public class DefaultComparator<E> implements Comparator<E> {
  public int compare(E a, E b) throws ClassCastException {
    return ((Comparable<E>) a).compareTo(b);
  }
}
```

Trecho de Código 8.4   Classe Java DefaultComparator que implementa um comparador usando a ordem natural.

```
public class SortedListPriorityQueue<K,V> implements PriorityQueue<K,V> {
  protected PositionList<Entry<K,V>> entries;
  protected Comparator<K> c;
  protected Position<Entry<K,V>> actionPos;    // variável usada pela subclasse
```

```java
/** Classe interna para Entradas */
protected static class MyEntry<K,V> implements Entry<K,V> {
  protected K k; // chave
  protected V v; // valor
  public MyEntry(K key, V value) {
    k = key;
    v = value;
  }
  // métodos da interface Entry
  public K getKey( ) { return k; }
  public V getValue( ) { return v; }
}
/** Cria uma fila de prioridades com o comparador padrão. */
public SortedListPriorityQueue ( ) {
  entries = new NodePositionList<Entry<K,V>>( );
  c = new DefaultComparator<K>( );
}
/** Cria uma fila de prioridades com um comparador informado. */
public SortedListPriorityQueue (Comparator<K> comp) {
  entries = new NodePositionList<Entry<K,V>>( );
  c = comp;
}
```

Trecho de Código 8.5 Parte da classe Java SortedListPriorityQueue, que implementa a interface PriorityQueue. A classe aninhada MyEntry implementa a interface Entry. (Continua no Trecho de Código 8.6.)

```java
/** Retorna mas não remove uma entrada com a menor chave. */
public Entry<K,V> min ( ) throws EmptyPriorityQueueException {
  if (entries.isEmpty( ))
    throw new EmptyPriorityQueueException("Fila de prioridade está vazia");
  else
    return entries.first( ).element( );
}
/** Insere um par chave-valor e retorna o elemento criado. */
public Entry<K,V> insert (K k, V v) throws InvalidKeyException {
  checkKey(k);  // método auxiliar para verificação da chave (pode lançar uma exceção)
  Entry<K,V> entry = new MyEntry<K,V>(k, v);
  insertEntry(entry);              // método de inserção auxiliar
  return entry;
}
/** Método auxiliar usado para inserção. */
protected void insertEntry(Entry<K,V> e) {
  if (entries.isEmpty( )) {
    entries.addFirst(e);           // insere em uma lista vazia
    actionPos = entries.first( );  // posição de inserção
  }
```

```
    else if (c.compare(e.getKey( ), entries.last( ).element( ).getKey( )) > 0) {
      entries.addLast(e);              // insere no final da lista
      actionPos = entries.last( );     // posição de inserção
    }
    else {
      Position<Entry<K,V>> curr = entries.first( );
      while (c.compare(e.getKey( ), curr.element( ).getKey( ))> 0) {
        curr = entries.next(curr);     // avança pela posição de inserção
      }
      entries.addBefore(curr, e);
      actionPos = entries.prev(curr);  // posição de inserção
    }
  }
}
/** Remove e retorna um elemento com a menor chave. */
public Entry<K,V> removeMin( ) throws EmptyPriorityQueueException {
  if (entries.isEmpty( ))
    throw new EmptyPriorityQueueException("Fila de prioridade está vazia");
  else
    return entries.remove(entries.first( ));
}
```

Trecho de Código 8.6 Parte da classe Java SortedListPriorityQueue, que implementa a interface PriorityQueue. (Continuação do Trecho de Código 8.5.)

8.2.2 Selection-sort e insertion-sort

Na PriorityQueueSort, mostrada na Seção 8.1.4, era dada uma sequência não ordenada S contendo n elementos que são ordenados usando uma fila de prioridade P em duas fases. Na fase 1, os elementos foram inseridos um a um em P, e na fase 2, os elementos foram repetidamente retirados usando a operação removeMin.

Selection-Sort

Se a fila de prioridade P for implementada com uma lista não ordenada, então a primeira fase leva um tempo $O(n)$, pois cada elemento pode ser inserido em tempo constante. Na segunda fase, o tempo de execução de cada operação removeMin é proporcional ao número de elementos em P. Assim, o gargalo desta implementação é a repetida "seleção" do elemento mínimo na fase 2. Por esse motivo, esse algoritmo é mais conhecido como ***selection-sort***. (Ver Figura 8.1.)

Como mostrado acima, o gargalo é a segunda fase, na qual remove-se repetidamente o elemento com menor chave da fila de prioridade P. O tamanho de P começa em n e diminui em um a cada operação removeMin até chegar a zero. Assim, a primeira operação removeMin custa tempo $O(n)$, a segunda custa tempo $O(n - 1)$ e assim por diante até que a última (n-ésima) operação custe tempo $O(1)$. Portanto, o tempo total exigido pela segunda fase é

$$O\bigl(n+(n-1)+\cdots+2+1\bigr)=O\left(\sum_{i=1}^{n}i\right).$$

Pela Proposição 4.3, tem-se $\sum_{i=1}^{n}i = n(n+1)/2$. Assim, a segunda fase custa tempo $O(n^2)$, como, o algoritmo completo.

		Sequência S	Fila de prioridade P
Entrada		(7, 4, 8, 2, 5, 3, 9)	( )
Fase 1	(a)	(4, 8, 2, 5, 3, 9)	(7)
	(b)	(8, 2, 5, 3, 9)	(7, 4)
	⋮	⋮	⋮
	(g)	( )	(7, 4, 8, 2, 5, 3, 9)
Fase 2	(a)	(2)	(7, 4, 8, 5, 3, 9)
	(b)	(2, 3)	(7, 4, 8, 5, 9)
	(c)	(2, 3, 4)	(7, 8, 5, 9)
	(d)	(2, 3, 4, 5)	(7, 8, 9)
	(e)	(2, 3, 4, 5, 7)	(8, 9)
	(f)	(2, 3, 4, 5, 7, 8)	(9)
	(g)	(2, 3, 4, 5, 7, 8, 9)	( )

Figura 8.1 Execução do algoritmo selection-sort na sequência $S = (7,4,8,2,5,3,9)$.

Insertion-Sort

Se a fila de prioridade P for implementada com uma lista ordenada, pode-se melhorar o tempo de execução da segunda fase para $O(n)$, pois cada operação removeMin em P custa tempo $O(1)$. Infelizmente, neste caso, a primeira fase se torna o gargalo para o tempo de execução, visto que, no pior caso, o tempo de execução de cada operação insert é proporcional ao tamanho de P. Este algoritmo de ordenação é, portanto, mais conhecido como *insertion-sort* (ver Figura 8.2), pois seu gargalo envolve a repetida "inserção" de um novo elemento na posição apropriada na lista ordenada.

Analisando o tempo de execução da primeira fase do insertion-sort, observa-se que é

$$O\bigl(1+2+\ldots+(n-1)+n\bigr)=O\left(\sum_{i=1}^{n}i\right).$$

		Sequência S	Fila de prioridade
Entrada		(7, 4, 8, 2, 5, 3, 9)	( )
Fase 1	(a)	(4, 8, 2, 5, 3, 9)	(7)
	(b)	(8, 2, 5, 3, 9)	(4, 7)
	(c)	(2, 5, 3, 9)	(4, 7, 8)
	(d)	(5, 3, 9)	(2, 4, 7, 8)
	(e)	(3, 9)	(2, 4, 5, 7, 8)
	(f)	(9)	(2, 3, 4, 5, 7, 8)
	(g)	( )	(2, 3, 4, 5, 7, 8, 9)
Fase 2	(a)	(2)	(3, 4, 5, 7, 8, 9)
	(b)	(2, 3)	(4, 5, 7, 8, 9)
	⋮	⋮	⋮
	(g)	(2, 3, 4, 5, 7, 8, 9)	( )

Figura 8.2 Execução do insertion-sort na sequência $S = (7, 4, 8, 2, 5, 3, 9)$. Na primeira fase, o primeiro elemento de S é repetidamente removido e inserido em P, procurando na sequência que implementa P até achar a posição correta para o elemento. Na segunda fase, são realizadas operações removeMin repetidamente sobre P, cada uma das quais retorna o primeiro elemento da lista que implementa P, o qual é adicionado no final de S.

Novamente, pela Proposição 4.3, a primeira fase é executada em tempo $O(n^2)$, bem como todo o algoritmo insertion-sort.

Alternativamente, nossa definição do insertion-sort poderia ser alterada para inserir elementos começando do final da lista da fila de prioridade na primeira fase e, nesse caso, fazer o insertion-sort em uma sequência que já está ordenada custaria tempo $O(n)$. De fato, o tempo de execução do insertion-sort nesse caso é $O(n + I)$, onde I é o número de *inversões* na sequência, ou seja, o número de pares de elementos que estão fora de ordem.

8.3 Heaps

As duas implementações do esquema de PriorityQueueSort apresentadas na seção anterior sugerem uma maneira possível de melhorar o tempo de execução para ordenação com filas de prioridade. Um algoritmo (selection-sort) consegue um tempo de execução rápido para a primeira fase, mas tem uma segunda fase lenta, enquanto o outro algoritmo (insertion-sort) tem uma primeira fase demorada e uma segunda fase rápida. Se de alguma forma for possível balancear os tempos de execução das duas fases, seremos capazes de acelerar significativamente o tempo de execução total da ordenação. Isso é, de fato, exatamente o que se conseguirá usando a implementação de fila de prioridade descrita nesta seção.

Uma realização eficiente de uma fila de prioridade usa uma estrutura de dados chamada de **heap**. Esta estrutura de dados permite que sejam realizadas inserções e remoções em tempo logarítmico, o que é um avanço significativo sobre as implementações baseadas em sequências discutidas na Seção 8.2. A maneira como um heap obtém esse avanço é abandonando a ideia de armazenar os elementos e as chaves em uma lista, armazenando-os, em vez disso, em uma árvore binária.

8.3.1 A estrutura de dados heap

Um heap (ver Figura 8.3) é uma árvore binária T que armazena uma coleção de chaves em seus nodos internos e que satisfaz duas propriedades adicionais: uma propriedade relacional definida em termos da forma com que as chaves são armazenadas em T e uma propriedade estrutural definida em termos dos próprios nodos de T. Pressupõe-se que uma relação de ordem total é fornecida para as chaves, por exemplo, por meio de um comparador.

A propriedade relacional de T, definida em termos de como as chaves são armazenadas, é a seguinte:

Propriedade de ordem do heap: em um heap T, para cada nodo v diferente da raiz, a chave em v é maior ou igual à chave armazenada no nodo pai de v.

Como uma consequência da propriedade de ordem do heap, as chaves encontradas em um caminho da raiz até um nodo externo de T estão em ordem não decrescente. A chave com valor mínimo sempre está armazenada na raiz de T. Esta é a chave mais importante, e diz-se informalmente que ela está "no topo do heap", por isso o nome "heap" para a estrutura de dados. Aliás, a estrutura de dados heap definida aqui não tem nada a ver com o heap de memória (Seção 14.1.2) usado no ambiente de execução de uma linguagem de programação como Java.

Definindo-se o comparador para indicar o oposto da relação de ordem total entre as chaves (de forma que compare(3,2) < 0, por exemplo), então a raiz do heap irá armazenar a chave maior. Essa versatilidade vem praticamente sem ônus do uso do comparador padrão. Pela definição da chave mínima em termos de comparador, a chave "mínima" com o comparador "reverso" é de fato a maior.

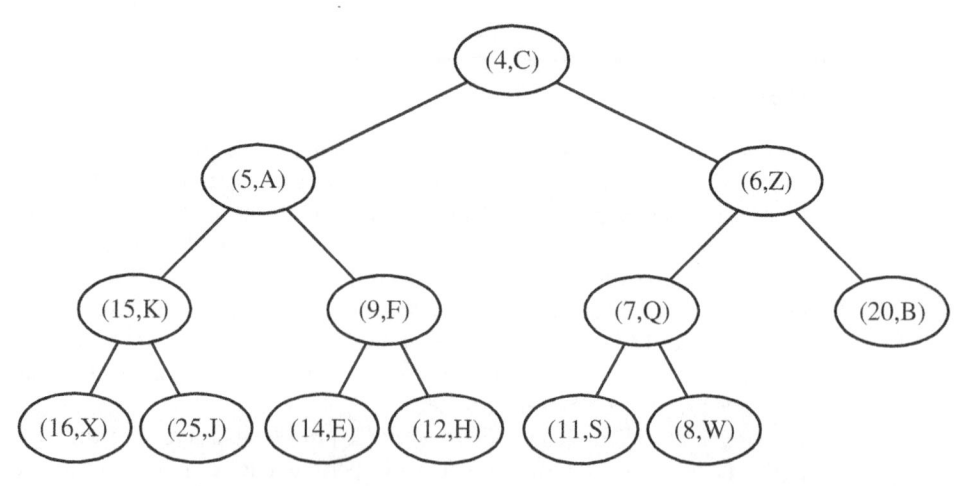

Figura 8.3 Exemplo de um heap armazenando 13 chaves inteiras. O último nodo é o que armazena a chave (8,W).

Assim, sem perda da generalidade, pode-se assumir que se está sempre interessado na chave mínima, que estará sempre na raiz do heap.

Para aumentar a eficiência, como será mostrado mais tarde, um heap T deve ter a menor altura possível. Efetiva-se esse requisito por meio de uma condição estrutural adicional: o heap deve ser *completo*. Antes de definir esta propriedade estrutural, algumas definições são necessárias. Foi visto na Seção 7.3.3 que o nível i de uma árvore binária T é o conjunto de nodos de T que tem profundidade i. Dados os nodos v e w no mesmo nível de T, diz-se que v está *à esquerda de* w se v é encontrado antes de w em um caminhamento interfixado de T. Isto é, há um nodo u de T tal que v está na subárvore à esquerda de u e w está na subárvore à direita de u. Por exemplo, na árvore binária da Figura 8.3, o nodo armazenado na chave (15, K) está à esquerda do nodo armazenado na chave (7,Q). Em um padrão de projeto de árvores binárias, a relação "à esquerda" é visualizada pelo posicionamento horizontal relativo dos nodos.

Propriedade de árvore binária completa: uma árvore binária T com altura h é ***completa*** se os níveis 0, 1, 2, . . ., $h - 1$ tiverem o maior número de nodos possível (ou seja, o nível i tem 2^i nodos para $0 \leq i \leq h - 1$) e no nível $h - 1$ todos os nodos internos estão à esquerda dos nodos externos e haverá ao menos um nodo com um filho que deve ser um filho da esquerda.

Insistindo que um heap T seja completo, identifica-se outro nodo importante do heap T, diferente da raiz: o *último nodo* de T, definido como sendo o nodo mais interno e mais à direita de T (ver Figura 8.3).

Altura de um heap

Percebe-se que h indica a altura de T. Outra forma de definir o último nodo de T é verificar o nodo que está no nível h e em que todos os outros nodos do nível h estejam à esquerda deste. Insistir que T seja completo também tem uma importante consequência, como mostrado na Proposição 8.4.

Proposição 8.4 *Um heap T armazenando n chaves tem altura.*

$$h = \lfloor \log n \rfloor.$$

Justificativa Já que T é completo, o número de nodos internos é pelo menos

$$1 + 2 + 4 + \cdots + 2^{h-1} + 1 = 2^h - 1 + 1$$
$$= 2^h.$$

Esse limite inferior é obtido quando existe apenas um nodo interno no nível h. Além disso, mas também vindo do fato de que T é completo, tem-se que o número de nodos de T é no máximo

$$1 + 2 + 4 + \cdots + 2^h = 2^{h+1} - 1.$$

Esse limite superior é alcançado quando o nível h tem 2^h nodos. Desde que o número de nodos é igual ao número de n chaves, obtém-se

$$2^h \leq n$$

e

$$n \leq 2^{h+1} - 1.$$

Assim, usando logaritmos de ambos os lados dessas desigualdades, vê-se que

$$h \leq \log n$$

e

$$\log(n + 1) - 1 \leq h.$$

Desde que h é um número inteiro, as duas desigualdades acima implicam que

$$h = \lfloor \log n \rfloor.$$

■

A Proposição 8.4 tem uma consequência importante, pois ela indica que se operações de atualização no heap forem realizadas em um tempo proporcional a sua altura, então essas operações serão feitas em tempo logarítmico. O problema agora é, portanto, como efetuar eficientemente vários métodos de uma fila de prioridade usando um heap.

8.3.2 Árvores binárias completas e suas representações

A seguir, será discutido mais sobre árvores binárias completas e como representá-las.

O TAD árvore binária completa

Como um tipo de dado abstrato, uma árvore binária completa T implementa todos os métodos de um TAD árvore binária (Seção 7.3.1), adicionando os dois seguintes métodos:

add(o): Adiciona em T e retorna um novo nodo externo v armazenando o elemento o, no qual a árvore resultante é uma árvore binária completa com o último nodo sendo v.
remove( ): Remove o último nodo de T retornando-o.

Usando somente estas operações de atualização, sempre se terá uma árvore binária completa, como apresentado na Figura 8.4, na qual há dois casos para a realização de uma adição ou remoção. Especificamente, para uma adição, tem-se o seguinte (remoção é similar).

- Se o nível inferior de T não estiver completo, então add insere um novo nodo no nível inferior de T, imediatamente após o nodo mais à direita deste nível (isto é, o último nodo); então, a altura de T continua a mesma.
- Se o nível inferior estiver cheio, então add insere um novo nodo como um filho à esquerda do nodo mais à esquerda do nível inferior de T; então, a altura de T incrementa em um.

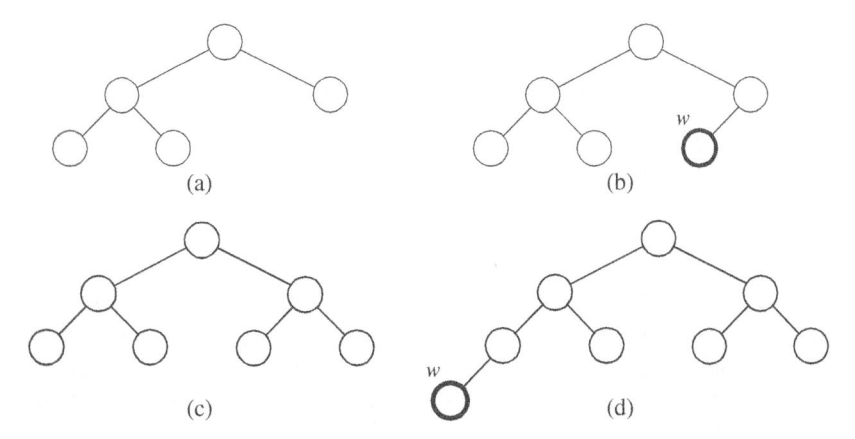

Figura 8.4 Exemplos das operações add e remove em uma árvore binária completa, onde w indica o nodo inserido pelo método add ou removido pelo método remove. As árvores apresentadas em (b) e (d) são resultados da execução do método add nas árvores apresentadas em (a) e (c), respectivamente. Da mesma forma, as árvores apresentadas em (a) e (c) são resultados da execução do método remove nas árvores apresentadas em (b) e (d), respectivamente.

A representação de arranjo de uma árvore binária completa

A representação da árvore binária como arranjo (Seção 7.3.5) é especialmente apropriada para uma árvore binária completa T. Já foi visto que, nesta implementação, os nodos de T são armazenados em um arranjo A no qual o nodo v de T é o elemento de A com índice igual ao nível $p(v)$ de v, definido como segue:

- Se v é a raiz de T, então $p(v) = 1$.
- Se v é o nodo filho à esquerda do nodo u, então $p(v) = 2p(u)$.
- Se v é o nodo filho à direita do nodo u, então $p(v) = 2p(u) + 1$.

Com esta implementação, os nodos de T têm índices contínuos no intervalo $[1, n]$ e o último nodo de T tem sempre o índice n, onde n é o número de nodos de T. A Figura 8.5 apresenta dois exemplos ilustrando essa propriedade do último nodo.

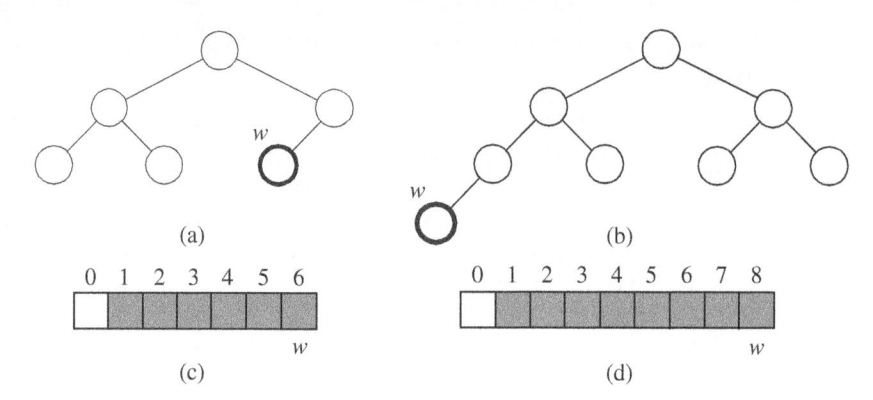

Figura 8.5 Dois exemplos apresentando que o último nodo w do heap com n nodos tem n níveis: (a) heap T_1 com mais de um nodo no nível inferior; (b) heap T_2 com um nodo no nível inferior; (c) representação de arranjo de T_1; (d) representação de arranjo de T_2.

As simplificações obtidas da representação de uma árvore binária completa T com um arranjo auxiliam na implementação dos métodos add e remove. Assumindo que não é necessária a expansão do arranjo, métodos add e remove podem ser executados no tempo $O(1)$, por eles simplesmente adicionarem e removerem o último elemento do arranjo. Além disso, o arranjo associado a T tem $n+1$ elementos (o elemento de índice 0 é um place-holder). Usando-se um arranjo extensível que cresce e se retrai para a implementação do arranjo (Seção 6.1.4 e Exercício C-6.2), o espaço utilizado pela representação do arranjo de uma árvore binária completa com n nodos é $O(n)$ e os métodos add e remove têm o tempo amortizado $O(1)$.

Implementação Java de uma árvore binária completa

Representa-se o TAD árvore binária completa na interface CompleteBinaryTree, apresentada no Trecho de Código 8.7. É oferecida a classe Java ArrayListCompleteBinaryTree que implementa a interface CompleteBinaryTree com um arranjo e métodos add e remove no tempo $O(1)$ nos Trechos de Códigos 8.8 − 8.10.

```
public interface CompleteBinaryTree<E> extends BinaryTree<E> {
    public Position<E> add(E elem);
    public E remove( );
}
```

Trecho de Código 8.7 Interface CompleteBinaryTree para a árvore binária completa.

```
public class ArrayListCompleteBinaryTree<E>
    implements CompleteBinaryTree<E> {
    protected ArrayList<BTPos<E>> T;     // sequência de índices das posições
                                          da árvore
```

```java
/** Classe interna para um índice de um nodo de uma árvore binária baseada em
    sequência. */
protected static class BTPos<E> implements Position<E> {
  E element;     // elemento armazenado nesta posição
  int index;     // índice desta posição no arranjo
  public BTPos(E elt, int i) {
    element = elt;
    index = i;
  }
  public E element( ) { return element; }
  public int index( ) { return index; }
  public E setElement(E elt) {
    E temp = element;
    element = elt;
    return temp;
  }
}
/** Construtor padrão */
public ArrayListCompleteBinaryTree( ) {
  T = new ArrayList<BTPos<E>>( );
  T.add(0, null);   // a localização na posição 0 é deliberadamente vazia
}
/** Retorna o número de nodos (interno ou externo). */
public int size( ) { return T.size( ) − 1; }
/** Retorna verdadeiro se a árvore estiver vazia. */
public boolean isEmpty( ) { return (size( ) == 0); }
```

Trecho de Código 8.8 Classe ArrayListCompleteBinaryTree implementando a interface CompleteBinaryTree usando a classe java.util.ArrayList. (Continua no Trecho de Código 8.9.)

```java
/** Retorna se v é um nodo interno. */
public boolean isInternal(Position<E> v) throws InvalidPositionException {
  return hasLeft(v);          // Se v tem um filho à direita, este será o filho à esquerda
}
/** Retorna se v é um nodo externo. */
public boolean isExternal(Position<E> v) throws InvalidPositionException {
  return !isInternal(v);
}
/** Retorna se v é o nodo raiz. */
public boolean isRoot(Position<E> v) throws InvalidPositionException {
  BTPos<E> vv = checkPosition(v);
  return vv.index( ) == 1;
}
/** Retorna se v tem um filho à esquerda. */
public boolean hasLeft(Position<E> v) throws InvalidPositionException {
  BTPos<E> vv = checkPosition(v);
```

```
    return 2*vv.index( ) <= size( );
}
/** Retorna se v tem um filho à direita. */
public boolean hasRight(Position<E> v) throws InvalidPositionException {
    BTPos<E> vv = checkPosition(v);
    return 2*vv.index( ) + 1 <= size( );
}
/** Retorna a raiz da árvore. */
public Position<E> root( ) throws EmptyTreeException {
    if (isEmpty( )) throw new EmptyTreeException("Árvore vazia");
    return T.get(1);
}
/** Retorna o filho à esquerda de v. */
public Position<E> left(Position<E> v)
    throws InvalidPositionException, BoundaryViolationException {
    if (!hasLeft(v)) throw new BoundaryViolationException("Sem filho à esquerda");
    BTPos<E> vv = checkPosition(v);
    return T.get(2*vv.index( ));
}
/** Retorna o filho à direita de v. */
public Position<E> right(Position<E> v)
    throws InvalidPositionException {
    if (!hasRight(v)) throw new BoundaryViolationException("Sem filho à direita");
    BTPos<E> vv = checkPosition(v);
    return T.get(2*vv.index( ) + 1);
}
```

Trecho de Código 8.9 Classe ArrayListCompleteBinaryTree implementando o TAD árvore binária completa. (Continua no Trecho de Código 8.10.)

```
/** Retorna o pai de v. */
public Position<E> parent(Position<E> v)
    throws InvalidPositionException, BoundaryViolationException {
    if (isRoot(v)) throw new BoundaryViolationException("Sem pai");
    BTPos<E> vv = checkPosition(v);
    return T.get(vv.index( )/2);
}
/** Substitui o elemento de v. */
public E replace(Position<E> v, E o) throws InvalidPositionException {
    BTPos<E> vv = checkPosition(v);
    return vv.setElement(o);
}
/** Adiciona um elemento após o último nodo (incrementando a numeração). */
public Position<E> add(E e) {
    int i = size( ) + 1;
    BTPos<E> p = new BTPos<E>(e,i);
    T.add(i, p);
```

```
    return p;
  }
  /** Remove e retorna o elemento do último nodo. */
  public E remove( ) throws EmptyTreeException {
    if(isEmpty( )) throw new EmptyTreeException("Árvore está vazia");
    return T.remove(size( )).element( );
  }
  /** Determina se uma posição é um nodo válido. */
  protected BTPos<E> checkPosition(Position<E> v)
      throws InvalidPositionException
  {
    if (v == null || !(v instanceof BTPos))
      throw new InvalidPositionException("A posição é inválida");
    return (BTPos<E>) v;
  }
  /** Retorna um iterator com todos os elementos armazenados na árvore. */
  public Iterator<E> iterator( ) {
    ArrayList<E> list = new ArrayList<E>( );
    Iterator<BTPos<E>> iter = T.iterator( );
    iter.next( ); // pula o primeiro elemento
    while (iter.hasNext( ))
      list.add(iter.next( ).element( ));
    return list.iterator( );
  }
}
```

Trecho de Código 8.10 Classe ArrayListCompleteBinaryTree implementando o TAD árvore binária completa. Métodos children e positions estão omitidos. (Continuação do Trecho de Código 8.9.)

8.3.3 Implementando uma fila de prioridade com um heap

A seguir será discutido como implementar uma fila de prioridade usando um heap. A representação baseada em heap para uma fila de prioridade P consiste no seguinte (ver Figura 8.6):

- **heap**: uma árvore binária completa T cujos nodos internos armazenam elementos que satisfazem a propriedade de ordem do heap. Assume-se que T é implementado usando um arranjo, como descrito na Seção 8.3.2. Para cada nodo interno v de T, denota-se a chave do elemento armazenado em v como $k(v)$.

- **comp**: um comparador que define a relação de ordem total entre as chaves.

Com esta estrutura de dados, os métodos size e isEmpty custam o tempo $O(1)$, como é usual. Adicionalmente, o método min pode ser executado no tempo $O(1)$ acessando o elemento armazenado na raiz do heap (o qual tem o índice 1 no arranjo).

Inserção

Considera-se como executar o método insert na fila de prioridade implementada com um heap T. Para armazenar um novo elemento (k, x) em T, será adicionado um novo nodo z em T com o método add, a fim de que este novo nodo torne-se o último nodo de T e armazene o elemento (k, x).

Após essa ação, a árvore T está completa, mas pode estar violando a propriedade de ordem do heap. Portanto, a não ser que o nodo z seja a raiz de T (ou seja, a fila de prioridade esteja vazia antes da inserção), compara-se a chave $k(z)$ com a chave $k(u)$ armazenada em u, o nodo pai de z. Se $k(z) \geq k(u)$, então a propriedade ordem do heap está satisfeita e o algoritmo é terminado. Se $k(z) < k(u)$, então é preciso restaurar a propriedade de ordem, o que pode ser feito localmente trocando-se os pares de chave-elemento armazenados em u e z. (Ver Figura 8.7c e d.) Essa troca faz com que a nova entrada (k, e) se mova para cima um nível. Novamente a propriedade de ordem pode ter sido violada e continua-se subindo em T por meio de trocas sucessivas até que não haja mais uma violação da propriedade de ordem do heap(ver Figura 8.7e e h.).

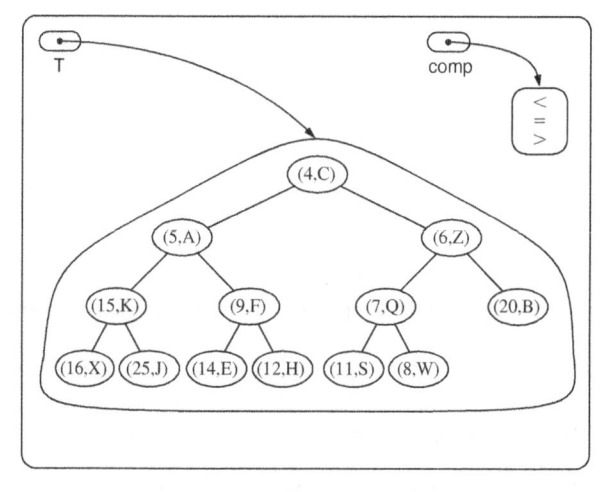

Figura 8.6 Ilustração da implementação baseada em heap de uma fila de prioridades.

O movimento para cima de elementos inseridos por meio de trocas é convencionalmente chamado de *up-heap bubbling*. Uma troca ou resolve a violação da propriedade de ordem do heap ou propaga-o para um nível acima do heap. No pior caso, o up-heap bubbling faz com que o novo elemento suba até a raiz do heap T (ver Figura 8.7). Assim, no pior caso, o número de trocas feitas na execução do método insert é igual à altura de T, ou seja, é $\lfloor \log n \rfloor$ pela Proposição 8.5.

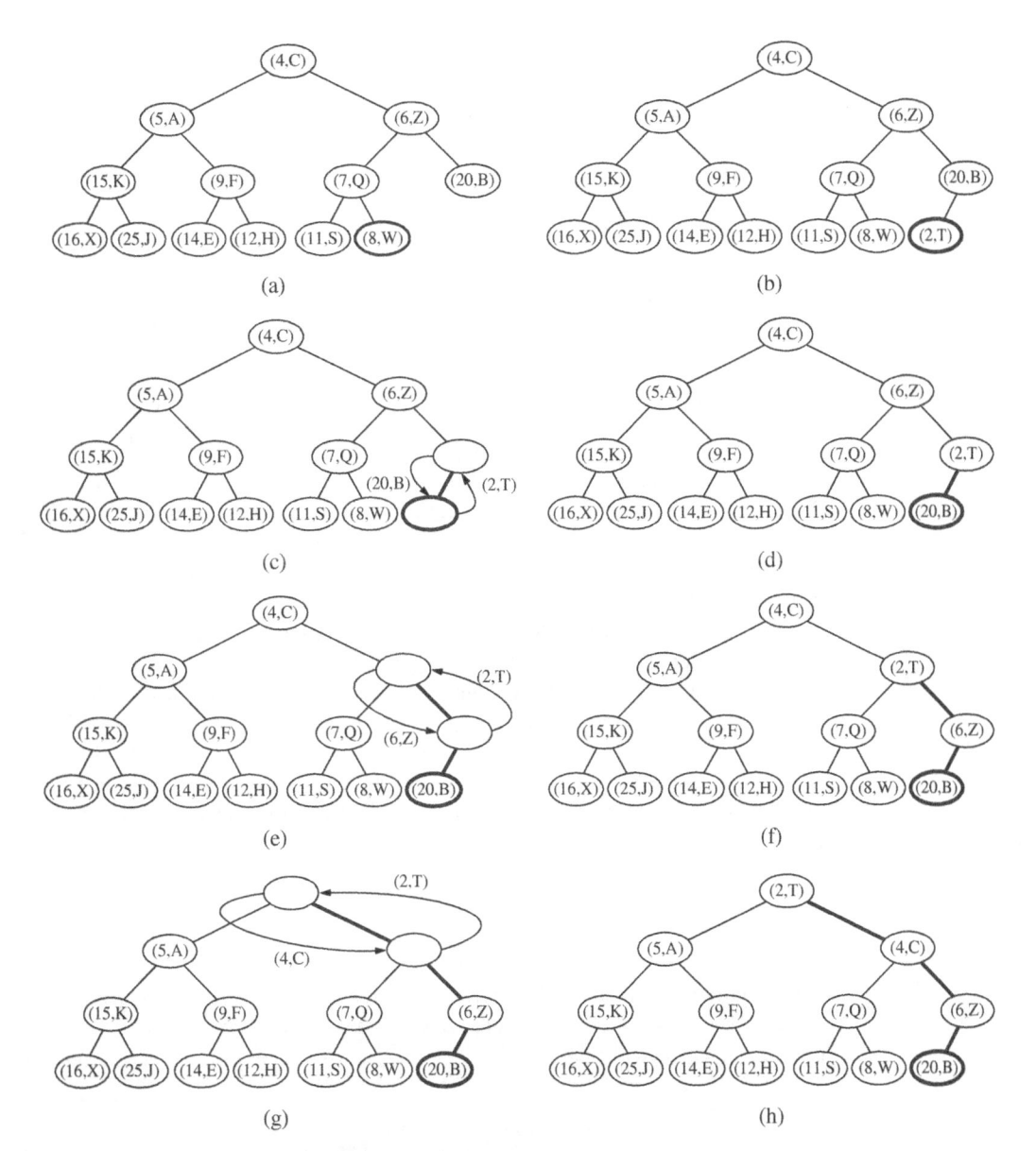

Figura 8.7 Inserção de um novo elemento com chave 2 no heap da Figura 8.6: (a) heap inicial; (b) após execução do método add; (c e d) troca local, restaurando parcialmente a propriedade de ordem; (e e f) outra troca; (g e h) troca final.

Remoção

Agora será abordado o método removeMin no TAD fila de prioridade. O algoritmo para realizar o método removeMin usando o heap T é ilustrado na Figura 8.8.

Sabe-se que um elemento com a menor chave é armazenado na raiz r de T (mesmo se existir mais de um elemento com a menor chave). Entretanto, a não ser que r

seja o único nodo interno de T, não se pode simplesmente remover o nodo r, pois essa ação iria quebrar a estrutura da árvore binária. Em vez disso, acessa-se o último nodo w de T, copia-se seu par chave-elemento para a raiz r e remove-se o último nodo com uma operação **remove** do TAD árvore binária (ver Figura 8.8a e b.)

Down-heap bubbling após uma remoção

Entretanto, mesmo que T esteja completo agora, ele pode estar violando a propriedade de ordem do heap. Se T tem somente um nodo (a raiz), então a propriedade ordem do heap é trivialmente satisfeita e o algoritmo finalizado. De outra forma, distinguem-se dois casos, onde r denota a raiz de T:

- Se r *não* possui filho à direita, então s será filho à esquerda de r.
- De outra forma (r tem ambos os filhos), s será um filho de r com a menor chave.

Se $k(r) \leq k(s)$, a propriedade de ordem do heap está satisfeita e o algoritmo finalizado. Caso contrário, se $k(r) > k(s)$, será preciso restaurar a propriedade de ordem do heap, o que pode ser feito localmente pela troca de elementos armazenados em r e s. (Ver Figura 8.8c e d.) (Não seria preciso trocar r com irmãos de s.) A troca restaura a propriedade da ordem do heap para o nodo r e seus filhos, mas pode violar esta propriedade em s; portanto, pode ser necessário continuar fazendo trocas em T até que não aconteça mais uma violação. (Ver Figura 8.8e e h.)

Essas trocas descendentes são chamadas de **down-heap bubbling**. Uma troca resolve a violação da propriedade ou a propaga um nível para baixo no heap. No pior caso, um par chave-elemento move-se todo o caminho até o nível imediatamente acima do último. (Ver Figura 8.8.) Assim, o número de trocas efetuadas na execução do método **removeMin** é, no pior caso, igual à altura do heap T, isto é, $\lfloor \log n \rfloor$ pela Proposição 8.4.

Análise

A Tabela 8.2 mostra o tempo de execução dos métodos do TAD fila de prioridade para a implementação baseada em heap, assumindo que duas chaves podem ser comparadas no tempo $O(1)$ e que o heap T está implementada ou como um arranjo ou como uma lista encadeada.

Operação	Tempo
size, isEmpty	$O(1)$
min,	$O(1)$
insert	$O(\log n)$
removeMin	$O(\log n)$

Tabela 8.2 Desempenho de uma fila de prioridade implementada por meio de um heap, por sua vez implementada com um arranjo ou lista encadeada. Denota-se com n o número de elementos na fila de prioridade no momento em que um método é

executado. A necessidade de espaço é $O(n)$. O tempo de execução dos métodos insert e removeMin é o pior caso para a implementação com arranjo e amortizada na implementação encadeada.

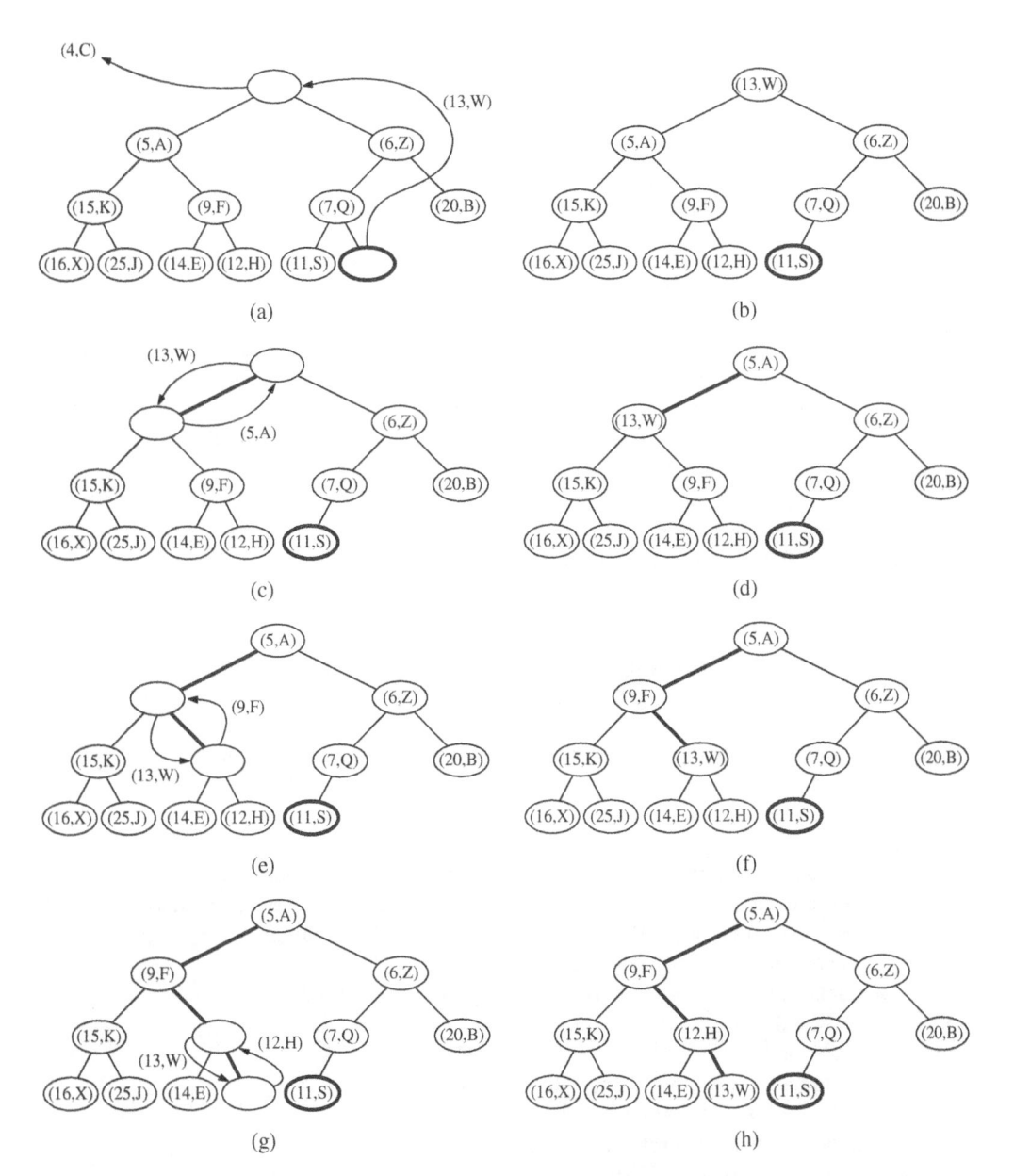

Figura 8.8 Remoção do elemento com a menor chave do heap: (a e b) remoção do último nodo, que possui o elemento armazenado na raiz; (c e d) troca localmente para restaurar a propriedade de ordem do heap; (e e f) outra troca; (g e h) troca final.

Resumindo, cada um dos métodos do TAD fila de prioridade pode ser feito em tempo $O(1)$ ou em tempo $O(\log n)$, onde n é o número de elementos no momento em que um método é executado. A análise do tempo de execução dos métodos se baseia no seguinte:

- O heap T tem n nodos, cada um armazenando uma referência para um elemento.
- Métodos add e remove de T levam $O(1)$ de tempo amortizado (representação com arranjo) ou $O(\log n)$ no pior tempo.
- No pior caso, up-heap e down-heap bubbling executam um número de trocas igual ao tamanho de T.
- A altura do heap T é $O(\log n)$, desde que T seja completo (Proposição 8.4).

Conclui-se que uma estrutura de dados heap é uma implementação muito eficiente do TAD fila de prioridade, independentemente de o heap ser implementado com uma estrutura de lista encadeada ou um arranjo. A implementação baseada em heap consegue tempos curtos de execução para inserções e remoções, diferente da implementação de fila de prioridade baseada em listas. De fato, uma importante consequência da eficiência da implementação do heap é que ela pode acelerar o método de ordenação baseado em fila de prioridade, tornando-o muito mais veloz do que os algoritmos insertion-sort e selection-sort, baseados em listas.

8.3.4 Implementação em Java

Uma implementação em Java de uma fila de prioridade baseada em heap é apresentada nos Trechos de Código 8.11 – 8.13. Para auxiliar na modularidade, a manutenção da estrutura do heap é delegada para uma árvore binária completa.

```java
/**
 * Implementação de uma fila de prioridades com um heap. Uma árvore
 * binária completa implementada com um arranjo é utilizada
 * para representar o heap.
 */
public class HeapPriorityQueue<K,V> implements PriorityQueue<K,V> {
    protected CompleteBinaryTree<Entry<K,V>> heap;       // base do heap
    protected Comparator<K> comp;                         // comparador para as chaves
    /** Classe interna para as entradas do heap. */
    protected static class MyEntry<K,V> implements Entry<K,V> {
        protected K key;
        protected V value;
        public MyEntry(K k, V v) { key = k; value = v; }
        public K getKey( ) { return key; }
        public V getValue( ) { return value; }
        public String toString( ) { return "(" + key + "," + value + ")"; }
    }
    /** Cria um heap vazio com um comparador padrão */
    public HeapPriorityQueue( ) {
```

```
    heap = new ArrayListCompleteBinaryTree<Entry<K,V>>( );     // uso de um arranjo
    comp = new DefaultComparator<K>( );                // uso do comparador padrão
}
/** Cria um heap vazio com um dado comparador */
public HeapPriorityQueue(Comparator<K> c) {
    heap = new ArrayListCompleteBinaryTree<Entry<K,V>>( );
    comp = c;
}
/** Retorna o tamanho do heap */
public int size( ) { return heap.size( ); }
/** Retorna se o heap está vazio */
public boolean isEmpty( ) { return heap.size( ) == 0; }
```

Trecho de Código 8.11 Classe HeapPriorityQueue, que implementa a fila de prioridade com um heap. Uma classe aninhada MyEntry é usada para os elementos da fila de prioridade, que formam os elementos na árvore heap. (Continua no Trecho de Código 8.12.)

```
    /** Retorna mas não remove um elemento com a menor chave */
    public Entry<K,V> min( ) throws EmptyPriorityQueueException {
        if (isEmpty( ))
            throw new EmptyPriorityQueueException("Fila de prioridade está vazia");
        return heap.root( ).element( );
    }
    /** Insere um par chave-valor e retorna a entrada criada */
    public Entry<K,V> insert(K k, V x) throws InvalidKeyException {
        checkKey(k);     // pode lançar uma InvalidKeyException
        Entry<K,V> entry = new MyEntry<K,V>(k,x);
        upHeap(heap.add(entry));
        return entry;
    }
    /** Remove e retorna uma entrada com a menor chave */
    public Entry<K,V> removeMin( ) throws EmptyPriorityQueueException {
        if (isEmpty( ))
            throw new EmptyPriorityQueueException("Fila de prioridade está vazia");
        Entry<K,V> min = heap.root( ).element( );
        if (size( ) == 1)
            heap.remove( );
        else {
            heap.replace(heap.root( ), heap.remove( ));
            downHeap(heap.root( ));
        }
        return min;
    }
    /** Determina se uma dada chave é válida */
    protected void checkKey(K key) throws InvalidKeyException {
```

```
    try {
      comp.compare(key,key);
    }
    catch(Exception e) {
      throw new InvalidKeyException("Chave Inválida");
    }
}
```

Trecho de Código 8.12 Métodos min, insert e removeMin e alguns métodos auxiliares da classe HeapPriorityQueue. (Continua no Trecho de Código 8.13.)

```
/** Executa up-heap bubbling */
protected void upHeap(Position<Entry<K,V>> v) {
  Position<Entry<K,V>> u;
  while (!heap.isRoot(v)) {
    u = heap.parent(v);
    if (comp.compare(u.element( ).getKey( ), v.element( ).getKey( )) <= 0) break;
    swap(u, v);
    v = u;
  }
}
/** Executa down-heap bubbling */
protected void downHeap(Position<Entry<K,V>> r) {
  while (heap.isInternal(r)) {
    Position<Entry<K,V>> s;    // a posição do menor filho
    if (!heap.hasRight(r))
      s = heap.left(r);
    else if (comp.compare(heap.left(r).element( ).getKey( ),
                    heap.right(r).element( ).getKey( )) <=0)
      s = heap.left(r);
    else
      s = heap.right(r);
    if (comp.compare(s.element( ).getKey( ), r.element( ).getKey( )) < 0) {
      swap(r, s);
      r = s;
    }
    else
      break;
  }
}
/** Troca as entradas das duas posições */
protected void swap(Position<Entry<K,V>> x, Position<Entry<K,V>> y) {
  Entry<K,V> temp = x.element( );
  heap.replace(x, y.element( ));
  heap.replace(y, temp);
}
```

```
/** Texto de visualização para verificação */
public String toString( ) {
  return heap.toString( );
}
```

Trecho de Código 8.13 Métodos auxiliares restantes da classe HeapPriorityQueue. (Continuação do Trecho de Código 8.12.)

8.3.5 Heap-sort

Como já observado, construir uma fila de prioridade com um heap traz a vantagem de que todos os métodos do TAD fila de prioridade são executados em tempo logarítmico ou melhor. Portanto, esta construção é adequada para aplicações em que tempos curtos são exigidos para todos os métodos da fila de prioridade. Desta forma, considera-se novamente o esquema de ordenação PriorityQueueSort, da Seção 8.1.4, que usa uma fila de prioridade P para ordenar uma sequência S com n elementos.

Durante a primeira fase, a i-ésima operação insert ($1 \leq i \leq n$) leva o tempo $O(1 + \log i)$, desde que o heap tenha i entradas após a operação ser executada. Da mesma forma, durante a segunda fase, a j-ésima operação removeMin ($1 \leq j \leq n$) executa no tempo $O(1 + \log(n - j + 1))$, desde que o heap tenha $n - j + 1$ entradas no momento da execução da operação. Portanto, cada fase leva o tempo $O(n \log n)$, assim o algoritmo de ordenação da fila de prioridade executa no tempo $O(n \log n)$ quando um heap é usado para implementar a fila de prioridade. Este algoritmo de ordenação é mais conhecido como *heap-sort*, e seu desempenho é resumido na seguinte proposição.

Proposição 8.5 *O algoritmo heap-sort ordena uma sequência S de n elementos no tempo $O(n \log n)$, assumindo que dois elementos de S podem ser comparados no tempo $O(1)$.*

Enfatiza-se que o tempo de execução $O(n \log n)$ do heap-sort é consideravelmente melhor do que o tempo de execução $O(n^2)$ do selection-sort e do insertion-sort (Seção 8.2.2).

Implementando heap-sort In-place

Se a sequência S a ser ordenada é implementada por meio de um arranjo, pode-se acelerar o heap-sort e reduzir sua necessidade de memória em um fator constante usando uma parte da própria sequência S para armazenar o heap, evitando dessa forma o uso de uma estrutura de dados heap externa. Isso é feito modificando-se o algoritmo da forma a seguir:

1. Usa-se um comparador reverso, o que corresponde a um heap com o maior elemento no topo. A qualquer momento durante a execução do algoritmo, utiliza-se a parte esquerda de S até uma certa posição $i - 1$ para armazenar os elementos no heap, e a parte direita de S das posições i até $n - 1$ para armazenar os elementos da sequência. Assim, os primeiros i elementos de S (nas posições $0, \ldots, i - 1$) fornecem uma representação lista arranjo para o heap (com numeração iniciando em 0 e não mais em 1), ou seja, o elemento na posição k do heap é maior ou igual aos "filhos" nas posições $2k + 1$ e $2k + 2$.

2. Na primeira fase do algoritmo, começa-se com um heap vazio e move-se a fronteira entre o heap e a sequência da esquerda para a direita um passo de cada vez. No passo i ($i = 1, \ldots, n$) expande-se o heap adicionando o elemento na posição $i - 1$.
3. Na segunda fase do algoritmo, inicia-se com uma sequência vazia e move-se a fronteira entre o heap e a sequência da direita para a esquerda, um passo de cada vez. No passo i ($i = 1, \ldots, n$), o maior elemento do heap é removido e armazenado na posição $n - i$.

A variação do heap-sort acima é dita *in-place*, pois usa somente um espaço pequeno além da própria sequência. Em vez de retirar elementos da sequência e depois recolocá-los, eles são simplesmente rearranjados. Esta versão do heap-sort in-place é ilustrada na Figura 8.9. Em geral, um algoritmo de ordenação é in-place se ele usa somente uma pequena quantidade de memória além da sequência que armazena os elementos a serem ordenados.

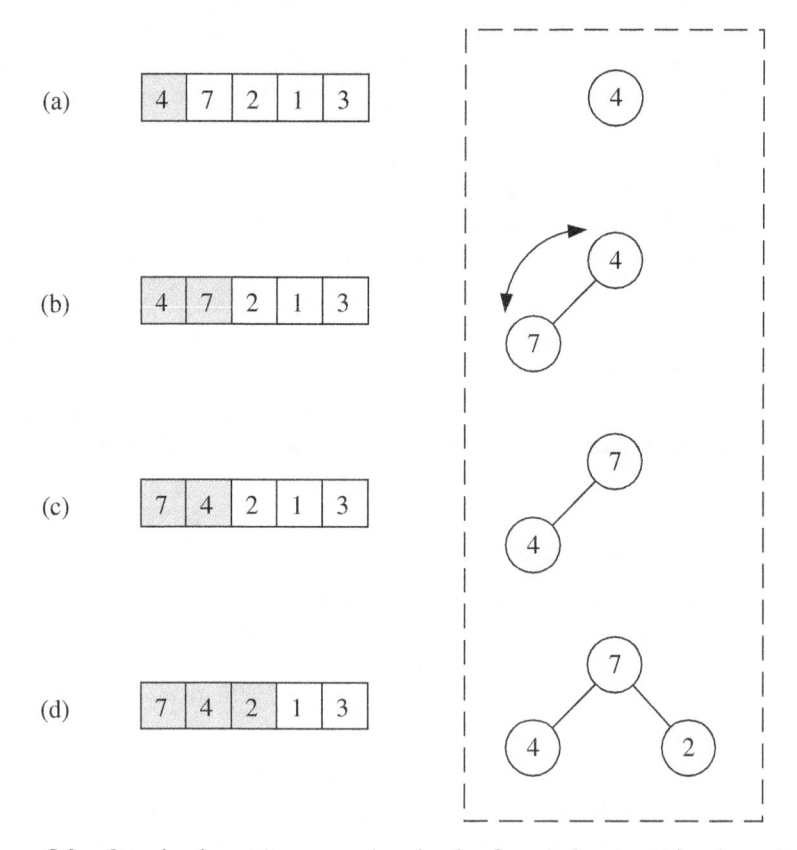

Figura 8.9 Os primeiros três passos da primeira fase do heap-sort in-place. A porção do heap da sequência está destacada em cinza. Desenhamos ao lado do arranjo a árvore binária representando o heap, mesmo que esta árvore não seja realmente construída pelo algoritmo in-place.

8.3.6 Construção bottom-up do heap ⋆

A análise do algoritmo heap-sort mostra que é possível construir um heap armazenando n entradas em tempo $O(n \log n)$ por meio de n operações insert, e depois usar o heap para retirar os elementos em ordem não decrescente de chave. No entanto, se todas as chaves a serem armazenadas no heap forem dadas previamente, existe um método alternativo de construção que monta o heap de baixo para cima (***bottom-up***) em tempo $O(n)$. Esse método será descrito nesta seção, observando que ele poderia ser incluído como um dos construtores de uma classe que implementa uma fila de prioridade baseada em heap. Para manter a simplicidade, essa forma de construção será descrita pressupondo que o número n de chaves é um inteiro da forma $n = 2^{h+1} - 1$. Ou seja, o heap é uma árvore binária completa com cada nível completo; portanto, tem altura $h = \log(n + 1) - 1$. Vista de forma não recursiva, a construção bottom-up do heap consiste nos seguintes $h + 1 = \log(n + 1)$ passos:

1. No primeiro passo (ver Figura 8.10a), constrói-se $(n + 1)/2$ heaps elementares, cada um armazenando uma entrada.

2. No segundo passo (ver Figura 8.10b-c), forma-se $(n + 1)/4$ heaps armazenando três entradas cada um, simplesmente unindo pares de heaps elementares e adicionando uma nova entrada. A nova entrada é colocada na raiz e talvez precise ser trocada com a entrada colocada em um de seus filhos para preservar a propriedade de ordem do heap.

3. No terceiro passo (ver Figura 8.10d-e), forma-se $(n + 1)/8$ heaps armazenando sete entradas cada um, unindo pares de heaps com três entradas (construídas nos passos anteriores) e adicionando uma nova entrada. A nova entrada é colocada inicialmente na raiz, mas talvez precise passar pelo processo de down-bubbling para preservar a propriedade de ordem do heap.

⋮

i. No i-ésimo passo genérico, com $2 \le i \le h$, forma-se $(n + 1)/2^i$ heaps armazenando $2^i - 1$ entradas cada um, unindo pares de heaps com $(2^{i-1} - 1)$ entradas (construídas nos passos anteriores) e adicionando uma nova entrada. A nova entrada é colocada inicialmente na raiz, mas talvez precise passar pelo processo de down-bubbling para preservar a propriedade de ordem do heap.

⋮

$h + 1$. No último passo (ver Figura 8.10f-g), forma-se o heap final, armazenando todos os n elementos, pela união de dois heaps com $(n - 1)/2$ entradas (construídas nos passos anteriores) e adicionando uma nova entrada. A nova entrada é colocada inicialmente na raiz, mas talvez precise passar pelo processo de down-bubbling para preservar a propriedade de ordem do heap.

Usamos uma estrela (⋆) para indicar as seções que contêm materiais mais avançados que o material do resto do capítulo, os quais podem ser considerados opcionais em uma primeira leitura.

A construção bottom-up do heap é mostrada na Figura 8.10 com $h = 3$.

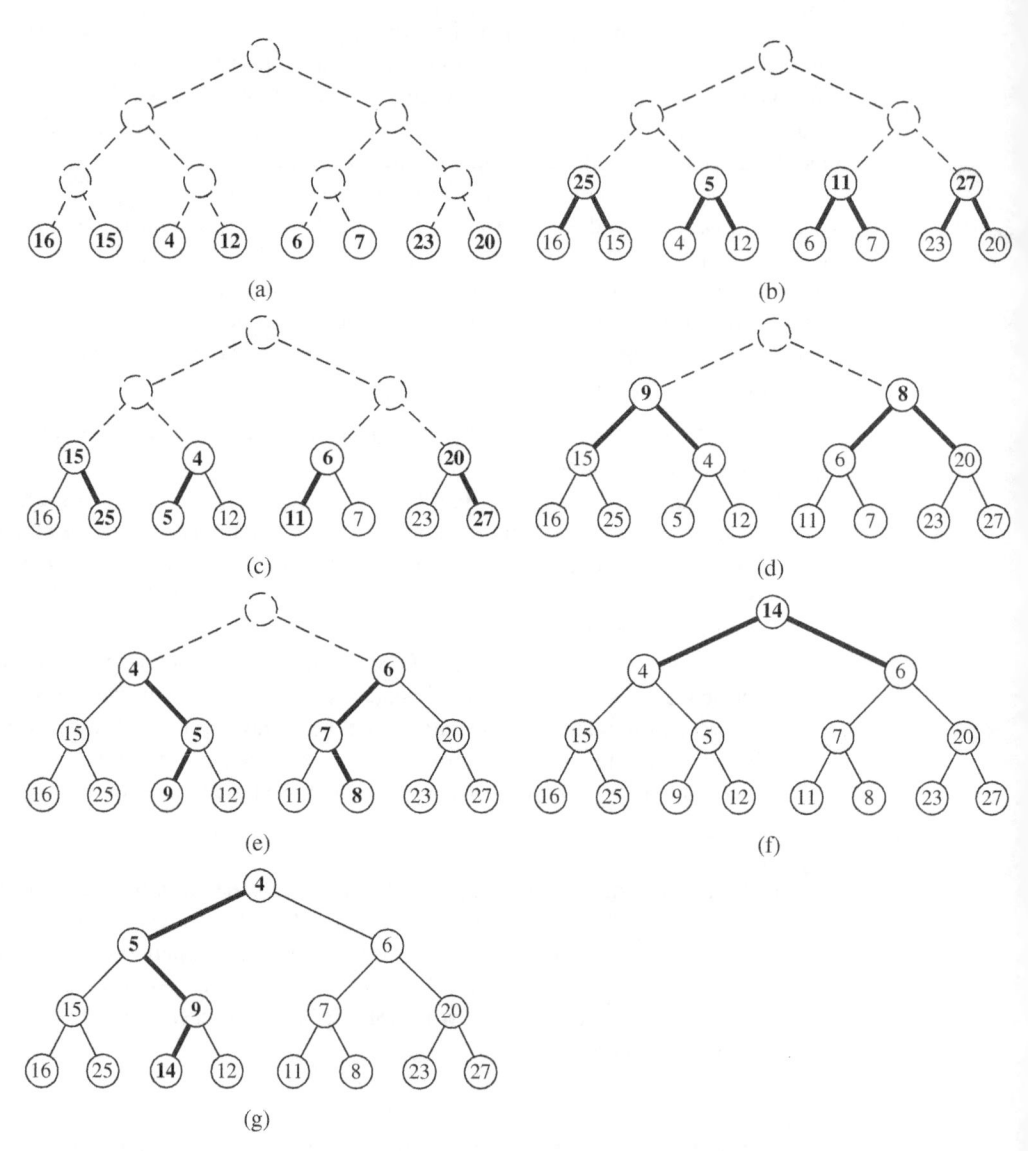

Figura 8.10 Construção bottom-up de um heap com 15 entradas: (a) inicia-se pela construção da entrada 1 no nível inferior; (b e c) combinam-se estes heaps em 3 entradas e então (d e e) 7 entradas, até (f e g) que se cria o heap final. Esses caminhos do down-heap bubblings estão destacados em negrito. Para simplificação, está sendo mostrada somente a entrada de cada nó em vez de todo o elemento.

Construção recursiva bottom-up do heap

Pode-se descrever a construção bottom-up do heap como um algoritmo recursivo, como apresentado no Trecho de Código 8.14, que é chamado passando uma lista de pares chave-valor que serão utilizados para a criação do heap.

Algoritmo BottomUpHeap(S):
    Entrada: uma sequência L armazenando $n = 2^{h+1} - 1$ entradas
    Saída: um heap T armazenando as entradas em L
    se S.isEmpty() **então**
        retorna um heap vazio
    $e \leftarrow L$.remove(L.first())
    Separa L em duas sequências L_1 e L_2, cada uma com o tamanho $(n-1)/2$
    $T_1 \leftarrow$ BottomUpHeap(L_1)
    $T_2 \leftarrow$ BottomUpHeap(L_2)
    Cria uma árvore binária T com raiz r armazenando e, tendo a subárvore à esquerda T_1 e a subárvore à direita T_2.
    Executa um down-heap bubbling a partir da raiz r de T, se necessário.
    retorna T

Trecho de Código 8.14   Construção recursiva bottom-up do heap.

A construção bottom-up do heap é assintoticamente mais rápida que a inserção incremental de n chaves em um heap inicialmente vazio, como é apresentado na seguinte proposição.

Proposição 8.6 *Contrução bottom-up de um heap com n elementos custa o tempo $O(n)$, assumindo que duas chaves podem ser comparadas no tempo $O(1)$.*

Justificativa Analisa-se a construção bottom-up do heap usando uma abordagem "visual", como é ilustrado na Figura 8.11.

Sendo T o heap final e v um nodo de T, denota-se como $T(v)$ a subárvore de T com raiz v. No pior caso, o tempo para formar $T(v)$ a partir das duas subárvores formadas recursivamente e tendo os filhos de v em suas raízes é proporcional à altura de $T(v)$. O pior caso acontece quando o down-heap bubbling a partir de v atravessa um caminho de v até um dos nodos mais externos de $T(v)$.

Considere agora o caminho $p(v)$ em T, do nodo v até seu nodo interfixado sucessor externo, ou seja, o caminho que inicia em v, visita o filho direito de v e desce sempre para a esquerda até chegar a um nodo externo. Diz-se que o caminho $p(v)$ é *associado com* o nodo v. Observa-se que $p(v)$ não é necessariamente o caminho seguido em um down-heap bubbling quando $T(v)$ é formado. Claramente, o comprimento (número de arestas) de $p(v)$ é igual à altura de $T(v)$. Portanto, formar $T(v)$ toma no pior caso tempo proporcional ao comprimento de $p(v)$. Assim, o tempo de execução total da construção bottom-up é proporcional à soma dos comprimentos dos caminhos associados aos nodos de T.

Observa-se que cada nodo v de T distinto a partir da raiz pertence exatamente a dois caminhos: o caminho $p(v)$ associado com v e possivelmente o caminho $p(u)$ associado com os pais u de v num caminhamento interfixado. (Ver Figura 8.11.) Além disso, a raiz r de T e os nodos do caminho mais à esquerda da raiz à folha pertencem somente a um caminho, aquele associado com o próprio nodo. Portanto, a soma dos comprimentos dos caminhos associados aos nodos internos de T é $2n-1$. Conclui-se que a construção bottom-up do heap T leva o tempo $O(n)$. ∎

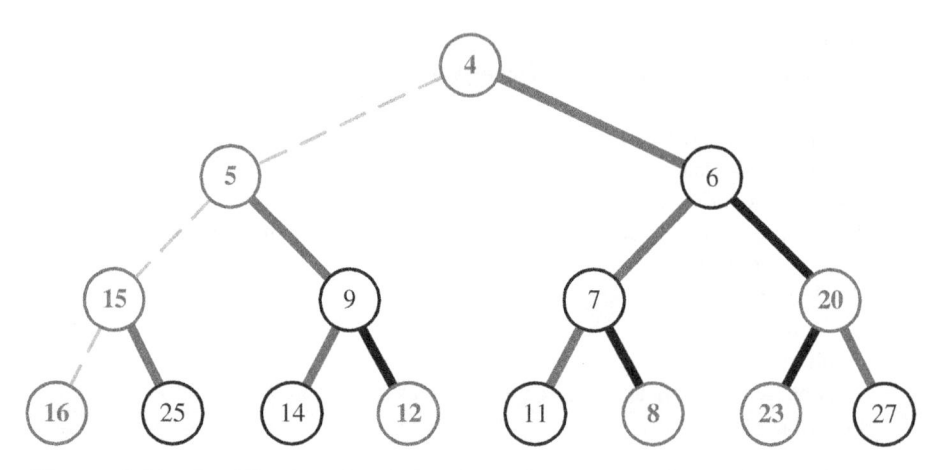

Figura 8.11 Justificativa visual do tempo de execução linear do algoritmo de construção bottom-up do heap, onde os caminhos associados aos nodos internos são mostrados em tons de cinza. Por exemplo, o caminho associado com a raiz consiste nos nodos armazenando as chaves 4, 6, 7 e 11. Além disso, o caminho associado com a filho à direita da raiz consiste dos nodos internos armazenando as chaves 6, 20 e 23.

Resumido, a Proposição 8.6 garante que o tempo de execução da primeira fase do heap-sort pode ser reduzido até $O(n)$. Infelizmente, o tempo de execução da segunda fase do heap-sort não pode ser tornado assintoticamente melhor do que $O(n \log n)$, ou seja, ele sempre será $\Omega(n \log n)$ no pior caso. Esse limite inferior não será justificado até o Capítulo 11. Conclui-se este capítulo discutindo um padrão de projeto que permite estender o TAD fila de prioridade dando-lhe funcionalidade adicional.

8.4 Filas de prioridade adaptáveis

Os métodos do TAD fila de prioridade apresentados na Seção 8.1.3 são suficientes para as aplicações mais básicas de filas de prioridade, como uma classificação. Entretanto, existem situações em que métodos adicionais seriam úteis, como apresentado nos cenários abaixo, que se referem à aplicação de fila de espera de passageiros para uma empresa de voos comerciais.

- Um passageiro pessimista sobre suas chances de ir a bordo pode decidir ir embora antes da entrada no avião, requisitando ser removido da lista de espera. Assim, gostaríamos de remover da fila de prioridade a entrada associada a este

passageiro. O método removeMin não é aplicado nesta situação, já que é improvável que o passageiro que está saindo tenha a prioridade 1. Em vez disso, seria interessante ter um novo método remove(*e*) que retira um elemento qualquer *e*.
- Outro passageiro procura seu cartão VIP e apresenta-o ao agente. Assim, sua prioridade tem de ser modificada conforme sua nova especificação. Para conseguir isso, seria desejável dispor de um novo método chamado de replaceKey(*e,k*), que substitui com a chave *k* a entrada *e* na fila de prioridade.
- Finalmente, um terceiro passageiro notifica que seu nome está escrito de forma errada no cartão de embarque, solicitando a alteração. Para essa alteração, precisa-se modificar o registro do passageiro. Portanto, gostaríamos de ter um novo método chamado de replaceValue(*e,x*) que substitui com *x* o valor da entrada *e* na fila de prioridade.

Métodos do TAD fila de prioridade adaptável

Os cenários apresentados anteriormente motivam a definição de um novo TAD que estende o TAD fila de prioridade com os métodos remove, replaceKey e replaceValue. Em outras palavras, a *fila de prioridade adaptável* P suporta os seguintes métodos adicionados no TAD fila de prioridade:

remove(*e*): remove em *P* e retorna a entrada *e*;

replaceKey(*e,k*): substitui com *k* e retorna a chave da entrada e de *P*; um erro condicional ocorre se *k* é inválido (ou seja, a chave *k* não pode ser comparada com outras chaves);

replaceValue(*e,x*): substitui com *x* e retorna o valor da entrada *e* de *P*.

8.4.1 Usando a classe java.util.PriorityQueue

Não existe interface para a fila com prioridade predefinida em Java, mas Java inclui a classe java.util.PriorityQueue, que implementa a interface java.util.Queue. Em vez de inserir e remover elementos de acordo com a política FIFO, entretanto, que é a política padrão de uma fila, a classe java.util.PriorityQueue processa suas entradas de acordo com uma prioridade. Esta prioridade é definida por um objeto comparador que é passado para a fila no construtor ou pela ordem natural dos elementos armazenados na fila. Assim, a classe java.util.PriorityQueue é um tipo de fila de prioridade que é baseado na inserção e remoção geral de elementos em vez de pares chave-valor.

A classe java.util.PriorityQueue é implementada usando um heap, de maneira que ela garante uma perfomance $O(\log n)$ para inserir um elemento e remover o elemento mínimo. Além disso, fornece um método, remove(*e*), para remover um elemento, *e*. Ela não tem métodos para substituir chaves ou valores, uma vez que opera em objetos gerais, não em entradas. Assim, pode-se defini-la para usar entradas como seus elementos, e então podemos substituir chaves e valores usando a remoção e inserção de valores adequada. Na verdade, o framework de coleções Java inclui um objeto chamado de java.util.AbstractMap.SimpleEntry, que implementa a interface java.util.Entry, que inclui o TAD entrada discutido anteriormente na seção

8.1.2. Assim, é possível usar classes Java predefinidas para construir uma simples implementação do padrão adaptador do TAD fila de prioridade adaptável, como apresentado na Tabela 8.3.

O único problema dessa implementação do TAD fila de prioridade é que, mesmo com os métodos da fila de prioridade min() e removeMin() executando em tempo $O(\log n)$ usando essa implementação, os métodos remove(e), replaceKey(e,k) e replaceValue(e,x) executam em tempo $O(n)$. O principal problema é que essa adaptação não tem maneira rápida para localizar um elemento e no heap; é necessário pesquisar por todo o heap para encontrar e e removê-lo.

Método	Adaptação de java.util.PriorityQueue
size( )	size( )
isEmpty( )	isEmpty( )
insert(k, v)	add(**new** SimpleEntry(k, v))
min( )	peek( )
removeMin( )	remove( )
remove(e)	remove(e)
replaceKey(e, k)	remove(e); add(**new** SimpleEntry(k, e.getValue( )))
replaceValue(e, x)	remove(e); add(**new** SimpleEntry(e.getKey( ),x))

Tabela 8.3 Métodos do TAD fila de prioridade adaptável e as implementações correspondentes no padrão adaptador usando a classe java.util.PriorityQueue.

8.4.2 Entradas conscientes de localização

Para implementar os métodos remove, replaceKey e replaceValue em uma fila de prioridade adaptável P, um mecanismo de procura de posição de um elementos de P é necessário. Em outras palavras, dado um elemento e de P passado como um argumento de um dos métodos citados, é preciso encontrar a posição de armazenamento de e em uma estrutura de dados P implementada (por exemplo, uma lista duplamente encadeada ou um heap). Essa posição é chamada de ***localização*** do elemento.

Em vez de procurar por uma localização de um dado elemento e, adiciona-se o objeto e uma variável de instância do tipo Position que armazena a localização. Esta implementação de uma entrada mantém o rastro das posições chamado de ***entrada consciente de localização***. Uma descrição resumida do uso da entrada conscientes de localização para a implementação de uma lista ordenada e um heap de uma fila de prioridade adaptável são apresentados a seguir. Denota-se o número de entradas em um fila de prioridade no tempo em que uma operação é executada com n.

- ***Implementação com lista ordenada***: Nesta implementação, depois de inserido o elemento, determina-se a localização da entrada para referir a posição da lista contendo o elemento. Também é alterada a localização do elemento sempre que a posição na lista for alterada. Operações remove(e) e replaceValue(*e,x*) custam o tempo $O(1)$, desde que se obtenha a posição *p* da entrada *e* no tempo $O(1)$ seguindo a localização armazenada com a entrada. Em vez disso, o método replaceKey(*e,k*) executa no tempo $O(n)$, porque a modificação da chave da entrada *e* pode exigir a movimentação da entrada para diferentes posições na lista para preservar a ordenação das chaves. O uso do localizador aumenta o tempo de execução dos métodos da fila de prioridade padrão em um fator constante.

- **Implementação com heap**: Nesta implementação, depois de o elemento ser inserido, define-se a localização da entrada para referir o nodo do heap que contém a entrada. Além disso, altera-se a localização da entrada sempre que ocorrer alterações nos nodos do heap (por exemplo, por causa das trocas em um down-heap ou up-heap bubbling). A operação replaceValue(*e*, *x*) custa o tempo $O(1)$ desde que se obtenha a posição *p* da entrada *e* no tempo $O(1)$ seguindo a localização das referências armazenadas com a entrada. As operações remove(*e*) e replaceKey(*e*, *k*) executam no tempo $O(\log n)$ (detalhes são explorados no Exercício C-8.23). Usar entradas com localizador informado aumenta o tempo de execução dos métodos insert e removeMin em um fator constante elevado.

O uso da entrada consciente de localização para uma implementação de lista não ordenada é explorado no Exercício C-8.22.

Performance das implementações de filas de prioridade adaptáveis

O desempenho de uma fila de prioridade adaptável implementada por várias estruturas de dados com entrada consciente de localização é resumido na Tabela 8.4.

Método	Lista não ordenada	Lista ordenada	Heap
size, isEmpty	$O(1)$	$O(1)$	$O(1)$
insert	$O(1)$	$O(n)$	$O(\log n)$
min	$O(n)$	$O(1)$	$O(1)$
removeMin	$O(n)$	$O(1)$	$O(\log n)$
remove	$O(1)$	$O(1)$	$O(\log n)$
replaceKey	$O(1)$	$O(n)$	$O(\log n)$
replaceValue	$O(1)$	$O(1)$	$O(1)$

Tabela 8.4 Tempos de execução dos métodos de uma fila de prioridade adaptável de tamanho *n*, implementada com uma lista não ordenada, uma sequência ordenada e um heap, respectivamente. O espaço requerido é $O(n)$.

8.4.3 Implementando uma fila de prioridade adaptável

Os Trechos de Código 8.15 e 8.16 apresentam a implementação Java de uma fila de prioridade adaptável baseada em uma sequência ordenada. Essa implementação é obtida pela extensão da classe SortedListPriorityQueue apresentada no Trecho de Código 8.5. Em particular, o Trecho de Código 8.16 apresenta como implementar uma entrada com localizador adaptável em Java, estendendo uma entrada regular.

A ideia principal por trás dessa implementação é que a classe LocationAwareEntry, que implementa a interface Entry, agora contém um campo, loc, que armazena a localização de cada entrada. Isto é, loc é uma referência para a posição desta entrada na lista que representa a fila com prioridade. Além disso, objetos conscientes de localização suportam o método setLocation, e toda vez que a lista baseada em localização move uma entrada, ela notifica a entrada desta alteração usando o método setLocation. Isso permite que cada operação de atualização tenha a mesma performance assintótica que em uma fila de prioridade não adaptável enquanto obtém a localização em tempo constante para qualquer entrada consciente de localização.

```
/** Implementação de uma fila de prioridade adaptável com uma sequência ordenada. */
public class SortedListAdaptablePriorityQueue<K,V>
    extends SortedListPriorityQueue<K,V>
    implements AdaptablePriorityQueue<K,V> {
  /** Cria uma fila de prioridades com o comparador padrão */
  public SortedListAdaptablePriorityQueue() {
    super( );
  }
  /** Cria uma fila de prioridades com um dado comparador */
  public SortedListAdaptablePriorityQueue(Comparator<K> comp) {
    super(comp);
  }
  /** Insere um par chave-valor e retorna a entrada criada */
  public Entry<K,V> insert (K k, V v) throws InvalidKeyException {
    checkKey(k);
    LocationAwareEntry<K,V> entry = new LocationAwareEntry<K,V>(k,v);
    insertEntry(entry);
    entry.setLocation(actionPos);        // posição da nova entrada
    return entry;
  }
  /** Remove e retorna uma dada entrada */
  public Entry<K,V> remove(Entry<K,V> entry) {
    checkEntry(entry);
    LocationAwareEntry<K,V> e = (LocationAwareEntry<K,V>) entry;
    Position<Entry<K,V>> p = e.location( );
    entries.remove(p);
    e.setLocation(null);
```

```java
    return e;
}
/** Substitui a chave de uma dada entrada */
public K replaceKey(Entry<K,V> entry, K k) {
    checkKey(k);
    checkEntry(entry);
    LocationAwareEntry<K,V> e = (LocationAwareEntry<K,V>) remove(entry);
    K oldKey = e.setKey(k);
    insertEntry(e);
    e.setLocation(actionPos);              // posição da nova entrada
    return oldKey;
}
```

Trecho de Código 8.15 Implementação Java de uma fila de prioridade adaptável utilizando uma sequência ordenada armazenando entradas conscientes de localização. A classe Sorted-ListAdaptablePriorityQueue estende a classe SortedListPriorityQueue (Trecho de Código 8.5) e implementa a interface AdaptablePriorityQueue. (Continua no Trecho de Código 8.16.)

```java
/** Substitui o valor de uma dada entrada */
public V replaceValue(Entry<K,V> e, V value) {
    checkEntry(e);
    V oldValue = ((LocationAwareEntry<K,V>) e).setValue(value);
    return oldValue;
}
/** Determina se uma dada entrada é válida */
protected void checkEntry(Entry ent) throws InvalidEntryException {
    if(ent == null || !(ent instanceof LocationAwareEntry))
        throw new InvalidEntryException("Entrada inválida");
}
/** Classe interna para um localizador */
protected static class LocationAwareEntry<K,V>
    extends MyEntry<K,V> implements Entry<K,V> {
    /** Posição onde a entrada será armazenada. */
    private Position<Entry<K,V>> loc;
    public LocationAwareEntry(K key, V value) {
        super(key, value);
    }
    public LocationAwareEntry(K key, V value, Position<Entry<K,V>> pos) {
        super(key, value);
        loc = pos;
    }
    protected Position<Entry<K,V>> location() {
        return loc;
    }
    protected Position<Entry<K,V>> setLocation(Position<Entry<K,V>> pos) {
```

```
        Position<Entry<K,V>> oldPosition = location( );
        loc = pos;
        return oldPosition;
    }
    protected K setKey(K key) {
        K oldKey = getKey( );
        k = key;
        return oldKey;
    }
    protected V setValue(V value) {
        V oldValue = getValue( );
        v = value;
        return oldValue;
    }
}
```

Trecho de Código 8.16 Uma fila de prioridade adaptável implementada com uma sequência ordenada armazenando entradas conscientes de localização. (Continuação do Trecho de Código 8.15.) A classe aninhada LocationAwareEntry implementa um localizador e estende a classe aninhada MyEntry da SortedListPriorityQueue apresentada no Trecho de Código 8.5.

8.5 Exercícios

Para obter os códigos-fonte dos exercícios, visite www.grupoa.com.br.

Reforço

R-8.1 Qual o tempo de execução de cada um dos métodos do TAD fila de prioridade (padrão) se for implementado usando a adaptação java.util.PriorityQueue apresentada na Tabela 8.3?

R-8.2 Quanto tempo irá levar para remover o $\lceil \log n \rceil$ menor elemento de um heap que contém n entradas usando a operação removeMin()?

R-8.3 Suponha que você rotule cada nodo v da árvore binária T com uma chave igual ao nível anterior de v. Sob que circunstância T é um heap?

R-8.4 Qual é a saída da seguinte sequência de métodos do TAD fila de prioridade: insert(5, A), insert(4, B), insert(7, I), insert(1, D), removeMin( ), insert(3, J), insert(6, L), removeMin( ), removeMin( ), insert(8, G), removeMin( ), insert(2, H), removeMin( ), removeMin( )?

R-8.5 Um aeroporto está desenvolvendo uma simulação de controle de tráfego aéreo que trata eventos como decolagens e pousos. Cada evento tem um time-stamp que registra a hora em que o evento acontece. O programa de simulação deve realizar eficientemente as duas operações fundamentais a seguir:

- inserir um evento com um dado time-stamp (ou seja, inserir um evento futuro);
- extrair o evento com menor time-stamp (ou seja, determinar o próximo evento a processar);

Que estrutura de dados você usaria para suportar essas operações? Justifique sua resposta.

R-8.6 Embora seja correto usar um comparador "reverso" com o TAD fila de prioridade para recuperar e remover elementos com a maior chave a cada operação, é um pouco confuso que um elemento com a maior chave seja retornado por um método chamado de "removeMin". Escreva uma pequena classe adaptadora que recebe uma fila de prioridade *P* e um comparador associado *C*, e implementa uma fila de prioridade que opera com os elementos que têm a maior chave por meio de métodos com nomes como removeMax.

R-8.7 Ilustre a execução do algoritmo selection-sort sobre os seguintes dados de entrada: {22, 15, 36, 44, 10, 3, 9, 13, 29, 25}.

R-8.8 Ilustre a execução do algoritmo insertion-sort sobre os dados do exercício anterior.

R-8.9 Forneça um exemplo de sequência de pior caso com *n* elementos para o insertion-sort e mostre como ele é executado em tempo $\Omega(n^2)$ nesta sequência.

R-8.10 Onde pode estar armazenado o elemento com a maior chave em um heap?

R-8.11 Na definição da relação "à esquerda de" para dois nodos de uma árvore binária (Seção 8.3.1) pode-se usar um caminhamento prefixado em vez de um caminhamento interfixado? E um caminhamento pós-fixado?

R-8.12 Ilustre a execução do algoritmo heap-sort sobre os seguintes dados de entrada: {2, 5, 16, 4, 10, 23, 39, 18, 26, 15}.

R-8.13 Seja *T* uma árvore binária completa em que *v* armazena a entrada $(p(v),0)$, onde $p(v)$ é o número do nível de *v*. A árvore *T* é um heap? Justifique sua resposta.

R-8.14 Explique por que não se considera o caso do filho direito de *r* ser interno e o filho esquerdo ser externo quando se descreve o processo do down-heap bubbling.

R-8.15 Existe um heap *T* armazenando sete elementos diferentes de forma que um caminhamento prefixado de *T* apresente os elementos de *T* em ordem crescente ou decrescente? E se for um caminhamento interfixado? E pós-fixado? Se sim, apresente um exemplo; caso contrário, justifique.

R-8.16 Considere *H* um heap que armazena 15 elementos usando uma representação de arranjo de uma árvore binária completa. Qual é a sequência de índices da lista de arranjo que são visitados no caminhamento prefixado de *H*? E qual é a sequência em um caminhamento interfixado? E em um caminhamento pós-fixado?

R-8.17 Mostre que a soma

$$\sum_{i=1}^{n} \log i,$$

que aparece na análise do heap-sort, é $\Omega(n \log n)$.

R-8.18 Bill afirma que um caminhamento prefixado em um heap não listará as chaves em ordem decrescente. Apresente um exemplo de um heap que prove que ele está errado.

R-8.19 Hillary afirma que um caminhamento pós-fixado em um heap não listará as chaves em ordem crescente. Apresente um exemplo de um heap que prove que ela está errada.

R-8.20 Apresente todos os passos do algoritmo para remover a chave 16 do heap da Figura 8.3.

R-8.21 Apresente todos os passos do algoritmo para substituir a chave 5 por 18 no heap da Figura 8.3.

R-8.22 Desenhe um exemplo de heap cujas chaves sejam todos os números ímpares de 1 a 59 (sem repetições), de forma que a inserção de um item com chave 32 causaria um up-heap bubbling por todo o caminho até um dos filhos da raiz (substituindo a chave desse filho pelo valor 32).

R-8.23 Complete a Figura 8.9 mostrando todos os passos do algoritmo de heap-sort in-place. Mostre o arranjo e o heap associado ao final de cada passo.

R-8.24 Apresente uma descrição de pseudocódigo do algoritmo heap-sort in-place não recursivo.

R-8.25 Um grupo de crianças quer jogar um jogo chamado de **Unmonopoly**, no qual em cada jogada o jogador mais rico deve dar metade do seu dinheiro ao jogador mais pobre. Qual(is) estrutura(s) de dados deveria(m) ser usada(s) para se jogar esse jogo eficientemente? Por quê?

Criatividade

C-8.1 Suponha que se tem um heap H que armazena n entradas com chaves consistindo de strings de dígitos, ordenadas de maneira lexicográfica. Descreva um método de tempo linear para converter H em um heap que está ordenado de acordo com os valores numéricos dos inteiros representados pelas chaves ou entradas de H.

C-8.2 Um sistema online de computador para estoque comercial precisa processar pedidos como, por exemplo, "comprar 100 ações a R\$$x$ cada" ou "vender 100 ações a R\$$y$ cada". Um pedido de compra para R\$$x$ pode somente ser processado se houver um pedido de venda existente com preço R\$$y$, sendo que $y \leq x$. Da mesma forma, um pedido de venda por R\$$y$ pode somente ser processado se houver um pedido de compra com preço

R\$$x$, sendo que $y \leq x$. Se um pedido de compra ou venda é criado, mas não pode ser processado, ele deve esperar por um futuro comando que permita a ele ser processado. Descreva um esquema que permita a criação de pedidos de compra e venda no tempo $O(\log n)$, independentemente de serem ou não processados de forma imediata.

C-8.3 Estenda a solução do exercício anterior para que os usuários possam alterar os preços para suas vendas ou pedidos de compra que ainda não tenham sido processados.

C-8.4 Escreva um comparador para inteiros não negativos que determina a ordem baseado no número de dígitos 1 na representação binária de cada número, de forma que $i < j$ se o número de dígitos 1 na representação binária de i for menor do que o número de dígitos 1 na representação binária de j.

C-8.5 Mostre como implementar o TAD pilha usando apenas uma fila de prioridade e uma variável inteira adicional.

C-8.6 Mostre como implementar o TAD fila (padrão) usando apenas uma fila de prioridade e uma variável inteira adicional.

C-8.7 Descreva em detalhes uma implementação de uma fila de prioridade baseada em um arranjo ordenado. Demonstre que esta implementação atinge tempo $O(1)$ para os métodos min e removeMin e e tempo $O(n)$ para o método insert.

C-8.8 Descreva a versão in-place do algoritmo insertion-sort que utilize somente espaço $O(1)$ para instanciar variáveis além da entrada de um arranjo.

C-8.9 Assumindo que a entrada para o problema de ordenação é dada em um arranjo A, apresente como implementar o algoritmo de insertion-sort usando somente o arranjo A e, no máximo, mais seis variáveis.

C-8.10 Descreva como implementar o algoritmo heap-sort usando, no máximo, seis variáveis inteiras em acréscimo a um arranjo de entrada.

C-8.11 Descreva a sequência de n inserções em um heap que requer o tempo $\Omega(n \log n)$ para processar.

C-8.12 Um método alternativo para encontrar o último nodo durante uma inserção em um heap T é armazenar no último nodo e em cada nodo externo de T uma referência para o nodo externo imediatamente à sua direita ("dando a volta" para o primeiro nodo no próximo nível no caso do nodo mais à direita). Mostre como manter essas referências em tempo $O(1)$ por operação do TAD fila de prioridade assumindo que T é implementado como estrutura encadeada.

C-8.13 Descreva uma implementação de uma árvore binária completa T que utiliza uma estrutura encadeada e referencia o último nodo. Em particular, apresente como alterar a referência do último nodo por meio das operações add e remove no tempo $O(\log n)$, onde n é o número atual de nodos de T. Tenha certeza de tratar todos os casos possíveis, como ilustrado na Figura 8.12.

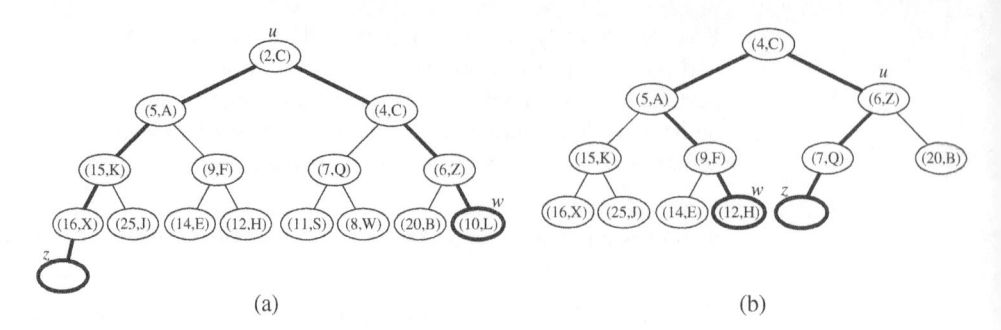

Figura 8.12 Alteração do último nodo em uma árvore binária completa após a operação add ou remove. O nodo *w* é o último nodo antes da operação add ou após a operação remove. O nodo *z* é o último nodo após a operação add ou anterior à operação remove.

C-8.14 Representa-se um caminho da raiz até um dado nodo de uma árvore binária por meio de uma string binária em que 0 significa "siga para o filho à esquerda" e 1 significa "siga para o filho à direita". Por exemplo, o caminho da raiz até o nodo armazenando (8,W) no heap da Figura 8.12a é representado pela string 101. Proponha um algoritmo de tempo logarítmico para encontrar o último nodo de uma árvore binária completa com *n* nodos, baseado na representação apresentada. Mostre como este algoritmo pode ser usado em uma implementação de uma árvore binária completa utilizando uma estrutura encadeada que não mantém a referência para o último nodo.

C-8.15 Dado o heap *T* e a chave *k*, apresente um algoritmo para computar todas as entradas de *T* com chave menor ou igual à chave *k*. Por exemplo, dado o heap da Figura 8.12a e o filtro $k = 7$, o algoritmo deverá reportar as entradas com as chaves 2, 4, 5, 6 e 7 (mas não necessariamente nessa ordem). O seu algoritmo deverá executar em um tempo proporcional ao número de entradas retornado.

C-8.16 Apresente uma justificativa para os limites de tempo da Tabela 8.4.

C-8.17 A Tamarindo Airlines quer dar uma promoção de passagens para a primeira classe a seus log *n* clientes mais frequentes, baseado no número de milhas acumuladas, onde *n* é o número de clientes da Tamarindo. O algoritmo usado atualmente, que executa no tempo $O(n \log n)$, ordena os passageiros pelo número de milhas voadas e depois varre a lista determinando os primeiros log *n* clientes. Descreva um algoritmo que identifique os log *n* clientes mais frequentes no tempo $O(n)$.

C-8.18 Desenvolva um algoritmo que determina o *k*-ésimo menor elemento em um conjunto de *n* inteiros distintos em tempo $O(n + k \log n)$.

C-8.19 Suponha que os nodos internos de duas árvores binárias, T_1 e T_2, guardam itens que preservam a propriedade de ordem do heap. Descreva um método para combinar estas duas árvores em uma árvore T cujos nodos internos são compostos pelos nodos de T_1 e T_2 e também satisfazem a propriedade de ordem. Seu algoritmo deve ser executado em tempo $O(h_1 + h_2)$, onde h_1 e h_2 são as alturas das árvores T_1 e T_2.

C-8.20 Mostre que o somatório abaixo, que aparece na análise da construção bottom-up de heaps, é $O(1)$ para qualquer inteiro positivo h.

$$\sum_{i=1}^{h} \left(\frac{i}{2^i} \right).$$

C-8.21 Apresente uma descrição alternativa do algoritmo in-place heap-sort que usa um comparador padrão em vez de um reverso.

C-8.22 Descreva algoritmos eficientes para execução dos métodos remove(e) e replaceKey(e, k) em uma fila de prioridades adaptáveis implementada com uma sequência não-ordenada utilizando entradas conscientes de localização.

C-8.23 Descreva algoritmos eficientes para a execução dos métodos remove(e) e replaceKey(e, k) em uma fila de prioridade adaptável implementada com um heap utilizando entradas conscientes de localização.

C-8.24 Seja S um conjunto de n pontos em um plano com coordenadas inteiras distintas x e y. Seja T uma árvore binária completa que armazena os pontos de S como nodos externos, sendo que os pontos são ordenados da esquerda para a direita considerando a coordenada x de forma crescente. Para cada nodo v de T, $S(v)$ denota o subconjunto de S consistindo nos pontos armazenados na subárvore com raiz v. Para a raiz r de T, defina $top(r)$ para ser o ponto em $S = S(r)$ com a maior coordenada y. Para todos os outros nodos v, defina $top(r)$ para ser o ponto em S com a maior coordenada y em $S(v)$ que não é a maior coordenada y em $S(u)$, onde u é o pai de v em T (se cada ponto existe). Cada rótulo torna T em uma *árvore de pesquisa de prioridade*. Descreva um algoritmo linear para tornar T uma árvore de pesquisa de prioridade.

Projetos

P-8.1 Implemente uma classe adaptadora completa usando a classe java.util.PriorityQueue para implementar o TAD fila de prioridade adaptável. Sua classe deve consertar a omissão no adaptador do livro, ou seja, os métodos fornecidos não têm os valores de retorno corretos. Teste a performance de sua classe adaptadora sobre uma sequência representativa dos métodos da fila de prioridade. Teste a hipótese de que os métodos da fila de prioridade padrão executam em $O(\log n)$ enquanto que os métodos adicionais da fila de prioridade adaptada executam em tempo $O(n)$.

P-8.2 Apresente uma implementação Java de uma fila de prioridade baseada em uma lista não ordenada.

P-8.3 Escreva um applet ou uma aplicação gráfica de uma animação dos algoritmos insertion-sort e selection-sort. Sua animação deverá visualizar os movimentos dos elementos em direção aos seus locais corretos.

P-8.4 Escreva um applet ou programa de aplicação gráfica para apresentar uma animação de um heap. Seu programa deverá suportar todas as operações de uma fila de prioridade e deverá visualizar as trocas em up-heap e down-heap bubbling. (Extra: visualize também a construção bottom-up do heap.)

P-8.5 Implemente um algoritmo heap-sort usando uma construção bottom-up do heap.

P-8.6 Implemente o algoritmo heap-sort in-place. Experimentalmente compare o tempo de execução desta implementação com o heap-sort padrão que não é in-place.

P-8.7 Implemente uma fila de prioridade baseada em heap que suporta em tempo linear a operação adicional a seguir:

replaceComparator(c): Substitui o comparador atual com c.

(Dica: use o algoritmo de construção bottom-up do heap.)

P-8.8 Escreva um programa que possa processar uma sequência de compra de estoques e venda de pedidos como descrito no Exercício C-8.2.

P-8.9 Uma aplicação de uma fila de prioridade é em sistemas operacionais – para *fila de tarefas* em uma CPU. Neste projeto, você está criando um programa que simula a fila de trabalho da CPU. Seu programa deverá executar em um laço, e cada interação corresponderá a um *tempo de processamento* (*time slice*) da CPU. Cada tarefa é assinalada com uma prioridade que pode estar no intervalo de –20 (maior prioridade) até 19 (menor prioridade). Entre todas as tarefas que esperam para serem processadas em um tempo de processamento, a CPU deve trabalhar uma tarefa com a mais alta prioridade. Nesta simulação, cada tarefa também virá com um *tamanho*, o qual é um inteiro entre 1 e 100, inclusive indicando o tempo de processamento que será necessário para processar a tarefa. Para simplificar, você pode assumir que a tarefa não pode ser interrompida – uma vez agendada na CPU, a tarefa executa um tempo de processamento igual ao seu tamanho. O seu simulador deve apresentar o nome da tarefa que está em execução na CPU a cada tempo de processamento e deve processar uma sequência de comandos, um por fatia de tempo seguindo o seguinte formato: "adicionar o nome da tarefa com tamanho n e prioridade p" ou "não existe nova tarefa a ser executada".

P-8.10 Desenvolva uma implementação Java de uma fila de prioridade adaptável baseada em uma lista não ordenada e que suporte entradas conscientes de localização.

P-8.11 Desenvolva uma implementação Java de uma fila de prioridade adaptável baseada em heap e que suporte entradas conscientes de localização.

Observações sobre o capítulo

O livro de Knuth sobre ordenação e pesquisa [63] descreve a motivação e a história dos algoritmos de selection-sort, insertion-sort e heap-sort. O heap-sort foi apresentado por Williams [99] e o algoritmo de construção do heap em tempo linear foi feito por Floyd [34]. Algoritmos adicionais e análises de heaps e variações do heap-sort podem ser encontradas em artigos de Bentley [13], Carlsson [21], Gonnet e Munro [40], McDiarmid e Reed [71] e Schaffer e Sedgewick [85]. Os localizadores (também descritos em [41]) parecem ser recentes.

Capítulo 9
Tabelas de Hash, Mapas e Skip Lists

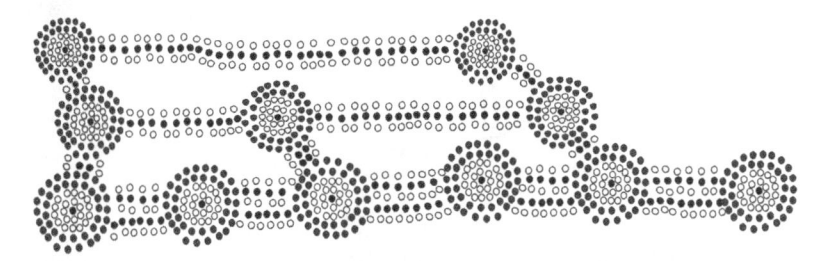

Sumário

- **9.1 Mapas** **386**
  - 9.1.1 O TAD mapa 387
  - 9.1.2 Uma implementação simples de mapa 388
- **9.2 Tabelas de hash** **389**
  - 9.2.1 Arranjo de buckets 390
  - 9.2.2 Funções de hash 390
  - 9.2.3 Códigos de hash 391
  - 9.2.4 Funções de compressão 395
  - 9.2.5 Esquema para tratamento de colisões 396
  - 9.2.6 Uma implementação Java para tabelas de hash 400
  - 9.2.7 Fatores de carga e rehashing 404
  - 9.2.8 Aplicação: contador de frequência de palavras 405
- **9.3 Mapas ordenados** **406**
  - 9.3.1 Tabelas de pesquisa ordenada e pesquisa binária 407
  - 9.3.2 Duas aplicações de mapas ordenados 411
- **9.4 Skip list** **414**
  - 9.4.1 Operações de pesquisa e atualização em uma skip list 416
  - 9.4.2 Uma análise probabilística das skip lists ★ 420
- **9.5 Dicionários** **423**
  - 9.5.1 O TAD Dicionário 423
  - 9.5.2 Implementações com entradas conscientes de localização 424
  - 9.5.3 Implementação usando o pacote java.util 425
- **9.6 Exercícios** **429**

9.1 Mapas

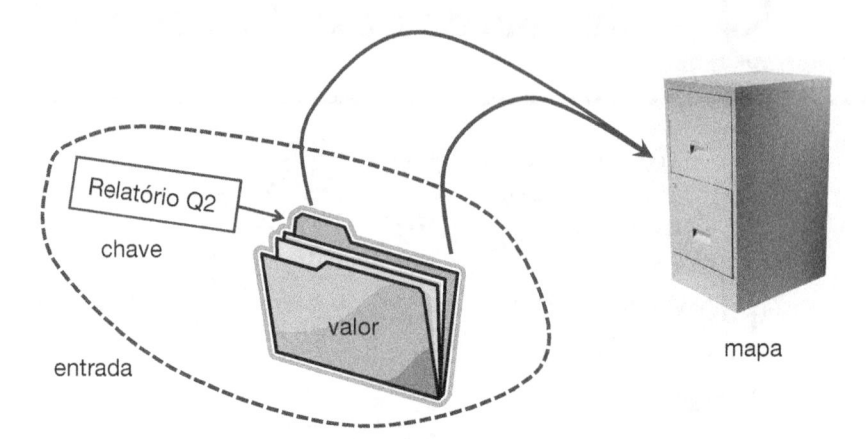

Figura 9.1 Uma ilustração conceitual do TAD mapa. As chaves (rótulos) são definidas para valores (folders) por um usuário. As entradas resultantes (folders com rótulos) são inseridas em um mapa (fichário). As chaves podem ser usadas, mais tarde, para reaver ou remover os valores.

Um *mapa* permite armazenar elementos que podem ser localizados rapidamente usando chaves. A motivação para cada pesquisa é que cada elemento armazena informações adicionais que são úteis junto com a chave, mas somente podem ser acessadas pela chave. Especificamente, um mapa armazena um par chave-valor (k,v), chamado de *entradas*, onde k é a chave e v é o valor correspondente. Além disso, o TAD mapa requer que cada chave seja única, e a associação da chave com o valor define um mapeamento. Para conseguir o maior nível de generalização, permite-se que as chaves e os valores possam armazenar qualquer tipo de objeto. (Ver Figura 9.1.) Em um mapa que armazena um registro de estudantes (como o nome do estudante, endereço e suas notas), a chave pode ser o número do identificador (ID) do estudante. Em algumas aplicações, a chave e o valor podem ser o mesmo. Por exemplo, tendo-se um mapa que armazena números primos, cada número poderia ser usado como chave e como valor.

Em ambos os casos, usa-se a *chave* como um identificador único que é definido por uma aplicação ou usuário para um objeto valor associado. Assim, um mapa é mais apropriado em situações em que cada chave deve ser vista como um *índice* único para seu valor, ou seja, um objeto que serve como um tipo de localização para um determinado valor. Por exemplo, para armazenar informações de estudantes, provavelmente seria preciso usar o ID do estudante como chave (e não permitir que dois estudantes tenham o mesmo identificador). Em outras palavras, a chave associada com um objeto pode ser vista como um "endereço" para um objeto. Certamente, mapas são algumas vezes referidos como um *armazenamento associativo*, porque a chave associada com um determinado objeto determina sua "localização" na estrutura de dados.

9.1.1 O TAD mapa

Visto que um mapa armazena uma coleção de objetos, ele deve ser visto como uma coleção de pares chave-valor. Como um TAD, um ***mapa M*** suporta os seguintes métodos:

- size( ): Retorna o número de entradas de M;
- isEmpty( ): Testa se M está vazio;
- get(k): Se M contém uma entrada e com chave igual a k, então retorna o valor de e, senão retorna **null**.
- put(k,v): se M não tem uma entrada com chave igual a k, então adiciona a entrada (k,v) em M e retorna **null**; senão, substitui com v o valor existente na entrada com chave k e retorna o valor antigo;
- remove(k): remove a entrada de M com chave igual a k, e retorna seu valor; se M não possui a entrada com chave k, então retorna **null**;
- keySet( ): retorna uma coleção iterável contendo todas as chaves armazenadas em M (assim keySet( ).iterator( ) retorna um iterator das chaves);
- values( ): retorna uma coleção contendo todos os valores associados com as chaves armazenadas em M (assim values( ).iterator( ) retorna um iterator dos valores);
- entrySets( ): retorna uma coleção contendo todas as entradas (chave-valor) de M (assim entrySet( ).iterator( ) retorna um iterator das entradas).

Quando os métodos get(k), put(k,v) e remove(k) são executados em um mapa M que não possui entrada com chave igual a k, usa-se a convenção de retornar **null**. Um valor especial como este é conhecido como ***sentinela*** (veja Seção 3.3). A desvantagem do uso do **null** como sentinela é que esta escolha pode criar ambiguidade quando fosse necessária uma entrada (k, **null**) com o valor **null** no mapa. Claro que outra escolha seria lançar uma exceção quando alguém solicita uma chave que não está no nosso mapa. Esse provavelmente não seria um uso apropriado de uma exceção. Entretanto, é normal solicitar algo que pode não estar no mapa. Além disso, lançar e capturar uma exceção é tipicamente mais lento que um teste de um sentinela; portanto, o uso do sentinela é mais eficiente (e, neste caso, conceitualmente mais apropriado). Assim, **null** é usado como um sentinela para um valor associado com uma chave não existente.

Exemplo 9.1 *Na seguinte tabela, mostra-se o efeito de uma série de operações em um mapa inicialmente vazio que armazena chaves inteiras e valores com um único caractere.*

Operação	Saída	Mapa
isEmpty( )	**true**	∅
put(5, A)	**null**	{(5, A)}
put(7, B)	**null**	{(5, A), (7, B)}
put(2, C)	**null**	{(5, A), (7, B), (2, C)}
put(8, D)	**null**	{(5, A), (7, B), (2, C), (8, D)}
put(2, E)	C	{(5, A), (7, B), (2, E), (8, D)}
get(7)	B	{(5, A), (7, B), (2, E), (8, D)}
get(4)	**null**	{(5, A), (7, B), (2, E), (8, D)}
get(2)	E	{(5, A), (7, B), (2, E), (8, D)}
size( )	4	{(5, A), (7, B), (2, E), (8, D)}
remove(5)	A	{(7, B), (2, E), (8, D)}
remove(2)	E	{(7, B), (8, D)}
get(2)	**null**	{(7, B), (8, D)}
isEmpty( )	**false**	{(7, B), (8, D)}
entrySet( )	{(7, B), (8, D)}	{(7, B), (8, D)}
keySet( )	{7, 8}	{(7, B), (8, D)}
values( )	{B, D}	{(7, B), (8, D)}

Mapas no pacote java.util

O pacote Java java.util inclui uma interface para o TAD mapa, a qual é chamada de java.util.Map. Essa interface é definida para que uma implementação de uma classe force chaves únicas e inclua todos os métodos de um TAD mapa apresentados a seguir.

Além disso, a interface java.util.Map assume que todas as entradas associadas, que serão retornadas na coleção fornecida por entrySet( ), são do tipo java.util.Entry. Como se observou anteriormente, a interface java.util.Map.Entry inclui todos os métodos do TAD entrada apresentados na Seção 8.1.2, incluindo os métodos getKey( ) e getValue( ).

Uma vez definidos o tipo abstrato de dados mapa e seu correspondente em Java, serão discutidas maneiras de implementar este TAD.

9.1.2 Uma implementação simples de mapa

Uma forma simples de implementar um mapa é armazenar suas n entradas em uma sequência S, implementada como uma lista duplamente encadeada. A execução dos métodos fundamentais, get(k), put(k,v) e remove(k), envolve busca simples sobre S procurando por uma entrada com chave k. Apresenta-se o pseudocódigo da execução destes métodos em um mapa M no Trecho de Código 9.1.

Esta implementação do mapa baseada em sequência é simples, mas ela é eficiente apenas para mapas realmente pequenos. Cada um dos métodos fundamentais leva o tempo $O(n)$ em um mapa com n entradas, porque cada método pesquisará, no pior caso, em toda a sequência. Assim, algo mais rápido seria preferido.

Algoritmo get(k):
    Entrada: uma chave k
    Saída: o valor para chave k em M, ou **null** se não existir uma chave k em M
    para cada posição p em S.positions( ) **faça**
        se p.element( ).getKey( ) $= k$ **então**
            retorna p.element( ).getValue( )
    retorna null   {não existe elemento com chave igual a k}

Algoritmo put(k,v):
    Entrada: um par chave-valor (k,v)
    Saída: o antigo valor associado com a chave k em M ou **null** se k é uma nova chave
    para cada posição em S.positions( ) **faça**
        se p.element( ).getKey( ) $= k$ **então**
            $t \leftarrow p$.element( ).getValue( )
            B.set(p,(k,v))
            retorna t {retorna o valor antigo}
    S.addLast((k,v))
    $n \leftarrow n + 1$ {incrementa a variável que armazena o número de elementos}
    retorna null   {não existia elemento anterior com chave igual a k}

Algoritmo remove(k):
    Entrada: uma chave k
    Saída: o valor (removido) para a chave k em M, ou **null** se k não estiver em M
    para cada posição p em S.positions( ) **faça**
        se p.element( ).getKey( ) $= k$ **então**
            $t \leftarrow p$.element( ).getValue( )
            S.remove(p)
            $n \leftarrow n - 1$ {decrementa a variável que armazena o número de elementos}
            retorna t {retorna o valor removido}
    retorna null   {não existe elemento com chave igual a k}

Trecho de Código 9.1 Algoritmos para os métodos fundamentais do mapa com uma sequência S.

9.2 Tabelas de hash

As chaves associadas com elementos em um dicionário são frequentemente consideradas como "endereços" dos elementos. Exemplos de aplicações são as tabelas de símbolos de um compilador e o registro de variáveis de ambiente. As duas estruturas consistem em uma coleção de nomes simbólicos na qual cada nome serve de "endereço" para propriedades sobre o tipo de uma variável ou seu valor. Uma das maneiras mais eficientes de implementar um mapa em tais circunstâncias é usando uma ***tabela de hash***. Embora, como será visto, o tempo de execução de pior caso das operações de mapas em uma tabela de hash com n entradas é $O(n)$, uma tabela de hash pode realizar essas operações em tempo esperado $O(1)$. Em geral, uma tabela de hash consiste em dois componentes principais, um ***arranjo de buckets*** e uma ***função de hash***.

9.2.1 Arranjo de buckets

Um *arranjo de buckets* para uma tabela de hash é um arranjo A de tamanho N, em que cada célula de A é considerada como um "bucket" (ou seja, um contêiner para pares chave-elemento), e o inteiro N determina a *capacidade* do arranjo. Se as chaves forem inteiros bem distribuídos no intervalo [0, N − 1], esse arranjo de buckets é tudo do que se precisa. Um elemento e com chave k é simplesmente inserido no bucket A[k]. (Ver Figura 9.2.) Para economizar espaço, um arranjo de buckets vazio pode ser substituído por um objeto **null**.

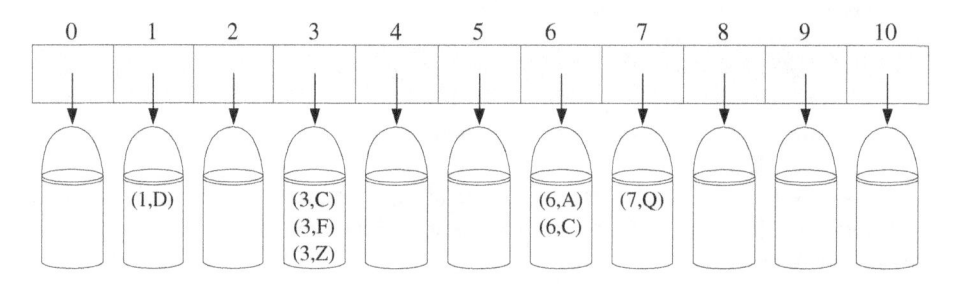

Figura 9.2 Um arranjo de buckets de tamanho 11 para as entradas (1,D), (3,C), (3, F), (3,Z), (6,A), (6,C) e (7,Q).

Se nossas chaves são inteiros únicos no intervalo [0, N − 1], então cada bucket armazenará no máximo uma entrada. Assim, pesquisas, inserções e remoções em um arranjo de buckets levarão o tempo $O(1)$. Parece ser um grande resultado, mas tem duas desvantagens. Primeiro, o espaço utilizado é proporcional a N. Dessa forma, se N é muito maior que o número de entradas n realmente presentes no dicionário, será um desperdício de espaço. A segunda desvantagem é que é exigido que as chaves sejam inteiras no intervalo [0, N − 1], o que frequentemente não acontece. Em função destas duas desvantagens, usa-se o arranjo de buckets em conjunto com um "bom" mapeamento das chaves para inteiros no intervalo [0, N − 1].

9.2.2 Funções de hash

A segunda parte de uma tabela de hash é uma função, h, chamada de *função de hash*, que mapeia cada chave k em um inteiro no intervalo [0, N − 1], onde N é a capacidade do arranjo de buckets para essa tabela. Com uma função de hash h desse tipo, pode-se aplicar o método do arranjo de buckets para chaves arbitrárias. A ideia central desta abordagem é usar o valor da função de hash, h(k), como um índice no arranjo de buckets A, em vez da chave k (que é provavelmente inadequada para uso como índice de um arranjo de buckets). Ou seja, o item (k,e) é armazenado no bucket A[h(k)].

Claro, se existirem duas ou mais chaves com o mesmo valor de hash, então dois diferentes elementos serão mapeados para o mesmo bucket em A. Nesse caso, diz-se que uma *colisão* ocorreu. Claramente, se cada bucket de A pode armazenar somente um elemento, então não se pode associar mais de um elemento com um bucket simples, que é um problema em casos de colisões. Para não se ter dúvidas, existem formas de tratar as colisões, as quais serão discutidas depois, mas a melhor estratégia é tentar evitá-las em um primeiro momento. Diz-se que uma função de hash é "boa" se o mapeamento das chaves no dicionário minimiza colisões o máximo possível. Por razões práticas, é desejável que uma função de hash seja rápida e fácil de computar.

Seguindo a convenção do Java, visualiza-se a evolução de uma função de hash, $h(k)$, consistindo em duas ações – mapeamento da chave k para um inteiro, chamado de *código do hash*, e mapeamento do código do hash para um inteiro em um intervalo de índices ($[0, N - 1]$) de um arranjo de buckets chamado de *função de compressão*. (Ver Figura 9.3.)

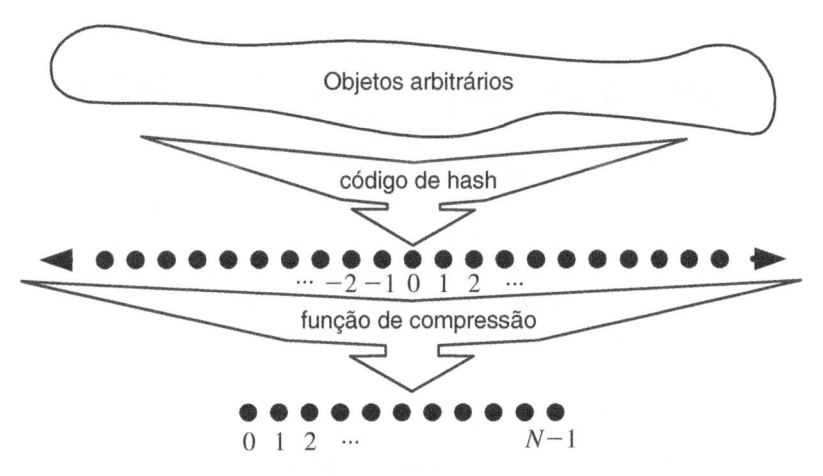

Figura 9.3 As duas partes de uma função de hash: um código de hash e uma função de compressão.

9.2.3 Códigos de hash

A primeira ação que uma função de hash realiza é tomar uma chave arbitrária k no dicionário e atribuir a ela um valor inteiro. O inteiro associado a uma chave k é chamado de *código de hash* para k. Este inteiro não precisa estar no intervalo $[0, N - 1]$ e pode mesmo ser negativo, mas se deseja que o conjunto de códigos de hash associados às chaves reduza as colisões tanto quanto possível. No caso dos códigos de hash das chaves causarem colisões, então não há como a função de compressão evitá-las. Além disso, para ser consistente com todas as chaves, o código de hash que se usa para uma chave k deve ser igual ao de qualquer chave igual a k.

Códigos de hash em Java

A classe genérica Object definida em Java é equipada com um método padrão hashCode( ) para mapear as instâncias de um objeto em um inteiro que é a "representação" do objeto. Especificamente, o método hashCode( ) retorna um inteiro do tipo

int de 32 bits. A não ser que seja especificamente sobrescrito, esse método é herdado por todo objeto usado em um programa Java. No entanto, deve-se ter cuidado ao usar a versão default de hashCode( ), pois ela pode ser uma interpretação inteira da posição do objeto na memória (como é o caso em muitas implementações em Java). Esse tipo de código não funciona bem com cadeias de caracteres, por exemplo, porque duas cadeias de caracteres em locais diferentes da memória poderiam ter o mesmo conteúdo e, neste caso, gostaríamos que elas tivessem o mesmo código. De fato, a classe Java String fornece outro método hashCode( ), mais apropriado para cadeias de caracteres. Da mesma forma, querendo usar determinados objetos como chaves de um mapa, deve-se fornecer um método hashCode( ) para esses objetos, oferecendo um mapeamento que associa inteiros bem distribuídos aos objetos.

Serão analisados então vários tipos de dados comuns e alguns exemplos de métodos associando códigos de hash a esses tipos de dados.

Conversão para inteiros

Para iniciar, nota-se que para qualquer tipo de dado X representado com no máximo tantos bits quanto nosso código de hash inteiro, pode-se simplesmente usar como código de hash para X uma interpretação inteira de seus bits. Assim, para os tipos Java **byte**, **short**, **int** e **char**, pode-se obter um bom código de hash simplesmente convertendo este tipo para **int**. Da mesma forma, para uma variável x do tipo **float**, converte-se x para um inteiro com uma chamada para floatToIntBits(x), e usa-se este inteiro como código de hash para x.

Somando componentes

Para tipos como **long** e **double**, cuja representação em bits é duas vezes maior do que um código de hash, a ideia acima não pode ser aplicada diretamente. Ainda assim, um código de hash possível e usado por muitas implementações em Java é simplesmente converter a representação de um long para um inteiro do tamanho do código de hash. Este código de hash, naturalmente, ignora metade da informação presente no valor original, e se muitas das chaves em nosso dicionário diferem apenas na outra metade, então elas colidirão por este algoritmo simples. Um código de hash alternativo, que leva todos os bits em consideração, é obtido somando-se a representação inteira dos bits de mais alta ordem e a representação inteira dos bits de mais baixa ordem. Esse código de hash pode ser descrito em Java como segue:

static int hashCode(**long** i) {**return** (**int**)((i >> 32) + (**int**) i);}

De fato, a alternativa baseada na soma de componentes pode ser estendida a qualquer objeto x cuja representação binária possa ser vista como uma k-tupla $(x_0, x_1,...,x_{k-1})$ de inteiros, pois pode-se formar um código de hash para x como $\sum_{i=0}^{k-1} x_i$. Por exemplo, tendo-se um número de ponto flutuante, soma-se sua mantissa e seu expoente como inteiros longos e então aplica-se um código de hash para inteiros longos para o resultado.

Códigos de hash polinomiais

O código de hash baseado em somas descrito anteriormente não é uma boa escolha para cadeias de caracteres ou outros objetos longos que podem ser vistos como tuplas da forma $(x_0, x_1, ..., x_{k-1})$, onde a ordem dos elementos x_i é relevante. Por exemplo, considere um código de hash para uma cadeia de caracteres s que soma os valores ASCII (ou Unicode) dos caracteres em s. Esse código de hash infelizmente produz muitas colisões indesejáveis para cadeias de caracteres bastante comuns. Em particular, "temp01" e "temp10" colidem com esta função, e também colidem as palavras "stop", "pots", "spot" e "tops". Um código de hash melhor deveria levar em conta a posição dos elementos x_i. Uma alternativa que faz exatamente isso é escolher uma constante $a \neq 0$ e $a \neq 1$ e usar como código de hash o valor dado por

$$x_0 a^{k-1} + x_1 a^{k-2} + \cdots + x_{k-2} a + x_{k-1}.$$

Matematicamente falando, é apenas um polinômio em a que usa os componentes $(x_0, x_1, ..., x_{k-1})$ como seus coeficientes. Esse código de hash é conhecido, portanto, como **código de hash polinomial**. Pela regra de Horner (veja o Exercício C-4.16), pode ser escrito como:

$$x_{k-1} + a(x_{k-2} + a(x_{k-3} + \cdots + a(x_2 + a(x_1 + ax_0)) \cdots)).$$

Intuitivamente, um código de hash polinomial usa a multiplicação pela constante a como uma forma de "dar espaço" a cada componente em uma tupla de valores, e ainda preserva a caracterização dos componentes anteriores.

Claro que, em um computador típico, a avaliação de um polinômio será feita com precisão finita, e periodicamente o valor acumulado irá causar overflow no espaço usado para armazenar um inteiro. Já que se está interessado no espalhamento do código de hash em relação às chaves, pode-se simplesmente ignorar este overflow. Ainda assim, deve-se lembrar que esse tipo de overflow é possível, e escolher uma constante a que tenha alguns bits de baixa ordem diferentes de zero, o que servirá para preservar um pouco da informação mesmo em caso de overflow.

Foram feitos alguns estudos experimentais que sugerem que 33, 37, 39 e 41 são valores particularmente bons para a quando as cadeias de caracteres a serem armazenadas são palavras da língua inglesa. De fato, em uma lista de mais de 50.000 palavras em inglês, formada por meio da união de listas de palavras fornecidas em duas versões de Unix, constatou-se que, escolhendo $a = 33, 37, 39$ ou 41, produz-se menos de sete colisões em cada caso! Não deve ser uma surpresa, portanto, descobrir que várias versões de Java escolhem uma função de hash polinomial baseada em uma dessas constantes. Para obter maior velocidade, no entanto, algumas implementações em Java somente aplicam a função de hash polinomial em uma fração dos caracteres de cadeias de caracteres muito longas.

Códigos de hash com shift

Uma variação do código de hash polinomial substitui a multiplicação por a pelo deslocamento cíclico (*cyclic shift*) de um somatório parcial de um certo número de bits. Uma função assim, aplicada a cadeias de caracteres em Java, poderia ser a seguinte:

```
static int hashCode(String s) {
  int h=0;
  for (int i=0; i<s.length( ); i++) {
    h = (h << 5) | (h >>> 27); // shift de cinco bits na soma atual
    h += (int) s.charAt(i);    // somar novo caractere
  }
  return h;
}
```

Assim como o código de hash polinomial, usar o código de hash baseado em shift requer ajustes. Nesse caso, deve-se escolher com cuidado a quantidade de bits a deslocar para cada caractere. Mostra-se na Tabela 9.1 os resultados de alguns experimentos em uma lista de pouco mais de 25 mil palavras em inglês, na qual se compara o número de colisões para deslocamentos diferentes. Esses experimentos, bem como os anteriores, mostram que se a constante a ou o deslocamento forem escolhidos de forma adequada, então tanto o código de hash polinomial quanto o código de hash ou suas variáveis *cyclic shift* são adequados para qualquer objeto que possa ser escrito como uma tupla $(x_0, x_1,..., x_{k-1})$, onde a ordem na tupla é importante.

Shift	Colisões	
	Total	Max
0	23739	86
1	10517	21
2	2254	6
3	448	3
4	89	2
5	4	2
6	6	2
7	14	2
8	105	2
9	18	2
10	277	3
11	453	4
12	43	2
13	13	2
14	135	3
15	1082	6
16	8760	9

Tabela 9.1 Comparação do comportamento das colisões para variáveis cyclic shift do código de hash polinomial aplicado a uma lista de pouco mais de 25 mil palavras em língua inglesa. A coluna "Total" registra o número total de colisões, e a coluna "Max" registra o número máximo de colisões para os códigos de hash. Observa-se que com deslocamento cíclico de 0, este código de hash passa a ser simplesmente a soma dos caracteres.

9.2.4 Funções de compressão

O código de hash para uma chave k é normalmente inadequado para uso imediato em um arranjo de buckets, porque o intervalo de códigos de hash possíveis para as chaves será geralmente maior do que o intervalo de índices válidos no arranjo de buckets A. Ou seja, usar imediatamente o código de hash como índice para o arranjo de buckets pode resultar no lançamento de uma exceção por acesso fora dos limites do arranjo se o índice for negativo ou se ele ultrapassar a capacidade de A. Assim, determinando-se o código de hash como um valor inteiro associado a uma chave k, ainda é preciso mapear este inteiro para o intervalo [0, $N - 1$]. Este passo de compressão é a segunda ação que uma função de hash realiza, e uma boa função de compressão é uma que minimiza o número de colisões em um dado conjunto de códigos de hash.

O método de divisão

Uma simples *função de compressão* é o **método de divisão**, o qual mapeia um inteiro i para

$$i \bmod N,$$

onde N, o tamanho de um arranjo de buckets, é um inteiro positivo fixo. Adicionalmente, escolhendo-se N como sendo um número primo, então esta função de compressão ajuda a "espalhar" a distribuição dos valores. De fato, se N não for primo, então existe uma maior probabilidade de que padrões na distribuição das chaves sejam repetidos na distribuição dos códigos de hash, causando colisões. Por exemplo, tendo-se as chaves {200, 205, 210, 215, 220,..., 600} em um arranjo de buckets de tamanho 100, então cada código de hash irá colidir com três outros. Se esse mesmo conjunto de chaves for colocado em um arranjo de buckets de tamanho 101, no entanto, não haverá colisões. Se uma função de hash for bem escolhida, ela deve garantir que a probabilidade de duas chaves diferentes irem para a mesma posição no arranjo de buckets é de no máximo $1/N$. Escolher N como um número primo, no entanto, não é sempre suficiente, pois se há um padrão repetitivo de chaves com o formato $pN + q$ para vários valores diferentes de p, então ainda ocorrerão colisões.

O método MAD

Uma função de compressão mais sofisticada, que ajuda a eliminar padrões repetitivos em um conjunto de chaves inteiras, é o método de *multiplicação, adição e divisão* (ou "MAD"). Esse método mapeia um inteiro i para

$$[(ai + b) \bmod p] \bmod N,$$

onde N é o tamanho do arranjo de buckets, p é um número primo maior que N e a e b são inteiros escolhidos aleatoriamente em um intervalo [0, $p-1$], com $a > 0$. Essa função de compressão é escolhida de forma a eliminar padrões repetidos no conjunto de códigos de hash e a conduzir para mais perto de uma "boa" função de hash, ou seja, uma função em que a probabilidade de colisão de duas chaves seja no máximo $1/N$. Esse comportamento seria o mesmo que se teria se as chaves fossem "jogadas" em A de forma aleatória e uniforme.

Com uma função de compressão como essa, que espalha inteiros de forma bastante homogênea no intervalo $[0, N-1]$, e um código de hash que transforma as chaves do mapa em inteiros, obtém-se uma função de hash eficiente. Juntas, a função de hash e o arranjo de buckets definem os ingredientes principais da implementação da tabela de hash do TAD mapa.

Antes de detalhar como realizar operações como put, get e remove, deve-se resolver o problema do tratamento de colisões.

9.2.5 Esquema para tratamento de colisões

A ideia principal de uma tabela de hash é tomar um arranjo de buckets A e uma função de hash h e usá-los para implementar um dicionário, armazenando cada item (k,v) em um "bucket" $A[h(k)]$. Essa ideia simples torna-se complicada, no entanto, quando se tem duas chaves distintas, k_1 e k_2, tais que $h(k_1) = h(k_2)$. A existência dessa **colisão** impede que se faça imediatamente a inserção do novo item (k,v) na posição $A[h(k)]$. Ela também complica as operações get(k), put(k) e remove(k).

Encadeamento separado

Uma maneira simples e eficiente de lidar com colisões é fazer com que cada posição $A[i]$ armazene uma referência para um pequeno mapa, M_i, implementado utilizando uma sequência, como descrito na Seção 9.1.2, contendo itens (k,v) tais que $h(k) = i$. Isto é, cada cadeia M_i, juntamente com os elementos que mapeiam para o índice i em uma lista encadeada. Esta regra para a **resolução de colisões** é conhecida como **encadeamento separado**. Assumindo que se inicializa cada "bucket" $A[i]$ para ser um mapa baseado em sequência vazia, pode-se facilmente usar a regra do encadeamento separado para executar as operações fundamentais do mapa, como mostrado no Trecho de Código 9.2.

Algoritmo get(k):
  Saída: o valor associado com a chave k em um mapa, ou **null** se não existir elemento com chave igual a k no mapa.
  retorna $A[h(k)]$.get(k) {delega a busca (get) para o mapa baseado em lista $A[h)k)]$}
Algoritmo put(k,v):
  Saída: se existir um elemento no nosso mapa com chave igual a k, então se retorna seu valor (alterando ele com c); caso contrário retorna-se **null**.
  $t \leftarrow A[h(k)]$.put(k,v)   {delega a inserção (put) no mapa baseado em lista com $A[h(k)]$}
  se $t =$ **null então**   {k e uma nova chave}
    $n \leftarrow n + 1$
  retorna t

Algoritmo remove(k):
   Saída: O valor (removido) associado com a chave k no mapa, ou **null** se não existir
       elemento com chave igual a k no mapa.
   $t \leftarrow A[h(k)]$.remove(k) {delega a remoção (remove) para mapa baseado em lista $A[h(k)]$}
   se $t \neq$ **null então**   {k foi encontrado}
      $n \leftarrow n - 1$
   retorna t

Trecho de Código 9.2 Métodos fundamentais do TAD mapa, implementado com uma tabela de hash que usa encadeamento separado para resolver colisões entre n elementos.

    Para cada uma das operações fundamentais de dicionários envolvendo uma chave k, delega-se o tratamento desta operação ao dicionário miniatura baseado em sequência e armazenado em $A[h(k)]$. Assim, put(k,v) percorrerá esta sequência procurando por um elemento com chave igual a k; se encontrar, substitui o valor existente por v; caso contrário, insere (k,v) no final desta sequência. Da mesma forma, get(k) pesquisará nesta sequência até chegar ao seu final ou encontrar um elemento com chave igual a k. E o remove(k) executará uma pesquisa similar, mas adicionando a remoção de um elemento após encontrá-lo. Pode-se "escapar" com esta simples abordagem baseada em sequência, porque a propriedade de propagação de uma função de hash ajuda a manter cada pequena sequência de "buckets". De fato, uma boa função de hash tenta minimizar colisões tanto quanto possível, o que implica que a maior parte dos buckets estarão vazios ou contendo apenas um elemento. Essa observação permite fazer uma pequena mudança na implementação de forma que se um "bucket" $A[i]$ está vazio, ele armazenará **null**, e se $A[i]$ armazena um único elemento (k,v), pode-se simplificar tendo $A[i]$ apontando diretamente para o elemento (k,v) de preferência para um mapa baseado em sequência armazenando somente um elemento. Os detalhes desta otimização de espaço são deixados como um exercício (C-9.6). Na Figura 9.4, ilustra-se uma tabela de hash com encadeamento separado.

    Assumindo que se está usando uma boa função de hash para colocar nossos n itens de nosso mapa em um arranjo de buckets de tamanho N, espera-se que o número de elementos associados a cada posição seja n/N. Este valor, que é chamado de *fator de carga* da tabela de hash (e marcado com λ), deveria portanto ser limitado por uma pequena constante, preferencialmente menor do que 1. Dessa forma, dada uma boa função de hash, o tempo de execução esperado das operações get, put e remove em um mapa implementado com uma tabela de hash que usa esta função é $O(\lceil n/N \rceil)$. Assim, implementam-se estas operações para executarem em um tempo esperado de $O(1)$, sabendo-se que n é $O(N)$.

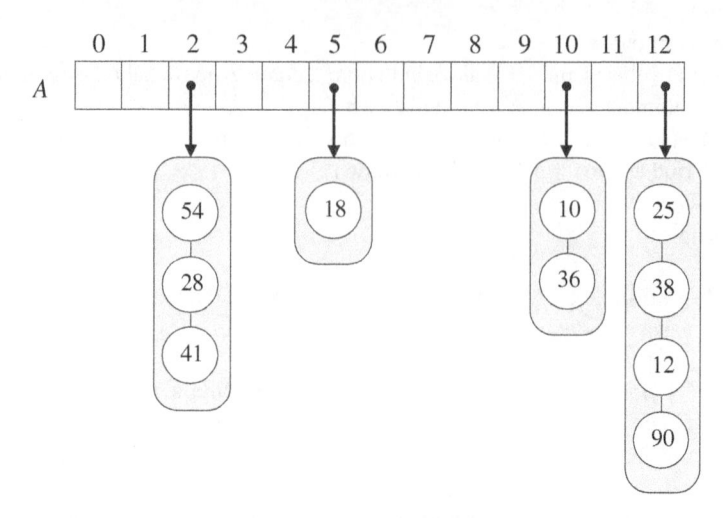

Figura 9.4 Uma tabela de hash de tamanho 13, armazenando 10 elementos com chaves inteiras, com colisões resolvidas pelo encadeamento separado. A função de compressão é $h(k) = k$ mod 13. Para simplificar, não estão sendo mostrados os valores associados às chaves.

Endereçamento aberto

A regra de encadeamento separado possui muitas propriedades boas, as quais permitem simples implementações das operações do mapa, mas apesar disso possui uma pequena desvantagem: requer o uso de uma estrutura de dados auxiliar – uma sequência – para armazenar os elementos com colisões de chaves. Entretanto, pode-se tratar colisões de outras formas além do uso da regra de encadeamento separado. Em particular, se espaço for precioso (por exemplo, quando se está escrevendo um programa para um dispositivo de pequeno porte), então é possível usar uma abordagem alternativa e sempre armazenar cada item diretamente no arranjo de buckets, com uma entrada em cada bucket. Esta abordagem economiza espaço porque as estruturas de dados auxiliares não são necessárias, mas ela requer maior complexidade no tratamento de colisões. Existem variantes desta abordagem, coletivamente referenciada como um esquema de *endereçamento aberto*, que será discutido a seguir. Endereçamento aberto requer que o fator de carga sempre seja no máximo 1, e que os itens sejam armazenados diretamente nas células do arranjo de buckets.

Teste linear e suas variantes

Uma estratégia simples para o tratamento de colisões com método de endereçamento aberto é o ***teste linear***. Nesta estratégia, ao se tentar inserir um item (k,v) em um bucket $A[i]$ que já está ocupado, onde $i = h(k)$, tenta-se de novo em $A[(i+1)$ mod $N]$. Se $A[(i+1)$ mod $N]$ estiver ocupado, então se tenta $A[(i+2)$ mod $N]$, e assim por diante, até se achar um bucket que possa aceitar um novo item. Quando este bucket é localizado, simplesmente é inserido nele o item. É claro que esta estratégia de resolução de colisões requer que se altere a implementação da operação get(k,v). Em particular, para executar cada pesquisa, seguido por uma substituição ou inserção, devem ser examinados buckets consecutivos, iniciando em $A[h(k)]$, até ou encontrar um elemento com chave igual a k ou encontrar uma posição vazia. (Ver Figura 9.5.) O nome "teste linear" é dado pelo fato de que acessar uma célula do arranjo de buckets pode ser visto como um "teste".

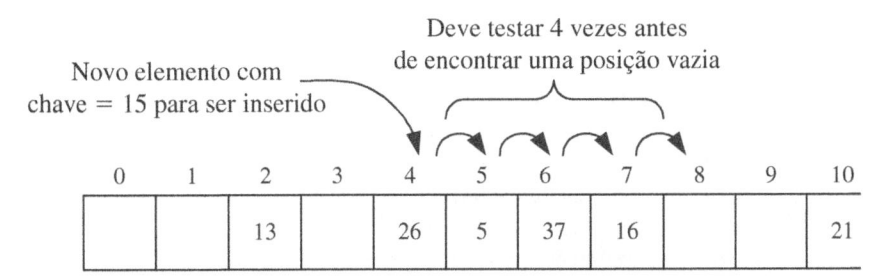

```
                        Deve testar 4 vezes antes
   Novo elemento com    de encontrar uma posição vazia
   chave = 15 para ser inserido

     0    1    2    3    4    5    6    7    8    9   10
   |    |    |    |    | 13 | 26 |  5 | 37 | 16 |    | 21 |
```

Figura 9.5 Inserção em uma tabela de hash com chaves inteiras usando teste linear. A função de hash é $h(k) = k \bmod 11$. Valores associados com as chaves não estão sendo mostrados.

Para implementar o método remove( ), pode-se, primeiramente, pensar que se precisa fazer um número considerável de shifts de elementos para fazer com que pareça que o elemento com a chave k nunca tivesse sido inserido, o que seria muito complicado. Uma forma típica de superar essa dificuldade é substituir um elemento removido por um objeto marcador especial "disponível". Com esse marcador especial possivelmente ocupando buckets na tabela de hash, modifica-se o algoritmo de pesquisa para os métodos remove(k) ou get(k), a fim de que a pesquisa pela chave k pule sobre células contendo o marcador disponível e continue o teste até encontrar o elemento desejado ou um bucket vazio (ou retorne para onde se iniciou). Adicionalmente, o algoritmo para put(k,v) deveria lembrar uma célula disponível encontrada durante a pesquisa por k, desde que esta seja um local válido para inserir um novo elemento (k,v). Assim, teste linear economiza espaço, mas complica as remoções.

Mesmo com o uso de um objeto marcador disponível, o teste linear sofre de uma desvantagem adicional. Ele tende a agrupar os elementos do mapa em execuções contíguas, que podem até se sobrepor (particularmente, se mais que metade das células em uma tabela de hash estão ocupadas). Do mesmo modo, execuções contíguas de células ocupadas do hash causam pesquisas consideravelmente lentas.

Outra estratégia de endereçamento aberto é conhecida como **teste quadrático**, e envolve o teste das posições $A[(i + f(j))] \bmod N$, para $j = 0,1,2...$, onde $f(j) = j^2$, até que seja achada uma posição vazia. Como no teste linear, o teste quadrático complica a operação de remoção, mas evita os problemas de agrupamento que acontecem com o teste linear. Mesmo assim, ela cria seu próprio padrão de agrupamento, chamado de *agrupamento secundário*, no qual o conjunto de posições ocupadas no arranjo de buckets "salta" no arranjo de maneira predeterminada. Se N não for um número primo, então o teste quadrático pode falhar em achar uma posição, mesmo que existam posições livres no arranjo. De fato, mesmo se N for primo, esta estratégia pode não achar uma posição livre se o arranjo de buckets estiver ao menos com 50% de ocupação. A causa deste tipo de agrupamento é explorada em um exercício (C-9.1).

Outra estratégia de endereçamento aberto que não causa agrupamento do tipo produzido pelo teste linear ou do tipo produzido pelo teste quadrático é o *hashing duplo*. Nesta abordagem, escolhe-se uma função de hash secundária h', e se h mapeia alguma chave k para um bucket $A[i]$ (com $i = h(k)$) que já está ocupado, então iterativamente são tentados os buckets $A[(i + f(j)) \bmod N]$ para $j = 1,2,3...$ onde $f(j) = j \cdot h'(k)$. Nesse esquema, a função de hash secundária não pode resultar em zero, e uma escolha comum é $h'(k) = q - (k \bmod q)$ para algum número primo $q < N$. N também deve ser primo. Além disso, deve-se escolher uma função de hash secundária que minimize os agrupamentos tanto quanto possível.

Essas técnicas de *endereçamento aberto* economizam algum espaço se comparadas com a técnica de encadeamento separado, mas não são necessariamente mais rápidas. Em análises teóricas e experimentais, o método de encadeamento é competitivo ou mais rápido do que os outros métodos, dependendo do fator de carga do arranjo de buckets. Assim, se o uso de memória não for um problema, então o método de tratamento de colisões a escolher parece ser o encadeamento aberto. Mesmo assim, se houver pouca memória, então um desses métodos mais lentos pode ser implementado, desde que nossa estratégia de teste minimize a possibilidade de formação de agrupamentos decorrente do endereçamento aberto.

9.2.6 Uma implementação Java para tabelas de hash

O framework de coleções de Java fornece uma implementação de tabela de hash na classe java.util.hashMap. Esta classe implementa a interface java.util.Map; por esta razão, todos os métodos do TAD mapa, bem como vários outros, tais como o método clear( ), que remove todas as entradas do mapa, são executados. A resolução de colisões é implementada usando os esquemas de encadeamento separado apresentados anteriormente e ainda permite aos usuários que especifiquem a capacidade incial da tabela de hash e o fator de carga que a tabela não pode exceder. Instâncias padrão desta classe iniciam com a capacidade default de 11 e um fator de carga de 0,75. Assim, se for o caso de dispor de uma tabela de hash que usa alguma forma de programação linear para resolver colisões, esta terá de ser implementada do início.

Nos Trechos de Código 9.3–9.5, mostra-se a classe HashTableMap que implementa um TAD mapa usando uma tabela de hash com teste linear para resolver colisões. Estes trechos de códigos incluem toda a implementação do TAD mapa, exceto para os métodos values( ) e entrySet( ), os quais são deixados como exercício (R-9.12).

Os principais elementos de projeto da classe Java HashTableMap são apresentados a seguir:

- Mantém-se, em variáveis de instâncias, o tamanho, n, do mapa, o arranjo de buckets, A, e a capacidade, N, de A.
- Usa-se o método hashValue para computar a função de hash de uma chave por meio do método hashCode implementado e da função de compressão multiplicação, adição e divisão (MAD).
- Define-se uma sentinela, AVAILABLE, como um marcador de itens desativados.

Capítulo 9 Tabelas de Hash, Mapas e Skip Lists **401**

- Fornece-se um construtor opcional que permite especificar a capacidade inicial do arranjo de buckets.
- Se o arranjo de buckets atual estiver cheio e alguém tentar inserir um novo elemento, reprocessam-se todos os elementos em um novo arranjo que possui um tamanho duas vezes superior à versão antiga.
- Os seguintes métodos auxiliares (protegidos) são utilizados:
  - checkKey(k), que verifica se a chave k é válida. Este método atualmente verifica que k não é **null**, mas a classe que estende HashTableMap pode sobrescrever este método com um teste mais elaborado.
  - rehash(), que computa uma nova função de hash MAD com parâmetros randômicos e reprocessa os elementos em um novo arranjo com o dobro de capacidade.
  - findEntry(k), que procura por um elemento com a chave igual a k, iniciando pelo índice $A[h(k)]$ e percorre o arranjo em uma forma circular. Se o método encontra uma célula com tal entrada, então retorna o índice i desta célula. De outra forma, retorna $-i-1$, onde i é o índice da última célula vazia ou disponível encontrada.

```
/** Uma tabela de hash com teste linear e a função de hash MAD */
public class HashTableMap<K,V> implements Map<K,V> {
  public static class HashEntry<K,V> implements Entry<K,V> {
    protected K key;
    protected V value;
    public HashEntry(K k, V v) { key = k; value = v; }
    public V getValue( ) { return value; }
    public K getKey( ) { return key; }
    public V setValue(V val) {
      V oldValue = value;
      value = val;
      return oldValue;
    }
    public boolean equals(Object o) {
      HashEntry<K,V> ent;
      try { ent = (HashEntry<K,V>) o; }
      catch (ClassCastException ex) { return false; }
      return (ent.getKey( ) == key) && (ent.getValue( ) == value);
    }
  }
  protected Entry<K,V> AVAILABLE = new HashEntry<K,V>(null, null);
  protected int n = 0;                  // número de elementos no dicionário
  protected int prime, capacity;        // fator primo e capacidade do arranjo de buckets
  protected Entry<K,V>[ ] bucket;       // arranjo de bucket
  protected long scale, shift;          // shift e fator de ativação
  /** Cria uma tabela de hash com o fator primo 109345121 e a capacidade fornecida. */
  public HashTableMap(int cap) { this(109345121,cap); }
  /** Cria uma tabela de hash com o fator primo e a capacidade informados. */
```

```java
public HashTableMap(int p, int cap) {
  prime = p;
  capacity = cap;
  bucket = (Entry<K,V>[ ]) new Entry[capacity]; // cast seguro
  java.util.Random rand = new java.util.Random( );
  scale = rand.nextInt(prime−1) + 1;
  shift = rand.nextInt(prime);
}
/** Determina se uma chave é válida. */
protected void checkKey(K k) {
  if (k == null) throw new InvalidKeyException("Chave inválida: null.");
}
/** Função de hash aplicando o método MAD para o código de hash padrão. */
public int hashValue(K key) {
  return (int) ((Math.abs(key.hashCode()*scale + shift) % prime) % capacity);
}
```

Trecho de Código 9.3 Classe HashTableMap implementando um TAD dicionário, usando uma tabela de hash com teste linear. (Continua no Trecho de Código 9.4.)

```java
/** Retorna o número de elementos da tabela de hash. */
public int size( ) { return n; }
/** Verifica e retorna verdadeiro caso a tabela esteja vazia. */
public boolean isEmpty( ) { return (n == 0); }
/** Retorna um objeto contendo todas as chaves. */
public Iterable<K> keyset( ) {
  PositionList<K> keys = new NodePositionList<K>( );
  for (int i=0; i<capacity; i++)
    if ((bucket[i] != null) && (bucket[i] != AVAILABLE))
      keys.addLast(bucket[i].getKey( ));
  return keys;
}
/** Método de pesquisa auxiliar - retorna o índice da chave encontrada ou −(a + 1),
 * onde a é o índice da primeira posição vazia ou livre encontrada. */
protected int findEntry(K key) throws InvalidKeyException {
  int avail = −1;
  checkKey(key);
  int i = hashValue(key);
  int j = i;
  do {
    Entry<K,V> e = bucket[i];
    if ( e == null) {
      if (avail < 0)
        avail = i;              // a chave não está na tabela
      break;
    }
```

```
        if (key.equals(e.getKey( )))      // a chave é encontrada
            return i;                      // chave encontrada
        if (e == AVAILABLE) {              // bucket está desativado
            if (avail < 0)
                avail = i;                 // lembre que esta posição está livre
        }
        i = (i + 1) % capacity;            // continuar procurando
    } while (i != j);
    return -(avail + 1);                   // primeira posição vazia ou livre
}
/** Retorna o valor associado com a chave. */
public V get (K key) throws InvalidKeyException {
    int i = findEntry(key);   // método auxiliar para encontrar a chave
    if (i < 0) return null;   // não existe valor para esta chave
    return bucket[i].getValue( );  // retorna o valor encontrado neste caso
}
```

Trecho de Código 9.4 Classe HashTableMap implementando um TAD mapa, usando uma tabela de hash com teste linear. (Continua no Trecho de Código 9.5.)

```
/** Insere um par chave-valor no mapa, substituindo o anterior, se existir. */
public V put (K key, V value) throws InvalidKeyException {
    int i = findEntry(key); // encontra o espaço apropriado para este elemento
    if (i >= 0) // esta chave tem um valor.
        return ((HashEntry<K,V>) bucket[i]).setValue(value); // define o novo valor
    if (n >= capacity/2) {
        rehash( );  // rehash para manter o fator de carga <= 0.5
        i = findEntry(key); // encontra novamente o local apropriado para este elemento
    }
    bucket[-i-1] = new HashEntry<K,V>(key, value); // converte para o índice próprio
    n++;
    return null;                       // não existia valor antigo
}
/** Duplica o tamanho da tabela de hash e rehash todos os elementos. */
protected void rehash( ) {
    capacity = 2*capacity;
    Entry<K,V>[ ] old = bucket;
    bucket = (Entry<K,V>[ ]) new Entry[capacity]; // o novo bucket é duas vezes maior
    java.util.Random rand = new java.util.Random( );
    scale = rand.nextInt(prime-1) + 1;      // novo fator de ativação para o hash
    shift = rand.nextInt(prime);            // novo fator de deslocamento para o hash
    for (int i=0; i<old.length; i++) {
        Entry<K,V> e = old[i];
        if ((e != null) && (e != AVAILABLE)) {   // um elemento válido
            int j = - 1 - findEntry(e.getKey( ));
            bucket[j] = e;
```

```
        }
      }
    }
    /** Remove o par chave-valor com uma chave específica. */
    public V remove (K key) throws InvalidKeyException {
        int i = findEntry(key);              // encontra primeiro a chave
        if (i < 0) return null;              // nada para remover
        V toReturn = bucket[i].getValue( );
        bucket[i] = AVAILABLE;               // marca este espaço como desativado
        n− −;
        return toReturn;
    }
}
```

Trecho de Código 9.5 Classe HashTableMap implementando um TAD mapa, usando uma tabela de hash com teste linear. (Continuação do Trecho de Código 9.4.) Os métodos values( ) e entrySet( ) foram omitidos nas listagens acima, por serem similares ao método keySet( ).

9.2.7 Fatores de carga e rehashing

Em todas as formas de tabelas de hash descritas anteriormente, costuma-se desejar que o fator de carga $\lambda = n/N$ seja mantido abaixo de 1. Experimentos e análises de caso médio sugerem que deve-se manter $\lambda < 0,5$ para o endereçamento aberto e $\lambda < 0,9$ para o encadeamento separado. Como mencionado acima, o framework de coleções de Java classe java.util.HashMap, que implementa o TAD mapa, utiliza 0,75 como padrão máximo para o fator de carga, e rehash a qualquer momento em que o fator de carga exceder este valor (ou um valor predefinido pelo usuário para o fator de carga). A escolha de 0,75 é boa para o encadeamento separado (o qual é uma implementação de java.util.HashMap), mas, como se explora no Exercício C-9.10, algumas formas de endereçamento aberto podem começar a falhar quando $\lambda > 0,5$. Embora os detalhes de uma análise de caso médio de hash estejam fora do escopo deste livro, sua análise probabilística é bastante intuitiva. Se nossa função de hash for boa, então se espera que os valores da função de hash sejam uniformemente distribuídos em N posições do arranjo de buckets. Assim, para armazenar n itens no dicionário, o número esperado de chaves em um bucket seria n/N, que é $O(1)$ se n for $O(N)$.

Com encadeamento separado, quando λ se aproxima de 1, a probabilidade de uma colisão também se aproxima de 1, o que adiciona trabalho extra às operações, já que se deve aplicar métodos baseados em sequências e que são executados em tempo linear em buckets em que houve colisões. É claro que, no pior caso, uma função de hash ruim poderia mapear cada item para a mesma posição, o que resultaria em um desempenho de tempo linear para todas as operações do mapa, mas isso é bastante improvável.

Com endereçamento aberto, por outro lado, à medida que o fator de carga λ ultrapassa 0,5 e se aproxima de 1, grupos de itens no arranjo de buckets começam a crescer. Estes grupos fazem com que as estratégias de teste "deem voltas" no arranjo de buckets por um tempo considerável antes de eles poderem finalizar.

Assim, manter o fator de carga abaixo de um certo limite é vital para o sistema de endereçamento aberto e também causa preocupação no sistema de encadeamento separado. Se o fator de carga de uma tabela de hash está significativamente acima deste limite, então frequentemente se exige que a tabela seja redimensionada, (para reduzir o fator de carga) e que todos os objetos sejam inseridos na nova tabela. Quando se faz *rehash* para uma nova tabela, costuma-se fazer com que o tamanho da nova tabela seja o dobro do tamanho da tabela anterior. Uma vez que se aloca este novo arranjo de buckets, define-se uma nova função de hash para ele, possivelmente calculando novos parâmetros. Com esta nova função de hash, reinsere-se cada item do arranjo antigo no arranjo novo. Em nossa implementação de uma tabela de hash com teste linear apresentado nos Trechos de Código 9.3 – 9.5, o rehash é usado para manter o fator de carga menor ou igual a 0,5.

Mesmo com um rehashing periódico, uma tabela de hash é um método eficiente de implementar um mapa. Assim, se sempre for dobrado o tamanho da tabela a cada operação de rehash, então é possível amortizar o custo de fazer o rehash de todos os elementos da tabela em relação ao tempo necessário para inseri-los da primeira vez (ver Seção 6.1.4). Cada rehash geralmente irá reespalhar os elementos pelo novo arranjo de buckets.

9.2.8 Aplicação: contador de frequência de palavras

Como uma miniatura de estudo de caso usando tabela de hash, considere o problema de contagem do número de ocorrências de diferentes palavras em um documento, as quais aparecem, por exemplo, quando estudiosos de discursos políticos procuram por temas. Uma tabela de hash é uma estrutura de dados ideal para o uso neste problema, por podermos usar palavras como chaves, e contadores de palavras como valores. A aplicação será mostrada no Trecho de Código 9.6.

```
import java.io.*;
import java.util.Scanner;
import net.datastructures.*;
/** Um programa que conta palavras em um documento, imprimindo a mais frequente. */
public class WordCount {
  public static void main(String[ ] args) throws IOException {
    Scanner doc = new Scanner(System.in);
    doc.useDelimiter(" [^a-zA-Z] ");        // ignora caracteres que não são letras
    HashTableMap<String,Integer> h = new HashTableMap<String,Integer>( );
    String word;
    Integer count;
    while (doc.hasNext( )) {
      word = doc.next( );
      if (word.equals(" ")) continue;       // ignora strings nulas entre delimitadores
      word = word.toLowerCase( );           // ignora maiúscula e minúscula
      count = h.get(word);                  // pega o contador anterior e conta com esta palavra
```

```
        if (count == null)
            h.put(word, 1);                    // autoboxing permite isso
        else
            h.put(word, ++count);              // autoboxing/unboxing permite isso
    }
    int maxCount = 0;
    String maxWord = "sem palavras";
    for (Entry<String,Integer> ent : h.entries( )) { // procura o número máximo de palavras
        if (ent.getValue( ) > maxCount) {
            maxWord = ent.getKey( );
            maxCount = ent.getValue( );
        }
    }
    System.out.print("A palavra mais frequente é \"" + maxWord);
    System.out.println(",\" com um total de ocorrências = " + maxCount + ".");
    }
}
```

Trecho de Código 9.6 Um programa para contar frequências de palavras em um documento, apresentando as palavras mais frequentes. O documento é analisado usando a classe **Scanner**, pelo qual se altera o delimitador de tokens de espaço em branco para qualquer símbolo que não seja letra. Convertem-se também as palavras para minúsculo.

9.3 Mapas ordenados

Em algumas aplicações, a busca simples por valores baseada em chaves associadas não é suficiente. Frequentemente também é necessário manter as entradas do mapa ordenadas de acordo com alguma ordem total e ser capaz de percorrer as chaves e valores baseado nesta ordenação. Assim, em um ***mapa ordenado***, deseja-se executar as operações normais de um mapa, ao mesmo tempo em que se mantém uma relação de ordem para as chaves do mapa e se usa esta relação de ordem em alguns dos métodos do mapa. Usa-se um comparador de maneira a criar a relação de ordem entre as chaves, permitindo que se defina um mapa ordenado relativo a este comparador, que pode ser fornecido ao mapa ordenado como um parâmetro do seu construtor.

Quando as entradas do mapa são armazenadas em ordem, pode-se providenciar implementações eficientes para métodos adicionais do TAD mapa. Em especial, como um TAD, o mapa ordenado inclui todos os métodos do TAD mapa mais os seguintes:

firstEntry(k): retorna a estrada com o menor valor de chave; se o mapa está vazio, retorna **null**.

lastEntry(k): retorna a entrada com maior valor de chave; se o mapa está vazio, retorna **null**.

ceilingEntry(k): retorna a entrada com o último valor de chave menor ou igual a k; se não houver a entrada, retorna **null**.

floorEntry(*k*): retorna a entrada com a maior valor de chave menor ou igual a *k*; se não houver a entrada, retorna **null**.

lowerEntry(*k*): retorna a entrada com o maior valor de chave exatamente menor que *k*; se não houver a entrada, retorna **null**.

higherEntry(*k*): retorna a entrada com o último valor de chave exatamente maior que *k*; se não houver a entrada, retorna **null**.

A propósito, cada um desses métodos está incluído na interface java.util.NavigableMap; consequententemente, Java fornece um superconjunto do TAD mapa ordenado.

Implementando um mapa ordenado

A natureza ordenada das operações apresentadas para um TAD mapa ordenado faz com que o uso de uma lista não ordenada ou de uma tabela de hash seja inapropriado, porque nenhuma destas estruturas de dados mantém informação de ordem para as chaves no mapa. Na verdade, tabelas de hash atingem suas melhores velocidades de pesquisa quando as chaves estão distribuídas de maneira praticamente aleatória. Assim, devem ser consideradas implementações alternativas quando se lida com mapas ordenados. Esta implementação será discutida na sequência e outras implementações serão discutidas na Seção 9.4 e no Capítulo 10.

9.3.1 Tabelas de pesquisa ordenada e pesquisa binária

Se as chaves em um mapa estão ordenadas, pode-se armazenar os elementos em um arranjo *S* em ordem crescente das chaves. (Ver Figura 9.6.) Especifica-se que *S* é uma lista baseada em arranjo em vez de uma lista baseada em nodos em função do ordenamento das chaves que permite uma busca mais rápida do que seria possível se *S* fosse implementado com uma lista encadeada. Reconhecidamente, uma tabela de hash possui uma boa expectativa do tempo de execução de pesquisas. Porém, seu pior tempo de pesquisa não é melhor que em uma lista encadeada, e em algumas aplicações, como em um processamento de tempo real, é necessário garantir um limite para o pior caso. O algoritmo rápido para pesquisa em um arranjo ordenado, o qual se discute nesta subseção, tem garantidamente o melhor tempo de execução para o pior caso. Ele pode ser o preferido para uma tabela de hash em certas aplicações. Faz-se referência a esta implementação do arranjo ordenado de um mapa como uma ***tabela de pesquisa ordenada***.

0	1	2	3	4	5	6	7	8	9	10
4	6	9	12	15	16	18	28	34		

Figura 9.6 Realização de um mapa por uma tabela de pesquisa ordenada. Mostram-se somente as chaves deste mapa para destacar sua ordenação.

O espaço requerido por uma tabela de pesquisa ordenada é $O(n)$, o qual é similar à implementação do dicionário baseado em sequência (Seção 9.12), assumindo que se expande e retrai o arranjo suportando a sequência S para manter o tamanho proporcional deste arranjo com o número de elementos de S. Entretanto, diferentemente de uma sequência não ordenada, a execução de alterações em uma tabela de pesquisa leva uma quantidade de tempo considerável. Em particular, a execução da operação put(k,v) em uma tabela de pesquisa requer o tempo de $O(n)$, desde que seja necessário deslocar todos os elementos do arranjo com chave maior que k para fazer espaço para o novo elemento (k,v). Uma observação similar se aplica para a operação remove(k), visto que ela leva o tempo $O(n)$ no pior caso para deslocar todos os elementos do arranjo com chave maior que k para fechar o "buraco" deixado pelo elemento removido (ou elementos). A implementação da tabela de pesquisa é, por esta razão, inferior ao arquivo de *log* em termos dos tempos de execução no pior caso das operações de atualização do mapa. Apesar disso, podemos executar o método get mais rápido em uma tabela de pesquisa.

Pesquisa binária

Uma vantagem significativa do uso de um arranjo ordenado S para implementar um mapa com n elementos é que o acesso a um elemento de S pelo seu *índice* custa o tempo $O(1)$. É preciso lembrar que o índice de um elemento em uma sequência é o número do elemento anterior (Seção 6.1). Assim, o primeiro elemento de S tem o índice 0, e o último elemento tem índice $n - 1$. Nesta subseção, apresenta-se um algoritmo clássico, *pesquisa binária*, para localizar uma entrada em uma tabela de pesquisa ordenada. Mostra-se que este método pode ser usado para executar de forma rápida o método get( ) do TAD mapa, mas um método parecido pode ser usado para cada um dos métodos do mapa ordenado ceilingEntry( ), floorEntry( ), lowerEntry( ) e higherEntry( ).

Os elementos em S são os itens do mapa e já que S está ordenado, o item com colocação i tem uma chave que não é menor do que as chaves dos itens com colocações 0, 1,..., $i - 1$, e não maior do que as chaves dos itens com colocações $i + 1$,..., $n - 1$. Esta observação permite que se ache um item usando um método de procura muito rápido. Chama-se de *candidato* um item de D se, no estágio atual de procura, não se pode garantir que a chave seja igual a k. O algoritmo mantém dois parâmetros, low e high, tais que todos os itens candidatos tenham colocação ao menos baixa e no máximo alta em S. Inicialmente, tem-se low = 0 e high = $n - 1$. Então, compara-se k à chave do candidato mediano, ou seja, o item com colocação

$$\text{mid} = \lfloor (\text{low} + \text{high})/2 \rfloor.$$

Analisam-se três casos:

- Se $k = e$.getKey( ), então se acha o item que se estava procurando, e a pesquisa termina com sucesso, retornando e.
- Se $k < e$.getKey( ), então se reexamina a primeira metade do vetor, ou seja, a metade com colocações entre low e mid $- 1$.

- Se $k > e$.getKey( ), então se reexamina a segunda metade do vetor, ou seja, a metade com colocações entre mid + 1 e high.

Esse método de pesquisa é chamado de *pesquisa binária* e é mostrado em pseudocódigo no Trecho de Código 9.7. A operação find(k) em um mapa de n itens implementado como um vetor S consiste na chamada de BinarySearch($S,k,0,n-1$).

Algoritmo BinarySearch(S, k, low, high):
   Entrada: um arranjo ordenado S armazenando n elementos e os inteiros low e high.
   Saída: um elemento de S com chave igual a k e índice entre low e high, se o elemento existir, caso contrário retorna **null**.
   se low > high **então**
     retorna null
   senão
     mid ← $\lfloor$(low + high)/2$\rfloor$
     $e \leftarrow S$.get(mid)
     se $k = e$.getKey( ) **então**
       retorna e
     senão se $k < e$.getKey( ) **então**
       retorna BinarySearch(S,k,low,mid $-$ 1)
     senão
       retorna BinarySearch(S,k,mid + 1, high)

Trecho de Código 9.7   Pesquisa binária em um vetor ordenado.

Ilustra-se o algoritmo de pesquisa binária na Figura 9.7.

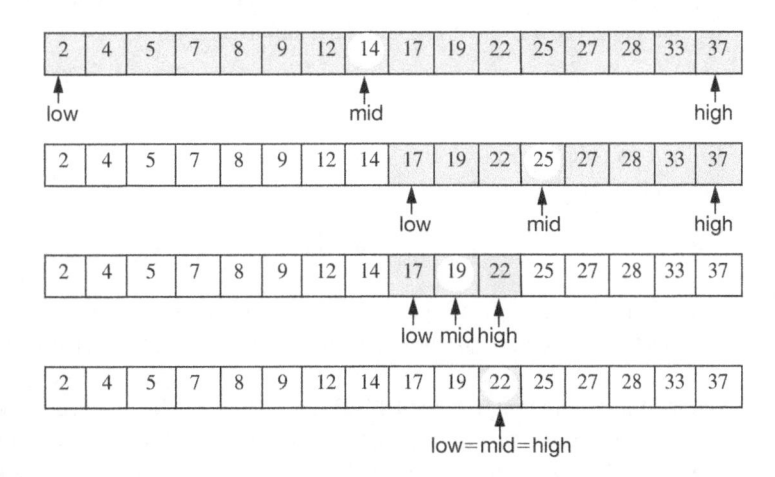

Figura 9.7   Exemplo de uma pesquisa binária para realizar a operação get(22) em um mapa com chaves inteiras, implementado com um vetor ordenado baseado em arranjo. Para manter a simplicidade, são mostradas as chaves, mas não todos os elementos.

Considerando o tempo de execução da pesquisa binária, observa-se que um número constante de operações primitivas é executado a cada chamada recursiva do método BinarySearch. Portanto, o tempo de execução é proporcional ao número de chamadas recursivas realizadas. Um fato crucial é que, com cada chamada, o número de candidatos que ainda devem ser examinados em *S* é dado pelo valor

$$\text{high} - \text{low} + 1.$$

Além disso, o número de candidatos restantes é reduzido no mínimo pela metade a cada chamada. Especificamente, pela definição de mid, o número de candidatos restantes é

$$(\text{mid} - 1) - \text{low} + 1 = \left\lfloor \frac{\text{low} + \text{high}}{2} \right\rfloor - \text{low} \leq \frac{\text{high} - \text{low} + 1}{2}$$

ou

$$\text{high} - (\text{mid} + 1) + 1 = \text{high} - \left\lfloor \frac{\text{low} + \text{high}}{2} \right\rfloor \leq \frac{\text{high} - \text{low} + 1}{2}.$$

Inicialmente, o número de itens candidatos é *n*; após a primeira chamada a BinarySearch, ele é de no máximo *n*/2; após a segunda, ele é de no máximo *n*/4, e assim sucessivamente. Em geral, após a *i*-ésima chamada a BinarySearch, o número de candidatos restantes é de no máximo *n*/2. No pior caso (busca sem sucesso), as chamadas recursivas param quando não há mais itens candidatos. Portanto, o número máximo de chamadas recursivas feitas é o menor inteiro *m* tal que

$$n/2^m < 1.$$

Em outras palavras (e lembrando que a base de um logaritmo é omitida quando é 2), $m > \log n$. Assim, tem-se

$$m = \lfloor \log n \rfloor + 1,$$

o que implica que a pesquisa binária é executada no tempo $O(\log n)$.

Portanto, pode-se usar uma tabela de pesquisa ordenada para pesquisas rápidas em um mapa, mas usar uma tabela de pesquisa ordenada para muitas atualizações do mapa tomaria um tempo considerável. Por essa razão, a aplicação primária para uma tabela de pesquisa deve ser executada em uma situação em que se esperam poucas atualizações, mas muitas pesquisas. Tal situação pode surgir, por exemplo, numa lista ordenada de palavras inglesas que se utilizam para ordenar uma enciclopédia ou arquivo de ajuda.

Comparando implementações de mapas

Observe que se pode usar uma tabela de pesquisa ordenada para implementar um TAD mapa mesmo que não se pretenda usar os métodos adicionais do TAD mapa ordenado. A Tabela 9.2 compara os tempos de execução dos métodos de um mapa (padrão) realizado por uma sequência não ordenada, uma tabela de hash ou uma tabela de pesquisa ordenada. Nota-se que uma sequência não ordenada permite inserções rápidas, mas pesquisas e remoções lentas, enquanto a tabela de pesquisa permite pesquisas rápidas, mas inserções e remoções lentas. Embora não se tenha discutido o assunto explicitamente, nota-se que uma sequência ordenada implementada com uma lista duplamente encadeada seria lenta em quase todas as operações de um mapa. (Ver Exercício R-9.5.) No entanto, a estrutura de dados tipo lista que será discutida na próxima seção pode executar os métodos do TAD mapa ordenado de maneira bastante eficiente.

Método	Lista	Tabela de Hash	Tabela de Pesquisa
size, isEmpty	$O(1)$	$O(1)$	$O(1)$
entrySet	$O(n)$	$O(n)$	$O(n)$
get	$O(n)$	$O(1)$ exp., $O(n)$ pior caso	$O(\log n)$
put	$O(1)$	$O(1)$	$O(n)$
remove	$O(n)$	$O(1)$ exp., $O(n)$ pior caso	$O(n)$

Tabela 9.2 Comparação dos tempos de execução dos métodos de um mapa realizado por meio de uma sequência não ordenada, uma tabela de hash ou uma tabela de pesquisa ordenada. Indica-se n como o número de itens no dicionário, N como sendo a capacidade do arranjo de buckets nas implementações das tabelas de hash e s como sendo o tamanho da coleção retornada pela operação findAll. O espaço requerido para todas as implementações é $O(n)$, assumindo que os arranjos suportam as implementações da tabela de hash e da tabela de pesquisa, e que suas capacidades mantidas são proporcionais ao número de elementos no mapa.

9.3.2 Duas aplicações de mapas ordenados

Como mencionado nas seções anteriores, mapas ordenados e não ordenados têm muitas aplicações.

Nesta seção, exploram-se algumas aplicações específicas de mapas ordenados.

Bancos de dados de voos

Existem vários sites na Internet que permitem aos usuários executar consultas em bancos de dados de voos, de maneira a localizar voos entre várias cidades, normalmente com o objetivo de comprar passagens. Para fazer uma consulta, o usuário especifica a cidade de origem e a de destino, a data e a hora de partida. Para suportar tais consultas, pode-se modelar o banco de dados de voos como um mapa, no qual as chaves são objetos Flight que contêm campos correspondentes a estes quatro parâmetros. Isto é, a chave é uma *tupla*.

$$k = (\text{origem, destino, data, hora})$$

Informações adicionais sobre o voo, tais como número, quantidade de assentos disponíveis na primeira classe (F) ou na econômica (Y), a duração e o custo podem ser armazenados no objeto valor.

Encontrar o voo solicitado, entretanto, não é uma questão simples de encontrar uma chave no mapa que atenda a consulta. A principal dificuldade é que, ainda que o usuário normalmente pretenda encontrar exatamente as cidades de partida e chagada, assim como as datas, provavelmente ele irá aceitar horários de partida próximos do especificado. Naturalmente pode-se tratar tal consulta ordenando-se as chaves lexicograficamente. Assim dando-se à consulta do usuário a chave k, pode-se, por exemplo, chamar ceilingEntry(k) para retornar o voo entre as cidades desejadas na data pretendida, com horário de partida no momento pretendido ou mais tarde. Um uso similar para floorEntry(k) pode fornecer o tempo de partida ou mais cedo. Dadas estas entradas, pode-se então usar os métodos higherEntry( ) ou lowerEntry( ) para encontrar os voos com horário mais próximo do horário de partida que sejam, respectivamente, menor e maior que o tempo pretendido k. Portanto, uma implementação eficiente para um mapa ordenado pode ser uma boa forma de satisfazer tais consultas. Por exemplo, chamar ceilingEntry(k) com a chave de consulta k=(ORD,PVD,05May,9:30), seguida das respectivas chamadas para higherEntry( ), pode resultar na seguinte sequência de entradas:

((ORD, PVD, 05May, 09:53), (AA 1840, F5, Y15, 02:05, $251))
((ORD, PVD, 05May, 13:29), (AA 600, F2, Y0, 02:16, $713))
((ORD, PVD, 05May, 17:39), (AA 416, F3, Y9, 02:09, $365))
((ORD, PVD, 05May, 19:50), (AA 1828, F9, Y25, 02:13, $186))

Conjuntos máximos

A vida está cheia de questões. Frequentemente é necessário confrontar a performance desejada e o custo correspondente. Suponha, para efeitos de exemplo, que se está interessado em manter um banco de dados que classifique automóveis pela velocidade máxima e custo. Pretende-se que alguém com uma certa quantia de dinheiro faça uma consulta no banco para encontrar o carro mais rápido que ele possa pagar.

Pode-se modelar questões problema como esta usando um par chave-valor para modelar os dois parâmetros, que neste caso podem ser o par (custo, velocidade) para cada carro. Observe que alguns carros são realmente melhores que outros usando esta medida. Por exemplo, um carro com um par custo-velocidade (20.000,00; 100) é realmente melhor que um carro com um par de custo-velocidade (30.000,00; 90). Ao mesmo tempo, alguns carros não são claramente melhores que outros. Por exemplo, um carro com um par custo-velocidade (20.000,00; 100) pode ser melhor ou pior que um carro com um par custo-velocidade (30.000,00; 120) dependendo de quanto dinheiro se tem para gastar (veja a Figura 9.8).

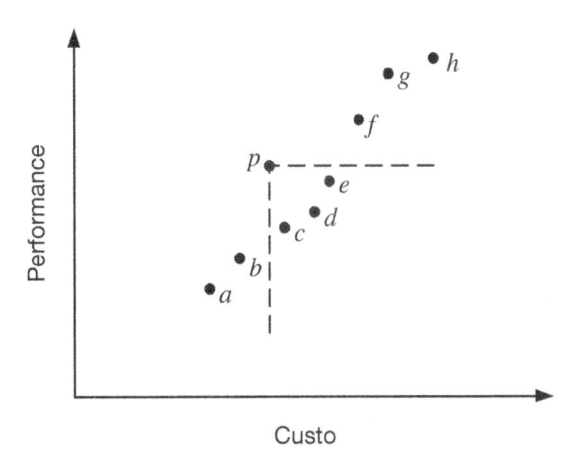

Figura 9.8 Ilustrando a questão do custo-performance com pares chave-valor representados por pontos no plano. Observe que o ponto *p* é realmente melhor que os pontos *c*, *d* e *e*, mas pode ser melhor ou pior que os pontos *a*, *b*, *f*, *g* e *h* dependendo do preço que se está disposto a pagar. Assim, se acrescentássemos *p* ao conjunto, poderíamos eliminar os pontos *c*, *d* e *e*, mas não os demais.

Formalmente diz-se que um par custo-perfomance (a,b) **domina** um par (c,d) se $a < c$ e $b > d$. Um par (a,b) é chamado de par **máximo** se não é dominado por nenhum outro par. O interesse está em manter o conjunto de máximos de uma coleção C de pares custo-performance. Isto é, deseja-se acrescentar novos pares a essa coleção (por exemplo, quando um novo carro é apresentado), e pretende-se consultar esta coleção sobre uma certa quantia de dólares d para encontrar o carro mais rápido que não custe mais de d dólares.

Mantendo um conjunto de máximos com um mapa ordenado

Pode-se armazenar um conjunto de pares máximos em um mapa ordenado M, ordenado por custo, de maneira que o custo seja o campo chave e a performance, o campo valor. Pode-se então implementar as operações add(c,p), que acrescenta um novo par (c,p), e best(c), que retorna o melhor par com custo no máximo c, como apresentado nos Trechos de Código 9.8 e 9.9.

Algoritmo best(c)
    Entrada: um custo c
    Saída: o par custo-performance de M com o maior custo menor ou igual a c ou **null** se não existir tal par
    retorna M.floorEntry(c)

Trecho de Código 9.8 O método best( ), usado em uma classe que mantém um conjunto de máximos implementado usando-se um mapa ordenado M.

Algoritmo add(*c*,*p*)
   Entrada: um par custo performance (*c*,*p*)
   Saída: nenhuma (mas *M* terá (*c*,*p*) acrescentado ao conjunto de pares custo-performance)
   e ← *M*.floorEntry(*c*)   {o maior par com custo no máximo *c*}
   se *e* ≠ **null então**
    se *e*.getValue( ) > *p* **então**
      retorna   {(*c*,*p*) é dominado, então não o insira em *M*}
   e ← *M*.ceilingEntry(*c*) {próximo par com custo pelo menos *c*}
   {Remove todos os pares que são dominados por (*c*,*p*)}
   enquanto *e* ≠ **null e** *e*.getValue( ) < *p* **faça** {assume o **e** condicional como em Java}
    M.remove(*e*.getKey( ))   {este par é dominado por (*c*,*p*)}
    e ← *M*.higherEntry(*e*.getKey( ))   {o próximo par depois de *e*}
   M.put(*c*,*p*)   {acrescenta o par (*c*,*p*) que não é dominado}

Trecho de Código 9.9 O método add(*c*,*p*) usado em uma classe para manter o conjunto de máximos implementado com um mapa ordenado *M*.

Infelizmente, se implementamos *M* usando qualquer das estruturas de dados descritas anteriormente, isso irá resultar em tempo de execução pobre para o algoritmo. Se, por outro lado, implementarmos *M* usando uma skip list, que será descrita em seguida, então será possível fazer as consultas best(*c*) em um tempo $O(\log n)$ e atualizações add(*c*,*p*) em tempo $O((1+r)\log n)$, onde *r* é a quantidade de pontos removidos.

9.4 Skip list

Uma estrutura de dados interessante para a realização eficiente de um mapa ordenado é a ***skip list***. Esta estrutura de dados faz escolhas aleatórias ao arranjar os itens de tal forma que os tempos de pesquisa e de atualização são $O(\log n)$ **em média**, onde *n* é o número de itens no dicionário. É interessante notar que a noção de complexidade de tempo médio não depende da distribuição probabilística das chaves usadas na entrada. Em vez disso, ela depende do uso de um gerador de números aleatórios na implementação das inserções para ajudar a decidir onde colocar o novo item. O tempo de execução é ponderado por todos os valores possíveis do gerador de números aleatórios usado na inserção de itens. De maneira interessante, Java inclui uma implementação do TAD mapa ordenado usando skip lists na classe ConcurrentSkipList-Map, que garante performance no que diz respeito a tempo de execução $O(\log n)$ para os métodos get, put e remove e suas variações.

Por serem usados extensivamente em jogos, criptografia e simulação, os métodos que geram números aleatórios estão disponíveis na maioria dos computadores. Alguns métodos, chamados de ***geradores de números pseudoaleatórios***, (Seção 3.1.3) geram números aparentemente aleatórios começando com uma ***semente***. Outros métodos usam dispositivos de hardware para obter "verdadeiros" números aleatórios da natureza. Em qualquer caso, assume-se que o computador tem acesso a números que são suficientemente aleatórios para a análise.

Capítulo 9 Tabelas de Hash, Mapas e Skip Lists

A maior vantagem do uso da *randomização* em estruturas de dados e em análise de algoritmos é que as estruturas e métodos resultantes são, em geral, simples e eficientes. Pode-se imaginar uma estrutura de dados randomizada bastante simples, chamada de skip list, com os mesmos tempos logarítmicos da pesquisa binária para procura. Mesmo assim, estes tempos são *esperados* para a skip list, enquanto são tempos de *pior caso* para a procura com pesquisa binária em uma tabela de pesquisa. Por outro lado, skip lists são muito mais rápidas do que tabelas de pesquisa na atualização e de mapas.

Uma *skip list* S para o dicionário D consiste em uma série de listas $\{S_0, S_1, ..., S_h\}$. Cada lista S_i armazena um subconjunto dos itens de M armazenados em ordem não decrescente de chave, mais dois itens com chaves especiais, denotados $-\infty$ e $+\infty$, onde $-\infty$ é menor do que qualquer chave que possa ser inserida em M e $+\infty$ é maior do que qualquer chave que possa ser inserida no dicionário. Adicionalmente, as listas em S satisfazem as seguintes condições:

- A lista S_0 contém cada item do mapa M (mais os itens especiais com chaves $-\infty$ e $+\infty$).
- Para $i = 1, ..., h-1$, a lista S_i contém (além de $-\infty$ e $+\infty$) um subconjunto gerado aleatoriamente dos itens da lista S_{i-1}.
- A lista S_h contém somente $-\infty$ e $+\infty$.

Um exemplo de uma skip list é mostrado na Figura 9.9. É costumeiro representar uma skip list S com a lista S_0 na base e as listas $S_1, ..., S_h$ acima dela. Também se indica h como a *altura* da skip list S.

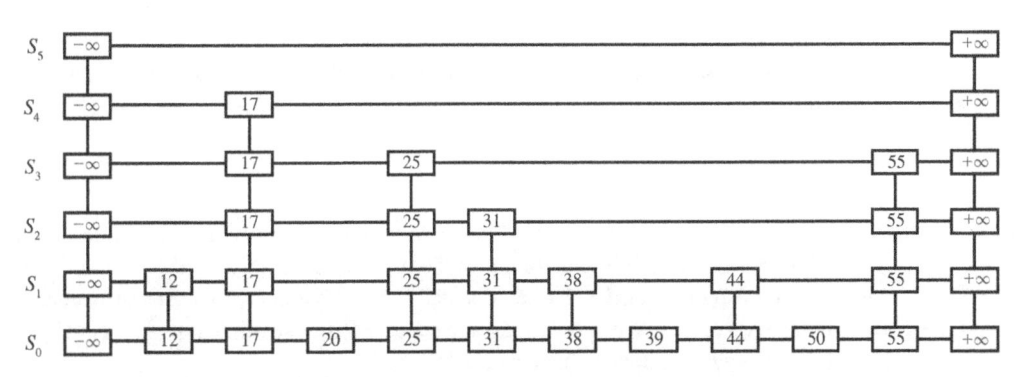

Figura 9.9 Exemplo de uma skip list armazenando 10 elementos. Para simplificar, mostram-se somente as chaves dos elementos.

Intuitivamente, as listas são construídas de forma que S_{i+1} contém aproximadamente um de cada dois itens de S_i. Como será visto nos detalhes do método de inserção, os itens em S_{i+1} são escolhidos aleatoriamente dentre os itens em S_i com probabilidade 1/2. Ou seja, em essência, "joga-se uma moeda" para cada item em S_i, e coloca-se o item em S_{i+1} se a moeda der "coroa". Assim, se espera que S_1 tenha aproximadamente $n/2$ itens, que S_2 tenha $n/4$ itens e, em geral, que S_i tenha $n/2^i$ itens. Em outras palavras, espera-se que a altura h de S seja em torno de $\log n$. A redução do número de itens pela metade de uma lista para a próxima não é uma propriedade explicitamente exigida das skip lists, no entanto. Em vez disso, é usada a randomização.

Usando a abstração de posição usada para árvores e listas, uma skip list é vista como uma coleção bidimensional de posições arranjadas horizontalmente em **níveis** e verticalmente em **torres**. Cada nível é uma lista S_i e cada torre contém posições armazenando o mesmo item por meio de listas consecutivas. As posições em uma skip list podem ser percorridas usando-se as seguintes operações:

next(p): Retorna a posição seguinte a p no mesmo nível.
prev(p): Retorna a posição anterior a p no mesmo nível.
below(p): Retorna a posição abaixo de p na mesma torre.
above(p): Retorna a posição acima de p na mesma torre.

Convencionalmente, assume-se que as operações acima retornam **nulo** se a posição requisitada não existir. Sem entrar em detalhes, nota-se que se pode implementar facilmente uma skip list por meio de uma estrutura encadeada de tal forma que os métodos descritos acima custam tempo $O(1)$, dada uma posição p na skip list. Uma estrutura encadeada dessa forma é essencialmente uma coleção de h listas duplamente encadeadas, alinhadas como torres, que também são listas duplamente encadeadas.

9.4.1 Operações de pesquisa e atualização em uma skip list

Uma estrutura skip list permite algoritmos simples de pesquisa e alteração em um mapa. De fato, todos os algoritmos da skip list de pesquisa e alteração são baseados em um elegante método SkipSearch, que recebe uma chave k e encontra a posição p do elemento e na sequência S_0 tal que e tenha a maior chave (que pode ser $-\infty$) menor ou igual k.

Pesquisando em uma skip list

Suponha que se tem uma chave k. Começa-se o método SkipSearch definindo uma variável de posição p referenciando a posição mais acima e à esquerda na skip list S, chamada de **posição inicial** S. Isto é, a posição inicial é a posição S_h que armazena a entrada especial com chave $-\infty$. Então são executados os seguintes passos (ver Figura 9.10) onde key(p) indica a chave na posição p:

1. Se S.below(p) é null, então a pesquisa termina — chegamos ao **fundo** e se localiza o maior item em S com chave menor ou igual a k. Caso contrário, **desce-se** para o próximo nível na torre atual, fazendo $p \leftarrow S$.below(p).
2. Iniciando na posição p, move-se p para a frente até que esteja na posição mais à direita no nível atual, tal que key(p) $\leq k$. Chama-se esse passo de **varredura**. Observa-se que uma posição assim sempre existe, pois cada nível contém as chaves especiais $-\infty$ e $+\infty$. De fato, após se realizar a varredura para este nível, p pode se manter onde estava inicialmente. Em qualquer caso, repete-se o passo anterior.

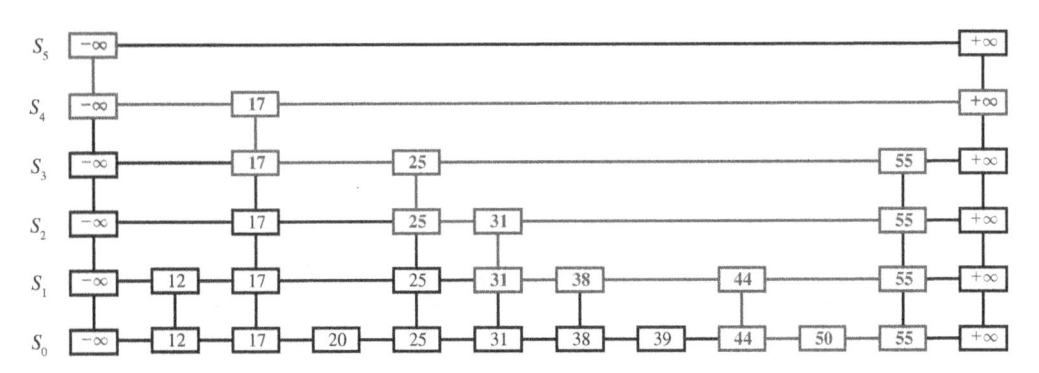

Figura 9.10 Exemplo de uma pesquisa em uma skip list. As posições visitadas na procura pela chave 50 são mostradas em cinza.

Dá-se uma descrição em pseudocódigo do algoritmo SkipSearch de pesquisa em skip lists no Trecho de Código 9.10. Com este método, é simples implementar a operação get(k) – simplesmente fazendo $p \leftarrow$ SkipSearch(k) e testando se key(p) = k. Se estas duas chaves forem iguais, retorna-se p; senão, retorna-se **null**.

Algoritmo SkipSearch(k):
    Entrada: uma chave de pesquisa k.
    Saída: a posição p na base da sequência S_0, em que o elemento em p tem a maior chave, menor ou igual a k.
    $p \leftarrow s$
    enquanto below(p) $\neq$ **null faça**
        $p \leftarrow$ below (p)   {descida}
        enquanto $k \geq$ key(next(p)) **faça**
            $p \leftarrow$ next(p)   {varredura}
    retorna p.

Trecho de Código 9.10 Pesquisa em uma skip list S. A variável s armazena a posição inicial de S.

Dessa maneira, o tempo de execução esperado para o algoritmo SkipSearch em uma skip list com n elementos é $O(\log n)$. A justificativa desse fato será adiada, no entanto, até depois de se discutir a implementação dos métodos de atualização em uma skip list.

Inserção em uma skip list

O algoritmo de inserção para skip lists usa randomização para decidir a altura da torre para o novo elemento. Começa-se a inserção de um novo item (k, v) por uma operação SkipSearch(k). Esta fornece a posição p do item no último nível com a maior chave menor ou igual a k (observa-se que p pode ser o item especial com a chave $-\infty$). Insere-se então (k, v) nesta lista do último nível imediatamente após a posição p. Após inserir o novo item neste nível, "tira-se cara ou coroa" com uma moeda. Se ela der cara, para-se aqui. Se ela der coroa, sobe-se ao nível superior e insere-se (*k*, *v*) na posição adequada. Joga-se a moeda mais uma vez, e se ela der coroa, vai-se ao próximo nível e repete-se. Assim, continua-se a inserir o novo item (*k, v*) em listas até que finalmente uma moeda dê cara. Em seguida, ligam-se todas as referências ao novo item (*k, v*), criadas neste processo, para criar a torre para o novo elemento. Uma "jogada de moeda" pode ser simulada com a classe java.util.Random, que é um gerador randômico de números criado em Java, chamando o método nextInt(2), o qual retorna 0 ou 1, cada um com probabilidade de 1/0.

O algoritmo de inserção para uma skip list *S* é fornecido no Trecho de Código 9.11, e este algoritmo é ilustrado na Figura 9.11. O algoritmo de inserção usa uma operação insertAfterAbove(*p*,*q*,(*k*,*v*)) que insere uma posição armazenando o item (*k*,*v*) após a posição *p* (no mesmo nível de *p*) e acima da posição *q*, retornando a posição *r* do novo item (e acertando as referências internas para que os métodos next, prev, above e below funcionem corretamente para *p*, *q* e *r*). O tempo de execução esperado do algoritmo de inserção em uma skip list com *n* elementos é $O(\log n)$, o qual se mostra na Seção 9.4.2.

Algoritmo SkipInsert(*k*,*v*):
    Entrada: chave *k* e valor *v*
    Saída: posição superior da entrada inserida na skip list
    $p \leftarrow$ SkipSearch(*k*)
    $q \leftarrow$ **null**
    $e \leftarrow (k,v)$
    $i \leftarrow -1$
    repita
      $i \leftarrow i + 1$
      se $i \geq h$ **então**
        $h \leftarrow h + 1$ {adicionar um novo elemento na skip list}
        $t \leftarrow$ next(*s*)
        $s \leftarrow$ insertAfterAbove(**null**, *s*, $(-\infty,$ **null**))
        insertAfterAbove(*s*, *t* , $(+\infty,$ **null**))
      enquanto above(*p*) = **null faça**
        $p \leftarrow$ prev(*p*)   {varredura}
      $p \leftarrow$ above(*p*)   {ir para o nível mais alto}
      $q \leftarrow$ insertAfterAbove(*p*,*q*,*e*)   {adicionar uma posição na torre do novo elemento}
    até coinFlips( ) = tails
    $n \leftarrow n + 1$
    retorna *q*

Trecho de Código 9.11 Inserção em uma skip list. O método coinFlip( ) retorna "cara" ou "coroa", cada uma com probabilidade de 50%. As variáveis *n*, *h* e *s* armazenam o número dos elementos, a altura e o nodo inicial da skip list.

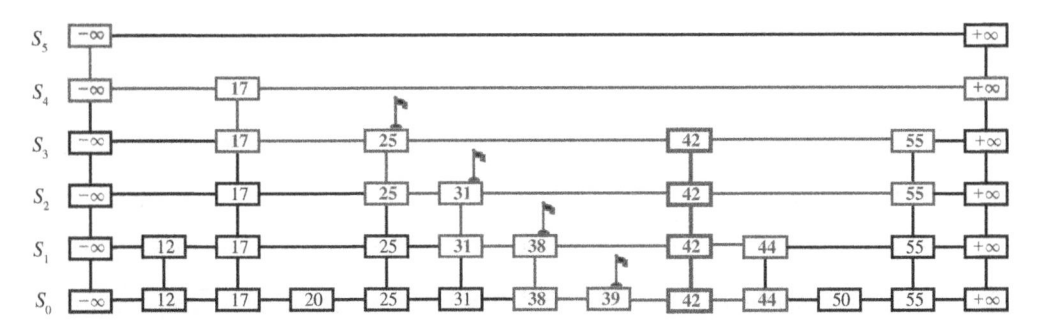

Figura 9.11 Inserção de um elemento com chave 42 na skip list da Figura 9.9. Assume-se que a "jogada da moeda" randômica para o novo elemento retornará três coroas seguidas em uma linha, seguidas pela cara. As posições visitadas estão marcadas em cinza. A posição inserida para armazenar o novo elemento está desenhada com linhas grossas, e as posições precedentes estão marcadas com bandeiras.

Remoção em uma skip list

Como os algoritmos de pesquisa e inserção, o algoritmo de remoção para uma skip list S é bastante simples. De fato, ele é ainda mais simples do que o algoritmo de inserção. Isto é, para realizar uma operação remove(k), começa-se pela execução do método SkipSearch(k). Se a posição p armazena um elemento com chave diferente de k, então retorna **null**. Caso contrário, remove-se p e todas as posições acima de p, as quais são facilmente acessadas usando a operação above para subir na torre deste elemento em S, iniciando na posição p. O algoritmo de remoção é ilustrado na Figura 9.12, e sua descrição detalhada é deixada como um exercício (R-9.19). Como será mostrado na próxima subseção, o tempo de execução esperado para remoção em uma skip list é $O(\log n)$.

Antes de descrever a análise, no entanto, existem alguns melhoramentos para a estrutura de dados skip list que devem ser discutidos. Primeiro, não se precisa realmente armazenar referências para os itens da skip list acima do nível base, pois o que é necessário nestes níveis são as referências para as chaves. Segundo, não se precisa realmente do método above. Na verdade, nem se necessita do método prev. Pode-se realizar a inserção e remoção de itens de cima para baixo baseando-as em varreduras e economizando referências para os elementos anteriores e acima de um elemento. Os detalhes dessa otimização serão explorados no Exercício C-9.11. Nenhuma dessas otimizações melhora o desempenho assintótico das skip lists por mais do que um fator constante, mas ainda assim esses melhoramentos podem ser importantes na prática. De fato, experimentos sugerem que as skip lists otimizadas são mais rápidas, na prática, do que árvores AVL e outras árvores balanceadas de pesquisa, que são discutidas no Capítulo 10.

O tempo de execução esperado para o algoritmo de remoção é $O(\log n)$, o que será mostrado na Seção 9.4.2.

Mantendo o nível superior

Uma skip list S deve manter uma referência para a posição inicial (o elemento mais acima e à esquerda em S) como uma variável instanciada, e deve-se ter uma política

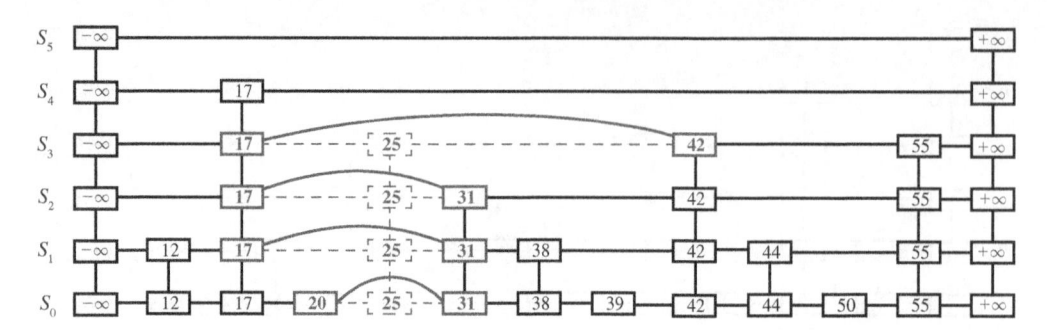

Figura 9.12 Remoção do elemento com chave 25 da skip list da Figura 9.11. As posições visitadas após a pesquisa pela posição S_0 guardando o item são demarcadas em cinza. As posições removidas são desenhadas com linhas tracejadas.

para tratar qualquer inserção que queira continuar inserindo um item acima do nível superior de S. Existem duas possíveis opções neste caso, e as duas têm seus méritos.

Uma possibilidade é restringir o nível superior, h, para mantê-lo em algum valor fixo que seja função de n, o número de itens atuais no mapa (será visto pela análise que $h = \max\{10, 2\lceil \log n \rceil\}$ é uma boa escolha e que $h = 3\lceil \log n \rceil$ é ainda mais seguro). Implementar esta opção significa que se deve modificar o algoritmo de inserção para que ele termine quando se atingir o nível mais alto (a não ser que $\lceil \log n \rceil < \lceil \log(n + 1) \rceil$, pois, neste caso, pode-se subir ainda mais um nível, uma vez que o limite de altura estará crescendo).

A outra possibilidade é deixar a inserção continuar inserindo o elemento enquanto a moeda lançada pelo gerador de números aleatórios der coroa. Esta abordagem usa o Algoritmo SkipInsert do Trecho de Código 9.11. Como foi mostrado na análise das skip lists, a probabilidade de que uma inserção vá acima do nível $O(\log n)$ é muito baixa; portanto, essa escolha também deve funcionar.

Qualquer opção continua garantindo nossa habilidade de fazer a pesquisa por elementos, inserção e remoção em tempo esperado $O(\log n)$, o que será mostrado na próxima seção.

9.4.2 Uma análise probabilística das skip lists ★

Como demonstrado anteriormente, as skip lists fornecem uma implementação simples para um dicionário ordenado. Em termos do desempenho no pior caso, no entanto, as skip lists não são uma estrutura de dados superior. De fato, se não for impedido explicitamente que uma inserção ultrapasse o nível superior, então o algoritmo pode entrar em um laço praticamente infinito (na verdade, ele não é um laço infinito, pois a probabilidade de uma moeda honesta dar sempre coroa é zero). Além disso, não se podem adicionar infinitamente elementos a uma lista sem ficar sem memória disponível mais cedo ou mais tarde. Em qualquer caso, concluindo-se a inserção de um item no nível mais alto h, então o tempo de **pior caso** para as operações get, put e remove em uma skip list S com n itens e altura h é de $O(n + h)$. Este desempenho de pior caso ocorre quando a torre de cada item alcança o nível $h - 1$, onde h é a altura de S. No entanto, esse evento tem uma probabilidade muito baixa e, julgando pelo pior caso, conclui-se que as skip lists são inferiores a outras implementações de mapas discutidas anteriormente neste capítulo. Entretanto, esta não seria uma análise justa, pois o pior caso é exageradamente superestimado.

Restringindo a altura de uma skip list

Como o passo de inserção envolve randomização, uma análise mais honesta das skip lists envolve um pouco de probabilidade. De início, isso pode parecer um grande empreendimento, pois uma análise probabilística completa e minuciosa requereria matemática sofisticada (e, de fato, várias análises assim surgem na literatura de algoritmos e estruturas de dados). Felizmente, esse tipo de análise não é requerido para compreender o comportamento assintótico das skip lists. A análise probabilística informal e intuitiva que segue usa apenas conceitos básicos de teoria das probabilidades.

Começa-se determinando o valor esperado da altura h de S (assumindo que não se encerrará a inserção em um determinado nível). A probabilidade de que um certo item tenha uma torre de tamanho $i \geq 1$ é igual à probabilidade de obter i caras consecutivas quando se joga uma moeda, ou seja, a probabilidade é $1/2$. Portanto, a probabilidade P_i de que o nível i tenha ao menos um elemento é no máximo

$$P_i \leq \frac{n}{2^i},$$

pois a probabilidade de que qualquer um de n eventos diferentes ocorra é no máximo a soma das probabilidades de cada um deles.

A probabilidade de que a altura h de S seja maior do que i é igual à probabilidade de que o nível i tenha ao menos um item, ou seja, não é maior do que P_i. Isso significa que h é maior do que, por exemplo, $3 \log n$, com probabilidade de no máximo

$$P_{3\log n} \leq \frac{n}{2^{3\log n}}$$
$$= \frac{n}{n^3} = \frac{1}{n^2}.$$

Por exemplo, se $n = 1.000$, essa probabilidade é uma em um milhão. Generalizando, dada uma constante $c > 1$, h é maior do que $c \log n$ com probabilidade no máximo $1/n^{c-1}$. Ou seja, a probabilidade de que h seja menor ou igual a $c \log n$ é no mínimo $1 - 1/n^{c-1}$. Assim, com uma alta probabilidade, a altura h de S é $O(\log n)$.

Analisando o tempo de pesquisa em uma skip list

Considere-se o tempo de execução de uma pesquisa em uma skip list S, lembrando que uma pesquisa envolve dois laços **while** aninhados. O laço interno realiza a varredura em um nível de S enquanto a próxima chave não for maior do que a chave k sendo procurada, e o laço externo desce para o nível inferior e repete a varredura. Como a altura h de S é $O(\log n)$, com grande probabilidade, o número de passos de descida nos níveis é $O(\log n)$, também com grande probabilidade.

Ainda temos de limitar o número de passos de varredura que se fez. Seja n_i o número de chaves examinadas quando se está fazendo uma varredura no nível i. Observe-se que, depois da chave na posição inicial, cada chave adicional examinada em uma varredura no nível i não pode pertencer ao nível $i + 1$, pois a teríamos encontrado na varredura anterior. Assim, a probabilidade de que uma chave seja contada em n_i é 1/2. Portanto, o valor esperado de n_i é igual ao número esperado de vezes em que se deve jogar uma moeda antes que ela dê cara. Esse valor esperado é 2. Assim, o total de tempo esperado que será gasto em varreduras em qualquer nível é $O(1)$. Como S tem $O(\log n)$ níveis com grande probabilidade, uma pesquisa em S toma um tempo esperado $O(\log n)$. Com uma análise similar, pode-se mostrar que o tempo de execução esperado para inserção e remoção é $O(\log n)$.

Espaço utilizado em uma skip list

Finalmente, examinaremos a exigência de espaço de uma skip list S com n elementos. Como se observa acima, o número de itens esperado no nível i é $n/2$, significando que o número total de elementos esperados em S é

$$\sum_{i=0}^{h} \frac{n}{2^i} = n \sum_{i=0}^{h} \frac{1}{2^i}.$$

Usando a Proposição 4.5 de soma geométrica, tem-se:

$$\sum_{i=0}^{h} \frac{1}{2^i} = \frac{\left(\frac{1}{2}\right)^{h+1} - 1}{\frac{1}{2} - 1} = 2 \cdot \left(-1\frac{1}{2^{h+1}}\right) < 2 \quad \text{para todo } h \geq 0.$$

Portanto, a exigência de memória esperada para S é $O(n)$.

A Tabela 9.3 resume o desempenho de um mapa realizado com uma skip list.

Operação	Tempo
size, isEmpty	$O(1)$
firstEntry, lastEntry	$O(1)$
keySet, values, entrySet	$O(n)$
get, put, remove	$O(\log n)$ (esperado)
ceilingEntry, floorEntry, lowerEntry, higherEntry	$O(\log n)$ (esperado)

Tabela 9.3 Desempenho de um dicionário implementado com uma skip list, como na classe java.util.concurrent.ConcurrentSkipListMap. Denota-se o número de itens no dicionário no momento da operação com n. A exigência de memória esperada é $O(n)$.

9.5 Dicionários

Como um mapa, um dicionário armazena pares chave-valor (k,v), os quais são chamados de *entradas*, onde k é a chave e v é o valor. Similarmente, um dicionário permite que chaves e valores sejam de qualquer tipo. Mas, apesar de um mapa insistir que elementos devam ter chaves únicas, um dicionário permite que múltiplas entradas possam ter a mesma chave, bastante parecido com um dicionário de idiomas, o qual oferece múltiplas definições para uma mesma palavra.

A habilidade de armazenar entradas múltiplas com a mesma chave tem várias aplicações. Por exemplo, pode-se querer armazenar os registros de autores de ciência da computação indexados pelo primeiro e último nomes. Uma vez que existem alguns poucos os casos de diferentes autores com os mesmos primeiro e último nomes, naturalmente existirão algumas instâncias onde se tem de lidar com diferentes entradas tendo a mesma chave. Da mesma forma, um jogo de computador multiusuário envolvendo jogadores visitando vários quartos em um grande castelo pode exigir um mapa dos quartos para os jogadores. É natural nesta aplicação permitir aos usuários estarem no mesmo quarto ao mesmo tempo para se engajar em batalhas. Dessa forma, esse jogo é naturalmente uma aplicação em que é útil permitir várias entradas para a mesma chave.

9.5.1 O TAD Dicionário

Como um TAD, um *dicionário* (não ordenado) D suporta os seguintes métodos:

size( ): Retorna o número de elementos de D.

isEmpty( ): Testa se D está vazio.

get(k): Se D contém um elemento com chave igual a k, então retorna o elemento, senão retorna **null**.

getAll(k): Retorna uma coleção iterável contendo todos os elementos com chave igual a k.

put(k,v): Insere um elemento com chave k e valor v no dicionário D, retornando o elemento criado.

remove(e): Remove de D um elemento e, retornando o elemento removido, se e não for encontrado em D.

entrySet( ): Retorna uma coleção iterável dos elementos chave-valor de D.

Observe que as operações do dicionário usam entradas, como no TAD mapa, que são pares chave-valor armazenados no dicionário. Como mencionado anteriormente, permitem-se múltiplas entradas com a mesma chave. Por essa razão, define-se o método *put* para retornar uma referência para a nova entrada criada, fornecendo assim uma forma para referenciar entradas diretamente de forma adicional ao método entrySet( ). Tais referências são necessárias, por exemplo, pelo método remove(e) do dicionário.

Detalhes adicionais

Quando o método get(k) não obtém sucesso (isto é, não existe um elemento com a chave igual a k), usa-se a convenção de retornar uma sentinela **null**. Outra escolha óbvia seria lançar uma exceção quando o método get(k) falha, mas isso provavelmente não seria um uso apropriado para uma exceção, já que é normal questionar pela chave que pode não estar no dicionário, e lançar e capturar uma exceção é mais lento do que testar uma sentinela.

Observa-se que, como se definiu, um dicionário D pode conter diferentes entradas com chaves iguais. Nesse caso, a operação get(k) retorna uma entrada (k,v) *arbitrária*, desde que a chave seja igual a k. Menciona-se rapidamente que nosso TAD dicionário não deve ser confundido com a classe abstrata java.util.Dictionary, a qual corresponde ao TAD mapa apresentado anteriormente, e é considerada obsoleta. Na verdade, como neste livro, não existe estrutura de dados no framework de coleções de Java que permita múltiplas entradas com chaves iguais como no TAD dicionários.

Assim como com as entradas usadas com o TAD mapa, assume-se que cada entrada de um dicionário vem equipada com os métodos getKey( ) e getValue( ) para acessar a chave e o valor, respectivamente. Se for o caso de armazenar um elemento e no dicionário e o elemento for ele mesmo sua própria chave, então deve-se inserir e com uma chamada para o método put(e,e). Nesse caso, os métodos getKey( ) e getValue( ) irão retornar a mesma coisa.

Exemplo 9.2 *A seguir, apresenta-se uma série de operações em um dicionário inicialmente vazio, armazenando entradas com chaves inteiras e valores de caracteres.*

Operação	Saída	Dicionário
put(5, A)	(5, A)	{(5, A)}
put(7, B)	(7, B)	{(5, A), (7, B)}
put(2, C)	(2, C)	{(5, A), (7, B), (2, C)}
put(8, D)	(8, D)	{(5, A), (7, B), (2, C), (8, D)}
put(2, E)	(2, E)	{(5, A), (7, B), (2, C), (8, D), (2, E)}
get(7)	(7, B)	{(5, A), (7, B), (2, C), (8, D), (2, E)}
get(4)	**null**	{(5, A), (7, B), (2, C), (8, D), (2, E)}
get(2)	(2, C)	{(5, A), (7, B), (2, C), (8, D), (2, E)}
getAll(2)	{(2, C), (2, E)}	{(5, A), (7, B), (2, C), (8, D), (2, E)}
size( )	5	{(5, A), (7, B), (2, C), (8, D), (2, E)}
remove(get(5))	(5, A)	{(7, B), (2, C), (8, D), (2, E)}
get(5)	**null**	{(7, B), (2, C), (8, D), (2, E)}

9.5.2 Implementações com entradas conscientes de localização

Da mesma forma que com o TAD mapa, existem diferentes maneiras de se implementar o TAD dicionário; incluindo uma lista não ordenada, uma tabela de hash, uma tabela de pesquisa ordenada ou uma skip list. Da mesma forma que se fez com as filas de prioridade adaptáveis (Seção 8.4.2), pode-se também usar entradas conscientes de localização para acelerar o tempo de execução de algumas operações de um dicionário. Ao remover uma entrada consciente de localização e, por exemplo, pode-se ir diretamente na localização da estrutura de dados onde *e* está armazenado e removê-lo. Pode-se implementar uma entrada consciente de localização, por exemplo, incrementando a classe da entrada com uma variável privada local location e métodos location( ) e setLocation( ) para retornar e alterar esta variável, respectivamente. Pode-se então definir que a variável location de uma entrada *e* sempre referencie a posição de *e* ou indexe uma estrutura de dados. Será necessário, naturalmente, atualizar esta variável todas as vezes que movimentarmos uma entrada como segue:

- **Lista não ordenada**: em uma lista não ordenada, *L*, que implementa um dicionário, pode-se manter uma variável de localização para cada entrada *e* apontando para a posição de *e* na lista encadeada que suporta *L*. Esta opção permite executar remove(*e*) como *L*.remove(*e*.location()), que executa em tempo $O(1)$.
- **Tabela de hash com encadeamento separado**: considere uma tabela de hash com um arranjo de bucket *A* e uma função de hash *h* que usa encadeamentos separados para lidar com as colisões. Usa-se a variável de colisão de cada entrada e para apontar para a posição de *e* na lista *L* implementando a lista $A[h(k)]$. Esta opção permite executar remove(*e*) como *L*.remove(*e*.location()), que vai executar em tempo constante esperado.
- **Tabela de busca ordenada**: em uma tabela ordenada *T*, que implementa um dicionário, pode-se manter a variável de localização de cada entrada e como sendo o índice de *e* em *T*. Esta opção permite executar remove(*e*) como *T*.remove(*e*.location()) (lembre que agora location() retorna um inteiro). Esta abordagem executará mais rápido se a entrada *e* for armazenada próxima ao final de *T*.
- **Skip list**: em uma skip list *S*, implementando um dicionário, pode-se manter a variável de localização de cada entrada *e* referenciando o nível mais baixo de *S*. Esta opção permite pular o passo de busca do algoritmo que executa remove(*e*) de uma skip list.

Resume-se a performance da remoção de uma entrada em um dicionário com entradas conscientes de localização na Tabela 9.4.

Lista	Tabela de Hash	Tabela de Pesquisa	Skip List
$O(1)$	$O(1)$ (esperado)	$O(n)$	$O(\log n)$ (esperado)

Tabela 9.4 Performance do método remove em dicionários implementados com entradas conscientes de localização. Usa-se *n* para indicar a quantidade de entradas no dicionário.

9.5.3 Implementação usando o pacote java.util

Uma vez que, da mesma forma que este livro, Java não tem um equivalente ao TAD dicionário no framework de coleções Java, apresenta-se nesta seção uma implementação Java completa do TAD dicionário usando apenas classes e interfaces do pacote java.util. Destaca-se nessa implementação:

- O dicionário TAD é especificado na interface MultiMap, apresentada no Trecho de Código 9.12. Esta interface define as entradas do dicionário como sendo instâncias das classes que implementam a interface java.util.Map.Entry<K,V>. Além disso, ela especifica que os métodos getAll e entrySet retornam objetos que implementam a interface java.util.Iterable sobre estes tipos de entradas. Finalmente, ela especifica que os métodos que recebem estes argumentos podem lançar uma exceção de java.lang, mais especificamente, IllegalArgumentException.
- A classe HasTableMultiMap, que implementa a interface MultiMap é especificada no Trecho de Código 9.13 e 9.14. Ela implementa o TAD dicionário usando o objeto java.util.HashMap, *m*. Em vez de armazenar cada par chave-valor diretamente nesta tabela de hash, ela armazena um objeto java.util.LinkedList para cada chave em *m*. Cada lista encadeada armazena todas a entradas pares chave-valor que possuem a mesma chave. Esta escolha de projeto é, de fato, a ideia principal que permite armazenar várias entradas com a mesma chave.
- Uma vez que o tamanho da tabela de hash de suporte é a quantidade de listas encadeadas que ela armazena, a classe HashTableMultipleMap mantém explicitamente seu próprio tamanho, em vez de usar o valor *m*.size( ). Mais especificamente, a classe HashTableMultiMap usa sua própria variável de instância para tamanho, nSize, de maneira a implementar os métodos size( ) e isEmpty( ).
- Quando se acrescenta uma nova entrada com par chave-valor usando o método put(k,v), primeiramente se verifica se já existe uma lista encadeada para esta chave e, se não for o caso, cria-se uma. Uma vez que a lista encadeada está estabelecida para a chave k, acrescenta-se uma nova entrada para este par (k,v), na lista, usando um objeto do tipo java.util.AbstractMap.SimpleEntry.
- Quando se executa um get(k) ou getAll(k), consulta-se a lista encadeada para a chave k. No primeiro caso, simplesmente retorna-se a primeira entrada desta lista e no último caso, retorna-se a lista toda.
- Para executar a operação remove(e), delega-se a ação de remoção à lista encadeada relacionada com a chave e.getKey( ).
- Executar o método entrySet( ) é mais interessante. Neste caso, pergunta-se por cada um dos valores no HashMap de suporte, *m*, que armazena as entradas. Uma vez que cada valor neste mapa é uma lista encadeada de entradas, executa-se uma chamada para addAll para acrescentar todas as entradas desta lista para a lista de saída, que se retorna depois de ter acrescentado todas as listas de *m* nesta lista.

```
import java.util.*;
public interface MultiMap<K,V> {
  public int size( );
  public boolean isEmpty( );
```

```
    public Map.Entry<K,V> get(K k) throws IllegalArgumentException;
    public Iterable<Map.Entry<K,V>> getAll(K k) throws IllegalArgumentException;
    public Map.Entry<K,V> put(K k, V v) throws IllegalArgumentException;
    public Map.Entry<K,V> remove(Map.Entry<K,V> e)
                      throws IllegalArgumentException;
    public Iterable<Map.Entry<K,V>> entrySet( );
}
```

Trecho de Código 9.12 A interface MultiMap, definida para usar apenas classes e interfaces de java.util.

```
import java.util.*;
public class HashTableMultiMap<K,V> implements MultiMap<K,V> {
  Map<K,LinkedList<Map.Entry<K,V>>> m; // mapa de chaves para listas de entradas
  int nSize; // tamanho deste MapDictionary
  /** Construtor default que usa um HashMap */
  public HashTableMultiMap( ) {
    m = new HashMap<K,LinkedList<Map.Entry<K,V>>>( ); // mapa default
    nSize = 0;
  }
  /** Retorna a quantidade de entradas no dicionário */
  public int size( ) { return nSize; }
  /** Retorna se o dicionário está vazio */
  public boolean isEmpty( ) { return nSize == 0; }
  /** Insere um item em um dicionário. Retorna uma entrada recentemente criada */
  public Map.Entry<K,V> put(K key, V value)
                      throws IllegalArgumentException {
    LinkedList<Map.Entry<K,V>> ll;
    if (key == null) throw new IllegalArgumentException( );
    if ((ll = m.get(key)) == null) { // ainda nada aqui
      ll = new LinkedList<Map.Entry<K,V>>( );
      m.put(key,ll);
    }
    Map.Entry<K,V> e = new AbstractMap.SimpleEntry<K,V>(key,value);
    ll.add(e); // acrescenta uma nova entrada na lista desta chave
    nSize++;
    return e;
  }
```

Trecho de Código 9.13 A classe HashTableMultipleClass, que está definida de maneira a usar apenas as classes e interfaces de java.util. (Continua no Trecho de Código 9.14.)

```
  /** Retorna uma entrada contendo uma dada chave ou null se não existe a entrada */
  public Map.Entry<K,V> get(K key)
                      throws IllegalArgumentException {
```

```java
    LinkedList<Map.Entry<K,V>> ll;
    if (key == null) throw new IllegalArgumentException( );
    if ((ll = m.get(key)) == null) return null; // nada aqui ainda
    return ll.peekFirst( ); // o primeiro elemento é tão bom como qualquer um
  }
  /** Retorna um iterador contendo todas as entradas contendo uma certa chave ou um
      iterador vazio se a entrada não existir. */
  public Iterable<Map.Entry<K,V>> getAll(K key)
                                  throws IllegalArgumentException {
    LinkedList<Map.Entry<K,V>> ll;
    if (key == null) throw new IllegalArgumentException( );
    if ((ll = m.get(key)) == null) return null; // nada ainda
    return ll;
  }
  /** Remove e retorna uma dada entrada do dicionário. */
  public Map.Entry<K,V> remove(Map.Entry<K,V> e)
                               throws IllegalArgumentException {
    LinkedList<Map.Entry<K,V>> ll;
    if (e == null) throw new IllegalArgumentException( );
    K key = e.getKey( );
    ll = m.get(key);
    if (ll == null) throw new IllegalArgumentException( ); // chave não está em m
    if (ll.remove(e)) {
      nSize--;
      if (ll.isEmpty( )) m.remove(key); // neste caso, remove a lista vazia
      return e; // e estava em ll, então retorna a entrada removida
    }
    else
      throw new IllegalArgumentException( ); // e não estava em ll
  }
  /** Retorna um iterador contendo todas as entradas do dicionário. */
  public Iterable<Map.Entry<K,V>> entrySet( ) {
    LinkedList<Map.Entry<K,V>> ll = new LinkedList<Map.Entry<K,V>>( );
    for (LinkedList<Map.Entry<K,V>> sub : m.values( ))
      ll.addAll(sub); // todas as entradas desta lista para ll
    return ll;
  }
}
```

Trecho de Código 9.14 A classe HashTableMultiMap que é definida para usar apenas as classes e interfaces de java.util. (Continuação do Trecho de Código 9.13.)

9.6 Exercícios

Para obter os códigos-fonte dos exercícios, visite www.grupoa.com.br.

Reforço

R-9.1 Qual dos esquemas de tratamento de colisão de tabela de hash consegue tolerar um fator de carga superior a 1 e qual não consegue?

R-9.2 Qual é o pior caso de tempo de execução para inserções de n elementos chave-valor em um mapa M inicialmente vazio que é implementado com uma sequência?

R-9.3 Qual é o pior caso assintótico para o tempo de execução para executar n operações (corretas) de remove( ) em um mapa implementado usando uma tabela de pesquisa ordenada que inicialmente contém $2n$ entradas.

R-9.4 Descreva como usar um mapa de skip list para implementar o TAD dicionário, permitindo que o usuário insira diferentes entradas com os mesmos valores.

R-9.5 Descreva como uma sequência ordenada implementada como uma lista duplamente encadeada poderia ser usada para implementar o TAD mapa.

R-9.6 Qual seria um bom código de hash para um número de identificação de veículo que é uma cadeia de caracteres representando números e letras no formato "9X9XX99X9XX999999," onde um "9" representa um dígito e um "X" representa uma letra?

R-9.7 Desenhe a tabela de hash com 11 elementos, que resulta a partir do uso da função de hash, $h(i) = (3i + 5) \mod 11$, para colocar as chaves 12, 44, 13, 88, 23, 94, 11, 39, 20, 16 e 5, assumindo que as colisões serão tratadas por encadeamento.

R-9.8 Qual será o resultado do exercício anterior se assumirmos que as colisões serão tratadas por teste linear?

R-9.9 Mostre o resultado do Exercício R-9.7 assumindo que as colisões são tratadas por teste quadrático, até o ponto em que o método falha.

R-9.10 Qual é o resultado do Exercício R-9.7, assumindo que as colisões são tratadas por hashing duplo usando uma função de hash secundária $h'(k) = 7 - (k \mod 7)$?

R-9.11 Forneça uma descrição em pseudocódigo da inserção em uma tabela de hash que usa teste quadrático para resolver colisões, assumindo que se usa o truque de substituir elementos deletados com um objeto indicando "item desativado".

R-9.12 Forneça uma descrição de Java dos métodos values( ) e entrySet( ) que poderiam ser incluídas na implementação da tabela de hash apresentada nos Trechos de Código 9.3 – 9.5

R-9.13 Descreva um conjunto de operações para um TAD dicionário ordenado que possa corresponder aos métodos do TAD mapa ordenado. Certifique-se de definir o significado dos métodos de maneira que eles possam lidar com a possibilidade de diferentes entradas com a mesma chave.

R-9.14 Explique como modificar a classe HashTableMap, apresentada nos Trechos de Código 9.3–9.5, para implementar o TAD dicionário em vez do TAD mapa.

R-9.15 Mostre o resultado de fazer rehash na tabela de hash, mostrada na Figura 9.4, para uma tabela de tamanho 19, usando a nova função de hash $h(k) = 3k$ mod 17.

R-9.16 Discuta por que uma tabela de hash não é adaptada para implementar um dicionário ordenado.

R-9.17 Qual é o pior tempo para inserir n elementos em uma tabela de hash inicialmente vazia, com colisões sendo resolvidas por encadeamento? Qual seria o melhor caso?

R-9.18 Desenhe a skip list resultante da execução da seguinte sequência de operações sobre a skip list da Figura 9.12: remove(38), insert(48,x), insert(24,y), remove(55). Registre as jogadas de cara e coroa.

R-9.19 Apresente a descrição de um pseudocódigo da operação de remoção em uma skip list.

R-9.20 Qual é o tempo de execução esperado dos métodos para manutenção de um conjunto de máximos inserindo-se n pares tal que cada par tenha o menor custo e desempenho que um anterior a ele? O que estará contido em um dicionário ordenado ao final desta série de operações? Se um par tem o menor curso e maior desempenho, qual será o anterior a ele?

R-9.21 Argumente por que os localizadores não são realmente necessários para um dicionário implementado com uma boa tabela de hash.

Criatividade

C-9.1 Descreva como é possível executar cada um dos métodos adicionais do TAD mapa ordenado usando uma skip list.

C-9.2 Descreva como usar uma skip list para implementar o TAD lista arranjo de maneira que as inserções e remoções baseadas em índice executem ambas em tempo $O(\log n)$.

C-9.3 Suponha que são dadas duas tabelas de pesquisa ordenada S e T, cada qual com n elementos (com S e T sendo implementadas com arranjos). Descreva um algoritmo $O(\log^2 n)$ para encontrar a k-ésima menor chave na união das chaves de S e T (assumindo que não há chaves duplicadas).

C-9.4 Apresente uma solução $O(\log n)$ para o problema anterior.

C-9.5 Forneça uma variação da pesquisa binária para realizar getAll(k) em um dicionário ordenado implementado com uma tabela de pesquisa ordenada, e mostre que ela é executada em tempo $O(\log n + s)$, onde n é o número de elementos no dicionário, e s é o tamanho do iterador retornado.

C-9.6 Descreva as mudanças que devem ser feitas nas descrições em pseudocódigo dos métodos fundamentais para mapas, quando se implementa um mapa baseado em uma tabela de hash com colisões tratadas por encadeamento separado, mas se adiciona a otimização de espaço de forma que se um bucket armazena apenas um item, então o bucket referencia o item diretamente.

C-9.7 O dicionário baseado em tabela de hash requer que se encontre um número primo entre os números M e $2M$. Implemente um método para encontrar tal primo usando o **algoritmo do crivo**. Neste algoritmo, aloca-se um arranjo A de $2M$ células booleanas, de forma que a célula i esteja associada ao inteiro i. Inicializam-se todas as células como *true* e repetidamente marcamos como *false* as células que representam múltiplos de 2, 3, 5, 7, etc. Este processo pode parar depois de chegar a um número maior do que $\sqrt{2M}$. (Dica: considere um método inicial para encontrar os primos até $\sqrt{2M}$.)

C-9.8 Descreva como executar uma remoção de uma tabela de hash que usa teste linear para resolver colisões e na qual não se usa um elemento especial para marcar elementos removidos. Ou seja, deve-se rearranjar o conteúdo da tabela de hash de forma que pareça que o item removido nunca foi inserido.

C-9.9 Dada uma coleção C de n pares custo-desempenho (c,p), descreva um algoritmo para encontrar os pares máximos de C no tempo $O(n \log n)$.

C-9.10 A estratégia de teste quadrático tem um problema de formação de agrupamentos relacionado à forma com que a procura por espaços é feita quando ocorre uma colisão. Quando ocorre uma colisão no bucket $h(k)$, verifica-se o bucket $A[(h(k) + j^2) \bmod N]$, para $j = 1, 2, \ldots, N - 1$.

a. Mostre que $j^2 \bmod N$ assume no máximo $(N + 1)/2$ valores distintos para N primo, à medida que j varia de 1 a $N - 1$. Como parte desta justificativa, observe que $j^2 \bmod N = (N - j)^2 \bmod N$ para todo j.

b. Uma estratégia melhor seria escolher um primo N tal que $N \bmod 4 = 3$ e então verificar os buckets $A[(h(k) \pm j^2) \bmod N]$, para $j = 1, \ldots, (N - 1)/2$ e alternando entre adição e subtração. Mostre que este tipo alternativo de teste quadrático sempre verifica todos os buckets em A.

C-9.11 Mostre que os métodos above(p) e prev(p) não são realmente necessários para implementar eficientemente um dicionário usando uma skip list. Ou seja, pode-se implementar inserção e remoção de itens em uma skip list usando uma abordagem do topo para baixo (top-down) baseada em varreduras, sem nunca usar os métodos above e prev. (Dica: no algoritmo de inserção, primeiro jogue a moeda várias vezes para determinar em que nível você deve começar a inserir o novo item.)

C-9.12 Descreva como implementar o método successors(k) em um dicionário ordenado definido usando uma tabela de pesquisa ordenada. Qual será o tempo de execução?

C-9.13 Repita o exercício anterior usando uma skip list. Qual será o tempo de execução esperado neste caso?

C-9.14 Suponha que cada linha de um arranjo A de tamanho $n \times n$ consiste em 1 e 0, tal que em qualquer linha de A todos os valores 1 venham antes de todos os valores 0. Assumindo que A esteja em memória, descreva um método com tempo $O(n \log n)$ (e não tempo $O(n^2)$!) para contar o número de valores 1 em A.

C-9.15 Descreva uma estrutura ordenada eficiente para um dicionário que armazena n elementos e tem um conjunto de ordem total associado de $k < n$ chaves. Ou seja, o conjunto de chaves é menor que o elemento. Sua estrutura deverá executar a operação findAll no tempo esperado de $O(\log r + s)$, onde s é o número de elementos retornados, a operação entries( ) no tempo $O(n)$ e operações restantes do TAD dicionário no tempo esperado de $O(\log r)$.

C-9.16 Descreva uma estrutura eficiente de dicionário para armazenar n elementos com $r < n$ e chaves que contenham códigos de hash distintos. Sua estrutura deverá executar a operação findAll no tempo esperado de $O(1 + s)$, onde s é o número de elementos retornados, e a operação entries( ) no tempo $O(n)$, e operações restantes do TAD dicionário no tempo esperado de $O(1)$.

C-9.17 Descreva uma estrutura de dados eficiente para implementar o TAD *sacola*, o qual suporta um método add(e), para adicionar um elemento arbitrário e na sacola, e um método remove( ), o qual remove um elemento arbitrário da sacola permitindo múltiplas cópias de elementos duplicados, se forem adicionados separadamente. Mostre que ambos os métodos podem ser feitos no tempo $O(1)$.

C-9.18 Descreva como modificar uma skip list para suportar o método median( ), que retorna a posição do elemento "base" na lista S_0 no índice [n/2]. Mostre que sua implementação desse método tem tempo esperado $O(\log n)$.

Projetos

P-9.1 Escreva uma classe de verificação ortográfica que armazena conjuntos de palavras, W, em uma tabela de hash e implementa o método spellCheck(s) que executa uma verificação ortográfica sobre a string s relativa ao conjunto de palavras, W. Se s está em W, então a chamada para spellCheck(s) retorna uma coleção iterável que contém apenas s, assumindo-se que tenha sido grafada corretamente neste caso. Por outro lado, se s não está em W, então a chamada para spellCheck retona a coleção iterável de todas as palavras de W que podem corresponder à grafia correta de *s*. O programa pode ser capaz de tratar todas as formas normais que *s* pode omitir uma palavra em *W*, incluindo trocar caracteres adjacentes de uma palavra, inserção de um único caractere entre outros dois, remoção de um único caractere de uma palavra e substituição de um caractere em uma palavra por outro. Como desafio adicional, considere também as substituições fonéticas.

P-9.2 Escreva uma implementação do TAD dicionário usando uma lista encadeada.

P-9.3 Escreva uma implementação do TAD mapa usando uma lista arranjo.

P-9.4 Implemente uma classe que implementa uma versão de um TAD dicionário ordenado usando uma skip list. Tenha cuidado ao definir e implementar a versão de dicionário com os métodos do TAD mapa ordenado.

P-9.5 Implemente o TAD dicionário com uma tabela de hash que trata as colisões com encadeamento separado (não adapte qualquer classe do pacote java.util).

P-9.6 Implemente os métodos de um TAD dicionário ordenado usando uma skip list.

P-9.7 Estenda o projeto anterior fornecendo uma animação gráfica da operação da skip list. Visualize como os itens se movem para cima na skip list durante a operação de inserção e como são retirados durante a remoção. Na operação de procura, visualize as varreduras e descidas para o nível inferior.

P-9.8 Implemente um dicionário que suporta métodos baseados em localizadores por meio de uma sequência ordenada.

P-9.9 Faça uma análise comparativa que estuda as taxas de colisão para vários códigos de hash para cadeias de caracteres, tais como códigos de hash polinomiais para diferentes valores do parâmetro *a*. Use uma tabela de hash para determinar colisões, mas apenas conte colisões em que cadeias diferentes levam ao mesmo código de hash (e não se elas levam à mesma posição da tabela de hash). Teste os códigos de hash em arquivos encontrados na Internet.

P-9.10 Faça uma análise comparativa, como no exercício anterior, para números de telefone de dez dígitos, em vez de cadeias de caracteres.

P-9.11 Projete uma classe Java que implemente a estrutura de dados skip list. Use esta classe para criar implementações de TAD mapa e TAD dicionário, incluindo métodos localizadores para o dicionário.

Observações sobre o capítulo

Hash é uma técnica muito estudada. O leitor interessado em leituras adicionais deve explorar o livro de Knut [63], bem como o livro de Vitter e Chen [96]. É interessante notar que o algoritmo de pesquisa binária foi publicado pela primeira vez em 1946, mas só foi publicado em uma versão completamente correta em 1962. Para mais discussões sobre as lições a serem aprendidas dessa história, veja os artigos de Bentley [12] e Levisse [67]. As skip lists foram introduzidas por Pugh [83]. A presente análise das skip lists é uma simplificação da apresentação feita no livro de Motwani e Raghavan [79]. Para uma análise mais profunda sobre skip lists, o leitor pode consultar os artigos na literatura de estruturas de dados [58,80,81]. O Exercício C-910 foi uma contribuição de James Lee.

Capítulo 10

Árvores de Pesquisa

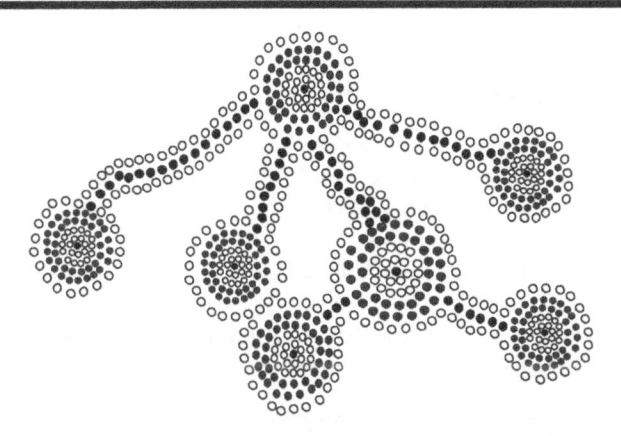

Sumário

10.1	**Árvores binárias de pesquisa**	....	**436**
	10.1.1	Pesquisa	436
	10.1.2	Operações de atualização	438
	10.1.3	Implementação Java	443
10.2	**Árvores AVL**	....	**446**
	10.2.1	Operações de atualização	449
	10.2.2	Implementação Java	454
10.3	**Árvores espalhadas**	....	**457**
	10.3.1	Espalhamento	458
	10.3.2	Quando espalhar	459
	10.3.3	Análise amortizada do espalhamento ★	462
10.4	**Árvores (2,4)**	....	**468**
	10.4.1	Árvore genérica de pesquisa	468
	10.4.2	Operações de atualização em árvores (2,4)	473
10.5	**Árvores vermelho-pretas**	....	**479**
	10.5.1	Operações de atualização	481
	10.5.2	Implementação Java	493
10.6	**Exercícios**	....	**496**

10.1 Árvores binárias de pesquisa

Todas as estruturas que serão discutidas neste capítulo são *árvores de pesquisa*, isto é, estruturas de dados árvore que podem ser usadas para implementar um mapa. Segue uma breve revisão dos métodos fundamentais do TAD dicionário (Seção 9.1):

> get(k): retorna o valor v da entrada (k,v), com chave igual a k, se existir.
> put(k,v): insere a entrada (k,v) conforme o mapeamento de k para v.
> remove(k): remove a entrada com chave igual a k e retorna seu valor.

O TAD dicionário ordenado inclui alguns métodos adicionais para pesquisar usando predecessores e sucessores de uma chave ou elemento, mas seus desempenhos são similares ao método get( ). Assim, este capítulo será focado no método get( ) como operação de pesquisa básica.

Árvores binárias são estruturas de dados excelentes para armazenar elementos de um mapa, assumindo que se tem uma relação de ordem definida entre as chaves. Como mencionado anteriormente (Seção 7.3.6), uma *árvore binária de pesquisa* é uma árvore binária T em que cada nodo interno v de T armazena um elemento (k, x) que:

- As chaves armazenadas nos nodos da subárvore esquerda de v são menores ou iguais a k.
- As chaves armazenadas nos nodos da subárvore direita de v são maiores ou iguais a k.

Como mostrado abaixo, as chaves armazenadas nos nodos de T oferecem uma forma de execução de uma pesquisa pela comparação de cada nodo interno v, o qual pode parar em v ou continuar com os filhos à esquerda ou à direita de v. Utilizamos o ponto de vista de que árvores binárias de pesquisa são árvores binárias não vazias. Assim, armazenam-se elementos somente nos nodos da árvore interna da árvore binária de pesquisa, e os nodos externos servem como placeholders. Esta abordagem simplifica vários dos algoritmos de pesquisa ou alteração. Casualmente, poderiam ser permitidas árvores binárias de pesquisa impróprias, as quais usam melhor o espaço, mas às custas de métodos de pesquisa e atualizações mais complicados.

Independentemente de as árvores binárias de pesquisas serem ou não próprias, a propriedade importante de uma árvore binária de pesquisa é a concretização de um mapa ordenado (ou dicionário). Isto é, uma árvore binária de pesquisa deve representar de forma hierárquica a ordenação de suas chaves, usando relacionamentos entre pais e filhos. Especificamente, um caminhamento interfixado (Seção 7.3.6) dos nodos de uma árvore binária de pesquisa T deverá visitar as chaves em ordem não decrescente.

10.1.1 Pesquisa

Para executar a operação get(k) em um mapa M que é representado por uma árvore binária de pesquisa T, enxerga-se a árvore T como uma árvore de decisão (lembre-se da Figura 7.10). Nesse caso, a questão feita para cada nodo interno v de T é se a chave de pesquisa k é maior, menor ou igual à chave armazenada no nodo v, denotado por key(v). Se a resposta for "menor", então a pesquisa continua na subárvore esquerda.

Se a resposta for "igual", então a pesquisa terminou com sucesso. Se a resposta for "maior", então a pesquisa continua na subárvore direita. Finalmente, encontrando-se um nodo externo, então a pesquisa se encerra com falha. (Ver Figura 10.1.)

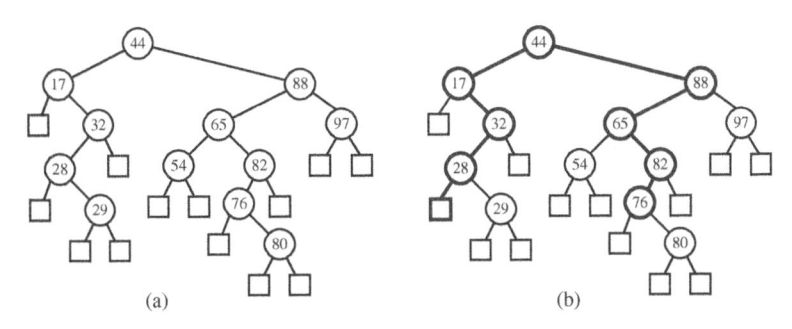

Figura 10.1 (a) Uma árvore binária de pesquisa T representando um mapa com chaves inteiras; (b) nodos de T visitados quando da execução das operações get(76) (com sucesso) e get(25) (sem sucesso) em M. Para simplificar, são mostradas as chaves, mas não os valores dos elementos.

Essa abordagem é descrita em detalhes no Trecho de Código 10.1. Dada uma chave de pesquisa k e um nodo v de T, o método TreeSearch retorna um nodo (posição) w da subárvore $T(v)$ enraizada em v, de maneira que um dos dois casos ocorre:

- w é um nodo interno que armazena a chave k;
- w é um nodo externo representando a posição de k em um caminhamento interfixado de $T(v)$, mas k não é uma chave contida em $T(v)$.

Desse modo, o método get(k) pode ser executado chamando-se o método TreeSearch(k,T.root( )). Seja w o nodo de T retornado por essa chamada. Se o nodo w for interno, retorna-se o elemento armazenado em w; pelo contrário, retorna-se **null**.

Algoritmo TreeSearch(k,v):
   se T.isExternal(v) **então**
     retorna v
   se $k <$ key(v) **então**
     retorna TreeSearch(k,T.left(v))
   senão se $k >$ key(v) **então**
     retorna TreeSearch(k,T.right(v))
   retorna v {conhece-se $k =$ key(v)}

Trecho de Código 10.1 Pesquisa recursiva em uma árvore binária de pesquisa.

Análise da árvore binária de pesquisa

A análise do pior caso para o tempo de execução de uma pesquisa em uma árvore binária de pesquisa T é simples. O algoritmo TreeSearch é recursivo e executa um número constante de operações primitivas em cada chamada recursiva. Cada chamada recursiva de TreeSearch é feita sobre um filho do nodo anterior. Isto é, TreeSearch é chamada nos nodos de um caminho de T que inicia na raiz e desce um nível por vez. Assim, o número de nodos é limitado por $h + 1$, onde h é a altura de T. Em outras palavras, uma vez que se gasta um tempo $O(1)$ em cada nodo encontrado na pesquisa, o método get sobre um mapa M executa em tempo $O(h)$, onde h é a altura da árvore de pesquisa binária T usada para implementar M. (Ver Figura 10.2.)

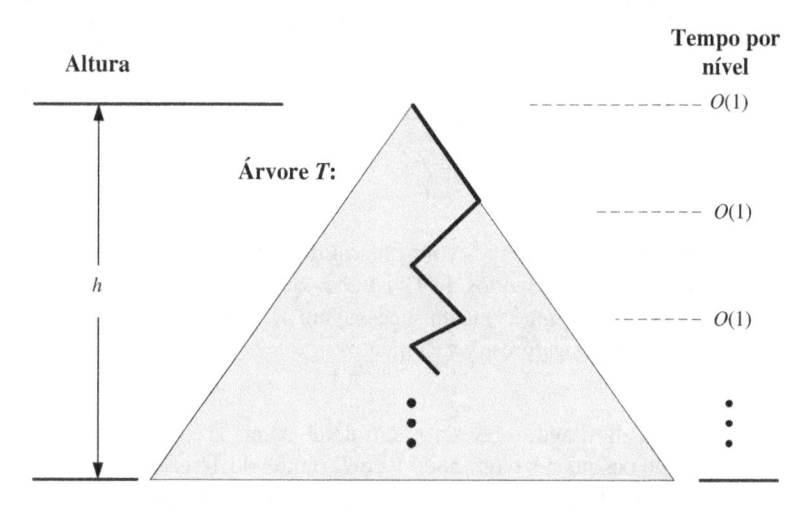

Figura 10.2 Demonstra o tempo de execução de uma pesquisa sobre uma árvore binária de pesquisa. A figura usa as formas de representação padrão, visualizando uma árvore binária de pesquisa como um grande triângulo, e o caminho a partir da raiz como uma linha em zigue-zague.

Pode-se demonstrar também que uma variação do algoritmo acima executa a operação getAll(k) do TAD dicionário em tempo $O(h + s)$, onde s é o número de elementos retornados. Entretanto, este método é um pouco mais complicado, e seus detalhes ficam como um exercício (C-10.2).

Na verdade, a altura h de T pode ser grande como n, mas espera-se que normalmente seja menor. Além disso, será mostrado como manter o limite superior de $O(\log n)$ usando a altura da árvore de pesquisa T da Seção 10.2. Antes de se apresentar tal esquema, entretanto, serão descritas implementações de métodos de atualização de mapas.

10.1.2 Operações de atualização

Árvores binárias de pesquisa permitem implementações de operações de inserção e remoção usando algoritmos que são mais diretos, mas não triviais.

Inserção

Uma árvore binária de pesquisa T suporta as seguintes operações de atualização:

inserAtExternal(v, e): insere o elemento e no nodo externo v, expande v para ser interno, tendo um filho novo (e vazio) do nodo externo; um erro ocorre se v é um nodo interno.

Dado este método, pode-se executar o método put(k, x) para um mapa implementado com uma árvore binária de pesquisa T chamando TreeInsert(k, x, T.root( )), o qual é apresentado no Trecho de Código 10.2.

Algoritmo TreeInsert(k,x,v):
   Entrada: uma chave de pesquisa k, um valor associado x e um nodo v de T
   Saída: um novo nodo w na subárvore $T(v)$ que armazena o elemento (k,v)
   $W \leftarrow$ TreeSearch(k,v)
   se T.isInternal(w) **então**
     retorna TreeInsert(k,x,T.left(w))   {ir para a direita estaria correto também}
   T.insertAtExternal($w,(k,x)$)   {este é o local apropriado para inserir (k, x)}
   retorna w

Trecho de Código 10.2 Algoritmo recursivo para inserção em uma árvore binária de pesquisa.

Esse algoritmo acha um caminho a partir da raiz de T para um nodo externo, o qual é expandido em um novo nodo interno acomodando o novo elemento. Um exemplo da inserção em uma árvore binária de pesquisa é mostrado na Figura 10.3.

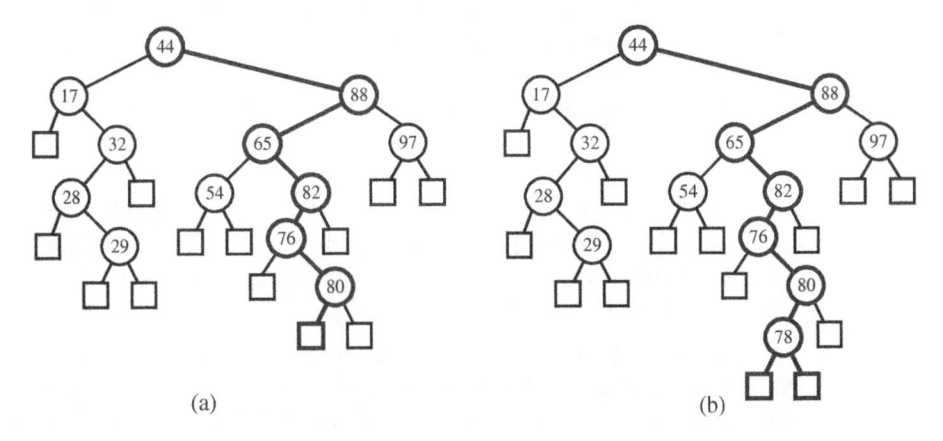

Figura 10.3 Inserção de um elemento com chave 78 na árvore de pesquisa da Figura 10.1. A determinação da posição para inserir o elemento é mostrada em (a) e a árvore resultante é mostrada em (b).

Remoção

A implementação da operação remove(k) sobre um mapa M implementado usando uma árvore de pesquisa binária T é um pouco mais complexa, uma vez que não se quer criar "buracos" na árvore T. Assume-se, nesse caso, que uma árvore binária suporta a seguinte operação de atualização adicional:

removeExternal(v): remove um nodo externo v e seus pais, substituindo os pais de v pelos irmãos de v; um erro ocorre se v não for um nodo externo.

Dada esta operação, inicia-se a implementação da operação remove(k) do TAD mapa pela chamada do TreeSearch(k, T.root( )) em T para encontrar um nodo de T que armazene um elemento com chave igual a k. Se TreeSearch retornar um nodo externo, então não existe elemento com chave k no mapa M, e retorna-se **null**. Se TreeSearch retornar um nodo interno w, então w armazena o elemento que se deseja remover, e distinguem-se dois casos (de complexidade crescente):

- Se um dos filhos do nodo w for um nodo externo, por exemplo z, simplesmente remove-se w e z de T, usando a operação removeExternal(z) sobre T. Esta operação reestrutura T, substituindo w pelo irmão de z, removendo tanto w como z de T. (Ver Figura 10.4.)
- Se os dois filhos do nodo w forem nodos internos, não se pode simplesmente remover o nodo w de T, uma vez que isso criaria um "buraco" em T. Em vez disso, procede-se como segue (ver Figura 10.5):
  o Encontra-se o primeiro nodo interno y que segue w em um caminhamento interfixado sobre T. O nodo y é o nodo mais interno à esquerda, na subárvore direita de w, e é encontrado visitando primeiro o filho da direita de w e, então, descendo a árvore T, seguindo o filho da esquerda. Além disso, o filho da esquerda x de y é o nodo externo que segue imediatamente o nodo w, em um caminhamento interfixado de T.
  o Salva-se o elemento armazenado em w em uma variável temporária t e move-se o item de y em w. Esta ação tem o efeito de remover o primeiro item armazenado em w.
  o Removem-se os nodos x e y de T usando a operação removeExternal(x) sobre T. Esta ação substitui y pelo irmão de x e remove x e y de T.
  o Retorna-se o elemento previamente armazenado em w, que foi salvo na variável temporária t.

Como com pesquisa e inserção, este algoritmo de remoção cria um caminho a partir da raiz para um modo externo, possivelmente movendo um elemento entre dois nodos deste caminho, e então executa a operação removeExternal para o nodo externo.

Desempenho da árvore binária de pesquisa

A análise do algoritmo de remoção é análoga à dos algoritmos de inserção e pesquisa. Gasta-se tempo $O(1)$ em cada nodo visitado e, no pior caso, o número de nodos visitados é proporcional à altura h de T. Portanto, em um mapa M implementado usando

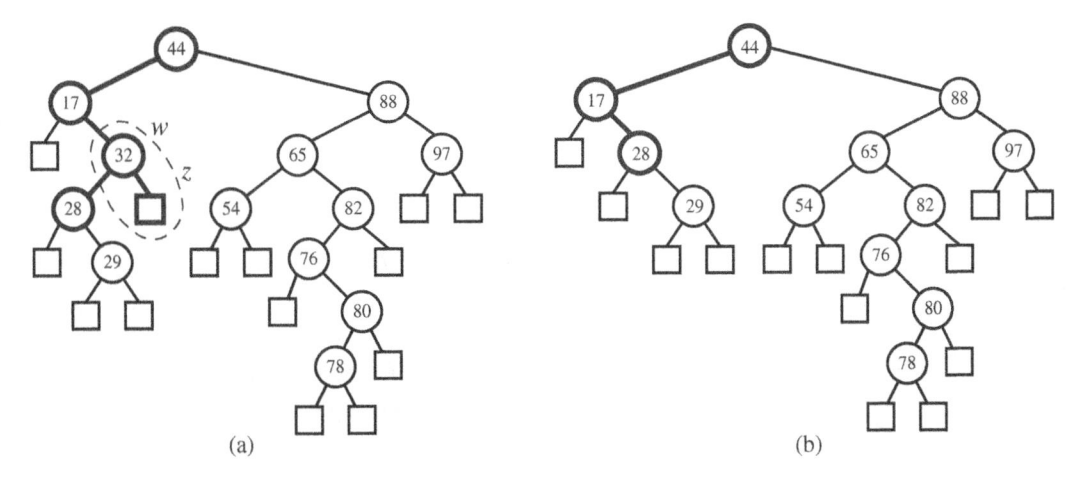

Figura 10.4 Remoção da árvore de pesquisa binária da Figura 10.3b, na qual a chave a ser removida (32) está armazenada no nodo (*w*) com um filho externo: (a) antes da remoção; (b) após a remoção.

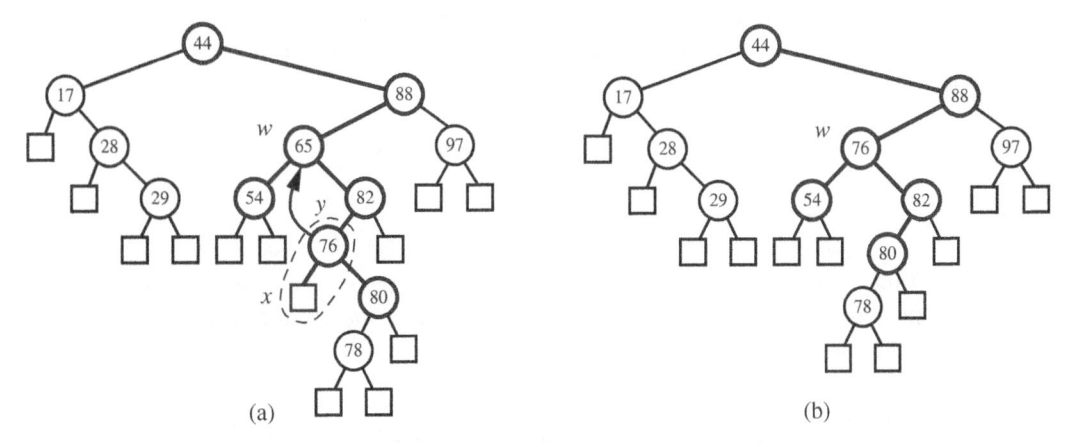

Figura 10.5 Remoção da árvore binária de pesquisa da Figura 10.3b, na qual o elemento a ser removido (com chave 65) está armazenado no nodo (*w*) cujos filhos são internos: (a) antes da remoção; (b) após a remoção.

uma árvore de pesquisa binária T, os métodos get, put e remove executam no tempo $O(h)$, onde h é a altura da árvore T. Assim, uma árvore binária de pesquisa T é uma implementação eficiente de um mapa com n elementos somente se a altura de T é pequena. No melhor caso, T tem altura h, tal que $h = \lceil \log(n+1) \rceil$, o que resulta em uma performance logarítmica para todas as operações do mapa. No pior caso, entretanto, T tem altura n; consequentemente, sua aparência é a de uma sequência ordenada de um mapa. Esta configuração de pior caso ocorre, por exemplo, inserindo-se uma série de elementos com chaves em ordem crescente ou decrescente (ver Figura 10.6).

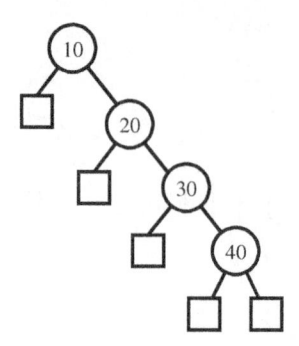

Figura 10.6 Exemplo de uma árvore binária de pesquisa com altura linear, obtida pela inserção de elementos com chaves em ordem crescente.

O desempenho de um dicionário implementado com uma árvore binária de pesquisa é resumido na seguinte proposição e na Tabela 10.1.

Proposição 10.1 *Uma árvore binária de pesquisa T com altura h para n elementos chave-valor usa o espaço O(n) e executa as operações do TAD dicionário com os seguintes tempos de execução. Operações* size *e* isEmpty *custam o tempo O(1) cada uma. Operações* get, put *e* remove *levam o tempo O(h) cada uma.*

Método	Tempo
size, isEmpty	$O(1)$
get, put, remove	$O(h)$

Tabela 10.1 Tempos de execução dos principais métodos de um dicionário implementado com uma árvore binária de pesquisa. Denota-se a altura da árvore com h. O espaço usado é $O(n)$, onde n é o número de elementos armazenados no mapa.

O tempo de execução das operações de pesquisa e atualização em uma árvore binária de pesquisa varia drasticamente dependendo da altura da árvore. No entanto, na média, uma árvore binária de pesquisa com n chaves geradas a partir de uma série randômica de inserções e remoções de chaves tem a altura esperada de $O(\log n)$. Tal afirmação requer uma linguagem matemática cuidadosa para precisar o que se quer provar com uma série randômica de inserções e remoções e uma teoria de probabilidades sofisticada. Esta justificativa vai além do escopo deste livro. Apesar disso, é preciso manter em mente o pior caso de desempenho e tomar cuidado com o uso padrão de árvores binárias de pesquisa em aplicações nas quais as alterações não são randômicas. Afinal, existem aplicações em que é essencial ter um mapa com um pior caso rápido nos tempos de pesquisas e atualizações. A estrutura de dados apresentada na próxima seção supre esta necessidade.

10.1.3 Implementação Java

Nos Trechos de Código 10.3 a 10.5, é descrita uma classe de árvore binária de pesquisa, BinarySearchTree, a qual armazena objetos da classe BSTEntry (implementação da interface Entry) nos seus nodos. A classe BinarySearchTree estende a classe LinkedBinaryTree dos Trechos de Código 7.16 a 7.18, usando assim da vantagem do reúso de código. Por razões de espaço, contudo, omitem-se os valores keySet e métodos entrySet.

Esta classe usou vários métodos auxiliares para fazer o trabalho pesado. O método auxiliar treeSearch, baseado no algoritmo TreeSearch (Trecho de Código 10.1), é chamado pelos métodos get e put. Usam-se dois métodos de atualização adicionais: insertAtExternal, o qual insere um nodo elemento em um nodo externo; e removeExternal, o qual remove um nodo externo e seus pais.

A classe BinarySearchTree usa localizadores (ver Seção 8.4.2). Dessa forma, seus métodos de atualização informam a qualquer objeto BSTEntry alterado sua nova posição. Também usam-se vários métodos auxiliares simples para acessar e testar os dados, como checkKey, o qual verifica se a chave é válida (apesar de usar uma simples regra neste caso). Usa-se, também, uma variável de instância, actionPos, a qual armazena a posição onde a mais recente pesquisa, inserção ou remoção foi finalizada. Esta variável de instância não é necessária para a implementação de uma árvore binária de pesquisa, mas é útil para classes que estenderão a classe BinarySearchTree (ver Trechos de Código 10.7, 10.8, 10.10 e 10.11) para identificar a posição onde a pesquisa, inserção ou remoção anterior ocorreu. A posição actionPos tem a intenção de fornecer o uso correto após a execução dos métodos get, put e remove.

```
// Implementação de um dicionário com uma árvore binária de pesquisa
public class BinarySearchTree<K,V>
    extends LinkedBinaryTree<Entry<K,V>> implements Map<K,V> {
    protected Comparator<K> C; // comparador
    protected Position<Entry<K,V>>
            actionPos; // pai do nodo inserido ou removido
    protected int numEntries = 0; // número de elementos
    /** Cria uma BinarySearchTreeMap com um comparador padrão. */
    public BinarySearchTree( ) {
        C = new DefaultComparator<K>( );
        addRoot(null);
    }
    public BinarySearchTree(Comparator<K> c) {
        C = c;
        addRoot(null);
    }
    /** Classe aninhada para as entradas conscientes de localização da árvore binária de
        pesquisa. */
    protected static class BSTEntry<K,V> implements Entry<K,V> {
        protected K key;
```

```java
    protected V value;
    protected Position<Entry<K,V>> pos;
    BSTEntry( ) { /* construtor padrão */ }
    BSTEntry(K k, V v, Position<Entry<K,V>> p) {
      key = k; value = v; pos = p;
    }
    public K getKey( ) { return key; }
    public V getValue( ) { return value; }
    public Position<Entry<K,V>> position( ) { return pos; }
  }
  /** Retorna a chave do elemento de um dado nodo da árvore. */
  protected K key(Position<Entry<K,V>> position) {
    return position.element( ).getKey( );
  }
  /** Retorna o valor do elemento de um dado nodo da árvore. */
  protected V value(Position<Entry<K,V>> position) {
    return position.element( ).getValue( );
  }
  /** Retorna o elemento de um dado nodo da árvore. */
  protected Entry<K,V> entry(Position<Entry<K,V>> position) {
    return position.element( );
  }
```

Trecho de Código 10.3 Classe BinarySearchTree. (Continua no Trecho de Código 10.4.)

```java
  /** Substitui um elemento por um novo elemento (e inicializa a localização do elementos) */
  protected void replaceEntry(Position <Entry<K,V>> pos, Entry<K,V> ent) {
    ((BSTEntry<K,V>) ent).pos = pos;
    replace(pos, ent).getValue( );
  }
/** Verifica se uma determinada chave é válida. */
protected void checkKey(K key) throws InvalidKeyException {
  if(key == null)     // um teste simples
    throw new InvalidKeyException("chave nula");
}
/** Verifica se um determinado elemento é válido. */
protected void checkEntry(Entry<K,V> ent) throws InvalidEntryException {
  if(ent == null || !(ent instanceof BSTEntry))
    throw new InvalidEntryException("elemento inválido");
}
/** Método auxiliar para inserir um elemento em um nodo externo */
protected Entry<K,V> insertAtExternal(Position<Entry<K,V>> v, Entry<K,V> e) {
  expandExternal(v,null,null);
  replace(v, e);
  numEntries++;
```

```
    return e;
}
/** Método auxiliar para remover um nodo externo e seu pai */
protected void removeExternal(Position<Entry<K,V>> v) {
  removeAboveExternal(v);
  numEntries− −;
}
/** Método auxiliar usado para pesquisar, inserir e remover. */
protected Position<Entry<K,V>> treeSearch(K key, Position<Entry<K,V>> pos) {
  if (isExternal(pos)) return pos; // chave não encontrada; retorna o nodo externo
  else {
    K curKey = key(pos);
    int comp = C.compare(key, curKey);
    if (comp < 0)
      return treeSearch(key, left(pos));      // pesquisa na subárvore à esquerda
    else if (comp > 0)
      return treeSearch(key, right(pos));     // pesquisa na subárvore à direita
    return pos;                               // retorna o nodo interno onde a chave foi
                                              //   encontrada
  }
}
```

Trecho de Código 10.4 Classe BinarySearchTree. (Continua no Trecho de Código 10.5.)

```
  // métodos do TAD mapa
  public int size( ) { return numEntries; }
  public boolean isEmpty( ) { return size( ) == 0; }
  public Entry<K,V> get(K key) throws InvalidKeyException {
    checkKey(key);                    // pode lançar uma exceção InvalidKeyException
    Position<Entry<K,V>> curPos = treeSearch(key, root( ));
    actionPos = curPos;               // nodo onde a pesquisa finalizou
    if (isInternal(curPos)) return value(curPos);
    return null;
  }
  public V put(K k, V x) throws InvalidKeyException {
    checkKey(k);                      // pode lançar uma exceção InvalidKeyException
    Position<Entry<K,V>> insPos = treeSearch(k, root());
    BSTEntry<K,V> e = new BSTEntry<K,V>(k, x, insPos);
    actionPos = insPos;               // nodo onde a entrada está sendo inserida
    if (isExternal(insPos)) {         // necessita de um nodo novo, a chave é nova
      insertAtExternal(insPos, e).getValue( );
      return null;
    }
    return replaceEntry(insPos, e); // a chave já existe
  }
  public V remove (K k) throws InvalidEntryException {
```

```
    checkKey(k);                              // pode lançar uma InvalidKeyException
    Position<Entry<K,V>> remPos = treeSearch(k, root( ));
    if (isExternal(remPos)) return null;      // chave não encontrada
    Entry<K,V> toReturn = entry(remPos);      // entrada existente
    if (isExternal(left(remPos))) remPos = left(remPos);      // caso fácil pela esquerda
    else if (isExternal(right(remPos))) remPos = right(remPos); // caso fácil pela direita
    else {                                    // a entrada está em nodo com filho interno
      Position<Entry<K,V>> swapPos = remPos;  // encontra o nodo para a entrada que
                                              //    está sendo movida
      remPos = right(swapPos);
      do
        remPos = left(remPos);
      while (isInternal(remPos));
      replaceEntry(swapPos, (Entry<K,V>) parent(remPos).element( ));
    }
    actionPos = sibling(remPos);    // irmão da folha que está sendo removida
    removeExternal(remPos);
    return toReturn.getValue( );
  }
}
```

Trecho de Código 10.5 Classe BinarySearchTree. (Continuação do Trecho de Código 10.4.)

10.2 Árvores AVL

Na seção anterior, discutiu-se o que deve ser uma estrutura de dados dicionário eficiente, mas a performance atingida no pior caso para várias operações é linear em relação ao tempo, o que não é melhor que a de uma implementação de um mapa baseado em sequência e arranjo (como as sequências não ordenadas e as tabelas de pesquisa discutidas no Capítulo 9). Nesta seção, descreve-se uma forma simples de corrigir esse problema, de maneira a obter tempo logarítmico para todas as operações fundamentais do mapa.

Definição de uma árvore AVL

A correção se resume a acrescentar uma regra à definição de árvore binária de pesquisa que irá manter uma altura logarítmica para a árvore. A regra que se considera nesta seção é a ***propriedade da altura/balanceamento***, que caracteriza a estrutura de uma árvore binária de pesquisa T em função da altura de seus nodos internos (veja a Seção 7.2.1, na qual a altura de um nodo v em uma árvore é o comprimento do caminho mais longo partindo de v até um nodo externo):

Propriedade da altura/balanceamento: para cada nodo interno *v* de *T*, as alturas dos filhos de *v* podem variar em no máximo 1.

Qualquer árvore binária de pesquisa *T* que satisfaça essa propriedade é chamada de *árvore AVL*, conceito que tem o nome tirado das iniciais de seus autores: Adel'son--Vel'skii e Landis. Um exemplo de árvore AVL é apresentado na Figura 10.7.

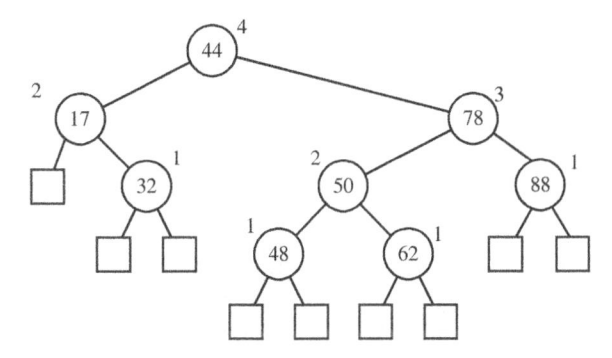

Figura 10.7 Um exemplo de uma árvore AVL. As chaves dos elementos são mostradas dentro dos nodos, e as alturas dos nodos são apresentadas próximas aos nodos.

Uma consequência imediata da propriedade da altura/balanceamento é que uma subárvore de uma árvore AVL também é uma árvore AVL. A propriedade da altura/balanceamento é igualmente importante, por manter a altura pequena, como mostrado na proposição a seguir.

Proposição 10.2 *A altura de uma árvore AVL que armazena n itens é O(log n).*

Justificativa Em vez de tentar encontrar o limite superior para a altura de uma árvore AVL diretamente, é mais fácil trabalhar no "problema inverso", ou seja, encontrar o limite inferior do número mínimo de nodos internos $n(h)$ de uma árvore AVL com altura *h*. Mostra-se que $n(h)$ cresce no mínimo exponencialmente. A partir disso, é simples derivar que a altura de uma árvore AVL que armazena *n* chaves é $O(\log n)$.

Para começar, repare que $n(1) = 1$ e $n(2) = 2$, porque uma árvore AVL de altura 1 tem apenas um nodo interno, e uma árvore AVL de altura 2 tem dois nodos internos. Agora, para $h \geq 3$, uma árvore AVL com altura *h* e número de nodos mínimo é tal que suas duas subárvores são árvores AVL com o número mínimo de nodos: um com altura $h - 1$ e o outro com altura $h - 2$. Levando a raiz em consideração, a seguinte fórmula relaciona $n(h)$ com $n(h - 1)$ e $n(h - 2)$, para $h \geq 3$:

$$n(h) = 1 + n(h - 1) + n(h - 2). \tag{10.1}$$

Neste ponto, o leitor familiarizado com as propriedades de uma progressão Fibonacci (ver Seção 2.2.3 e Exercício C-4.17) verá que $n(h)$ é uma função exponencial em *h*. Para os demais leitores, prosseguiremos com este raciocínio.

A Fórmula 10.1 implica que $n(h)$ é uma função crescente de h. Dessa forma, sabe-se que $n(h - 1) > n(h - 2)$. Substituindo $n(h - 1)$ por $n(h - 2)$ na Fórmula 10.1 e descartando o 1, obtém-se, para $h \geq 3$,

$$n(h) > 2 \cdot n(h - 2). \tag{10.2}$$

A Fórmula 10.2 indica que $n(h)$ no mínimo dobra toda vez que h cresce em 2, o que intuitivamente significa que $n(h)$ cresce de modo exponencial. Para mostrar esse fato de uma maneira formal, aplica-se a Fórmula 10.2 repetidamente, revelando a seguinte série de desigualdades:

$$\begin{aligned} n(h) &> 2 \cdot n(h - 2) \\ &> 4 \cdot n(h - 4) \\ &> 8 \cdot n(h - 6) \\ &\vdots \\ &> 2^i \cdot n(h - 2i). \end{aligned} \tag{10.3}$$

Ou seja, $n(h) > 2^i \cdot n(h - 2^i)$, para qualquer inteiro i, tal que $h - 2i \geq 1$. Uma vez que os valores de $n(1)$ e $n(2)$ já são conhecidos, pega-se i de maneira que $h - 2i$ seja igual a 1 ou 2. Ou seja, usa-se

$$i = \left\lceil \frac{h}{2} \right\rceil - 1.$$

Substituindo o valor de i na Fórmula 10.3 obtém-se, para $h \geq 3$,

$$\begin{aligned} n(h) &> 2^{\lceil \frac{h}{2} \rceil - 1} \cdot n\left(h - 2\left\lceil \frac{h}{2} \right\rceil + 2\right) \\ &\geq 2^{\lceil \frac{h}{2} \rceil - 1} n(1) \\ &\geq 2^{\frac{h}{2} - 1}. \end{aligned} \tag{10.4}$$

Pegando os logaritmos de ambos os lados da Fórmula 10.4, resulta

$$\log n(h) > \frac{h}{2} - 1,$$

a partir do qual obtém-se

$$h < 2 \log n(h) + 2, \tag{10.5}$$

que implica que uma árvore AVL armazenando n chaves tem altura no mínimo 2 log n + 2. ∎

Pela Proposição 10.2 e pela análise das árvores de pesquisa binária vista na Seção 10.1, a operação get em um mapa implementado usando-se uma árvore AVL executa em tempo $O(\log n)$ onde n é o número de itens no mapa. É necessário ainda mostrar como manter a propriedade da altura/balanceamento de uma árvore AVL depois de uma inserção ou remoção.

10.2.1 Operações de atualização

As operações de inserção e remoção para árvores AVL são similares àquelas para árvores binárias, mas com árvores AVL é preciso executar cálculos adicionais.

Inserção

Uma inserção em uma árvore AVL T inicia como em uma operação put descrita na Seção 10.1.2, para uma árvore binária de pesquisa (simples). Deve-se lembrar que essa operação sempre insere o novo item no nodo w de T, que foi previamente um nodo externo, e transforma w em nodo interno com a operação insertAtExternal. Isto é, adiciona dois nodos filhos externos em w. Entretanto, essa ação pode violar a propriedade de balanceamento da altura; contudo, alguns nodos incrementam sua altura em um. Em particular, o nodo w, e possivelmente alguns de seus ancestrais, terá sua altura acrescida de um. Consequentemente, será descrito como reestruturar T para restaurar sua altura balanceada.

Dada uma árvore de pesquisa binária T, diz-se que um nodo v de T está **balanceado** se o valor absoluto da diferença entre as alturas dos filhos de v for no máximo 1, e diz-se que está **desbalanceado** no caso contrário. Então, caracterizar uma árvore AVL pela propriedade da altura/balanceamento equivale a dizer que todos os seus nodos internos estão balanceados.

Suponha que T satisfaça a propriedade da altura/balanceamento e por isso é uma árvore AVL, antes de se inserir um novo item. Como se mencionou, depois de executar a operação insertAtExternal em T, as alturas de alguns nodos de T, incluindo w, crescem. Todos esses nodos estão no caminho de T, que parte de w e vai até a raiz de T, e são os únicos nodos de T que podem ser desbalanceados. (Ver Figura 10.8a.) Naturalmente, se isso ocorrer, então T não será mais uma árvore AVL; consequentemente, é necessário um mecanismo para consertar o "desbalanceamento" recém-causado.

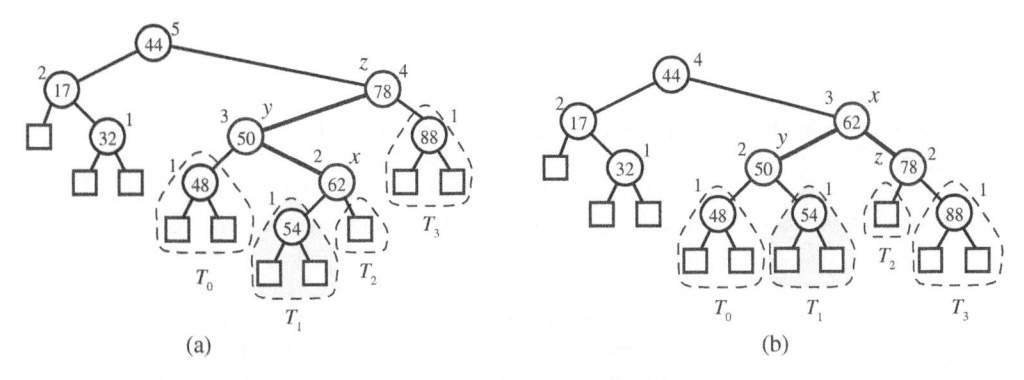

Figura 10.8 Um exemplo de inserção de um elemento com chave 54 na árvore AVL da Figura 10.7: (a) depois da inserção de um novo nodo para a chave 54, os nodos que armazenam as chaves 78 e 44 tornam-se desbalanceados.; (b) uma reestruturação trinodo restaura a propriedade da altura/balanceamento. Mostram-se as alturas dos nodos próximos a eles e identificam-se os nodos x, y e z como participantes da reestruturação do trinodo.

O balanceamento dos nodos em uma árvore binária T é restaurado por meio de uma estratégia simples de "pesquise e conserte". Em especial, faz-se z ser o primeiro nodo que se encontra indo para cima a partir de w em direção à raiz de T, de maneira que z fique desbalanceado (ver Figura 10.8a). Além disso, faz-se y denotar os filhos de z com uma altura maior (e observa-se que y deve ser um ancestral de w). Finalmente, faz-se x ser o filho de y com uma altura maior (e se houver um laço e nó x deve ser o ancestral de w). É importante observar que o nodo x é o neto de z e poderia ser igual a w. Uma vez que z se tornou desbalanceado por uma inserção na subárvore enraizada em seu filho y, a altura de y é duas unidades maior que seu irmão.

Agora, a subárvore enraizada em z será rebalanceada chamando o método de **reestruturação de trinodo**, restructure(x), descrito no Trecho de Código 10.6 e ilustrado nas Figuras 10.8 e 10.9. Uma reestruturação trinodo temporariamente troca os nomes dos nodos x, y e z para a, b e c, sendo que a precede b, e b precede c em um caminhamento interfixado de T. Existem quatro formas possíveis de mapear x, y e z para a, b e c, como mostrado na Figura 10.9, os quais são unificados em um caso por troca de rótulos. A reestruturação trinodo substitui z por um nodo chamado de b, faz os filhos deste nodo serem a e c, e faz os filhos de a e c serem os quatro filhos anteriores de x, y e z (outros que não x e y), enquanto mantém os relacionamentos interfixados de todos os nodos de T.

Algoritmo restructure(x):
    Entrada: um nodo x de uma árvore de pesquisa binária T que tem tanto um pai y como um avô z
    Saída: árvore T depois de reestruturação trinodo (que corresponde a uma rotação simples ou dupla) envolvendo os nodos x, y e z
1: Sejam (a,b,c), da esquerda para direita (interfixado) a lista de nodos x, y, z, e sejam (T_0, T_1, T_2, T_3), da esquerda para a direita (interfixado), a lista das quatro subárvores de x, y e z não enraizadas em x, y ou z.
2: Substitui-se a subárvore enraizada em z por uma nova subárvore enraizada em b.
3: Sejam a o filho da esquerda de b e T_0 e T_1 as subárvores esquerda e direita de a, respectivamente.
4: Sejam c o filho da direita de b e T_2 e T_3 as subárvores esquerda e direita de c, respectivamente.

Trecho de Código 10.6   Operação de reestruturação trinodo em uma árvore de pesquisa binária.

A modificação de uma árvore T causada pela operação de reestruturação trinodo é em geral chamada de **rotação**, em função da forma geométrica pela qual se pode visualizar a forma em que T é alterada. Se $b = y$, o método de reestruturação trinodo é chamado de **rotação simples**, na medida em que pode ser visualizado como a "rotação" de y sobre z. (Ver Figuras 10.9a e b.) Por outro lado, se $b = x$, a operação de reestruturação trinodo é chamada de **rotação dupla**, na medida em que pode ser visualizada como uma "rotação" inicial de x sobre y e, então, sobre z (ver Figura 10.9c e d, e a Figura 10.8). Alguns pesquisadores em computação tratam esses dois tipos de rotação como métodos separados, cada um com dois tipos simétricos. Optou-se, no entanto, por unificar os quatro tipos de rotação em uma única operação de reestruturação trinodo. Independentemente da forma como é visto, entretanto, o método de reestruturação trinodo modifica os relacionamentos pai-filho de $O(1)$ nodos de T, enquanto preserva a ordenação do caminhamento interfixado de todos os nodos de T.

Além da propriedade de preservação da ordem, a reestruturação trinodo altera as alturas dos nodos de T para restaurar o balanceamento. Lembre que o método restructure(x) foi executado porque z, o avô de x, estava desbalanceado. Além disso, este desbalanceamento é consequência de um dos filhos de x ter altura muito grande em relação à altura dos outros filhos de z. Como resultado da rotação, move-se para cima o filho "alto" de x, enquanto se move para baixo o filho "baixo" de z. Dessa forma, depois de se executar restructure(x), todos os nodos na subárvore agora enraizada no nodo que se chama de b estão balanceados (ver Figura 10.9). Em consequência, restaura-se a propriedade da altura/balanceamento *localmente* nos nodos x, y e z. Além disso, depois de executada uma nova inserção de item, a subárvore enraizada em b substitui aquela que primeiro estava enraizada em z, que era mais alta em uma unidade, e todos os ancestrais de z que estavam desbalanceados tornam-se balanceados (ver Figura 10.8) (a justificativa desse fato é deixada para o Exercício C-10.14). Dessa forma, essa reestruturação também restaura a propriedade de altura/balanceamento *globalmente*.

Remoção

Como no caso da operação de inserção no mapa, inicia-se a implementação da operação de remoção em uma árvore AVL T pelo uso do algoritmo para executar esta operação em uma árvore binária de pesquisa. A dificuldade adicionada nesta abordagem com árvores AVL é que pode ser violada a propriedade da altura/balanceamento. Em particular, após remover um nodo interno com a operação removeExternal e elevar um de seus filhos para o seu lugar, pode ficar um nodo não balanceado em T no caminho a partir do pai w do nodo removido anteriormente para a raiz de T. (Ver Figura 10.10a.) De fato, pode existir somente um nodo não balanceado no máximo. A justificativa deste fato é deixada como exercício (C-10.13).

Usa-se a reestruturação trinodo para restaurar o balanceamento na árvore T, como na inserção. Em particular, sendo z o primeiro nodo não balanceado encontrado a partir de w pela raiz de T. Além disso, sendo y o filho de z com uma grande altura (veja que y é o filho de z, que não é um ancestral de w) e x sendo o filho de y definido como segue: se um dos filhos de y é mais alto que o outro, toma-se x como o filho mais alto de y; senão (ambos s filhos de y têm a mesma altura), toma-se x como o filho de y no mesmo lado de y (isto é, se y é um filho à esquerda, x será um filho à esquerda de y, senão x será o filho à direita de y). Nesse caso, executa-se uma operação restructure(x), que restaura a propriedade altura/balanceamento *localmente*, na subárvore que foi previamente enraizada em z e é agora enraizada no nodo que recebe a denominação temporária b. (Ver Figura 10.10b.)

Infelizmente, essa reestruturação trinodo pode reduzir em 1 a altura da subárvore enraizada em b, o que pode levar algum ancestral de b a ficar desbalanceado.

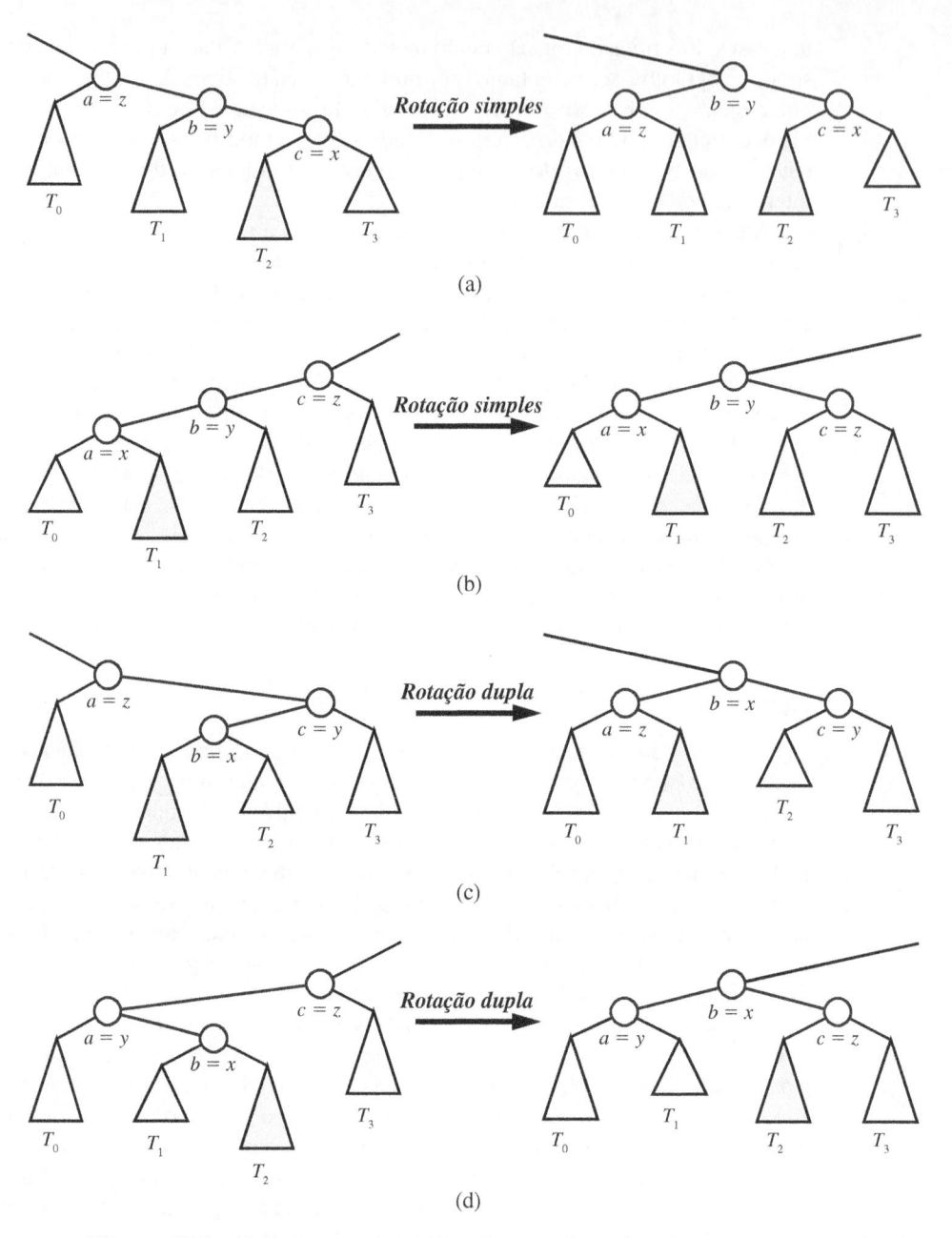

Figura 10.9 Ilustração esquemática de uma operação de reestruturação trinodo (Trecho de Código 10.6). As partes (a) e (b) mostram uma rotação simples, enquanto as partes (c) e (d) mostram uma rotação dupla.

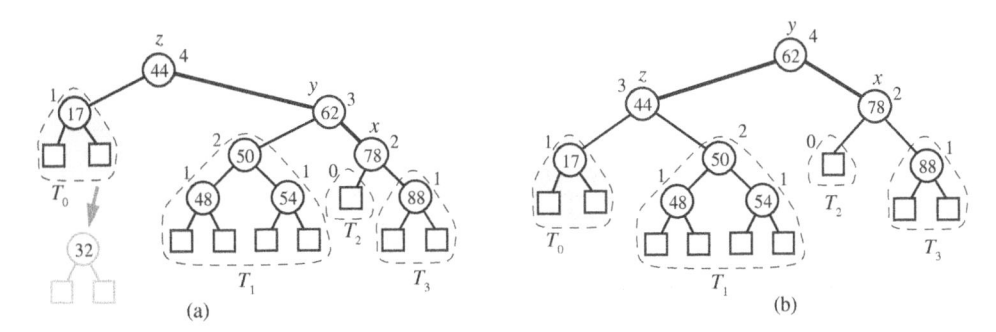

Figura 10.10 Remoção do elemento com chave 32 da árvore AVL da Figura 10.7: (a) após a remoção do nodo que armazena a chave 32, a raiz fica não balanceada; (b) uma rotação (simples) restaura a propriedade da altura/balanceamento.

Assim, depois do rebalanceamento de z, continua-se caminhando em T procurando por nodos desbalanceados. Caso seja encontrado algum, executa-se uma operação de reestruturação para restaurar seu balanceamento. Ainda, desde que a altura de T seja $O(\log n)$, onde n é o número de elementos, pela Proposição 10.2, $O(\log n)$ reestruturações trinodo são suficientes para restaurar a propriedade altura/balanceamento.

Desempenho das árvores AVL

Segue-se um resumo da análise de desempenho de uma árvore AVL T. As operações get, put e remove visitam o nodo junto com um caminho raiz-para-folha de T, mais, possivelmente, seus irmãos, e gastam o tempo $O(1)$ por nodo. Assim, desde que a altura de T seja $O(\log n)$ dada pela Proposição 10.2, cada uma das operações citadas gasta o tempo $O(\log n)$. Na Tabela 10.2, resume-se o desempenho de um mapa implementado com uma árvore AVL. Esse desempenho é ilustrado na Figura 10.11.

Operação	Tempo
size, isEmpty	$O(1)$
get, put, remove	$O(\log n)$

Tabela 10.2 Desempenho de um n-ésimo elemento do mapa implementado como uma árvore AVL. O espaço usado é $O(n)$.

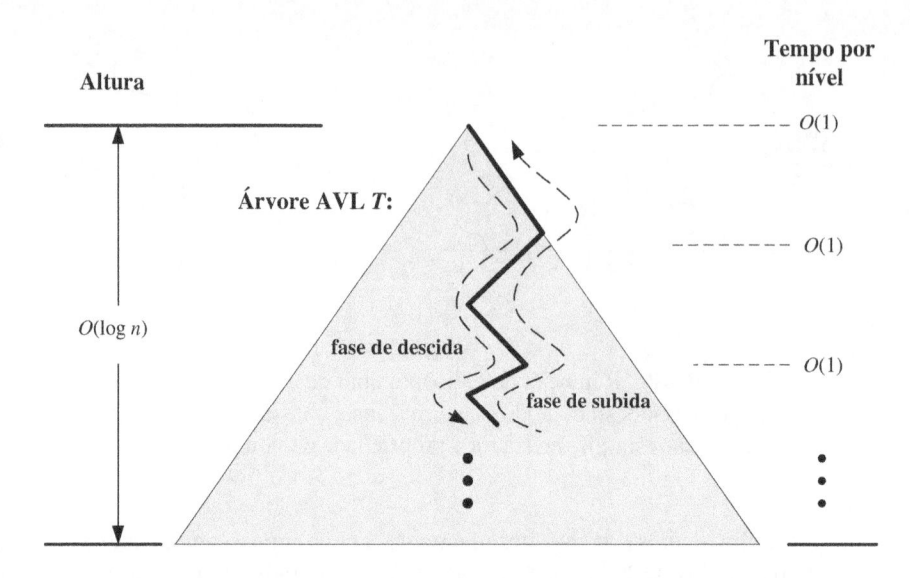

Figura 10.11 Ilustração do tempo de execução das pesquisas e alterações em uma árvore AVL. O tempo desempenhado é $O(1)$ por nível, dividido em uma fase de descida, que tipicamente envolve pesquisa, e uma fase de subida, que tipicamente envolve alteração dos valores da altura e execução local de reestruturação trinodo (rotações).

10.2.2 Implementação Java

Volta-se a atenção agora para detalhes de implementação e analisa-se o uso de uma árvore AVL T com n nodos internos para implementar um mapa ordenado de n itens. Os algoritmos de inserção e remoção para T requerem que se tenha capacidade de executar a reestruturação trinodo e determinar a diferença entre as alturas de dois nodos irmãos. Falando em reestruturações, pode-se estender a coleção de operações de um TAD árvore binária adicionando o método restructure(x), o qual executa uma operação de reestruturação trinodo (Trecho de Código 10.6). É fácil ver que a operação restructure pode ser executada em tempo $O(1)$ se T for implementado usando uma estrutura encadeada (ver Seção 7.3.4). Nesse caso, assume-se que a classe BinarySearchTree inclui este método.

Em relação à informação sobre altura, pode-se armazenar explicitamente a informação de altura de cada nodo interno, v, no próprio nodo. Alternativamente, pode-se armazenar o *fator de balanceamento* de v em v, que é definido como a altura do filho da esquerda de v menos a altura do filho da direita de v. Dessa forma, o fator de balanceamento de v é sempre igual a -1, 0 ou 1, exceto durante uma inserção ou remoção, quando poderá ser *temporariamente* igual a -2 ou $+2$. Durante a execução de uma inserção ou remoção, as alturas e os fatores de balanceamento de $O(\log n)$ nodos são afetados, e podem ser reparados em tempo $O(\log n)$.

Nos Trechos de Código 10.7 e 10.8, é mostrada uma classe Java completa, AVLTree, implementando um mapa usando uma árvore AVL (assume-se que a classe pai inclui uma implementação do método restructure). Esta classe estende BinarySearchTree (Trecho de Código 10.3–10.5) e inclui uma classe aninhada, AVLNode, que estende a classe BTNode usada para representar os nodos de uma árvore binária. A classe AVLNode define uma variável de instância adicional height, que representa a altura do nodo. Pega-se a árvore binária para usar esta classe de nodo em vez da classe BTNode simplesmente sobrecarregando o método createNode, o qual é usado exclusivamente para criar um novo nodo da árvore binária. A classe AVLTree herda os métodos size, isEmpty, get da superclasse, BinarySearchTree, mas sobrecarrega os métodos put e remove para manter a árvore de pesquisa balanceada.

O método put (Trecho de Código 10.8) inicia chamando o método put da superclasse, que insere o novo item e atribui a posição de inserção (nodo armazenando a chave 54, na Figura 10.8) para a variável de instância actionPos. O método auxiliar rebalance é então usado para percorrer o caminho desde a posição de inserção até a raiz. Este caminhamento atualiza a altura de todos os nodos visitados e executa uma reestruturação trinodo, se necessário. Da mesma forma, o método remove (Trecho de Código 10.8) se inicia chamando o método da superclasse remove, que executa a remoção do item e atribui a posição que substitui o item eliminado para a variável de instância actionPos. O método auxiliar rebalance é então usado para percorrer o caminho desde a posição removida até a raiz, executando qualquer necessidade de reestruturação.

```java
/** Implementação de uma árvore AVL. */
public class AVLTreeMap<K,V>
  extends BinarySearchTree<K,V> implements Map<K,V> {
  public AVLTreeMap(Comparator<K> c)   { super(c); }
  public AVLTreeMap( ) { super( ); }
  /** Classe aninhada para os nodos de uma árvore AVL. */
  protected static class AVLNode<K,V> extends BTNode<Entry<K,V>> {
    protected int height;   // adiciona-se um campo height para um nodo BTNode
    AVLNode( ) {/* construtor padrão*/}
    /** Construtor preferido*/
    AVLNode(Entry<K,V> element, BTPosition<Entry<K,V>> parent,
            BTPosition<Entry<K,V>> left, BTPosition<Entry<K,V>> right) {
      super(element, parent, left, right);
      height = 0;
      if (left != null)
        height = Math.max(height, 1 + ((AVLNode<K,V>) left).getHeight( ));
      if (right != null)
        height = Math.max(height, 1 + ((AVLNode<K,V>) right).getHeight( ));
    } // Assume-se que o pai revisará sua altura se necessário
    public void setHeight(int h) { height = h; }
    public int getHeight( ) { return height; }
  }
  /** Cria uma nova árvore binária de pesquisa (versão de sobrecarga). */
```

```
  protected BTPosition<Entry<K,V>> createNode(Entry<K,V> element,
    BTPosition<Entry<K,V>> parent, BTPosition<Entry<K,V>> left,
    BTPosition<Entry<K,V>> right) {
    return new AVLNode<K,V>(element,parent,left,right);    // uso de nodos AVL
  }
  /** Retorna a altura de um nodo (retornando para um AVLNode). */
  protected int height(Position<Entry<K,V>> p) {
    return ((AVLNode<K,V>) p).getHeight( );
  }
  /** Define a altura de um nodo interno (retornando para um AVLNode). */
  protected void setHeight(Position<Entry<K,V>> p) {
    ((AVLNode<K,V>) p).setHeight(1+Math.max(height(left(p)), height(right(p))));
  }
  /** Retorna se um nodo tem um fator de balanceamento entre −1 e 1. */
  protected boolean isBalanced(Position<Entry<K,V>> p) {
    int bf = height(left(p)) − height(right(p));
    return ((−1 <= bf) && (bf <= 1));
  }
```

Trecho de Código 10.7 Métodos construtor e auxiliar da classe AVLTree.

```
  /** Retorna um filho de p com altura não menor que a do outro filho. */
  protected Position<Entry<K,V>> tallerChild(Position<Entry<K,V>> p) {
    if (height(left(p)) > height(right(p))) return left(p);
    else if (height(left(p)) < height(right(p))) return right(p);
    // filhos com alturas iguais – desfazer o impate usando o tipo dos pais
    if (isRoot(p)) return left(p);
    if (p == left(parent(p))) return left(p);
    else return right(p);
  }
  /**
   * Método rebalance chamado para inserir e remover. Atravessa o caminho de zPos até a raiz.
   * Para cada nodo encontrado, recomputa-se sua altura e executa-se uma reestruturação
   * trinodo se ele está desbalanceado.
   */
  protected void rebalance(Position<Entry<K,V>> zPos) {
    if(isInternal(zPos))
      setHeight(zPos);
    while (!isRoot(zPos)) {           // atravessa a árvore até a raiz
      zPos = parent(zPos);
      setHeight(zPos);
      if (!isBalanced(zPos)) {
        // Executa a reestruturação trinodo no mais alto neto de zPos
        Position<Entry<K,V>> xPos = tallerChild(tallerChild(zPos));
```

```
        zPos = restructure(xPos);    // reestruturação trinodo (a partir da classe pai)
        setHeight(left(zPos));       // recomputa as alturas
        setHeight(right(zPos));
        setHeight(zPos);
      }
    }
  }
  // Métodos sobrescritos do TAD dicionário
  public Entry<K,V> insert(K k, V v) throws InvalidKeyException {
    V toReturn = super.put(k, v);    // chamadas ao método createNode se K é novo
    rebalance(actionPos);            // rebalanceamento a partir da posição de inserção
    return toReturn;
  }
  public V remove(K k) throws InvalidKeyException {
    V toReturn = super.remove(k);
    if (toReturn != null)            // realmente remove-se algo
      rebalance(actionPos);          // rebalanceamento da árvore
    return toReturn;
  }
} // final da classe AVLTree
```

Trecho de Código 10.8 Métodos auxiliares TallerChild e rebalance e métodos do mapa put e remove da classe AVLTree.

10.3 Árvores espalhadas

Outra forma como se pode implementar as operações fundamentais de um dicionário é por meio de uma estrutura de dados para árvore de pesquisa balanceada conhecida como *árvore espalhada*†. Essa estrutura é, sob o ponto de vista conceitual, totalmente diferente das outras árvores de pesquisa balanceadas discutidas neste capítulo: para uma árvore espalhada não se usa regras explícitas para forçar o seu balanceamento. Ao contrário, aplica-se uma certa operação mover-para-raiz, chamada de *espalhamento*‡, após cada acesso, para manter a árvore de pesquisa balanceada em um senso amortizado. A operação espalhamento é executada no nodo x mais abaixo durante uma inserção, uma remoção ou uma pesquisa. A surpresa sobre o espalhamento é que este permite garantir tempo de execução amortizado, para inserções, remoções e pesquisas, que é logarítmico. A estrutura da *árvore espalhada* é simplesmente uma árvore binária de pesquisa T. De fato, não existe altura, balanceamento ou cor do rótulo adicional que se associa com os nodos desta árvore.

---

† N. de T.: Em inglês, *splay tree*.
‡ N. de T.: Em inglês, *splaying*.

10.3.1 Espalhamento

Dado um nodo interno x de uma árvore binária de pesquisa T, **aumenta-se** (*splay*) x pelo movimento de x para a raiz de T por meio de uma sequência de reestruturações. As reestruturações particulares executadas são importantes, pois isso não é suficiente para mover x para a raiz de T com qualquer reestruturação de sequências. A operação específica é executada para mover x para cima, dependendo da posição relativa de x, seus pais y e (caso exista) os seus avós z. Três casos são considerados:

zigue-zigue: O nodo x e seus pais y são filho à esquerda ou filho à direita. (Ver Figura 10.12.) Troca-se z por x, fazendo com que y seja um filho de x e z seja um filho de y, enquanto mantém-se o relacionamento interfixado dos nodos de T.

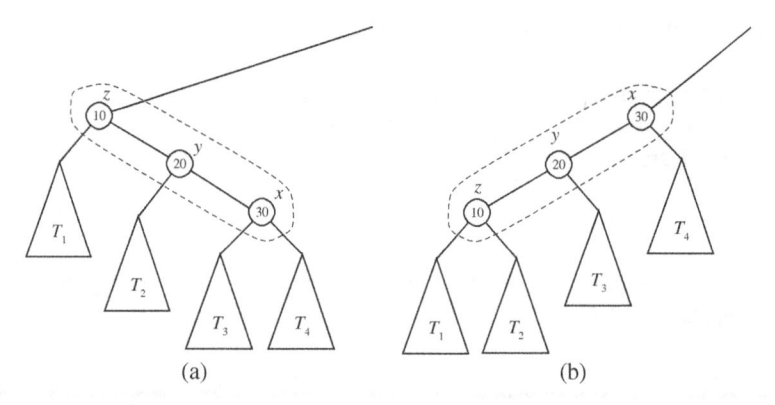

Figura 10.12 Zigue-zigue: (a) antes; (b) depois. Existe outra configuração simétrica onde x e y são filhos a esquerda.

zigue-zague: Um de x e y é um filho à esquerda, e o outro é um filho à direita. (Ver Figura 10.13.) Neste caso, troca-se z por x e faz-se com que x tenha y e z como filhos, enquanto se reestruturam os relacionamentos interfixado dos nodos de T.

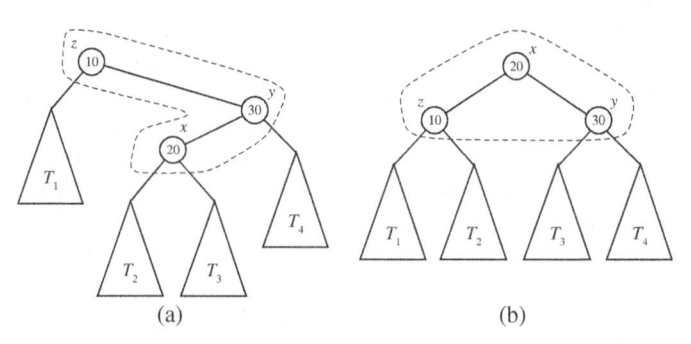

Figura 10.13 Zigue-zague: (a) antes; (b) depois. Existe outra configuração simétrica onde x é um filho à direita e y é um filho à esquerda.

zigue: x não tem avós (ou não se está considerando avós de x para alguma razão). (Ver Figura 10.14.) Neste caso, rotaciona-se x sobre y, fazendo com que os filhos de x sejam o nodo y e filho w de x, para manter o relacionamento interfixado relativo dos nodos de T.

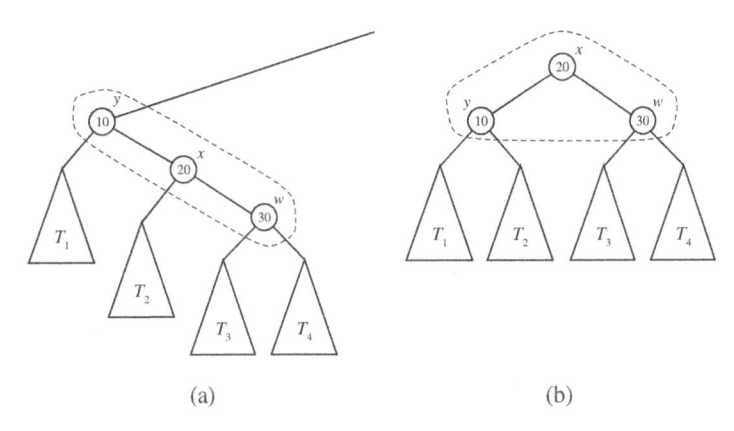

Figura 10.14 Zigue: (a) antes; (b) depois. Existe uma outra configuração simétrica onde x e w são filhos à esquerda.

Executa-se um zigue-zigue ou um zigue-zague quando x tem um avô, e executa-se um zigue quando x possui um pai, mas não possui avô. Um *espalhamento* consiste em repetir estas reestruturações de x até que x se torne a raiz de T. Deve-se observar que isso não é o mesmo que a sequência de rotações simples que levam x para a raiz. Um exemplo de espalhamento de um nodo é mostrado nas Figuras 10.15 e 10.16.

10.3.2 Quando espalhar

As regras que ditam quando espalhar são executadas como segue:

- Quando pesquisamos pela chave k, se k é encontrada em um nodo x, espalhamos x, senão espalhamos o pai de um nodo externo no qual a pesquisa é terminada sem sucesso. Por exemplo, os espalhamentos nas Figuras 10.15 e 10.16 seriam executados após a pesquisa ocorrer com sucesso para a chave 14, ou sem sucesso para a chave 14,5.
- Quando se insere a chave k, espalha-se o novo nodo interno criado onde k é inserido. Por exemplo, os espalhamentos das Figuras 10.15 e 10.16 seriam executados se 14 for a nova chave inserida. Mostra-se uma sequência de inserções em uma árvore espalhada na Figura 10.17.
- Quando se remove uma chave k, espalha-se o pai do nodo w que é removido, isto é, w é o nodo que armazena a chave k ou é um de seus descendentes. (Deve-se lembrar o algoritmo de remoção das árvores binárias de pesquisa.) Um exemplo de espalhamento seguido de uma remoção é apresentado na Figura 10.18.

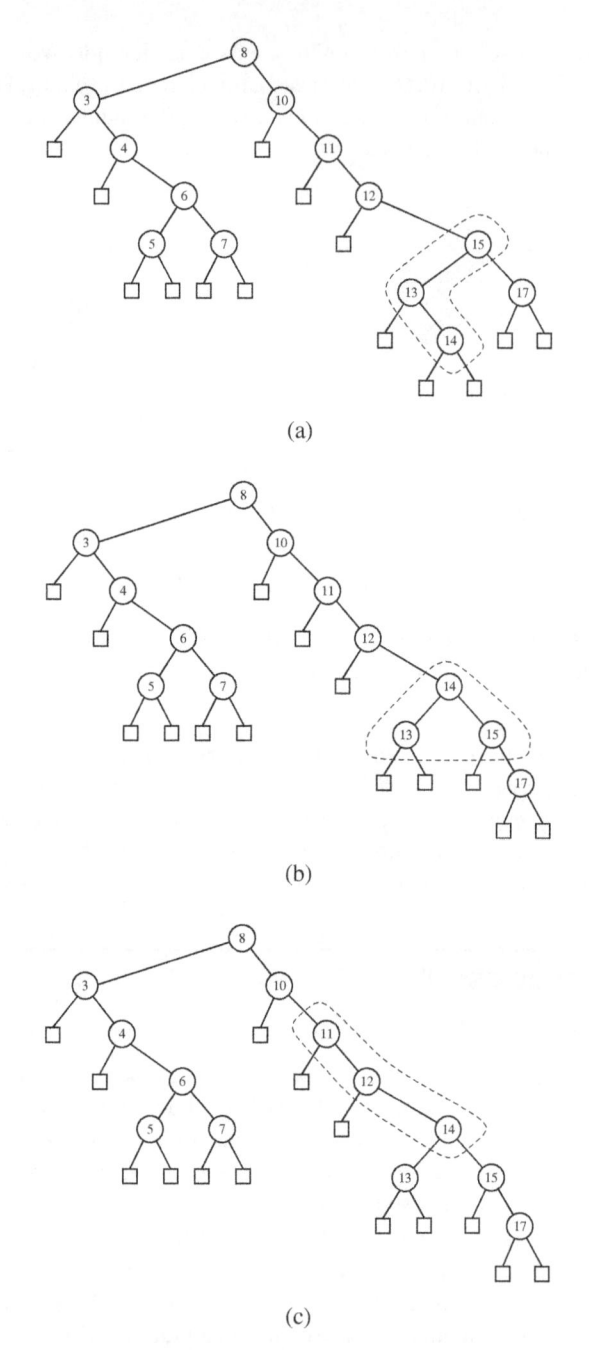

Figura 10.15 Exemplo de espalhamento de um nodo: (a) espalhamento do nodo que armazena 14 iniciando com um zigue-zague; (b) após o zigue-zague; (c) próximo passo é um zigue-zigue. (Continua na Figura 10.16.)

(d)

(e)

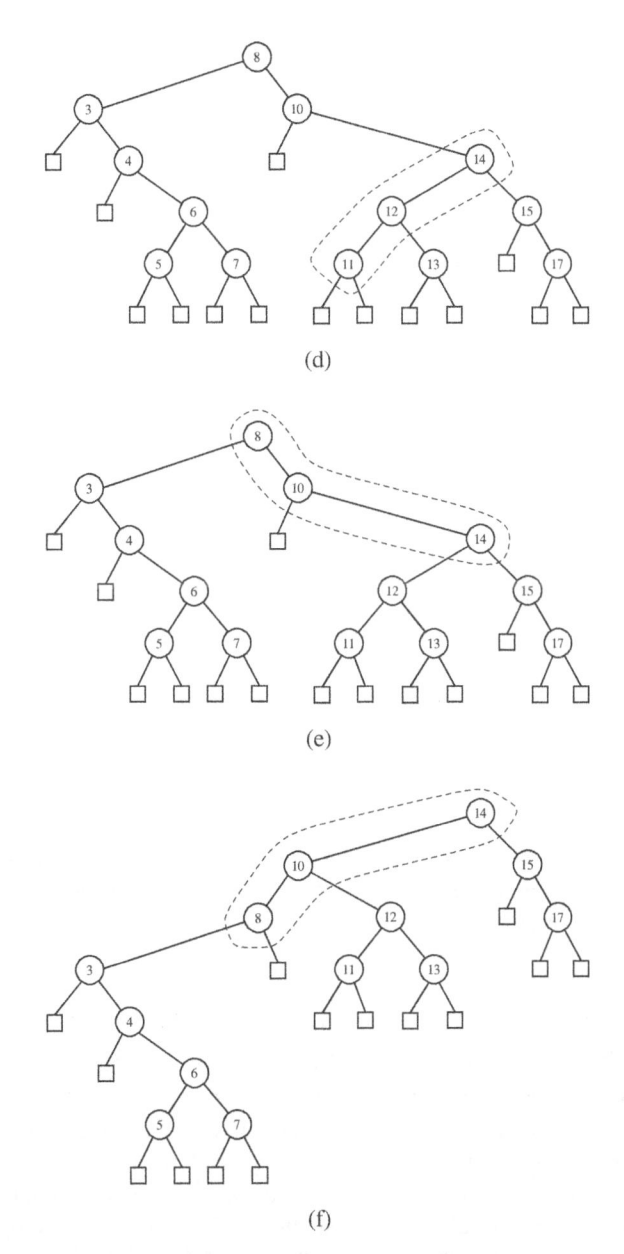

(f)

Figura 10.16 Exemplo de espalhamento de um nodo; (d) após o zigue-zigue; (e) o próximo passo é novamente um zigue-zigue; (f) após o zigue-zigue. (Continuação da Figura 10.15.)

(a) (b) (c)

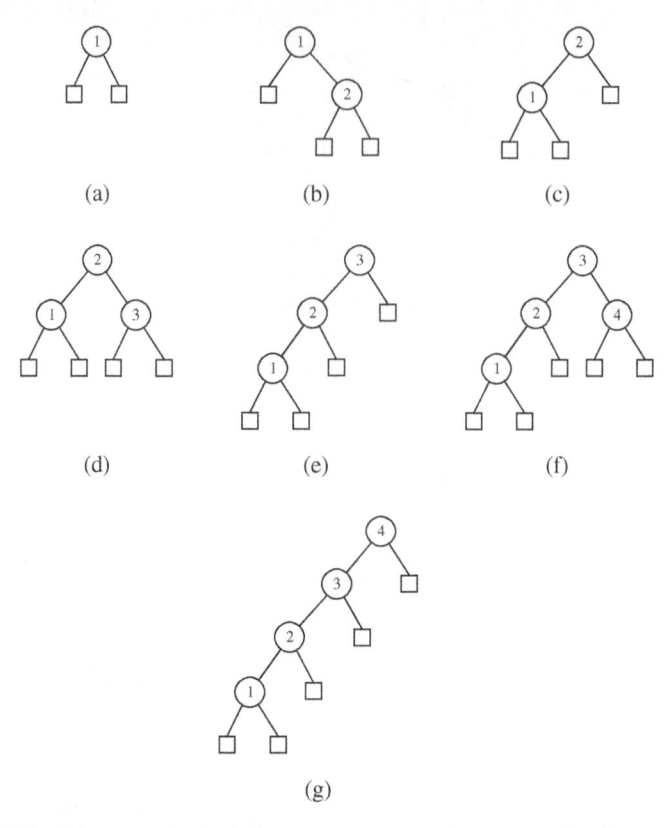

(d) (e) (f)

(g)

Figura 10.17 Uma sequência de inserções em uma árvore espalhada: (a) árvore inicial; (b) após a inserção da chave 2; (c) após o espalhamento; (d) após inserção da chave 3; (e) após o espalhamento; (f) após a inserção da chave 4; (g) após o espalhamento.

10.3.3 Análise amortizada do espalhamento ⋆

Após um zigue-zigue ou zigue-zague, a profundidade de x decrementa em dois, e após um zigue a profundidade de x decresce em um. Assim, se x tem profundidade d, o espalhamento de x consiste em uma sequência de $\lfloor d/2 \rfloor$ zigue-zigues e/ou zigue-zagues, mais um zigue final se d é ímpar. Desde que um simples zigue-zigue, zigue-zague ou zigue afeta um número constante de nodos, ele também pode ser feito no tempo $O(1)$. Desta forma, o espalhamento de um nodo x em uma árvore binária de pesquisa T leva o tempo $O(d)$, onde d é a profundidade de x em T. Em outras palavras, o tempo para a execução de um passo do espalhamento para um nodo x é assintoticamente o mesmo tempo necessário para alcançar o nodo em uma pesquisa top-down a partir da raiz de T.

Tempo do pior caso

No pior caso, o tempo completo de execução de uma pesquisa, inserção ou remoção em uma árvore espalhada de altura h é $O(h)$, visto que o nodo que se espalhará pode

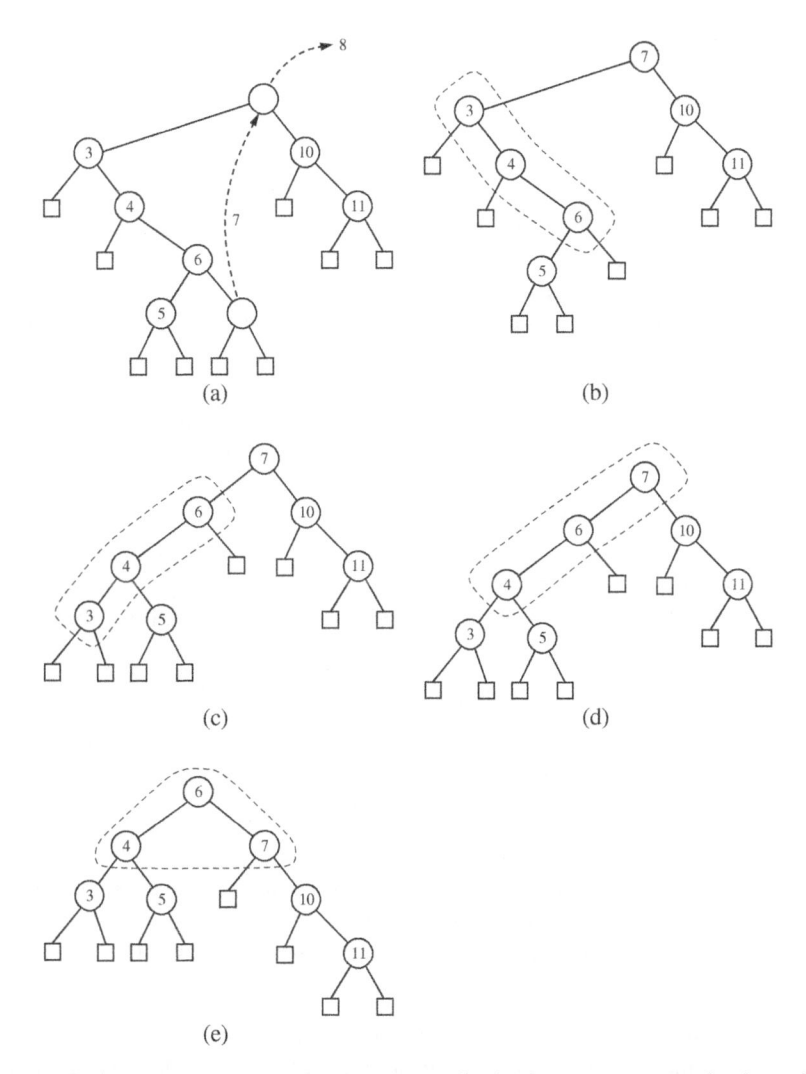

Figura 10.18 Remoção em uma árvore espalhada: (a) um remoção da chave 8 do nodo *r* é executada pela mudança de *r* para o nodo interno mais à direita *v*, na subárvore à esquerda de *r*, removendo *v*, e espalhando o pai *u* de *v*; (b) expansão de *u* inicia com um zigue-zigue; (c) após o zigue-zigue; (d) o próximo passo é um zigue; (e) após o zigue.

ser o mais profundo nodo na árvore. Além disso, é possível que *h* seja maior que *n*, como mostrado na Figura 10.17. Dessa forma, a partir da visão do pior caso, uma árvore espalhada não é uma estrutura de dados atrativa.

Apesar de seu péssimo desempenho, uma árvore espalhada executa bem em um senso amortizado. Isto é, na sequência de pesquisas, inserções e remoções intermixadas, cada operação leva um tempo logarítmico médio. Executa-se a análise amortizada das árvores espalhadas usando o método contador.

Desempenho amortizado das árvores espalhadas

Para esta análise, deve-se observar que o tempo para execução de uma pesquisa, inserção ou remoção é proporcional ao tempo para ao espalhamento associado. Assim, considera-se somente o tempo de espalhamento.

Considere-se T uma árvore espalhada com n chaves, e v um nodo de T. Define-se o **tamanho** $n(v)$ de v como o número de nodos em uma subárvore enraizada com v. Nota-se que esta definição implica que o tamanho de um nodo interno é maior que a soma dos tamanhos de seus dois filhos. Define-se a **classificação** $r(v)$ de um nodo v como o logaritmo na base 2 do tamanho de v, isto é, $r(v) = \log(n(v))$. Claramente, a raiz de T tem o tamanho máximo $(2n + 1)$ e a classificação máxima, $\log(2n + 1)$, enquanto cada nodo externo tem o tamanho 1 e classificação 0.

Usam-se ciberdólares para pagar pelo trabalho que se executa no espalhamento de um nodo x em T e assume-se que um ciberdólar paga um zigue, enquanto dois ciberdólares pagam para um zigue-zigue ou um zigue-zague. Então, o custo do espalhamento de um nodo com profundidade d é d ciberdólares. Mantém-se uma conta virtual que armazena os ciberdólares de cada nodo interno de T. Deve-se observar que esta conta existe somente como proposta da análise amortizada, e não precisa ser incluída em uma estrutura de dados que implementa a árvore espalhada T.

Uma análise contadora do espalhamento

Quando se executa um espalhamento, paga-se um certo número de ciberdólares (o valor exato do pagamento será determinado no final da análise). Distinguem-se três casos:

- Se o pagamento for igual ao trabalho de espalhar, então tudo é usado para pagar a expansão.
- Se o pagamento for maior que o trabalho de espalhar, o excesso é depositado nas contas de diversos nodos.
- Se o pagamento for menor que o trabalho de espalhar, são feitas retiradas das contas de vários nodos para cobrir a deficiência.

Será mostrado, no resto desta seção, que um pagamento de $O(\log n)$ ciberdólares por operação é suficiente para manter o sistema trabalhando, isto é, para assegurar que cada nodo mantenha na conta um balanço não negativo.

Uma invariante de ciberdólar para o espalhamento

Usa-se um esquema em que transferências são criadas entre as contas dos nodos para garantir que sempre existirão ciberdólares suficientes para retiradas para o pagamento do trabalho de espalhar quando necessário.

Para fazer o uso do método contador para executar nossa análise de espalhar, mantém-se a seguinte invariante:

> **Antes e depois de um espalhamento, cada nodo v de T tem $r(v)$ ciberdólares na sua conta.**

Deve-se observar que a invariante é "financeiramente sólida", visto que não requer que se crie um depósito preliminar para favorecer uma árvore sem chaves.

Seja $r(T)$ a soma da classificação de todos os nodos de T. Para preservar a invariante após um espalhamento, deve-se fazer um pagamento igual ao trabalho de espalhar mais a alteração total de $r(T)$. Refere-se a uma simples operação zigue, zigue-zigue ou zigue-zague em um espalhamento como um ***subpasso*** de um espalhamento. Além disso, denota-se a classificação de um nodo v de T antes e depois de um subpasso do espalhamento com $r(v)$ e $r'(v)$, respectivamente. A seguinte proposição apresenta um limite superior das alterações de $r(T)$ causado por um simples subpasso do espalhamento. Será usado repetidamente este lema em nossa análise de espalhamento completo de um nodo para a raiz.

Proposição 10.3 *Seja δ a variação de $r(T)$ causada por um simples subpasso do espalhamento (um zigue, zigue-zigue ou zigue-zague) para um nodo x em T. Tem-se o seguinte:*

- $\delta \leq 3(r'(x) - r(x)) - 2$ se o subpasso for um zigue-zigue ou um zigue-zague.
- $\delta \leq 3(r'(x) - r(x))$ se o subpasso for um zigue.

Justificativa Usa-se o fato (ver Proposição A.1, Apêndice A) de que, se $a > 0$, $b > 0$ e $c > a + b$,

$$\log a + \log b \leq 2 \log c - 2. \qquad (10.6)$$

Considere-se a alteração em $r(T)$ causada por tipo de subpasso do espalhamento.

zigue-zigue: (Deve-se relembrar a Figura 10.12.) Visto que o tamanho de cada nodo é um a mais que o tamanho de seus dois filhos, nota-se que somente as classificações de x, y e z alteram em uma operação zigue-zigue, onde y é o pai de x e z é pai de y. Além disso, $r'(x) = r(z)$, $r'(y) \leq r'(x)$ e $r(y) \geq r(x)$. Assim

$$\begin{aligned} \delta &= r'(x) + r'(y) + r'(z) - r(x) - r(y) - r(z) \\ &\leq r'(y) + r'(z) - r(x) - r(y) \\ &\leq r'(x) + r'(z) - 2r(x). \end{aligned} \qquad (10.7)$$

Veja que $n(x) + n'(z) \leq n'(x)$. Assim, em 10.6, $r(x) + r'(z) \leq 2r'(x) - 2$, que é,

$$r'(z) \leq 2r'(x) - r(x) - 2.$$

Essa desigualdade e 10.7 implicam

$$\begin{aligned} \delta &\leq r'(x) + (2 r'(x) - r(x) - 2) - 2r(x) \\ &\leq 3(r'(x) - r(x)) - 2. \end{aligned}$$

zigue-zague: (Deve-se relembrar a Figura 10.13.) Novamente, pela definição do tamanho e classificação, somente a classificação de x, y e z mudam, onde y denota o pai de x e z denota o pai de y. Além disso, $r'(x) = r(z)$ e $r(x) \leq r(y)$. Assim

$$\begin{aligned} \delta &= r'(x) + r'(y) + r'(z) - r(x) - r(y) - r(z) \\ &\leq r'(y) + r'(z) - r(x) - r(y) \\ &\leq r'(y) + r'(z) - 2r(x) \end{aligned} \qquad (10.8)$$

Veja que $n'(y) + n'(z) \leq n'(x)$; Então, por 10.6, $r'(y) + r'(z) \leq 2r'(x) - 2$. Assim,

$$\begin{aligned} \delta &\leq 2r'(x) - 2 - 2r(x) \\ &\leq 3(r'(x) - r(x)) - 2. \end{aligned}$$

zigue: (Deve-se relembrar a Figura 10.14.) Neste caso, somente a classificação de x e y alteram, onde y denota o pai de x. Além disso, $r'(y) \leq r(y)$ e $r'(x) \geq r(x)$. Assim

$$\begin{aligned} \delta &= r'(y) + r'(x) - r(y) - r(x) \\ &\leq r'(x) - r(x) \\ &\leq 3(r'(x) - r(x)). \end{aligned}$$ ∎

Proposição 10.4 *Seja T uma árvore espalhada com raiz t e Δ, a variação total de $r(T)$ causada pelo espalhamento de um nodo x com profundidade d. Tem-se*

$$\Delta \leq 3(r(t) - r(x)) - d + 2$$

Justificativa O espalhamento do nodo x consiste em $p = \lceil d/2 \rceil$ subpassos do espalhamento, cada qual é um zigue-zigue ou zigue-zague, exceto pelo último que é um zigue se d for ímpar. Seja $r_0(x) = r(x)$ a classificação inicial de x, e para $i = 1,...,p$, seja $r_i(x)$ a classificação de x após o enésimo subpasso e δ_i seja a variação de $r(T)$ causado pelo enésimo subpasso. Pelo Lema 10.3, a variação total Δ de $r(T)$ causada pelo espalhamento de x é

$$\begin{aligned} \Delta &= \sum_{i=1}^{p} \delta_i \\ &\leq \sum_{i=1}^{p} (3(r_i(x) - r_{i-1}(x)) - 2) + 2 \\ &= 3(r_p(x) - r_0(x)) - 2p + 2 \\ &\leq 3(r(t) - r(x)) - d + 2. \end{aligned}$$ ∎

Pela Proposição 10.4, fazendo-se um pagamento de $3(r(t) - r(x)) + 2$ ciberdólares por meio do espalhamento do nodo x, haverá ciberdólar suficientes para manter a invariante, mantendo $r(v)$ ciberdólares em cada nodo v de T, e pagando para todo o trabalho de espalhar, com custo de d dólares. Posto que o tamanho da raiz t é $2n + 1$, sua classificação será $r(t) = \log(2n + 1)$. Além disso, tem-se $r(x) < r(t)$. Assim, o pagamento a ser feito para o espalhamento será $O(\log n)$ ciberdólares. Para completar a análise, tem-se computado o custo de manutenção da invariante quando um nodo é inserido ou removido.

Quando se insere um novo nodo v em uma árvore espalhada com n chaves, a classificação de todos os ancestrais de v são incrementados. Em outras palavras, seja $v_0, v_1, ..., v_d$ os ancestrais de v, onde $v_0 = v$, v_i é o pai de v_{i-1}, e v_d é a raiz. Para $i = 1,...,d$, seja $n'(v_i)$ e $n(v_i)$ o tamanho de v_i antes e depois da inserção, respectivamente, e seja $r'(v_i)$ e $r(v_i)$ a classificação de v_i antes e depois da inserção, respectivamente. Tem-se

$$n'(v_i) = n(v_i) + 1.$$

Além disso, desde que $n(v_i) + 1 \leq n(v_{i+1})$, para $i = 0, 1, ..., d - 1$, tem-se o seguinte para cada i deste domínio:

$$r'(v_i) = \log(n'(v_i)) = \log(n(v_i) + 1) \leq \log(n(v_{i+1})) = r(v_{i+1}).$$

Assim, a variação total de $r(T)$ causada pela inserção é

$$\sum_{i=1}^{d}(r'(v_i) - r'(v_i)) \leq r'(v_d) + \sum_{i=1}^{d-1}(r(v_{i+1}) - r(v_i))$$
$$= r'(v_d) - r(v_0)$$
$$\leq \log(2n + 1).$$

Por essa razão, um pagamento de $O(\log n)$ ciberdólares é suficiente para manter a invariante quando um novo nodo é inserido.

Quando se remove um nodo v de uma árvore espalhada com n chaves, as classificações de todos os ancestrais de v são decrementadas. Assim, a variação total de $r(T)$ causada pela remoção é negativa, e não se precisa fazer nenhum pagamento para manter a invariante quando o nodo for removido. Então, pode-se resumir a análise amortizada na seguinte proposição (que algumas vezes é chamada de "proposição de balanceamento" para árvores espalhadas):

Proposição 10.5 *Considere-se uma sequência de m operações em uma árvore espalhada, cada uma sendo uma pesquisa, inserção ou remoção, iniciando em uma árvore espalhada com nenhuma chave. Sendo n_i o número de chaves na árvore após a operação i, e n sendo o número total de inserções. O tempo de execução total para a execução da sequência de operações é*

$$O\left(m + \sum_{i=1}^{m} \log n_i\right),$$

o qual é $O(m \log n)$.

Em outras palavras, o tempo de execução amortizado da execução de uma pesquisa, inserção ou remoção em uma árvore espalhada é $O(\log n)$, onde n é o tamanho da árvore espalhada neste momento. Assim, uma árvore espalhada pode conseguir um tempo logarítmico, com desempenho amortizado para a implementação de um TAD mapa ordenado. Este desempenho amortizado é compatível com o desempenho do pior caso de árvores AVL, árvores (2,4) e árvores vermelho-pretas, mas ela usa uma simples árvore binária que não precisa de qualquer balanceamento extra para informações armazenadas em cada um dos seus nodos. Além disso, árvores espalhadas têm um número de outras propriedades interessantes que não são compartilhadas com estas outras árvores balanceadas. Explora-se mais uma propriedade adicional na seguinte proposição (que algumas vezes é chamada de "proposição estática ótima" para árvores espalhadas):

Proposição 10.6 *Considere-se uma sequência de m operações em uma árvore espalhada, cada uma sendo uma pesquisa, inserção ou remoção, iniciando em uma árvore espalhada T com nenhuma chave. Sendo f(i) o número de vezes que o elemento i é acessado na árvore espalhada, isto é, sua frequência, e sendo n o número total de elementos. Assume-se que cada elemento é acessado pelo menos uma vez, então o tempo de execução total para a execução da sequência de operações é:*

$$O\left(m + \sum_{i=1}^{n} f(i) \log(m/f(i))\right).$$

Omite-se a prova desta proposição, mas isso não é tão difícil de justificar como se pode imaginar. O excelente é que esta proposição expressa que o tempo de execução amortizado do acesso ao elemento i é $O(\log(m/f(i)))$.

10.4 Árvores (2,4)

Algumas estruturas de dados que são discutidas neste capítulo, incluindo a árvore (2, 4), são árvores genéricas de pesquisa, isto é, árvores com nodos internos que têm dois ou mais filhos. Assim, antes de se definir árvores (2,4), serão discutidas árvores genéricas de pesquisa.

10.4.1 Árvore genérica de pesquisa

É preciso lembrar que árvores genéricas são definidas de forma que cada nodo interno pode ter vários filhos. Nesta seção, será discutido como árvores genéricas podem ser usadas como árvores de pesquisa. Lembrando sempre que o *elemento* que se armazena em uma árvore de pesquisa é um par no formato (k, x), onde k é a *chave* e x é o *valor* associado com a chave. Entretanto, não se discutirá agora como executar atualizações em árvores genéricas de pesquisa, visto que os detalhes dos métodos de atualizações dependem de propriedades adicionais que se desejam para manter árvores genéricas, que serão analisadas na Seção 14.3.1.

Definição de uma árvore genérica de pesquisa

Seja v um nodo de uma árvore ordenada. Diz-se que v é um *nodo-d* se v tiver d filhos. Define-se uma *árvore genérica de pesquisa* como sendo uma árvore ordenada T que tem as seguintes propriedades, que são ilustradas na Figura 10.19a:

- Cada nodo interno de T tem ao menos dois filhos. Isto é, cada nodo interno é um nodo-d, onde $d \geq 2$.
- Cada nodo-d v de T, com filhos $v_1, \ldots, v_d$, armazena $d - 1$ itens $(k_1, x_1), \ldots, (k_{d-1}, x_{d-1})$, onde $k_1 \leq \cdots \leq k_{d-1}$.
- Define-se, por convenção, $k_0 = -\infty$ e $k_d = +\infty$. Para cada item (k, x) armazenado em um nodo da subárvore de v enraizada em v_i, $i = 1, \ldots, d$, tem-se que $k_{i-1} \leq k \leq k_i$.

Ou seja, considerando-se o conjunto de chaves armazenadas em v, incluindo as chaves fictícias especiais $k_0 = -\infty$ e $k_d = +\infty$, então uma chave k armazenada na subárvore de T enraizada no nodo filho v_i deve estar "entre" duas chaves armazenadas em v. Este ponto de vista simples origina a regra que diz que um nodo com d filhos armazena $d - 1$ chaves regulares e forma a base do algoritmo de pesquisa em uma árvore genérica de pesquisa.

Pela definição acima, os nodos externos de uma árvore genérica de pesquisa não armazenam nenhum item, servindo apenas como "guardadores de locais". Dessa forma, vê-se uma árvore binária de pesquisa (Seção 10.1) como um caso especial de árvore genérica de pesquisa em que cada nodo interno armazena um item e tem dois filhos. Além disso, apesar dos nodos externos poderem ser **null**, assume-se por definição que são nodos que não armazenam nada.

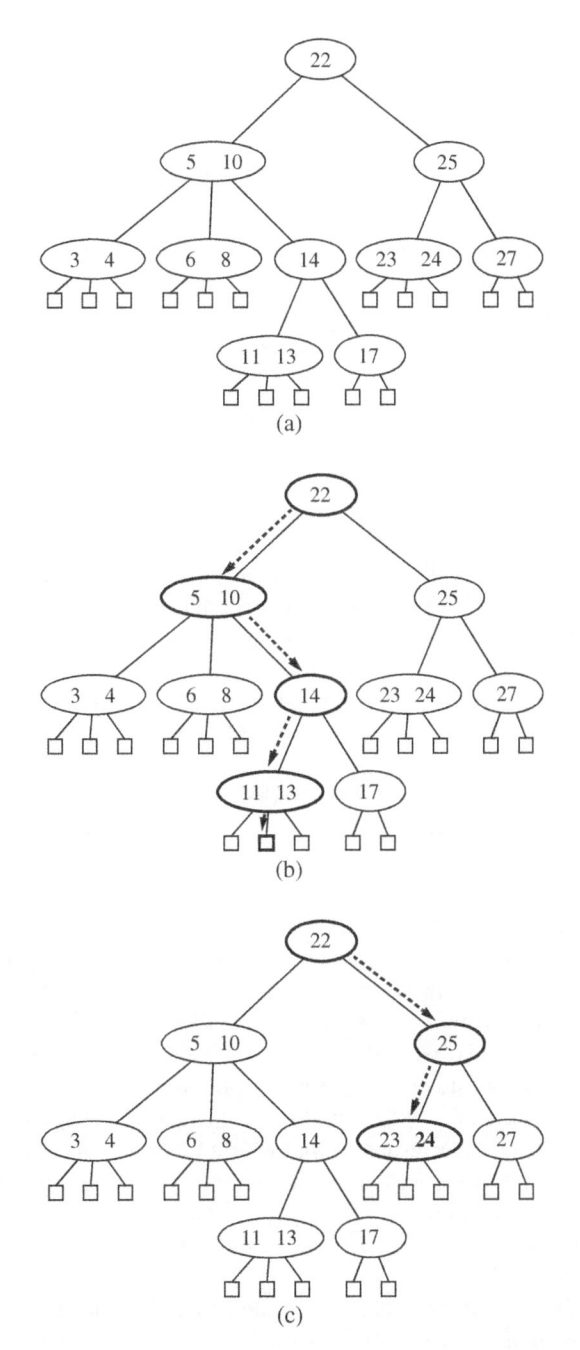

Figura 10.19 (a) Uma árvore genérica de pesquisa *T*; (b) caminho de pesquisa em *T* para a chave 12 (pesquisa sem sucesso); (c) caminho de pesquisa em *T* para a chave 24 (pesquisa com sucesso).

Tendo os nodos internos de uma árvore genérica dois ou mais filhos, entretanto, existe uma relação interessante entre o número de itens e o número de nodos externos.

Proposição 10.7 *Uma árvore de pesquisa genérica que armazena n itens tem n + 1 nodos externos.*

Deixa-se a justificativa desta proposição como um exercício (C-10.17).

Pesquisando em uma árvore genérica

Dada uma árvore genérica T, pesquisar por um elemento com chave k é simples. Executa-se tal pesquisa seguindo um caminho em T que se inicia na raiz (ver Figura 10.19b e c). Quando se estiver em um nodo-d v durante esta pesquisa, será comparada a chave k com as chaves $k_1, ..., k_{d-1}$ armazenadas em v. Se $k = k_i$ para algum i, a pesquisa é encerrada com sucesso. Caso contrário, continua-se a pesquisa no filho v_i de v de maneira que $k_{i-1} < k < k_i$. (É preciso lembrar que se considera $k_0 = -\infty$ e $k_d = +\infty$.) Atingindo-se um nodo externo, então sabe-se que não há nenhum item com a chave k em T, e a pesquisa termina sem sucesso.

Estruturas de dados para árvores de pesquisa genéricas

Na Seção 7.1.3, discutem-se diferentes maneiras de representar árvores genéricas. Cada uma dessas representações também pode ser reutilizada para árvores de pesquisa genérica. Na verdade, ao se usar uma árvore genérica para implementar uma árvore de pesquisa genérica, a única informação adicional que se precisa armazenar em cada nodo é o conjunto de itens (incluindo as chaves) associados com os mesmos. Ou seja, precisa-se armazenar em v uma referência para um contêiner ou objeto coleção que armazene os itens de v.

É preciso lembrar que quando se usa uma árvore binária para representar um mapa ordenado M, simplesmente se armazena uma referência para um único item em cada nodo interno. Usando uma árvore de pesquisa genérica T para representar M, deve-se armazenar uma referência para um conjunto ordenado de itens associados com v em cada nodo interno v de T. Esta argumentação pode parecer recursiva em um primeiro momento, uma vez que se necessita de uma representação de um mapa ordenado para representar um mapa ordenado. Pode-se evitar esta recursividade, entretanto, usando a técnica ***bootstrapping***, em que a solução anterior (menos desenvolvida) de um problema é usada para criar uma solução nova (mais avançada). Neste caso, o bootstrapping consiste em representar o conjunto ordenado associado com cada nodo interno usando a estrutura de dados para mapa que se construiu anteriormente (por exemplo, uma tabela de pesquisa baseada em um vetor ordenado, como mostrado na Seção 9.31). Em particular, assumindo que se dispõe de uma maneira de implementar mapas ordenados, pode-se implementar uma árvore de pesquisa genérica usando uma árvore T e armazenando tal mapa em cada nodo de T.

O mapa que se armazena em cada nodo v é conhecido como uma estrutura de dados ***secundária***, na medida em que é usado para suportar a estrutura de dados maior, a ***primária***. Denota-se o mapa armazenado no nodo v de T como $M(v)$. Os itens que armazenamos em $M(v)$ nos permitem determinar para qual nodo filho se deve ir durante uma operação de pesquisa. Especificamente, para cada nodo v de T, com filhos $v_1, ..., v_d$ e itens $(k_1, x_1),..., (k_{d-1}, x_{d-1})$, são armazenados no dicionário $M(v)$ os itens

$$(k_1, (x_1, v_1)), (k_2, (x_2, v_2)),..., (k_{d-1}, (x_{d-1}, v_{d-1})), (+\infty, (\emptyset, v_d)).$$

Ou seja, um item $(k_i, (x_i, v_i))$ de um mapa $M(v)$ tem chave k_i e elemento (x_i, v_i). Observa-se que o último item armazena a chave especial $+\infty$.

Com esta implementação de uma árvore de pesquisa genérica T, o processamento de um nodo-d v durante uma pesquisa por um elemento de T com chave k pode ser feito executando-se uma operação de pesquisa para encontrar o item $(k_i, (x_i, v_i))$ em $M(v)$ com a menor chave maior ou igual a k. Distinguem-se dois casos:

- Se $k < k_i$, então continuamos a pesquisa processando o filho v_i. (É importante observar que se a chave especial $k_d = +\infty$ é retornada, então k é maior que todas as chaves armazenadas no nodo v e continuamos a pesquisa processando o filho v_d.)
- Por outro lado se $(k = k_i)$, então a pesquisa se encerra com sucesso.

A seguir, considere-se o espaço necessário para esta implementação de uma árvore de pesquisa genérica T que armazena n itens. Pela Proposição 10.7, usando qualquer uma das implementações normais de dicionário ordenado (Capítulo 9) para as estruturas secundárias dos nodos de T, o espaço total requisitado para T é $O(n)$.

Considere-se agora o tempo gasto respondendo uma pesquisa sobre T. O tempo gasto em um nodo-d de T durante a pesquisa depende de como se implementa a estrutura secundária $M(v)$. Se $M(v)$ é implementado usando uma sequência baseada em um vetor ordenado (isto é, uma tabela de pesquisa ordenada), então é possível processar v em tempo $O(\log d)$. Se, por outro lado, $M(v)$ é implementado usando uma sequência não ordenada, então o processamento de v leva tempo $O(d)$. Faça-se d_{max} denotar o número máximo de filhos de qualquer nodo de T, e h denotar a altura de T. O tempo de pesquisa em uma árvore de pesquisa genérica será $O(hd_{max})$ ou $O(h \log d_{max})$, dependendo da implementação específica das estruturas secundárias nos nodos de T (os mapas $M(v)$). Se d_{max} é uma constante, o tempo de execução para efetivar uma pesquisa é $O(h)$, independente da implementação da estrutura secundária.

Dessa forma, o objetivo principal, visando eficiência em uma árvore de pesquisa genérica, é manter a altura o menor possível, ou seja, deseja-se que h seja uma função logarítmica de n, o número total de itens armazenados no mapa. Uma árvore de pesquisa com altura logarítmica como esta é chamada de **árvore de pesquisa balanceada**. Será discutida a seguir, neste capítulo, uma árvore de pesquisa balanceada que fixa d_{max} em 4.

Definição de uma árvore (2,4)

Uma árvore de pesquisa genérica que mantém as estruturas secundárias armazenadas pequenas em cada nodo e também mantém a árvore genérica primária balanceada é uma **árvore (2,4)**, também chamada de árvore 2-4 ou árvore 2-3-4. Essa estrutura de dados alcança esses objetivos mantendo duas propriedades simples (ver Figura 10.20):

Propriedade do tamanho: Cada nodo tem no máximo quatro filhos.

Propriedade da profundidade: Todos os nodos externos têm a mesma profundidade.

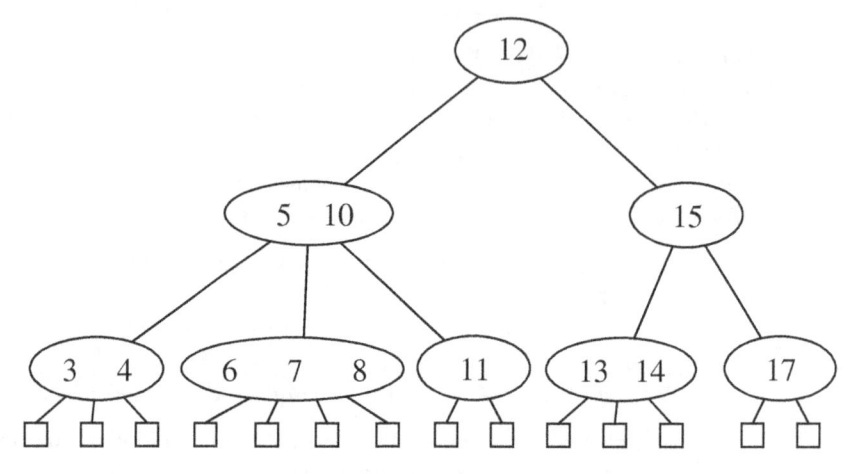

Figura 10.20 Uma árvore (2,4).

Novamente, assume-se que os nodos externos estão vazios e, por simplificação, os métodos de atualização e pesquisa são descritos assumindo que os nodos externos são nodos reais, embora este último requisito não seja obrigatório.

Garantir a propriedade do tamanho para árvores (2,4) mantém simples os nodos de uma árvore genérica de pesquisa. Isso resulta também no nome alternativo, "árvore 2-3-4", pois implica que cada nodo interno da árvore tem 2, 3 ou 4 filhos. Outra implicação dessa regra é que se pode representar o mapa $M(v)$ armazenado em cada nodo interno v usando um vetor e ainda obtendo performance $O(1)$ para o tempo de todas as operações (uma vez que $d_{max} = 4$). A propriedade da profundidade, por outro lado, reforça um limite importante na altura da uma árvore (2,4).

Proposição 10.8 *A altura de uma árvore (2,4) que armazena n itens é $O(\log n)$.*

Justificativa Seja h a altura de uma árvore (2,4) T que armazena n itens. Justifica-se a proposição demonstrando que as pretensões

$$\frac{1}{2}\log(n+1) \leq h \tag{10.9}$$

e

$$h \leq \log(n+1) \tag{10.10}$$

são verdades.

Para justificar essas pretensões, observa-se primeiro que, pela propriedade do tamanho, tem-se no máximo 4 nodos na profundidade 1, no máximo 4^2 na profundidade 2, e assim por diante. Dessa forma, o número de nodos externos em T é no máximo 4^h. Da mesma forma, pela propriedade da profundidade e pela definição de uma árvore (2,4), deve-se ter no mínimo 2 nodos na profundidade 1, pelo menos 2^2 na profundidade 2 e assim por diante. Assim, o número de nodos externos em T é no mínimo 2^h. Além disso, pela Proposição 10.7, o número de nodos externos em T é $n + 1$. Por essa razão, obtém-se

$$2^h \leq n + 1$$

e

$$n + 1 \leq 4^h.$$

Considerando o logaritmo de base 2 para cada um dos termos anteriores, obtém-se que

$$h \leq \log(n + 1)$$

e

$$\log(n + 1) \leq 2h,$$

o que justifica as pretensões (10.9 e 10.10). ■

A Proposição 10.8 mostra que as propriedades do tamanho e da profundidade são suficientes para manter uma árvore genérica balanceada (Seção 10.4.1). Além disso, essa proposição implica que executar uma pesquisa em uma árvore (2,4) leva tempo $O(\log n)$ e que a implementação específica das estruturas secundárias dos nodos não é uma escolha fundamental no projeto, uma vez que o número máximo d_{max} de filhos seja constante (4). Pode-se, por exemplo, usar uma simples implementação de dicionário ordenado, como uma tabela de pesquisa baseada em arranjo para cada estrutura secundária.

10.4.2 Operações de atualização em árvores (2,4)

Manter as propriedades de tamanho e profundidade, após executar operações de inserção e remoção em uma árvore (2,4) requer algum esforço. Essas operações serão analisadas na sequência.

Inserção

Para inserir um novo item (k,x), com chave k, em uma árvore (2,4) T, primeiramente pesquisa-se k. Assumindo que T não contenha nenhum elemento com a chave k, esta pesquisa irá terminar sem sucesso em um nodo externo z. Seja v o nodo pai de z, insere-se o novo item no nodo v e acrescenta-se um novo filho w (um nodo externo) em v, à esquerda de z. Ou seja, adiciona-se o item (k,x,w) ao mapa $M(v)$.

Este método de inserção preserva a propriedade da profundidade, uma vez que se adiciona um novo nodo externo no mesmo nível dos nodos externos existentes. Por outro lado, ela pode violar a propriedade do tamanho. Na verdade, se um nodo v era um nodo-4, então ele pode se tornar um nodo-5 após a inserção, o que faria com que a árvore T não fosse mais uma árvore (2,4). Esse tipo de violação da propriedade do tamanho é chamado de **overflow** do nodo v, e deve ser resolvido de maneira a restaurar as propriedades da árvore (2,4). Sejam $v_1, \ldots, v_5$ os filhos de de v e sejam $k_1, \ldots, k_4$ as chaves armazenadas em v. Para remediar o overflow do nodo v, será executada uma operação de **divisão** em v como segue (ver Figura 10.21):

- Substituir v por dois nodos v' e v'', onde
    - v' é um nodo-3 com filhos v_1, v_2, v_3 que armazenam as chaves k_1 e k_2;
    - v'' é um nodo-2 com filhos v_4, v_5 que armazenam a chave k_4.
- Se v era a raiz de T, crie um novo nodo raiz u; senão, faça u ser o pai de v.
- Insira a chave k_3 em u e faça v' e v'' filhos de u, de maneira que se v fosse o i-ésimo filho de u, então v' e v'' passam a ser os filhos i e $i + 1$ de u, respectivamente.

Segue uma sequência de inserções em uma árvore (2,4) na Figura 10.22.

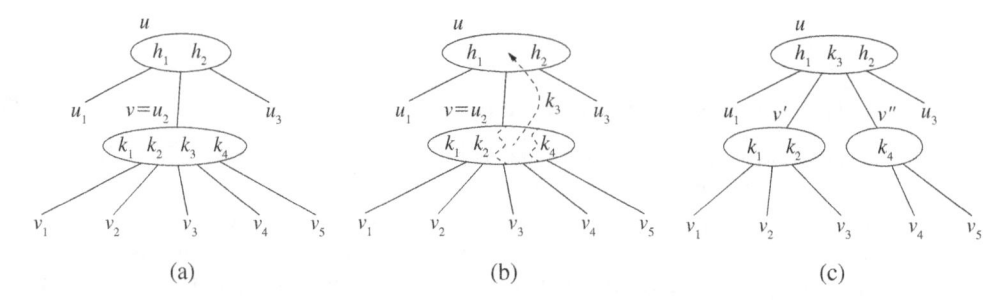

Figura 10.21 Divisão de um nodo: (a) overflow no nodo-5 v; (b) terceira chave de v inserida no pai u de v; (c) nodo v substituído por um nodo-3 v' e um nodo-2 v''.

Analisando inserções em uma árvore (2,4)

Uma operação de divisão afeta um número constante de nodos de uma árvore e $O(1)$ itens armazenados nesses nodos. Assim, essa operação pode ser implementada para executar em tempo $O(1)$.

Como consequência de uma operação de divisão sobre um nodo v, um novo overflow pode ocorrer no pai u de v. Se esse overflow ocorre, ele dispara, por sua vez, uma divisão no nodo u (ver Figura 10.23). Uma operação de divisão tanto pode eliminar como propagar um overflow para o pai do nodo corrente. Dessa forma, o número de operações de divisão é limitado pela altura da árvore que corresponde a $O(\log n)$ pela Proposição 10.8. Sendo assim, o tempo total para executar uma inserção em uma árvore (2,4) é $O(\log n)$.

Remoção

Considere-se agora a remoção de um item com chave k de uma árvore (2,4) T. Inicia-se esta operação executando uma pesquisa em T por um item com chave k. A remoção deste item de uma árvore (2,4) sempre pode cair no caso em que o item a ser removido esteja armazenado em um nodo v cujos filhos são nodos externos. Supondo-se, por exemplo, que o item com chave k que se deseja remover esteja armazenado no i-ésimo item (k_i, x_i) no nodo z, que tem apenas nodos internos como filhos. Nesse caso, troca-se o item (k_i, x_i) por um item apropriado que esteja armazenado no nodo v com nodos externos como filhos, como segue (ver Figura 10.24d):

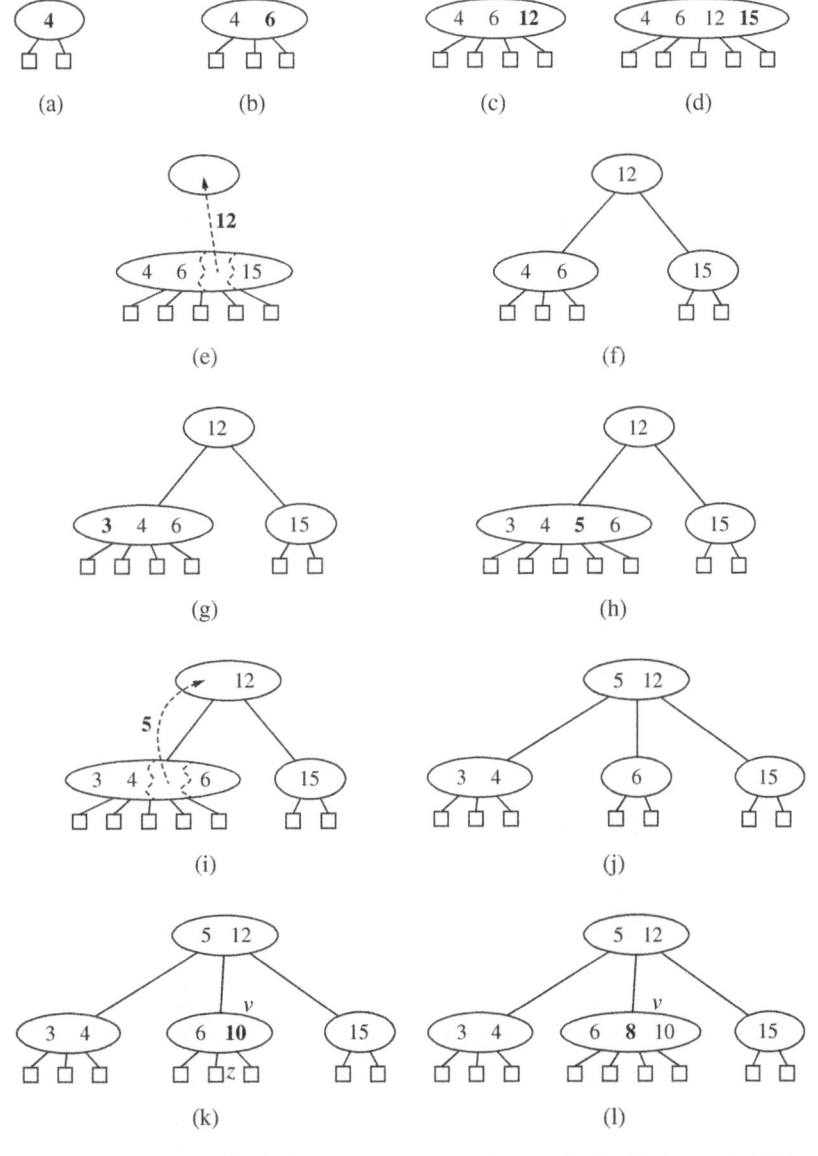

Figura 10.22 Sequência de inserções em uma árvore (2,4): (a) árvore inicial com um item; (b) inserção de 6; (c) inserção de 12; (d) inserção de 15, causando um overflow; (e) divisão, implica na criação de um novo nodo raiz; (f) após a divisão; (g) inserção de 3; (h) inserção de 5, causando um overflow; (i) divisão; (j) após a divisão; (k) inserção de 10; (l) inserção de 8.

1. Encontra-se o nodo interno v mais a direita da subárvore enraizada no i-ésimo filho de z, notando que os filhos do nodo v são todos nodos externos.
2. Troca-se o item (k_i, x_i) de z pelo último item de v.

Uma vez que se garante que o item a ser removido esteja armazenado em um nodo v que tem apenas nodos externos como filhos (porque já estava em v ou porque foi tirado de v), simplesmente se remove o item de v (isto é, do mapa $M(v)$) e o i-ésimo nodo externo de v.

A remoção de um item (e um filho) de um nodo v, como descrito anteriormente, preserva a propriedade da profundidade, porque sempre se remove um nodo externo filho de um nodo v que tem apenas nodos externos como filhos. Entretanto, retirando nodos externos, pode-se violar a propriedade do tamanho em v. Na verdade, se v era um nodo-2, então ele se torna um nodo-1 sem itens após a remoção (Figuras 10.24d e e), o que não é permitido em uma árvore (2,4). Este tipo de violação da propriedade do tamanho é chamado de ***underflow*** do nodo v. Para remediar um underflow,

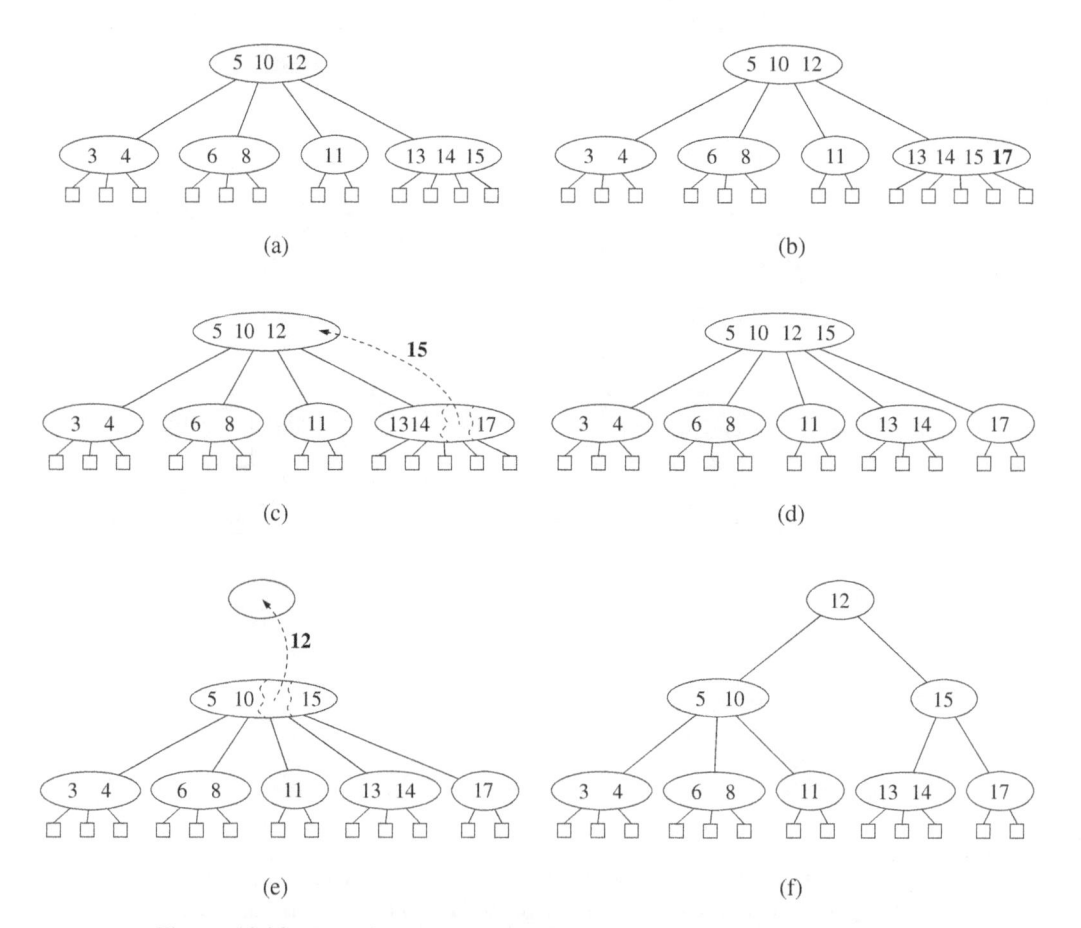

Figura 10.23 Uma inserção em uma árvore (2,4) causa divisões em cascata: (a) antes da inserção; (b) inserção de 17 causando overflow; (c) uma divisão; (d) após a divisão, ocorre um novo overflow; (e) outra divisão criando um novo nodo raiz; (f) árvore final.

verifica-se quando um irmão de *v* é um nodo-3 ou um nodo-4. Encontrando-se tal irmão *w*, é executada uma operação de ***transferência***, na qual se move um filho de *w* para *v*, uma chave de *w* para o pai *u* de *v*, e uma chave de *u* para *v* (ver Figura 10.24b e

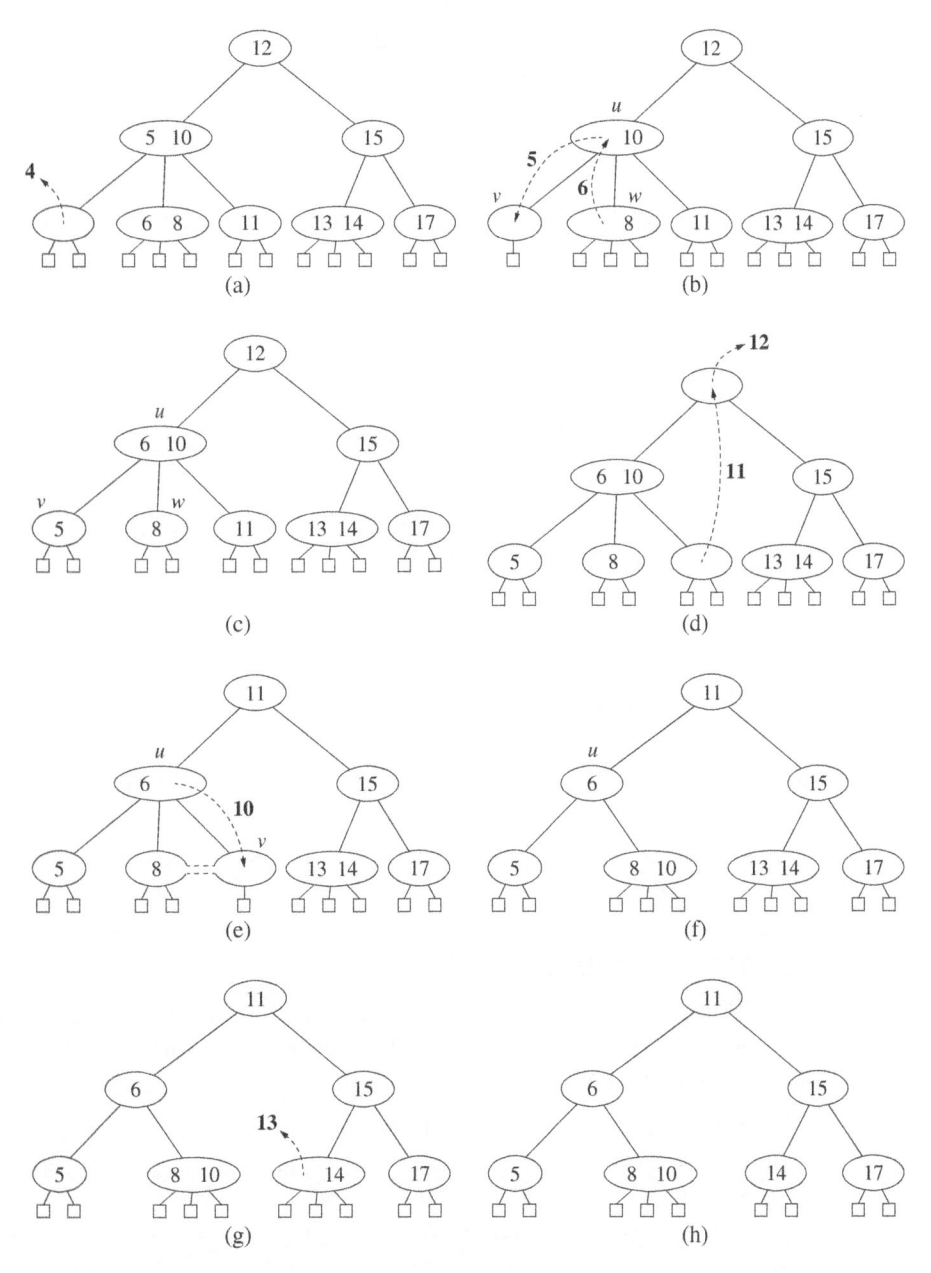

Figura 10.24 Sequência de remoções de uma árvore (2,4): (a) remoção de 4, causando underflow; (b) operação de transferência; (c) após a operação de transferência; (d) remoção de 12, causando underflow; (e) operação de fusão; (f) após a operação de fusão; (g) remoção de 13; (h) após a remoção de 13.

c). Se *v* tiver apenas um irmão ou se os dois irmãos imediatos de *v* são nodos-2, então executa-se uma operação de *fusão*, na qual se une *v* com um irmão, criando um novo nodo *v'*, e movendo uma chave do pai *u* de *v* para *v'*. (Ver Figura 10.25e e f.)

Uma operação de fusão no nodo *v* pode causar um novo underflow, que irá ocorrer no pai *u* de *v*, que por sua vez dispara uma transferência ou fusão em *u* (ver Figura 10.25). Então, o número de operações de fusão é limitado pela altura da árvore que é $O(\log n)$ pela Proposição 10.8. Se um underflow se propaga até a raiz, então esta é simplesmente removida. (Ver Figura 10.25c e d.) Apresenta-se uma sequência de remoções de uma árvore (2,4) nas Figuras 10.24 e 10.25.

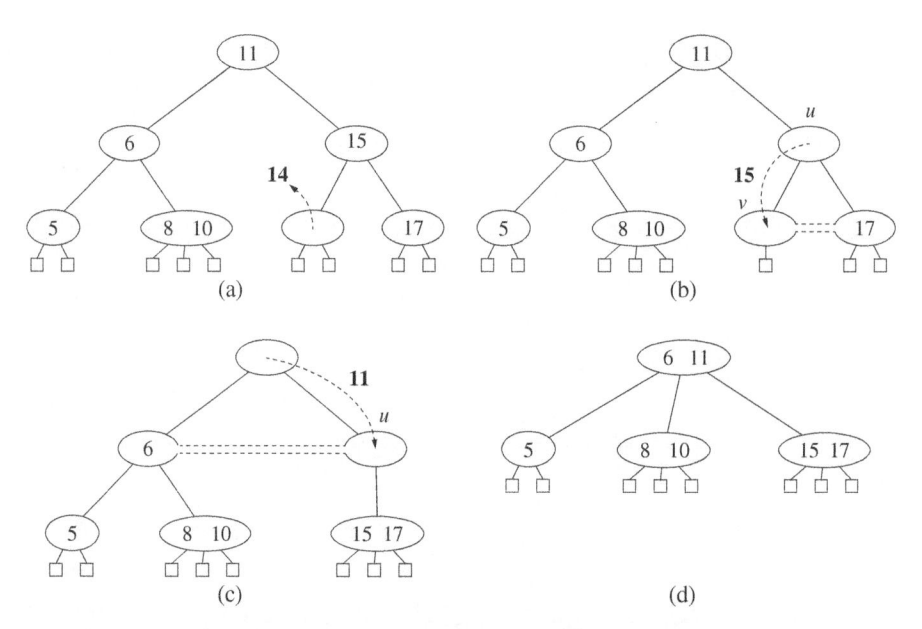

Figura 10.25 Propagação de uma sequência de fusões em uma árvore (2,4): (a) remoção de 14, causando um underflow; (b) fusão, causando outro underflow; (c) segunda operação de fusão, causando a remoção da raiz; (d) árvore final.

Desempenho de árvores (2,4)

A Tabela 10.3 resume os tempos de execução das principais operações de um mapa implementado usando uma árvore (2,4). A análise de complexidade do tempo é baseada no seguinte:

- A altura de uma árvore (2,4) que armazena *n* itens é $O(\log n)$, pela Proposição 10.8.
- Uma operação de divisão, transferência ou fusão leva tempo $O(1)$.
- Uma pesquisa, inserção ou remoção de um item visita $O(\log n)$ nodos.

Operação	Tempo
size, isEmpty	$O(1)$
get, put, remove	$O(\log n)$

Tabela 10.3 Performance de um mapa com n elementos implementados usando uma árvore (2,4). O espaço utilizado é $O(n)$.

Dessa forma, árvores (2,4) oferecem operações rápidas de pesquisa e alteração em mapas. As árvores (2,4) também têm um relacionamento interessante com a estrutura de dados que será discutida a seguir.

10.5 Árvores vermelho-pretas

Apesar de árvores AVL e (2,4) terem várias propriedades interessantes, existem algumas aplicações de mapa para as quais elas não são muito adequadas. Por exemplo, árvores AVL podem requerer a execução de muitas operações de reestruturação (rotações) após a remoção de um elemento, e as árvores (2,4) podem exigir a execução de muitas operações de fusão ou divisão tanto após inserções como remoções. A estrutura de dados que será discutida nesta seção, a árvore vermelho-preta, não apresenta esses problemas, pois exige que sejam permitidas somente alterações estruturais $O(1)$ após uma atualização, visando manter o balanceamento.

Uma *árvore vermelho-preta* é uma árvore de pesquisa binária (ver a Seção 10.1) com nodos coloridos de vermelho e preto, de forma a satisfazer as seguintes propriedades:

Propriedade da raiz: a raiz é preta.

Propriedade externa: todo nodo externo é preto.

Propriedade interna: os filhos de um nodo vermelho são pretos.

Propriedade da profundidade: todos os nodos externos têm a mesma *profundidade preta*, que é definida como o número de ancestrais pretos menos um. (Deve-se lembrar que um nodo é um ancestral dele mesmo.)

Um exemplo de árvore vermelho-preta é apresentado na Figura 10.26.

Como tem sido convencionado neste capítulo, pressupõe-se que os itens são armazenados nos nodos internos da árvore vermelho-preta, com os nodos externos sendo lugares vagos. Além disso, os algoritmos são descritos pressupondo que são nodos reais, mas se nota que às custas de métodos um pouco mais complicados, nodos externos podem ser **null**.

Pode-se tornar a definição de uma árvore vermelho-preta mais intuitiva, observando uma correspondência interessante entre árvores vermelho-pretas e árvores (2,4), como demonstrado na Figura 10.27. Isto é, dada uma árvore vermelho-preta, pode-se construir a árvore (2,4) correspondente combinando todo nodo vermelho v com seu pai, e armazenando o item de v no seu pai. Da mesma forma, pode-se transformar qualquer árvore (2,4) em sua árvore vermelho-preta correspondente, colorindo cada nodo de preto e executando as seguintes transformações sobre cada nodo interno v:

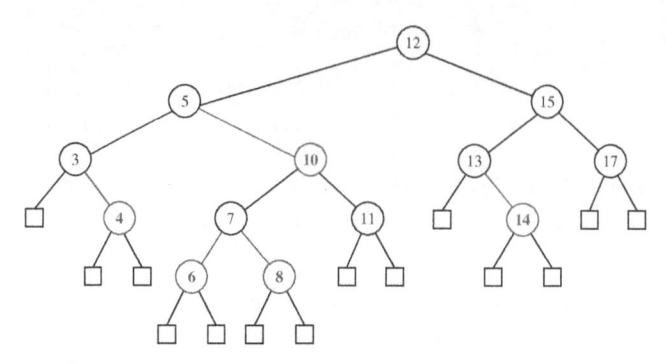

Figura 10.26 Árvore vermelho-preta relacionada com a árvore (2,4) da Figura 10.20. Cada nodo externo desta árvore vermelho-preta tem 4 ancestrais pretos (incluindo ele mesmo); portanto, tem profundidade preta 3. Foi utilizada a cor cinza em vez de vermelho. Além disso, usa-se a convenção de dar para as arestas a mesma cor do nodo filho.

- Se v é um nodo-2, então mantenha os filhos (pretos) de v como estão.
- Se v é um nodo-3, então crie um novo nodo vermelho w, passe os primeiros dois filhos (pretos) de v para w, e faça w e o terceiro filho de v serem os filhos de v.
- Se v é um nodo-4, então crie dois novos nodos vermelhos w e z, passe os dois primeiros filhos (pretos) de v para w, passe os dois últimos filhos (pretos) de v para z, e faça w e z serem os dois filhos de v.

A correspondência entre árvores (2,4) e árvores vermelho-pretas fornece subsídios importantes para entender nossa discussão sobre como executar atualizações em árvores vermelho-pretas. Na verdade, os algoritmos de atualização para árvores vermelho-pretas são misteriosos e complexos sem esses subsídios.

Proposição 10.9 *A altura de uma árvore vermelho-preta que armazena n itens é $O(\log n)$.*

Justificativa Seja T uma árvore vermelho-preta que armazena n itens e seja h a altura de T. Justifica-se essa proposição estabelecendo o seguinte fato:

$$\log(n + 1) \leq h \leq 2\log(n + 1).$$

Seja d a altura comum a todos os nodos externos de T. Seja T' a árvore (2,4) associada com T e seja h' a altura de T'. Em função da correspondência entre árvores vermelho-pretas e árvores (2,4), sabe-se que $h' = d$. Dessa forma, pela Proposição 10.8, $d = h' \leq \log(n + 1)$. Pela propriedade interna do nodo, $h \leq 2d$. Assim, obtém-se $h \leq 2\log(n + 1)$.

A outra desigualdade, $\log(n + 1) \leq h$, segue a Proposição 7.10 e o fato de que T tem n nodos internos. ∎

Assume-se que uma árvore vermelho-preta seja implementada usando a estrutura encadeada de árvores binárias (Seção 7.3.4), na qual se armazena um item do dicionário e um indicador de cor em cada nodo. Dessa maneira, o espaço necessário para armazenar n chaves é $O(n)$. O algoritmo para pesquisar em uma árvore vermelho-preta T é o mesmo que para uma árvore de pesquisa binária (ver Seção 10.1). Assim, pesquisar em uma árvore vermelho-preta leva tempo $O(\log n)$.

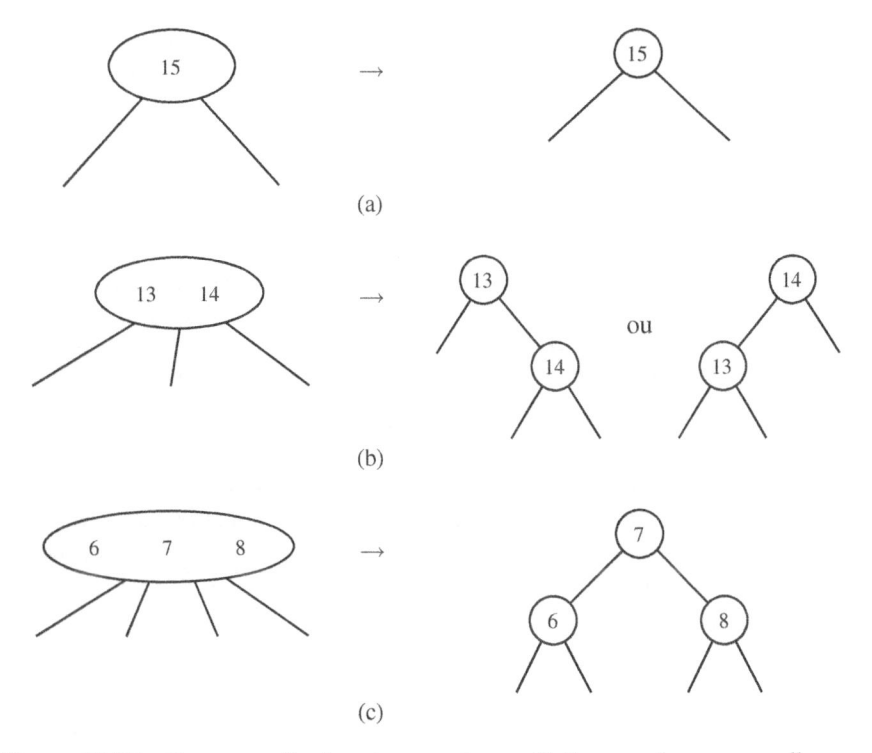

Figura 10.27 Correspondência entre uma árvore (2,4) e uma árvore vermelho-preta: (a) nodo-2; (b) nodo-3; (c) nodo-4.

10.5.1 Operações de atualização

Executar operações de atualização em uma árvore vermelho-preta é semelhante a executar essas operações em uma árvore de pesquisa binária, exceto pelo fato de que temos de restaurar as propriedades das cores.

Inserção

Analisa-se agora a inserção de um elemento x com chave k em uma árvore vermelho-preta T, tendo em mente a correspondência entre T e a árvore (2,4) associada T' e o algoritmo de inserção de T'. O algoritmo de inserção inicia como em uma árvore de pesquisa binária (Seção 10.1.2). Isto é, pesquisa-se k em T até encontrar um nodo externo de T, e substitui-se esse nodo por um nodo interno z, armazenando (k, x) e obtendo dois nodos filhos externos. Se z for a raiz de T, colore-se z de preto, senão colore-se z de vermelho. Colorem-se também os filhos de z de preto. Essa ação corresponde a inserir (k, x) em um nodo da árvore (2,4) T' com filhos externos. Além disso, essa ação preserva a raiz e as propriedades externa e da profundidade de T, mas pode violar a propriedade interna. Na verdade, se z não for a raiz de T e o pai v de z for vermelho, então pai e filho (isto é, v e z) são ambos vermelhos. Observa-se que, pela propriedade da raiz, v não pode ser a raiz de T, e pela propriedade interna (que foi anteriormente satisfeita), o pai de *u* de *v* tem de ser preto. Uma vez que *z* e seu pai sejam vermelhos, mas o avô de *z*, *u*, é preto, chama-se essa violação da propriedade interna de **vermelho duplo** no nodo *z*. Para remediar um vermelho duplo, dois casos são analisados.

Caso 1: *O irmão w de v é preto*. (Ver Figura 10.28.) Nesse caso, o vermelho duplo indica o fato de que se cria nessa árvore vermelho-preta uma substituição malformada para um nodo-4 correspondente da árvore (2,4) T', que tem como seus filhos os quatro filhos pretos de *u*, *v* e *z*. Essa substituição malformada tem um nodo vermelho (*v*) que é pai de outro nodo vermelho (*z*), enquanto o correto é ter dois nodos vermelhos como irmãos. Para consertar esse problema, executa-se uma **reestruturação trinodo** de *T*. A reestruturação trinodo é feita pela operação reestruturação(*z*), que consiste nos passos a seguir (ver novamente a Figura 10.28; esta operação também foi discutida na Seção 10.2):

- Pega-se o nodo *z*, seu pai *v* e seu avô *u* e temporariamente trocam-se seus rótulos para *a*, *b* e *c*, da esquerda para a direita, de maneira que *a*, *b* e *c* sejam visitados nesta ordem em um caminhamento interfixado.
- Substitui-se o avô *u* pelo nodo rotulado *b*, e fazem-se os nodos *a* e *c* serem os filhos de *b*, mantendo os relacionamentos interfixados inalterados.

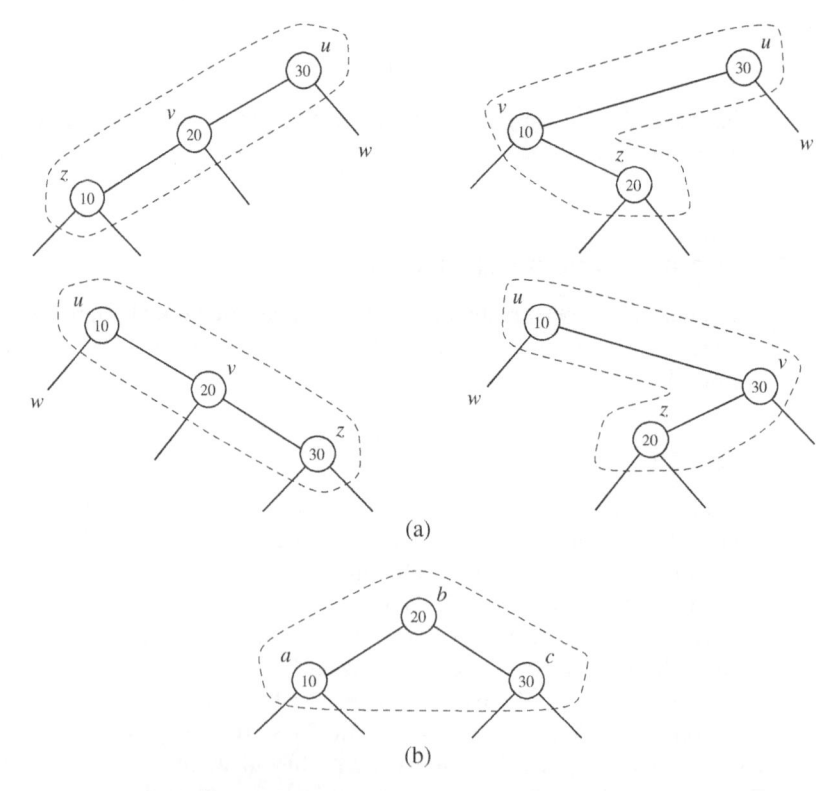

Figura 10.28 Reestruturação de uma árvore vermelho-preta para remediar um vermelho duplo: (a) as quatro configurações para *u*,*v* e *z* antes da reestruturação; (b) após a reestruturação.

Após executar a operação restructure(z), colore-se b de preto e a e c de vermelho. Dessa forma, a reestruturação elimina o problema do vermelho duplo.

Caso 2: *O irmão w de v é vermelho.* (Ver Figura 10.29) Nesse caso, o vermelho duplo indica um overflow na árvore (2,4) T' correspondente. Para corrigir esse problema, executa-se o equivalente a uma operação de divisão. Isto é, ***recolore-se***: colore-se v e w de preto e seu pai u de vermelho (a menos que u seja a raiz, caso em que será colorido de preto). É possível que, após recolorir, o problema do vermelho duplo reapareça, embora mais acima na árvore T, uma vez que u pode ter um pai vermelho. Se o problema do vermelho duplo reaparecer em u, então as considerações para os dois casos sobre u são repetidas. Consequentemente, recolorir tanto pode eliminar o problema do vermelho duplo no nodo z como pode propagá-lo para o avô u de z. Continua-se subindo T, recolorindo até, finalmente, resolver o problema do vermelho duplo (recolorindo ou usando uma reestruturação trinodo). Por consequência, o número de trocas de cores causadas por uma inserção não é maior que a metade da altura da árvore T, ou seja, não mais que log(n + 1), pela Proposição 10.9.

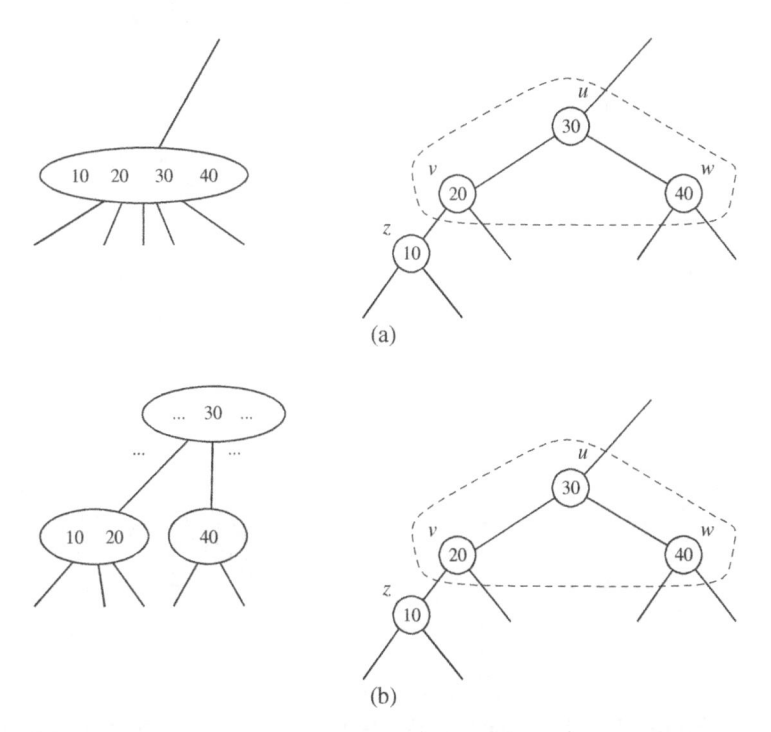

Figura 10.29 Recolorindo para remediar o problema do vermelho duplo: (a) antes de recolorir e o nodo-5 correspondente na árvore (2,4) associada antes da divisão; (b) depois de recolorir (e os nodos correspondentes na árvore (2,4) associada após a divisão).

As Figuras 10.30 e 10.31 mostram uma sequência de operações de inserção em uma árvore vermelho-preta.

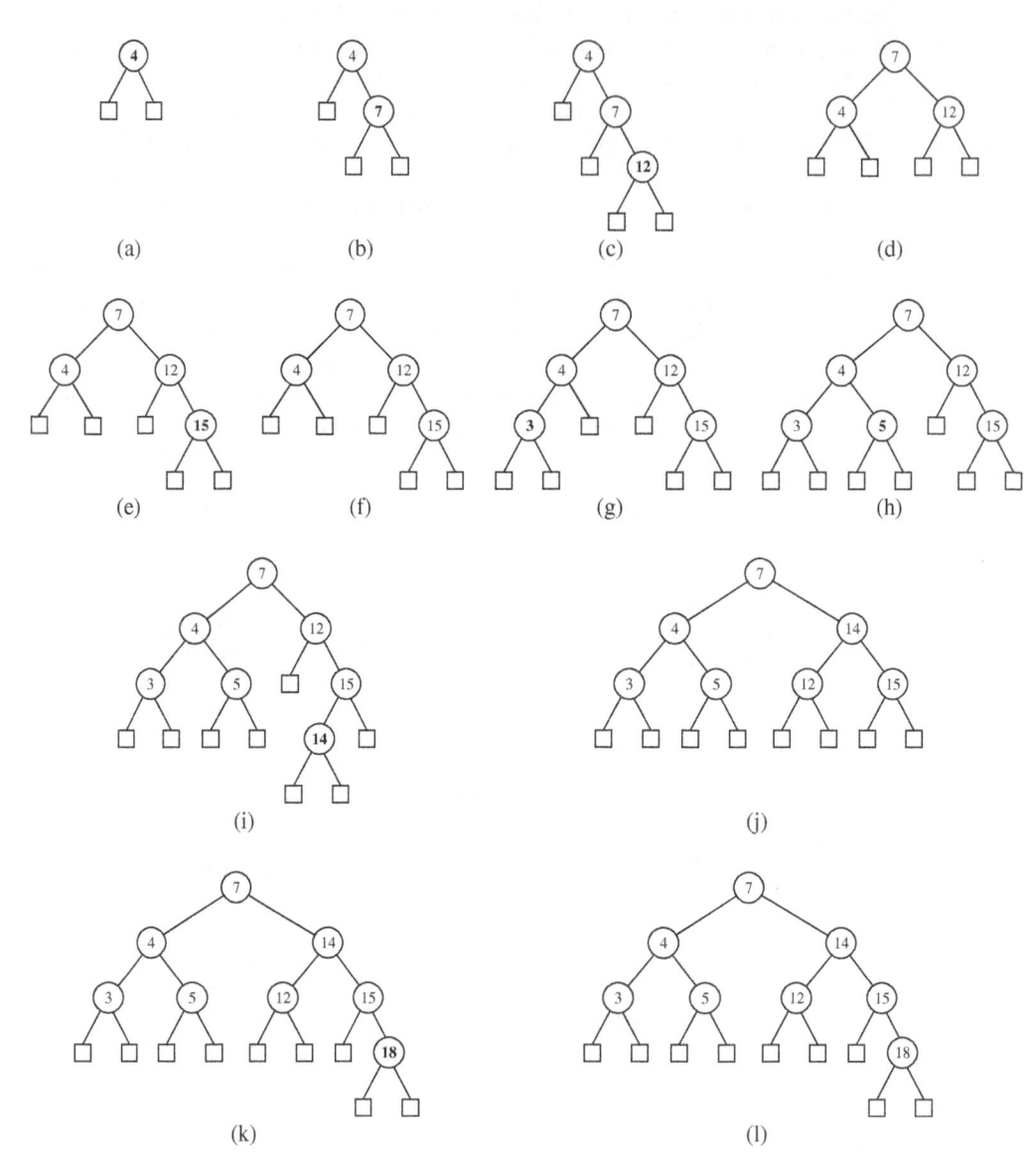

Figura 10.30 Sequência de inserções em uma árvore vermelho-preta: (a) árvore inicial; (b) inserção de 7; (c) inserção de 12, que causa um vermelho duplo; (d) após a reestruturação; (e) inserção de 15, causando um vermelho duplo; (f) após recolorir (a raiz permanece preta); (g) inserção de 3; (h) inserção de 5; (i) inserção de 14, causando um vermelho duplo; (j) após a reestruturação; (k) inserção de 18, causando um vermelho duplo; (l) após recolorir. (Continua na Figura 10.31.)

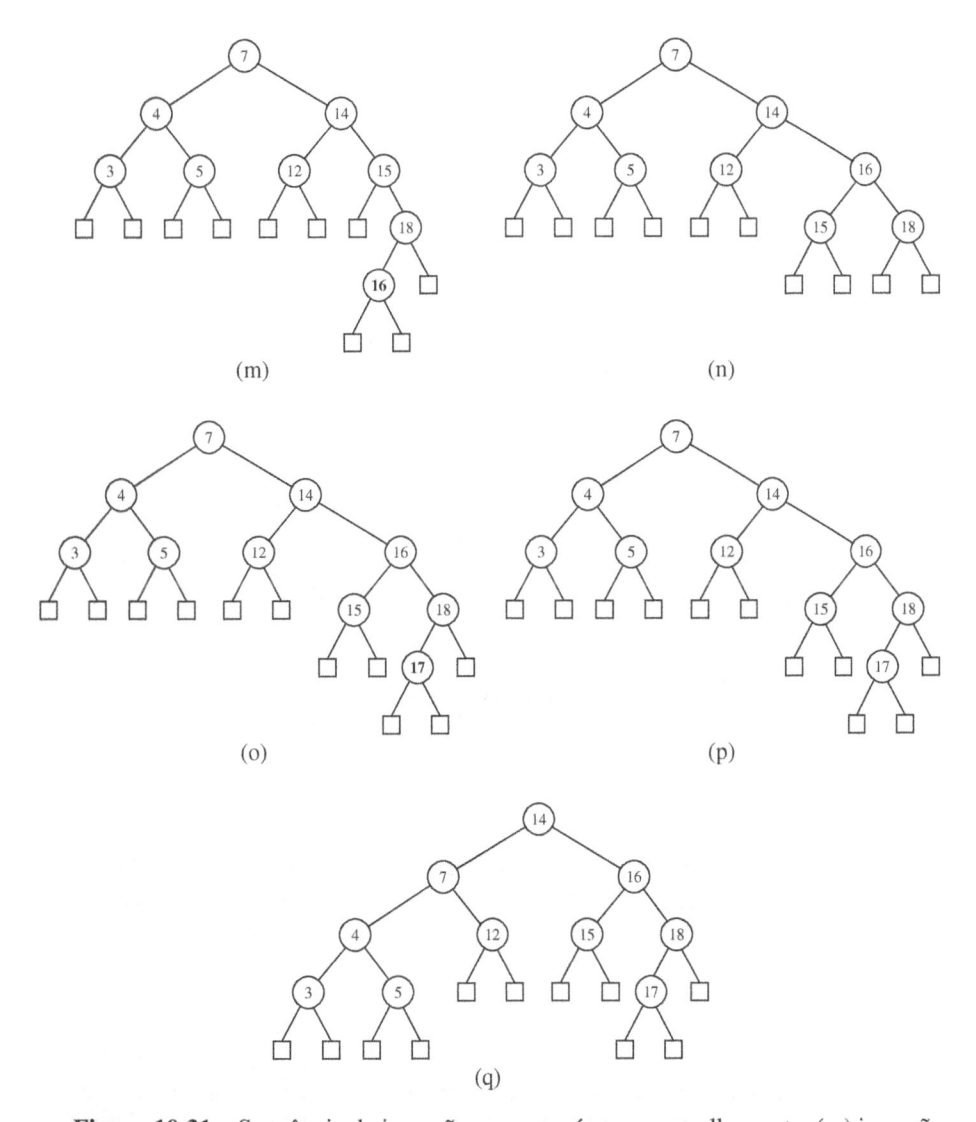

Figura 10.31 Sequência de inserções em uma árvore vermelho-preta: (m) inserção de 16, causando um vermelho duplo; (n) após a reestruturação; (o) inserção de 17, causando um vermelho duplo; (p) após recolorir, existe novamente um vermelho duplo a ser tratado por reestruturação; (q) após a reestruturação. (Continuação da Figura 10.30.)

Os casos de inserção implicam uma propriedade interessante das árvores vermelho-pretas. Ou seja, uma vez que a ação do Caso 1 elimina o problema do vermelho duplo com uma reestruturação trinodo, e a ação do Caso 2 não executa operações de reestruturação, no máximo uma reestruturação será necessária por operação de inserção em árvore vermelho-preta. Por esta análise e pelo fato de que uma reestruturação ou uma troca de cores leva tempo $O(1)$, tem-se o seguinte:

Proposição 10.10 *A inserção de um item chave-elemento em uma árvore vermelho-preta que armazena n itens pode ser feita em tempo O*(log *n*) *e requer no máximo O*(log *n*) *trocas de cores e uma reestruturação trinodo (uma operação de* reestruturação*).*

Remoção

Suponha-se agora que seja preciso remover um item com chave *k* de uma árvore vermelho-preta *T*. A remoção de tal item se inicia como no caso de uma árvore de pesquisa binária (ver Seção 10.1.2). Inicialmente, pesquisa-se o nodo *u* que armazena tal item. Se o nodo *u* não tiver filhos externos, encontra-se o nodo interno *v*, que segue *u* em um caminhamento interfixado sobre *T*, move-se o item em *v* para *u* e efetiva-se a remoção em *v*. Consequentemente, pode-se considerar apenas a remoção de um item com chave *k* armazenado em um nodo *v* com filho externo *w*. Da mesma forma que para as inserções, deve-se ter em mente a correspondência entre a árvore vermelho-preta *T* e a árvore (2,4) *T'* associada (e o algoritmo de remoção para *T'*).

Para remover o item com chave *k* de um nodo *v* de *T* com um filho externo *w*, faz-se como segue. Seja *r* o irmão de *w* e *x* o pai de *v*, removem-se os nodos *v* e *w* e faz-se de *r* filho de *x*. Se *v* era vermelho (logo *r* é preto) ou *r* é vermelho (então *v* era preto), colore-se *r* de preto e é o suficiente. Se, por outro lado, *r* é preto e *v* era preto, então, para preservar a propriedade da profundidade, atribui-se a *r* um *duplo preto* fictício. Agora, tem-se uma violação de cor chamada de problema do duplo preto. Um duplo preto em *T* indica um underflow na árvore (2,4) *T'* correspondente. Deve-se lembrar que *x* é o pai do nodo com duplo preto *r*. Para contornar o problema do duplo preto em *r*, três casos são analisados.

Caso 1: *O irmão* **y** *de* **r** *é preto e tem um filho vermelho* **z.** (Ver Figura 10.32.) Resolver este caso corresponde a uma operação de transferência na árvore (2,4) *T'*. Executa-se uma *reestruturação trinodo* usando a operação reestruturação(*z*). É preciso lembrar que a operação reestruturação(*z*) toma o nodo *z*, seu pai *y* e o avô *x*, rotula-os da esquerda para a direita como *a*, *b* e *c* e substitui *x* pelo nodo rotulado *b*, tornando-o pai dos outros dois. (Ver também a descrição de reestruturação na Seção 10.2.) Colore-se *a* e *c* de preto, atribui-se a *b* a cor anterior de *x* e colore-se *r* de preto. Essa reestruturação trinodo elimina o problema do duplo preto. Consequentemente, nesse caso, é executada no máximo uma reestruturação em uma operação de remoção.

Caso 2: *O irmão* **y** *de* **r** *é preto e os dois filhos de* **y** *são pretos.* (Ver Figuras 10.33 e 10.34.) A resolução deste caso corresponde a uma operação de fusão na árvore (2,4) correspondente a *T'*. **Recolore-se**; colore-se *r* de preto, *y* de vermelho e, se *x* é vermelho, colore-se este de preto (Figura 10.33); caso contrário, colore-se *x* com um *duplo preto* (Figura 10.34). Por consequência, após as cores serem alteradas, o problema do duplo preto pode reaparecer no pai *x* de *r*. (Ver Figura 10.34.) Ou seja, a troca de cores elimina o problema do duplo preto ou propaga-o para os pais do nodo corrente. Dessa forma, uma vez que o Caso 1 executa uma reestruturação trinodo e para (como será visto, o Caso 3 é similar), o número de alterações de cor causadas por uma remoção não é maior que log(*n* + 1).

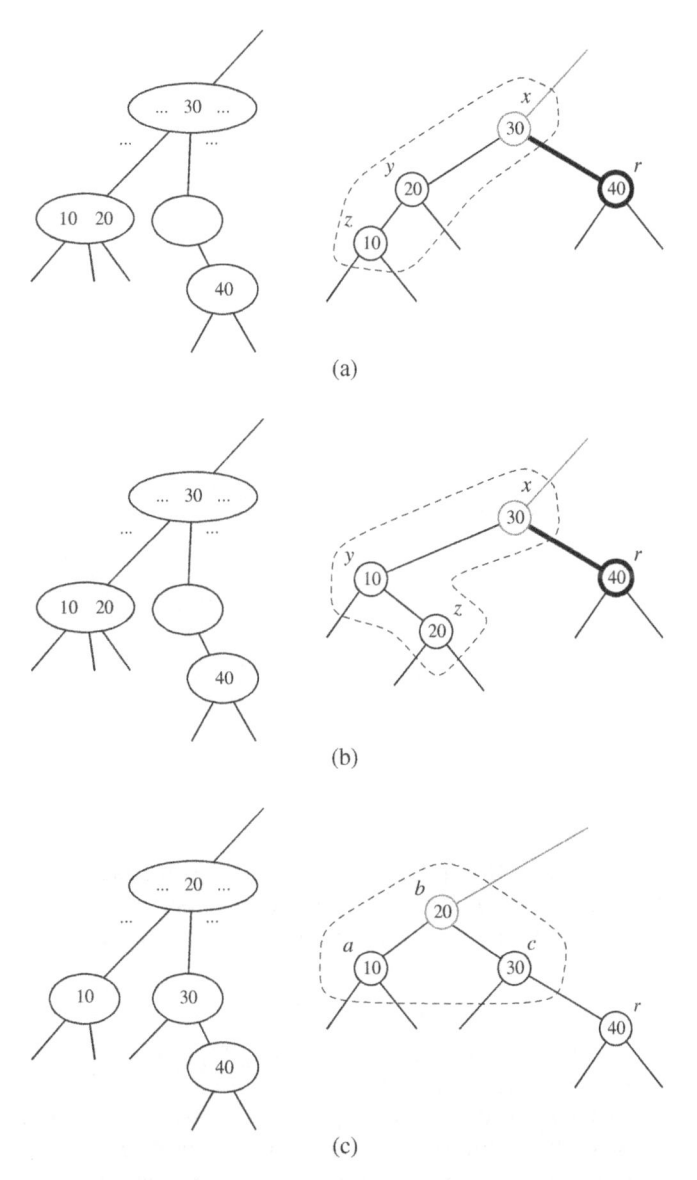

Figura 10.32 Reestruturação de uma árvore vermelho-preta para consertar o problema do duplo preto: configurações (a) e (b) antes da reestruturação, com *r* sendo um filho da direita, juntamente com os nodos associados na árvore (2,4) correspondente antes da transferência (duas outras configurações simétricas são possíveis com *r* sendo o filho da esquerda); configuração (c) após a reestruturação, e os nodos associados na árvore (2,4) correspondente após a transferência. A cor cinza do nodo *x* nas partes (a) e (b) e para o nodo *b* na parte (c) denotam o fato de que este nodo pode ser colorido, tanto de vermelho como de preto.

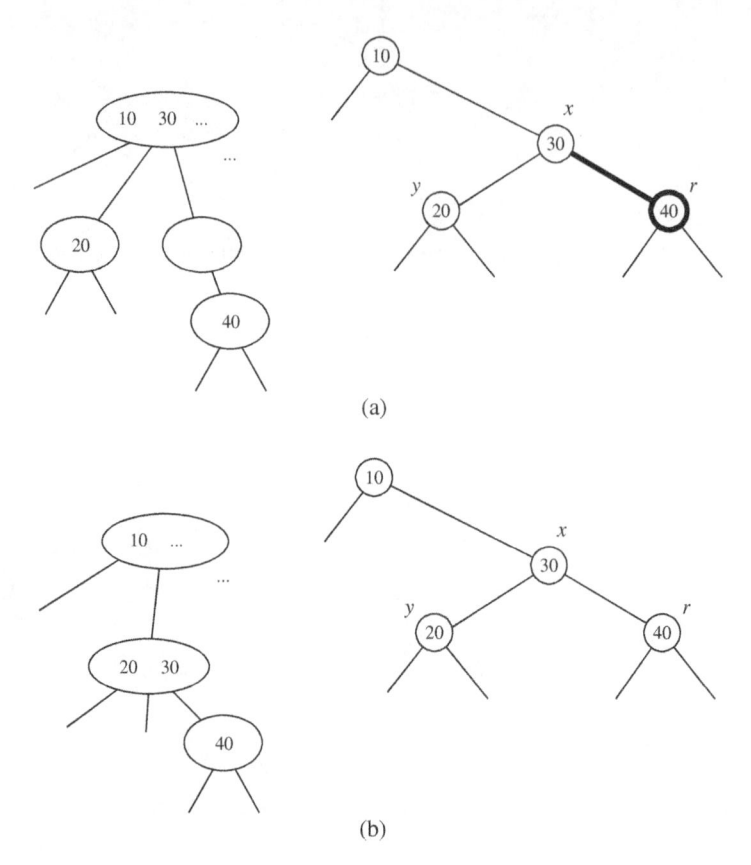

Figura 10.33 Recolorindo uma árvore vermelho-preta para consertar o problema do duplo preto: (a) antes de recolorir e os nodos correspondentes na árvore (2,4) associada antes da fusão (outras configurações semelhantes são possíveis); (b) após recolorir e nodos correspondentes na árvore (2,4) associada após a fusão.

Caso 3: *O irmão y de r é vermelho*. (Veja a Figura 10.35.) Nesse caso, executamos uma operação de *ajuste* como segue. Se y é o filho da direita de x, faça z ser o filho da direita de y; caso contrário, faça z ser o filho da esquerda de y. Execute a operação de reestruturação trinodo, reestruturação(z), que torna y o pai de x. Pinte y de preto e x de vermelho. Um ajuste corresponde à escolha de uma representação diferente de um nodo-3 em uma árvore (2,4) T'. Após a operação de ajuste, o irmão de r é preto, e tanto o Caso 1 como o Caso 2 se aplicam, com um significado diferente para x e y. Observe que, se o Caso 2 se aplica, o problema do preto duplo não pode aparecer novamente. Dessa forma, para completar o Caso 3, efetuamos uma ou mais aplicações tanto do Caso 1 como do Caso 2 e pronto. Por essa razão, pelo menos um ajuste é feito em uma operação de remoção.

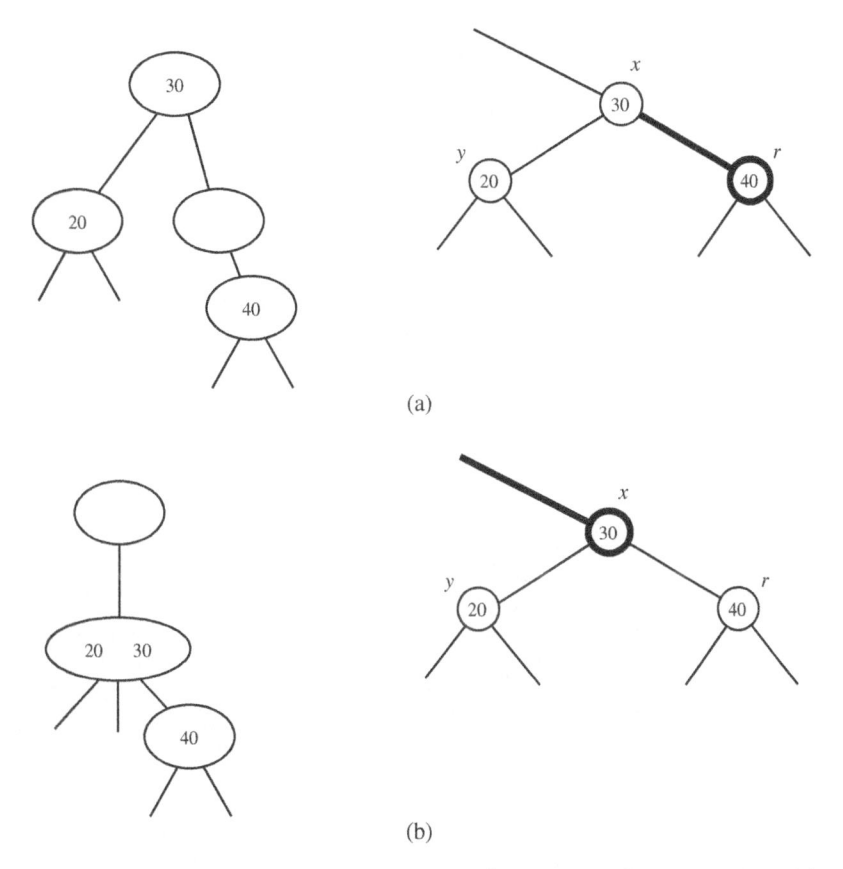

Figura 10.34 Recolorindo uma árvore vermelho-preta para propagar o problema do duplo preto: (a) configuração antes de recolorir e nodos correspondentes na árvore (2,4) associada antes da fusão (outras configurações similares são possíveis); (b) configuração após recolorir e nodos correspondentes na árvore (2,4) associada após a fusão.

A partir da descrição do algoritmo, vê-se que a atualização de uma árvore, necessária após uma remoção, envolve um avanço para cima na árvore T, enquanto uma quantidade constante de trabalho é executada (em uma reestruturação, troca de cores ou ajuste) por nodo. Assim, uma vez que qualquer alteração feita em um nodo de T durante este avanço árvore acima leva tempo $O(1)$ (porque afeta um número constante de nodos), tem-se o seguinte:

Proposição 10.11 *O algoritmo para remoção de um item de uma árvore vermelho--preta com n itens leva tempo $O(\log n)$ e executa $O(\log n)$ trocas de cor e no máximo um ajuste e mais uma reestruturação trinodo adicional. Dessa forma, executa pelo menos duas operações* reestruturação.

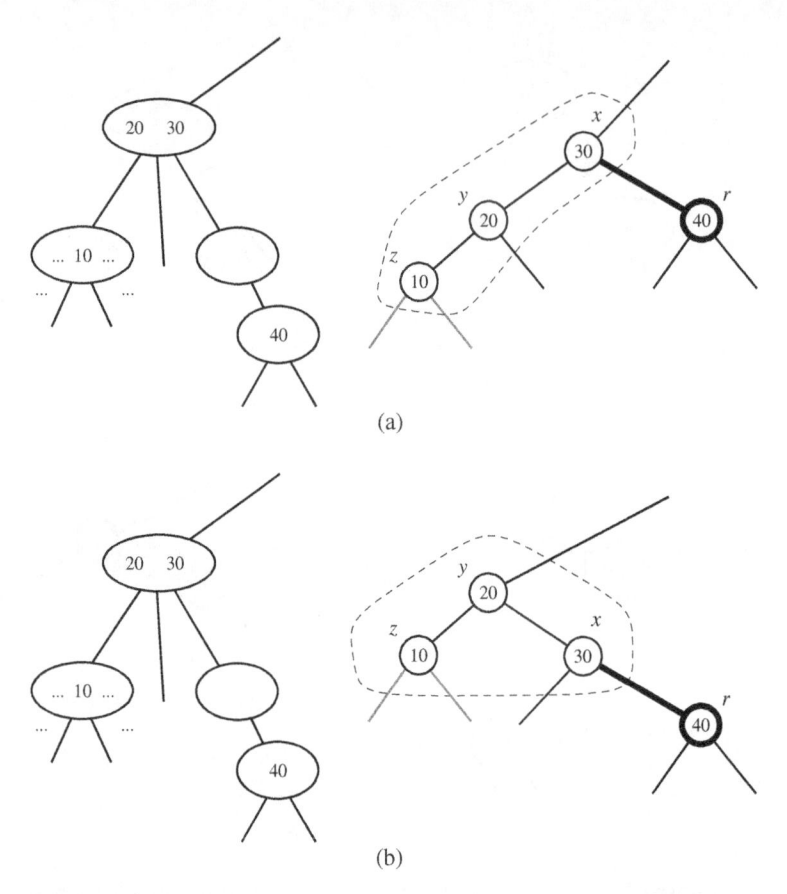

Figura 10.35 Ajuste de uma árvore vermelho-preta na presença do problema de um duplo preto: (a) configuração antes do ajuste e nodos correspondentes na árvore (2,4) associada (uma configuração simétrica é possível); (b) configuração após o ajuste com os mesmos nodos correspondentes na árvore (2,4) associada.

Nas Figuras 10.36 e 10.37, é indicada uma sequência de operações de remoção em uma árvore vermelho-preta. Reestruturações do tipo do Caso 1 são demonstradas na Figura 10.36c e d. Apresentam-se troca de cores do tipo do Caso 2 em vários locais das Figuras 10.36 e 10.37. Finalmente, na Figura 10.37i e j, é mostrado um exemplo de ajuste do tipo previsto no Caso 3.

Desempenho das árvores vermelho-pretas

A Tabela 10.4 resume os tempos de execução das principais operações do mapa implementado usando uma árvore vermelho-preta. As justificativas para esses limites são apresentadas na Figura 10.38.

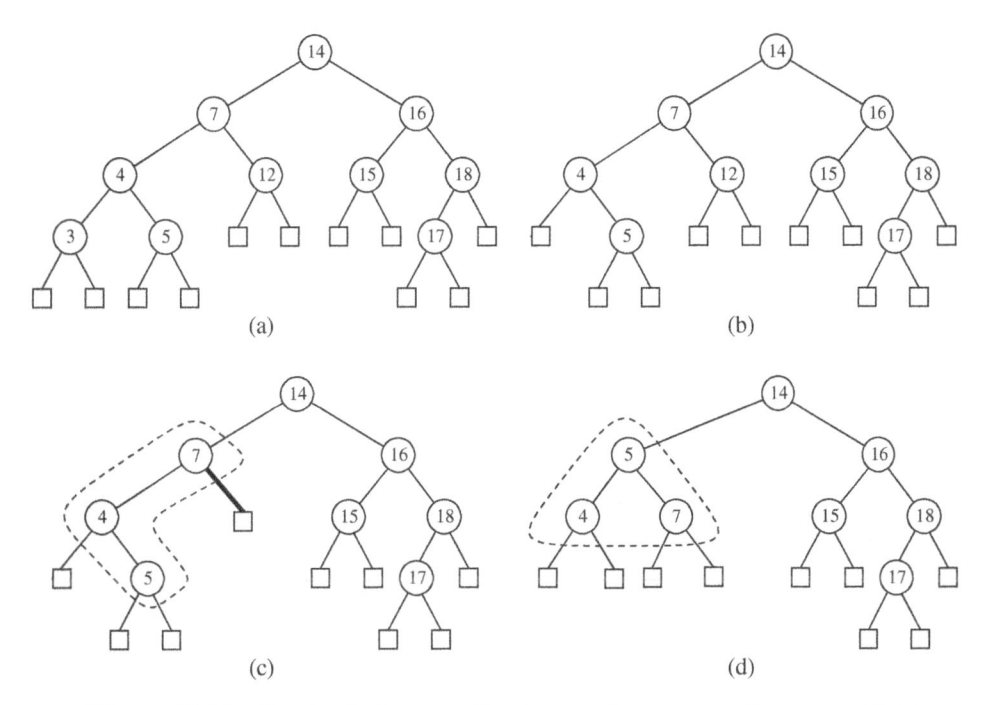

Figura 10.36 Sequência de remoções de uma árvore vermelho-preta: (a) árvore inicial; (b) remoção de 3; (c) remoção de 12, causando um duplo preto (tratado por reestruturação); (d) após a reestruturação. (Continua na Figura 10.37.)

Operação	Tempo
size, isEmpty	$O(1)$
get, put, remove	$O(\log n)$

Tabela 10.4 Performance de um mapa de n elementos implementado usando uma árvore vermelho-preta em que s denota o tamanho dos iteradores retornados por findAll. O espaço utilizado é $O(n)$.

Dessa forma, uma árvore vermelho-preta obtém tempo de execução logarítmico para o pior caso tanto para pesquisa como para atualização em um mapa. A estrutura da árvore vermelho-preta é ligeiramente mais complicada que a árvore (2,4) correspondente. Apesar disso, uma árvore vermelho-preta tem a vantagem conceitual de requerer apenas um número constante de reestruturações trinodo para restaurar o balanceamento após uma atualização.

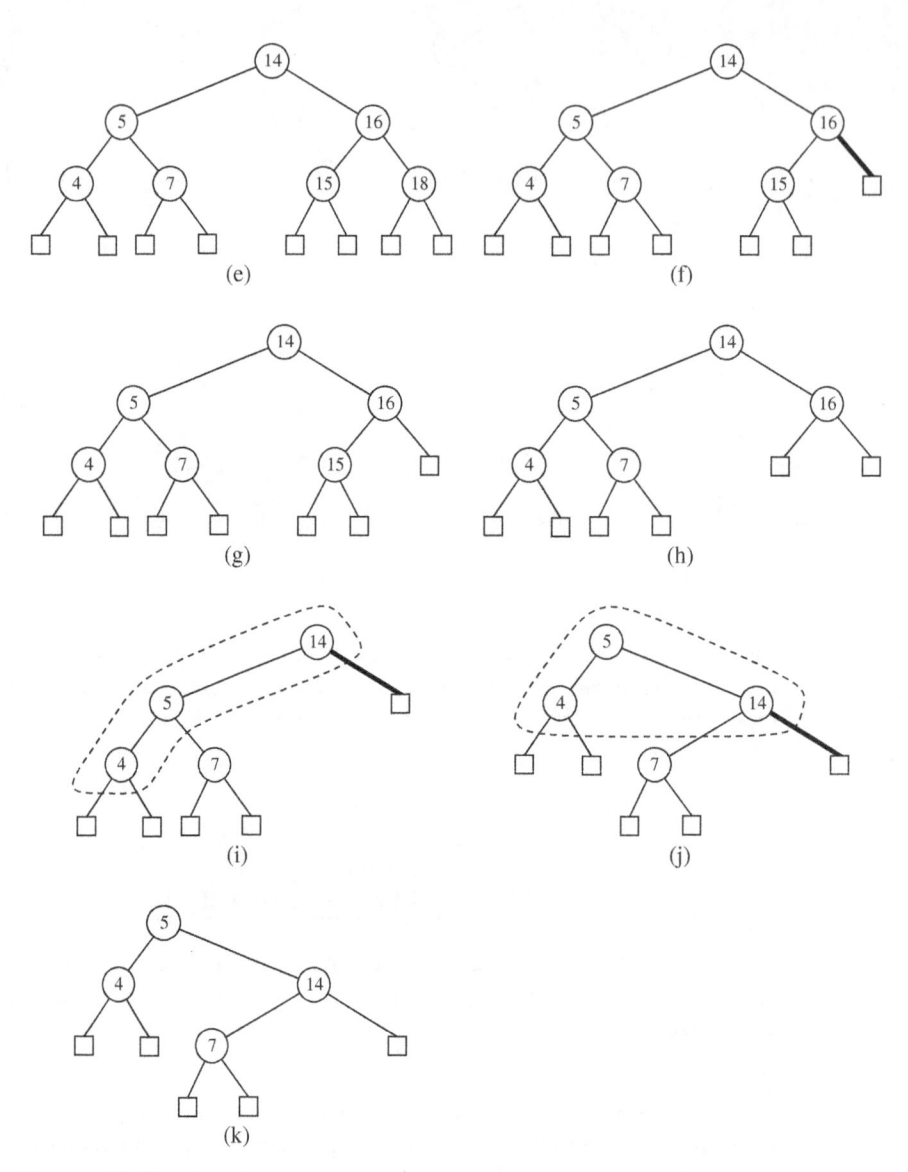

Figura 10.37 Sequência de remoções em uma árvore vermelho-preta (continuação): (e) remoção de 17; (f) remoção de 18, causando um duplo preto (tratado por recolorir); (g) após recolorir; (h) remoção de 15; (i) remoção de 16, causando um duplo preto (tratado por ajuste); (j) após o ajuste, o duplo preto precisa ser tratado por recolorir; (k) após recolorir. (Continuação da Figura 10.36.)

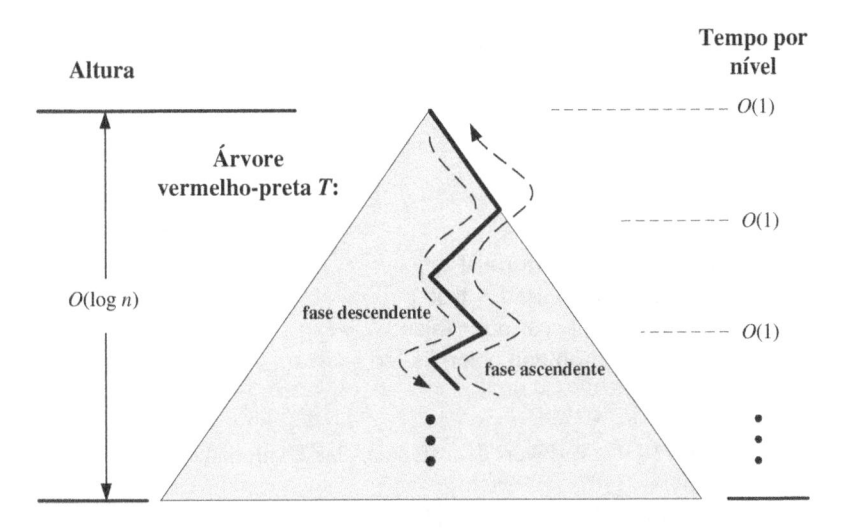

Figura 10.38 Demonstração do tempo de execução de pesquisa e atualização em uma árvore vermelho-preta. A performance de tempo é $O(1)$ por nível, quebrado em uma fase descendente, que tipicamente envolve pesquisa, e uma fase ascendente, que normalmente envolve recolorir e executar reestruturações trinodo locais (rotações).

10.5.2 Implementação Java

Java fornece uma implementação para as interfaces java.util.Map e java.util.NavigableMap usando árvores vermelho-pretas na classe java.util.TreeMap. Isso garante uma performance para o pior caso de $O(\log n)$ para os métodos get, put e remove e operações relacionadas.

Nos Trechos de Código 10.9 até 10.11, são apresentados trechos da implementação em Java de um mapa organizado usando uma árvore vermelho-preta. A classe principal inclui uma classe aninhada, RBNode, mostrada no Trecho de Código 10.9, que estende a classe BTNode usada para representar um item chave-valor de uma árvore de binária de pesquisa. Isso define uma variável de instância adicional isRed, representando a cor do nodo, e métodos para atribuir e retorná-lo.

```
/** Implementação de um dicionário com uma árvore vermelho-preta. */
public class RBTreeMap<K,V>
    extends BinarySearchTreeMap<K,V> implements Map<K,V> {
  public RBTreeMap( ) { super( ); }
  public RBTreeMap(Comparator<K> C) { super(C); }
  /** Classe aninhada para os nodos da árvore vermelho-preta. */
  protected static class RBNode<K,V> extends BTNode<Entry<K,V>> {
    protected boolean isRed;      // Adiciona-se um campo cor para um BTNode
```

```
    RBNode( ) {/* Construtor padrão*/}
    /** Construtor preferido */
    RBNode(Entry<K,V> element, BTPosition<Entry<K,V>> parent,
           BTPosition<Entry<K,V>> left, BTPosition<Entry<K,V>> right) {
      super(element, parent, left, right);
      isRed = false;
    }
    public boolean isRed( ) {return isRed;}
    public void makeRed( ) {isRed = true;}
    public void makeBlack( ) {isRed = false;}
    public void setColor(boolean color) {isRed = color;}
  }
```

Trecho de Código 10.9   Variáveis de instância, classe aninhada e construtor para RBTree.

A classe RBTree (Trechos de Código 10.9 até 10.11) estende a classe BinarySearchTree (Trechos de Código 10.3 até 10.5). Assume-se que a classe pai suporta o método restructure para executar a reestruturação trinodo (rotações); sua implementação foi deixada como exercício (P-10.4). A classe RBTree herda os métodos size, isEmpty, find e get da classe BinarySearchTree, mas sobrecarrega os métodos put e remove. Ela implementa estas duas operações, primeiro pela chamada ao método correspondente da classe pai, e então remediando qualquer violação de cor que esta alteração pode ter causado. Vários métodos auxiliares da classe RBTree não são mostrados, mas seus nomes sugerem seus significados, e suas implementações são diretas.

```
  /** Cria um novo nodo. */
  protected BTPosition<Entry<K,V>> createNode(Entry<K,V> element,
      BTPosition<Entry<K,V>> parent, BTPosition<Entry<K,V>> left,
      BTPosition<Entry<K,V>> right) {
    return new RBNode<K,V>(element,parent,left,right);      // um nodo vermelho e preto
  }
  public V put(K k, V x) throws InvalidKeyException {
    V toReturn = super.put(k, x);
    Position<Entry<K,V>> posZ = actionPos;
    if (toReturn == null) { // uma nova entrada foi acrescentada
      setRed(posZ);
      if (isRoot(posZ))
        setBlack(posZ);
      else
        remedyDoubleRed(posZ);    // resolve uma violação de duplo vermelho
    }
    return toReturn;
  }
  protected void remedyDoubleRed(Position<Entry<K,V>> posZ) {
```

```
    Position<Entry<K,V>> posV = parent(posZ);
    if (isRoot(posV))
      return;
    if (!isPosRed(posV))
      return;
    // tem-se um vermelho duplo: posZ e posV
    if (!isPosRed(sibling(posV))) {      // Caso 1: reestruturação trinodo
      posV = restructure(posZ);
      setBlack(posV);
      setRed(left(posV));
      setRed(right(posV));
    }
    else {  // Caso 2: recolorindo
      setBlack(posV);
      setBlack(sibling(posV));
      Position<Entry<K,V>> posU = parent(posV);
      if (isRoot(posU))
        return;
      setRed(posU);
      remedyDoubleRed(posU);
    }
  }
```

Trecho de Código 10.10 O método TAD mapa e os métodos auxiliares createNode e remedyDoubleRed da classe RBTree.

Os métodos put (Trecho de Código 10.10) e remove (Trecho de Código 10.11) chamam primeiro os métodos correspondentes da superclasse e então os auxiliares para executarem rotações ao longo do caminho partindo da posição de atualização (dada pela variável de instância actionPos herdada da superclasse) até a raiz.

```
public V remove(K k) throws InvalidKeyException {
  V toReturn = super.remove(k);
  Position<Entry<K,V>> posR = actionPos;
  if (toReturn != null) {
    if (wasParentRed(posR) || isRoot(posR) || isPosRed(posR))
      setBlack(posR);
    else
      remedyDoubleBlack(posR);
  }
  return toReturn;
}
protected void remedyDoubleBlack(Position<Entry<K,V>> posR) {
  Position<Entry<K,V>> posX, posY, posZ;
  boolean oldColor;
```

```
    posX = parent(posR);
    posY = sibling(posR);
    if (!isPosRed(posY)) {
      posZ = redChild(posY);
      if (hasRedChild(posY)) {            // Caso 1: reestruturação trinodo
        oldColor = isPosRed(posX);
        posZ = restructure(posZ);
        setColor(posZ, oldColor);
        setBlack(posR);
        setBlack(left(posZ));
        setBlack(right(posZ));
        return;
      }
      setBlack(posR);
      setRed(posY);
      if (!isPosRed(posX)) { // Caso 2: recolorir
        if (!isRoot(posX))
          remedyDoubleBlack(posX);
        return;
      }
      setBlack(posX);
      return;
    } // Caso 3: ajuste
    if (posY == right(posX)) posZ = right(posY);
    else posZ = left(posY);
    restructure(posZ);
    setBlack(posY);
    setRed(posX);
    remedyDoubleBlack(posR);
}
```

Trecho de Código 10.11 Método remove e método auxiliar remedyDoubleBlack da classe RBTree.

10.6 Exercícios

Para obter os códigos-fonte dos exercícios, visite www.grupoa.com.br.

Reforço

R-10.1 Inserindo-se as entradas (1,*A*), (2,*B*), (3,*C*), (4,*D*) e (5,*E*), nessa ordem, em uma árvore de pesquisa binária inicialmente vazia, qual será sua aparência?

R-10.2 Define-se uma árvore binária de pesquisa em que as chaves iguais à chave do nodo podem estar ou à esquerda ou à direita da subárvore deste nodo. Suponha que se altere a definição na qual restringimos chaves iguais na subárvore à direita. Qual seria a subárvore de uma árvore binária de pesquisa que contenha somente chaves iguais, como visto neste caso?

R-10.3 Insira, em uma árvore binária de pesquisa vazia, itens com as chaves 30, 40, 24, 58, 48, 26, 11, 13 (nesta ordem). Desenhe a ávore após cada inserção.

R-10.4 Quantas árvores binárias de pesquisas diferentes podem armazenar as chaves {1,2,3}?

R-10.5 Suponha que os métodos da classe BinarySearchTree (Trechos de Código 10.3 – 10.5) são usados para executar as atualizações mostradas nas Figuras 10.3, 10.4 e 10.5. Qual é o nodo referenciado pela variável de instância actionPos após cada atualização?

R-10.6 O professor Amongus afirma que a ordem na qual um conjunto fixo de itens é inserido em uma árvore binária de pesquisa não interessa — sempre resulta na mesma árvore. Apresente um pequeno exemplo que prove que ele está errado.

R-10.7 O professor Amongus afirma que a ordem na qual um conjunto fixo de itens é inserido em uma árvore AVL não interessa — sempre resulta na mesma árvore. Apresente um pequeno exemplo que prove que ele está errado.

R-10.8 As rotações apresentadas nas Figuras 10.8 e 10.10 são rotações simples ou duplas?

R-10.9 Desenhe a árvore AVL resultante da inserção de um elemento com chave 52 na árvore AVL da Figura 10.10b.

R-10.10 Desenhe a árvore AVL resultante da remoção de um elemento com chave 62 na árvore AVL da Figura 10.10b.

R-10.11 Explique por que executar uma rotação em uma árvore binária com n nodos implementada usando uma sequência consome tempo $\Omega(n)$.

R-10.12 A árvore de pesquisa da Figura 10.19a é uma árvore (2,4)? Por que ou por que não.

R-10.13 Uma forma alternativa de executar uma divisão em um nodo v em uma árvore (2,4) é partir v em v' e v'', com v' sendo um nodo-2 e v'' sendo um nodo-3. Qual das chaves k_1, k_2, k_3 ou k_4 armazena-se no pai de v neste caso? Por quê?

R-10.14 O professor Amongus afirma que uma árvore (2,4) que armazena um conjunto de itens sempre terá a mesma estrutura, não importando a ordem em que os itens sejam inseridos. Mostre que o professor Amongus está errado.

R-10.15 Desenhe quatro árvores vermelho-pretas diferentes que correspondam à mesma árvore (2,4).

R-10.16 Considere o conjunto de chaves $K = \{1,2,3,4,5,6,7,8,9,10,11,12,13,14,15\}$.

a. Desenhe a árvore (2,4) que armazene K como suas chaves usando o menor número de nodos.

b. Desenhe uma árvore (2,4) que armazene K como suas chaves usando o maior número de nodos.

R-10.17 Considere a sequência de chaves (5,16,22,45,2,10,18,30,50,12,1). Desenhe o resultado da inserção dos elementos com estas chaves (nesta ordem) em

a. uma árvore (2,4) inicialmente vazia,

b. uma árvore vermelho-preta inicialmente vazia.

R-10.18 Para cada uma das seguintes afirmações sobre árvores vermelho-pretas, determine se é verdadeira ou falsa. Se você achar que é verdadeira, forneça uma justificativa. Se você achar que é falsa, forneça um contraexemplo.

a. Uma subárvore de uma árvore vermelho-preta também é uma árvore vermelho-preta.

b. O irmão de um nodo externo ou é externo ou é vermelho.

c. Existe uma única árvore (2,4) associada com uma dada árvore vermelho-preta.

d. Existe uma única árvore vermelho-preta associada a uma dada árvore (2,4)

R-10.19 Desenhe um exemplo de árvore vermelho-preta que não é uma árvore AVL.

R-10.20 Analise uma árvore T que armazena 100.000 itens. Qual é o pior caso em relação à altura de T nos seguintes casos:

a. T é uma árvore AVL.

b. T é uma árvore (2,4).

c. T é uma árvore vermelho-preta.

d. T é uma árvore espalhada.

e. T é uma árvore binária de pesquisa.

R-10.21 Execute a seguinte sequência de operações em uma árvore espalhada inicialmente vazia e desenhe a árvore após cada conjunto de operações.

a. Insira as chaves 0, 2, 4, 6, 8, 10, 12, 14, 16, 18, nessa ordem.

b. Pesquise pelas chaves 1, 3, 5, 7, 9, 11, 13, 15, 17, 19, nessa ordem.

c. Remova as chaves 0, 2, 4, 6, 8, 10, 12, 14, 16, 18, nessa ordem.

R-10.22 Como uma árvore espalhada se apresentará se seus elementos são acessados em ordem crescente pelas suas chaves?

R-10.23 Explique como usar uma árvore AVL ou uma árvore vermelho-preta para ordenar n elementos comparáveis no tempo $O(n \log n)$ no pior caso.

R-10.24 Como usar uma árvore espalhada para ordenar n elementos comparáveis no tempo $O(n \log n)$ no **pior caso**? Justifique a sua resposta.

R-10.25 Explique por que se pode obter o mesmo resultado em um caminhamento interfixado sobre uma árvore de pesquisa T independente de T ser mantido por uma árvore AVL, árvore espalhada ou árvore vermelho-preta.

Criatividade

C-10.1 Descreva uma modificação na estrutura de dados da árvore binária de pesquisa que permita encontrar a entrada média, isto é, a entrada com posição $\lfloor n/2 \rfloor$ em uma árvore binária de pesquisa. Descreva tanto as modificações como o algoritmo para encontrar a média assumindo que todas as chaves são distintas.

C-10.2 Projete uma variação do algoritmo TreeSearch para executar a operação getAll(k) em um dicionário ordenado implementado usando uma árvore de pesquisa binária T e mostre que ele executa em tempo $O(h + s)$, onde h é a altura da árvore de pesquisa T e s é o tamanho da coleção retornada.

C-10.3 Descreva como executar a operação removeAll(k) em um dicionário ordenado implementado usando uma árvore binária de pesquisa T e mostre que ele executa em tempo $O(h + s)$, onde h é a altura da árvore de pesquisa T e s é o tamanho do iterador retornado.

C-10.4 Desenhe um exemplo de árvore AVL cuja operação remove exija $\Omega(\log n)$ restruturações trinodo (ou rotações) da folha até a raiz de maneira a restaurar a propriedade da altura/balanceamento.

C-10.5 Mostre como executar a operação removeAll(k), que remove todos os elementos com chave igual a k, em um dicionário implementado com uma árvore AVL em tempo $O(s \log n)$, onde n é o número de elementos no dicionário no momento em que a operação é executada e s é o tamanho do iterador retornado pela operação.

C-10.6 Descreva as alterações que se fazem necessárias na implementação da árvore binária de pesquisa fornecida no livro de maneira a permitir que ela seja usada para suportar um dicionário ordenado, no qual se permitem diferentes entradas para uma mesma chave.

C-10.7 Mantendo-se uma referência para a posição do nodo mais interno à esquerda de uma árvore AVL, então a operação firstEntry (Seção 9.3) pode ser executada em tempo $O(1)$. Descreva como a implementação dos outros métodos do dicionário precisam ser modificadas de maneira a manter uma referência para a posição mais à esquerda.

C-10.8 Mostre que qualquer árvore binária com n nodos pode ser convertida em qualquer outra árvore binária de n nodos usando $O(n)$ rotações.

C-10.9 Faça M ser um mapa ordenado com n itens implementado usando uma árvore AVL. Mostre como implementar a operação a seguir sobre M em tempo $O(\log n + s)$, onde s é o tamanho do iterador retornado:

findAllRange(k_1, k_2): Retorna um iterador de todos os elementos de M com chave k onde $k_1 \leq k \leq k_2$.

C-10.10 Seja M um mapa ordenado com n itens. Mostre como modificar a árvore AVL para implementar o seguinte método para M em tempo $O(\log n)$:

countAllInRange(k_1, k_2): Calcula e retorna o número de itens em D com chave k de maneira que $k_1 \leq k \leq k_2$.

C-10.11 Desenhe uma árvore espalhada T_1 juntamente com a sequência de atualizações que a produzem, e uma árvore vermelho-preta T_2, com o mesmo conjunto de 10 entradas de maneira que um caminhamento prefixado de T_1 seja o mesmo que o caminhamento pós-fixado de T_2.

C-10.12 Mostre que os nodos que se tornam desbalanceados em uma árvore AVL após a execução da operação put podem não ser consecutivos no caminho do nodo recém-inserido até a raiz.

C-10.13 Mostre que pelo menos um nodo de uma árvore AVL se torna desbalanceado após a operação removeExternal ser executada em consequência da execução de uma operação de remove map.

C-10.14 Mostre que no mínimo uma operação de reestruturação trinod é necessária para restaurar o balanceamento após qualquer inserção em uma árvore AVL.

C-10.15 Sejam T e U árvores (2,4) que armazenam n e m itens, respectivamente, tais que todos os itens de T têm menos chaves que todos os itens de U. Descreva um método que executa em $O(\log n + \log m)$ para **unir** T e U em uma única árvore que armazene todos os itens de T e U.

C-10.16 Repita o problema anterior para árvores vermelho-pretas T e U.

C-10.17 Justifique a Proposição 10.7.

C-10.18 O marcador booleano usado para indicar nodos em uma árvore vermelho-preta como sendo "vermelho" ou "preto" não é absolutamente necessário. Descreva um esquema para implementar uma árvore vermelho-preta sem acrescentar espaço extra para nodos padrão de pesquisa binária. Como o seu esquema afeta os tempos de execução de pesquisa e atualização de uma árvore vermelho-preta?

C-10.19 Seja T uma árvore vermelho-preta que armazena n itens e seja k a chave de um item em T. Mostre como construir em tempo $O(\log n)$, a partir de T, duas árvores vermelho-pretas T' e T'' de maneira que T' contenha todas as chaves de T menores que k e T'' contenha todas as chaves de T maiores que k. Esta operação destrói T.

C-10.20 Mostre que os nodos de uma árvore AVL T podem ser coloridos de "vermelho" e "preto" de forma que T se torne uma árvore vermelho-preta.

C-10.21 O TAD **heap unificável** consiste nas operações insert(k,x), removeMin(k), unionWith(h) e min( ), onde a operação unionWith(h) executa a união do heap unificável h com o atual, destruindo as versões antigas de ambos. Descreva uma implementação concreta para o TAD heap unificável que obtenha performance $O(\log n)$ para todas as suas operações.

C-10.22 Considere uma variação da árvore espalhada chamada de **árvores half-splay,** na qual a expansão de um nodo com profundidade d para assim que o nodo consiga a profundidade $\lfloor d/2 \rfloor$. Execute uma análise de amortização das árvores semiespalhadas.

C-10.23 A etapa de expansão padrão requer duas passagens, uma descida para encontrar o nodo x para expansão, seguida por uma subida para expandir o nodo x. Descreva um método para expansão e pesquisa pelo nodo x em um passo de descida. Cada subpasso requer que você considere os próximos dois nodos no caminho abaixo de x, com um possível subpasso zigue executado no final. Descreva como executar os passos zigue-zigue, zigue--zague e zigue.

C-10.24 Descreva uma sequência de acessos a um nodo n da árvore espalhada T, onde n é ímpar, que resulta em T, consistindo em uma simples cadeia de nodos internos com filhos que são nodos externos, no qual o caminho do nodo interno abaixo T alterna entre o filho à esquerda e o filho à direita.

C-10.25 Explique como implementar um arranjo de n elementos onde os métodos add e get levam o tempo $O(\log n)$ no pior caso.

Projetos

P-10.1 Faça uma comparação experimental da performance da classe java.util.TreeMap que implementa um mapa com uma árvore vermelho-preta e java.util.concurrent.ConcurrentSkipListMap que usa uma skip list.

P-10.2 Neste projeto, você deve escrever um programa que execute uma simples simulação de n-corpos chamada de "Duendes Saltitantes"†. Essa simulação envolve n duendes, numerados de 1 até n. Ela mantém um valor em ouro g_i para cada duende i, e se inicia com cada duende começando com o valor do ouro em um milhão de dólares, isto é, $g_i = 1.000.000$ para cada $i = 1, 2,..., n$. Além disso, a simulação também mantém, para cada duende i, um lugar no horizonte, que é representado com um número de ponto flutuante de dupla precisão, x_i. Em cada iteração da simulação, esta processa os duendes na ordem. O processamento de um duende durante esta iteração inicia pela computação de um novo lugar no horizonte para i, que é determinado pela seguinte tarefa

$$x_i \leftarrow x_i + rg_i,$$

onde r é um número de ponto flutuante gerado randomicamente dentro do intervalo -1 e 1. O duende i então rouba metade do ouro do duende mais próximo de um dos seus lados e adiciona este ouro no seu valor em ouro g_i. Escreva um programa que possa executar uma série de iterações nesta simulação para um dado número, n, de duendes. Tente incluir uma visualização dos duendes nesta simulação, incluindo seus valores em ouro e posições no horizonte. Você pode manter o conjunto de posições do horizonte usando uma estrutura de dados de mapa ordenado descrita neste capítulo.

P-10.3 Estenda a classe BinarySearchTree (Trechos de Código 10.3 – 10.5) para suportar os métodos de um TAD mapa ordenado (ver Seção 9.3).

---

† N. de T.: O autor utiliza a expressão "Jumping Leprechauns".

P-10.4 Implemente um classe RestructurableNodeBinaryTree que suporte os métodos de um TAD árvore binária, mais um método restructure para execução de uma operação de rotação. Esta classe é um componente da implementação de uma árvore AVL apresentada na Seção 10.2.2.

P-10.5 Escreva uma classe Java que implemente todos os métodos de um TAD mapa ordenado (ver Seção 9.3) usando uma árvore AVL.

P-10.6 Escreva uma classe Java que implemente todos os métodos de um TAD mapa ordenado (ver Seção 9.3) usando uma árvore (2,4).

P-10.7 Escreva uma classe Java que implemente todos os métodos de um TAD mapa ordenado (ver Seção 9.3) usando uma árvore vermelho-preta.

P-10.8 Forme uma equipe de três programadores em que cada membro implemente um dos três projetos apresentados anteriormente. Faça um extensivo estudo para comparar a velocidade de cada uma destas três implementações.

P-10.9 Escreva uma classe Java que receba uma árvore vermelho-preta qualquer e a converta na árvore (2,4) equivalente, e que receba qualquer árvore (2,4) e a converta na sua equivalente vermelho-preta.

P-10.10 Implemente a interface java.util.Map usando uma árvore espalhada e compare sua performance experimentalmente com a classe java.util.TreeMap que usa uma árvore vermelho-preta e com java.util.concurrente.ConcurrentSkipListMap, que usa uma skip list.

P-10.11 Prepare uma implementação de árvores espalhadas que utilize expansão bottom-up como descrito neste capítulo e outra que utilize uma expansão top-down como descrito no Exercício C-10.23. Execute um estudo experimental extensivo para verificar qual implementação é melhor na prática, se houver.

10.12 Implemente a estrutura de dados de uma árvore binária de pesquisa de maneira que ela possa suportar o TAD dicionário com entradas diferentes tendo as mesmas chaves. Além disso, deve suportar os métodos entrySetPreorder( ), entrySetInorder( ) e entrySetPostorder( ), que geram uma coleção iterável de entradas na árvore binária de pesquisa na mesma ordem em que seriam visitados nos caminhamentos prefixado, infixado e pós-fixado da árvore.

Observações sobre o capítulo

Algumas das estruturas de dados discutidas neste capítulo são descritas em detalhes por Knuth no seu livro *Sorting and Searching* [63] e por Mehlhorn em [74]. As árvores AVL são atribuídas a Adel'son-Vel'skii e Landis [1], que inventaram essa classe de árvores de pesquisa balanceadas em 1962. Árvores de pesquisa binária, árvores AVL e estruturas de hash são descritas por Knuth no seu livro *Sorting and Searching* [63]. Análises de altura média para árvores de pesquisa binária podem ser encontradas nos livros de Aho, Hopcroft e Ulman [5] e Cormen, Leiserson e Rivest [25]. O manual de Gonnet e Baeza-Yates [39] contém uma boa quantidade de comparações experimentais e teóricas entre implementações de mapas. Ahos, Hopcroft e Ulman [4], discutem árvores (2,3), que são similares a árvores (2,4). Árvores vermelho-pretas são definidas por Bayer [10]. Variações e propriedades interessantes de árvores vermelho-pretas são apresentadas em um artigo de Guibas e Sedgewick [44]. O leitor interessado em aprender mais sobre diferentes tipos de estruturas de árvores balanceadas deve procurar os livros de Mehlhorn [74] e Tarjan [91] e o capítulo de livro de Mehlhorn e Tsakalidis [76]. Knuth [63] é uma leitura adicional excelente que inclui abordagens mais recentes de árvores balanceadas. Árvores espalhadas foram inventadas por Sleator and Tarjan [86] (ver também [91]).

Capítulo 11
Ordenação, Conjuntos e Seleção

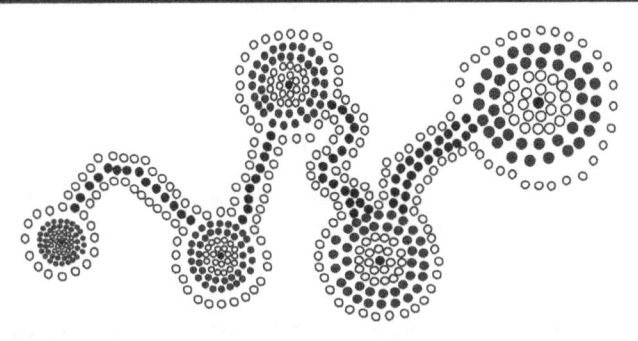

Sumário

11.1	**Merge-sort**..	**506**
	11.1.1 Divisão e conquista.................................	506
	11.1.2 Junção de arranjos e listas..........................	511
	11.1.3 O tempo de execução do merge-sort...................	512
	11.1.4 Implementações Java do merge-sort...................	514
	11.1.5 O merge-sort e suas relações de recorrência ★..........	517
11.2	**Quick-sort**..	**518**
	11.2.1 Quick-sort randômico..............................	525
	11.2.2 Implementações e otimizações de Java.................	527
11.3	**Estudando ordenação por meio da visão algorítmica**...........	**530**
	11.3.1 Um limite inferior para ordenação.....................	531
	11.3.2 Ordenação em tempo linear: bucket-sort e radix-sort......	532
	11.3.3 Comparando algoritmos de ordenação..................	535
11.4	**Conjuntos e as estruturas union/find**.........................	**537**
	11.4.1 O TAD conjunto.....................................	537
	11.4.2 Conjuntos de fusão e o padrão do método modelo........	538
	11.4.3 Partições com operações de union-find..................	542
11.5	**Seleção**...	**546**
	11.5.1 Poda e busca.......................................	546
	11.5.2 Quick-select randômico..............................	547
	11.5.3 Analisando o quick-select randômico...................	548
11.6	**Exercícios**...	**549**

11.1 Merge-sort

Nesta seção, será apresentada uma técnica de ordenação chamada de *merge-sort*, que pode ser descrita de uma forma simples e compacta usando recursão.

11.1.1 Divisão e conquista

O merge-sort baseia-se em um padrão de projeto chamado de ***divisão e conquista*** (*divide-and-conquer*). O paradigma de divisão e conquista pode ser descrito, de maneira geral, como sendo composto de três fases:

1. *Divisão:* se o tamanho da entrada for menor que um certo limite (por exemplo, um ou dois elementos), resolve-se o problema usando um método direto e retorna-se a solução obtida. Em qualquer outro caso, os dados de entrada são divididos em dois ou mais conjuntos disjuntos.
2. *Recursão:* soluciona-se os problemas associados aos subconjuntos recursivamente.
3. *Conquista:* as soluções dos subproblemas são obtidas e unidas em uma única solução para o problema original.

Usando divisão e conquista para ordenação

No problema da ordenação tem-se uma coleção de n objetos, normalmente armazenados em uma lista ou arranjo, juntamente a algum comparador que define uma relação total de ordem nesses objetos, e deve ser gerada uma representação ordenada deles. O algoritmo de ordenação será descrito em alto nível para sequências, e será explicado em detalhes o que é necessário para implementá-las usando listas e arranjos. Para o problema de ordenar uma sequência S de n elementos, usando os três passos de divisão e conquista, o algoritmo merge-sort procede da seguinte forma:

1. *Divisão:* se S tem zero ou um elemento, retorna-se S imediatamente, já ordenado. Em qualquer outro caso (S tem pelo menos dois elementos), removem-se todos os elementos de S e colocam-se em duas sequências, S_1 e S_2, cada uma contendo aproximadamente a metade dos elementos de S, ou seja, S_1 contém os primeiros $\lceil n/2 \rceil$ elementos de S e S_2 contém os $\lfloor n/2 \rfloor$ elementos restantes.
2. *Recursão:* ordenam-se recursivamente as sequências S_1 e S_2.
3. *Conquista:* os elementos são colocados de volta em S, unindo as sequências S_1 e S_2 em uma sequência ordenada.

No que se refere ao passo de divisão, é importante lembrar que a notação $\lceil x \rceil$ indica o ***teto*** de x, ou seja, o menor inteiro m que satisfaz $x \leq m$. Da mesma forma, a notação $\lfloor x \rfloor$ indica o ***piso*** de x, ou seja, o maior inteiro k que satisfaz $k \leq x$.

Pode-se visualizar a execução do algoritmo merge-sort usando uma árvore binária T, chamada de ***árvore merge-sort***. Cada nodo de T representa uma invocação recursiva (ou chamada) do algoritmo merge-sort. Associa-se com cada nodo v de T

a sequência *S* que é processada pela invocação associada com *v*. Os filhos do nodo *v* são associados com as chamadas recursivas que processam as subsequências S_1 e S_2 de *S*. Os nodos externos de *T* são associados com elementos individuais de *S*, correspondendo a instâncias do algoritmo que não fazem chamadas recursivas.

A Figura 11.1 resume uma execução do algoritmo merge-sort, mostrando as sequências de entrada e saída processadas em cada nodo da árvore merge-sort. A evolução passo a passo desta árvore é apresentada nas Figuras 11.2 a 11.4.

Essa visualização do algoritmo em termos da árvore merge-sort ajuda a analisar o tempo de execução do algoritmo merge-sort. Em especial, uma vez que o tamanho da sequência de entrada é grosseiramente dividido pela metade a cada chamada recursiva do merge-sort, a altura da árvore merge-sort se aproxima de log *n* (lembre que a base de log é 2, se omitida).

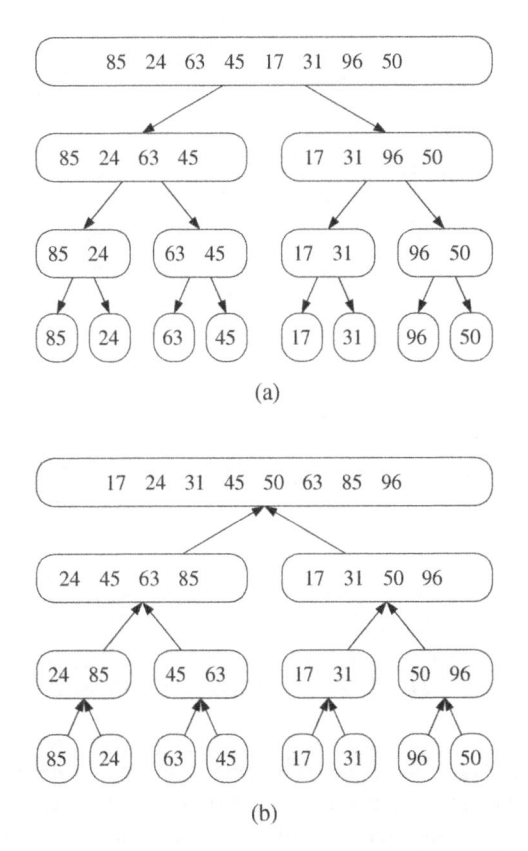

Figura 11.1 Árvore merge-sort *T* para uma execução do algoritmo merge-sort em uma sequência com 8 elementos: (a) sequência de entrada processada em cada nodo de *T*; (b) sequência de saída geradas em cada nodo de *T*.

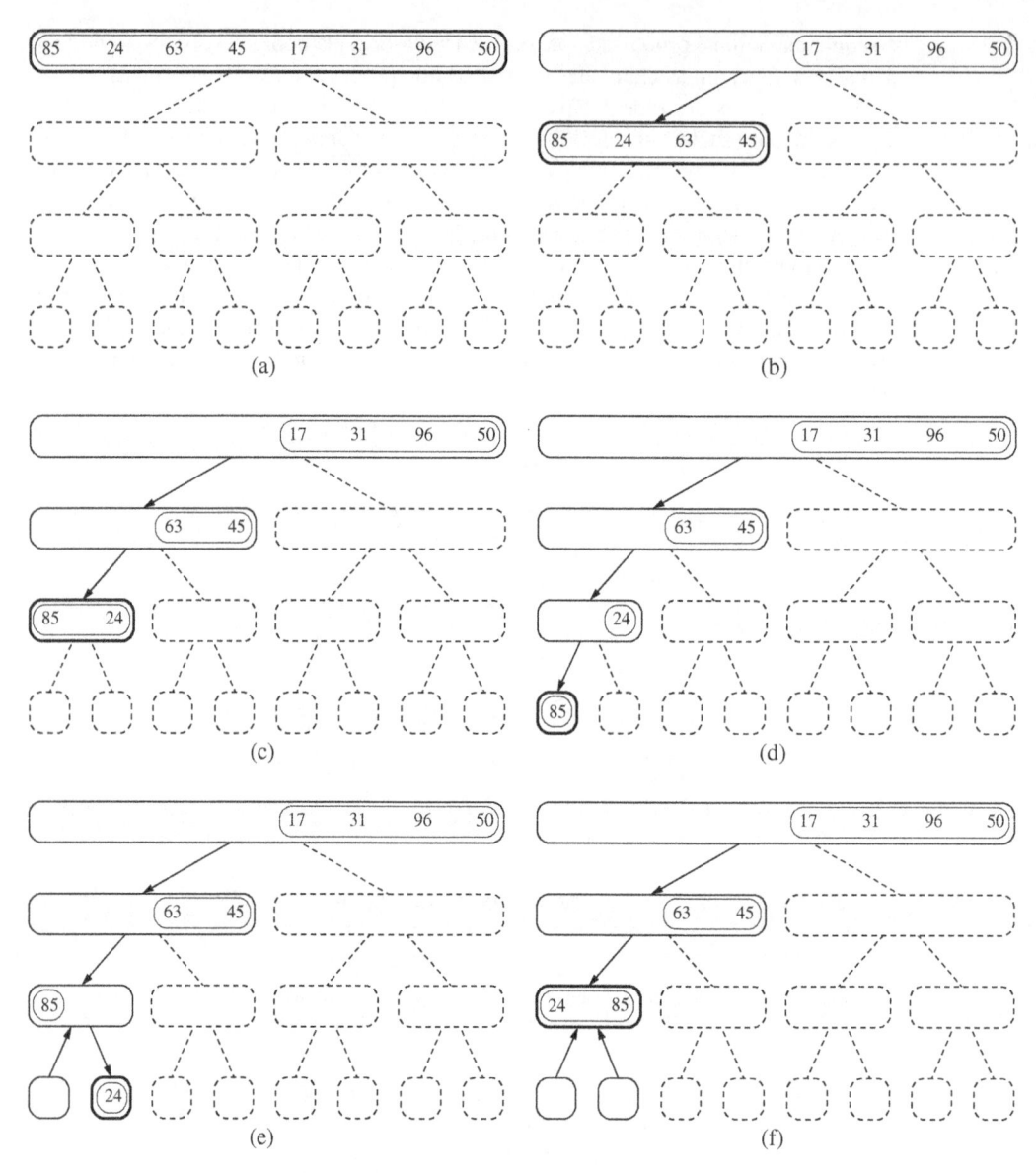

Figura 11.2 Visualização de uma execução do merge-sort. Cada nodo da árvore representa uma chamada recursiva do merge-sort. Os nodos desenhados com linhas pontilhadas mostram chamadas que ainda não foram feitas. Os nodos desenhados com linhas grossas representam as chamadas correntes. Os nodos vazios desenhados com linhas finas indicam chamadas completadas. Os nodos restantes (desenhados com linhas finas e que não estão vazios) representam chamadas que estão esperando pela invocação dos filhos para retornar. (Continua na Figura 11.3.)

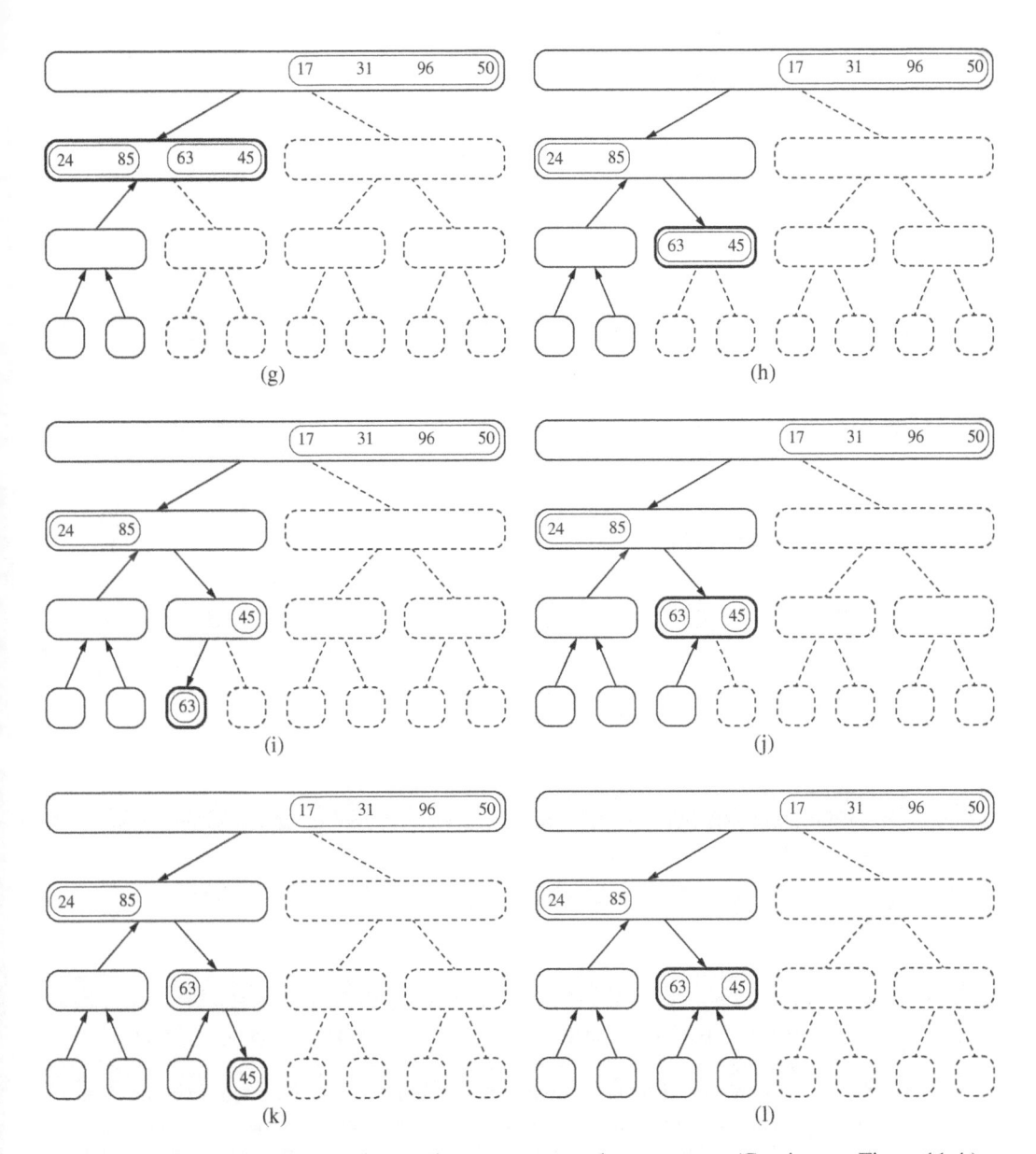

Figura 11.3 Visualização de uma execução do merge-sort. (Continua na Figura 11.4.)

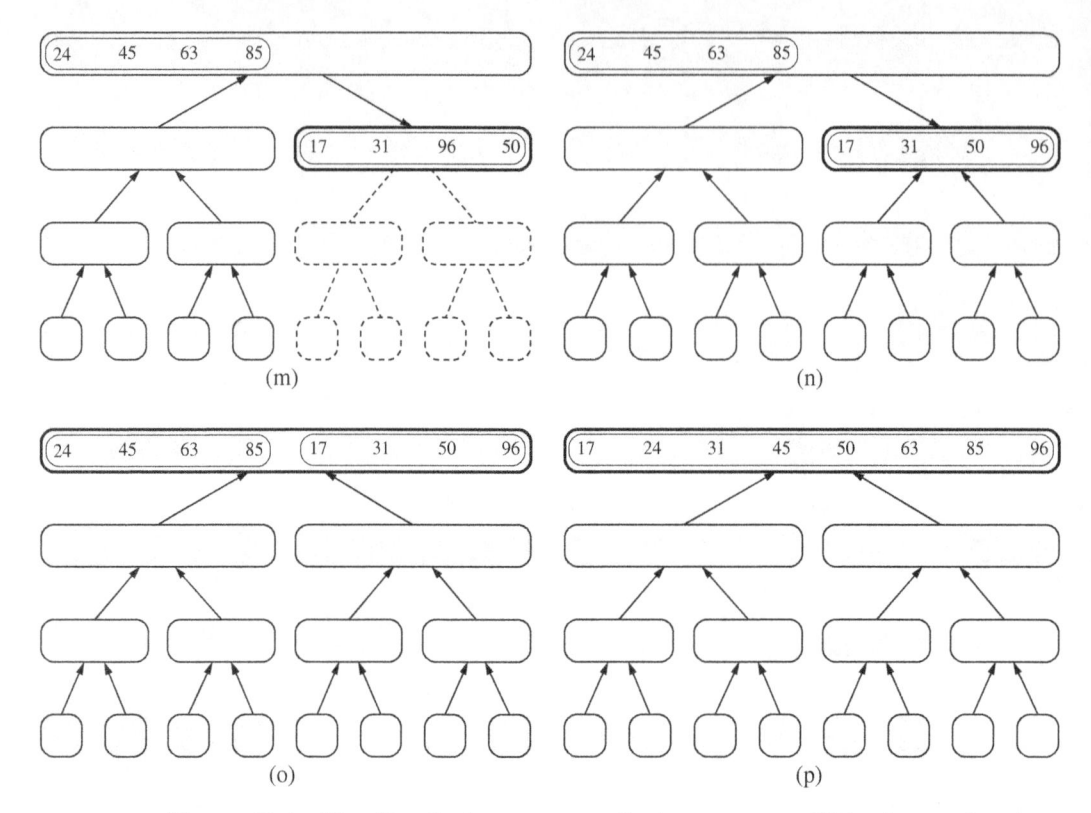

Figura 11.4 Visualização de uma execução do merge-sort. Várias invocações são omitidas entre (l) e (m) e entre (m) e (n). Veja o passo da conquista no passo (p). (Continuação da Figura 11.3.)

Proposição 11.1 *A árvore merge-sort associada com uma execução do merge-sort a partir de uma sequência de tamanho n tem altura* $\lceil \log n \rceil$.

A justificativa da Proposição 11.1 é deixada como um exercício simples (R-11.4). Essa proposição será usada para analisar o tempo de execução do algoritmo merge-sort.

A partir de uma visão geral do merge-sort e da ilustração de seu funcionamento, vamos considerar cada um dos passos deste algoritmo de divisão e conquista em maiores detalhes. Os passos de divisão e recursão do algoritmo merge-sort são simples; dividir uma sequência de tamanho n envolve separá-la no elemento de ordem $\lceil n/2 \rceil$, e as chamadas recursivas compreendem simplesmente passar essas sequências menores como parâmetro. O passo difícil é o de conquista, que faz a junção de duas sequências ordenadas em uma única. Consequentemente, antes de apresentar a análise do merge-sort, é necessário explicar melhor como isso é feito.

11.1.2 Junção de arranjos e listas

Para unir duas sequências ordenadas, é desejável saber se elas foram implementadas como arranjos ou listas. Inicia-se com a implementação com arranjo, apresentada no Trecho de Código 11.1. Um passo em uma junção de dois arranjos ordenados é ilustrado na Figura 11.5.

Algoritmo merge(S_1, S_2, S):
  Entrada: sequências ordenadas S_1 e S_2 e uma sequência vazia S, todos implementados como arranjos.
  Saída: sequência ordenada S contendo os elementos de S_1 e S_2.
  $i \leftarrow j \leftarrow 0$
  enquanto $i < S_1$.size( ) **e** $j < S_2$.size( ) **faça**
    se S_1.get(i) $\leq S_2$.get(j) **então**
      S.addLast(S_1.get(j)) {copia o i-ésimo elemento de S_1 para o final de S}
      $i \leftarrow i + 1$
    senão
      S.addLast(S_2.get(j)) {copia o j-ésimo elemento de S_2 para o final de S}
      $j \leftarrow j + 1$
  enquanto $i < S_1$.size( ) **faça** {copia os elementos restantes de S_1 para S}
    S.addLast(S_1.get(i))
    $i \leftarrow i + 1$
  enquanto $j < S_2$.size( ) **faça** {copia os elementos restantes de S_2 para S}
    S.addLast(S_2.get(j))
    $j \leftarrow j + 1$

Trecho de Código 11.1 Algoritmo para junção de dois arranjos ordenados baseados em sequências.

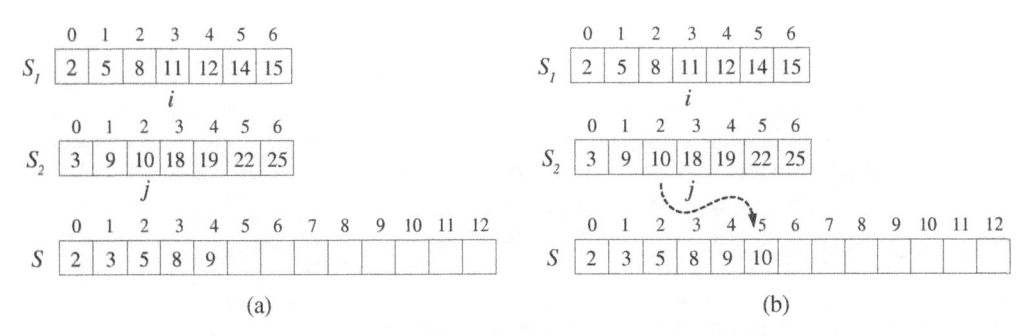

Figura 11.5 Um passo na junção de dois arranjos ordenados. São mostrados os arranjos antes do passo da cópia (a) e depois deste passo (b).

Unindo duas sequências ordenadas

O algoritmo merge, no Trecho de Código 11.2, faz a junção de duas sequências ordenadas, S_1 e S_2, implementada como lista encadeada. A ideia principal é remover iterativamente o menor elemento da frente de uma das duas listas, acrescentando-o no final da sequência resultante, S, até que uma das duas sequências esteja vazia, momento a partir do qual se copia o restante da outra sequência para a resultante S. Um exemplo da execução desta versão do algoritmo merge é mostrado na Figura 11.6.

Algoritmo merge(S_1, S_2, S):
    Entrada: sequências ordenadas S_1 e S_2 e uma sequência vazia S, implementada como listas encadeadas.
    Saída: sequência ordenada S contendo os elementos de S_1 e S_2.
    enquanto S_1 não estiver vazia **e** S_2 não estiver vazia **faça**
        se S_1.first( ).element( ) < S_2.first( ).element( ) **então**
            {move o primeiro elemento de S_1 para o final de S}
            S.addLast(S_1.remove(S_1.first( )))
        senão
            {move o primeiro elemento de S_2 para o final de S}
            S.addLast(S_2.remove(S_2.first( )))
    {move os elementos restantes de S_1 para S}
    enquanto S_1 não estiver vazia **faça**
        S.addLast(S_1.remove(S_1.first( )))
    {move os elementos restantes de S_2 para S}
    enquanto S_2 não estiver vazia **faça**
        S.addLast(S_2.remove(S_2.first( )))

Trecho de Código 11.2 Algoritmo de merge para a junção de duas sequências ordenadas implementadas como listas encadeadas.

Tempo de execução para a junção

Analisa-se o tempo de execução do algoritmo merge para fazer algumas observações. Seja n_1 e n_2 o número de elementos de S_1 e S_2, respectivamente. O algoritmo merge tem três laços **while**. Independentemente de se analisar a versão baseada em arranjo ou a versão baseada em lista, as operações são executadas dentro de cada laço, e levam tempo $O(1)$ cada. A observação chave é que durante cada iteração de um dos laços, um elemento é copiado ou movido ou de S_1 ou de S_2 para S (e que o elemento é considerado até o momento). Desde que inserções não são executadas em S_1 e S_2, esta observação implica que o número completo dos três laços é $n_1 + n_2$. Dessa forma, o tempo de execução do algoritmo merge é $O(n_1 + n_2)$.

11.1.3 O tempo de execução do merge-sort

Agora que se têm os detalhes do algoritmo merge-sort, tanto na versão baseada em arranjo como na versão baseada em lista, e analisou-se o tempo de execução do algoritmo decisivo, merge, usado na etapa de conquista, será examinado o tempo de execução do algoritmo merge-sort completo, considerando que é fornecida uma sequência de entrada com n elementos. Para facilitar, restringe-se a atenção ao caso em

Capítulo 11   Ordenação, Conjuntos e Seleção

[Diagramas (a) a (i) ilustrando a execução do merge com as sequências S_1, S_2 e S]

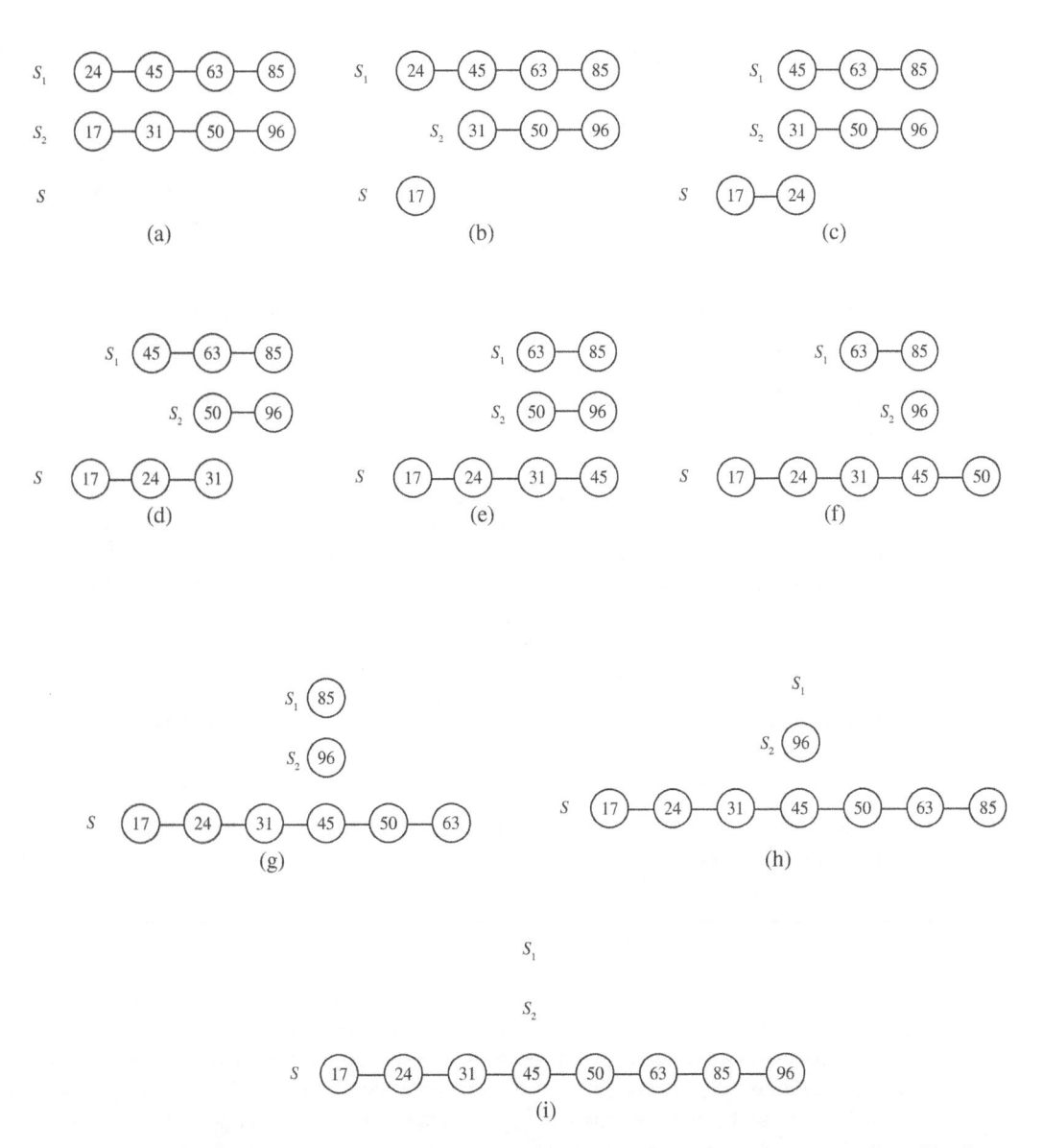

(a) S_1: 24—45—63—85 ; S_2: 17—31—50—96 ; S: (vazio)

(b) S_1: 24—45—63—85 ; S_2: 31—50—96 ; S: 17

(c) S_1: 45—63—85 ; S_2: 31—50—96 ; S: 17—24

(d) S_1: 45—63—85 ; S_2: 50—96 ; S: 17—24—31

(e) S_1: 63—85 ; S_2: 50—96 ; S: 17—24—31—45

(f) S_1: 63—85 ; S_2: 96 ; S: 17—24—31—45—50

(g) S_1: 85 ; S_2: 96 ; S: 17—24—31—45—50—63

(h) S_1: ; S_2: 96 ; S: 17—24—31—45—50—63—85

(i) S_1: ; S_2: ; S: 17—24—31—45—50—63—85—96

Figura 11.6 Exemplo de uma execução do algoritmo de merge mostrado no Trecho de Código 11.2.

que n é potência de 2. Deixa-se um exercício (R-11.7) para mostrar que o resultado da análise também pode ser aplicado quando n não é potência de 2.

Como foi feito na análise do algoritmo merge, assume-se que a sequência de entrada S e as sequências auxiliares S_1 e S_2, criadas por chamada recursiva do merge--sort, são implementadas ou com arranjos ou listas encadeadas (o mesmo que S); assim, a junção de duas sequências ordenadas pode ser feita em um tempo linear.

Como se mencionou anteriormente, analisa-se a rotina merge-sort, referenciando a árvore merge-sort T. (Ver Figuras 11.2 a 11.4.) Chama-se o **tempo gasto em um nodo** v de T de tempo de execução de uma chamada recursiva associada com v, excluindo o tempo gasto esperando pelas chamadas recursivas associadas com os filhos de v para terminar. Em outras palavras, o tempo gasto no nodo v inclui os tempos de execução dos passos de divisão e conquista, mas exclui os tempos de execução do passo de recursão. Já se observou que os detalhes do passo de divisão são diretos; esse passo executa em tempo proporcional ao tamanho da sequência v. Da mesma forma, o passo de conquista, que consiste na junção de duas subsequências, consome tempo linear, independentemente de se estar usando arranjos ou listas encadeadas. Ou seja, fazendo i denotar a profundidade de um nodo v, o tempo gasto no nodo v é $O(n/2^i)$, uma vez que o tamanho da sequência manipulada pelas chamadas recursivas associadas com v é igual a $n/2^i$.

Examinando a árvore T de forma mais global, como mostrado na Figura 11.7, vê-se que, dada nossa definição de "tempo gasto em um nodo", o tempo de execução do merge-sort é igual à soma dos tempos gastos nos nodos de T. Veja que T tem exatamente 2^i nodos na profundidade i. Essa observação simples tem uma consequência importante, pois implica que o tempo total gasto em todos os nodos de T na profundidade i é $O(2^i \cdot n/2^i)$, o que corresponde a $O(n)$. Pela Proposição 11.1, a altura de T é $\lceil \log n \rceil$. Portanto, uma vez que o tempo gasto em cada um dos $\lceil \log n \rceil + 1$ níveis de T é $O(n)$, teremos o seguinte resultado:

Proposição 11.2 *O algoritmo merge-sort ordena uma sequência de tamanho n em tempo $O(n \log n)$, assumindo que dois elementos de S podem ser comparados no tempo $O(1)$.*

Em outras palavras, o algoritmo merge-sort combina assintoticamente o tempo mais rápido do algoritmo heap-sort.

11.1.4 Implementações Java do merge-sort

O algoritmo de merge-sort é o algoritmo usado, na verdade, no método java.util.Collections.sort(L), de ordenação da lista L que implementa a interface java.util.List. Dessa forma, este método garante uma performance de $O(n \log n)$ para o pior caso, e isso se aplica da mesma forma sendo L, por exemplo, do tipo java.util.ArrayList ou java.util.LinkedList. O algoritmo merge-sort também é o algoritmo usado no método java.util.Array.sort(A), que ordena o arranjo A, no caso em que A não é um arranjo de tipos básicos. Nesta subseção, serão apresentadas duas implementações Java do algoritmo de merge-sort, uma para listas e outra para arranjos.

No Trecho de Código 11.3, mostra-se uma implementação completa em Java do algoritmo de merge-sort baseada em sequência com um método estático recursivo – mergeSort. Um comparador (ver Seção 8.1.2) é usado para decidir a ordem relativa dos dois elementos.

Nessa implementação, a entrada é uma sequência L, e as listas auxiliares L1 e L2 são processadas pelas chamadas recursivas. Cada sequência é modificada por inserções e remoções nos extremos da sequência (*head* e *tail*) somente; consequentemente, cada alteração da sequência leva o tempo $O(1)$, assumindo que as sequências são

Altura

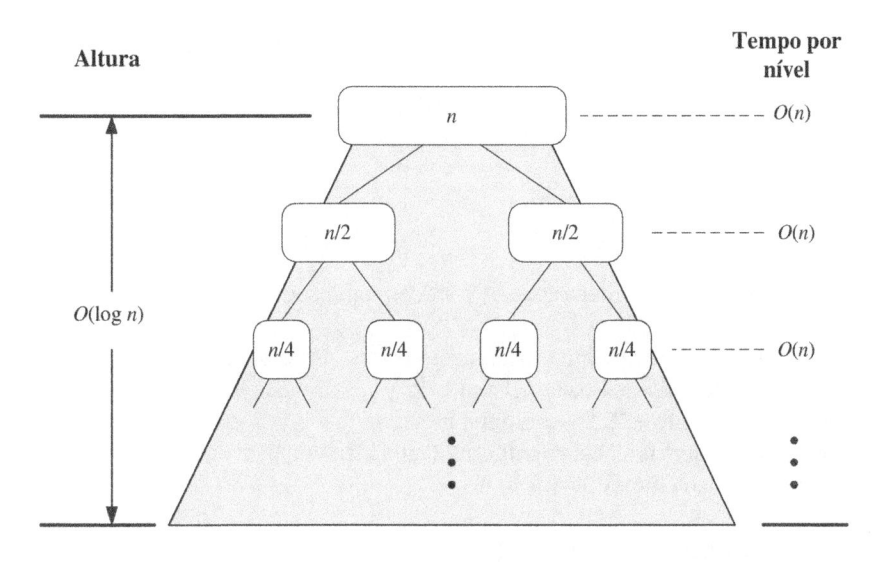

Tempo por nível

```
                n                 ------------- O(n)

         n/2         n/2          --------- O(n)

    n/4   n/4   n/4   n/4         ------- O(n)
```

$O(\log n)$

Tempo total: $O(n \log n)$

Figura 11.7 Análise visual do tempo de uma árvore merge-sort T. Cada nodo é rotulado com o tamanho do subproblema correspondente.

implementadas com listas duplamente encadeadas (ver Tabela 6.4). No nosso código, usa-se a classe NodeList (Trechos de Código 6.9 – 6.11) para as sequências auxiliares. Assim, para uma lista L de tamanho n, o método mergeSort(L,c) executa no tempo $O(n \log n)$ desde que a sequência L seja implementada com uma lista duplamente encadeada e o comparador c possa comparar dois elementos de L no tempo $O(1)$.

```
/**
 * Ordena os elementos da sequência em ordem não decrescente
 * de acordo com o comparador c, usando o algoritmo merge-sort
 **/
public static <E> void mergeSort (PositionList<E> in, Comparator<E> c) {
  int n = in.size( );
  if (n < 2)
    return; // a sequência já está ordenada
  // divide
  PositionList<E> in1 = new NodePositionList<E>( );
  PositionList<E> in2 = new NodePositionList<E>( );
  int i = 0;
  while (i < n/2) {
    in1.addLast(in.remove(in.first( )));        // move os primeiros n/2 elementos para in1
    i++;
  }
  while (!in.isEmpty( ))
```

```
        in2.addLast(in.remove(in.first( )));      // move o restante para in2
    // chamada recursiva
    mergeSort(in1,c);
    mergeSort(in2,c);
    //conquistar
    merge(in1,in2,c,in);
}
/**
 * Junta as sequências ordenadas, in1 e in2, em uma sequência ordenada in.
 **/
public static <E> void merge(PositionList<E> in1, PositionList<E> in2,
        Comparator<E> c, PositionList<E> in) {
    while (!in1.isEmpty( ) && !in2.isEmpty( ))
      if (c.compare(in1.first( ).element( ), in2.first( ).element( )) <= 0)
        in.addLast(in1.remove(in1.first( )));
      else
        in.addLast(in2.remove(in2.first( )));
    while(!in1.isEmpty( ))      // move os elementos restantes de in1
      in.addLast(in1.remove(in1.first( )));
    while(!in2.isEmpty( ))      // move os elementos restantes de in2
      in.addLast(in2.remove(in2.first( )));
}
```

Trecho de Código 11.3 Métodos mergeSort e merge que implementam o algoritmo merge--sort recursivamente.

Uma implementação não recursiva baseada em arranjo do merge-sort

Existe uma versão não recursiva do merge-sort baseada em arranjo, que executa no tempo $O(n \log n)$. Ela é, na prática, um pouco mais rápida que o merge-sort recursivo baseado em sequências, por evitar numerosas chamadas recursivas extras e criação de nodos. A ideia principal é executar o merge-sort de baixo para cima, executando as junções nível a nível até realizar a junção para a árvore inteira. Dado um arranjo de elementos de entrada, inicia-se pela junção de todo par ímpar de elementos em execuções ordenadas de tamanho dois. Juntam-se essas execuções em execuções de quatro; estas novas execuções são agrupadas em execuções de oito e assim por diante, até que o arranjo esteja ordenado. Para manter o uso do espaço razoável, desenvolve--se um arranjo de saída que armazena as execuções de junção (trocando os arranjos de entrada e saída após cada iteração). Uma implementação em Java é apresentada no Trecho de Código 11.4, onde se usa o método System.arraycopy para copiar um intervalo de células entre dois arranjos.

```
/** Ordena um arranjo com um comparador usando um merge-sort não recursivo. */
public static <E> void mergeSort(E[ ] orig, Comparator<E> c) {
    E[ ] in = (E[ ]) new Object[orig.length];              // cria um novo arranjo temporário
```

Capítulo 11 Ordenação, Conjuntos e Seleção

```
System.arraycopy(orig,0,in,0,in.length);      // copia a entrada
E[ ] out = (E[ ]) new Object[in.length];      // arranjo de saída
E[ ] temp;      // arranjo temporário referência, usado para trocas
int n = in.length;
for (int i=1; i < n; i*=2) {   // cada iteração ordena todos executando tamanho-2*i vezes
  for (int j=0; j < n; j+=2*i)   // cada iteração junta dois pares de tamanhos i
    merge(in,out,c,j,i); // junta de in em out duas execuções de tamanho i em j
  temp = in; in = out; out = temp; // troca os arranjos para a próxima iteração
}
// o arranjo "in" contém o arranjo ordenado, assim ele será recopiado
System.arraycopy(in,0,orig,0,in.length);
}
/** Junta dois subarranjos, especificados por um início e incremento. */
protected static <E> void merge(E[ ] in, E[ ] out, Comparator<E> c, int start,
    int inc) { // junta in[start..start+inc-1] e in[start+inc..start+2*inc-1]
  int x = start; // índice para execução #1
  int end1 = Math.min(start+inc, in.length);      // limite para execução #1
  int end2 = Math.min(start+2*inc, in.length);    // limite para execução #2
  int y = start+inc;          // índice para execução #2 (poderia ser além do arranjo
                              //     limite)
  int z = start;              // índice para o arranjo out
  while ((x < end1) && (y < end2))
    if (c.compare(in[x],in[y]) <= 0) out[z++] = in[x++];
    else out[z++] = in[y++];
  if (x < end1)               // primeira execução não finaliza
    System.arraycopy(in, x, out, z, end1 - x);
  else if (y < end2)          // segunda execução não finaliza
    System.arraycopy(in, y, out, z, end2 - y);
}
```

Trecho de Código 11.4 Uma implementação do algoritmo não recursivo merge-sort.

11.1.5 O merge-sort e suas relações de recorrência ⋆

Existe outra forma de justificar que o tempo de execução do algoritmo merge-sort é $O(n \log n)$ (Proposição 11.2). De fato, existe uma justificativa que lida de forma mais direta com a natureza recursiva do algoritmo merge-sort. Nesta seção, apresenta-se esta análise do tempo de execução do merge-sort e, fazendo isso, o conceito matemático de *equação de recorrência* é introduzido (também conhecido como *relação de recorrência*).

Faça a função $t(n)$ denotar o pior caso no que diz respeito ao tempo de execução do merge-sort a partir de uma sequência de entrada de tamanho n. Uma vez que o merge-sort é recursivo, pode-se caracterizar a função $t(n)$ em termos das seguintes igualdades, onde a função $t(n)$ é expressa recursivamente em termos de si mesma. Para simplificar a caracterização de $t(n)$, restringe-se a atenção ao caso em que n é uma potência de 2. (O problema de mostrar que a caracterização assintótica ainda permanece no caso geral ficará como um exercício.) Neste caso, pode-se especificar a definição de $t(n)$ como

$$t(n) = \begin{cases} b & \text{se } n \leq 1 \\ 2t(n/2) + cn & \text{caso contrário.} \end{cases}$$

Uma expressão como a apresentada anteriormente é chamada de **equação de recorrência**, uma vez que a função aparece tanto do lado esquerdo como do lado direito da igualdade. Apesar de essa caracterização ser correta e precisa, o que realmente se quer é uma caracterização O de $t(n)$ que não envolva a própria função $t(n)$. Ou seja, deseja-se uma caracterização de *forma fechada* para $t(n)$.

Pode-se obter uma solução forma fechada por meio da aplicação da definição de uma equação de recorrência, assumindo que n é relativamente grande. Por exemplo, após uma ou mais aplicações da equação acima, pode-se escrever uma nova recorrência para $t(n)$ como

$$\begin{aligned} t(n) &= 2(2t(n/2^2) + (cn/2)) + cn \\ &= 2^2 t(n/2^2) + 2(cn/2) + cn = 2^2 t(n/2^2) + 2cn. \end{aligned}$$

Se a equação for novamente aplicada, teremos $t(n) = 2^2 t(n/2^3) + 3cn$. Neste ponto, deve-se ver um padrão surgindo; assim, após aplicar esta equação i vezes, obtém-se

$$t(n) = 2^i t(n/2^i) + icn.$$

O ponto que resta, então, é determinar quando parar esse processo. Para determinar quando parar, considera-se que se troca para a forma fechada $t(n) = b$ quando $n \leq 1$, o que irá ocorrer quando $2^i = n$. Em outras palavras, irá ocorrer quando $i = \log n$. Procedendo essa substituição, tem-se

$$\begin{aligned} t(n) &= 2^{\log n} t(n/2^{\log n}) + (\log n)cn \\ &= nt(1) + cn \log n \\ &= nb + cn \log n. \end{aligned}$$

Isto é, obtemos uma justificativa alternativa para o fato de que $t(n)$ é $O(n \log n)$.

11.2 Quick-sort

O próximo algoritmo de ordenação que será discutido é chamado de **quick-sort**. Da mesma forma que o merge-sort, esse algoritmo também se baseia no paradigma de **divisão e conquista**, mas usa essa técnica de forma contrária, uma vez que o trabalho pesado é feito **antes** das chamadas recursivas.

Descrevendo o quick-sort em alto nível

O algoritmo quick-sort ordena uma sequência S usando uma abordagem recursiva simples. A ideia principal é aplicar a técnica de divisão e conquista dividindo S em subsequências e aplicando recursão para ordenar cada subsequência, para, então, combinar as subsequências ordenadas por concatenação simples. Em detalhes, o algoritmo quick-sort consiste nos três passos seguintes (ver Figura 11.8):

1. *Divisão:* se S tiver pelo menos dois elementos (nada precisa ser feito se S tiver zero ou um elemento), escolhe-se um elemento x de S, chamado de **pivô**. Normalmente, escolhe-se como pivô x o último elemento de S. Removem-se todos os elementos de S e eles são colocados em três sequências:

   - L, armazenando os elementos de S menores que x;
   - E, armazenando os elementos de S iguais a x;
   - G, armazenando os elementos de S maiores que x.

   Naturalmente, se os elementos de S forem todos diferentes, então E armazena apenas um elemento, o próprio pivô.

2. *Recursão:* ordena as sequências L e G, recursivamente.

3. *Conquista:* coloca de volta os elementos em S em ordem inserindo primeiro os elementos de L, em seguida os de E e, por fim, os de G.

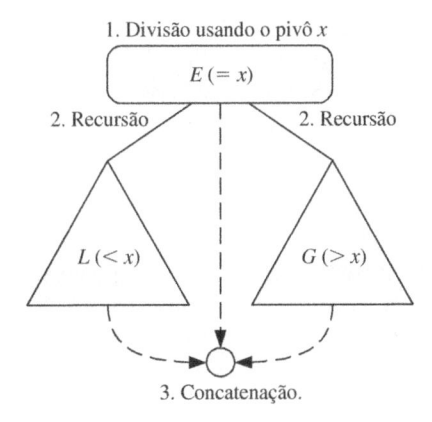

Figura 11.8 Um esquema visual do algoritmo quick-sort.

Da mesma forma que o merge-sort, a execução do quick-sort pode ser visualizada em termos de uma árvore binária recursiva chamada de **árvore quick-sort**. A Figura 11.9 resume a execução do algoritmo quick-sort mostrando as sequências de entrada e saída processadas em cada nodo da árvore quick-sort. A evolução passo a passo da árvore quick-sort é apresentada nas Figuras 11.10, 11.11 e 11.12.

Ao contrário do merge-sort, entretanto, a altura da árvore quick-sort associada com a execução do quick-sort é linear no pior caso. Isso acontece, por exemplo, quando a sequência consiste em n elementos distintos e já está ordenada. Na verdade, nesse caso, a escolha padrão do maior elemento para pivô produz uma subsequência L de tamanho $n - 1$, enquanto a subsequência E tem tamanho 1 e a subsequência G tem tamanho 0. A cada invocação do quick-sort sobre a subsequência L, o tamanho diminui em 1 unidade. Dessa forma, a altura da árvore quick-sort é $n - 1$.

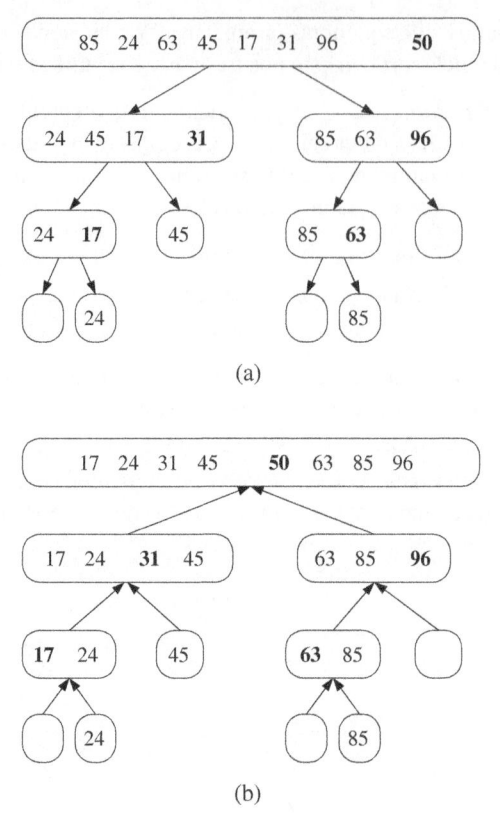

Figura 11.9 Árvore quick-sort T correspondente a uma execução do algoritmo quick-sort em uma sequência de 8 elementos: (a) sequências de entrada processadas em cada nodo de T; (b) sequências de saída geradas em cada nodo de T. O pivô usado em cada nível de recursão é mostrado em negrito.

Execução do quick-sort em arranjos e sequências

No Trecho de Código 11.5, apresenta-se a descrição de um pseudocódigo do algoritmo do quick-sort eficiente para sequências implementadas com arranjos ou listas encadeadas. O algoritmo segue o modelo do quick-sort apresentado acima, adicionando o detalhe da procura na sequência S de entrada iniciando no final para dividi-la nas sequências L, E e G de elementos que são respectivamente menores, iguais e maiores que o pivô. Executa-se esta varredura para trás, visto que remover o último elemento na sequência é uma operação de tempo constante independente se a sequência for implementada como um arranjo ou uma lista encadeada. Então recorre-se às sequências L e G e copia-se a sequência ordenada L, E e G de volta para S. Executa-se esse último conjunto de cópias para frente, visto que inserir elementos no final da sequência é uma operação de tempo constante independentemente se a sequência for implementada como um arranjo ou uma lista encadeada.

Capítulo 11   Ordenação, Conjuntos e Seleção   **521**

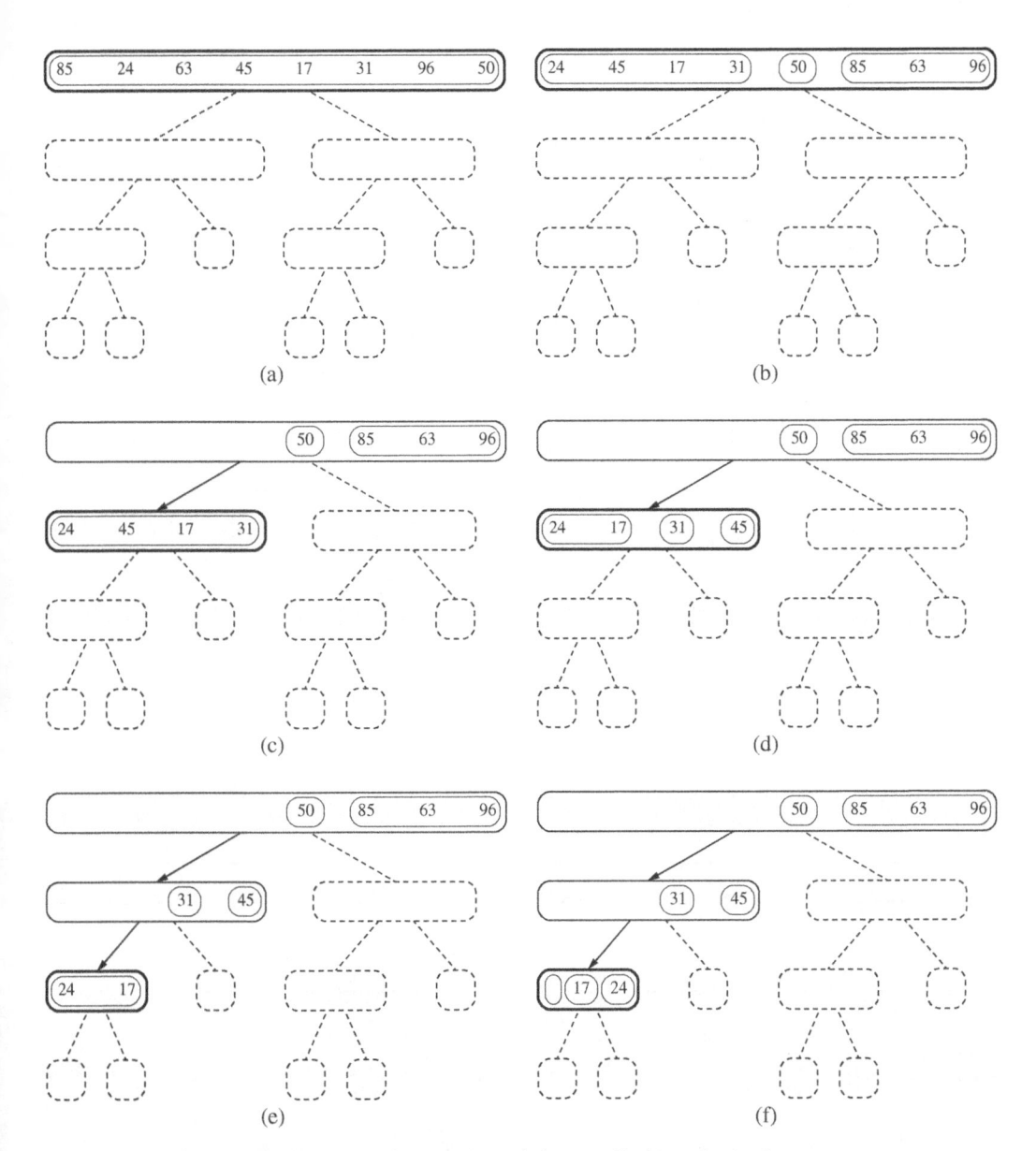

Figura 11.10 Visualização do quick-sort. Cada nodo da árvore representa uma chamada recursiva. Os nodos desenhados com linhas pontilhadas indicam chamadas que ainda não foram feitas. Os nodos desenhados com linhas grossas mostram as invocações que ainda estão executando. Os nodos vazios desenhados com linhas finas representam chamadas encerradas. Os nodos restantes indicam chamadas suspensas (isto é, invocações ativas que estão esperando pelo retorno de uma invocação filha). Observam-se os passos de divisão executados em (b), (d) e (f). (Continua na Figura 11.11.)

(g) (h)

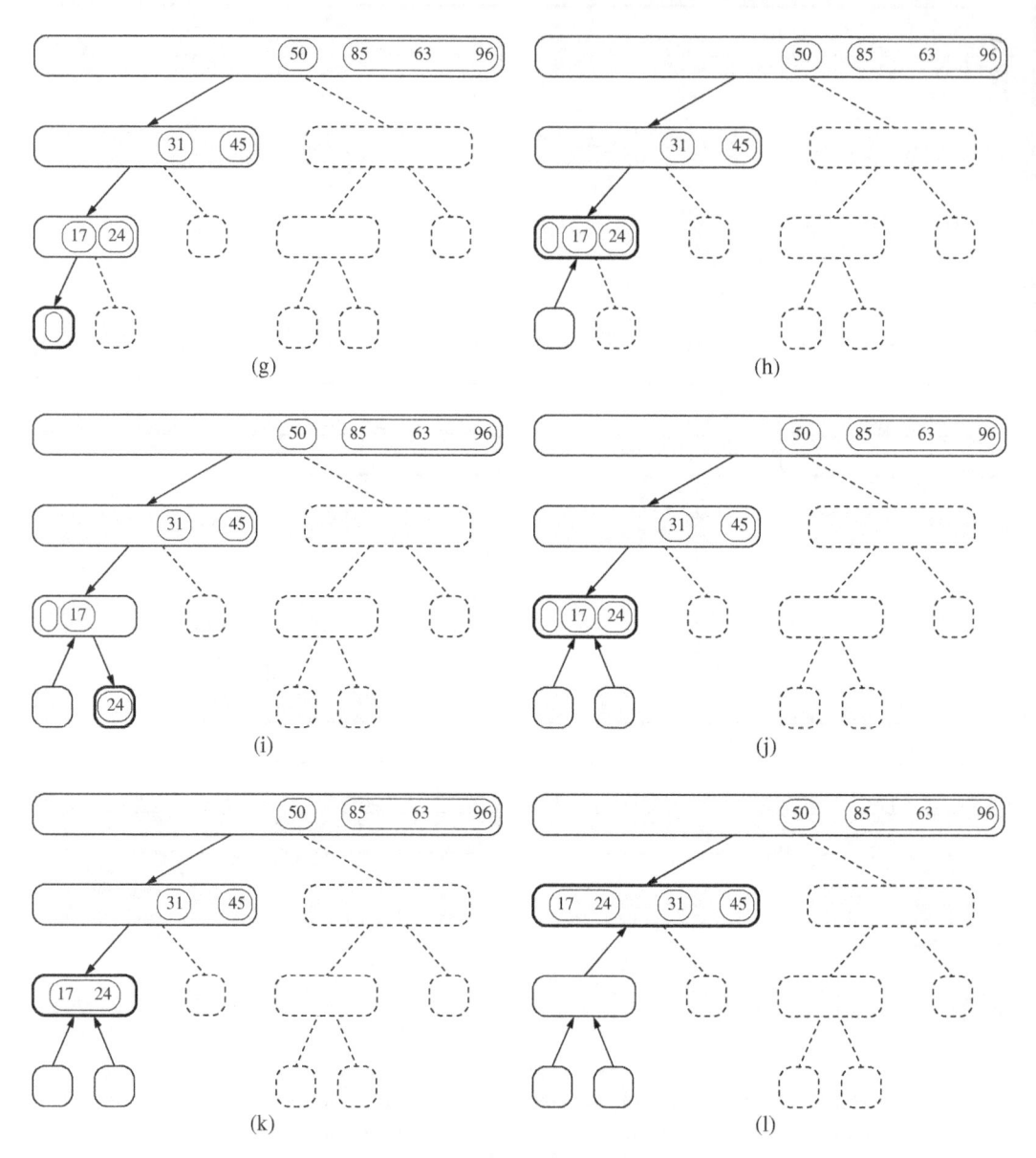

(i) (j)

(k) (l)

Figura 11.11 Visualização de uma execução do quick-sort. Observa-se o passo da conquista executado em (k). (Continua na Figura 11.12.)

Capítulo 11   Ordenação, Conjuntos e Seleção   **523**

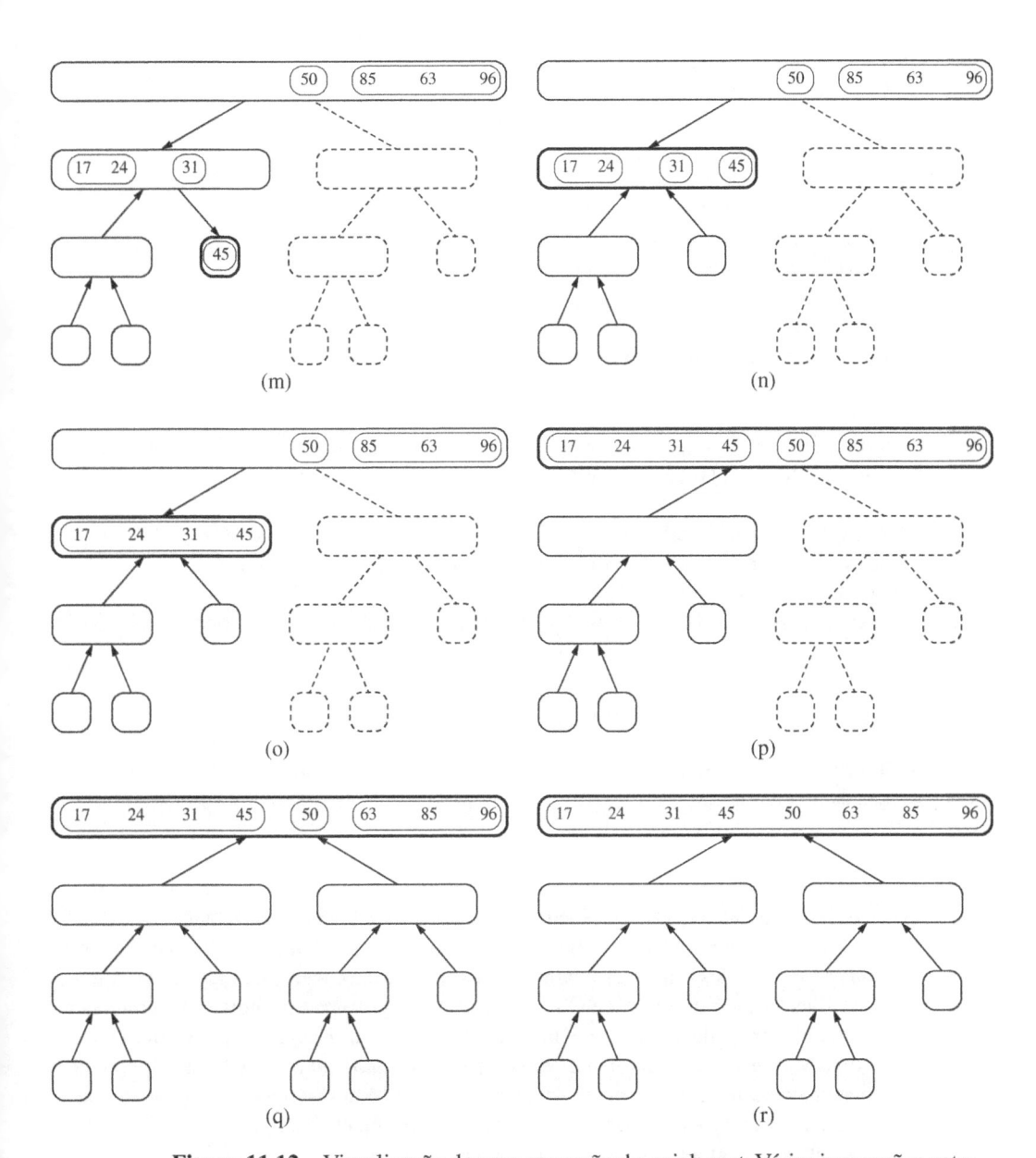

(m)   (n)

(o)   (p)

(q)   (r)

Figura 11.12   Visualização de uma execução do quick-sort. Várias invocações entre (p) e (q) foram omitidas. Observam-se os passos da conquista executados em (o) e (r). (Continuação da Figura 11.11.)

Algoritmo QuickSort(S):
   Entrada: uma sequência S implementada como um arranjo ou lista encadeada
   Saída: a sequência S ordenada
   se S.size( ) ≤ 1 **então**
      retorna   {S já está ordenada neste caso}
   p ← S.last( ).element( ) {o pivô}
   Seja L, E e G sequências baseadas em listas
   enquanto !S.isEmpty( ) **faça**   {rastreie S de trás para a frente, dividindo ela em L, E e G}
      se S.last( ).element( ) < p **então**
         L.addLast(S.remove(S.getLast( )))
      senão se S.last( ).element( ) = p **então**
         E.addLast(S.remove(S.getLast( )))
      senão {o último elemento de S é maior que p}
         G.addLast(S.remove(S.getLast( )))
   QuickSort(L)   {executa novamente com os elementos menores que p}
   QuickSort(G)   {executa novamente com os elementos maiores que p}
   enquanto !L.isEmpty( ) **faça**   {copia para o final de S os elementos ordenados menores
                                 que p}
      S.addLast(L.remove(L.getFirst( )))
   enquanto !E.isEmpty( ) **faça**   {copia para o final de S os elementos iguais a p}
      S.addLast(E.remove(E.getFirst( )))
   enquanto !G.isEmpty( ) **faça**   {copia para o final de S os elementos ordenados maiores
                                 que p}
      S.addLast(G.remove(G.getFirst( )))
   retorna   {S está agora ordenado}

Trecho de Código 11.5 Quick-sort para uma sequência de entrada S implementada com uma lista encadeada ou um arranjo.

Tempo de execução do quick-sort

Pode-se analisar o tempo de execução do quick-sort com a mesma técnica usada para o merge-sort na Seção 11.1.3. Na verdade, identifica-se o tempo gasto em cada nodo da árvore de quick-sort T e somam-se os tempos de execução para todos os nodos.

Examinando o Trecho de Código 11.5, vê-se que o passo da divisão e conquista do quick-sort pode ser implementado em tempo linear. Dessa forma, o tempo gasto no nodo v de T é proporcional ao *tamanho da entrada* $s(v)$ de v, definido como o tamanho da sequência manipulada pela invocação do quick-sort associada com o nodo v. Uma vez que a subsequência E tem pelo menos um elemento (o pivô), a soma dos tamanhos das entradas dos filhos de v são no máximo $s(v) - 1$.

Dada uma árvore quick-sort T, faça s_i denotar a soma dos tamanhos de entrada dos nodos na profundidade i de T. Claramente, $s_0 = n$, uma vez que a raiz r de T está associada com a sequência completa. Da mesma forma, $s_1 \leq n - 1$, uma vez que o pivô não é propagado para o filho de r. Considere-se em seguida s_2. Se os dois filhos de r têm tamanho de entrada diferente de zero, então $s_2 = n - 3$. Em qualquer outro caso (um filho da raiz tem tamanho zero, o outro tem tamanho $n - 1$), $s_2 = n - 2$. Dessa forma, $s_2 \leq n - 2$. Continuando essa linha de raciocínio, obtém-se que $s_i \leq n - i$. Como observado na Seção 10.3, a altura de T é $n - 1$ no pior caso. Sendo assim, o pior caso para o tempo de execução do quick-sort é $O\left(\sum_{i=0}^{n-1} s_i\right)$, que é $O\left(\sum_{i=0}^{n-1}(n-i)\right)$, o qual é $O\left(\sum_{i=1}^{n} i\right)$. Pela Proposição 4.3, $\sum_{i=1}^{n} i$ é $O(n^2)$. Assim, o quick-sort executa no pior caso no tempo $O(n^2)$.

Considerando o nome, pode-se esperar que o quick-sort execute de forma rápida. Entretanto, os limites quadráticos mostrados indicam que o quick-sort é lento no pior caso. Paradoxalmente, esse comportamento do pior caso ocorre em situações problemáticas em que a ordenação é simples – se a sequência já estiver ordenada. Além disso, pode-se mostrar que o quick-sort tem uma performance pobre, mesmo se a sequência estiver "quase" ordenada.

Voltando à análise, observe que o melhor caso do quick-sort sobre uma sequência de elementos distintos ocorre quando as subsequências L e G têm, aproximadamente, o mesmo tamanho. Ou seja, no melhor caso, tem-se

$$\begin{aligned} s_0 &= n \\ s_1 &= n - 1 \\ s_2 &= n - (1 + 2) = n - 3 \\ &\vdots \\ s_i &= n - (1 + 2 + 2^2 + \cdots + 2^{i-1}) = n - (2^i - 1) \end{aligned}$$

Logo, no melhor caso, T tem altura $O(\log n)$ e o quick-sort executa em tempo $O(n \log n)$; deixa-se a justificativa deste fato para o Exercício R-11.12.

A intuição informal por trás do comportamento esperado do quick-sort é que a cada invocação, provavelmente, o pivô irá dividir a sequência de entrada em partes mais ou menos iguais. Dessa forma, espera-se que o tempo médio de execução do quick-sort seja semelhante ao tempo do melhor caso, ou seja, $O(n \log n)$. Na próxima seção, será mostrado que a introdução de randomização torna o comportamento do quick-sort exatamente o que acabou de ser descrito.

11.2.1 Quick-sort randômico

Uma forma normal de se analisar o quick-sort é supor que o pivô irá sempre dividir a sequência em partes quase iguais. Esta premissa, entretanto, pressupõe um conhecimento sobre a distribuição da entrada que normalmente não está disponível. Por exemplo, será preciso supor que raramente serão fornecidas sequências "quase" ordenadas para pôr em ordem, o que pode ser comum em muitas aplicações. Por sorte, essa premissa não é necessária para se combinar nossa intuição com o comportamento do quick-sort.

Em geral, deseja-se alguma forma de se aproximar ao melhor tempo de execução para o quick-sort. A forma de obter o tempo de execução para o melhor caso, é claro, é o pivô dividir igualmente a sequência de entrada S. Se este resultado ocorresse, então ele resultaria em um tempo de execução que é assintoticamente o mesmo que o tempo de execução do melhor caso. Isto é, ter pivôs posicionados no "meio" do conjunto de elementos conduz a um tempo de execução de $O(n \log n)$ para o quick-sort.

Escolhendo pivôs randomicamente

Uma vez que o objetivo do passo de divisão do método quick-sort é dividir a sequência S em partes quase iguais, será introduzida a randomização no algoritmo e escolhido como pivô um **elemento randômico** da sequência de entrada. Ou seja, em vez de escolher como pivô o último elemento de S, escolhe-se um elemento de S randomicamente para ser o pivô, mantendo o resto do algoritmo inalterado. Essa variação do quick-sort é chamada de **quick-sort randomizado**. A proposição a seguir mostra que o tempo esperado de execução do quick-sort randomizado em uma sequência de n elementos é $O(n \log n)$. Esta expectativa é tomada a partir de todas as possíveis combinações que o algoritmo pode fazer, e é independente de qualquer premissa sobre a distribuição das possíveis entradas que podem ser fornecidas para o algoritmo.

Proposição 11.3 *O tempo esperado de execução para o quick-sort randomizado aplicado em uma sequência S de tamanho n é $O(n \log n)$.*

Justificativa Assume-se que dois elementos de S podem ser comparados no tempo $O(1)$. Considere-se agora uma invocação recursiva simples de um quick-sort randomizado, e faça-se n denotar o tamanho da sequência de entrada para esta invocação. Diz-se que essa invocação é "boa" se o pivô escolhido for tal que as subsequências L e G tenham tamanho no mínimo $n/4$ e no máximo $3n/4$ cada; senão, a invocação é "ruim".

Agora, considerem-se as implicações da escolha de um pivô uniformemente de maneira randômica. Existem $n/2$ possibilidades de chances boas para que o pivô seja qualquer invocação de tamanho do algoritmo quick-sort randomizado. Assim, a probabilidade de que qualquer chamada seja boa será de 50%. Nota-se, em seguida, que uma boa chamada estará no mínimo em uma partição da sequência de tamanho n nas duas sequências de tamanhos $3n/4$ e $n/4$, e uma chamada ruim poderia ser tão ruim como a produzida com uma chamada simples de tamanho $n - 1$.

Considere-se agora uma execução recursiva para o quick-sort randomizado. Esta execução define uma árvore binária T, em que cada nodo de T corresponde a uma diferente chamada recursiva de um subproblema de ordenação de uma porção da sequência original.

Diz-se que um nodo v em T está em **size group** i se o tamanho do subproblema de v é maior que $(3/4)^{i+1}$ e no máximo $(3/4)^i n$. Analisa-se a seguir o tempo de trabalho esperado em todos os subproblemas para os nodos no size group i. Pela linearidade da expectativa (Proposição A.19), o tempo de trabalho esperado de todos estes subproblemas é a soma dos tempos esperados de cada um. Alguns destes nodos correspondem a boas chamadas, e alguns correspondem a chamadas ruins. Porém, nota-se que uma chamada boa ocorre com probabilidade 1/2, e o número esperado de chamadas consecutivas que devem ser feitas antes de conseguir uma boa chamada é 2. Além disso, observa-se que, assim que haja uma boa chamada para um nodo no size group i, seus filhos estarão em size groups maiores que i. Assim, para qualquer elemento x de uma sequência de entrada, o número esperado de nodos no size group i contendo x em seus subproblemas é 2. Em outras palavras, o tamanho total esperado de todos os subproblemas no size group i é $2n$. Visto que o trabalho não recursivo que se executa para qualquer subproblema é proporcional ao seu tamanho, isso implica que o tempo total esperado gasto processando subproblemas para nodos no size group i é $O(n)$.

O número de size groups é $\log_{4/3} n$, já que multiplicar repetidamente por 3/4 é o mesmo que dividir repetidamente por 4/3. Isto é, o número de size groups é $O(\log n)$. Então, o tempo de execução total esperado do quick-sort randomizado é $O(n \log n)$. (Ver Figura 11.13.) ∎

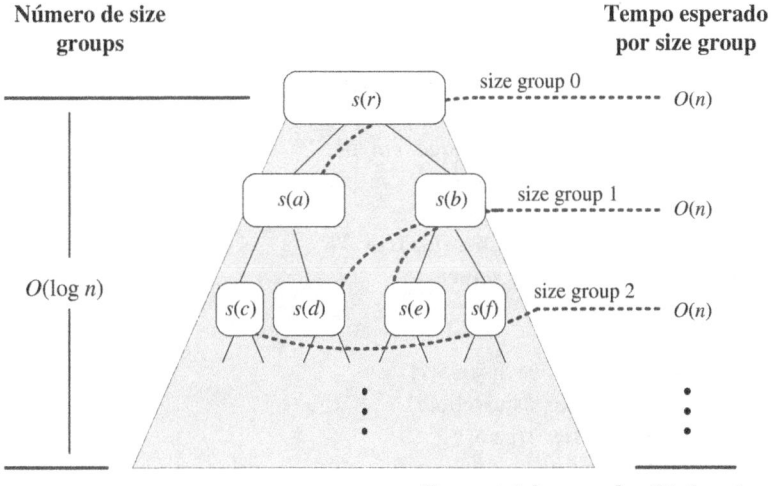

Figura 11.13 Uma análise visual do tempo da árvore quick-sort T. Cada nodo é mostrado rotulado com o tamanho do seu subproblema.

Realmente, pode-se mostrar que o tempo de execução do quick-sort randomizado é $O(n \log n)$ com alta probabilidade.

11.2.2 Implementações e otimizações de Java

Foi visto na Seção 8.3.5 que um algoritmo de ordenação é dito ***in-place*** se utiliza apenas uma quantidade constante de memória além daquela necessária para os objetos, eles próprios ordenados. O algoritmo merge-sort, como descrito anteriormente, não utiliza esta técnica de otimização, e torná-lo in-place parece ser bem difícil. A ordenação in-place, entretanto, não é difícil por natureza. Da mesma forma que o heap sort, o quick-sort pode ser adaptado para ser in-place. E esta é a versão do quick-sort usada na maioria das implementações desenvolvidas.

Executar o algoritmo quick-sort in-place requer, entretanto, um pouco de ingenuidade, pois é necessário usar a própria sequência de entrada para armazenar as subsequências de todas as chamadas recursivas. Apresenta-se o algoritmo inPlace-QuickSort que executa o quick-sort in-place no Trecho de Código 11.6. O algoritmo inPlaceQuickSort considera que a sequência de entrada S é composta por elementos *distintos*. A razão para essa restrição é explorada no Exercício R-11.15. A extensão para o caso geral é discutida no Exercício C-11.9.

Algoritmo inPlaceQuickSort(S,a,b).
   Entrada: um arranjo S de elementos distintos; inteiros a e b.
   Saída: arranjo S com elementos originalmente nos índices de a até b, inclusive, ordenados de modo não decrescente, a partir do índice a até b.
   se $a \geq b$ **então retorna** {no máximo um elemento está no intervalo}
   $p \leftarrow S[b]$ {o pivô}
   $l \leftarrow a$ {rastreará a partir da direita}
   $r \leftarrow b - 1$ {rastreará a partir da esquerda}
   enquanto $l \leq r$ **faça**
     {procura um elemento maior que o pivô}
     enquanto $l \leq r$ e $S[l] \leq p$ **faça**
       $l \leftarrow l + 1$
     {procura um elemento menor que o pivô}
     enquanto $r \geq l$ e $S[r] \geq p$ **faça**
       $r \leftarrow r - 1$
     se $l < r$ **então**
       troca os elementos de $S[l]$ e $S[r]$
   {coloca o pivô na sua posição final}
   troca os elementos de $S[l]$ e $S[b]$
   {chamadas recursivas}
   inPlaceQuickSort(S,a,l − 1)
   inPlaceQuickSort(S,l + 1,b)
   {estão feitos neste ponto, desde que os subarranjos ordenados realmente sejam consecutivos}

Trecho de Código 11.6 Quick-sort in-place para um arranjo S de entrada.

    O quick-sort in-place modifica a sequência de entrada usando a troca de elementos e não cria subsequências explicitamente. Na verdade, uma subsequência da sequência de entrada é implicitamente representada por um intervalo de posições especificado pela colocação mais à esquerda *l* e pela colocação mais à direita *r*. O passo de divisão é executado pela varredura simultânea da sequência tanto de *l* em diante como de *r* para trás, trocando os pares de elementos que se encontram na ordem contrária, como mostrado na Figura 11.14. Quando esses dois índices "se encontram", as subsequências L e G estão em lados opostos do ponto de encontro. O algoritmo se completa ativando-se recursivamente sobre essas duas subsequências.

    O quick-sort in-place reduz o tempo de execução necessário para a criação de novas sequências e a movimentação de elementos entre elas, por um fator constante. Apresenta-se uma versão em Java do quick-sort in-place no Trecho de Código 11.7.

Capítulo 11   Ordenação, Conjuntos e Seleção   **529**

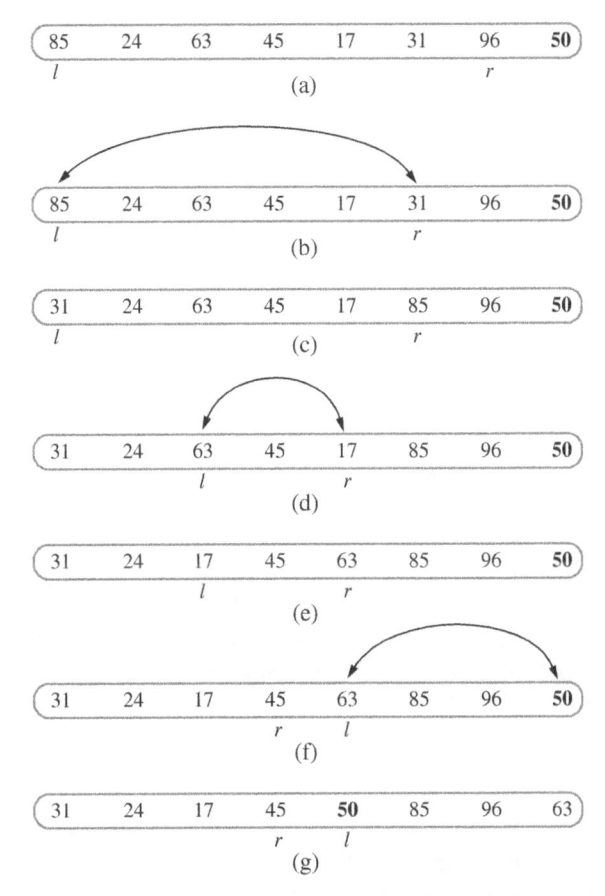

```
( 85   24   63   45   17   31   96   50 )
  l                                  r
              (a)

( 85   24   63   45   17   31   96   50 )
  l                                  r
              (b)

( 31   24   63   45   17   85   96   50 )
  l                                  r
              (c)

( 31   24   63   45   17   85   96   50 )
              l         r
              (d)

( 31   24   17   45   63   85   96   50 )
              l    r
              (e)

( 31   24   17   45   63   85   96   50 )
                   r    l
              (f)

( 31   24   17   45   50   85   96   63 )
                   r    l
              (g)
```

Figura 11.14   Passo de divisão do quick-sort in-place. O índice *l* varre a sequência da esquerda para direita, e o índice *r* varre a sequência da direita para a esquerda. Uma troca é efetuada quando *l* está em um elemento maior que o pivô, e *r* em um elemento menor que o pivô. Uma troca final com o pivô completa o passo de divisão.

```
public static <E> void quickSort (E[ ] s, Comparator<E> c) {
  if (s.length < 2) return;              // o arranjo já está ordenado neste caso
  quickSortStep(s, c, 0, s.length−1);    // método de ordenação recursivo
}
private static <E> void quickSortStep (E[ ] s, Comparator<E> c,
                    int leftBound, int rightBound ) {
  if (leftBound > = rightBound) return;  // os índices estão cruzados
  E temp; // objeto temp usado para trocas
  E pivot = s[rightBound];
  int leftInd = leftBound;               // rastreio a partir da direita
  int rightInd = rightBound−1;           // rastreio a partir da esquerda
  while (leftInd <= rightInd) {          // rastreio da direita até que seja maior que o pivô
    while ( (leftInd <= rightInd) && (c.compare(s[leftInd], pivot)<=0) )
```

```
        leftInd++;
    while ( (rightInd >= leftInd) && (c.compare(s[rightInd], pivot)>=0))
        rightInd--;
    if (leftInd < rightInd) {                    // ambos os elementos foram encontrados
        temp = s[rightInd]; s[rightInd] = s[leftInd]; s[leftInd] = temp;
    }
} // o laço continua até os índices se cruzarem
temp = s[rightBound];              // troca o pivô com o elemento no índice leftInd
s[rightBound] = s[leftInd];
s[leftInd] = temp;                 // o pivô está agora em leftInd
quickSortStep(s, c, leftBound, leftInd-1);    // chamada recursiva da esquerda
quickSortStep(s, c, leftInd+1, rightBound);   // chamada recursiva da direita
}
```

Trecho de Código 11.7 Uma codificação do quick-sort in-place, assumindo elementos distintos.

É interessante que uma versão do quick-sort é usada no framework de coleções de Java, no método java.util.Arrays.sort(A), para ordenar o arranjo A, no caso em que A é um arranjo de tipos básicos. Trata-se de uma implementação in-place recursiva do quick-sort que inclui várias otimizações adicionais.

Uma das limitações limita a quantidade de passos de recursão aos subarranjos de A que são razoavelmente grandes, isto é, que têm pelo menos oito elementos. Quando um subarranjo a ser ordenado está abaixo deste limite, o algoritmo simplesmente usa o algoritmo de inserção ordenada (Seção 8.2.2) para ordenar o subarranjo. Essa otimização está baseada no fato de que o algoritmo de inserção ordenada tem uma sobrecarga pequena e é relativamente rápido para ordenar pequenos arranjos.

Outra otimização está na forma como os pivôs são escolhidos. Se o subarranjo tem um tamanho moderado, então o pivo é escolhido como sendo a média de três valores obtidos respectivamente do início, do meio e do final do arranjo. Esta heurística da *média-de-três* equivale a um pivô aleatório nos subarranjos de tamanho moderado. Quando um subarranjo é relativamente grande, o algoritmo aplica a heurística da média-de-três separadamente no início, no meio e no final do arranjo para selecionar três pivôs candidatos e então seleciona a média destes três. Essa abordagem ainda tem uma sobrecarga menor do que slecionar um pivô aleatório e funciona bem na prática.

11.3 Estudando ordenação por meio da visão algorítmica

Retomando a discussão sobre ordenação, descreveram-se vários métodos, tanto com o pior caso como com o tempo esperado de execução $O(n \log n)$ para sequências de entrada de tamanho n. Esses métodos incluem o merge-sort e o quick-sort, descritos neste capítulo, bem como o heap-sort, descrito na Seção 8.3.5. Nesta seção, estuda-se ordenação como um problema algorítmico, discutindo-se as questões centrais relacionadas com algoritmos de ordenação.

11.3.1 Um limite inferior para ordenação

Uma primeira questão é a possibilidade de ordenar mais rapidamente do que $O(n \log n)$. Se a operação primitiva computacional usada pelo algoritmo de ordenação for uma comparação de dois elementos, então isso é o melhor que se pode fazer – uma ordenação baseada em comparação tem o limite mínimo, no pior caso, da ordem de $\Omega(n \log n)$ relativamente ao tempo de execução. (Lembre-se da notação Ω vista na Seção 4.2.3.) Concentrando no custo principal da ordenação baseada em comparação, serão contadas apenas as comparações, para o limite mínimo, isso será suficiente.

Supondo que se tem uma sequência $S = (x_0, x_1, \ldots, x_{n-1})$ que se deseja ordenar, e considerando que todos os elementos de S são distintos (isso não é uma restrição, uma vez que se está definindo um limite mínimo). Toda vez que o algoritmo de ordenação compara dois elementos x_i e x_j (ou seja, pergunta "$x_i < x_j$?"), existem duas saídas possíveis: "sim" ou "não". Baseado no resultado desta comparação, o algoritmo de ordenação pode executar alguns cálculos internos (que não se está contando aqui) e, mais cedo ou mais tarde, executará outra comparação entre dois outros elementos de S, que por sua vez também terá dois resultados possíveis. Sendo assim, pode-se representar um algoritmo de ordenação baseado em comparação usando uma árvore de decisão T (lembre-se do Exemplo 7.8). Ou seja, cada nodo interno v de T corresponde a uma comparação, e as extremidades do nodo v' a seus filhos correspondem a cálculos que resultam em uma resposta "sim" ou em uma "não". É importante observar que o algoritmo de ordenação hipotético em questão provavelmente não tem conhecimento explícito da árvore T. Simplesmente usa-se T para representar todas as sequências possíveis de comparação que um algoritmo de ordenação pode fazer, iniciando na primeira comparação (associada com a raiz) e terminando na última comparação (associada com o pai de um nodo externo).

Cada ordem inicial possível, ou *permutação*, de elementos de S implica que nosso algoritmo hipotético de ordenação irá executar uma série de comparações, caminhando em T da raiz até algum nodo externo. Associamos então com cada nodo externo v de T o conjunto de permutações de S que fazem nosso algoritmo de ordenação encerrar-se em v. O ponto mais importante do argumento relativo ao limite mínimo é que cada nodo externo v em T pode representar uma sequência de comparações de no máximo uma permutação de S. A justificativa dessa afirmativa é simples: se duas permutações diferentes P_1 e P_2 de S são associadas com o mesmo nodo externo, então existem pelo menos dois objetos x_i e x_j, de forma que x_i venha antes de x_j, em P_1, mas x_i venha depois de x_j em P_2. Ao mesmo tempo, a saída associada com v tem de ser uma reordenação específica de S, seja com x_i ou x_j, aparecendo um antes do outro. Mas se tanto P_1 como P_2 fazem com que o algoritmo de ordenação resulte nos elementos de S nesta ordem, então isso implica que existe uma forma de forçar o algoritmo a fornecer um resultado em que x_i e x_j estejam na ordem errada. Uma vez que isso não pode ser permitido por um algoritmo de ordenação correto, cada nodo externo de T deve ser associado com apenas uma permutação de S. Usa-se essa propriedade da árvore de decisão associada com o algoritmo de ordenação para provar o seguinte resultado:

Proposição 11.4: *O tempo de execução de qualquer algoritmo de ordenação baseado em comparações é $\Omega(n \log n)$ para uma sequência de n elementos no pior caso.*

Justificativa: O tempo de execução de um algoritmo de ordenação baseado em ordenação deve ser maior ou igual à altura da árvore de decisão T associada com esse algoritmo, como descrito anteriormente (ver Figura 11.15). Pelo argumento anterior, cada nodo externo T deve ser associado com uma permutação de S. Além disso, cada permutação de S deve resultar em um nodo externo de T diferente. O número de permutações de n objetos é $n! = n(n-1)(n-2) \cdots 2 \cdot 1$. Sendo assim, T deve ter pelo menos $n!$ nodos externos. Pela Proposição 7.10, a altura de T é pelo menos $\log(n!)$. Isso é suficiente para justificar a proposição, porque existem no mínimo $n/2$ termos que são maiores ou iguais a $n/2$ no produto $n!$; logo

$$\log(n!) \geq \log\left(\frac{n}{2}\right)^{\frac{n}{2}} = \frac{n}{2}\log\frac{n}{2},$$

que é $\Omega(n \log n)$. ∎

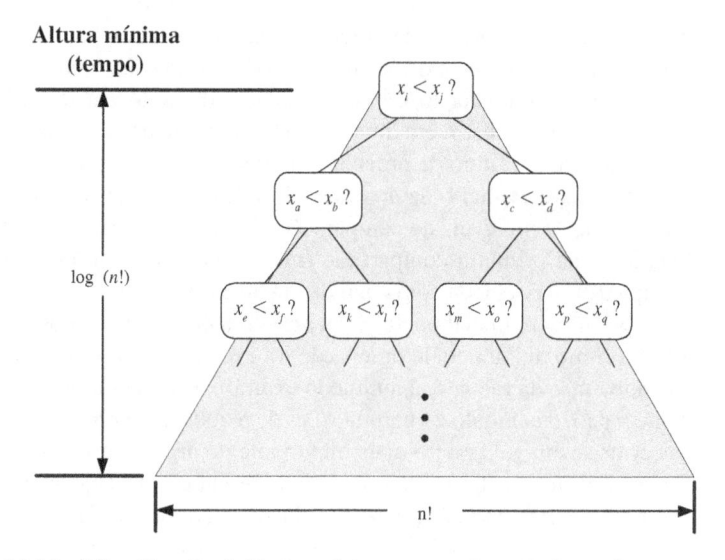

Figura 11.15 Visualização do limite mínimo para ordenação baseada em comparação.

11.3.2 Ordenação em tempo linear: bucket-sort e radix-sort

Na seção anterior, foi visto que é necessário um tempo $\Omega(n \log n)$ no pior caso para ordenar uma sequência de n elementos usando um algoritmo de ordenação baseado em comparação. Uma questão natural, então, é se existem outros tipos de algoritmos de ordenação que podem ser projetados para executar assintoticamente mais rápido que $O(n \log n)$. O interessante é que tais algoritmos existem, mas requerem conhecimento de premissas especiais a respeito da sequência a ser ordenada. Mesmo assim, tais cenários são frequentes na prática, de maneira que discutir esses métodos vale a pena. Nesta seção, será analisado o problema de ordenar uma sequência de itens, cada um deles um par chave-elemento, onde as chaves têm um tipo restrito.

Bucket-sort

Considere uma sequência S de n itens cujas chaves são inteiros no intervalo $[0, N-1]$ para um inteiro $N \geq 2$, supondo que S possa ser ordenado de acordo com as chaves dos itens. Neste caso, é possível ordenar S em tempo $O(n + N)$. Pode ser surpreendente, mas isso implica, por exemplo, que se N é $O(n)$, então é possível ordenar S em tempo $O(n)$. É claro que a questão principal é que, em razão da premissa restritiva sobre o formato dos elementos, evitam-se as comparações.

A ideia é usar um algoritmo chamado de **bucket-sort**, que não se baseia em comparações e sim no uso de chaves como índices em um arranjo de buckets B que tem entradas de 0 a $N - 1$. Um item com chave k é armazenado no bucket $B[k]$, o que por si só é uma sequência (de itens com chave k). Após inserir cada item da sequência S em seu bucket, pode-se colocar os itens de volta na sequência S de forma ordenada pela enumeração do conteúdo dos buckets $B[0], B[1], \ldots, B[N-1]$ em ordem. Descreve-se o algoritmo bucket-sort no Trecho de Código 11.8.

Algoritmo bucketSort(S):
    Entrada: sequência S de itens com chaves inteiras no intervalo $[0, N-1]$
    Saída: sequência S ordenada pelas chaves de forma não decrescente
    seja B um arranjo de N sequências, cada uma inicialmente vazia
    para cada item e em S **faça**
        $k \leftarrow e.\text{getKey}()$
        remove e de S e o insere no fim do bucket (sequência) $B[k]$
    para $i \leftarrow 0$ até $N - 1$ **faça**
        para cada item e da sequência $B[i]$ **faça**
            remove e de $B[i]$ e o insere no fim de S

Trecho de Código 11.8 Bucket-sort.

É fácil ver que o bucket-sort executa em tempo $O(n + N)$ e consome espaço $O(n + N)$. Então, o bucket-sort é eficiente quando o intervalo de valores N para as chaves é pequeno se comparado à sequência de tamanho n, por exemplo $N = O(n)$ ou $N = O(n \log n)$. Ainda, sua performance se deteriora à medida que N cresce comparado a n.

Uma propriedade importante do algoritmo bucket-sort é que ele trabalha corretamente mesmo se houver muitos elementos diferentes com a mesma chave. Na verdade, ele é descrito de forma a antecipar tais ocorrências.

Ordenação estável

Ao ordenar itens chave-elemento, uma questão importante é como as chaves iguais são tratadas. Seja $S = ((k_0, x_0), \ldots, (k_{n-1}, x_{n-1}))$ uma sequência de itens. Diz-se que um algoritmo de ordenação é *estável* se para quaisquer dois itens (k_i, x_i) e (k_j, x_j) de S, tal que $k_i = k_j$ e (k_i, x_i) precede (k_j, x_j) em S antes da ordenação (isto é, $i < j$), e o item (k_i, x_i) também precede (k_j, x_j) após a ordenação. A estabilidade é importante para um algoritmo de ordenação, porque as aplicações podem querer preservar a ordenação inicial dos elementos com a mesma chave.

A descrição informal do bucket-sort no Trecho de Código 11.8 não garante estabilidade. Esta não é inerente ao método bucket-sort propriamente dito, porém pode-se facilmente modificar a descrição para tornar o bucket-sort estável, ao mesmo tempo em que se preserva seu tempo de execução $O(n + N)$. Na verdade, pode-se obter um algoritmo bucket-sort estável removendo sempre o *primeiro* elemento da sequência S e das sequências $B[i]$ durante a execução do algoritmo.

Radix-sort

Uma das razões pela qual a estabilidade de um algoritmo é importante é que ela permite que a abordagem do bucket-sort seja aplicada a contextos mais gerais do que a ordenação de inteiros. Supondo-se, por exemplo, que se quer ordenar itens que são pares (k, l), onde k e l são inteiros no intervalo $[0, N - 1]$ para qualquer inteiro $N \geq 2$. Em um contexto como esse, é natural definir a ordenação desses itens usando a convenção *lexicográfica* (do dicionário), onde $(k_1, l_1) < (k_2, l_2)$ se $k_1 < k_2$ ou se $k_1 = k_2$ e $l_1 < l_2$ (Seção 8.1.2). Essa é uma versão tal qual uma função lexicográfica de comparação, normalmente aplicada em strings de caracteres de mesmo tamanho (e facilmente generalizável para tuplas de d números com $d > 2$).

O algoritmo *radix-sort* ordena uma sequência de pares como S, aplicando um bucket-sort estável sobre a sequência duas vezes; primeiro usando um componente do par como chave de ordenação e, em seguida, empregando o segundo componente. Mas qual é a ordem correta? Deve-se ordenar primeiro pelo k (o primeiro componente) e em seguida l (o segundo componente) ou pode-se fazê-lo de outra forma?

Antes de responder essa questão, veja o seguinte exemplo.

Exemplo 11.5 *Considere a seguinte sequência S (mostram-se apenas as chaves):*

$$S = ((3,3),(1,5),(2,5),(1,2),(2,3),(1,7),(3,2),(2,2)).$$

Ordenando S de forma estável no primeiro componente, então se obtém a sequência

$$S_1 = ((1,5),(1,2),(1,7),(2,5),(2,3),(2,2),(3,3),(3,2)).$$

Ordenando, então, a sequência S_1 usando o segundo componente, segue que

$$S_{1,2} = ((1,2), (2,2), (3,2), (2,3), (3,3), (1,5), (2,5), (1,7)).$$

que não é exatamente uma sequência ordenada. Por outro lado, se S for ordenado de forma estável usando o segundo componente, então se obtém a seguinte sequência

$$S_2 = ((1,2), (3,2), (2,2), (3,3), (2,3), (1,5), (2,5), (1,7)).$$

Ordenando, agora, de forma estável a sequência S_2, usando o primeiro componente, obtém-se a sequência

$$S_{2,1} = ((1,2), (1,5), (1,7), (2,2), (2,3), (2,5), (3,2), (3,3)).$$

que é, de fato, uma sequência S lexicograficamente ordenada.

Então, a partir desse exemplo, somos levados a acreditar que é necessário primeiro ordenar usando o segundo componente e, então, ordenar novamente usando o primeiro. Esta intuição é correta. Ordenando de forma estável primeiro pelo segundo componente, e então novamente pelo primeiro, garante-se que, se dois elementos forem iguais na segunda ordenação (pelo primeiro elemento), então sua ordem relativa na sequência inicial (que é ordenada pelo segundo componente) será preservada. Sendo assim, a sequência resultante tem a garantia de ser ordenada lexicograficamente todas as vezes. Deixa-se para um exercício simples (R-11.20) a determinação sobre como esta abordagem pode ser estendida para triplas e outras d-tuplas de números. Esta seção pode ser resumida como segue:

Proposição 11.6 *Seja S uma sequência de n itens chave-elemento, cada um dos quais tendo uma chave $(k_1, k_2, \ldots, k_d)$, onde k_i é um inteiro no intervalo $[0, N - 1]$ para qualquer inteiro $N \geq 2$. Pode-se ordenar S lexicograficamente em tempo $O(d(n + N))$, usando radix-sort.*

Apesar de ser tão importante, a ordenação não é o único problema interessante que lida com relações de ordem total em um conjunto de elementos. Existem algumas aplicações, por exemplo, que não requerem a listagem ordenada de um conjunto inteiro, mas necessitam de uma quantia de informação ordenada sobre o conjunto. Antes de estudar esse problema (chamado de "seleção"), é preciso retroceder e comparar brevemente todos os algoritmos de ordenação estudados até aqui.

11.3.3 Comparando algoritmos de ordenação

Neste ponto, pode ser útil fazer uma interrupção e analisar todos os algoritmos estudados neste livro para ordenar um arranjo, uma lista ou uma sequência de n elementos.

Considerando tempo de execução e outros fatores

Vários métodos foram estudados, como a ordenação, o insertion sort e o selection sort, que têm comportamento temporal $O(n^2)$ na média e no pior caso. Também foram examinados vários métodos com comportamento temporal $O(n \log n)$ incluindo heap sort, merge-sort e quick-sort. Finalmente, uma classe especial de algoritmos de ordenação foi abordada, a saber, os métodos bucket-sort e radix-sort, que executam em tempo linear para certos tipos de chaves. Certamente, o algoritmo selection sort é uma escolha pobre em qualquer aplicação, uma vez que executa em tempo $O(n^2)$, mesmo no melhor caso. Mas entre os algoritmos de ordenação restantes, qual é o melhor?

Como em muitas outras coisas, não existe claramente o "melhor" algoritmo de ordenação entre os candidatos restantes. O algoritmo de ordenação que melhor se aplica para um uso específico depende das suas várias propriedades. Pode-se, entretanto, oferecer algumas diretivas e observações, baseadas nas propriedades conhecidas de "bons" algoritmos de ordenação.

Insertion-sort

Se bem implementado, o tempo de execução da *insertion-sort* é $O(n + m)$, onde m é o número de *inversões* (isto é, o número de pares de elementos fora de ordem). Sendo assim, o insertion-sort é um algoritmo excelente para ordenar pequenas sequências (por exemplo, com menos de 50 elementos), porque é simples de programar, e sequências pequenas necessariamente contêm poucas inversões. Além disso, o insertion-sort é bastante eficiente para ordenar sequências "quase" ordenadas. Por "quase" entende-se que o número de inversões é pequeno. Mas a performance $O(n^2)$ em relação ao tempo do insertion-sort torna-o uma escolha pobre fora dessas situações especiais.

Merge-sort

Merge-sort, por outro lado, executa em tempo $O(n \log n)$ no pior caso, o que é ótimo para métodos de ordenação baseados em comparações. Ainda assim, estudos experimentais têm mostrado que, uma vez que é difícil fazer o merge-sort executar in-place, a carga de trabalho necessária para implementá-lo torna-o menos atrativo que as implementações in-place do heap sort e quick-sort para sequências que cabem inteiras na memória principal do computador. Dessa forma, o merge-sort é um algoritmo excelente para situações em que a entrada não cabe toda na memória principal e tem de ser armazenada em blocos em um dispositivo de memória externa, como um disco. Neste contexto, a forma com que o merge-sort executa o processamento dos dados em grandes cadeias faz melhor uso de todos os dados trazidos do disco para a memória principal. Assim, para ordenação em memória externa, o algoritmo merge-sort tende a minimizar o número total de acessos a disco para fazer a leitura ou a escrita necessárias, o que torna o algoritmo merge-sort superior neste contexto.

Quick-sort

Análises experimentais têm mostrado que se a sequência de entrada couber inteiramente na memória principal, então as versões in-place do quick-sort e heap-sort executam mais rápido que o merge-sort. A sobrecarga adicional necessária para copiar nodos ou entradas coloca o merge-sort em desvantagem em relação ao quick-sort e o heap-sort nestas aplicações. Na verdade, o quick-sort tende, na média, a superar o heap-sort nestes testes.

Então, o *quick-sort* é uma escolha excelente como algoritmo de ordenação de finalidades genéricas no uso em memória. Na verdade, ele está incluído no utilitário qsort, fornecido nas bibliotecas da linguagem C. Entretanto, sua performance temporal $O(n^2)$ para o pior caso faz do quick-sort uma escolha pobre para aplicações de tempo real em que se tem de apresentar garantias sobre o tempo necessário para completar uma operação de ordenação.

Heap-sort

Em cenários de tempo real, nos quais se dispõe de um tempo fixo para executar uma operação de ordenação e os dados de entrada cabem na memória principal, o algoritmo *heap-sort* provavelmente é a melhor escolha. Ele executa em tempo $O(n \log n)$ no pior caso e pode ser facilmente adaptado para executar in-place.

Bucket-sort e radix-sort

Finalmente, se esta aplicação envolve ordenação por chaves inteiras ou d-tuplas de chaves inteiras, então *bucket-sort* ou *radix-sort* são ótimas escolhas, pois executam em tempo $O(d(n + N))$, onde $[0, N - 1]$ é o intervalo de chaves inteiras (e $d = 1$ para o bucket-sort). Sendo assim, se $d(n + N)$ está significativamente "abaixo" de $n \log n$, então este método de ordenação pode executar mais rápido que o quick-sort ou o heap sort.

Dessa forma, o estudo sobre todos estes métodos diferentes proporciona a "caixa de ferramentas" para engenharia de algoritmos com uma coleção versátil de métodos de ordenação.

11.4 Conjuntos e as estruturas union/find

Nesta seção, serão estudados conjuntos, incluindo as operações que os definem e as operações que podem ser aplicadas a conjuntos inteiros.

11.4.1 O TAD conjunto

Um *conjunto* é uma coleção de objetos distintos. Isto é, não existem elementos duplicados em um conjunto e não existe nenhuma notação explícita para chaves ou mesmo uma ordem. Mesmo assim, se os elementos de um conjunto são comparáveis, pode-se manter os conjuntos ordenados. Os métodos fundamentais do TAD conjunto para um conjunto S são os que seguem:

    add(e):   acrescenta o elemento e em S.
    remove(e):   remove o elemento e de S.
    contains(e):   retorna se e está em S.
    iterator( ):   retorna um iterador de elementos sobre S.

O framework de coleções de Java inclui todos estes métodos como parte da interface java.util.Set, e esta interface tem as seguintes implementações:

- java.util.HashSet: implementação do TAD conjunto usando uma tabela de hash.

Se for o caso de estender o TAD conjunto para um TAD conjunto ordenado, então acrescentam-se os seguintes métodos:

pollFirst( ): remove e retorna o menor elemento de S.
pollLast( ): remove e retorna o maior elemento de S.
ceiling(e): retorna o elemento que corresponde ao menor elemento maior ou igual a *e*.
floor(e): retorna o elemento que corresponde ao maior elemento menor ou igual a *e*.
lower(e): retorna o elemento que corresponde ao maior elemento menor que *e*.
higher(e): retorna o elemento que corresponde ao menor elemento maior que *e*.

Não por acaso, todos esses métodos fazem parte da interface java.util.NavigableSet; dessa forma, Java prevê um conjunto estendido do TAD conjunto ordenado. Essa interface é implementada nas seguintes classes do framework de coleções de Java:

- java.util.concurrent.ConcurrentSkipListSet: implementação do TAD conjunto usando uma skip list.
- java.util.TreeSet: implementação do TAD conjunto usando uma árvore vermelho-preta.

11.4.2 Conjuntos de fusão e o padrão do método modelo

Será explorada outra extensão do TAD conjunto ordenado que permite operações entre pares de conjuntos. Isso servirá para motivar um padrão de projeto de engenharia de software conhecido como ***método modelo***.

Primeiramente, veja as definições matemáticas de ***união***, ***interseção*** e ***diferença*** de dois conjuntos *A* e *B*:

$$A \cup B = \{x: x \in A \text{ ou } x \in B\},$$
$$A \cap B = \{x: x \in A \text{ e } x \in B\},$$
$$A - B = \{x: x \in A \text{ e } x \notin B\}.$$

Exemplo 11.7 *A maioria dos mecanismos de busca para a Internet armazena, para cada palavra x do seu banco de dados de palavras, um conjunto, W(x), de páginas da Web que contêm x, onde cada página da Web é identificada por um único endereço da Internet. Quando consultado sobre uma palavra x, tal mecanismo de busca precisa apenas retornar às páginas da Web presentes no conjunto W(x), ordenadas de acordo com alguma prioridade relativa à "importância" da página. Quando, por outro lado, é consultado sobre duas palavras, x e y, o mecanismo de busca deve primeiro calcular a interseção W(x) ∩ W(y) e, então, retornar as páginas presentes no conjunto resultante ordenadas por prioridade. Muitos mecanismos de busca usam o algoritmo descrito nesta seção para executar essa interseção.*

Métodos fundamentais do TAD conjunto de fusão

Os métodos fundamentais do TAD conjunto, que atua sobre um conjunto *A*, são os seguintes:

union(B): Substitui A pela união de A e B, ou seja, executa A ← A ∪ B.
intersect(B): Substitui A pela interseção de A e B, ou seja, executa A ← A ∩ B.
subtract(B): Substitui A pela diferença entre A e B, ou seja, executa A ← A − B.

Uma simples implementação de conjunto de fusão

Uma das formas mais simples de se implementar um conjunto é armazenar seus elementos em uma sequência ordenada. Esta implementação é incluída em diversas bibliotecas de software para estruturas de dados genéricas, por exemplo. Sendo assim, considera-se a implementação do TAD conjunto usando uma sequência ordenada (serão consideradas outras implementações em vários exercícios). Qualquer consistência na relação de ordem total entre os elementos do conjunto pode ser usada, fornecendo a mesma ordem que é usada por todos os conjuntos.

Implementaremos cada uma das três operações fundamentais de um conjunto usando uma versão genérica do algoritmo de junção que recebe, como entrada, duas sequências ordenadas representando os conjuntos de entrada, e gera uma sequência indicando o conjunto de saída, seja ele a união, a interseção ou subtração dos conjuntos de entrada. Incidentalmente, estas operações serão definidas de forma que modifiquem o conteúdo do conjunto A envolvido. Como alternativa, seria possível definir estes métodos de forma que eles não modifiquem A, mas retornem um novo conjunto.

O método genérico de junção examina e compara iterativamente os elementos correntes a e b das sequências A e B, respectivamente, e determina quando $a < b$, $a = b$ ou $a > b$. Então, baseado no resultado desta comparação, determina se pode copiar um ou nenhum dos elementos a e b para o fim da sequência de saída C. Essa determinação é feita com base na operação específica executada, seja união, interseção ou diferença. Por exemplo, na operação de união, procede-se como segue:

- Se $a < b$, copia-se a para o final de C e avança-se para o próximo elemento de A.
- Se $a = b$, copia-se a para o final de C e avança-se para o próximo elemento de A e de B.
- Se $a > b$, copia-se b para o final de C e avança-se para o próximo elemento de B.

Desempenho da junção genérica

Analisa-se o tempo de execução do algoritmo genérico de junção. A cada iteração, comparam-se dois elementos das sequências de entrada A e B, possivelmente copiando um elemento para a sequência de saída, e avançando o elemento atual de A, B ou ambos. Admitindo que as comparações e cópias levem tempo $O(1)$, o tempo total de execução é $O(n_A + n_B)$, onde n_A é o tamanho de A, e n_B é o tamanho de B; ou seja, a junção leva um tempo proporcional ao número de elementos envolvidos. Dessa forma, tem-se:

Proposição 11.8 *O TAD conjunto pode ser implementado usando um esquema de sequência ordenada e junção genérica que suporta as operações* union, intersect e subtract *em tempo O(1), onde n indica a soma dos tamanhos dos conjuntos envolvidos.*

Junção genérica usando o padrão do método modelo

O algoritmo genérico de junção é baseado no **padrão do método modelo** (ver Seção 7.3.7). O padrão do método modelo é um padrão de projeto de engenharia de software que descreve um mecanismo genérico de computação que pode ser especializado pela redefinição de certos passos. Neste caso, descreve-se um método que faz a junção de duas sequências em uma, e que pode ser especializado pelo comportamento de três métodos abstratos.

O Trecho de Código 11.9 apresenta a classe Merge fornecendo uma implementação em Java para o algoritmo de junção genérica.

```java
/** Junção genérica para sequências ordenadas. */
public abstract class Merge<E> {
  private E a, b;                              // elementos atuais em A e B
  private Iterator<E> iterA, iterB;            // iteradores para A e B
  /** Método Template */
  public void merge(PositionList<E> A, PositionList<E> B,
      Comparator<E> comp, PositionList<E> C) {
    iterA = A.iterator( );
    iterB = B.iterator( );
    boolean aExists = advanceA( );             // Teste booleano se existe um a atual
    boolean bExists = advanceB( );             // Teste booleano se existe um b atual
    while (aExists && bExists) {               // Laço principal para junção de a e b
      int x = comp.compare(a, b);
      if (x < 0) { aIsLess(a, C); aExists = advanceA( ); }
      else if (x == 0) {
        bothAreEqual(a, b, C); aExists = advanceA( ); bExists = advanceB( ); }
      else { bIsLess(b, C); bExists = advanceB( ); }
    }
    while (aExists) { aIsLess(a, C); aExists = advanceA( ); }
    while (bExists) { bIsLess(b, C); bExists = advanceB( ); }
  }
  // métodos auxiliares para serem especializados pelas subclasses
  protected void aIsLess(E a, PositionList<E> C) { }
  protected void bothAreEqual(E a, E b, PositionList<E> C) { }
  protected void bIsLess(E b, PositionList<E> C) { }
  // métodos auxiliares
  private boolean advanceA( ) {
    if (iterA.hasNext( )) { a = iterA.next( ); return true; }
    return false;
  }
}
```

```
    private boolean advanceB( ) {
      if (iterB.hasNext( )) { b = iterB.next( ); return true; }
      return false;
    }
}
```

Trecho de Código 11.9   Classe Merge para junção genérica.

Para converter a classe genérica Merge em uma classe útil, deve-se estendê-la usando classes que redefinam os três métodos auxiliares, aIsLess, bothAreEqual e bIsLess. Mostra-se como cada uma das operações de união, interseção e diferença podem ser facilmente descritas em função desses métodos no Trecho de Código 11.10. Os métodos auxiliares são redefinidos de maneira que o método modelo merge execute as seguintes ações:

- Na classe UnionMerge, merge copia todo elemento de A e B em C, mas não duplica qualquer elemento.
- Na classe IntersectMerge, merge copia todo elemento que está em ambos A e B para C, mas "joga fora" qualquer elemento que esteja em um conjunto, e não no outro.
- Na classe SubtractMerge, merge copia todo elemento que estiver em A e não em B para C.

```
/** Classe especializando o template de junção genérica para união de dois conjuntos */
public class UnionMerge<E> extends Merge<E> {
  protected void aIsLess(E a, PositionList<E> C) {
    C.addLast(a);              // adiciona a
  }
  protected void bothAreEqual(E a, E b, PositionList<E> C) {
    C.addLast(a);              // adiciona a (mas não duplica b)
  }
  protected void bIsLess(E b, PositionList<E> C) {
    C.addLast(b);              // adiciona b
  }
}
/** Classe especializando o template da junção genérica para cruzar dois conjuntos */
public class IntersectMerge<E> extends Merge<E> {
  protected void aIsLess(E a, PositionList<E> C) { }
  protected void bothAreEqual(E a, E b, PositionList<E> C) {
    C.addLast(a);              // adiciona a (mas não duplica b)
  }
  protected void bIsLess(E b, PositionList<E> C) { }
}
/** Classe especializando o templante de junção genérica para subtrair dois conjuntos */
public class SubtractMerge<E> extends Merge<E> {
```

```
    protected void aIsLess(E a, PositionList<E> C) {
        C.addLast(a);                    // adiciona a
    }
    protected void bothAreEqual(E a, E b, PositionList<E> C) { }
    protected void bIsLess(E b, PositionList<E> C) { }
}
```

Trecho de Código 11.10 Classes estendendo a classe Merge, especializando os métodos auxiliares para executar união, interseção e subtração de conjuntos, respectivamente.

11.4.3 Partições com operações de union-find

Uma *partição* é uma coleção de conjuntos separados em partes. Definem-se os métodos do TAD partição usando posições de objetos (ver Seção 6.2.2), cada uma destas armazena um elemento x. O TAD partição suporta os seguintes métodos:

makeSet(x): Cria um conjunto singular contendo o elemento x e retornando a posição que armazena x no conjunto.

union(A,B): Retorna o conjunto $A \cup B$, destruindo os antigos conjuntos A e B.

find(p): Retorna o conjunto contendo o elemento da posição p.

Uma simples implementação de uma partição com um total de n elementos é como uma sequência de coleções, uma para cada conjunto, onde a sequência para o conjunto A armazena as posições do conjunto com os seus elementos. Cada posição armazena uma variável, elemento, que referencia seu elemento associado x e permite a execução do método element( ) no tempo $O(1)$. Além disso, também se armazena uma variável, conjunto, que referencia a sequência que armazena p, visto que esta sequência representa o conjunto contendo os elementos armazenados em p. (Ver Figura 11.16.) Dessa forma, pode-se executar o método find(p) no tempo $O(1)$, seguindo o conjunto de referência de p. Da mesma forma, o método makeSet também leva o tempo $O(1)$. A operação união(A,B) requer a união de duas sequências em uma e altera o conjunto referenciando as posições em uma sequência a partir de duas. Escolhe-se implementar esta operação pela remoção de todas as posições da sequência com menor tamanho, inserindo estas na sequência com maior tamanho. Toda vez que se pega a posição p do menor conjunto s, e ela é inserida no maior conjunto t, altera-se o conjunto referência de p para um ponto de t. Então, a operação união(A,B) leva o tempo $O(\min(|A|,|B|))$, que é $O(n)$, porque, no pior caso, $|A| = |B| = n/2$. Apesar disso, como mostrado abaixo, uma analise amortizada mostra esta implementação como sendo muito melhor do que aparece nesta análise do pior caso.

Capítulo 11   Ordenação, Conjuntos e Seleção   543

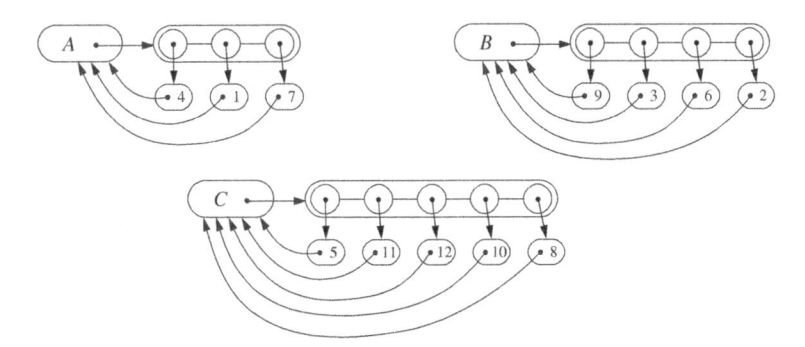

Figura 11.16   Implementação baseada em sequência de uma partição consistindo em três conjuntos: $A = \{1,4,7\}$, $B = \{2,3,6,9\}$ e $C = \{5,8,10,11,12\}$.

Desempenho da implementação de sequência

A implementação de sequência anteriormente apresentada é simples, porém eficiente, como pode ser visto no teorema que segue.

Proposição 11.9   *A execução de uma série de n operações* makeSet, union *e* find, *usando a implementação anteriormente apresentada, iniciando a partir de uma partição inicialmente vazia leva o tempo $O(n \log n)$.*

Justificativa: Usa-se o método contabilizar e assume-se que um ciberdólar pode pagar pelo tempo para executar a operação find, uma operação makeSet ou o movimento de uma posição de uma sequência para outra na operação union. No caso da operação makeSet ou find, define-se em um ciberdólar cada uma. No caso da operação union, especifica-se em um ciberdólar para cada posição que se move de um conjunto para outro. Não se especificou nada para a operação union. Claramente, o total de gastos para as operações find e makeSet somados são $O(n)$.

Considere-se, então, o número de gastos criados para posições em nome da operação union. A observação importante é que toda vez que se move uma posição de um conjunto para outro, o tamanho do novo conjunto será pelo menos o dobro. Dessa forma, cada posição é movida de um conjunto para outro no máximo $\log n$ vezes; então, cada posição pode ser definida no máximo com o tempo $O(\log n)$. Desde que seja assumido que a partição está inicialmente vazia, existem $O(n)$ diferentes elementos referenciados em uma dada série de operações, que implicam que o tempo total para todas as operações de união será $O(n \log n)$.   ∎

O tempo de execução amortizado de uma operação em uma série de operações makeSet, union e find, é o tempo total levado para as séries divididas pelo número de operações. Conclui-se, a partir da proposição apresentada anteriormente, que, para uma partição implementada usando sequências, o tempo de execução amortizado para cada operação será $O(\log n)$. Dessa forma, pode-se resumir o desempenho da implementação simples da partição baseada em sequência como segue.

Proposição 11.10   *Usando uma implementação baseada em sequência de uma partição, em uma série de operações* makeSet, union *e* find, *iniciando a partir de* *uma partição inicialmente vazia, o tempo de execução amortizado para cada operação será O(log n).*

Nesta implementação baseada em sequência de uma partição, cada operação find leva, no pior caso, o tempo de $O(1)$. Este corresponde ao tempo de execução das operações union, que é o gargalo computacional.

Na próxima seção, descreve-se uma implementação baseada em árvore de uma partição que não garante o tempo constante das operações find, mas tem o tempo amortizado muito melhor que $O(\log n)$ conforme a operação union.

Uma implementação de partição baseada em árvore ★

Uma estrutura de dados alternativa usa uma coleção de árvores para armazenar n elementos no conjunto, onde cada árvore é associada com um conjunto diferente. (Ver Figura 11.17.) Em particular, implementa-se cada árvore com uma estrutura de dados encadeada, em que os nodos são eles mesmos as posições do conjunto. Vê-se, ainda, cada posição p como sendo um nodo tendo uma variável, elemento, referindo ao seu elemento x e uma variável, conjunto, referindo a um conjunto contendo x, como antes. Porém, agora também se vê cada posição p como sendo do tipo de dados "conjunto". Assim, o conjunto referencia que cada posição p pode apontar para uma posição, que poderia ser o próprio p. Além disso, implementa-se esta abordagem em que todas as posições e seus respectivos conjuntos definem uma coleção de árvores.

Cada árvore é associada com um conjunto. Para qualquer posição p, se o conjunto de p referencia pontos atrás de p, então p é a **raiz** desta árvore, e o nome do conjunto contendo p é "p" (isto é, neste caso se estaria usando nomes das posições como nome dos conjuntos). Caso contrário, o conjunto referenciado por p aponta para o pai de p na sua árvore. Em ambos os casos, o conjunto contendo p é o associado com a raiz da árvore contendo p.

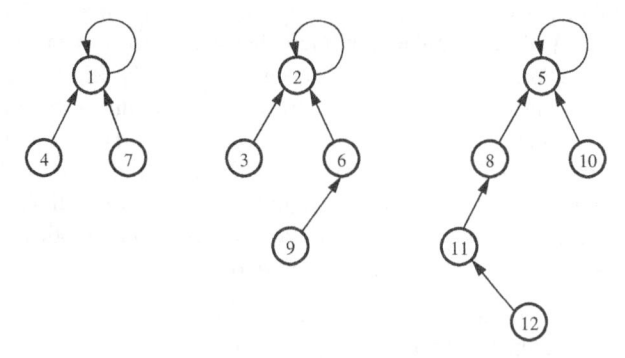

Figura 11.17 Implementação baseada em árvore de uma partição consistindo em três conjuntos separados: $A = \{1,4,7\}$, $B = \{2,3,6,9\}$ e $C = \{5,8,10,11,12\}$.

Com essa estrutura de dados de partição, a operação union(A,B) é chamada com os argumentos de posições p e q, que respectivamente representam os conjuntos A e B (isto é, $A = p$ e $B = q$). Executa-se esta operação criando uma das árvores como subárvore das outras (Figura 11.189b), que pode ser feito no tempo $O(1)$ pela definição da referência da raiz de uma árvore para apontar para a raiz da outra árvore. A operação find para uma posição p é executada caminhando para a raiz da árvore que contém a posição p (Figura 11.18a), o que leva o tempo $O(n)$ no pior caso.

Inicialmente, esta implementação pode não parecer melhor que a estrutura de dados baseada em sequência, porém, adiciona-se a seguinte heurística simples para fazer com que ele execute mais rápido:

União-pelo-tamanho: O tamanho da subárvore enraizada em p é armazenado com cada nodo posição p. Na operação union, cria-se a árvore do menor conjunto para se tornar uma subárvore de outra árvore, e atualizar o campo tamanho da raiz da árvore resultante.

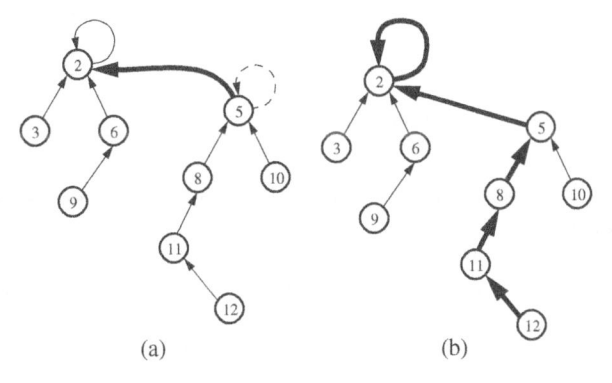

Figura 11.18 Implementação de uma partição baseada em árvore: (a) operação union(A,B); (b) operação find(p), onde p denota a posição do objeto para o elemento 12.

Compressão de caminhos: Na operação find, para cada nodo v que a operação find visita, zera o apontador pai de v para a raiz. (Ver Figura 11.19.)

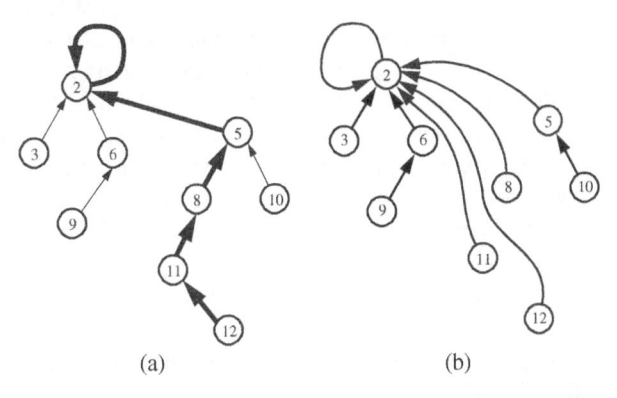

Figura 11.19 Heurística da compressão de caminhos: (a) caminho cruzado pela operação find no elemento 12; (b) árvore reestruturada.

Estas heurísticas incrementam o tempo de execução de uma operação em um fator constante; porém, como será discutido abaixo, elas melhoram significativamente o tempo de execução amortizado.

Uma propriedade surpreendente da estrutura de dados partição baseada em árvore, quando implementada usando as heurísticas união-pelo-tamanho e compressão de caminhos, é que a execução de uma série de n operações union e find leva o tempo $O(n \log^* n)$, onde $\log^* n$ é a função *log-star*, que é o inverso da função *tower-of-two*. Intuitivamente, $\log^* n$ é o número de vezes que alguém pode, iterativamente, calcular o logaritmo (base 2) de um número antes de obter um número menor que 2. A Tabela 11.1 mostra alguns valores simples.

mínimo n	2	$2^2 = 4$	$2^{2^2} = 16$	$2^{2^{2^2}} = 65.536$	$2^{2^{2^{2^2}}} = 2^{65.536}$
$\log^* n$	1	2	3	4	5

Tabela 11.1 Alguns valores de $\log^* n$ e valores críticos para os seus inversos.

11.5 Seleção

Existe uma grande quantidade de aplicações nas quais se está interessado em identificar um único elemento em função de sua localização relativa à ordenação de um conjunto inteiro. Exemplos incluem a identificação do maior e do menor elemento, mas também pode-se estar interessado em, por exemplo, identificar o termo *mediano*, ou seja, o elemento tal que metade dos elementos seja menor que ele e a outra metade seja maior. Normalmente, consultas que questionam a respeito da localização de um elemento são chamadas de *estatísticas de ordem*.

Definindo o problema da seleção

Nesta seção, será discutido o problema geral de estatística de ordem para selecionar o k-ésimo menor elemento de uma coleção não ordenada de n elementos comparáveis. Isso é conhecido como o problema da *seleção*. É claro, pode-se resolver este problema ordenando a coleção, e então acessando a sequência ordenada na localização $k - 1$. Usando o melhor dos algoritmos de ordenação baseado em comparação, esta abordagem irá levar tempo $O(n \log n)$, o que é obviamente um absurdo nos casos em que $k = 1$ ou $k = n$ (ou mesmo $k = 2, k = 3, k = n - 1$ ou $k = n - 5$), porque é possível resolver o problema da seleção para estes valores de k, com facilidade, em tempo $O(n)$. Logo, a questão que surge é como se pode obter um tempo de execução $O(n)$ para todos os valores de k (incluindo o caso de encontrar o mediano, onde $k = \lfloor n / 2 \rfloor$).

11.5.1 Poda e busca

Pode ser uma pequena surpresa, mas, na verdade, pode-se solucionar o problema da seleção em tempo $O(n)$ para qualquer valor de k. Além disso, a técnica que se usa para obter esse resultado envolve um interessante padrão de projeto de algoritmo. Esse padrão de projeto é conhecido como *poda e busca* ou *diminuição e conquista*. Aplicando esse padrão de projeto, resolve-se um problema que é definido a partir de uma coleção de n objetos, podando uma fração destes e recursivamente resolvendo o problema menor. Quando se tiver finalmente reduzido o problema para um problema definido sobre uma coleção constante de objetos, então ele é resolvido usando algum método de força bruta. Na medida em que se retorna das chamadas recursivas, a construção se completa. Em alguns casos, pode-se evitar o uso da recursão, caso em que simplesmente itera-se o passo de redução da poda e busca até que se possa aplicar um método de força bruta e parar. Incidentalmente, o método de pesquisa binária descrito na Seção 9.3.1 é um exemplo do padrão de projeto poda e busca.

11.5.2 Quick-select randômico

Aplicando-se o padrão poda e busca ao problema de seleção, pode-se projetar um método simples e prático chamado de *quick-select randômico*, para encontrar o k-ésimo menor elemento de uma sequência não ordenada de n elementos sobre os quais uma relação de ordem total é definida. O quick-select randômico executa um tempo *esperado* $O(n)$, levando em conta todas as possíveis escolhas randômicas feitas pelo algoritmo, e esta expectativa não depende de qualquer premissa sobre a distribuição de entrada. Observa-se que um quick-select randômico executa em tempo $O(n^2)$, no *pior caso*; a justificativa deste fato aparece como exercício (R-11.26). Também foi incluído um exercício (C-11.32) que propõe modificar o quick-select para obter um algoritmo de seleção *determinístico* que execute em tempo $O(n)$ no *pior caso*. Entretanto, a existência de um algoritmo determinístico é principalmente de interesse teórico, uma vez que o fator constante escondido pela notação O, neste caso, é relativamente grande.

Suponha-se uma dada sequência não ordenada S de n elementos comparáveis, juntamente com um inteiro $k \in [1,n]$. No nível superior, o algoritmo quick-select para encontrar o k-ésimo elemento de S é similar em estrutura ao algoritmo quick-select randômico descrito na Seção 11.2.1. Pega-se um elemento x de S randomicamente, para usar como "pivô" e subdividir S em três subsequências, L, E e G, armazenando os elementos de S menores que x, iguais a x e maiores que x, respectivamente. Este é o passo de poda. Então, baseado no valor de k, determina-se em quais destes conjuntos será aplicada a recursão. O quick-select randômico é descrito no Trecho de Código 11.11.

Algoritmo quickSelect(S,k):
  Entrada: sequência S de n elementos comparáveis e um inteiro $k \in [1,n]$
  Saída: o k-ésimo menor elemento de S
  se $n = 1$ **então**
    retorna o (primeiro) elemento de S.
  seleciona um elemento aleatório x de S remove todos os elementos de S e coloca-os em três sequências:
    - L, armazenando os elementos de S menores que x;
    - E, armazenando os elementos de S iguais a x;
    - G, armazenando os elementos de S maiores que x.

se $k \leq |L|$ **então**
    quickSelect(L,k)
senão se $k \leq |L| + |E|$ **então**
    retorna x {cada elemento em E é igual a x}
senão
    quickSelect($G, k - |L| - |E|$)   {observe o novo parâmetro de seleção}

Trecho de Código 11.11   Algoritmo quick-select randômico.

11.5.3 Analisando o quick-select randômico

Indicar que o algoritmo quick-select randômico executa em tempo esperado $O(n)$ requer apenas o mais simples argumento probabilístico. O argumento é baseado no *fator linear de expectativa*, que define que se X e Y são variáveis aleatórias e c é um número, então

$$E(X + Y) = E(X) + E(Y) \quad \text{e} \quad E(cX) = cE(X),$$

onde se usa $E(\mathcal{Z})$ para denotar o valor esperado para a expressão $\mathcal{Z}$.

Faça-se $t(n)$ denotar o tempo de execução do quick-select randômico sobre uma sequência de tamanho n. Uma vez que o algoritmo quick-select randômico depende do resultado de eventos aleatórios, seu tempo de execução, $t(n)$ é uma variável aleatória. Estamos interessados em cercar $E(t(n))$, o valor esperado de $t(n)$. Dizemos que uma invocação recursiva do quick-select randômico é "boa" se ela dividir S de maneira que o tamanho de L e G seja no máximo $3n/4$. Claramente, uma chamada recursiva é boa se tiver probabilidade de $1/2$. Faça-se $g(n)$ denotar o número de invocações recursivas consecutivas (incluindo a presente) antes de obter uma boa invocação. Então, $t(n)$ pode ser caracterizado usando a seguinte *equação de recorrência*:

$$t(n) \leq bn \cdot g(n) + t(3n/4),$$

onde $b \geq 1$ é uma constante. Aplicando o fator linear de expectativa para $n > 1$, tem-se

$$E(t(n)) \leq E(bn \cdot g(n) + t(3n/4)) = bn \cdot E(g(n)) + E(t(3n/4)).$$

Uma vez que uma chamada recursiva é considerada boa com probabilidade de $1/2$, e o fato de uma chamada recursiva ser boa ou não independe da chamada do pai, o valor esperado para $g(n)$ é o mesmo que o número esperado de vezes que se tem de jogar uma moeda antes de obter "cara". Isso implica que $E(g(n)) = 2$. Consequentemente, usando-se $T(n)$ como uma notação resumida para $E(t(n))$, então é possível escrever para o caso de $n > 1$

$$T(n) \leq T(3n/4) + 2bn.$$

Para converter essa relação em uma forma fechada, deve-se novamente aplicar iterativamente esta desigualdade assumindo que n seja grande. Então, por exemplo, após duas aplicações, obtém-se

$$T(n) \leq T((3/4)^2 n) + 2b(3/4)n + 2bn.$$

Neste ponto, vê-se que o caso geral é

$$T(n) \leq 2bn \cdot \sum_{i=0}^{\lceil \log_{4/3} n \rceil} (3/4)^i.$$

Em outras palavras, o tempo de execução esperado para o quick-select randômico é $2bn$ vezes a soma de uma progressão geométrica cuja base é um número positivo menor que 1. Logo, pela Proposição 4.5, $T(n)$ é $O(n)$.

Proposição 11.11 *O tempo de execução esperado para o quick-select randômico em uma sequência de tamanho n é $O(n)$, assumindo que dois elementos de S possam ser comparados no tempo $O(1)$.*

11.6 Exercícios

Para obter os códigos-fonte dos exercícios, visite www.grupoa.com.br.

Reforço

R-11.1 Qual é o melhor algoritmo de ordenação para cada caso: objetos comparáveis genéricos, longas cadeias de caracteres, números reais de precisão dupla, inteiros de 32 bits e bytes? Justifique sua resposta.

R-11.2 Suponha que S seja uma sequência de n bits, isto é, n 0's (zeros) e 1's (uns). Quanto tempo será necessário para ordenar S com o algoritmo merge-sort? E com o algoritmo quick-sort?

R-11.3 Suponha que S seja uma sequência de n bits, isto é, n 0's (zeros) e 1's (uns). Quanto tempo será necessário para ordenar S com estabilidade usando o algoritmo bucket-sort?

R-11.4 Forneça uma justificativa completa da Proposição 11.1.

R-11.5 Na árvore do merge-sort mostrada nas Figuras 11.2 a 11.4, algumas arestas são apresentadas como setas. Qual o significado de uma seta para baixo? E de uma seta para cima?

R-11.6 Forneça uma descrição em pseudocódigo do merge-sort recursivo que use um arranjo para entrada e saída.

R-11.7 Mostre que o tempo de execução do algoritmo merge-sort em uma sequência de n elementos é $O(n \log n)$ mesmo quando n não é uma potência de 2.

R-11.8 Suponha que temos duas sequências ordenadas A e B, com n elementos cada, e elas não devem ser interpretadas como conjuntos (ou seja, A e B podem conter entradas duplicadas). Descreva um método de tempo $O(n)$ para determinar uma sequência representando o conjunto $A \cup B$ (sem duplicatas).

R-11.9 Mostre que $(X - A) \cup (X - B) = X - (A \cap B)$ para quaisquer conjuntos X, A e B.

R-11.10 Suponha que a versão determinística do algoritmo de quick-sort foi modificada de forma que, em vez de selecionar como pivô o último elemento em uma sequência de n elementos, escolheu-se o elemento na posição $\lfloor n/2 \rfloor$. Qual o tempo de execução dessa versão do quick-sort em uma sequência já ordenada?

R-11.11 Considere mais uma vez a versão modificada da versão determinística do algoritmo de quick-sort de forma que, em vez de selecionar como pivô o último elemento em uma sequência de n elementos, escolhe-se o elemento na posição $\lfloor n/2 \rfloor$. Descreva o tipo de sequência que faria com que esta versão do quick-sort fosse executada em tempo $\Omega(n^2)$.

R-11.12 Mostre que o tempo de execução de melhor caso do quick-sort em uma sequência de tamanho n com elementos distintos é $O(n \log(n))$.

R-11.13 Descreva, em pseudocódigo, uma versão randomizada do quick-sort in-place.

R-11.14 Mostre que a probabilidade de qualquer elemento x de entrada pertencer a mais que $2 \log n$ subproblemas em um size group i, para quick-sort randomizado, é no máximo $1/n^2$.

R-11.15 Suponha que o algoritmo inPlaceQuickSort (Trecho de Código 11.6) seja executado em uma sequência com elementos duplicados. Mostre que, neste caso, o algoritmo ordena corretamente a sequência de entrada, mas o resultado do passo de divisão pode diferir da descrição de alto nível dada na Seção 11.2 e pode resultar em ineficiência. Em particular, o que acontece no passo de partição quando existem elementos iguais ao pivô? A sequência E (armazenando os elementos iguais ao pivô) é realmente avaliada? O algoritmo usa as subsequências L e R ou outras subsequências? Qual o tempo de execução do algoritmo se todos os elementos da entrada forem iguais?

R-11.16 Sobre $n!$ entradas possíveis para um dado algoritmo de ordenação baseado em comparação, qual é o número máximo absoluto de entradas que poderiam ser ordenadas com somente n comparações?

R-11.17 Jonathan tem um algoritmo de ordenação baseado em comparação que ordena os primeiros k elementos de uma sequência de tamanho n no tempo $O(n)$. Apresente uma caracterização O do maior valor que k pode conter?

R-11.18 O algoritmo merge-sort da Seção 11.1 é estável? Justifique.

R-11.19 Um algoritmo que ordena itens chave-valor pela chave é chamado de *straggling* se, a qualquer tempo, dois itens e_i e e_j tenham chaves iguais, mas e_i aparece antes de e_j na entrada, então o algoritmo coloca e_i após e_j na saída. Descreva uma alteração no algoritmo de merge-sort apresentado na Seção 11.1 para torná-lo straggling.

R-11.20 Descreva um método de radix-sort para ordenar lexicograficamente uma sequência S de triplas (k, l, m), onde k, l e m sejam inteiros no intervalo $[0, N - 1]$ para algum $N \geq 2$. Como o método pode ser estendido para sequências de d-tuplas $(k_1, k_2, \ldots, k_d)$, onde cada k_i é um inteiro no intervalo $[0, N-1]$?

R-11.21 O algoritmo de bucket-sort é in-place? Justifique.

R-11.22 Apresente um exemplo de sequência de entrada que requer merge-sort e heap-sort para ter o tempo de ordenação $O(n \log n)$, porém executa uma inserção-ordenação no tempo $O(n)$. O que acontece se você reverter esta sequência?

R-11.23 Descreva, em pseudocódigo, como executar a compressão de caminho em um caminho de tamanho h no tempo $O(h)$ em uma estrutura de partição union/find baseada em árvore.

R-11.24 George afirma que ele tem uma forma rápida de fazer a compressão de caminho em uma estrutura de partição, iniciando no nodo v. Ele coloca v em uma sequência L e inicia seguindo os apontadores para os pais. Toda vez que ele encontra um novo nodo, u, ele adiciona u em L e atualiza o apontador pai de cada nodo de L para apontar para o pai de u. Mostre que o algoritmo de George executa no tempo $\Omega(h^2)$ em um caminho de tamanho h.

R-11.25 Descreva uma versão in-place do algoritmo quick-select com pseudocódigo.

R-11.26 Mostre que o tempo de execução de pior caso do algoritmo de quick-select em uma sequência de n elementos é $\Omega(n^2)$.

Criatividade

C-11.1 Descreva um algoritmo eficiente para converter um dicionário D, implementado usando uma lista encadeada, em um mapa M, implementado com uma lista encadeada, de maneira que cada chave de D tenha uma entrada em M e que a ordem relativa das entradas de M seja a mesma ordem relativa das entradas de D.

C-11.2 Linda afirma ter um algoritmo que pega uma sequência S de entrada e produz uma sequência T de saída que é uma ordenação de n elementos de S.

a. Apresente um algoritmo, isSorted, para testar no tempo $O(n)$ se T está ordenado.

b. Explique por que o algoritmo isSorted não é suficiente para provar que uma saída particular T do algoritmo de Linda é uma ordenação de S.

c. Descreva qual informação adicional o algoritmo de Linda poderia fornecer para que a correção do seu algoritmo pudesse ser estabelecida em qualquer S e T no tempo $O(n)$.

C-11.3 Dados dois conjuntos A e B representados como sequências ordenadas, descreva um algoritmo eficiente para realizar $A \oplus B$, que é o conjunto de elementos que estão em A ou em B, mas não estão em ambos.

C-11.4 Suponha que se representem conjuntos com árvores de pesquisa balanceadas. Descreva e analise algoritmos para cada método do TAD conjunto, assumindo que um dos dois conjuntos é muito menor que o outro.

C-11.5 Descreva e analise um método eficiente para remover todas as duplicadas de uma coleção A de n elementos.

C-11.6 Considere conjuntos cujos elementos são inteiros no intervalo $[0, N - 1]$. Uma forma comum de representar um conjunto A desse tipo é por meio de um vetor booleano B, onde se diz que x está em A se e somente se $B[x] =$ **true**. Como cada posição de B pode ser representada por um bit, B é às vezes chamado de **vetor de bits**. Descreva algoritmos eficientes para realizar os métodos para o TAD conjunto assumindo essa representação.

C-11.7 Considere uma versão do quick-sort determinístico na qual pega-se como pivô o mediano dos últimos d elementos na sequência de entrada de n elementos, para um número ímpar $d \geq 3$ fixo e constante. Qual é o tempo de execução assintótico do pior caso do quick-sort neste caso?

C-11.8 Outra forma para analisar o quick-sort randomizado é usar uma **equação de recorrência**. Nesse caso, pega-se T(n) que denota o tempo de execução esperado do quick-sort randomizado e observa-se que, por causa das partições do pior caso para as separações boas e ruins, pode-se escrever:

$$T(n) \leq \frac{1}{2}(T(3n/4) + T(n/4)) + \frac{1}{2}(T(n-1)) + bn$$

onde bn é o tempo necessário para separar uma sequência em relação a um dado pivô e contatenar as subsequências resultantes após o retorno das chamadas recursivas. Mostre, por indução, que T(n) é $O(n \log n)$.

C-11.9 Modifique o algoritmo inPlaceQuickSort (Trecho de Código 11.6) para tratar eficientemente o caso geral em que a sequência de entrada S pode ter chaves repetidas.

C-11.10 Descreva uma versão não recursiva e in-place do algoritmo de quick-sort. O algoritmo deve ser baseado na mesma estratégia de divisão e conquista, mas utiliza uma pilha explícita para processar subproblemas.

C-11.11 Uma **referência cruzada** é uma estrutura de dados crítica na implementação de máquinas de busca ou índices de um livro. Dado um documento D, que pode ser entendido como uma lista de palavras numeradas não ordenadas, uma referência cruzada é uma lista ordenada de palavras, L, tal que para cada palavra w de L, armazenam-se os índices dos lugares de D onde w aparece. Projete um algoritmo eficiente para construir D a partir de L.

C-11.12 Dado um arranjo A de n elementos com chaves iguais a 0 ou 1, descreva um método in-place para ordenar A sendo que todos os zeros fiquem antes de todos os uns.

C-11.13 Suponha que temos uma sequência S de n elementos, de forma que cada elemento em S representa um voto diferente para líder estudantil, dado como um inteiro representando o número de matrícula do candidato escolhido. Planeje um algoritmo de tempo $O(n \log n)$ para determinar quem vence a votação representada por S, supondo que o candidato com o maior número de votos será o escolhido (mesmo se existir $O(n)$ candidatos).

C-11.14 Considere o problema de votação do Exercício C-11.13, mas agora suponha que se conhece o número $k < n$ de candidatos. Descreva um algoritmo de tempo $O(n \log k)$ para determinar quem vence a eleição.

C-11.15 Considere o problema de votação do Exercício C-11.13, mas agora suponha que um candidato vence somente se conseguir a maioria dos votos computados. Projete e analise um algoritmo rápido para determinar o vencedor se existir um.

C-11.16 Mostre que qualquer algoritmo de ordenação baseado em comparações pode ser transformado em um método estável sem afetar o tempo de execução assintótico do algoritmo.

C-11.17 Suponha que temos duas sequências A e B de n elementos cada, possivelmente contendo repetições, nas quais existe uma relação de ordem total. Descreva um algoritmo eficiente para determinar se A e B contêm o mesmo conjunto de elementos. Qual o tempo de execução deste método?

C-11.18 Dado um arranjo A de n inteiros de um intervalo $[0, n^2 - 1]$, descreva um método simples para a ordenação de A no tempo $O(n)$.

C-11.19 Sejam $S_1, S_2, \ldots, S_k$ sequências diferentes k, cujos elementos têm chaves inteiras no intervalo $[0, N - 1]$ para algum parâmetro $N \geq 2$. Descreva um algoritmo com tempo $O(n + N)$ para ordenar todas as sequências (sem fazer sua união), onde n denota o tamanho total de todas as sequências.

C-11.20 Dada uma sequência S de n elementos na qual existe uma relação de ordem total. Descreva um método eficiente para determinar se existem dois elementos iguais em S. Qual o tempo de execução de seu método?

C-11.21 Seja S uma sequência de n elementos em que está definida uma relação de ordem total. Uma **inversão** em S é um par de elementos x e y tais que x aparece antes de y em S, mas $x > y$. Descreva um algoritmo de tempo $O(n \log n)$ para determinar o **número** de inversões em S.

C-11.22 Seja S uma permutação randômica de n inteiros distintos. Explique que o tempo de execução esperado do insertion-sort em S é $\Omega(n^2)$. (Dica: note que metade dos elementos classificados na metade superior da versão ordenada de S é esperada para ser a primeira metade de S.)

C-11.23 Sejam A e B duas sequências de n inteiros cada. Dado um inteiro m, descreva um algoritmo de tempo $O(n \log n)$ para determinar se há um inteiro a em A e um inteiro b em B, tal que $m = a + b$.

C-11.24 Dada uma sequência S de n elementos comparáveis, descreva um método eficiente para achar os $\lceil \log n \rceil$ itens cuja posição em S seja a mais próxima da mediana.

C-11.25 Bob tem um conjunto A de n porcas e um conjunto B de n parafusos, de forma que cada porca em A tem um único parafuso correspondente em B. Infelizmente, todas as porcas em A se parecem e todos os parafusos em B também. O único tipo de comparação que Bob pode fazer é pegando um par (a, b) de porca e parafuso com $a \in A$, $b \in B$ e testar se a é maior, menor ou encaixa em *b*. Descreva e analise um algoritmo eficiente para Bob encontrar todos os pares de porcas e parafusos.

C-11.26 Mostre como usar um tempo $O(n)$ determinístico do algoritmo de seleção para ordenar uma sequência de n elementos no tempo $O(n \log n)$ no pior caso.

C-11.27 Dada uma sequência S não ordenada de n elementos comparáveis, e um inteiro k, apresente um algoritmo de tempo esperado de $O(n \log n)$ para encontrar o $O(k)$ elemento que tem posições $\lceil n/k \rceil$, $2\lceil n/k \rceil$, $3\lceil n/k \rceil$ e assim por diante.

C-11.28 Seja S uma sequência de n operações de insert e removeMin, na qual todas as chaves envolvidas são inteiros do intervalo $[0, n-1]$. Descreva um algoritmo que execute no tempo $O(n \log^* n)$ para determinar a resposta para cada removeMin.

C-11.29 Alienígenas têm fornecido um programa, o alienSplit, que pode pegar uma sequência S de n inteiros e particionar S no tempo $O(n)$ nas sequências S_1, $S_2, \ldots, S_k$ de tamanho de no máximo $\lceil n/k \rceil$ cada, sendo que os elementos de S_i são menores ou iguais a todos os elementos de S_{i+1}, para $i = 1, 2, \ldots, k = 1$, para um número fixo, $k < n$. Mostre como usar o alienSplit para ordenar S no tempo $O(n \log n/\log k)$.

C-11.30 Karen tem uma nova forma de fazer a compressão de caminho em uma estrutura de dados de partição baseada em árvore, iniciando no nodo *v*. Ela coloca todos os nodos que estão no caminho de *v* até a raiz em um conjunto S. Então ela rastreia S e atribui ao apontador dos pais de cada nodo aos seus avós (lembre que o apontador pai da raiz aponta para ele mesmo). Se esta passagem altera o valor de qualquer apontador pai de qualquer nodo, então ela repete este processo, e vai repetindo este processo até que seja realizado um rastreamento em S e não ocorra nenhuma alteração. Mostre que o algoritmo de Karen está correto e analise seu tempo de execução para um caminho de tamanho h.

C-11.31 Seja S uma sequência de n inteiros. Descreva um método para imprimir todos os pares de inversões em S em tempo $O(n+k)$, onde k é a quantidade de tais inversões.

C-11.32 Este problema trata de uma modificação do algoritmo de quick-select para torná-lo determinístico e ainda podendo ser executado em tempo $O(n)$ em uma sequência de n elementos. A ideia é modificar a forma com que se escolhe o pivô de modo que seja escolhido de forma determinística, e não aleatoriamente, como segue:

> Divida o conjunto S em $\lceil n/5 \rceil$ grupos de tamanho 5 cada (exceto, talvez, um grupo). Ordene cada pequeno conjunto e identifique a mediana do conjunto. Com estas $\lceil n/5 \rceil$ medianas "pequenas", aplique o algoritmo de seleção recursivamente para encontrar a mediana das medianas "pequenas". Use este elemento como pivô e continue como no algoritmo de quick-select.

Mostre que este método determinístico tem tempo $O(n)$, respondendo as seguintes questões (ignore pisos e tetos se isto simplificar os cálculos, pois os resultados assintóticos continuam os mesmos):

a. Quantas medianas pequenas são menores do que ou iguais ao pivô escolhido? Quantas são maiores ou iguais?

b. Para cada mediana pequena menor ou igual ao pivô, quantos elementos são menores ou iguais ao pivô? O mesmo é verdadeiro para aquelas maiores ou iguais ao pivô?

c. Discuta por que o método para encontrar o pivô deterministicamente e usá-lo para particionar S custa tempo $O(n)$.

d. Baseado nestas estimativas, escreva uma relação de recorrência que limita o tempo de execução de pior caso $t(n)$ para este algoritmo de seleção. (Note que no pior caso há duas chamadas recursivas – uma para encontrar a mediana das medianas pequenas e outra para fazer a recorrência com o maior valor entre L e G.)

e. Usando essa relação de recorrência, mostre por indução que $t(n)$ é $O(n)$.

Projetos

P-11.1 Projete e implemente duas versões do algoritmo bucket-sort em Java, uma para ordenar um arranjo de valores **byte** e outra para ordenar um arranjo de valores **short**. De forma experimental, compare a performance de suas implementações com o método java.util.Arrays.sort.

P-11.2 Experimentalmente, compare o desempenho do quick-sort in-place e uma versão de um quick-sort que não seja in-place.

P-11.3 Projete e implemente uma versão estável do algoritmo de bucket-sort para ordenar uma sequência de n elementos com chaves inteiras no intervalo $[0, N-1]$ para $N \geq 2$. O algoritmo deve ser executado em tempo $O(n + N)$.

P-11.4 Implemente o merge-sort e o quick-sort determinístico e realize testes de nível para verificar qual dos dois é mais rápido. Seus testes devem incluir sequências que aparentemente são "aleatórias" e sequências que parecem "quase" ordenadas.

P-11.5 Implemente o quick-sort determinístico e sua versão randomizada e realize testes para verificar qual dos dois é mais rápido. Seus testes devem incluir sequências que aparentemente são "aleatórias" e sequências que parecem "quase" ordenadas.

P-11.6 Implemente uma versão in-place do insertion-sort e uma versão in-place do quick-sort. Realize testes para determinar os valores de n para os quais o quick-sort é melhor (em média) do que o insertion-sort.

P-11.7 Projete e implemente uma animação para um dos algoritmos de ordenação apresentados neste capítulo. Sua animação deve ilustrar as propriedades essenciais do algoritmo de forma intuitiva.

P-11.8 Implemente os algoritmos quick-sort randomizado e quick-select, e projete uma série de experimentos para testar suas velocidades relativas.

P-11.9 Implemente um TAD para conjuntos estendidos, incluindo os métodos union(B), intersect(B), size( ) e isEmpty( ) mais os métodos equals(B), contains(e), insert(e) e remove(e) por motivos óbvios.

P-11.10 Implemente a estrutura de dados de partição union/find baseada em árvores com ambas as heurísticas: união-pelo-tamanho e compressão do caminho.

Observações sobre o capítulo

O clássico texto de Knuth *Sorting and Searching* [63] contém uma extensa história do problema da classificação e algoritmos para resolvê-lo. Huang e Langston [52] descrevem como unificar duas listas ordenadas de uma forma in-place e com tempo linear. Nosso TAD conjunto é derivado do TAD conjunto de Aho, Hopcroft e Ullman [5]. O algoritmo padrão para quick-sort foi feito por Hoare [47]. Uma análise mais profunda do quick-sort randomizado pode ser encontrada no livro de Motwani e Raghavan [79], incluindo os limites de Chernoff. A análise do quick-sort apresentada neste capítulo é uma combinação de uma análise apresentada na edição anterior deste livro com a análise de Kleinberg e Tardos [59]. O Exercício C-11.8 é devido a Littman. Gonnet e Baeza-Yates [39] fornecem comparações experimentais e análises teóricas de uma série de algoritmos diferentes de ordenação. O termo "poda e busca" é originário da literatura de geometria computacional (como no livro de Clarkson [22] e Meggido [72,73]). O termo "diminuição e conquista" é de Levitin [68]. A documentação on-line para o método java.util.Arrays.sort indica que a otimização em sua implementação do quick-sort é de Bentley e McIlroy [14].

Capítulo 12

Strings e Programação Dinâmica

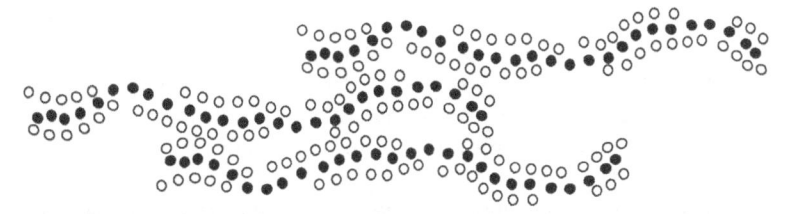

Sumário

12.1 Operações com strings 558
    12.1.1   A classe Java String. 559
    12.1.2   A classe Java StringBuffer. 560
12.2 Programação dinâmica 560
    12.2.1   Produto em cadeia de matrizes. 561
    12.2.2   O DNA e alinhamento de sequências de texto 563
12.3 Algoritmos para procura de padrões 567
    12.3.1   Força bruta 567
    12.3.2   O algoritmo Boyer-Moore 569
    12.3.3   O algoritmo de Knuth-Morris-Pratt 573
12.4 Compressão de textos e o método guloso 578
    12.4.1   O algoritmo de codificação de Huffman 579
    12.4.2   O método guloso. 580
12.5 Tries 581
    12.5.1   Tries padrão. 581
    12.5.2   Tries comprimidos 584
    12.5.3   Tries de sufixos 586
    12.5.4   Mecanismos de busca. 588
12.6 Exercícios 589

12.1 Operações com strings

O processamento de documentos está rapidamente se tornando uma das funções dominantes dos computadores. Estes são usados para editar documentos, pesquisar documentos, transportar documentos pela Internet e apresentar documentos em telas e impressoras. Por exemplo, os formatos de documentos para Internet HTML e XML são primeiramente formatos de textos, com rótulos especiais adicionados para comportar conteúdo multimídia. Buscar o significado de muitos terabytes de informação na Internet requer um trabalho considerável de processamento de texto.

Além de ter aplicações interessantes, algoritmos de processamento de texto também destacam alguns padrões de projeto importantes. Em especial, o problema de indentificação de padrões conduz ao **método da força bruta**, que normalmente é ineficiente, mas tem grande aplicabilidade. Para a compressão de texto, pode-se aplicar o **método guloso**, que permite aproximar soluções para problemas complicados e, para alguns problemas (como compressão de texto), resulta em algoritmos ótimos. Finalmente, na discussão sobre similaridade de texto será apresentado o padrão de projeto **programação dinâmica**, que pode ser aplicado em algumas situações particulares para resolver problemas que a princípio parecem requerer tempo exponencial em tempo polinomial.

Processamento de texto

No núcleo dos algoritmos para processamento de texto estão métodos para lidar com cadeias de caracteres. As cadeias de caracteres podem surgir de uma variedade de origens, incluindo aplicações científicas, linguísticas e da Internet. De fato, abaixo temos exemplos destas cadeias de caracteres:

$$P = \text{"CGTAAACTGCTTTAATCAAACGC"}$$
$$S = \text{"http://www.wiley.com"}.$$

A primeira cadeia de caracteres, P, tem origem em aplicações de pesquisa de DNA, enquanto a última cadeia de caracteres, S, é um endereço (URL) de um site.

Várias das operações típicas do processamento de cadeias de caracteres envolvem quebrar cadeias longas em cadeias menores. Para poder falar dos pedaços que resultam deste tipo de operações, usa-se o termo **substring** de uma cadeia de m-caracteres de string P para se referir a uma cadeia da forma $P[i]P[i + 1]\cdots P[j]$ para $0 \leq i \leq j \leq m - 1$, ou seja, a cadeia formada pelos caracteres em P, do índice i ao índice j, inclusive. Tecnicamente, isso significa que uma cadeia de caracteres é uma substring de si mesma (com $i = 0$ e $j = m - 1$); por isso, desejando-se excluir esta possibilidade, deve-se restringir a definição às substrings **próprias**, que requerem $i > 0$ ou $j < m - 1$.

Para simplificar a notação de modo a fazer referência às substrings, usa-se $P[i..j]$ para denotar a substring de P do índice i ao índice j, inclusive. Ou seja,

$$P[i..j] = P[i]P[i + 1]\cdots P[j].$$

Usa-se a convenção de que se $i > j$, então $P[i..j]$ é uma **cadeia vazia**, que tem comprimento 0. Além disso, para distinguir alguns casos especiais de substrings, chama-se qualquer cadeia da forma $P[0..i]$ para $0 \leq i \leq m - 1$ de **prefixo** de P e qualquer cadeia da forma $P[i..m - 1]$ para $0 \leq i \leq m - 1$ de **sufixo** de P. Por exemplo, se P for a cadeia de DNA dada acima, então "CGTAA" é um prefixo de P, "CGC" é um sufixo de P e "TTAATC" é uma substring (própria) de P. Deve-se observar que uma cadeia vazia é prefixo e sufixo de qualquer outra cadeia.

Para permitir a noção geral de string de caracteres, tipicamente não se restringem os caracteres de T e P como sendo originários de um conjunto conhecido de caracteres tais como o conjunto Unicode. Em vez disso, usa-se o símbolo Σ para denotar o conjunto de caracteres, ou **alfabeto**, a partir do qual os caracteres podem vir. Como muitos algoritmos de processamento de documentos são usados em aplicações nas quais o conjunto de caracteres-base é finito, usualmente assume-se que o tamanho do alfabeto Σ, denotado com $|\Sigma|$, é uma constante.

As operações sobre cadeias de caracteres são de dois tipos: aquelas que modificam uma cadeia e aquelas que simplesmente retornam informação sobre a cadeia, sem alterá-la. Java torna esta distinção precisa definindo a classe String, que representa as **cadeias imutáveis,** e a classe StringBuffer, que representa as **cadeias mutáveis**, ou que podem ser modificadas.

12.1.1 A classe Java String

As principais operações da classe Java String são listadas abaixo:

length( ): Retorna o comprimento n de S. Entrada: nenhuma. Saída: inteiro.
charAt(*i*): Retorna o caractere na posição i em S.
startsWith(Q): Determina se Q é um prefixo de S.
endsWith(Q): Determina se Q é um sufixo de S.
substring(*i,j*): Retorna a substring $S[i,j]$.
concat(Q): Retorna a concatenação de S e Q, ou seja, $S + Q$.
equals(Q): Determina se Q é igual a S.
indexOf(Q): Se Q for uma substring de S, retorna o índice da primeira ocorrência de Q em S, senão retorna -1.

Essa coleção forma as operações típicas para cadeias imutáveis.

Exemplo 12.1 *Considere o seguinte conjunto de operações, que são executadas na string $S = $ "abcdefghijklmnop":*

Operação	Saída
length()	16
charAt(5)	'f'
concat("qrs")	"abcdefghijklmnopqrs"
endsWith("javapop")	**false**
indexOf("ghi")	6
startsWith("abcd")	**true**
substring(4,9)	"efghij"

Com a exceção do método indexOf(Q), que será discutido na Seção 12.3, todos os métodos acima são facilmente implementados pela simples representação da cadeia como um arranjo de caracteres, que é a implementação padrão de uma String em Java.

12.1.2 A classe Java StringBuffer

As principais operações da classe Java StringBuffer são listadas abaixo:

append(Q): Retorna $S + Q$, substituindo S por $S + Q$.
insert(i,Q): Retorna e atualiza S para ser o string obtido inserindo Q em S começando no índice i.
reverse( ): Reverte e retorna a string S.
setCharAt(i,ch): Coloca o caractere na posição i em S para ser ch.
charAt(i): Retorna o caractere na posição i em S.

Condições de erro ocorrem quando o item i está além dos limites da cadeia. Com exceção do método charAt, a maioria dos métodos da classe String não são imediatamente disponíveis a um objeto S da classe StringBuffer em Java. Felizmente, a classe StringBuffer fornece um método toString ( ) que retorna uma versão String de S, que pode ser usada para acessar os métodos de String.

Exemplo 12.2 *Considere o seguinte conjunto de operações realizadas sobre a cadeia mutável* $S =$ `"abcdefghijklmnop"`:

Operação	S
append(`"qrs"`)	`"abcdefghijklmnopqrs"`
insert(3,`"xyz"`)	`"abcxyzdefghijklmnopqrs"`
reverse()	`"srqponmlkjihgfedzyxcba"`
setCharAt(7,`'W'`)	`"srqponmWkjihgfedzyxcba"`

12.2 Programação dinâmica

Nesta seção, será discutida a técnica de projeto de algoritmo **programação dinâmica**. Essa técnica é similar à técnica de divisão e conquista (Seção 11.1.1), a qual pode ser aplicada a uma grande variedade de problemas. Existem algumas poucas técnicas algorítmicas que podem lidar com problemas que aparentam necessitar de tempo exponencial e geram algoritmos de tempo polinomial para resolvê-los. Programação dinâmica é uma destas técnicas. Além disso, os algoritmos que resultam de aplicações de programação dinâmica são normalmente simples – em geral precisam de pouco mais do que algumas linhas de código para descrever alguns laços aninhados para preencher uma tabela.

12.2.1 Produto em cadeia de matrizes

Em vez de começar com uma explicação geral sobre os componentes da programação dinâmica, iniciamos com um exemplo concreto clássico. Suponha que se dispõe de uma coleção de n arranjos de duas dimensões (matrizes) para os quais pretende-se calcular o produto

$$A = A_0 \cdot A_1 \cdot A_2 \cdots A_{n-1}$$

onde A_i é uma matriz $d_i \times d_{i+1}$ para $i = 0,1,2,...,n-1$. Com o algoritmo padrão para multiplicação de matrizes (que normalmente se usa), para multiplicar uma matriz B, $d \times e$, por uma matriz C, $e \times f$, calcula-se o produto como

$$A[i][j] = \sum_{k=0}^{e-1} B[i][k] \cdot C[i][j]$$

Essa definição implica que a multiplicação de matrizes é associativa, isto é, implica que $B \cdot (C \cdot D) = (B \cdot C) \cdot D$. Assim, pode-se parentetizar a expressão para A de qualquer forma necessária e o resultado será sempre o mesmo. Entretanto, não será executada, necessariamente, a mesma quantidade de multiplicações primitivas (isto é, escalares) em cada parentetização, como se pode ver no exemplo que segue.

Exemplo 12.3 *Seja B uma matrix 2×10, seja C uma matriz 50×10 e seja D uma matriz 50×20. Calcular $B \cdot (C \cdot D)$ requer $2 \cdot 10 \cdot 20 + 10 \cdot 50 \cdot 20 = 10.400$ multiplicações, enquanto calcular $(B \cdot C) \cdot D$ requer $2 \cdot 10 \cdot 50 + 2 \cdot 50 \cdot 20 = 3.000$ multiplicações.*

O problema do **produto em cadeia de matrizes** é determinar a parentetização da expressão que define o produto A que minimiza o número de multiplicações escalares a serem executadas. Como o exemplo acima demonstra, as diferenças entre as soluções podem ser radicais, de modo que encontrar uma boa solução pode resultar em aumentos de velocidade significativos.

Definindo os subproblemas

Naturalmente uma forma de resolver o problema do produto em cadeia de matrizes é apenas enumerar todas as possíveis maneiras de parentetizar a expressão de A e determinar a quantidade de multiplicações executada em cada uma. Infelizmente, o conjunto de todas as parentetizações diferentes para a expressão A é igual, em número, ao conjunto de todas as árvores binárias que têm n nodos externos. Este número é exponencial em relação a n. Consequentemente, este algoritmo direto (força bruta) executa em tempo exponencial, porque existe um número exponencial de maneiras de parentetizar uma expressão aritmética associativa.

Pode-se melhorar a performance obtida pelo algoritmo de força bruta, entretanto, fazendo-se algumas observações sobre a natureza do problemas do produto em cadeia de matrizes. A primeira observação é que o problema pode ser quebrado em **subproblemas**. Neste caso, pode-se definir uma certa quantidade de subproblemas, cada um para calcular a melhor parentetização para uma subexpressão $A_i \cdot A_{i+1} \cdots A_j$. Como notação condensada será usado $N_{i,j}$ para denotar a quantidade mínima de multiplicações necessárias para calcular esta subexpressão. Assim, o problema original do produto em cadeia de matrizes pode ser caracterizado pelo cálculo do valor de $N_{0,n-1}$. Essa observação é importante, mas é necessário mais para aplicar a técnica de programação dinâmica.

Caracterizando as soluções ótimas

Outra observação importante que se pode fazer a respeito do problema da multiplicação em cadeia de matrizes é que é possível caracterizar uma solução ótima relativa a um subproblema particular em termos das soluções ótimas para os respectivos subproblemas. Chama-se esta propriedade de condicionante de *otimização do subproblema*.

No caso do problema da multiplicação em cadeia de matrizes, observa-se que, não importando o quanto se parentetiza uma subexpressão, sempre existe uma multiplicação final de matrizes a executar. Ou seja, a parentetização total de uma subexpressão $A_i \cdot A_{i+1} \cdots A_j$ tem de ser da forma $(A_i \cdots A_k) \cdot (A_{k+1} \cdots A_j)$ para todo $k \in \{i, i+1, \ldots, j-1\}$. Além disso, para qualquer que seja o k correto, os produtos $(A_i \cdots A_k)$ e $(A_{k+1} \cdots A_j)$ também devem ser resolvidos de forma ótima. Se não for o caso, então deve haver um ótimo global que tenha um destes subproblemas resolvido de maneira subótima. Mas isso é impossível, dado que sempre se pode reduzir o número total de multiplicações substituindo-se a solução corrente do subproblema por uma solução ótima para o subproblema. Esta observação implica em uma forma de definir explicitamente a otimização do problema para $N_{i,j}$ em termos de outras soluções ótimas para os subproblemas. A saber, pode-se calcular $N_{i,j}$ considerando-se cada k onde se armazena a multiplicação final e considerando-se o mínimo entre todas estas escolhas.

Projetando um algoritmo de programação dinâmica

Pode-se caracterizar a solução ótima de um problema $N_{i,j}$ como

$$N_{i,j} = \min_{i \leq k < j} \{N_{i,k} + N_{k+1,j} + d_i d_{k+1} d_{j+1}\}$$

onde $N_{i,i} = 0$, uma vez que nenhum esforço é necessário para uma única matriz. Isto é, é o mínimo, considerando-se todas as formas possíveis de executar a multiplicação final, do número de multiplicações necessárias para calcular cada subexpressão mais a quantidade de multiplicações necessárias para calcular a multiplicação final das matrizes.

Observa-se que existe uma *partilha dos subproblemas* que evita que se divida o problema em subproblemas completamente independentes (como seria necessário para aplicar a técnica de divisão e conquista). Pode-se, contudo, usar a equação de $N_{i,j}$ para derivar um algoritmo eficiente de cálculo dos valores de $N_{i,j}$ de baixo para cima, e armazenar os valores intermediários em uma tabela de valores $N_{i,j}$. Começa-se de forma simples atribuindo-se $N_{i,i} = 0$ para $i = 0, 1, \ldots, n-1$. Então pode-se aplicar a fórmula geral $N_{i,j}$ para calcular os valores $N_{i,i+1}$, uma vez que eles dependem apenas dos valores $N_{i,j}$ e $N_{i+1,i+1}$ que estão disponíveis. Dado que os valores $N_{i,i+1}$, pode-se então calcular os valores $N_{i,i+2}$ e assim por diante. Portanto, é possível construir os valores $N_{i,j}$ a partir dos valores previamente calculados até calcular o valor $N_{0,n-1}$, que é o número que se quer encontrar. Os detalhes desta solução de **programação dinâmica** são fornecidos no Trecho de Código 12.1.

Algoritmo MatrixChain($d_0, \ldots, d_n$):
  Entrada: sequência $d_0, \ldots, d_n$ de inteiros
  Saída: para cada $i, j = 0, \ldots, n - 1$, a quantidade mínima de mulplicações $N_{i,j}$ necessárias
    para calcular o produto $A_i \cdot A_{i+1} \cdots A_j$, onde A_k é uma matriz $d_k \times d_{k+1}$
  para $i \leftarrow 0$ até $n-1$ **faça**
    $N_{i,j} \leftarrow 0$
  para $b \leftarrow 1$ até $n-1$ **faça**
    para $i \leftarrow 0$ até $n - b - 1$ **faça**
      $j \leftarrow i+b$
      $N_{i,j} \leftarrow +\infty$
      para $k \leftarrow i$ até $j-1$ **faça**
        $N_{i,j} \leftarrow \min\{ N_{i,j}, N_{i,k} + N_{k+1,j} + d_i d_{k+1} d_{j+1} \}$.

Trecho de Código 12.1 Algoritmo de programação dinâmica para o produto da multiplicação da cadeia de matrizes.

Dessa forma, pode-se computar $N_{0,n-1}$ com um algoritmo que consiste principalmente em três laços aninhados. O laço mais externo executa n vezes. O laço dentro deste executa no máximo n vezes. E o laço mais interno de todos também executa no máximo n vezes. Portanto, o tempo total de execução do algoritmo é $O(n^3)$.

12.2.2 O DNA e alinhamento de sequências de texto

Um problema comum de processamento de texto, que ocorre em genética e engenharia de software, é o teste da similaridade entre duas strings de texto. Em uma aplicação de genética, as duas strings correspondem a dois fios de DNA, para os quais se pretende identificar similaridades. Da mesma forma, em uma aplicação de engenharia de software, as duas strings podem vir de duas versões de código-fonte do mesmo programa, para as quais se deseja determinar as alterações feitas de uma versão para outra. Na verdade, determinar a similaridade entre duas strings é tão comum que os sistemas operacionais Linux e Unix possuem um programa predefinido chamado de diff, para comparar arquivos de texto.

Dado uma string $X = x_0 x_1 x_2 \cdots x_{n-1}$, uma **subsequência** de X é qualquer string da forma $x_{i_1} x_{i_2} \cdots x_{i_k}$, onde $i_j < i_{j+1}$; isto é, é uma sequência de caracteres que não são necessariamente contíguos, mas ainda assim são retirados na ordem de X. Por exemplo, a string *AAAG* é uma subsequência da string *CGATAATTGAGA*.

Os problemas do DNA e da similaridade de textos que são referenciados aqui correspondem ao problema da **subsequência comum mais longa** (LCS – do inglês *longest common subsequence*). Neste problema, são dadas duas strings de caracteres $X = x_0 x_1 x_2 \cdots x_{n-1}$ e $Y = y_0 y_1 y_2 \cdots y_{m-1}$, sobre algum alfabeto (como o alfabeto $\{A,C,G,T\}$ comum em genética computacional) e solicita-se que se encontre a string S mais longa que seja subsequência tanto de X como de Y. Uma forma de resolver o problema da subsequência comum mais longa é enumerar todas as subsequências de X e pegar a maior que é também subsequência de Y. Uma vez que cada caractere de X está ou não está na subsequência, existem 2^n diferentes subsequências de X, cada uma requerendo tempo $O(m)$ para determinar se é uma subsequência de Y. Assim, essa abordagem de força bruta nos leva a um algoritmo de tempo exponencial que executa em tempo $O(2^n m)$, o que é muito ineficiente. Felizmente o problema LCS pode ser resolvido de forma eficiente usando-se *programação dinâmica*.

Os componentes de uma solução de programação dinâmica

Como já foi mencionado, a técnica de programação dinâmica é usada principalmente em problemas de *otimização*, em que se deseja encontrar a "melhor" maneira de fazer alguma coisa. Pode-se aplicar a técnica de programação dinâmica nas situações em que o problema tem algumas propriedades:

Subproblemas simples: existe alguma maneira de repetidamente quebrar o problema de otimização global em subproblemas. Além disso, deve existir uma maneira simples de definir os subproblemas com apenas alguns índices, tais como i,j,k e assim por diante.

Otimização dos subproblemas: uma solução ótima para o problema global deve ser uma composição das soluções ótimas dos subproblemas.

Sobreposição dos subproblemas: soluções ótimas para subproblemas não relacionados podem conter subproblemas em comum

Aplicando programação dinâmica ao problema LCS

Relembrando, no problema LCS tem-se duas strings de caracteres X e Y de comprimento n e m respectivamente, e então solicita-se que se encontre a string S mais longa que seja uma subsequência tanto de X como de Y. Uma vez que tanto X como Y são strings de caracteres, tem-se um conjunto natural de índices com o qual definir subproblemas – índices nas strings X e Y. Define-se um subproblema, então, como o cálculo do valor $L[i,j]$, que será usado para denotar o comprimento da string mais longa que é subsequência tanto de $X[0..i] = x_0 x_1 x_2 ... x_{n-1}$ e $Y[0..j] = y_0 y_1 y_2 ... y_j$. Essa definição permite reescrever $L[i,j]$ em termos das soluções ótimas para os subproblemas e depende de qual dos dois casos ocorre (veja a Figura 12.1).

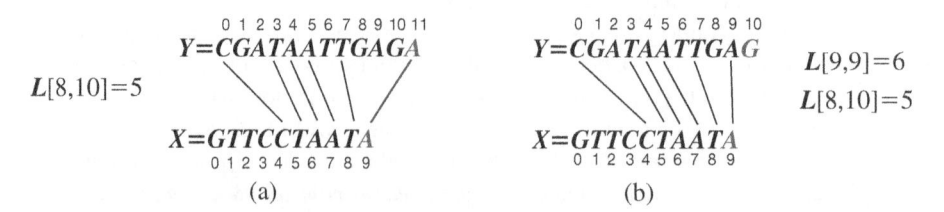

$L[8,10]=5$

```
        0 1 2 3 4 5 6 7 8 9 10 11
        Y=CGATAATTGAGA
        X=GTTCCTAATA
        0 1 2 3 4 5 6 7 8 9
            (a)
```

```
        0 1 2 3 4 5 6 7 8 9 10
        Y=CGATAATTGAG
        X=GTTCCTAATA
        0 1 2 3 4 5 6 7 8 9
            (b)
```

$L[9,9]=6$
$L[8,10]=5$

Figura 12.1 Os dois casos no algoritmo da subsequência comum mais longa: (a) $x_i = y_j$; (b) $x_i \neq y_j$. Observe que o algoritmo armazena apenas os valores $L[i, j]$, não as coincidências.

- $x_i = y_j$. Neste caso tem-se uma coincidência entre o último caractere de $X[0..i]$ e o último caractere de $Y[0..j]$. Afirma-se que este caractere pertence à maior subsequência comum de $X[0..i]$ e $Y[0..j]$. Para justificar esta afirmativa, supõe-se que ela não é verdadeira. Deve existir uma subsequência $x_{i_1}x_{i_2}...x_{i_k} = y_{j_1}y_{j_2}...y_{j_k}$. Se $x_{i_k} = x_i$ ou $y_{j_k} = y_j$, então tem-se a mesma sequência definindo-se $i_k = i$ e $j_k = j$. De outra forma, se $x_{j_k} \neq x_i$, então pode-se obter uma subsequência comum ainda mais longa adicionando-se x_i ao final. Assim, a subsequência comum mais longa de $X[0..i]$ e $Y[0..j]$ termina com x_i. Portanto, define-se

$$L[i,j] = L[i-1, j-1] + 1 \text{ se } x_i = y_j.$$

- $x_i \neq y_j$. Neste caso, não se tem uma subsequência comum que inclua tanto x_i e y_j. Isto é, tem-se uma subsequência comum que termina com x_i ou uma das que termina com y_j (ou possivelmente nenhuma), mas certamente não as duas. Portanto, define-se

$$L[i,j] = \max\{L[i-1,j], L[i,j-1]\} \text{ se } x_i \neq y_j.$$

De maneira a fazer estas duas equações fazerem sentido nos casos limites quando $i = 0$ ou $j=0$, atribui-se $L[i,-1] = 0$ para $i = -1, 0, 1,...,n-1$ e $L[-1,j]=0$ para $j= -1, 0, 1,..., m-1$.

O algoritmo LCS

A definição de $L[i,j]$ satisfaz a otimização dos subproblemas, uma vez que não se pode ter a maior subsequência comum sem ter também as maiores subsequências para os subproblemas. Também usa a sobreposição de subproblemas, porque a solução de um subproblema $L[i,j]$ pode ser usada em vários outros problemas (citando, os problemas $L[i+1,j]$, $L[i,j+1]$ e $L[i+1,j+1]$). Transformar esta definição de $L[i,j]$ em um algoritmo é algo bem simples. Inicializa-se um arranjo $(n+1) \times (m+1)$, L, para os casos limites onde $i=0$ ou $j = 0$. Mais especificamente, inicializa-se $L[i,-1] = 0$ para $i = -1,0,1,...n$ e $L[-1,j]=0$ para $j = -1,0,1,...,m-1$. Então iterativamente se constroem os valores de L até que se tenha $L[n-1,m-1]$, o comprimento da maior subsequência comum entre X e Y. O pseudocódigo deste algoritmo é apresentado no Trecho de Código 12.2.

Algoritmo LCS(X, Y)
   Entrada: strings X e Y com n e m elementos, respectivamente.
   Saída: para $i = 0,...,n-1, j=0, ..., m-1$, o comprimento $L[i,j]$ da maior string que uma subsequência simultaneamente tanto do string $X[0..i]=x_0x_1x_2 \cdots x_i$ e do string $Y[0..j]=y_0y_1y_2 \cdots y_j$.
   para $i \leftarrow -1$ até $n-1$ **faça**
     $L[i,-1] \leftarrow 0$
   para $j \leftarrow 0$ até $m-1$ **faça**
     $L[-1,j] \leftarrow 0$
   para $i \leftarrow 0$ até $n-1$ **faça**
     para $j \leftarrow 0$ até $m-1$ **faça**

se $x_i = y_j$ **então**
    $L[i,j] \leftarrow L[i-1,j-1]+1$
senão
    $L[i,j] \leftarrow \max\{L[i-1,j], L[i,j-1]\}$
retorna o arranjo L

Trecho de Código 12.2   Algoritmo de programação dinâmica para o problema LCS.

O tempo de execução para o algoritmo do Trecho de Código 12.2 é fácil de analisar, porque ele é dominado por dois laços **para** aninhados, com o mais externo iterando n vezes e o mais interno iterando m vezes. Uma vez que o comando **se** e a atribuição dentro do laço exigem operações primitivas $O(1)$, este algoritmo executa em tempo $O(nm)$. Assim, a técnica de programação dinâmica pode ser aplicada ao problema da maior subsequência comum para melhorar significativamente o tempo exponencial da solução de força bruta do problema LCS.

O algoritmo LCS (Trecho de Código 12.2) calcula o comprimento da maior subsequência comum (armazenado em $L[n-1,m-1]$, mas não a subsequência propriamente dita. Como apresentado na proposição a seguir, um passo simples de pós-processamento pode extrair a maior subsequência comum do arranjo L retornado pelo algoritmo.

Proposição 12.4   *Dado um string X de n caracteres e um string Y de m caracteres, pode-se encontrar a maior subsequência comum de X e Y em tempo $O(nm)$.*

Justificativa   O algoritmo LCS calcula $L[n-1,m-1]$, o *comprimento* da subsequência mais longa em tempo $O(nm)$. Dados os valores da tabela $L[i,j]$, construir

L	-1	0	1	2	3	4	5	6	7	8	9	10	11
-1	0	0	0	0	0	0	0	0	0	0	0	0	0
0	0	0	1	1	1	1	1	1	1	1	1	1	1
1	0	0	1	1	2	2	2	2	2	2	2	2	2
2	0	0	1	1	2	2	2	3	3	3	3	3	3
3	0	1	1	1	2	2	2	3	3	3	3	3	3
4	0	1	1	1	2	2	2	3	3	3	3	3	3
5	0	1	1	1	2	2	2	3	4	4	4	4	4
6	0	1	1	2	2	3	3	3	4	4	5	5	5
7	0	1	1	2	2	3	4	4	4	4	5	5	6
8	0	1	1	2	3	3	4	5	5	5	5	5	6
9	0	1	1	2	3	4	4	5	5	5	6	6	6

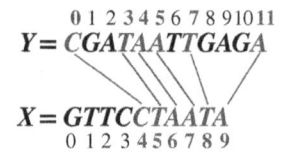

```
 0 1 2 3 4 5 6 7 8 91011
Y = CGATAATTGAGA

X = GTTCCTAATA
    0 1 2 3 4 5 6 7 8 9
```

Figura 12.2   Ilustração do algoritmo para construir a maior subsequência comum a partir do arranjo L.

a sequência comum mais longa é simples. Um método é começar por $L[n,m]$ e retornar pela tabela, reconstruindo a maior subsequência comum de trás para frente. Em qualquer posição $L[i,j]$, pode-se determinar se $x_i = y_j$. Em caso positivo, então pode-se acrescentar x_i como o próximo caractere da subsequência (observe que x_i está *antes* do último caractere encontrado, se houver), movendo-se em seguida para $L[i-1,j-1]$. Se $x_i \neq y_j$, então pode-se mover para o maior de $L[i,j-1]$ e $L[i-1,j]$ (veja a Figura 12.2). Interrompe-se o processo quando se encontra uma célula limite (com $i=-1$ ou $j=-1$). Este método constrói a maior subsequência comum em um tempo adicional $O(n+m)$. ∎

12.3 Algoritmos para procura de padrões

No problema clássico de *procura de padrões* em strings, recebe-se um *texto* string T, de comprimento n, e um string de *padrão* P, de comprimento m, e deseja-se saber se P é uma substring de T. A noção de "match" é que existe uma substring de T iniciando na posição i que confere com P caractere a caractere, de forma que $T[i] = P[0]$, $T[i + 1] = P[1],..., T[i + m - 1] = P[m - 1]$, ou seja, $P = T[i..i + m - 1]$. Assim, a saída de um algoritmo de procura de padrões poderia ser uma indicação de que o padrão P não existe em T, ou um inteiro indicando a posição ou índice em T onde inicia um substring igual a P. Esse é exatamente o cálculo feito pelo método indexOf da interface String de Java. Alternativamente, pode-se desejar encontrar todos os índices em que começa uma substring de T igual a P.

Nesta seção, serão apresentados três algoritmos para procura de padrões (com níveis progressivos de dificuldade).

12.3.1 Força bruta

O padrão de projeto algorítmico baseado em *força bruta* é uma técnica poderosa para o projeto de algoritmos quando se tem algo a procurar ou quando se deseja otimizar alguma função. Aplicando esta técnica em uma situação genérica, tipicamente enumeram-se todas as possíveis configurações das entradas envolvidas e escolhe-se a melhor das configurações enumeradas.

Aplicando esta técnica para o algoritmo de *procura de padrões por força bruta*, deriva-se o que é provavelmente o primeiro algoritmo em que se pode pensar para resolver o problema da procura de padrões – simplesmente testam-se todas as possíveis colocações de P em relação a T. Este algoritmo, mostrado no Trecho de Código 12.3, é bastante simples.

Algoritmo BruteForceMatch(T,P):
   Entrada: as cadeias T (texto) com n caracteres e P (padrão) com m caracteres.
   Saída: o índice da primeira substring de T igual a P, ou uma indicação de que P não é uma substring de T.
   para $i \leftarrow 0$ **até** $n - m$ {para cada índice candidato em T} **faça**
      $j \leftarrow 0$

enquanto ($j < m$ e $T[i + j] = P[j]$) **faça**
  $j \leftarrow j + 1$
se $j = m$ **então**
  retorna i
retorna "Não existe substring em T igual a P."

Trecho de Código 12.3   Procura de padrões por força bruta.

Desempenho

O algoritmo de procura de padrões por força bruta não poderia ser mais simples. Ele consiste em dois laços aninhados, com o laço externo pesquisando todos os possíveis índices do padrão dentro do texto, e o laço interno pesquisando cada caractere do padrão, comparando-o a seu correspondente potencial no texto. Assim, a correção do algoritmo de procura de padrões de força bruta resulta imediatamente desta abordagem de procura exaustiva.

Entretanto, o tempo de execução da procura de padrões por força bruta no pior caso não é bom, pois para cada índice-candidato em T pode-se realizar até m comparações de caracteres para descobrir que P não é igual a T começando no índice atual. No Trecho de Código 12.3, pode-se ver que o laço externo **for** é executado no máximo $n - m + 1$ vezes e o laço interno é executado no máximo m vezes. Assim, o tempo de execução do método de força bruta é $O((n - m + 1)m)$, que é simplificado para $O(nm)$. Observe que, quando $m = n/2$, esse algoritmo tem um tempo de execução quadrático $O(n^2)$.

Exemplo 12.5 *Supondo que se recebe a cadeia de caracteres*

$$T = \texttt{"abacaabaccabacabaabb"}$$

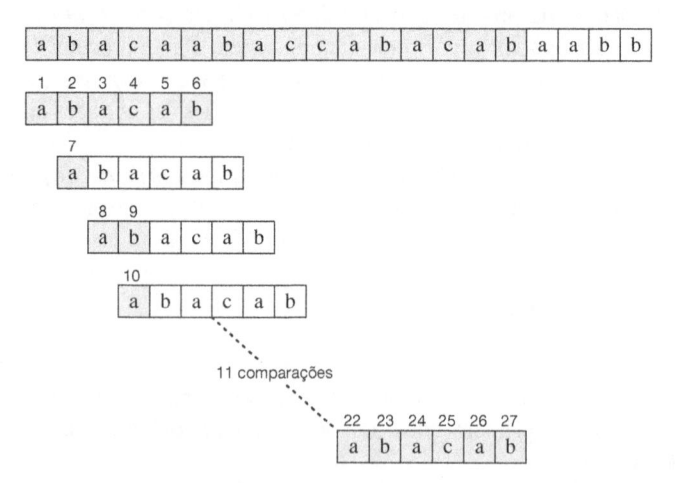

Figura 12.3   Exemplo de execução do algoritmo de procura de padrões por força bruta. O algoritmo executa 27 comparações de caracteres, indicadas acima pela numeração.

e o string padrão

$$P = \texttt{"abacab"}.$$

Na Figura 12.3, ilustra-se a execução do algoritmo de força bruta para procura de padrões sobre T e P.

12.3.2 O algoritmo Boyer-Moore

Pode-se pensar que é sempre necessário examinar cada caractere de T para localizar o padrão P como uma substring. Isso não acontece sempre, pois o algoritmo de procura de padrões **Boyer-Moore (BM)**, que será estudado nesta seção, consegue evitar comparações entre P e uma boa parte dos caracteres em T. O único problema é que, enquanto o algoritmo de força bruta pode trabalhar com um alfabeto ilimitado, o algoritmo Boyer-Moore assume que o alfabeto tem tamanho finito. Ele tem melhor desempenho quando o alfabeto é de tamanho moderado e o padrão é relativamente longo. Assim, o algoritmo BM é ideal para procurar palavras em documentos. Nesta seção, será descrita uma versão simplificada do algoritmo original de Boyer-Moore.

A ideia principal do algoritmo BM é melhorar o tempo de execução do algoritmo de força bruta adicionando a ele duas heurísticas que potencialmente podem economizar tempo. Basicamente, essas heurísticas são as seguintes:

Heurística do espelho: quando se testa uma possível colocação de P em T, começam-se as comparações de forma invertida, ou seja, pelo final de P, e recua-se até o início de P.

Heurística do salto de caracteres: durante o teste de uma possível colocação de P em T, uma diferença entre o caractere $T[i] = c$ com o caractere correspondente $P[j]$ é tratada como segue: se c não está contido em lugar algum de P, então move-se P completamente para depois de $T[i]$ (pois $T[i]$ não pode estar em P). Caso contrário, move-se P para frente até que uma ocorrência do caractere c em P esteja alinhada com $T[i]$.

Essas heurísticas serão formalizadas em breve, mas de forma intuitiva pode-se perceber que elas trabalham de forma integrada. A heurística do espelho permite que a segunda heurística evite comparações entre P e grupos inteiros de caracteres em T. Neste caso, ao menos, pode-se chegar ao resultado mais depressa indo de trás para frente, pois se encontra uma diferença entre caracteres quando se procura P em uma certa posição de T, então provavelmente se evita uma série de comparações desnecessárias movendo P de forma significativa em relação a T por meio da heurística do salto de caracteres. A heurística do salto de caracteres traz grande vantagem se for aplicada cedo no teste de ocorrência de P em T.

Define-se agora como a heurística do salto de caracteres pode ser integrada em um algoritmo de procura de padrões em cadeias de caracteres. Para implementar essa heurística, define-se uma função last(c) que recebe um caractere c do alfabeto e caracteriza o quanto é possível avançar o padrão P se um caractere igual a c for encontrado no texto e não fizer parte do padrão. Em particular, define-se last(c) como

- Se *c* está em *P*, last(*c*) é o índice da última ocorrência (mais à direita) de *c* em *P*. Senão, convenciona-se que last(*c*) = −1.

Se os caracteres podem ser usados como índices em arranjos, então a função last pode ser implementada facilmente como uma tabela. Deixa-se o método de construção desta tabela em tempo $O(m + |\Sigma|)$, dado *P*, como um simples exercício (R-128). Essa função last fornece toda a informação de que se precisa para realizar a heurística do salto de caracteres.

No Trecho de Código 12.4, mostra-se o algoritmo BM para procura de padrões.

Algoritmo BMMatch(*T*,*P*):
  Entrada: as cadeias *T* (texto) com *n* caracteres e *P* (padrão) com *m* caracteres.
  Saída: o índice da primeira substring de *T* igual a *P*, ou uma indicação de que *P* não é uma substring de *T*.
  calcular a função last
  $i \leftarrow m - 1$
  $j \leftarrow m - 1$
  repete
    se *P*[*j*] = *T*[*i*] **então**
      se *j* = 0 **então**
        retorna *i*   {achado!}
      senão
        $i \leftarrow i - 1$
        $j \leftarrow j - 1$
    senão
      $i \leftarrow i + m - \min(j, 1 + \text{last}(T[i]))$ { salto }
      $j \leftarrow m - 1$
  até $i > n - 1$
  retorna "Não existe substring em *T* igual a *P*."

Trecho de Código 12.4   O algoritmo de procura de padrões Boyer-Moore.

O passo do salto é ilustrado na Figura 12.4. A Figura 12.5 ilustra a execução do algoritmo Boyer-Moore em uma entrada similar à do Exemplo 12.5.

A correção do algoritmo BM para procura de padrões vem do fato de que, a cada vez que o método move o padrão, é garantido que ele não "pula" sobre um possível acerto. Isso acontece porque last(*c*) é o local da ***última*** ocorrência de *c* em *P*.

O tempo de execução de pior caso do algoritmo BM é $O(m + |\Sigma|)$. O cálculo da função last custa tempo $O(m + |\Sigma|)$ e a procura pelo padrão custa tempo $O(nm)$ no pior caso, o mesmo que o algoritmo de força bruta. Um exemplo de par texto/padrão que atinge o pior tempo é

$$T = \overbrace{aaaaaa\cdots a}^{n}$$
$$P = \overbrace{baa\cdots a}^{m-1}$$

Capítulo 12 Strings e Programação Dinâmica

(a)

(b)

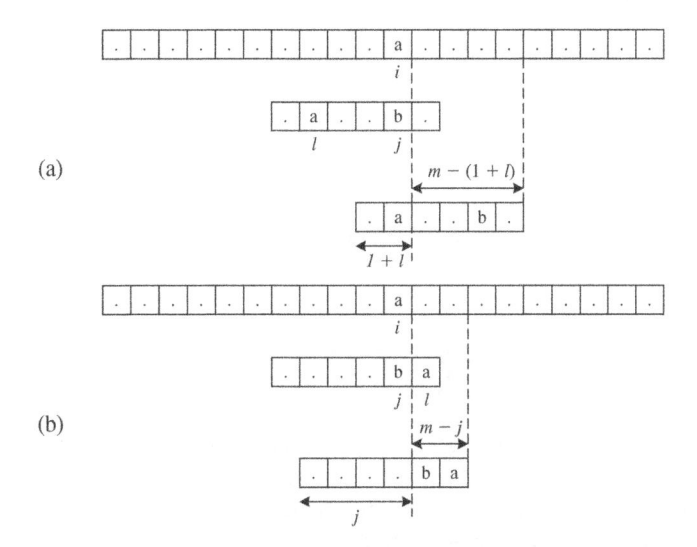

Figura 12.4 Ilustração do passo de salto no algoritmo BM (veja o Trecho de Código 12.4), onde é usada a notação l = last(T[i]). Diferenciam-se dois casos: (a) 1 + l ≤ j, onde se move o padrão j − l unidades; (b) j < 1 + l, onde se move o padrão uma unidade.

A função last(c)

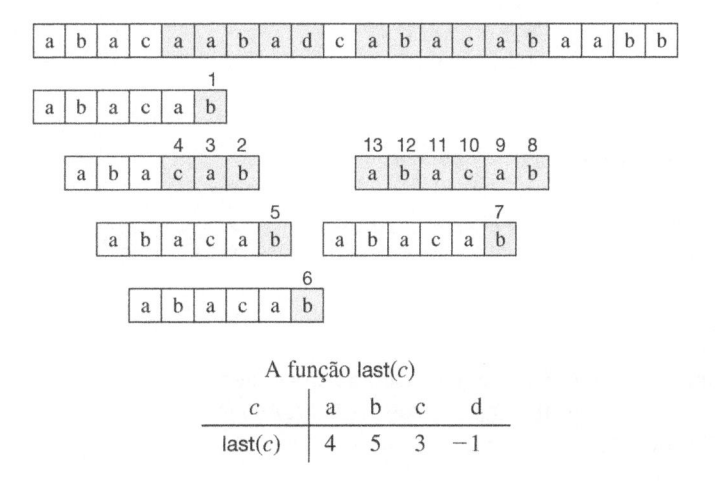

c	a	b	c	d
last(c)	4	5	3	−1

Figura 12.5 Uma ilustração do algoritmo BM para procura de padrões. O algoritmo realiza 13 comparações entre caracteres, que são indicadas pela numeração.

O pior desempenho, no entanto, é difícil de ser obtido com texto em língua inglesa. Neste caso, o algoritmo BM é frequentemente habilitado para saltar grandes porções do texto. (Ver Figura 12.6.) Evidência experimental no texto em inglês mostra que o número médio de comparações feitas por caractere é 0,24 para uma cadeia padrão de cinco caracteres.

```
┌─┬─┬─┬─┬─┬─┬─┬─┬─┬─┬─┬─┬─┬─┬─┬─┬─┬─┬─┬─┐
│a│ │p│a│t│t│e│r│n│ │m│a│t│c│h│i│n│g│ │a│l│g│o│r│i│t│h│m│
└─┴─┴─┴─┴─┴─┴─┴─┴─┴─┴─┴─┴─┴─┴─┴─┴─┴─┴─┴─┘
```

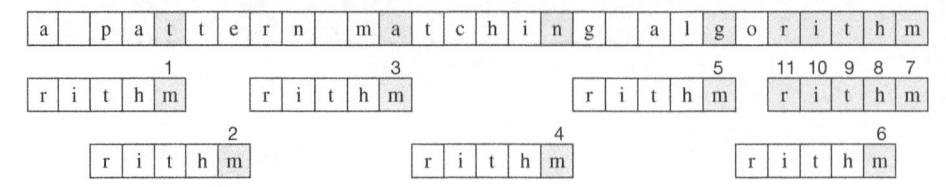

Figura 12.6 Um exemplo de uma execução do algoritmo Boyer-Moore em um texto em inglês.

Uma implementação em Java do algoritmo BM para procura de padrões é mostrada no Trecho de Código 12.5.

```
/** Versão simplificada do algoritmo Boyer-Moore (BM), que usa apenas as
 * heurísticas do espelho e do salto de caracteres.
 * @return Índice do começo da ocorrência mais à esquerda do texto igual ao
 * padrão, ou −1 se não há tal ocorrência.*/
public static int BMmatch (String text, String pattern) {
  int[ ] last = buildLastFunction(pattern);
  int n = text.length( );
  int m = pattern.length( );
  int i = m − 1;
  if (i > n − 1)
    return − 1;   // não há ocorrências se o padrão é mais longo do que o texto
  int j = m − 1;
  do {
    if (pattern.charAt(j) == text.charAt(i))
      if (j == 0)
        return i;   // achado
      else {        // heurística do espelho: da esquerda para a direita
        i−−;
        j−−;
      }
    else {          // heurística do salto de caracteres
      i = i + m − Math.min(j, 1 + last[text.charAt( i )]);
      j = m − 1;
    }
  } while (i <= n − 1);
  return − 1;   // não foi achado
}
public static int[ ] buildLastFunction (String pattern) {
  int[ ] last = new int[128];       // assume-se o conjunto de caracteres ASCII
  for (int i = 0; i < 128; i++) {
    last[ i ] = −1;                 // inicializa-se o arranjo
  }
```

```
for (int i = 0; i < pattern.length( ); i++) {
    last[pattern.charAt( i )] = i; // conversão para um código ASCII inteiro
}
return last;
}
```

Trecho de Código 12.5 Implementação em Java do algoritmo BM para procura de padrões. O algoritmo é expresso por dois métodos estáticos: o método BMmatch realiza a procura por padrões e chama o método auxiliar buildLastFunction para calcular a função last, expressa por um arranjo indexado pelo código ASCII do caractere. O método BMmatch indica a ausência de uma ocorrência retornando o valor convencional -1.

Na realidade, é apresentada uma versão simplificada do algoritmo Boyer--Moore (BM). O algoritmo BM original tem um desempenho $O(n + m + |\Sigma|)$, usando uma heurística alternativa de saltos à frente até o texto já parcialmente encontrado, sempre que ele avança o padrão mais do que a heurística de salto de caracteres. Esta heurística alternativa para o salto à frente é baseada na aplicação da ideia principal do algoritmo Knuth-Morris-Pratt de procura de padrões, que será discutido a seguir.

12.3.3 O algoritmo de Knuth-Morris-Pratt

Estudando o desempenho de pior caso dos algoritmos de força bruta e Boyer-Moore em instâncias específicas do problema, como a mostrada no Exemplo 12.5, nota-se uma fonte de ineficiência. Especificamente, pode-se realizar muitas comparações enquanto se testa um posicionamento do padrão sobre o texto, mas descobrindo-se um caractere do padrão que falha nesta comparação, então se joga fora toda a informação adquirida pelas comparações anteriores e começa-se novamente (do zero) no ponto em que o padrão for posicionado, mais à frente. O algoritmo Knuth-Morris-Pratt (KMP), discutido nesta seção, evita este desperdício de informação e, ao fazer isso, atinge um tempo de execução de $O(n + m)$, que é ótimo no pior caso. Ou seja, no pior caso, qualquer algoritmo de procura de padrões terá de examinar todos os caracteres do texto e do padrão ao menos uma vez.

A função de falha

A ideia principal do algoritmo KMP é pré-processar P para calcular uma *função de falha* f, que indica o quanto se deve avançar P de forma que seja possível reutilizar as comparações realizadas anteriormente tanto quanto possível. Especificamente, a função de falha $f(j)$ é definida como o comprimento do prefixo mais longo de P, que é um sufixo de $P[1..j]$ (deve-se observar que **não** se escreve $P[0..j]$). Também se usa a convenção de que $f(0) = 0$. Mais tarde será discutido como calcular a função de falha eficientemente. A importância desta função é que ela "codifica" substrings repetidas dentro do próprio padrão.

Exemplo 12.6 *Considere-se o padrão P = "abacab" do Exemplo 12.5. A função de falha f(j) do algoritmo Knuth-Morris-Pratt (KMP) para P é mostrada na tabela a seguir.*

j	0	1	2	3	4	5
$P[j]$	a	b	a	c	a	b
$f(j)$	0	0	1	0	1	2

O algoritmo de procura de padrões KMP, mostrado no Trecho de Código 12.6, processa incrementalmente o texto string T comparando-o ao padrão string P. Toda vez que existe uma igualdade entre caracteres, incrementam-se os índices atuais. Por outro lado, se não há uma igualdade e anteriormente fizemos progresso em P, então se consulta a função de falha para determinar o novo índice em P onde se deve continuar verificando P em T. Senão (houve um engano e se está no início de P), incrementa-se o índice de T (e mantém-se a variável índice de P em seu início). Repete-se este processo até encontrar uma ocorrência de P em T ou até que o índice de T chegue a n, que é o comprimento de T (indicando que o padrão P em T não foi encontrado).

Algoritmo KMPMatch(T,P):
   Entrada: as cadeias T (texto) com n caracteres e P (padrão) com m caracteres.
   Saída: o índice da primeira substring de T igual a P, ou uma indicação de que P não é uma substring de T.
   $f \leftarrow$ KMPFailureFunction(P)   {construir a função de falha f para P}
   $i \leftarrow 0$
   $j \leftarrow 0$
   enquanto $i < n$ **faça**
     se $P[j] = T[i]$ **então**
       se $j = m - 1$ **então**
         retorna $i - m + 1$ {achamos!}
       $i \leftarrow i + 1$
       $j + j + 1$
     senão se $j > 0$ {não se acha, mas se avança em P} **então**
       $j \leftarrow f(j - 1)$ {j indexa logo após o prefixo de P que já foi encontrado}
     senão
       $i \leftarrow i + 1$
   retorna "Não existe substring em T igual a P."

Trecho de Código 12.6 O algoritmo KMP para procura de padrões.

A parte principal do algoritmo KMP é o laço **enquanto**, que realiza a comparação entre um caractere de T e um caractere de P a cada iteração. Dependendo do resultado desta comparação, o algoritmo passa para o caractere seguinte em T e P, consultando a função de falha para um novo caractere candidato em P ou reinicia o processo com o novo índice em T. A correção deste algoritmo segue da definição da função de falha. Quaisquer comparações que são evitadas são realmente desnecessárias, pois a função de falha garante que todas as comparações ignoradas são redundantes – elas envolveriam a comparação dos mesmos caracteres novamente.

Na Figura 12.7, é ilustrada a execução do algoritmo KMP para procura de padrões nas mesmas cadeias de caracteres do Exemplo 12.5. Deve-se observar o uso da função de falha para evitar refazer uma das comparações entre um caractere do padrão e um caractere do texto. Veja também que o algoritmo realiza menos comparações que o algoritmo de força bruta sobre as mesmas cadeias (Figura 12.3).

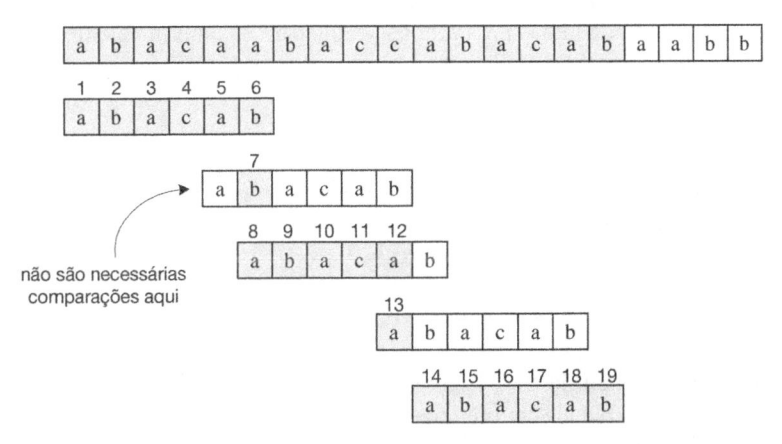

Figura 12.7 Ilustração do algoritmo de procura de padrões KMP. A função de falha f para este padrão é dada no Exemplo 12.6. O algoritmo realiza 19 comparações de caracteres, indicadas pela numeração.

Desempenho

Excluindo o cálculo da função de falha, o tempo de execução do algoritmo KMP é certamente proporcional ao número de iterações do laço **enquanto**. Para a análise, será definido $k = i - j$. Intuitivamente, k é o total de avanço do padrão P em relação a T. Veja que em toda a execução do algoritmo tem-se $k \leq n$. Um dos três casos abaixo ocorre a cada iteração do laço.

- Se $T[i] = P[j]$, então i aumenta em 1 e k não se altera, pois j também aumenta em 1.
- Se $T[i] \neq P[j]$ e $j > 0$, então i não se altera e k aumenta em pelo menos 1, pois neste caso k muda de $i - j$ para $i - f(j - 1)$, que é maior do que $j - f(j - 1)$, que é positivo porque $f(j - 1) < j$.
- Se $T[i] \neq P[j]$ e $j = 0$, então i aumenta em 1 e k aumenta em 1, pois j não se altera.

Assim, a cada iteração do laço tem-se que i ou k aumentam em pelo menos 1 (possivelmente os dois); portanto, o número total de iterações do laço no algoritmo KMP é de no máximo $2n$. Atingir este número, é claro, pressupõe que a função de falha para P já foi calculada.

Construindo a função de falha KMP

Para construir a função de falha, usa-se o método mostrado no Trecho de Código 12.7, que é um processo de auxílio semelhante ao algoritmo KMPmatch. Compara-se o padrão a si mesmo como no algoritmo KMP. A cada vez que se tem dois caracteres iguais, faz-se $f(i) = j + 1$. Veja que, como se tem $i > j$ em toda a execução do algoritmo, $f(j - 1)$ está sempre definida quando é preciso usá-la.

Algoritmo KMPFailureFunction(P):
   Entrada: o padrão P, com m caracteres.
   Saída: a função de falha f para P, mapeando j para o comprimento do mais longo prefixo de P que é um sufixo de $P[1..j]$.
   $i \leftarrow 1$
   $j \leftarrow 0$
   $f(0) \leftarrow 0$
   enquanto $i < m$ **faça**
     se $P[j] = P[i]$ **então**
       {já foram achados $j + 1$ caracteres}
       $f(i) \leftarrow j + 1$
       $i \leftarrow i + 1$
       $j \leftarrow j + 1$
     senão se $j > 0$ **então**
       {j indexa logo após um prefixo de P que deve servir}
       $j \leftarrow f(j - 1)$
     senão
       {não foi achado}
       $f(i) \leftarrow 0$
       $i \leftarrow i + 1$

Trecho de Código 12.7 Cálculo da função de falha usada no algoritmo KMP de procura de padrões. Deve-se observar como o algoritmo usa os valores previamente calculados da função de falha para calcular novos valores eficientemente.

O algoritmo KMPFailureFunction tem tempo $O(m)$. Sua análise é análoga à do algoritmo KMPmatch. Assim:

Proposição 12.7 *O algoritmo Knuth-Morris-Pratt realiza a procura de padrões com uma cadeia de caracteres de comprimento n e um padrão de comprimento m em tempo $O(n + m)$.*

Uma implementação em Java do algoritmo KMP de procura de padrões é mostrada no Trecho de Código 12.8.

```java
public static int KMPmatch(String text, String pattern) {
    int n = text.length( );
    int m = pattern.length( );
```

```java
    int[ ] fail = computeFailFunction(pattern);
    int i = 0;
    int j = 0;
    while (i < n) {
      if (pattern.charAt( j ) == text.charAt( i )) {
        if (j == m - 1)
          return i - m + 1; // achado
        i++;
        j++;
      }
      else if (j > 0)
        j = fail[ j - 1];
      else
        i++;
    }
    return -1; // não foi achado
  }
  public static int[ ] computeFailFunction(String pattern) {
    int[ ] fail = new int[pattern.length( )];
    fail[0] = 0;
    int m = pattern.length( );
    int j = 0;
    int i = 1;
    while (i < m) {
      if (pattern.charAt( j ) == pattern.charAt( i )) { // j + 1 caracteres são iguais
        fail[i] = j + 1;
        i++;
        j++;
      }
      else if (j > 0) // j segue um prefixo que serve
        j = fail[j - 1];
      else { // não foi achado
        fail[ i ] = 0;
        i++;
      }
    }
    return fail;
  }
```

Trecho de Código 12.8 Implementação em Java do algoritmo KMP para procura de padrões. O algoritmo é expresso por dois métodos estáticos: o método KMPmatch realiza a procura e chama o método auxiliar computeFailFunction para calcular a função de falha, armazenada em um arranjo. O método KMPmatch indica a falha na procura retornando o valor convencional −1.

12.4 Compressão de textos e o método guloso

Nesta seção, analisa-se outra aplicação do processamento de textos, a **compressão de textos**. Neste problema, tem-se uma cadeia de caracteres X definida sobre um dado alfabeto como ASCII ou Unicode, e deseja-se codificar X eficientemente em uma pequena cadeia binária Y (usando apenas os caracteres 0 e 1). A compressão de textos é útil em qualquer situação em que a comunicação é feita por meio de um canal de baixa capacidade de transmissão, tais como um modem ou conexão infravermelha, e deseja-se minimizar o tempo necessário para transmitir o texto. De forma similar, a compressão de texto é útil para armazenar coleções de documentos mais eficientemente, permitindo que um meio de armazenamento de capacidade fixa comporte tantos documentos quanto possível.

O método para compressão de textos explorado nesta seção é o **código de Huffman**. Esquemas padrão de codificação, como ASCII e Unicode, usam cadeias binárias de comprimento fixo para codificar caracteres (com 7 bits no caso de ASCII e 16 para Unicode). Um código de Huffman, por outro lado, usa uma codificação de comprimento variável otimizada para a cadeia de caracteres X. A otimização é baseada no uso de *frequências* de caracteres, onde se tem, para cada caractere c, uma contagem $f(c)$ do número de vezes em que c aparece na cadeia X. O código de Huffman economiza espaço em relação a um código de comprimento fixo usando cadeias curtas para codificar caracteres com alta frequência, e cadeias mais longas para codificar caracteres com baixa frequência.

Para codificar a cadeia X, converte-se cada caractere em X de sua representação em comprimento fixo para uma representação de comprimento variável, e concatenam-se todas estas representações para produzir a codificação Y de X. Para evitar ambiguidades, insiste-se que nenhum código nessa codificação seja um prefixo de outro código. Uma codificação assim é chamada de **codificação de prefixos**, e simplifica a decodificação de Y para obter X novamente. (Ver Figura 12.8.) Mesmo com essa restrição, a economia produzida por uma codificação de prefixos de comprimento variável pode ser significativa, particularmente se existir uma grande variância nas frequências dos caracteres (como é o caso para texto em linguagem natural em quase qualquer idioma).

O algoritmo de Huffman, que produz uma codificação de prefixos de comprimento variável que seja ótima para X, baseia-se na construção de uma árvore binária T, que representa a codificação. Cada nodo em T, exceto a raiz, representa um bit no código de um caractere, com cada filho esquerdo representando um "0", e cada filho direito representando "1". Cada nodo externo v é associado a um caractere específico e o código para esse caractere é definido pela sequência de bits associada com os nodos no caminho da raiz de T até v. (Ver Figura 12.8.) Cada nodo externo v tem uma **frequência** $f(v)$, que é simplesmente a frequência em X do caractere associado com v. Além disso, dá-se a cada nodo interno v em T uma frequência $f(v)$, que é a soma das frequências de todos os nodos externos na subárvore com raiz v.

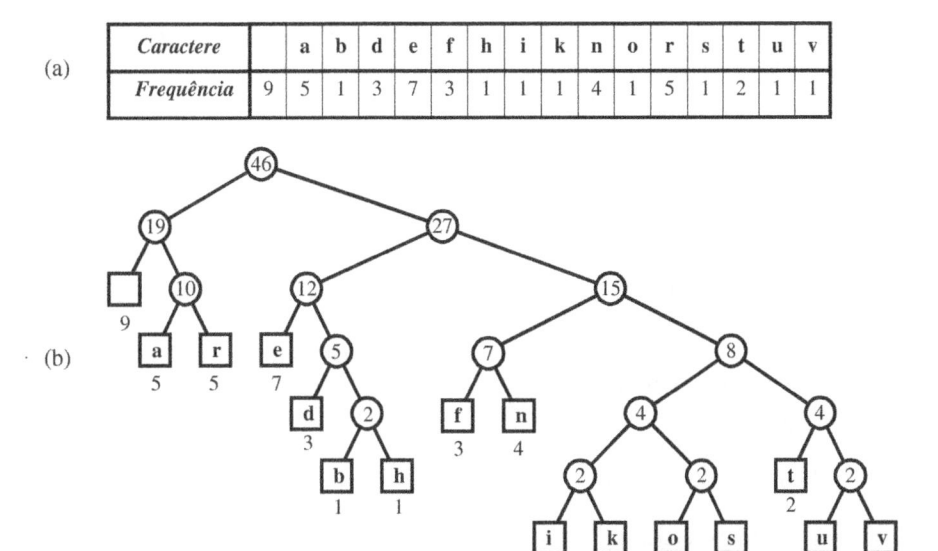

Figura 12.8 Ilustração do código de Huffman para a cadeia de caracteres $X =$ "a fast runner need never be afraid of the dark": (a) frequência de cada caractere de X; (b) árvore de Huffman T para a cadeia X. O código para um caractere c é obtido pelo caminho da raiz de T até o nodo externo onde c está armazenado, associando um filho à esquerda com 0 e um filho à direita com 1. Por exemplo, o código para "a" é 010, o código para "f" é 1100.

12.4.1 O algoritmo de codificação de Huffman

O algoritmo de codificação de Huffman começa com cada um dos d caracteres diferentes da cadeia X a codificar como raízes de árvores binárias de um único nodo. O algoritmo prossegue em uma série de rodadas: em cada rodada, o algoritmo unifica as duas árvores binárias com menor frequência em uma única árvore binária. Essa operação é repetida até que apenas uma árvore exista. (Ver Trecho de Código 12.9.)

Cada iteração do laço **enquanto** no algoritmo de Huffman pode ser implementada em tempo $O(\log d)$ usando-se uma fila de prioridades Q, representada com um heap. Além disso, cada iteração retira dois elementos de Q e adiciona um, em um processo que se repete $d - 1$ vezes antes que exatamente um nodo esteja em Q. Assim, este algoritmo é executado em tempo $O(n + d \log d)$. Embora uma justificativa completa da correção desse algoritmo esteja além do escopo deste livro, mostra-se que ele é intuitivo por meio de uma ideia simples: qualquer codificação ótima pode ser convertida em uma codificação ótima em que os códigos para os dois caracteres de menor frequência, a e b, se diferem apenas em seu último bit. Repetir o argumento para uma cadeia com a e b substituídos por um caractere c fornece a proposição a seguir:

Proposição 12.8 *O algoritmo de Huffman constrói uma codificação por prefixos ótima para uma cadeia de caracteres de comprimento n com d caracteres distintos em tempo $O(n + d \log d)$.*

Algoritmo Huffman(X):
    Entrada: a cadeia de caracteres X de comprimento n com d caracteres distintos
    Saída: uma árvore com a codificação de X
    Calcule a frequência $f(c)$ de todo caractere c em X.
    Inicialize uma fila de prioridade Q.
    para cada caractere c em X **faça**
        Crie uma árvore binária T de um único nodo armazenando c.
        Insira T em Q com chave $f(c)$.
    enquanto Q.size( ) > 1 **faça**
        $f_1 \leftarrow Q$.min( ).key( )
        $T_1 \leftarrow Q$.removeMin( )
        $f_2 \leftarrow Q$.min( ).key( )
        $T_2 \leftarrow Q$.removeMin( )
        Crie uma nova árvore binária T com subárvore esquerda T_1 e subárvore T_2 direita.
        Insira T em Q com chave $f_1 + f_2$.
    retorna tree Q.removeMin( )

Trecho de Código 12.9   Algoritmo de codificação de Huffman.

12.4.2 O método guloso

O algoritmo de Huffman para construção de uma codificação ótima é um exemplo de aplicação de um padrão de projeto chamado de ***método guloso***. Esse padrão de projeto é aplicado em problemas de otimização em que se tenta construir alguma estrutura enquanto se minimiza ou maximiza alguma propriedade da estrutura.

A forma geral para o método guloso é quase tão simples quanto para o método da força bruta. Para resolver um dado problema de otimização usando o método guloso, é feita uma sequência de escolhas. A sequência inicia com alguma condição inicial bem conhecida e calcula o custo para esta condição inicial. O padrão então exige que iterativamente sejam feitas escolhas adicionais identificando a decisão que atinge o melhor custo entre todas as escolhas que são possíveis no momento. Esta abordagem nem sempre leva à solução ótima.

Existem vários problemas para os quais esta abordagem funciona, e tais problemas são conhecidos por terem a propriedade da ***escolha gulosa***. Esta é a propriedade de que uma solução global ótima pode ser atingida por meio de uma sequência de soluções locais ótimas (ou seja, escolhas que são as melhores entre as disponíveis a cada momento), começando de uma condição inicial bem definida. O problema de calcular uma codificação de prefixos ótima de comprimento variável é apenas um exemplo de um problema que possui a propriedade da escolha gulosa.

12.5 Tries

Os algoritmos de procura de padrões apresentados na seção anterior aceleram a procura em um texto, pré-processando o padrão (para calcular a função de falha no algoritmo KMP ou a função last no algoritmo BM). Nesta seção, será usada uma abordagem complementar, ou seja, serão apresentados algoritmos de procura que pré-processam o texto. Esta abordagem é adequada para aplicações em que uma série de consultas é realizada em um texto fixo, de forma que o custo inicial de pré-processar o texto é compensado pela aceleração das consultas seguintes (por exemplo, um site na Web que oferece consultas a *Hamlet* ou um mecanismo de busca que oferece páginas da Web sobre o tópico *Hamlet*).

Um *trie* é uma estrutura de dados baseada em árvore para armazenar cadeias de caracteres e suportar uma rápida procura de padrões. A aplicação principal dos tries é na recuperação de informação. De fato, o nome "trie" vem da palavra "re*trie*val" (recuperação). Em uma aplicação de recuperação de informação, como a procura por uma sequência de DNA em uma base de genomas, tem-se uma coleção S de cadeias de caracteres definidas usando-se o mesmo alfabeto. As operações primárias de consulta suportadas por tries são procura de padrões e ***procura de prefixos***. A última operação envolve receber uma cadeia X e determinar todas as cadeias em S que têm X como prefixo.

12.5.1 Tries padrão

Seja S um conjunto de s cadeias de caracteres do alfabeto Σ, de forma que nenhuma cadeia de S seja um prefixo de outra cadeia. Um ***trie padrão*** para S é uma árvore ordenada T com as propriedades seguintes (ver Figura 12.9):

- Cada nodo de T, exceto a raiz, é rotulado com um caractere de Σ.
- A ordem dos filhos de um nodo interno em T é determinada por uma ordenação canônica do alfabeto Σ.
- T tem s nodos externos, cada um associado com uma cadeia de S de tal forma que a concatenação dos rótulos dos nodos no caminho da raiz até um nodo externo v de T resulta na cadeia de S associada com v.

Assim, um trie T representa as cadeias de S em caminhos da raiz até os nodos externos de T. Observa-se a importância de assumir que nenhuma cadeia de S é prefixo de outra cadeia, pois isso garante que toda cadeia seja unicamente associada a um nodo externo de T. Pode-se sempre satisfazer essa exigência adicionando um caractere especial que não se encontra no alfabeto Σ ao final de uma cadeia.

Um nodo interno em um trie padrão T pode ter entre 1 e d filhos, onde d é o tamanho do alfabeto. Existe uma aresta indo da raiz r até um de seus filhos para cada caractere em primeiro lugar em alguma cadeia na coleção S. Adicionalmente, um caminho da raiz de T para um nodo interno v com profundidade i corresponde a um prefixo $X[0..i-1]$ com i caracteres de uma cadeia X em S. De fato, para cada caractere c que pode seguir o prefixo $X[0..i-1]$ em uma cadeia de S, existe um filho de v

rotulado com o caractere c. Dessa forma, um trie armazena concisamente os prefixos comuns que existem em um conjunto de cadeias.

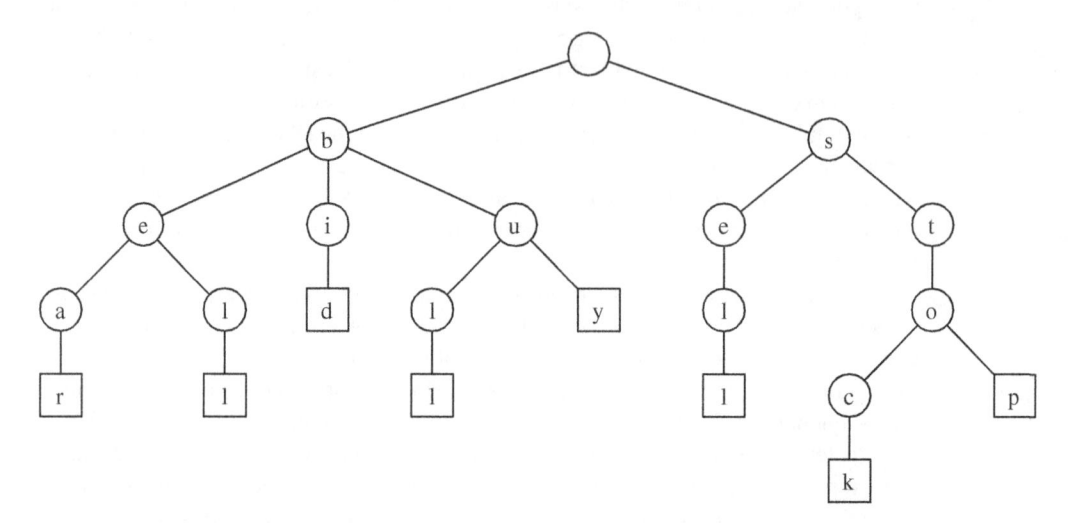

Figure 12.9 Trie padrão para as strings {bear, Bell, bid, Bull, buy, sell, stock, stop}.

Se existem somente dois caracteres no alfabeto, então o trie é essencialmente uma árvore binária, embora alguns nodos internos possam ter somente um filho (ou seja, pode ser uma árvore binária imprópria). Em geral, se existem d caracteres no alfabeto, então o trie será uma árvore múltipla em que cada nodo interno tem de 1 a d filhos. Além disso, é provável que existam vários nodos internos numa árvore padrão que tenha menos do que d filhos. Por exemplo, o trie mostrado na Figura 12.9 tem vários nodos internos com apenas um filho. É possível implementar um trie com uma árvore armazenando caracteres em seus nodos.

A proposição a seguir descreve algumas propriedades estruturais importantes de um trie padrão:

Proposição 12.9 *Um trie padrão que armazena uma coleção S de cadeia de caracteres de comprimento total n com um alfabeto de tamanho d tem as seguintes propriedades:*

- Todo nodo interno de T tem no máximo d filhos.
- T tem s nodos externos.
- A altura de T é igual ao comprimento da maior cadeia em S.
- O número de nodos em T é $O(n)$.

O pior caso para o número de nodos de um trie ocorre quando nenhum par de cadeias compartilha um prefixo, ou seja, exceto pela raiz, todos os nodos internos têm um filho.

Um trie T para um conjunto S de cadeias de caracteres pode ser usado para implementar um dicionário cujas chaves são as cadeias de S. Realiza-se uma procura por uma cadeia X em T iniciando na raiz e seguindo os caracteres de X. Se este caminho puder ser traçado e terminar em um nodo externo, então X está no dicionário. Por exemplo, o trie da Figura 12.9, traçando o caminho para "*bull*", termina em um nodo externo. Se o caminho não puder ser traçado ou não terminar em um nodo externo, então X não está no dicionário. No exemplo da Figura 12.9, o caminho para "*bet*" não pode ser traçado, e o caminho para "*be*" termina em um nodo interno. Nenhuma dessas palavras está no dicionário. Deve-se observar que, nessa implementação de um dicionário, são comparados caracteres isolados, em vez de toda a cadeia (chave). É fácil perceber que o tempo de execução para a procura de uma cadeia de comprimento m é $O(dm)$, onde d é o tamanho do alfabeto. De fato, visitam-se no máximo $m + 1$ nodos de T e gasta-se tempo $O(d)$ em cada nodo. Para alguns alfabetos, é possível melhorar o tempo gasto em um nodo para $O(1)$ ou $O(\log d)$ usando um dicionário de caracteres implementado com um tabela de hash ou uma tabela de pesquisa. Entretanto, já que d é uma constante na maior parte das aplicações, pode-se usar uma abordagem mais simples, que usa tempo $O(d)$ por nodo visitado.

Da discussão anterior, conclui-se que se pode usar um trie para realizar um tipo especial de procura de padrões, chamado de **procura de palavra**, no qual se deseja determinar se um dado padrão é exatamente igual a uma das palavras do texto. (Ver Figura 12.10.) A procura de palavras difere da procura de padrões comum, já que o padrão não pode ser igual a uma substring arbitrária do texto, mas a apenas uma de suas palavras. Usando um trie, a procura de palavras para um padrão de comprimento m custa tempo $O(dm)$, onde d é o tamanho do alfabeto, independentemente do tamanho do texto. Se o alfabeto tem tamanho constante (como é o caso para linguagens naturais e para DNA), uma consulta custa tempo $O(m)$, proporcional ao tamanho do padrão. Uma extensão simples deste esquema suporta procuras por prefixos. No entanto, ocorrências arbitrárias do padrão no texto (por exemplo, o padrão é um sufixo próprio de uma palavra ou abrange duas palavras) não podem ser eficientemente realizadas.

Para construir um trie padrão para um conjunto S de cadeias de caracteres, pode-se usar um algoritmo incremental que insere as cadeias uma de cada vez. Lembre-se da condição de que nenhuma cadeia de S é um prefixo de outra cadeia de S. Para inserir uma cadeia X no trie corrente T, primeiro tenta-se traçar o caminho associado com X em T. Como X ainda não está em T, e nenhuma cadeia que está em S é prefixo de outra cadeia, não se traça o caminho em um nodo **interno** v de T antes de chegar ao final de X. Então, criamos uma nova cadeia de nodos descendentes de v para armazenar os caracteres restantes de X. O tempo para inserir X é $O(dm)$, onde m é o comprimento de X, e d é o tamanho do alfabeto. Assim, construir um trie completo para o conjunto S custa tempo $O(dn)$, onde n é o comprimento total das cadeias de caracteres em S.

Existe uma potencial ineficiência de espaço no trie padrão, que provocou o desenvolvimento do **trie comprimido**, que é também conhecido (por razões históricas) como **trie Patricia**. Nesse caso, existem potencialmente muitos nodos no trie padrão que têm apenas um filho, e a existência desses nodos é um desperdício. Em seguida, será discutido o trie comprimido.

s	e	e		a		b	e	a	r	?		s	e	l	l		s	t	o	c	k	!	
0	1	2	3	4	5	6	7	8	9	10	11	12	13	14	15	16	17	18	19	20	21	22	23

s	e	e		a		b	u	l	l	?		b	u	y		s	t	o	c	k	!	
24	25	26	27	28	29	30	31	32	33	34	35	36	37	38	39	40	41	42	43	44	45	46

b	i	d		s	t	o	c	k	!		b	i	d		s	t	o	c	k	!	
47	48	49	50	51	52	53	54	55	56	57	58	59	60	61	62	63	64	65	66	67	68

h	e	a	r		t	h	e		b	e	l	l	?		s	t	o	p	!
69	70	71	72	73	74	75	76	77	78	79	80	81	82	83	84	85	86	87	88

(a)

(b)

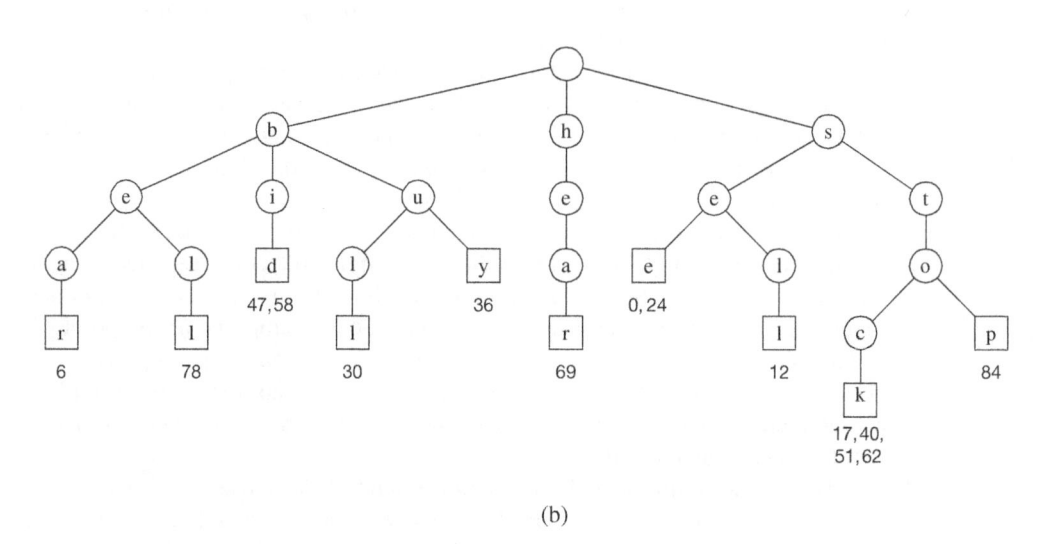

Figura 12.10 Procura por palavra e procura por sufixo com um trie padrão: (a) texto a ser pesquisado; (b) trie padrão para as palavras no texto (artigos e preposições, também conhecidos como palavras de parada, excluídos), com nodos externos expandidos com as indicações de posição das palavras.

12.5.2 Tries comprimidos

Um *trie comprimido* é similar a um trie padrão, mas garante que cada nodo interno no trie tenha pelo menos dois filhos. Ele garante essa regra comprimindo cadeias de nodos com apenas um filho em nodos isolados. (Ver Figura 12.11.) Seja T um trie padrão. Diz-se que um nodo v de T é **redundante** se v tiver um filho e não for a raiz. Por exemplo, o trie da Figura 12.9 tem 8 nodos redundantes. Também se dirá que uma cadeia de $k \geq 2$ nodos,

$$(v_0, v_1)(v_1, v_2)\cdots(v_{k-1}, v_k),$$

é *redundante* se:

- v_i for redundante para $i = 1,\ldots, k - 1$,
- v_0 e v_k não forem redundantes.

Pode-se transformar T em um trie comprimido substituindo cada cadeia redundante $(v_0, v_1)(v_1, v_2)\cdots(v_{k-1}, v_k)$ com $k \geq 2$ arestas em uma única aresta (v_0, v_k), renomeando v_k com a concatenação dos rótulos dos nodos $v_1,\ldots,v_k$.

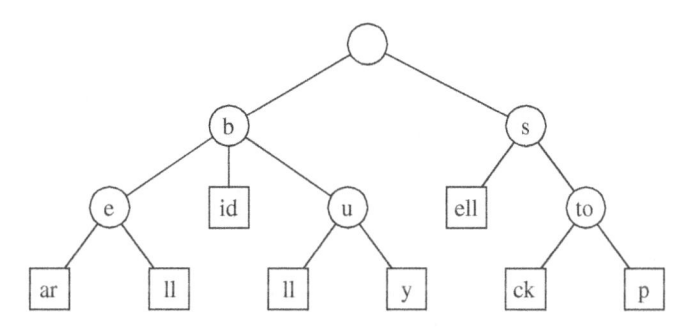

Figura 12.11 Trie comprimido para as strings {*bear, Bell, bid, Bull, buy, sell, stock, stop*}. Compare-o com o trie padrão mostrado na Figura 12.9.

Assim, nodos em um trie comprimido são rotulados com cadeias de caracteres, que são substrings das cadeias na coleção, em vez de caracteres isolados. A vantagem de um trie comprimido sobre um trie padrão é que o número de nodos de um trie comprimido é proporcional ao número de strings, e não a seu comprimento total, como mostrado na proposição a seguir (compare com a Proposição 12.9).

Proposição 12.10 *Um trie comprimido armazenando uma coleção S de s strings de um alfabeto de tamanho d tem as seguintes propriedades:*

- Todo nodo interno de T tem pelo menos dois e no máximo d filhos.
- T tem s nodos externos.
- O número de nodos de T é $O(s)$.

O leitor atento pode se perguntar se a compressão dos caminhos traz qualquer vantagem significativa, pois ela é compensada por um crescimento dos rótulos dos nodos. De fato, um trie comprimido é verdadeiramente vantajoso somente quando é usado como uma estrutura **auxiliar** de índice para uma coleção de cadeias de caracteres já armazenadas em uma estrutura primária, não precisando armazenar de fato todos os caracteres das cadeias de caracteres da coleção.

Suponha, por exemplo, que a coleção S de cadeias de caracteres é um arranjo de cadeias $S[0], S[1],\ldots, S[s - 1]$. Em vez de armazenar o rótulo X de um nodo explicitamente, ele é representado implicitamente por uma tripla de inteiros (i, j, k) de forma que $X = S[i][j..k]$; ou seja, X é a substring de $S[i]$ consistindo nos caracteres da j-ésima posição até a k-ésima posição, inclusive. (Veja o exemplo da Figura 12.12. Também compare-o com o trie padrão da Figura 12.10.)

	0	1	2	3	4
S[0] =	s	e	e		
S[1] =	b	e	a	r	
S[2] =	s	e	l	l	
S[3] =	s	t	o	c	k

	0	1	2	3
S[4] =	b	u	l	l
S[5] =	b	u	y	
S[6] =	b	i	d	

	0	1	2	3
S[7] =	h	e	a	r
S[8] =	b	e	l	l
S[9] =	s	t	o	p

(a)

(b)

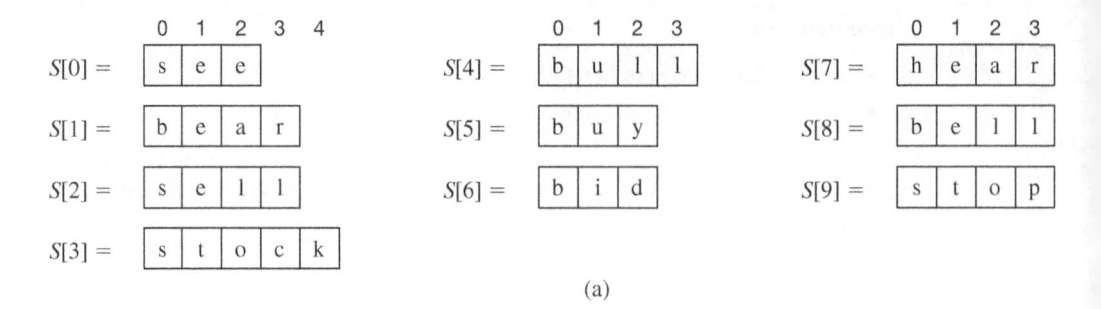

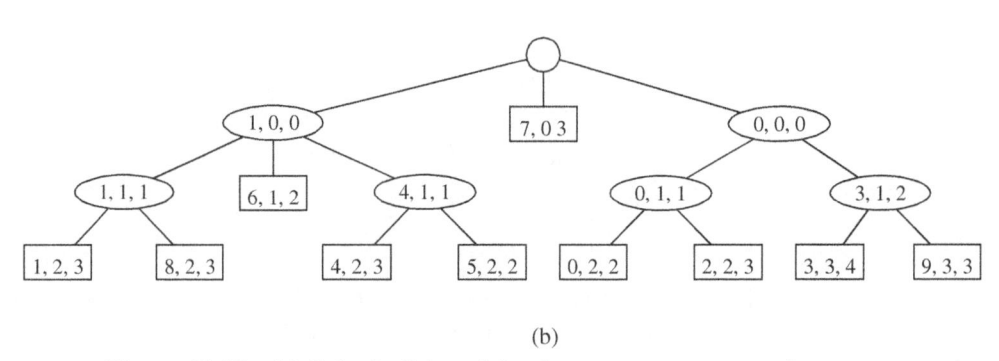

Figura 12.12 (a) Coleção S de cadeias de caracteres armazenadas em um arranjo. (b) representação compacta do trie comprimido para S.

Esse esquema adicional de compressão permite reduzir o total de espaço para o trie de $O(n)$ para o trie padrão para $O(s)$ para o trie comprimido, onde n é o comprimento total das cadeias em S e s é o número de cadeias em S. É claro que ainda é preciso armazenar as cadeias em S, mas ainda assim a necessidade de espaço para o trie é reduzida.

12.5.3 Tries de sufixos

Uma das aplicações primárias para os tries é quando as cadeias de caracteres da coleção S são todos os sufixos da cadeia X. Um trie assim é chamado de **trie de sufixos**, (também conhecido como **árvore de sufixos** ou **árvore de posições**) de uma cadeia X. Por exemplo, a Figura 12.13a mostra o trie de sufixos para os oito sufixos da cadeia de caracteres "minimize". Para um trie de sufixos, a representação compacta apresentada na seção anterior pode ser ainda mais simplificada. Neste caso, o rótulo de cada vértice é um par (i,j) indicando a cadeia $X[i..j]$. (Ver Figura 12.13b.) Para satisfazer a regra de que nenhum sufixo de X é prefixo de outro sufixo, pode-se adicionar um caractere especial denotado com $, e que não faz parte do alfabeto original S no final de X (e assim a todos os sufixos). Ou seja, se a cadeia X tem comprimento n constrói-se um trie para o conjunto de n cadeias $X[i..n - 1]$ $, para $i = 0,..., n - 1$.

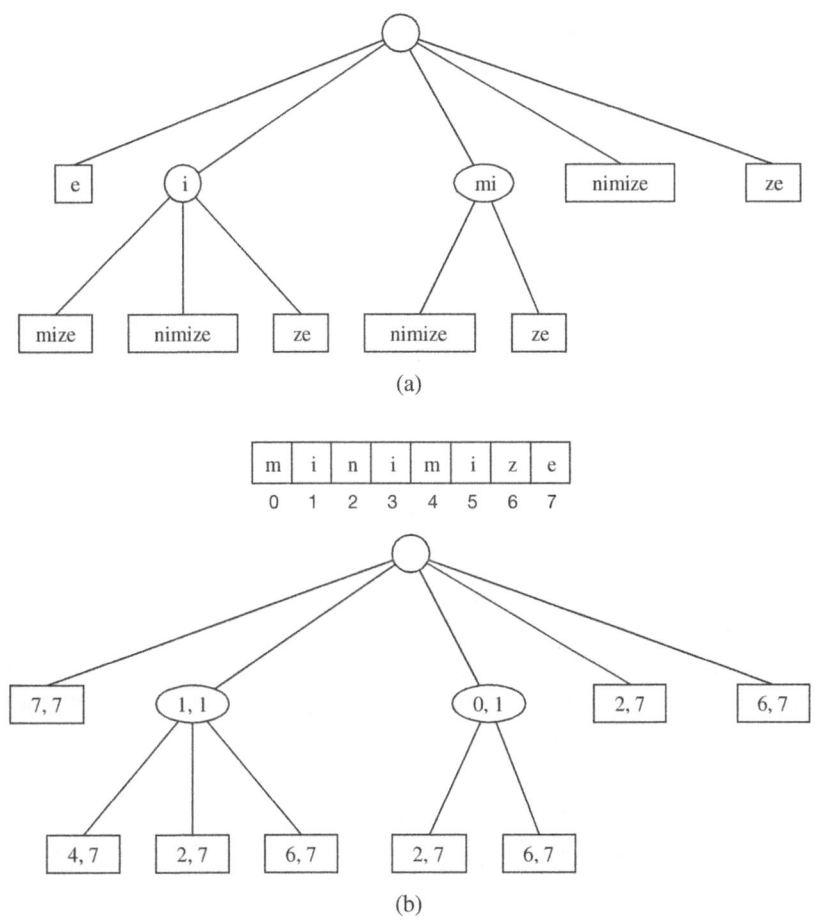

Figura 12.13 (a) Trie de sufixos T para a cadeia $X =$ "minimize"; (b) representação compacta de T, onde o par (i,j) denota $X[i..j]$.

Economizando espaço

Usar um trie de sufixos permite economizar espaço em relação a um trie padrão usando várias técnicas de compressão, incluindo as usadas para um trie comprimido.

A vantagem da representação compacta dos tries torna-se aparente para os tries de sufixos. Já que o comprimento total dos sufixos de uma cadeia X de comprimento n é

$$1+2+\cdots+n = \frac{n(n+1)}{2},$$

armazenar todos os sufixos de X explicitamente custaria espaço $O(n^2)$. Mesmo assim, o trie de sufixos representa estas cadeias implicitamente em espaço $O(n)$ como formalizado na proposição a seguir.

Proposição 12.11 *A representação compacta de um trie de sufixos T para uma cadeia de caracteres X de comprimento n usa espaço O(n).*

Construção

Pode-se construir o trie de sufixos para uma cadeia de comprimento n com um algoritmo incremental como o da Seção 12.5.1. Essa construção custa tempo $O(dn^2)$, pois o comprimento total dos sufixos é quadrático em n. Entretanto, o trie de sufixos (compacto) para uma cadeia de comprimento n pode ser construído em tempo $O(n)$ com um algoritmo especializado diferente do usado para tries padrão. Este algoritmo de construção em tempo linear é bastante complexo, no entanto, e não será relatado aqui. Ainda assim, pode-se tirar vantagem da existência deste algoritmo rápido de construção quando se deseja usar um trie de sufixos para resolver outros problemas.

Usando um trie de sufixos

O trie de sufixos T para uma cadeia de caracteres X pode ser usado eficientemente para realizar procura de padrões no texto X. Ou seja, é possível determinar se um padrão P é uma substring de X tentando traçar um caminho associado a P em T. P é uma substring de X se e somente se um tal caminho puder ser traçado. A pesquisa descendo pelo trie T assume que os nodos em T armazenam informações adicionais, no que diz respeito à representação compacta do trie de sufixo:

> Se o nodo v tem rótulo (i,j) e Y é a cadeia de comprimento y associada com o caminho da raiz até v (inclusive), então $X[j - y + 1..j] = Y$.

Essa propriedade assegura que se possa facilmente calcular o índice de início do padrão no texto quando ele for encontrado.

12.5.4 Mecanismos de busca

A Web contém uma imensa coleção de documentos textuais (páginas da Web). A informação sobre essas páginas é coletada por programas chamados de **Web crawlers**, que armazenam esta informação em bancos de dados especiais de dicionários. Um **mecanismo de busca** na Web permite que os usuários recuperem informações relevantes destes bancos de dados, identificando páginas relevantes na Web que contêm determinadas palavras-chave. Nesta seção, será apresentado um modelo simplificado de um mecanismo de busca.

Arquivos invertidos

A informação-base armazenada por um mecanismo de busca é um dicionário, chamado de *índice invertido* ou *arquivo invertido*, o qual armazena pares chave-valor (w,L), onde w é uma palavra e L é uma coleção de páginas contendo a palavra w. As chaves (palavras) no dicionário são chamadas de **termos de índice**, e devem ser um conjunto de itens de vocabulário e nomes próprios tão grande quanto possível. Os elementos neste dicionário são chamados de *listas de ocorrências*, e devem cobrir tantas páginas da Web quanto possível.

Pode-se implementar eficientemente um índice invertido com uma estrutura de dados consistindo em:

1. um arranjo armazenando as listas de ocorrências dos termos (sem ordenação);
2. um trie comprimido para o conjunto de termos de índice, no qual cada nodo externo armazene o índice da lista de ocorrência do termo associado.

A razão para armazenar as listas de ocorrências fora do trie é manter seu tamanho pequeno o bastante para caber na memória interna. Em troca, por causa de seu grande tamanho total, as listas de ocorrências são armazenadas em disco.

Com esta estrutura de dados, uma consulta por uma única palavra-chave é similar a uma procura por uma palavra em um texto (ver Seção 12.5.1). Ou seja, encontra-se a palavra-chave no trie e se retorna a lista de ocorrências associada.

Quando múltiplas palavras-chave são dadas, e a saída desejada é composta pelas páginas contendo *todas* as palavras, recupera-se a lista de ocorrência de cada palavra-chave usando o trie e retorna-se sua interseção. Para facilitar o cálculo da interseção, cada lista de ocorrências poderia ser implementada como uma sequência ordenada por endereço ou com um dicionário (ver, por exemplo, o algoritmo genérico de junção discutido na Seção 11.4).

Além da tarefa básica de retornar a lista de páginas contendo as palavras-chave dadas, os mecanismos de busca fornecem um importante serviço adicional *classificando* por relevância as páginas retornadas. Projetar algoritmos de classificação rápidos e precisos para mecanismos de busca é um desafio para pesquisadores em computação e para empresas de comércio eletrônico.

12.6 Exercícios

Para obter os códigos-fonte dos exercícios, visite www.grupoa.com.br.

Reforço

R-12.1 Qual é a melhor maneira de multiplicar uma cadeia de matrizes cujas dimensões são 10×5, 5×2, 2×20, 20×12, 12×4 e 4×60? Apresente seu trabalho.

R-12.2 Projete um algoritmo eficiente para o problema de multiplicação em cadeia de matrizes que gere como resultado uma expressão totalmente parentetizada que resulte na multiplicação das matrizes usando uma quantidade mínima de operações.

R-12.3 Liste os prefixos da cadeia $P = $ "aaabbaaa" que são também sufixos de P?

R-12.4 Desenhe uma figura ilustrando as comparações feitas pelo algoritmo de procura de padrões baseado em força bruta, para o caso em que o texto é "aaabaadaabaaa" e o padrão é "aabaaa".

R-12.5 Repita o problema anterior para o algoritmo BM de procura de padrões, não contando as comparações feitas para calcular a função last(c).

R-12.6 Repita o problema anterior para o algoritmo KMP de procura de padrões, não contando as comparações feitas para calcular a função de falha.

R-12.7 Calcule uma tabela representando a função last usada no algoritmo BM para o padrão

"the quick brown fox jumped over a lazy cat"

assumindo o seguinte alfabeto (que começa com um espaço em branco):

$\Sigma = \{\,,a,b,c,d,e,f,g,h,i,j,k,l,m,n,o,p,q,r,s,t,u,v,w,x,y,z\}$.

R-12.8 Assumindo que os caracteres no alfabeto Σ podem ser enumerados e podem indexar arranjos, forneça um método de tempo $O(m + |\Sigma|)$ para construir a função last a partir de um padrão P de comprimento m.

R-12.9 Calcule uma tabela representando a função de falha KMP para o padrão "cgtacgttcgtac".

R-12.10 Desenhe um trie padrão para a seguinte sequência de cadeias de caracteres:

{abab,baba,ccccc,bbaaaa,caa,bbaacc,cbcc,cbca}.

R-12.11 Desenhe um trie comprimido para o conjunto de cadeias de caracteres do Exercício R-12.10.

R-12.12 Desenhe a representação compacta para o trie de sufixos para a cadeia

"minimize minime".

R-12.13 Qual o mais longo prefixo da cadeia "cgtacgttcgtacg" que também é um sufixo desta cadeia?

R-12.14 Desenhe o arranjo das frequências e a árvore de Huffman para a seguinte cadeia:

"dogs do not spot hot pots or cats".

R-12.15 Mostre o arranjo L para a maior subsequência comum para as duas cadeias

X = "skullandbones"
Y = "lullabybabies".

Qual é uma maior subsequência comum entre essas cadeias de caracteres?

Criatividade

C-12.1 Um australiano nativo chamado de Anatjari deseja cruzar o deserto levando uma única garrafa de água. Ele tem um mapa que marca todos os poços ao longo do caminho. Assumindo que ele pode caminhar k milhas com uma garrafa de água, projete um algoritmo eficiente para determinar onde Anatjar deve encher sua garrafa de maneira a fazer a menor quantidade de paradas possíveis. Justifique por que o seu algoritmo é correto.

C-12.2 Descreva um algoritmo guloso eficiente para fazer troco de um valor específico usando a menor quantidade de moedas, assumindo que existem quatro denominações de moedas ("quarters", "dimes", "nickels" e "pennies") com valores de 25, 10, 5 e 1, respectivamente. Justifique por que o seu algoritmo é correto.

C-12.3 Apresente um exemplo de conjunto de nomes de moedas tal que o algoritmo guloso de troco não conseguirá resultar na menor quantidade de moedas.

C-12.4 O problema do guarda da galeria de arte consiste em uma linha L que representa a longa sala de exposições da galeria. Consiste também em um conjunto $X = \{x_0, x_1, ..., x_{n-1}\}$ de valores reais que especificam as posições das pinturas na sala de exposições. Suponha que um único guarda pode proteger todas as pinturas que estão a uma distância de no máximo 1 de sua posição (nos dois lados). Projete um algoritmo para determinar a localização dos guardas que use o menor número possível destes para proteger todas as pinturas listadas em X.

C-12.5 Seja P um polígono convexo, uma *triangulação* de P é uma adição de diagonais concectando os vértices de P de maneira que cada face interior seja um triangulo. O *peso* da triangulação corresponde à soma dos comprimentos das diagonais. Assumindo que se pode calcular os comprimentos e, somá-los e compará-los em tempo constante, apresente um algoritmo eficiente para calcular a triangulação de P com peso mínimo.

C-12.6 Dê um exemplo de um texto T de comprimento n e um padrão P de comprimento m que force o algoritmo de procura de padrões por força bruta a um tempo de execução $\Omega(mn)$.

C-12.7 Justifique por que o método KMPFailureFunction (Trecho de Código 12.7) precisa de tempo $O(m)$ em um padrão de comprimento m.

C-12.8 Mostre como modificar o algoritmo de procura de padrões KMP de forma que ele ache *todas* as ocorrências de um padrão P que aparece como substring em T, ainda sendo executado em tempo $O(m + n)$. (Assegure-se de encontrar até as ocorrências que se sobrepõem.)

C-12.9 Seja T um texto de comprimento n e P um padrão de comprimento m. Descreva um método de tempo $O(m + n)$ para encontrar o prefixo mais longo de P que é uma substring de T.

C-12.10 Diz-se que um padrão P de comprimento m é uma substring *circular* de um texto T de comprimento n se existir um índice $0 \leq i < m$ tal que $P = T[n - m + i..n - 1] + T[0..i - 1]$, ou seja, se P é uma substring (normal) de T ou se P é igual à concatenação de um sufixo de T e um prefixo de T. Forneça um algoritmo de tempo $O(m + n)$ para determinar se P é uma substring circular de T.

C-12.11 O algoritmo de procura de padrões KMP pode ser modificado para maior velocidade em cadeias de caracteres binárias redefinindo-se a função de falha como

$f(j)$ = o maior $k < j$ tal que $P[0..k-2]\widehat{p_k}$ é sufixo de $P[1..j]$,

onde $\widehat{p_k}$ denota o complemento do k-ésimo bit de P. Descreva como implementar o algoritmo KMP para tirar vantagem desta nova função de falha e forneça um método para avaliar esta nova função de falha. Mostre que este método faz no máximo n comparações entre o texto e o padrão (contra $2n$ comparações do algoritmo KMP padrão, dado na Seção 12.3.3).

C-12.12 Modifique o algoritmo simplificado BM apresentado neste capítulo usando ideias do algoritmo KMP, de forma que ele seja executado em tempo $O(m + n)$.

C-12.13 Dada uma string X de tamanho n e uma string Y de tamanho m, descreva um algoritmo que execute no tempo $O(n+m)$ para procurar o mais longo prefixo de X que é um sufixo de Y.

C-12.14 Forneça um algoritmo eficiente para deletar uma cadeia de caracteres de um trie padrão e analise seu tempo de execução.

C-12.15 Forneça um algoritmo eficiente para deletar uma cadeia de caracteres de um trie comprimido e analise seu tempo de execução.

C-12.16 Descreva um algoritmo para construir a representação compacta de um trie de sufixos e analise seu tempo de execução.

C-12.17 Seja T uma cadeia de caracteres de comprimento n. Descreva um método de tempo $O(n)$ para encontrar o mais longo prefixo de T que seja uma substring do reverso de T.

C-12.18 Descreva um algoritmo eficiente para encontrar o mais longo palíndromo que seja um sufixo de uma cadeia de caracteres T de comprimento n. Lembre que um *palíndromo* é uma cadeia de caracteres que é igual a seu reverso. Qual o tempo de execução de seu método?

C-12.19 Dada uma sequência $S = (x_0, x_1, x_2,...,x_{n-1})$ de números, descreva um algoritmo de tempo $O(n^2)$ para achar a mais longa subsequência $T = (x_{i_0}, x_{i_1}, x_{i_2},... x_{i_{k-1}})$ de números, em que $i_j < i_{j+1}$ e $x_{i_j} > x_{i_{j+1}}$. Ou seja, T é a mais longa subsequência descendente de S.

C-12.20 Defina a *distância de edição* entre duas cadeias de caracteres X e Y de comprimentos n e m, respectivamente, como sendo o menor número de alterações para transformar X em Y. Uma alteração consiste na inserção de caracteres, na remoção de caracteres ou na substituição de caracteres. Por exemplo, as cadeias de caracteres "algorithm" e "rhythm" têm distância de edição 6. Projete um algoritmo de tempo $O(mn)$ para calcular a distância de edição entre X e Y.

C-12.21 Projete um algoritmo guloso para fazer troco para alguém que compra uma bala que custa x centavos e entrega ao balconista $1. Seu algoritmo deve minimizar o número de moedas do troco.

a. Mostre que seu algoritmo guloso retorna o número mínimo de moedas se as moedas tiverem os valores de $0,25, $0,10, $0,05 e $0,01.

b. Forneça um conjunto de moedas para o qual seu algoritmo pode não retornar o menor número de moedas. Inclua um exemplo em que seu algoritmo falha.

C-12.22 Apresente um algoritmo eficiente para determinar se um padrão P é uma subsequência (não substring) de um texto T. Qual é o tempo de execução do seu algoritmo?

C-12.23 Seja x e y strings de tamanho n e m respectivamente. Defina $B(i, j)$ para ser o tamanho do mais longo substring comum ao sufixo de tamanho i em x e do sufixo de tamanho j em y. Projete um algoritmo que execute no tempo $O(mn)$ para computar todos os valores de $B(i, j)$ para $i = 1,..., n$ e $j = 1,...,m$.

C-12.24 Ana acaba de vencer um concurso que permite que ela pegue n balas de graça em uma loja. Ela tem idade suficiente para saber que algumas são caras, custando alguns dólares, e outras são baratas e custam centavos. Os vidros de balas são numerados 0, 1,..., $m - 1$ e o vidro j tem n_j balas com um preço c_j por bala. Forneça um algoritmo de tempo $O(m + n)$ para que Ana maximize o valor das balas que irá retirar. Mostre que seu algoritmo produz o maior valor possível.

C-12.25 Sejam três arranjos de números inteiros A, B e C, cada um de comprimento n. Dado um inteiro arbitrário x, apresente um algoritmo de tempo $O(n^2 \log n)$ que determina se existem números $a \in A$, $b \in B$ e $c \in C$ tais que $x = a + b + c$.

C-12.26 Forneça um algoritmo de tempo $O(n^2)$ para o problema anterior.

Projetos

P-12.1 Implemente o algoritmo LCS e use-o para calcular a melhor sequência de alinhamento entre strings de DNA obtidas on-line de GenBank.

P-12.2 Faça uma análise experimental usando documentos retirados da Internet sobre a eficiência (o número de comparações de caracteres realizadas) dos algoritmos de procura de padrões por força bruta e KMP para padrões de diferentes comprimentos.

P-12.3 Faça uma análise experimental usando documentos retirados da Internet sobre a eficiência (o número de comparações de caracteres realizadas) dos algoritmos de procura de padrões por força bruta e BM para padrões de diferentes comprimentos.

P-12.4 Faça uma análise experimental das velocidades relativas dos algoritmos de procura de padrões por força bruta, KMP e BM. Documente o tempo necessário para codificar os algoritmos, bem como seus tempos de execução quando executados sobre documentos retirados da Internet e fazendo procuras por padrões de diferentes comprimentos.

P-12.5 Implemente a compressão e descompressão de documentos baseada na codificação de Huffman.

P-12.6 Crie uma classe que implementa um trie padrão para um conjunto de cadeias de caracteres ASCII. A classe deve ter um construtor que recebe como argumento uma lista de cadeias de caracteres e um método que testa se uma dada cadeia de caracteres está armazenada no trie.

P-12.7 Crie uma classe que implementa um trie comprimido para um conjunto de cadeias de caracteres ASCII. A classe deve ter um construtor que recebe como argumento uma lista de cadeias de caracteres e um método que testa se uma dada cadeia de caracteres está armazenada no trie.

P-12.8 Crie uma classe que implementa um trie de prefixos para uma cadeia de caracteres ASCII. A classe deve ter um construtor que recebe como argumento uma cadeia de caracteres e um método para a procura de padrões na cadeia de caracteres.

P-12.9 Implemente o mecanismo simplificado de busca, descrito na Seção 12.5.4, para as páginas de um pequeno site da Web. Use todas as palavras nas páginas do site como termos de índice, excluindo partículas como artigos, preposições e pronomes.

P-12.10 Implemente um mecanismo de busca para as páginas de um pequeno site da Web adicionando um mecanismo de classificação de páginas ao mecanismo simplificado de busca descrito na Seção 12.5.4. A classificação de páginas deve retornar as páginas mais relevantes primeiro. Use todas as palavras nas páginas do site como termos de índice, excluindo partículas como artigos, preposições e pronomes.

P-12.11 Escreva um programa que pegue duas cadeias de caracteres (que poderiam ser, por exemplo, representações da cadeia DNA) e compute a edição das suas distâncias, mostrando as peças correspondentes. (Ver Exercício C-12.20.)

Observações sobre o capítulo

O algoritmo KMP é descrito por Knuth, Morris e Pratt em seu artigo [64], e Boyer e Moore descrevem seu algoritmo em um artigo publicado no mesmo ano [16]. Em seu artigo, no entanto, Knuth *et al.* [64] também provam que o algoritmo BM tem tempo linear. Mais recentemente, Cole [23] mostra que o algoritmo BM realiza no máximo $3n$ comparações no pior caso e este limite é exato. Todos os algoritmos discutidos acima são discutidos também no livro de Aho [3], embora com uma ênfase para a teoria, incluindo os métodos para procura de expressões regulares. O leitor interessado em outros estudos em procura de padrões em cadeias de caracteres pode usar os livros de Stephen [87] e os capítulos de Aho [3] e Crochemore e Lecroq [26].

O trie foi inventado por Morrison [78] e é discutido intensivamente no livro clássico *Sorting and Searching* de Knuth [63]. O nome "Patricia" abrevia "Practical Algorithm to Retrieve Information Coded in Alphanumeric" [78]. McCreight [70] mostra como construir tries de sufixos em tempo linear. Uma introdução ao campo da recuperação de informação que inclui uma discussão de mecanismos de busca para a Web é dada no livro de Baeza-Yates e Ribeiro-Neto [8].

Capítulo 13

Algoritmos Grafos

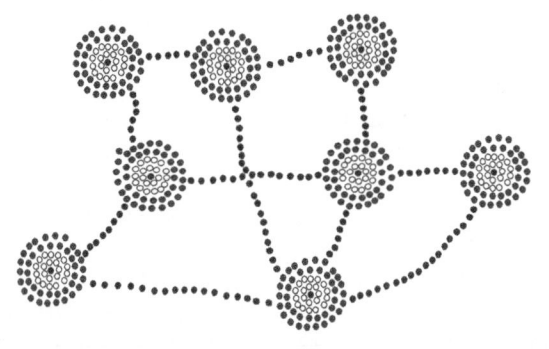

Sumário

13.1 Grafos 598
    13.1.1   O TAD grafo 602
13.2 Estruturas de dados para grafos 603
    13.2.1   A lista de arestas 603
    13.2.2   A lista de adjacências 606
    13.2.3   A estrutura da matriz de adjacência 608
13.3 Caminhamento em grafos 610
    13.3.1   Pesquisa em profundidade 610
    13.3.2   Implementando a pesquisa em profundidade 614
    13.3.3   Caminhamento em largura 622
13.4 Grafos dirigidos 626
    13.4.1   Caminhamento em um dígrafo 627
    13.4.2   Fechamento transitivo 630
    13.4.3   Grafos acíclicos dirigidos 633
13.5 Caminhos mínimos 635
    13.5.1   Grafos ponderados 637
    13.5.2   O algoritmo de Dijkstra 638
    13.5.3   Uma implementação alternativa do algoritmo de Dijkstra.... 644
13.6 Árvores de cobertura mínima 647
    13.6.1   Algoritmo de Kruskal 649
    13.6.2   O algoritmo Prim-Jarník 653
13.7 Exercícios 656

13.1 Grafos

Um *grafo* é uma forma de representar relacionamentos que existem entre pares de objetos. Isto é, um conjunto de objetos, chamados de vértices, juntamente com uma coleção de conexões entre pares de vértices. A propósito, essa noção de "grafo" não deve ser confundida com o diagrama de barras e funções plots, já que esses tipos de "grafos" não estão relacionados ao tópico deste capítulo. Grafos têm aplicações em vários domínios diferentes, incluindo mapeamento, transporte, engenharia elétrica e redes de computador.

Visto de forma abstrata, um *grafo* G é simplesmente um conjunto V de **vértices** e uma coleção E de pares de vértices de V, chamados de **arestas**. Assim, um grafo é uma forma de representar conexões ou relações entre pares de objetos de algum conjunto V. Alguns livros usam uma terminologia diferente para grafos e referem-se ao que se chama de vértices, como **nodos;** e ao que se chama de arestas, como **arcos**. Serão utilizados aqui os termos "vértices" e "arestas".

As arestas em um grafo podem ser **dirigidas** ou **não dirigidas**. Uma aresta (u,v) é dita **dirigida** de u para v se o par (u,v) for ordenado, com u precedendo v. Uma aresta (u,v) é dita **não dirigida** se o par (u,v) não for ordenado. As arestas não dirigidas são por vezes denotadas como conjuntos $\{u,v\}$, mas, para simplificar, será utilizada a notação de pares (u,v), notando que no caso não dirigido (u,v) é o mesmo que (v,u). Os grafos são visualizados tipicamente desenhando-se os vértices como ovais ou retângulos e as arestas como segmentos ou curvas conectando pares de ovais ou retângulos. A seguir, são apresentados alguns exemplos de grafos dirigidos e não dirigidos.

Exemplo 13.1 *Pode-se visualizar colaborações entre pesquisadores de certa área construindo um grafo cujos vértices são associados com os pesquisadores e cujas arestas conectam pares de vértices associados com os pesquisadores que escreveram juntos um artigo ou livro. (Ver Figura 13.1.) Tais arestas são não dirigidas porque a coautoria é uma relação* **simétrica***, ou seja, se A é coautor de B, então necessariamente B é coautor de A.*

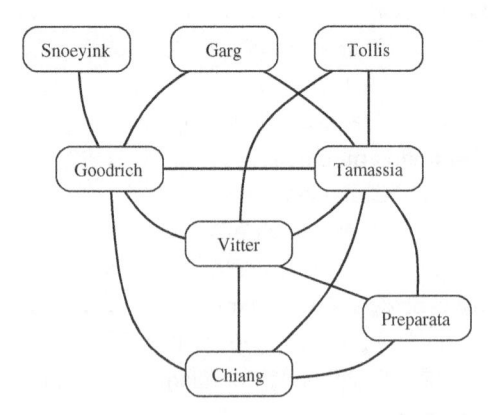

Figura 13.1 Grafo de coautoria de alguns autores.

Exemplo 13.2 *Pode-se associar a um programa orientado a objetos um grafo cujos vértices representam as classes definidas no programa, e cujas arestas indicam a herança entre as classes. Existe uma aresta de um vértice v a um vértice u se a classe para v estender a classe de u. Tais arestas são dirigidas porque a relação de herança só existe em uma direção (ou seja, ela é* **assimétrica***).*

Se todas as arestas em um grafo forem não dirigidas, então diz-se que o grafo é um *grafo não dirigido*. De forma similar, um *grafo dirigido*, ou *dígrafo*, é um grafo em que todas as arestas são dirigidas. Um grafo que tem arestas dirigidas e não dirigidas é chamado de *grafo misto*. Observe que um grafo não dirigido ou misto pode ser transformado em um grafo dirigido substituindo-se cada aresta não dirigida (u,v) por um par de arestas dirigidas (u,v) e (v,u). No entanto, é frequentemente útil manter grafos não dirigidos ou mistos em sua forma original, pois estes grafos têm várias aplicações, como a do próximo exemplo.

Exemplo 13.3 *Um mapa de cidade pode ser modelado como um grafo cujos vértices são cruzamentos ou finais de ruas, e cujas arestas podem ser trechos de ruas sem cruzamentos. Este grafo tem arestas não dirigidas, representando ruas de dois sentidos, e arestas dirigidas, correspondendo a trechos de um único sentido. Assim, um grafo representando as ruas de uma cidade é um grafo misto.*

Exemplo 13.4 *Exemplos físicos de grafos estão presentes nas redes elétricas e de encanamento de um prédio. Tais redes podem ser modeladas como grafos, nos quais cada conector, junção ou saída é visto como vértices, e cada trecho não interrompido de fiação ou cano é visto como uma aresta. Tais grafos são, na verdade, componentes de grafos muito maiores: as redes locais de distribuição de energia e de água. Dependendo dos aspectos específicos dos grafos em que estivermos interessados, pode-se considerar suas arestas como dirigidas ou não dirigidas, pois, em princípio, a água pode fluir em um cano nas duas direções, assim como a corrente em um fio.*

Os dois vértices conectados por uma aresta são chamados de *vértices finais* (ou *pontos finais*) da aresta. Se uma aresta é dirigida, seu primeiro ponto final é sua *origem*, e o outro é seu *destino*. Dois vértices são ditos *adjacentes* se eles forem pontos finais da mesma aresta. Uma aresta é dita *incidente* a um vértice se o vértice for um dos pontos finais da aresta. As *arestas incidentes de* um vértice são as arestas dirigidas cuja origem é aquele vértice. As *arestas incidentes em* um vértice são as arestas dirigidas cujo destino é aquele vértice. O *grau* de um vértice v, denotado deg(v), é o número de vértices incidentes a v. O *grau de entrada* e o *grau de saída* de um vértice v são os números de arestas incidentes em v e de v, respectivamente, e são denotados indeg(v) e outdeg(v).

Exemplo 13.5 *Pode-se estudar o transporte aéreo construindo um grafo G chamado de* **rede de voos***, cujos vértices são associados a aeroportos e cujas arestas são associadas com voos. (Ver Figura 13.2.) No grafo G, as arestas são dirigidas porque um dado voo tem uma direção específica (do aeroporto de origem ao aeroporto de destino). Os pontos finais de uma aresta e em G correspondem respectivamente à origem e ao destino do voo correspondente a e. Dois aeroportos são adjacentes em G se existir um voo entre eles, e uma aresta e será incidente a um vértice v de G se o voo representado por e sair do aeroporto ou chegar ao aeroporto representado por v. As arestas incidentes de um vértice v correspondem aos voos que saem do aeroporto* *de v, enquanto as arestas incidentes em v correspondem aos voos que chegam. Finalmente, o grau de entrada de um vértice v de G corresponde ao número de voos que chegam ao aeroporto de v, enquanto o grau de saída de um vértice v em G representa número de voos que saem.*

A definição de grafo refere-se ao grupo de arestas como uma **coleção**, não como um **conjunto**, permitindo que duas arestas não dirigidas tenham os mesmos pontos finais, e que duas arestas dirigidas tenham a mesma origem e mesmo destino. Tais arestas são chamadas de **arestas paralelas** ou **arestas múltiplas**. As arestas paralelas podem estar em uma rede de voo (Exemplo 13.5) e, neste caso, múltiplas arestas entre o mesmo par de vértices indicam voos diferentes operando na mesma rota a diferentes horas do dia. Outro tipo especial de aresta é o que conecta um vértice consigo mesmo. Assim, diz-se que uma aresta (dirigida ou não dirigida) forma um **laço self** se seus pontos finais coincidirem. Um laço self pode ocorrer em um grafo associado com um mapa urbano (Exemplo 13.3), onde corresponderia a um "círculo" (uma rua circular que retorna a seu ponto de início).

Com poucas exceções, como as mencionadas acima, os grafos não têm arestas paralelas ou laços self, e são ditos **simples**. Assim, pode-se geralmente dizer que as arestas de um grafo simples são um **conjunto** de pares de vértices (e não uma coleção). Neste capítulo, vamos assumir que um grafo é simples a não ser que seja especificado de outra forma.

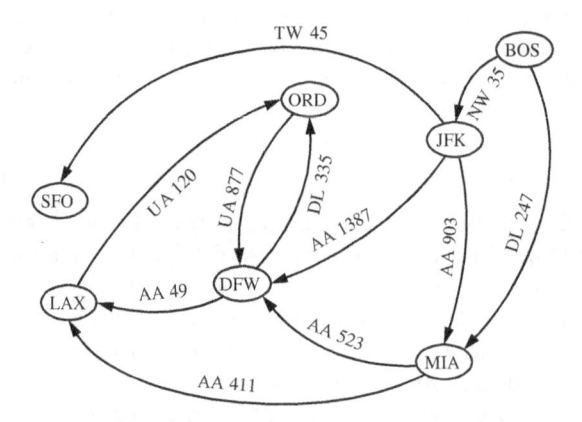

Figura 13.2 Exemplo de um grafo dirigido representando uma rede de voos. Os pontos finais da aresta UA120 são LAX e ORD, portanto, LAX e ORD são adjacentes. O grau de entrada de DFW é 3, e o grau de saída de DFW é 2.

Nas proposições a seguir, exploram-se algumas propriedades importantes dos grafos.

Proposição 13.6 *Se G for um grafo com m arestas, então*

$$\sum_{v \in G} deg(v) = 2m.$$

Justificativa: Uma aresta (u,v) é contada duas vezes na soma acima: uma por seu ponto final u, e outra por seu ponto final v. Assim, a contribuição total das arestas para os graus dos vértices é de duas vezes o número de arestas. ∎

Proposição 13.7 *Se G for um grafo dirigido com m arestas, então*

$$\sum_{v \in G} indeg(v) = \sum_{v \in G} outdeg(v) = m.$$

Justificativa Em um grafo dirigido, uma aresta (u,v) contribui com uma unidade para o grau de saída de sua origem u, e uma unidade para o grau de entrada de seu destino v. Assim, a contribuição total das arestas para os graus de saída dos vértices é igual ao número de arestas, e é similar para os graus de entrada. ∎

A seguir, será mostrado que um simples grafo com n vértices tem $O(n^2)$ arestas.

Proposição 13.8 *Seja G um grafo simples com n vértices e m arestas. Se G for não dirigido, então $m \leq n(n-1)/2$, e se G for dirigido, então $m \leq n(n-1)$.*

Justificativa Suponha que G seja não dirigido. Como duas arestas não podem ter os mesmos pontos de saída e de chegada, e não há laços self, o grau máximo de um vértice em G é $n-1$ neste caso. Assim, pela Proposição 13.6, tem-se $2m \leq n(n-1)$. Agora, suponha que G seja dirigido. Como duas arestas não podem ter os mesmos pontos de saída e de chegada, e não há laços, o grau máximo de entrada de um vértice em G é $n-1$ neste caso. Assim, pela Proposição 13.7, $m \leq n(n-1)$. ∎

Um *caminho* em um grafo é uma sequência alternada de vértices e arestas que se inicia em um vértice e termina em um vértice, de tal forma que cada aresta seja incidente de seu antecessor e incidente em seu sucessor. Um *ciclo* é um caminho em que os vértices de início e fim são os mesmos. Diz-se que um caminho é *simples* se cada vértice no caminho for distinto, e diz-se que um ciclo é *simples* se cada vértice no ciclo for distinto, exceto pelo primeiro e o último. Um *caminho dirigido* é um caminho em que todas as arestas são dirigidas e percorridas em sua direção. Um *ciclo dirigido* é definido de forma similar. Por exemplo, a rede de voos da Figura 13.2 (BOS, NW35, JFK, AA 1387, DFW) é um caminho dirigido simples e (LAX, UA 120, ORD, UA877, DFW, AA 49, LAX) é um ciclo dirigido simples. Se um caminho P ou ciclo C é um simples grafo, pode-se omitir as arestas em P ou C, como estas são bem definidas; neste caso, P é uma lista de vértices adjacentes e C é um ciclo de vértices adjacentes.

Exemplo 13.9 *Dado um grafo G representando o mapa de uma cidade (ver Exemplo 13.3), pode-se modelar um casal dirigindo até um restaurante recomendado como um caminho em G. Se eles souberem o caminho e não passarem acidentalmente pelo mesmo cruzamento duas vezes, então eles passam por um caminho simples em G. Pode-se modelar o caminho completo do casal, de casa ao restaurante e de volta, como um ciclo. Se eles voltam para casa por uma rota completamente* *diferente da usada para chegar ao restaurante, sem nem passar em um mesmo cruzamento, então toda a viagem de ida e volta é um ciclo simples. Finalmente, se eles só passarem por ruas de mão única, então pode-se modelar sua saída como um ciclo dirigido.*

Um *subgrafo* de um grafo G é um grafo H cujos vértices e arestas são respectivamente subconjuntos dos vértices e arestas de G. Por exemplo, na rede de voos da Figura 13.2, os vértices BOS, JFK e MIA e as arestas AA 903 e DL 247 formam um subgrafo. Um *subgrafo de cobertura* de G é um subgrafo de G que contém todos os vértices de G. Um grafo é *conexo* se, para quaisquer dois vértices, existir um caminho entre eles. Se um grafo G não for conexo, seus subgrafos conexos maximais são chamados de *componentes conexos* de G. Uma *floresta* é um grafo sem ciclos. Uma *árvore* é uma floresta conexa, ou seja, um grafo conexo sem ciclos. Observe que esta definição de uma árvore é um pouco diferente da definição fornecida no Capítulo 7. Ou seja, no contexto dos grafos, uma árvore não tem raiz. Sempre que houver ambiguidade, as árvores do Capítulo 7 serão chamadas de *árvores com raiz*, enquanto as árvores deste capítulo serão chamadas de *árvores livres*. Os componentes conexos de uma floresta são árvores (livres). Uma *árvore de cobertura* de um grafo é um subgrafo de cobertura que é uma árvore (livre).

Exemplo 13.10 *Talvez o grafo mais popular atualmente seja a Internet, que pode ser vista como um grafo cujos vértices são computadores e cujas arestas (não dirigidas) são conexões de comunicação entre pares de computadores na Internet. Os computadores e as conexões em um único domínio como* wiley.com *formam um subgrafo da Internet. Se este subgrafo for conexo, então dois usuários em computadores deste domínio podem mandar mensagens um ao outro sem que os pacotes de informação deixem o domínio. Suponhamos que as arestas deste subgrafo formem uma árvore de cobertura. Isso implica que se uma única conexão for desfeita (por exemplo, porque alguém desliga um dos cabos de rede da parte de trás do computador), então o subgrafo não estará mais conectado.*

Existe uma série de propriedades simples de árvores, florestas e grafos conexos. Serão exploradas algumas delas na proposição a seguir.

Proposição 13.11 *Seja G um grafo não dirigido com n vértices e m arestas.*

- Se G for conexo, então $m \geq n - 1$.
- Se G for uma árvore, então $m = n - 1$.
- Se G for uma floresta, então $m \leq n - 1$.

A justificativa desta proposição é deixada como um exercício (C-13.2).

13.1.1 O TAD grafo

Da mesma forma que um tipo abstrato de dados, um grafo é uma coleção de elementos que são armazenados nas *posições* do grafo – seus vértices e arestas. Portanto, pode-se armazenar elementos em um grafo tanto em seus vértices quanto em suas arestas (ou em ambos). Em Java, isso implica que é possível definir interfaces Vertex e Edge que estendem a interface Position. Introduz-se o seguinte TAD grafo simplificado, que é apropriado para posições vertex e edge em grafos não dirigidos, isto é, grafos em que as arestas são todas não dirigidas. Métodos adicionais para o comportamento de arestas dirigidas são discutidos na Seção 13.4.

vertices( ): Retorna uma coleção iterável de todos os vértices do grafo.

edges( ): Retorna uma coleção iterável de todas as arestas do grafo.

incidentEdges(v): Retorna uma coleção das arestas incidentes sob o nodo v.

opposite(v,e): Retorna o nodo final da aresta e separado do nodo v; um erro ocorre se e não é incidente a v.

endVertices(e): Retorna um arranjo armazenando os vértices finais da aresta e.

areAdjacent(v,w): Testa se os vértices v e w são adjacentes.

replace(v,x): Substitui o elemento armazenado no nodo v com x.

replace(e, x): Substitui o elemento armazenado na aresta e com x.

insertVertex(x): Insere e retorna um novo nodo armazenando o elemento x.

insertEdge(v,w,x): Insere e retorna uma nova aresta não dirigida com vértices finais v e w e armazena o elemento x.

removeVertex(v): Remove o vértice v e todas as arestas incidentes e retorna o elemento armazenado em v.

removeEdge(e): Remove a aresta e e retorna o elemento armazenado em e.

Existem várias formas de implementar o TAD grafo. Serão exploradas três formas na próxima seção.

13.2 Estruturas de dados para grafos

Nesta seção, serão discutidas três alternativas conhecidas, geralmente referidas como estrutura de *lista de arestas*, estrutura de *lista de adjacência* e *matriz de adjacência*. Nas três representações, usa-se um a coleção para armazenar os vértices do grafo. Em relação às arestas, existe uma diferença fundamental entre as duas primeiras estruturas e a terceira. A estrutura de lista de arestas e a estrutura de lista de adjacência armazenam apenas as arestas realmente presentes no grafo, enquanto a matriz de adjacência armazena uma posição para cada par de vértices (se houver uma aresta entre eles ou não). Como será mostrado nesta seção, essa diferença explica que para um grafo G com n vértices e m arestas, a representação de listas de arestas ou listas de adjacências usa espaço $O(m + n)$, enquanto a representação de uma matriz de adjacência usa espaço $O(n^2)$.

13.2.1 A lista de arestas

A estrutura da *lista de arestas* é possivelmente a representação de um grafo G mais simples, embora não a mais eficiente. Nesta representação, um vértice v de G armazenando um elemento o é explicitamente representado por um objeto vértice. Todos esses objetos vértices são armazenados em uma coleção V, que pode ser um arranjo ou lista de nodos. Sendo *V* um arranjo, por exemplo, então pensa-se naturalmente nos vértices como sendo numerados.

Objetos vértices

O objeto vértice para um vértice *v* armazenando o elemento *o* tem variáveis instanciadas para

- uma referência para *o*;
- uma referência para a posição (ou localizador) do objeto vértice na coleção *V*.

A principal característica da lista de arestas não é a maneira como ela representa os vértices, mas como ela representa as arestas. Nesta estrutura, uma aresta *e* de *G*, armazenando um elemento *o*, é explicitamente representada por um objeto aresta. Os objetos arestas são armazenados em uma coleção *E*, que seria tipicamente um arranjo ou lista de nodos.

Objetos arestas

O objeto aresta para uma aresta *e* armazenando o objeto *o* tem variáveis instanciadas para

- uma referência para *o*;
- referências para os objetos vértice em *V* associados com os pontos finais de *e*;
- uma referência para a posição (ou localizador) do objeto aresta na coleção *E*.

Visualização da lista de arestas

Um exemplo de uma lista de arestas para um grafo *G* é ilustrado na Figura 13.3.

A razão pela qual esta estrutura é chamada de **lista de arestas** é porque a implementação mais simples e comum da coleção *E* é uma lista. Mesmo assim, para poder procurar convenientemente por objetos específicos associados a uma aresta, pode-se desejar implementar *E* com um dicionário (cujas entradas armazenam o elemento como chave e a aresta como o valor), apesar de continuar chamando de "lista de arestas". Também pode-se desejar implementar a coleção *V* como um dicionário pela mesma razão. Ainda assim, mantendo a tradição, chama-se a estrutura de "lista de arestas".

A característica principal da lista de arestas é que ela oferece acesso direto das arestas aos vértices nos quais elas são incidentes. Isso permite definir algoritmos simples para os métodos endVertices(*e*) e opposite(*v*,*e*).

Desempenho da lista de arestas

Um método ineficiente para a lista de arestas é, contudo, o que acessa as arestas incidentes a um vértice. Determinar este conjunto de vértices requer uma inspeção exaustiva de todos os objetos arestas da coleção *E*. Isto é, para determinar quais arestas são incidentes a um vértice *v*, deve-se examinar todas as arestas na lista de arestas e verifi-

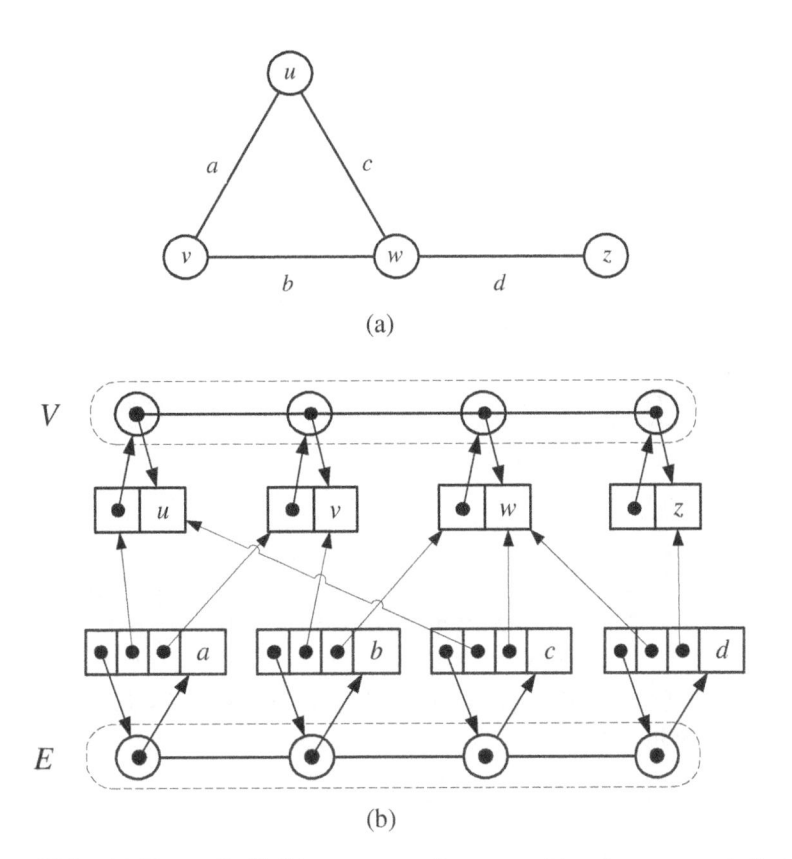

Figura 13.3 (a) Um grafo G; (b) representação esquemática da estrutura da lista de arestas para G. Visualizam-se os elementos armazenados nos objetos vértice e aresta com os nomes dos elementos, em vez de referências reais aos objetos dos elementos.

car se cada uma é incidente a v. Assim, o método incidentEdges(v) executa no tempo proporcional ao número de arestas do grafo, e não no tempo proporcional ao grau do vértice v. Na realidade, até para verificar se os dois vértices v e w são adjacentes usando o método areAdjacent(v,w), é necessária uma pesquisa em todas as arestas da coleção procurando por uma aresta com vértices finais v e w. Além disso, assim como remoção de um vértice envolve a remoção de todas as suas arestas incidentes, o método removeVertex também requer uma pesquisa completa de todas as arestas da coleção E.

A Tabela 13.1 resume o desempenho da implementação de um grafo por lista de arestas sob a hipótese de que as coleções V e E estejam implementadas com listas duplamente encadeadas (Seção 3.3).

Os detalhes dos métodos selecionados para o TAD grafo são os seguintes:

- Os métodos vertices( ) e edges( ) são implementados chamando V.iterator( ) e E.iterator( ), respectivamente.
- Os métodos incidentEdges e areAdjacent custam tempo $O(m)$, pois para determinar quais arestas são incidentes a um vértice v, deve-se inspecionar todas as arestas.

Operação	Tempo
vertices	$O(n)$
edges	$O(m)$
endVertices, opposite	$O(1)$
incidentEdges, areAdjacent	$O(m)$
replace	$O(1)$
insertVertex, insertEdge, removeEdge,	$O(1)$
removeVertex	$O(m)$

Tabela 13.1 Tempos de execução dos métodos para grafos implementados por meio da estrutura de uma lista de arestas. O espaço usado é $O(n + m)$, onde n é o número de vértices e m é o número de arestas.

- Já que as coleções V e E são listas implementadas com uma lista duplamente encadeada, pode-se inserir vértices, e inserir e remover arestas em tempo $O(1)$.
- O atual método removeVertex(v) custa tempo $O(m)$, pois requer que todas as arestas sejam inspecionadas para encontrar e remover aquelas incidentes a v.

Dessa forma, a representação de lista de arestas é simples, porém tem limitações significantes.

13.2.2 A lista de adjacências

A *lista de adjacências* para um grafo G adiciona informação extra para a estrutura da lista de arestas que suporta acesso direto aos vértices incidentes (e, portanto, aos vértices adjacentes) a cada vértice. Esta abordagem simétrica permite usar a lista de adjacência para implementar vários métodos para vértices do TAD grafo muito mais rápido do que seria possível com a estrutura de lista de arestas, mesmo que as duas representações usem espaço proporcional ao número de vértices e arestas do grafo. A estrutura da lista de adjacência inclui todos os componentes estruturais da lista de arestas, mais os seguintes:

- O objeto vértice v contém uma referência a uma coleção $I(v)$, chamado de *coleção de incidência* de v cujos elementos armazenam referências para as arestas incidentes a v.
- O objeto aresta para uma aresta e com vértices finais v e w contém referências para as posições (ou localizadores) da aresta e nas coleções de incidência $I(u)$ e $I(v)$.

Tradicionalmente, o contêiner de incidência $I(v)$ para um vértice v é realizado por meio de uma lista, e por isso se chama esta forma de representar o grafo de *lista de adjacências*. A estrutura da lista de adjacências fornece acesso direto tanto das arestas para os vértices quanto dos vértices para suas arestas incidentes. A lista da estrutura de adjacências de um grafo está na Figura 13.4.

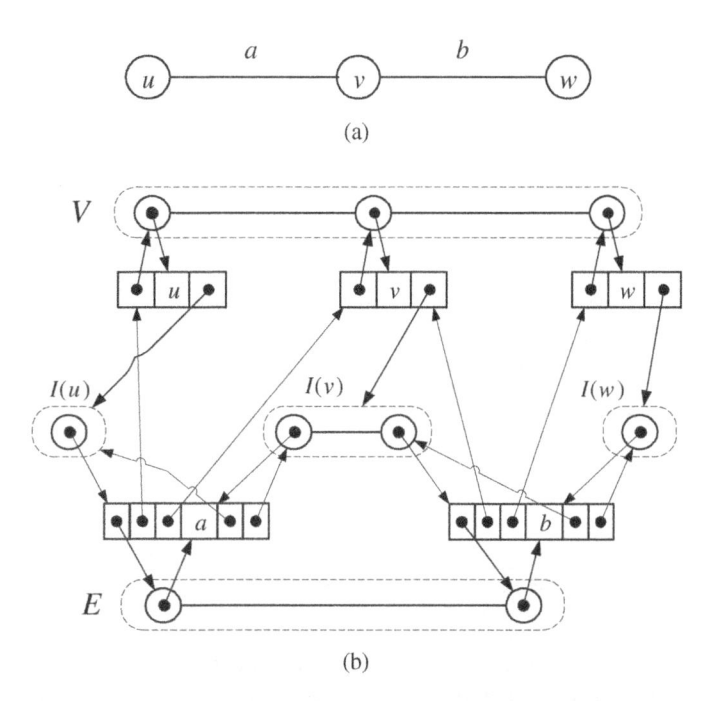

Figura 13.4 (a) Um grafo G; (b) representação esquemática da lista de adjacências de G. Como na Figura 13.3, visualizam-se os elementos das coleções com nomes.

Desempenho da estrutura da lista de adjacências

Todos os métodos do TAD grafo que podem ser implementados com a estrutura da lista de arestas no tempo $O(1)$ também podem ser implementados no tempo $O(1)$ com a estrutura da lista de adjacências, usando essencialmente os mesmos algoritmos. Além disso, ser capaz de oferecer acesso entre vértices e arestas em ambas as direções permite acelerar o desempenho de uma série de métodos para grafos usando-se uma estrutura de lista de adjacência no lugar da estrutura de uma lista de arestas. A Tabela 13.2 resume o desempenho da implementação do grafo com a estrutura da lista de adjacências, assumindo que as coleções V e E e as coleções de vértices incidentes são todas implementadas com listas duplamente encadeadas. Para um vértice v, o espaço usado pela coleção de incidentes de v é proporcional ao grau de v, isto é, ele é $O(\deg(v))$. Assim, pela Proposição 13.6, o espaço requerido da estrutura da lista de adjacência é $O(n + m)$.

Em contraste com a forma da lista de arestas fazer as coisas, a lista de adjacência fornece tempos de execução melhorados para os seguintes métodos:

- O método incidentEdges(v) custa o tempo proporcional ao número de vértices incidentes de v, isto é, tempo de $O(\deg(v))$.
- O método areAdjacent(u,v) pode ser executado pela inspeção ou pela coleção de incidentes de u ou de v. Pela escolha do menor dos dois, tem-se o tempo de execução de $O(\min(\deg(u), \deg(v)))$.
- O método removeVertex(v) custa o tempo de $O(\deg(v))$.

Operação	Tempo
vertices	$O(n)$
edges	$O(m)$
endVertices, opposite	$O(1)$
incidentEdges(v)	$O(\deg(v))$
areAdjacent(v, w)	$O(\min(\deg(v), \deg(w)))$
replace	$O(1)$
insertVertex, insertEdge, removeEdge,	$O(1)$
removeVertex	$O(\deg(v))$

Tabela 13.2 Tempos de execução dos métodos de um grafo implementado com uma estrutura de lista de adjacências. O espaço usado é $O(n + m)$, onde n é o número de vértices e m é o número de arestas.

13.2.3 A estrutura da matriz de adjacência

Como a estrutura da lista de adjacências, a representação de um grafo por estrutura de **matriz de adjacência** estende a estrutura de armazenamento das arestas com um componente adicional. Neste caso, aumenta-se a lista de arestas com uma matriz (um arranjo de duas dimensões) A, que permite que se determine adjacências entre pares de vértices em tempo constante. Na matriz de adjacência, consideram-se os vértices como sendo os inteiros no conjunto $\{0, 1,..., n - 1\}$, e as arestas como sendo pares desses inteiros. Isso permite armazenar referências para as arestas nas células de um arranjo de duas dimensões A $n \times n$. Especificamente, a representação por matriz de adjacência estende a lista de arestas da maneira a seguir (ver Figura 13.5):

- Um objeto vértice v armazena uma chave inteira única entre 0 e $n - 1$, chamada de *índice* de v.
- Mantém-se um arranjo de duas dimensões A $n \times n$ tal que a célula $A[i, j]$ contenha uma referência para o objeto aresta (v,w), se ela existir, onde v é o vértice com índice i e w é o vértice com índice j. Se não houver aresta, então $A[i, j]$ = **nulo**.

Desempenho da estrutura da matriz de adjacência

Para grafos com arestas paralelas, a representação da matriz de adjacências deve ser estendida de forma que, em vez de ter $A[i, j]$ armazenando um ponteiro para uma aresta associada (v,w), ela deve armazenar um ponteiro para uma coleção de incidentes $I(v,w)$, que armazena todas as arestas de v a w. Como a maioria dos grafos considerados são simples, esta complicação não será considerada aqui.

A matriz (simples) de adjacência A permite executar o método areAdjacent(v,w) no tempo $O(1)$. Alcança-se este tempo de execução pelo acesso

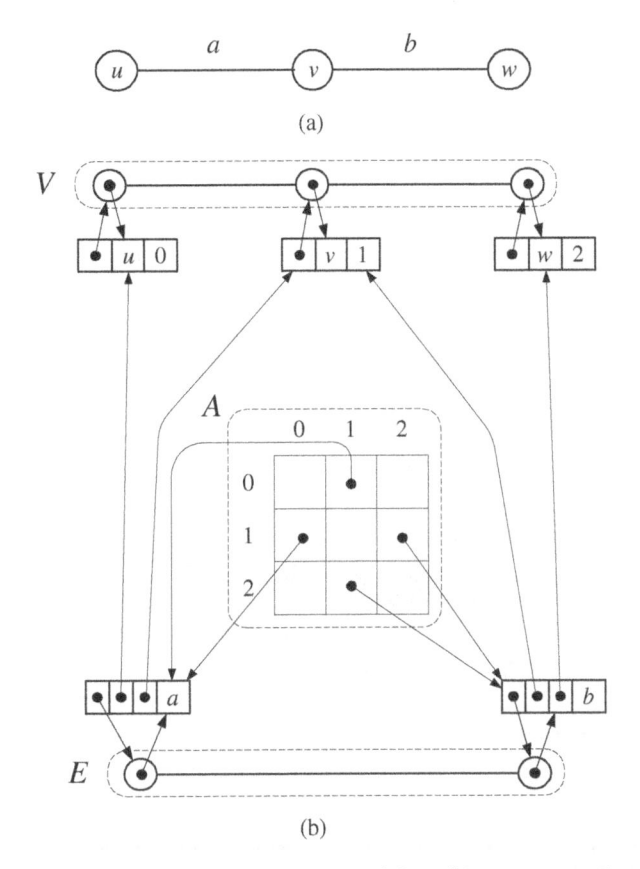

Figura 13.5 (a) Um grafo *G* sem arestas paralelas; (b) representação esquemática da estrutura da matriz de adjacência simplificada de *G*.

aos vértices *v* e *w* para determinar seus respectivos índices *i* e *j*, e então testar se *A*[*i*, *j*] é **nulo** ou não. O ótimo desempenho do método areAdjacent é cancelado por um incremento do espaço usado, o qual é agora $O(n^2)$, e no tempo de execução de outros métodos. Por exemplo, o método incidentEdges(*v*) agora requer que se examine toda uma linha ou coluna do arranjo *A*, e, assim, execute no tempo $O(n)$. Além disso, qualquer inserção ou remoção de vértice agora requer a criação de todo um novo arranjo *A*, de maior ou menor tamanho, respectivamente, o que leva o tempo de $O(n^2)$.

A Tabela 13.3 resume o desempenho da implementação de um grafo com estrutura de matriz de adjacência. A partir desta tabela, observa-se que a estrutura da lista de adjacência é superior à matriz de adjacência no espaço e é superior no tempo para todos os métodos, exceto para o método areAdjacent.

Historicamente, a matriz de adjacência booleana foi a primeira representação usada para grafos (de forma que *A*[*i*, *j*] = **verdadeiro** se e somente se (*i*, *j*) for uma aresta). Não se deve considerar este fato surpreendente, no entanto, pois a matriz de adjacência tem um apelo natural como estrutura matemática (por exemplo, um grafo não dirigido tem uma matriz de adjacência simétrica). A estrutura de lista de adjacências veio depois, com seu apelo natural para cálculos devido a seus métodos mais rápidos para a maioria dos algoritmos (muitos algoritmos não usam o método areAdjacent) e sua eficiência em termos de espaço.

A maior parte dos algoritmos de grafos examinados neste livro serão eficientes quando estiverem agindo sobre um grafo armazenado usando a representação de uma lista de adjacências. Em alguns casos, no entanto, a situação pode se balancear, pois grafos com poucas arestas são processados mais eficientemente com uma estrutura de lista de adjacência, enquanto grafos com muitas arestas são processados mais eficientemente com uma estrutura de matriz de adjacência.

Operação	Tempo
vertices	$O(n)$
edges	$O(m)$
endVertices, opposite, areAdjacent	$O(1)$
incidentEdges(v)	$O(n + \deg(v))$
replace, insertEdge, removeEdge,	$O(1)$
insertVertex, removeVertex	$O(n^2)$

Tabela 13.3 Tempos de execução para um grafo implementado com matriz de adjacência.

13.3 Caminhamento em grafos

A mitologia grega fala de um elaborado labirinto construído para abrigar o monstruoso Minotauro, parte homem e parte touro. Esse labirinto era tão complexo que nenhum animal ou homem podia escapar dele. Até que o herói grego Teseu, com a ajuda da filha do rei, Ariadne, decidiu implementar um algoritmo de *caminhamento em grafos*. Teseu amarrou um novelo de linha na porta do labirinto e o desenrolou à medida que caminhava pelas tortuosas passagens à procura do monstro. Evidentemente, ele sabia sobre o bom projeto de algoritmos, pois após encontrar e vencer o Minotauro ele facilmente seguiu o fio de volta à porta e aos braços de Ariadne. Formalmente, um *caminhamento* é um procedimento sistemático para a exploração de um grafo pelo exame de todos os seus vértices e arestas.

13.3.1 Pesquisa em profundidade

O primeiro algoritmo de caminhamento analisado nesta seção é o caminhamento em profundidade (DFS, em inglês, ***depth-first search***) em um grafo não dirigido. O caminhamento em profundidade é útil em uma variedade de propriedades de grafos, incluindo encontrar um caminho de um vértice a outro e determinar se um grafo é conexo ou não.

O caminhamento em profundidade em um grafo não dirigido G é análogo a caminhar em um labirinto com um fio e uma lata de tinta, sem se perder. Começa-se em um vértice específico s em G, o qual se inicializa amarrando o fio a s e pintando s para marcá-lo como "visitado". O vértice s é agora o vértice "atual"– chamaremos o vértice atual de u. Percorre-se G considerando uma aresta arbitrária (u,v) incidente ao vértice atual u. Se a aresta (u,v) levar a um vértice v já visitado (ou seja, pintado), retorna-se imediatamente ao vértice u. Se, por outro lado, (u,v) levar a um vértice v não visitado, então desenrola-se um pouco de fio e vai-se para v. Pinta-se v como "visitado" e faz-se com que ele passe a ser o vértice atual, repetindo a operação. Mais cedo ou mais tarde, iremos a um local sem saída, ou seja, o vértice atual u tal que todas as arestas incidentes a u levem a vértices já visitados. Para sair desse impasse, enrola-se um pouco do fio, retornando pela aresta que nos levou a u até um vértice já visitado v. Faz-se de v nosso vértice atual e repete-se a operação acima para quaisquer arestas incidentes a v que não tenham sido exploradas antes. Se todas as arestas incidentes a v conduzirem a vértices já visitados, então enrola-se mais um pouco do fio e retorna-se ao vértice anterior a v no caminho que se percorreu e repete-se a operação naquele vértice. Assim, continua-se a retornar ao longo do caminho que já se percorreu até achar um vértice que ainda tenha uma aresta não explorada, então seguiremos esta aresta e continuaremos o caminhamento. O processo termina quando nosso retorno nos trouxer de volta ao vértice inicial s, e não houver mais arestas inexploradas incidentes a s.

Esse processo simples percorre todas as arestas de G. (Ver Figura 13.6.)

Arestas de descoberta e arestas de retorno

É possível visualizar um caminhamento DFS ao orientar as arestas pela direção em que são exploradas durante o caminhamento, distinguindo as arestas usadas para descobrir novos vértices, chamadas de **arestas de descoberta** ou **arestas de árvore**, daquelas que levam a vértices já visitados, chamadas de **arestas de retorno**. (Ver Figura 13.6f.) Na analogia acima, as arestas de descoberta são as arestas em que se desenrola o fio quando são percorridas, e as arestas de retorno são as arestas a que se retorna imediatamente sem desenrolar o fio. Como será visto, as arestas de descoberta formam uma árvore de cobertura do componente conexo do vértice de início s. Chamam-se as arestas que não estão nesta árvore de "arestas de retorno", porque assumindo que a árvore tem o vértice inicial como raiz, então cada uma dessas arestas leva de um vértice na árvore a um de seus ancestrais.

O pseudocódigo do caminhamento DFS iniciando em um vértice v segue a analogia do fio e da tinta. Usa-se a recursão para implementar a analogia do fio e pressupõe-se ter um mecanismo (a analogia da tinta) para determinar se um vértice ou aresta já foi explorado e para rotular as arestas como sendo de descoberta ou de retorno. Esse mecanismo vai exigir espaço adicional e pode afetar o tempo de execução do algoritmo. Uma descrição em pseudocódigo do algoritmo recursivo DFS é mostrada no Trecho de Código 13.1.

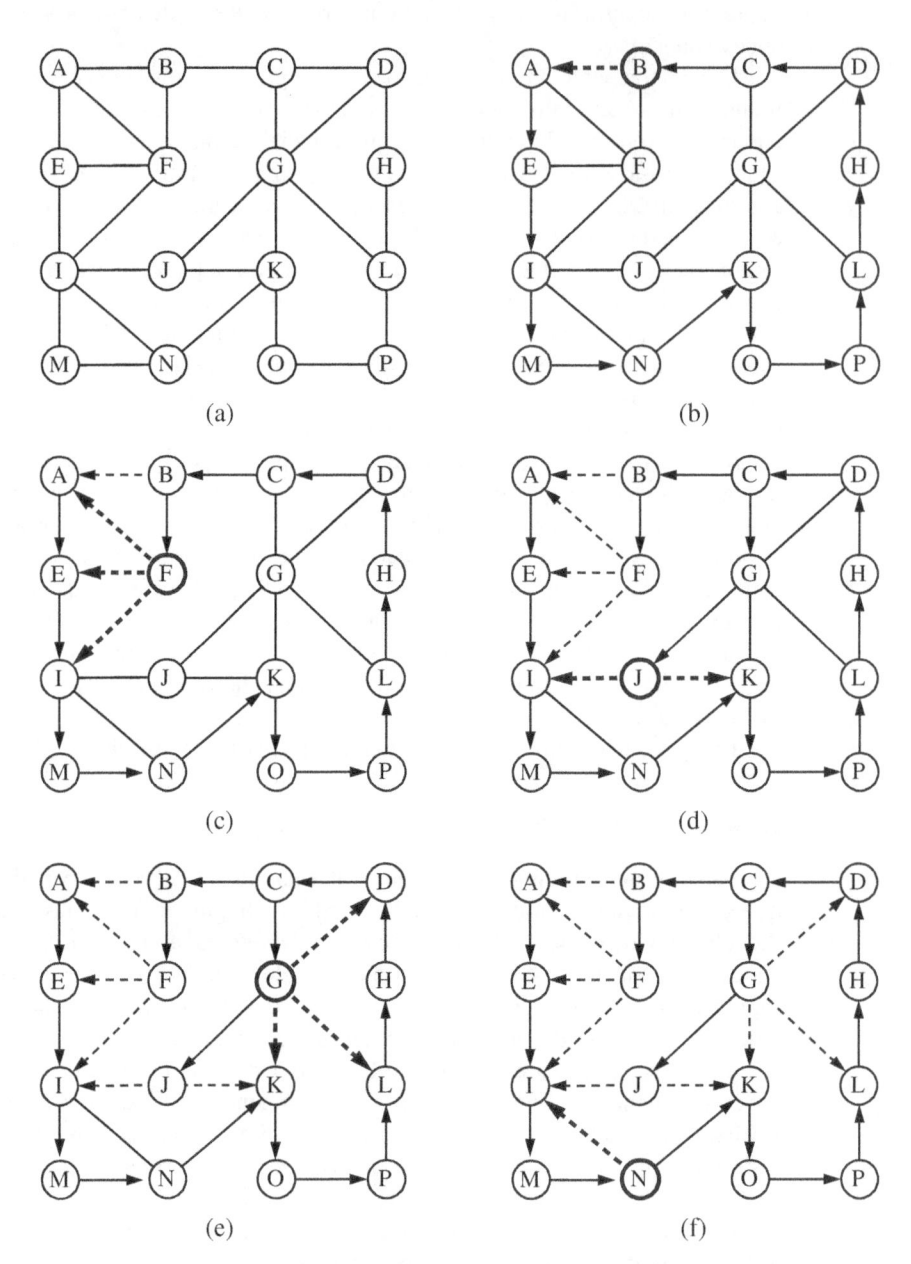

Figura 13.6 Exemplo de um caminhamento em profundidade em um grafo, iniciando no vértice A. Arestas de "descoberta" são mostradas em linhas sólidas e arestas de retorno são mostradas em linhas pontilhadas: (a) grafo de entrada; (b) caminho de arestas de descoberta a partir de A até que o retorno (B,A) é atingido; (c) alcança-se F, que é um local sem saída; (d) após retornar a C, continua-se pela aresta (C,G) e chega-se a outro local sem saída; (e) após retornar a G; (f) após retornar a N.

Algoritmo DFS(G,v):
   Entrada: um grafo G e um vértice v de G
   Saída: as arestas de G rotuladas como "descoberta" ou "retorno" no componente conectado de v
rotule v como "descoberta"
para todos vértices e em G.incidentEdges(v) **faça**
   se a aresta e for inexplorada **então**
     $w \leftarrow G$.opposite(v,e)
     se vértice w for inexplorado **então**
       rotule e como sendo de "descoberta"
       chame DFS(G,w)
     senão
       rotule e como sendo de "retorno"

Trecho de Código 13.1   O algoritmo de caminhamento em profundidade.

Existem várias observações que se pode fazer sobre o algoritmo de caminhamento em profundidade, muitas das quais derivam do fato de que o algoritmo particiona as arestas do grafo não dirigido G em dois grupos: as arestas de descoberta e as arestas de retorno. Por exemplo, já que arestas de retorno sempre conectam um vértice v a um vértice previamente visitado u, cada aresta de retorno implica em um ciclo em G, consistindo nas arestas de descoberta de u a v mais a aresta de retorno (u,v).

Proposição 13.12 *Seja G um grafo não dirigido no qual um caminhamento em profundidade iniciando no vértice s foi realizado. Então, o caminhamento visita todos os vértices no componente conexo de s e as arestas de descoberta formam uma árvore de cobertura do componente conexo de s.*

Justificativa   Suponha que há pelo menos um vértice v não visitado no componente conexo de s, e seja w o primeiro vértice não visitado em um caminho de s a v (naturalmente, pode-se ter $v = w$). Já que w é o primeiro vértice não visitado nesse caminho, ele tem um vizinho u que foi visitado. Mas quando se visita u, deve-se ter considerado a aresta (u,w); portanto, não pode ser correto o fato de que w não foi visitado. Logo, não há vértices não visitados no componente conexo de s.

Já que somente se marcam arestas quando se vai a vértices não visitados, nunca se forma um ciclo com vértices de descoberta, ou seja, vértices de descoberta formam uma árvore. Além disso, ela é uma árvore de cobertura porque, como se viu, o caminhamento em profundidade visita cada vértice no componente conexo de s. ∎

Em termos de tempo de execução, o caminhamento em profundidade é um método eficiente para percorrer um grafo. Observa-se que DFS é chamado uma vez a cada vértice, e que cada aresta é examinada exatamente duas vezes, uma em cada um de seus pontos finais. Assim, se n_s vértices e m_s arestas estão no componente conexo do vértice s, um DFS iniciado em s é executado em tempo $O(n_s + m_s)$, dado que as condições a seguir sejam satisfeitas:

- O grafo é representado por uma estrutura de dados, sendo que cria e interage por meio do método incidentEdges(v) levando o tempo $O(degree(v))$, e o método opposite(v,e) que leva o tempo $O(1)$. A estrutura da lista de adjacência é uma estrutura semelhante, mas a matriz de adjacência não é.
- Tem-se uma maneira de "marcar" um vértice ou aresta à medida que se explora e de testar se um vértice ou aresta foi explorado em tempo $O(1)$. Formas de implementar DFS para alcançar esses objetivos serão discutidas na próxima seção.

Dadas as suposições anteriormente mencionadas, pode-se resolver vários problemas interessantes.

Proposição 13.13 *Seja G um grafo com n vértices e m arestas representado com uma lista de adjacências. Um caminhamento DFS de G pode ser realizado em tempo O(n+m) e pode ser usado para resolver os seguintes problemas no tempo O(n+m):*

- *testar se G é conexo;*
- *determinar uma árvore de cobertura de G, se G for conexo;*
- *determinar os componentes conexos de G;*
- *determinar um caminho entre dois vértices dados de G, se ele existe;*
- *determinar um ciclo em G, ou reportar que G não tem ciclos.*

A justificativa da Proposição 13.13 se baseia em algoritmos que usam versões ligeiramente modificadas do algoritmo DFS como sub-rotina.

13.3.2 Implementando a pesquisa em profundidade

Como foi mencionado anteriormente, a estrutura de dados utilizada para representar um grafo impacta no desempenho do algoritmo DFS. Por exemplo, uma lista de adjacências pode ser usada para se ter um tempo de execução de $O(n + m)$ para atravessar um grafo com n vértices e m arestas. Por outro lado, usar uma matriz de adjacência resultaria em um tempo de execução de $O(n^2)$, desde que cada uma das n chamadas ao método incidentEdges tomasse o tempo de $O(n)$. Se o grafo for **denso**, isto é, se ele tiver aproximadamente $O(n^2)$ arestas, então a diferença entre estas duas escolhas é secundária, uma vez que ambos executariam no tempo $O(n^2)$. Porém, se o grafo for **esparso**, isto é, com aproximadamente $O(n)$ arestas, então a abordagem da matriz de adjacência seria muito mais lenta que a abordagem da lista de adjacência.

Outro importante detalhe de implementação é a forma como os vértices e as arestas são representados. Em particular, é necessário ter uma forma de marcar os vértices e arestas como visitados e não visitados. Existem duas soluções simples, porém cada uma tem suas desvantagens:

- Pode-se criar nossos objetos vértice e aresta para conter um campo explored, que pode ser usado pelo algoritmo DFS para marcá-lo. Esta abordagem é bastante simples, e suporta um tempo constante para marcar e desmarcar; porém, ela assume que se está projetando o grafo com o DFS em mente, o que nem sempre é válido. Além disso, esta abordagem restringe sem necessidade

o DFS para grafos com vértices, tendo um campo explored. Dessa forma, essa abordagem possui limitações ao se precisar um algoritmo DFS que pode pegar qualquer grafo como entrada.
- Pode-se usar uma tabela de hash auxiliar para armazenar todos os vértices e arestas durante o algoritmo DFS. Este esquema é geral, já que não requer qualquer campo especial nas posições do grafo. Porém, esta abordagem não consegue, no pior caso, um tempo constante para marcar e desmarcar os vértices e arestas. Pelo contrário, semelhante a uma tabela de hash, suporta somente operações de marcação (inserção) e de teste (procura) em um tempo constante *esperado* (ver Seção 9.2).

Felizmente, existe uma solução média entre estes dois extremos.

O padrão decorator

Marcar os vértices explorados no caminhamento DFS é um exemplo do padrão *decorator*, usado em engenharia de software. Este padrão é usado para adicionar *decorações* (também chamadas de *atributos*) a objetos existentes. Cada decoração é identificada por uma *chave* identificando esta decoração, e por um *valor* associado com a chave. O uso de decorações é motivado pela necessidade de alguns algoritmos e estruturas de dados de adicionar variáveis extras ou dados temporários a objetos que normalmente não têm essas variáveis. Portanto, uma decoração é um par (atributo, valor) que pode ser associado dinamicamente a um objeto. Neste exemplo DFS, gostaríamos de ter vértices e arestas "decoráveis" com uma decoração *explored* e um valor booleano.

Criando grafos com vértices decoráveis

Pode-se implementar o padrão decorator para qualquer posição, permitindo que seja decorada. Isso permite adicionar rótulos aos vértices e arestas, por exemplo, sem precisar conhecer que tipo de rótulo será utilizado. Pode-se simplesmente requerer que os vértices e arestas implementem um TAD *posição decorável*, que herda do TAD posição e do TAD mapa (Seção 9.1). Quer dizer, os métodos do TAD posição decorável são provenientes da união dos métodos do TAD posição e do TAD mapa, isto é, além de suportar os métodos size( ) e isEmpty( ), uma posição decorável suportaria os seguintes:

    element( ): Retorna o elemento armazenado nesta posição.
    put(k,x): Mapeia o valor de decoração x para a chave k, retornando o valor antigo de k, ou **null,** se este for um novo valor para k.
    get(k): Busca o valor de decoração x assinalado para k, ou **null,** se não existir mapeamento para k.
    remove(k): Remove o mapeamento da decoração para k, retornando o valor antigo, ou **null,** se não existir.
    entrySet( ): Retorna todos os pares chave-decoração para esta posição.

Os métodos do mapa de uma posição decorável *p* oferecem um mecanismo simples para acessar e definir as decorações de *p*. Por exemplo, usa-se *p*.get(*k*) para obter o valor da decoração com chave *k*, e usa-se *p*.put(*k*,*x*) para definir o valor da decoração com chave *k* para *x*. Além disso, a chave *k* pode ser qualquer objeto, incluindo um objeto especial explored que o algoritmo DFS pode criar. Mostra-se uma interface Java definindo um TAD deste tipo no Trecho de Código 13.2.

Pode-se implementar uma posição decorável com um objeto que armazena um elemento e um mapa. Em princípio, os tempos de execução dos métodos de uma posição decorável dependem da implementação baseada em mapa. Entretanto, a maioria dos algoritmos utiliza um pequeno número constante de decorações. Assim, os métodos da posição decorável executarão no tempo $O(1)$ no pior caso, independentemente de como se implementa o mapa embutido.

public interface DecorablePosition<E>
    extends Position<E>, Map<Object,Object> {
} // Sem a necessidade de novos métodos – esta é uma mistura da interface Position e da interface Map.

Trecho de Código 13.2 Uma interface definindo um TAD para posições decoráveis. Não se usam tipos genéricos parametrizados para a herança dos métodos da interface Map, visto que não se sabem antecipadamente os tipos das decorações, e é necessário permitir decorações de objetos de diferentes tipos.

Usando posições decoráveis, o algoritmo completo DFS de caminhamento pode ser descrito em maiores detalhes, como mostrado no Trecho de Código 13.3.

Algoritmo DFS(*G*,*v*,*k*):
    Entrada: um grafo *G* com vértices e arestas decoráveis, um vértice *x* de *G* e uma chave de decoração *k*.
    Saída: uma decoração dos vértices do componente conexo de *v* com a chave *k* e valor VISITADO e das arestas do componente conexo de *v* com chave *k* e valores DESCOBERTO e RETORNO, de acordo com o caminhamento em profundidade de *G*.
    v.put(*k*, VISITADO)
    para todas arestas *e* de *G*.incidentEdges(*v*) **faça**
      se *e*.get(*k*) = nulo **então**
        w ← *G*.opposite(*v*,*e*)
        se *w*.get(*k*) = nulo **então**
          e.put(*k*, DESCOBERTO)
          DFS(*G*,*w*,*k*)
        senão
          e.put(*k*, RETORNO)

Trecho de Código 13.3 DFS em um grafo com arestas e vértices decoráveis.

Implementação em Java de um DFS genérico

Nos Trechos de Código 13.4 e 13.5, mostra-se uma implementação em Java de um caminhamento em profundidade genérico pela classe geral, DFS, que tem um método, **execute**, que pega um grafo de entrada, um vértice inicial e qualquer informação auxiliar necessária, e então inicializa o grafo e as chamadas recursivas ao método recursivo dfsTraversal, que ativa o caminhamento DFS. Essa implementação assume que os vértices e arestas são posições decoráveis, e eles usam decorações para dizer se os vértices e arestas têm sido visitados ou não. A classe DFS contém os seguintes métodos para permitir que ela faça tarefas especiais durante um DFS caminhamento:

- setup( ): chamado antes de fazer a invocação ao dfsTraversal( )
- initResult( ): chamado no início da execução de dfsTraversal.
- startVisit(v): chamado no início da visita em v.
- traverseDiscovery(e, v): chamado quando uma aresta de descoberta e saindo de v é percorrida.
- traverseBack(e, v): chamado quando uma aresta de retorno e saindo de v é percorrida.
- isDone( ): chamado para determinar se é necessário terminar o caminhamento antecipadamente.
- finishVisit(v): chamado quando todas as arestas incidentes a v foram percorridas.
- result( ): chamado para retornar o resultado de dfsTraversal.
- finalResult(r): chamado para retornar a saída do método, dada a saída, r, de dfsTraversal.

```
/** Caminhamento genérico em profundidade de um grafo usando o padrão template.
 * Tipos parametrizados:
 * V, o tipo para os elementos armazenados como vértices
 * E, o tipo para os elementos armazenados como arestas
 * I, o tipo para o objeto informação passada para o método executar
 * R, o tipo para o objeto retornado pelo DFS.
 */
public class DFS<V, E, I, R> {
    protected Graph<V, E> graph;            // o grafo sendo caminhado
    protected Vertex<V> start;              // o vértice inicial para o DFS
    protected I info;                       // o objeto informação passado ao DFS
    protected R visitResult;                // o resultado de uma chamada recursiva
    protected static Object STATUS = new Object( );    // o atributo status
    protected static Object VISITED = new Object( );   // valor VISITADO
    protected static Object UNVISITED = new Object( ); // valor NÃO VISITADO
    /** Marca uma posiçao (vértice ou aresta) como visitado. */
    protected void visit(DecorablePosition<?> p) { p.put(STATUS, VISITED); }
    /** Marca uma posiçao (vértice ou aresta) como não visitado. */
    protected void unVisit(DecorablePosition<?> p) { p.put(STATUS, UNVISITED); }
```

```java
/** Testa se uma posição (vértice ou aresta) está visitada. */
protected boolean isVisited(DecorablePosition<?> p) {
  return (p.get(STATUS) == VISITED);
}
/** Método setup que é chamado antes da execução do DFS. */
protected void setup( ) { }
/** Resultado inicializado (primeira chamada, uma vez por vértice visitado). */
protected void initResult( ) { }
/** Chamado quando se encontra um vértice (v). */
protected void startVisit(Vertex<V> v) { }
/** Chamado após finalizar a visita a um vértice (v). */
protected void finishVisit(Vertex<V> v) { }
/** Chamada quando se cruza uma aresta descoberta (e) a partir de um vértice (from). */
protected void traverseDiscovery(Edge<E> e, Vertex<V> from) { }
/** Chamada quando se cruza uma aresta de retorno (e) a partir de um vértice (from). */
protected void traverseBack(Edge<E> e, Vertex<V> from) { }
/** Determina se o cruzamento foi feito antes. */
protected boolean isDone( ) { return false;       /* valor padrão */ }
/** Retorna um resultado de uma visita (se necessário). */
protected R result( ) { return null;       /* valor padrão */ }
/** Retorna o resultado final da execução do método DFS. */
protected R finalResult(R r) { return r;       /* valor padrão */ }
```

Trecho de Código 13.4 Variáveis de instâncias e métodos suportados pela classe DFS, que executa um caminhamento genérico DFS. Os métodos visit, unVisit e isVisited estão implementados usando posições decoráveis que são parametrizadas usando o ***caractere curinga***, "?", que pode adaptar ou ao parâmetro V ou E usados para posições decoráveis. (Continua no Trecho de Código 13.5.)

```java
/** Executa um caminhamento em profundidade no grafo g, iniciando
 * a partir de um vértice de início s, passando em um objeto informação (in).*/
public R execute(Graph<V, E> g, Vertex<V> s, I in) {
  graph = g;
  start = s;
  info = in;
  for(Vertex<V> v: graph.vertices( )) unVisit(v);      // marca os vértices como não visitados
  for(Edge<E> e: graph.edges( )) unVisit(e);      // marca as arestas como não visitadas
  setup( );      // executa qualquer configuração antes do caminhamento DFS
  return finalResult(dfsTraversal(start));
}
/** Método recursivo para um caminhamento DFS genérico. */
protected R dfsTraversal(Vertex<V> v) {
  initResult( );
  if (!isDone( ))
    startVisit(v);
```

```
if (!isDone( )) {
    visit(v);
    for (Edge<E> e: graph.incidentEdges(v)) {
        if (!isVisited(e)) {
            // encontrou uma aresta inexplorada, explora-a
            visit(e);
            Vertex<V> w = graph.opposite(v, e);
            if (!isVisited(w)) {
                // w está inexplorada, isto é uma aresta descoberta
                traverseDiscovery(e, v);
                if (isDone( )) break;
                visitResult = dfsTraversal(w);      // pega o resultado do filho da árvore DFS
                if (isDone( )) break;
            }
            else {
                // w está explorada, isto é uma aresta de retorno
                traverseBack(e, v);
                if (isDone( )) break;
            }
        }
    }
}
if(!isDone( ))
    finishVisit(v);
return result( );
}
} // fim da classe DFS
```

Trecho de Código 13.5 O método principal template dfsTraversal da classe DFS, que executa um caminhamento DFS genérico de um grafo. (Continuação do Trecho de Código 13.4.)

Usando o padrão de método templates para DFS

Essa classe DFS é baseado no método templates (ver Seção 7.3.7), que descreve um mecanismo genérico que pode ser especializado redefinindo-se certos passos. O mecanismo usado para identificar os vértices e arestas que já foram visitados durante o caminhamento está nas chamadas para os métodos isVisited, visit e unVisit. Para fazer algo interessante, deve-se estender a classe DFS e redefinir alguns dos métodos auxiliares. Esta abordagem segue o padrão de métodos de templates. Os Trechos de Código 13.6-13.9 ilustram algumas aplicações do DFS Traversal.

A classe ConnectivityTesterDFS (Trecho de Código 13.6) testa se um grafo está conectado. Conta o número de vértices alcançáveis por meio de um caminhamento DFS iniciando em um vértice, e compara este número com o número total de vértices do grafo.

/** Esta classe especializa DFS para determinar se o grafo é conectado. */
public class ConnectivityDFS<V, E> extends DFS <V, E, Object, Boolean> {
  protected int reached;
  protected void setup( ) { reached = 0; }
  protected void startVisit(Vertex<V> v) { reached++; }
  protected Boolean finalResult(Boolean dfsResult) {
    return new Boolean(reached == graph.numVertices( ));
  }
}

Trecho de Código 13.6 Especialização da classe DFS para testar se o grafo é conectado.

  A classe ComponentsDFS (Trecho de Código 13.7) procura os componentes conectados de um grafo. Ele rotula cada vértice com o número do componente conexo, usando o padrão decorator, e retorna o número do componente conctado encontrado.

/** Esta classe estende DFS para realizar os componentes conexos de um grafo. */
public class ComponentsDFS<V, E> extends DFS<V, E, Object, Integer> {
  protected Integer compNumber; // número do componente conexo
  protected Object COMPONENT = new Object( );   // selecionador do componente conexo
  protected void setup( ) { compNumber = 1; }
  protected void startVisit(Vertex<V> v) { v.put(COMPONENT, compNumber);}
  protected Integer finalResult(Integer dfsResult) {
    for (Vertex<V> v: graph.vertices( ))   // verifica por qualquer vértice não visitado
      if (v.get(STATUS) == UNVISITED) {
        compNumber += 1;   // encontrou-se outro componente conectado
        dfsTraversal(v);   // visita todos os vértices deste componente
      }
    return compNumber;
  }
}

Trecho de código 13.7 Especialização de DFS para computar os componentes conectados.

  A classe FindPathDFS (Trecho de Código 13.8) encontra um caminho entre um par de vértices finais dados. Ela realiza um caminhamento em profundidade a partir do vértice inicial. Mantém-se o caminho formado pelas arestas de descoberta a partir do vértice inicial até o vértice atual. Quando se encontra um vértice inexplorado, ele é adicionado ao final do caminho, e quando se termina de processar o vértice, ele é removido do caminho. O caminhamento é finalizado quando o vértice final é encontrado e o caminho é retornado como um iterador de vértices e arestas (ambos tipos de posições em um grafo). Observa-se que o caminho encontrado por esta classe se constitui de arestas de descoberta.

/** Classe que especializa DFS para encontrar um caminho entre um vértice de início e um

* determinado vértice. Ela assume que o determinado vértice é passado como o objeto info
* para o método execute. Ela retorna uma lista de vértices e arestas compreendendo o
* caminho do início até info. O caminho retornado está vazio se info estiver inalcançável a
* partir do início. */
public class FindPathDFS<V, E>
    extends DFS<V, E, Vertex<V>, Iterable<Position>> {
  protected PositionList<Position> path;
  protected boolean done;
  /** Método setup para inicializar o caminho. */
  public void setup( ) {
    path = **new** NodePositionList<Position>();
    done = **false**;
  }
  protected void startVisit(Vertex<V> v) {
    path.addLast(v);   // adiciona o vértice v ao caminho
    if (v == info)
      done = **true**;
  }
  protected void finishVisit(Vertex<V> v) {
    path.remove(path.last( ));   // remove v do caminho
    if(!path.isEmpty( ))   // se v não for o vértice início
      path.remove(path.last( )); // remove a aresta descoberta em v a partir do caminho
  }
  protected void traverseDiscovery(Edge<E> e, Vertex<V> from) {
    path.addLast(e);   // adiciona a aresta e ao caminho
  }
  protected boolean isDone( ) {
    return done;
  }
  public Iterable<Position> finalResult(Iterable<Position> r) {
    return path;
  }
}

Trecho de Código 13.8 Especialização da classe DFS para procurar o caminho entre os vértices inicial e final.

    A classe FindCycleDFS (Trecho de Código 13.9) encontra um ciclo no componente conexo de um dado vértice *v*, realizando um caminhamento em profundidade a partir de *v*, que termina quando uma aresta de retorno é encontrada. Ela retorna um iterador (possivelmente vazio), do ciclo formado pelos vértices e aresta em um ciclo formado pela aresta de retorno encontrada.

/** Esta classe especializa o DFS para encontrar um ciclo. */

```java
public class FindCycleDFS<V, E>
  extends DFS<V, E, Object, Iterable<Position>> {
  protected PositionList<Position> cycle;   // sequência de arestas do ciclo
  protected boolean done;
  protected Vertex<V> cycleStart;
  public void setup( ) {
    cycle = new NodePositionList<Position>( );
    done = false;
  }
  protected void startVisit(Vertex<V> v) { cycle.addLast(v); }
  protected void finishVisit(Vertex<V> v) {
    cycle.remove(cycle.last( ));       // remove v do ciclo
    if (!cycle.isEmpty( )) cycle.remove(cycle.last( ));    // remove a aresta em v do ciclo
  }
  protected void traverseDiscovery(Edge<E> e, Vertex<V> from) {
    cycle.addLast(e);
  }
  protected void traverseBack(Edge<E> e, Vertex<V> from) {
    cycle.addLast(e);                          // aresta de retorno e cria um ciclo
    cycleStart = graph.opposite(from, e);
    cycle.addLast(cycleStart);                 // primeiro vértice completa o ciclo
    done = true;
  }
  protected boolean isDone( ) { return done; }
  public Iterable<Position> finalResult(Iterable<Position> r) {
    // remove os vértices e arestas a partir do início até o cycleStart
    if (!cycle.isEmpty( )) {
      for (Position<Position> p: cycle.positions( )) {
        if (p.element( ) == cycleStart)
          break;
        cycle.remove(p);                       // remove o vértice do ciclo
      }
    }
    return cycle;   // lista de vértices e arestas do ciclo.
  }
}
```

Trecho de Código 13.9 Especialização da classe DFS para procurar um ciclo no componente conexo do vértice inicial.

13.3.3 Caminhamento em largura

Nesta seção, será analisado o algoritmo *caminhamento em largura* (BFS – *breadth--first search*). Como o caminhamento DFS, o BFS percorre o componente conectado de um grafo e, ao fazê-lo, define uma árvore de cobertura bastante útil. No entanto, o BFS é menos "aventureiro" do que o DFS. Em vez de peregrinar pelo grafo, o BFS atua em etapas e divide os vértices em *níveis*. O BFS também pode ser considerado como um caminhamento usando um fio e tinta, desenrolando o fio de uma forma mais conservadora.

O BFS inicia em um vértice s, que está no nível 0, e define a âncora para o fio. Na primeira etapa, desenrola-se o fio no comprimento de uma aresta e visitam-se todos os vértices que se pode alcançar sem desenrolar mais fio. Neste caso, visitam-se e pintam-se como "visitados" os vértices adjacentes ao vértice inicial s – estes vértices são colocados no nível 1. Na segunda etapa, desenrola-se o fio no comprimento de duas arestas e visitam-se todos os novos vértices que é possível alcançar sem desenrolar mais fio. Esses novos vértices, que são adjacentes aos vértices do nível 1 e não foram associados anteriormente a um nível, são colocados no nível 2, e assim por diante. O caminhamento em largura termina quando todos os vértices tiverem sido visitados.

O pseudocódigo para um BFS iniciando em um vértice s é mostrado no Trecho de Código 13.10. Usa-se espaço auxiliar para rotular arestas, marcar vértices visitados e guardar contêineres associados com os níveis. Ou seja, as coleções L_0, L_1, L_2, etc. armazenam os vértices que estão no nível 0, nível 1, nível 2, e assim por diante. Essas coleções poderiam, por exemplo, ser implementadas como filas. Elas também permitem que BFS não seja recursivo.

Algoritmo BFS(s):
    Inicializa a coleção L_0 para conter o vértice s.
    $i \leftarrow 0$
    enquanto L_i não estiver vazia **faça**
        cria coleção L_{i+1} inicialmente vazia
        para todos os vértices v em L_i **faça**
            para todas as arestas e em G.incidentEdges(v) **faça**
                se aresta e estiver inexplorada **então**
                      $w \leftarrow G$.opposite(v,e)
                      se vértice w estiver inexplorado **então**
                          rotula e como uma aresta descoberta
                          insere w em L_{i+1}
                    senão
                      rotula e como uma aresta cruzada
    $i \leftarrow i + 1$

Trecho de Código 13.10   O algoritmo BFS.

    Ilustra-se um caminhamento em largura na Figura 13.7.

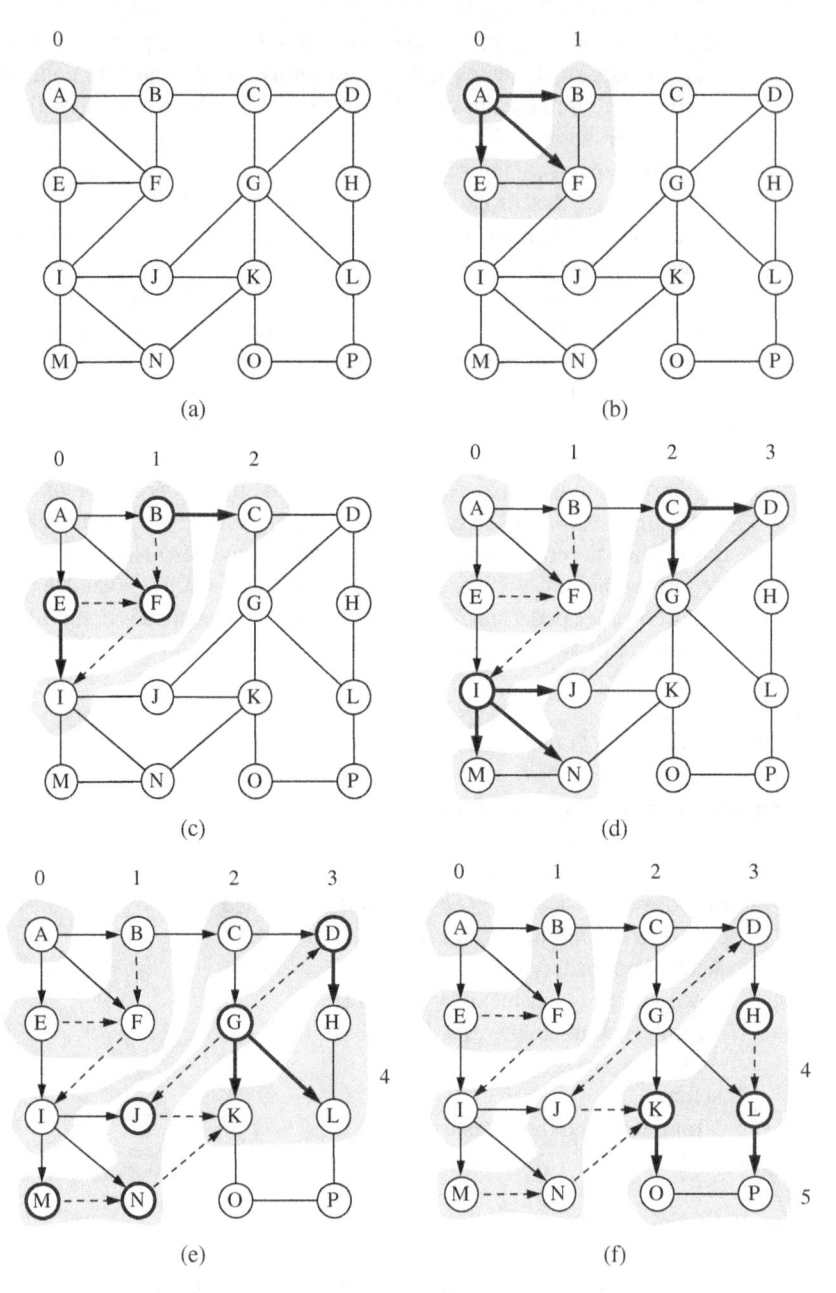

Figura 13.7 Exemplo de caminhamento em largura, onde as arestas incidentes a um vértice são exploradas na ordem alfabética dos vértices adjacentes. As arestas de descoberta são mostradas com linhas sólidas, e as arestas de cruzamento são mostradas com linhas pontilhadas: (a) o grafo antes do caminhamento; (b) descoberta do nível 1; (c) descoberta do nível 2; (d) descoberta do nível 3; (e) descoberta do nível 4; (f) descoberta do nível 5.

Uma das boas propriedades do BFS é que, durante o desempenho do BFS, pode-se rotular cada vértice com o comprimento do menor caminho (em termos de número de arestas) desde o vértice inicial s. Em particular, se o vértice v é colocado no nível i pelo caminhamento iniciado em s, então o comprimento do menor caminho de s a v é i.

Assim como o DFS, pode-se visualizar o BFS orientando as arestas de acordo com a direção em que são exploradas durante o caminhamento, e distinguindo as arestas usadas para descobrir novos vértices, as chamadas **arestas de descoberta**, e aquelas que levam a vértices já visitados, as **arestas de cruzamento**. (Ver Figura 13.7f.) Assim como o DFS, as arestas de descoberta formam uma árvore de cobertura, que nesse caso chama-se de árvore BFS. No entanto, não se chamam, neste caso, as arestas fora da árvore de "arestas de retorno", pois nenhuma delas conecta um vértice a um de seus antecedentes. Cada aresta fora da árvore conecta um vértice v a outro vértice que não é nem ancestral nem descendente de v.

O algoritmo BFS tem várias propriedades interessantes, algumas das quais são exploradas na proposição que segue.

Proposição 13.14 *Seja G um grafo não dirigido no qual um caminhamento BFS iniciado em um vértice s foi realizado. Então*

- o caminhamento visita todos os vértices no componente conexo de s;
- as arestas de descoberta formam uma árvore de cobertura T chamada de árvore de cobertura BFS, para o componente conexo de s;
- para cada vértice v no nível i, o caminho BFS na árvore T entre s e v tem i arestas e qualquer outro caminho em G de entre s e v tem pelo menos i arestas;
- se (u,v) é uma aresta que não faz parte da árvore BFS, então os números dos níveis de u e v diferem em no máximo 1.

Deixa-se a justificativa desta proposição como um exercício (C-13.13). A análise do tempo de execução do caminhamento BFS é similar à do DFS, o que implica o seguinte.

Proposição 13.15 *Seja G um grafo com n vértices e m arestas representado com uma lista de adjacência. Um caminhamento BFS de G custa tempo $O(n+m)$. Também existem algoritmos de tempo $O(n+m)$ baseados no BFS para os seguintes problemas:*

- testar se G é conectado;
- determinar uma árvore de cobertura de G, se G for conectado;
- determinar os componentes conectados de G;
- dado um vértice inicial s de G, calcular, para cada vértice v de G, um caminho com o menor número de vértices entre s e v ou reportar que não existe um caminho;
- determinar um ciclo em G ou reportar que G não tem ciclos.

13.4 Grafos dirigidos

Nesta seção, serão abordados tópicos que são específicos de grafos dirigidos. Deve-se lembrar que um grafo dirigido (*dígrafo*) é um grafo em que todas as arestas são dirigidas.

Métodos para lidar com arestas dirigidas

Quando se permite que algumas ou todas as arestas em um grafo sejam dirigidas, deve-se adicionar os dois métodos (mostrados a seguir) no TAD grafo capazes de lidar com arestas dirigidas.

isDirected(e): Testar se a aresta e é dirigida.
insertDirectedEdge(v,w,o): Inserir e retornar uma nova aresta dirigida com origem v e destino w e armazenar o elemento o.

Também, se uma aresta e é dirigida, o método endVertices(e) deverá retornar um arranjo A em que $A[0]$ é a origem de e e $A[1]$ é o destino de e. O tempo de execução para o método isDirected(e) deverá ser $O(1)$, e o tempo de execução do método insertDirectedEdge(v,w,o) deverá ser compatível com a inserção de uma aresta não dirigida.

Atingibilidade

Um dos tópicos fundamentais em grafos dirigidos é a noção de *atingibilidade*, que trata de determinar onde se pode chegar em um grafo dirigido. Um caminhamento em um grafo dirigido sempre segue um caminho direcionado, isto é, caminhos onde todas as arestas são percorridas de acordo com suas respectivas direções. Dados os vértices u e v do dígrafo $\vec{G}$, diz-se que u *atinge* v (e v é *atingido* por u) se $\vec{G}$ tiver um caminho dirigido de u a v. Também diz-se que um vértice v atinge uma aresta (w,z) se v atingir o vértice w de origem da aresta.

Um dígrafo $\vec{G}$ é *fortemente conexo* se para quaisquer dois vértices u e v de $\vec{G}$, u atinge v e v atinge u. Um *ciclo dirigido* de $\vec{G}$ é um ciclo em que todas as arestas são percorridas de acordo com suas direções respectivas. (Veja que $\vec{G}$ pode ter um ciclo consistindo em duas arestas com direções opostas entre o mesmo par de vértices.) Um dígrafo $\vec{G}$ é *acíclico* se não tiver ciclos dirigidos. (Ver Figura 13.8 para alguns exemplos.)

O *fechamento transitivo* de um dígrafo $\vec{G}$ é o dígrafo $\vec{G}^*$, em que os vértices de $\vec{G}^*$ são os mesmos de $\vec{G}$, e $\vec{G}^*$ tem um vértice (u,v) sempre que $\vec{G}^*$ tiver um caminho dirigido de u para v. Ou seja, define-se $\vec{G}^*$ começando com o dígrafo $\vec{G}$ e adicionando uma aresta extra (u,v) para cada u e v tal que v, seja atingível a partir de u (e não existir ainda uma aresta (u,v) em $\vec{G}$).

Problemas interessantes que lidam com a atingibilidade em um dígrafo $\vec{G}$ incluem os seguintes:

- Dados vértices u e v, determinar se u atinge v.
- Achar todos os vértices de $\vec{G}$ que sejam atingíveis a partir de um dado vértice s.

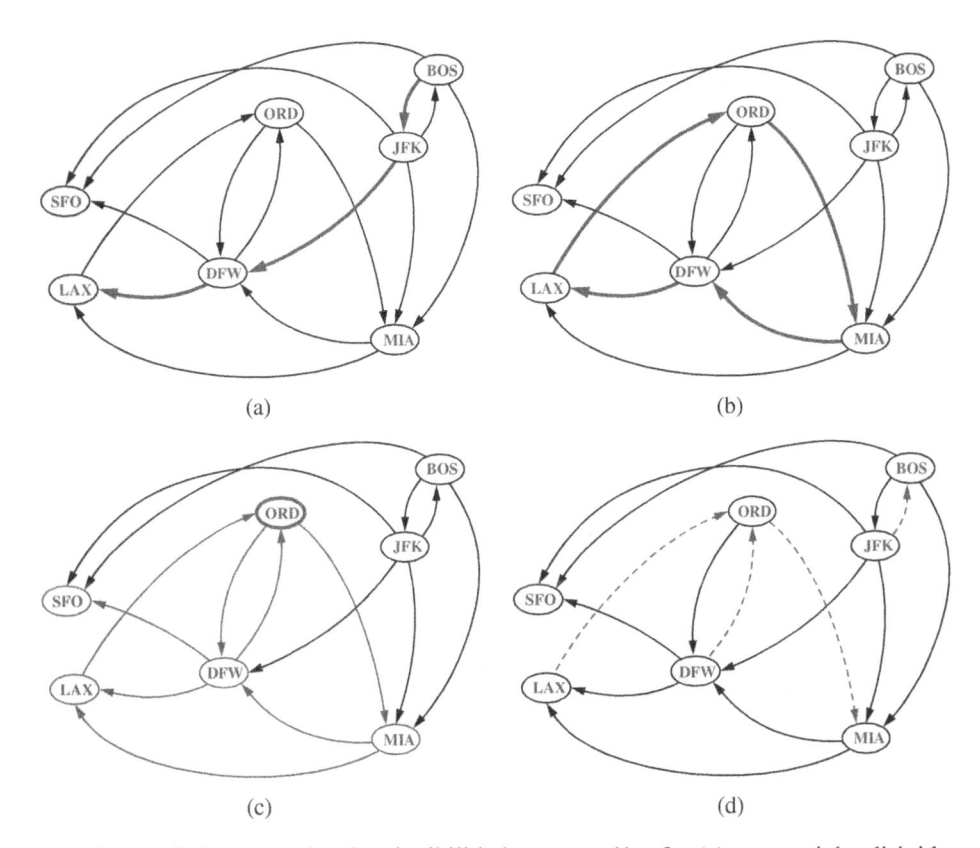

Figura 13.8 Exemplos de atingibilidade em um dígrafo: (a) um caminho dirigido de BOS a LAX é desenhado em cinza; (b) um ciclo dirigido (ORD, MIA, DFW, LAX, ORD) é mostrado em cinza; seus vértices formam um subgrafo fortemente conexo; (c) os vértices e arestas atingíveis de ORD são mostrados em cinza; (d) remover as arestas pontilhadas em cinza produz um dígrafo acíclico.

- Determinar se $\vec{G}$ é fortemente conexo.
- Determinar se $\vec{G}$ é acíclico.
- Determinar o fechamento transitivo $\vec{G}^*$ de $\vec{G}$.

No restante desta seção, serão explorados alguns algoritmos eficientes para resolver esses problemas.

13.4.1 Caminhamento em um dígrafo

Assim como grafos não dirigidos, pode-se explorar um dígrafo de forma sistemática com métodos semelhantes aos algoritmos de caminhamento em profundidade (DFS) e de caminhamento em largura (BFS) definidos previamente para grafos não dirigidos (Seções 13.3.1 e 13.3.3). Essas explorações podem ser usadas, por exemplo, para resolver questões de atingibilidade. Os métodos dirigidos para caminhamento em profundidade e caminhamento em largura que se desenvolverão nesta seção para essas tarefas são muito semelhantes aos seus correspondentes não dirigidos. De fato, a única diferença real é que estes métodos dirigidos para caminhamento em profundidade e caminhamento em largura somente percorrem as arestas de acordo com suas direções respectivas.

A versão dirigida do caminhamento em profundidade (DFS) iniciando no vértice v pode ser descrita pelo algoritmo recursivo no Trecho de Código 13.11 (Ver Figura 13.9.)

Algoritmo DirectedDFS (v):
    Marque o vértice v como visitado.
    para cada aresta (v,w) saindo de v **faça**
      se vértice w não foi visitado **então**
        Chame recursivamente DirectedDFS(w).

Trecho de Código 13.11   O algoritmo DirectedDFS.

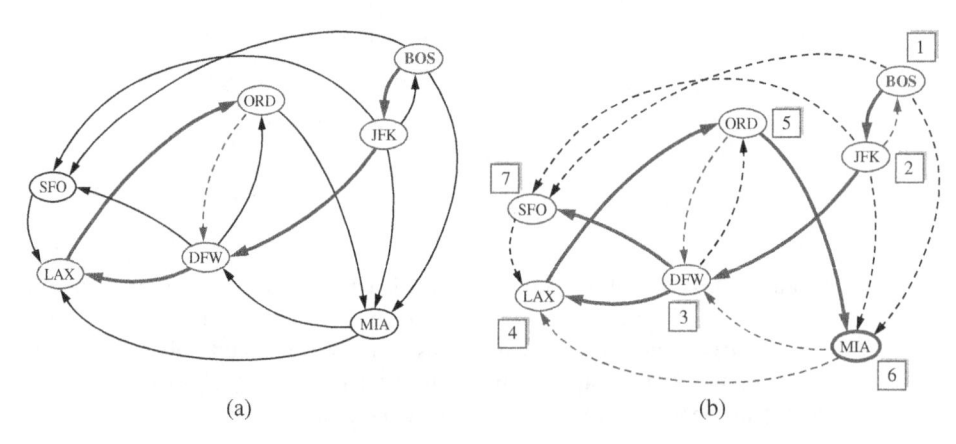

Figura 13.9 Um exemplo de caminhamento em profundidade em um dígrafo: (a) passo intermediário, em que pela primeira vez um vértice já visitado (DFW) é alcançado; (b) o DFS completo. As arestas da árvore são mostradas com linhas sólidas cinzas; as arestas de retorno são mostradas com linhas pontilhadas cinzas; e as arestas de descoberta e de cruzamento são mostradas com linhas pontilhadas pretas. A ordem na qual os vértices são visitados é indicada pelo número próximo ao vértice. A aresta (ORD, DFW) é uma aresta de retorno, mas (DFW, ORD) é uma aresta de descoberta. A aresta (BOS, SFO) é uma aresta de descoberta e (SFO, LAX) é uma aresta de cruzamento.

Um DFS em um dígrafo $\vec{G}$ distribui as arestas de $\vec{G}$ atingíveis pelo vértice inicial em *arestas de árvore* ou *arestas de descoberta*, que levam a descobrir um novo vértice, e em *arestas fora da árvore*, que levam a um vértice visitado previamente. As arestas de árvore formam uma árvore com raiz no vértice inicial, chamada de árvore de *profundidade*, e existem três tipos de arestas fora da árvore:

- *arestas de retorno*, que conectam um vértice a seu antecessor na árvore DFS;
- *arestas de descoberta*, que conectam um vértice a um descendente na árvore DFS;
- *arestas de cruzamento*, que conectam um vértice a um vértice que não é nem seu antecessor nem seu descendente.

Ver Figura 13.9b para um exemplo de cada tipo de aresta fora da árvore.

Proposição 13.16 *Seja $\vec{G}$ um dígrafo. O caminhamento em profundidade em $\vec{G}$ iniciando em um vértice s visita todos os vértices de $\vec{G}$ que são atingíveis a partir de s. A árvore DFS contém caminhos dirigidos de s a qualquer vértice atingível a partir de s.*

Justificativa Seja V_s o subconjunto de vértices de $\vec{G}$ visitados pelo caminhamento em profundidade iniciando em um vértice s. Deseja-se mostrar que V_s contém s e qualquer vértice atingível a partir de s. Supõe-se, para obter uma contradição, que há um vértice w atingível a partir de s que não está em V_s. Considere-se um caminho dirigido de s a w e seja (u,v) a primeira aresta deste caminho que nos retira de V_s, ou seja, u está em V_s e v não está. Quando DFS atinge u, ele explora todas as arestas saindo de u e, por isso, deve atingir também o vértice v via a aresta (u,v). Portanto, v deve estar em V_s, e obtém-se uma contradição. Assim, V_s deve conter cada vértice atingível a partir de s. ∎

Analisar o tempo de execução do método dirigido DFS é um processo análogo ao seu equivalente não dirigido. Em particular, uma chamada recursiva é feita para cada vértice uma vez e cada aresta é percorrida uma vez (desde sua origem). Assim, se n_S vértices e m_S arestas podem ser atingidos a partir de um vértice s, um DFS dirigido iniciando em s é executado em tempo $O(n_S + m_S)$, desde que o dígrafo seja representado com uma estrutura de dados que suporte os métodos para vértices e arestas em tempo constante. A estrutura de dados lista de adjacência, por exemplo, satisfaz esta exigência.

Pela Proposição 13.16, usa-se DFS para encontrar todos os vértices atingíveis a partir de um dado vértice, e, portanto, achar o fechamento transitivo de $\vec{G}$. Ou seja, faz-se um DFS iniciando de cada vértice v em $\vec{G}$ para verificar quais vértices w são atingíveis a partir de v, adicionando uma aresta (v,w) ao fechamento transitivo para cada um desses vértices w. De forma similar, percorrendo repetidamente o dígrafo $\vec{G}$ com o DFS caminhamento em profundidade, iniciando cada vez em um vértice diferente, testa-se facilmente se é fortemente conexo. Ou seja, será fortemente conexo se cada caminhamento em profundidade visitar todos os vértices de $\vec{G}$.

Assim, obtém-se imediatamente a proposição a seguir.

Proposição 12.17 *Seja um dígrafo com n vértices e m arestas. Os problemas a seguir serão solucionados por um algoritmo que percorra n vezes usando caminhamento em profundidade, executado em tempo $O(n(n + m))$ e que usa memória $O(n)$:*

- *determinar, para cada vértice v de $\vec{G}$ o subgrafo atingível a partir de v;*
- *testar se $\vec{G}$ é fortemente conexo;*
- *determinar o fechamento transitivo $\vec{G}^*$ de $\vec{G}$.*

Testando conexões fortes

Pode-se determinar se um grafo dirigido $\vec{G}$ é fortemente conexo muito mais depressa do que a proposição acima determina, usando apenas dois caminhamentos em profundidade. Começa-se realizando um caminhamento em $\vec{G}$ iniciando em um vértice arbitrário s. Se existe algum vértice de $\vec{G}$ que não é visitado por este caminhamento e não é atingível a partir de s, então o grafo não é fortemente conexo. Assim, se este primeiro caminhamento visita cada vértice de $\vec{G}$, então revertem-se todas as arestas de $\vec{G}$ (usando o método reverseDirection) e realiza-se outro DFS iniciando em s neste grafo "revertido". Se cada vértice de $\vec{G}$ é visitado por este segundo DFS, então o grafo é fortemente conexo, pois cada um dos vértices visitados no DFS pode atingir s. Já que este algoritmo realiza apenas dois DFS de $\vec{G}$, ele é executado em tempo $O(n + m)$.

Caminhamento em largura dirigido

Assim como o DFS, pode-se estender o caminhamento em largura (BFS) para grafos dirigidos. O algoritmo ainda visita os vértices nível a nível e particiona o conjunto de arestas em **arestas de árvore** (ou **arestas de descoberta**), que juntas formam uma árvore dirigida **em largura** com raiz no vértice inicial e **arestas fora da árvore**. Diferentemente do método DFS dirigido, o método BFS dirigido produz apenas dois tipos de arestas fora da árvore: **arestas de retorno**, que conectam um vértice a um de seus antecessores, e **arestas de cruzamento**, que conectam um vértice a outro vértice que não é seu antecessor ou sucessor. Não existem arestas de descoberta, um fato que será explorado em um exercício (C-13.9).

13.4.2 Fechamento transitivo

Nesta seção, será explorada uma técnica alternativa para determinar o fechamento transitivo de um dígrafo. Seja $\vec{G}$ um dígrafo com n vértices e m arestas. Determina-se o fechamento transitivo de $\vec{G}$ em uma série de rodadas. Inicializa-se $\vec{G}_0 = \vec{G}$. Também numera-se de forma arbitrária os vértices de $\vec{G}$ como $v_1, v_2,...,v_n$. Inicia-se o cálculo das rodadas, começando pela rodada 1. Na rodada genérica k, foi construído um dígrafo $\vec{G}_k$ iniciando $\vec{G}_k = \vec{G}_{k-1}$ e adicionando a $\vec{G}_k$ a aresta dirigida (v_i, v_j) se o dígrafo $\vec{G}_{k-1}$ contiver as arestas (v_i, v_k) e (v_k, v_j). Dessa forma, força-se a aplicação de uma regra simples, explicada na proposição que segue.

Proposição 13.18 *Para $i = 1,..., n$, o dígrafo $\vec{G}_k$ tem uma aresta (v_i, v_j) se e somente se o dígrafo $\vec{G}$ tem um caminho dirigido de v_i a v_j cujos vértices intermediários (se existirem) pertencem ao conjunto $\{v_1,...,v_k\}$. Em particular, $\vec{G}_n$ é igual a $\vec{G}^*$, o fechamento transitivo de $\vec{G}$.*

A Proposição 13.18 sugere um algoritmo simples para determinar o fechamento transitivo de $\vec{G}$ que se baseia nas rodadas descritas acima. Este algoritmo é conhecido como **algoritmo de Floyd-Warshall** e seu pseudocódigo é mostrado no Trecho de Código 13.12. A partir deste pseudocódigo, analisa-se facilmente o tempo de execução do algoritmo Floyd-Warshall supondo que a estrutura de dados representando G suporte os métodos areAdjacent e insertDirectedEdge em tempo $O(1)$. O laço principal é executado n vezes, e o laço interno considera cada um dos $O(n^2)$ pares de vértices, realizando uma operação de tempo constante para cada par. Assim, o tempo de execução total do algoritmo de Floyd-Warshall é $O(n^3)$.

Algoritmo FloydWarshall($\vec{G}$):
    Entrada: um dígrafo $\vec{G}$ com n vértices
    Saída: o fechamento transitivo $\vec{G}^*$ de $\vec{G}$
    sejam os vértices $v_1, v_2, \ldots, v_n$ uma numeração arbitrária dos vértices de $\vec{G}$
    $\vec{G}_0 \leftarrow \vec{G}$
    para $k \leftarrow 1$ até n **faça**
    $\vec{G}_k \leftarrow \vec{G}_{k-1}$
      para todos i, j em $\{1,\ldots,n\}$ com $i \neq j$ e $i, j \neq k$ **faça**
        se as arestas (v_i, v_k) e (v_k, v_j) estiverem em $\vec{G}_{k-1}$ **então**
          adicione aresta (v_i, v_j) a $\vec{G}_k$ (se ela não estiver presente)
    retorna $\vec{G}_n$

Trecho de Código 13.12 Pseudocódigo para o algoritmo de Floyd-Warshall. Este algoritmo determina o fechamento transitivo $\vec{G}^*$ de $\vec{G}$ determinando de forma incremental uma série de dígrafos $\vec{G}_0, \vec{G}_1, \ldots, \vec{G}_n$, para $k = 1, \ldots, n$.

Esta descrição é um exemplo do padrão de projeto chamado de programação dinâmica, que é discutido em mais detalhe na Seção 12.5.2. Pela descrição e análise acima, obtém-se imediatamente a seguinte proposição:

Proposição 13.19 *Seja $\vec{G}$ um dígrafo com n vértices, e seja $\vec{G}$ representado em uma estrutura de dados que suporte pesquisa e alteração das informações de adjacência em tempo $O(1)$. Então o algoritmo de Floyd-Warshall determina o fechamento transitivo $\vec{G}^*$ de $\vec{G}$ em tempo $O(n^3)$.*

Um exemplo de execução do algoritmo de Floyd-Warshall é ilustrado na Figura 13.10.

Desempenho do algoritmo de Floyd-Warshall

O tempo de execução do algoritmo de Floyd-Warshall pode parecer ser mais lento do que realizar um DFS no dígrafo a partir de cada um de seus vértices, mas isso depende da representação do grafo. Se o grafo for representado usando-se uma matriz de adjacência, então executar o método DFS uma vez em um grafo dirigido $\vec{G}$ custa tempo $O(n^2)$ (o motivo para isso será explorado no Execício R-13.9). Assim, executar o DFS n vezes custa tempo $O(n^3)$, o que não é melhor do que uma execução do algoritmo de Floyd-Warshall, mas este seria muito mais simples de implementar. Se o grafo for representado usando-se uma lista de adjacência, então efetuar o algoritmo DFS n vezes tomaria tempo $O(n(n + m))$ para determinar o fechamento transitivo. Mesmo assim, se o grafo for **denso**, ou seja, se ele tiver $\Omega(n^2)$ arestas, então esta abordagem ainda custa tempo $O(n^3)$, e é mais complicada do que uma instância do algoritmo de Floyd-Warshall. O único caso em que repetir o método

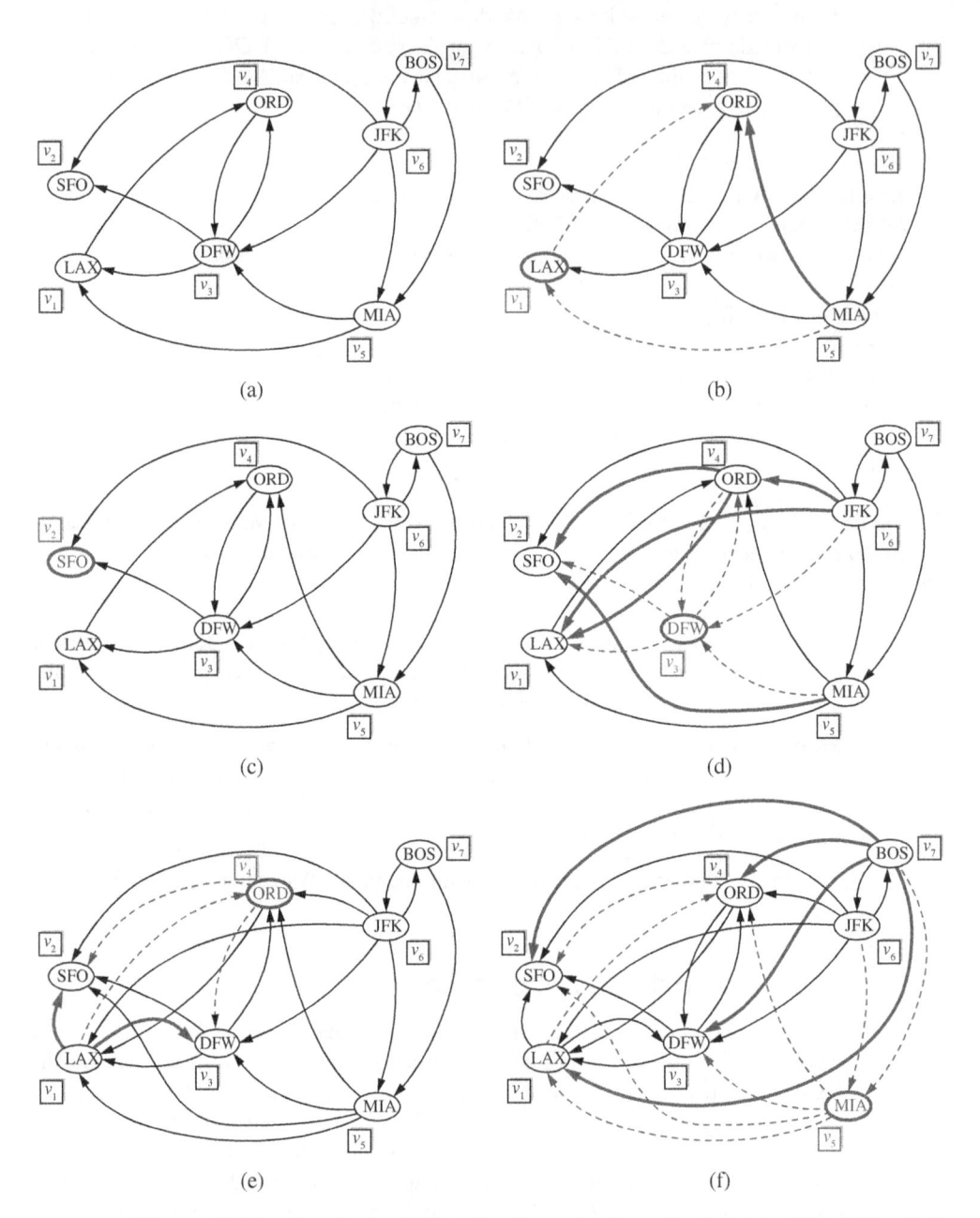

Figura 13.10 Sequência de dígrafos determinados pelo algoritmo Floyd-Warshall: (a) dígrafo inicial $\vec{G} = \vec{G}_0$ e enumeração dos vértices; (b) dígrafo $\vec{G}_1$; (c) $\vec{G}_2$; (d) $\vec{G}_3$; (e) $\vec{G}_4$; (f) $\vec{G}_5$. Veja que $\vec{G}_5 = \vec{G}_6 = \vec{G}_7$. Se o dígrafo $\vec{G}_{k-1}$ tem as arestas (v_i, v_k) e (v_k, v_j), mas não a aresta (v_i, v_j), no desenho do dígrafo $\vec{G}_k$, são mostradas as arestas (v_i, v_k) e (v_k, v_j) com linhas tracejadas cinzas, e a aresta (v_i, v_j) com linha contínua cinza.

DFS várias vezes é mais vantajoso é quando o grafo não é denso e é representado usando-se uma lista de adjacências.

13.4.3 Grafos acíclicos dirigidos

Grafos dirigidos sem ciclos dirigidos são encontrados em muitas aplicações. Esse tipo de dígrafo é frequentemente chamado de *grafo acíclico dirigido* (*DAG*). As aplicações destes grafos incluem o seguinte:

- herança entre classes em um programa Java;
- pré-requisitos entre disciplinas de um curso universitário;
- restrições de sequenciamento entre tarefas de um projeto.

Exemplo 13.20 *Para gerenciar um grande projeto, é conveniente dividi-lo em uma coleção de pequenas tarefas. As tarefas, no entanto, raramente são independentes, pois costumam existir restrições de sequenciamento entre elas. (Por exemplo, na construção de uma casa, a tarefa de encomendar os pregos obviamente precede a tarefa de pregar as vigas do teto.) É claro que as restrições de sequenciamento não podem ter circularidades, pois elas tornariam o projeto impossível. (Por exemplo, para obter um emprego você precisa ter experiência, mas para ter experiência você deve ter um emprego.) As restrições limitam a ordem em que as tarefas podem ser executadas. Ou seja, se uma restrição diz que a tarefa a deve ser realizada antes da tarefa b ser iniciada, então a deve preceder b na execução das tarefas. Assim, modelando o conjunto de tarefas como vértices de um grafo dirigido e colocando uma aresta dirigida de v para w sempre que a tarefa v tiver de ser executada antes da tarefa w, então se estará definindo um grafo acíclico dirigido.*

O exemplo acima motiva a seguinte definição. Seja $\vec{G}$ um dígrafo com n vértices. Uma **ordenação topológica** de $\vec{G}$ é uma ordenação $v_1,..., v_n$ de vértices de $\vec{G}$ sendo que para cada aresta (v_i, v_j) de $\vec{G}$, $i < j$. Ou seja, uma ordenação topológica é uma ordenação que faz com que um caminho dirigido em $\vec{G}$ passe pelos vértices $\vec{G}$ em ordem crescente. (Ver Figura 13.11.) Veja que um dígrafo pode ter mais de uma ordenação topológica.

Proposição 13.21 $\vec{G}$ *tem uma ordenação topológica se e somente se for acíclico.*

Justificativa A necessidade (o "somente se" da proposição) é fácil de demonstrar. Suponha que $\vec{G}$ é topologicamente ordenado. Assume-se, para obter uma contradição, que $\vec{G}$ tem um ciclo consistindo nas arestas $(v_{i_0}, v_{i_1}), (v_{i_1}, v_{i_2}),..., (v_{i_{k-1}}, v_{i_0})$. Por causa da ordenação topológica, deve-se ter $i_0 < i_1 < \cdots < i_{k-1} < i_0$, o que é claramente impossível. Assim $\vec{G}$ deve ser acíclico.

Agora, justifica-se a suficiência da condição (o "se" da proposição). Suponha que $\vec{G}$ seja acíclico. Será fornecida uma descrição algorítmica de como construir uma ordenação topológica para $\vec{G}$. Como $\vec{G}$ é acíclico, $\vec{G}$ deve ter um vértice ao qual não chega nenhuma aresta (ou seja, um vértice com grau de entrada 0). Seja v_1 um vértice assim. De fato, se v_1 não existir, então ao percorrer um caminho dirigido a partir de um vértice arbitrário se terminaria por encontrar um vértice visitado previamente, o

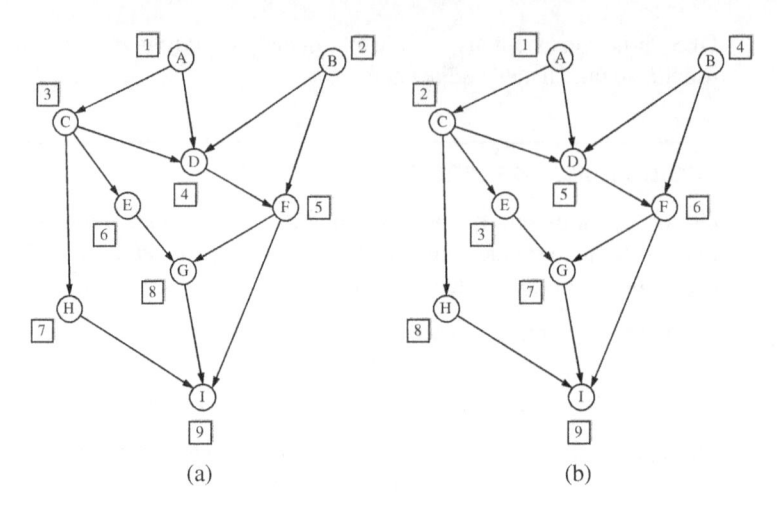

Figura 13.11 Duas ordenações topológicas do grafo acíclico dirigido.

que contradiz o fato de $\vec{G}$ ser acíclico. Removendo-se v_1 de $\vec{G}$, bem como suas arestas de saída, o dígrafo resultante ainda é acíclico. Portanto, o dígrafo resultante também tem um vértice ao qual não chegam arestas, permite-se que v_2 seja este vértice. Repetindo esse processo até que o dígrafo esteja vazio, obtém-se uma ordenação $v_1,...,v_n$ dos vértices $\vec{G}$. Pela construção acima, se (v_1,v_j) é uma aresta de $\vec{G}$, então v_1 deve ser removido antes que v_j possa ser removido e, portanto, $i < j$. Assim, $v_1,...,v_n$ é uma ordenação topológica. ∎

A justificativa da Proposição 13.21 sugere um algoritmo (Trecho de Código 13.13) chamado de *ordenação topológica*, para determinar uma ordenação topológica de um dígrafo.

Algoritmo TopologicalSort ($\vec{G}$):
    Entrada: um dígrafo $\vec{G}$ com n vértices
    Saída: uma ordenação topológica $v_1,...,v_n$ de $\vec{G}$
    Seja $S \leftarrow$ uma pilha inicialmente vazia.
    para todos u encontrados em $\vec{G}$.vertices( ) **faça**
      Seja incounter(u) o grau de entrada de u.
      se incounter(u) = 0 **então**
        S.push(u)
    $i \leftarrow 1$
    enquanto S.isEmpty( ) **faça**
      $u \leftarrow S$.pop( )
      Seja u o vértice numerado como i na ordenação topológica.
      $i \leftarrow i + 1$
      para cada aresta de saída (u,w) de u **faça**

incounter(w) ← incounter(w) − 1
se incounter(w) = 0 **então**
    S.push(w)

Trecho de Código 13.13 Pseudocódigo para o algoritmo de ordenação topológica. (Um exemplo de aplicação deste algoritmo é mostrado na Figura 13.12.)

> **Proposição 13.22** *Seja um dígrafo com n vértices e m arestas. O algoritmo de ordenação topológica é executado em tempo $O(n + m)$ usando espaço auxiliar $O(n)$, e determina uma ordenação topológica de $\vec{G}$ ou não consegue numerar algum vértice, o que indica que $\vec{G}$ tem um ciclo dirigido.*
>
> **Justificativa** A determinação inicial dos graus de entrada e preparo das variáveis incounter podem ser feitos com uma passagem sobre o grafo, que custa tempo $O(n + m)$. Usa-se o padrão de decoradores para associar atributos contadores a cada vértice. Um vértice u é ***visitado*** pelo algoritmo de ordenação topológica quando u é removido da pilha S. Um vértice u pode ser visitado somente quando $incounter(u) = 0$, o que implica que todos os seus predecessores (vértices com arestas que levam a u) foram visitados previamente. Como consequência, qualquer vértice que faça parte de um ciclo dirigido nunca será visitado, e qualquer outro vértice será visitado exatamente uma vez. O algoritmo percorre todas as arestas saindo de cada vértice visitado exatamente uma vez; portanto, seu tempo de execução é proporcional ao número de arestas saindo dos vértices visitados. Assim, o algoritmo é executado em tempo $O(n + m)$. Quanto ao espaço usado, a pilha S e as variáveis *incounter* associadas aos vértices usam espaço $O(n)$. ∎

Como um efeito secundário, o algoritmo de ordenação topológica do Trecho de Código 13.13 também testa se um grafo $\vec{G}$ é acíclico. De fato, se o algoritmo termina sem ordenar todos os vértices, então o subgrafo dos vértices que não foram ordenados deve conter um ciclo dirigido.

13.5 Caminhos mínimos

Como foi visto na Seção 13.3.3, a estratégia de caminhamento em largura pode ser usada para encontrar um caminho mínimo de algum vértice inicial a cada um dos outros vértices em um grafo conexo. Essa abordagem faz sentido em casos em que cada aresta é tão boa quanto qualquer outra, mas existem muitas situações em que esta abordagem não é apropriada. Por exemplo, pode-se estar usando um grafo para representar uma rede de computadores (como a Internet) e pode-se estar interessado em encontrar o caminho mais rápido para enviar um pacote de dados entre dois computadores. Nesse caso, provavelmente não é correto considerar todas as arestas equivalentes, pois algumas conexões na rede são tipicamente muito mais rápidas do que outras (por exemplo, algumas arestas podem representar conexões lentas por linha telefônica, enquanto outras representam ligações de alta velocidade em fibra ótica). Da mesma forma, desejando-se usar um grafo para representar as estradas entre cidades,

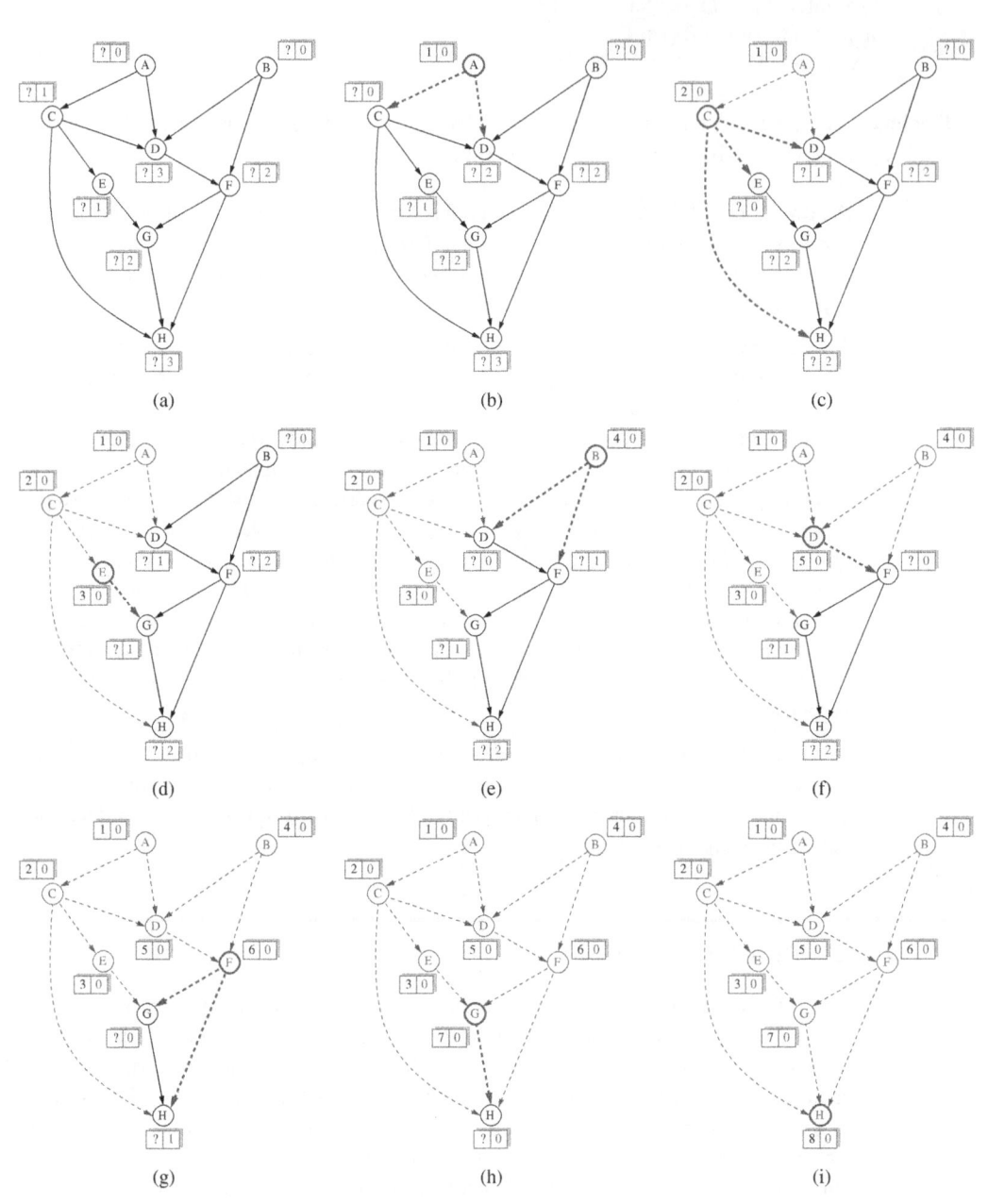

Figura 13.12 Exemplo de uma execução do algoritmo TopologicalSort (Trecho de Código 13.13): (a) configuração inicial; (b−i) após cada iteração do laço enquanto. Os números nos vértices mostram o número do vértice e o valor corrente de incounter para o vértice. As arestas percorridas são mostradas com setas cinzas tracejadas. Linhas espessas mostram o vértice e arestas examinadas na interação corrente.

pode-se estar interessado em achar as distâncias mais curtas entre elas. Neste caso, provavelmente também não é correto considerar todas as arestas equivalentes, pois algumas distâncias serão muito maiores do que outras. Assim, é natural considerar grafos cujas arestas não sejam todas equivalentes.

13.5.1 Grafos ponderados

Um **grafo ponderado** é um grafo que tem um valor numérico $w(e)$ (por exemplo, um inteiro) associado a cada aresta e, chamada de **peso** de e. Um exemplo de um grafo ponderado é mostrado na Figura 13.13.

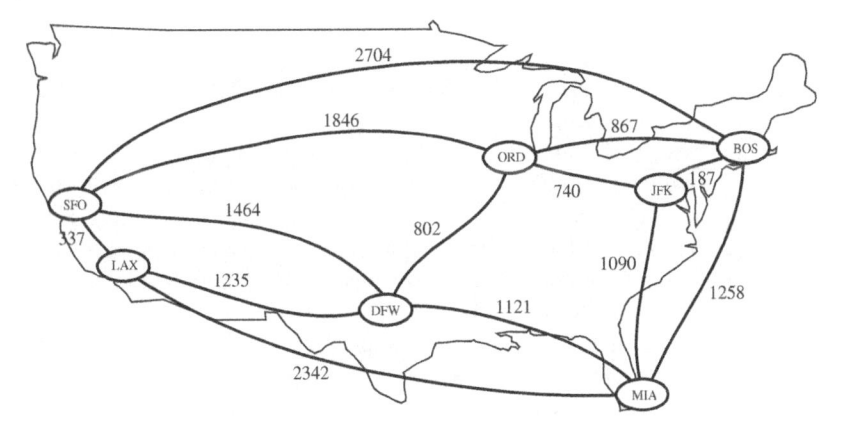

Figura 13.13 Um grafo ponderado cujos vértices representam aeroportos norte-americanos e cujos pesos das arestas representam distâncias em milhas. Este grafo tem um caminho de JFK para LAX com peso total de 2.777 (passando por ORD e DFW). Este é o caminho com peso mínimo no grafo entre JFK e LAX.

Definindo caminhos mínimos em um grafo ponderado

Seja G um grafo ponderado. O **comprimento** (ou peso) de um caminho P é a soma dos pesos das arestas de P. Ou seja, se $P = ((v_0,v_1), (v_1,v_2),..., (v_{k-1},v_k))$, então o comprimento de P, denotado $w(P)$, é definido como

$$w(P) = \sum_{i=0}^{k-1} w((v_i, v_{i+1})).$$

A **distância** de um vértice v a um vértice u em G, denotada $d(v,u)$, é o comprimento de um caminho de comprimento mínimo (também chamado de **caminho mínimo**) de v para u, se tal caminho existir.

Por vezes, usa-se a convenção $d(v,u) = +\infty$ se não houver caminho de v para u em G. No entanto, mesmo se houver um caminho de v para u em G, a distância de *v* para *u* pode não estar definida se existir um ciclo em *G* que tenha comprimento negativo. Por exemplo, suponha que os vértices em *G* representem cidades, e os pesos das arestas em *G* representem quanto dinheiro custa para viajar de uma cidade a outra. Pagando-se para viajar de JFK para ORD, o custo da aresta (JFK, ORD) seria negativo. Viajando de ORD para JFK se teria um ciclo negativo em *G*, e as distâncias deixariam de estar definidas. Ou seja, qualquer um pode construir um caminho (com ciclos) em *G* de qualquer cidade *A* a qualquer outra cidade *B* passando por JFK e fazendo ciclos entre JFK e ORD tantas vezes quanto se quiser até seguir para *B*. A existência desses caminhos permite construir caminhos com custo negativo arbitrariamente baixo (e ficar rico nesse exemplo). Mas distâncias não podem ser números negativos arbitrários. Assim, sempre que pesos de arestas são usados para representar distâncias, deve-se ter cuidado para não introduzir ciclos de comprimento negativo.

Supondo que se tem um grafo ponderado *G* e se é solicitado a encontrar um caminho mínimo de um vértice *v* a cada outro vértice em *G*, considerando os pesos das arestas como distâncias. Nesta seção, exploram-se formas eficientes de encontrar todos os caminhos mínimos, se existirem. O primeiro algoritmo que se discute é para o caso simples e comum em que todos os pesos das arestas em *G* não são negativos (ou seja, $w(e) \geq 0$ para toda aresta *e* de *G*); portanto, sabe-se de antemão que não podem haver ciclos negativos em *G*. O caso especial de determinar um caminho mínimo quando todos os pesos são 1 foi resolvido com o algoritmo BFS apresentado na Seção 13.3.3.

Existe uma abordagem interessante para resolver este problema de **origem única** baseado no **método guloso** (Seção 12.4.2). Com este método o problema foi resolvido fazendo repetidamente a melhor escolha entre as disponíveis em cada iteração. Este paradigma pode ser frequentemente usado em situações em que se está tentando otimizar alguma função de custo em uma coleção de objetos. Pode-se adicionar objetos um de cada vez à essa coleção, sempre escolhendo o próximo que otimiza a função entre aqueles objetos ainda a serem escolhidos.

13.5.2 O algoritmo de Dijkstra

A ideia principal na aplicação do método guloso para o problema do caminho mínimo com origem única é realizar um caminhamento em largura "ponderado" iniciando-se em *v*. Em particular, pode-se usar o método guloso para desenvolver um algoritmo que iterativamente aumenta uma "nuvem" de vértices em torno de *v*, com os vértices entrando na nuvem na sequência de suas distâncias de *v*. Assim, a cada iteração o próximo vértice escolhido é o vértice fora da nuvem e que está mais próximo de *v*. O algoritmo termina quando não há mais vértices fora da nuvem e, neste momento, será obtido o caminho mais curto de *v* para qualquer outro vértice de *G*. Esta abordagem é um simples e um poderoso exemplo do padrão de projeto baseado no método guloso.

Um método guloso para determinar caminhos mínimos

Aplicar o método guloso para o problema do caminho mínimo com origem única resulta em um algoritmo conhecido como **algoritmo de Dijkstra**. Quando é aplicado a outros problemas de grafos, no entanto, o método guloso pode não achar necessariamente a melhor solução (como no caso do **problema do caixeiro viajante**, no qual se deseja encontrar o menor caminho que visita todos os vértices do grafo exatamente uma vez). Mesmo assim, existem várias situações nas quais o método guloso permite determinar a melhor solução. Neste capítulo, duas dessas situações serão discutidas: determinar caminhos mínimos e construir uma árvore de cobertura mínima.

Para simplificar a descrição do algoritmo de Dijkstra, pressupõe-se que o grafo de entrada G seja não dirigido (ou seja, todas as suas arestas são não dirigidas) e simples (ou seja, ele não tem arestas paralelas nem vértices com arestas para si mesmos). Assim, denotam-se as arestas de G como pares de vértices não ordenados (u,z).

No algoritmo de Dijkstra, para determinar caminhos mínimos, a função de custo que se deseja otimizar em nossa aplicação do método guloso também é a função que se deseja avaliar – a distância do caminho mínimo. Isso pode parecer um raciocínio circular até se notar que é possível implementar esta abordagem usando um truque para inicializá-la, que consiste em usar uma aproximação para a função de distância que se deseja calcular e que, ao final do processo, será exatamente igual à distância real.

Relaxamento de arestas

Define-se um rótulo $D[u]$ para cada vértice u em V, que será usado para aproximar a distância em G de v até u. O significado destes rótulos é que $D[u]$ irá sempre armazenar o comprimento do melhor caminho encontrado até o momento de v até u. Inicialmente, $D[v] = 0$ e $D[u] = +\infty$ para cada $u \neq v$ e define-se o conjunto C que servirá como nossa "nuvem" de vértices, inicializado como vazio $\emptyset$. A cada iteração do algoritmo, seleciona-se um vértice u que não está em C com o menor rótulo $D[u]$ e coloca-se u em C. Na primeira iteração, v, é claro, será colocado em C. Quando um novo vértice u é colocado em C, atualiza-se o rótulo $D[z]$ de cada vértice z que é adjacente a u e não está em C, refletindo o fato de que pode haver uma nova e melhor maneira de chegar a z via u. Esta operação de atualização é conhecida como **relaxamento**, pois ela recebe a antiga estimativa e verifica se esta pode ser melhorada para se aproximar de seu valor verdadeiro. (Uma metáfora para a razão de se chamar de relaxamento é uma mola, que ao ser esticada e solta, "relaxa" para sua posição natural de repouso.) No caso do algoritmo de Dijkstra, o relaxamento é realizado para uma aresta (u,z) de forma que se calcula um novo valor para $D[u]$ e deseja-se verificar se há um valor melhor para $D[z]$ usando a aresta (u,z). A operação específica de relaxamento de uma aresta é como segue:

Relaxamento de uma aresta:

se $D[u] + w((u,z)) < D[z]$ **então**
$D[z] \leftarrow D[u] + w((u,z))$

O pseudocódigo para o algoritmo de Dijkstra é fornecido no Trecho de Código 13.14. Uma fila de prioridade Q é usada para armazenar os vértices fora da nuvem C.

Algoritmo ShortestPath (G,v):
  Entrada: um grafo simples, ponderado e não dirigido G e um vértice v de G.
  Saída: um rótulo $D[u]$ para cada vértice u de G tal que $D[u]$ seja o comprimento do caminho mínimo de v para u em G.
  Inicialize $D[v] \leftarrow 0$ e $D[u] \leftarrow +\infty$ para todo $u \neq v$.
  Crie uma fila de prioridade Q contendo todos os vértices de G usando D rótulos como chave.
  enquanto Q não for vazia **faça**
    {Coloque um novo vértice u na nuvem}
    $u \leftarrow Q$.removeMin( )
    para cada vértice z adjacente a u tal que z esteja em Q **faça**
      {Realizar o *relaxamento* na aresta (u,z)}
      se $D[u] + w((u,z)) , D[z]$ **então**
        $D[z] \leftarrow D[u] + w((u,z))$
        Altere para $D[z]$ a chave do vértice z em Q.
  retorna o rótulo $D[u]$ de cada vértice u

Trecho de Código 13.14 Algoritmo de Dijkstra para o problema do caminho mínimo com origem única.

Várias iterações do algoritmo de Dijkstra são ilustradas nas Figuras 13.14 e 13.15.

Por que ele funciona

O aspecto interessante e, possivelmente, um pouco surpreendente do algoritmo de Dijkstra é que, no momento em que um vértice u é colocado em C, seu rótulo $D[u]$ armazena o comprimento correto do caminho mínimo de v para u. Assim, quando o algoritmo termina, ele terá avaliado o comprimento do caminho mínimo de v para todos os vértices de G. Ou seja, ele terá resolvido o problema do caminho mínimo com origem única.

É provável que não fique imediatamente claro o motivo pelo qual o algoritmo de Dijkstra encontra o caminho mínimo do vértice inicial v a um vértice u do grafo corretamente. Por que a distância de v a u é igual ao valor do rótulo $D[u]$ quando o vértice u é colocado em C (ou seja, quando u é removido da fila de prioridade Q)? A resposta a essa questão depende da inexistência de arestas com pesos negativos no grafo, pois isso permite que o método guloso funcione corretamente, como será mostrado na proposição que segue.

Proposição 13.23 *No algoritmo de Dijkstra, sempre que um vértice u é colocado na nuvem, o rótulo $D[u]$ é igual a $d(v,u)$, o comprimento do caminho mínimo de v para u.*

Justificativa Supondo que $D[t] > d(v, t)$ para algum vértice t em V e seja u o *primeiro* vértice que o algoritmo colocou na nuvem C (ou seja, removeu de Q) tal que $D[u] > d(v, u)$. Existe um caminho mínimo P de v para u (pois de outra forma

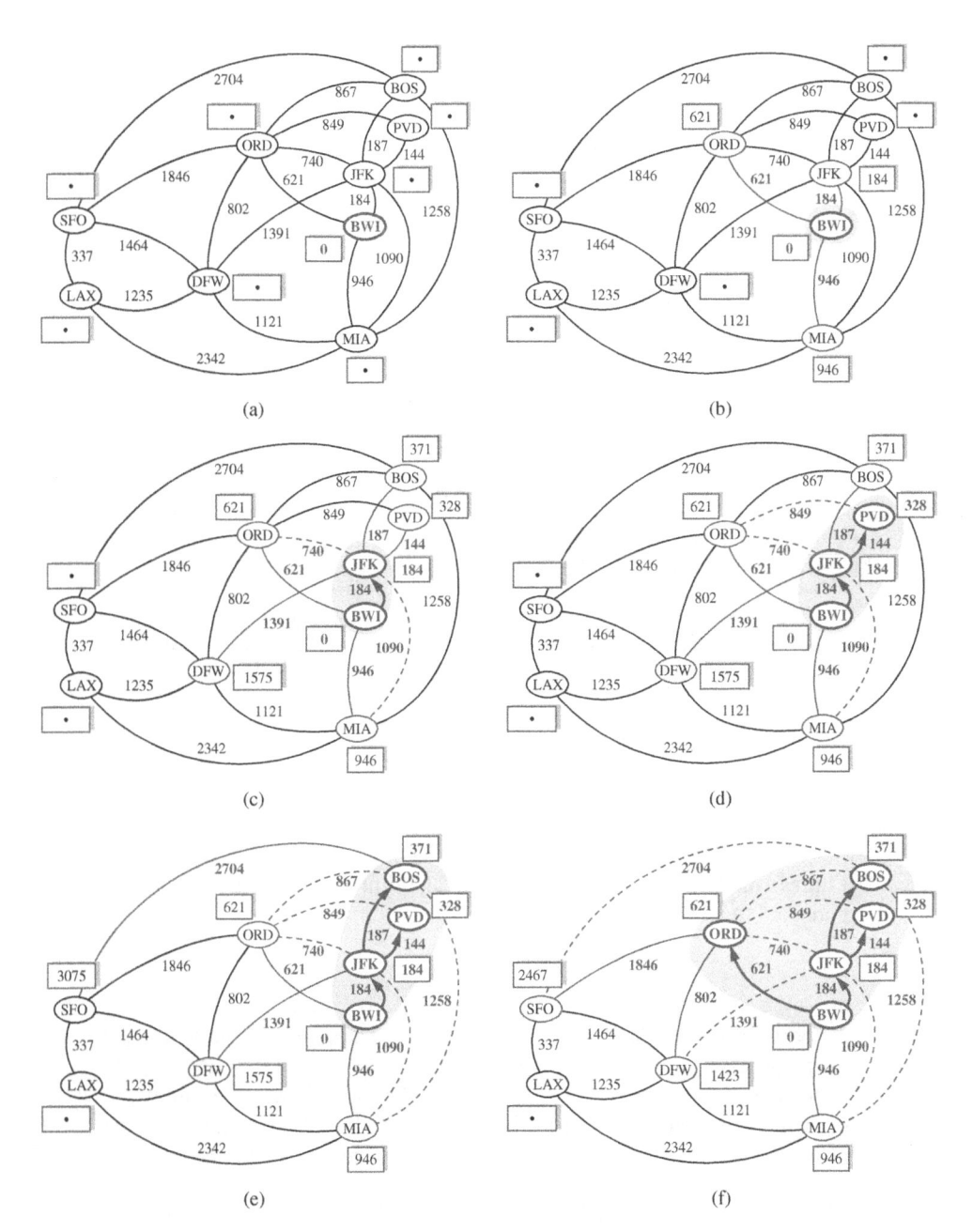

Figura 13.14 Execução do algoritmo de Dijkstra em um grafo ponderado. O vértice inicial é BWI. Uma caixa próxima a cada vértice v armazena o rótulo $D[v]$. O símbolo • é usado no lugar de $+\infty$. As arestas da árvore do caminho mínimo são desenhadas como linhas espessas cinzas e para cada vértice u fora da "nuvem" mostram a melhor aresta atual para u com uma linha sólida cinza. (Continua na Figura 13.15.)

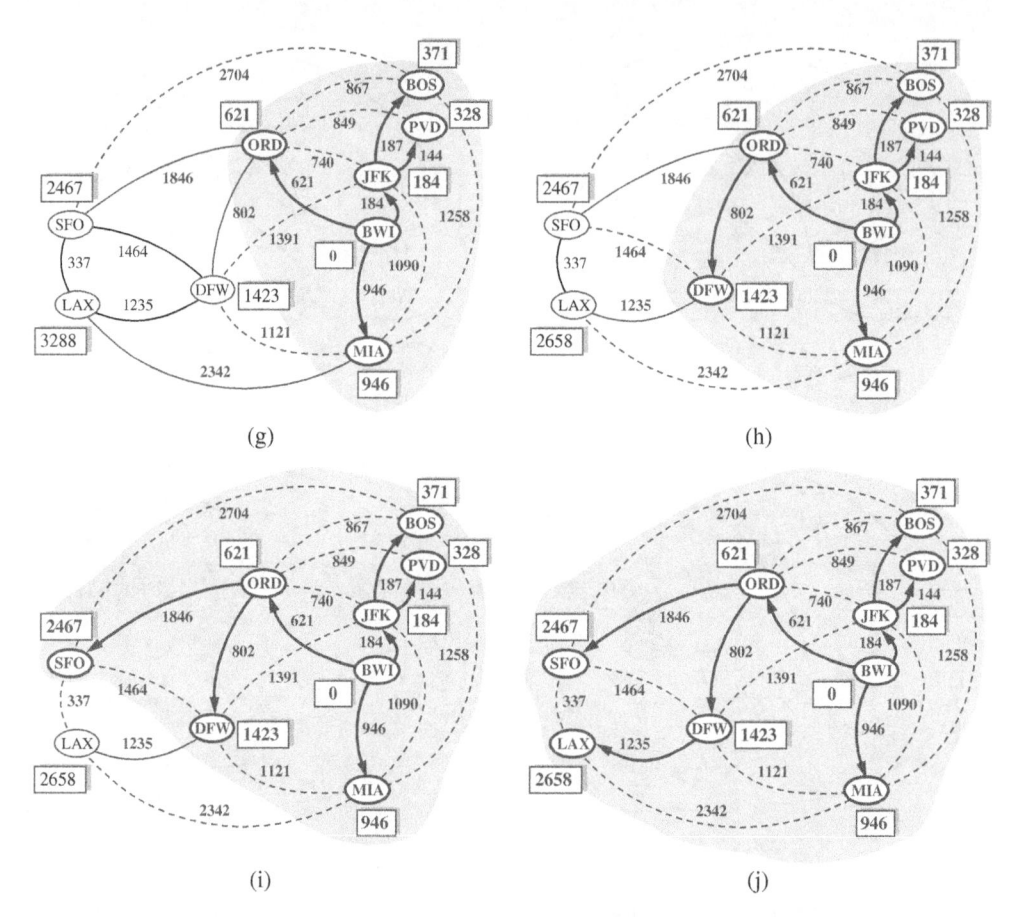

Figura 13.15 Exemplo de execução do algoritmo de Dijkstra. (Continuação da Figura 13.14.)

$d(v, u) = +\infty = D[u]$). Considera-se o momento em que u é colocado em C e seja z o primeiro vértice de P (indo de v para u) que não está em C neste momento. Seja y o predecessor de z no caminho P (note que pode-se ter $y = v$). (Ver Figura 13.16.) Sabe-se pela escolha de z, que y já está em C neste momento. Além disso, $D[y] = d(v,y)$ pois u é o *primeiro* vértice incorreto. Quando y foi colocado em C, testa-se (e possivelmente atualiza-se) $D[z]$ de modo que se teve naquele momento

$$D[z] \leq D[y] + w((y, z)) = d(v, y) + w((y, z)).$$

Mas já que z é o próximo vértice no caminho mínimo de v para u, isto implica que

$$D[z] = d(v, z).$$

Mas se está agora escolhendo u e não z para ser colocado em C, por isso

$$D[u] \leq D[z].$$

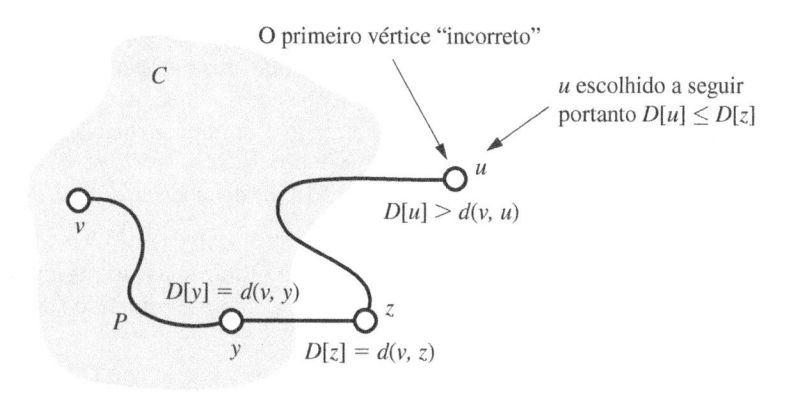

Figura 13.16 Uma ilustração esquemática para a justificativa da Proposição 13.23.

Deve ficar claro que um subcaminho de um caminho mínimo é também um caminho mínimo. Portanto, já que z está no caminho mínimo de v até u,

$$d(v, z) + d(z, u) = d(v, u).$$

Além disso, $d(z,u) \geq 0$ porque não há arestas com pesos negativos. Assim,

$$D[u] \leq D[z] = d(v, z) \leq d(v, z) + d(z, u) = d(v, u).$$

Mas isso contradiz a definição de u, portanto não pode existir tal vértice u. ∎

O tempo de execução do algoritmo de Dijkstra

Nesta seção, analisa-se a complexidade do algoritmo de Dijkstra. Denota-se com n e m o número de vértices e arestas do grafo G, respectivamente. Assume-se que os pesos das arestas podem ser somados e comparados em tempo constante. Por causa do alto nível da descrição fornecida para o algoritmo de Dijkstra no Trecho de Código 13.14, analisar seu tempo de execução requer que se tenha mais detalhes de sua implementação. Especificamente, deve-se indicar as estruturas de dados usadas e como elas são implementadas.

Assume-se que se está representando o grafo G com uma lista de adjacência. Esta estrutura de dados permite percorrer os vértices adjacentes a u durante o passo de relaxamento em tempo proporcional a seu número. Isso ainda não decide todos os detalhes do algoritmo, pois se deve saber mais sobre como se implementa a outra estrutura de dados principal do algoritmo – a fila de prioridade Q.

Uma implementação eficiente da fila de prioridade Q usa um heap (ver Seção 8.3). Isso permite extrair o vértice u com o menor rótulo D (o método será chamado de removeMin) em tempo $O(\log n)$. Como dito no pseudocódigo, toda vez que se atualiza o rótulo $D[z]$, deve-se atualizar a chave de z na fila de prioridade. Assim, na realidade será necessária uma fila adaptável com prioridade implementada usando-se um heap (seção 8.4). Se Q é uma fila adaptável com prioridade implementada usando-se um heap, então a atualização desta chave pode, por exemplo, ser feita usando-se replaceKey(e,k), onde e é a entrada que armazena a chave do vértice z. Se e preocupa-se com sua localização, então implementam-se estas atualizações de chave facilmente em tempo $O(\log n)$, uma vez que uma entrada preocupada com localização para o vértice z permite que Q tenha acesso imediato à entrada e que armazena z no heap (veja Seção 8.4.2). Assumindo esta implementação de Q, o algoritmo de Dijkstra é executado em tempo $O((n + m) \log n)$.

Voltando ao Trecho de Código 13.14, os detalhes da análise do tempo de execução são os seguintes:

- A inserção de todos os vértices em Q com suas chaves iniciais pode ser feita em tempo $O(n \log n)$ por meio de inserções repetidas, ou tempo $O(n)$ usando a construção bottom-up (ver Seção 8.3.6).
- A cada iteração do laço **enquanto** gasta-se tempo $O(\log n)$ para remover o vértice u de Q e tempo $O(\deg(v) \log n)$ para realizar o relaxamento nas arestas incidentes a u.
- O tempo total de execução do laço **enquanto** é

$$\sum_{v \in G} (1 + \text{degree}(v)) \log n,$$

que é $O((n + m) \log n)$ pela Proposição 13.6.

Ao desejar expressar o tempo de execução como uma função de n apenas, então ela é $O(n^2 \log n)$ no pior caso.

13.5.3 Uma implementação alternativa do algoritmo de Dijkstra

Considere-se uma implementação alternativa para a fila de prioridade Q usando uma sequência não ordenada. Isso, é claro, requer que se gaste tempo $O(n)$ para retirar o menor elemento, mas permite atualizações de chave muito rápidas desde que Q suporte o padrão de localizadores (Seção 8.4.2). Especificamente, pode-se implementar cada atualização de chave feita em um passo de relaxamento em tempo $O(1)$ – simplesmente altera-se o valor da chave depois de localizar o item em Q para atualizar. Portanto, essa implementação resulta em um tempo de execução que é $O(n^2 + m)$, que pode ser simplificado para $O(n^2)$ já que G é simples.

Comparando as duas implementações

Tem-se duas escolhas para implementar a fila de prioridade no algoritmo de Dijkstra, com localizadores: uma implementação de heap que tem tempo de execução $O((n + m) \log n)$, e uma implementação de sequência não ordenada que tem tempo de execução $O(n^2)$. Já que ambas as implementações seriam relativamente simples de codificar, elas são quase iguais em termos de sofisticação da programação requerida. Elas também são aproximadamente equivalentes em termos dos fatores constantes em seus tempos de execução de pior caso. Olhando somente para esses tempos de execução de pior caso, prefere-se a implementação baseada em heap quando o número de arestas em um grafo for pequeno (ou seja, quando $m < n^2/\log n$) e prefere-se a implementação com sequência quando o número de arestas for grande (ou seja, quando $m > n^2/ \log n$).

Proposição 13.24 *Dado um grafo simples não dirigido ponderado G com n vértices e m arestas tal que o peso de cada aresta não seja negativo e um vértice v de G, o algoritmo de Dijkstra determina a distância de v a todos os outros vértices de G em tempo $O((n + m) \log n)$ no pior caso, ou alternativamente em tempo $O(n^2)$ no pior caso.*

No Exercício R-13.16, explora-se como modificar o algoritmo de Dijkstra para produzir uma árvore *T* com raiz em *v* tal que o caminho em *T* do vértice *v* a um vértice *u* seja o caminho mínimo em *G* de *v* para *u*.

Programando o algoritmo de Dijkstra em Java

Tendo fornecido o pseudocódigo do algoritmo de Dijkstra, apresenta-se o código em Java para o algoritmo de Dijkstra pressupondo que se tem um grafo não dirigido com pesos inteiros positivos. Expressa-se o algoritmo por meio de uma classe Dijkstra (Trechos de Código 13.15–13.16), que declara uma decoração *peso* para cada aresta *e* para acessar o peso da aresta *e*. A classe Dijkstra assume que cada aresta tem uma decoração *peso*.

```
/* Algoritmo de Dijkstra para o problema do menor caminho
 * em um grafo não dirigido cujas arestas têm pesos inteiros não negativos. */
public class Dijkstra<V, E> {
  /** Valor infinito. */
  protected static final Integer INFINITE = Integer.MAX_VALUE;
  /** Grafo de entrada. */
  protected Graph<V, E> graph;
  /** Decoração para pesos das arestas. */
  protected Object WEIGHT;
  /** Decoração para as distâncias dos vértices. */
  protected Object DIST = new Object( );
  /** Decoração para os elementos da fila de prioridades. */
  protected Object ENTRY = new Object( );
  /** Fila de prioridade auxiliar. */
  protected AdaptablePriorityQueue<Integer, Vertex<V>> Q;
  /** Executa o algoritmo de Dijkstra.
   * @param g grafo de entrada
   * @param s vértice
   * @param w objeto peso */
  public void execute(Graph<V, E> g, Vertex<V> s, Object w) {
    graph = g;
    WEIGHT = w;
    DefaultComparator dc = new DefaultComparator( );
    Q = new HeapAdaptablePriorityQueue<Integer, Vertex<V>>(dc);
```

```
    dijkstraVisit(s);
}
/** Retorna a distância de um vértice a partir do vértice de origem.
 * @param u vértice inicial da árvore do menor caminho */
public int getDist(Vertex<V> u) {
  return (Integer) u.get(DIST);
}
```

Trecho de Código 13.15 Classe Dijkstra implementando o algoritmo de Dijkstra. (Continua no Trecho de Código 13.16.)

A tarefa mais importante no algoritmo de Dijkstra é realizada pelo método dijkstraVisit. É utilizada uma fila de prioridade adaptável Q suportando métodos baseados em localizadores (Seção 8.4.2). Insere-se um vértice u em Q com o método insert, que retorna o localizador de u em Q. Associa-se a u seu localizador em Q por meio do método setEntry e recupera-se o localizador de u por meio do método getEntry. Vê-se que associar localizadores aos vértices é uma aplicação do padrão de decoradores (Seção 13.3.2). Em vez de usar uma estrutura de dados adicional para os rótulos $D[u]$, explora-se o fato de que $D[u]$ é a chave para o vértice u em Q e por isso $D[u]$ pode ser acessado com o localizador de u em Q. Mudar o rótulo de um vértice v para d no processo de relaxamento corresponde a chamar o método replaceKey(e,d), onde e é o localizador de z em Q.

```
/** A execução corrente do algoritmo de Dijkstra.
 * @param v vértice.
 */
protected void dijkstraVisit (Vertex<V> v) {
  // armazena todos os vértices em uma fila de prioridades Q
  for (Vertex<V> u: graph.vertices( )) {
    int u_dist;
    if (u==v)
      u_dist = 0;
    else
      u_dist = INFINITE;
    Entry<Integer, Vertex<V>> u_entry = Q.insert(u_dist, u);      // autoboxing
    u.put(ENTRY, u_entry);
  }
  // aumenta a nuvem, um vértice por vez
  while (!Q.isEmpty( )) {
    // remove de Q e insere na nuvem um vértice com distância mínima
    Entry<Integer, Vertex<V>> u_entry = Q.min( );
    Vertex<V> u = u_entry.getValue( );
    int u_dist = u_entry.getKey( );
    Q.remove(u_entry);                    // remove u da fila de prioridade
    u.put(DIST,u_dist);                   // a distância de u é final
    u.remove(ENTRY);                      // remove o elemento decoração de u
    if (u_dist == INFINITE)
```

```
      continue; // vértices inalcançáveis não são processados
    // examina todos os vizinhos de u e atualiza suas distâncias
    for (Edge<E> e: graph.incidentEdges(u)) {
      Vertex<V> z = graph.opposite(u,e);
      Entry<Integer, Vertex<V>> z_entry
                       = (Entry<Integer, Vertex<V>>) z.get(ENTRY);
      if (z_entry!= null) {     // verifica que z está em Q, isto é, não está na nuvem
        int e_weight = (Integer) e.get(WEIGHT);
        int z_dist = z_entry.getKey( );
        if ( u_dist + e_weight < z_dist )      // relaxamento da aresta e = (u,z)
          Q.replaceKey(z_entry, u_dist + e_weight);
      }
    }
  }
 }
}
```

Trecho de Código 13.16 Método dijkstraVisit da classe Dijkstra. (Continuação do Trecho de Código 13.15.)

13.6 Árvores de cobertura mínima

Suponha que se deseja conectar todos os computadores em um prédio de escritórios usando a menor quantidade possível de cabos. Pode-se modelar este problema usando um grafo ponderado G cujos vértices representem os computadores e cujas arestas representem todos os possíveis pares (u,v) de computadores nos quais o peso $w(u,v)$ da aresta (u,v) é igual ao comprimento dos cabos necessários para ligar os computadores u e v. Em vez de determinar um caminho mínimo a partir de um dado vértice v, está-se interessado em encontrar uma árvore (livre) T que contenha todos os vértices de G e tenha o peso total mínimo. Os métodos para encontrar essas árvores são o foco desta seção.

Definição do problema

Dado um grafo não dirigido ponderado G, está-se interessado em encontrar uma árvore T que contenha todos os vértices de G e minimize a soma

$$w(T) = \sum_{(v,u)\in T} w((v,u)).$$

Uma árvore como esta, que contenha todos os vértices de um grafo conexo G, é chamada de *árvore de cobertura*, e o problema de encontrar uma árvore de cobertura T com a menor soma de pesos é conhecido como o problema da *árvore de cobertura mínima* (*MST*).

O desenvolvimento de algoritmos eficientes para o problema da árvore de cobertura mínima precede a noção moderna de uma ciência da computação. Nesta seção, serão discutidos dois algoritmos clássicos para resolver o problema da MST. Esses algoritmos são aplicações clássicas do **método guloso**, o qual, como foi analisado brevemente na seção anterior, baseia-se em escolher objetos para unir a uma coleção crescente escolhendo iterativamente um objeto que minimiza uma dada função de custo. O primeiro algoritmo que será discutido é o algoritmo de Kruskal, que faz a MST "crescer" em grupos considerando as arestas na ordem dada por seus pesos. O segundo algoritmo que será analisado é o algoritmo de Prim-Jarník, que faz a MST crescer a partir de um vértice raiz, de forma semelhante ao algoritmo de Dijkstra para determinação de caminhos mínimos.

Como na Seção 13.6.1, para simplificar a descrição dos algoritmos, assume-se que o grafo de entrada G é não dirigido (ou seja, todas as suas arestas são não dirigidas) e simples (ou seja, os vértices não são ligados a si mesmos e não a arestas paralelas). Assim, denotam-se as arestas de G como pares não ordenados de vértices (u,v).

Antes de discutir os detalhes dos algoritmos, no entanto, examina-se um fato crucial sobre as árvores de cobertura mínima que formam a base dos algoritmos.

Um fato crucial sobre árvores de cobertura mínima

Os dois algoritmos para MST que serão discutidos se baseiam no método guloso, que neste caso depende de forma crucial do fato a seguir. (Ver Figura 13.17.)

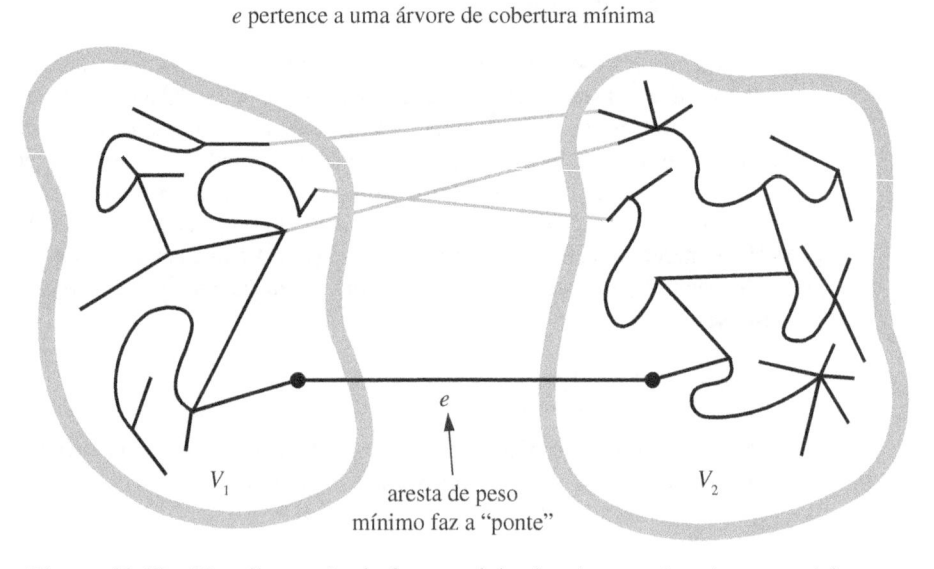

Figura 13.17 Uma ilustração do fato crucial sobre árvores de cobertura mínima.

Proposição 13.25 *Seja G um grafo conexo ponderado, e sejam V_1 e V_2 uma partição dos vértices de G em dois conjuntos disjuntos e não vazios. Seja e uma aresta em G com peso mínimo entre aquelas com um extremo em V_1 e outro em V_2. Existe uma árvore de cobertura mínima T que tem e como uma de suas arestas.*

Justificativa Seja T uma árvore de cobertura mínima de G. Se T não contiver a aresta e, a adição de e a T criará um ciclo. Portanto, existe alguma aresta f desse ciclo que tem um extremo em V_1 e outro em V_2. Além disso, pela escolha de e, $w(e) \leq w(f)$. Removendo f de $T \cup \{e\}$, obtém-se uma árvore de cobertura mínima cujo peso total não é maior do que antes. Já que T é uma árvore de cobertura mínima, esta nova árvore deve ser também uma árvore de cobertura mínima. ∎

De fato, se os pesos de G são distintos, então a árvore de cobertura mínima é única; deixa-se a justificativa deste fato menos crucial como um exercício (C-13.17). Além disso, veja que a Proposição 13.25 permanece válida mesmo se o grafo G contiver arestas com pesos negativos ou ciclos com pesos negativos, diferentemente dos algoritmos apresentados para caminhos mínimos.

13.6.1 Algoritmo de Kruskal

O motivo de a Proposição 13.25 ser tão importante é que ela pode ser usada como base para construir uma árvore de cobertura mínima. No algoritmo de Kruskal, ela é usada para construir a árvore de cobertura mínima em grupos. Inicialmente, cada vértice é um grupo por si mesmo. O algoritmo então considera cada aresta, em ordem de menor para maior peso. Se uma aresta e conectar dois grupos diferentes, então e é adicionada ao conjunto de arestas da árvore de cobertura mínima, e os dois grupos ligados por e são unidos em um único grupo. Se, por outro lado, e conectar dois vértices que estão no mesmo grupo, então e é descartada. Uma vez que o algoritmo adiciona arestas suficientes para formar uma árvore de cobertura, ele termina e retorna a árvore como uma árvore de cobertura mínima.

O pseudocódigo para o algoritmo de Kruskal para a MST é fornecido no Trecho de Código 13.17 e o funcionamento deste algoritmo é mostrado nas Figuras 13.18, 13.19 e 13.20.

Algoritmo Kruskal (G):
    Entrada: um grafo simples, conexo e ponderado G com n vértices e m arestas.
    Saída: uma árvore de cobertura mínima T para G.
  para cada vértice v em G **faça**
    Defina um grupo elementar $C(v) \leftarrow \{v\}$.
  Inicialize uma fila de prioridade Q para conter todas as arestas em G, usando seus pesos como chaves.
  $T \leftarrow \emptyset$ {T irá conter as arestas da MST}
  enquanto T tem menos de $n-1$ arestas **faça**
    $(u,v) \leftarrow Q.\text{removeMin}(\ )$
    Seja $C(v)$ o grupo contendo v e $C(u)$ o grupo contendo u.
    se $C(v) \neq C(u)$ **então**
      Coloque aresta (v,u) em T.
      Unifique $C(v)$ e $C(u)$ em um grupo.
  retorna a árvore T

Trecho de Código 13.17 Algoritmo de Kruskal para o problema MST.

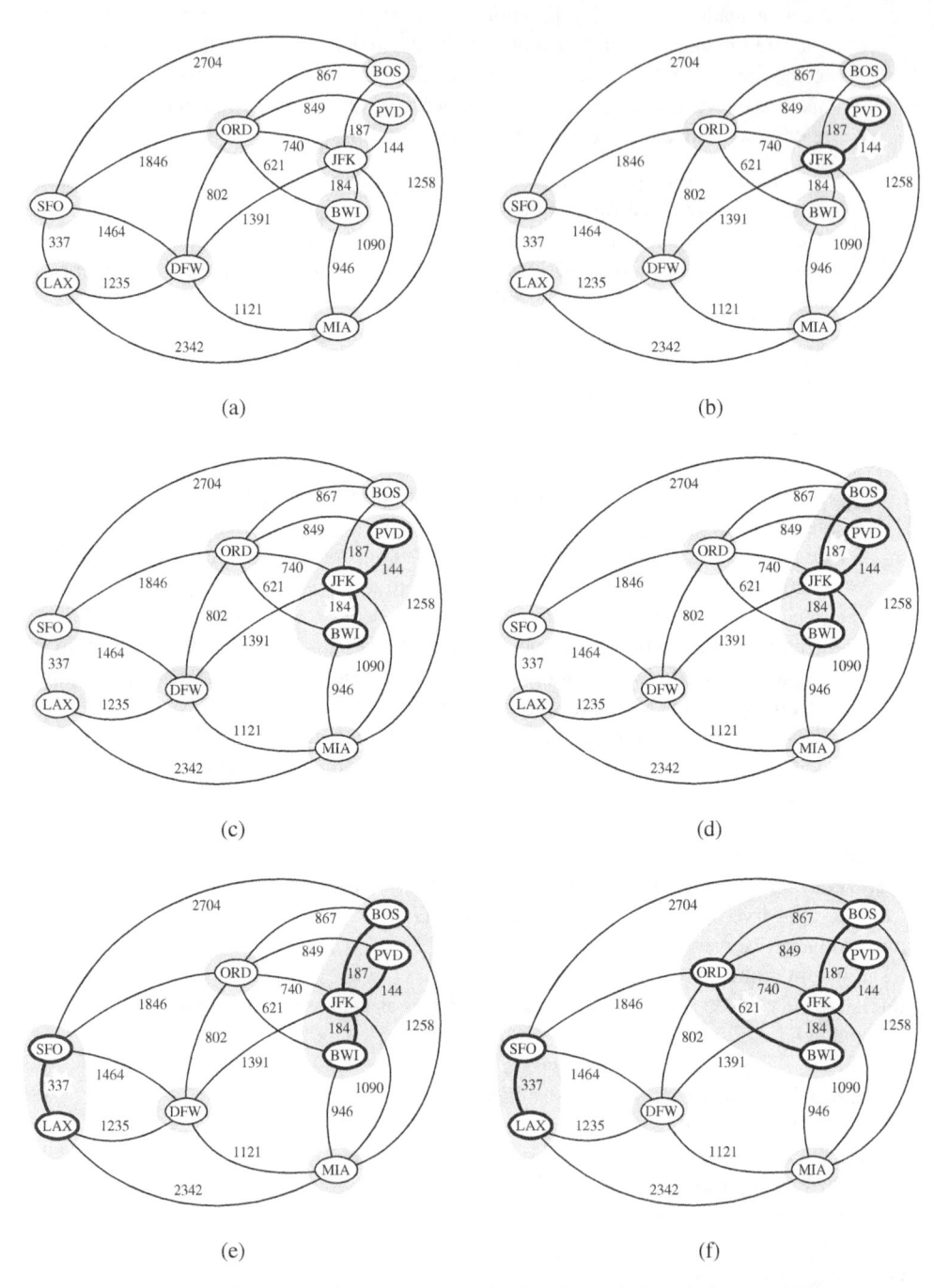

Figura 13.18 Exemplo da execução do algoritmo de Kruskal para MST em um grafo com pesos inteiros. Mostram-se os grupos como regiões sombreadas e salienta-se a aresta sendo examinada a cada iteração. (Continua na Figura 13.19.)

(g) (h)

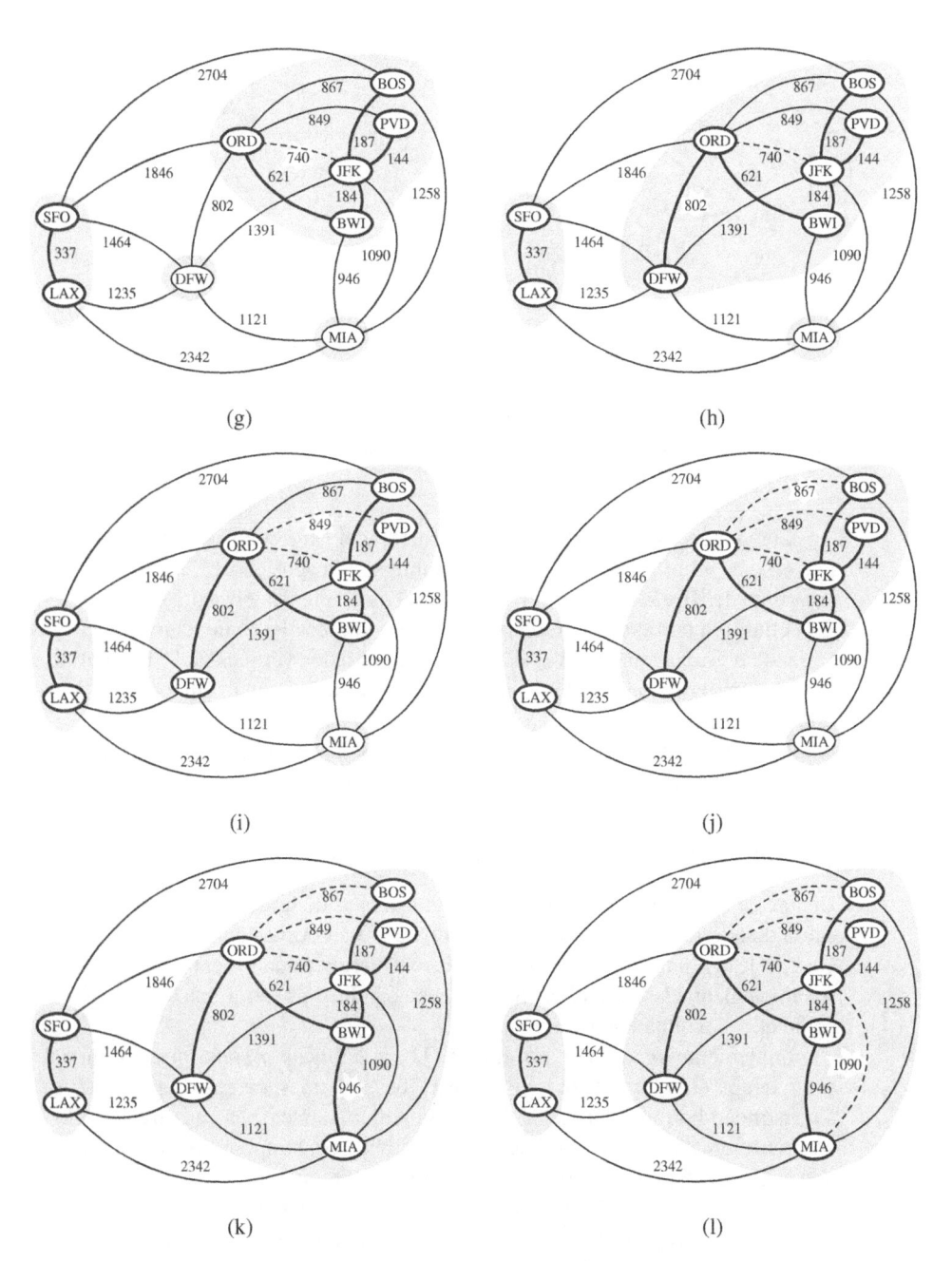

(i) (j)

(k) (l)

Figura 13.19 Exemplo da execução do algoritmo de Kruskal para MST. Arestas rejeitadas são mostradas tracejadas. (Continua na Figura 13.20.)

(m) (n)

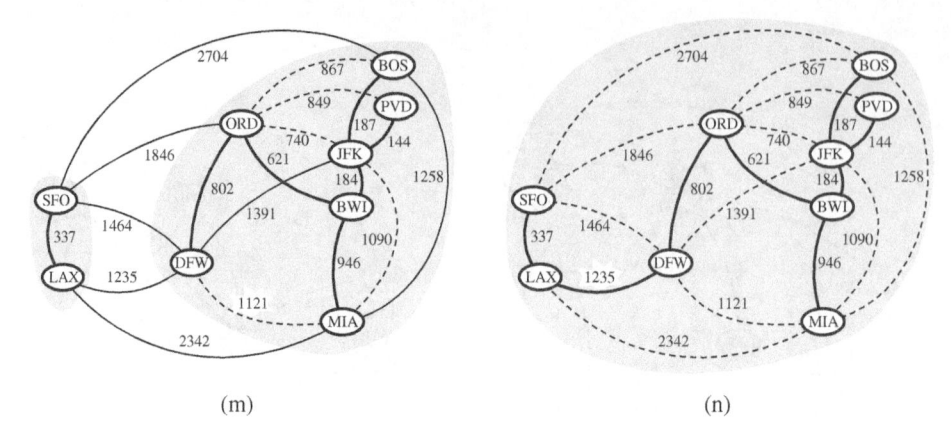

Figura 13.20 Exemplo da execução do algoritmo de Kruskal para MST (continuação). A aresta considerada em (n) une os dois últimos grupos, o que conclui esta execução do algoritmo de Kruskal. (Continuação da Figura 13.19.)

Como mencionado anteriormente, a correção do algoritmo de Kruskal decorre do fato crucial sobre árvores de cobertura mínima, a Proposição 13.25. Toda vez que o algoritmo de Kruskal coloca uma aresta (u,v) na árvore de cobertura mínima T, pode-se definir um particionamento do conjunto de vértices V (como na proposição) com V_1 sendo o grupo contendo v e V_2 contendo o resto dos vértices de V. Isso define claramente um particionamento disjunto dos vértices de V e, mais importante, já que se está retirando as arestas de Q na ordem de seus pesos, e deve ser uma aresta com peso mínimo com um vértice em V_1 e outro em V_2. Assim, o algoritmo de Kruskal sempre adiciona uma aresta válida à árvore de cobertura mínima.

O tempo de execução do algoritmo de Kruskal

Denota-se com n e m o número de vértices e arestas do grafo G, respectivamente. Por causa do alto nível da descrição fornecido para o algoritmo de Kruskal no Trecho de Código 13.17, analisar seu tempo de execução requer que se tenha mais detalhes de sua implementação. Especificamente, deve-se indicar as estruturas de dados usadas e como elas são implementadas.

Implementa-se a fila de prioridade Q com um heap. Assim, pode-se inicializar Q em tempo $O(m \log m)$ por meio de inserções repetidas, ou em tempo $O(m)$ usando a construção bottom-up (ver Seção 8.3.6). Adicionalmente, a cada iteração do laço **enquanto** uma aresta de peso mínimo é removida em tempo $O(\log m)$, que é na realidade $O(\log n)$, pois G é simples. Dessa forma, o tempo total gasto para a execução das operações da fila de prioridade não é mais que $O(m \log n)$.

Pode-se representar cada grupo C usando as estruturas de dados de partição união-procura discutida na Seção 11.4.3. Lembrando, esta estrutura baseada em sequência permite executar uma série de N operações union e find no tempo $O(N \log N)$, e a versão baseada em árvores pode implementar cada uma das séries de operações no tempo $O(N \log^* N)$. Assim, desde que executadas $n - 1$ chamadas ao método union e no máximo m

chamadas ao método find, o tempo total gasto na união dos grupos e para determinar os grupos a que os vértices pertencem não é maior que $O(m \log n)$ usando uma abordagem baseada em sequências ou $O(m \log^* n)$ usando uma abordagem baseada em árvores.

Então, usando argumentos similares a estes para o algoritmo de Dijkstra, conclui-se que o tempo de execução do algoritmo de Kruskal é $O((n + m) \log n)$, que pode ser simplificado como $O(m \log n)$, desde que G seja simples e conexo.

13.6.2 O algoritmo Prim-Jarník

No algoritmo de Prim-Jarník, faz-se crescer uma árvore de cobertura mínima a partir de um único grupo iniciando com um vértice "raiz" v. A ideia principal é similar à do algoritmo de Dijkstra. Inicia-se com um vértice v, definindo a "nuvem" inicial de vértices C. A cada iteração, escolhe-se uma aresta de peso mínimo $e = (v,u)$ conectando um vértice v da nuvem C a um vértice u fora de C. O vértice u é trazido para dentro da nuvem C e o processo se repete até que uma árvore de cobertura seja formada. De novo, o fato crucial sobre árvores de cobertura mínima entra em ação, pois se sempre for escolhida a aresta de menor peso unindo um vértice de C com um vértice fora de C, tem-se certeza de estar sempre adicionando uma aresta válida à MST.

Para implementar eficientemente esta abordagem, pode-se usar outra ideia do algoritmo de Dijkstra. Mantém-se um rótulo $D[u]$ para cada vértice u fora da nuvem C, armazenando o peso da melhor aresta atual unindo u à nuvem C. Estes rótulos nos permitem reduzir o número de arestas que é necessário analisar para decidir qual vértice deve ser unido à nuvem. O pseudocódigo é fornecido no Trecho de Código 13.18.

Algoritmo PrimJarnik (G):
   Entrada: um grafo simples, conexo e ponderado G com n vértices e m arestas.
   Saída: uma árvore de cobertura mínima T para G.
   Escolha qualquer vértice v de G
   $D[v] \leftarrow 0$
   para cada vértice $u \neq v$ **faça**
      $D[u] \leftarrow +\infty$
   Inicialize $T \leftarrow \emptyset$.
   Inicialize uma fila de prioridade Q com um item $((u,\text{null}), D[u])$ para cada vértice u onde (u,null) é o elemento e $D[u]$ é a chave.
   enquanto Q não está vazia **faça**
      $(u,e) \leftarrow Q.\text{removeMin}(\ )$
      Coloque o vértice u e a aresta e em T.
      para cada vértice z adjacente a u tal que z esteja em Q **faça**
         {Faça o relaxamento na aresta (u,z)}
         se $w((u,z)), D[z]$ **então**
            $D[z] \leftarrow w((u,z))$
            Altere para $(z,(u,z))$ o elemento do vértice z em Q.
            Altere para $D[z]$ a chave do vértice z em Q.
   retorna a árvore T

Trecho de Código 13.18 O algoritmo de Prim-Jarník para o problema da MST.

Analisando o algoritmo Prim-Jarník

Sejam n e m o número de vértices e arestas do grafo de entrada G. A implementação do algoritmo de Prim-Jarník tem detalhes similares ao algoritmo de Dijkstra. Implementando a fila de prioridade Q como um heap que suporta os métodos baseados em localizadores (ver Seção 8.4.2), é possível extrair o vértice u a cada iteração em tempo $O(\log n)$. Além disso, pode-se atualizar cada valor de $D[z]$ em tempo $O(\log n)$, o que é feito no máximo uma vez para cada aresta (u, z). Os outros passos de cada iteração podem ser implementados em tempo constante. Assim, o tempo de execução total do algoritmo é $O((n + m) \log n)$, que é $O(m \log n)$.

Ilustrando o algoritmo Prim-Jarník

O algoritmo Prim-Jarník é ilustrado nas Figuras 13.21 a 13.22.

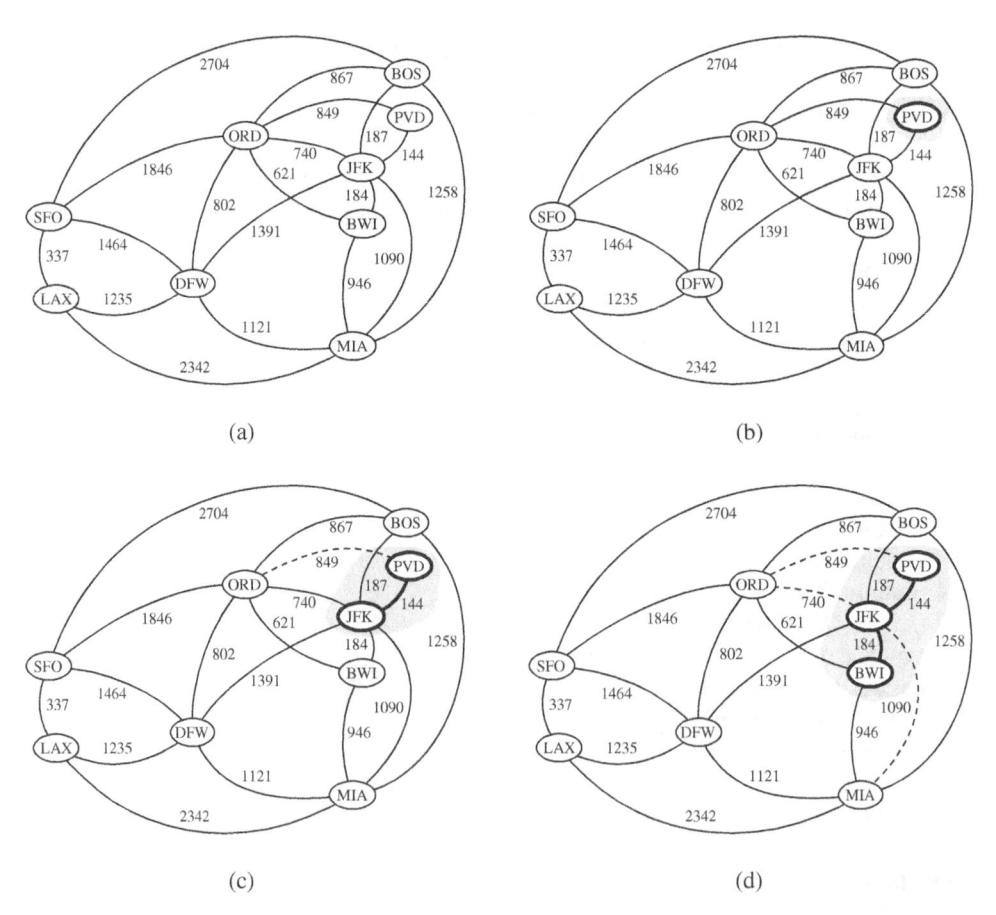

Figura 13.21 Uma ilustração do algoritmo MST Prim-Jarník. (Continua na Figura 13.22.)

(e)   (f)

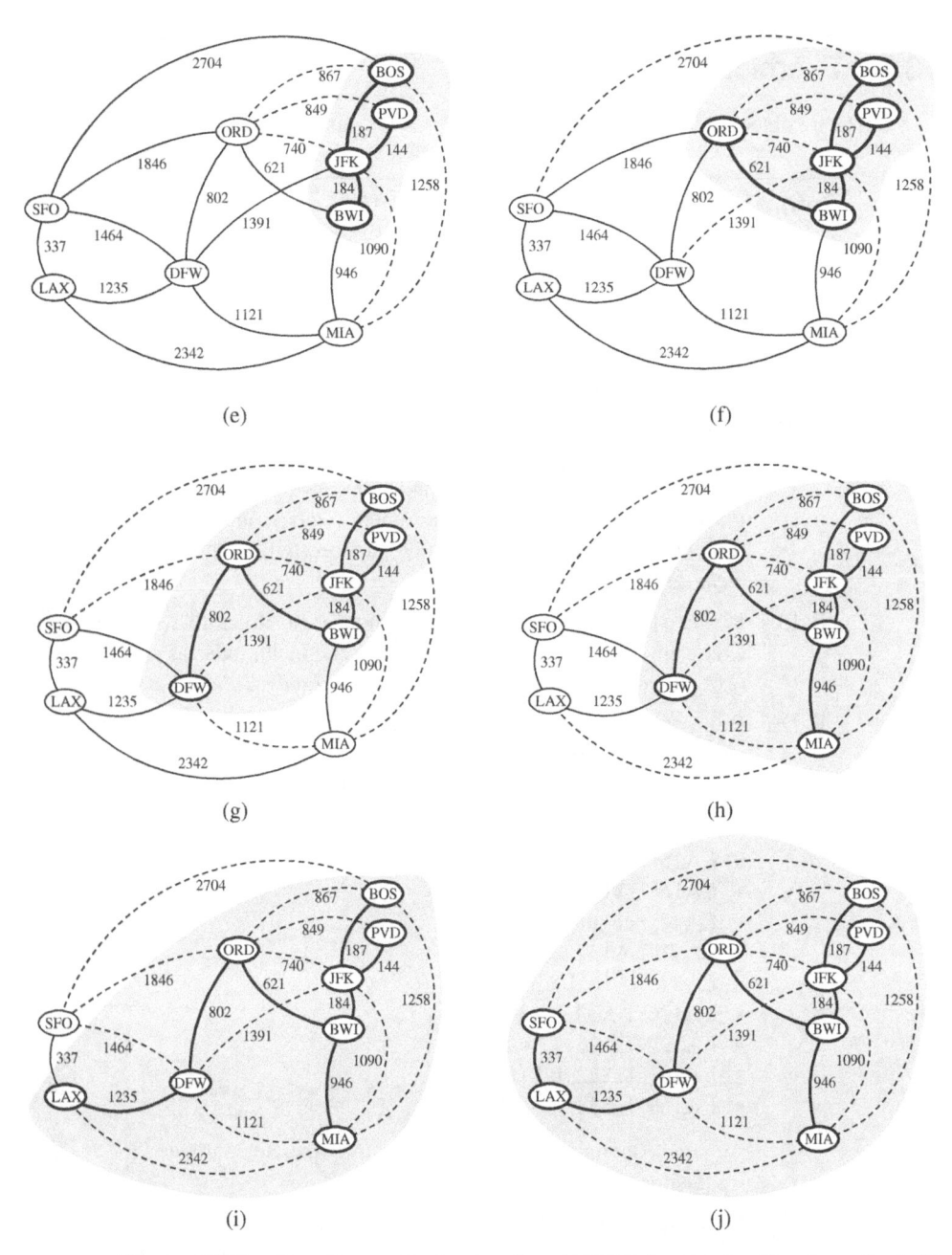

(g)   (h)

(i)   (j)

Figura 13.22 Uma ilustração do algoritmo MST Prim-Jarník. (Continuação da Figura 13.21.)

13.7 Exercícios

Para obter ajuda e o código-fonte dos exercícios, visite www.grupoa.com.br.

Reforço

R-13.1 Desenhe um grafo simples não dirigido G com 12 vértices, 18 arestas e 3 componentes conexos. Por que seria impossível desenhar G com 3 componentes conexos se G tivesse 66 arestas?

R-13.2 Desenhe uma representação de lista de adjacências e uma de matriz de adjacência do grafo não dirigido mostrado na Figura 13.1.

R-13.3 Desenhe um grafo simples conexo e dirigido G com 8 vértices e 16 arestas de forma que o grau de entrada e de saída de cada vértice seja 2. Mostre que existe um único ciclo (não simples) que inclui todas as arestas do grafo, ou seja, que você pode desenhar todas as arestas em suas direções respectivas sem levantar o lápis do papel (este tipo de ciclo é chamado de *ciclo de Euler*).

R-13.4 Repita o problema anterior e remova uma aresta do grafo. Mostre que agora existe um único caminho (não simples) que inclui todas as arestas do grafo (este tipo de caminho é chamado de *caminho de Euler*).

R-13.5 Bob adora línguas estrangeiras e deseja planejar suas matrículas para os próximos anos. Ele está interessado nos nove seguintes cursos de idiomas: LA15, LA16, LA22, LA31, LA32, LA126, LA127, LA141 e LA169. Os pré-requisitos dos cursos são:

- LA15: nenhum
- LA16: LA15
- LA22: nenhum
- LA31: LA15
- LA32: LA16, LA31
- LA126: LA22, LA32
- LA127: LA16
- LA141: LA22, LA16
- LA169: LA32.

Ache a sequência de cursos que permite que Bob satisfaça todos os pré-requisitos.

R-13.6 Suponha que se representou um grafo G com n vértices e m arestas com uma lista de arestas. Por que, neste caso, o método insertVertex é executado em tempo $O(1)$ enquanto o método removeVertex toma tempo $O(m)$?

R-13.7 Seja G um grafo cujos vértices são os inteiros de 1 a 8 e os vértices adjacentes a cada vértice são dados pela tabela abaixo:

vértice	vértice adjacente
1	(2,3,4)
2	(1,3,4)
3	(1,2,4)
4	(1,2,3,6)
5	(6,7,8)
6	(4,5,7)
7	(5,6,8)
8	(5,7)

Assuma que, em um caminhamento de G, os vértices adjacentes a um vértice dado são retornados na mesma ordem em que são listados na tabela acima.

a. Desenhe G.

b. Descreva a sequência de vértices de G visitada usando um DFS, iniciando no vértice 1.

c. Descreva a sequência de vértices de G visitada usando um BFS, iniciando no vértice 1.

R-13.8 Você usaria uma lista de adjacência ou uma matriz de adjacência em cada um dos casos abaixo? Justifique sua escolha.

a. O grafo tem 10.000 vértices e 20.000 arestas, e é importante usar tão pouco espaço quanto possível.

b. O grafo tem 10.000 vértices e 20.000.000 arestas, e é importante usar tão pouco espaço quanto possível.

c. Você deve ter areAdjacent tão rápido quanto possível, sem importar quanto espaço você usa.

R-13.9 Explique por que o DFS tem tempo $O(n^2)$ em um grafo simples de n vértices representado com uma lista de adjacência.

R-13.10 Desenhe o fechamento transitivo do grafo dirigido da Figura 13.2.

R-13.11 Determine uma ordenação topológica para o grafo dirigido desenhado com arestas sólidas na Figura 13.8d.

R-13.12 Pode-se usar uma fila em vez de uma pilha como estrutura de dados auxiliar no algoritmo de ordenação topológica mostrado no Trecho de código 13.13? Justifique.

R-13.13 Desenhe um grafo simples, conexo e ponderado, com 8 vértices e 16 arestas, cada um com um peso diferente. Identifique um vértice como "inicial" e mostre uma execução do algoritmo de Dijkstra nesse grafo.

R-13.14 Mostre como modificar o pseudocódigo do algoritmo de Dijkstra para o caso em que o grafo possa conter arestas paralelas e vértices com arestas para si mesmos.

R-13.15 Mostre como modificar o pseudocódigo do algoritmo de Dijkstra para o caso em que o grafo seja dirigido e se deseje determinar o caminho mínimo dirigido da origem aos outros vértices.

R-13.16 Mostre como modificar o pseudocódigo do algoritmo de Dijkstra não apenas para determinar a distância de v para cada vértice em G, mas também para apresentar uma árvore T com raiz em v de tal forma que o caminho em T de v a um vértice u seja o caminho mínimo em G de v até u.

R-13.17 Existem oito pequenas ilhas em um lago, e o governo deseja construir sete pontes conectando-as de forma que cada ilha possa ser alcançada de qualquer outra ilha por uma ou mais pontes. O custo de construção de uma ponte é proporcional ao seu comprimento. As distâncias entre os pares de ilhas são dados na tabela abaixo.

	1	2	3	4	5	6	7	8
1	–	240	210	340	280	200	345	120
2	–	–	265	175	215	180	185	155
3	–	–	–	260	115	350	435	195
4	–	–	–	–	160	330	295	230
5	–	–	–	–	–	360	400	170
6	–	–	–	–	–	–	175	205
7	–	–	–	–	–	–	–	305
8	–	–	–	–	–	–	–	–

Ache quais pontes devem ser construídas para que o custo das construções seja mínimo.

R-13.18 Desenhe um grafo simples, conexo, não dirigido, ponderado com 8 vértices e 16 arestas, cada uma com um peso único. Ilustre a execução do algoritmo de Kruskal neste grafo. (Observe que existe apenas uma MST para este grafo.)

R-13.19 Repita o problema anterior para o algoritmo de Prim-Jarník.

R-13.20 Considere a implementação com sequências não ordenadas da fila de prioridade Q usada no algoritmo de Dijkstra. Qual é, neste caso, o tempo de execução de melhor caso do algoritmo de Dijkstra em um grafo de n vértices?

R-13.21 Descreva o significado das convenções gráficas usadas na Figura 13.6 ilustrando um caminhamento em profundidade. O que as cores cinza e preto indicam? O que as setas significam? E as linhas mais grossas ou pontilhadas?

R-13.22 Repita o Exercício R-13.21 para a Figura 13.7 ilustrando umBFS.

R-13.23 Repita o Exercício R-13.21 para a Figura 13.9 ilustrando um DFS dirigido.

R-13.24 Repita o Exercício R-13.21 para a Figura 13.10 ilustrando o algoritmo de Floyd-Warshall.

R-13.25 Repita o Exercício R-13.21 para a Figura 13.12 ilustrando o algoritmo de ordenação topológica.

R-13.26 Repita o Exercício R-13.21 para as Figuras 13.14 e 13.15 ilustrando o algoritmo de Dijkstra.

R-13.27 Repita o Exercício R-13.21 para as Figuras 13.18 e 13.20 ilustrando o algoritmo de Kruskal.

R-13.28 Repita o Exercício R-13.12 para as Figuras 13.21 e 13.22 ilustrando o algoritmo de Prim-Jarník.

R-13.29 Quantas arestas estão em fechamento transitivo no grafo que consiste em um simples caminho dirigido de n vértices?

R-13.30 Dada uma árvore binária completa T com n nodos, considere um grafo dirigido $\vec{G}$ que tenha os nodos de T como seus vértices. Para cada par pai-filho de T, crie uma aresta dirigida em $\vec{G}$ a partir do pai para o filho. Mostre que o fechamento transitivo de $\vec{G}$ tem $O(n \log n)$ arestas.

R-13.31 Um simples grafo não dirigido é *completo* se ele contém uma aresta entre todos os pares de vértices distintos. Como será o caminhamento em profundidade em uma árvore de pesquisa de um grafo completo?

R-13.32 Lembrando da definição de um grafo completo do Exercício R-13.31, como será o caminhamento em largura em uma árvore de pesquisa de um grafo completo?

R-13.33 Diz-se que um labirinto é *corretamente construído* se existir um caminho do começo ao fim, o labirinto inteiro é alcançável a partir do início e não existem laços em volta de qualquer porção do labirinto. Dado um labirinto em uma rede de $n \times n$, como é possível determinar se ele foi corretamente construído? Qual é o tempo de execução deste algoritmo?

Criatividade

C-13.1 Diz-se que um grafo acíclico dirigido $\vec{G}$ de n vértices é *compacto* se existir alguma forma de enumerar os vértices de $\vec{G}$ com os inteiros de 0 a $n-1$ sendo que $\vec{G}$ contenha a aresta (i, j) se e somente se $i < j$, para todo i, j em $[0, n-1]$. Apresente um algoritmo que execute no tempo $O(n^2)$ para detectar se $\vec{G}$ é compacto.

C-13.2 Descreva, em pseudocódigo, os detalhes de um algoritmo de tempo $O(n + m)$ para determinar *todos* os componentes conexos de um grafo não dirigido com n vértices e m arestas.

C-13.3 Seja T a árvore de cobertura com raiz no vértice inicial produzido pelo caminhamento em profundidade em um grafo G conexo e não dirigido. Justifique por que toda aresta de G fora de T vai de um vértice em T a um de seus predecessores, ou seja, é uma *aresta de retorno*.

C-13.4 Suponha que se deseja representar um grafo de n vértices usando uma lista de arestas, assumindo que os vértices com os inteiros do conjunto {0, 1,..., $n-1$} sejam identificados. Descreva como implementar o contêiner E para suportar desempenho $O(\log n)$ para o método areAdjacent. Como você vai implementar o método neste caso?

C-13.5 A Universidade Tamarindo e várias outras escolas ao redor do mundo estão envolvidas em um projeto multimídia. Uma rede de computadores é montada para conectar essas escolas usando linhas de comunicação que formam uma árvore livre. As escolas decidem instalar um servidor de arquivos em uma das escolas para compartilhar dados entre todas elas. Como o tempo de transmissão em uma conexão é dominado por sua inicialização e sincronização, o custo da transferência de dados é proporcional ao número de conexões usadas. Assim, é desejável escolher uma escola "central" para o servidor. Dada uma árvore livre T e um nodo v de T, a *excentricidade* de v é o comprimento do maior caminho de v a qualquer outro nodo de T. Um nodo de T com a menor excentricidade é chamado de *centro* de T.

    a. Projete um algoritmo eficiente que, dada uma árvore livre T com n nodos, determina seu centro.

    b. O centro é único? Se não for, quantos centros diferentes uma árvore livre pode ter?

C-13.6 Mostre que se T é uma árvore produzida por BFS para um grafo conexo G, então, para cada vértice v no nível i, o caminho de T entre s e v tem i arestas, e qualquer outro caminho de G entre s e v tem pelo menos i arestas.

C-13.7 O atraso em uma chamada de longa distância pode ser determinado multiplicando-se uma pequena constante pelo número de conexões telefônicas entre os pontos sendo ligados. Suponha que a rede telefônica da companhia RT&T é uma árvore livre. Os engenheiros da RT&T desejam avaliar o maior atraso possível em uma chamada de longa distância. Dada uma árvore livre T, o *diâmetro* de T é o comprimento do caminho mais longo entre dois nodos de T. Forneça um algoritmo eficiente para determinar o diâmetro de T.

C-13.8 Uma companhia chamada RT&T tem uma rede de n estações telefônicas conectadas por m linhas de alta velocidade. O telefone de cada cliente é conectado diretamente a uma estação em sua área. Os engenheiros da RT&T desenvolveram um protótipo de videofone que permite que dois clientes vejam um ao outro durante uma chamada. Para ter uma imagem de qualidade aceitável, no entanto, o número de conexões usado para transmitir os sinais de vídeo entre as partes não pode exceder quatro. Suponha que a rede da RT&T é representada por um grafo. Planeje um algoritmo eficiente que determina, para cada estação, o conjunto de estações que podem ser alcançadas com quatro conexões ou menos.

C-13.9 Explique por que não existem arestas de descoberta fora da árvore produzida por um BFS construído para um grafo dirigido.

C-13.10 Um *ciclo de Euler* de um grafo dirigido $\vec{G}$ com n vértices e m arestas é um ciclo que passa por cada aresta de $\vec{G}$ exatamente uma vez de acordo com sua direção. Um ciclo deste tipo sempre existe se $\vec{G}$ for conexo e o grau de entrada for igual ao grau de saída para cada vértice em $\vec{G}$. Descreva um algoritmo de tempo $O(n + m)$ para achar um ciclo de Euler em um dígrafo $\vec{G}$.

C-13.11 Um conjunto independente de um grafo não dirigido $G = (V, E)$ é um subconjunto I de V tal que dois vértices em I não sejam adjacentes. Ou seja, se u,v estão contidos em I então (u,v) não estão contidos em E. Um **conjunto máximo independente** M é um conjunto independente que, se fôssemos adicionar qualquer vértice adicional a M, então ele não seria mais um conjunto independente. Todo grafo tem um conjunto máximo independente. (Você percebe isso? Essa questão não faz parte do exercício, mas vale a pena pensar sobre ela.) Forneça um algoritmo eficiente que determina um conjunto máximo independente para um grafo G. Qual o tempo de execução do método?

C-13.12 Seja G um grafo não dirigido com n vértices e m arestas. Descreva um algoritmo de tempo $O(n + m)$ para percorrer cada aresta de G exatamente uma vez em cada direção.

C-13.13 Justifique a Proposição 13.14.

C-13.14 Forneça um exemplo de um grafo simples G de n vértices que faz com que o algoritmo de Dijkstra seja executado em tempo $\Omega(n^2 \log n)$ quando for implementado com um heap.

C-13.15 Forneça um exemplo de um grafo ponderado e dirigido $\vec{G}$ com arestas de peso negativo, mas sem um ciclo de peso negativo, de tal forma que o algoritmo de Dijkstra avalia incorretamente os caminhos mínimos desde um dado vértice v.

C-13.16 Considere a seguinte estratégia gulosa para achar o caminho mínimo do vértice *início* ao vértice *objetivo* em um dado grafo conexo.

1: Inicialize *caminho* com *início*.

2: Inicialize *VérticesVisitados* com {*início*}.

3: Se *início* = *objetivo*, retorne caminho e termine. Em caso contrário, continue.

4: Encontre a aresta (*início*,v) de peso mínimo tal que v seja adjacente a início e v não esteja em *VérticesVisitados*.

5: Adicione v a *caminho*.

6: Adicione v a *VérticesVisitados*.

7: Faça *início* = v e vá para o passo 3.

Essa estratégia gulosa sempre encontra o caminho mínimo de *início* até *objetivo*? Explique por que ele funciona, ou forneça um contraexemplo.

C-13.17 Mostre que se todos os pesos em um grafo conexo ponderado G forem distintos, então existe exatamente uma árvore de cobertura mínima para G.

C-13.18 Forneça um algoritmo eficiente para determinar o caminho **máximo** dirigido $\vec{G}$ de um vértice s a um vértice t em um dígrafo ponderado acíclico. Especifique a representação do grafo usada e quaisquer estruturas de dados usadas. Também analise a complexidade de seu algoritmo.

C-13.19 Suponha que você recebe um diagrama de uma rede telefônica, que é um grafo G cujos vértices representam centrais e cujas arestas representam ligações entre essas centrais. As arestas são marcadas por suas capacidades de transmissão. A capacidade de transmissão de um caminho é a menor capacidade de transmissão de uma aresta do caminho. Forneça um algoritmo que, dado um diagrama da rede e duas centrais a e b, fornece a máxima capacidade de transmissão entre a e b.

C-13.20 Redes de computadores devem evitar pontos de falha, isto é, nodos da rede que podem desconectar a rede se eles falharem. Diz-se que um grafo conexo é **biconexo** se ele não contém vértices que removidos dividiriam G em dois ou mais componentes conexos. Apresente um algoritmo que execute no tempo $O(n + m)$ para adicionar no máximo n arestas a um grafo conexo G com $n \geq 3$ vértices e $m \geq n-1$ arestas, para garantir que G seja biconexo.

C-13.21 A NASA deseja interligar n estações espalhadas nos Estados Unidos usando canais de comunicação. Cada par de estações tem uma capacidade de transmissão de mensagens diferente, que são conhecidas de antemão. A NASA deseja escolher $n-1$ canais (o mínimo possível) de tal forma que todas as estações estejam ligadas pelos canais de transmissão e a capacidade de transmissão total seja máxima. Forneça um algoritmo eficiente para este problema e determine sua complexidade de pior caso. Considere o grafo ponderado $G = (V, E)$ onde V é o conjunto de estações e E é o conjunto de canais entre as estações. Defina o peso $w(e)$ de uma aresta $e \in E$ como a capacidade de transmissão do canal correspondente.

C-13.22 Suponha que você receba uma *tabela de horários* que consiste em:
- um conjunto $\mathcal{A}$ de n aeroportos, e para cada aeroporto $a \in \mathcal{A}$ um tempo mínimo de conexão $c(a)$;
- um conjunto $\mathcal{F}$ de m voos e para cada voo $f \in \mathcal{F}$:
  o um aeroporto de origem $a_1(f) \in \mathcal{A}$;
  o um aeroporto de destino $a_2(f) \in \mathcal{A}$;
  o hora de saída $t_1(f)$;
  o hora de chegada $t_2(f)$.

Descreva um algoritmo eficiente para o problema do escalonamento dos voos. Neste problema, recebemos os aeroportos a e b, o tempo t e desejamos calcular a sequência de voos que nos permite chegar o mais rápido possível a b saindo de a no tempo t ou mais tarde. O tempo mínimo de conexão nos aeroportos intermediários deve ser observado. Qual o tempo de execução de seu algoritmo em função de n e m?

C-13.23 No interior do Castelo de Asymptopia existe um labirinto, e em cada passagem do labirinto há uma sacola de moedas de ouro. A quantidade de ouro em cada sacola varia. Um nobre cavalheiro, chamado Sir Paul, terá a oportunidade de caminhar no labirinto recolhendo sacolas de ouro. Ele deverá entrar pela porta marcada "Entrada" e sair pela porta marcada "Saída". Quando estiver no labirinto, ele não poderá voltar por onde veio. Cada corredor do labirinto tem uma seta pintada na parede. Sir Paul só poderá andar seguindo a direção das setas. Não existe maneira de fazer uma "volta" no labirinto. Dado um mapa do labirinto, incluindo as quantidades de ouro e as direções dos corredores, descreva um algoritmo para ajudar Sir Paul a recolher o máximo de ouro.

C-13.24 Seja um dígrafo $\vec{G}$ ponderado com n vértices. Proponha uma variação do algoritmo de Floyd-Warshall para determinar os comprimentos dos caminhos mínimos de cada vértice a cada outro vértice. Seu algoritmo deve ser executado em tempo $O(n^3)$.

C-13.25 Suponha que recebemos um grafo dirigido $\vec{G}$ com n vértices e seja M a matriz de adjacência $n \times n$ correspondente a $\vec{G}$.

a. Seja o produto de M consigo mesma (M^2) definido, para $1 \leq i, j \leq n$, como segue:

$$M^2(i,j) = M(i,1) \odot M(1,j) \oplus \cdots \oplus M(i,n) M(n,j),$$

onde "$\oplus$" é o operador booleano **ou** e "$\odot$" é o operador booleano **e**. Dada esta definição, o que $M^2(i,j) = 1$ informa sobre os vértices i e j? E se $M^2(i,j) = 0$?

b. Suponha que M^4 é o produto de M^2 consigo mesma. O que representam as entradas de M^4? E as entradas de $M^5 = (M^4)(M)$? Em geral, que informação está contida na matriz M^p?

c. Suponha que $\vec{G}$ é ponderado e assuma o seguinte:

1. para $1 \leq i \leq n, M(i,i) = 0$.
2. para $1 \leq i, j \leq n, M(i,j) = weight(i,j)$ se (i,j) está em E.
3. para $1 \leq i, j \leq n, M(i,j) = \infty$ se (i,j) não está em E.

Também defina M^2 para $1 \leq i, j \leq n$, como segue:

$$M^2(i,j) = \min\{M(i,j) + M(1,j),..., M(i,n) + M(n,j)\}.$$

Se $M^2(i,j) = k$, o que se pode concluir sobre a relação entre os vértices i e j?

C-13.26 Um grafo G é **bipartido** se seus vértices podem ser divididos em dois conjuntos X e Y sendo que toda aresta de G tem um vértice final em X e outro em Y. Projete e analise um algoritmo eficiente para determinar se um grafo não dirigido G é bipartido (sem ter o conhecimento dos conjuntos X e Y).

C-13.27 Um método MST antigo, chamado **algoritmo de Barůvka**, trabalha sobre um grafo G com n vértices e m arestas com pesos distintos:

Seja T um subgrafo de G inicialmente contendo apenas os vértices de V.
enquanto T tem menos que $n-1$ arestas **faça**
  para cada componente conexo C_i de T **faça**
    Procure a aresta com menor peso (v,u) de E com v C_i e u C_i.
    Adicione (v,u) em T (a menos que ele já esteja em T).
retorna T

Argumente por que este algoritmo está correto e por que ele executa no tempo $O(m \log n)$.

C-13.28 Seja G um grafo com n vértices e m arestas sendo que todos os pesos das arestas em G sejam inteiros no intervalo $[1,n]$. Apresente um algoritmo para procurar as árvores de cobertura mínimas de G no tempo $O(m \log^* n)$.

Projetos

P-13.1 Escreva uma classe implementando um TAD simplificado para grafos que têm os métodos relevantes para grafos não dirigidos e que não inclui métodos de atualização, usando uma matriz de adjacência. Sua classe deve incluir um método construtor que recebe duas coleções (por exemplo, sequências) – uma coleção V de vértices e uma coleção E de pares de vértices – e produz o grafo G que estas duas coleções representam.

P-13.2 Implemente o TAD simplificado descrito no Projeto P-13.1 usando uma lista de adjacências.

P-13.3 Implemente o TAD simplificado descrito no Projeto P-13.1 usando uma lista de arestas.

P-13.4 Estenda a classe do Projeto P-13.2 para suportar todos os métodos do TAD grafo (incluindo métodos para arestas dirigidas).

P-13.5 Implemente um BFS genérico usando o padrão de métodos templates.

P-13.6 Implemente o algoritmo de ordenação topológica.

P-13.7 Implemente o algoritmo de Floyd-Warshall para o fechamento transitivo.

P-13.8 Planeje uma comparação experimental de vários DFS em relação ao algoritmo de Floyd-Warshall para determinar o fechamento transitivo de um dígrafo.

P-13.9 Implemente o algoritmo de Kruskal assumindo que os pesos das arestas sejam inteiros.

P-13.10 Implemente o algoritmo de Prim-Jarník assumindo que os pesos das arestas sejam inteiros.

P-13.11 Realize uma comparação experimental de dois dos algoritmos para MST discutidos neste capítulo (Kruskal e Prim-Jarník). Desenvolva um conjunto de experimentos para testar os tempos de execução dos algoritmos usando grafos gerados aleatoriamente.

P-13.12 Uma forma de construir um **labirinto** inicia com uma matriz de $n \times n$, sendo que cada célula da matriz é cercada por quatro paredes de tamanho único. Então removem-se duas paredes de tamanho único para representar o início e o final. Para cada parede restante que não seja fronteira, define-se um valor randômico e cria-se um grafo G, chamado de **dual**, sendo que cada célula seja um vértice em G e exista uma aresta ligando os vértices de duas células se e somente se as células compartilharem uma parede em comum. O peso de cada aresta é o peso da parede correspondente. Constrói-

-se o labirinto pela procura de uma árvore de cobertura mínima T em G e removem-se todas as paredes correspondentes às arestas de T. Escreva um programa que use este algoritmo para gerar labirintos e então solucione-os. De forma resumida, seu programa deverá desenhar o labirinto e, idealmente, ele deverá visualizar sua solução.

P-13.13 Escreva um programa que crie as tabelas de roteamento para os nodos de uma rede de computadores, baseado na rota do menor caminho, onde a distância é medida pelo contador de saltos, isto é, o número de aresta em um caminho. A entrada deste problema é a informação de conectividade para todos os nodos em uma rede, como no exemplo a seguir:

241.12.31.14: 241.12.31.15 241.12.31.18 241.12.31.19

que indica três nodos de rede que estão conectados a 241.12.31.14, isto é, três nodos que estão um salto adiante. A tabela de roteamento para o nodo no endereço A é o conjunto de pares (B,C), que indicam que para transferir uma mensagem de A para B, o próximo nodo para enviar (no menor caminho entre A e B) é o C. Seu programa deverá ter como saída a tabela de roteamento para cada nodo em uma rede, dada como entrada a lista de conectividade de nodos, cada qual é a entrada com a sintaxe apresentada acima, uma por linha.

Observações sobre o capítulo

O método de caminhamento em profundidade é parte do folclore da computação, mas Hopcroft e Tarjan [48, 90] foram aqueles que mostraram o quanto esse algoritmo é útil para resolver vários problemas diferentes de grafos. Knuth [62] discute o problema da ordenação topológica. O algoritmo simples de tempo linear que foi descrito para determinar se um grafo dirigido é fortemente conexo é de Kosaraju. O algoritmo de Floyd-Warshall é descrito em um artigo de Floyd [33] e se baseia em um teorema de Warshall [98]. O método de coleta de lixo por marcação e varredura é um dos muitos algoritmos diferentes para coleta de lixo. Recomenda-se ao leitor interessado no estudo da coleta de lixo a consulta ao livro de Jones [55]. Para aprender sobre diferentes métodos para desenho de grafos, veja o capítulo de Tamassia e Liotta [88], e o livro de Di Battista, Eades, Tamassia e Tollis [28]. O primeiro algoritmo conhecido para a árvore de cobertura mínima é de Barvka [9] e foi publicado em 1926. O algoritmo de Prim-Jarník foi primeiro publicado em tcheco por Jarník [54] em 1930, e em inglês, em 1957, por Prim [82]. Kruskal publicou seu algoritmo para a árvore de cobertura mínima em 1956 [65]. O leitor interessado em mais estudo sobre o problema da árvore de cobertura mínima pode consultar o artigo de Graham e Hell [43]. O algoritmo assintoticamente mais rápido até o momento para a árvore de cobertura mínima é um método randomizado de Karger, Klein e Tarjan [56] que tem tempo esperado $O(m)$.

Dijkstra [29] publicou seu algoritmo para caminho mínimo com origem única em 1959. O leitor interessado em um estudo mais profundo sobre grafos pode consultar os livros de Ahuja, Magnanti e Orlin [6], Cormen, Leiserson e Rivest [25], Even [31], Gibbons [37], Mehlhorn [75], Tarjan [91] e o capítulo de van Leeuwen [94]. O tempo de execução para os algoritmos de Prim-Jarník e de Dijkstra pode ser melhorado até tornar-se $O(n \log(n + m))$ implementando-se a fila de prioridade Q com uma de duas estruturas de dados mais sofisticadas, o "Fibonacci Heap" [35] ou o "Relaxed Heap" [30].

Capítulo 14

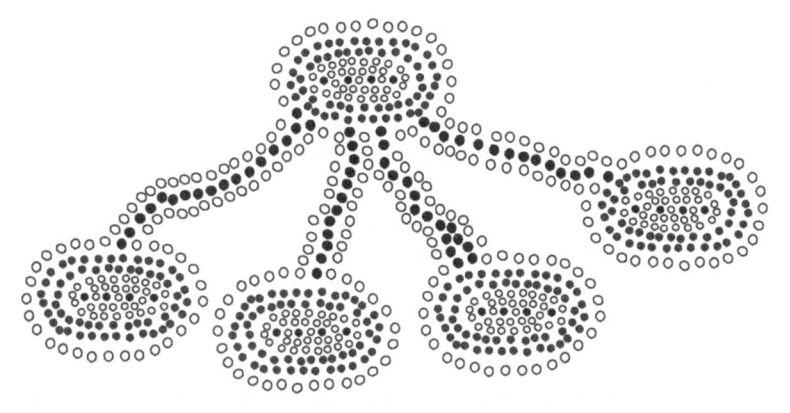

Memória

Sumário

14.1 Gerenciamento de memória 668
    14.1.1 Pilhas na máquina virtual de Java 668
    14.1.2 Alocando espaço na memória heap 671
    14.1.3 Coleta de lixo 673
14.2 Memória externa e caching 675
    14.2.1 A hierarquia de memória 675
    14.2.2 Estratégias de cache 677
14.3 Pesquisa externa e árvores B 681
    14.3.1 Árvores (a,b) 682
    14.3.2 Árvores B 684
14.4 Ordenando memória externa 685
    14.4.1 Merge genérico 686
14.5 Exercícios 687

14.1 Gerenciamento de memória

Para implementar qualquer estrutura de dados em um computador real, precisa-se usar a memória do computador. Memória do computador é simplesmente uma sequência de *palavras* da memória, e cada qual consiste em 4, 8 ou 16 bytes (dependendo do computador). Essas palavras da memória são enumeradas de 0 a $N-1$, onde N é o número de palavras de memória disponíveis no computador. O número associado com cada memória de computador é conhecido como *endereço*. Assim, a memória em um computador pode ser visualizada como basicamente um arranjo gigante de palavras de memória. Usar essa memória para construir estruturas de dados (e execução de programas) requer que se *gerencie* a memória do computador para fornecer o espaço necessário para os dados – incluindo variáveis, nodos, apontadores, arranjos e cadeia de caracteres – e para os programas executarem. O básico do gerenciamento de memória será discutido nesta seção.

14.1.1 Pilhas na máquina virtual de Java

Um programa Java é normalmente compilado em uma sequência de códigos byte que são definidos como instruções de "máquina" para um modelo bem formado – a *máquina virtual Java* (**JVM**). A definição da JVM é o coração da definição da linguagem Java. Pela compilação do código Java no código de bytes da JVM, preferencialmente na linguagem de máquina de uma CPU específica, um programa Java pode ser executado em qualquer computador, como um computador pessoal ou um servidor, que tem um programa que pode emular a JVM. De forma interessante, a estrutura de dados pilha tem um papel central na definição da JVM.

A pilha de métodos Java

Pilhas têm uma importante aplicação no ambiente de execução de programas Java. Uma execução de programa Java (mais precisamente, uma execução de uma thread Java) tem uma pilha privada, chamada de *pilha de métodos Java*, ou simplesmente *pilha Java*, que é usado para manter a trilha das variáveis locais e outras informações importantes dos métodos como eles são invocados durante a execução. (Ver Figura 14.1.)

Mais especificamente, durante a execução de um programa Java, a máquina virtual Java (JVM) mantém uma pilha cujos elementos são descritores das invocações dos métodos correntes (isto é, não finalizadas). Esses descritores são chamados *frames*. Um frame para alguma invocação de um método "fool" armazena os valores correntes das variáveis locais e os parâmetros do método fool, bem como as informações do método "cool" que chamou fool e o que necessita ser retornado pelo método "cool".

Mantendo a trilha do contador do programa

A JVM mantém uma variável especial, chamada de *contador do programa*, para manter o endereço do comando que a JVM está executando no momento em um programa. Quando um método "cool" invoca outro método "fool", o valor corrente do

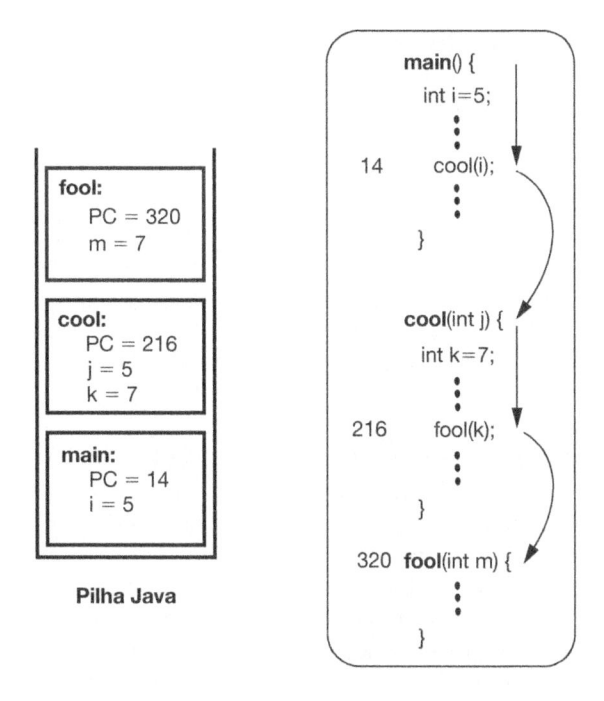

```
                                    main() {
                                      int i=5;
                                       ⋮
   ┌──────────────┐            14    cool(i);
   │ fool:        │                   ⋮
   │ PC = 320     │                  }
   │ m = 7        │
   └──────────────┘
                                    cool(int j) {
   ┌──────────────┐                    int k=7;
   │ cool:        │                     ⋮
   │ PC = 216     │           216    fool(k);
   │ j = 5        │                    ⋮
   │ k = 7        │                  }
   └──────────────┘
   ┌──────────────┐           320    fool(int m) {
   │ main:        │                    ⋮
   │ PC = 14      │                  }
   │ i = 5        │
   └──────────────┘
     Pilha Java                     Programa Java
```

Figura 14.1 Um exemplo de uma pilha de métodos Java: método fool chamado pelo método cool que anteriormente foi invocado pelo método main. Observe os valores do contador do programa, parâmetros e variáveis locais armazenadas na pilha de frames. Quando a invocação do método fool termina, a invocação do método cool será retomada na execução da instrução 217, que é obtida pelo incremento do valor do contador do programa armazenado na pilha de frames.

contador do programa é armazenado no frame da invocação corrente de cool (assim, a JVM saberá para onde retornar quando o método fool for finalizado). No topo da pilha Java está o frame do ***método de execução***, isto é, o método que tem o controle da execução. Os elementos restantes da pilha são frames dos ***métodos suspensos***, ou seja, métodos que têm invocado outro método e estão esperando para retornar o controle para suas finalizações. A ordem dos elementos na pilha correspondem à cadeia de invocações dos métodos atualmente ativos. Quando um novo método é invocado, um frame para este método é empilhado na pilha. Quando ele termina, seu frame é desempilhado e a JVM retoma o processamento do método anteriormente suspenso.

Entendendo a passagem de parâmetros por valor

A JVM usa a pilha Java para executar a passagem de parâmetros nos métodos. Especificamente, Java usa o protocolo ***passagem por valor*** (*call-by-value*). Isso significa que o ***valor*** corrente de uma variável (ou expressão) é que é passado como um argumento para uma chamada de método.

No caso de uma variável *x* de um tipo primitivo, como um int ou float, o valor corrente de *x* é simplesmente um número que é associado a *x*. Quando um valor é passado para a chamada do método, ele é assinalado para uma variável local no frame da chamada do método. (Essa simples atribuição também é ilustrada na Figura 14.1.) Se a chamada ao método altera o valor desta variável local, ela **não** alterará o valor da variável na chamada do método.

Entretanto, no caso da uma variável *x* que refere a um objeto, o valor corrente de *x* é o endereço de memória do objeto *x*. (Esse assunto será abordado mais profundamente na Seção 14.1.2.) Dessa forma, quando o objeto *x* é passado como um parâmetro para algum método, o endereço de *x* é realmente passado. Quando este endereço é atribuído a alguma variável local *y* na chamada do método, *y* referenciará ao mesmo objeto que *x* se refere.

Então, se a chamada ao método altera o estado interno do objeto a que *y* se refere, ele simultaneamente será alterado no objeto a que *x* se refere (que é o mesmo objeto). Apesar disso, se a chamada do programa altera *y* para se referenciar a outro objeto, *x* continuará inalterado – ele continuará se referindo ao mesmo objeto que ele se referenciava anteriormente.

Dessa forma, a pilha de métodos Java é usada pela JVM para implementar chamadas aos métodos e passagem de parâmetros. A propósito, pilhas de métodos não são uma característica específica de Java. Elas são usadas nos ambientes de execução das mais modernas linguagens de programação, incluindo C e C++.

A pilha de operandos

De forma interessante, existe realmente outro local onde a JVM usa uma pilha. Expressões aritméticas, como $((a + b) * (c + d))/e$, são avaliadas pela JVM usando uma pilha de operandos. Uma simples operação binária, como $a + b$, é computada pelo empilhamento de *a*, empilhamento de *b* e então a chamada a uma instrução que desempilha do topo dois itens, executa a operação binária sobre eles e empilha o resultado. Da mesma forma, instruções para escrever e ler elementos na memória envolvem o uso dos métodos pop e push para o operando pilha. Assim, a JVM usa uma pilha para avaliar expressões matemáticas em Java.

Na Seção 7.3.6, foi descrito como avaliar uma expressão matemática usando um caminhamento pós-fixado, que é exatamente o algoritmo que a JVM usa. Foi descrito que o algoritmo em uma forma recursiva não é uma forma explícita do uso do operando pilha. Todavia, esta descrição recursiva é equivalente à versão não recursiva baseada no uso de um operando pilha.

Implementando a recursão

Um dos benefícios do uso de uma pilha para implementar a invocação de métodos é que ela permite que os programas utilizem **recursão**. Isto é, ela permite que um método possa chamar a si mesmo, como discutido na Seção 3.5. De forma interessante, antigas linguagens de programação, como Cobol e Fortran, originalmente não usavam pilhas de execução para implementar chamada a métodos e procedimentos. Porém, por causa da elegância e eficiência que a recursão oferece, todas as linguagens de programação modernas, incluindo versões modernas de linguagens clássicas como Cobol e Fortran, utilizam uma pilha de execução para chamada a métodos e procedimentos.

Na execução de um método recursivo, cada caixa de marca de recursão corresponde a um frame da pilha de métodos Java. Além disso, o conteúdo da pilha de métodos Java corresponde à cadeia de caixas de uma invocação inicial de método a invocação corrente.

Para ilustrar melhor como uma pilha de execução permite métodos recursivos, considera-se uma implementação Java de uma definição clássica recursiva da função fatorial,

$$n! = n(n - 1)(n - 2)\cdots 1,$$

como mostrado no Trecho de Código 14.1.

```
public static long factorial(long n) {
  if (n <= 1)
    return 1;
  else
    return n*factorial(n-1);
}
```

Trecho de Código 14.1 Método recursivo para o factorial.

Na primeira vez em que se chama o método factorial, sua pilha se ajusta para incluir uma variável local para armazenar o valor n. O método factorial( ) chama recursivamente ele próprio para calcular $(n - 1)!$, que empilha um novo frame na pilha de execução Java. Um após o outro, estas chamadas recursivas calculam $(n - 2)!$, etc. A cadeia de invocações recursivas e, dessa forma, a pilha de execução, somente cresce para o tamanho n, porque a chamada a factorial(1) retorna 1 imediatamente sem invocar ele próprio recursivamente. A pilha de execução permite que o método factorial( ) exista simultaneamente em vários frames ativos (no máximo n vezes). Cada frame armazena o valor do seu parâmetro n bem como o valor retornado. Eventualmente, quando a primeira chamada recursiva termina, ela retorna $(n - 1)!$, que é então multiplicado por n para calcular $n!$ da chamada original do método factorial.

14.1.2 Alocando espaço na memória heap

Tem-se realmente discutido (na Seção 14.1.1) como a máquina virtual Java aloca espaços variáveis locais de métodos nos frames dos métodos na pilha de execução Java. Entretanto, a pilha Java não é o único tipo de memória disponível para dados do programa em Java.

Alocação de memória dinâmica

Memória para um objeto também pode ser alocada dinamicamente durante uma execução de método, tendo o método utilizando um operador **novo** criado em Java. Por exemplo, a seguinte comando Java cria um arranjo de inteiros cujo tamanho é dado pelo valor da variável *k*:

    int[ ] items = **new** int[k];

O tamanho do arranjo acima é conhecido somente em tempo de execução. Entretanto, o arranjo pode continuar a existir mesmo depois do método que o criou terminar. Assim, a memória para este arranjo não pode ser alocada na pilha Java.

A memória heap

Em vez de usar a pilha Java para este objeto da memória, Java usa a memória de outra área de armazenamento – a ***memória heap*** (que não deve ser confundida com a estrutura de dados "heap" apresentada no Capítulo 8). Essa e outras áreas de memória estão ilustradas em uma máquina virtual Java na Figura 14.2. O espaço disponível na memória heap é dividido em ***blocos***, que são "pedaços" contíguos de memória como arranjos que podem ter tamanho variável ou fixo.

Para simplificar a discussão, assume-se que os blocos na memória heap são de tamanho fixo, por exemplo, 1.024 bytes, grandes o suficiente para comportar qualquer objeto que se queira criar. (O tratamento eficiente do caso mais geral é realmente um problema de pesquisa interessante.)

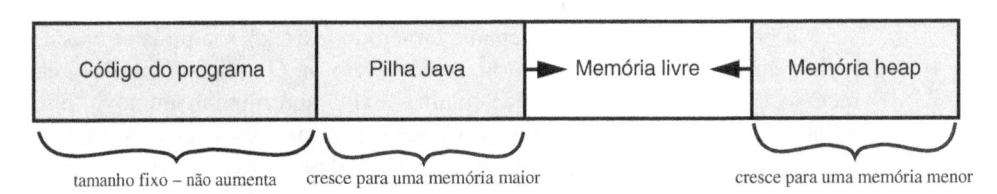

| Código do programa | Pilha Java | → Memória livre ← | Memória heap |

    tamanho fixo – não aumenta   cresce para uma memória maior   cresce para uma memória menor

Figura 14.2 Uma visão esquemática do leiaute dos endereços de memória na máquina virtual Java.

Algoritmos de alocação de memória

A definição da máquina virtual Java requer que a memória heap esteja disponível para alocar memória rapidamente para novos objetos, porém ela não especifica a estrutura de dados que se deve utilizar para fazer isso. Um método popular é manter "porções" contíguas de memória livre disponível em uma lista duplamente encadeada, chamada de ***lista livre***. As conexões que unem estas "porções" são armazenadas nas próprias porções, desde que sua memória não esteja sendo usada. À medida que a memória é alocada e desalocada, o conjunto de porções na lista é alterado, e a memória não utilizada é compartimentada em porções separadas por blocos de memória usada. Esta separação de memória não utilizada em porções separadas é conhecida como ***fragmentação***. Claro que se gostaria de minimizar a fragmentação o máximo possível.

Existem dois tipos de fragmentação que podem ocorrer. ***Fragmentação interna*** ocorre quando uma porção de um bloco de memória alocado não está realmente sendo usado. Por exemplo, um programa pode requisitar um arranjo de tamanho 1.000, porém somente usa as primeiras 100 posições deste arranjo. Não há muito que um ambiente de execução possa fazer para reduzir a fragmentação interna. **Fragmentação externa**, por outro lado, ocorre quando existe uma quantidade significante de memória não usada entre vários blocos contíguos de memória alocada. Desde que o ambiente de execução tenha o controle sobre onde alocar memória quando isto é requisitado (por exemplo, quando a palavra-chave **new** é usada em Java), o ambiente de execução deverá alocar memória em uma forma que tente reduzir a fragmentação externa o máximo possível.

Várias heurísticas têm sido sugeridas para alocação de memória em um heap de forma a minimizar a fragmentação externa. O *algoritmo best-fit* pesquisa toda a lista livre para procurar porções cujo tamanho é o mais próximo da quantidade de memória que está sendo requisitada. O *algoritmo first-fit* pesquisa a partir do início da lista livre, procurando a primeira porção que é grande o suficiente para a quantidade de memória que está sendo requisitada. O *algoritmo next-fit* é similar, pois também pesquisa a lista livre para buscar a primeira porção que é grande o suficiente, porém ele inicia sua pesquisa por onde encerrou anteriormente, verificando a lista livre como uma lista encadeada circular (Seção 3.4.1). O *algoritmo worst-fit* pesquisa na lista livre para encontrar a maior porção disponível de memória, o que pode ser feito mais rápido que uma pesquisa por toda a lista livre se esta lista for mantida como uma fila de prioridade (Capítulo 8). Em cada algoritmo, a quantidade requisitada de memória é subtraída da porção de memória escolhida e a parte restante da porção é retornada para a lista livre.

Ainda que possa soar bem em um primeiro momento, o algoritmo best-fit tende a produzir a pior fragmentação externa, já que as partes restantes das porções escolhidas tendem a ser menores. O algoritmo first-fit é rápido, porém ele tende a produzir uma quantidade grande de fragmentação externa no início da lista livre, que reduzirá a velocidade de pesquisas futuras. O algoritmo next-fit espalha a fragmentação de forma mais justa na memória heap, mantendo assim os tempos de pesquisa baixos. Entretanto, este espalhamento também cria maior dificuldade de alocar grandes blocos. O algoritmo worst-fit tenta evitar este problema mantendo seções contíguas de memória livre o máximo possível.

14.1.3 Coleta de lixo

Em algumas linguagens, como C e C++, o espaço de memória para objetos deve ser explicitamente desalojado pelo programador, o que é uma responsabilidade muitas vezes negligenciada por programadores iniciantes e é a fonte de erros frustrantes de programação até para programadores experientes. Em vez disso, os projetistas da linguagem Java colocaram a carga do gerenciamento de memória totalmente no ambiente de execução.

Como mencionado anteriormente, a memória para objetos é alocada na memória heap e o espaço para as variáveis de instância de um programa Java em execução são colocadas em suas pilhas de métodos, uma para cada processo de execução (para os programas simples discutidos neste livro, existe tipicamente um processo executando). Visto que as variáveis de instância em uma pilha de métodos podem se referir a objetos na memória heap, todas as variáveis e objetos na pilha de métodos do processo em execução são chamados de ***objetos raiz***. Todos estes objetos que podem ser alcançados seguindo as referências dos objetos que iniciam em um objeto raiz são chamados de *objetos vivos*. Os objetos vivos são objetos ativos correntemente sendo usados pelo programa em execução; estes objetos *não* devem ser desalojados. Por exemplo, um programa Java em execução pode armazenar, em uma variável, uma referência para uma sequência S que é implementada usando uma lista duplamente encadeada. A variável de referência para S é um objeto raiz, onde o objeto para S é um objeto vivo, como são todos os objetos nodos que são referenciados a partir deste objeto e todos os elemento que são referenciados a partir destes objetos nodos.

Às vezes, a máquina virtual Java (JVM) pode notificar que o espaço disponível na memória heap está se tornando escasso. Nesta situações, a JVM pode optar por recuperar o espaço que está sendo usado por objetos que não viverão muito, e retorna a memória recuperada para a lista livre. Este processo de reparação é conhecido como *coleta de lixo (garbage collection)*. Existem diferentes algoritmos para a coleta de lixo, porém o mais utilizado é o *algoritmo mark-sweep*.

No algoritmo de coleta de lixo mark-sweep, associa-se uma pequena "marca" com cada objeto que identifica se este objeto está vivo ou não. Quando se determina, em algum ponto, que a coleta de lixo é necessária, suspendem-se todos os outros processos de execução e limpam-se as pequenas marcas de todos os objetos atualmente alocados na memória heap. Então se circula através da pilha Java dos processos atualmente em execução e marcam-se todos os objetos (raiz) nesta pilha como "vivos". Deve-se então determinar todos os outros objetos vivos – aqueles que são alcançados a partir os objetos raiz. Para fazer isso eficientemente, pode-se usar a versão do grafo dirigido do caminhamento em profundidade (Seção 13.3.1). Nesse caso, cada objeto na memória heap é vista como um vértice em um grafo dirigido e a referência de um objeto para outro é vista como uma aresta dirigida. Executando um DFS de cada objeto raiz, pode-se identificar e marcar corretamente cada objeto vivo. Este processo é conhecido como fase "mark". Uma vez terminado este processo, vasculha-se a memória heap e recupera-se qualquer espaço que está sendo utilizado por um objeto que não tenha sido marcado. Neste ponto, pode-se também juntar todos os espaços alocados na memória heap em um simples bloco e, assim, eliminar a fragmentação externa. Este processo de rastreamento e recuperação é conhecido como fase "sweep", e quando completa, pode-se retomar a execução dos processos suspensos. Assim, o algoritmo de coleta de lixo mark-sweep recuperará espaço não utilizado em um tempo proporcional ao número de objetos vivos e suas referências mais o tamanho da memória heap.

Executando DFS in-place

O algoritmo mark-sweep recupera corretamente espaço não utilizado na memória heap, porém existe um importante caso que se deve encarar durante a fase de marcação. Desde que se esteja recuperando espaço de memória em um tempo quando a memória disponível é escassa, deve-se cuidar para não usar espaço extra durante a coleta de lixo. A confusão é que o algoritmo DFS, na forma recursiva que se descreve na Seção 13.3.1, pode usar espaço proporcional ao número de vértices no grafo. No caso da coleta de lixo, os vértices no grafo são os objetos na memória heap; então provavelmente não haverá muito dessa memória para utilizar. Assim, nossa única alternativa é encontrar uma forma de executar o DFS in-place de preferência recursivamente, isto é, deve-se executar o DFS usando somente uma quantidade constante de armazenamento adicional.

A ideia principal para executar o DFS in-place é simular a recursão na pilha usando as arestas do grafo (que no caso da coleta de lixo correspondem às referências aos objetos). Quando se percorre uma aresta a partir do vértice visitado v até um novo vértice w, alterna-se a aresta (v,w) armazenada na lista de adjacência v para apontar para o pai de v na árvore DFS. Quando se retorna para v (simulando o retorno a partir de uma chamada "recursiva" em w), pode-se alterar a aresta que foi modificada para que aponte para w. Claro que é necessário ter alguma forma de identificar qual aresta se precisa alterar. Uma possibilidade é enumerar as referências iniciando em v como 1, 2 e assim por diante, e armazenar, além da pequena marca (que se está usando para marcar como "visitado" na nossa DFS), um contador que diga quais arestas estão sendo modificadas.

Usar um contador requer uma palavra extra armazenada por objeto. Entretanto, esta palavra extra pode ser evitada em algumas implementações. Por exemplo, muitas implementações da máquina virtual Java representam um objeto como uma composição de uma referência com um identificador tipo (que indica se este objeto é um Integer ou de algum outro tipo) e como uma referência a outros objetos ou campos de dados para este objeto. Visto que a referência tipo é sempre assumida para ser o primeiro elemento da composição nestas implementações, pode-se usar esta referência para "marcar" a aresta que se altera quando se deixa o objeto v e se vai para algum objeto w. Simplifica-se a troca da referência em v que se refere ao tipo de v com a referência em v que se refere a w. Quando se retorna a v, pode-se rapidamente identificar a aresta (v,w) que se alterou, porque ela será a primeira referência na composição de v e a posição da referência para o tipo de v nos dirá o local a que esta aresta pertence na lista de adjacência de v. Assim, usando este truque de troca de arestas ou um contador, pode-se implementar DFS in-place sem afetar assintoticamente o tempo de execução.

14.2 Memória externa e caching

Existem várias aplicações de computador que precisam trabalhar com uma grande quantidade de dados. Exemplos incluem a análise de conjuntos de dados científicos, processamento de transações financeiras e organização e manutenção de banco de dados (como uma lista telefônica). De fato, a quantidade de dados que deve ser gerenciada é às vezes muito grande para encaixá-la na memória interna do computador.

14.2.1 A hierarquia de memória

Para acomodar grandes conjuntos de dados, computadores têm uma **hierarquia** de diferentes tipos de memórias, que variam em termos de seus tamanhos e distâncias da CPU. Próximos da CPU estão os registradores internos que a CPU utiliza. O acesso a estas memórias é muito rápido, porém existem relativamente poucas delas. Em um segundo nível na hierarquia está a memória *cache*. Esta memória é consideravelmente maior que o conjunto de registrador de uma CPU, porém acessá-la leva tempo (e podem existir, algumas vezes, múltiplas caches com tempos de acesso progressivamente lentos). No terceiro nível na hierarquia está a *memória interna*, que também é conhecida como *memória principal* ou *core memory*. A memória interna é consideravelmente maior que a memória cache, porém também requer mais tempo de acesso. Finalmente, no mais alto nível na hierarquia tem-se a *memória externa*, que normalmente consiste em discos, drivers de CDS, drives de DVD e/ou *tapes*. Esta memória é muito maior, porém ela também é muito lenta. Dessa forma, a hierarquia de memória para computadores pode ser analisada como uma hierarquia consistindo em quatro níveis, cada uma é maior e mais lenta que a apresentada no nível inferior. (Ver Figura 14.3.)

Entretanto, em muitas aplicações apenas dois níveis realmente importam – um que pode agrupar todos os itens de dados e nível logo abaixo deste. Executar itens de dados de entrada e saída na memória mais alta que possa agrupar todos os itens tipicamente, neste caso, será o gargalo computacional.

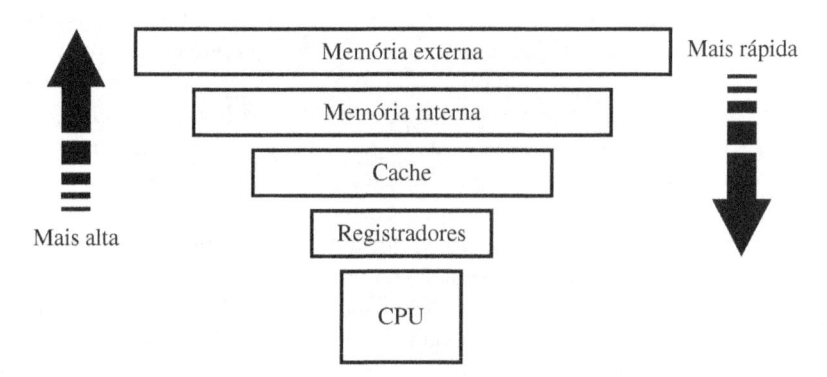

Figura 14.3 A hierarquia de memória.

Caches e discos

Especificamente, os dois níveis que mais importam dependem do tamanho do problema que se está tentando resolver. Para um problema que pode ser todo encaixado na memória principal, os dois níveis mais importantes são a memória cache e a memória interna. O tempo de acesso na memória interna pode ser de 10 a 100 vezes maior que o acesso na memória cache. É desejável, por isso, ser capaz de realizar a maioria de acessos de memória na memória cache. Por outro lado, para um problema que não se encaixa totalmente na memória principal, os dois níveis mais importantes são a memória interna e a memória externa. Aqui as diferenças são mais significativas para os tempos de acesso em discos, que geralmente são os dispositivos de memória externa e são geralmente de 100.000 a 1.000.000 vezes mais lentas que o acesso na memória interna.

Para colocar este último fato em perspectiva, imagine existir um estudante em Baltimore que precisa enviar uma mensagem de requisição de dinheiro para seus pais em Chicago. Se o estudante envia a seus pais um e-mail, este pode chegar ao computador da casa dos pais em segundos. Pense que este modo de comunicação corresponde a um acesso à memória interna pela CPU. Um modo de comunicação que corresponde a um acesso à memória externa que é 500.000 vezes mais lenta seria o fato de o estudante caminhar até Chicago e entregar sua mensagem pessoalmente, que levaria por volta de um mês se ele caminhasse 20 milhas por dia na média. Assim, devem ser feitos poucos acessos à memória externa sempre que possível.

14.2.2 Estratégias de cache

A maioria dos algoritmos não é projetada com a hierarquia de memória em mente, apesar da grande variância entre os tempos de acesso para diferentes níveis. Sem dúvida, todas as análises de algoritmos contidas neste livro até o momento têm assumido que todos os acessos à memória são iguais. Esta suposição pode parecer, em um primeiro momento, um grande equívoco – e este assunto será tratado somente agora, no capítulo final – porém existem boas razões de por que ela é de fato uma suposição razoável de ser feita.

Uma justificativa para esta suposição é que ela muitas vezes é necessária para assumir que todo o acesso à memória leva a mesma quantidade de tempo, visto que especificar a informação dependente de dispositivo sobre tamanhos de memória é muitas vezes difícil de se conseguir. De fato, informações de tamanho de memória podem ser impossíveis de se conseguir. Por exemplo, um programa Java que é projetado para executar em diferentes plataformas de computador não pode ser definido em termos de uma configuração de arquitetura específica de computador. Pode-se certamente usar informações específicas de arquitetura quando ela está disponível (e será mostrado como explorar esta informação neste capítulo). Porém, uma vez tendo otimizado o software para uma determinada configuração de arquitetura, o software não será mais independente de dispositivo. Felizmente, otimizações não são sempre necessárias, antes de qualquer coisa, por causa da segunda justificativa para a suposição de tempos iguais ao acesso à memória.

Caching e blocking

Outra justificativa para a suposição de igualdade no acesso a memória é que projetistas de sistemas operacionais têm desenvolvido mecanismos gerais que permitem que a maior parte do acesso à memória seja rápida. Estes mecanismos são baseados em duas importantes propriedades de *localização da referência* que muitos software possuem:

- **Localização temporal**: se um programa acessa uma certa localidade de memória, então ele provavelmente acessará este local novamente em um futuro próximo. Por exemplo, é bastante comum usar o valor de uma variável contadora em diferentes expressões, incluindo uma para incrementar o valor do contador. De fato, um provérbio comum entre arquitetos de computadores diz que "um programa gasta 90% do seu tempo em 10% do seu código".
- **Localização espacial**: se um programa acessa um certo local de memória, então ele provavelmente acessará outras localidades que estão próximas a ela.

Por exemplo, um programa usa um arranjo que provavelmente acessará as posições deste arranjo de uma forma sequencial ou próximo do sequencial.

Cientistas e engenheiros de computador têm executado extensos experimentos para desenhar o perfil para justificar a afirmativa de que muitos softwares possuem ambos os dois tipos de localização da referência. Por exemplo, um laço for usado para rastrear um arranjo exibirá ambos os tipos de localidades.

Localização temporal e espacial têm, uma após a outra, originado duas escolhas fundamentais de projeto para sistemas de memória de computador em dois níveis (que estão presentes na interface entre memória cache e memória interna, e também na interface entre a memória interna e a memória externa).

A primeira escolha de projeto é chamada de **memória virtual**. Esse conceito consiste em fornecer um endereço tão grande quanto a capacidade da memória de nível secundário e em transferir dados localizados na memória de nível secundário para o nível primário, quando os dados são endereçados. Memória virtual não limita o programador para a restrição do tamanho da memória interna. O conceito de trazer dados para a memória primária é chamado de **caching**, e ela é motivada pela localização temporal. Trazendo dados para a memória primária, espera-se que ela seja acessada novamente em breve e esteja apta a responder rapidamente a todas as requisições a este dado que chegará em um futuro próximo.

A segunda escolha de projeto é motivada pela localidade espacial. Especificamente, se o dado armazenado em um local da memória de segundo nível l é acessado, então se leva para a memória de primeiro nível, um grande bloco de locais contíguos que incluem o local l. (Ver Figura 14.4.) Esse conceito é conhecido como **blocking** e é motivado pela expectativa de que outros locais próximos a l na memória de segundo nível serão acessados em breve. Na interface entre a memória cache e a memória interna, blocos são muitas vezes chamados de **linhas de cache** e, na interface entre a memória interna e a memória externa, blocos são muitas vezes chamados de **páginas**.

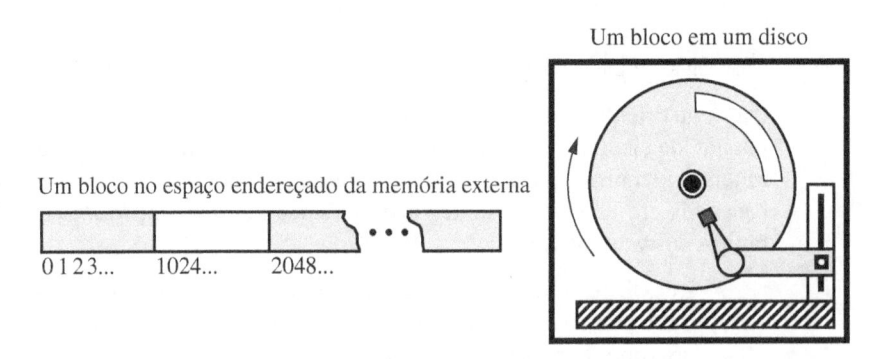

Figura 14.4 Blocos na memória externa.

Quando implementada com caching e clocking, a memória virtual muitas vezes permite perceber a memória de nível secundário como sendo mais rápida do que ela realmente é. Entretanto, ainda existe um problema. A memória do nível primário é muito menor que a memória secundária. Além disso, em função de os sistemas de memória usarem blocking, qualquer programa de substância provavelmente alcançará um ponto onde ele requer dados da memória secundária; porém, a memória primária está na verdade cheia de blocos. Para realizar a requisição e manter o uso do caching e blocking, deve-se remover alguns blocos da memória primária para abrir espaço para um novo bloco advindo da memória secundária, neste caso. Decidir como fazer este descarte cria um número de estruturas de dados interessantes e consequentes projetos de algoritmos.

Algoritmo de *caching*

Existem várias aplicações Web que devem trabalhar com informações revisitadas apresentadas nas páginas Web. Essas revisitas têm sido mostradas para exibir ambas as localidades de referências – tempo e espaço. Para explorar essas localidades de referências, muitas vezes é vantajoso armazenar cópias de páginas Web na memória *cache*, assim essas páginas podem ser rapidamente recuperadas quando forem novamente requisitadas. Em particular, supondo que se tenha uma memória cache que tem m "slots" que podem conter páginas Web. Assume-se que uma página Web pode ser inserida em qualquer slot da cache. Isto é conhecido como cache *completamente associativa*.

À medida que um navegador executa, ela requisita diferentes páginas Web. Toda vez que o navegador requisita uma página Web l, o navegador determina (usando um teste rápido) se l está inalterado e atualmente contido na cache. Se l está contido na cache, então o navegador satisfaz a requisição utilizando a cópia da cache. Entretanto, se l não estiver na cache, a página para l é requisitada na Internet e transferida para a cache. Se um dos m slots da cache estiver disponível, então o navegador atribui l para os slots vazios. Porém, se todas as células m da cache estiverem ocupadas, então o computador deve verificar qual foi a página anteriormente vista para desocupar antes de buscar l e liberar seu espaço. Claro que existem diferentes políticas que podem ser usadas para determinar qual página será descartada.

Algoritmos de substituição de páginas

Algumas das políticas de substituição de páginas mais conhecidas incluem as seguintes (ver Figura 14.5):

- **First-in, first-out (FIFO)**: Desobstrui a página que está na cache por mais tempo, isto é, a página que foi transferida para a cache no passado mais distante.
- **Least recently used (LRU)**: Desobstrui a página cuja última requisição ocorreu no passado mais distante.

Além disso, pode-se considerar uma simples e pura estratégia randômica:

- **Random**: Escolhe uma página randomicamente para desalojar da cache.

Política Random:

Novo bloco → Bloco antigo (escolhido randomicamente)

Política FIFO:

Novo bloco → Bloco antigo (mais antigo)

Tempo de inserção: 8:00 7:48 9:05 7:10 7:30 10:10 8:45

Política LRU:

Novo bloco → Bloco antigo (menos recentemente utilizado)

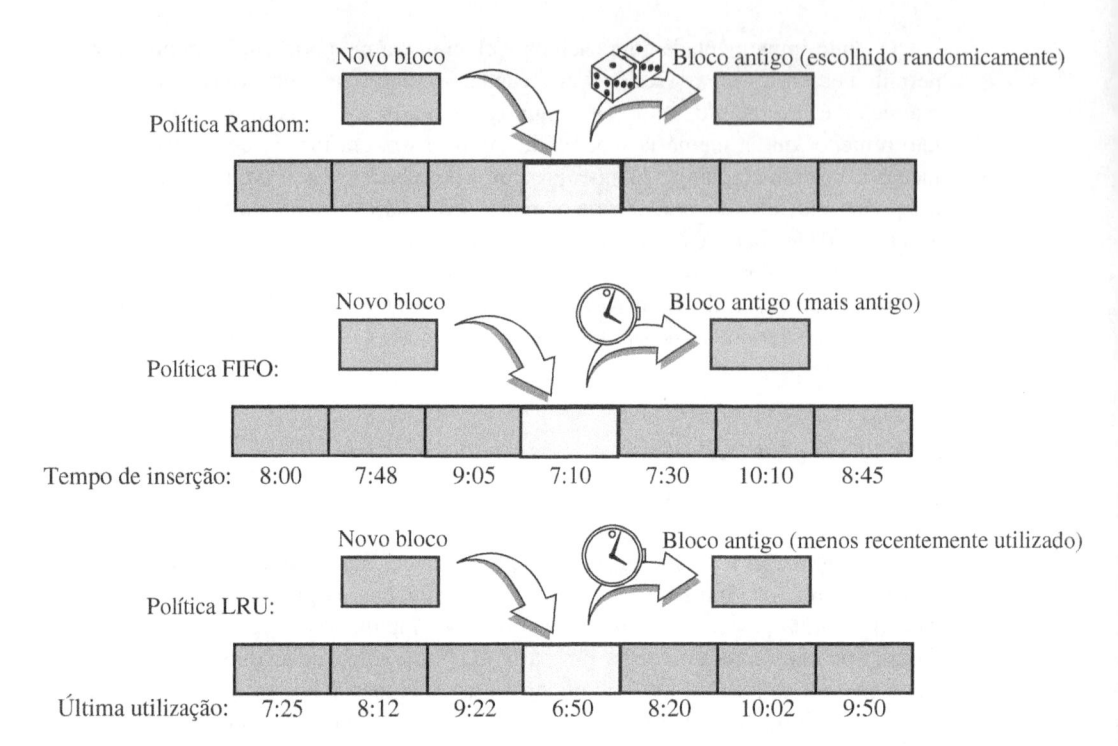

Última utilização: 7:25 8:12 9:22 6:50 8:20 10:02 9:50

Figura 14.5 Políticas de substituição de páginas Random, FIFO e LRU.

A estratégia Random é uma das políticas mais fáceis de implementar: requer somente um gerador de número randômico ou pseudorrandômico. A sobrecarga envolvido na implementação desta política é uma quantidade de trabalho adicional de $O(1)$ por página substituída. Além disso, não existe sobrecarga para cada página requisitada, a não ser para determinar se uma página requisitada está ou não na cache. Ainda, esta política não cria esforço para levar vantagem de qualquer localização temporal ou espacial que uma navegação de usuário exige.

A estratégia FIFO é muito simples de implementar, visto que ela somente requer uma fila Q para armazenar referências para as páginas na cache. Páginas são enfileiradas na Q quando são referenciadas por um navegador e então são colocadas na cache. Quando uma página precisa ser desalojada, o computador simplesmente executa uma operação de desenfileirar em Q para determinar qual página será desalojada. Dessa forma, essa política também requer um trabalho adicional de $O(1)$ por página substituída. Também, a política FIFO não causa a si própria uma sobrecarga para as páginas requisitadas. Além disso, ela tenta tirar vantagem da localização temporal.

A estratégia LRU tem um passo maior que a estratégia FIFO, a estratégia LRU tira explicitamente vantagem da localização temporal o máximo possível, sempre desalojando a página que foi menos usada recentemente. A partir de um ponto de vista político, esta é uma excelente abordagem, porém é custosa do ponto de vista da implementação. Isto é, sua forma de otimizar a localização temporal e espacial é claramente custosa. Implementar a estratégia LRU requer o uso de fila de prioridade Q que suporta pesquisas por páginas existentes, por exemplo, usando ponteiros especiais ou "localizadores". Se Q for implementado com armazenamento baseado em sequência ou lista encadeada, então a sobrecarga para cada página requisitada e página substituída será $O(1)$. Quando se insere uma página em Q ou se atualiza sua chave, é atribuída à página a chave mais alta de Q e é inserida no final da lista, o que pode também ser feito no tempo $O(1)$. Mesmo que a estratégia LRU tenha sobrecarga de tempo constante, usar a implementação acima, o fator constante envolvido, em termos do tempo adicional de sobrecarga e espaço extra para a fila de prioridade Q torna essa política menos atrativa do ponto de vista prático.

Visto que estas diferentes políticas de substituição de páginas têm diferentes trocas entre dificuldade de implementação e grau no qual elas tiram vantagem das localizações, é natural questionar alguns tipos de análises comparativas destes métodos para ver qual deles, se existir, é o melhor.

Do ponto de vista do pior caso, as estratégias FIFO e LRU têm, sem dúvida, comportamento competitivo não atrativo. Por exemplo, supondo que se tenha uma cache que contenha m páginas, e considerando os métodos FIFO e LRU para executar a substituição das páginas para um programa que tem um laço que repetidamente requisita $m + 1$ páginas em uma ordem circular, ambas as políticas FIFO e LRU executam muito mal na sequência de páginas requisitadas, porque elas executam uma substituição em todas as requisições de páginas. Dessa forma, do ponto de vista do pior caso, estas políticas são quase sempre as piores possíveis – elas requerem uma substituição de página para toda a página requisitada.

Entretanto, esta análise do pior caso é muito pessimista por focar no comportamento de cada protocolo para uma sequência ruim de requisições de páginas. Uma análise ideal seria comparar estes métodos sobre todas as sequências possíveis de requisições de páginas. Claro que isso é impossível de fazer exaustivamente, porém existe um grande número de simulações experimentais feitas em sequências de requisições de páginas derivadas de programas reais. Baseada nestas comparações experimentais, a estratégia LRU tem sido apresentada para ser normalmente superior a estratégia FIFO, que é em geral melhor que a estratégia Random.

14.3 Pesquisa externa e árvores B

Considere-se o problema de implementar um mapa TAD para uma grande coleção de itens que não cabem na memória principal. Visto que uma das principais aplicações de grandes mapas é em sistemas de banco de dados, identificam-se os blocos da memória secundária como **bloco de discos**. Da mesma forma, a transferência de blocos entre a memória secundária e a memória principal é chamada de **transferência de disco**. Lembrando que existe uma grande diferença de tempo entre os acessos à memória principal e os acessos a disco, o principal objetivo quando se mantém um mapa em memória externa é minimizar o número de transferências de disco necessárias para executar uma operação de consulta ou de atualização. De fato, a diferença de velocidade entre o disco e a memória interna é tão grande que se prefere executar um número considerável de acessos à memória interna se eles permitirem evitar algumas transferências de disco. Será analisada, então, a performance de implementações de mapa pela contagem do número de transferências de disco que cada uma requer para executar as operações padrão de pesquisa e atualização. Essa contagem é referida como a *complexidade IO* dos algoritmos envolvidos.

Alguns dicionários de memória externa ineficientes

Considerem-se primeiramente simples implementações de mapa que usam uma sequência para armazenar itens. Se a sequência for implementada como uma lista duplamente encadeada não ordenada, então as inserções podem ser executadas com transferências $O(1)$, mas remoções e pesquisas requerem n transferências no pior caso, uma vez que cada ligação executada pode acessar um bloco diferente. Esse tempo de pesquisa pode ser melhorado para $O(n/B)$ transferências (ver Exercício C-14.2), onde B denota o número de nodos da lista que cabem em um bloco, mas ainda é uma performance pobre. Pode-se, em vez disso, implementar a sequência usando um vetor ordenado, isto é, uma tabela de pesquisa. Nesse caso, uma pesquisa executa $O(\log_2 n)$ transferências, usando algoritmos de pesquisa binária, o que é uma melhoria satisfatória. Porém, esta solução requer $\Theta(n/B)$ transferências para implementar uma operação de inserção ou remoção no pior caso, no qual será preciso acessar todos os blocos que armazenam o arranjo para mover os elementos para cima ou para baixo. Dessa forma, as implementações baseadas em sequências de um mapa não são eficientes do ponto de vista da memória externa.

Uma vez que essas implementações simples são ineficientes em termos de I/O, então talvez seja possível considerar as estratégias com tempo logarítmico na memória interna que usam árvores binárias balanceadas (como as árvores AVL ou as árvores vermelho-pretas) ou outras estruturas de pesquisa com tempo médio para atualização e pesquisa logarítmica, (como skip lists ou árvores espalhadas). Esses métodos armazenam os itens do mapa nos nodos de uma árvore binária ou um gráfico . Normalmente, cada nodo acessado em uma consulta ou atualização em uma dessas estruturas se encontra em um bloco diferente. Sendo assim, todos esses métodos requerem $O(\log_2 n)$ transferências, no pior caso, para executar uma operação de consulta ou atualização. Isso é bastante bom, mas é possível fazer melhor. De modo particular, será descrito no restante desta seção como executar consultas e atualizações em um mapa usando apenas $O(\log_B n)$, isto é, $O(\log n/\log B)$ transferências.

14.3.1 Árvores (a,b)

Para reduzir a importância da diferença de performance entre acessos à memória interna e acessos à memória externa em pesquisa, pode-se representar o mapa usando uma árvore de pesquisa genérica (Seção 10.4.1). Essa abordagem leva a uma generalização da estrutura de dados árvore (2,4) em uma estrutura conhecida como árvore (a,b).

Uma árvore (a,b) é uma árvore de pesquisa genérica tal que cada nodo tem cerca de a e b filhos e armazena entre $a - 1$ e $b - 1$ itens. Os algoritmos de pesquisa, inserção e remoção de elementos em uma árvore (a,b), são generalizações das operações correspondentes para árvores (2,4). A vantagem de generalizar árvores (2,4) em árvores (a,b) é que a classe de árvores generalizadas oferece uma estrutura de pesquisa mais flexível, na qual o tamanho dos nodos e o tempo de execução das várias operações sobre o mapa dependem dos parâmetros *a* e *b*. Ajustando os parâmetros *a* e *b* adequadamente em relação ao tamanho dos blocos de disco, pode-se derivar uma estrutura de dados que obtém boa performance em memória externa.

Definição de uma árvore (a,b)

Uma *árvore* (a, b) onde *a* e *b* são inteiros, tal que $2 \le a \le (b + 1)/2$, é uma árvore genérica de pesquisa *T* com as seguintes restrições adicionais:

Propriedade do tamanho: cada nodo interno tem pelo menos *a* filhos, a menos que seja a raiz, e no máximo *b* filhos.

Propriedade da profundidade: todos os nodos externos têm a mesma profundidade.

Proposição 14.1 *A altura de uma árvore (a,b) que armazena n itens é* $\Omega(\log n/\log b)$ *e* $O(\log n/\log a)$.

Justificativa Seja *T* uma árvore (a,b) que armazena *n* elementos e seja *h* a altura de *T*. Justifica-se a proposição estabelecendo os seguintes limites para *h*:

$$\frac{1}{\log b}\log(n+1) \le h \le \frac{1}{\log a}\log\frac{n+1}{2}+1.$$

Pelas propriedades do tamanho e da profundidade, o número n'' de nodos externos de *T* é no mínimo $2a^{h-1}$ e no máximo b^h. Pela Proposição 10.7, $n'' = n + 1$. Assim,

$$2a^{h-1} \le n + 1 \le b^h.$$

Tomando o logaritmo de base 2 para cada termo, obtém-se

$$(h - 1)\log a + 1 \le \log(n + 1) \le h\log b. \qquad \blacksquare$$

Operações de pesquisa e atualização

Deve-se lembrar que em uma árvore de pesquisa genérica *T*, cada nodo *v* de *T* armazena uma estrutura secundária $M(v)$, que é também um mapa (ver Seção 10.4.1). Se *T* é uma árvore (a,b), então $M(v)$ armazena no máximo *b* itens. Faça $f(b)$ denotar o tempo para executar uma pesquisa em um mapa $M(v)$. O algoritmo de pesquisa em uma árvore (a,b) é exatamente igual ao de árvores de pesquisa genérica apresentado na Seção 10.4.1. Logo, pesquisar em uma árvore (a,b) *T* com *n* itens leva tempo $O(\frac{f(b)}{\log a} \log n)$. Veja que se *b* é constante (e consequentemente *a* também é), então o tempo de pesquisa é $O(\log n)$.

A principal aplicação de árvores (a,b) é em mapas armazenados em memória externa. De fato, para minimizar os acessos ao disco, selecionam-se os parâmetros *a* e *b* de maneira que cada nodo da árvore ocupe um único bloco de disco (então $f(b) = 1$ desejando-se simplesmente contar as transferências de bloco). Fornecer os valores corretos para *a* e *b* neste contexto leva à geração de uma estrutura conhecida como árvore B, que será descrita resumidamente. Antes de se descrever essa estrutura, entretanto, será discutido como as inserções e remoções são tratadas em árvores (a,b).

O algoritmo de inserção para uma árvore (a,b) é similar ao de uma árvore (2,4). Um overflow ocorre quando um item é inserido em um nodo-b v, que se transforma em um nodo ilegal (b + 1). (Deve-se lembrar que um nodo em uma árvore de pesquisa genérica é um nodo-d se ele tem d filhos.) Para remediar um overflow, divide-se o nodo v movendo o item médio de v para seu pai e substituindo v por um nodo-$\lceil (b + 1)/2 \rceil$ v' e um nodo-$\lfloor (b + 1)/2 \rfloor$ v''. Pode-se ver agora a razão para requerer que $a \leq (b + 1)/2$ na definição de uma árvore (a,b). Observe-se que, como consequência da divisão, é necessário construir as estruturas secundárias M(v') e M(v'').

Remover um elemento de uma árvore (a,b) também é similar ao que foi feito para árvores (2,4). Um underflow ocorre quando uma chave é removida de um nodo-a v, distinto da raiz, que faz com que v se transforme em um nodo ilegal (a − 1). Para remediar um underflow, executa-se uma transferência com um irmão de v que não seja um nodo-a ou executa-se a fusão de v com um irmão que seja um nodo-a. O novo nodo w resultante da fusão é um nodo-(2a − 1), o que é outra razão para requerer que $a \leq (b + 1)/2$.

A Tabela 14.1 apresenta o desempenho de um mapa implementado com uma árvore (a,b).

Método	Tempo
get	$O\left(\dfrac{f(b)}{\log a} \log n\right)$
put	$O\left(\dfrac{g(b)}{\log a} \log n\right)$
remove	$O\left(\dfrac{g(b)}{\log a} \log n\right)$

Tabela 14.1 Limites para um mapa com n elementos implementado por uma árvore (a,b) T. Assume-se a estrutura secundária dos nodos de T para suportar pesquisa no tempo f(b) e as operações split e fusion no tempo g(b), para algumas funções f(b) e g(b), que podem ser feitas para ser O(1) quando se está somente contando transferência de disco.

14.3.2 Árvores B

Uma versão da estrutura de dados árvore (a,b), que é o método mais conhecido para manutenção de um mapa em memória externa, é conhecida como "árvore B". (Ver Figura 14.6.) Uma **árvore B de ordem** d é uma árvore (a,b) com $a = \lceil d/2 \rceil$ e b = d. Como já foram discutidas anteriormente as operações padrão para consulta e atualização de mapas usando árvores (a,b), a discussão será restrita à complexidade de I/O das árvores B.

Uma propriedade importante das árvores B é que se pode escolher d de maneira que as d referências para filhos e as d − 1 chaves armazenadas em um nodo possam todas caber em um único bloco de disco, implicando que d seja proporcional a B. Esta escolha também permite assumir que a e b são proporcionais a B na análise das ope-

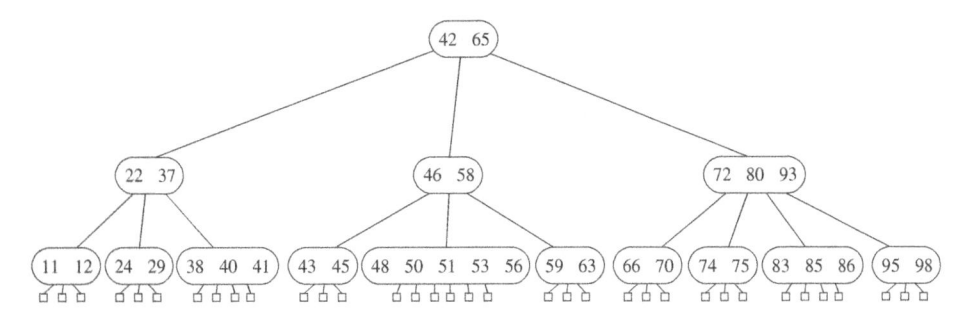

Figura 14.6 Uma árvore B de ordem 6.

rações de pesquisa e atualização em árvores (a,b). Sendo assim, $f(b)$ e $g(b)$ são ambos $O(1)$, pois toda vez que se acessa um nodo para executar uma operação de pesquisa ou atualização, precisa-se apenas de uma única transferência de disco.

Como foi mencionado antes, cada pesquisa ou atualização requer que se examine no mínimo $O(1)$ nodos para cada nível da árvore. Consequentemente, qualquer operação de pesquisa ou atualização em uma árvore B requer apenas $O(\log_{\lceil d/2 \rceil} n)$, isto é, $O(\log n/\log b)$ transferências de disco. Por exemplo, uma operação de inserção percorre a árvore para baixo visando localizar o nodo no qual inserir um novo item. Se esta adição for implicar em um *overflow* do nodo (ter $d + 1$ filhos), então este nodo é dividido em dois nodos que terão $\lfloor (d + 1)/2 \rfloor$ e $\lceil (d + 1)/2 \rceil$ filhos, respectivamente. Este processo é então repetido no nível de cima e irá continuar por pelo menos $O(\log_B n)$ níveis.

Da mesma forma, se uma operação de remoção resultar em um *underflow* de um nodo (com $\lceil d/2 \rceil - 1$ filhos), então serão movidas as referências de um nodo irmão com pelo menos $\lceil d/2 \rceil + 1$ filhos ou será preciso executar uma operação de *fusão* deste nodo com seu irmão (e repetir essa operação para seu pai). Da mesma forma que com a operação de inserção, isso irá continuar pela árvore B acima por pelo menos $O(\log_B n)$ níveis. O requisito de que cada nodo interno tenha pelo menos $\lceil d/2 \rceil$ filhos implica que cada bloco de disco usado para suportar uma árvore B esteja pelo menos pela metade. Logo, tem-se o seguinte:

Proposição 14.2 *Uma árvore B com n itens tem complexidade de I/O $O(\log_B n)$ para operações de pesquisa ou atualização e usa $O(n/B)$ blocos, onde B é o tamanho de um bloco.*

14.4 Ordenando memória externa

Além das estruturas de dados, como mapas, que precisam ser implementados na memória externa, existem vários algoritmos que também podem operar em conjuntos de entrada que são muito grandes para caberem na memória interna. Nesse caso, o objetivo é resolver o problema algorítmico usando alguns blocos para transferências, sempre que possível. O domínio mais clássico para algoritmos de memória externa é o problema da ordenação.

Merge-sort genérico

Uma forma eficiente de ordenar um conjunto S de n objetos na memória externa equivale em uma simples variação da família do algoritmo de merge-sort para a memória externa. A ideia principal por trás desta variação é juntar várias listas ordenadas recursivamente num momento, e assim reduzir o número de níveis da recursão. Especificamente, uma descrição deste método **merge-sort genérico** é dividir S em d subconjuntos $S_1, S_2, \ldots, S_d$ de tamanhos aproximadamente iguais, recursivamente ordenar cada subconjunto S_i e então simultaneamente juntar todas as d listas ordenadas em uma representação ordenada S. Se é possível executar o processo de junção usando somente $O(n/B)$ transferências em disco, então para valores grandes o suficiente de n, o total do número de transferências executadas com este algoritmo satisfaz a seguinte recorrência:

$$t(n) = d \cdot t(n/d) + cn/B,$$

para alguma constante $c \geq 1$. Pode-se parar a recursão quando $n \leq B$, visto que é possível executar uma transferência simples de bloco neste ponto, pegando todos os objetos na memória interna e então ordenando o conjunto com um algoritmo eficiente de memória interna. Assim, o critério de parada para $t(n)$ é

$$t(n) = 1 \quad \text{se } n/B \leq 1.$$

Isso implica em uma solução de forma fechada que $t(n)$ é $O((n/B)\log_d(n/B))$, que é

$$O((n/B)\log(n/B)/\log d).$$

Assim, se é possível escolher d para ser $\Theta(M/B)$, então o número de transferências no pior caso executadas por este algoritmo de merge-sort genérico será muito baixo. Escolhe-se

$$d = (1/2)\, M/B.$$

O único aspecto para este algoritmo deixar de especificar é como executar o merge d-way usando somente $O(n/B)$ transferências de blocos.

14.4.1 Merge genérico

Executa-se o merge d-way para apresentar um "torneio". Seja T uma árvore binária completa com d nodos externos e mantém-se T totalmente na memória interna. Associa-se cada nodo externo i de T com uma diferente lista ordenada S_i. Inicializa-se T lendo cada nodo externo i, o primeiro objeto de S_i. Isso tem o efeito de ler de uma memória interna o primeiro bloco de cada lista ordenada S_i. Para cada nodo pai interno v de dois nodos externos, comparam-se os objetos armazenados nos filhos de v e se associa o menor dos dois com v. Repete-se este teste de comparação no próximo nível acima de T e o próximo, e assim por diante. Quando se alcança a raiz r de T, será associado o menor objeto entre todos os da lista com r. Isto completa a inicialização para o merge d-way. (Ver Figura 14.7.)

Em um passo geral do merge d-way, move-se o objeto o associado com a raiz r de T em um arranjo que se está criando para a lista unida S'. Então segue-se T para baixo

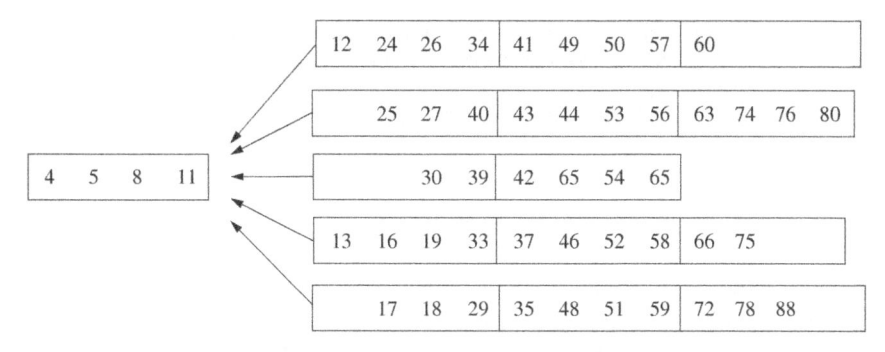

```
                            ┌──────────────────┬─────────────────┐
                            │ 12  24  26  34   │ 41  49  50  57  │ 60
                            └──────────────────┴─────────────────┘
                            ┌──────────────────┬─────────────────┐
                            │ 25  27  40       │ 43  44  53  56  │ 63  74  76  80
                            └──────────────────┴─────────────────┘
┌──────────────┐            ┌──────────────────┬─────────────────┐
│ 4  5  8  11  │ ◄────      │ 30  39  42  65   │ 54  65          │
└──────────────┘            └──────────────────┴─────────────────┘
                            ┌──────────────────┬─────────────────┐
                            │ 13  16  19  33   │ 37  46  52  58  │ 66  75
                            └──────────────────┴─────────────────┘
                            ┌──────────────────┬─────────────────┐
                            │ 17  18  29       │ 35  48  51  59  │ 72  78  88
                            └──────────────────┴─────────────────┘
```

Figura 14.7 Um merge d-way. Mostra-se um merge 5-way com $B = 4$.

seguindo o caminho do nodo externo i em que o surge. Depois, lê-se em i o próximo objeto na lista S_i. Se o não era o último elemento neste bloco, então o próximo objeto está na memória interna. De outra forma, lê-se no próximo bloco de S_i para acessar este novo objeto (se S_i agora não está vazio, associa-se o nodo i com um pseudo--objeto com chave $+\infty$). Então repetem-se as computações mínimas para cada nodo interno a partir de i até a raiz de T. Este novamente entrega-nos a árvore completa T. Então repete-se este processo movendo o objeto a partir da raiz de T para a lista unida S', e reconstrói-se T, até que T esteja sem objetos. Cada passo na junção leva o tempo de $O(\log d)$; então, o tempo interno para o merge d-way é $O(n \log d)$. O número de transferências executadas em um merge é $O(n/B)$, desde que se vasculhe cada lista S_i uma vez, e se copie a lista juntada uma vez. Assim tem-se:

Proposição 14.3 *Dada uma sequência baseada em arranjo S de n elementos armazenados na memória externa, pode-se ordenar S usando $O((n/B)\log(n/B)/\log(M/B))$ transferências e o tempo interno de CPU de $O(n \log n)$, onde M é o tamanho da memória interna e B é o tamanho de um bloco.*

14.5 Exercícios

Para obter os códigos-fonte dos exercícios, visite www.grupoa.com.br.

Reforço

R-14.1 Júlia acabou de comprar um computador que usa inteiros de 64 bits para endereçar as células de memória. Discuta por que Júlia nunca poderá fazer uma atualização da memória do seu computador para o maior tamanho possível, assumindo que se devem ter átomos distintos para representar bits diferentes.

R-14.2 Descreva em detalhes os algoritmos de inserção e remoção para uma árvore (a,b).

R-14.3 Suponha que T é uma árvore genérica cujos nodos internos têm pelo menos 5 e no máximo 8 filhos. Para quais valores de a e b T é uma árvore válida?

R-14.4 Para quais valores de d a árvore T do exercício anterior corresponde a uma árvore B de ordem d?

R-14.5 Mostre os níveis de recursão da execução de um merge sort tipo 4-way, merge-sort da memória externa da sequência apresentada no exercício anterior.

R-14.6 Considere uma memória cache inicialmente vazia de 4 páginas. Quantas páginas faltam para o algoritmo LRU executar em si próprio na seguinte sequência de requisições: (2,4,1,2,5,1,3,5,4,1,2,3)?

R-14.7 Considere uma memória cache inicialmente vazia de 4 páginas. Quantas páginas faltam para o algoritmo FIFO executar em si próprio na seguinte sequência de requisições: (2,4,1,2,5,1,3,5,4,1,2,3)?

R-14.8 Considere uma memória cache inicialmente vazia de 4 páginas. Quantas páginas faltam para o algoritmo Random executar em si próprio na seguinte sequência de requisições: (2,4,1,2,5,1,3,5,4,1,2,3)? Mostre todas as escolhas randômicas que o seu algoritmo cria neste caso.

R-14.9 Desenhe o resultado da inserção, em uma árvore B inicialmente vazia de ordem 7, elementos com chaves (4,40,23,50,11,34,62,78,66,22,90,59,25,72,64,77,39,12), nessa ordem.

R-14.10 Mostre os níveis de recursão da execução de um merge sort tipo 4-way da sequência apresentada no exercício anterior.

Criatividade

C-14.1 Descreva um algoritmo eficiente para remover todas as entradas duplicadas de uma lista baseada em arranjo de tamanho n.

C-14.2 Mostre como implementar um mapa em memória externa usando uma sequência não ordenada de forma que as atualizações requeiram apenas $O(1)$ transferências e que as atualizações requeiram $O(n/B)$ transferências, no pior caso, onde n é o número de elementos e B é o número de nodos da lista que cabem em um bloco de disco.

C-14.3 Altere as regras que definem árvores vermelho-pretas de forma que cada árvore vermelho-preta T tenha uma árvore (4,8) correspondente e vice-versa.

C-14.4 Descreva uma versão modificada do algoritmo de inserção para árvores B de forma que toda vez que se gera um overflow em virtude da divisão de um nodo v, redistribuem-se chaves entre todos os irmãos de v de forma que cada irmão armazene, aproximadamente, o mesmo número de chaves (possivelmente propagando a divisão para o pai de v). Qual é a fração mínima de cada bloco que sempre será preenchida usando este esquema?

C-14.5 Outra possibilidade de implementação de mapas usando memória externa é usar uma skip list para organizar em blocos individuais grupos de $O(B)$

nodos de qualquer nível na skip list. Em especial, define-se uma *skip list B* de **ordem** *d* para representar uma estrutura de skip list, na qual cada bloco contém no mínimo $\lceil d/2 \rceil$ nodos da lista e no máximo *d* nodos da lista. Será escolhido também, neste caso, *d* para ser o número máximo de nodos da lista de um nível da lista de saltos que cabe em um bloco. Descreva como é possível modificar os algoritmos de inserção e remoção em uma skip list para uma skip list *B* de maneira que a altura esperada para a estrutura seja $O(\log n/\log B)$.

C-14.6 Descreva uma estrutura de dados de memória externa para implementar um TAD fila em que o número total de transferências de disco necessárias para processar uma sequência de *n* operações de enfileirar e desenfileirar é $O(n/B)$.

C-14.7 Resolva o problema anterior para um TAD deque.

C-14.8 Descreva como usar uma árvore B para implementar o TAD partição (união-procura) (da Seção 11.4.3) em que as operações union e find usam no máximo $O(\log n/\log B)$ transferências de discos cada uma.

C-14.9 Suponha que se tem uma sequência *S* de *n* elementos com chaves inteiras em que alguns itens em *S* são coloridos de "azul" e alguns de "vermelho". Além disso, diga que um elemento vermelho *e* é par de um elemento azul *f* se eles tiverem o mesmo valor de chave. Descreva um algoritmo de memória externa eficiente para encontrar todos os pares azul e vermelho de *S*. Quantas transferências de disco este algoritmo irá executar?

C-14.10 Considere o problema de caching de página onde a memória cache pode ter *m* páginas, e se envia uma sequência *P* de *n* requisições de um conjunto de *m* + 1 páginas possíveis. Descreva a estratégia mais eficiente para o algoritmo off-line e mostre que isto causa no máximo $m + n/m$ perdas de páginas no total, iniciando de uma cache vazia.

C-14.11 Considere a estratégia de caching de páginas baseada na regra **menos frequentemente usada** *(LFU)*, onde a página na cache que tem sido acessada menos vezes é a que será desalojada quando uma nova página for requisitada. Se existirem amarrações, LFU desalojará a página menos frequentemente usada que tem estado na cache por mais tempo. Mostre que existe uma sequência *P* de *n* requisições que faz com que LFU fracasse $\Omega(n)$ vezes para uma cache de *m* páginas, enquanto o algoritmo mais eficiente fracassará $\Omega(m)$ vezes.

C-14.12 Suponha que em vez de ter uma função de pesquisa de nodos $f(d) = 1$ em uma árvore B *T* de ordem *d*, tem-se $f(d) = \log d$. Como fica o tempo assintótico de execução de uma pesquisa em *T* nesse caso?

C-14.13 Descreva um algoritmo de memória externa que determine (usando $O(n/B)$ transferências) se uma lista de *n* inteiros contém um valor que ocorre mais que *n*/2 vezes.

Projetos

P-14.1 Escreva uma classe Java que simula os algoritmos best-fit, worst-fit, first-fit e next-fit de gerenciamento de memória. Determine experimentalmente qual método é o melhor considerando várias sequências de solicitação de memória.

P-14.2 Escreva um programa Java que implemente todos os métodos de um TAD mapa ordenado usando uma árvore (a,b), onde a e b são constantes inteiras passadas como parâmetros para um construtor.

P-14.3 Implemente a estrutura de dados árvore B assumindo um tamanho de bloco de 1024 e assumindo que as chaves sejam inteiras. Teste o número de "transferências de disco" necessárias para processar uma sequência de operações de mapas.

P-14.4 Implemente um algoritmo de ordenação de memória externa e compare-o experimentalmente com qualquer algoritmo de ordenação de memória interna.

Observações sobre o capítulo

Knuth[60] tem várias boas discussões sobre ordenação e pesquisa em memória externa, e Ullman [93] discute estruturas de memória externa para sistemas de banco de dados. O leitor interessado no estudo de arquitetura de sistemas de hierarquia de memória deve procurar o capítulo do livro de Burger *et al.* [19] ou o livro de Hennessy e Patterson [46]. O manual de Gonnet e Baeza-Yates [39] compara o desempenho de diferentes algoritmos de ordenação, muitos dos quais são algoritmos de memória externa. As árvores B foram inventadas por Bayer e McCreight [11], e Comer [24] apresenta uma visão geral muito boa dessa estrutura de dados. Os livros de Mehlhorn [74] e Samet [84] também apresentam discussões interessantes sobre árvores B e suas variações. Aggarwal e Vitter [2] estudam a complexidade de I/O de algoritmos de ordenação e problemas relacionados, estabelecendo limites inferiores e superiores, incluindo o limite inferior para ordenação apresentado neste capítulo. Goodrich *et al.*[42] estuda a complexidade de I/O em diferentes problemas de geometria computacional. Recomenda-se ao leitor interessado em estudar mais sobre algoritmos eficientes de I/O a examinar o artigo de Vitter [95].

Apêndice

A   Fatos Matemáticos Úteis

Neste apêndice, fornecemos vários fatos matemáticos úteis. Iniciamos com algumas definições e fatos combinatórios.

Logaritmos e expoentes

A função logaritmo é definida como

$$\log_b a = c \quad \text{se} \quad a = b^c.$$

As seguintes identidades são válidas para logaritmos e expoentes:

1. $\log_b ac = \log_b a + \log_b c$
2. $\log_b a/c = \log_b a - \log_b c$
3. $\log_b a^c = c \log_b a$
4. $\log_b a = (\log_c a) / \log_c b$
5. $b^{\log_c a} = a^{\log_c b}$
6. $(b^a)^c = b^{ac}$
7. $b^a b^c = b^{a+c}$
8. $b^a / b^c = b^{a-c}$

Adicionalmente, temos

Proposição A.1: *Se $a > 0$, $b > 0$ e $c > a + b$, então*

$$\log a + \log b \leq 2 \log c - 2.$$

Justificativa: Isso é suficiente para mostrar que $ab < c^2/4$. Podemos escrever

$$\begin{aligned} ab &= \frac{a^2 + 2ab + b^2 - a^2 + 2ab - b^2}{4} \\ &= \frac{(a+b)^2 - (a-b)^2}{4} \leq \frac{(a+b)^2}{4} < \frac{c^2}{4}. \end{aligned}$$

∎

A função *logaritmo natural* $\ln x = \log_e x$, onde $e = 2{,}71828\ldots$, é o valor da seguinte progressão:

$$e = 1 + \frac{1}{1!} + \frac{1}{2!} + \frac{1}{3!} + \cdots.$$

Em adição,

$$e^x = 1 + \frac{x}{1!} + \frac{x^2}{2!} + \frac{x^3}{3!} + \cdots$$

$$\ln(1+x) = x - \frac{x^2}{2!} + \frac{x^3}{3!} - \frac{x^4}{4!} + \cdots.$$

Existe um número de desigualdades úteis relacionadas a essas funções (e que derivam dessas definições).

Proposição A.2: *Se $x > -1$,*

$$\frac{x}{1+x} \leq \ln(1+x) \leq x.$$

Proposição A.3: *Para $0 \leq x < 1$,*

$$1 + x \leq e^x \leq \frac{1}{1-x}.$$

Proposição A.4: *Para quaisquer dois números reais positivos x e n,*

$$\left(1 + \frac{x}{n}\right)^n \leq e^x \leq \left(1 + \frac{x}{n}\right)^{n + x/2}.$$

Funções e relações inteiras

As funções "teto" e "piso" são definidas desta forma, respectivamente:

1. $\lfloor x \rfloor = $ o maior inteiro menor ou igual a x.
2. $\lceil x \rceil = $ o menor inteiro maior ou igual a x.

A função *módulo* é definida para inteiros $a \geq 0$ e $b > 0$ como

$$a \bmod b = a - \left\lfloor \frac{a}{b} \right\rfloor b.$$

A função *fatorial* é definida como

$$n! = 1 \cdot 2 \cdot 3 \cdot \cdots \cdot (n-1)n.$$

O coeficiente binomial é

$$\binom{n}{k} = \frac{n!}{k!(n-k)!},$$

que é o número de **combinações** diferentes que podem ser definidas escolhendo-se k itens diferentes de uma coleção de n itens (na qual a ordem dos itens não importa). O nome "coeficiente binomial" deriva da **expansão binomial**:

$$(a+b)^n = \sum_{k=0}^{n} \binom{n}{k} a^k b^{n-k}.$$

Também temos as seguintes relações.

Proposição A.5: Se $0 \leq k \leq n$, então,

$$\left(\frac{n}{k}\right)^k \leq \binom{n}{k} \leq \frac{n^k}{k!}.$$

Proposição A.6 (Aproximação de Stirling):

$$n! = \sqrt{2\pi n} \left(\frac{n}{e}\right)^n \left(1 + \frac{1}{12n} + \varepsilon(n)\right),$$

onde $\varepsilon(n)$ é $O(1/n^2)$.

A **progressão de Fibonacci** é uma progressão numérica tal que $F_0 = 0$, $F_1 = 1$ e $F_n = F_{n-1} + F_{n-2}$ para $n \geq 2$.

Proposição A.7: Se F_n é definido pela progressão de Fibonacci, então F_n é $\Theta(g^n)$, onde $g = (1 + \sqrt{5})/2$ é a chamada **razão ideal**.

Somatórios

Existem vários fatos úteis sobre somatórios.

Proposição A.8: *Fatorar somatórios:*

$$\sum_{i=1}^{n} a f(i) = a \sum_{i=1}^{n} f(i),$$

desde que a não dependa de i.

Proposição A.9: *Troca de ordem:*

$$\sum_{i=1}^{n}\sum_{j=1}^{m} f(i,j) = \sum_{j=1}^{m}\sum_{i=1}^{n} f(i,j).$$

Uma forma especial de somatório é uma *soma telescópica*.

$$\sum_{i=1}^{n}(f(i) - f(i-1)) = f(n) - f(0),$$

que surge frequentemente na análise amortizada de uma estrutura de dados ou algoritmo.

A seguir, apresentamos outros fatos sobre somatórios que surgem com frequência na análise de algoritmos e estruturas de dados.

Proposição A.10: $\sum_{i=1}^{n} i = n(n+1)/2$.

Proposição A.11: $\sum_{i=1}^{n} i^2 = n(n+1)(2n+1)/6$.

Proposição A.12: *Se $k \geq 1$ é uma constante inteira, então*

$$\sum_{i=1}^{n} i^k \text{ is } \Theta(n^{k+1}).$$

Outro somatório comum é o *somatório geométrico*, $\sum_{i=0}^{n} a^i$, para qualquer número real fixo $0 < a \neq 1$.

Proposição A.13:

$$\sum_{i=0}^{n} a^i = \frac{a^{n+1} - 1}{a - 1},$$

para qualquer número real $0 < a \neq 1$.

Proposição A.14:

$$\sum_{i=0}^{\infty} a^i = \frac{1}{1-a}$$

para qualquer número real $0 < a < 1$.

Também existe uma combinação de duas formas comuns, chamada de *soma exponencial linear*, que tem a seguinte expansão:

Proposição A.15: *Para $0 < a \neq 1$ e $n \geq 2$,*

$$\sum_{i=1}^{n} ia^i = \frac{a - (n+1)a^{(n+1)} + na^{(n+2)}}{(1-a)^2}.$$

O n-ésimo **número Harmônico** H_n é definido como

$$H_n = \sum_{i=1}^{n} \frac{1}{i}.$$

Proposição A.16: *Se H_n é o n-ésimo número harmônico H_n, então H_n é $\ln n + \Theta(1)$.*

Probabilidade básica

Revisaremos alguns fatos básicos sobre teoria das probabilidades. O mais básico é que qualquer afirmação sobre probabilidades é definida sobre um *espaço amostral* S, definido como o conjunto de todos os possíveis resultados de um experimento. Deixaremos os termos "resultado" e "experimento" indefinidos em qualquer sentido formal.

Exemplo A.17: *Considere um experimento que consiste em jogar uma moeda cinco vezes. Esse espaço amostral tem 2^5 resultados diferentes, um para cada ordem diferente dos resultados das moedas jogadas individualmente.*

Os espaços amostrais também podem ser infinitos, como ilustrado no exemplo a seguir.

Exemplo A.18: *Considere um experimento que consiste em jogar uma moeda até que ela dê cara. Esse espaço amostral é infinito, com cada saída sendo uma sequência de i coroas seguidas por uma cara, para $i = 1, 2, 3, \ldots$.*

Um *espaço de probabilidade* é um espaço amostral S com uma função de probabilidade Pr que mapeia subconjuntos de S a números reais no intervalo $[0, 1]$. Ele captura matematicamente a noção da probabilidade de certos "eventos" ocorrerem. Formalmente, cada subconjunto A de S é chamado de *evento*, e a função de probabilidade Pr possui as seguintes propriedades básicas com respeito a eventos definidos em S:

1. $\Pr(\emptyset) = 0$.
2. $\Pr(S) = 1$.
3. $0 \leq \Pr(A) \leq 1$, para todo $A \subseteq S$.
4. Se $A, B \subseteq S$ e $A \cap B = \emptyset$, então $\Pr(A \cup B) = \Pr(A) + \Pr(B)$.

Dois eventos A e B são *independentes* se

$$\Pr(A \cap B) = \Pr(A) \cdot \Pr(B).$$

Uma coleção de eventos $\{A_1, A_2, \ldots, A_n\}$ é *mutuamente independente* se

$$\Pr(A_{i_1} \cap A_{i_2} \cap \cdots \cap A_{i_k}) = \Pr(A_{i_1}) \Pr(A_{i_2}) \cdots \Pr(A_{i_k}).$$

para qualquer subconjunto $\{A_{i_1}, A_{i_2}, ..., A_{i_k}\}$.

A *probabilidade condicional* de que um evento A ocorra, dado um evento B, é denotada como $\Pr(A|B)$ e definida como

$$\frac{\Pr(A \cap B)}{\Pr(B)},$$

assumindo que $\Pr(B) > 0$.

Uma forma elegante de lidar com eventos é em termos de *variáveis aleatórias*. Intuitivamente, as variáveis aleatórias são variáveis cujos valores dependem do resultado de algum experimento. Formalmente, uma *variável aleatória* é uma função X que mapeia resultados de um espaço amostral S a números reais. Uma *variável aleatória indicadora* é uma variável aleatória que mapeia resultados para os valores do conjunto $\{0, 1\}$. Frequentemente, na análise de estruturas de dados e algoritmos, usamos uma variável aleatória X para caracterizar o tempo de execução de um algoritmo randomizado. Nesse caso, o espaço amostral S é definido por todos os resultados aleatórios possíveis usados no algoritmo.

Estamos mais interessados no valor típico, médio ou "esperado" de uma variável aleatória. O *valor esperado* de uma variável aleatória X é definido como

$$E(X) = \sum_x x \Pr(X = x),$$

onde a soma é definida sobre todos os valores em X (que neste caso é assumido como discreto).

Proposição A.19 (linearidade do valor esperado): *Sejam X e Y duas variáveis aleatórias arbitrárias. Então*

$$E(X+Y) = E(X) + E(Y) \quad e \quad E(cX) = cE(X).$$

Exemplo A.20: *Seja X uma variável aleatória que associa o resultado do lançamento de dois dados à soma dos valores resultantes. Então $E(X) = 7$.*

Justificativa: Para justificar a afirmação, sejam X_1 e X_2 variáveis aleatórias correspondendo ao número resultante em cada dado. Assim, $X_1 = X_2$ (isto é, são duas instâncias da mesma função), e $E(X) = E(X_1 + X_2) = E(X_1) + E(X_2)$. Cada resultado do lançamento dos dados ocorre com probabilidade 1/6. Portanto

$$E(X_i) = \frac{1}{6} + \frac{2}{6} + \frac{3}{6} + \frac{4}{6} + \frac{5}{6} + \frac{6}{6} = \frac{7}{2},$$

para $i = 1,2$. Por isso, $E(X) = 7$. ∎

Duas variáveis X e Y são *independentes* se

$$\Pr(X = x | Y = y) = \Pr(X = x),$$

para todos os números reais x e y.

Proposição A.21: *Se duas variáveis aleatórias X e Y são independentes, então*

$$E(XY) = E(X)E(Y).$$

Exemplo A.22: Seja X uma variável aleatória relacionando o resultado do lançamento de dois dados ao produto dos valores resultantes. Então $E(X) = 49/4$.

Justificativa: Sejam X_1 e X_2 variáveis aleatórias correspondendo ao número resultante em cada dado. As variáveis X_1 e X_2 são claramente independentes, portanto

$$E(X) = E(X_1 X_2) = E(X_1)E(X_2) = (7/2)^2 = 49/4. \qquad \blacksquare$$

Os seguintes limites e resultados são conhecidos como **limites Chernoff**.

Proposição A.23: *Seja X a soma de um número finito de variáveis randômicas independentes 0/1 e $\mu > 0$ o valor esperado de X. Então, para $\delta > 0$,*

$$\Pr(X > (1+\delta)\mu) < \left[\frac{e^{\delta}}{(1+\delta)^{(1+\delta)}} \right]^{\mu}.$$

Técnicas matemáticas úteis

Para comparar a medida de crescimento das diferentes funções, às vezes é útil aplicar a seguinte regra:

Proposição A.24 (regra de L'Hôpital): *Se temos $\lim_{n \to \infty} f(n) = +\infty$ e $\lim_{n \to \infty} g(n) = +\infty$, então $\lim_{n \to \infty} f(n)/g(n) = \lim_{n \to \infty} f'(n)/g'(n)$, onde $f'(n)$ e $g'(n)$ denotam respectivamente as derivadas de $f(n)$ e de $g(n)$.*

Para derivar um limite superior e inferior para uma soma, é frequentemente útil **separar uma soma** como a seguir:

$$\sum_{i=1}^{n} f(i) = \sum_{i=1}^{j} f(i) + \sum_{i=j+1}^{n} f(i).$$

Outra técnica útil é **limitar a soma por uma integral**. Se f é uma função não decrescente, então, assumindo que os termos a seguir estejam definidos,

$$\int_{a-1}^{b} f(x)\,dx \leq \sum_{i=a}^{b} f(i) \leq \int_{a}^{b+1} f(x)\,dx.$$

Existe uma forma geral de relação de recorrência que surge na análise de algoritmos de divisão e conquista:

$$T(n) = aT(n/b) + f(n),$$

para constantes $a \geq 1$ e $b > 1$.

Proposição A.25: *Seja $T(n)$ definida como acima. Então*

1. Se $f(n)$ é $O(n^{\log_b a - \varepsilon})$, para alguma constante $\varepsilon > 0$, então $T(n)$ é $\Theta(n^{\log_b a})$.
2. Se $f(n)$ é $\Theta(n^{\log_b a} \log^k n)$, para algum inteiro não negativo $k \geq 0$, então $T(n)$ é $\Theta(n^{\log_b a} \log^{k+1} n)$.
3. Se $f(n)$ é $\Omega(n^{\log_b a + \varepsilon})$, para alguma constante $\varepsilon > 0$ e se $af(n/b) \leq cf(n)$, então $T(n)$ é $\Theta(f(n))$.

Essa proposição é conhecida como o **método mestre** para caracterizar assintoticamente relações de recorrência obtidas a partir de algoritmos de divisão e conquista.

Bibliografia

[1] G. M. Adel'son-Vel'skii and Y. M. Landis, "An algorithm for the organization of information," *Doklady Akademii Nauk SSSR*,vol. 146,pp.263–266, 1962. English translation in *Soviet Math. Dokl.*, **3**, 1259–1262.

[2] A. Aggarwal and J. S. Vitter, "The input/output complexity of sorting and related problems," *Commun. ACM*,vol.31,pp. 1116–1127, 1988.

[3] A. V. Aho, "Algorithms for finding patterns in strings," in *Handbook of Theoretical Computer Science* (J. van Leeuwen, ed.), vol. A. Algorithms and Complexity, pp. 255–300, Amsterdam: Elsevier, 1990.

[4] A. V. Aho, J. E. Hopcroft, and J. D. Ullman, *The Design and Analysis of Computer Algorithms*. Reading, MA: Addison-Wesley, 1974.

[5] A. V. Aho, J. E. Hopcroft, and J. D. Ullman, *Data Structures and Algorithms*. Reading, MA: Addison-Wesley, 1983.

[6] R. K. Ahuja, T. L. Magnanti, and J. B. Orlin, *Network Flows: Theory, Algorithms, and Applications*. Englewood Cliffs, NJ: Prentice Hall, 1993.

[7] K. Arnold, J. Gosling, and D. Holmes, *The Java Programming Language*. The Java Series, Upper Saddle River, NJ: Prentice Hall, 4th ed., 2006.

[8] R. Baeza-Yates and B. Ribeiro-Neto, *Modern Information Retrieval*. Reading, Mass.: Addison-Wesley, 1999.

[9] O. Baruvka, "O jistem problemu minimalnim," *Praca Moravske Prirodovedecke Spolecnosti*,vol. 3, pp.37–58, 1926. (in Czech).

[10] R. Bayer, "Symmetric binary B-trees: Data structure and maintenance," *Acta Informatica*,vol.1,no. 4,pp.290–306, 1972.

[11] R. Bayer and McCreight, "Organization of large ordered indexes," *Acta Inform.*, vol. 1, pp. 173–189, 1972.

[12] J. L. Bentley, "Programming pearls: Writing correct programs," *Communications of the ACM*,vol. 26, pp. 1040–1045, 1983.

[13] J. L. Bentley, "Programming pearls: Thanks, heaps," *Communications of the ACM*, vol. 28, pp. 245–250, 1985.

[14] J. L. Bentley and M. D. McIlroy, "Engineering a sort function," *Software–Practice and Experience*,vol.23, no. 11,pp. 1249–1265, 1993.

[15] G. Booch, *Object-Oriented Analysis and Design with Applications*. Redwood City, CA: Benjamin/Cummings, 1994.

[16] R. S. Boyer and J. S. Moore, "A fast string searching algorithm," *Communications of the ACM*,vol.20,no. 10,pp. 762–772, 1977.

[17] G. Brassard, "Crusade for a better notation," *SIGACT News*, vol. 17, no. 1, pp. 60–64, 1985.

[18] T. Budd, *An Introduction to Object-Oriented Programming*. Reading, Mass.: Addison-Wesley, 1991.

[19] D. Burger, J. R. Goodman, and G. S. Sohi, "Memory systems," in *The Computer Science and Engineering Handbook* (A. B. Tucker, Jr., ed.), ch. 18, pp. 447–461, CRC Press, 1997.

[20] L. Cardelli and P. Wegner, "On understanding types, data abstraction and polymorphism," *ACM Computing Surveys*, vol. 17, no.4, pp. 471–522, 1985.

[21] S. Carlsson, "Average case results on heapsort," *BIT*, vol.27, pp.2–17, 1987.

[22] K. L. Clarkson, "Linear programming in $O(n3^d)$ time," *Inform. Process. Lett.*, vol. 22, pp. 21–24, 1986.

[23] R. Cole, "Tight bounds on the complexity of the Boyer-Moore pattern matching algorithm," *SIAM Journal on Computing*, vol. 23, no. 5, pp.1075–1091, 1994.

[24] D. Comer, "The ubiquitous B-tree," *ACM Comput. Surv.*, vol.11, pp. 121–137, 1979.

[25] T. H. Cormen, C. E. Leiserson, and R. L. Rivest, *Introduction to Algorithms*. Cambridge, MA: MIT Press, 1990.

[26] M. Crochemore and T. Lecroq, "Pattern matching and text compression algorithms," in *The Computer Science and Engineering Handbook* (A. B. Tucker, Jr., ed.), ch. 8, pp. 162–202, CRC Press, 1997.

[27] S. A. Demurjian, Sr., "Software design," in *The Computer Science and Engineering Handbook* (A. B. Tucker, Jr., ed.), ch. 108, pp. 2323–2351, CRC Press, 1997.

[28] G. Di Battista, P. Eades, R. Tamassia, and I. G. Tollis, *Graph Drawing*. Upper Saddle River, NJ: Prentice Hall, 1999.

[29] E. W. Dijkstra, "A note on two problems in connexion with graphs," *Numerische Mathematik*, vol. 1, pp. 269–271, 1959.

[30] J. R. Driscoll, H. N. Gabow, R. Shrairaman, and R. E. Tarjan, "Relaxed heaps: An alternative to Fibonacci heaps with applications to parallel computation.," *Commun. ACM*, vol. 31, pp. 1343–1354, 1988.

[31] S. Even, *Graph Algorithms*. Potomac, Maryland: Computer Science Press, 1979.

[32] D. Flanagan, *Java in a Nutshell*. O'Reilly, 5th ed., 2005.

[33] R. W. Floyd, "Algorithm 97: Shortest path," *Communications of the ACM*, vol. 5, no. 6, p. 345, 1962.

[34] R. W. Floyd, "Algorithm 245: Treesort 3," *Communications of the ACM*, vol. 7, no. 12, p. 701, 1964.

[35] M. L. Fredman and R. E. Tarjan, "Fibonacci heaps and their uses in improved network optimization algorithms," *J. ACM*, vol. 34, pp. 596–615, 1987.

[36] E. Gamma, R. Helm, R. Johnson, and J. Vlissides, *Design Patterns: Elements of Reusable Object-Oriented Software*. Reading, Mass.: Addison-Wesley, 1995.

[37] A. M. Gibbons, *Algorithmic Graph Theory*. Cambridge, UK: Cambridge University Press, 1985.

[38] A. Goldberg and D. Robson, *Smalltalk-80: The Language*. Reading, Mass.: Addison-Wesley, 1989.

[39] G. H. Gonnet and R. Baeza-Yates, *Handbook of Algorithms and Data Structures in Pascal and C*. Reading, Mass.: Addison-Wesley, 1991.

[40] G. H. Gonnet and J. I. Munro, "Heaps on heaps," *SIAM Journal on Computing*, vol. 15, no. 4, pp. 964–971, 1986.

[41] M. T. Goodrich, M. Handy, B. Hudson, and R. Tamassia, "Accessing the internal organization of data structures in the JDSL library," in *Proc. Workshop on Algorithm Engineering and Experimentation* (M. T. Goodrich and C. C. McGeoch, eds.), vol. 1619 of *Lecture Notes Comput. Sci.*, pp. 124–139, Springer-Verlag, 1999.

[42] M. T. Goodrich, J.-J. Tsay, D. E. Vengroff, and J. S. Vitter, "External-memory computational geometry," in *Proc. 34th Annu. IEEE Sympos. Found. Comput. Sci.*, pp. 714–723, 1993.

[43] R. L. Graham and P. Hell, "On the history of the minimum spanning tree problem," *Annals of the History of Computing*,vol. 7, no.1, pp. 43–57, 1985.

[44] L. J. Guibas and R. Sedgewick, "A dichromatic framework for balanced trees," in *Proc. 19th Annu. IEEE Sympos. Found. Comput. Sci.*, Lecture Notes Comput. Sci., pp. 8–21, Springer-Verlag, 1978.

[45] Y. Gurevich, "What does $O(n)$ mean?," *SIGACT News*, vol. 17, no. 4, pp. 61–63, 1986.

[46] J. Hennessy and D. Patterson, *Computer Architecture: A Quantitative Approach*. San Francisco: Morgan Kaufmann, 2nd ed., 1996.

[47] C. A. R. Hoare, "Quicksort," *The Computer Journal*,vol.5, pp.10–15, 1962.

[48] J. E. Hopcroft and R. E. Tarjan, "Efficient algorithms for graph manipulation," *Communications of the ACM*,vol. 16, no. 6, pp. 372–378, 1973.

[49] C. S. Horstmann, *Java Concepts for Java 5 and 6*. New York: John Wiley & Sons, 2008.

[50] C. S. Horstmann and G. Cornell, *Core Java*, vol. I–Fundamentals. Upper Saddle River, NJ: Prentice Hall, 8th ed., 2008.

[51] C. S. Horstmann and G. Cornell, *Core Java*, vol. II–Advanced Features. Upper Saddle River, NJ: Prentice Hall, 8th ed., 2008.

[52] B. Huang and M. Langston, "Practical in-place merging," *Communications of the ACM*,vol. 31, no. 3, pp. 348–352, 1988.

[53] J. J´aJ´a, *An Introduction to Parallel Algorithms*. Reading, Mass.: Addison-Wesley, 1992.

[54] V. Jarnik, "O jistem problemu minimalnim," *Praca Moravske Prirodovedecke Spolecnosti*,vol. 6, pp.57–63, 1930. (in Czech).

[55] R. E. Jones, *Garbage Collection: Algorithms for Automatic Dynamic Memory Management*. John Wiley and Sons, 1996.

[56] D. R. Karger, P. Klein, and R. E. Tarjan, "A randomized linear-time algorithm to find minimum spanning trees," *Journal of the ACM*,vol. 42, pp. 321–328, 1995.

[57] R. M. Karp and V. Ramachandran, "Parallel algorithms for shared memory machines," in *Handbook of Theoretical Computer Science* (J. van Leeuwen, ed.), pp. 869–941, Amsterdam: Elsevier/The MIT Press, 1990.

[58] P. Kirschenhofer and H. Prodinger, "The path length of random skip lists," *Acta Informatica*,vol. 31,pp. 775–792, 1994.

[59] J. Kleinberg and E. Tardos, *Algorithm Design*. Reading, MA: Addison-Wesley, 2006.

[60] D. E. Knuth, *Sorting and Searching*, vol. 3 of *The Art of Computer Programming*. Reading, MA: Addison-Wesley, 1973.

[61] D. E. Knuth, "Big omicron and big omega and big theta," in *SIGACT News*, vol. 8, pp. 18–24, 1976.

[62] D. E. Knuth, *Fundamental Algorithms*,vol. 1 of *The Art of Computer Programming*. Reading, MA: Addison-Wesley, 3rd ed., 1997.

[63] D. E. Knuth, *Sorting and Searching*, vol. 3 of *The Art of Computer Programming*. Reading, MA: Addison-Wesley, 2nd ed., 1998.

[64] D. E. Knuth, J. H. Morris, Jr., and V. R. Pratt, "Fast pattern matching in strings," *SIAM Journal on Computing*,vol. 6, no. 1, pp. 323–350,1977.

[65] J. B. Kruskal, Jr., "On the shortest spanning subtree of a graph and the traveling salesman problem," *Proc. Amer. Math. Soc.*,vol. 7, pp.48–50, 1956.

[66] N. G. Leveson and C. S. Turner, "An investigation of the Therac-25 accidents," *IEEE Computer*,vol.26, no.7,pp. 18–41, 1993.

[67] R. Levisse, "Some lessons drawn from the history of the binary search algorithm," *The Computer Journal*,vol. 26, pp.154–163, 1983.

[68] A. Levitin, "Do we teach the right algorithm design techniques?," in *30th ACM SIGCSE Symp. on Computer Science Education*, pp. 179–183, 1999.

[69] B. Liskov and J. Guttag, *Abstraction and Specification in Program Development*. Cambridge, Mass./New York: The MIT Press/McGraw-Hill, 1986.

[70] E. M. McCreight, "A space-economical suffix tree construction algorithm," *Journal of Algorithms*,vol. 23, no.2, pp. 262–272, 1976.

[71] C. J. H. McDiarmid and B. A. Reed, "Building heaps fast," *Journal of Algorithms*, vol. 10, no. 3, pp. 352–365, 1989.

[72] N. Megiddo, "Linear-time algorithms for linear programming in R^3 and related problems," *SIAM J. Comput.*,vol. 12,pp. 759–776, 1983.

[73] N. Megiddo, "Linear programming in linear time when the dimension is fixed," *J. ACM*,vol. 31, pp. 114–127, 1984.

[74] K. Mehlhorn, *Data Structures and Algorithms 1: Sorting and Searching*, vol. 1 of *EATCS Monographs on Theoretical Computer Science*. Heidelberg, Germany: Springer-Verlag, 1984.

[75] K. Mehlhorn, *Data Structures and Algorithms 2: Graph Algorithms and NP–Completeness*,vol. 2 of *EATCS Monographs on Theoretical Computer Science*.Heidelberg, Germany: Springer-Verlag, 1984.

[76] K. Mehlhorn and A. Tsakalidis, "Data structures," in *Handbook of Theoretical Computer Science* (J. van Leeuwen, ed.), vol. A. Algorithms and Complexity, pp. 301–341, Amsterdam: Elsevier, 1990.

[77] M. H. Morgan, *Vitruvius: The Ten Books on Architecture*. New York: Dover Publications, Inc., 1960.

[78] D. R. Morrison, "PATRICIA–practical algorithm to retrieve information coded in alphanumeric," *Journal of the ACM*,vol. 15, no. 4, pp. 514–534, 1968.

[79] R. Motwani and P. Raghavan, *Randomized Algorithms*. New York, NY: Cambridge University Press, 1995.

[80] T. Papadakis, J. I. Munro, and P. V. Poblete, "Average search and update costs in skip lists," *BIT*,vol.32, pp.316–332, 1992.

[81] P. V. Poblete, J. I. Munro, and T. Papadakis, "The binomial transform and its application to the analysis of skip lists," in *Proceedings of the European Symposium on Algorithms (ESA)*, pp. 554–569, 1995.

[82] R. C. Prim, "Shortest connection networks and some generalizations," *Bell Syst. Tech. J.*,vol.36,pp. 1389–1401, 1957.

[83] W. Pugh, "Skip lists: a probabilistic alternative to balanced trees," *Commun. ACM*, vol. 33, no. 6, pp. 668–676, 1990.

[84] H. Samet, *The Design and Analysis of Spatial Data Structures*. Reading, MA: Addison-Wesley, 1990.

[85] R. Schaffer and R. Sedgewick, "The analysis of heapsort," *Journal of Algorithms*, vol. 15, no. 1, pp. 76–100, 1993.

[86] D. D. Sleator and R. E. Tarjan, "Self-adjusting binary search trees," *J. ACM*,vol.32, no. 3, pp. 652–686, 1985.

[87] G. A. Stephen, *String Searching Algorithms*. World Scientific Press, 1994.

[88] R. Tamassia and G. Liotta, "Graph drawing," in *Handbook of Discrete and Computational Geometry* (J. E. Goodman and J. O'Rourke, eds.), ch. 52, pp. 1163–1186, CRC Press LLC, 2nd ed., 2004.

[89] R. Tarjan and U. Vishkin, "An efficient parallel biconnectivity algorithm," *SIAM J. Comput.*, vol. 14, pp.862–874, 1985.

[90] R. E. Tarjan, "Depth first search and linear graph algorithms," *SIAM Journal on Computing*, vol. 1, no.2, pp. 146–160, 1972.

[91] R. E. Tarjan, *Data Structures and Network Algorithms*, vol. 44 of *CBMS-NSF Regional Conference Series in Applied Mathematics*. Philadelphia, PA: Society for Industrial and Applied Mathematics, 1983.

[92] A. B. Tucker, Jr., *The Computer Science and Engineering Handbook*. CRC Press, 1997.

[93] J. D. Ullman, *Principles of Database Systems*. Potomac, MD: Computer Science Press, 1983.

[94] J. van Leeuwen, "Graph algorithms," in *Handbook of Theoretical Computer Science* (J. van Leeuwen, ed.), vol. A. Algorithms and Complexity, pp. 525–632, Amsterdam: Elsevier, 1990.

[95] J. S. Vitter, "Efficient memory access in large-scale computation," in *Proc. 8th Sympos. Theoret. Aspects Comput. Sci.*, Lecture Notes Comput. Sci., Springer-Verlag, 1991.

[96] J. S. Vitter and W. C. Chen, *Design and Analysis of Coalesced Hashing*. New York: Oxford University Press, 1987.

[97] J. S. Vitter and P. Flajolet, "Average-case analysis of algorithms and data structures," in *Algorithms and Complexity* (J. van Leeuwen, ed.), vol. A of *Handbook of Theoretical Computer Science*, pp. 431–524, Amsterdam: Elsevier, 1990.

[98] S. Warshall, "A theorem on boolean matrices," *Journal of the ACM*, vol. 9, no. 1, pp. 11–12, 1962.

[99] J. W. J. Williams, "Algorithm 232: Heapsort," *Communications of the ACM*, vol. 7, no. 6, pp. 347–348, 1964.

[100] D. Wood, *Data Structures, Algorithms, and Performance*. Reading, Mass.: Addison-Wesley, 1993.

Índice

A
abstração, 62
acessibilidade, 626
acíclico, 626
adaptabilidade, 60, 61
adaptador, 239
Adel'son-Vel'skii, 503
adjacente, 599
ADT. *Ver* tipo abstrato de dados
Aggarwal, 690
agrupamento, 399-400
Aho, 236, 282, 503, 556, 595
Ahuja, 666
alfabeto, 8, 558-559
algoritmo, 170
algoritmo best-fit, 672-673
algoritmo de Dijkstra, 638-646
algoritmo de Floyd-Warshall, 630-631, 666
algoritmo de Kruskal, 649, 652-653
algoritmo de mark-sweep, 673-674
algoritmo de memória externa, 675-688
algoritmo de Prim-Jarnik, 653-654
algoritmo do crivo, 431-432
algoritmo first-fit, 672-673
algoritmo genérico de merge, 539-540
algoritmo next-fit, 672-673
algoritmo worst-fit, 672-673
algoritmos de cache, 678-681
alocação de memória, 672-673
altura, 291-293, 440-442
ambiente de desenvolvimento integrado, 49-50
amigável, 4
amortização, 245-246, 542-546
análise assintótica, 178-188
análise de algoritmo, 170-188
 caso médio, 173-174
 pior caso, 174
ancestral, 285-286, 625
antissimétrico, 338-339
API, 81, 204
aplicações de missão crítica, 60
aproximação de Stirling, 693-694
arco, 598
aresta, 286-287, 598
 destino, 599
 incidentes, 599
 laço self, 599-600
 múltipla, 599-600
 origem, 599
 paralela, 599-600
 vértice final, 599
aresta da árvore, 628-630
aresta de cruzamento, 625, 628-630
aresta de descoberta, 611-613, 625, 628-630
aresta de retorno, 611-613, 628-630, 659
arestas fora da árvore, 628-630
Ariadne, 610-611
aritmética, 21
armazenamento associativo, 386
Arnold, 57
Arquimedes, 170, 200
arranjo, 33-38, 100-120
 capacidade, 34-35
 tamanho, 33-34
arranjo bidimensional, 116
arranjo de bucket, 389-390
arranjo esparso, 280
árvores (2,4), 468-479
 propriedade da profundidade, 471-472
 propriedade do tamanho, 471-472
árvore, 284-336, 601-602
 altura, 291-293
 aresta, 286-287
 caminho, 286-287
 de decisão, 299-300, 471-472, 530-531
 estrutura encadeada, 289-290
 genérica, 468-471
 nível, 302-303
 nodo, 284-285
 nodo externo, 285-286
 nodo filho, 284-285
 nodo interno, 285-286
 nodo pai, 284-285
 nodo raiz, 284-285
 ordenado, 286-287
 profundidade, 290-293
 representação de árvore binária, 330-331
 tipo abstrato de dados, 287-289
árvore AVL, 446-458
 fator balanceamento, 454-455
 propriedade altura-balanceamento, 446-447
árvore B, 684-685

árvore binária, 299-313, 507
 cheia, 299-300
 completa, 350-358
 estrutura encadeada, 304-313
 filho à direita, 299-300
 filho à esquerda, 299-300
 imprópria, 299-300
 nível, 302-303
 própria, 299-300
 representação de lista arranjo, 313-316
árvore binária de pesquisa, 436-443
 inserção, 438-440
 reestruturação trinodo, 450-451
 remoção, 440
 rotação, 450-451
árvore de cobertura, 601-602, 611-614, 622-623, 625, 647-648
árvore de cobertura mínima, 647-648, 654
 algoritmo de Kruskal, 649, 652-653
 algoritmo de Prim-Jarnik, 653-654
árvore de fatias, 333-334
árvore de jogadas 336
árvore de pesquisa balanceada, 470-471
árvore de pesquisa de prioridade, 380-381
árvore de pesquisa genérica, 468
árvore de reflexão, 332
árvore espalhada, 457-467
árvore transversal, 293-299, 315-326
 caminhamento de Euler, 320-326
 genérico, 322-326
 interfixado, 317-320
 nível, 333
 pós-fixado, 296-299, 316-318
 prefixado, 293-296, 316-317
árvore vermelho-preta, 479-495
 propriedade da profundidade, 479-480
 propriedade da raiz, 479-480
 propriedade externa, 479-480
 propriedade interna, 479-480
 recolorir, 483
árvores (a, b), 682-685
 propriedade da profundidade, 682-683
 propriedade do tamanho, 682-683
assimétrico, 599
assinatura, 10, 15, 18-19, 66-67
ataque do estouro do buffer, 34-35
ativação dinâmica, 66
atributo, 614-615
autoboxing, 26

B

Baeza-Yates, 503, 556, 595, 690
Barůvka, 663, 666
Bayer, 503, 690

Bentley, 383, 434, 556
BFS. *Ver* caminhamento em largura
blocking, 677-678
bloco de comandos, 19
bloco try-catch, 79-80
Booch, 97, 282
bootstrapping, 470
Boyer, 595
Brassard, 200
bucket-sort, 532-534
Budd, 97, 282
buffer, 38-39
Burger, 690

C

cabeça, 127
cache, 675-676
caminhamento em largura, 622-625, 629-630
caminhamento interfixado, 436, 440, 449-451
caminhamento por nível, 333
caminhamento pós-fixado, 296-297
caminhamento prefixado, 293-294
caminho, 286-287, 601
 dirigido, 601
 simples, 601
 tamanho, 637-638
caminho de Euler, 656
caminhos mínimos, 637-646
 algoritmo de Dijkstra, 638-646
campo, 2, 11, 60
capacidade de evolução, 61
capturada, 79-80
caractere curinga, 618
Cardelli, 97, 236
Carlsson, 383
cartões CRC, 49-50
célula, 33-34
chave, 338, 386, 387, 423-424, 468
ciberdólar, 245
ciclo, 601
 direcionado, 601, 626
ciclo de Euler, 656, 660
ciclo transversal de Euler, 320-321, 336
cifra de César, 113
Clarkson, 556
classe, 2-13, 60, 62
classe aninhada, 369-370, 345-346, 454-455, 493-494
classe base, 65
classe wrapper, 8
classes numéricas, 8
codificação, 47-48, 113
codificação de Huffman, 578-579
codificação de prefixos, 578
código de hash, 390-392

código de hash polinomial, 392-393
Cole, 595
coleção, 282
coleção incidente, 606-607
coleta de lixo, 673-675
  mark-sweep, 673-674
colocação, 238
Comer, 690
comparador, 339-341
complexidade de IO, 681-682
componentes conectados, 601-602, 613-614, 625
compressão de caminhos, 545-546
compressão de texto, 578-579
concatenação, 9, 23
conjunto, 537-546
conjunto independente máximo, 661
construtor, 17, 69-70
contradição, 189
contrapositivo, 189
conversão, 85-89
  implícita, 26
core memory, 675-676
Cormen, 503, 666
Cornell, 57
criptografia, 113
Crochemore, 595
cursor, 133-134, 250, 262-263

D

decodificação, 113
delimitadores, 40-41
Demurjian, 97, 236
depuração, 47-48
deque, 226-231
  implementação com lista encadeada, 227-231
  tipo abstrato de dados, 226-227
descendente, 285-286, 625
desconexão, 130
destino, 599
DFS. *Ver* pesquisa em profundidade
Di Battista, 336, 666
diagrama de herança de classe, 65
diâmetro, 333
dicionário, 423-426
  tipo abstrato de dados, 423-424
dígrafo, 626
Dijkstra, 666
diminuição e conquista. *Ver* poda e busca
disjunção dos três conjuntos, 185-186
distância, 637-638
distância de edição, 592-593, 595
divisão, 473-474, 684-685
divisão e conquista, 506-510, 518-520
down-heap bubbling, 359-360, 369

duplo hashing, 399-400
duplo preto, 485-486
duplo vermelho, 480-481

E

Eades, 336, 666
elemento, 34-35
encadeamento de construtores, 68-69
encadeamento separado, 396
encapsulamento, 62
endereçamento aberto, 398-400
entrada, 338-340, 386
entrada consciente de localização, 372-373
enumeração, 14
equação recorrente, 517-518, 548-549, 551-552
escolha gulosa, 580
escopo, 12
espaço amostral, 694-695
espaço de probabilidade, 695-696
espaço gasto, 170
especialização, 67-68
estatística de ordem, 546-547
estável, 533-534
estrutura de dados, 170
  secundária, 470-471
estrutura de lista de arestas, 604-605
estrutura encadeada, 289-290, 304-305
Even, 666
Evento, 695-696
exceção, 77-80
expansão binomial, 692-693
exponenciação, 183-184
exponencial linear, 694-695
expressão, 20-26
extensão, 67-68

F

falha rápida, 280
fator balanceamento, 454-455
fator de carga, 397-398
fator linear de expectativa, 548-549, 696-697
fatorial, 140-141, 692-693
fechamento transitivo, 626, 628-629
FIFO, 218
fila, 218-227
  implementação com arranjo, 221-223
  implementação com lista encadeada, 223-224
  tipo abstrato de dados, 218-220
fila de prioridade adaptável, 370-371
fila de prioridades, 338-383, 553-554
  implementação com heap, 357-362
  implementação com lista, 343-348
  TAD, 341-342
filas com dois finais. *Ver* deque

filas de tarefas, 381-382
filho, 284-285
filho à direita, 299-300
filho à esquerda, 299-300
Flanagan, 57
floresta, 601-602
Floyd, 383
fluxo de controle, 27-33
Folhas, 256
força bruta, 567-568
fragmentação, 672-673
frame, 668
Framework de Coleções de Java, 263-264
framework genérico, 90
função, 16-17
função constante, 162
função cúbica, 165-166
função de arredondamento para baixo, 169-170
função de arredondamento para cima, 169-170
função de compressão, 390-391, 395-396
função de falha, 573-574
função de hash, 390-391, 399-400
função exponencial, 166-167
função linear, 163-164
função logarítmica, 162, 691-692
    natural, 691-692
função n-log-n, 163-164
função potência, 183-184
função quadrática, 163-164
fusão, 474-478, 683-685

G

GAD. *Ver* grafo acíclico dirigido
Gamma, 97
Gauss, 164-165
genérico, 90-91, 204, 213
geradores de números pseudorrandômico, 111, 414-415
gerenciamento de memória, 668-675, 678-681
Gibbons, 666
girar, 113, 114
Golberg, 282
Gonnet, 383, 503, 556, 690
Goodrich, 690
Gosling, 57
grafo, 598-666
    acíclico, 626
    atingibilidade, 626-627, 629-633
    caminhamento em largura, 622-625, 627-630
    caminhos mínimos, 629-633
    conexo, 601-602, 625
    denso, 614-615, 631-633
    dígrafo, 626
    dirigido, 598, 599, 626-635
        fortemente conexo, 626

    esparso, 614-615
    estruturas de dados, 603-610
        lista adjacente, 606-608
        lista de arestas, 603-606
        matriz adjacente, 608-610
    métodos, 602-603
    misto, 599
    não dirigido, 598, 599
    pesquisa em profundidade, 610-622, 627-630
    ponderado, 635, 637-666
    simples, 599-600
    tipo abstrato de dados 598-603
    transversal, 610-625
grafo acíclico dirigido, 631-635
grafo biconexo, 662
grafo bipartido, 663
grafo completo, 659
Graham, 666
grau, 165-166, 599
grau de entrada, 599
grau de saída, 599
Guibas, 503
Guttag, 97, 236, 282

H

heap, 349-370
    construção bottom-up, 367-370
heap unificado, 501-502
heap-sort, 365-370
Hell, 666
Hennessy, 690
herança, 65-75
herança múltipla, 83-84, 267
heurística, 272-273
heurística do espelho, 569
heurística do salto de caracteres, 569
heurística mover-para-frente, 272-273
hierarquia, 63
hierarquia de memória, 675-676
Hoare, 556
Holmes, 57
Hopcroft, 236, 282, 503, 556, 666
Horstmann, 57
Huang, 556

I

identificador, 3
igualdade profunda, 120
igualdade rasa, 120
igualdade simples, 120
import, 46-47
incidente, 599
independente, 695-697

índice, 33-34, 238, 386, 407-408
indução, 189-191
in-place, 377-378, 527-528, 674-675
insertion-sort, 107, 138-139, 348-349
interface, 62, 81-85, 87-88, 204
interfixada, 330-331
Internet, 280
invariantes de laços, 191-192
inversão, 348-349, 535-536, 553-554
irmão, 285-286
iterador, 257-263

J

JáJá, 336
Jarník, 666
Java, 2-57, 60-91
    arranjos, 33-38, 100-120
    conversões, 85-89
    entrada, 38-42
    exceções, 77-80
    expressões, 20-26
    fluxo de controle, 27-33
    interfaces, 81-85
    métodos, 15-19
    pacotes, 45-47
    pilha de método, 668-670
    saída, 38-42
    tipos, 85-87
javadoc, 50-51
jogo da velha, 117, 336
jogos de posição, 116
Jones, 666
junção natural, 280

K

Karger, 666
Karp, 336
Klein, 666
Kleinberg, 556
Knuth, 159, 200, 282, 336, 383, 503, 556, 595, 666, 690
Kosaraju, 666
Kruskal, 666

L

laço for aprimorado, 259-260
laço for-each, 259-260
laço self, 599-600
lançar, 77-78
Landis, 503
Langston, 556
LCS. *Ver* maior subsequência comum
Lecroq, 595

lei de DeMorgan, 189
Leiserson, 503, 666
Levisse, 434
lexicográfico, 533-534
LIFO, 202
ligação dinâmica, 66
limite de Chernoff, 556, 696-697
linha de cache, 677-678
Liotta, 336, 666
Liskov, 97, 236, 282
lista arranjo, 238-246, 407-408
    implementação, 240-246
    tipo abstrato de dados, 238-239
lista circular encadeada, 133-134, 280
lista de adjacência, 603-604, 606-607
lista de arestas, 603-604
lista de favoritos, 269-270
lista de nodo, 248
lista encadeada, 121-140, 211-213, 223-224
    duplamente encadeada, 126-133, 227-231, 251-255, 267-268
    simplesmente encadeada, 121-125
lista livre, 672-673
literal, 20
Littman, 556
localização da referência, 677-678
logaritmo natural, 691-692
log-star, 545-546

M

Magnanti, 666
maior subsequência comum, 563-567
mapa, 386, 387
    árvore (2,4), 468-479
    árvore AVL, 446-458
    árvore de pesquisa binária, 436-443
    árvore vermelho-preta, 479-480, 495
    operações de atualização, 417-420, 438-440, 448-449, 452
    ordenado, 440-442
    skip list, 414-422
    tabela de hash, 389-407
    tipo abstrato de dados, 386-389
mapa ordenado, 406-414
    tabela de pesquisa ordenada, 407-411
    tipo abstrato de dados, 406-407
máquina de pesquisa, 538-539, 588-589
máquina virtual Java, 668, 671-673
matriz, 116
matriz de adjacência, 603-604, 608-609
McCreight, 595, 690
McDiarmid, 383
McIlroy, 556
média-de-três, 530

mediana, 546-547
Megiddo, 556
Mehlhorn, 503, 666, 690
membros, 2
memória externa, 675-688, 690
memória heap, 671-672
memória interna, 675-676
memória principal, 675-676
memória virtual, 677-678
menor ancestral comum, 333
merge-sort, 506-518
   árvore, 507
   genérico, 685-688
método, 15-19, 60
   assinatura, 15
   corpo, 15
método de divisão, 395-396
método de Horner, 198
método guloso, 580, 637-639
método mestre, 697-698
método modelo, 538-539
métodos de atualização, 42-43
minimax, 336
Minotauro, 610-611
mistura, 83-84
modificadores variáveis, 12
Modularidade, 62
módulo, 114, 222, 692-693
Moore, 595
Morris, 595
Morrison, 595
Motwani, 434, 556
MST. *Ver* árvore de cobertura mínima
Munro, 383
mutuamente independente, 695-696

N

nível, 302-303, 622-623
nodo, 284-285, 287-288, 598
   ancestral, 285-286
   balanceado, 448-449
   descendente, 285-286
   externo, 285-286
   filho, 284-285
   interno, 285-286
   irmão, 285-286
   não balanceado, 448-449
   pai, 284-285
   raiz, 284-285
   redundante, 584-585
   tamanho, 462-464
nodo-d, 468
notação assintótica, 174-178
   O, 175-177, 180-188

Ômega, 178
   Teta, 178
notação pós-fixada, 233-234, 330-331
numeração de níveis, 298-299, 313-314
número harmônico, 185-186, 199, 694-695

O

o primeiro que entra é o primeiro que sai, 218
o último que entra é o primeiro que sai, 202
Objeto, 2-13, 60
objeto composto, 16-17, 120
objetos raiz, 673-674
objetos vivos, 673-674
operações primitivas, 172-174
operador ponto, 10
ordem total, 338-339
ordenação, 107, 342-343, 506-535
   bucket-sort, 532-534
   estável, 533-534
   fila de prioridade, 342-343
   heap-sort, 365-370
   in-place, 366, 527-528
   insertion-sort, 348-349
   limite inferior, 530-532
   memória externa, 685-688
   merge-sort, 506-518
   quick-sort, 518-530
   radix-sort, 533-535
   selection-sort, 347-348
ordenação da bolha, 280
ordenação lexicográfica, 340-341
ordenação natural, 340-341
ordenação topológica, 633-635
Orlin, 666
otimização dos subproblemas, 563-564
overflow, 473-474, 684-685

P

pacote, 4, 45-47
pacote de dados, 280
padrão composição, 339-340
padrão de método modelo, 322-326, 539-540, 619-620
padrão decorador, 614-617
padrões de projeto, viii, 49-50, 64
   adaptador, 239, 251
   amortização, 245-246
   comparador, 340-341
   composição, 339-340
   decorador, 614-617
   divisão e conquista, 506-510, 518-520
   força bruta, 267
   iterador, 257-263
   método guloso, 580
   método modelo, 322-326, 539-540, 619-620

poda e busca, 247-549
posição, 248
programação dinâmica, 560-567
pai, 284-285
palíndromo, 158, 592-593
partição, 542-546
partículas, 583-584, 593-594
passagem de parâmetro, 17
passagem por valor, 669-670
Patterson, 690
pesquisa binária, 318-319, 407-411
pesquisa em profundidade, 610-622, 628-629
pilha, 202-218
    implementação com arranjo, 205-210
    implementação com lista encadeada, 211-213
    tipo abstrato de dados, 203-204
pilha de operandos, 669-670
pilha Java, 668
planta baixa fatiada, 333-334
poda e busca, 546-549
polimorfismo, 66-66-67
polinomial, 165-166, 198
pontos finais, 599
portabilidade, 61
posição, 248, 287-288, 415-416
posição decorável, 615-616
Pratt, 595
prefixo, 558-559
Prim, 666
probabilidade, 694-697
probabilidade condicional, 695-696
problema de Josephus, 224-225
problema do caixeiro viajante, 638-639
problema do elemento único, 186-187
procedimento, 16-17
procura de padrões por força bruta, 567-568
produto em cadeia de matrizes, 560-563
profundidade, 290-293
programa contador, 668-669
programação dinâmica, 152, 560-567, 630-631
progressão de Fibonacci, 74, 693-694
progressão numérica, 69-70
projeto orientado a objetos, 60-97
propriedade altura-balanceamento, 446-452
propriedade de árvore binária completa, 350-351
propriedade ordem do heap, 349-350
pseudocódigo, 48-49
Pugh, 434
Push, 245

Q

quebra-cabeça de soma, 152-153
quick-select randômico, 547-548
quick-sort, 518-530
    árvore, 519-520

quick-sort randômico, 525-526
quine, 94-95

R

radix-sort, 533-535
Raghavan, 434, 556
raiz, 284-285
Ramachandran, 336
randomização, 414-416
rastreamento recursivo, 141
razão ideal, 693-694
reconhecimento de padrões, 567-576
    algoritmo de Boyer-Moore, 569-574
    algoritmo de Knuth-Morris-Pratt, 573-576
    força bruta, 567-568
recursão, 140-155, 670-671
    binária, 150-152
    cauda, 149
    linear, 145-149
    múltipla, 152-155
    ordem superior, 150-155
    rastreamento, 146-147
Reed, 383
reestruturação, 450-451
reestruturação trinodo, 449-450, 482
referência, 7, 11, 12, 19, 66
referência cruzada, 552-553
referência de localização, 272-273
refinamento, 67-68
reflexiva, 338-339
regra de L'Hôpital, 697-698
rehashing, 404-405
relaxamento, 639-640
representação string usando parênteses, 294-295
reusabilidade, 60, 61
Ribeiro-Neto, 595
Rivest, 503, 666
Robson, 282
Robustez, 60
rotação, 450-451
    dupla, 450-451
    simples, 450-451
round-robin, 224-225

S

sacola, 432-433
Samet, 690
Scanner, 39-40
Schaffer, 383
Sedgewick, 383, 503
seleção, 546-549
select-sort, 347-348
Semear, 111, 414-415
sentinela, 127, 387, 423-424

sequência, 238, 263-269
  tipo abstrato de dados, 267
simétrico, 598
skip list, 414-422
  análise, 419-422
  inserção, 417-418
  níveis, 415-416
  operações de atualização, 417-421
  pesquisa, 416-418
  remoção, 419-421
  torres, 415-416
Sleator, 503
sobrecarga, 66-67
sobreposição, 66-67
sobreposição dos subproblemas, 563-564
soma geométrica, 694-695
soma prefixada, 182-183
soma telescópica, 693-694
somatório, 166-167, 693-694
  geométrico, 168
Stephen, 595
straggling, 550-551
string, 8-9
  imutável, 558-559
  mutável, 559-560
  nula, 558-559
  prefixo, 558-559
  sufixo, 558-559
  tipo abstrato de dados, 8-9, 558-560
subárvore, 285-286
subárvore à direita, 299-300
subárvore à esquerda, 299-300
subclasse, 65
subgrafo, 601-602
subgrafo de cobertura, 601-602
subsequência, 563-564
substituição, 67-68
substring, 558
sufixo, 558-559
superclasse, 65

T

tabela de hash, 389-407
  agrupamento, 399-400
  arranjo de buckets, 389-390
  capacidade, 389-390
  colisão, 390-391
  encadeamento, 396
  endereçamento aberto, 399-400
  hashing duplo, 399-400
  rehashing, 404-405
  teste linear, 398-399
  teste quadrático, 399-400
  tratamento de colisões, 396-401
tabela de pesquisa, 407-411
tags, 50-51
tags HTML, 215
tamanho do caminho, 333-334
Tamassia, 336, 666
Tardos, 556
Tarjan, 336, 503, 666
tempo de execução, 170-188
Teseu, 610-611
teste, 47-48
teste linear, 398-399
teste quadrático, 399-400
texto cifrado, 113
texto limpo, 113
tipagem forte, 81, 84-85
tipo, 2, 11
tipo abstrato de dados, viii, 62
  árvore, 287-288
  conjunto, 537-546
  deque, 226-227
  dicionário, 423-424
  fila, 218-220
  fila de prioridade, 338-342
  grafo, 598-603
  lista, 248-251
  lista arranjo, 238, 239
  mapa, 386-389
  mapa ordenado, 406-407
  partição, 542-543, 545-546
  pilha, 203-204
  sequência, 267
  string, 8-9, 558-560
tipo base, 5, 11, 19
tipo genérico, 90
tipo primitivo, 5
tokens, 40-41, 214
Tollis, 336, 666
torre de dois, 545-546
torres de Hanoi, 157
trailer, 127
transferência, 474-478
transitivo, 338-339
tratamento de colisões, 390-391, 396-401
triangulação, 590-591
trie, 581-589
  comprimido, 584-585
  padrão, 581
Tsakalidis, 503

U

Ullman, 236, 282, 503, 556, 690
último nodo, 350-351
Unboxing, 26
Underflow, 474-478, 684-685
união-pelo-tamanho, 544-545
union-find, 542-546
up-heap bubbling, 359-360

V

valor esperado, 695-696
van Leeuwen, 666
variável de instância, 2, 11, 60
variável local, 19
variável randômica, 695-696
varredura, 416-417
vértice, 598
   grau, 599
vértices finais, 599
vetor, 238
vetor de bits, 551-552

Vishkin, 336
Vitter, 690

W

Wegner, 97, 236
Williams, 383
Wood, 282

Z

Zigue, 458-459, 465
zigue-zague, 457-459, 465